云冈百年论文选集

（一）

云冈石窟文物研究所　编

文物出版社

《云冈百年论文选集》编辑委员会

编委会主任：李治国

委　　　员：张　焯　黄继忠　李立芬
　　　　　　李雪芹　刘建军　张　华

主　　　编：李治国

执 行 主 编：李雪芹

封面设计：张希广
责任印制：王少华
责任编辑：段书安
　　　　　郭维富

图书在版编目（CIP）数据

云冈百年论文选集／云冈石窟文物研究所编著.
北京：文物出版社，2005.7
ISBN 7-5010-1755-7

Ⅰ. 云…　Ⅱ. 云…　Ⅲ. 云冈石窟－研究－文集
Ⅳ. K879. 224－53

中国版本图书馆 CIP 数据核字（2005）第 036927 号

云冈百年论文选集（一、二）

云冈石窟文物研究所　编

＊

文 物 出 版 社 出 版 发 行

（北京五四大街 29 号）

http://www.wenwu.com

E-mail：web@wenwu.com

北京美通印刷有限公司印刷

新 华 书 店 经 销

2005 年 7 月第一版第一次印刷

889×1194　1/16　印张：50.25

ISBN 7-5010-1755-7/K·925

定价：260 元

编 者 说 明

云冈石窟自北魏开创以来，历代史家、学僧、文人多有著述。20 世纪初，日本学者伊东忠太和法国汉学家沙畹即发表文章及图片予以介绍。此后，日本学者喜荣仁、关野贞、水野清一、长广敏雄，国内学者陈垣、周一良、梁思成、宿白、阎文儒等先生，先后来云冈进行调查研究，钩沉辑佚，孜孜求索，成就卓越。而今，云冈研究已成为国际学界的一门显学。

将百年来关于云冈研究的重要论著汇辑成册，是云冈石窟文物研究所长久以来的心愿。2005 年，适逢云冈石窟文物研究所建所 50 周年，我们将 20 世纪以来颇具影响的云冈研究论著辑为《云冈百年论文选集》，以展示近一个世纪以来云冈石窟科学保护与研究的概况，亦感念曾经为云冈研究作出卓越贡献的中外学人。

为尊重原著者，我们尽最大努力与作者或其家属进行了联系，以祈准允收录其作品。但限于诸多因素，仍有未能取得联系者，谨此致歉并向所有作者表示感谢。

《云冈百年论文选集》拟分一、二卷先行出版，第一卷主要选录云冈石窟研究论著，第二卷主要选录云冈石窟科学保护方面和本所有代表性的文章。我们相信，随着文物事业的蓬勃发展，云冈石窟的保护与研究必将取得新的成果，这也为我们续编本书奠定了基础。

在编排过程中，为统一体例，我们将注文排到了页下，将插图排到了篇后。因时间仓促，水平有限，错漏之处在所难免，敬希读者指正。

2005 年 6 月

目　　录

记大同武州山石窟寺

陈　垣

　　距京绥路大同站西二十里，左云县云冈堡，有石窟寺，为拓跋氏遗构，盖千四百七十年于兹矣。以比伊阙石窟，尚早五十年。凿山为岩，因岩镌佛，岩高者二百余尺，可受三千许人；佛高者六七十尺，雕饰奇伟，冠于一世。"山堂水殿，烟寺相望"，《水经注》所称赏也。"栉比相连，三十余里"，《续高僧传》所夸许也。徒以远处塞外，交通不便，故好游之士，鲜探其奇。迄今京绥路通，且夕可至，同人乃以戊午重九前三日，约往游焉。循武州川溯流而上，经观音堂，入武州塞口，则见石壁峭立，绵亘无际。壁多摩崖之碑，文体漫没，犹存廓形。路侧有双钩佛字，高逾寻丈，殆所谓佛字湾者也。至左云县界，则石洞千孔，如来满山，鬼斧神工，震骇耳目。渐近云冈堡，则见绿瓦层楼，依山结构，高出林际，俯瞰晴川者，石佛寺也。据《魏书》，佛应作窟。寺仅三楹，堂奥浅隘。寺僧引入后洞，黑暗异常，佛图四周，巨细不一，灯光隐约，不可辨认，因致疑雕工精美，何取乎黑暗至此。既而登楼一览，始知洞上有洞，本可透光，其所以黑暗者，寺掩之也。寺修于清顺治八年总督佟养量，建筑不得法，故光线不足。像有剥蚀，敷以土垩，尽失原形。金碧辉煌，徒取炫目，泯绝古意。其实寺东西诸窟，有窟无寺，栉比数里者，皆为石窟寺。后人修其一寺，名曰石佛，陋也。其未经修饰诸窟，虽甚剥落，然远望缥缈，容态转真。窟别异形，无有复制。至于裸体神女，振翮凌空，宝相庄严，拈花微笑，则极画像之奇观，尽人工之能事矣！惜乎古洞荒凉，荆榛满目，村民占据，十之七八，衽席炊爨，悉在佛前，断瓦颓垣，横阻挡路。或土埋佛身，已过半膝，或偷凿全体，新留斧痕。过此不图，日即湮灭，是则有司之责也。最可异者，同人遍历二十余窟，无古碑碣，足供考证。即游客题名，亦绝无仅有。寺东有万历间宣城吴伯羽与游石佛寺刻石，词尚典雅。寺西有佛籍阁匾，寺东有碧霞洞云深处朱廷翰等石刻，皆漫漶单简，不足为典要。以故龙门造像，宇内知名；武州石窟，言者盖寡。同人因为题名而返。余归而神往者久之，乃撷拾群籍，著为斯篇，亦以补金石之缺略，俾后至者有所考证云尔。同游六人：叶恭绰誉虎，俞人凤翙梧，郑洪年韶觉，翟兆麟瑞符，邵善闻文彪。俞、翟、邵三君，皆京绥路工程师也。一九一八年十月新会陈垣记。

《魏书·显祖纪》：皇兴元年八月丁酉，行幸武州山石窟寺（卷六，时帝年十四）。

史纪魏帝之幸石窟寺，自此始也。皇兴元年，当西历之四百六十七年。前此闻幸武州山，未闻幸石窟寺。《魏书·礼志》，"太宗永兴三年三月，帝祷于武周、车轮二山"是也（武州或作周，通）。永兴三年，当西历之四百十一年，此时未有石窟寺。惟自皇兴元年以后，则帝幸石窟寺，凡七八次，或岁一幸焉，或间岁一幸焉。未知史有阙文否乎，盖常有《魏书》纪者，《北史》无之矣。

抑有奇者，诸帝之幸石窟寺，多在冲幼之年，其殆太后所挟与俱往者乎，不可得知也。

四年十有二月甲辰，幸鹿野苑、石窟寺（卷同上，时帝年十七）。

《高祖纪》：延兴五年五月丁未，幸武州山（卷七上，时帝年九岁）。

此未言幸石窟寺也，然以前后书法例之，则当然幸石窟寺。

太和元年五月乙酉，车驾祈雨于武周山（时帝年十一）。

祈雨未必至石窟寺，然车驾至武周山，则必经石窟寺。今石佛寺左侧，尚有一龙王庙，其殆古之遗制乎？

四年八月戊申，幸武州山石窟寺（时帝年十四，《北史》不纪）。

六年三月辛巳，幸武州山石窟寺（时帝年十六）。

七年五月戊寅朔，幸武州山石窟佛寺（时帝年十七，《北史》不纪）。

八年六月戊辰，武州水泛滥，坏民居舍。

秋七月乙未，行幸方山石窟寺（时帝年十八，《北史》不纪，以上均卷七上）。

方山在今大同县北五十里（据《通志》），有拓跋氏二陵，及方山宫址在焉。此言幸方山石窟寺者，未知方山亦有石窟寺乎，抑幸方山又幸武州山石窟寺乎？以皇兴四年幸鹿野苑、石窟寺之书法例之，则幸方山又幸石窟寺也。然方山既偏北五十里，武州山又偏西二十里，一日而幸二地，不无疑焉。抑方山别有石窟寺，因武州水泛滥后，不幸武州而幸方山乎？

且自是年以后，直至太和十八年迁洛以前，十年之间，不复见帝幸石窟寺。史阙文乎，不可知也。

《肃宗纪》：熙平二年四月乙卯，皇太后幸伊阙石窟寺，即日还宫（卷九，时帝年八岁）。

伊阙石窟寺，建于孝文迁洛之后。《洛阳伽蓝记》曰："京南关口有石窟寺灵岩寺"，亦缘武州山石窟寺得名也。自显祖皇兴元年，始幸武州石窟寺；至肃宗熙平二年，始幸伊阙石窟寺，其间适五十年，则二寺创建之先后，可概见矣。

孝昌二年八月戊寅，帝幸南石窟寺，即日还宫（卷同上，时帝年十七）。

谓伊阙石窟寺为南石窟寺，则武州石窟寺为北石窟寺也。

《出帝平阳王纪》：永熙二年正月己亥，车驾幸崧高石窟灵岩寺（卷十一，时帝年二十四）。

崧高石窟灵岩寺，即伊阙石窟寺，由武州石窟寺得名，见《释老志》、《水经注》及《续高僧传》。

魏帝之幸武州寺，史数数见，而幸伊阙寺只三见，顾何以世人多称伊阙之巨制，而少言武州之伟观？则以伊阙当中原六通四辟之冲，而武州则僻处塞外也。使吾人生铁道未兴之世，亦不易游此。今伊阙寺有陇海路可达，武州寺又有京绥路可达，他日辀轩所及，武州寺之遗碑断碣，为有新得于野老耕氓者。

《魏书·释老志》：太安初，有师子国胡沙门邪奢遗多、浮陁难提等五人，奉佛像三，到京师。皆云，备历西域诸国，见佛影迹及肉髻，外国诸王相承，咸遣工匠，摹写其容，莫能及难提所造者，去十余步，视之炳然，转近转微。又沙勒胡沙门，赴京师致佛钵，并画像迹。初昙曜以复佛法之明年，自中山被命赴京。帝后奉以师礼。昙曜白帝，于京城西武州塞，凿山石壁，开窟五所，镌建佛像各一，高者七十尺，次六十尺，雕饰奇伟，冠于一世（卷一百十四）。

皇兴中，又构三级石佛图。椽栋楣楹，上下重结，大小皆石，高十丈。镇固巧密，为京华壮观（卷同上）。

武州塞之石窟，始凿于昙曜，据此毫无疑义。昙曜之赴京，在复法之明年，即兴安二年，西历四百五十三年也。是时佛法初复，图像大兴，西域画像，接踵而至。魏之先世，本有凿石为庙之风（见《魏书·礼志》），佛教又重偶像，故能致此奇伟。武州诸像，未识是否为难提等五人所造，然至今石质剥落，间有影迹模糊，近而即之，一若无有，远而睇之，神态宛在者，正与所谓远视炳然，转近转微之说相合，则真足代表五世纪东方美术之一斑也。

景明初，世宗诏大长秋卿白整，准代京灵岩寺石窟，于洛南伊阙山，为高祖、文昭皇太后营石窟二所。初建之始，窟顶去地三百一十尺。至正始二年中，始出斩山二十三丈。至大长秋卿王质，谓斩山太高，费功难就，奏求下移就平，去地一百尺，南北一百四十尺。永平中，中尹刘腾，奏为世宗复造石窟一，凡为三所。从景明元年至正光四年六月以前，用工八十万二千三百六十六（卷同上）。

景明在迁洛之后，去复法之岁，约五十年。则伊阙石窟后于武州石窟，亦约五十年。从景明元年（500）至正光四年（523）。其间二十四年，仅造窟三所，已费工如此；武州石窟，奚止三所，则其工程之巨可知矣。

《水经注》灅水条下：其水又东北流注武州川水，武州川水又东南流，水侧有石祇洹舍，并诸窟室，比丘尼所居也。其水又东转迳灵岩南，凿石开山，因岩结构，真容巨壮，世法所希。山堂水殿，烟寺相望，林渊锦镜，缀目新眺。川水又东南流出山。魏《土地记》曰：平城西三十里，武州塞口者也（戴校本卷十三）。

《水经注》撰于后魏太和之世，去石窟寺之建，不过四五十年。其所记载，至可信据。据《魏书》则昙曜所凿者只五所，而此已曰"山堂水殿，烟寺相望"，可知昙曜开山以后，凿者甚聚，皆在郦道元注《水经》以前，而不尽在齐隋以后。又曰"林渊锦镜，缀目新眺"，则当年景色，美丽可想。武州川水自西北来，先经石祇洹舍，则今石佛寺以西诸窟，必有比丘尼所居之遗迹，惜不能指其处矣。其水东转所经之处为灵岩，是灵岩者本地名，有称石窟寺为灵岩寺者，寺因地得名也。

《续高僧传》元魏北台恒安石窟通乐寺沙门释昙曜传：释昙曜，未详何许人也。少出家，摄行坚贞，风鉴闲约。以元魏和平年，任北台昭玄统，绥辑僧众，妙得其心。住恒安石窟通乐寺，即魏帝之所造也。去恒安西北三十里，武州山谷，北面石崖，就而镌之，建立佛寺，名曰灵岩。龛之大者，举高二十余丈，可受三千许人。面别镌像，穷诸巧丽，龛别异状，骇动人神。栉比相连，三十余里。东头僧寺，恒供千人。碑碣见存，未卒陈委。先是太武皇帝太平真君七年，司徒崔浩，令帝崇重道士寇谦之，拜为天师。珍敬老氏，虔刘释种，焚毁寺塔。至庚寅年太武感致疠疾，方始开悟。帝既心悔，诛夷崔氏。至壬辰年，太武云崩，子文成立（"子"应依《开元释教录》作"孙"），即起塔寺，搜访经典。毁法七载，三宝还兴。曜慨前陵废，欣今重复，以和平三年壬寅（此七字照《开元释教录》加入），故于北台石窟，集诸德僧，对天竺沙门译《付法藏传》并《净土经》，流通后贤，意存无绝（卷一）。

"魏帝所造"，魏文成帝所造也。文成以前塔寺，既为太武所毁，则此灵岩石窟，必为文成复法以后所造，盖即昙曜白帝所造也。曰"东头僧寺，恒供千人"，疑即今石佛寺东之最大石窟，然已荒落不堪矣。既曰通乐，又曰灵岩，则寺非一寺，名非一名，记载缺略，至为可憾。此传成于贞观十九年，当西历之六百四十五年。《古今译经图记》、《开元释教录》、《贞元新定释教目录》，均沿用其文。《贞元释教录》成于西历八百年，而于"碑碣见存，未卒陈委"二语，亦复沿用，未识当时碑碣，果否有流传也。清初迄今，不过三百年，而道旁摩崖诸碑，已无一可辨。盖此山之石，松而易泐，不耐风雨，造像犹可，刻碑未见其能永年也。

《大唐内典录》后魏元氏翻传佛经录：元氏之先，北代云中虏也。西晋之乱，有拓跋庐，出居晋楼烦地，晋即封为代王。至庐孙拾翼犍，或言涉珪，魏史云即道武皇帝，魏之太祖也，改号神瑞元年，当晋孝武太元元年也，出据朔州东三百里，筑城立邑，号为恒安之都。为符秦护军，坚败后，乃即真号。生知信佛，兴建大寺。恒安郊西大谷石壁，皆凿为窟，高十余丈，东西三十里，栉比相连，其数聚矣。"谷东石碑见在，纪其功绩，不可以算也。其碑略云，自魏国所统赀赋，并成石龛，故其规度宏远，所以神功逾久而不朽也（卷四）。

神瑞元年（414）当晋安帝之义熙十年，非晋孝武太元元年也（376）。其间相去，几四十年。改号神瑞者，是魏太宗，非魏太祖也。其间相去，亦三十年。《大唐内典录》皆误。魏太祖天兴元年（398）。始自云中徙都平城，即今大同县，所谓恒安之都也。《魏书·释老志》，天兴元年，下诏敕有司于京城始作五级佛图。太宗践位，始于京邑四方，建立图像。曰京城五级佛图，则郊西石窟寺，必非建于太祖天兴之世也。曰京邑四方建立图像，则谓郊西石窟寺建于太宗神瑞之世，亦非绝无影响。然未有确切不疑之据。《释老志》明谓文成复法以后昙曜白帝所凿。魏收北齐人，《魏书·释老志》著于北齐天保元年（550），去后魏之世至近，去昙曜开山之岁，亦不过百年，其言至为可据。

《大唐内典录》撰于麟德元年，当西历之六百六十四年，云谷东石碑见在，此碑当即释道宣撰《续高僧传》时所见之碑。碑称魏国，并言神功久而不朽，则疑非魏碑，或齐隋以后之碑也。惜乎今不可得见矣。

是录与《续高僧传》皆言石窟相连三十余里，以今考之，实无此数，则石窟圮夷者众矣。特未知撰者有信口大言否耳？外人识吾国游记，里数至不足据，此或其一端也。

雍正《朔平府志》古迹：左云县石佛寺，在县东九十里云冈堡，又名佛窑山。传自后魏拓跋氏时，始于神瑞，终于正光，凡七帝，历百十余年，规制甚宏。原寺十所，一曰同升，二曰灵光，三曰镇国，四曰护国，五曰崇福，六曰童子，七曰能仁，八曰华严，九曰天宫，十曰兜率。其中有元载所造石佛二十龛。石窟千孔，佛像万尊，由隋唐历宋元。楼阁层凌，树木蓊郁，俨然为一方胜概。迤东数武，有石窦喷水，清冽可饮，行道多藉焉，题曰石窟寒泉，即四景之"塞泉灵境"也。康熙三十五年冬，圣祖仁皇帝西征回銮幸寺，御书匾额"庄严法相"四字（卷三）。

武州石佛寺，唐以前均称石窟寺，今《山西通志》亦称石窟十寺。曰"始于神瑞，终于正光"，不知何所据？然康熙《通志》已言之，或明志沿《大唐内典录》神瑞元年之说及《魏书·释老志》正光四年之说而云然欤？神瑞之说，辨已见前。正光之说，乃指伊阙石窟，非武州石窟也。十寺之名，亦见康熙《通志》，未知其为魏寺乎，抑隋唐以后所建之寺乎？曰中有"元载所造石佛二十龛"，康熙《通志》作"元载所修石佛十二龛"，雍正《通志》则曰"内有元时石佛二十龛"，光绪《通志》因之。修者修其所本有，造者造其所本无。未知是造乎修乎？元载是否即元时？二十与十二孰当？无可考也。

曰"由隋唐历宋元"者，笔误也。由辽迄金，三百余年，大同朔平，终非宋有，则此中石窟，宋人何尝梦见。

石窟寒泉，或作石窑寒泉。窟窑形近易混。今犹有水涌出，亦在道旁一巨窟中也。

西征回銮者，康熙帝西征厄鲁特噶尔丹回銮，由归化城入口。志称其以十二月初十日次左云县，驻跸生员范澎宅，十一日幸云冈石佛寺云。今御书匾额犹在。

雍正《朔平府志》载清人题咏甚多，附录如后，以当轺轩之采。

胡文华：游石窟寺

西林天竺迹，春日上方游。片石三千界，微尘四部洲。香花金粟现，钟磬白云悠。俯此群生劫，何缘彼岸舟。

孙鲁：重阳后一日过云冈次曹侍郎韵（曹溶，秀水人，康熙初大同守道）

郊原秋色满山椒，出郭盘崖石蹬遥。峦隐旃檀藏宝相，碑残拓跋纪前朝。雕甍丹艧开金刹，月渚依微涌海潮。披拂霜华寻鹫岭，西风马首上岧峣（此首并见康熙《山西志》卷三十二）。

王仪：石佛寺二首

巉崖暂憩啸临风，却爱空楼望不穷。淡淡湍烟移嶂岫，泠泠倒水出溪谼。碑遗古院神工罕，经晒高台夕梵同。净接青莲天地辟，石床深洞月朦胧。

千仞孤峰百尺楼，云天高并两悠悠。西秦风雨当轩梦，北魏烟岚半偈收。更有寒山之介石，岂无轮海泛虚舟。远鸥独立坡沙浅，分得寻常几点秋。

王度：云冈佛阁

耸峰危阁与天齐，俯瞰尘寰处处低。亿万化身开绝嶂，三千法界作丹梯。乾坤再辟雷初奋，海岳重光月指迷（指西征回銮）。我欲凌虚朝玉陛，好从灵鹫问金泥。

刘士铭：石泉灵境（刘，宛平人，雍正间朔平知府）

峄崒崇岗远泼蓝，天容树色落寒潭。千寻翠壁云为幔，丈六金身石作龛。在昔鸾旗朝鹫岭，于今水月照瞿昙。灵湫清澈浑如镜，手把龙团望朔南。

赵允烜：云冈石佛寺（赵，闽人）

云冈遥望近莲台，胜概留人去复回。色界有堂皆法相，化身无石不如来。楣题凤篆龙飞额（指康熙御书），梦入金光日绝埃。剞劂料非人力就，昔年端得五丁开。

郑中选：前题和韵

偶然登眺上楼台，苍翠层层至北回。峭壁远从天际削，御书遥自日边来。寒泉清冽多幽致，划石烟笼绝俗埃。不是神灵能效顺，化身亿万那从开？

石碣韵：石佛寺四首

峻嶒龛岩倚云开，县影缤纷天际来。三十二观随处是，石莲浮动现金胎。

茎草原从帝释开，妙同宝月印川来。推开慧海留生面，亿万恒沙结髻胎。

宝宫结构五丁开，金粟飞花匝地来。何处是空何处色，须弥芥子一般胎。

心眼关头不易开，维摩悟后谒飞来。饱参玉版三乘偈，笑指摩尼五色胎。

王达善：寒泉灵境

一脉元从石罅来，湛于秋镜绿于苔。羌人不解煎茶法，下马争分涤酒杯。（以上均见卷十二）

（本篇作于一九一八年十月。载于《东方杂志》第十六卷第二、三号（一九一九年二、三月）。后与日本伊东忠太《支那山西云冈石窟寺》一文合订出单行本时，又作了修订。今即采此修订本，并加标点符号。）

（摘自《陈垣史学论著选》，上海人民出版社，1981 年）

云冈石窟寺之译经与刘孝标

陈　垣

大同云冈石窟寺自平绥路通后，渐渐有名于世。但游者多注意其建筑之奇伟，雕刻之精美，今特言其译经事业。

云冈石窟寺之创筑者为沙门昙曜，1918 年余曾有云冈石窟寺历史论文发表。（《东方杂志》第十六卷第二、三号）昙曜不独为石窟寺开山的创始者，亦为石窟寺译经的创始者。昙曜《续高僧传》有传，他所译者为：

《大吉义神咒经》二卷。

《净度三昧经》一卷。

《付法藏传》四卷。

《大吉义神咒经》，至今犹存。唯《净度三昧经》及《付法藏传》至 730 年智升撰《开元释教录》时，已称阙本。近年余在敦煌石室所藏经卷中发现有《净度三昧经》两卷：一卷，三纸，卅七行，首五行碎损，所说者系佛为屏沙王说善恶诸报，卷尾题《净度三昧经》卷上。又一卷，十三纸，二百九十四行，首亦碎损，中说：是经一名《断诸苦本》，一名《总持诸法门三昧》，一名《净度三昧》，卷尾题《净度三昧经》卷下。前半为佛化五百美女成男身作沙门，后半与恐畏长者及阿难说戒律及亲近善知识。

此经是否为昙曜译本，未敢断定，然有为昙曜译本之可能。不过与《大唐内典录》及《开元释教录》所载昙曜译《净度三昧经》卷数不符，稍为疑问耳。

《付法藏传》今亦不存；今所存者，为《付法藏因缘传》六卷，亦云冈石窟寺沙门吉迦夜所译。吉迦夜《续高僧传》无传。《开元释教录》称吉迦夜为西域人，"以北魏孝文帝延兴二年（472）为昭玄统沙门昙曜译《大方广十地》等经五部，刘孝标笔受。"据现存大藏经《付法藏因缘传》六卷，题元魏西域三藏吉迦夜共昙曜译。可见吉迦夜当时系以昙曜所译者为底本，而从新改译，又在目上加"因缘"二字也。自吉迦夜译本行，而昙曜译本遂废。以今存昙曜译《大吉义神咒经》推之，昙曜所译，较为朴僿，不如吉迦夜译之文采,亦未可知。此与笔受人极有关,吉迦夜译笔受人为刘孝标,孝标固南朝著名文学家也。

吉迦夜译经,除《付法藏因缘传》外,尚有:

《杂宝藏经》十卷。

《佛说大方广菩萨十地经》一卷。

《佛说称扬诸佛功德经》三卷。

《方便心论》一卷。

诸经今皆流传。唯《杂宝藏经》亦题吉迦夜共昙曜译,其余三种均只称吉迦夜译。吉迦夜事迹不详,唯與他笔受之刘孝标,极可注意。凡曾读过《文选》中《广绝交论》及《辨命论》的,没有不知道刘孝标。刘孝标名峻,以字孝标行,平原人。《梁书》、《南史》皆有传。他既是南朝人,如何会在北魏都城外云冈石窟寺作译经事业,此事说来极有趣,从前人多未注意。

我们若是单据《梁书》,不见得孝标曾做和尚。《梁书》卷五十本传说:“峻生朞月,母携还乡里。宋泰始初,青州陷魏,峻年八岁,为人所略,至中山。中山富人刘实(《南史》作刘宝)愍峻,以束帛赎之,教以书学。魏人闻其江南有戚属,更徙之桑干。峻好学,家贫,寄人庑下,自课读书,常燎麻炬,终夜不寐。齐永明中,从桑干得还。”所谓宋泰始初者,泰始五年(469)也。泰始五年,为魏皇兴三年。《魏书·献文纪》:皇兴三年“五月,徙青州民于京师”,峻之被徙,当在此时。但《南史》卷四九《峻传》叙此事尤详。《南史》称:峻本名法武,父卒,其母许氏,携峻及其兄法凤还乡里。兄名法凤,则峻本名法虎,《南史》避唐讳,改虎为武也。《南史》又称:峻徙代都,“居贫不自立,与母并出家为尼僧,既而还俗”。是峻曾出家为僧,与吉迦夜译经,当在此时。唯《开元释教录》说吉迦夜译经在延兴二年(472)。以泰始五年八岁推之,延兴二年,峻方十一岁,文学未必甚优。但吉迦夜译经多种,未必一时译成。峻之逃奔江南,《梁书》、《南史》均谓在齐永明中。据《文选·重答刘秣陵沼书》,李善注引峻自序,峻之逃还江南,实在齐永明四年(486)二月,斯时峻已廿五岁矣。八岁被略,至二十五岁,在魏凡十八年。此十八年中,正峻在魏都(今大同)读书及译经时也。《南史》又称峻奔江南后,始“改名峻,字孝标”。其在魏时,名并不显。但今《开元释教录》称孝标不称法武,盖根据《大唐内典录》,《大唐内典录》盖根据道慧《宋齐录》。其所以称孝标不称法武者,盖从孝标改名以后追称之也。

孝标逃还江南后,有两大著述:其一为《世说新语注》,引书一百六十余种,至今士林传诵。其一为《类苑》,一百二十卷,隋唐三志皆著录。南宋末陈氏撰《书录解题》时,始说不存。以今日观之,孝标之注《世说》及撰《类苑》,均受其在云冈石窟寺时所译《杂宝藏经》之影响。印度人说经,喜引典故,南北朝人为文,亦喜引典故。

《杂宝藏经》载印度故事，《世说》及《类苑》载中国故事。当时谈佛教故事者，多取材于《杂宝藏经》，谈中国故事者，多取材于《世说新语注》及《类苑》，实一时风尚。《南史》称：梁武帝每集文士，策经史事，加其赏赍。曾策"锦被"事，咸言已罄。帝试呼问峻；峻请纸笔，疏十余事，坐客皆惊。及峻《类苑》成，帝即命诸学士撰《华林遍略》以高之。其博洽见忌如此。其根底全植于云冈石窟寺为沙门时也。

或疑孝标在魏都，虽有十八年，然魏都文化并不高，孝标虽勤，何从得书。不知魏时文化虽甚鄙野，然孝标被略至魏，正魏孝文振兴文教之时，中原图籍，必渐搜集，云冈石窟寺新建，梵漠经典，正好贮藏。以今吉迦夜与孝标所译诸经无一不存之例例之，则古刹保存经籍之功实大。

云冈石窟寺今虽荒僻，然铁路未通时，其荒僻较今日何止十倍。故云冈虽有冠绝一时之雕刻，然见于文人题咏者绝少：《全唐诗》中，仅有宋昱一诗（第二函第七册）。直到明万历末年（1620）。始有吴伯与一诗，今刻石窟寺西阶下。又到清朝，然后有朱彝尊、曹溶、胡天游等，或因游宦，或因游幕，偶然至此题咏。胡天游诗有"野客定难携屐到，山禽犹自恋人啼"之句（见道光《大同县志》二十），其荒凉景况如此，想不到北魏在恒安建都时，云冈之热闹又如彼也。然则文人之到云冈者，实以刘孝标为第一人，注《水经》之郦道元当为第二人，其著作皆有名于后世。可惜《杂宝藏经》能因佛藏而存，而《类苑》不能借佛藏而存也。

孝标之卒，据《南史》在梁普通三年（522），年六十。据《梁书》为普通二年。以泰始五年（469）八岁推之，孝标当生于宋大明六年（462），六十岁当为普通二年，而三年字误也。

与昙曜同时同地译经者，尚有沙门昙靖，所译有《提谓波利经》二卷，《大唐内典录》尚著录；以不为世所推重，故早已不存。《提谓波利经》外又有《提谓经》一卷，亦经昙靖点窜，隋时民间盛行，故昙靖之名，唐初《续高僧传》以附《昙曜传》，而吉迦夜名反不著，不可谓非《续高僧传》一时之疏略也。

（本篇系一九二九年十月一日在燕京大学校舍落成典礼上宣读之论文，亦载于《燕京学报》第六期）

（摘自《陈垣史学论著选》，上海人民出版社，1981 年）

云冈石窟中所表现的北魏建筑

梁思成　　林徽音　　刘敦桢

绪　　言

1933 年 9 月间，营造学社同人，趁着到大同测绘辽金遗建华严寺、善化寺等之便，决定附带到云冈去游览，考察数日。

云冈灵岩石窟寺，为中国早期佛教史迹壮观。因天然的形势，在绵亘峭立的岩壁上，凿造龛像建立寺宇，动伟大的工程，如《水经注》漯水条所述"……凿石开山，因岩结构，真容巨壮，世法所希，山堂水殿，烟寺相望，……"又如《续高僧传》中所描写的"……面别镌像，穷诸巧丽，龛别异状，骇动人神……"则这灵岩石窟更是后魏艺术之精华——中国美术史上一个极重要时期中难得的大宗实物遗证。

但是或因两个极简单的原因，这云冈石窟的雕刻，除掉其在宗教意义上，频受人民香火，偶遭帝王巡幸礼拜外，十数世纪来直到近三十余年前，在这讲究金石考古学术的中国里，却并未有人注意及之。

我们所疑心的几个简单的原因，第一个浅而易见的，自是地处偏僻，交通不便。第二个原因，或是因为云冈石窟诸刻中，没有文字。窟外或崖壁上即使有，如《续高僧传》中所称之碑碣，却早已漫没不存痕迹，所以在这偏重碑拓文字的中国金石学界里，便引不起什么注意。第三个原因，是士大夫阶级好排斥异端，如朱彝尊的《云冈石佛记》，即其一例，宜其湮没千余年，不为通儒硕学所称道。

近人中，最早得见石窟，并且认识其在艺术史方面的价值和地位；发表文章；记载其雕饰形状；考据其兴造年代的，当推日人伊东[①]，和新会陈援庵先生[②]，此后专家作

---

① 伊东忠太：《北清建筑调查报告》，《建筑杂志》第 189 号；其还著有《支那建筑史》。
② 陈垣：《山西大同武州山石窟寺记》。

有系统的调查和详细摄影的，有法人沙畹（Chavannes）①，日人关野贞、小野诸人②，各人的论著均以这时期因佛教的传布，中国艺术固有的血脉中，忽然掺杂旺而有力的外来影响，为可重视。且西域所传入的影响，其根苗可远推至希腊古典的渊源，中间经过复杂的途径，迤逦波斯，蔓延印度（图1），更推迁至西域诸族，又由南北两路犍陀罗及西藏以达中国。这种不同文化的交流濡染，为历史上最有趣的现象，而云冈石刻便是这种现象极明晰的实证之一种，自然也就是近代治史者所最珍视的材料了。

根据着云冈诸窟的雕饰花纹的母题（motif）及刻法，佛像的衣褶容貌及姿势，断定中国艺术约摸由这时期起，走入一个新的转变，是毫无问题的。以汉代遗刻中所表现的一切戆直古劲的人物车马花纹（图2），与六朝以还的佛像饰纹和浮雕的草叶、璎珞、飞仙等等相比较，则前后断然不同的倾向，一望而知。仅以刻法而论，前者单简冥顽，后者在质朴中，忽而柔和生动，更是相去悬殊。

但云冈雕刻中，"非中国"的表现甚多；或显明承袭希腊古典宗脉；或繁复的掺杂印度佛教艺术影响；其主要各派元素多是囫囵包并，不难历历辨认出来的。因此又与后魏迁洛以后所建伊阙石窟——即龙门——诸刻（图3）稍不相同。以地点论，洛阳伊阙已是中原文化中心所在；以时间论，魏帝迁洛时，距武州凿窟已经半世纪之久；此期中国本有艺术的风格，得到西域袭入的增益后，更是根深蒂固，一日千里，反将外来势力积渐融化，与本有的精神冶于一炉。

云冈雕刻既然上与汉刻迥异，下与龙门较，又有很大差别，其在中国艺术史中，固自成一特种时期。近来中西人士对于云冈石刻更感兴趣，专程到那里谒拜鉴赏的，便成为常事，摄影翻印，到处可以看到。同人等初意不过是来大同机会不易，顺便去灵岩开开眼界，瞻仰后魏艺术的重要表现；如果获得一些新的材料，则不妨图录笔记下来，作一种云冈研究补遗。

以前从搜集建筑实物史料方面，我们早就注意到云冈、龙门，及天龙山等处石刻上"建筑的"（architecturl）价值，所以造像之外，影片中所呈示的各种浮雕花纹及建筑部分（若门楣、栏杆、柱塔等等）均早已列入我们建筑实物史料的档库。这次来到云冈，我们得以亲目抚摩这些珍罕的建筑实物遗证，同行诸人，不约而同的第一转念，便是作一种关于云冈石窟"建筑的"方面比较详尽的分类报告。

这"建筑的"方面有两种：一是洞本身的布置、构造及年代，与敦煌印度之差别等等，这个倒是比较简单的；一是洞中石刻上所表现的北魏建筑物及建筑部分，这后者却是个大大有意思的研究，也就是本篇所最注重处，亦所以命题者。然后我们当更讨论

---

① Edouard Chavannes：Mission archeologique dans La Chine Septentrionale.

② 小野玄妙：《极东之三大艺术》。

到云冈飞仙的雕刻，及石刻中所有的雕饰花纹的题材、式样等等，最后当在可能范围内，研究到窟前当时，历来，及现在的附属木构部分，以结束本篇。

一 洞名

云冈诸窟，自来调查者各以主观命名，所根据的，多倚赖于传闻，以讹传讹，极不一致。如沙畹书中未将东部四洞列入，仅由东部算起；关野虽然将东部补入，却又遗漏中部西端三洞。至于伊东最早的调查，只限于中部诸洞，把东西二部全体遗漏，虽说时间短促，也未免遗漏太厉害了。

本文所以要先厘定各洞名称，俾下文说明，有所根据。兹依云冈地势分云冈为东、中、西三大部。每部自东向西，依次排号；小洞无关重要者从略。再将沙畹、关野、小野三人对于同一洞的编号及名称，分行列于底下，以作参考。

东部	沙畹命名	关野命名（附中国名称）	小野调查之名称
第一洞 No.1		（东塔洞）	石鼓洞
第二洞 No.2		（西塔洞）	寒泉洞
第三洞 No.3		（隋大佛洞）	灵岩寺洞
第四洞 No.4			
中部			
第一洞 No.1	No.5（大佛洞）		阿弥陀佛洞
第二洞 No.2	No.6（大四面佛洞）		释迦佛洞
第三洞 No.3	No.7（西来第一佛洞）		准提阁菩萨洞
第四洞 No.4	No.8（佛籁洞）		佛籁洞
第五洞 No.5	No.9（释迦洞）		阿閦佛洞
第六洞 No.6	No.10（持钵佛洞）		毗庐佛洞
第七洞 No.7	No.11（四面佛洞）		接引佛洞
第八洞 No.8	No.12（倚像洞）		离垢地菩萨洞
第九洞 No.9	No.13（弥勒洞）		文殊菩萨洞
西部			
第一洞 No.16	No.16（立佛洞）		接引佛洞
第二洞 No.17	No.17（弥勒三尊洞）		阿閦佛洞
第三洞 No.18	No.18（立三佛洞）		阿閦佛洞
第四洞 No.19	No.19（大佛三洞）		宝生佛洞
第五洞 No.20	No.20（大露佛）		白佛耶洞

第六洞　　　　　No. 21（塔洞）　　　　　千佛洞

本文仅就建筑与装饰花纹方面研究，凡无重要价值的小洞，如中部西端三洞与西部东端二洞，均不列入，故篇中名称，与沙畹、关野两人的号数不合（图6）。此外云冈对岸西小山上，有相传造像工人所凿，自为功德的鲁班窑二小洞；和云冈西七里姑子庙地方，被川水冲毁，仅余石壁残像的尼寺石祇洹舍，均无关重要，不在本文范围以内。

二　洞的平面及其建造年代

云冈诸窟中，只是西部第一到第五洞，平面作椭圆形，或杏仁形，与其他各洞不同。关野、常盘合著的《支那佛教史迹》第二集评解，引魏书兴光元年，于五级大寺为太祖以下五帝铸铜像之例，疑此五洞亦为纪念太祖以下五帝而设，并疑《魏书·释老志》所言昙曜开窟五所，即此五洞，其时代在云冈诸洞中为最早。

考《魏书·释老志》卷百十四原文："……兴光元年秋，敕有司于五级大寺内，为太祖以下五帝，铸释迦立像五，各长一丈六尺。……太安初，有师子国胡沙门邪奢遗多浮陀难提等五人，奉佛像三到京都，皆云备历西域诸国，见佛影迹及肉髻，外国诸王相承，咸遣工匠摹写其容，莫能及难提所造者。去十余步视之炳然，转近转微。又沙勒胡沙门赴京致佛钵，并画像迹。和平初，师贤卒，昙曜代之，更名沙门统。初，昙曜以复法之明年，自中山被命赴京，值帝出，见于路，……帝后奉以师礼。昙曜白帝，于京城西武州塞，凿山石壁，开窟五所，镌建佛像各一，高者七十尺，次六十尺。雕饰奇伟，冠于一世。……"

所谓"复法之明年"，自是兴安二年（453），魏文成帝即位的第二年，也就是太武帝崩后第二年。关于此节，有《续高僧传》昙曜传中一段记载，年月非常清楚："先是太武皇帝太平真君七年，司徒崔皓令帝崇重道士寇谦之，拜为天师，珍敬老氏。虔刘释种，焚毁寺塔。至庚寅年（太平真君十一年），太武感疠疾，方始开悟。帝心既悔，诛夷崔氏。至壬辰年（太平真君十三年，亦即安兴元年）太武云崩，子文成立，即起塔寺，搜访经典。毁法七载，三宝还兴；曜慨前陵废，欣今重复……"由太平真君七年毁法，到兴安元年"起塔寺""访经典"的时候，正是前后七年，故有所谓"毁法七载，三宝还兴"的话；那么无疑的"复法之明年"，即是兴安二年了。

所可疑的只是：（一）到底昙曜是否在"复法之明年"见了文成帝便去开窟，还是到了"和平初，师贤卒"他做了沙门统之后，才"白帝于京城西……开窟五所"？这里前后就有八年的差别，因魏文成帝于兴安二年后改号兴光，一年后又改太安，太安共五年，才改号和平的。（二）《释老志》文中"后帝奉以师礼，曜白帝于京城西……"这里"后"字，亦颇蹊跷。到底这时候，距昙曜初见文成帝时候有多久？见文成帝之年固为兴安二年，他禀明要开窟之年（即使不待他做了沙门统），也可在此后两三年，三四年之中，帝奉以师礼之后！

总而言之，我们所知道的只是昙曜于兴安二年（453）入京见文成帝，到和平初年（460）做了沙门统。至于武州塞五窟，到底是在这八年中的哪一年兴造的，则不能断定了。

《释老志》关于开窟事，和兴光元年铸像事的中间，又记载那一节太安初师子国（锡兰）胡沙门难提等奉像到京都事。并且有很恭维难提摹写佛容技术的话。这个令人颇疑心与石窟镌像，有相当瓜葛。即不武断的说，难提与石窟巨像，有直接关系，因难提造像之佳，"视之炳然……"而猜测他所摹写的一派佛容，必然大大的影响当时佛像的容貌，或是极合理的。云冈诸刻虽多犍陀罗影响，而西部五洞巨像的容貌衣褶，却带极浓厚的中印度气味的。

至于《释老志》，"昙曜开窟五所"的窟，或即是云冈西部的五洞，此说由云冈石窟的平面方面看起来，我们觉得更可以置信。（一）因为它们的平面配置，自成一统系，且自左至右五洞，适相连贯。（二）此五洞皆有本尊像及胁侍，面貌最富异国情调（图4），与他洞佛像大异。（三）洞内壁面列无数小龛小佛，雕刻甚浅，没有释迦事迹图。塔与装饰花纹亦甚少，和中部诸洞不同。（四）洞的平面由不规则的形体，进为有规则之方形或长方形，乃工作自然之进展与要求。因这五洞平面的不规则，故断定其开凿年代必最早。

《支那佛教史迹》第二集评解中，又谓中部第一洞为孝文帝纪念其父献文帝所造，其时代仅次于西部五大洞。因为此洞平面前部，虽有长方形之外室，后部仍为不规则之形体，乃过渡时代最佳之例。这种说法，固甚动听，但文献上无佐证，实不能定谳。

中部第三洞，有太和十三年铭刻；第七洞窗东侧，有太和十九年铭刻，及洞内东壁曾由叶恭绰先生发现之太和七年铭刻。文中有"邑义信士女等五十四人……共相劝合为国兴福，敬造石庙形象九十五区及诸菩萨，愿以此福……"等等。其他中部各洞全无考。但就佛容及零星雕刻作风而论，中部偏东诸洞，仍富于异国情调（图6）。偏西诸洞，虽洞内因石质风化过甚，形象多经后世修葺，原有精神完全失掉，而洞外崖壁上的刻像，石质较坚硬，刀法伶俐可观，佛貌又每每微长，口角含笑，衣褶流畅精美，渐类龙门诸像。已是较晚期的作风无疑。和平初年到太和七年，已是二十三年，实在不能不算是一个相当的距离。且由第七洞更偏西去的诸洞，由形势论，当是更晚的增辟，年代当又在太和七年后若干年了。

西部五大洞之外，西边无数龛洞（多已在崖面成浅龛），以作风论，大体较后于中部偏东四洞，而又较古于中部偏西诸洞。但亦偶有例外，如西部第六洞的洞口东侧，有太和十九年铭刻，与其东侧小洞，有延昌年间的铭刻。

我们认为最稀奇的是东部未竣工的第三洞。此洞又名灵岩，传为昙曜的译经楼，规模之大，为云冈各洞之最。虽未竣工，但可看出内部佛像之后，原计划似预备凿通，俾可绕行佛后的。外部更在洞顶崖上，凿出独立的塔一对（图46），塔后石壁上，又有小洞一排，为他洞所无。以事实论，颇疑此洞因孝文帝南迁洛阳，在龙门另营石窟，平城（即大同）日就衰落，故此洞工作，半途中辍，但确否尚需考证。以作风论，关野、常盘谓第三洞佛像在北魏与唐之间，疑为隋炀帝纪念其父文帝所建。新海、中川合著之《云冈石窟》竟直称为初唐遗物。这两说未免过于武断。事实上，隋唐皆都长安、洛阳，绝无于云冈造大窟之理，史上亦无此先例。且即根据作风来察这东部大洞的三尊巨像的时代，也颇有疑难之处。

我们前边所称，早期异国情调的佛像，面容为肥圆的；其衣纹细薄，贴附于像身（所谓湿褶纹者）；佛体呆板，僵硬，且权衡短促；与他像修长微笑的容貌，斜肩而长身，质实垂重的衣裾褶纹，相较起来，显然有大区别。现在这里的三像，事实上虽可信其为云冈最晚的工程，但相貌、衣褶、权衡，反与前者，所谓异国神情者，如出一辙，骤反后期风格。

不过在刀法方面观察起来，这三像的各样刻工，又与前面两派不同，独成一格。这点在背光和头饰的上面，尤其显著。

这三像的背光上火焰，极其回绕柔和之能事，与西部古劲挺强者大有差别；胁侍菩萨的头饰则繁富精致（ornate），花纹更柔圆近于唐代气味（论者定其为初唐遗物，或即为此）。佛容上，耳、鼻、手的外廓刻法，亦肥圆避免锐角，项颈上三纹堆叠，更类他处隋代雕像特征。

这样看来，这三像岂为早期所具规模，至后（迁洛前）才去雕饰的，一种特殊情况下遗留的作品？不然，岂太和以后某时期中云冈造像之风暂敛，至孝文帝迁都以前，镌建东部这大洞时，刻像的手法乃大变，一反中部风格，倒去模仿西部五大洞巨像的神气？再不然，即是兴造此洞时，在佛像方面，有指定的印度佛像作模型镌刻。关于这点，文献上既苦无材料帮助消解这种种哑谜。东部未竣工的大洞兴造年代，与佛像雕刻时期，到底若何，怕仍成为疑问，不是从前论断者所见得的那么简单"洞未完竣而辍工"。近年偏西次洞又遭凿毁一角，东部这三洞，灾故又何多？

现在就平面及雕刻诸点论，我们可约略地说：西部五大洞建筑年代最早，中部偏东诸大洞次之，西部偏西诸洞又次之。中部偏西各洞及崖壁外大龛再次之。东部在雕刻细工上，则无疑的在最后。

离云冈全部稍远，有最偏东的两塔洞，塔居洞中心，注重于建筑形式方面，瓦檐、斗栱及支柱，均极清晰显明，佛像反模糊无甚特长，年代当与中部诸大洞前后相若，尤其是释迦事迹图，宛似中部第二洞中所有。

就塔洞论，洞中央之塔柱雕大尊佛像者较早，雕楼阁者次之。详下文解释。

三　石窟的源流问题

石窟的制作受佛教之启迪，毫无疑问，但印度 Ajanta 诸窟之平面（图5），比较复杂，且纵穴甚深，内有支提塔，有柱廊，非我国所有。据 von Le Coq 在新疆所调查者（图5），其平面以一室为最普通，亦有二室者。室为方形，较印度之窟简单，但是诸窟的前面用走廊连贯，骤然看去，多数的独立的小窟团结一气，颇觉复杂，这种布置，似乎在中国窟与印度窟之间。

敦煌诸窟，伯希和书中没有平面图，不得知其详。就相片推测，有二室联结的。有塔柱，四面雕佛像的。室的平面，也是以方形和长方形居多。疑与新疆石窟是属于一个系统，只因没有走廊联络，故更为简单。

云冈中部诸洞，大半都是前后两间。室内以方形和长方形为最普遍。当然受敦煌及西域的影响较多，受印度的影响较少。所不可解者，昙曜最初所造的西部五大窟，何以独作椭圆形、杏仁形（图6），其后中部诸洞，始与敦煌等处一致？岂此五洞出自昙曜及其工师独创的意匠？抑或受了敦煌西域以外的影响？在全国石窟尚未经精密调查的今日，这个问题又只能悬起待考了。

四　石刻中所表现的建筑形式

（一）塔

云冈石窟所表现的塔分两种：一种是塔柱，另一种便是壁面上浮雕的塔。

甲　塔柱是个立体实质的石柱，四面镂着佛像，最初塔柱是模仿印度石窟中的支提塔（图7），纯然为信仰之对象。这种塔柱立在中央，为的是僧众可以绕行柱的周围，礼赞供养。伯希和《敦煌图录》中认为北凉建造的第一百十一洞，就有塔柱，每面皆琢佛像。云冈东部第四洞，及中部第二洞、第七洞，也都是如此琢像在四面的，其受敦煌影响，当没有疑问。所宜注意之点，则是由支提塔变成四面雕像的塔柱，中间或尚有其过渡形式，未经认识，恐怕仍有待专家的追求。

稍晚的塔柱，中间佛像缩小，柱全体成小楼阁式的塔，每面镂刻着檐柱、斗栱，当中刻门栱形（有时每面三间或五间），浮雕佛像，即坐在门栱里面。虽然因为连着洞顶，塔本身没有顶部，但底下各层，实可做当时木塔极好的模型。

与云冈石窟同时或更前的木构建筑，我们固未得见，但《魏书》中有许多建立多层浮图的记载，且《洛阳伽蓝记》中所描写的木塔，如熙平元年（516）胡太后所建之永宁寺九层浮图，距云冈开始造窟仅五十余年，木塔营建之术，则已臻极高程度，可见半世纪前，三五层木塔，必已甚普通。至于木造楼阁的历史，根据史料，更无疑的已有相当年代，如《后汉书》陶谦传，说"笮融大起浮屠寺，上累金盘，下为重楼。"而汉刻中，重楼之外，陶质冥器中，且有极类塔形的三层小阁，每上一层面阔且递减（图8）。故我们可以相信云冈塔柱，或浮雕上的层塔，必定是本着当时的木塔而镌刻的，绝非臆造的形式。因此云冈石刻塔，也就可以说是当时木塔的石仿模型了。

属于这种的云冈独立塔柱，共有五处，平面皆方形（《洛阳伽蓝记》中木塔亦谓"有四面"），列表如下：

东部第一洞　二层　每层一间（图9）

东部第二洞　三层　每层三间（图10）

中部东山谷中塔洞　五层？　　每层？间

西部第六洞　五层　每层五间（图11）

中部第二洞　中间四大佛像　四角四塔柱　九层　每层三间（图12）

上列五例，以西部第六洞的塔柱为最大，保存最好。塔下原有台基，惜大部残毁不能辨认。上边五层重叠的阁，面阔与高度呈递减式，即上层面阔同高度，比下层每次减少，使外观安稳隽秀。这个是中国木塔重要特征之一，不意频频见于北魏石窟雕刻上，可见当时木塔主要形式已是如此，只是平面，似尚限于方形。

日本奈良法隆寺，藉高丽东渡僧人监造，建于隋炀帝大业三年（607），间接传中国六朝建筑形制。虽较熙平元年永宁寺塔，晚近一世纪，但因远在外境，形制上亦必守旧，不能如文化中区的迅速精进。法隆寺塔（图13）共五层，平面亦是方形；建筑方面已精美成熟，外表玲珑开展。推想在中国本土，先此百余年时，当已有相当可观的木塔建筑无疑。

至于建筑主要各部，在塔柱上亦皆镌刻完备，每层的阁所分各间，用八角柱区隔，中雕龛栱及像（龛有圆栱、五边栱两种间杂而用）柱上部放坐斗，载额枋，额枋上不见平板枋。斗栱仅柱上用一斗三升；补间用"人字栱"；檐椽只一层，断面作圆形，椽到阁的四隅作斜列状，有时檐角亦微微翘起。椽与上部的瓦陇间隔，则上下一致。最上层因须支撑洞的天顶，所以并无似浮雕上所刻的刹柱相轮等等。除此之外，所表现各部，都是北魏木塔难得的参考物。

又东部第一洞第二洞的塔柱，每层四隅皆有柱，现仅第二洞的尚存一部分。柱断面为方形，微去四角。旧时还有栏杆围绕，可惜全已毁坏。第一洞廊上的天花作方格式，还可以辨识。

中部第二洞的四小塔柱，位于刻大像的塔柱上层四隅。平面亦方形。阁共九层，向上递减至第六层。下六层四隅，有凌空支立的方柱。这四个塔柱因平面小，故檐下比较简单，无一斗三升的斗栱，人字栱及额枋。柱是直接支于檐下，上有大坐斗，如同多立克式柱头（Doric order），更有意思的，就是檐下每龛门栱上，左右两旁有伸出两卷瓣的栱头，与奈良法隆寺金堂上"云肘木"（即云形栱）或玉虫厨子柱上的"受肘木"极其相似，惟底下为墙，且无柱故亦无坐斗（图14）。

这几个多层的北魏塔型，又有个共有的现象，值得注意的，便是底下一层檐部，直接托住上层的阁，中间没有平坐。此点即奈良法隆寺五层塔亦如是。阁前虽有勾栏，却非后来的平坐，因其并不伸出阁外，另用斗栱承托着。

乙　浮雕的塔，遍见各洞，种类亦最多。除上层无相轮，仅刻忍冬草纹的，疑为浮雕柱的一种外（伊东因其上有忍冬草，称此种作哥林特式柱 Corinthian order）其余列表如下：

一层塔——①上方下圆，有相轮五重（图15）。见中部第二洞上层，及中部第九洞。

②方形，见中部第九洞。

三层塔——平面方形，每层间数不同（图16）。

①见中部第七洞，第一层一间，第二层二间，第三层一间，塔下有方座，脊有合角鸱尾，刹上具相轮五重，及宝珠。

②见中部第八第九洞，每层均一间。

③见西部第六洞，第一层二间，第二、三层各一间，每层脊有合角鸱尾。

④见西部第二洞，第一、二层各一间，第三层二间。

五层塔——平面方形。

①见东部第二洞，此塔有侧脚。

②见中部第二洞，有台基，各层面阔，高度，均向上递减（图17）。

③见中部第七洞。

七层塔——平面方形（图18）。

见中部第七洞，塔下有台座，无枭混及莲瓣。每层之角悬幡，刹上具相轮五层，及宝珠。

以上甲乙两种的塔，虽表现方法稍不同，但所表示的建筑式样，除圆顶塔一种外，全是中国"楼阁式塔"建筑的实例。现在可以综合它们的特征，列成以下各条。

（一）平面全限于方形一种，多边形尚不见。

（二）塔的层数，只有东部第一洞有个偶数的，余全是奇数，与后代同。

（三）各层面阔和高度向上递减，亦与后代一致。

（四）塔下台基没有曲线枭混合莲瓣，颇像敦煌石窟的佛座，疑当时还没有像宋代须弥座的繁褥雕饰。但是后代的枭混曲线，似乎由这种直线枭混演变出来的。

（五）塔的屋檐皆直檐（但浮雕中殿宇的前檐，有数处已明显的上翘），无裹角法，故亦无仔角梁老角梁之结构。

（六）椽子仅一层，但已有斜列的翼角椽子。

（七）东部第二窟之五层塔浮雕，柱上端向内倾斜，大概是后世侧脚之开始。

（八）塔顶之形状（图19）：东部第二洞浮雕五层塔，下有方座。其露盘极像日本奈良法隆寺五重塔，其上忍冬草雕饰，如日本的受花，再上有覆钵，覆钵上刹柱饰，相轮五重顶，冠宝珠。可见法隆寺刹上诸物，俱传自我国，分别只在法隆寺塔刹的覆钵，在受花下，云冈的却居受花上。云冈刹上没有水烟，与日本的亦稍不同。相轮之外廓，上小下大（东部第二洞浮雕），中段稍向外膨出。东部第一洞与中部第二洞之浮雕塔，一塔三刹，关野谓为"三宝"之表征，其制为近世所没有。总之根本全个刹，即是一个窣堵波（stupa）。

（九）中国楼阁向上递减，顶上加一个窣堵波，便为中国式的木塔。所以塔虽是佛教象征意义最重的建筑物，传到中土，却中国化了，变成这中印合璧的规模，而在全个结构及外观上中国成分，实又占得多。如果《后汉书》陶谦传所记载的，不是虚伪，此种木塔，在东汉末期，恐怕已经布下种子了。

（二）殿宇

壁上浮雕殿宇共有两种，一种是刻成殿宇正面模型，用每两柱间的空隙，镌刻较深佛龛而居像（图21、22）；另一种则是浅刻释迦事迹图中所表现的建筑物（图20）。这两种殿宇的规模，虽甚简单，但建筑部分，固颇清晰可观，和浮雕诸塔同样，有许多可供参考的价值，如同檐柱、额枋、斗栱、房基、栏杆、阶级等等。不过前一种既为佛龛的外饰，有时竟不是十分忠实的建筑模型；檐下瓦上，多增加非结构的花鸟，后者因在事迹图中，故只是单间的极简单的建筑物，所以两种均不足代表当时的宫室全部的规矩。它们所供给的有价值的实证，故仍在几个建筑部分上（详下文）。

（三）洞口柱廊

洞口因石质风化太甚，残破不堪，石刻建筑结构，多已不能辨认。但中部诸洞有前后两室者，前室多作柱廊，形式类希腊神庙前之茵安提斯（inantis）柱廊之布置。廊作长方形，面阔约倍于进深，前面门口加两根独立大支柱，分全面阔为三间。这种布置，亦见于山西天龙山石窟，惟在比例上，天龙山的廊较为低小，形状极近于木构的支柱及阑额。云冈柱廊最完整的见于中部第八洞（图23、24），柱身则高大无伦。廊内开敞，刻几层主要佛龛。惜外面其余建筑部分，均风化不稍留痕迹，无法考其原状。

五　石刻中所见建筑部分

（一）柱

柱的平面虽说有八角形、方形两种，但方形的，亦皆微去四角，而八角形的，亦非正八角形，只是所去四角稍多，"斜边"几乎等于"正边"而已。

柱础见于中部第八洞的，也作八角形，颇像宋式所谓櫍。柱身下大上小，但未有entasis及卷刹。柱面常有浅刻的花纹，或满琢小佛龛。柱上皆有坐斗，斗下有皿板，与法隆寺同。

柱部分显然得外国影响的，散见各处：如一，中部第八洞入口的两侧有二大柱，柱下承以台座，略如希腊古典的pedestal，疑是受犍陀罗的影响。二，中部第八洞柱廊内墙东南转角处，有一八角短柱立于勾栏上面（图23）；柱头略像方形小须弥座，柱中段绕以莲瓣雕饰，柱脚下又有忍冬草叶，由四角承托上来。这个柱的外形，极似印度式样，虽然柱头柱身及柱脚的雕饰，严格的全不本着印度花纹。三，各种希腊柱头（图25），中部第八洞有"爱奥尼亚"（Lonic order）式柱头极似Temple of Neandria柱头（图25）。散见于东部第一洞，中部三、四等洞的，有哥林特式柱头，但全极简单，不能与希腊正规的order相比；且云冈的柱头乃忍冬草大叶，远不如希腊acanthus叶的复杂。四，东部第四洞有人形柱，但极粗糙，且大部已毁。五，中部第二洞龛栱下，有小短柱支托，则又完全作波斯形式，且中部第八洞壁画上，亦有兽形栱与波斯兽形柱头相同（图26）。六，中部某部浮雕柱头，见于印度古石刻（图27）。

（二）阑额

阑额载于坐斗内，没有平板枋，额亦仅有一层。坐斗与阑额中间有细长替木，见中部第五，第八洞内壁上浮雕的正面殿宇（图21）。阑额之上又有坐斗，但较阑额下，柱头坐斗小很多，而与其所承托的斗栱上三个升子斗，大小略同。斗栱承柱头枋，枋则又直接承于椽子底下。

（三）斗栱

柱头铺作一斗三升放在柱头上之阑额上，栱身颇高，无栱瓣，与天龙山的例不同。升有皿板。补间，铺作有人字形栱，有皿板，人字之斜边作直线，或尚存古法

（图 21、22）。

中部第八洞壁面佛龛上的殿宇正面，其柱头铺作的斗栱，外形略似一斗三升，而实际乃刻两兽背面屈膝状，如波斯柱头（图 26）。

（四）屋顶

一切屋顶全表现四柱式，无歇山、硬山、挑山等。屋角或上翘，或不翘，无子角梁老角梁之表现（图 21、22）。

椽子皆一层，间隔较瓦轮稍密，瓦皆筒瓦。屋脊的装饰，正脊两端用鸱尾，中央及角脊用凤凰形装饰，尚保留汉石刻中所示的式样。正脊偶以三角形之火焰与凤凰，间杂用之，其数不一，非如近代，仅于正脊中央放置宝瓶。见中部第五第六第八等洞。

（五）门与栱

门皆方首。中部第五洞（图 28）门上有斗栱檐椽，似模仿木造门罩的结构。

栱门多见于壁龛。计可分两种：圆栱及五边栱（图 29）。圆栱的内周（introdus）多刻作龙形，两龙头在栱开始处。外周（extrodus）作宝珠形。栱面多雕趺坐的佛像。这种栱见于敦煌石窟，及印度古石刻，其印度的来源，甚为明显。所谓五边栱者，即方门抹去上两角；这种栱也许是中国固有。我国古代未有发券方法以前，有圭门圭窦之称；依字义解释，圭者尖首之谓，宜如⌂形，进一步在上面加一边而成⌂，也是演绎程序中可能的事。在敦煌无这种栱龛，但壁画中所画中国式城门，却是这种形式，至少可以证明云冈的五边栱，不是从西域传来的。后世宋代之城门，元之居庸关，都是用这种栱。云冈的五边栱，栱面都分为若干方格，格内多雕飞天；栱下或垂幔帐，或悬璎珞，做佛像的边框。间有少数佛龛，不用栱门，而用垂幛的（图 30）。

（六）栏杆及踏步

踏步只见于中部第二洞佛迹图内殿宇之前（图 20）。大都一组置于阶基正中，未见两组三组之列。阶基上的栏杆，刻作直棂，到踏步处并沿踏步两侧斜下。踏步栏杆下端，没有抱鼓石，与南京栖霞山舍利塔雕刻符合。

中部第五洞有万字栏杆（图 24），与日本法隆寺勾栏一致。这种栏杆是六朝唐宋间最普通的做法，图画见于敦煌壁画中；在蓟县独乐寺、应县佛宫寺塔上则都有实物留存至今。

（七）藻井

石窟顶部，多刻作藻井（图 32~34），这无疑的也是按照当时木构在石上模仿的。

藻井多用"支条"分格，但也有不分格的。藻井装饰的母题，以飞仙及莲花为主，或单用一种，或两者掺杂并用。龙也有用在藻井上的，但不多见（图35）。

藻井之分划，依室的形状，颇不一律（图31），较之后世齐整的方格，趣味丰富得多。斗八之制，亦见于此。

窟顶都是平的，敦煌与天龙山之凸形天顶，不见于云冈，是值得注意的。

六　石刻的飞仙

洞内外壁面与藻井及佛后背光上，多刻有飞仙，作盘翔飞舞的姿势，窈窕活泼，手中或承日月宝珠，或持乐器，有如基督教艺术中的安琪儿。飞仙的式样虽然甚多，大约可分两种，一种是着印度湿折的衣裳而露脚的（图4）；一种是着短裳曳长裙而不露脚，裙末在脚下缠绕后，复张开飘扬的（图36）。两者相较，前者多肥笨而不自然，后者轻灵飘逸，极能表出乘风羽化的韵致，尤其是那开展的裙裾及肩臂上所披的飘带，生动有力，迎风飞舞，给人以回翔浮荡的印象。

从要考研飞仙的来源方面来观察它们，则我们不能不先以汉代石刻中与飞仙相似的神话人物（图2），和印度佛教艺术中的飞仙，两相较比着看。结果极明显的，看出云冈的露脚，肥笨做跳跃状的飞仙，是本着印度的飞仙模仿出来的无疑，完全与印度飞仙同一趣味。而那后者，长裙飘逸的，有一些并着两腿，望一边曳着腰身，裙末翘起，颇似人鱼，与汉刻中鱼尾托云的神话人物，则又显然同一根源（图34）。后者这种屈一膝作猛进姿势的，加以更飘散的裙裾，多脱去人鱼形状，更进一步，成为最生动灵敏的飞仙，我们疑心它们在云冈飞仙雕刻程序中，必为最后最成熟的作品。

天龙山石窟飞仙中之佳丽者，则是本着云冈这种长裙飞舞的，但更增富其衣褶，如腰部的散褶及裤带。肩上飘带，在天龙山的，亦更加曲折回绕，而飞翔姿势，亦愈柔和浪漫。每个飞仙加上衣带彩云，在布置上，常有呈一圆形图案者（图37）。

曳长裙而不露脚的飞仙，在印度西域佛教艺术中俱无其例，殆亦可注意之点。且此种飞仙的服装，与唐代陶俑美人甚似，疑是直接写真当代女人服装。

飞仙两臂的伸屈，颇多姿态；手中所持乐器亦颇多种类，计所见有如下条件：

鼓，◻状，以带系于项上、腰鼓、笛、笙、琵琶筝◻（类外国 harp）◻但无钹。其他则常有持日、月、宝珠及散花者。

总之飞仙的容貌仪态亦如佛像，有带浓重的异国色彩者，有后期表现中国神情美感者。前者身躯肥胖，权衡短促，服装简单，上身几全祖露，下裳则作印度式短裙，缠结于两腿间，粗陋丑俗。后者体态修长，风致娴雅，短衣长裙，衣褶简而有韵，肩带长而回绕，飘忽自如，的确能达到超尘的理想。

七　云冈石刻中装饰花纹及色彩

云冈石刻中的装饰花纹种类奇多，而十之八九，为外国传入的母题及表现（图 38、39）。其中所示种种饰纹，全为希腊的来源，经波斯及犍陀罗而输入者，尤其是回折的卷草，根本为西方花样之主干，而不见于中国周汉各饰纹中。但自此以后，竟成为中国花样之最普通者，虽经若干变化，其主要左右分枝回旋的原则，仍始终固定不改。

希腊所谓 acanthus 叶，本来颇复杂，云冈所见则比较简单：日人称为忍冬草，以后中国所有卷草、西番草、西番莲者，则全本源于回折的 acanthus 花纹。

图中所示的"连环纹"，其原则是每一环自成一组，与它组交结处，中间空隙，再填入小花样；初望之颇似汉时中国固有的绳纹，但绳纹的原则，与此大不相同，因绳纹多为两根盘结不断；以绳纹复杂交结的本身，作图案母题，不多藉力于其他花样。而此种以三叶花为主的连环纹，则多见于波斯希腊雕饰。

佛教艺术中所最常见的莲瓣，最初无疑根源于希腊水草叶，而又演变而成为莲瓣者。但云冈石刻中所呈示的水草叶，则仍为希腊的本来面目，当是由犍陀罗直接输入的装饰。同时佛座上所见的莲瓣，则当是从中印度随佛教所来，重要的宗教饰纹，其来历却又起源于希腊水草叶者。中国佛教艺术积渐发达，莲瓣因为带着象征意义，亦更兴盛，种种变化及应用，迭出不穷，而水草叶则几绝无仅有，不再出现了。

其他饰纹如璎珞（beads）、花绳（garlands）及束苇（reeds）等，均为由犍陀罗传入的希腊装饰无疑。但尖齿形之幕沿装饰，则绝非希腊式样，而与波斯锯齿饰或有关系（图 39）。真正万字纹未见于云冈石刻中，偶有万字勾栏，其回纹与希腊万字，却绝不相同。水波纹亦偶见，当为中国固有影响。

以兽形为母题之雕饰，共有龙、凤、金翅鸟（Garuda）、螭首、正面饕餮、狮子，这些除金翅鸟为中印度传入，狮子带着波斯色彩外，其余皆可说是中国本有的式样，而在刻法上略受西域影响的。

汉石刻砖纹及铜器上所表现的中国固有雕纹，种类不多，最主要的如雷纹、斜线纹、斜方格、斜方万字纹、直线或曲线的水波纹、绳纹、锯齿、乳箭头叶、半圆弧纹等，此外则多倚赖以鸟兽人物为母题的装饰，如青龙、白虎、饕餮、凤凰、朱雀及枝叶交纽的树，成列的人物车马，及打猎时奔窜的犬鹿兔豕等等。

对汉代或更早的遗物有相当认识者，见到云冈石刻的雕饰，实不能不惊诧北魏时期由外传入崭新花样的数量及势力！盖在花纹方面，西域所传入的式样，实可谓喧宾夺主，从此成为十数世纪以来，中国雕饰的主要渊源。继后唐宋及后代一切装饰花纹，均无疑义的，无例外的，由此展进演化而成。

色彩方面最难讨论，因石窟中所施彩画，全是经过后世的重修，伧俗得很。外壁悬崖小洞，因其残缺，大概停止修葺较早，所以现时所留色彩痕迹，当是较古的遗制，但恐怕绝不会是北魏原来面目。佛像多用朱，背光绿地；凸起花纹用红或青或绿。像身有无数小穴，或为后代施色时用以钉布布箔以涂丹青的。

八　窟前的附属建筑

论到石窟寺附属殿宇部分，我们得先承认，无论今日的石窟寺木构部分所给予我们的印象为若何；其布置及结构的规模为若何，欲因此而推断一千四百余年前初建时的规制，及历后逐渐增辟建造的程序，是个不可能的事。不过距开窟仅四五十年的文献，如《水经注》里边的记载，应当算是我们考据的最可靠材料，不得不先依其文句，细释而检讨点事实，来作参考。

《水经注》漯水条里，虽无什么详细的描写，但原文简约清晰，亦非夸大之词。"凿石开山，因岩结构。真容巨壮，世法所希。山堂水殿，烟寺相望。林渊锦镜，缀目新眺。"关于云冈巨构，仅这四句简单的描述而已。这四句中，首、次、末三段，句句既是个真实情形的简说。至今除却河流干涸，沙床已见外，这描写仍与事实相符，可见其中第三句"山堂水殿，烟寺相望"当也是即景说事。不过这句意义，亦可作两种解说。一个是：山和堂，水和殿，烟和寺，各各对望着，照此解释，则无疑的有"堂"、"殿"和"寺"的建筑存在，且所给的印象，是这些建筑物与自然相照对峙，必有相当壮丽，在云冈全景中，占据重要的位置的。

第二种解说，则是疑心上段"山堂水殿"句，为含着诗意的比喻，称颂自然形势的描写。简单说便是：据山为堂（已是事实），因水为殿的比喻式，描写"山而堂，水而殿"的意思，因为就形势看山崖临水，前面地方颇近迫，如果重视自然方面，则此说倒也逼切写真，但如此则建筑部分已是全景毫末，仅剩烟寺相望的"寺"，而这寺到底有多少是木造工程，则又不可得而知了。

《水经注》里这几段文字所以给我们附属木构殿宇的印象，明显的当然是在第三句上，但严格说，第一句里的"因岩结构"，却亦负有相当责任的。观现今清制的木构殿阁（图41），尤其是由侧面看去，实令人感到"因岩结构"描写得恰当真切之至。这"结构"两字，实有不止限于山岩方面，而有注重于木造的意义蕴在里面。

现在云冈的石佛寺木建殿宇（图41～43），只限于中部第一、第二、第三，三大洞前面，山门及关帝庙右第二洞中线上。第一洞、第三洞，遂成全寺东西偏院的两阁，而各有其两厢配殿。因岩之天然形势，东西两阁的结构、高度、布置均不同。第二洞洞前正殿高阁共四层，内中留井，周围如廊，沿梯上达于顶层，可平视佛颜。第一洞同之。

第三洞则仅三层（洞中佛像亦较小许多），每层有楼廊通第二洞。但因二洞、三洞南北位置之不相同，使楼廊微作曲折，颇增加趣味。此外则第一洞西，有洞门通崖后，洞上有小廊阁。第二洞后崖上，有斗尖亭阁，在全寺的最高处。这些木建殿阁厢庑，依附岩前，左右关联，前后引申，成为一组；绿瓦巍峨，点缀于断崖林木间，遥望颇壮丽，但此寺已是云冈石崖一带现在唯一的木构部分，且完全为清代结构，不见前朝痕迹。近来即此清制楼阁，亦已开始残破，盖断崖前风雨侵凌，固剧于平原各地，木建损毁当亦较速。

关于清以前各时期中云冈木建部分到底若何，在雍正《朔平府志》中记载左云县云冈堡石佛寺古迹一段中，有若干可注意之点。

《府志》里讲"……规制甚宏，寺原十所：一曰同升，二曰灵光，三曰镇国，四曰护国，五曰崇福，六曰童子，七曰能仁，八曰华严，九曰天宫，十曰兜率。其中有元载所造石佛二十龛；石窟千孔，佛像万尊。由隋唐历宋元，楼阁层凌，树木蓊郁，俨然为一方胜概。……"这里的"寺原十所"的寺，因为明言数目，当然不是指洞而讲。"石佛二十龛，亦与现存诸洞数目相符。惟"元载所造"的"元"，令人颇不解。雍正《通志》同样句，却又稍稍不同，而曰"内有元时石佛二十龛"。这两处恐皆为"元魏时"所误。这十寺既不是以洞为单位计算的，则疑是以其他木构殿宇为单位而命名者。且"楼阁层凌，树木蓊郁"，当时木构不止现今所余三座，亦恰如当日树木蓊郁，与今之秃树枯干，荒凉景象，相形之下，不能同日而语了。

所谓"由隋唐历宋元"之说，当然只是极普通的述其历代相沿下来的意思。以地理论，大同朔平不属于宋，而是辽金地盘；但在时间上固无分别。且在雍正修《府志》时，辽金建筑本可仍然存在的。大同一城之内，辽金木建，至今尚存七八座之多。佛教盛时，如云冈这样重要的宗教中心，亦必有多少建设。所以府志中所写的"楼阁层凌"，或许还是辽金前后的遗建，至少我们由这府志里，只知道其山最高处曰云冈，冈上建飞阁三重，阁前有世祖章皇帝（顺治）御书"西来第一山"五字及"康熙三十五年西征回銮幸寺赐"匾额，而未知其他建造工程。而现今所存之殿阁，则又为乾嘉以后的建筑。

在实物方面，可作参考的材料的，有如下各点：

一、龙门石窟崖前，并无木建庙宇。

二、天龙山有一部分有清代木建，另有一部则有石刻门洞；楣、额、支柱，极为整齐。

三、敦煌石窟前面多有木廊（图44），见于伯希和《敦煌图录》中。前年关于第一百三十洞前廊的年代问题（图44）有伯希和先生与思成通信讨论，登载本刊三卷四期，证明其建造年代为宋太平兴国五年的实物。第一百二十窟 A 的年代是宋开宝九年，较第一百三十洞又早四年。

四、云冈西部诸大洞，石质部分已天然剥削过半，地下沙石填高至佛膝或佛腰，洞前布置，石刻或木建，盖早已湮没不可考。

五、云冈中部第五至第九洞，尚留石刻门洞及支柱的遗痕（图45），约略可辨当时整齐的布置。这几洞岂是与天龙山石刻门洞同一方法，不藉力于木造的规制的。

六、云冈东部第三洞及中部第四洞崖面石上，均见排列的若干栓眼，即凿刻的小方孔（图46），殆为安置木建上的椽子的位置。察其均整排列及每层距离，当推断其为与木构有关系的证据之一。

七、因云冈悬崖的形势，崖上高原与崖下河流的关系，原上的雨水沿崖而下，佛龛壁面不免频频被水冲毁。崖石崩坏堆积崖下，日久填高，底下原积的残碑断片，反倒受上面沙积的保护，或许有若干仍完整的安眠在地下，甘心作埋没英雄，这理至显，不料我们竟意外地得到一点对于这信心的实证。在我们游览云冈时，正遇中部石佛寺旁边，兴建云冈别墅之盛举，大动土木之后，建筑地上，放着初出土的一对石质柱础（图47），式样奇古，刻法质朴，绝非近代物。不过孤证难成立，云冈岩前建筑问题，唯有等候于将来有程序的科学发掘了。

九　结论

总观以上各项的观察所及，云冈石刻上所表现的建筑、佛像、飞仙及装饰花纹，给我们以下的结论。

云冈石窟所表现的建筑式样，大部为中国固有的方式，并未受外来多少影响，不但如此，且使外来物同化于中国，塔即其例。印度窣堵波方式，本大异于中国本来所有的建筑，及来到中国，当时仅在楼阁顶上，占一象征及装饰的部分，成为塔刹。至于希腊古典柱头如gonid order等虽然偶见，其实只成装饰上偶然变化的点缀，并无影响可说。唯有印度的圆栱（外周作宝珠形的），还比较的重要，但亦只是建筑部分的形式而已。如中部第八洞门廊大柱底下的高 pedestal（图23），本亦是西欧古典建筑的特征之一，既已传入中土，本可发达传布，影响及于中国柱础。孰知事实并不如是，隋唐以及后代柱础，均保守石质覆盆等扁圆形式，虽然偶有稍高的筒形（图47），亦未见多用于后世。后来中国的种种基座，则恐全是由台基及须弥座演化出来的，与此种 pedestal 并无多少关系。

在结构原则上，云冈石刻中的中国建筑，确是明显表示其应用构架原则的。构架上主要部分，如支柱、阑额、斗栱、椽瓦、檐脊等，一一均应用如后代；其形式且均为后代同样部分的初型无疑。所以可以证明，在结构根本原则及形式上，中国建筑两千年来保持其独立性，不曾被外来影响所动摇。所谓受印度希腊影响者，实仅限于装饰雕刻两方面的。

佛像雕刻，本不是本篇注意所在，故亦不曾详细作比较研究而讨论之。但可就其最浅见的趣味派别及刀法，略为提到。佛像的容貌衣褶，在云冈一区中，有三种最明显的派别。

第一种是带着浓重的中印度色彩的，比较呆板僵定，刻法呈示在模仿方面的努力。佳者虽勇毅有劲，但缺乏任何韵趣；弱者则颇多伧丑。引人兴趣者，单是其古远的年代，而不是美术的本身。

第二种佛容修长，衣褶质实而流畅。弱者质朴庄严；佳者含笑超尘，美有余韵，气魄纯厚，精神栩栩，感人以超人的定，超神的动；艺术之最高成绩，荟萃于一痕一纹之间，任何刀削雕琢，平畅流丽，全不带烟火气。这种创造，纯为汉族本其固有美感趣味，在宗教艺术方面的发展。其精神与汉刻密切关联，与中印度佛像，反疏隔不同旨趣。

飞仙雕刻亦如佛像，有上面所述两大派别：一为模仿，以印度像为模型；一为创造，综合模仿所得经验，与汉族固有趣味及审美倾向，作新的尝试。

这两种时期距离并不甚远，可见汉族艺术家并未奴隶于模仿，而印度犍陀罗刻像雕纹的影响，只作了汉族艺术家发挥天才的引火线。

云冈佛像还有一种，只是东部第三洞三巨像一例。这种佛像雕刻艺术，在精神方面乃大大退步，在技艺方面则加增谙熟繁巧，讲求柔和的曲线、圆滑的表面。这倾向是时代的，还是主刻者个人的，却难断定了。

装饰花纹在云冈所见，中外杂陈，但是外来者，数量超过原有者甚多。观察后代中国所熟见的装饰花纹，则此种外来的影响势力范围极广。殷周秦汉金石上的花纹，始终不能与之抗衡。

云冈石窟乃西域印度佛教艺术大规模侵入中国的实证。但观其结果，在建筑上并未动摇中国基本结构。在雕刻上只强烈地触动了中国雕刻艺术的新创造——其精神、气魄、格调，根本保持着中国固有的。而最后却在装饰花纹上，输给中国以大量的新题材、新变化、新刻法，散布流传直至今日，的确是个值得注意的现象。

（摘自《中国营造学社汇刊》第三卷 3、4 期，1933 年 12 月）

图 1　云冈造像

图 3　龙门造像

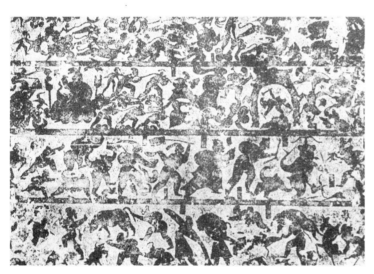

图 2　武梁祠汉代画像

图 4　云冈中部第四洞门楣西侧像

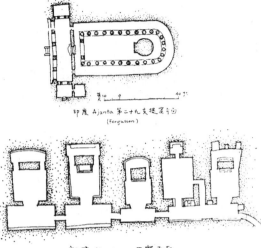

印度 Ajanta 第二十九支提窟平面
(Fergusson)

新疆 Kumtura 石窟平面
(Von Le Coa)

图 5

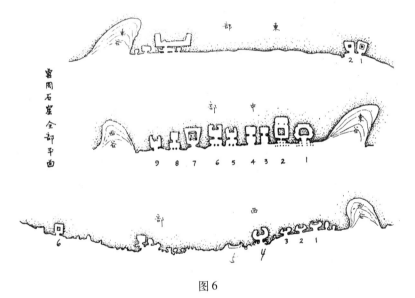

图 6

图 7　karlê 支提塔

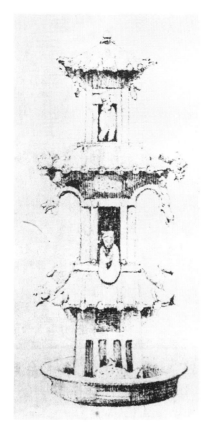

图8　汉冥器三层楼阁

图9　云冈东部第一洞二层塔柱

图10　东部第二洞三层塔柱

图11　西部第六洞五层塔柱

图12　中部第二洞九层塔柱

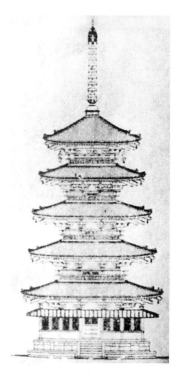

图13　日本奈良法隆寺五重塔

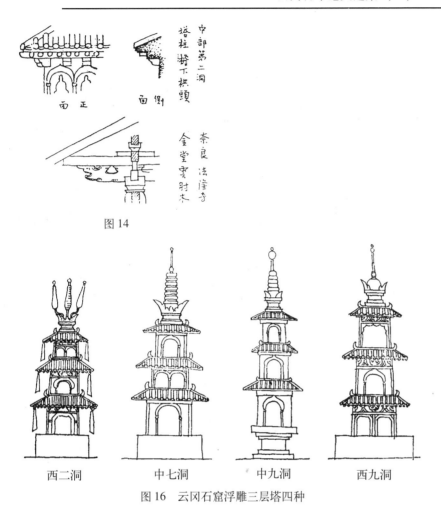

图14

图16　云冈石窟浮雕三层塔四种

西二洞　　　中七洞　　　中九洞　　　西九洞

图15　一层塔

图17a　中部第一洞浮雕五层塔

图17b　中部第二洞浮雕五层塔

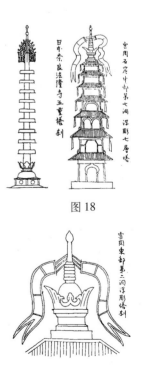

图18

图19

图20　中部第二洞佛迹图

图21　中部第八洞东壁浮雕佛殿

图22　中部第八洞西壁浮雕佛像

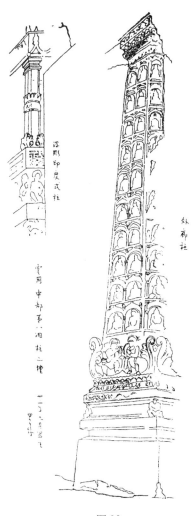

图23

图24　中部第八洞爱奥尼亚及哥林特式柱并万字栏杆

图28　中部第五洞内门

希腊古 IONIC 式柱头

图25

图26

 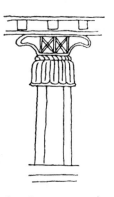

印度"元宝式"柱头

图27

图29　栱龛及三层塔

图30　垂幛龛

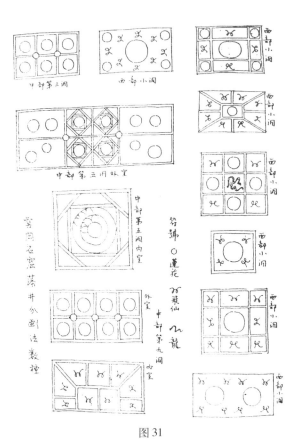

图31

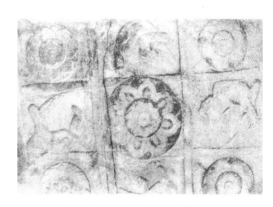

图32　西部某小洞藻井（其一）

图33　西部某小洞藻井（其二）

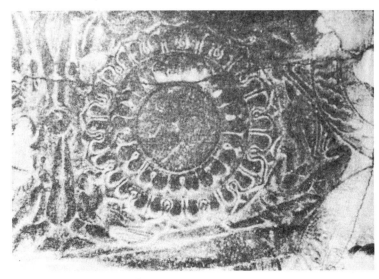

图 34　西部某小洞藻井（其三）

图 35　中部第八洞龙文藻井

图 36　栱面飞仙

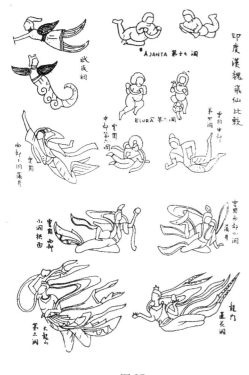

图 37

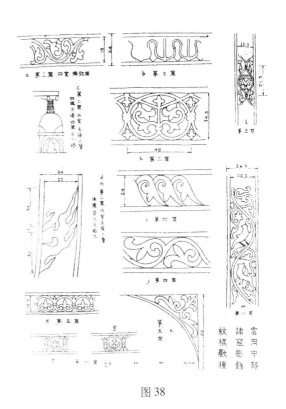

图 38

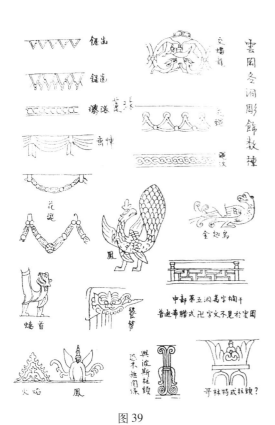

图 39

图 40　西部第五洞大佛背光装饰

图41　中部第一第二第三各洞外部木构正面

图42　中部第二洞外部木构侧面

图43　中部第三洞外部木构

图44　敦煌石窟外部木构

图 45　中部第八洞外柱

图 46　东部第三洞崖上椽孔

图 47　云冈别墅建筑时出土莲瓣柱础

云冈石佛小记

周一良

云冈石佛为我国雕刻之精英，其壮伟遒丽，后世罕及。唯以地处边塞，昔人往往不措意。自法兰西学者为之摄影解说，而交通亦日益利便，遂渐著于世。三十年来东西学者之考云冈石佛者甚夥，各执一说，然亦不无同然者。顾散见各处，搜求不易，甚或以珍本而难观。故荟萃诸说，甄别取舍，著其持之有故，言之成理者于此，取便观览云尔。偶有前贤辨析未尽者，辄以鄙意订补之。外寇日亟，燕云之割行将重见于今世，正恐云冈之沦丧在旦夕间也。

一 云冈之名称

云冈在今山西省大同县西北三十里，与左云县相接。（清时云冈曾划归左云县辖）依武周山为石窟，蜿蜒一里许。一良案云冈之称，明以前无所闻，自非北魏之旧。乾隆《大同府志》（四）云："武周川……迳左云县云冈石窟寺南。"《大清一统志》（九一）谓石窟寺"在大同县西武州山上……，其山最高处曰云冈"。光绪《山西通志》（五七）谓在"武周山云冈堡"。考道光《大同县志》（二〇）载明吴伯兴游石佛寺文犹未言云冈，清顺治八年重修云冈大佛阁碑，曹溶（卒于康熙廿四年）云冈寺燕集诗乃有云冈之称，盖始于明清之交也。其各个石窟之名称则自来调查者或以己意命名，或依土人传说，殊无准则。今录梁思成氏廿二年调查时所制诸家命名对照表，以后称述即用梁氏命名，凡重要者二十一洞，其余小洞不计焉。

梁氏命名	沙畹命名	关野贞命名附中国名称	小野玄妙调查之名称
东部			
第一洞		No1 东塔洞	石鼓洞

第二洞		№2 西塔洞	寒泉洞
第三洞	№3	隋大佛洞	灵岩洞
第四洞	№4		
中部			
第一洞	№1	№5 大佛洞	阿弥陀佛洞
第二洞	№2	№6 大四面佛洞	释迦佛洞
第三洞	№3	№7 西来第一佛洞	准提阁菩萨洞
第四洞	№4	№8 佛籁洞	佛籁洞
第五洞	№5	№9 释迦洞	阿閦佛洞
第六洞	№6	№10 持钵佛洞	毗卢佛洞
第七洞	№7	№11 四面佛洞	接引佛洞
第八洞	№8	№12 奇像洞	离垢地菩萨洞
第九洞	№9	№13 弥勒洞	文殊菩萨洞
西部			
第一洞	№16	№16 立佛洞	接引佛洞
第二洞	№17	№17 弥勒三尊洞	阿閦佛洞
第三洞	№18	№18 立三佛洞	阿閦佛洞
第四洞	№19	№19 大佛三洞	宝生佛洞
第五洞	№20	№20 大露佛	白佛耶洞
第六洞		№21 塔洞	千佛洞

二 石窟之开凿

自来说者谓开凿石窟之动机有三：魏太武帝毁灭佛法，晚年悔之。文成帝即位，欲追表悔过之意，故建石窟造佛像。云冈石窟中有大方柱，四面造佛像，盖表《金光明经》之四方四佛也，此经即以说忏悔法为主旨者，此其一。《魏书·释老志》："兴光元年秋，敕有司于五级大寺内为太祖以下五帝（或谓道武至景穆止四世，余意五世乃通文成朝而言。虽文成未殁，然生时造像祈福固常事也）。铸释迦立像五，各长一丈六尺，都用赤金二万五千斤。"其下又言开窟五所镌建佛像各一，（盖即西部第一至第五洞）可知亦为太祖以下五帝所建，所以为死者追孝供养，为生者祈福也，此其二。据《释老志》，开造石窟之创意者为昙曜，其意在祈传佛法于久远，其后隋僧灵裕开宝山石窟，于其内壁雕世尊灭后传法圣师廿四世祖之像，亦昙曜一脉之精神，此其三。

《释老志》："和平初，师贤卒，昙曜代之，更名沙门统。初，昙曜以复佛法之明年，自中山被命赴京，值帝出，见于路。……帝后奉以师礼。昙曜白帝，于京城西武州塞，凿山石壁，开窟五所，镌建佛像各一。高者七十尺，次六十尺，雕饰奇伟，冠于一世"。释道宣《续高僧传·昙曜传》亦纪此事，而年月益明，复佛法之明年即文成帝兴安二年。唯昙曜在兴安二年见帝后即开窟，抑为沙门统之后始建斯议不可晓。要之，石窟之始开也在兴安二年（453）至和平元年（460）之八年间，据《贞元释教录》（九），和平三年昙曜已在石窟寺译经，是时必已有开凿完成者矣。

说者谓西部第一至第五窟，建造最早，即《释老志》所谓"开窟五所"者也。盖其平面之配置自成一统系，且自左至右五洞适相连贯。五洞皆有本尊及胁侍，佛像与他洞大异。洞内壁面刻无数小龛小佛，塔与装饰花纹皆少，与他洞不同。且其地势平坦，以情势论之，最适于为建造之始也。

常盘大定关野贞二氏谓父祖开石窟造大佛乃魏室大事，下至景明初，宣武帝准代京灵岩寺之石窟，于洛阳南伊阙山为高祖孝文帝及文昭皇太后营石窟二所，至永平中，有奏为世宗开一石窟者，亦袭斯意。既有太祖以下五帝及孝文宣武二帝者，则其间必为有文成献文所开之石窟矣。按本纪献文帝皇兴元年八月幸武州山石窟寺，盖即为父文成帝造像。孝文帝以太和四年八月，六年三月，七年五月幸武州山石窟寺。尤以六年三月之幸，赐贫老者衣服，其意即在追善供养。故二氏推定中部第一洞第九洞二者乃为文成献文所开。至东部第三洞规模甚大，而工事未完，因其样式与他洞迥异，似属隋时，遂推断为炀帝所造，隋人而止。皆于文献无证，难可置信。且文成所开五洞既有为己祈福者又何庸献文之重建？除松本文三郎氏之说稍异外，一般学者咸主张西部建造最早，中部次之，东部又次之。孝文迁洛以后，云冈石窟之建造停，而伊阙起而代之。然今云冈所存铭文之可知者，尚有延昌九年之造像题记。盖王家虽不复开造，民间仍时于旧窟中造佛像，凡今所传铭识皆民间添造佛像时物也，要之，云冈石佛之建造时代乃和平元年（460）至太和十八年（494）三十余年间。

三　石窟寺之名称与数目

松本氏谓印度石窟本身即为寺院，中国之石窟则止一佛龛，不成寺院，必于其前补修木造之楼阁焉。今石窟前壁尚处处余有孔穴，即用以插栋木者。《魏书》纪志及《续高僧传》咸曰石窟寺或灵岩寺。《水经》漯水注更云："因岩结构。……山堂水殿，烟寺相望"。知有木构寺院。敦煌千佛洞前亦有木构。唯云冈诸洞石质部分已削剥过半，地下沙石填高至佛膝或腰，洞前布置无论石刻木建皆不可考。中部第五至第九洞尚遗石刻门洞及支柱遗迹，又似天龙山石刻门洞之有楣、额、支柱，而不需木造者，岂当时石窟前原有加木造与不加木造之别耶？

一良案《魏书》本纪止言石窟寺，似是并指诸窟为一寺而言。《水经》漯水注："其水又东北流注武州川，武周川水又东南流。水侧有石祇洹舍，并诸窟室，比丘尼所居也。其水又转迳灵岩，凿石开山，因岩结构。……山堂水殿，烟寺相望"。是灵岩本山名，因以称寺。《续高僧传》云："建立佛寺，名曰灵岩。……面别镌像，穷诸巧丽，龛别异状，骇动人神。栉比相连，三十余里。东头僧寺，恒供千人"。《广弘明集》中道宣记所闻云："今时见者传云，谷深三十里。东为僧寺，名灵岩，西头尼寺。各凿石为龛，容千人，已还者相次栉比。石窟中七里极高峻，佛龛相连，余处时有断续。佛像数量孰测其计？"是僧所居在东，曰灵岩寺，尼所居在西，曰石祇洹舍。（今云冈西七里有地曰姑子庙，尚余石壁残像，当即石祇洹舍遗址。）止此二寺，而石窟栉比其间，僧寺较尼寺为重要，故诸书每只言灵岩寺，非每一石窟前有一独立寺院也。《释老志》谓"景明初世宗诏准代京灵岩寺石窟于洛南伊阙山营石窟二所"。《洛阳伽蓝》记谓京南阙口有石窟寺灵岩寺。出帝阳平王纪："永熙二年正月乙亥，车驾幸崧高石窟灵岩寺"。是伊阙之石窟寺仿武周而命名灵岩。据本纪方山亦有石窟寺，诸帝屡行幸之。《广弘明集》（三十下）有隋炀帝谒方山灵岩寺诗，诸葛颖和之，灵岩之名当仍北魏之旧。是方山之石窟寺亦缘武周灵岩之称。凡此皆足以证北魏时云冈只一僧寺名灵岩也，乃雍正《朔平府志》纪左云县云冈堡石佛寺古迹云："传自后魏拓跋氏时，始于神瑞，终于正光，历百十余年。规制甚宏，原寺十所：一曰同升，二曰灵光，三曰镇国，四曰护国，五曰崇福，六曰童子，七曰能仁，八曰华严，九曰天宫，十曰兜率，其中有元载所造石佛二十龛。（康熙《山西通志》作元载所修石佛十二龛。雍正《通志》作内有元时石佛二十龛，光绪《通志》同。皆不可解。）……由隋唐历宋元，楼阁层凌，树木翁郁"。混石窟之开凿与寺院之建造为一。其后省县志俱袭此文。神瑞乃道武年号，盖因于《大唐内典录》，其误不辨可知。终正光之云乃因《释老志》"至正光四年六月以前，用功八十万二千三百六十六"之文，然志乃指伊阙石窟言也。是其言石窟建造年代已非，而十寺之中复无灵岩，亦不及石祇洹舍，则谓北魏建十寺者诬也。朱彝尊《云冈石佛记》谓："云冈之寺有十，建自拓跋氏。今之存者特其一耳。"即同此误。松本文三郎氏至谓皇兴元年四月，四年十二月，延兴五年五月，太和四年八月，六年三月，七年五月，之幸武州山石窟寺即由于建立新石窟或寺院，而断定十寺之成至晚在石窟开凿后四十年，是诬中之诬矣！（惜余未谙佛典，不审十寺命名所根据之佛经北魏时已入中国否。若十寺之名不能存在于北魏时，尤足为确证）。志言"由隋唐历宋元"，唐时道宣所闻犹与北魏同，宋时则云冈非其所有，辽金元皆不闻有在云冈建寺事。明吴伯与称之为石佛寺，清曹溶、冯云骁、胡天游等皆称云冈寺，亦只一寺，盖即今之"石佛古寺"矣。十寺之云要不足信。今石佛寺有清一代顺治八年，康熙三十七年，乾隆三十四年，咸丰十一年，同治十二年，光绪二年，凡六修葺，各有碑纪之，在今寺正殿及东院。

四　云冈石佛之西域影响

东西之谈佛教美术者，咸谓云冈石佛乃受西域影响而成。有据《释老志》："太安初，有师子国胡沙门邪奢遗多浮陀难提等五人，奉佛像三到京都。皆云备历西域诸国，见佛影迹及肉髻。外国诸王相承咸遣工匠摹写其容，莫能及难提所造者。去十余步，视之炳然，转近转微。又沙勒湖（胡？）沙门赴京师，致佛钵并画像迹。"遂谓云冈之开凿亦有西域僧人或匠人参与，然文献无可考。诸家所称云冈石佛受西方影响之处綦多，颇有失于渺茫臆测者，今总括其较明确可信者：第一，凿造石窟夙行于印度，AJANTA 地方即有第一、二世纪之石窟寺。苻秦北凉等国因佛教之盛而输入其制，于是有鸣沙三危之石窟，其风渐东而达魏都。第二，云冈石窟中所雕殿堂，其形制与汉以来之宫室固无殊，非印度式。然云冈洞中之拱形支柱，与五世纪中印度笈多式之佛陀伽耶大塔相似。皆每级有佛龛，下大而上小。佛龛前尖顶之栱尤为印度式；塔上露盘亦与印度塔上露盘似。有两旁有幡者，印度亦有之也。第三，据松本氏说，沙畹氏所谓第六窟者，上方之像与莫高窟颇似，下方诸像则颇具印度特征。其衣殆蔽全体，仅露右胸上部。左手垂于腰边，握自背后右肩下垂之衣。非熟知印度著衣方法者不能，与印度笈多期之雕像全一致云。第四，东部第四洞所雕执稍，以鸟羽饰头之神王，三面八臂，五面六臂，三面四臂之神，皆印度婆罗门教诸神之混入佛教，其后又变这密教，而在其过程中之现象也。昙曜时所译经典中尚无述说此等诸神神像者，自非本经说为之，乃依照印度传来此种图像之旧本也。

伊东忠太氏谓后魏雕刻艺术之受于阗，于阗夙为葱岭以东佛教最盛之国。《佛国记》所谓："人民殷盛，尽皆奉法，以法乐相娱。众僧乃数万人。……彼国人民星居，家家门前皆起小塔，最小者可高二丈许"。而于阗文化之受犍陀罗迦湿弥罗影响者已有定论，故伊东氏列其渊源如下表：

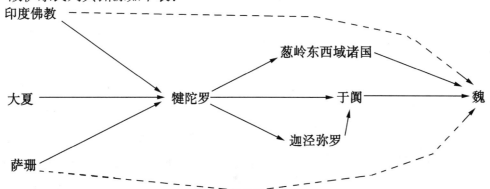

一良案《释老志》胡僧来魏者甚多，于阗传显祖时茹茹寇于阗，其王上表求援曰："奴世奉大国，至今无异"。传又云："自后每使朝献"。赵万里氏集《冢墓遗文》卷二第廿二有魏帝先朝故于夫人墓志，乃于阗国王女之为文成帝妃者，云冈石佛即始建于文成帝之世，其间消息又可窥矣。

五　见存之铭识

《续高僧传》昙曜传："碑碣见存，未卒陈委"。《开元释教录》等因其文。《大唐内典录》亦云"谷东石碑见存，纪其功绩，不可以算也。其碑略云，自魏国所统货赋，并成石龛，故其规度宏远，所以神功逾久而不朽也"。《内典录》撰于唐麟德元年（664）是其时碑碣尚有存者。后世陆续发现造像铭文，迄今共得五处，然皆僧尼或民间信士造像于窟中，与窟之开凿及大佛之建造初无关联，未能据以测石窟建造之时代后先也。

第一，太和七年造像铭："邑师法宗，太和七年岁在癸亥八月卅日，邑义信士女等五十四人，自惟往因不积，生在末代，甘寝昆境，靡由自觉。微善所钟，遭值圣主，道教天下，绍隆三宝。慈被十方，泽流无外。乃便长夜改昆，久寝斯悟。弟子等得蒙法润，信心开敷，意欲仰训洪泽，莫能从遂。是共相劝合，为国兴福。敬造石厝形象，九十五区。德合乾坤，威输转轮，神被四天，国祚永康。十方归伏，光扬三宝，亿劫不隧。又愿义诸人命过诸师七世，父母内外亲族，神栖高境。安养光接，讬育宝花，永辞秽质。证悟无生，位超群首。若生人天，百味天衣，随意飡服。若有宿殃，堕落三途。长辞八难，永与世别。又愿同邑诸人，从今已往，道心日隆，戒行清洁，明鉴宝相，晕扬慧日使四流顷竭，道风常扇；使（慢？）山崩颓，生死永毕。佛性明显，登（？）阶佳地。未成佛间，愿生生之处，常□法善知识。以法相亲，进止俱游，形容影响，常行大士，八万诸行，化度一切，同等正觉，逮及累劫先师七世父"。此铭在中部第七洞东壁上部，即土人称五花（或作画）洞者也。造像铭左上方有"大势志菩萨观世音菩萨"之文，盖指其旁所造像而言。

第二，太和十三年造像铭："大代太和十三年岁在己巳九月壬寅朔十九日庚申，比丘尼惠定身禺（罹？）重患，发愿造释迦多宝弥勒像三区，愿患消除，愿现世安稳，岁（戒？）行福利，道心日增，誓不退转。以比造像功德，逮及七世父母，累劫诸师，无边众生，咸同斯庆"。在中部第三洞东壁下部。

第三，太和十九年铭文，亦在中部第七洞。磨泐不可读，唯纪年可知，诸家皆无其文，盖不能拓墨矣。

第四，自西部第五洞往西第八小洞，有刻二尊佛之佛龛，其上之空白有铭文。常盘氏谓大半不可读，未之录。滨田青陵游记中载之，惜年月不可考，今依其格式写之：

"□□事大　幽□□惟中□□□

□

□后□兴

□

故节

□实汾　　　　之

如此在□尝

□此福使亡妻□□更

前光母四体休罪业　　　　调

□□老李自愿　　　　　　　门

□　　　　　丰□用之　　　　"

第五，延昌九年铭文："大代延昌九年十月十五日，恒安□□□都统□□□旧宫二十□匠造弥勒第七佛□□□□□□□"。此铭唯见赵邦彦调查云冈造像小记，（历史语言研究所集刊第一本第四分）谓在第四十三窟迤东一小窟左侧。常盘氏谓以龙门石窟与云冈对比，则云冈石窟中空白之地疑当有铭文者甚多，大抵补修时泥塑掩没之，俟其剥落后当能更有发现也。

后世补修题记之可考者，止能溯及清朝。中部第三洞三层阁之第一层有"西来第一山"匾，据《一统志》乃世祖所书。旁书顺治四年岁次丁亥菊月之吉，兵部尚书兼都御史马国柱立。今石佛寺东院有顺治八年重修云冈大佛阁碑，康熙戊寅重修云冈寺碑，咸丰辛酉重修大佛寺碑。正殿有乾隆三十四年重修庙宇碑，同治十二年重修庙宇碑，光绪二年重修庙宇蒙汉文碑。中部第七洞有："大清光绪二十年重修，挥画工人天镇县马师传孟秋六月谷旦敬"之文，盖以此洞所施彩画为最晚矣。

六　余记

今之"石佛古寺"盖明以来即有之，唯补修石佛不知始于何时。大抵于石佛之上重加泥塑，施以彩画，每每全失原来面目。自大露佛以下，云冈诸佛之衣纹上多凿有小方孔，据土人言，修补佛像时以黏土涂于衣纹上，而方孔即所以插木栓备涂泥者也。今孔中尚有遗木栓者。又有佛像头部已毁者，则于其头凿大孔，嵌入支柱，而改塑新头，此类痕迹亦不少。据赵邦彦氏调查，1930 年 5 月至 8 月中云冈各洞之佛头被贾人凿毁者，总计一百三十有七。积极的保存修补方法既如彼之拙劣，而消极地复施破坏。北魏时石窟长若干史无明文，唐释道宣《续高僧传》称"栉比相连，三十余里"。《广弘明集》又言："谷深三十里"。固不无夸张之词。然道宣又云："石窟中七里极高峻，佛龛相连，余处时有断续"。是中部石窟至少蜿蜒七里，今之石窟止余一里许。虽是石质易毁，古今制长短亦不相侔，大抵今长于古，然人力摧残之烈亦有以致之矣。

附图：

（1）石佛寺全景

（2）东部第三洞之本尊

（3）中部第一洞之本尊

（4）中部第六洞前室东南角

（5）中部第七洞西壁

（6）西部第七洞之大露佛

（摘自《考古社刊》1936 年第 4 期）

云冈石窟与域外艺术
——佛教美术史中国篇之一节

戴蕃豫

魏文帝太和三年，幸方山（太祖营垒之地，光州东莱郡卢乡县。《魏书》卷百六《地形志中》）起思远佛寺，八年七月又幸方山石窟寺（见《北史·魏本纪三》，《魏书》七上）。思远寺石窟庆成于此时乎？自尔以后，凿造石窟，渐次流行，云冈（魏属恒安）石窟即其一也。

云冈石窟寺者，距离山西大同县西北三十里，位于武周山云冈村，石窟寺山峰曰云冈堡。其山高仅十数丈，又暗云磲磈，自西徂东，前横小溪，水势缓流，郦道元所谓"山堂水殿，烟寺相望，林渊锦镜，缀目新眺"者也。隔溪有山，高与堡齐。

一　创始年代

石窟凿造，凡有二说。一主兴安二年，《魏书·释老志》云，和平初，师贤卒，昙曜代浮屠统。初昙曜以复佛法之明年，自中山（河北省定州）被命赴京，值帝出，见于路，御马前衔曜衣，时以马识善人，帝复待以师礼。昙曜白（文成）帝，于代京（今大同）西，武州塞凿石壁，开窟五所（第十六窟至第二十窟）。镌建佛像。考文成帝兴安元年为西纪四五一年，复佛明年代为浮屠统则二年也。

一主文成帝和平元年，智升《开元释教目录》卷六昙曜条下云：沙门释昙曜，以魏和平年中为昭玄统，绥辑僧众，如得其心，住恒安石窟通乐寺，即魏帝之所造也。去恒安西北三十里，武周山北面石崖，就而镌之，建立佛寺，名曰灵岩（下略）。

二说未审孰是。《大清一统志》说，臆断无据，今不取。自太和十七年，孝文迁洛，石窟营造，亦遽中止，由第三窟内阵之未完成窟与第十三窟外壁佛龛未完成雕刻可以证明。

二　开凿动机

相承有四说。忏悔太武帝灭法一也。帝夙受崔浩与道士寇谦之谰言，会盖吴反杏城，关中骚动，帝乃西伐至长安。先是沙门种麦寺内，御驺牧马麦中，帝入观马，沙门饮从官酒，从官入其便室，见大有弓矢矛楯，出以奏明。帝怒曰：此非沙门所用，当与盖吴通谋，规害人耳！命有司案诛一寺，阅其财产，大得酿酒具，及州郡牧守藏物以万计，又为窟室，与贵族女行淫乱。遂以太平真君五年（西纪四四四年）下第一次破佛之诏，同七年下诏行第二次破佛。

追孝于北魏建国以来五帝二也。《魏书·释老志》云："是年诏有司为石佛，命如帝身，既成，颜上足下各有黑石，冥同帝体，上下黑子，论者以为纯诚所感。兴光元年（西纪四五四年）秋敕有司于五段（级）大寺内为太祖已下五帝，铸释迦立像五，各长一丈六尺，都用赤金二万五千斤"。所谓五帝者，太祖平文帝，恭祖道武帝，太宗明元帝，世祖太武帝及景穆帝也。盖以现世最高君主。与灵界至上之佛陀一致，实为北魏统治政策及佛教信仰特点。

愿佛法永存不灭三也。北魏既以佛教为国教，势非有崇丽之殿堂，庄严之圣像，无以寄托人民信心，而收风行草掩之效。云冈石窟之镌凿与稍后永宁寺塔之兴建，皆以此也。

近世学者，综览佛教艺术发展途径。倡导新说，谓受西域艺术刺激使然，此第四说。考苻秦建元二年（西纪三六六年）沙门乐僔凿敦煌鸣沙山石窟，其后亘六朝唐宋，蔚为西北佛教中心，而艺术之弘丽，直使世人瞠目结舌。复稍远征，则梵衍那国（今阿富汗）大像及岩壁雕刻，虽不详其原始，今犹宛然无恙。北魏盛时。棱威四远，西域文华，骈集代京，佛教艺术，蒙其影响，固意中事矣。

三　石窟概况及作者

岩壁形势，大体可分为三区，每区以小谷为界。第一区位于东方（本文所用石窟番号悉遵法人沙畹氏说）。此窟东部有二石窟，假名第一窟第二窟。又其西端重要者二，谓之第三窟第四窟，第三窟内部隋代所作，刻三尊立佛。第二区在中央石佛寺境内者有重要石窟九处。即第五至第十三窟，五六两窟前起四层楼，第七窟前面构三层楼。第三区在西方，其重要者七，即自第十四至二十窟。第二十窟前面久已崩坏，露出三尊大佛。自此大佛以西，大小佛龛不知几百，概破损无可观者。唯近西端有一洞，内部刻出塔形者，颇惹兴趣耳。

窟之大者，古称高及二十余丈，可容三千人。每窟正中雕刻主佛一区，第七窟发现造像铭识，记载太和七年（西纪四八三年）八月三十邑师法宗，合邑内善男女五十四人之力，为国家雕造石庙形像九十五区（在十一窟）及诸菩萨（三体）之事。第一二两窟内塔层之形，显系当时木造建筑简单样式。第五六两窟皆孝文帝时作，第六窟规模尤宏大，意匠丰富，雕饰瑰丽，技巧精练，最为优美。窟中央大壁残体，此分两层，刻多数佛龛佛像，其东西南三面墙壁大体分为三层，下层周缘阳刻忍冬图案回绕，其内更为二层，下雕殿堂，显现多数菩萨，上一排刻佛传图。昔昙曜尝与常那邪舍于此窟内翻译《付法藏因缘传》六卷，《杂宝藏经》十三卷等经典十四部，佛传图题材大率取资于此。第二层佛龛，饰以飞天化佛，其间置五层塔焉。

其造像风范最古者，自第十六窟至第二十窟，所谓昙曜五窟也。第十六窟之立佛像，第十七窟之弥勒，第十八窟之立佛，第十九窟之坐佛等，均高约四十五尺。第二十窟前面呈露破坏之大坐佛，膝以下埋没于地，实测自膝上迄顶高约三十三尺，然当初至少为四十五尺左右。其曰"高者七十尺，次者六十尺"（《释老志》）乃北魏尺量，与实测异矣。第三区石窟大三尊佛，面相衣纹，均与北魏殊风，盖隋代所作。

石窟作者，凡有三说：

一、印度人说　常盘氏（大定）依《魏书·释老志》载"有师子国胡沙门邪奢遗多难提等五人"推定昙曜五窟由印度雕刻家领导下做成。五尊本尊带毡多式及犍陀罗式风仪，亦是明证。

二、中亚技工说　小川晴阳氏主之。明元帝时，平定西凉，移入甘肃西部文化民三万余家，中亚文化藉此传导。观昙曜五窟与第七、八两窟均有西方风趣之雕刻形式与地名，职是故出。证以《魏书》所云"凉州自张骞后世信佛教，敦煌地接西域，道俗交得其旧式，村坞相属，多有塔寺，太延中凉州平，徙其国人于京邑（大同），沙门佛事皆俱东，佛教弥增矣"，亦可备一说。

三、汉人说　汉画像石上之特殊人物，往往于雕刻细部见之。

四　建筑

类别　石窟类别，约有三例：

一曰支提窟　若从相承解释，有舍利者曰塔（Stupa），无舍利者曰支提（梵 Caitya 巴 Crtiya），则支提亦是塔也，直无舍利耳。云冈石窟建筑凡镌凿支提者，皆属此类。计共九窟：中央第二大窟（二重）同第七大窟·同西方第二中窟（二重）同东方山上中窟（二重）西部西方中窟（五重）东部大窟（未成）东部西方中窟（一重）东部东方第一中窟（二重）东部东方第二中窟（二重）。

二曰佛窟　窟内有主佛者皆属此类。计九窟：中央第一大窟，佛坐像定印。中央第五大窟，佛倚像，左手安膝，右手施无畏印。中央第六大窟，佛坐像，定印上安置佛钵。中央第九大窟，菩萨交脚倚像，左手安膝，右手施无畏印。西部第一大窟，佛立像，左手施愿印，右手施无畏印。西部第二大窟，菩萨交脚倚像。西部第三大窟，佛立像，左手把衣角，右手缺。西部第四大窟，佛坐像。西部第五大窟，佛坐像，定印。

三曰僧窟　中央第三、第四、第八诸大窟；中央西方第一中窟；中央东方山上诸小窟。西部东方第一中窟，第二中窟。东部东方第三中窟，暨诸小窟皆是也。

其建筑先后，约分七期，北魏时代者占六期，隋代者殿于最末。

第一期　第十六～二十窟，昙曜五窟。

第二期　第七、八窟。

第三期　第九、十、十二窟。

第四期　第一、二、十一、十三窟。

第五期　第五、六、十四、十五窟。

第六期　第四、第十一、十二、十三、无名窟外壁及西诸窟。

第七期　第三窟内阵三尊像。

实例　左方所陈，约举大端，不能详备。

一、塔六种三十四基　第五、六两窟塔样特多，他所未见。两窟进口两横，有多层露天塔三基，上部风化，非复旧观。第五窟有载于白象背上五重塔二基，第六窟中央者，初层与重层间，四隅雕出象头。第六窟内阵中央之重层大柱塔，下层四方有龛，正面坐佛，背面二佛并坐，东面弥勒交脚，西面如来倚坐像。上层中央四方有如来立像，负舟形背光。上层部四方有九重柱塔，其九重柱塔四方，有喇嘛式单层伏钵塔合计十六基。初重之四壁，有相轮三本之五重塔八基等，凡六种，三十四基。

二、莲池　在第五窟中，莲池中央有大莲花（直径二尺六寸）。四隅有稍小之莲花（直径一尺六寸五分）。五莲均作线雕之复瓣，瓣有大小，率距进口远者大，近者小。线之内部是直线，外部为凸凹线。

三、三层壁体　在第六窟中央，东西二十六尺一寸，南北二十三尺九寸，壁体分两层，刻多数佛龛佛像。其东西南三面三层：下层阳刻雄丽忍冬纹环绕周缘，屋盖刻作殿堂式，其内上部并刻佛传图，风趣颇优雅。第二层并列佛龛，饰以飞天化佛，各龛间隔以五重塔形。第三层南面开窗，上部连接天井，天井为藻井，格间浮雕诸天人旋绕形。

四、弥勒曼荼罗　第四窟西壁，此窟中央有长方形大柱，东西两面容三尊立像各一组，南北两面各二组，合计六组，此六组之三尊像，乃第四窟之本尊像。今仅存者：西壁弥勒交脚像与其胁侍思惟像（中心），千体佛围绕，形成一弥勒曼荼罗。东壁佛龛下有铭曰"平城太守"云云。

五、须弥山　第十窟进口明窗上，两头蛇蟠绕须弥山根，东西有阿修罗与提婆达多二天部。东侧者三面四臂，西侧者五面六臂。两像上举两手持日月二轮。下方右手持莲蕾，左手置膝上。西侧像右手持弓，左手持矢。须弥山下，小山甚多，上栖灵鸟，树木蕃育。此处有似鸠之鸟与鹿群，计鸟凡八只，鹿七匹，虎二，似豹之动物二，猿与猪各一，不明之兽七。树木凡二十三株。

六、山岳与佛殿　第十二窟前室西壁，下层佛龛作山岳状。其间有群像：或携瓶，或为泻水状。上层作三楹佛殿型。八棱柱，四注屋盖模瓦葺。大栋安鸱尾（两端），迦楼罗（金翅鸟中央），火焰（迦楼罗与鸱尾间）。左右下栋置立凤凰，各柱间刻佛像，其上梁下部刻作天人持宝飞翔状，下缀璎珞，两端作胁侍像。

五　雕刻

造像特点　有六

一、头发　佛像头部，有北印度犍陀罗与中印度二式，中印度为螺髻，毛发蜷缩，如小螺珠群。北印度犍陀罗者，通常发屈曲为波纹，束于顶上。今此中印度型甚稀，他悉摹拟犍陀罗式波纹型耳。

二、手相　本尊手相，一、说法施无畏印相。二、定相印，斯二式占大多数。三、恭敬相（胁侍合掌示恭敬也）。四、侍卫相，或垂一手，举一手若侍卫然。此等皆比较单纯，悉遵古式。

三、衣相　佛菩萨披着衣服有二式：一者过肩，谓以袈裟（大布巾）一条，通着二肩，以布之一端，先绵延于右肩，他一端覆蔽左肩，左手把握衣端，垂其绪余，终于两肩皆覆。二者偏袒，即着通肩后，特拔出右腕，露右肩于外，此种着法，曰偏袒右肩。

四、背光　有圆光与舟形光二型。舟形后光者，身光外附加火焰也。中安化佛，多为立像。菩萨像普通仅有头光，无身光，光之形制，上端为尖宝珠形。

五、台座　佛像台座，中印度以南者多用莲华座，北印度犍陀罗地方者用方座，或多角形座，其制六角、八角不等。犍陀罗造像，除龙宫说法相外，他皆方座或多角形座。云冈造例，亦皆方座。用莲座者，仅第二十窟三尊佛及第九窟之观音像而已。

六、姿势　有立像、倚像、交脚倚像、半跏倚像各类。此中立像、倚像及半跏像等，犍陀罗亦有作例。此外又有垂一脚屈一脚倚坐，屈一手支颊，所谓"思惟相"之菩萨。

佛像　约举九例：一曰毗卢舍那佛坐像（第五窟本尊）为云冈石佛中大者，高约五十五尺。面相微嫌生硬，背光俨似半穹窿状，明清修补，颇失其美。二曰微笑如来像（第五窟外壁上方）高约八尺，彩色犹存。三曰释迦立像（第十六窟本尊）此昙曜五窟东端之一窟也。头发波靡，雅有犍陀罗风。左手与袖口以下，破损殊甚。四曰如来坐佛像（第十七窟）在南壁进口上，此像乃弥勒交脚像，其作风充分表现中印度式写实的影响，而细部中又参入中国技法，盖介乎汉印之间，乃昙曜五窟仅有之特征。五曰本尊及东胁如来像（第十八窟），本尊甚高，衣上刻千体佛，他无比拟。东胁如来像多破损，遗存辽金时代所傅彩色。高约四十尺，朱衣、绿发，眼球嵌入光泽之硝子质。六曰毗卢舍那佛坐像（第十九窟本尊），昙曜五窟中尊像之最大者，下颚破损，唇厚目澄，耳垂过长，技法亦失于机械。七曰露天大佛（第二十窟），石窟前半崩坏，原三尊，今唯左胁侍现存。佛身约五十尺，耳八尺四寸，坐像中属云冈三大佛之一。本尊与东胁自膝以下埋没，民国廿九岁暮东人于此发掘，其始胁佛露出足部与莲花台座，既而西胁佛足部与莲花座亦掘出，证明是立体如来像。八曰释迦苦行坐像（第十二窟），前室南壁进口，着安陀衣，上半身裸露，若婆罗门然。坐莲花台上，负舟形光背。颈部、胸、腕等瘦细而骨出，面部稍嫌写实力不足。九曰药袋与天人（第三十二窟），天盖两端悬挂药袋，依本窟四壁例推之，东壁诞生，西壁入山思惟，北壁药袋，意者表释尊之涅槃相乎？

菩萨像　约有五类：一弥勒，皆作思惟像。二胁侍，皆着宝冠，三观音像，印度原仿在俗人作。示现女身，属吾国创见。五小像。

（一）弥勒　凡七见，约略一致，其特点头戴宝冠，面示思惟，胸垂璎珞，两脚交叉。一、第四窟西壁者，刻于千体佛中，足下作吐舌狮子两头。二、东壁者右手舒掌，左手曲二中指，仰置左膝，坐狮子座。三、第九窟前室，东壁者本尊交脚像，两胁侍半跏思惟像。西壁者本尊交脚像，两胁侍立像。四、第十窟前室，东西两壁本尊交脚像，东壁两胁侍立像，西壁两胁侍半跏思惟像。五、第十二窟前室，东西两壁本尊交脚像，东壁两胁侍半跏思惟像，西壁两胁如来倚坐像。六、第十三窟者，高六丈余，右手舒掌。四臂天部为菩萨束右臂饰带。七、第十五窟胁窟，宝冠系三枚莲瓣组成，雕刻全力，倾注颜面，他皆省略。

（二）胁侍　举证六例：一、第三窟后室西胁菩萨像，隋代追刻，颜面掌指，均失之太短。宝冠正面，饰以插花宝瓶，肩与胴部，逼近写实，手持蕾莲，俨然贵夫人也。二、同东胁像，宝冠正面有狮啮，容颜可爱，乍见如印度少女。三、第五窟南壁进口两侧，有女相菩萨立像二体，皆着小豆色衣，立莲花上。殊类似东裔奈良三月堂之月光菩萨。东方者合掌，西方者右手持博山炉。四、第六窟后室上段两胁侍像，后光中央作莲花图案。五、第十一窟进口上佛龛，有如来像与两胁侍，手法纤细，属云冈末期雕刻，而显示龙门石窟先驱。六、第十八窟四躯胁侍，并本尊而五，皆立像也。东胁破损太甚，中央之菩萨像，其宝冠为云冈第一。

（三）观音像　在第九窟明窗东壁，池内生出莲花三茎，观音安坐中央大莲花上，右手持开敷莲花，屈左肘握宝瓶。戴宝冠，冠中央有巴纹，巴纹上有新月形。左右两胁侍，其一奉伞盖。胁侍下作净信女二人，合掌礼敬。

（四）普贤　第九窟明窗，有菩萨乘象者，假定为普贤。象背敷圆物，菩萨横乘之。戴宝冠，举左手，右手安置腹部，竖左膝。背后随从持天盖之天人。前上二天人奏乐飞翔。一人弹琵琶，一人吹箫（横笛）。

（五）小像　尊名未详，镌刻于第一窟内西南端，约高三尺。顶上结发，左手持澡瓶，右手持摩尼（珠）。面貌端正而可敬爱，描线流动，游丝之衣相，与顾恺之诸作有相通之妙。

佛传图　第一、六、七、十一、三十五诸窟均有，第六窟尤完备。昔昙曜与常那邪舍于此诸窟（第一、三、十二）内翻译付法藏因缘传六卷，杂宝藏经十三卷等经典凡十四部，故佛传图刻焉。依常槃氏（大定）所考定，第十二窟者为瑞应本起经云。兹综述之：

1. 释尊降诞　第六窟（下同），图中央生无忧树一本，左端一人跪地，有妇人立于其次，伸右手攀折树枝，即佛母摩耶夫人。其右腋下有小童负背光，即诞生之释尊。跪而展布执产婆役者，佛姨母波阇波提（摩耶夫人之妹）也。右侧侍女二人，一人助摩耶夫人，一人合掌。

2. 唯我独尊　释尊降诞后，向四方行七步，右手指天，左手指地曰"天上天下，唯我独尊"。此种构图在印度中国与日本，释迦裸露上关身，仅着下裳，云冈此像，全身皆着袈裟。通常高举右手，此置胸际，俨然成人之状。唯武定四年像高举右手。

3. 八龙灌顶　释尊并足台上，两手下垂，着舟形背光。八龙吐水，澡浴释尊，龙神合掌踞于两侧。武定四年释迦玉像背作九龙灌顶。

4. 乘象归宫　象载二妇人（佛母与佛姨母），前人抱释尊，像前一人合掌侍立。

5. 仙人占相　木瓦屋檐下，阿私陀仙人抱持释尊，别有二妇人在焉。

6. 太子弓技　右端设三鹄，左方三人张弓向鹄，第一鹄侧有猿欲登台状。张弓之三人上，二飞天自在翱翔。别有竞技图破损。

7. 后宫嬉游　殿宇一楹，大栋载鸱尾。殿中凭椅者释尊，殿中敷石阶斜下，有宫女寝其处饮酒，上方右侧相抱而踊者二人，殿下二人合掌。

8. 父子对话　中央有宫殿，父净饭王举左手。横右手于腹上，两侧向下。合掌侍王前者，太子悉达多也。盖申请出家，未蒙允许。

9. 四门出游　凡四图：其一邂逅老者，太子乘马立于门左，侍者持天盖在后。有老人策杖立马前，太子见老人举左手，右手置膝上。天人舒两手为太子先导，马前足与老人间有莲花纹。其二邂逅病者，其三，邂逅死者，其四邂逅沙门。

10. 彩女熟眠 中央向左有寝台，一妇人支枕而卧，即耶输陀罗妃。寝台下宫女四人持乐器，作酣睡状。右端下长尾鸟一只，殊类似孔雀。台右，趺半跏，右手支颐而思维者，悉达太子也。太子背后合掌而跽者，侍者车匿。

11. 五种噩梦 第五窟南壁之佛传画，太子于深夜出迦毗罗卫王宫时，妃 Gōpā（有与耶输陀罗为同人若异人二说）作五噩梦，惊觉。五噩梦者，须弥崩颓，明月陨坠，珠光忽灭，发髻坠地，伞盖见夺也。图中横卧长床上，竖右肱支首，伸足者妃也。在妃足部，作谈话姿态者太子也。床前彩女四人，或持凤音，或击楷鼓，或品笛，或奏鸡楼鼓。净居天二人，合掌侍立太子右方，若劝诱太子使出家状。

12. 逾城出家 城门在左下甚小，太子乘马在右甚大。四天王捧马足，天人持盖随侍。此图又见于第一窟，车匿持伞状，近于写实。

13. 辞决车匿 在明窗东西壁，东侧作太子入山半跏思维像，西侧，白马屈前膝舐太子足，示依依惜别之情，侍者车匿在右。（此部分被人窃去，今仅留痕迹）古昔百济、新罗、日本盛作此像。日本平安朝之弥勒思维像，即从此脱化出。犍陀罗雕刻之太子思维像系立体，举左手指颐，爱马屈前膝舐太子足，此非山中树下之表现。云冈者无树木，纯粹表现山中之意味。

14. 山中修业 凡四图：一修业、凸凹之山中，生树四枝，有大鸟集释尊前树梢。二、访问仙人，坐树下者释尊也。后二人步行，或仙人适释尊所。一人立前，左手持水瓶，右手持花。此场面释尊于一图中凡两见。三、题材不明，左端一人向西步行，左手持水瓶。二三两图空隙处，皆配置莲花纹。四、苦行，龛中作坐像，高七尺余，龛缘雕出多数似人影之山，其中有瘦仙人与不愉快者，窥看释尊修业。释尊容颜作苦行状。

15. 降魔 中心作释尊坐像，恶魔围绕。无量寿经云"受施草敷佛座下，结跏趺而坐，奋大光明，使魔知之，魔率官属，而来逼试，制以智力，皆令降伏"此图与经说一致。释尊头上，有似人影之山六，左右多数化物持武器来袭状，化物有人头、鬼头、兽头等，体皆人形，武器有剑、弓矢、钺、投玉等物。下方作美女三人，所谓"魔王三女"也。一存上半身，余二人仅存头部。第十窟亦刻降魔图。

16. 鹿野苑初转法轮 佛龛中央有释尊坐像，高七尺余。右手作施无畏与愿印，左手作触地印。膝下之台上置法轮三个，若经卷然。其两侧有鹿二匹，示在鹿野苑也。隙地配置天人，柱外左右各七人，鹿侧各二人，裤腰之上各二人，合计二十四人，向佛合掌，恭聆说教。

17. 文殊与维摩问答 在进口内部，中央释尊坐像，右方维摩，左方文殊倚坐像。龛下，中心为博山炉，龛掌菩萨十二人，龛后隙间，显现天人与声闻八人。维摩居士着世俗衣冠，表现当时士大夫姿态。冠角巾，衣道服，长裾下曳，左手抚几，右手麾羽扇。文殊着宝冠，袈裟，举右手，左手安膝上，面容斜向，若对话然。释尊闻二人语，将说大法，现说法相。

18. 二佛并坐　释迦与多宝如来并坐一龛内，取材法华经见宝塔品。此图云冈第六、二十一两窟皆有作例。

19. 涅槃相　云冈凡三见：第七窟前室者，涅槃像仰卧于斜形寝台，左足稍起，两手下垂。二人坐寝台下。像上未有娑罗双树，或破损乎？不明。（见于犍陀罗者，寝台头方稍高，有小娑罗双树二株，云冈之像，盖渊源于此）。第十一窟者，纵三尺，横六尺弱，寝台背后，有娑罗双树二株，台侧各一僧侍立，其两端有狮子。释尊北首仰卧，双树有似火线香之火焰。台侧僧侣持博山炉，台后复二人，凡此诸人皆悲绪横溢。第三十九窟者（东上小佛龛），寝台周围有十二、三人，别有六人合掌。

本生图　有二：

1. 金鹿本生　第一窟东壁，右下有波条线，分全图为上下两段。下方刻作池形，鹿与人在池中，乃鹿王拯救溺人处。波条线上，乘马者三人，前一人引弓，中央乘马者国王，最后一人持伞。此三人之右上方，鹿王逃遁。

2. 燃灯供养　在第十九窟东胁侍窟一小区划中，有负舟形光背斜立者，燃灯如来。举左手，垂右手。一小人物平伏如来足下，长发敷地，如来踏其发上，此即为儒童菩萨时代之释尊也。

其他　凡天人、神王、人物、法具、图案图等，总疏于此。

（一）天人　约举五例：一、天人奏乐图（第七窟内六信女下）。二、天人旋绕图（第九窟前室明窗东半上部天井中），作三重大莲花，天衣旋绕状，天衣飘缈，意匠自在，宛如西洋之天使也。其无天衣者，以羽翼代，与中亚发现者，雅有异典同工之妙。三、天人旋绕博山炉图（第十窟后室进口天井），图在中央，下方作冠翼金刚，示守护状。考云冈天人作法，略分六期，第一、二、三期者，自裳裙出足，第四、五期者，足隐蔽裳裙之中，身附翅膀。第六期者作裸踢状。四、奏乐天人像，第二窟近天井上部，有奏乐天人一队，行仪端正，并坐龛中，所持乐器有：琵琶、阮咸、箫、笙（横笛）、篪（三孔纵笛）、邃（六孔纵笛）、鼓、小太鼓、筌篌（纵琴）等。第六窟者，增多法螺、琴、编木、手拍子、舞蹈等。五、阿修罗与龙（第三十窟天井西部），南侧有三面六臂之阿修罗，北部为龙。

（二）神王　一、湿婆与毗纽（第八窟拱门内），上方东部湿婆天像，西部毗纽天像，湿婆天像三面八臂，骑牛。三面皆童颜，正面圆，戴宝冠，冠上载新月形。两侧面尖，戴三角帽。手持葡萄、弓、日轮等。毗纽天乘灵鸟（似孔雀明王），五面、六臂，手持鸡、弓、日月轮等。皆姿态自然，意匠简素，面相富表现之美。二、金刚力士

（仁王第九窟里），云冈之金刚力士像皆着铠，长发飘然，左手持金刚杵，右手持单铧，所倚左隅柱头，饰以伊俄尼亚（Ionian）式羊角，为第九、十窟特色。三、四臂天部有二，其一，第一窟东塔根细部东侧，近狮子肘木处。其二，第十三窟弥勒交脚像肘下，高举两臂为弥勒束腕饰带。

（三）人物　此指佛教中净信者言，一二例外附焉。一、嬉游儿童像（第七窟内西侧）两人为组，分两层刻，上镌佛像。二、六净信女像（同窟），其内五人重掌，虔敬之微笑，横溢意表，存辽金时傅彩，天衣各别不同。其技工与表情，深感静极中之动也。三、文官肖像（第十九窟西胁窟本尊台座刻），冠已破损，固汉人容仪也。四、持髑髅婆罗门像（第十二窟前室佛殿上方如来坐像两胁），仅着下衣，近于裸露，肋骨与手足之骨露出，瘦而生须，结髽白体。此像九十两窟亦有。五、僧像（第十八窟东壁上方），凡三人，北端一人存面部上半，下方全部崩坏。其他二人存留九分，此二人皆着十条袈裟。南侧者举右手舒掌，左手出于腹部，持蕾莲。北侧者重两手当胸，持果物。六、比丘像（第十窟南侧）赤色袈裟，斜着左肩，两腕从肩露出，筋肉隆起，持忍冬与水瓶。七、达磨形比丘尼像（第七窟内明窗上），乃女相之达磨形。铁钵悬于木枝，水瓶置于膝际，头被赤色毛巾，露出面部，雅似山中修业中之比丘。八、人物（第十四窟前室西壁中央），头戴宝珠形博山炉，着有袖衣。第五窟外壁，刻载博山炉侏儒，则近于裸露。九、供养者像（第十四窟）合掌胡跪，左右有七人或八人一行者，成单纯之图案。十、汉马与胡人（第十五胁窟西壁上段），浅浮雕胡服人物凡五，与汉马二匹。胡人戴三角形帽合掌，马形瘦小。十一、竞马（第三十八窟），天井莲花周围，雕饰竞马人物。十二、天人与博山炉（第十窟），前室中心有大博山炉，四天人围绕。其山形与须弥山形雅有同感。山下台部，作鼓胴形，下有S字形之把手。台之图案，略与波斯及希腊器物一致。

（四）图案画　样式繁富，其尤要者有：一、葡萄忍冬（第十窟明窗边缘），葡萄之茎，迤逦成波状，着叶与实。二、花喰鸟（第十窟前室东西壁上），为衔忍冬之鸠二只。三、狮啮，西区诸窟龛饰盛用之。四、叠布（第十三窟）二佛并坐两胁立像龛用此纹。远望若缎帐。五、水中风景（第十二窟西壁万佛两端），图作水中生出水草二本，水禽与六七鱼飞跃其间，鱼尾为忍冬纹。六、莲花（第三十二窟）三重皆复瓣，中央一重乃牵牛花，他二重与普通者同。莲花周围，羽衣长裾天人缭绕。七、三角与莲（同），天盖上部，有三角纹与开敷莲花。八、圆与三角，云冈中凡十二见，不备举。九、树木，云冈中树木有三型，一曰尾垂木，二曰扇垂木（第三十九窟），三曰繁垂木。第二类占全部石窟之大多数，三型最妙，仅见于第三十九窟。十、天盖（第二窟），形制作三角与叠布纹，三角之端系玉纽下垂。第六窟者作椭圆形，而饰以忍冬纹带。

六　与经典关系

石窟艺术所依经典，多系罗什翻译，尤以法华维摩为主。考法华经以姚秦弘始八年（406）译成，魏初成实学者昙度未入僧渊门前，已通涅槃、法华、维摩、大品、下距天兴元年魏道武帝准据法华经宝塔品，于平城营建耆阇崛山殿，才九岁耳。流布之远，殊堪惊异。东耆常盘氏尝就实物，考溯源委，描述要旨，略如左明。

一、四面佛柱（第六、十一、十四三窟，第四窟变例），本金光明经。前乎此者鸣沙山北凉窟有其作例，后乎此者，巩县及响堂山继其余波。响堂山者，一方唯刻一柱斯乃小异耳。

二、第六窟进口上部，刻维摩诘经之方丈会，庵摩会于一图，第一二两窟南面左右，分刻文殊维摩。后至龙门，分刻文殊维摩于小龛上左或右矣。

三、第十七窟太和十三年铭中，造释迦、多宝、弥勒、二佛并坐、多宝塔等，不遑枚举，皆本法华经。多宝塔之信仰肇端此时，而盛于唐代。

四、第十一窟太和七年铭有"安养光接，托育宝花"句，铭上壁面，刻"观音菩萨，势至菩萨"文字，无量寿经云："诸佛告菩萨，令觐安养佛"经中所云，即指"观音、大势至"，由此铭文推定本于无量寿经。

五、第十七窟与十三窟之中尊，屡屡刻出龙华树下之弥勒像，此取材弥勒下生经。

六、第一、二、六诸窟均刻佛传，第十二窟表三迦叶济度，刻以瓶泻水状，乃被化之仙人，推定为"瑞应本起经"佛传。

七、第十八窟腹部以上附着小佛之本尊，又第二十窟背光刻多量化佛之大露佛，乃表华严经中卢舍那佛或梵纲经大中小释迦。第十八窟之三佛，由他例推测，认为释迦、弥勒、弥陀最当。

七　艺术系统

埃及影响说　小川晴阳氏主之。埃及艺术经希腊叙利里自海路传华，更由陆路越印度—中亚—西域输入大同。云冈雕刻示此象征者，有四种图案：一、花上再生者像（花上育成者）。二、莲花图案，三、忍冬纹，四、狮子座。传至大同后中国化矣。后三者尽人皆知。勿俟繁辞。初一"花上再生者像"者，第一、二、六、八、十四、十八诸窟均有。佛教本生谭与佛传教人轻生，此信仰者心地怯弱，愿死后生极乐无秽之莲花上，其思想实导源于埃及也。埃及之"莲花再生者像"，荷尔斯神话谓神在花中发生光明，其象征与思想传来印度，摄入佛教云。相传埃及荷尔斯神，宿泊朝敷夕闭之清丽莲花中，其在雕刻者，神与四子成育花上，绘画中者，莲花挺出水面，神与诸子以人形姿态显现花中。印度佛陀伽耶大塔与巴尔弗特（Bharhūt）等处图案，皆有此像。大谷光瑞氏中亚发掘品有在莲着下裳之踊娘。云冈石窟此类造像甚多，其属于县曜五窟者，第十八窟东西胁侍，如来像之天盖，开敷花中有童子跃出上身，与中亚发掘品相似。第十四窟西壁，第十一窟再生者像，皆其例证。愿文所谓"成育宝花，永舍秽体"者也。

希腊影响说　小川晴阳氏说，佛教艺术中，车、马、卍纹、花序纹、神所持莲花等，皆导源希腊。车（轮宝）与马卍，皆象征爱普罗（日神）之车，佛教以为轮宝，又为圆光，云冈第六窟初转法轮像前，刻有三轮者是。马在希腊为日神引车者，印度以象征神圣，云冈本生谭与佛传中者是中国风格，犹未以神圣视之也。卍纹，在希腊着日神胸次，有左右区别（右钩卍印度德国用之，左钩卍希腊法兰西等用之）。云冈第九、十两窟，柱裾与栏干等，皆饰以卍纹。花序纹起源埃及而完成印度，云冈石窟作装饰用。神所持之莲花，在埃及以饰荷尔斯神宝冠，亦有充敷坐者，然神不自持，供神者持之，且持者皆妇人。若在希腊则为爱普罗神之持物。佛教雕刻中，观音、佛与胁侍像皆持之，云冈第九窟内观音像与第三窟之胁像侍像是也。

拓跋氏影响说　是说大村西崖氏主之，见于氏所著支那美术史雕塑篇、元魏之佛像与东洋美术史（中国部分）三书中。约举五事：一、面相、唇厚、目长、丰颐、挺丈夫之相。二、衣褶雕法，如外崖大佛领边折线，魏末不复见。三、顶髻，佛顶因发髻过大，俨如峨冠，印度佛像殆不见有此类例。四、坐法，有结跏、交脚、并脚三种。结跏与印度后代造像无大差别；并脚不类印底倚像；交脚坐像全异乎印度之萨埵跏或轮王坐。交叉两脚之倚像，魏末高齐以后不复见。五、手相，仅说法手与合掌手，间或与印度诸像同（已上）。氏据斯五证，因否定印度艺术传来说，谓当时仅据经文制作，与印度原制不合，深保拓跋氏遗风云。

印度毱多（Gupta）说　持此说者为松本文氏，氏于中印佛教艺术造诣极深，雄篇巨制，散见群籍。其说要旨，略分三类：混言毱多影响一也，月氏王时摩菟罗（Mathūra）派雕刻输入二也，大同佛像与摩菟罗派之异点，三也。粟括大旨，略如左明：

（一）混言毱多影响　氏提供云冈造像特色八事：

一、颜面　其颜面刚毅，显男性特质，非一切佛像皆然，中颇有圆柔和者，犍陀罗式痕迹，秋毫不能辨认。

二、衣服　无论坐像倚像立像多掩蔽全身，不拘其服御几重，具有极薄柔而透视肉体之趣，与毱多式殆无差别。但因技巧微劣，略感重苦。

三、皱褶　亦有不显皱褶者，显现皱褶时，任何弯曲平行线，殆与毱多式同。

四、头发　当时造像几不见有螺发，如结发而非结发，如螺发而非螺发，宛若蒙覆头巾，而毱多期北印制作，相同者甚多。

五、背光　当时背光绝非单纯的圆形，不必如毱多者加入草花备极精巧，而时时于头后，显现圆形背光，更于圆形后刻椭圆形曲线，其周围描火焰状，此亦毱多作品最常见也。

六、折线　大同佛像胸前左右衣领多刻重叠折线，此盖布片端绪垂左右时，描写折返边状态乃印度雕刻家所做。

七、交脚　交脚于座前之倚像最普遍，现存犍陀罗全属此形。

八、台座　有狮子座与莲座，又多有高板之高座，皆接近毱多式。

（二）月氏王时代摩菟罗派雕刻输入说　氏之论据，置重雕法，大同诸大佛像，衣褶雕法有两种区别：一者在石面所当处下刀，使一定部洼下，将此返覆平行，由兹显示衣褶，更在隆起部分刻二三细线，若线雕者。石佛寺东窟大佛同西窟佛像皆属此类。另法，置一定距离，下刀稍深，着力石面，斜削去之，既成之一线与次线，其间不刻细线。石窟东洞大佛胁侍，同第二窟上层本尊皆属此类。

第二类雕法较第一类稍省劳力，故每呈呆板状。至于小像，更省劳力，仅凿细线显示衣褶而已。此皆月氏王时代摩菟罗派技术所惯用者。益以躯体颜面丰伟，眼目开大，彼我之间，其规一揆。如斯形相类似，雕法全同，绝非暗合所能解释也。

（三）大同佛像与摩菟罗派异点　氏指摘四事。一、背光。月氏时氏摩菟罗派雕刻，其背光犹单纯，多于圆板周围连续刻小半圆。然北魏雕像，背光施极精巧雕刻，大抵周围作火焰，内部配置小佛像（此但限于大像背光所附小像）与摩菟罗像风趣微异。二、莲座。大同诸窟古像方座较多，渐有纯然莲座者，是亦彼此不同之点。三、狮子座。摩菟罗派雕像，下部配列狮子，除左右两侧外，或时台中央刻狮子一头，或刻于两脚间，狮子头向外窥如波罗像者，座形犹未定也。至北魏诸像，皆左右各配狮子一头，更不能认为其变态，当时座形已定，此亦两者间之异也。四、枕形。摩菟罗雕像有一特征，即结施无畏印右手背后刻作枕形、胸与手不分离，此恐防备手断折，大同雕像犹未曾见（已上）。氏据上述论证，因定北魏初期造像，成于摩菟罗派技术家若其雕刻粉本。

犍陀罗及西域艺术承继说　持此说者，有小野、伊东二氏：

（一）小野玄妙氏说　氏以法人伯希和（P. Pelliot）氏敦煌图谱所揭第百十一窟内设计与造像，为云冈石窟寺先踪，因以比定其艺术系统为犍陀罗艺术之延续，而举证五事：一窟寺构造一致，二造像手法一致，三造像题目一致，四愿主信仰一致，五历史的事实。

氏于此五事外，复举降魔像为新证，降魔像作法，普通释迦伸右手于下，其掌向处，所谓降魔印也。亚仁多（ajanta）窟及敦煌第百三十五窟可证，后世遵之，云冈者独结施无畏印，与南立印度（Amaravati）者（第二—四世纪）同，足证其为古式。

（二）伊东忠太氏说　氏从建筑上分析而探究其艺术渊源，论据如次：

伊俄尼亚（Ionian）式柱头（第十窟）　此式柱头大成于希腊，潜行于月氏，盖经中亚传入汉土。

柯怜底亚（Corinthian）式柱头（同）　至少有与柱头同型之意匠，此式发祥于希腊，大成于罗马，于东罗马帝国显其类例，犍陀罗乃数数观之，唯意匠与本国者异，彼以亚麻叶（Acanthūs）构成，此以忍冬纹组织，其源流未能实指，恐自极西波斯传来。

印度拱及柱头（第十一窟）　此种印度拱及柱头已见于敦煌，云冈所用亦夥，经过中亚时稍有变化。

犍陀罗系梯形拱、梯形楣及壁面千体佛　梯形楣实例，犍陀罗建筑中甚多，中印度殆未见到。此壁面镌刻千体佛作风，系表现犍陀罗系趣味。

梯形拱与示二基之塔（第二窟）　区划梯形拱之内外轮内，加入飞天，此意趣不见诸犍陀罗，宁属印度式。拱下天盖型垂璎珞形，葱外所无，想起原玉门关葱岭间，与波斯特有之锯齿纹有何关系？不明。塔形有谓由中国楼阁型发达成者，此窟所刻二塔，左塔二层，右塔三层，顶皆载印度窣堵波（Sthūpa）式。依楼阁暗示木造者，其顶上之窣堵波，他处无类例。基坛与塔身间有请花，轮相七层，暗示西藏塔之起原者，极为重要。

五层塔（第六窟）　各层造印度拱及梯形拱与佛像。柱头与其谓汉式"大科"，毋宁视为印度系乃至波斯系较妥。

中国固有风趣，第九窟其一例，四注瓦葺屋顶，大栋两端之鸱尾，栋上三角形饰物，立于其间之凤形，皆周汉以来常法也（豫案尚有第十二窟进口柱头之交龙纹，一白一黄，龙之肘、膝、腹诸部，皆作出忍冬纹样）。

西藏式　第七窟佛顶之天盖，发祥于西藏。

八　结论

云冈艺术之研究，迭经汉瀛耆秀稽考论证，始而比较其雕刻，继而掇发其典据，终乃分析其建筑，远征埃及希腊，近考天竺吾邦，讫是，可谓无余韵矣！兹复揭伊东氏云冈艺术系统图，以殿斯文。

二十九年冬作，三十六年十月中旬重订，补葺若干事外，大体皆仍旧观。时滞析津南崖知唐桑艾之室。

（摘自《边疆人文》1947 年 4 卷）

调查云冈造像小记

赵邦彦

（一）云冈造像之历史

　　山西省大同县之西有山曰武州，东西数百里，南北五十里，其最高处曰云冈。冈之南面崖谷，开窟凿佛无数，即著名之北魏石庙造像也。此距县治计三十里。明永乐时，曾建堡于云冈之上，嘉靖时，移置山麓。今所谓云冈堡者，盖即魏土地记所称之武周塞口者是。考石窟开凿之时期，诸说颇不一致。魏书释老志云：

　　　　初，昙曜以复佛法之明年，自中山被命赴京，值帝出，见于路。御马前衔曜衣，时以为马识善人。帝后奉以师礼。昙曜白帝于京城西武周塞，凿山石壁，开窟五所。镌建佛像各一，高者七十尺，次六十尺，雕饰奇伟，冠于一世。

此谓开窟五所，始自昙曜，其说一。大唐内典录四云：

　　　　道武皇帝改号神瑞元年，当晋孝武帝太元元年也，出据朔州东三百里，筑城立邑，号为恒安之都。为符坚护军；坚败后，乃即真号。生知信佛，兴建大寺；恒安郊西大谷石壁，皆凿为窟，高十余丈，东西三十里，栉比相连，其数众矣。谷东石碑见存，纪其功绩，不可以算也。其碑略云：自魏国所统赏赋，并成石龛，故其规度宏远，所以神功逾久而不朽也。

此谓诸洞并成于道武之世，其说二。又清胡文烨云中郡志三云："石窟十寺，在府治西三十里，后魏建，始神瑞，终正光，历百年而功始完"。此谓石窟疏凿经历百年而始成，其说三。综上三说，大唐内典录所记，最为失实；虽举碑文以自证其说之可信，要属传闻之辞，未足依据。云中郡志之说，不知其根据何书。其云始自神瑞，较内典录所云似稍近理。然道武帝时，云冈有无造像，太平真君毁灭佛法，旧像能否保存，在今日尚未有坚实之证据。故吾人仍当以释老志所记自昙曜始开窟五所之说为是。又就现存石刻五种考之：

（一）太和七年碑——太和七年，岁在癸亥，八月三十日，邑畿信士女等五十四人，自惟往因不积，生在末代；甘寝昏境，靡由自觉。微善所钟，遭值圣主，道教天下，绍隆三宝，慈被十方，泽流无外；乃使芒夜改昏，久寝期悟。弟子等得蒙法润，信心开敷，意欲仰酬洪泽，莫能从遂。是以共相劝合，为国兴福，敬造石庙形象九十五区及诸菩萨。愿以此福上为皇帝陛下，太皇太后皇子，德合乾巛，威踰转轮；神被四天，国祚永康；十方归伏，光扬三宝，亿劫不隧。又愿□诸人命过□师，七世父母，内外亲族，神栖高境，安养光接，托育宝花，永辞萎莨，证悟无生，位超群首；若生人天，百味天衣，随意餐服；若有宿殃，堕洛三涂，长辞八难，永与世别。又愿同邑诸人，从今已往，道心日隆，戒行清洁，明鉴赏（？）相，晕扬慧日，使四流倾竭，道风常扇；使慢山崩颓，生死永毕。佛性明显，登阶住地；未成佛间，愿生生之处，常□法善知识以法相亲进之。俱游形□影响常行大土百万诸行化度一切，同登（？）正觉。还及累劫先师七世父（按此碑在第十四洞东壁上方，记文不全，未识何故。）

（二）太和十九年碑——碑在第十四洞窗拱东侧，未得拓片。

（三）太和十三年碑——大代太和十三年，岁在己巳，九月壬寅朔十九日庚申，比丘尼惠定□□□□发愿造释迦多宝弥勒像三区，愿□□□□□世安隐戒行□利□□日□誓不退转，以此□□功德，还及七世父母，累劫诸师，无□众生□同□□（按此碑在第十洞，拓片模糊。）

（四）太和十九年碑——碑在第四十三洞口外左方。记文甚长，惜风雨剥蚀，文字漫漶。

（五）延昌九年碑——大代延昌九年十月十五日，恒安□□□都统□□□旧宫二十□匠造弥勒第七佛□□□□□□□□（按此碑在第四十三窟迤东一小窟左侧。）上列五碑，属于太和者四，属于延昌者一，则内典录所谓并成于道武帝之世者，不攻自破。诸碑之造像主，或为邑几信士女等五十四人，或为比丘尼，安得谓为统魏国赀赋以成之耶？延昌之碑，幸非全毁，则郡志所云终于正光者，或非全无所本。自昙曜开窟之后，邑里信佛之徒，承风而起，先后继作，遂克蔚为巨观焉。

云冈旧有十寺，载于郡志：

石窟十寺：一同升，二灵光，三镇国，四护国，五崇福，六童子，七能仁，八华严，九天宫，十兜率。内有元载（按山西通志五十七古迹考"载"作"时"）所修石佛二十龛。

考唐释道宣续高僧传一云：

释昙曜未详何许人也（中略），住恒安石窟通乐寺，即魏帝之所造也。……（石窟）去恒安西北三十里，武固山谷北面石崖，就而镌之，建立佛寺，名曰灵岩。

此所举通乐灵岩二寺，不入郡志十寺之中，则十寺之名，或当在隋唐以后。迄于清初，止存其一。朱彝尊曝书亭集六十七云冈石佛记云：

> 云冈之寺有十，建自拓跋氏，今之存者，特其一耳。石佛大者高七十余尺，小至径尺，斩山为窟数十，凿佛数千躯，架以飞阁。凡客大同者必游于是。

朱氏所举，即今之石佛寺。清代屡经修葺，并有碑记：

> （一）顺治八年重修云冈大佛阁碑
> （二）康熙戊寅重修云冈寺碑　　　　在今石佛寺东院
> （三）咸丰辛酉重修大佛寺碑
> （四）乾隆三十四年重修庙宇碑
> （五）同治十二年重修庙宇碑　　　　在今石佛寺正殿
> （六）光绪二年重修庙宇蒙汉文碑

此外五画洞于清光绪二十年，寺僧出赀自修，故石佛寺佛像特为完好，而亦最失旧时真容。按上引郡志有"内有元载所修石佛二十龛"之语。或云此即唐人元载，其家豪侈，为此佛寺，容或有之。然考之载籍，未得其证。虽诸洞造像不免有隋唐之作，亦未能定为元载所修者。山西通志改"载"为"时"，一字之差，朝市数易。为唐为元，尚须待他日之考定也。

云冈诸窟，世多知之，其西头尚有尼寺名石祇洹舍者，则或未为人所留意。按郦道元水经㶟水注云：

> 武周川水又东南流，水侧有石祇洹舍并诸窟室，比丘尼所居也。

广弘明集引魏收释老志云：

> 今时见者传云，谷深三十里，东为僧寺，名曰灵岩，西头尼寺名（此下疑脱"石祇洹舍"四字）。凿石为龛，容千人以还者，相次于北石崖中七里，极高峻，佛龛相连，余处时有断续。佛像数量，孰测其计。有一道人年八十，礼像为业，一像一拜，至于中龛而死；尸僵伏地，以石封之，今见存焉。

两书所言尼寺，当在今姑子庙地方。在云冈之西七里。由此可知魏收所云石崖七里，佛龛相连，余处时有断续者，连灵岩及石祇洹舍而言。唐人所云东西三十里内佛龛接比者，则承释老志谷深三十里之言而误。姑子庙之石舍窟室，因川水之冲刷，久已毁灭，唯河岸石壁，尚有残像，足为昔日尼寺之证也。又云冈渡水而西小山上尚有二窟，高约丈余，四壁刻佛像数十。相传昔日云冈造像工人聚居此处，开窟凿佛，自为功德，故其地名鲁班窑云。

（二）北魏时云冈之佛教

北魏诸帝，率崇佛氏。世祖晚年，有诏焚破佛像，坑杀沙门。然当时僧俗信佛之风，未尽革也。高宗嗣位，重兴三宝，群下承风，朝不及夕。逮师贤之卒，昙曜代之为沙门统，而云冈遂为当时佛教之中心。

考昙曜之为人性行卓绝，其先已深为恭宗所敬礼。释老志云：

> 先是沙门昙曜，有操尚，又为恭宗所知礼。佛法之灭，沙门多以余能自效，还俗求见。曜誓欲守死，恭宗亲加劝喻，至于再三，不得已乃止。密持法服器物，不暂离身，闻者叹重之。

及为沙门统，又极得僧侣之信仰。开元释教录六云：

> 沙门昙曜，未详何许人，少出家，摄行坚贞，风鉴闲约，以魏和平年中，住北台昭玄统，绥缉僧众，妙得其心。

高宗既礼奉昙曜为师，曜因奏立僧祇户粟及寺户之法。释老志云：

> 昙曜奏平齐户及诸民有能岁输谷六十斛入僧曹者，即为僧祇户，粟为僧祇粟；至于俭岁，赈给饥民。又请民犯重罪及官奴，以为佛图户，以供诸寺扫洒，岁兼营田输粟。高宗并许之。于是僧祇户，粟及寺户，偏于州镇矣。

盖曜在当时，其权几与魏主相埒，史言魏割民力以奉释氏，非无由也。

昙曜既为当时教主，乃对印度沙门，集诸大德，共尽力于翻译佛经之事。沙门最着者，曰常那耶舍，曰吉迦夜。释老志云：

> 昙曜又与天竺沙门常那邪舍等译出新经十四部。

唐靖迈古今译经图记三云：

> 沙门吉迦夜，此云何事，西域人。游化戒虑，导物在心，以魏孝文帝延兴二年，岁次壬子，为僧统昙曜译杂宝藏经等五部合二十五卷，刘孝标笔受。

此外尚有沙门释昙靖，撰提谓波利经二卷者，大唐内典录曾力言其妄。又有沙门道进，僧超、法存等，魏书称其并有名于时，演唱诸异，亦附举其名于此。

于此有一事须稍加考证者，即前举古今译经图记所云，吉迦夜译经五部，其笔受之人为六朝有名之文学家刘孝标是。考南史列传云：

> 刘峻，字孝标，本名法武。……宋泰始初，魏尅青州，峻时年八岁，为人所略为奴至中山。中山富人刘宝，愍峻，以束帛赎之，教以书学。魏人闻其江南有戚属，更徙之代都。居贫不自立，与母并出家为尼僧，既而还俗。峻好学，寄人庑下，自训读书，常燎麻炬，从夕达旦，时或昏睡，燕其须发，其精力如此。时魏孝文选尽物望，江南人士才学之徒，咸见申擢；峻兄弟不蒙选拔。齐永明中，俱奔江南，更改名峻，字孝标。

南史不言孝标有译受佛经之事，而记其曾流徙代都与母并出家为僧尼，既而还俗。孝标为僧及还俗之年，已不可考。其为吉迦夜笔受诸经，则据古今译经图记，为延兴二年。考宋明帝泰始五年，魏人尽有青州之地。魏人用兵青徐，自天安元年始，即宋泰始二年也。使孝标之被略，即在是年，是时年八岁，延兴二年为宋明帝泰豫元年，孝标此时才十三岁耳！为吉迦夜笔受诸经，必无此事。按靖迈之说，盖本于道慧宋齐录，及梁僧佑出三藏记集诸书。僧佑录二云：

> 杂宝藏经十三卷。（原注"阙"。按隋法经众经目录三云十卷，后魏延兴年，沙门吉迦夜共昙曜译。）
>
> 付法藏因缘经六卷。（原注"阙"。按众经目录六云四卷，后魏沙门吉迦夜共昙曜译。）
>
> 方便心论二卷。（原注"阙"。按众经目录五云一卷，后魏延兴年，吉迦夜与昙曜译。）
>
> 右三部，凡二十一卷。宋明帝时，西域三藏吉迦夜于北国以伪延兴二年共僧正释昙曜译出，刘孝标笔受。此三经并未至京都。

道慧宋齐录原书已佚，唐人多有引之者。大唐内典录四云：

> 杂宝藏经十三卷。
>
> 付法藏因缘传二卷，（或四卷。因缘广异曜自出者。）
>
> 称扬诸佛经三卷。（第二出。一名集华，一现在佛名，一诸佛华，四名。与罗什，宋跋陀罗译出者，本同出异。）
>
> 方便心论二卷。
>
> 右五部二十五卷，宋明帝世，西域沙门吉迦夜，魏言何事，延兴二年，为沙门统释昙曜于北台重译，刘孝标笔受。

据此，则僧佑作记，当时实未见其书。道慧宋齐录，固属可信否？殊为一疑问也。或云，孝标南奔，在齐永明中，流徙魏土，已十余年，既不为孝文帝所选拔，其抑郁可知，乃为西僧译受诸经，容或有之。峻南归后，曾撰类苑及注世说新语，今所传杂宝藏经，体例仿佛相似。又道慧僧佑与孝标之时不远，所记必有依据。如其所言，亦似近理。然延兴二年之说，必不足信。

昙曜等所译佛经，除已见引诸条外，尚有数种。隋费长房历代三宝记九云：

> 〔元魏北台〕人大乘论二卷，（坚意菩萨造。）　净度三昧经一卷，（第二出，与宝云译二卷者同，广略异耳，见道祖录。）

武周刊定众经目录一云：

> 大吉义神咒经一部四卷，（四十纸，或二卷，）后魏太和十年昙曜译，出达摩郁多罗录。

综上所述，北魏时云冈佛教之盛，盖可想见。自昙曜开窟以后，北台诸帝，每幸武周，从可知其爱护之深焉。魏书帝纪云：

> 显祖皇兴元年八月丁酉，行幸武周山石窟寺。

高祖延兴五年夏五月丁未，幸武周山。

太和四年八月戊申，幸武周山石窟寺。

太和六年三月辛巳，幸武周山石窟寺，赐贫老者衣服。

太和七年五月戊寅朔，幸武周山石窟佛寺。

（三）云冈诸洞

石窟连亘里余，大小约计四十余所，大者高七八丈，小者不过数尺。其他小龛错落，不可胜数。东起石鼓，西迄塔窑，依岩开凿，与龙门相似。石鼓之东，依稀尚有残像，而洞址全毁，莫可指名。兹自东阻西，约略述之：

（第一）石鼓洞　　　（第二）寒泉洞　　　（第三）碧霞宫

石鼓洞高丈余，正中为一石窣堵波，作四方形，直上与洞顶相连。塔分两层，层各设一龛，多宝佛跌坐其中。四壁雕刻诸佛菩萨，最下层刻释迦未成道前诸事迹。洞外左方岩上，有清朱廷翰石刻一，文字半已漫漶。寒泉洞体制与前洞相似，而略为高大。洞口上有"云深处"三字，莫辨谁氏所署。两洞新遭剥凿，精华顿尽。碧霞宫不过一小窟，中无佛像，署字朱色未尽蔫灭，常是清人所作。

（第四）灵岩

灵岩一名译经楼，传是昔日昙曜等译经之处。洞极宽大，中间石柱几占全洞三分之二。柱之南面正中，镌阿閦佛，垂膝而坐，右手施无畏，左手作说法印（图一）。右侍菩萨，冠上有迦罗奢瓶，为得大势之标帜。左侍观世音，冠虎头冠，中无化佛（按石鼓洞西壁上有观音，左手执净瓶，与此异）。此外诸壁皆空，洞外有庙，基迹犹存，高阁飞甍，尚可想像。

（第五）楼窑子

楼窑子，俗名也。洞前旧亦有庙，今圮颓已尽。洞内石柱作长方形，各刻释迦立像及诸侍从菩萨。其上复有小像，合掌而立（图二）。四壁刻千佛等。诸像衣褶冠饰，不若前洞之精丽，新被盗凿，图中所示一佛及三菩萨，其头今皆无有矣。

（第六）寄骨洞　（第七）寺顶

寄骨洞在楼窑子迤西另一山上，东面石壁，建凿数小窟，寺僧云昔日土人投尸骨于此，故名。其北尚有龛室，像已全毁。其西为寺顶，在阿弥陀佛洞顶左方，亦系诸小窟相比而列。

（第八）阿弥陀佛洞　（第九）释迦佛洞　（第十）菩萨洞　（第十一）佛籁洞

阿弥陀佛洞最为高大，主佛自踵至发际，高营造尺五丈二尺五寸。释迦佛洞中柱，分上下二层，分镌诸佛。两洞诸壁，满刻众佛菩萨，浏览一过，未获详叙。藻井刻印度式荷花及诸飞天，殊为工致。天人飞扬，衣带当风，备极生动之致。菩萨佛籁两洞，制与前诸洞又异，中无方柱或主佛，洞口左右有两门神，略呈忿怒相。其上右方为摩醯首罗天，三头六臂，横右膝坐伏牛上。左方为毗纽天，五首六臂，结踝安金翅鸟背上。菩萨洞像尚完好，寺僧堆积杂物，未得细睹。阿弥陀佛等四洞，即今石佛寺是。

（第十二）阿閦佛洞　　　（第十三）毗卢佛洞　　　（第十四）接引佛洞

（第十五）离垢地菩萨洞　（第十六）文殊佛洞

上列五洞，俗名五画，清代重加修葺，佛像多失旧容。其西尚有一窟，高六七尺，诸洞外多小龛，工极精妙。

（第十七至第十九）万佛洞

三洞，寺僧总名之曰万佛。体制相似，中为主佛，四壁刻坐佛高尺许者，分行排列，不可胜数。自此迤西诸洞，并在庙外，多为村人所居。

（第二十）不知名洞　　　（第二十一）接引佛洞　　　（第二十二）普贤菩萨洞

（第二十三）阿閦佛洞　　（第二十四）宝生佛洞

接引佛洞主佛，或云即是魏文成帝。北壁上有数梵僧，仅存头部，云是昙曜吉迦夜等。阿閦佛洞亦极高大，东为普贤佛洞，西为宝生佛洞。宝生佛洞，止略存洞形而已。

（第二十五）白佛洞

白佛以向未装金故名。主佛系坐像，下部已半毁。左右侍立菩萨，从前或有四尊，今只存其一，右手施无畏，左手作施愿印。其上有一小龛，中为释迦与多宝二如来。其上又有诸天人等。

自白佛以西十七洞（第二十六至第四十二）残毁特甚，且小窟居多，旧既无名草草一过，未可详述，兹特从略。

（第四十三）塔窑洞

此洞体制与东头石鼓寒泉相似，而高广过之。石塔中立，四壁雕刻千佛等。

云冈诸岩，多系砂石所成，不易持久。风雨摧折于外，山泉渐渗于内，经历千有余年，自然摧颓，无世无之。晚近西人研究东方艺术，云冈造像，自法人沙畹（Chanvanne）摄印一部分行世以来，深为东西洋人所注意。国人投之荒郊，莫知爱护。游人任意残毁，居民随时凿伐，诸洞造像遂不免有朝不保夕之虑。本年五月迄八月中，所失独多，其事已经古物保管委员会常惠先生详细记述，登诸报端，兹无烦重叙。各洞所失佛头，列表如次：

洞　数	1	2	5	6	7	10	14	19	21	29	31	40	42	43	鲁班窑两洞	
所失佛头	22	7	9	3	6	4	2	4	4	15	4	1	7	13	36	总失137

中国锯石为像，通常谓秦汉以来始有之，最近发掘殷墟，得殷代石刻残像，乃知此

事渊源甚古。佛教艺术随教义而东来，休屠金人，虽未必为此土最初之佛像，而凉台显节陵之画，见于牟子理惑论者，盖非虚妄。魏晋之世，东西交通，日益频繁，白疯土木之像，随僧侣经论而来中国者，不可胜数。工人造像，摹仿梵相，依从经典。故当时佛教艺术下免受印度中亚之影响，为必然之结果也。

云冈造像，就大体言，与印度犍陀罗系之艺术最近，就细部言，则大同之中，又有小异；此稍知佛教艺术者，类能言之。造像多根据佛氏传说；如诸洞所刻释迦一生事迹，与普曜经所记多相吻合。多宝释迦共坐一龛，或现形宝塔中。如莲华经所记。阿弥陀佛及弥勒像，所在多有，此可知当时教义之流布及通俗之信仰。佛籍洞口有摩醯首罗及毗纽天等像，此为兼刻外道者。诸佛面相，唯数小龛颇与格林伟代尔（GrünWedel）所举之希腊阿保罗神像相似。其他多已中国化。如灵岩三尊及白佛洞诸佛，最为显著。盖当时工人，就其理想中之如来，竭其才力，使具三十二相。吾人今日置身其下，犹有郦道元"真容巨壮，世法所希"之叹也。西头诸小龛之像，有颈部特长者，或谓此为鲜卑民族之特征，而以云冈为拓跋氏之艺术，则正恐未必然。诸佛衣装，如白佛洞主佛披宗祇支衣，全为梵式。其旁侍菩萨之衣褶，亦为印度造像所常见。至其他以平行诸线表其褶纹者，盖为中国之旧法而已经改进者。飞天之衣带飞扬，则或为后代画家"兰叶描"之祖。诸洞多窣堵波，顶作宝珠形，全为梵式；而寒泉石鼓之柱塔，檐椽四出，此为羼杂中国成分者。五画洞有刻宫室形者，与汉画所见，亦大致相似。诸窟佛像之图光，有作圆形而饰以荷瓣者，纯为犍陀罗式。其背光之有两重，一作椭圆形，止于头部，一作珠形衬托全身者（如图三所示），则为犍陀罗所未见。诸洞时有孔雀，印度之珊支（Sânchiî）大塔亦有之，而形状稍异，此或为印度孔雀王朝之标识。至诸窟所刻之柱饰花纹，为中国旧时所未见，全自印度希腊而来。日人木下杢太郎等所著之大同石佛寺，言之颇详。云冈造像之历史，已详于前。从艺术上言之，则灵岩三尊，当为中国佛教艺术成熟时期所作，世谓为隋唐之际所造者，盖属可信。楼窑子诸像较为古拙，其时期或较早。西头小龛，亦有如唐代所作之佛像。凡此诸端，均当细论，此间末暇详述。此外有一事可注意者，则魏书释老志所云：

> 太安初，有师子国胡沙门邪舍遗多陁难提等五人，奉佛像三到京都，皆云备历西域诸国，见佛影迹及肉髻。外国诸王、相承咸遣工匠摹写其容，莫能及。难提所造者。去十余步，视之炳然，转近转徽。又沙勒胡沙门赴京师，致佛钵及画像迹。

太安初年，离云冈开窟之期不远，难提能自造像，身与其事，甚为可能。若然，则当日诚有印度工匠参与建凿之事矣。又按师子国为今锡兰，其艺术在旧时属于印度南派，魏书言难提备历西域诸国，则其东来实道出北印度，虽为师子国沙门，而其艺术或得之犍陀罗也。

（四）附录

　　山西一省，寺庙中保存壁画最多。就大同论之：云冈石佛寺庙壁画药叉大将，达摩渡江及千手观音等，寺僧云并清康熙时作。五画洞外层亦有画佛，盖清代修葺时，旧刻像已剥落因污镘而补图之。城内上华严寺大殿四壁满绘诸佛，其前又有塑像。西门外曹福庙壁画走雪山故事。诸壁虽属晚近所作，其中颇有精妙者。

　　十月十二日，彦由所派往云冈调查，并与大同县政府接洽保护石窟造像之事。当日午刻，乘平绥路车西行，翌日午前四时，到大同，住车站附近福兴栈房。十四号上午，赴县署与綦县长商略保护云冈造像事。午后参观师范学校及游览上华严寺九龙壁等处。二十四号晨刻，雇轿车赴云冈，县中派警两名同行。十一时许，到石佛寺。安置行李于僧寮毕，即开始调查东头诸洞。次晨天气骤变，陡降大雪，然仍继续察看迤西诸洞。二十六日早起，雪渐霁，乃渡水赴鲁班窑等处。山中冷不可耐，午后遂雇车返大同。二十七日重赴县署。申谢派警保护之意，并告以鲁班窑等处尚有佛像，请共留意。是晚十二时乘车返平，次日午后五时许返所。

　　　　　　　　　　　　　　　　民国十八年十一月二十日报告

　　　　　　　　　　　　　　　　（摘自《史语集刊》1948 年）

图 1

图 2

图 3

《大金西京武州山重修大石窟寺碑》校注

——新发现的大同云冈石窟寺历史材料的初步整理

宿　白

　　大金西京武州山石窟，即今山西省大同市城西 15 公里的云冈石窟。这里"凿石开山，因岩结构，山堂水殿，烟寺相望"（戴校本《水经注》卷十三《漯水》），"龛之大者，举高二十余丈，可受三千许人，面别镌像，穷诸巧丽，龛别异状，骇动人神，栉比相连三十余里"（《续高僧传》卷一《昙曜传》）。这伟大工程不仅是我国佛教艺术中的精华，同时也是世界文化史上的巨迹。石窟的营建，据《魏书》卷一一四《释老志》可知由北魏文成帝和平初（460），昙曜请凿五窟开始。之后，《魏书》卷六《显祖纪》、卷七《高祖纪》皆记有"幸武州山石窟寺"之事，可以推知其时石窟工程尚在继续。孝文迁洛以后，关于云冈石窟文献记载极为稀少，而云冈又系砂岩，石刻铭记不易保存，因此，论北魏孝文迁洛以后的云冈历史即感困难。近年来，其地虽曾不断发现北魏和辽代的遗迹、遗物，但残基断瓦究无法说明当年盛况。1947 年，我参加整理北京大学图书馆所藏善本书籍时，无意中在缪荃孙传抄的《永乐大典》天字韵《顺天府》条①引《析津志》文内，发现《大金西京武州山重修大石窟寺碑》一篇。碑文二千一百余言，记述详细，征引宏博，所述自唐迄金一段云冈的兴修、设置，正好弥补了云冈历史的空白页，而引用现已佚亡的北魏铭刻和文献记录考订云冈石窟的时代，也正给今天研究云冈各个石窟开凿先后的问题提供了绝好的参考材料。此外以焦山东悬空寺来解释《续高僧传》所记的"栉比相连三十余里"和分析《大唐内典录》、《法轸寺记》的

---

　　① 该书题《顺天府志》，天津木犀轩李氏（盛铎）旧藏。据北京图书馆赵斐云先生考订，系缪荃孙修《畿辅通志》时，过录《永乐大典》天字韵《顺天府》条的全文。该书 1983 年 4 月已由北京大学出版社影印行世。书中录自《析津志》的《大金西京武州山重修大石窟寺碑》部分，已制版附本书所收《〈大金西京武州山重修大石窟寺碑〉的发现与研究》一文之末。

错误，也都是极为精湛、正确的立论。可是碑文屡次传抄，脱讹颇多，而又别无他本勘对，因谨就能力所及略为校补。碑文后所附注释，系按碑文顺序，摘录有关文献和已知的遗迹、遗物与碑文参比疏正：一部分是说明碑文本身的问题；另一部分则为了推测碑文所记的寺院的位置和考订云冈兴废的历史。

一　录文附校字

大金西京武州山重修大石窟寺碑

昔如来出世，为利益一切众生，故分形化体于无边华藏庄严世界海，微尘刹土随缘赴，感应现前。当此之时，宝山相（"宝山相满月之容"和下文"狮子之吼，海潮之音"为对文，因知"宝山"下脱一"之"字），满月之容，有目者皆得见；狮子之吼，海潮之音，有耳者皆得听闻。而优填王暂离法会，已生渴仰，遂以旃檀刻为瑞相，何况示灭鹤林，潜辉鹫岭，真容莫睹，像教方兴，宜乎范金、合土、刻木、绘丝而广兴供养者也。然而虑不远不足以成大功，工不大不足以传永世，且物之坚者莫如石，石之大者莫如山，上摩高天，下蟠厚地，与天地而同久（"与天地而同久"六字疑为衍文），是以昔人留心佛法者，往往因山以为室，即石以成像，盖欲广其供养，与天地而同久，虑远而功大矣。与夫范金、合土（按上文例，"合土"下脱"刻木"二字）、绘丝者，岂可同日而语哉。西京大石窟寺者，后魏之所建也，凡有十名，一通示（下文作"通乐"，《续高僧传》、《开元释教录》、《古今译经图记》皆记"恒安石窟通乐寺"，因知此"示"系"乐"之讹），二灵岩，三鲸崇，四镇国，五护国，六天宫，七崇教（下文或作"崇福"），八童子，九华严，十兜率［注一］。按《北史》魏太祖道武皇帝拓跋珪以东晋武帝大元（"大"当为"太"之讹）十三（魏太祖登国元年即代王位，登国元年即东晋孝武帝太元十一年，此"三"系"一"之讹）年称王于定襄之盛乐，国号代，建元登国，后乃即真，迁都平城［注二］，号恒安都［注三］，今西京是也。二世曰明元帝。三世曰太武帝。四世曰文成帝。五世曰献文帝。六世曰孝文帝，始都洛阳，改姓元氏。七世曰宣武帝。八世曰孝明帝。孝明之后，权归藩镇，而魏祚衰矣。《魏纪》凡建寺皆书而不书此寺，唯《献文纪》书：皇兴元年八月幸武州山石窟寺［注四］。又按《云中图》云：文成和平八年（按《魏书·释老志》记和平初昙曜白帝开窟五所，因疑"八年"为"元年"之讹）、献文天安元年革兴造石窟寺。然未知有何所据［注五］。今寺中遗刻所存者二：一载在护国，大而不全，无年月可考［注六］；一在崇教，小而完，其略曰：安西大将军散骑常侍吏部内行尚书宕昌（《晖福寺碑》、《水经注》、《魏书》皆记太和中庆时爵宕昌公，因疑"宕昌"下脱"公"字）钳耳庆时镌也（"也"字疑为衍文）岩开寺，其铭曰：承藉□（原阙，疑为"弘"字）福，遮邀冥庆，仰钟皇家，卜世惟永。盖庆时为国祈福之所建也［注七］。末云：大代太和八年建，十三年毕［注八］。按道武登国元年即代王位，四月改称魏王，皇始元年称帝，天兴元帝（"帝"当为"年"之讹）诏群臣议国号，咸谓国家启基云代，应以代为号，帝不从，诏国号魏。天兴至孝文太和至（"至"当为"十"之讹）三年，凡九十载，而碑仍称代何也［注九］。参稽内典，矛楯为文，《元氏录》云：道武皇帝改号神瑞，当东晋武帝大元元年，立恒安都，于郊西土（《大唐内典录》原文作"郊西大谷石壁"，此"土"当为"大"之讹）谷石壁皆劚凿为窟，东西三十里，栉比相连［注一〇］。按神瑞时（依上下文意，疑"时"为"系"之讹）明元所改，岁在癸丑，当东晋安帝隆安十七年（按隆安六年改元元兴，元兴四年改元义熙，隆安十七年即义熙九年），在太元后三十七年矣［注一一］，其舛误如此。《续高僧传》云：沙门昙曜于文成帝和平中住石窟通乐寺［注一二］。《大唐内典录》云：昙曜，帝礼为师，请帝开石窟五所，东为僧寺，名曰灵岩［注一三］西为尼寺［注一四］，不言其名。僧法轸为《寺记》云：十寺，魏孝文帝之所建也［注一五］，护国东壁有拓国王骑从，《广弘明集》云：即孝文皇帝建寺之主也，帝王于天宫寺以金铜造释迦像［注一六］。众记参差如此，竟不知经始在于何帝，以竟（"竟"疑为"意"之讹）推之：道武迁都之后，终其世才十年，其间创立城郭、宫室、宗庙、社稷、百官制度，见于史笔，其事实繁，至于凿山为寺，理应未暇；道武（"道武"当为"太武"之讹）毁教，末帝（"帝"当为"年"之讹）虽感白足之言［注一七］，寻即殂落，亦非其所为也；献文即位之初幸其寺，则寺兴于前矣；其间唯明元、文成二帝，据《录》特标神瑞之号，明元实经其始［注一八］，《内典录》明载和平之事，则文成实继其后矣；彼《和明》（此系指上文所引《广弘明集》，因知"和"为"弘"之讹）所记，以孝文为建寺之主者，盖指护国而言也；法轸云十寺皆孝文所建，非也。然则明元始兴通乐，文成继起灵岩，护国、天宫则创自孝文，崇福（上文作"崇教"）则成于钳耳，其余诸寺次第可知。复有上方一位石室数间［注一九］，按《高僧传》云：孝文时天竺僧随番（"番"即"翻"）经［注二〇］之地也。十寺之外，西至悬空寺，在焦山之东，远及一舍，皆有龛像，所谓栉比相连者也［注二一］。验其遗刻，年号颇多，内有正光五年［注二二］，即孝明嗣位之九年也。然则此寺之建，肇于神瑞，终乎正光［注二三］，凡七帝，历百一十一年，虽辍于太武之世，计犹不减七八十年，何则崇福一寺五年而成，以此较之，不为多矣，《录》云魏成于一帝，何其谬欤。此即始终之大略也。自神瑞癸丑，迄今皇统丁卯，凡七百三十四年，此即历年之大略也。叠嶂峥嵘而西去，长沙（依上下文意，疑"沙"为"河"之讹）浩渺以东来，风影相连，波声不断，势壮京邑，润分林数，岂特国家之宝，抑亦仙圣之宅，此则形势之大略也。峰峦后拥，龛室前开，广者容三千人，高者至三十丈，三十二瑞相，巍乎当阳，千百亿化身，森然在目，烟霞供宝座之色，日月助玉毫之辉，神龙夭矫以飞连，灵兽雍容而助武，色楯连延则天皇弥勒之宫，层檐竦峙则地通多宝之塔［注二四］，以至八部之眷属，诸经之因地，妙笔不能同其变，辩口不能谈其目，巧力不能计其数，况若神游（此句和下句为对文，因知"游"下脱一"于"字）鹫岭，宛如身诣于耆阇（"耆阇"之后疑有脱文）[注二五]，此则制（"此则制"三字疑有讹误，参看〔注二五〕），发响，闻者摄心，琢石则醴泉流出，饮之愈疾[注二六]，珍禽时聚，毒虫屏迹，此则灵感之大略也。唐贞观十五年守臣重建[注二七]，辽重熙十八年母后再修，天庆十年赐大字额，咸熙（辽无咸熙纪元，疑"熙"为"雍"之讹）五年禁山樵牧，又差军巡守，昌（"昌"前脱"寿"字）五年委转运使提点，清宁六年又委刘转运监修[注二八]，李唐已前虽无遗迹，以近推远从可知也，此则历年之大略也（按上文已述历年之大略，此处疑有讹误）。本朝天会二年度之□□□（此句有脱文，但应与下文"此则皇朝外护之大略也"一语有关）。《尔雅》云：石山戴土谓之崔嵬。此山是山外积黄壤，中含翠石，高卑莫测，厚薄难知，然而良工预为其制，群匠争奋其力，迄（"迄"下疑有脱字）隤坏，绩用有成，虽大禹之凿龙门，六丁之开蜀道，不过摧其顽险，务于通达而已，方之于此，未足为难，倘非诚心一发，圣力潜扶，安能至是哉。又护国二龛不加力而自开，以至扣地则神钟（此句疑与上文"发响，闻者摄心"相接，参看〔注二五〕），大军平西京，故元帅晋国王到寺随喜赞叹，晓谕军兵，不令侵扰，并戒纲首，长切守护，又奏特赐提点僧禅紫衣并通慧大德号。九年（连接上文知是天会九年）元帅府以河流近寺，恐致侵啮，委烟火司差夫三千人改拨河道，此则皇朝外护之大略也。呜呼，青鸳肇于西域，徒见其名；白马兴于中土，景（"景"疑为"竟"之讹）隤其志，未如此寺殊功圣迹，亘古今而常存者也。先是亡辽季世，盗贼群起，寺遭焚劫，灵岩栋宇，扫地无遗[注二九]。皇统初，缁白命议，以为欲图修复，须仗当仁，乃请惠（按"惠"下文作"慧"）公法师住持。师既驻锡，即为化缘，富者乐施其财，贫者愿输其力，于是重修灵岩大阁九楹，门楼四所，香厨、客次之纲常住寺位（此句疑有脱误），凡三十楹，轮奂一新；又创石垣五百余步，屋之以瓦二百余楹，皇统三年二月起工，六年七月落成，约费钱二千万。自是山门气象，翕然复完矣。师又以灵岩古刹既为灰烬，护国大碑又复摧毁，胜槩不传，居常叹息，欲表前踪，以垂后世，乃珑巨石，谒文于予。予既闻师名，又嘉其志，遂不复辞，为摭实而书之。师名禀慧，姓王氏，弘州永宁人，幼于天成县幽峰院出家受具，自十八岁讲《华严经》、《摩诃衍论》，辩折（"折"疑为"析"之讹）疑微，听者常数百人，四十五散徒游方，即其所传（此句疑有讹误），天眷元年奉圣旨传菩萨戒，皇统三年转运司定充本寺提点，申行台尚书省继准唐堂帖。师性明悟，威仪端重，一方钦仰，建化之功颇多，至于石窟为最玄（"玄"当为"云"之讹）。皇统七年夷门曹衍记并书[注三〇]。传菩萨戒提点大石窟寺沙门禀慧助辩。经（"经"疑为"信"或"显"之讹）武将军前西京军器库使骑都尉太原县开国男食邑三百户王庆佑。前西京（京下当有脱文）[注三一]。

二　注释

[注一]　十寺问题

"西京大石窟寺者，后魏之所建也，凡有十名……"，此十名中：通乐见《续高僧传》卷一《昙曜传》、《开元释教录》卷六、《古今译经图记》卷三、《贞元新定释教目录》卷九；灵岩见《魏书》卷一一四《释老志》、《续高僧传》卷一《昙曜传》、《开元释教录》卷六、《贞元新定释教目录》卷九；天宫见《魏书》卷一一四《释老志》。其余都不见宋以前记录。而上述见于宋以前记录的通乐、灵岩、天宫，又是否即碑文所记的通乐、灵岩、天宫，也尚成问题。因此，我们推测此十名之说，约自辽代开始（参看〔注二八〕）。金时十名尚存，皇统七年（1147）曹衍撰此碑文以后，十名曾有更改，北京图书馆藏《成化山西通志》卷五："石窟十寺，在大同府城西三十五里，后魏时建，始于神瑞，终于正光，凡七帝，历百十有一年。其寺，一同升，二灵光，三镇国，四护国，五崇福，六童子，七能仁，八华严，九天宫，十兜率。寺内有元载（"载"疑为"魏"之讹）所修石佛二十龛，金 皇 统 间 修（阙文据北京图书馆藏《嘉靖大同府志》卷五补。《嘉靖志》文和湖南省图书馆藏《正德大同府志》卷四文字均与《成化志》略同，疑俱从《成化志》出。此后《顺治云中郡志》卷三、《康熙山西通志》卷二九、《雍正朔平府志》卷三、《古今图书集成·方舆汇编·职方典》卷三四六、《乾隆大清一统志》卷七八、《乾隆大同府志》卷二五等各种志书所记的云冈十寺，都是直接、间接因袭成化、正德、嘉靖三志）。至于十名的荒废以至无闻的时间，约在明中期以后（参看〔注三一〕）。

十名又作十寺，似不能简单理解作即是十处石窟，但根据碑文所记"西京大石窟寺者，后魏之所建也，凡有十名"，可知每寺的主要部分，则又都是北魏所建的石窟，因此我们推测这十寺大约和现存清初所建后接第5窟、第6窟的石佛古寺相同（图1、2）。事实上自第1窟迄第20窟上面的崖面，的确都分布着曾经容纳木结构的梁孔、椽眼和人字形沟槽等痕迹，这些痕迹高低错落，时断时续，由此可推测当时覆盖在石窟前面各个木建筑的分布情况：

一、第1窟和第2窟前曾建一木建筑。

二、第3窟前曾建一木建筑（图3）。

三、第5窟和第6窟前曾建一木建筑。

四、第7窟和第8窟前曾建一木建筑（图4）。

五、第9窟和第10窟前曾建一木建筑（图5）。

六、第11窟、第12窟和第13窟前曾建一木建筑。

七、第 15 窟、第 16 窟、第 17 窟和第 18 窟前曾建一或二木建筑。

八、第 19 窟前曾建一木建筑（图6）。

九、第 20 窟前曾建一木建筑（此外，还有几处较小的遗迹，分布在第 2 窟和第 3 窟之间的碧霞洞、第 4 窟和第 5 窟以东的小窟等处的崖面上）。

上述这九或十处较大痕迹是否即碑文中的"十名"、志书的"十寺"，现虽不能遽下结论，但自第 7 窟以西迄于第 20 窟，沿窟口外侧又都曾掘出排列有序并向南延长的辽代敷地方砖（参看〔注二八〕），上下对照，迹象明显，似乎也只能这样推定。又，有的窟口外侧在辽代敷地方砖之下，发现北魏时代的建筑遗物，因此似又可推知"十名"或"十寺"中，有的部分更系上承北魏当时窟前建筑的旧基（参看水野清一：《云冈石窟调查记》，刊《东方学报》京都，第九册、第十三册第一分、第十三册第四分、第十四册第四分、第十五册第二分）。

〔注二〕全部碑文考述北魏历史和北魏一代的云冈历史，未据《魏书》，这种情况正说明当时《魏书》流传极少，与《郡斋读书志》卷一下所记："治平中（1064～1067），曾巩校定《南齐》、《梁》、《陈》三书上之，刘恕等上《后魏书》，王安国上《周书》。政和中（1111～1118），始皆毕，颁之学官，民间传者尚少。未几，遭靖康丙午（1126）之乱，中原沦陷，此书几亡"完全符合。

〔注三〕"恒安都"不见《魏书》、《北史》。按孝文太和十八年（494）迁洛后，置恒州，治平城，《魏书》卷一〇六《地形志》上："恒州，天兴中（398～403）置司州，治代都平城。太和中改"。但当时民间却称作恒安，云冈第 35 窟窟口东壁铭记云："维大代延昌四年（515）五月十五日，恒安□□□尉都统华造……弥勒并七佛立侍菩萨……"。齐周时，于此设恒安镇，《元和郡县志》卷一五河东道云州记："高齐文宣帝天保七年（556）置恒安镇，徙豪杰三千家以实之，今名东州城。其年废镇，又置恒州。周武平齐，州郡并废，又于其所置恒安镇，属朔州。自周迄隋，仍为镇也。隋乱陷贼。武德四年（621），平刘武周，置北恒州，七年（624）废"。至恒安都一辞，则以下文〔注一〇〕所引《大唐内典录》为最早。

〔注四〕《魏书》记幸武州山石窟凡五次，《北史》记幸武州山石窟寺凡两次。《魏书》卷六《显祖纪》："（皇兴元年〔467〕秋八月）丁酉，行幸武州山石窟寺"（《北史》卷二文同）。《魏书》卷七《高祖纪》上："（太和四年〔474〕八月）戊申，幸武州山石窟寺，庚戌还宫（《北史》无）……（六年〔476〕三月）辛巳，幸武州山石窟寺（《北史》卷三文同）……（七年〔477〕）五月戊寅朔，幸武州山石窟佛寺（《北史》无）……（八年〔478〕）秋七月乙未，行幸方山、石窟寺（《北史》无）"。又《魏书》、《北史》记幸武州山凡二次，《魏书》卷七《高祖纪》上："（延兴五年〔475〕五月）丁未，幸武州山……（太和元年〔477〕）五月乙酉，祈雨武州山"（《北史》卷三文同）。碑文云："《魏纪》……唯《献文纪》书皇兴元年八月"一事误（参看陈垣：《记大同武州山石窟寺》，刊《东方杂志》第十六卷第二、三号）。

[注五]《云中图》一书不见著录。按文成帝卒在和平六年（465）五月，《图》云："文成和平八年……革兴造石窟寺"，约即指《魏书》卷一一四《释老志》所记："和平初，（道人统）师贤卒，昙曜代之，更名沙门统。初，昙曜以复佛法之明年（文成兴安元年初复佛法，其明年即公元 455 年），自中山被命赴京，值帝出，见于路，御马前衔曜衣，时以为马识善人。帝后奉以师礼。昙曜白帝于京城西武州塞凿山石壁，开窟五所，镌建佛像各一，高者七十尺，次六十尺，雕饰奇伟，冠于一世"而言。又《图》云："献文天安元年革兴石窟寺"，不知所据。

[注六]护国问题

碑文记护国的情况，计有：

一、"护国二龛不加力而自开"；

二、"东壁有拓国王骑从"；

三、有"大而不全，无年月可考"的遗刻。

按云冈石窟中最为明显的"二龛"（双窟）有两处，一为第7窟和第8窟（图7），一为第9窟和第10窟。第9窟和第10窟供养人行列雕在后室隧道（礼拜道）左右壁，而窟内外也没有可以镂刻需要面积较大的铭记的壁面。第7窟和第8窟则在前室东、西壁下面都雕有供养人行列（图8），而二龛（双窟）中间石壁南端外面，即原雕斲下施龟趺的丰碑（图9，此碑经千余年来的自然剥蚀，不仅文字无存，即碑的形式也不易辨别了）。因此，我们推测碑文所记的护国，大约就是现在的第7窟和第8窟。

[注七]钳耳庆时本姓王，名遇，《魏书》卷九四有传："王遇字庆时，本名他恶，冯翊李润镇羌也……自云其先姓王，后改氏钳耳，世宗时复改为王焉……坐事腐刑，为中散，迁内行令、中曹给事中，加员外散骑常侍、右将军，赐爵富平子，迁散骑常侍、安西将军，进爵宕昌公，拜尚书，转吏部尚书，仍常侍，例降为侯，出为安西将军、华州刺史"。庆时信佛教，太和中（477～499），修建很多僧寺，可考知者，除碑文所记崇教外，《水经注》卷一三漯水记他在平城东郊建祇洹舍："（平城）东郭外，太和中，阉人宕昌公钳耳庆时立祇洹舍于东皋，椽瓦梁栋、台壁棂陛、尊容面像及床坐轩帐，悉青石也，图制可观，所恨惟列壁合石疏而不密。庭中有《祇洹碑》，碑题大篆非佳耳。然京邑帝里佛法丰盛，神图妙塔桀跱相望，法轮东转，兹为上矣"。清末，陕西澄城出《大代宕昌公晖福寺碑》，因又知他曾在乡里建晖福寺，《石交录》卷三录《晖福寺碑》文云："我皇文明自天，超世高悟……太皇太后圣虑渊详，道心幽畅……散骑常侍、安西将军、吏部内行尚书、宕昌公王庆时资性明茂……于本乡南北宅上，为二圣造三级佛图各一区，规崇爽垲，择形胜之地，临沃衍，据条刚……伐良松于华畎之阴，掇文瑶于

荆山之阳，旌功锐巧，穷妙极思，爰自经始，三载而就，崇基重构，层槅叠起，法堂禅室通阁连晖……太和十二年岁在戊辰（488）七月己卯朔一日建"。综上两处记载，知庆时所建都穷极巧思，与《魏书》本传所记："遇性巧，强于部分"相合。宣武初，庆时兼将作大匠，孝文以后北魏所兴造的巨大建筑，几乎皆出其手，《魏书》本传云："世宗初，兼将作大匠……北都方山灵泉道俗居宇及文明太后陵庙、洛京东郊马射坛殿、修广文昭太后墓园、太极殿及东西两堂、内外诸门制度皆遇监作。虽年在耆老，朝夕不倦，跨鞍驱驰与少壮者均其劳逸"。

〔注八〕崇教问题

此遗刻现已不存，但依据〔注七〕所述，可以推知钳耳庆时所开石窟一定具有相当规模，并且雕饰巧丽。按云冈大窟除第16窟、第17窟、第18窟、第19窟和第20窟为昙曜五窟，第7窟和第8窟有可能为护国。第3窟非一般石窟外，只剩下第5窟和第6窟、第9窟和第10窟。第5窟和第6窟规模过大，其中第5窟既未按原计划完成，后又无计划的补刻（如西壁布置零乱，释迦立像北侧刻千佛，南侧刻弥勒、释迦、多宝龛，而相应的东壁却又无千佛。又如南壁后刻的小龛错落无序，甚至剗平旧龛的一部分），而第9窟和第10窟（双窟）面积既不过大，也不狭小（图10），并且它的雕镂在云冈石窟中又最称巧丽（如后室入口雕刻装饰繁缛的石门框或须弥山（图11、12）；前室地面雕饰莲花、龟背文；楹柱下雕巨象座，座侧又雕对象、对狮；两端楹柱上方雕山岳，其上雕束莲柱和勾栏等（图13），这些似都和钳耳庆时的地位及其营造风格相符。在时间上，我们从造像服饰上观察，也和崇教铭记所记"太和八年（484）建，十三年（489）毕"一语吻合（第9窟和第10窟释迦多著右袒或通肩大衣，此种服饰在云冈最迟之例恰是太和十三年，即第17窟明窗东侧壁上雕有太和十三年纪年题记的释迦、多宝、弥勒三像龛），因此，我们推测碑文所记的崇教，大约即是第9窟和第10窟这对双窟。

〔注九〕《魏书》卷三五《崔浩传》："浩曰：昔太祖道武皇帝应天受命，开拓洪业，诸所制置，无不循古，以始封代土，后称为魏，故代魏兼用，犹彼殷商"。在石刻中，《集古录跋尾》卷五、《金石录》卷二一即录有《大代华岳庙碑》，并详论魏代兼用之制。清乾隆间，河南孟县出《司马景和妻墓志》，题云"魏代扬州刺史、南梁郡太守、宜阳子司马景和妻"，又知有魏代连用之例。抗日战争前，洛阳发现《元鉴墓志》，题云："大代大魏正始四年（507）武昌王"，更知有大代大魏连用之例。此大代大魏连文西魏时还通用，如敦煌莫高窟第285窟北壁《滑黑奴发愿文》云："夫从缘至果，非积集无以成功，是以佛弟子滑黑奴为识之类，敬造无量寿佛一区……大代大魏大统五年（539）五月廿日造讫"。

〔注一〇〕《元氏录》即《大唐内典录》卷四《后魏元氏翻传佛经录》的简称。

《内典录》原文云："道武皇帝魏之太祖也，改号神瑞元年，当晋孝武太元元年也。出据朔州东三百里筑城立邑，号恒安之都，为苻秦护军，坚败后，乃即真号，生知信佛，兴建大寺，恒安郊西大谷石壁皆凿为窟，高十余丈，东西三十里，栉比相连，其数众矣"（所记改元事误，参看〔四〕引陈垣文）。

〔注一一〕按神瑞改元岁在甲寅，即东晋安帝义熙十年（414），若以隆安纪元推算当为隆安十八年，以太元纪元推算当为太元三十九年（碑文所记误，参看〔四〕引陈垣文）。

〔注一二〕通乐问题

碑文记录通乐并无具体描述，《续高僧传》所记的通乐是否即碑文"十名"中的通乐，我们也无法肯定。《续高僧传》卷一《昙曜传》原文云："释昙曜……少出家，摄行坚贞，风鉴闲约，以元魏和平年任北台昭玄统，绥辑僧众，妙得其心，住恒安石窟通乐寺，即魏帝之所造也"。假如道宣所记确系北魏实况，即昙曜和平中住恒安通乐寺，则北魏通乐的位置疑不出"昙曜白帝凿山石壁开窟五所"的昙曜五窟附近，而抗日战争期间，日人也曾在昙曜五窟前的辽代敷地砖之下，掘出许多北魏筒瓦、板瓦、莲花瓦当和指文板瓦当等建筑遗物（参看〔注一〕引水野清一文）。

〔注一三〕灵岩问题

碑文自"昙曜帝礼为师"以下至"西为尼寺"一段，不见《大唐内典录》，系引自《广弘明集》卷二所收《魏书·释老志》的道宣（？）注文，原文云："今时见者传云：谷深三十里，东为僧寺，名曰灵岩，西头尼寺，各凿石为龛，容千人"。因知灵岩的位置应在东端。但道宣的另一书《续高僧传》卷一《昙曜传》又记："去恒安西北三十里武周山谷北面石崖，就而镌之，建立佛寺，名曰灵岩，龛之大者，举高二十余丈，可受三千许人，面别镌像，穷诸巧丽，龛别异状，骇动人神，栉比相连三十余里，东头僧寺，恒共千人"。似乎灵岩寺又成为全部石窟的总寺名，可以包括东头僧寺。按《魏书》卷一一四《释老志》云："景明初（500），世宗诏大长秋卿白整，准代京灵岩寺石窟，于洛南伊阙山为高祖、文昭皇太后营石窟二所"。这伊阙石窟即今洛阳龙门宾阳洞，而宾阳洞的形制和造像与云冈东头第1窟迄第4窟完全不同，相反却和今日云冈中部的第5窟、西端的昙曜五窟相似，因此可以推知北魏时的灵岩，大约如《续高僧传》所记是全部石窟的总名。至于《广弘明集》所云的灵岩在东头，约为自唐以来的情况，即如碑文所记"十名"中的灵岩，它的位置，俗传是第3窟，大约可信。因为第3窟在云冈石窟中面积最大、容人最多，并且还在东头（参看〔注二七〕）。

〔注一四〕尼寺问题

〔注一三〕引《广弘明集》所记的"西头尼寺"，最早见于《水经注》卷一三瀑水："武州川水又东南流，水侧有石祇洹舍并诸窟室，比丘尼所居也。其水又东转迳灵岩南，凿石开山，因岩结构，真容巨壮，世法所希，山堂水殿，烟寺相望。林渊锦镜，缀目新眺。川水又东南流出山。《魏土地记》曰：平城西三十里，武州塞口者也"。按云冈以西傍武州川水现存北魏石窟遗迹有：

一、云冈石窟西南，武州川南岸，即俗称鲁班窑处；

二、云冈西 3.5 公里吴官屯东，临武州川的崖壁上；

三、1950 年，雁北文物勘查团所发现的焦山寺，在云冈西 15 公里高山镇北面焦山的南坡，与高山镇隔武州川相对，其地正当自云冈西来的山冈尽处（参看王逊：《云冈一带勘查记》，刊《雁北文物勘查报告》，1951）。

以上三地不仅都未发现"……西头尼寺，各凿石为龛，容千人"的大石窟，就是可以开凿那样大石窟的崖面也似乎都没有。因此，西头尼寺当与上述三处无关。1956 年，云冈古迹保养所在整修第 20 窟前过去崩塌的窟石工程中，发现景明四年（503）比丘尼昙媚刻石一方。云冈古迹保养所据此推测："现在的 20 窟附近，可能就是当年西头尼寺的地方"（参看云冈古迹保养所：《云冈新发现的一块北魏石刻》，刊《文物参考资料》1957 年 9 期）。结合刻石发现所在的昙曜所开的五座大石窟和该处崖上西端及窟前都发现了北魏建筑遗址等情况（参看〔注一九〕），我们认为这个推断是颇有道理的。

〔注一五〕《法轮寺记》不见著录。按《记》云："十寺"，又似乎认为皆"魏孝文帝之所建"，因疑非唐以前著作。

〔注一六〕天宫问题

天宫寺金铜释迦造像事，系《广弘明集》卷二引《魏书·释老志》文。《魏书》卷一一四《释老志》云："其岁（皇兴元年即公元 467 年），高祖诞载……又于天宫寺造释迦立像，高四十三尺，用赤金十万斤，黄金六百斤。皇兴中，又构三级石佛图，榱栋楣楹上下重结，大小皆石，高十丈，镇固巧密为京华壮观"（《广弘明集》引文略同）。按云冈石窟中皆造石像，没有可以容纳如此巨大金铜造像的石窟。因此，《魏书》所记的天宫寺，是否在云冈，是否即碑文所记"十名"中的天宫寺，都尚有问题。至于十名中的天宫，碑文无其他记录，现无法推测。

〔注一七〕《续高僧传》卷一《昙曜传》记："先是，太武皇帝太平真君七年（446），司徒崔皓邪佞谀词，令帝崇重道士寇谦之，拜为天师，弥敬老氏，虔刘释种，焚毁寺塔，至庚寅年（太平真君十一年，即公元 450 年），太武感致疠疾，方始开悟，兼有白足禅师来相启发，帝既心悔，诛夷崔氏，事列诸传。至壬辰年（正平二年，即公元 452 年），太武云崩"。"事列诸传"指其事见《高僧传》。《高僧传》卷一〇《释昙始传》："释昙始，关中人，自出家以后，多有异迹……始足白于面，虽跣涉泥水，未尝沾湿，天下咸称白足和上……拓跋焘复克长安……以伪太平七年，遂毁灭佛法……一境之内，无复沙门。始唯闭绝幽深，军兵所不能至。至太平之末，始知焘化时将及，以元会之日，忽杖锡到宫门。有司奏云：有一道人，足白于面，从门而入。焘令依军法，屡斩不伤。遽以白焘。焘大怒，自以所佩剑斫之，体无余异，唯剑所著处有痕，如布线焉。时北园养虎于槛，焘令以始饲之，虎皆潜伏，终不敢近。试以天师近槛，虎辄鸣吼。焘始知佛化尊高，黄老所不能及，即延始上殿，顶礼足下，悔其谮失。始为说法，明辨因果。焘大生愧惧，遂感疠疾。崔、寇二人次发恶病。焘以过由于彼，于是诛翦二家门族都尽，宣下国中兴复正教。俄而焘卒"。

［注一八］云冈石窟开凿的时间问题

碑文所据《大唐内典录》文见〔注一〇〕。按明元改号神瑞，《魏书》卷三《太宗纪》云："神瑞元年（414）春正月辛酉，以祯瑞频集，大赦改元"，与云冈石窟无关，并且也和佛教无关，碑文云"明元实经其始"并无根据。石窟的开凿始于文成和平初（460）昙曜请开五窟，事详《魏书》卷一一四《释老志》（参看〔注五〕）。

［注一九］上方石室问题

云冈冈上有二处北魏时期建筑遗址，一在第3窟上方，一在第39窟（即第20窟以西的塔洞）上方。1950年，雁北文物勘察团在这两处拾得"传祚无穷"瓦当、指文板瓦当和布文瓦等北魏遗物。抗日战争期间，日人曾挖掘此两遗址：在第3窟上方掘出两堂宇遗址，一南向，一东向，石砌墙壁，壁上涂朱色，两堂宇间出石砌水沟、石狮首、"传祚无穷"瓦当、素面圆瓦当等；在第39窟上方也掘出了堂宇遗址，除出有石砌水沟、"传祚无穷"瓦当外，还有陶洗、陶壶等生活用具和莲瓣瓦当、指文板瓦当，板瓦当中有的还涂饰绿釉（参看〔注一〕所引水野清一文）。碑文所记"上方一位石室数间"，大约不出此二处。

［注二〇］《续高僧传》卷一《昙曜传》原文云："曜慨前凌废，欣今重复，故于北台石窟集诸德僧，对天竺沙门，译《付法藏传》并《净土（度）经》"。当时和昙曜翻经的天竺沙门可考知者有常那邪舍，《魏书》卷一一四《释老志》云："昙曜又与天竺沙门常那邪舍等，译出新经十四部"。其外还有西域沙门吉迦夜，《出三藏记集》卷二："《杂宝藏经》十三卷，阙；《付法藏因缘经》六卷，阙；《方便心论》二卷，阙。右三部，凡二十一卷。宋明帝时，西域三藏吉迦夜于北国以伪延兴二年（472）共僧正释昙曜译出，刘孝标笔受"。又《古今译经图记》卷三："沙门释昙曜，恒安石窟通乐寺僧……兴安元年（453），兴隆佛法，至和平三年，岁次壬寅（462），昙曜为昭玄统，慨前陵废，欣今再兴，自于北台石窟寺，对印度沙门集诸大德，译《净度三昧经》一卷、《付法传》四卷，凡二部，合五卷"。《图记》谓和平三年昙曜任昭玄统，不知所据（参看陈垣：《云冈石窟寺之译经与刘孝标》，刊《燕京学报》第六期，1929）。《开元释教录》卷六亦记和平三年壬寅昙曜于北台石窟译经事，当是根据靖迈《图记》。

［注二一］悬空寺在焦山之东和远及一舍问题

此焦山即〔注一四〕所记高山镇对面的焦山。悬空寺明清以来似尚存在，《顺治云中郡志》卷三云："悬空寺，（大同）城西四十里，焦山东"。一舍即三十里。石窟连亘三十里，多见唐人著作，可参看〔注二七〕。

〔注二二〕云冈石窟中的北魏铭记，截至目前已发现二十余处，其纪年较清楚的有：

一、太和七年（483）邑畿信士女等造石庙形象九十五区铭记　在第 11 窟东壁。

二、太和十三年（489）比丘尼惠定造释迦、多宝、弥勒像铭记　在第 17 窟明窗东壁。

三、太和十三年铭记　在第 11 窟窟口左上方 11∶14 的东壁。

四、太和十九年（495）周氏造释迦、弥勒铭记　在第 11 窟明窗东壁。

五、太和十九年铭记　在第 11 窟。

六、太和二十年（496）铭记　在第 11 窟西壁。

七、太和二十年铭记　在第 11 窟西壁。

八、太和廿年铭记　在第 11 窟东壁。

九、景明四年（503）比丘尼昙媚刻石　在第 20 窟前发现。

一○、正始四年（507）铭记　在第 28 窟窟口上方 28∶2 东壁。

一一、延昌三年（514）铭记　在第 28 窟窟口上方 28∶2 西壁。

一二、延昌四年（515）造弥勒、七佛铭记　在第 35 窟窟口东壁。

一三、延昌四年铭记　在第 19 窟西胁洞西壁。

一四、正光□□（520～525）铭记　在第 4 窟南壁。不知是否即碑文所记的正光五年（524）铭记。按此铭记抗日战争期间被拓毁。

〔注二三〕"终乎正光"问题

云冈石窟现存的纪年铭记中，如〔注二二〕所记，正光确是最晚的纪年，从云冈现存全部造像风格上观察（第 3 窟主要造像和自辽以后所修补的造像除外），最晚的雕刻的确也不能比正光再迟，而当时恒安已渐紊乱，正光四年（523）柔然入侵，围绕北都的六镇镇民相率起义，《资治通鉴》卷一四九："普通四年（即正光四年）……及柔然入寇，（怀荒）镇民请粮，（武卫将军于）景不肯给，镇民不胜忿，遂反，执景杀之。未几，沃野镇民破六韩拔陵聚众反，杀镇将，改元真王。诸镇华夷之民往往响应"。后三年，即孝昌二年（526），朔州流民攻陷恒州，《通鉴》卷一五一："普通七年（即孝昌二年）……秋七月……魏仆射元纂以行台镇恒州，鲜于阿胡拥朔州流民寇恒州，戊申陷平城，纂奔冀州"。此后，《魏书》卷一○六《地形志》上记："恒代而北，尽为丘墟"，云冈凿窟造像当然废止。因此，正光以后，云冈已走上由没落到荒废的境地，可以无疑，碑文推测"终乎正光"，实是的论。

［注二四］"神龙夭矫以飞邅，灵兽雍容而助武，色楣连延则天皇弥勒之宫，层檐竦峙则地通多宝之塔"。碑文中形容云冈石雕只此四句不是一般的描写。"神龙夭矫以飞邅"，大都雕在窟口顶部，如第1窟、第2窟；或前后室的过道顶部，如第12窟（图14）；或雕在须弥山腰部，如第10窟（图12）；也有的雕在窟顶的天花上，如第15窟等。"灵兽雍容而助武"，大约系指第7窟、第8窟后室入口两侧壁上所雕的骑有鸟、牛的护法像（鸠摩罗伽天、摩醯湿伐罗）（图16、17）和第9窟、第10窟承负楣柱的巨象，以及巨象座侧所雕的对狮等。"色楣连延则天皇弥勒之宫"，是形容第9窟、第10窟前室东、西、北壁上部一列勾片栏杆情况（图18、19）。"层檐竦峙则地通多宝之塔"，即指如第1窟、第2窟和第39窟等塔窟内正中的多宝塔（图15）。

［注二五］"宛如身诣于耆合"句后，疑接下文"《尔雅》云：石山戴土谓之崔嵬。此山是山外接黄壤，中含翠石，高卑莫测，厚薄难知，然而良工预为其制，群匠争奋其力，迄（迄下疑有脱字）隳坏，绩用有成，虽大禹之凿龙门，六丁之开蜀道，不过摧其顽险，务于通达而已，方之于此，未足为难，倘非诚心一发，圣力潜伏，安能至是哉。又护国二龛不加力而自开，以至扣地则神钟"一段。"则神钟"三字与"发响，闻者摄心"相连。"发响"之前，"此则制"三字或为"以至扣地则神钟"中之"地则"二字的衍讹。

［注二六］"琢石则醴泉流出，饮之愈疾"，即《嘉靖大同府志》卷一所记的："石窟寒泉，在府城西三十五里，石窟寺左"，亦即《雍正朔平府志》卷三所记的石窦喷水："左云县石佛寺……道东数武有石窦喷水，清冽可饮，行道多藉焉。题曰'石窟寒泉'，即左云县四景之'寒泉灵境'也"。此寒泉在今俗称寒泉洞的第2窟后壁下，冬日不冻，俗传此水可以医目疾。

［注二七］唐代云冈

北魏以后，北齐迄隋虽于平城置恒安镇或恒州（参看〔注三〕），但不闻有关云冈的记录，此种情况，直至初唐才有所改变。现据此碑文和文献记载，可以考知关于唐代云冈者有：

一、贞观移云中治恒安镇后的重建

贞观十四年（640）置云中，治恒安镇，《元和郡县志》卷一四河东道云州："贞观十四年，自朔州北界定襄城移云州及定襄县于此"。《新唐书》卷三九《地理志》三："云州云中郡，下都督府，贞观十四年自朔州北定襄城徙治定襄县。……云中，中，本马邑郡云内之恒安镇。武德元年（618）置北恒州，七年（624）废。贞观十四年复置，曰定襄县"。次年，即如碑文所记守臣重建石窟寺。

二、唐代云冈大约和今日相似，但东头尚存记有北魏对云冈经营的碑碣

贞观十五年守臣重建以后，似曾引起关中佛教徒的注意，所以当时著名的律师道宣

一再著录云冈事迹。《广弘明集》卷二《魏书·释老志》道宣（？）附注云："今时见者传云：谷深三十余里……各凿石为龛，容千人（参看〔注一三〕），已还者相次栉比，石崖中七里，极高峻，佛龛相连，余处时有断续，佛像数量，孰测其计"，与今日情况相似。中七里，即指自第 1 窟以东以迄第 39 窟以西一段。又第 5 窟之东，崖上凿小窟颇多，俗云寄骨洞，传为封尸骨处，似也和道宣所记的"有一道人，年八十，礼像为业，一像一拜，至于中龛而死，尸僵伏地，以石封之，今见存焉，莫测时代"有关。《续高僧传》卷一《昙曜传》云："武周山谷北面石崖……（参看〔注一三〕）东头僧寺恒共千人。碑碣见存，未卒陈委"。此碑碣又见《大唐内典录》卷四："恒安郊西……（参看〔注一○〕）谷东石碑见在，纪其功绩不可以算也。其碑略云：自魏国所统赀赋，并成石龛，故其规度宏远，所以神功逾久而不朽也"。因知道宣三书所记除当时传闻外，尚根据魏时碑碣。此碑既云在东头僧寺，又说在谷东，可知与〔注六〕所记第 7 窟和第 8 窟前的残碑无关，疑当在第 3 窟——即推测是十寺中的灵岩附近。至于该碑的佚亡时间已不可考。《开元释教录》卷六和《贞元新定释教目录》卷九所记，皆照录《续高僧传》，并非另有新消息。

三、唐初修治云冈石像和第 3 窟后室造像的时间问题

关于云冈的唐初纪事，除上面所引者外，《古清凉传》卷上还有一段很重要的记载："中台南三十余里，在山之麓有通衢……傍有石室三间……近咸亨三年（672）俨禅师在此修立……俨本朔州人也，未详氏族，十七出家……其道业纯粹，精苦绝伦，景行所罩，并部以北一人而已。每在恒安修理孝文石窟故像……以咸亨四年（673）终于石室。"由此可知，石窟佛像唐初曾事修治。按云冈石窟造像从其形式、风格上考察，属于北魏以后、辽金以前所雕造的，只有第 3 窟的倚像和倚像两侧的胁侍菩萨，不过此组造像，近人多论为隋像（参看梁思成等：《云冈石窟中所表现的北魏建筑》，刊《中国营造学社汇刊》第四卷第三、四合期，1933），可是隋在云冈并无重建记录，且当时恒安荒废已久，其地已沦为云内县属的一小镇（恒安镇，参看〔注三〕引《元和郡县志》），就一般情况推测，似乎没有修治如第 3 窟高三十余尺巨像的条件，因此，我们根据碑文所记唐初守臣重修和上引俨禅师故事两事，疑这第 3 窟造像时代与其推为隋，实不如假定初唐为宜（参看图版 46）。

〔注二八〕辽代云冈

根据近年来的调查、清理，以及抗日战争期间日人的挖掘，我们逐渐清楚辽代在云冈工程浩大，和碑文所记辽兴宗重熙十八年（1049）、道宗清宁六年（1060）、咸雍五年（1069）、寿昌五年（1099）和天祚帝天庆十年（1120）屡次重修符合。当时的工程由云冈以东的观音堂、佛字湾起，以迄于云冈西三十里的焦山寺。工程内容有：

一、寺院的营造

1. 观音堂、佛字湾一带的营造 《乾隆大同府志》卷一五："观音堂，府城西十五里佛字湾，辽重熙六年（1037）建。明宣德三年（1428）修，万历三十五年（1607）重修……国朝顺治六年（1649）姜瓖变焚毁，八年（1651）总督佟养量重建"。志云重熙六年建，系据观音堂所存明人碑记。又现在观音殿内尚存辽代所雕观音石立像一躯，而观音堂及其附近又散布着许多辽代的沟文砖。这些事迹都可证实《府志》所记。观音堂西石崖上刻径丈余的双钩"佛"字，此佛字约也是辽代遗迹（参看〔注一四〕所引王逊文）。

2. 云冈石窟前的营造 〔注一〕所述辽代十寺的位置，经近年的发现已大部分证实：

（甲）1933 年，兴建云冈别墅时在第 5 窟前面西侧发现辽代石础柄（参看〔注二七〕所引梁思成等人文）；

（乙）抗日战争期间，日人在第 8 窟、第 9 窟、第 11 窟、第 12 窟、第 13 窟前和昙曜五窟前的地面之下，掘出辽代敷地方砖、沟文砖、兽面瓦当、迦陵频伽瓦当、指文板瓦当和陶瓷片等；又在第 5 窟和第 4 窟之间的龙神庙掘出辽代兽面瓦当、指文板瓦当（图 20）、瓷片和残铁器等（参看〔注一〕所引水野清一文）；

（丙）1953 年，云冈古迹保养所清理自第 16 窟以西窟外地面，也曾发现辽代砖瓦，其中较重要的一件事，是在第 20 窟东侧已毁的石壁上发现残存的砖砌短垣一段，短垣用砖和第 20 窟窟顶所覆的辽代沟文砖相同，这样，这两处砖砌遗迹就可把第 20 窟释迦坐像背光上的梁孔联系起来（图 21），一方面约可估定这些梁孔是辽代安装木建筑时所凿；另一方面也似可指出第 20 窟窟顶的崩毁，是在辽人重修之前。

由于以上这些发现，我们已可推断辽代在这些石窟前都兴建了巨大的木建筑（其中有的可能是因袭了北魏时代的旧基，参看〔注一〕），而这些巨大木建筑又都是后接窟室的。

3. 鲁班窑前的营造 1952 年，在鲁班窑（两座北魏开凿的石窟）前发现大量辽代砖瓦，这说明辽人在这里也营造了寺院。

4. 焦山寺的营造 1950 年，在焦山南坡和焦山寺东侧都发现了辽代沟文砖，.辽人不仅在这里营造，并且还就北魏石窟中蚀毁的佛像重新泥塑，寺第二层东大窟中的释迦塑像上还残存有五代北宋时代常见的石绿彩色（参看〔注一四〕所引王逊文）。

二、造像的修整

辽代在云冈石窟中修整造像规模也很宏大，第 13 窟南壁下部佛龛座上的铭记有"契丹"、"耶律"字样，并有"修大小一千八百七十六尊"句，末著"戊午"纪年，日人推定为公元 1078 年，即辽道宗太康四年（参看〔注一〕引水野清一文。按此铭记在抗日战争期间被拓毁）。就现存遗迹观察，知道辽时修整云冈造像，有的在剥蚀的石像外面泥塑，有的就空白石壁（？）补刻，前者数量较多，如第 37 窟东壁的释迦坐像（图 22）和第 11 窟西壁七佛的最末二尊（图 23，此二尊佛像，在抗日战争期间被捣毁）。后者较少，如第 11 窟中心柱南面的左右胁侍（图 24）。

三、造像的彩饰

自第 14 窟以西的造像上，多有如前述焦山寺辽塑上的石绿彩绘。这种石绿，在第 37 窟东壁释迦坐像后面的石绿背光中，得到了直接的时代的证明（图 22）。因为该背光花文是辽代流行的纲目文和长形菱文。这种花文又见于大同城内下华严寺薄伽教藏中辽塑释迦的背光（参看〔注二七〕所引梁思成等人文）、辽宁义县奉国寺七佛殿梁枋上的辽代彩画（参看关野贞等：《辽金时代の建筑と其佛像》图版上册，1934）和内蒙古林西辽庆陵东陵后室阳马上的彩画（参看田村实造等：《庆陵》，1953）。

〔注二九〕辽末云冈之毁

辽天祚帝保大二年（1122）自中都西逃云中，经云冈入天德军，《三朝北盟会编》卷五："宣和四年（即天祚保大二年）……正月十四日，（阿骨打）以劲骑一日一夜行三百里，至其中都攻之，自旦至日中，遂陷焉。始谓天祚在城中也，及破，乃知天祚闻其来，中夜已窜……女真即失天祚，因遣追兵出平地松林（《武经总要前集》卷一六下《蕃界有名山川》条记：'平地松林，东至怀州四十里，西南至幽州千七百里'），亦将西至鸳鸯泊，即适与天祚遇，天祚大窘，因仓皇从云中府，由石窟寺入天德军"（同书卷二二引《亡辽录》所记略同）。而金兵衔尾追逐，官军焚扰，大同城内寺院如华严寺、普恩寺（即今善化寺）都遭毁坏，金大定二年（1162）僧省学《重修薄伽教藏记》云："至保大末年，伏遇本朝大开正统，天兵一鼓，都城四陷，殿阁楼观俄而灰之"（此碑现存下华严寺薄伽教藏内）。大定十六年（1176）朱弁《西京大普恩寺重修大殿碑记》亦云："大金西都普恩寺自古号为大兰若，辽后屡遭烽烬，楼阁飞为埃坋，台殿聚为瓦砾，前日栋宇所仅存者十不三四"（此碑现存善化寺三门内）。城内如此，城外可知，天祚西窜所经过的石窟寺更不能例外，所以碑文云："先是亡辽季世，盗贼群起，寺遭焚劫，灵岩栋宇，扫地无遗"。碑文所记的十寺大约或多或少都遭到破坏，而以灵岩遭遇最惨。

〔注三〇〕金代云冈

一、金初设都元帅府和在西京的建置

《金史》卷五五《百官志》一："都元帅府，掌征讨之事……天会二年（1124）伐宋始置"。同书卷二四《地理志》上西京路："天会三年（1125）建太祖原殿（安奉御容）"，"皇统元年（1141）以……西京及山后诸部族隶元帅府，旧置兵马都部署司，天德二年（1150）改置本路都总管府，后更置留守司、置转运司。"

二、天会间宗翰的保护

"故元帅晋国王"即掳北宋徽、钦两帝的宗翰（粘罕）。翰天辅六年（即辽保大二年，1122）攻下辽西京以后，一直到天会五年（1127）常驻西京，《金史》卷二《太祖纪》："（天辅六年三月）宗翰……己巳至西京，壬申西京降……乙亥西京复叛……四月辛卯复取西京……（七年六月）宗翰为都统……驻兵云中"。同书卷三《太宗纪》："（天会三年，1125）十月甲辰，诏诸将伐宋……宗翰兼左副元帅……自西京入太原……（四年，1126）三月癸未，银求可围太原，宗翰还西京……八月庚子，诏左副元帅宗翰、右副元帅宗望伐宋……庚戌，宗翰发西京……（闰十一月）癸巳，宗翰至汴，丙辰，克汴城……（五年四月）宗翰、宗望以宋二帝归。"其后，同书卷七四《宗翰传》记："是时，河东寇盗尚多，宗翰乃分留将士夹河屯守，而还师山西……（六年，1128）以宗翰为国论右勃极烈兼都元帅"。同书卷四《熙宗纪》："（天会十三年，1135）以国论右勃极烈都元帅宗翰为太保，领三省事，封晋国王……十五年（1137）……七月辛巳……宗翰薨"。碑文记（天会）九年元帅府改拨河道，大约也和宗翰有关。此改拨后的河道，即今武州川水自第39窟以西绕云冈堡南侧东流的河道。

三、皇统三年至六年（1143～1146）禀慧修复灵岩

禀慧修复的灵岩现已无存，其位置当在已毁的灵岩旧址。近年在龙神庙以西的清理、调查，从未发现可以肯定是金代的遗址、遗物，而龙神庙以东石窟前面拥有面积较大的平地的，只第3窟一处，由此似更可证实（见〔注一三〕）关于唐以来的灵岩在第3窟这个推论。

四、建立《大金西京武州山重修大石窟寺碑》

皇统七年（1147）立。此碑元末尚存，所以《析津志》作者熊自得（《康熙丰城县志》卷九："熊自得，字梦祥，横冈里人。博学强记，尤工翰墨。元末以茂才异等荐为白鹿洞书院山长，授大都路儒学提举、崇文监丞。以老疾归，年九十余"）可以抄录全文。《成化山西通志》卷五所记："始于神瑞，终于正光"，即根据此碑，又记："金皇统间修"（参看〔注一〕），疑也据此碑而言。清初志书（自《顺治云中郡志》以下）虽还照抄成化、嘉靖两志，但从删去"金皇统间修"一语，可以推知当时对金代修建的事迹已湮没不传，依此推察此碑之废，或与十寺之毁为同时，俱在明中叶以后（参看〔注一〕）又《康熙山西通志》卷五："武州山……武州川水出焉，峪中有石窟寺，魏孝文帝常幸焉。山下有耿氏三冢，金皇统间建塔（同书卷二八作皇统四年），上有志，父曰光禄，子曰银青，孙曰昭勇"。耿氏三冢虽与本文无关，但云冈金代遗迹稀少，因附记于此。

〔注三一〕自元代以后的云冈

一、禀慧所修灵岩元末尚存

按《析津志》引碑文于"前西京"下接"癸卯年腊月二十四日，予自东胜来，是

日宿于寺之方丈，受清供，次日达西江。次年二月八日始录上草本于何尚书思诚东斋。"碑文撰年是皇统七年丁卯（1147），上距癸卯计二十四年，即金天会元年（1123），下距癸卯计三十六年，即金大定二十三年（1183），因知此段文字非曹衍碑文，而是《析津志》作者熊自得自述旅程的记录，该癸卯应是元顺帝至正二十三年（1363）。由这段旅程记录，可证熊自得至正二十三年腊月二十四日曾亲至禀慧所修的灵岩，并宿于灵岩方丈受清供，由此可推定元末此灵岩尚存。

二、云冈的元代游人题记

云冈现存元代墨书题记二处：一在第 4 窟南壁，一在第 33 窟北壁。前者有延祐（1314～1320）纪年，后者有至元十三年（1276）、至元二十三年（1286）、至元廿四年（1287）、大德五年（1301）等纪年。

三、昙曜五窟前发现的长方砖

抗日战争期间，日人挖掘和1954年云冈古迹保养所清理窟前时，都曾在昙曜五窟前辽代敷地方砖之上，发现辽金以后所敷的长方砖地面。这长方砖地面，我们怀疑它与〔注一〕所论明中叶以前十名尚存有关。十名尚存则必有修缮，而这长方砖约即辽金以后修缮十寺的残存遗物。至于修缮的时间，根据砖的形制，最迟似不能下及明初以后。

四、明末以前的云冈

明代大同沦为边防地区，云冈似又行荒废，包括上述金元灵岩在内的云冈十寺，这时都逐渐毁坏，以至湮灭无闻。毁坏的绝对时间，我们虽不能确切指出，但从云冈现存的明代遗迹、遗物上推察，知约在明代中叶以后。云冈现存的明代遗迹、遗物有：

1. 嘉靖三十七年（1558）所建、万历二年（1574）修葺的云冈堡城　在冈南。

2. 嘉靖四十三年（1564）《重修云冈堡碑》　现存石佛古寺内。

3. 万历二年所建的土城　在冈上。《雍正朔平府志》卷八："云冈堡建于明嘉靖三十七年，万历甲戌（即万历二年，1574）改建于冈上，周一里四分零，高连女墙三丈五尺。地近腹里，无分管边墙，止设火路墩八座。今（顺治间，1644～1661）裁并。"北京大学图书馆藏抄本《光绪左云县志》卷三："云冈堡……新旧二堡。旧堡设崖下，嘉靖之戊午（即嘉靖三十七年）也。因北面受敌，议移冈上，万历之甲戌也。旧者仍留，以便行旅，新者尚土筑，女墙系砖包，共高三丈五尺，周围一里五分"。

4. 万历十九年（1591）立"开山历代祖师墓塔"（图25）　在冈上土城东北隅。

5. 万历四十八年（1620）吴伯与"石佛寺碑"　现存石佛古寺内。

6. 崇祯二年（1629）立"妙明□□墓塔"　在冈上土城北端。

7. 崇祯十七年（1644）铸大佛寺铁钟　现存石佛古寺内。

其中万历十九年所立的开山历代祖师墓塔更比较明显地暗示了明末以前云冈寺院的恢复，而吴伯与《石佛寺碑》云："奇树荫楼阁以葱龙……方岳玄中张公命酒其上"，当即指云冈再次恢复以后的寺院建筑。

　　五、明清之际的云冈和现存的石佛古寺

　　崇祯十七年（1644）二月，李自成率起义民兵进驻大同。三月，留过天星张天琳守云冈。五月，当地地主武装勾引清兵屠杀云冈。明末以前恢复的云冈寺院又遭摧毁，所以自顺治元年迄顺治三年（1644～1646）曾重修云冈石佛寺。《光绪左云县志》卷一○所收《重修云冈石佛寺碑记》详记此事："云冈以甲申三月为闯寇过天星盘踞……余不揣螳臂，驰军士千人；于五月朔十日一举而克复之，生缚过天星，寸磔以快云慎（"慎"疑为"镇"之讹），使非慈云慧月之照，何以有此，因感佛土当净之义，于是鸠工庀材，重修以董厥事……是役始于甲申（崇祯十七年，1644）月（"月"前原缺数字），迄于丙戌（顺治三年）五月，凡两年而役竣"。（此碑《县志》佚撰人，原碑今已佚，所记起义民兵事，又见《顺治云中郡志》卷一二："崇祯十七年甲申（1644）春，闯难陡发，伪兵西来，二月二十九日镇城主将迎降，在城留住六日，杀明宗室殆尽，三月初六日兵过阳和，留住一宿，东行镇城，所留伪总兵张天琳，号过天星……两阅月而国威东震，阳和军民约与镇城军民内应，于是杀天琳及伪中军张黑脸，恢复大同，时五月初十也"）。此次重修疑即因明末以前寺院旧址。重修后五年，即顺治八年（1651）总督佟养量等人又大事修葺，《顺治云中郡志》卷三："石窟十寺……总督佟于顺治八年率属捐资大为修葺，俾殿阁楼台香积禅林，金碧莹煌，巍然雁北一胜境也"。修葺后所立石碑现存石佛古寺内。石佛古寺即现存后接第5窟、第6窟的云冈寺院，而这云冈寺院——石佛古寺，就其建筑形式和布置上观察，当即此顺治年重修、修葺的云冈石佛寺。至于寺内现存康熙三十七年（1698）、乾隆三十四年（1769）、咸丰十一年（1861）、同治十二年（1873）、光绪二年（1876）五碑所云的重修，约都不出增补、修整的范围，也就是说，顺治以后云冈的建置已没有较大的变动了。

　　本文1951年3月整理出初稿。1956年1月经改订后发表于《北京大学学报·人文科学》版1956年1期。文中的论点，三十多年来，没有改变。这次重新排印，只新增了两个注：一是对"道武毁教，末帝虽感白足之言"作了注释，即注一七；另一是讨论碑文的错简问题，即注二五。此外，有四处增补较多：（一）在注三、注二七中加引了《元和郡县志》；（二）注一四中补充了1956年发现的昙媚石刻；（三）注二○中加引了《古今译经图记》；（四）注三○中增添了金初设都元帅府和在西京的建置一条。

1987年10月校讫记

（摘自《中国石窟研究》，文物出版社，1996年）

图1　第5、6窟前石佛古寺

图2　第6窟前清初所建木建筑外观

图3　第3窟崖面梁孔

图4　第7、8窟崖石上的椽眼和人字形沟槽

图5　第9、10窟崖石上的梁孔

图6 第19窟崖石上的人字形沟槽

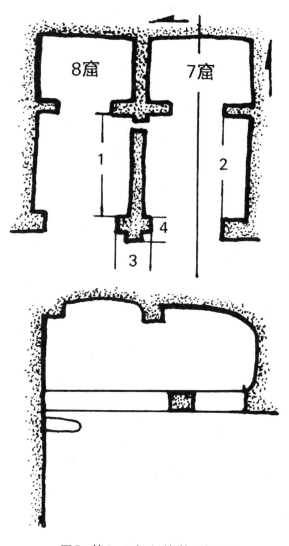

图7 第7、8窟平面与第7窟剖面

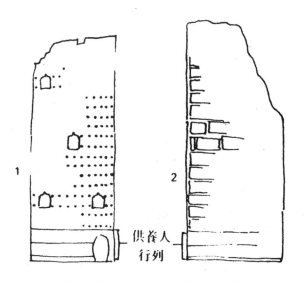

图8 第7、8窟前室东壁壁面布局

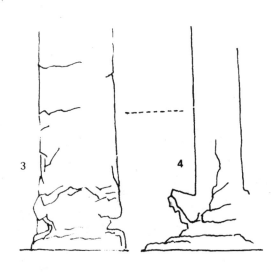

图9 第7、8窟前室外丰碑残迹立面与侧面

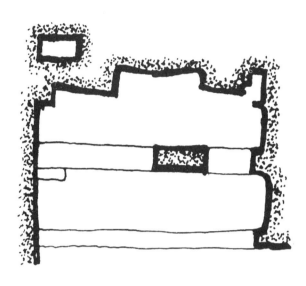

图10 第9、10窟平面与第9窟剖面

图11 第9窟后室入口上部石门雕饰

图12 第10窟后室入口上部须弥山雕饰

图13 第9窟前室东端楹柱雕饰

图14 第12窟入口上部交龙雕饰

图 15 第 39 窟多宝塔

图 16 第 8 窟后室入口西侧鸠摩罗伽天

图 18 第 9 窟前室上部 "弥勒之宫"

图 17 第 8 窟后室入口东侧摩醯湿伐罗

图 19 第 9 窟前室北壁上部 "色楯连延"

图20 抗战期间日人在龙神庙附近掘出辽代
瓦当、板瓦的堆积情况

图21 第20窟释迦坐像背光上部的梁孔

图22 第37窟东壁辽塑释迦坐像和辽彩绘背光

图23 第11窟西壁七佛,最末二尊为辽塑

图24 第11窟中心
柱南壁辽刻胁侍像

图25 云冈冈上城东北隅万历十九年
《开山历代祖师墓塔》

云冈石刻艺术

常任侠

开凿石窟，雕刻佛像，这种艺术是从印度佛教徒开始的，例如印度西部的阿旃陀（Ajanta）石窟，便是从公元一世纪到八世纪完成的艺术杰作，为世界著名的古典艺术宝藏之一。此种艺术向西北传播，而有阿富汗的巴米扬石佛雕刻。向东传播进入我国的西域，而有新疆的古代洞窟造像；再东到甘肃的敦煌，千佛洞的伟大艺术，更为世界称道，与阿旃陀艺术，可以互相媲美。

我国山西的大同云冈石刻，较之敦煌千佛洞，略后一百年，为北魏时所建造，在雕刻艺术上，为东方的伟大奇迹。从这群石刻上可以特别注意的是：这时期由于佛教的传入，中国原有的艺术作风，注入了有力的外来影响，发生了新的变化，构图造型，花纹图案，都有着新的意匠，与未受佛教影响以前的汉画的作风，一切朴直古劲的人物车马花纹，有很多的不同，云冈石刻虽然仍旧保有不少中国古艺术的技法在内，但已发展出另一个新的面目。云冈石刻艺术的渊源，与印度笈多王朝的黄金时代，发生着亲密的联系。并且许多艺术史学者从它的风格上、图案上，看出与古代的波斯、古代的希腊也有一些关系。这些古代西方的艺术，经过复杂的途径，迤逦蔓延，向东推迁，到达西域诸民族的领域，然后再到达中国。特别是波斯萨珊时代，印度笈多时代的艺术，从云冈石窟的柱头纹样上，从云冈石佛的雕刻造型上，隐隐的透露出密切的关联。这种多样的民族文化交流在一起，又复汇聚融合，长成了自己的新的面貌，它接受了上代的遗产，但它自身却有飞跃的发展。云冈石刻的艺术，可以说是那一期间划时代的艺术。继之而起的，如洛阳龙门、太原天龙山、巩县石窟寺、武安响堂山、义县万佛洞等，其雕造的艺术手法，表现出中国自己创造的技巧更多，中国独具的风格，更逐步的发挥出来。

云冈石刻的兴造，在北魏时。北魏定都于平城（即现在的大同），开始于公元三九八年；至公元四九四年，迁都洛阳，政治中心移转，失去重要。作为北魏的首都，约占一个世纪。云冈许多伟大的洞窟雕刻，即在这一百年的时期内完成。云冈在大同之西二十余里武州川北岸，石洞造像，从开凿到现在，已经历了一千六百年，长期的风化崩塌，尚存四十一洞。其中佛像在近百年来又受到不少人为的损毁；在过去由于军阀、地痞、奸商等的盗取，和外来的帝国主义者的盗买和强劫遂使佛头或整个佛躯，失去了不少。但大部分的精美作品，仍然在那里放着光辉，今天它已经成了人民的宝贵艺术遗产，不仅要极其爱护它，而且还要研究它，使古代艺术劳动者的成就，更可从中吸取一些艺术的精华，以辅益今天民族新艺术的发展和创造，这个意义是很重要的。

兴造云冈石刻的北魏统治者，原为鲜卑民族，居住兴安岭以东，即古西伯利亚的游牧民族。当汉末魏晋时期，中国内部，纷攘不定，鲜卑拓跋部落，遂乘机由蒙古高原南下，进入大同盆地。拓跋部的族长拓跋珪，建立了北魏政权。征服了华北广大地域。当时西来的佛教，已经盛行于甘肃、长安、河北等地；北凉国据甘肃的姑臧，所崇奉的也是西域佛教。北魏攻破北凉，迁北凉的人民三万余家于国都平城，于是佛教的空气渐浓，佛教的建筑雕刻艺术，便在这个地区发展。甘凉的人民，带着他们的宗教信仰而来，在大同立寺造像，便开始于这个时期。云冈之与敦煌，两地的佛教艺术，可以说是息息相通的。

拓跋族定居中国内地后，学习汉族文化，改变了旧有的生活方式，放弃畜牧，坐收汉族人民农耕的利益，并且接受了中国原有的宗教——道教；魏太武年号太平真君，可见他对于道教的热爱。他曾用崔浩的意见，尊敬老氏，禁止佛教，焚毁寺塔经卷。但不久到第四代统治者文成当政时，就改尊佛教。命昙曜为沙门统，为佛教僧侣的最高主持者，并用昙曜的意见，在云冈造最大的石窟五所。云冈石刻的开凿，至此遂达到极盛的时期。

云冈石佛洞，沿武州川山岩排列，由东向西，可分三部分。东部一至四号四洞，中部五至十四号十洞，西部十五至四十一号二十七洞。即现存四十一洞。《水经注》漯水条说："武州川水又东南流，水侧有石祇洹舍，并诸窟室，比丘尼所居也。其水又东转迳灵岩，凿石开山，因岩结构，真容巨壮，世法所希，山堂水殿，烟寺相望。林渊锦镜，缀目新眺。"《水经注》撰于魏太和时，离石窟的建筑，不过四五十年，当时的盛况，可以想见。我们通常所指的昙曜五洞，即西部的十六至二十号五洞，此五洞的平面配置，佛像特别伟大，高达七八丈。大佛妙相庄严，富于中印度的作风；壁上的贤劫千佛，也都是精工制作。

云冈石佛早期的雕刻，除此五洞外，中部的偏东诸洞，极富异国风格，也应是较早期雕刻之物。例如中部第七号所谓六美人洞，乐舞伎六美人，微笑跽帏帐中，就恰是印度古美人的面影。古梵文沙恭达伦戏曲，形容美人，肥后如鹅步，因此她与晚期诸洞的乐舞美人，身体修长，秀骨清像者，绝不相类。中部偏东诸洞的飞天，肥短类似印度的阿旃陀壁画所见；至晚期诸洞的飞天，则又逐渐吸收融合了汉画的形态，别创新姿，与阿旃陀式和笈多式相远。而与辽东集安通沟古墓壁画式相近。早期的印度气息浓重，晚期的则中国作风加深了。北魏后期迁都洛阳，在龙门的雕刻，显然与云冈早期的雕刻不同，而与云冈晚期的雕刻相接。

云冈早期的艺术工作，并且有印度僧侣直接参加的可能。《魏书·释老志》说："太安初，有师子国胡沙门邪奢遗多浮陀难提等五人，奉佛像三到京都，皆云备历西域都国，见佛影迹及肉髻，外国诸王相承，咸遣工匠摹写其容，莫能及难提所造者。去十余步视之炳然，转近转微。又沙勒胡沙门赴京致佛钵，并画像迹。"中部偏东诸洞，特多印度构图意匠，佛所行传中的故事，更为其他各洞所无。又中部第八号所谓佛籁洞的，其栱门东侧所雕为大自在天，西侧所雕为毘纽天，原非佛教中的神，而为印度民间原始的神，在此刻于门侧，作为佛教的守护神。大自在天又称湿婆（Shiva），为现今印度教所敬的破坏的神，吉祥的神，而且在生产的神，三头八手，中央戴宝冠为菩萨面，左右戴三角帽为勇猛面。右边的第一手，持葡萄象征多产。左右第三手持弓矢，象征破坏。第四手举日月，下踞一牛，为印度教中的大神，至今崇敬遍于南北印度。毘纽天印度名维西努（Vishnu），密教称为那罗延天，也是印度教中的大神；其下乘的鸟，印度名迦楼罗（Garuda），中国称为金翅鸟，极其猛鸷，为印度神话中的怪物。这些印度的神灵异物，表现在中国雕刻中，当时大概有印度的图样，作为范本。或者自印度远来的僧侣，参加工作，也有可能。至于石窟的形式，印度阿旃陀原有两种，一种称为支提洞，梵文 Caitya 之对音，此言藏舍利的塔，可称塔洞。又一种称毘诃罗洞，梵文 Vihara 之对音，玄应音义说：此云游行处。求法高僧传说：毘诃罗是住处义。可称僧房。为僧侣讲学会集之所。在洞的后方，雕刻佛像，以备礼拜。在云冈的石洞，两种形式的都有，但与阿旃陀相较，也有变化；特别是塔的形式，多是中国式的构造，这是民族形式与域外形式融合的结果。

云冈石洞中的装饰图案有些是中国固有的，有些是吸收外来的。如龙、凤、螭首、饕餮、狮子、金翅鸟等动物纹，除后二者与波斯、印度有关，其他都是中国固有的。不过在雕刻的方法上，仍受着西方的影响。至于回旋的卷草纹，日人所谓忍冬唐草纹的，变化甚多，大率源于希腊，经波斯及印度北部犍陀罗而入中国，以后在中国又加以变化，如应用至今的西番草、西番莲等西番纹样，实皆由此变化而来，在阿旃陀壁画中，亦曾见类似的图案意匠。石洞的柱头装饰，有为波斯式的与峨特式的，在汉画中绝未发现，这显然是从西域移入的建筑艺术。

云冈石洞中关于音乐舞蹈的雕刻，甚为丰富，当时盛行胡乐、箜篌、琵琶等为主要的乐器。《通典》说："（后魏）自宣武以后，始爱胡声，洎于迁都，屈茨琵琶、五弦、箜篌……洪心骇耳。"屈茨亦释龟兹，《大唐西域记》说他的乐伎妙善诸国，它混合了北印和波斯的乐律，向东传播。入中国后，有喧宾夺主之势，在隋唐的宫廷中，成了十部乐的支配力量。其后终于变成了中国的国乐。云冈各洞的雕刻，几乎都有伎乐供养，尤以中部诸洞，乐队最多。乐人所持有琵琶、箜篌、排箫、腰鼓、横笛、竖笛、双铙、觱篥等等，与敦煌壁画中所绘的乐舞，都是研究中国古音乐的重要资料。

云冈石洞的艺术工作，当时使用了很多的劳动人民的力量，开凿工人，常达数万。并且当时的最高主持人昙曜，通过北魏的统治者，确立了寺院经济制度，设立僧祇户和佛图户，僧祇户供给僧人粮食，佛图户隶属寺院，供各种的劳役，云冈雕刻艺术的成就，即成于这些劳动人民之手。在一千余年后的今天，这个艺术遗产，归于人民所有，是应该好好加以保护和研究的。防止继续风化崩塌，修整建筑造像的隙漏，清洗俗恶的圬墁颜色，这将是专家们所注意的工作。

（摘自《现代佛学》1958 年第 2 期）

北魏石窟中的"三佛"

刘慧达

一

云冈石窟群依据文献记载得知是从北魏文成帝和平年间到孝文帝迁洛以后陆续雕凿成功的。其中以"昙曜五窟"（即第 16～20 洞）为最早。"昙曜五窟"在许多方面具有共同的特点：如石窟形制（包括椭圆形的平面（图 1）、凿有大明窗的立面（图 2）和布置颇为拥挤并雕凿宝盖顶的内部等）、造像风格和造像题材与布置等①。这五窟造像的题材内容一致的特点，在云冈石窟艺术的研究中是很重要的。

"昙曜五窟"都是以三尊佛像作为造像中心的。即在中尊佛像之两侧还各雕凿一尊形体仅次于中尊的佛像（图 3）。五窟不只是以当中的佛像作为礼拜的对象，而是同时尊礼"三佛"。这种情况从"三佛"两侧供养者造像的排列上观察，尤为清楚（图 4）。

"昙曜五窟"是北魏皇室造像的代表。在这种有代表性的石窟中雕凿的题材，也是当时社会上流行和最受人们景仰的佛像。所以除此五窟外，云冈第 5② 和第 13 洞上部小龛③等，也都以"三佛"为中心题材。"景明初，世宗诏大长秋卿白整，准代京灵岩寺石窟于洛南伊阙山，为高祖文昭皇太后营石窟二所……永平中，中尹刘腾奏为世宗复造石窟一，凡为三所"④ 之一的龙门宾阳中洞，也是准代京之"三佛"题材（图 5）⑤。其他北魏时代的石窟如：龙门魏字洞⑥，永靖炳灵寺第 80 洞、第 81 洞、第 102 洞⑦和

---

① 水野清一、长广敏雄：《云冈石窟》第十三卷、第十四卷（第十九洞および第二十洞　本文），P42。

② 水野清一、长广敏雄：《云冈石窟》第二卷（第五洞　图版），图版 39、41、50。

③ 水野清一、长广敏雄：《云冈石窟》第十卷（第十三洞および五华洞外壁窟龛　本文），P36 第二十一至二十六图。

④ 魏收：《魏书》卷百一十四《释老志》。

⑤ 水野清一、长广敏雄：《龙门石窟の研究》，P18～19 第十六图及图版八。

⑥ 水野清一、长广敏雄：《龙门石窟の研究》，P64 第六十三图。

⑦ 中央文化部社会文化事业管理局：《炳灵寺石窟》，炳灵寺第 102 洞测绘图。

天水麦积山第 5 洞、第 30 洞"① 等处，也都是以"三佛"为造像题材的。此外在造像碑上也有这种题材出现。

这种题材，在整个北魏石窟造像中是颇为流行的，因此我们有必要来探讨一下它的意义。

二

过去研究北魏石窟的人们，对于"三佛"题材的问题，最先接触到的是法人弗西耶（A. Foucher），他在 The Beginnings of Buddhist Art 中，曾根据佛教传说、佛经和经卷的插图，来说明笈多时期的释迦八像造像碑上八幅浮雕的内容。以其中"舍卫城大神变"一幅来解释云冈石窟中"昙曜五窟"之一的第 20 洞的"三佛"题材②。其后法人沙畹（E. Chavannes）赞成其说，又进而推到第 20 洞以外的云冈其他洞窟和龙门的宾阳洞③。抗战前后的日本人水野清一和长广敏雄在《云冈石窟》中，特别提出了云冈图像学的问题。他们对"三佛"题材，一方面指出弗西耶论点证据薄弱；一方面提出自己的意见："三佛是为了处理无数千佛并顾及造像之协调而扩大其胁侍。于千佛群的正中和其间配置较大的坐佛龛，亦与上例为同样意义"。而且认为"如此布置并非与教义有关，如视作美术造型之考虑，更可涣然冰释矣"④。

"舍卫城大神变"是表现舍利弗在舍卫城外与外道六师斗法时所显现的形象。笈多期的八相碑的这幅浮雕中，刻画出三尊坐佛。中间者较大，结跏趺坐于莲花座上，座下由两莲实承托，座左右各向上生一茎，每茎又各承一小莲座，此小莲座上也各坐一结跏趺坐的佛像。三尊佛像姿态相同。此外，左下隅一人向后仰坐，左手举抱莲茎，右手撑地；右下隅一人面向中尊佛，结跏趺坐，合掌供养。由此可知这幅浮雕像与"昙曜五窟"乃至其他北魏时代的"三佛"石窟的题材并不相同，我们在"三佛"石窟中找不到像那样用莲茎与莲座相联结的情况。各洞的"三佛"并不如该浮雕皆作结跏趺坐的形态，而是变化无常，或坐或立或倚坐，甚至还有交脚菩萨像出现。更重要的是各地的"三佛"石窟还布置了大量的千佛像、释迦多宝对坐像以及供养天人和供养者像等。因此包括"昙曜五窟"在内的北魏时代的"三佛"石窟，如果被解释为"舍卫城大神变"是有困难的。弗西耶的推测，是在全窟造像中只注意了部分，忽略了窟内全部造像之间的内在联系。至于水野、长广的论断，则是过分强调了艺术技巧，甚至认为

---

① 中央文化部社会文化事业管理局：《麦积山石窟》，图版六七、六八。

② A. Foucher：The Beginnings of Buddhist Art P166。

③ E. Chavannes：Mission Archcologique Dans la Chine Septentrionalc, Tomc 1, Paris 1915。P318, 330.

④ 《云冈石窟》第八卷、第九卷（第十一洞および第十二洞本文）p. 3。

"三佛"窟的布置与教义无涉。宗教造像是为了宣传宗教的目的而创造的，通过艺术形象表现出宗教的教义，让人们接近、了解乃至信仰它。当然艺术技巧之优劣会起一些影响作用，但决定造像配置的主要原因，仍应当是宗教的教义，也就是造像的题材内容。

<h1 style="text-align:center">三</h1>

北魏佛教承袭了凉州和长安的传统。西晋以来许多佛教大师们翻译的大乘经典成为北魏佛教徒的主要依据①。其中盛行于当时者有《法华经》。此由法华译本之重出情况，可以推知②。当时石窟铭记中出现大量与《法华经》有关的材料，尤属重要③。如：

　　造此弥勒像一区。愿……生于天上诸佛之所，……若有苦累，即令解脱。三涂恶道，永绝因趣（龙门古阳洞。太和十九年十一月长乐王丘穆陵亮夫人造弥勒像记）。

　　为亡者造释迦文像一区。愿使亡者，上生天上，值遇弥勒佛（古阳洞正始元年十一月四日高思乡造释迦文像记）。

　　造释迦像一区。愿亡父上生天上，弥勒三会（古阳洞大代正始三年十二月二十日杨小妃造释迦像记）。

　　敬就静窟，造释迦之容并其立侍。众彩圆饰，云仙焕然，愿存亡居眷，永离秽趣，升超遐迹，常值诸佛，龙华为会（古阳洞正始四年二月太中大夫安定王元燮造释迦像记）。

　　求毫光东照之资，阙兜率翘头之益，敢辄罄家财，造石像一区……愿……命终之后，飞逢千圣（古阳洞魏灵藏薛法绍等造释迦像记）。

　　造释迦像。愿亡者生天，面奉弥勒（龙门敬善寺洞，孝昌元年八月八日比丘尼僧达造释迦像记）。

　　造释迦像一区。愿亡者托生□□弥勒佛所（龙门火烧洞大代普太二年三月十六日比丘尼□达造释迦像记）。

上述铭文的根据是《法华经》。鸠摩罗什译《妙法莲华经》卷七普贤菩萨劝发品有云：

　　若有人受持读诵解其义趣，是人命终为千佛授手，令不恐布不堕恶趣，即往兜率天上弥勒菩萨所。弥勒菩萨有三十二相，大菩萨众所共围绕，有百千万亿天女眷属，而于中生，有如是等功德利益。

---

① 汤用彤：《汉魏两晋南北朝佛教史》第二分第十四章佛教之北统，P487。
② 琢本善隆：《支那佛教史研究》《北魏篇》《龙门石窟に现れたろ北魏佛教》六《北魏窟に现れたろ佛教》注①。
③ 以下所录龙门石窟造像铭记，皆据水野清一、长广敏雄：《龙门石窟の研究》龙门石刻录录文。

至于铭文中"凤翥道场，鸾腾兜率"（古阳洞太和二十二年九月十四日比丘慧成造石窟石像记）、"莲升兜率，面奉慈氏"（古阳洞永平四年九月一日比丘僧法兴造弥勒像记）、"同生兜率，面奉弥勒"（龙门莲华洞永熙三年四月十三日比丘道仙造弥勒像记）等显然与《法华经》有关的祷辞，更是屡见不鲜。而铭文中所记凿龛雕像者的最终目的，如：

造释迦并菩萨二区，愿七世父母，所生父母，因缘眷属，一切众生，一时成佛（古阳洞正始五年八月十五日比丘惠合造释迦佛并菩萨记）。

复愿一切众生，离苦□垢（？），咸同斯福，一时成佛（古阳洞大代永平四年二（？）月十日黄元德等造弥勒像记）。

造释迦牟尼佛，并二菩萨，愿愿从心，为此众生，及含成佛（古阳洞延昌四年二月二日白洛生姊乐普念造释迦佛二菩萨记）。

敬造弥勒像……同时成佛（古阳洞正光三年九月九日比丘慧畅造弥勒像记）。

复愿七世父母，所生父母，因缘眷属，一时成佛（莲华洞正光六年八月二十五日苏胡仁合邑十九人等造释迦像记）。

敬造释迦像一区，在□愿亡父母，托生天上，安乐之处，值遇诸佛，造像以后，因缘眷属，有形之类，皆得成佛讫（莲华洞永熙二年三（月）一日刘景和造释迦像记）。

而《法华经》中也作了如下的允诺：竺法护译《正法华经》卷一善权品：

兴立佛庙，……造作塔寺，……立作形象，……假使以石，用作佛庙，……设令塔寺，立天尊像，……若复竖立，最胜庙寺，……现有十方，诸佛庙寺，……若为如来，作宝模像，……兴立彩像，……为大圣尊，立殊特形，……善缮坏寺，修立形像，……斯等皆当，得成佛道。

《妙法莲华经》卷一方便品：

若有众生类，值诸过去佛……若人为佛故，建立诸形象，雕刻成众相，皆已成佛道。

此外，古阳洞正光二年比丘慧荣造像记所云："影现丈六，随□□闻，唱说三乘"。似乎也是由于《妙法莲华经》卷一方便品："佛以方便力，示以三乘教，……我有方便力，开示三乘法。"和同书卷三化城喻品："诸佛方便力，分别说三乘。"的启示。

由上所述，我们不难体会北魏时代所流行的《法华经》，已直接影响了石窟寺的造像题材①。而《法华经》中提倡建寺开窟和供养的语句如《妙法莲华经》卷五分别功

---

① 《支那佛教史研究》《北魏篇》《龙门石窟に现れたろ北魏佛教》六《北魏窟に现れたろ佛教》1.《古阳洞と法华经》2.《宾阳洞の佛教》。

德品：

> 阿逸多，若我灭后，闻是经典，有能受持，若自书，若教人书，则为起立僧坊。以赤桥栴，作诸殿堂，三十有二，高八多罗树高广严好，百千比丘，于其中止。园林浴池，经行禅窟，衣服饮食，床褥汤药，一切乐具，充满其中。如是僧坊，堂阁若干，百千万亿，其数无量。以此现前，供养于我，及比丘僧。

又同书卷六如来神力品：

> 是故汝等，于如来灭后，应一心受持，读诵解说书写，如说修行。若经卷所住之处，若于园中，若于林中，若于树下，若于僧坊，若白衣舍，若在殿堂，若山谷旷野，是中皆应，起塔供养。所以者何，当知是处，即是道场。

使我们对上述推论，更加明朗。《法华经》在当时既影响了造像题材，而且又提倡建寺开窟，那么我们研讨在当时石窟中较为普遍的"三佛"石窟，就不能不注意《法华经》中最强调的诸佛——即过去、现在和未来的三佛。《妙法莲华经》开宗明义的卷一序品中云：

> 尔时世尊，四众围绕，供养恭敬，尊重赞叹。为诸菩萨，说大乘经。名无量义教菩萨法，佛所护念。佛说此经已，结跏趺坐。入于无量义处三昧，身心不动。是时天雨曼陀罗华，……普佛世界，六种震动。……是诸大众，得未曾有，欢喜合掌，一心观佛。……又见彼土，现在诸佛，及闻诸佛，所说经法。……是文殊师利，法王之子，已曾亲近供养过去无量诸佛，必应见此希有之相。……尔时文殊师利诸菩萨摩诃萨，及诸大士，善男子等，如我惟忖，今佛世尊，欲说大法。雨大法雨，吹大法螺，击大法鼓，演大法义。诸善男子，诸善男子，我于过去诸佛，曾见此瑞。放斯光已，即说大法。是故当知，今佛现光，亦复如是。欲令众生，咸得闻知，一切世间，难信之法，故现斯瑞。……是时日月灯明佛（按：即过去佛），说大乘经，名无量义教菩萨法，佛所护念。说是经已，即于大众中，结跏趺坐，入于无量义处三昧，身心不动。是时天雨曼陀罗华，摩诃曼陀罗华，曼殊沙华，摩诃曼殊沙华，而散佛上，及诸大众。普佛世界，六种震动，尔时会中，比丘、比丘尼、优婆塞、优婆夷、天龙夜叉、乾达婆、阿修罗、迦楼罗、紧那罗、摩睺罗伽，人非人，及诸小王。转轮圣王等，是诸大众，得未曾有，合掌欢喜，一心观佛。……今见此瑞，与本无异，是故惟忖，今日如来，当说大乘经，名妙法莲华教菩萨法，佛所护念，尔时文殊师利，于大众中，欲重宣此义。而说偈言：我念过去世，无量无数劫。有佛人中尊，号日月灯明。……佛说此经已，即于法座上，加趺坐三昧。……我见灯明佛，本光瑞如此。以是知今佛，欲说法华经，今相如本瑞，是诸佛方便，今佛放光明，助发实相义。诸人今当知，合掌一心待。

同书卷一方便品亦云：

　　过去诸佛，以无量无数方便，种种因缘，譬喻言辞，而为众生，演说诸法，是法皆为，一佛乘故。是诸众生，从诸佛闻法，究竟皆得，一切种智。舍利弗，未来诸佛，当出于世，亦以无量无数方便，种种因缘，譬喻言辞，而为众生，演说诸法，是法皆为，一佛乘故。是诸众生，从佛闻法，究竟皆得，一切种智。舍利弗，现在十方，无量百千万亿佛土中，诸佛世尊，多所饶益，安乐群生。是诸佛亦以无量无数方便，种种因缘，譬喻言辞，而为众生，演说诸法，是法皆为，一佛乘故。……如三世诸佛，说法之仪式。我今亦如是，说无分别法。……闻法欢喜赞，乃至发一言，则为已供养，一切三世佛。

同书卷六如来神力品：

　　十方现在佛，并过去未来，亦见亦供养，亦令得欢喜。

与上面所引《法华经》文对照，北魏时代流行的"三佛"石窟中的主要造像及布置，似可皆得解释，如下表。

"三佛"窟布置	法华经文句	附　　　记
结跏趺坐佛像	佛……说是经已，即于大众中结跏趺坐	过去、现在和未来诸佛有说法时，而且也都有"说是经已"时。所以"三佛"窟中的三佛是过去、现在、未来的三佛。但不能肯定具体的哪一尊是过去、现在或未来。不过"三佛"石窟中作菩萨装束的，则可推测其为未来佛
说法时之佛立像	今日如来当说大乘经，名妙法莲华	
交脚菩萨像	未来诸佛，当出于世，而为众生，演说诸法	
在佛周围的供养菩萨	为诸菩萨说大乘经……欢喜合掌，一心观佛	
供养天人	吹大法螺，击大法鼓，……是时天雨，曼陀罗华	供养天人即包括伎乐天人和献花苞的供养天人等
佛座下的供养者像	尔时世尊，四众围绕，供养恭敬，尊重赞叹	四众即"俗人之信惠道法者，男曰优婆塞，女曰优婆夷"。"妇人道者曰比丘尼[①]，男曰比丘"

　　此外，窟顶和佛旁的千佛，当即为《法华经》中所指的过去诸佛、现在诸佛和未来诸佛。此种"三佛"窟中时常出现的释迦多宝对坐像和多宝塔，也是渊源于《法华

---

　　① 《魏书》卷百一十四《释老志》。

经》。《妙法莲华经》卷四见宝塔品云：

> 尔时佛前有七宝塔，高五百由旬，纵广二百五十由旬，从地涌出，住在空中。……于十方国土，有说法华经处，我之塔庙，为听是经故，涌现其前，作为证明。赞言善哉。……尔时多宝佛，于宝塔中分半座，与释迦牟尼佛，而作是言：释迦牟尼佛，可就此座。即时释迦牟尼佛，入其塔中，坐其半座。结跏趺坐。尔时大众，见二如来，在七宝塔中，师子座上，结跏趺坐。

总之，这种"三佛"石窟内的主要乃至全部造像，我们都可以从《法华经》特别是《法华经》的"序品"中获得解释。这似乎很难说是偶然现象或牵强比附。其主要部分——过去、现在和未来三佛，的确也是当时许多流行的佛经所常论及的。如昙无谶译的《金光明经》卷一赞叹品：

> 我今尊重，敬礼赞叹，去来现在，十方诸佛。……去来诸佛，数如微尘。现在诸佛，亦复如是。如是如来，我今悉礼。身口清净，意亦如是。以妙香华，供养奉献①。

同书卷二四天王品：

> 若能至心听受是经，则为已能供养于我，若供养我，则是供养过去未来现在诸佛，若能供养过去未来现在诸佛，则得无量不可思议功德之聚。以是因缘，是诸人王应得拥护，衰恼消灭，快乐炽盛。宫殿堂宇安稳清净，无诸灾变。……是诸国土所有人民，悉受种种五欲之乐，一切恶事悉皆消灭。

同书卷三鬼神品：

> 佛告功德天，若有善男子善女人，欲以不可思议妙供养具，供养过去未来现在诸佛世尊，及欲得知三世诸佛甚得行处，是人应当必定至心，随有是经流布之处，若城邑村落，舍宅空处，正念不乱，至心听是微妙经典。

而最值得注意的是主持开凿"昙曜五窟"的沙门统昙曜曾一再选择有关三佛的内典进行翻译或与人合译。如昙曜、吉迦夜译《付法藏因缘传》卷一：

> 敬礼无边际，去来三世佛。等空不动智，救世大悲尊。

又如昙曜译《大吉义神咒经》卷一云：

> 我至心念，过去一切诸佛，未来一切诸佛，现在一切诸佛，无上法王，如是一切三世诸佛，我皆归命，我悉归依。……唯愿受我最上供养，南无过去未来现在一切诸佛，南无毗婆尸佛、尸弃佛、毗舍婆佛、迦罗那迦孙陀佛、迦那含牟尼佛、迦叶佛、释迦师子、弥勒上首，十方世界，如恒沙数。

---

① 《金光明经》亦为当时颇为流行的经典。参看 70 页注 1。

昙曜之如此注意三佛，正和他在再兴佛法之后大力致力于佛教谱系之宣传①的意义相同。那么，在他所主持开凿的“昙曜五窟”中，尊崇和强调可以昭示传灯之由来的三佛，则是很可使人理解的了。至于北魏之世，石窟多凿“三佛”，当然与昙曜之倡导有关，而昙曜以后北魏佛教徒对三佛之重视并未少歇。所以魏收总结跖跋一代佛教经旨，开始即云过去、当今、未来三世，并列举三世诸佛。《魏书》卷一百十四《释老志》：

> 凡其经旨，大抵言生生之类皆因行业而起，有过去当今未来，历三世识神常不灭。………释迦前有六佛，释迦继六佛而成道，处今贤劫，文言将来有弥勒佛，方继释迦而降世。

因此，“三佛”石窟由云冈而龙门而炳灵寺而麦积山，几乎普遍当时的中国北方，此种情况除由于当时《法华》等经之影响外，亦与当时佛教之变动有很密切的关系。

附：“三佛”石窟之演变（图五）

北魏时代之“三佛”石窟，除前文列举的云冈、龙门、麦积山和炳灵寺外，尚有义县万佛堂、巩县石窟寺（净土寺）等处。此种石窟从平面形状可分为二类：即椭圆形洞和方形洞。椭圆形洞又可区别为椭圆单室和椭圆三室两种；方形洞又可区别为方形洞和中心塔柱洞两种。其中椭圆单室洞最富变化，方形洞次之。椭圆三室洞流行时间仅限于北魏。兹大致分述其演变情况如下：

一、椭圆形洞：平面椭圆形，“三佛”分别布置在洞的后壁和左右壁前（个别洞窟在中尊佛背后有隧道可通。如云冈第5洞）。全窟的形状很像草庐。草庐是佛教徒修行的地方，它的形状很可能影响到开凿石窟。故石窟平面虽可分为四种，而窟顶基本都作穹庐状。如云冈第17、第18、第20洞等是。

北魏中期，开始发生变化。椭圆形的后、左、右三壁渐渐向外凸出。如龙门宾阳中洞、魏字洞等。

北魏晚期，这种三壁凸出的洞窟平面，发展成为中部呈方形三壁凸出三龛（或可称作三壁三龛窟），而且渐趋定型。经过北齐到隋无显著变化。如炳灵寺第102洞（北魏），太原天龙山第2、3洞（北齐），太原龙山明仙村石窟（北齐），邯郸北响堂山南洞（北齐）和天龙山第10洞（隋）等。

椭圆三室形洞流行时间最短，对后期开窟形式影响也较少。但其特征明显，即将三个单室椭圆形洞结合为一组，各室分别安置一尊主佛。早期中间洞大，两侧洞小，中洞

---

① 《汉魏两晋南北朝佛教史》第二分第十四章《佛教之北统》，P500。

位置稍后，两侧小洞向前中部倾斜。如云冈第19洞。晚于19洞的是麦积山第5洞，它是过渡的中间形式。三室平面平列，但仍是中洞大，两侧洞小。至麦积山第30洞则成为三室完全相同的并列的洞窟。

三室形窟的发展变化，应与当时流行的居住建筑布置"东西堂"之制[①]有关。麦积山第5和第30洞崖面上残留的三开间仿木建结构的雕刻，似乎可以肯定这种想像。

二、方形洞：方形洞中存在较早的是中心塔柱洞。造像的布置是在塔柱四面刻四佛，方形洞的后、左、右三壁前，分设"三佛"。如义县万佛堂西区第1洞和巩县石窟寺第2、第3洞。

北齐时代，此种窟形明显地受了三壁三龛洞的影响，如天龙山第8洞。此后，在敦煌莫高窟出现一种长方形洞，洞的后半设中心塔柱。塔柱的后、左、右三面各作一龛，龛内设一佛；长方形洞前半的左、右壁和塔柱的前面又各设一佛。合为两组"三佛"。或在窟的后壁横陈涅槃像，塔柱的后、左、右三面都不置佛，只在塔柱前面和洞前半的左、右壁前分设"三佛"。

单纯的方形三佛洞是在方形洞的三壁前各设一佛（后壁或作释迦多宝对坐像，亦代表三佛之一。其他洞窟和造像碑上也有这种作法）。约开始于北魏晚期，它是椭圆形洞和中心塔柱洞的中间形式。"三佛"各居一壁，佛座下设宝床，所以也可称为三面宝床形窟，而宝床是三壁三龛洞窟的龛底的变形。如炳灵寺第80、第81洞（北魏），邯郸南响堂第4洞（北齐），北响堂第6洞（隋）等。此外龙门东山擂鼓台北洞（唐）倒凹字形宝床上设置"三佛"的形式，即应是受了此种窟形的影响，也就是佛殿建筑中须弥座下大宝床的前身。

单纯方形洞和单室椭圆洞到唐时都变成方形圆角或圆形的三面宝床窟。如龙门第7洞，天龙山第14洞等已经没有明显的区别了。

"三佛"窟在北魏早期形式并不很多，只是形制不太固定，北魏晚期和北齐时代变化较多，至唐以后又渐趋于一致。它的变化是从不定型到定型（包括佛像和窟形），从简单朴素到多样化，最后石窟的开凿为地上伽蓝的营建所代替，便又趋于简化。至于龙门敬善寺的唐代摩崖三佛和四川宝顶的南宋摩崖三佛，题材虽仍是"三佛"，在造型上却又是一种新的形式了。

随着唐宋以来寺庙的修建，"三佛"题材从石窟进入庙堂。文廷式从《永乐大典》中抄出的元代塑画记中云：

　　武宗皇帝，至大三年正月二十一日敕虎坚帖木儿丞相，奉旨新建寺，后殿五尊佛咸用铜铸，前殿三世佛，四角楼，洞房诸处佛像以泥塑。………正殿三世佛三

___

① 刘敦桢：《东西堂史料》，《中国营造学社汇刊》第五卷第二期。

尊，东西梺殿内山子二座，大小龛六十二，菩萨六十四尊。

为了适应长方形佛殿建筑的格调，"三佛"不再是一壁一龛或三面宝床，而成为"三佛"横列于一床的新局面。如承德普宁寺大雄宝殿①、辽宁实胜寺正殿的三佛②等，都是如此。

（摘自《考古学报》1958 年第 4 期）

---

① 逸见梅荣：《满蒙北支の宗教美术》（三），图一四六～一四八。
② 逸见梅荣：《满蒙北支の宗教美术》（四），图二～四。

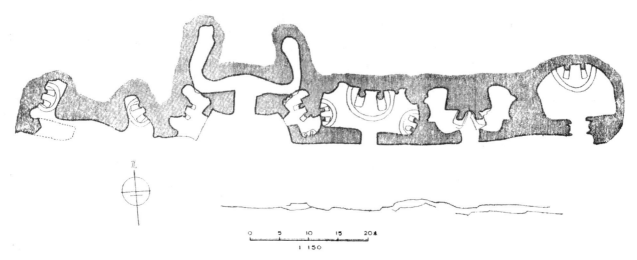

图 1　云冈第 16 至 20 洞平面图
（据水野清一、长广敏雄：云冈石窟第十四卷"第 20 洞本文"插图改作）

图 2　云冈第 18 洞窟内三佛布置示意图

图 3　云冈第 20 洞西壁上部
"供养者分别礼佛"的情况

图 4　龙门宾阳洞三佛布置示意图（左上角：南壁上部"供养者分别礼佛"细部）

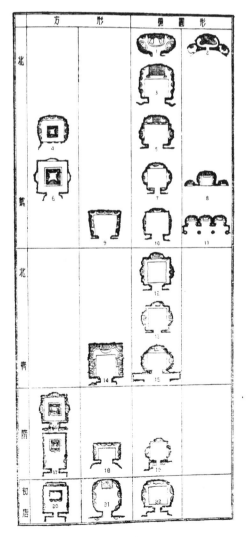

图 5　三佛石窟演变示意图

云冈的历史与艺术

郝树侯

山西大同市西三十里，重峦起伏，称"武州山"，山中流贯着"武州川"。由于山水环抱，形势险要，古代把这个山谷叫做"武州塞"。云冈本是武州山的高峰之一，其下住了人家，明代称为"云冈堡"，现在叫做"云冈村"。当公元 398～494 年之间，北魏建都平城（今大同），在云冈的悬崖断壁上，开凿石窟，雕刻佛像，并建筑了佛寺，习惯上呼为"石窟寺"、"石佛寺"。现在驰名世界的"云冈古迹"、"云冈艺术"，就是指这石窟造像而言。

一　石窟造像的来历

北魏时代，佛教盛行。统治者为了麻醉群众、巩固统治，于是提倡佛法，修建佛寺，而由砂岩构成的云冈，石质比较松软，具备了他们镌刻佛像的自然条件。

石窟造像镌刻最早的是"昙曜五窟"（今编号十六～二十窟）。这五窟开凿于文成帝兴安二年（453；一说在和平初年），是在昙曜主持之下镌刻的。昙曜为当时高僧，文成帝以"师礼"待他[①]。五窟中有高达 16 米的立像（十八窟）和 16.5 米的坐像（十九窟）。魏书释老志叙述它的经过说：

"昙曜以复佛法之明年（即兴安二年），自中山被命赴京。……帝后奉以师礼。昙曜白帝，于京城西武州塞，凿山石壁，开窟五所，镌建佛像各一，高者七十尺。次六十尺。雕饰奇伟，冠于一世"。

昙曜开云冈石窟造像之端，以后北魏的皇帝，继续在这里造像。影响之下，一部分和尚和居民，也在单独或联合的镌刻佛像，如十四窟东壁有"太和七年邑畿信士女等

---

① 《魏书释老志》。

造石庿（古文"庙"字）形象九十五区"铭记；十七窟东壁有"太和十三年比丘尼惠定造释迦多宝弥勒像"铭记。造像形成一时的风气，因而给我们今天留下丰富的文化遗产。

石窟造像的前面，当时还建了佛寺，如昙曜就建成灵岩寺①。北魏在云冈，曾建过十个佛寺：一通乐、二灵岩、三鲸崇、四镇国、五护国、六天宫、七崇教（福）、八童子、九华严、十兜率。关于佛寺建筑的先后，《大金西京武州山重修大石窟寺碑》曾有比较清楚的说明。原文说：

"明元始兴通乐，文成继起灵岩，护国、天宫则创自孝文，崇福则成于钳耳。其余诸寺次第可知"（钳耳名王遇，巧于营建，魏书卷九十四有传）。

又说：

"此寺之建，肇于神瑞，终乎正光，凡七帝，历百一十一年。虽辍于太武之世，计犹不减七八十年。何则？崇福一寺，五年而成，以此较之，不为多矣"②。

从此，可以得出这样的推测：北魏在明元帝神瑞年间（414～415）就开始在云冈建筑佛寺，到昙曜以后，便一面建寺同时镌刻石佛。在孝文帝太和年间，工程最大，消耗的人力最多。据云冈村的父老口述，太和年间动工（包括土木工匠和造像工匠）时，计有工头五十四人；每天需要食盐二石二斗，辣椒三斗。孝文帝迁洛（494）以后，大同失掉国都的地位，云冈佛像佛寺的镌建，不像以前轰轰烈烈，但也没有完全停止。这小规模的工程，一直延续到孝明帝正光年间（正光元年为520）。

云冈石窟是北魏经营百余年的建设，在当时形成了"栉比相连三十余里，东头僧寺，恒供千人"③ 的繁昌景象。《水经注》描写它的情况说："凿石开山，因岩结构，真容巨壮，世法所希。山堂水殿，烟寺相望，林渊锦镜，缀目新眺"④。

北魏的统治者，常常来石窟寺游览。据魏书本纪记载，如献文帝曾于皇兴元年八月游历武州山石窟寺；孝文帝游览的次数更多，延兴五年，太和元年、四年、六年、七年都来过石窟寺。

二　历代对石窟寺的修葺

云冈石窟自北魏创建以后，到唐朝没有大的变化。见于零碎记载，我们可以知道，

① 《续高僧传·昙曜传》。
② 《大金西京武州山重修大石窟寺碑》（转引北京大学学报1956年第1期）。
③ 《续高僧传·昙曜传》
④ 《水经注》卷十三漯水。

贞观十五年地方官吏曾经重修，咸亨三年，俨禅师也做过修理。[①]

辽重熙十三年（1044），升云州（今大同）为西京，在这里进行了许多建筑。今大同市的上华严寺、下华严寺以及善化寺的大雄宝殿、普贤阁，都始建于辽时。重熙六年，在从西京到石窟寺的中途的佛字湾，修建观音堂[②]。今观音殿有石刻观音立像，就是辽的遗物。辽时，石窟前面还有佛寺，抗日战争时期，日人从石窟前发掘出辽代敷地砖、沟文砖、兽面瓦当、迦陵频迦瓦当等，可作为证明。

辽的末年，石窟寺一度遭到破坏。金朝皇统初，在禀慧和尚的倡导下，"重修灵岩大阁九楹，门楼四所"，"又创石垣五百余步，屋之以瓦二百余楹。皇统三年二月起工，六年七月落成（1143～1146），约费钱二千万"[③]。

明崇祯十七年（1644）三月，云冈为大顺军过天星（张天琳）所占据，五月间，过天星失败，地主们对石佛寺做了历时二年的修理[④]。今云冈遗留的一个铁钟前写着："山西大同府迤西云冈堡"，后署着"皇明崇祯甲申岁季夏吉日成造"字样，文中并提到"大佛寺"，这是当时修理石佛寺的遗物。

清朝顺治八年（1651），宣大总督佟养量重修石佛寺，今有碑记立在第五窟内。

康熙三十五年（1696），圣祖西征回京时，于十二月一日到云冈石窟寺游览[⑤]，并写了"庄严法相"的匾额。三十七年对石窟寺做过一番修理，从四月十五日开工，至八月完工。光绪十七年（1891），兴和王永昌将五个佛窟加以彩绘舜，并金装了大佛全身，这就是一般人所称的"五花洞"（今编号的9～13窟）。

根据极不完整的资料，我们可以看出历代对石窟寺修葺的轮廓。

三　石窟艺术

一千五百年来，由于自然的摧折和人为的破坏，现存的石窟寺，既不是北魏原状，也不是辽金旧观。但就现在硕果仅存的二十一个窟（全部应为四十六窟）的造像来看，它还是我国的瑰宝，名驰世界，而被誉为"艺术宝库"。

云冈石窟中的主要雕造是石佛，佛像大的、小的、单独的、成群的样样都有。石佛最高的达16.5米（十九窟）。第五窟（大佛阁）的坐佛高16.3米，两腿盘坐，横长15.7米，脚4.65米，中指长2.3米。我们登了三层高楼，才能跟石佛面对面起来。最

[①] 《古清凉傅》卷上。
[②] 《乾隆刊大同府志》卷十五。
[③] 《大金西京武州山重修大石窟寺碑》（转引北京大学学报1956年第1期）。
[④] 《光绪刊左云县志》卷十。
[⑤] 《大周府志》。

小的佛像，仅有 2 厘米高。另外，在一个窟或一个壁上，雕刻了层次分明行列整齐的小佛群，叫做"万佛洞"、"千佛壁"。云冈大小石佛总数，尚无精确统计，有人估计，当在十万尊左右。

造像中最早的昙曜五窟的特征，就是上额饱满、鼻梁高直、小口薄唇、大耳宽肩，颜面上显露出庄严的神气，这是模仿印度笈多王朝阿旃陀石窟的形象。但佛像面部皱纹的疏朗以及线条棱角的流畅劲拔，这又是我国传统石刻手法的继承和发扬。

造像中最晚的是第三窟的一佛二菩萨。这像的雕造年代，有的说是北魏，有的说是唐初，一时尚难肯定。坐在洞中央的佛像高 10 米，左右二菩萨侍立，各高 5.8 米。造像颜面秀润，肌肉丰满，花冠精细，和其他窟有显著不同。佛像长眉大眼，深口薄唇，表情舒快，显露出年轻的形象。从这像和昙曜造像来比，很清楚地看到我国劳动人民富有吸收外来文化而加以提炼、融合，创造为自己的风格的气魄和本领。

佛像左右陪侍的菩萨，也有许多尽态极妍刻画出人的情感的作品。如十一窟大塔顶左右的两菩萨，体态丰盈，面目传神，花冠服饰配合的十分匀称，看去好像活人站在那里一样。八窟南壁的六个供养人，面带笑容，仪态飘逸，显出活泼的少女形象。

塔柱的雕造，又是引人入胜的杰作，第一、第二、第二十一等三个窟，都以建塔为主，称为"塔洞"。塔柱的雕造，第六窟最为富丽瑰奇。六窟的平面为正方形，中间雕着一根方形塔柱，塔柱高 14.8 米，面积 62 平方米。塔柱分上下两层，四面都有佛龛，每个佛龛上所雕刻的佛像、供养人、飞天等，配搭的十分匀称。

六窟下层壁上的"佛传图"和三层楼上的"犍陟辞别图"，都是神话故事的浮雕。"佛传图"，把释迦从"树下诞生"、"乘象娱乐"、"学弓"以至"出城遇老"、"遇病"、"遇僧"，最后"逾城出家"等一连串过程，都生动地刻画出来。从艺术上看，这是一套总结了丰富的生活经验、具备了高度想像力的艺术作品。它虽表述"神"的故事，却充满了"人"的情感。比如"逾城出家图"太子隐藏在伞盖之下，唯恐别人看见，四个"天神"捧着马蹄，唯恐在深夜惊醒别人。这些证明作者体会生活的深刻。"犍陟辞别图"是描绘的太子逾城出家，最后要舍弃自己的乘马，马跪在他膝前，表示出恋恋不舍的样子。所刻的马是中国马的形状，马鞍也是中国式的。这又是云冈造像反映现实的一个例证。

飞天也是云冈石刻的一种特色。飞天就是"天蛾"飞翔空中，活泼自如，象征了人类对幸福的快乐生活的追求。云冈的飞天有两种类型，一种体躯肥胖、圆脸、穿裤子、露着足；一种身材瘦长、上身短装、下拖长裙、不露足。据专家们的意见，前一种时期较早，后一种时期较晚。七、八、九、十、十一、十二等窟的飞天，都是精美的作品。

此外，石窟里还刻着许多生物，如七窟的莲花、狮子，八窟的牛、金翅鸟、小鸡、葡萄，九窟的虎和马，都达到惟妙惟肖的境地。

四 结语

　　云冈石窟是我国劳动人民辛勤劳动的创造，从窟洞形制雕造手法，能够看出当时工匠们从模仿到自出心裁的发展过程，表明了我国人民对于吸收外来文化的正确态度。由于文献残缺，现存的窟洞，很难全部确定它的时期先后。只能大体上分它为初、中、晚三期，而以中期的造作为最多。初期的窟多作椭圆形，结构比较简单，石佛带着印度人的形象；中期的窟，多系长方形，结构复杂富丽，有好些撑着塔柱，石佛从印度人形象逐渐向中国人形象过渡；晚期作品，则达到纯熟精妙的境地。

　　云冈是我国规模最大时代最早的石窟造像。我们知道敦煌莫高窟有窟洞四百六十九个，开创于 366 年（苻秦建元二年），云冈石窟艺术是受到敦煌影响的，但敦煌以塑像和壁画著名，并不是石刻造像。现存的石刻造像窟洞，如洛阳龙门石窟开创于公元 494 年，太原天龙山石窟、峰峰响堂山石窟，都开创于 550 年之后，云冈确是这些石窟的前导。

　　由于过去反动政府蔑视文化遗产，自 1925 年、1926 年以后，云冈艺术便成为国内外文化盗窃分子劫夺的对象之一，在抗日战争期间，云冈的遭遇更惨。如在十五、十六两窟间，原有一个佛窟，被日军做了马厩，其中三个有艺术价值的佛像，从头到脚，整个被他们挖跑了。至于年久失修、窟壁崩塌，以及风化水浸、造像剥落失真的情况，那更是一望而知的。

　　建国十年来，在党和政府的正确领导下，全国范围内，广泛地开展了对文物的护养整理工作，云冈从此也获得新生。首先，山西省文物管理委员会设置了云冈古迹保养所，经过几年来的苦心经营，云冈面目为之一新。每到星期日这一天，工人农民学生，人流般地来这里参观；而来自国内外的文化代表团、参观团，以及党政首长、专家们也络绎不绝。

（摘自《山西地方史研究》1960 年第 1 辑）

云冈第六窟的佛本行故事雕刻

杨　泓

　　云冈第六窟，是北魏孝文帝太和年间开凿的大型洞窟。该窟平面接近方形，中间有中心方柱，在中心柱四面开龛造像，四壁和窟门外壁，也有精美的雕刻。其中最值得注意的，是关于佛本行故事的雕刻。

　　北魏时期以佛本行故事为题材的佛教艺术品，在云冈除第六窟外，第七、八、一二、四八、五三等窟中，都有以佛本行故事为题材的雕刻。其他，如在敦煌千佛洞北魏窟里，有降魔和转法轮等佛本行题材的壁画。新疆地区的石窟里，也有相当于这一时期的佛本行题材的壁画，拜城克孜尔第一一〇窟（第三期）中有连续的佛本行故事壁画，库马玛扎伯哈第一窟窟顶，也有以转法轮为题材的壁画。但是，其规模均无法与云冈的雕刻相比。而在云冈诸窟中，又以第六窟中佛本行故事雕刻最为典型，它可以代表当时佛本行故事题材雕刻的各种形式。

　　云冈第六窟中，以佛本行故事为题材的雕刻，概括起来约有四种不同的形式。即：

一　中心柱上的雕刻

　　中心柱四面的第二层，均开凿大型佛龛，左右两侧龛楣以下，各有一幅佛本行题材的浮雕，和它相连而折入在龛内侧上部，又各有另一幅浮雕，使中心柱每面有四幅，四面合计共十六幅。每幅浮雕先刻成屋宇状，上覆屋顶，刻出瓦垄、屋脊和鸱尾。其下浮雕佛本行故事。这一部分雕刻的内容，是佛诞生前后的故事，由中心柱正面（南面）开始，依次转到中心柱西面，转北面，再转东面。其中有的一幅为一单元，也有的两幅为一单元。现将雕刻内容列表介绍于下：

　　在大龛两侧浮雕佛本行故事的做法，是匠心独到的创造。它不但填补了在龛楣以下的空隙处，完成了对大龛两侧的完美的装饰效果；又很自然的旋绕着中心柱，使画面接合在一起，使这一组佛本行故事雕刻连续的呈现在绕柱礼拜的人的目前，形成完整的概念，这样来处理关于佛本行故事题材的雕刻，是中国石窟艺术里独创的风格。

编号	位置	雕刻形象	题材	经文出处
1	南面东侧外壁	三菩萨状人物合掌立像，均有项光，身后又有两个较小的人物	树神现身	佛语比丘，满十月已，菩萨临产之时，先现瑞应三十有二，……三十二：一切树神半身人现，低首礼侍（《普曜经》卷二）
2	南面东侧龛内	一大树，树下坐一神王		
3	南面西侧龛内	二菩萨状人物跪状，合掌，身后又有二人	净饭王与摩耶夫人	
4	南面西侧外壁	国王夫妇坐像，其后有二侍者		
5	西面南侧外壁	一大树，摩耶夫人立树下，举右手握树枝，太子由右胁出生，下一人用帛承接，另一侧有二从者（图版拾壹）	摩耶夫人树下诞生太子	尔时夫人，即入园已，诸根寂静，十月满足，于四月八日日初时，夫人见彼园中，有一大树，名曰无忧，花色香鲜，枝叶分布，极为茂盛，即举右手，欲牵摘之，菩萨渐渐从右胁出。（《过去现在因果经》卷一）
6	西面南侧龛内	一佛立像，后有背光，上张宝盖，其右侧有二伎乐，一吹横笛，一弹琵琶		菩萨即便坠莲花上，无扶持者，自行七步，举其右手而师子吼："我于一切天人之中，最尊最胜，无量生死，于今尽矣，此生利益一切人生。"（同上）
7	西面北侧龛内	太子立床上，左右各有一跪状神王，合掌礼拜，太子身后有背光，其上蟠有八龙	九龙灌顶	天帝释梵忽然来下，杂名香水洗浴菩萨，九龙在上，而下香水，洗浴圣尊。（《普曜经》卷一）
8	西面北侧外壁	王抱太子坐大象上，象身上披装璎珞，象后一人持伞盖，象前有二伎乐，一吹横笛，一弹琵琶	骑象入城	尔时白净王，叉手合掌，礼诸天神，前抱太子，置于七宝象与之上，与诸群臣，后宫采女、虚空诸天，作诸伎乐，随从入城。（《过去现在因果经》）卷一
9	北面西侧外壁	右侧坐一老年仙人，一手捧太子，其左有二人跪状，合掌，有项光（图版拾捌）	阿私陀占相	阿私陀仙人……以神通力，腾虚而来……王及夫人白仙人言，"唯愿尊者为相太子"，仙人言善，即便占相。（同上）
10	北面西侧龛内	国王坐于中间，其右一人合掌跪于国王前面，国王身后亦坐一人，长裙，双手合掌	姨母养育	时净饭王，即将太子，咐嘱姨母摩诃波阇波提，以是太子亲姨母故，而告之言，"善来夫人，如是童子，应当养育，善须护持，应令增长。"（《佛本行集经》卷十）
11	北面东侧龛内	一宫殿，前有栏杆，一菩萨装人物立于门前	王建宫殿	时王即便于后园中，起一大殿，窗牖栏楯，七宝庄饰。（《过去现在因果经》卷一）
12	北面东侧外壁	一装饰华丽的大象，上坐一菩萨装人物，前有伎乐，后随二人，一手持花，一举伞盖	太子乘象	
13	东面北侧外壁	国王夫妻右侧坐，左侧一人跪拜合掌，背立一侍者	父子对话	

编号	位置	雕刻形象	题材	经文出处
14	东面北侧龛内	一宫殿，前有栏杆，一人立于门前	建三时殿	尔时白净王……又复别为起三时殿，温凉寒暑，各自异处，其殿以七宝庄严，衣裳服饰，皆悉随时。（同上）
15	东面南侧龛内	右侧立一菩萨装人物，中间雕摩尼宝珠和财宝，左侧有二人，其一手中持物	商人奉宝	又有诸大国商人，从海采宝，还迦毗罗㢮兜国彼诸商人，各斋奇宝，而来献王。（同上）
16	东面南侧外壁	国王夫妇坐于右侧，左侧立一比丘状人物，其上有二人作合掌供养状		

和这一种形式相同的佛本行雕刻，还可以在云冈第四八窟中看到。它是在以佛为中心的大龛两侧，在龛楣以下，分别雕出两行佛本行题材的浮雕，大龛左侧第一幅是六牙象投胎，右侧第一幅是太子诞生后九龙灌顶，其余部分则不甚清楚了。

二　周绕窟壁的浮雕带

这组浮雕原在东、南、西各壁均有，可惜西壁已全风化，东壁和南壁也有的部分风化了。这组浮雕的画面均作长方形，上缘有忍冬纹边饰，两幅之间也立有间隔。故事内容是连续的，现存部分是从太子较艺射铁鼓至出家入山修行，共十余幅，系由东壁北端开始，依次向南排列；然后转至南壁东端，再向西排列。

下面依次介绍雕刻的内容：

东壁（自北向南）：

第一、二幅：已风化；

第三幅：太子较艺射铁鼓；

第四幅：太子宫中观歌舞；

第五幅：已残毁；

第六幅：净饭王与太子对话（太子向王请求出游）；

第七幅：太子出游，出东门遇老人；

第八幅：太子出游，出南门遇病人；

第九幅：太子出游，出西门遇死人；

南壁（自东向西）：

第十幅：完全风化；

第十一幅：太子出游，出北门遇比丘；

第十二幅：耶输陀罗入梦；

　　第十三幅：太子逾城出家，四天神捧马足；

　　（以上在窟门东侧）

　　第十四幅：太子入山求道；

　　第十五幅：太子在山中间讯仙人；

　　第十六、十七幅：已风化；

　　（以上在窟门西侧）

以上十余幅画面所表示的故事互相衔接，形成连环画形式的艺术作品。

　　这些浮雕中人物并不多，背景的衬托也很简单，但作者却能够根据题材的中心内容，作了精辟地表达，画面的布局也很富有变化，人物塑造的轮廓鲜明，线条简单劲健，显得古朴而又非常传神。以第十二幅"耶输陀罗人梦"为例，画面上部刻一华帐，帐下设一床，耶输陀罗头向右侧卧床上，床下有四伎乐，手捧乐器，但均已入睡，姿态各异；旁立一鸟，太子右舒相坐床上，一手扶颊，作思维状，身后跪一侍者。正是这些沉睡的伎乐和卧在床上的耶输陀罗，造成画面中沉寂安静的气氛，更突出了主要表现的太子思维："视众使女，犹如木人，百节空中，譬如芭蕉中无有实，乱头倚鼓，委担伏琴，更相扶枕，臂脚委地，……乐器纵横……菩萨遍观，顾视其妻，具见形体，发爪脑髓，……屎尿涕唾，外是革囊，中有臭处，无一可奇，强熏以香，饰以华彩，犹假借当还，亦不得久计……"（《普曜经〔卷四〕出家品》第十二）。太子因此，奋然出家。这幅雕刻真实的表示了太子思维的情景。接着是"太子逾城出家"（第十三幅），作者把太子出城的方向是向右；正与第十二幅背向，因此加强了他离家这一主题的效果，如果让太子向左方逾城，则不会有如此强烈的效果。马下捧足的四天神，位置又上下参差，加上太子马后的那个手执伞盖的飞天，更使画面显得庄严而华美。

　　这种连环画形式的佛本行故事雕刻，我们还可以从云冈第五三窟窟门两侧看到，其不同处就是第五三窟中不是连续雕成带状，而是在门西侧雕成三层自上而下的连续图画，主要表现释迦诞生时的情景：摩耶夫人树下诞生释迦、释迦手指天地口唱唯我独尊、梵王供养、阿私陀占相等；在门的东侧，则是三层自下而上的连续图画，主要表现释迦出家成道的情景：逾城出家、白马犍陟辞别、树下苦修及一尊佛像。

　　新疆拜城克孜尔第一一〇窟中的佛本行故事壁画，也是和这种形式相同，在该窟的东、西、北三壁上，画出上、中、下三层方格，格内画佛本行故事画，现存的画面有出游四门、宫中嬉戏、逾城出家、入山修道、涅槃等形象。

　　这种连环画形式的佛本行故事雕刻，是继承了汉代画像石的传统，刻法上也承继了画像石的浮雕手法，有了进一步的发展，但作风仍很质朴浑厚。在画面的布局上，也是把要表现的人物占满整个画面，不留空隙，遇有空白处，也要填充以飞天等形象，至于故事中人物的装饰、发式等，以及殿阁、城门，都具有浓厚的民族风格。可以看出是在中国传统艺术基础上发展形成的作品。

三　南壁明窗内东西两侧的造像龛

明窗东侧是一盝顶方格天幕龛，龛里雕左舒思惟菩萨像，菩萨头戴花鬘冠，颈围项圈，身披璎珞，座旁及龛下均刻山形，以说明是逾城后初至山中时思惟的形象。西侧一龛里也雕戴花鬘冠、披璎珞的菩萨像，但作右舒思惟状，白马犍陟伏在右侧，以口吻菩萨足，表现出恋恋不舍的情景（图版拾玖）。这两龛佛本行故事造像，都可以各自独立，成为一单独故事。

四　窟壁中层的大型佛本行故事造像龛

西壁有三大龛，但左右二龛已残缺或经后代改修，中间一龛保存尚完整，作尖拱形，龛中为一结跏趺坐的佛像，下部及手是后来改修的。在龛楣及两侧刻出群魔雕像，龛顶正中刻一夜叉手托山作压下状。南侧自上而下是：一夜叉持弓作射状，又一猪首人，一夜叉作抱树欲击状，其下有一头竖怒发鬼作抱鼓欲投状，又有一牛首者，再下又有二魔，一持斧作欲砍状，另一持物欲抛，再下又有一马首者和一持圆锤的夜叉，再下是魔女，但已有头无身了，至此以下则全已风化不辨。北侧自上而下是：一夜叉持鼓欲击，另一魔持矛欲戳，又一马首者持锤欲击，还有虎首、象首者，再下又二夜叉，所持物已风化不可辨认，自此以下则全已风化。这一龛造像，表现了佛端坐毕波罗树下，魔王波旬派众魔来怖，以阻其成道的情景。南侧下部有魔女像，即是魔王三女，作妖媚状前来诱惑，可惜已风化看不出形体了。其余诸像，皆是来怖释迦的众魔军。这一铺雕刻，正是生动地表示了在魔军充塞虚空，在围困万千层中佛自端坐岿然不动；通过艺人的手法，用纷纷骚扰、丑态百出的魔众，更衬托出佛的庄严伟大，在艺术造型上是很成功的。

在东壁也有两个大龛南侧的是一盝顶交角帐天幕龛，龛中是结跏趺坐的佛像，座下正中刻三法轮，左右各伏一鹿，这是释迦得道后在鹿野苑初转法轮；法轮标志说法，野鹿标志说法处的故事。北侧是圆拱形龛，可惜已大部风化残毁，龛中是佛坐像，下部已残，左手捧一钵。龛的四周刻成山形，龛南有四梵志，下二人作合掌状，上二人持瓶作向龛内倾水状，其上角又有一背水瓶而来的梵志，龛顶上也有三梵志，两个持瓶作向龛内倾水状，另一个背负水瓶而来。北侧的雕刻已全风化，无法辨识。由这龛造像中佛手持钵，龛楣上作梵志倾水救火状，应是表现佛降伏火龙、教化迦叶的故事。

这种以坐佛为中心的大龛，在龛楣或龛周围雕刻表示佛本行题材的作品，在云冈第

七、八、一二窟中都可见到，其中以第八窟东壁的最为完整。它是上下两层、共四龛，除左下角一龛已有些残毁，不能肯定是否为佛本行题材外，其下层右侧一龛是降魔故事，上层右侧一龛是四天王奉钵，上层左侧一龛是二商主奉蜜，均是以佛成道前后的故事为题材的。

　　将上述第六窟中四种形式的佛本行故事雕刻综合起来看，它是完整地表现了从释迦诞生、出家直到成道的事迹。开窟时为了能把这一题材完美地表现出来，并适应和利用石窟内部的特点，妥当地把整个佛本行故事分成了若干段落，然后采取了不同的表现形式。凡去礼佛的人，进窟以后一定先礼拜中心柱正面的佛像，然后围绕中心柱周匝礼拜，当时的雕刻家巧妙地把释迦诞生前后的事迹，利用大龛龛楣下的空隙雕造了出来，形成绕中心柱周匝的连续画面，即第一种形式的佛本行故事雕刻。接着礼拜的人就要礼拜四壁上的佛像，而第二种形式的佛本行故事雕刻就雕在周壁下部，即释迦出家、成道前作太子时的种种事迹，用连环画的形式，给人以完整的概念。最后把佛本行中最主要的部分，即降魔成道、初转法轮等，分别雕成以佛为中心的大龛，放在四壁很主要的位置上，它们各自可以独立成为一铺造像，因此当时人们在顶礼这些龛时，可以连续瞻礼下去，也可以单独礼拜，这样第四种雕刻的采用，就达到了重点突出的效果。至于第三种形式的雕刻，实际上与第四种形式的大龛相同，只不过规模较小，又置在明窗洞内两侧，在这座窟中起了补充和陪衬的作用。由此看来，第六窟中几种形式的佛本行故事雕刻，分开均可以各自形成完整的段落，各有特色；合起来又能成为一个整体，是围绕同一主题的不同组合。它完全可以代表北魏石窟中关于佛本行题材雕刻的最高成就。

　　由第六窟的佛本行故事雕刻里，我们还可以看到以下同题：在印度犍陀罗的佛教美术作品里，也有不少关于佛本行题材的浮雕和造像，但是却找不到第六窟中第二种形式，即以连环画式的浅浮雕来连续表现佛本行题材的例子。这种作法，正是佛教传入我国以后，在我国传统艺术的基础上，主要是继承了汉代画像石艺术而发展形成的。它具有明显的民族风格。至于第一和第四种形式的作品，虽能在犍陀罗艺术品中找到类似的形象，例如英国夏马尔（Sir jahn marshall）所著《犍陀罗佛教艺术》（The Buddhist art of Gandhara）一书中，如图 54～61、66～77 等等，都是佛本行故事浮雕；再如也有以佛为中心的造像，即拉合尔博物馆藏的释迦苦行像（丁文光编《犍陀罗式雕刻艺术》附图九）等；但是出现在云冈的雕刻都与之有极大的不同。无论从布局、风格、雕刻手法上都在中国民族传统的基础上做了改造，尤其是佛的面像、衣服、龛饰等方面，都摆脱了早期佛教美术品中较浓的外来影响。如转法轮龛中，佛的面相方圆适中，双颌下垂，所穿的大衣很宽博，有褒衣博带之感；再如大衣内着僧祇支，由衣内引出下垂的双带。这种服饰，是只有在中国石窟艺术中才能找到的形象。因此，由第六窟的佛本行故事雕刻中，可以表现出中国的石窟寺艺术，是在承继汉代以来的民族艺术传统的基础上，吸取了外来影响的优秀部分经过融化而形成的，因此它具有自己独特的特征，有浓厚的民族风格和感人的艺术魅力。

本文是在阎文儒老师的督促和指导下写成的，并利用了中国佛教协会的各种资料，一并书此志谢。

（摘自《现代佛学》，1963 年第 2 期）

云冈第五〇窟的造像艺术

通一　董玉祥

　　云冈第五〇窟（曾作第三八窟），位于云冈石窟的西段第五一窟（曾作第三九窟）的东侧，和别的窟比较起来，既小又低，但就四壁和窟顶上的精美雕刻来看，题材丰富，构图严谨，形象优美，可说是云冈造像的上乘，得与最富丽的第六窟相媲美。特别是窟顶以大莲花为中心的图案上，莲花化生童子、诸天仆乘和四周十对飞舞奏乐的乾闼婆（乐神）和紧那罗（歌舞种，通称飞天）组成的方格平棊式藻井，其有机的组织，流畅的线条和自由不羁、生动活泼等方面，则在第六窟之上。又北壁龛下的幢倒伎，东壁龛下的音乐树和伎乐人，以及西壁龛下的花树上的化生童子，更是为其他窟中所没有的独特题材（参看第五〇窟现状全图）。

　　佛本行、本生故事的雕刻也很丰富。从整个画面来看，构图典雅，动静协调，人物形象清秀，线条流利。龛形也是多样化的，这一切都能给人以无限的美感。

　　令人痛心的是其中佛菩萨的头部，多数都看不见了。从其遗痕观测，有些是自然风化，大部分是在解放前受到帝国主义分子的破坏所致。也许由于这个窟身低小，过去很少有专门报道文章。为了把这个古代雕刻艺术的作品广与世人见面，本文根据现存状况，并参考有关文献，作一较详的介绍和初步的探讨。因限于笔者水平和艺术修养，不当之处，实所难免。敬希读者给予批评和指正！

一　洞窟形制和造像题材

　　窟形：券形洞门，南向，窟内平面作长方形，广 2、深 1.4、高 1.8 米；四壁开龛，顶刻方格平棊藻井。门前两侧有二力士，现已风化；窟外门楣上，镌有一方二十二行三百余字的吴天恩造像记，惜不见纪年，就其字体观之，是北魏时期的铭刻无疑。现存记文，照原行格抄录如下：

夫幽宗玄明井□无以光其化真容速隐非图像莫能显其迹于是□颜□世长夜启正觉之悟道仪滋□□以留叙□之敬于是□于 先 岁德 谈 来世者矣含生有 识 莫不兴慈以树 善 积福以资当卷舒待时届指常湛皇土 圣 历 穹 宇化超唐 虞 况乃世 荫 灵彻津沐玄□者哉吴氏 忠 伟 为安息冠军将军 华 □候吴天恩造像并窟得依岩侧妙姿□□洸洸焉鉴真容之在于虚空丽□□□释迦本生藉此微福愿亡儿生生遇□长辞 苦 海 腾 神净土□化溦隆三法□敷万累消融寻吴氏家先忠和著□□孝并举至子孙兴茂绍隆家嗣□□□助凋零而立惟孤惟念□微□□□□单志书颂于玄石其辞曰

　　□□真道邈貌玄凛非声非□非□□知化由物感藉应迪诸光融□□□□九居 后 宁熟世乐由帝王非是在□□□维福薄有深悟将石 窟 免依岩□□ 此 区 全 窟 愿□亡儿常 谒 □ 应 生 □□……

以下谈谈造像题材。

北壁：即此窟正中壁龛，是个尖拱华绳反龙头大龛。沿尖拱上缘华绳每一交叉处刻出十四个舞人半身像，双手提着华绳两端，构成半圆形的绳网而作舞蹈之姿。尖拱下缘，刻乾闼婆六身，高发髻，长帔巾向后飞扬，脚下曳长裙，作鱼尾状，各捧乐器飞舞，与上缘舞人一舞一乐相呼应，这组舞乐与尖拱中间横列一行寂然安坐的佛像相衬托，更显它的动静相应，气韵协调。沿尖拱上两角空处，刻满四众闻法像。

大龛内是释迦、多宝对坐像，惜头部已不见。大龛东侧龛柱外，刻一夹侍菩萨立像。

菩萨东侧分作上下三层，刻释迦世尊般涅槃故事：上层刻五个比丘似又和东壁边上一尊坐佛相联系；中层是佛涅槃像，安详地侧卧在石床上，佛身后刻五个比丘半身像，作悲泣、惊惶、闷绝等不同形态；下层刻六个人组成的乐队，有弹琵琶，吹横笛，吹筚篥，挂细腰鼓、圆腰鼓，奏排箫等不同形象。

大龛西侧靠龛柱处，刻二菩萨相背而立，脚下有二夜叉半身像，托住菩萨的脚。面向中的菩萨可能是正龛主尊的夹侍；面向西的可能是西侧坐佛的夹侍。因为西侧正刻善跏趺[①]坐的佛像一尊，而在佛与两相背立菩萨的中间有一童子胡跪合掌，佛垂左手摩着童子的头顶，这可能是释尊摩罗睺罗的顶。中央龛座下层的正中间，似是留刻铭文的空白位置的两侧；从中至两边分为三组对称刻出幢倒伎及其伴奏，左是菩萨骑象、右是菩萨骑马，此后为菩萨的侍从和供养人。

东壁：正中开上下两层大龛。上层正中开立体方格折叠盝形龛，龛内刻莲花趺跏坐

---

① 《造像量度经续补［第五］威仪式》说"佛相坐式，所云金刚跏趺者……左股上置右足，而左足入于右股下，谓之菩萨跏趺。两足少展而足胫左上右下相交于二膝下者谓莲华跏趺；……谓之右舒相，反者左舒，左跷而右膝直立其边，谓之勇猛跏趺。坐高座而两足下伸者：谓之善跏趺。"

弥勒菩萨像，夜叉托住菩萨双脚，台座左右有一对狮子。这龛左右柱外各刻舒相坐思维菩萨为夹侍，两夹侍菩萨的上空出现一小小的凌空飞翔的飞天。左右夹侍外侧又格成上下两层，而各刻一尊善跏趺坐佛像（共四尊）；唯左上角一尊佛坐像的左下侧，有一胡跪合掌的童子，佛垂左手摩童子顶。这个龛楣作折叠式九格，其中刻七佛二菩萨坐像，两边斜角处的菱形方格中，刻左右舒相坐菩萨，菩萨的头部和一只垂足稍作倚斜与菱形方格相称。龛栱上刻闻法男女像。

正中下层开尖栱反龙龛。正龛内刻半跏趺坐像一尊。两边柱外各刻一菩萨立像为夹侍，夹侍外侧有一佛一菩萨立像，这佛、菩萨立像中间有二童子，一童子向佛作举手瞻礼状，一童子俯首在佛右脚边，似是布发掩泥，定光佛为善慧童子授记的故事。这个尖栱反龙龛的尖栱里列坐七佛，栱上沿刻十大弟子开法像分列左右。

这两层龛的最下层，中间有长方空白一条，似是留刻铭文的位置，其左右两侧各刻一株四重的音乐树。左侧四重音乐树，仅存上三重；顶重列刻三人，左奏排箫，中吹筚篥，右吹横笛；中重分枝对刻二人，左弹瑟，右击细腰鼓；下重三人，右击大鼓，中、左持乐器已看不清。右侧四重音乐树上：顶重亦列刻三人，左鼓琴，中弄箜篌，右弹琵琶；第二重分枝对刻二人，左吹横笛，右吹箫；第三重三人，左乐器不辨，中奏排箫，右吹笙；第四重分枝对刻二人奏乐，乐器不辨。两株音乐树的外侧，各分别刻出供养人二人，侍童也各二人，人物下部已风化。

西壁：开一立体方格折叠盝形天幕大龛。龛楣上共九格，格内各刻一坐佛。唯两边斜角处的菱形方格中刻着一茎莲花，佛坐其上，处理手法极为自然。龛上是一排坐佛和分列两边的男女合掌开法像。龛楣下八段弧形天幕上各刻一紧那罗飞舞像。

龛内是一尊善跏趺坐佛像，两边有二菩萨立侍，龛两侧柱外各刻立佛二尊。

全龛座下正中留有刻铭处，左右各有一花树，枝头着花，一花上着一化生童子，手持乐器，作奏乐状。除风化外，尚能认出的有抱琵琶、奏排箫、鼓瑟、吹笛、击鼓等形象。花树两侧亦刻男女供养人主仆像。

南壁：即窟门内一壁。门内两侧各刻上中下三层（共六龛），雕刻着佛本行故事。东侧的上层是释迦牟尼佛度三迦叶时降伏火龙的故事。龛为圆栱形，内是寂然安坐的释尊，龛楣上现两重山形，龛的左右是一些持瓶取水灭火的梵志。中层为化现三道宝阶的故事；下层为阿难坐禅被鹫惊怖，蒙佛伸手摩顶安慰的故事。

西侧上层圆栱龛内是释尊降魔成道像；中层尖栱反龙七佛龛内是释尊初转法轮像；下层是四柱三间殿形龛，柱上刻大斗，斗上横梁，梁上是一斗三升的斗栱，人字栱作补间，屋脊正中刻一迦楼罗像，脊的两端各刻一鸱尾，以盝形方格和天幕作为门楣。当心间是莲花跏趺坐弥勒像，左右梢间是左右舒相坐思维菩萨为夹侍。南壁两侧的最下层，西侧女供养人三身，东侧男供养人四身。从这四身男像所戴类似硬角幞头的特殊现象看来，给研究我国服饰史上增添了新的资料线索，给过去有人认为硬角幞头始于晚唐时期的论据提供了另一参考。

窟顶是方格平棊式藻井，十字交叉处形成穿环。全平棊分三横四直，中心用一圆形图案置于二格合成一长方形上。图案以大莲花花蕊为中心，莲花童子、诸天仆乘组成的。图案东侧有乘孔雀、托日月的天人，西侧有骑大象、手持长条物而奔驰的天人。四周十个方格中，各刻有舞蹈或奏乐，背向呼应的乾闼婆或紧那罗二身，十格中共二十舞乐人（次第如图）的形象如下：1. 一持曲颈琵琶，一拱手作舞；2、一奏排箫，一拿圆镜；3. 一吹八尺，一作舞姿；4. 一吹筚篥，一弹琵琶；5. 一吹笙，一拱手随舞；6. 一奏箜篌，一弹瑟；7. 一捧大鼓，一举椎击鼓；8. 一击腰鼓，一弹琴；9. 乐器手式风化不辨；10. 一吹横笛，一展手作舞，这些舞乐飞天特别生动活泼。

二 对造像题材的一些考释

如上所记，第五〇窟的造像题材是丰富多彩的。一般常见的题材，本文不拟多谈，现仅就在各石窟群中少见的，尚存疑义的，或在组织上、故事情节上有特点的造像题材，简要地作一些考释，以供同道和石窟艺术爱好者参考。

（一）佛本行故事

1. 菩萨乘象托胎　此窟北壁，即释迦、多宝同龛的全壁龛座，它的东部幢倒伎之东侧，刻一菩萨乘象，后随一人打着伞盖，西部幢倒伎之西侧刻一菩萨骑马，亦随一人打着伞盖而相对称。其乘象所表现的正如《太子瑞应本起经》卷上所说"菩萨初下，化乘白象冠日之精，因母昼寝，而示梦焉，从右胁入"的乘象托胎故事。而其骑马的题材，显然是释迦出家时（同上经）"天王维睒……使鬼神捧举马足，并接事匿，逾出宫城"的太子骑马逾城的故事（图版捌、玖）。有人认为其中乘象的菩萨是普贤菩萨。这是受了隋唐以后风行文殊骑狮子、普贤乘白象这种题材的影响。其实这种与骑马逾城相对称的菩萨乘象应该理解为"乘象托胎"才合适。

2. 佛涅槃像　同上龛东侧分三层刻出佛涅槃前后的三种情节。上层刻出五个比丘似乎是面向东壁边的坐佛而来的形象，前一比丘手持长柄香炉向佛上香状，后四比丘低头合掌作愁苦状。这与《方等般泥洹经》卷上所说释迦如来欲般涅槃前"佛放神力，令阎浮提所在比丘，除大迦叶眷属，余尽来会……诣佛所，稽首作礼，皆大啼哭，举声呼佛"的众会来集情节是相符合的场面。中层为释迦世尊正涅槃像。佛像头东脚西，安详地躺在石床上，头边一比丘胡跪，双手扶着佛头，脚边一比丘接住佛脚，佛身后边有五个比丘半身像，或抱头痛哭，或拍胸懊丧，或低头闷绝，都表现出"大师眼闭，世间暗昧”的难忍心情。下层有六个伎乐人组成的乐队，正如《四童子三昧经》卷上说佛涅槃时，"时虚空中，即雨天华，种种末香，种种涂香，种种音声供养世尊"的音乐供养的情节（图版陆）。

3. 释迦世尊慈慰阿难　此窟门内即南壁东侧下龛并开大小相通的两个圆拱龛，东小龛上，刻一两爪力抓龛缘，尖嘴向龛内伸，展翅下扑，来势凶猛的大鹫，似欲啄掉龛内坐禅的比丘。西大龛中的坐佛伸出慈悲的右手，穿过石壁，抚摩着比丘的头顶，表示保护的神情。这是《法显传》所说的阿难在耆阇崛山石室坐禅时"天魔波旬化作雕鹫，住窟前恐阿难，佛以神足力，隔石舒手，摩阿难肩（《大唐西域记》作"摩阿难顶"），怖即得止"的故事。

4. 三道宝阶　此窟南壁东侧的中层壁边刻一盝形龛门，门前三道宝阶，宝阶上端一方座，座上有一莲花跏趺坐菩萨，其下有一托住菩萨双脚的夜叉半身像，座前有一龙头，菩萨左边（即宝阶的上方）有二行菩萨；右边（即宝阶的下方）有一行比丘。根据佛典所记三道宝阶故事的有：其一出《足义经》、《撰集百缘经》卷九、《法显传》等，说释尊上忉利天三月为母说法后欲还人同，释提桓因，命诸天神"化作三阶，一者金，二者银，三者琉璃"（《足义经》卷下）。佛从正中琉璃阶下；梵天从佛右随金阶下；帝释从佛左随银阶下的事故。其二出《阿閦佛国经》、《维摩诘经·见阿閦佛品》等，记释尊从忉利天到阿閦佛国土的三道宝阶故事。如《阿閦佛国经》卷上说："其刹以三宝为梯陛，一者金，二者银，三者琉璃……其忉利天欲至阿閦如来所时，从是梯陛下。"从此上梯下梯并不限于佛或天人。其三龙王想请佛到龙宫说法故事，出《海龙王经》卷三说"便从海边，化作三宝阶，金、银、琉璃，下至其宫，甚微妙好……佛升宝阶涉于中阶，诸菩萨众住于右阶，诸大声闻住于左阶……六十亿龙，后在虚空中，各现半身，手执珠璎，垂散佛上"。上述造像在宝阶上面刻出龙头，一边菩萨，一边声闻，可能取材于《海龙王经》中所说的三道宝阶的故事。但这宝阶上却非佛像，而是一尊莲花跏趺坐的弥勒菩萨像，似与经文不符。

（二）诸天仆乘

诸天仆乘是说天帝释等出游园苑时，以龙象孔雀等作为乘骑。如《大楼炭经·忉利天宫品》、《法苑珠林·三界篇》所载。此窟窟顶正中莲花图案的外层刻有四个天人乘龙和图案，东一人乘孔雀，西一人骑大象，都是诸天仆乘的形象。有人也把其中乘象的天人像误认为是普贤骑象。

（三）音乐树

此窟东壁龛座，刻的树枝上坐伎乐人和西壁龛座刻的树枝头上莲花化生童子奏乐音乐树，令人很难理解它的典据来源。我想这可能是根据富于想像力的西方净土中"七宝行树，微风吹动，出微妙音"意境的作品（图版拾柒）。《无量寿经》卷上说："其国土，七宝诸树，周满世界……清风时发，出五音声，微妙宫商，自然相和。"古代的雕刻家们为了表达树上发出复杂的五音妙乐，把微风吹树人格化，而以伎乐人和奏乐的莲花童子的手法传出"微妙宫商"的乐音来，使人有产生眼见其形、若闻其声的现实感。有人把这树上奏乐的莲花童子说成是《觉禅钞》中的阿弥陀五十二体佛，这显然是另外一回事。且看《觉禅钞》卷七所说：

> 见唐传记，有阿弥陀曼荼罗，天竺鸡头摩寺有五通菩萨，现身往极乐，问佛云："娑婆世界众生念弥陀佛，无其所据如何？"佛言："汝还娑婆，彼国可示现。"于是菩萨速还本寺，其寺树木叶上画佛菩萨像，采集此树叶数之，有五十二体佛菩萨像，以之唐朝图绘人以为本尊云。

我认为这与上述造像无甚联系。首先是时代相距久远，北魏雕刻家绝不可能根据唐代的传说造像；其次是形象上亦联系不上，一是树叶上画的佛菩萨像，一是在树枝头莲花上刻出奏乐的化生童子，二者没有共同之处。

（四）幢倒伎

幢倒伎就是爬竿伎，是我国古代百戏的一种。汉代名"寻橦"、"都卢寻橦"或"旌"。《事物纪原〔卷九〕百戏》引《汉元帝纂要》说：

> 百戏起于秦汉，漫衍之戏，后乃有高絙、吞刀、履火、寻橦等也。一云都卢寻橦，都卢山名，其人善缘竿百戏。

又张平子《西京赋》说：

> 尔乃建戏车，树修旃，侲童程（逞）材，上下翩翻，突倒投而跟絓，譬陨绝而复联，百马同辔，骋足并驰，橦末之伎，态不可弥。

南北朝时则叫"缘橦"。《邺中记》说：

> 有额上缘橦，至上鸟飞，左回右转；又以橦着口齿上亦如之。

《魏书〔卷一〇九〕乐志》也说："百尺长趢，缘橦飞丸"。到了唐代，则称"缘竿"。如《旧唐书〔卷二九〕音乐志》说："梁有猕猴橦伎，今有缘竿，又有猕猴缘竿。"

佛典中则名"幢倒伎"。《维摩经略疏》卷五说：

> 乾闼婆此云香阴，此亦凌空之神，不噉酒肉，唯香资阴。又云是天主幢倒乐神。

《妙法莲华经文句》卷二之下解释乐、乐音、美、美音四乾闼婆王说：

> ……此是天帝俗乐之神也。乐者幢倒伎也，乐音者鼓节弦管也，美者幢倒中胜品也，美音者弦管中胜者也。

从上述文献可知"幢倒伎"的名称，在各个时代是不同的。

此窟北壁大龛下刻铭处的东西两侧各立一高竿。东侧一人正缘竿上爬至半竿中，一人在竿巅作倒舞状。从西侧的情况推想，竿下亦应有人，惜已风化。东侧的竿之东，分上中下三层刻出六个伎乐人伴奏立像。上层吹筚篥、吹横笛，中层挂细腰鼓、奏排箫，下层二人风化不辨。西侧的竿是顶在一人的头上，一人正缘竿上爬，一人腰横竿顶，四肢伸开，上身稍下斜，仰卧在竿的上端，显得格外惊险。竿西边亦分上中下三层刻出六个乐人伴奏。上层吹横笛、吹筚篥，中层奏排箫、弹琵琶，下层风化不辨。这就把世间的"都卢寻幢"、天上的"幢倒乐神"作为伎乐供养而刻划在石窟的壁面上，充满了人间天上欢乐的气息。

三　第五〇窟的造像艺术

第五〇窟在云冈石窟群中，虽属最小，确是题材丰富，雕刻精美的一个窟。它的艺术造诣是值得我们探讨的。我们知道，一切艺术作品都是社会的产物，云冈石窟艺术也不例外，它必然要带着时代的特色，它的发展变化与当时社会的发展变化自然有着密切的关系。因此，我们首先必须说明云冈造像与当时社会发展变化的关系，然后来探讨第五〇窟造像中的艺术成就。

先谈谈云冈造像的发展变化与当时社会发展变化的关系。

云冈石窟最早于北魏和平初年开凿的昙曜五窟（第一六至二〇窟）及一、二、七、八、九、一〇等窟的造像，都是面形方圆，两肩齐亭，深目、高鼻、薄嘴唇。佛像袒胸，大衣半披肩，衣裙紧贴身；菩萨袒上身，斜披络腋，或披帔巾；飞天下裙贴腿、裸露两脚，有浓厚的外来情调。中期于太和年间（477～499）转化阶段，如第一一、一三两窟中出现了褒衣博带式的七佛像。第五、六两窟的佛像已经全转化为褒衣博带式了。但仍是面形方圆，两肩齐亭，面形和身材尚在变化的过程中。景明后开的第二一窟以西各窟龛以及其他岩壁上的晚期造像，则是面形瘦长，两肩下削，佛像全是褒衣博带，已成为中土人模样了；飞天曳长裙、不露脚，宛然有飘逸之风。尤以第五〇窟为最突出。据这个窟的造像风格，比有延昌四年题记的第四五窟稍晚一点。从和平初年到延昌、熙平（460～517），为时不过五六十年间，而造像的风格几乎各为异趣。这是一个少数民族（鲜卑族）魏孝文帝统治北方而积极接受中原文化政策在佛教造像中的反映。自北魏孝文帝太和十七年（四九三）迁都洛阳后，更着重从文化生活习俗上，力行改变原来的风俗。如禁止鲜卑人胡服，是对于造像的影响最为显著。在很短的时间内，石窟中的造像变为褒衣博带的衣着，飞天曳着长裙而不露脚了（袒胸、裸臂、赤脚等在我国旧社会的风俗中，认为是不礼貌的），赋有外来浓厚色彩的佛教艺术，通过艺人之手，迅速地转变成了中土人的形象。在第五〇窟的造像艺术上，可说是记录了溶化外来艺术的一个显著的转折点。

其次谈谈第五〇窟造像中的艺术成就：

1. 构图典雅，主题突出 从整个窟的画面来看，四壁的龛形大小不一，花样繁多；布局杂而不乱，整齐美观。它与其他各窟比较，有时讲究对称，在某些地方又出现参差不齐而有所不同。造像方面，佛菩萨等像的安排，其疏密立坐，经营位置，无不适当，而且构图典雅。就在处理一个极不重要的像上也叫人看了觉得雍容有致。如东壁中部上层盝形龛楣两侧的两个菱形方格中，不刻坐佛而刻成左右舒相坐的思惟菩萨像，极自然地用菩萨的脚来充实了方格的下角；而在西壁盝形天幕大龛上的同样位置中，虽和左右的方格一样刻成坐佛，但在菱形方格下端刻带茎的莲花作为佛的莲座，同样起了补充下角的效果，使人觉得圆满舒适，处理得十分巧妙。又北壁大龛尖拱的上缘，刻的携华绳而舞动的紧那罗和下缘刻的奏乐飞翔的乾闼婆，烘托着中间寂然在定的一排佛像，显出动静不二从容典雅。尤其每龛每组造像的主次都很分明，即使是一幅极小的故事和情节，雕刻家都处理得鲜明妥帖。如北壁大龛东侧的涅槃像，分三层刻画出佛涅槃前后的三种情节：上层是众会来集，中层是正般涅槃，下层是一排乐队。三层壁面刻的不是平衡的，中层正般涅槃占得较宽，涅槃像刻得特别大，其主题就显得特别突出了。

2. 比例适度，线条流利，形象鲜明 从每一像来看，大的如北壁主龛中的释迦、多宝像，小的如音乐树、幢倒伎中的舞乐人像，其面形、身段都无不适度，夸张中有收敛。因此，在这些佛菩萨等形象上却都近于人的体格尺度。表现这些形象的直平阶梯式的线条和各种曲线条都刻得十分流利遒劲。古代的雕刻家们运用了这种熟练的技法，刻画出了身材丰满的褒衣博带式佛菩萨的形象，在艺术上把形象的美和线条的美充分地统一地体现出来。这说明当时的我国雕刻家在技法上已经达到了高度的成就。

3. 组织细密，构思精妙 由于洞窟过小，而造像的内容如此丰富多变，这就促使当时的雕刻家的意匠经营和精心组织。这窟在组织最精巧的当属窟顶中心的莲花图案。这个直径不到五十厘米的圆圈里，用一朵莲花作底，正中刻一花蕊，围绕八个花瓣，每一花瓣上刻一莲花童子，身子一向内一向外互相间插而坐，外围是飞腾的四条长龙，首尾互相衔接，形成一圆圈，每条龙有一天人乘跨在背上，好似这四龙都离开了莲花而悬空飞转，给人以一线空间的感觉；然而四个乘龙天人的脚，却又巧妙地托在四个头部向外的莲花童子的左手掌上，使与莲花紧密地联系着，其离合之间的精巧构思，殊能惹人玩味，真是把人引入"一花一世界"的艺术境界中去了。像这样的莲花图案，在国内石窟群中实为罕见。东壁正中上层盝形龛两侧柱外舒相坐思惟菩萨的上空，刻出一对飞天凌空翱翔，与其静坐沉思的思惟菩萨相对照，更显得静中有动，分外鲜艳。特别是在万籁沉寂的四周的默坐着思惟菩萨的一片静景中出现了一对飞天，像向平静的池塘里扔进两粒石子，点破了一片沉静。

4. 富于想像，敢于创造　我们一看到东西两壁龛下的音乐树，不禁会问：古代的雕刻家们把佛经中所说的富于想像力的佛土中的"七宝诸树"，遇着"清风时发"就"出五音声"，"微妙宫商"、"自然相合"这种音乐节奏怎样在不动顽石的壁面上表达出来的呢？我们古代的雕刻家们大胆的想像和创造，就是在树上刻出莲花童子或伎乐人像吹弹乐器来表达它，使观者一见其形，若闻其声，以人籁代替了天籁，给人们以树上发出音乐声的真实感觉。

此外，还有一点必须一提的是，像南壁东侧上层释迦世尊降伏火龙故事题材，刻画出梵志有背水的、挑水的、持水瓶的一场救火紧张场面，北壁龛下幢倒伎中的表演技艺和音乐伴奏的欢乐情况，以及南壁东侧下层的释迦慈慰阿难摩阿难顶和北壁大龛西侧的释迦佛摩罗睺罗顶等故事形象，都在一定程度上反映了人间的现实生活和思想感情。

上述各点，仅就我们初步调查学习过程中所学习到的点滴认识，已不难看出此窟中的造像艺术达到如何高度的水平，可以说是北魏晚期造像中的优秀代表作品，是一份极可宝贵的艺术遗产，我们必须很好地珍视它，学习它，如鹅王择乳一般来汲取它的精华，来庄严我祖国的大地山河，丰富我们人民的多彩生活。

（摘自《现代佛学》1963 年 2 期）

云冈石窟造像中一些题材的考释

阎文儒

　　著名的云冈石窟，在北魏和平年中①由于沙门统昙曜的提倡，开凿了五个石窟，以后又继续了许多年。这些石窟中雕造了以纪念释迦为主的各种佛像、佛本行、本生故事，以及菩萨、罗汉、八部护法等等。在雕刻家丰富的生活和熟练的技巧中，从佛教的题材内，曲折的创造了反映各阶级各阶层人物的生活景象，它不仅说明了当代的社会、佛教发展等情况，而且也反映了艺术的发展路线。在高度艺术技巧的创作中，同时也给我们以许多美的享受。

　　在半殖民地半封建的时代里，由于交通方便，帝国主义学者、研究石窟的人们，无论是法国的、日本的，都曾到云冈做过调查。从清末到抗日战争时期的五十多年中，日本考古学者曾多次到云冈，对石窟艺术进行了多方面的研究，从而编印了图录和许多专门的著作。

　　近几年来，我们对云冈石窟，也作过粗疏的调查与研究，因将造像题材方面的一些问题，笔之成文，请教于方家。

---

　　① 云冈石窟开凿年代，说法有二：一、根据《魏书·释老志》所记："和平初……昙曜白帝于京城西武州塞，凿山石壁，开窟五所。"（《续高僧传·昙曜传》、《开元释教录》等书所记与此同）一根据，《大唐内典录〔卷四〕后魏元氏翻传佛经录》所记："道武皇帝魏之太祖也，改号神瑞元年，当晋孝武太元元年也，出据朔州东三百里，筑城立邑，号为恒安之都。……生知信佛，兴造大寺。恒安郡西大谷石壁，皆凿为窟，高十余丈，东西三十里，栉比相连，其数众矣。"（《大金西京武州山重修大石窟寺碑》所记同）但《内典录》对年代基本上没弄清楚，如把北魏明元帝的神瑞纪年，误为道武帝，神瑞元年正当东晋安帝义熙十年（414）误为孝武帝太元元年（376）。再从其行文次序来看，"改号神瑞元年"下，是说"出据朔州东三百里，筑城立邑"。似乎说是在神瑞元年就定都平城，按平城是元兴元年（402）建，而不是说恒安郡西大谷石壁是神瑞元年凿的。魏收撰成《释老志》于北齐时代，他在永安时（528~529）已声名显著，以当代人记当代事，较为可靠。《内典录》是初唐的经目，距北魏久远，在记载此事，又未详据文献，仅凭口传，难免有些差错。兹以云冈石窟的形制，造像题材及其风格等各方面的情况而论，第一六窟至二〇窟，应是这里的窟群中最早的五所，这与《魏书》所记昙曜于和平年（460~465）中开窟五所相符合。因此，我们认为《魏书·释老志》中所说和平间开窟的记载，是比较可信的。

一　摩醯首罗天与鸠摩罗天

云冈第八窟窟门东侧上层，刻有三头八臂骑牛的神像（图一）；西侧上层，刻有五头六臂骑孔雀的神像（图二）。东侧的神像，有人认为是湿婆天，或者叫作摩醯首罗天；西侧的神像认为是毗纽天，或者叫那罗延天①。关于这两种天的名称，与婆罗门教是相当混淆的。但既然开凿在佛教的石窟内，而不是雕造在婆罗门教的神庙中，他们的名称是否与婆罗门教相同？即使相同，但在佛教中的性质又怎么样？以及他们在佛教中的地位如何？这都有探讨的必要。

"湿婆天"与"毗纽天"，是婆罗门教所信仰的主要的神。"湿婆天"出于印度最古典籍中《梨俱吠陀》的禄陀罗神，原意是代表暴虐的天象，是残害畜生的神，在《阿闼婆吠陀》中，又称为畜类之主②。后来在印度著名的《大博罗他纪事诗》中，崇拜"湿婆"的，成为主要的宗派，它具有最高天神的一切性质。"陵诃"，（男生殖器）为共象征，又名"兽主"或"大自在"，我国佛典中，常译为"大自在天"，后人推演，又被认为世界人类的造作、灭破，都由于这个天③。

"毗纽天"也见于《梨俱吠陀》，指着太阳运行的现象，好像是个日神，但是并不如其他天神、日神、风神、火神的那样重要。在《大博罗他纪事诗》中，崇拜"韦纽天"的，也是重要的教派，认为一切生命都是由他创造出的④。在婆罗门教中，认为"毗纽天"与"梵天"的关系极为密切的。在四吠陀后的《梵书》中，认为："依神言之，梵为最大，为造物主；依天象言之，梵为虚空，周遍一切；依人类言之，梵为风（风系旧译，应译生气，指呼吸之气，乃生命所托），生命之本⑤，"虽然如此，但"梵天"还是"韦纽"所生的。《大博罗他纪事诗》中又尊黑神（即毗纽天）时说，"自共莲花脐，梵天生焉，自其怒额，湿婆生焉。"⑥龙树的《大智度论》卷八也有"韦纽"生"梵天"的记载：

> 复次劫尽烧时，一切智空，众生福德因缘力故，十方风至，相对相触，能持大水。水上有一千头人，二千手足，名为韦纽。是人脐中出千叶金色妙宝莲花。其光大明如万日俱照；华中有人结迦跌坐，此人复有无量光明，名曰梵天王。此梵天

---

① 水野清一、长广敏雄：《云冈石窟》第五册 p. 13～19，解说 p. 40～41。
② 汤用彤：《印度哲学史略》第六章，木村泰贤：《印度哲学宗教史》第106页。
③ 《印度哲学史略》第六章，宇井伯寿：《印度哲学史略》第563页。
④ 《印度哲学史略》第一，六章；木村泰贤：《印度哲学宗教史略》第二章，第95页。
⑤ 《印度哲学史略》第二、六章。
⑥ 《印度哲学史略》第二、六章。

王，心生八子，八子生天、地、人民。

在印度六派哲学中的"吠檀多派"，就是以"梵"与人格神的"毗纽"混而为一的。

毗纽又名为那罗延（世天），在《大毗卢遮那成佛经疏》卷五中曾解释：

微瑟纽旧译谓之毗纽，此是那罗延天也。

那罗延又与梵天同。玄应的《一切经音义》卷二四中也曾记：

那罗此翻为人，延那此云生本，谓人生本，即是梵王也。外道谓一切人，皆从梵王生，故名人生本也。

同时也有把大自在天（湿婆）与毗纽、梵天混合起来的，《大毗卢遮那成佛经疏〔卷一七〕阿阇黎真实智品》中记：

梵行谓修梵行名，当知即是菩萨，当知即是梵天，当知即是韦纽天，自在天别名，正云毗瑟纽。

此说与后来印度教把三神混为一体的思想是一致的[①]。但是创造形象的时候，还是各有不同的样式。《续高僧传·玄奘传》记玄奘到劫比他国时，曾记：

劫比他国，俗事大自在天，其精舍者，高百余尺，中有天貌，形极伟大，谓诸有趣，由之而生，王民同敬，不为鄙耻，诸国天祠，率置此形。

这可能是指"陵诃"的形象。但《大唐西域记》卷一一曾记玄奘到摩腊婆国见一婆罗门说：

彼大自在天、盘薮天、那罗延天、佛世尊者，人皆风靡，祖述其道，莫不图形……遂用赤旃檀，刻作大自在天、娑薮天、那罗延天、佛世尊等像，为座四足，凡有所至，负以自随。

以上这些都说明印度古代，或后来佛教以外婆罗门教中的最高神格，是毗纽、梵天与湿婆，他们是世界的创造者，因而也雕造出形象供养起来，受到了人们的崇敬。

但佛教就不把这些神，作为最高的神祇了。《大智度论》卷二曾辩证过这个问题：

问曰：余人亦知一切诸法，如摩醯首罗天（秦言大自在天）……如韦纽天（秦言遍闷）……如鸠摩罗天（秦言童子）……如是等诸天，各各言大，皆称一切智。有人作弟子，学其经书，亦受其法，言是一切智。答曰：此不应一切智，何以故，瞋恚憍慢心著故。……复次，是三天：爱之，则欲令得一切愿；恶之，则欲令七世灭。佛不尔。菩萨时，若怨家贼来欲杀，尚自以身肉、头目、髓脑而供养之，何况得佛，不惜身时。以是故独佛应受佛名号，应当归命佛，以佛为师，不应事天。

这就确定了天神在佛教中，是赶不上佛的。佛教是把婆罗门所崇敬的天当作八部护法之一，虽然佛教也相沿认为天神所处的天界是最好，如法云在《翻译名义集·八部篇》

① 宇井伯寿：《印度哲学史·余论》第 565 页。

中解释说：

> 《法华疏》云：天者天然，自然胜、乐胜、身胜。故论云：清净光洁，最胜最
> 尊，故名为天。苟非最胜之因，岂生最胜之处。

所谓"最胜之因"，指在人中修十善道，修四禅、四空定胜因，能生天处。故佛教中对天神的地位与婆罗门教认为是唯一的神宰者不同。在佛教中认为唯佛是应受最高的崇敬，从而反映在石窟艺术中，这些"天"不但不能与佛比，而且还要在菩萨、罗汉之下。法云（同上书）解释的很好，他说：

> 原夫佛垂化也，道济百灵；法传世也，慈育万有。出则释天前引，入则梵王后
> 随；左辅大将，由灭恶以成功，右弼金刚，用生善而为德。三乘贤圣，既肃尔以归
> 投，八部鬼神，故森然而翊卫。

这样就规定了天的地位远在佛下，只是八部中的一部，成为佛的护法了。石窟艺术，是佛教思想直接的反映，因而造像中的"天"，就必定是辅弼翊卫的人物。那么今云冈第八窟门东侧三头八臂骑牛的像（图一），和门西侧五面六臂骑鸟的像（图二），既然列在门的两旁，下面又有持三股叉的力士像，窟内正面造的是佛与菩萨的像，显然这样门两侧的像，是前引后随翊卫的人物。那么，他与古代或现在婆罗门教中一体三神的湿婆、毗纽、梵天的神像，在主从尊卑之分就必然有所不同了。

关于这样的形象，佛教经论中，有许多的记载，《大智度论》卷二中曾说：

> 摩醯首罗天（秦言大自在）、八臂、三眼、骑白牛。

第八窟东侧的三头八臂骑牛像，不仅《大智度论》说是摩醯首罗天，后来日本许多和尚的杂记，如心觉抄《别尊杂记》卷五二曾说"大自在天，梵号摩醯首罗……三目八臂，骑白牛"（《觉禅抄》、《图像抄》所记与此同）。这足以说明云冈第八窟的这个造像，应是摩醯首罗天；再从这个造像与文献所说的对照来看，却不是三目而是三面。至于他的地位在佛教中只是护法，与婆罗门教奉为唯一的天神有所不同，更无所谓残毁畜生等的意义。

关于窟门西侧的五头六臂骑鸟像，是韦纽天或是别的天像？《大智度论》卷二说"韦纽天（秦言遍闷）四臂，持轮，骑金翅鸟"。玄应《音义》卷二〇说"此天有大威德，乘金翅鸟行，行时有轮以为前导，欲破即破，无有能当也"。《图像抄》卷九把那罗延天又称毗纽天，并说"三面：左面猪，右面白象，中面天面；左手拳当腰，右手屈肘作拳申风指，指上承轮齐叉样，四臂二样俱，乘金翅鸟"，（《别尊杂记》、《成菩提集》、《觉禅抄》所记与此同）。

综上所述，那罗延是三面、持轮、乘金翅鸟的形象，在第八窟门西侧的造像是五头不是三头，是持鸡不是持轮。在《大智度论》卷二曾记"鸠摩罗天（秦言童子），是天擎鸡、持铃，捉赤旛，骑孔雀"。《觉禅抄》所记与此同，《图像抄》卷九引《胎藏图》

说他"黄色，六面童子形，持金刚钩，乘孔雀"。《别尊杂记》卷五二引《文殊轨经》说"童子天，形如童子，乘于孔雀，手执枪，六个头，面面色红，著黄衣、天仙衣，左手执铃"。

这就确定了鸠摩罗天的形象，是童子面，擎鸡持铃，骑孔雀，与那罗延天的形象，是不一致的。不过在石窟艺术中，有时难以分出孔雀与迦楼罗（金翅鸟）的形象而已。

关于鸠摩罗，《大智度论》卷二九释云："又如童子，过四岁以上，未满二十，名为鸠摩罗伽。"玄应《音义》卷三中也曾解释：

> 鸠摩，正首究磨罗浮多，究磨者是彼八岁以上，及至未娶者之总名也，旧名童子；浮多者旧译云真，言童真地也。

鸠摩罗天为什么是个童子呢？《经律异相·天部》曾这样解释："大梵天王，名曰尸弃，与前（梵众）天同。若修上禅，则生此也。于梵众中，发大音声，一切大众，无不知者。梵身诸天，各自念言：大梵天王唯与我语，不接余人。我自然得无所承受，于千世界最得自在，富有丰饶，能造化万物，我是一切众生父母，后来诸梵，第一尊重。颜如童子，名曰童子，擎鸡，持铃，捉赤旛，骑孔雀。"宝唱的这些解释，在唐玄奘译的《大毗婆沙论》（卷一二九）也可找出论据，论中说：

> 尊者马胜，遂发诚心，愿大梵王，于此众现。应时大梵，即放光明，便自化身为童子像，首分五顶，形貌端严，在梵众中，随光而现。

首分五顶，童子面的记载，与云冈的造像，就更为接近了。那么，鸠摩罗天就完全可以说是"大梵天"了。

毗纽天，除掉形象以外，在天的地位与鸠摩罗天有何不同？《经律异相·天部》说：

> 遍净天（梵言韦纽，依品云：以上方便生此天）王名净智，四臂捉具持轮，御金翅鸟。

唐道世据诸经论所撰的《法苑珠林·三界篇》中，把遍净天列入色界三禅内，而大梵天则列于初禅内。其中曾这样的比喻："初禅如乡，二禅如县，三禅如州，四禅如国。"因此遍净天（梵纽）与大梵天（鸠摩罗天）的地位也就不一样了。既然这两个天的形象和地位都有所不同，那么第八窟门西侧上层骑鸟的神像叫什么？我们觉得那像的五个头都是梳发下垂，面型俊秀，确是未成年的童子面型。而左下手屈回当胸持鸡，与文献中所记的鸠摩罗天是相当符合的。但从他骑的鸟头上无冠，这点就值得怀疑是否为孔雀。不过以云冈第九、一〇、一二各窟外室屋形龛上的尖嘴人首有翅膀的真正的金翅鸟来看，这个鸟形，毕竟与尖嘴人首的金翅鸟，还是有根本上的不同。或者在石刻上很难把富丽华美的孔雀表现得更细致的缘故吧。

这样形象的天，除掉云冈第八窟以外，第一二窟窟顶也有这样的像。莫高窟西魏时代开凿的第二八五窟东壁主龛北侧四天王天上面，同样的也画出了这个天，不过这窟中鸠摩罗天的面相，不是五个头，只是面相更接近于童子而已。

同时还要探讨一下，为什么在八部护法中的天部，有许多天主不雕造出来而专造这两个天主呢?《图像抄〔卷九〕大自在天》条有这样的记载：

> 《智度论》云：大自在天、那罗延天、俱摩罗天，此三天恭敬之，令得一切愿。

因此在云冈第八窟门的两侧，莫高窟二八五窟东壁佛龛的两侧，造出摩醯首罗天与鸠摩罗天的形象，与佛、菩萨等同样地被供养起来。

根据以上各经论的记载，与第八窟门两侧神像的形状与位置，都可以证明这两个神像与印度教中的湿婆、毗纽、梵天一体三神的最高神，是不相同的。因此我们觉得佛教石窟中这两种神像，应根据经论中的记载，是三界诸天中色界的天，东侧的称为"摩醯首罗天"，西侧的称为"鸠摩罗天"，而不应根据印度教的习惯，称为"湿婆天"与"毗纽天"。更谈不到摩醯首罗天如吠陀颂歌中所说的是什么破坏、吉祥、生产之神了。它们不是佛教中最高的神，而是八部护法之一，作为佛的翊卫身份出现的。在佛教的宗教理论上，根本否定有创造主，有主宰祸福的神；一切神在佛教中只占有从属的护法的地位。

二　诸天仆乘

云冈石窟第六窟和五〇窟，莫高窟第二五七窟，以及龙门的火烧洞等，都刻画出乘骑各种鸟兽的人物形象，这是石窟艺术中的一种特殊题材，在石窟造像中，也占了相当的地位。关于这些乘骑的形象，有如下几种：

云冈第六窟　窟顶中心柱四周刻出三十二块平棊方格。在方格内，有诸天形象，惜大部分风化，其中可以看出有孔雀、狮、虎、长尾马、狐（?）、龟等等骑乘（图三）。

云冈第五〇窟　窟顶正中刻大莲花，花瓣中刻化生童子。四周刻骑龙、骑象和骑孔雀两手托日月的天人。

莫高窟第二五七窟　北壁由下而上第二层壁画，从东向西分成十一格，格内画像多半模糊。（一）略似佛说法图，（二）骑象的天人，（三）骑马的天人，（四）骑虎的天人，（五）骑狮的天人，（六）骑雁的天人，（七）山中草棚内修道的比丘，（八）骑虬的天人，（九）骑大头鸟（鹅）的天人，（十）骑小鸟的天人，（十一）骑双角龙的天人（每一种乘骑，都是四个以上的鸟兽。图四）。

龙门火烧洞　窟门外的门楣上，左右刻有骑龙的人。

关于这些骑各种鸟兽的造像，从位置来看，有在窟顶上，有在窟壁上，有在窟门外的门楣上。总起来看，不是石窟内的主要造像，而应是佛的翊卫人物。那么，这些形象是什么人物？根据经论的记载，应是八部护法中的诸天骑乘。

在佛教中，认为宇宙有欲、色、无色等三界，根据《长阿含经·世记经·忉利天品》，《起世因本经·三十三天品》等经文的记载，认为欲界有七天，色界有二十二天，无色界有四天，合计是三十三天。但是《法苑珠林〔卷二〕诸天部》认为欲界有十天，色界有十八天，无色界有四天，合计是三十二天。不论是三十三天或三十二天，在佛教中都认为除无色界外，其余二界是有趣身的有生物，因而每一天中的生物，与人道中的生物是相同的。人道中有象、马等乘骑，天道中也有这样的乘骑。《大毗婆沙论》卷一七二中曾有记载：

> 四天王众天及三十三天（按：指欲界须弥山顶的忉利天）中，有二足者，如妙色鸟等。有四足者，如象马等；……上四天（六欲天中的空居四天）中，唯有二足者，如妙色鸟等。余皆无者，空居天处转胜妙故。问："彼处若无象马等者，以何为乘？亦闻彼天乘象、马等，云何言无？"答："由彼诸天福业力故，作非情数（意指不是实有其物，是天人神力化作）象、马等形，而为御乘，以自娱乐。"

《法苑珠林〔卷三〕三界篇·仆乘部》中，又曾有这样的解释：

> 如欲界六天有仆乘。仆谓仆从，乘谓骑乘。以六欲天皆有君臣、妻妾、尊卑、上下，卑必从尊，下必随上。乘者以六欲天，皆有杂类畜生。诸天欲游，随意乘之。或乘象、马，或乘孔雀，或乘诸龙。

当然三界诸天中，不只欲界有鸟兽的生物，就是色界中，也是有这样的生物，尽管教义说明上叫"非情数"。所谓摩醯首罗天不是骑牛、鸠摩罗天不是骑孔雀的吗？这就可以看出佛经中所谓天部中天主的乘骑，尤其是欲、色二界，与人世间没有什么不同，而且进一步更超过了人间，有以鸟类、植物等作乘骑的。

佛教经论中，对诸天乘骑的记载，其中记载最多的是忉利天主帝释天的乘骑。《大楼炭经〔卷四〕忉利天宫品》中记：

> 天帝释欲至粗坚园观游戏相娱乐时，念诸天王。尔时诸天王……即其往至天帝释所……复念伊罗摩龙王，尔时伊罗摩龙王……便化作三十六头象，一一头化作六牙……往至天帝释所，在前住。尔时天帝释，整衣服，著冠帻，蹈龙王肩上，坐其顶上，两边各有十六小王侍坐，天帝释便往至粗坚园观中（《起世因本经〔卷七〕三十三天品》或《起世经〔卷七〕三十三天品》俱作"龙象王"《长阿含经·中世记经·忉利天品》所记与此同。《正法念处经·畜生品》作六头白象，《大宝积经·广博仙人会》作伊跋罗象）。

日本高野山真别处圆通寺藏的《图像抄》和《别尊杂记》内十二天中的帝释天像，也都是乘白象的，那么，云冈第五〇窟顶乘象的人，应当是八部中的忉利天主帝释天了。

不过也要认识到，既然这个象是龙王变的，有帝释天的乘骑，也可能就直接刻画出龙的形象。龙门火烧洞（四至一一二号窟）门外的骑龙天人，就有可能是帝释天了。

《杂阿含经》卷四〇，又有帝释天驾千马之车的记载：

> 释提桓因（帝释天）欲入园观时，勅其御者，令严驾千马之车，诣于园观。御者奉勅，即严驾千马之车。

从以上各文献来看，帝释天的乘骑有三：1. 龙变的龙象、2. 龙、3. 千马。龙象与龙的名称，即伊罗钵、伊罗摩、伊罗婆那三种不同的译名。但不管怎样，帝释天的乘骑，与龙、象的关系最大。所以云冈、莫高窟、龙门的诸天乘骑中，多骑象，骑龙；骑马的就比较少了。

其他经、抄，也曾记其余诸天有各种乘骑。《正法念处经〔卷二五〕观天品》中说：

> 复次比丘，观天帝释，第二园林……第一天子，或有乘马，或有乘鹅，或有乘空，或有地行，或有伎乐，或作歌音，围绕帝释，向游戏处。八万四千龙象，金网复身，宝铃庄严，柔软缯褥，以复象上……第一胜天，乘此龙象，瞻仰帝释，前后围绕，诣游戏处，（同书卷三一记有诸天乘孔雀、天鸟者；卷三八记夜摩天等诸天有乘鹅、鸭、鸳鸯和共命鸟者。尚记有乘树、花等等）。

又《别尊杂记》卷五五曾把十二天的肤色、骑乘等形象作了记载，并附有图（图略）。即：

帝　　释：身金色，乘白象；

火　　天：身赤肉色，乘青羊；

焰　摩　天：身赤黑色，乘水牛；

罗　刹　天：身赤肉色，乘白师子；

水　　天：浅绿色，乘龟；

风　　天：紫云色，乘獐；

毗沙门天：身金色，乘二鬼上；

伊舍那天：浅青肉色，乘黄丰牛；

梵　　天：肉色，乘三鹅王；

地　　天：肉色，住云中；

日　　天：乘车辂，驾赤五马（按有乘车辂驾七马和驾五马无车辂两图）；

月　　天：赤发，乘三鹅（按有乘三鹅和乘五鹅两图）。

这与《图像抄》卷九中集有十二天的形象及其乘骑完全相同。这些诸天的乘骑，虽然很多，但总体来看，与以上经文中所记大体上尚属一致。

此外释尊在金刚座上降魔时，魔王曾把魔界中与诸天类似的神将引来，与佛相斗。这些神将的乘骑，是什么样子呢？请看以下的经文吧！《佛本行经〔卷三〕降魔品》中说：

> 魔王发意念兵众，大呼彻天尽魔界。即会若干无数形，甚可恐畏动天地。……三十二头名阿乐，是天帝释所乘象，化身千目被珠铠，手执金刚千楞杵。释从无数可畏天，象兵八亿相随来，……是至水神名和仑，卷地而来曳诸山，……驾千师子众宝精，乘琉璃车色如日。与无数亿相叉神，毗沙门军如暴水。无泣咸怒及仙时，雨立日月风火神……是大天神无央数，乘车象龙及驾虎，车驾千马千师子，或复有以千虎驾，或复有驾雁孔雀，驾驴骆驼特牛牸，或驾云车乘山树，或有乘龙咂毒蛇……

于此可见诸天的乘骑被描绘利用各种生物，甚至把植物中的山树，也当作了乘骑。这还有另一种意义。在经文中，有的记载，各样鸟兽，事实上是驾着诸天宫殿的，那就是以鸟兽等作为宫殿的基础了。《正法念处经·观天品》中记：

> 天后舍脂，乘千辐轮七宝之殿……驾百千鹅，阎浮檀金为身，珊瑚为足，赤宝为目，赤莲华宝，以为其身；珊瑚为嘴，珍珠为翅，以驾其殿。

> 是时天子，见天众来，或乘金殿，或在地行，或乘鹅殿，有与天女，歌舞戏笑，向游戏林……善法堂上，一切天众，闻天王敕，乘种种殿：若乘金殿……金色鸟殿，出众妙音；或有马殿，其行速疾……

从这两段经文中，可以看出，在诸天的乘骑中，奇异的鸟兽，固然是人间所没有的。可是还不足以说明天上的奥妙。因而在诸天集会时的仆乘，除有特殊的鸟兽外，还有了以鸟兽驾起的宫殿。这样就把神妙的天，形容成更为神妙了。

根据以上各文献记载，清楚可见云冈、莫高窟、龙门各窟中的鸟兽乘骑造像，是八部护法中诸天的形象。因在佛典中所描绘三界的天，尽管是类似人的生活；但这毕竟要有超出人间范围以外的。因而既有一般的乘骑，如象马；又有特殊的乘骑，如狮虎鹅鸟孔雀等等。

至于莫高窟第二五七窟北壁中的壁画，由象到龙的诸天仆乘，都是几只鸟，或是几头兽。这样形象，与《佛本行经·降魔品》的记载，是相当吻合的。当然也可能是根据《正法念处经》所记诸天集会时所乘的鸟兽殿而创造出来的了。

三 "乘象降胎"与"逾城出家"

石窟造像中，刻有菩萨骑象和骑马相对的一种题材。研究石窟艺术的人们，大多认为骑象的是普贤，骑马的还没有明确的解释。根据最近全国石窟艺术的调查，唐或唐以后的石窟造像中，有骑象的普贤与骑狮子的文殊，作为佛的夹侍而出现的①。敦煌莫高窟第六一窟（北宋），又单独塑制出可能是骑狮子的文殊为主尊的形象②。可是唐以前的石窟中，全国各地还没有看到哪里有骑象的普贤与骑狮子的文殊相对而刻出的。云冈北魏第三期（延昌以后）石窟，敦煌莫高窟隋和唐初的石窟，倒是有骑象的与骑马的菩萨相对而刻画出的体例。

云冈石窟刻出骑象与骑马菩萨的，有以下各窟：

第五窟附一号窟　　南壁门东上层有骑象菩萨，头上有伞盖，前有击细腰鼓，吹排箫、笛，击腰鼓的四个伎乐人。最后还有一合掌作礼的人。门西上层有骑马菩萨，后面有人持着伞盖，下面有四人捧着马腿（图五）。

第五窟附二号窟　　南壁门东西两侧上层有骑象、骑马二菩萨，已剥落看不清楚了。

上层二号窟　　南壁门内的东西上角。

上层六号窟　　南壁门内的东西上角。

第三五窟　　明窗东西两侧有骑马、骑象菩萨。

第四五窟　　西壁大龛龛外南上角为骑马菩萨，后面一人持着伞盖。北上角可能为骑象菩萨，但已风化难辨了。

第五〇窟　　北壁下层，正中空白的左右刻"寻橦"式的"倒立伎"、"寻橦"外，东为骑象菩萨，西为骑马菩萨。

第四八窟　　东壁大龛：南上角，刻一座房子，一女人卧于房内床上，房外有一奔驰的象，骑象的人抱一小儿。北上角不是骑马的逾城出家图，而是二龙浴太子的形象。敦煌莫高窟，画出有骑象菩萨与骑马菩萨的，有以下各窟：

第二七八窟（隋）　　西壁大龛外左右上角，有乘象与乘马的图。乘象菩萨，右手抱小孩，前面有抱箜篌、抱琵琶的二伎乐人，象足下踏有莲花。乘马的菩萨，前后画紧那罗的形象，下面画四个人捧着马腿。

第二八三窟（隋）　　西壁大龛外，北上角画骑象的菩萨，象牙上翘，托着两个伎乐人；一个抱着曲颈琵琶，一个模糊不能辨识。象的后面，有抱箜篌、琵琶的两个伎乐人。南上角画骑马的菩萨，后面好像画一个沙门，下面画四个人捧着马腿。

---

①　根据中国佛教协会1961～1962年全国石窟的调查，骑狮文殊与骑象普贤二菩萨，作为佛夹侍而出现的，最早见于莫高窟（初唐）第三三一号窟西壁大龛外上层南有文殊、北有普贤的壁画；第三四〇号窟西壁大龛外南上层亦有文殊骑狮，北上层有普贤骑象的壁画。龙门石窟奉先寺的北边上层第三～三八六号窟（盛唐）窟门外左右也刻有文殊骑狮与普贤骑象的像。天龙山第九窟（五代）下层大像：正中为观世音菩萨，西为文殊骑狮，东为普贤骑象三像。

②　莫高窟第六一号窟，是北宋初开凿的。文殊像原塑在窟正中的方形低坛基后面通向窟顶的背屏，屏前的塑像早已全毁，但在背屏的上面，仍残存一狮尾，屏后西壁的全壁上画有五台山图。五台山是文殊菩萨应真圣地，结合残存的狮尾来推测，这坛上所塑的主像，可能是骑狮子的文殊菩萨。

第二〇九窟（隋唐间） 窟顶西正中画一坐佛与伎乐，下层南北两边画骑象与骑马的菩萨。

第三七五窟（隋唐间） 西壁大龛外南北上角画骑象与骑马的菩萨。

第五七、第三二二窟（初唐） 西壁大龛外，南北上角，画骑象与骑马的菩萨。

第三二九窟（初唐） 西壁大龛内，背光的南北上角画骑马与骑象菩萨。

这两种题材虽然简单，但菩萨骑马，多不能辨识。菩萨骑象，有人认为是普贤菩萨。根据全国各地石窟的造像，从唐代以来，佛两旁的夹侍菩萨，如果一面是骑象的普贤，另一面就应是骑狮子的文殊了，可是上述骑象的另一面却不是文殊骑狮子，而是骑马的菩萨。因而这两种造像的题材，就有探讨的必要了。

要讨论这两种造像题材，首先要了解普贤的形象是什么样？据经论所记，普贤可能有两种形象：一是单独的，一是与文殊相对的。《法华经·劝发品》说普贤单独出现的情况云：

> 尔时普贤菩萨白佛言："世尊，于后五百岁，……其有受持……读诵此经（指《法华经》），我尔时乘六牙白象王，与大菩萨众，俱诣其所，而自现身，供养守护，安慰其心"（《佛说观普贤菩萨行法经》所记略同）。

《法苑殊林·普贤验》说南朝"宋路昭太后，大明四年造普贤菩萨乘宝与白象，安于中兴禅房"。这证明在那时就有普贤的单独造像。但在石窟早期造像中尚未见到单独的普贤像。

至于骑象的普贤与骑狮子的文殊，相对造出的题材，应当与唐代"华严宗"的盛行，有直接的关系。在《宋高僧传〔卷五〕澄观传》中，曾记集华严学说大成的清凉大师说：

> 因慨华严旧疏，文繁义约，慨然长想：况文殊主智，普贤主理，二圣合为毗卢遮那，万行兼通，即是华严之义也。吾既游普贤之境界，泊妙吉之乡原，不疏毗卢，有辜二圣矣。

澄观在《华严经疏》卷四九也说"以文殊大智为能显，普贤法界为所显，共成毗卢遮那之出现故，亦是解行满故佛出现也。"法云《翻译名义集》卷一述"三圣圆融观"时："然此二圣，各相融摄，……又二圣亦互相融，二而不二没同果海即是毗卢遮那，是为三圣，故此菩萨常为一对。"可见由于唐代华严宗的盛行，这就直接影响了造像，以毗卢舍那佛为中心，以文殊、普贤为夹侍的题材，出现了骑狮子的文殊与骑象的普贤。但依据经论所记而雕造的普贤形象，与云冈、莫高窟各窟中的骑象菩萨、骑马菩萨相对刻画出的形象，有所不同。因这两幅形象，既非单独创造一个骑象的菩萨，亦非对称着骑狮子的文殊，而是另一菩萨骑马。因而骑象与骑马两形象相对称的这种题材根据，须从另一方面去找。以云冈各窟造像的题材来看，主要是以佛为中心的各样佛像，辅弼佛的菩萨与罗汉像，其次是翊卫佛的护法像，另外就是以整个故事为中心的佛本生与佛本行的故事像。假如从佛本行故事中去找，就可找出这当是补处菩萨下生"乘象降胎"，与悉达太子"逾城出家"相对称的故事图。

关于菩萨乘象降胎的故事，见于许多的译经中，其中主要的，如后汉西域三藏竺大力共康孟详译的《修行本起经〔卷上〕菩萨降身品》中记：

> 于是能仁菩萨，化乘白象，来就母胎。用四月八日，夫人沐浴，涂香衣毕，小如安身，梦见空中有乘白象，光明悉照天下。弹琴鼓乐，弦歌之声，散花烧香，来诣我上，忽然不现。夫人惊寤，王即问曰："何故惊动？"夫人言："向于梦中，见乘白象者，空中飞来，弹琴鼓乐……忽然不现，是以惊觉。"（《太子瑞应本起经》、《过去现在因果经》《佛本行经》所记同）

可是《普曜经》、《佛本行集经》、《方广大庄严经》等三部经，都把菩萨托母胎的故事，译作菩萨化作白象托母胎。这种相异的说法，可能是原梵本中就有所不同。但是在印度佛教造像中[①]，在我国石窟艺术中，都是用了菩萨乘象的体例，而云冈第四八窟、莫高窟第二七八号隋代窟的造像与壁画中，艺术家用了夸张的手法，甚至刻画出乘象菩萨，抱着小孩作投胎的形状。

根据上述诸经所记，我们认为云冈各窟，与莫高窟隋、唐之际窟中，前有伎乐、上有伞盖的骑象菩萨，与经中所记从兜率下降托胎的菩萨情节相同。当然给我们最大的证据，是骑象菩萨对称着的，不是骑狮子的文殊而是骑马的菩萨。莫高窟第二七八号隋窟中所画的同样的两种题材，在骑象菩萨右手上，又抱着个小孩，这更证明了普贤菩萨是不可能有这样形象的。所以这幅骑象的菩萨，不是普贤，而应是释迦牟尼从兜率天下降将托摩耶夫人母胎时的故事形象。

与"乘象降胎"相对着的菩萨骑马，应是"逾城出家"图。这也见于以上的各经。在《修行本起经〔卷下〕出家品》中记：

> 是时太子……至年十九，四月七日，誓欲出家，至夜半后，明星出时……于是被马讫，骞特自念言，今当足踏地，感动中外人，四神接举足，令脚不着地……太子即上马，出行诣城门。诸天龙神，释梵四天，皆乐导从，盖于虚空……于是城门，自然便开，出门飞去〔《太子瑞应本起经》、《普曜经·出家品》、《佛所行赞·出城品》，所记与此大致相同〕。

《过去现在因果经》（卷二）对太子出家的事，记有帝释天执伞侍从，经中说：

> 尔时太子……师子吼言，过去诸佛，出家之法，我今亦然。于是诸天，捧马四足，并接车匿，释提桓因执盖随从……太子于是从门而出，虚空诸天，赞叹而随。

---

① 思溪大藏经本《法显传》："白净王故宫处，作太子母形象，乃太子乘白象入母胎时。"

这就确定了石窟造像中，逾城出家的形象是菩萨骑马。马的四足，由四天神托起，帝释天又执着伞盖，侍从在后面。无论云冈各窟，或莫高窟隋唐之际的各窟的造像，与"乘象降胎"相对的，完全是菩萨骑马——"逾城出家"的形象。其所以把这两种故事刻画出来，是由于在释迦本行中的降胎、出家等两个阶段，是成为佛陀的主要转折点，因而把这两段的故事，单独雕造或绘画出来的意义，是十分重大的。

综合以上各经论关于"乘象降胎"、"逾城出家"的故事的记载，与这两幅造像的形象相比较，是完全符合的。再根据全窟群造像的题材来看，佛本行故事刻画的相当多。如果从解释为佛本行故事看，就解决了骑马菩萨的名称。因而我们觉得这两幅图，解释为"乘象降胎"与"逾城出家"，是比较合适的。

（摘自《现代佛学》1963 年第 2 期）

图 1

图 2

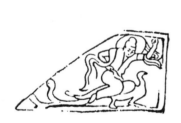

图 3

图 4

图 5

云冈石窟分期试论

宿　白

　　云冈石窟位在山西大同旧城西 15 公里的十里河（武州川）北岸的山崖面上，东西连续约 1 公里。石窟的绝大部分，都是北魏中后期雕造的。按石窟形制、造像内容和样式的发展，可分三期。

　　太武帝（424～452）晚期，阶级矛盾和民族矛盾日益尖锐，北魏的统治开始衰弱。文成帝（452～465）继位，马上颁布恢复佛教的诏书，诏书中特别强调佛教"助王政之禁律，益仁智之善性，排斥群邪，开演正觉"①。恢复佛教是为了维持北魏政权，这是极为清楚的。接着，文成帝就"诏有司为石像，令如帝身。既成，颜上足下各有黑石，冥同帝体上下黑子"。兴光元年（454）秋，又敕有司在京师（平城，即今大同）"五级大寺内，为太祖已下五帝（即道武帝、明元帝、太武帝、景穆帝和文成帝自己②）铸释迦立像五，各长一丈六尺"。文成帝以其帝王形象为蓝本雕造佛像，一方面为了祈求他们自身的安全和冥福；更重要的另一方面，显然是在继续利用太武废佛（446）以前，佛教徒宣扬皇帝"即是当今如来"的欺骗手段，妄图借此缓和人民的反抗。公元460 年，云冈石窟开始雕凿。《魏书·释老志》记录了开始凿窟时的情况：和平初"昙曜白帝，于京城西武州塞，凿山石壁，开窟五所，镌建佛像各一，高者七十尺，次六十

---

　　①　引自《魏书·释老志》，以下引文凡未注明出处的，皆引自此书。

　　②　此据《魏书·礼志》一："（太和十五年［491］）四月，经始明堂，改营太庙。诏曰……烈祖（道武）有创基之功，世祖（太武）有开拓之德，宜为祖宗，百世不迁。而远祖平文，功未多于昭成，然庙号为太祖；道武建业之勋，高于平文，庙号为烈祖。比功校德，以为未允。朕今奉尊道武为太祖，舆显祖为二祧，余者以次而迁"所推测。按文成帝时的五帝，据《魏书·儒林·孙惠蔚传》："（太和）二十二年（498）……先是，七庙以平文为太祖，高祖议定祖宗，以道武为太祖。祖宗虽定，然昭穆未改。及高祖崩，祔神主于庙，时侍中崔光兼太常卿，以太祖既改，昭穆以次而易……惠蔚曰：此深得礼变。寻以书以与光，赞明其事"，似应从平文始，即平文、昭成、道武、明元、太武，既不及景穆，更不及文成本人。然就魏收《魏书》全书体例，凡书太祖俱指道武，因疑《释老志》所记"太祖已下五帝"的太祖，已因孝文之诏改为道武的庙号。

尺，雕饰奇伟，冠于一世"。这五座佛像，当是前不久五级大寺铸像事件的一次重复。这次重复的工程远比五级大寺为巨大，反映了以文成帝为代表的日益虚弱的北魏统治集团，求助于宗教的需要更加迫切了。昙曜为皇室所开的五所洞窟——"昙曜五窟"，即今云冈石窟中的16～20窟。这是云冈的第一期石窟。

第一期石窟，在形制上的特点是：各窟大体上都摹拟椭圆形平面、穹隆顶的草庐形式；造像主要是三世佛（过去佛、当今佛和未来佛）①和千佛；主像形体高大，占据了窟内面积的大部分。从主像内容和石窟布局上观察，五窟还可细分为两组。

18、19、20 三窟为一组。都是以佛装的三世佛为主像，左右两主像分处在左右胁洞的19窟，是这一组的中心窟。这一组石窟在云冈石窟中开凿的时间最早，但19窟胁洞的主要工程一直拖到第二期。这组最早的石窟布局紧凑，形象造型雄伟，佛像服装或右袒，或通肩；衣纹流行仿毛质厚衣料而出现的凸起的式样。总之，从窟的整体安排到各种形象及其细部的雕刻技艺，水平都很高，这决不会都是北魏恢复佛教后不久就能够突然产生的，至少要有较多部分当是公元446年废佛以前情况的继续。因此，这一组石窟及其造像的各种特点，当与前一时期特征应有较密切的联系。

16、17 两窟是一组。17窟主像也是三世佛，但当中的大像是菩萨装的未来佛弥勒交脚像。16窟主像是单一的释迦立像。如以当时在平城五级大寺为自太祖以下五帝各铸一佛像为准，来考虑从西20、19、18 这一组石窟起顺序分配自太祖以下五帝，这处在东头第二窟当中主像是交脚弥勒的17窟，应相当于没有即位就死去了的景穆帝；最东的主像是16窟中单一的释迦像，它应相当于当时在位的文成帝。后两帝与前三帝情况不同，因而16、17窟的主像也与18、19、20窟有别。16、17窟除了在主像内容上和18、19、20窟不完全相同外，在施工计划上也有差别，18、20和19的主窟，基本上按原计划全部完成，而16、17两窟壁面都有较多的第二期甚至第三期补刻的小型佛龛（以下简称小龛），16窟的主像工程更拖到第二期的晚期才告竣（表一）②。

文成帝恢复佛教后，昙曜为皇室造窟，选择三世佛作为主要题材，除了上述政治原因外，同时也有意地针对废佛前流传胡本无佛，"皆是前世汉人无赖子弟……接乞胡之诞言，用老庄之虚假，附而益之，皆非真实"的言论，而大力宣传佛教源远流长，所

----

① 参看刘慧达《北魏石窟中的"三佛"》，刊《考古学报》1958年4期。

② 佛教来自西方，故早期建佛寺多选地在都市之西。《魏书·释老志》记"魏明帝曾欲坏宫西佛图"，知曹魏先建佛图于宫之西。北凉沙门智嵩。"以戒自誓，遂饿死于酒泉西山。"献文"建鹿野佛图于苑之西山"。又北魏旧俗亦重西方，如《魏书·礼志》一所记。"天兴元年（398），定都平城，即皇帝位……祀天之礼用周典，以夏四月亲祀于西郊……天赐二年（405）夏四月，复祀天于西郊……执酒七人西向，以酒洒天神主，复拜，如此者七，礼毕而返。自是之后，岁一祭"，结合"昙曜白帝，于京城西武州塞，凿山石壁，开窟五所"（《魏书·释老志》）内的佛像形制，推测此五窟开凿，系自最西之20窟开始，依次而东，16窟完工最迟。因此，五窟与五帝相配，亦应自西循序向东。此种排列方式，当与中原传统之庙堂昭穆次序有别。

谓"释迦前有六佛（过去佛），释迦继六佛而成道，处今贤劫（当今佛），文言将来有弥勒佛（未来佛），方继释迦而降世。"昙曜这后一目的，是和他在 462～472 年间，在云冈一再翻译自三世佛开始的佛教历史《付法藏传》的工作相配合的。另外，我们还应注意，北魏佛教特重禅法[①]，太武废佛之前，凉州高僧玄高"即达平城，大流禅化，伪太子拓跋晃事高为师"。昙曜也向"以禅业见称"（均见《高僧传·玄高传》），而第一期石窟中的三世佛、释迦、弥勒和千佛，又都是一般习禅僧人谛观的主要形象，因此，昙曜设计的这批最早的云冈石窟，也兼有广聚沙门同修定法的目的。

表一

窟號	20	19	18	17	16
平面形式					
主要造像	— ｜｜	主窟 — 東脅洞 ≃ 西脅洞 ≃	｜ ｜｜	× ｜—	｜ — —

图例　— 坐佛　｜立佛　≃ 倚坐佛　× 交脚弥勒

公元 465 年，文成帝死后，各族人民不断起义。471 年孝文帝即位后，青齐一带起义规模越来越大，北魏皇室、贵族崇佛祈福也愈演愈厉，这时云冈连续开凿成组的大窟，如实地反映了北魏统治集团对自身安全的极端忧虑。这一阶段，即云冈石窟的第二期。其具体时间，大约自文成帝以后以迄太和十八年（494）迁都洛阳前的孝文帝时期，即 465～494 年。北魏云冈，以此阶段为最盛。《水经注·灅水》："武州川水又东南流，水侧有石祇洹舍并诸窟室，比丘尼所居也。其水又东转迳灵岩南，凿石开山，因岩结构，真容巨壮，世法所希，山堂水殿，烟寺相望"，应该就是从这一期晚期迄第三期开始时的云冈情景。

云冈第二期的主要石窟有五组：7、8 窟，9、10 窟，5、6 窟，1、2 窟，这四组都是"双窟"；另一组三个窟，即 11、12、13 窟（图 1）。此外，云冈最大的石窟第 3 窟内外北魏时的主要工程，也是在这个时期进行的。11 窟外崖面上的小窟和 20 窟以西的个别中小窟，也有的是这个时期晚期开凿的。

---

① 参看汤用彤：《汉魏两晋南北朝佛教史》下册第十四章《佛教之北统》、第十九章《北方之禅法净土与戒律》，1955 年。

　　第二期石窟，在形制上的特点是：平面多方形，多具前后室，但也有个别的类似第一期椭圆形平面的草庐形式；有的窟内中部立塔柱；还有的在后壁开凿隧道式的礼拜道；方形平面窟的壁面雕刻都作上下分层、左右分段的布局，窟顶多雕出平棊。在造像方面，像第一期那样的大像稀少了，造型远不如过去的雄伟，但形象的题材多样化。流行雕出世俗的供养人行列；凸起式的衣纹，逐渐被简化的断面作阶梯式的衣纹所代替。与第一期比较，引人注目的是，汉魏以来分层分段附有榜题的壁面布局、汉式传统的建筑形式及其装饰，日益增多；佛像的服装，在第二期晚期也换上了新型的褒衣博带式的样式。外来的佛教石窟艺术，在北中国，就是在这个时期，较显著地开始了逐渐东方化①。

　　此外，这一期还出现利用已开凿的石窟壁面，雕造小龛的做法。

　　7、8 窟双窟，是第二期石窟中最早的一组，大约完成在孝文帝初期。据金皇统七年（1147）《大金西京武州山重修大石窟寺碑》②的记载推测，这组双窟是孝文帝所开，辽时即以此为主体兴建了护国寺③。以后室后壁上下大龛为准，两窟上龛的主像都是三世佛，不过这里三世佛的式样，比昙曜五窟复杂得多，交脚菩萨装的形象似乎不限于未来佛弥勒；尤其别致的是，7 窟下龛主像中出现了被作为过去佛而安排的释迦多宝对坐像。两窟都突出了释迦，所以前后室壁面分层分段大面积的布置了本生故事浮雕和表现佛传的佛龛。此外，佛装的交脚弥勒、维摩和文殊、护法诸天和较多的供养天人以及布满壁面的千佛和大型的供养人行列等，都最早出现在这组双窟里。两窟前室露天，原应覆有屋顶。

　　9、10 窟为双窟，在第二期中略晚于上述的 7、8 窟。根据前引的《金碑》，大致可以推定它是孝文帝初期宠阉钳耳庆时于"太和八年（484）建，十三年（489）毕"工的石窟。辽代在这里兴建了崇福寺④。两窟中，9 窟主像是释迦，10 窟主像是弥勒。这是云冈第二期出现的新的主像组合。壁面布置了较多的释迦多宝对坐像，也是这组石窟的突出之点。9 窟明窗东西壁出现坐莲菩萨和骑象普贤。形制装饰方面，隧道式的右旋礼拜通道，汉式建筑传统的龛饰和中亚、西亚一带流行的繁缛的植物花纹，在云冈都以 9、10 窟出现得最早。

　　5、6 窟这组双窟的主像都是三世佛。6 窟内正中雕塔柱，塔柱下层四面大龛中，南

---

　　①　同样情况也反映在敦煌莫高窟北魏石窟中。如分层分段附有榜题的壁面布局和汉式传统的建筑装饰，见于莫高窟 251、254、257、259、275 等窟。275 窟中尚画有世俗的供养人行列。

　　②　此碑久佚。1947 年在北京大学图书馆所藏缪荃孙传抄的《永乐大典》卷四六五〇《顺天府》七引元熊自得《析津志》中重新发现该碑碑文。参看收入本论文集的《〈大金西京武州山重修大石窟寺碑〉校注》。

　　③　参看《〈大金西京武州山重修大石窟寺碑〉校注》一文中的注六。

　　④　参看《〈大金西京武州山重修大石窟寺碑〉校注》一文中的注七、注八。

龛雕坐佛像，西龛雕倚坐佛像，北龛雕释迦多宝对坐像，东龛雕交脚弥勒像。塔柱四面·大龛的两侧和窟东、南、西三壁，雕刻三十多个内容连续的佛传故事。面对塔柱的南壁窟口上方雕维摩、释迦、文殊。6 窟全部大型佛像改变了过去的服装，都雕成了"褒衣博带"式。佛像褒衣博带是與孝文帝太和十年至十九年（486～495）的服制改变相呼应①。所以推测 6 窟竣工之时，已去太和十八年孝文迁洛不远。至于 5 窟壁面布满了没有统一布局、时间又不相同的小龛，更说明了它并未按原计划完工，这种情况当然也和孝文南迁有关。因此，5、6 窟这一组双窟的雕凿，约在孝文帝都平城的后期。两窟工程大，主像三世佛的组合与昙曜五窟的 18、20 两窟相同，特别是 6 窟，雕饰富丽在云冈称最。有的同志根据《金碑》所记推测孝文帝所凿、辽时建天宫寺的石窟，可能就是这一组②。

5、6，7、8，9、10 三组双窟，东西毗邻；三组双窟窟前外壁左右两侧又都雕镂高塔，这些都是说明它们时间接近的最好迹象。5、6，7、8 两组采用同一的双塔一碑的窟前设计（两组石窟的中间隔壁的前端，都雕出下具龟趺的丰碑）③，都出现释迦多宝对坐和维摩、文殊的形象，这种情况，正和孝文帝时，北魏开始重视义行僧人，注意宣讲《法华》、《维摩》两经的历史背景相符合，这些似乎也都给 5、6，7、8 两组双窟同是孝文开凿的推测，增添了论据。9、10 窟双塔间并列六楹，正中和东西两端的楹柱雕造狮、象承负山岳的形象，其余四楹雕象承负千佛柱，楹柱所雕的山岳和 10 窟前室后壁中雕镂的须弥山相配合，使 9、10 这组双窟中的须弥山形象极为突出。须弥山是卫护释迦的帝释天所居之地。突出这样的题材，也似乎和开窟人，作为卫护皇室宠阉的钳耳庆时的身份相符合。

11、12、13 三窟是一组，具前后室的 12 窟是中心窟。12 窟口外部上凿屋檐，前列两楹，洞开三门④，后室入口上雕明窗。两侧的 11、13 两窟则于窟门上各雕一明窗，显然是为了 12 窟布置左右对称的立面构图而有意安排的。12 窟主像在后室后壁，分上

---

① 太和十年（486）"帝始服衮冕，……以法服御辇祀于西郊"（《魏书·高祖纪》下）。"（太和）十年四月，帝初以法服御辇，祀于西郊……（太和十五年十一月）帝衮冕辞太和庙，之太庙，百官陪从"（《魏书·礼志》一）。太和十六年"诏罢祖裸（祖裸）"之俗，十八年"革衣服之制"（《魏书·高祖纪》下）。云冈褒衣博带装束的佛像，有纪年铭文可考的最早实例是 11 窟上方太和十三年（489）铭释迦多宝龛。着右袒大衣的佛像，有纪年铭文可考的最晚实例是 17 窟明窗束侧的释迦多宝弥勒三像龛，龛铭纪年也恰是太和十三年。这个巧合，可以说明太和十三年应是这两种服制的交替时期。6 窟佛像既已全部褒衣博带，表明该窟的竣工，应在太和十三年之后。

② 见金维诺：《中国美术史稿》，未刊。

③ 此龟趺丰碑崩毁剥蚀，已失原态。《魏书·释老志》："景明初（500），世宗诏大长秋卿白整准代京灵岩寺石窟，于洛南伊阙山，为高祖（即孝文帝），文昭皇太后营石窟二所"。此二所石窟即今洛阳龙门石窟的宾阳洞和宾阳南洞。宾阳洞和宾阳南洞间的隔壁前端，镂有下具龟趺的大碑，这应是沿云冈孝文帝石窟，即 5、6，7、8 两组石窟的旧制。关于龙门宾阳二洞的龟趺大碑，看王去非：《关于龙门石窟的几种新发现及其有关问题》，刊《文物参考资料》1955 年 2 期。

④ 参看云冈石窟文物保管所等：《云冈石窟建筑遗迹的新发现》，刊《文物》1976 年 4 期。

下龛，上龛为弥勒，下龛为释迦多宝。同样组合还出现在这一窟的前室东壁上。此窟造像服饰、风格和窟前立面，都与9、10窟接近。11窟中立方柱，方柱四面各雕上下龛，除南面上龛为弥勒外，都是释迦立像。下龛佛像经过后世修补，上龛佛像造型清瘦，已接近第三期流行的式样。窟东壁有太和七年（483）铭小龛。西壁有太和二十年（496）铭小龛。西壁中部的七佛立像，是新出现的题材，其褒衣博带的装束和6窟相似。以上情况，说明11窟的开凿年代接近9、10窟，但直到6窟完工时，此窟的中心方柱和壁上小龛还在补雕。13窟主像是弥勒，南壁有与11窟相似的七佛立像。此窟小龛也同11窟，延续的时间很长。11、12、13这一组石窟，看来，只有中心窟的12窟按原计划完成，11、13两窟大约在开凿不久即停止原计划，之后陆续雕凿了不少无统一安排的小龛（表二）。

表二

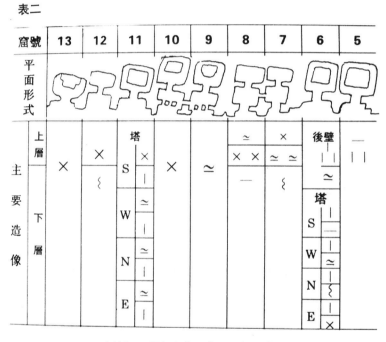

图例　〈释迦多宝，其他图例见表一

1、2窟是一组塔洞。窟后壁的主像，1窟是弥勒，2窟是释迦。1窟塔四面都雕出上下层：上下层的佛像，除东西两面上层雕弥勒、北面下层蚀毁不辨外；都雕释迦。2窟塔四面都雕上中下三层：南面下层雕释迦多宝，中上两层则雕镌组合不同的三世佛，上层三世佛当中的是弥勒；其他三面各层除西面中层雕弥勒及其胁侍外，也都雕镌组合不同的三世佛，北面上层三世佛当中的形象是弥勒。两窟南壁窟口两侧都雕出较显著的维摩文殊对坐问答像。1、2窟造像样式和风格较5、6窟为早，雕凿的时间应在9、10窟和5、6窟之间（表三）。

3窟原为大型塔洞设计，从窟前立面上雕左右明窗、下列左右窟口及前方上部两侧各竖一塔的布局，与5、6，7、8两组双窟相似这一点推测，此窟的开凿时间应在第二

表三

窟號	平面形式	主要造像											
		後壁	S 上	S 中	S 下	W 上	W 中	W 下	N 上	N 中	N 下	E 上	E 中	E 下
1	（平面圖）	×	—		—	×	—	—				×		—
2	（平面圖 2 1）	—	-×-	≃-≃	｛	---	↑×↑	｜-｜	-×-	-≃-	｜-｜	---	---	---

图例　↑↑思惟菩萨，其他图例见表一、二

期。但终北魏一代内部工程迄未完成。唐初利用未完工的塔身南面西侧开凿了倚坐大佛及其胁侍①，《金碑》所记唐以来的灵岩寺，大概就在这里②。3 窟前方上部双塔间，凿一窟口南向的矩形窟室，室内主像为弥勒，壁面满雕千佛，东西两壁千佛中现释迦坐像龛。此弥勒窟室，应是 3 窟的一部分，室内雕像的形制，约属第二期的后半（图 2）。

雕造在已开凿的石窟壁面上的小龛，集中在 11、13 和 16、17 等窟中。这种小龛数量很多：有单像龛；有并列像龛；还有重层的像龛。龛中的形象，初步归纳，其主要内容如表四。

第二期石窟和龛像的急剧增多，反映了文成帝以后孝文迁洛之前这一阶段，佛教在北魏统治集团的提倡下，发展迅速。《大唐内典录》卷四记"恒安郊西谷东石碑具在，其碑略云，自魏国所统赆赋，并成石窟"事，主要应是指这一期的情况。第二期窟龛的现存铭记，除皇室外，还有官吏（如《金碑》所记的钳耳庆时）、上层僧尼（如 17 窟造三像龛的比丘尼惠定）和在俗的邑善信士（如 11 窟造石庙形象九十五区的邑善信士五十四人）等，表明这时云冈已不限于皇室开窟；窟龛的造像内容，进一步说明云冈这时已成了北魏京城附近佛教徒的重要宗教活动的场所。如果说云冈第一期造像作为僧人禅观的对象还不甚明确的话，第二期窟龛的形象就十分清楚了。特别是在面积较小的范围内，把主要佛像集中起来的小龛的形象，表明禅观这个宗教目的尤其明显。这时

① 参看《〈大金西京武州山重修大石窟寺碑〉校注》注二七。
② 参看《〈大金西京武州山重修大石窟寺碑〉校注》注一三。

表四

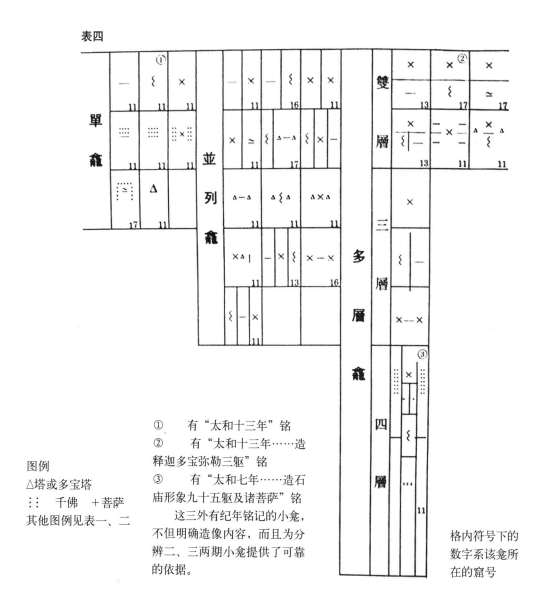

图例
△塔或多宝塔
∷　千佛　＋菩萨
其他图例见表一、二

①　　有"太和十三年"铭
②　　有"太和十三年……造
释迦多宝弥勒三躯"铭
③　　有"太和七年……造石
庙形象九十五躯及诸菩萨"铭
　　这三外有纪年铭记的小龛，
不但明确造像内容，而且为分
辨二、三两期小龛提供了可靠
的依据。

格内符号下的
数字系该龛所
在的窟号

窟龛不仅继续雕造禅观的主要佛像，如三世佛、释迦、弥勒和千佛，并且雕出更多的禅
观时所需要的辅助形象，如本生、佛传、七佛和普贤菩萨以及供养天人等，甚至还按禅
观要求，把有关形象联缀起来，如上龛弥勒，下龛释迦。这种联缀的形象，反映在释迦
多宝弥勒三像组合和流行释迦多宝对坐及多宝塔上，极为明显。这样安排，正是当时流
行的修持"法华三昧观"时所必要的①。可能是"东头僧寺，恒供千人"（《续高僧
传·昙曜传》）的第3窟，有人怀疑它是昙曜雕凿的大型禅窟，这个怀疑，由于3窟上
部发现了弥勒窟室，有了更有力的佐证。坐禅入定，急需"次后作佛。（《妙法莲花

---

①　法华三昧观的具体情况，见《妙法莲花经·见宝塔品》、《思惟略要法·法华三昧观法》。

经·从地涌出品》）的弥勒决疑，以求往生包括兜率天在内的佛国净土。下边开凿巨大的禅窟，上部单独雕出一个弥勒形象，显然是为了禅观的需要，因此，在这一期石窟主像的布置上，交脚菩萨装的弥勒就取得了越来越重要的地位：

7、8一组，交脚弥勒尚在三世佛的组合之中。

9、10，1、2两组，弥勒就和释迦分别为双窟中一窟的主像；11、12、13一组，就和释迦（或释迦多宝）分别成了上下龛的主像；在不少小龛中，弥勒也和释迦成了并列和上下龛的关系。

到了3窟，弥勒就独占上室，成为北魏时期3窟中唯一的大型佛像；11窟的小龛中，也出现了以弥勒为主像的情况，甚至还出现了双弥勒龛。

由于石窟和禅观联系密切，这期不少窟室的窟口和明窗的两侧雕出了"树下坐禅"。推测是孝文帝兴凿的5、6，7、8两组更为突出。看来，这很可能是当时有意树立的禅定的标准形象（图3）。修禅宜僻静，"高祖（孝文帝）践位，显祖（献文帝）移御北苑……建鹿野佛图于苑中之西山。"（《魏书·释老志》），"注诚端思，仰模神影……凿仙窟以居禅，……或步林以径行，或寂坐而端宴"（《广弘明集》卷二九高允《鹿苑赋》）。佛陀禅师至魏平城，孝文帝敬之，"别设禅林，凿石为龛，结徒定念"（《续高僧传·佛陀禅师传》）。云冈环境，崖边水旁，正适禅寂。北魏统治集团自文成以后，特别在孝文时期，在云冈为佛教徒建立了一个习禅的重要地点，可以无疑。当时的习禅僧人有的是为宗教所欺骗，祈求"解脱"；但更多的是"假称入道，以避输课"；也有的是像"承明元年（476）八月，高祖（孝文帝）于（平城）永宁寺设太法供，度良家男女为僧尼者百有余人，帝为剃发，施以僧服，令修道戒，资福于显祖（献文帝）"那样，被皇室大族为了自家作功德所度舍；当然也会有像以后一些上层"僧尼辄度他人奴婢"，或是"多养亲识及他人奴婢子，年大私度为弟子"的。我们对照当时已译出的《禅经》①，结合云冈的具体条件，可以估计那时云冈集聚了不少如上所述的各种禅僧，他们自愿或不自愿地为佛教上层禅师所摆布，被强制地摒除所谓尘世欲望，着魔般地按规定顺序，就窟龛观看各种石像，然后分布于水边、树下、崖间、龛内等幽静之处，打坐苦忆所观的形象，如果苦忆不出（不能入定），就要一遍一遍地再度入窟就龛观像坐禅，实在解决不了，就得请求弥勒决疑。弥勒地位在这期不断提高，正反映了禅僧们的极端苦闷。坐禅僧人就是这样经年累月，冥思穷想，精神极度疲惫之后，于是朦朦胧胧，有若弥勒面奉，释迦现前，千佛授手，七佛见证，或是涌现宝塔，化佛遍布，恍恍惚惚，而渐入幻想中的佛国，终于神经错乱而成为统治阶级残酷统治的牺牲

---

① 当时已译出的禅经，主要有姚秦鸠摩罗什译的《坐禅三昧经》，《禅秘要法经》、《思惟略要法》，东晋佛陀跋陀译的《观佛三昧海经》和刘宋昙摩蜜多译的《五门禅经要用法》等。

品。总之，第二期石窟清楚地表明当时上自皇室以迄上层僧尼和所谓的"邑善信士"的统治阶级，浪费大量人力、物力，雕窟龛，造佛像，甚至广度僧尼为他们祈求福田饶益，而广大劳动人民则为他们输租调，服劳役，甚至被强迫出家为他们作功德。这样一幅对比鲜明的阶级压迫图画，就是第二期石窟所反映的当时北魏社会的最真实的形象。

太和十八年（494）孝文迁洛，平城仍为北都，云冈作为佛教要地尚在继续，凿窟雕龛并未少歇，尽管大型窟减少了，中小窟龛却自东迄西遍布云冈崖面，甚至向西一直延续到云冈以西 30 里外的焦山南坡①。这种迹象，说明当时北魏北部地区的阶级关系与北魏其他统治区一样，不仅未因迁都而缓和，反而更加激烈了。据《金碑》所记，云冈铭记纪年最晚的是孝明帝正光五年（524），这个记录与现存窟龛情况相符合，因此，云冈第三期的具体时间，应是公元 494～524 年。

云冈第三期主要洞窟分布在 20 窟以西。4、14、15 窟和自 11 窟以西崖面上部的小窟，还有 4 至 6 窟之间的中小窟，大都属于这一期。此外，第一、二期窟中，也多有第三期补刻的小龛。

云冈第三期有别于以前的较显著的特点是：没有成组的窟，中小窟多，布局多样的小龛遍布云冈各处。洞窟内部日益方整，塔洞、千佛洞、四壁重龛式和四壁三龛式的洞窟，是这时流行的窟式。窟口外面的崖面上出现了券面和力士等雕饰，这种雕饰愈晚愈繁缛。第二期布置在窟内的那样丰富而生动的浮雕场面，这时已很少见。个体形象中也没有出现新的式样，但造型愈来愈消瘦，衣服下部的衣纹越来越重叠。龛楣、帐饰也越来越复杂②。

由于第三期窟龛数量多，现就第三期窟中常见的四种不同类型的石窟分别选例综合叙述如下。

4 窟，4、5 窟之间的未编号塔窟和 39 窟③，都属塔洞。正中雕塔或方柱，壁面多凿千佛小龛，为其共同点。4 窟与第二期的 11 窟相似，中心方柱没有雕出塔形，柱身四面皆雕立佛像。该窟南壁窟口上方有正光纪年（520～524）的小龛，这是云冈现存最晚的北魏纪年铭记。4、5 窟之间未编号塔洞和 39 窟都镌出五层塔，塔正面第一层正中的小龛都雕释迦多宝对坐像。39 窟东西后三壁皆雕千佛，后壁千佛中现释迦多宝龛，东西壁千佛中现释迦龛（表五）。

---

　　① 参看王逊：《云冈一带勘察记》，《雁北文物勘察报告》，1951。

　　② 这一期特征有许多方面和洛阳龙门石窟中的莲花洞、石窟寺、火烧洞、魏字洞等北魏开凿的窟龛相似。

　　③ 云冈石窟 20 窟以西，即 20 窟以后的窟号，暂用水野清一等人的编号，参看《云冈石窟》第十五卷，《西方诸窟》，日本京都大学人文科学研究所，1955。

表五

39 窟平面	主要造像						四壁
	塔						
		五层	四层	三层	二层	一层	
	S	- - - - -	- - - -	× ≃ × ≃ ×	≃ × - × ≃	- ≃ ¿ ≃ -	千佛
	W	- - - - -	- - - -	↑ × - × ↑	× - ≃ - ×	- ≃ ¿ ≃ -	
	N	- - - - - ?	- - - - ?	× ≃ × ≃ ×	- × - × -	- ≃ - ≃ -	
	E	- - - - -	- - - -	↑ × - × ↑	× - ≃ - ×	- - - - -	

图例见表一、二、三

14、15 窟。14 窟内列柱满雕千佛龛，后壁主像是弥勒。15 窟是典型的千佛洞，四壁皆千佛。后壁千佛中，上部现弥勒龛，下部现释迦多宝龛，东西两壁千佛中现释迦龛，南壁满镌千佛。云冈对岸西湾的雕满千佛的南、北两窟，也属这一类。

四壁重龛式的中小型洞窟约二十座（表六）。时间较早的，后壁多雕一大龛，主像有释迦，有释迦多宝，如 11B、21、29。时间较晚的后壁多与东西壁同为重龛形式，后壁重龛中的佛像：多上龛弥勒，下龛释迦或释迦多宝，如 23A、31H；也有上龛弥勒，下列千佛的，如 11J；还有释迦弥勒分层错落布置的，如 15A。后壁雕大龛，东西壁重龛组合复杂，甚至有在角隅或下部出现佛传故事[①]和维摩文殊等像的，如 32E、34A、38 等，也是较晚的式样。

表六

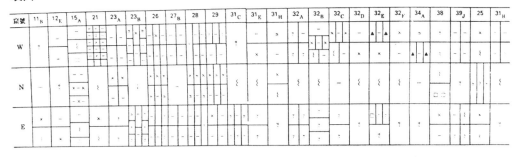

图例 ▲ 左文殊，右维摩 □ 左乘象入胎，右逾城出家 其他图例见表一、二、四

四壁三龛式多小型洞窟，约三十余座（表七）。4、5、11、13 窟附近的小窟和 22、23、27、28A、33、38 等窟，是现存较完整的。这类洞窟窟内后壁主像多释迦或释迦多宝，东壁大部雕弥勒。

---

① 佛传故事以能仁菩萨乘象入胎和悉达太子骑马逾城出家为多见，参看阎文儒：《云冈石窟造像中一些题材的考释》，刊《现代佛学》1963 年 2 期。

表七

窟号 / 位置	4A	5A	5B	11A	11L	13a	13c	13d	13f	13g	13b	13h	21B	22	23	26F	27L	31F	31L	32H	35	36	37c	38I	39C	39I	40C	41A	41C	42
W	−	−	−	−	×	|	≀	…	|	−	−	…	≈		≀	?	−	−	−	−	≈	−	≈	|	?	?	×	−	−	
N	−	−	−	≀	−	−	−	−	−	−	−	≀	×−	−	≀	−	−	≀	−	−	×	−	−	−	≀	≀	≀			
E	×	×	×	×	×	|	×	−	×	×	×	…	?	?	≀	×	−	≀	−	×	×	−	×	?	||	×	?	×	×	

第三期小龛，东自 4 窟，西迄 39 窟塔洞以西都有分布，但 4、5、11、13、16、17、18 和 19 窟西胁洞以及 39 窟口附近较为集中。这期小龛，单像龛日趋简单；并列龛出现了新组合，双塔的布局数量增多；重层龛复杂化，这一点和同期的四壁重龛式窟有相似处（表八）。

表八

單　龛		並　列　龛		重　層　龛	
				二　層	三層和三層以上

其他图例见表一、二、三、四、六

第三期中小窟龛的发展，表明迁洛以后的北魏晚期，佛教在平城地区的中下层蔓延起来。现存铭记中，记录窟主官职最高的是从二品散侯爵位的从三品冠军将军（38 窟口外上方吴忠伟为儿子华□侯吴天恩造像铭中的吴天恩），小龛龛主最高的是四品下阶的常山太守（11 窟明窗东壁太和十九年妻周为亡夫田文虎造释迦弥勒龛铭中的田文虎）。铭记最多的大都是没有官职的佛教徒，他们有的称清信士（如 19 窟右胁洞后壁下部延昌四年造像铭中的清信士元三），有的称佛弟子（如 11 窟西壁太和二十年造像铭中的佛弟子某），也有没有称谓直接镌刻姓名的（如 27B 窟东壁惠奴造像铭）。凿窟龛的目的，大部分是为亡者祈冥福，也有的为生者求平安。值得注意的是，延昌正光间的铭记中，出现了愿"托生净土"（4 窟南壁正光□年为亡夫侍中平原太守造像铭）和

"愿托生西方妙乐国土，莲花化生"（见19窟上引清信士元三造像铭）之类的新要求。这说明北魏晚期佛教中的净土崇拜已渐泛滥，并流播云冈。此外。18窟窟口西壁镌刻了"大茹茹……可敦"的铭记，表明平城佛教这时更进而影响了北方的柔然族。宗教的广泛蔓延，是当时社会极度黑暗的反映。第三期窟龛在形象上，更向符合禅观方面发展：一部分雕出了有次序的。"法华三昧观"所要求的主要内容，如上述四种类型中的前两种，即塔洞和千佛洞；另一部分即四种类型中的后两种，四壁重龛窟和四壁三龛窟。这两类石窟，既延续第二期释迦弥勒并重的趋势，又集中雕出《禅经》所提出的幻想的主要形象，同时石窟的规模又日趋低小，因此，有理由怀疑这两类石窟，特别是只可容纳一人寂坐的四壁三龛窟，实际就是为了僧人禅居所开凿。所以，这类窟中的38窟的东壁北部既雕出了禅坐僧人像，南壁东侧下部又雕镌出专对静坐禅僧慰藉的"雕鹫怖阿难入定因缘"[①]（图4）。这一期小龛出现释迦多宝对坐与弥勒并列龛；流行双塔对峙龛；重层龛也加重了释迦多宝与弥勒的联系；见证深定的七佛也在小龛中出现。这期小龛的内容，和上述四类洞窟同样强化了禅观的气氛。第三期窟龛的这种设计，更清楚地表达了主要是为了僧人更易于进入幻境（入定）而布置的特点，同时，有力地说明，当时云冈习禅之风已臻极盛。坐禅僧人的数字自然要有显著的增加。"正光已后，天下多虞，王役尤甚，于是所在编民相与入道，假慕沙门，实避调役。……略而计，僧尼大众二百余万矣"（《魏书·释老志》）。"于时民多绝户而为沙门"（《魏书·李孝伯传附从孙瑒传》）。出家当僧人，并不能真正逃避官府的控制，永平神龟间（508～519），一再申令："如来阐教，多依山林"，僧众不得"游行民间，乱道生过"；甚至编造："（洛阳）崇真寺比丘惠凝死，一七日，还活。……具说过去之时，……阎罗王曰：'沙门之体，必须摄心守道，志在禅诵，不干世事，勤心念戒，不作有为'……（灵太后因）请坐禅僧一百人，常在殿内供养之"等鬼话，威胁利诱，迫使"京师比丘悉皆禅诵"（《洛阳伽蓝记》卷二）。这些记载，提供了孝文帝以后，宣武、孝明时期佛教泛滥的一般情况，特别是指明僧人的主要来源，这时已转移到"实避调役"的编民方面。因此，尽管北魏末年统治阶级更加卖劲地提倡佛教，强化僧规，但从中原到北方广大地区的入道沙门，不仅"不能改肃"，而且愈来愈多地进行各种反抗，甚至冲破重

---

① 雕鹫怖阿难入定因缘故事，见《法显传》和《大唐西域记》卷九。后者记录较详："（摩揭陀国）姞栗陀罗矩吒山（唐言鹫峰）……山崖侧有大石室，如来在昔于此入定。佛石室西北石室前有大盘石，阿难为魔怖处也。尊者阿难于此入定，魔王化作鹫鸟于黑月夜分，据其大石，奋翼惊鸣，以怖尊者（《法显传》作："天魔波旬化作雕鹫，在窟前恐阿难"），尊者是时惊惧无措。如来鉴见，伸手安慰，通过石壁，摩阿难顶，以大慈言而告之曰：魔所变化，宜无怖惧。阿难蒙慰，身心安乐。石上鸟迹，崖中通穴，岁月虽久，于今尚存"。（《法显传》作。"鸟迹手孔悉存，故曰雕鹫窟"）《水经注·河水》也略记此事，应是录自《法显传》。参看通一、董玉祥：《云冈第五〇窟的造像艺术》，刊《现代佛学》1963年2期。关于此窟的报道，以于希宁《云冈拾遗》为最早，该文刊《文物参考资料》1957年10期。

重枷锁，参加到农民起义的行列中来①。当时云冈虽然没有留下僧人起义的记录，但正光四年（523）围绕平城的六镇镇民已相率起义，"执（武卫将军于）景杀之。……诸镇华夷之民往往响应"（《资治通鉴·梁纪五》），后三年即孝昌二年（526），"流民寇恒州……陷平城"（《通鉴·梁纪七》）。可以推断。在这种革命形势下，云冈居禅的妖雾顿时消散，统治阶级精心建立的佛教"圣地"顷刻崩毁。《金碑》所记"验其遗刻"，"终乎正光"，极盛一时的云冈，终于在如火如荼的激烈的阶级斗争的风暴中沉寂下去了。

本文原刊《考古学报》1978 年 1 期。此次重刊，除增加注〔2〕和更正了几处文字、图表错误外，未作大的改动。

（摘自《中国石窟寺研究》，文物出版社，1996 年）

---

① 在我国农民起义史上，唯有北魏末年的农民起义队伍中有较多的僧人参加，甚至有多起直接由入道的沙门所领导。参看《魏书·世宗纪、肃宗纪、孝庄纪，废出三帝记》和《释老志》。在多起的由僧人领导的起义中，值得注意的是延昌四年（515）六月"沙门法庆聚众反于冀州"（《魏书·肃宗纪》），他们"所在屠灭寺舍，斩戮僧尼，焚烧经像，云新佛出世，除去众魔"。（《北史·魏景穆十二王传·京兆王子推传附子遥传》），此新佛出世，即"弥勒下生"之谓。北魏统治集团妄图消灭反抗，提倡禅诵，而极力宣传的弥勒，竟然被起义僧人利用为造反的根据。搬起石头砸自己的脚，这是不依反动统治阶级意志为转移的必然结果。

图1　第5~6、7~8、9~10、11~13
四组石窟原窟前立面遗迹

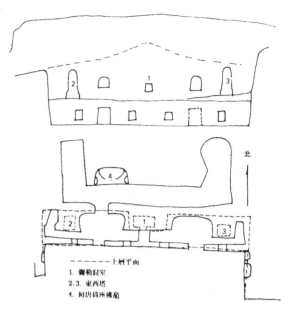

图2　第3窟原窟前立面遗迹及其平面

图3　第7、5、12窟"树下坐禅"
　　甲　7窟明窗西侧
　　乙　5窟窟门西壁
　　丙　12窟明窗东侧

图4　第38窟南壁　雕鹫怖阿难入定缘

云冈石窟的开创和题材的分析

阎文儒

（一）云冈石窟的名称和开创的历史

1. 云冈石窟的名称

云冈石窟位于山西省大同市十六公里武州川峡谷的北岸，云冈堡的北山上。东西长约一公里，凿有大小不同的各样窟龛。

云冈石窟很早以前就有文献记载。不过不叫云冈而称为"武州塞"或"武周山"。因为武州川经两山之间流出，为古代汉族与匈奴必经之路，从汉代起就是汉族北方边防要塞。自北魏迁都平城，明元帝（拓跋嗣）即位，武周山成为北魏皇帝祈福的神山，因而开凿石窟时就选在这里。《魏书》释老志中说：

"昙曜白帝，于京城西武州塞，凿山石壁，开窟五所，镌建佛像各一。高者七十尺，次六十尺。雕饰奇伟，冠于一世。"

《魏书》显祖纪中，曾有六次到武州山石窟的记载，其中有一次是到武州山祈雨[①]。可见武州山从明元帝（拓跋嗣）起时，已成为拓跋氏统治集团公认的灵山，所以在这里开石窟、造佛像，成为都城附近的名胜。郦道元《水经注》漯水条（明刻本作湿水）云：

"武州川水又东南流。水侧有石祇洹舍并诸窟室。比丘尼所居也。其水又东转，迳灵岩南。凿石开山，因岩结构，真容巨壮，法世所希。山堂水殿，烟寺相望，林渊锦镜，缀目新眺。"

---

① 《魏书》卷六显祖纪："皇兴元年秋八月丁酉行幸武州山石窟寺"。高祖纪："延兴五年五月丁未幸武州山"。"太和元年五月乙酉车驾祈雨于武州山。四年八月戊申幸武州山石窟寺。七年五月戊寅朔幸武州山石窟佛寺。"

以上文献记载，都把云冈称作武州山。直到辽、金时代曹衍撰碑时，仍称为武州山大石窟寺①。元代无文献可稽。云冈名称最早开始于明代。云冈石窟第七窟前室保存有：

"嘉靖四十三年七月《重修云冈堡碑记》"。

清初的碑记有：

"顺治二年（1645）八月十五日《重修云冈堡昊天庙碑记》"（云冈玉皇阁）

顺治八年（1651）四月《重修云冈大石佛阁碑记》（第5号窟大佛阁前）

康熙三十七年（1698）九月《重修云冈寺记碑》（第5号窟大佛阁东侧）

顺治九年（1652）胡文华编纂的《云中郡志》卷一《云中郡属图》，在云中郡城西有旧云冈图、新云冈堡图。雍正十一年刘士铭纂修的《朔平府志》中亦有记载。乾隆四十六年（1781）编纂的《大同府志》中的题诗则径称"云冈石窟"了。

云冈之名不见于明成化时编纂的《山西通志》，嘉靖四十三年有《重修云冈堡碑记》碑，可见嘉靖四十三年以前没有云冈堡。或者明代末期，云冈成为边防要塞，清时更为重要，于是云冈名称代替了武周山，云冈石窟寺代替了武周山石窟寺。云冈名称应是起于明成化以后、嘉靖四十三年前后。

（2）云冈石窟的开创历史

十六国以来，百余年的民族斗争与融合，为北魏的统一创造了条件。从道武帝（拓跋珪）、明元帝（拓跋嗣）到太武帝（拓跋焘）三朝，在残酷的民族征服的战争过程中，固然统一了北中国，但拓跋氏统治集团对各族人民以民族压迫的形式实施阶级压迫，激起了各族人民的反抗斗争。

魏孝文帝未改制以前，拓跋贵族把战俘或被征服的各族人民，作为封建依附户，让他们从事各种不同的劳役，甚至佛教寺院也占有依附的农民——僧祇户，浮图户，直到孝文帝以后上述情况才有些改变。

拓跋氏为了巩固政权，一方面极力拉拢汉族上层分子，用于主持制官爵、撰朝仪、协音乐、定律令；或为之谋划统治各族人民之术，并借用各族豪强地主阶级的武装，协助拓跋统治集团镇压义军。另一方面又利用宗教来麻痹人民。拓跋珪在征服各族战争中，路经郡国佛寺，"皆致精敬。禁军旅无所犯"。天兴元年（398）曾下诏于京城作五级浮图，耆阇崛山，须弥山殿以及讲堂、禅堂、沙门座等等。明元帝拓跋嗣"又崇佛法，京邑四方，建立图像，仍令沙门，教导民俗"。拓跋焘"太延中凉州平，徙其国人

---

① 缪荃孙《永乐大典·平字韵北平府》条引析津志中有金曹衍撰：《大金西京武州山重修大石窟寺碑》。仍称之为武州山而不称云冈。见宿白《大金西京武州山重修大石窟寺碑校注》。

于京邑，沙门佛事俱东，像教弥增矣。"（以上见《魏书》释老志）

拓跋焘虽然有灭佛之事，那是佛道僧侣地主阶级内部之争。到文成帝拓跋濬登了皇位，立即恢复佛教，又命沙门统昙曜于武州山开石窟，造佛像。很显然，云冈石窟的大事开凿，只不过是拓跋氏为了缓和民族矛盾、阶级矛盾，把佛教造像作为阶级统治的工具罢了。

云冈石窟的开凿年代，过去有几种不同说法：

（1）北魏明元帝（拓跋嗣）神瑞元年中（414～416）（《大唐内典录》卷第四）。

（2）文成帝（拓跋濬）和平初年（460）（《魏书》释老志）。

（3）文成帝（拓跋濬）兴安二年（453）（《魏书》释老志）。

我认为真正开凿年代，应是文成帝再兴佛法之明年——兴安二年。

（1）神瑞年开凿的记载，出自唐人西明寺僧道宣。据《大唐内典录》卷四《后魏元氏翻传佛经录》中记：

> "道武帝，魏之太祖也。改号神瑞元年，当晋孝武太元元年也。出据朔州东三百里，筑城立邑，号为恒安之都。为苻秦护军。坚败，后乃即真号。生知信佛，兴建大寺。恒安郊西大谷石壁，皆为窟。高十余丈。东西三十里，栉比相连，其数众矣。"

明《永乐大典》所记金皇统七年曹衍著的《大金西京武州山重修大石窟碑》，即是据此加以考证的，并且进而对云冈石窟的创建结论为：

> "肇于神瑞，终乎正光。凡七帝历百一十一年"（按：实为一百〇六年）

成化十年纂修的《山西通志》卷五（可能据曹衍碑文）也同样记出：

> "石窟十寺，在大同府城西三十五里，后魏时建，始于神瑞，终于正光。凡七帝，历百十有一年。"

文中既有"金皇统间修"，可证是见过曹衍碑文而记出的。以后顺治九年纂修的《云中郡志》卷三，雍正十一年纂的《朔平府志》卷三，乾隆四十七年纂的《大同府志》卷五，都可能是根据曹衍的碑文，因而说是"肇于神瑞，终乎正光"。

关于云冈开凿的年代问题，我们首先要从文献中的文字来分析。神瑞开创之说，最早是唐西明寺僧道宣所著《大唐内典录》中提出的。它在年代上有错误：把明元帝的神瑞元年，误为道武帝的纪年；神瑞元年相当于东晋安帝义熙十年，而不是东晋孝武帝太元元年，相差三十八年。这说明《内典录》中对北魏的纪年没弄清楚。当然对恒安开窟事，也就不会记得确切了。

再以《大唐内典录》《元氏翻传佛经录》的文章来看，也不是说神瑞元年开恒安郡西郊的石窟。从行文次序看，是说神瑞元年，迁都恒安。苻秦败因即天子位；而不是说在神瑞元年开恒安郡郊西的大谷石壁。何况"筑城立邑，号恒安之都"的事，也不是神瑞元年，而是天兴元年①，中间相差十六年。这一事件，西明寺僧道宣又记错了。如果说道武帝（拓跋珪）于恒安郊西大谷石壁，皆凿为窟。也应在拓跋珪在位时登国、皇始、天兴、天赐四个纪年内。而不应在明元帝（拓跋嗣）第二个纪年的神瑞年中。金曹衍对这粗糙的文章，不加细读，竟误认恒安西郊大谷石壁的开凿是道武帝的神瑞元年。

再以云冈早期第16、17、18、19、20等几个大窟的造像风格来看，是接近玉门关以东莫高窟、炳灵寺、麦积山等石窟的早期造像。如佛像僧祇支上画方格纹与炳灵寺、麦积山早期造像形式相同。炳灵寺第169窟上层壁画具体年代是西秦乞伏炽磐建弘元年（420），晚于神瑞元年者七年。拓跋氏未统一北中国以前很不可能如云冈那样开大窟，造大像，早于河西、秦、陇地区的各石窟群。云冈与炳灵寺、麦积山等石窟佛教造像艺术的关系，应是继承的关系，否则早期佛教艺术就不能说渊源于印度古代的孔雀王朝、大月氏王朝、笈多王朝经过古代西域（新疆）河西、陇右东传到中原各地。魏收所撰的《魏书》中说：北魏佛教盛行，在拓跋焘太延五年平河西以后，"徙凉州民三万余家于京师。沙门佛事俱东，象教弥增矣"。② 这种说法是比较可靠的。太延五年。上距神瑞元年还有二十余年。在太延五年以前，北魏佛教既未盛行，当然也不可能大肆开石窟造佛像了。

（2）和平初年开窟的记载是根据《魏书》释老志、《续高僧传》昙曜传，其所记和平初昙曜任沙门统，接着又叙开窟事。因而认为和平初是云冈开窟的年代。《魏书》释老志云：

> "和平初，师贤卒。昙曜代之，更名沙门统。初，昙曜以复佛法之明年。自中山被命赴京……帝后奉以师礼。昙曜白帝，于京城西武州塞，凿山石壁，开窟五所，镌建佛像各一。"

过去说在和平初开云冈石窟，是读释老志时只注意和平初这个昙曜代师贤为沙门统的时间，未注意下文是"初昙曜以复法之明年……开窟五所"，没弄清"明年"是哪一年，把两件事混而为一。实际上昙曜作沙门统在"和平初"，开窟事，在"复法之明年"。

所谓复法之明年，究指哪一年？《魏书》卷五高宗纪（文成帝）云：

> "兴安元年……十有二月……乙卯初复佛法"。

复法既在兴安元年，"复法之明年"即是兴安二年。它早于和平初者近八、九年。唐道宣《续高僧传》昙曜传清楚地说：

> "和平年任北台昭玄统，绥辑僧众，妙得其一，住恒安石窟通乐寺，即魏文帝之所造也"。（文帝即文成帝拓跋濬）

---

① 《魏书》卷二太祖纪："天兴元年……七月迁都平城，始营建宫室、建宗庙、立社稷"。
② 《魏书》卷四世祖纪上：太延五年冬十月条及卷一百一十四释老志。

这足证和平年北台已有石窟。《魏书》撰成于北齐文宣帝（高洋）天保五年（554），去文成帝不过七十多年，所记武州山石窟开凿于"复法之明年"——兴安二年，也是可靠的，可与道宣《续高僧传》昙曜传所记和平年已有石窟事来互证。二者都说明，云冈石窟的开凿不在和平年中。

（二）云冈石窟艺术题材的分析

云冈石窟的造像题材，是当时统治阶级根据麻痹人民的需要，完全取自佛教经典的反动内容。它"颂扬怯懦、自卑、自甘屈辱、顺从驯服"[①]。现首先分析当时究竟利用了哪些唯心主义反动学说来创造云冈石窟造像的。

（1）《维摩诘所说经》、《妙法莲华经》的流行、"顿悟成佛"说的兴起与云冈石窟造像的关系。

佛教入中国的最初百余年，并不受统治者的重视。但自三国以后，国家分裂时间较长，人民遭受的涂炭，实前古所未有。为求得精神上的安慰，除接受上层阶级提倡的玄学外，才广为接受佛教。于是从西方来到中原宣传佛教的大和尚，如摩鸠罗什等，就为统治阶级所重视了。当时最受重视的佛教经典是《妙法莲华经》和《维摩诘所说经》，还有《大般涅槃经》等等。

自鸠摩罗什入关中，为后秦姚兴所重视，开馆译经以后，门下多人俱系大乘宗匠。如道融讲《新法华》，注《法华》、《大品》、《金光明》、《十地》、《维摩》等《义疏》。释昙影亦能讲《正法华经》，"什后出《妙法华经》……特加深思，乃著《法华义疏》四卷"。释僧叡，并注《大品》、《小品》、《法华》、《维摩》、《思益》、《自在王禅经》等序，皆传于世。这些人都是拓跋嗣（明元帝）、拓跋焘（太武帝）在位之时。他们的义学，势必影响到拓跋氏统治集团。因而拓跋弘（献文帝）"敬信尤深，览诸经论，好老庄，每引诸沙门及能谈玄之士，与论理要"（《魏书》释老志）。

孝文帝（元宏）初期如徐州僧渊的弟子道登"善《涅槃》、《法华》，并为魏主所重"（见《高僧传》卷八僧渊传）。"恒持讲论，曾在禁中与帝夜谈"（《魏书》释老志）。昙度长《涅槃》、《法华》、《维摩》、《大品》，并探微隐，思发言外……当时魏主元宏"闻风餐挹，遣使徵请。即达平城，大开讲席"（见《高僧传》卷八释昙度传）。

从以上的传记，可以看到淮河以北拓跋魏的疆域内，佛教的《法华》、《维摩》、《涅槃》义理之学，基本上仍在盛行，并不是"义学南趋，北方偏重行业。"因而云冈石窟造像中，除由西方传来的佛本生、佛本行故事题材外，其次是两个净土中的弥勒与

---

① 马克思：《莱茵观察家的共产主义》，《马克思恩格斯全集》第四卷，人民出版社，1958 年，第 218 页。

阿弥陀。更重要的是根据《法华》、《维摩》两部经而创造出的。

这两部经的特点，是用许多故事作譬喻，易于用形象表达出来。

在云冈石窟造像题材中，表现最多的是这两部经。《妙法莲华经》中表现最多的造像是《见宝塔品》的释迦、多宝说法像，《序品》中妙光菩萨与前佛、后佛的日、月灯明佛像，《从地涌出品》中的释迦牟尼佛与弥勒菩萨像，还有八部护法等等。

《维摩诘所说经》表现最多的是：《问疾品》中的文殊师利菩萨与维摩诘说法像；《菩萨行品》中维摩诘与文殊师利菩萨共见释迦像（第6窟南壁）；《观众生品》中天女与舍利佛幻化像（第5、6窟大阁上层）；《香积佛品》中作维摩诘、文殊师利像和正中幻化菩萨像（第14窟西壁）等等。

用迹象和譬喻表达"空"、"无"的道理。这两部经是其他"般若"各经中所达不到的。所以在云冈造像中就多采用了这两部经内的故事。它所起得麻痹人民的作用，比文字宣传更普遍，更广泛。

云冈开窟所以得到拓跋氏统治集团支持的另一原因，是"一切众生，皆有佛性"，"一阐提人皆得成佛"之说的提出。这样的佛教学说，固然见于法显译之《大般泥洹经》，昙无讖译之《大般涅槃经》。更重要的原因是出于《妙法莲华经》由道生倡导而成说。道生是最早注疏《法华经》的人。《法华经》的内容基本上是人人皆可成佛。其中解说最明显的是《常不轻菩萨品》，在这品中说：

> "尔时有一菩萨比丘，名常不轻……四众之中有生瞋恚心不静者，恶口骂詈，言是无智比丘，从何所来。自言我不轻汝，而与我等授记，当得作佛……说是语时，众人或以仗木、瓦、石而掷之，避走远住，犹高声唱言：我不敢轻于汝等，汝等皆当作佛。以其常作是语故，……号以为常不轻。"

吉藏《法华义疏》卷第十一《常不轻菩萨品》云：

> "今明此品，正辨恶人有佛性义……则知一切有心，并有佛性，皆成佛也。……即是极恶人，有佛性义，与涅槃经无异也。"

总之，法华要旨是，"一切众生，莫不是佛，亦皆泥洹"（道生：《法华经略疏》）。即一切众生，皆有佛性，只要一心敬佛，最后都可得到佛果。要人们相信个人内心的神秘启示，以达到"悟（神秘主义的直观，深刻信仰的理解）、发信（听来学的知识）、谢（入理言息）"的地步。

当时门阀、土族地主阶级骑在人民头上，作了许多坏事，不能不引起他们的空虚与恐惧，如何解脱这种苦呢？道生根据六卷《泥洹经》说：

> "剖析经理，洞入幽微。乃说：一阐提人（即作恶多端，贪求欲乐，不悔改的人），皆得成佛"（《高僧传》卷七，竺道生传）。

道生的学说是宗教的精神本体；是违反科学的大骗局。正如伟大导师列宁所教导的："对于依靠他人劳动而过生活的人，宗教教导他们要在人间行善，廉价地售给他们享受天国幸福的门票"①。

在人人皆有佛性，"一阐提"皆得成佛，顿悟成佛等佛教教义的宣传下，封建统治阶级就更起劲地敬信佛法，开窟造像，求得"功成妙智，道登圆觉"，寻找成佛的道路。这就是北魏统治集团在云冈开窟造像的另一个主要原因。

（2）麻痹人民追求另一天国的两个净土世界。

伟大导师列宁指出："对于工作一生而贫困一生的人，宗教教导他们在人间要顺从忍耐，劝他们把希望寄托在天国的恩赐上"②。佛教创造两个净土世界，一是弥勒净土，一是阿弥陀净土，用来麻痹人民，不必认真对待当前这个剥削的社会，而把希望寄托在两个净土世界上。《佛祖统记·三世出兴志》中说：

> "见在贤劫成二十小劫……第九小劫……第四释迦牟尼佛出世……减至八十六岁时，尽正法第十小劫，减至八万万岁时，第五弥勒佛出世。"

道世《法苑珠林·弥勒部》又说：以"兜率天常有一生补处菩萨"。这个补处菩萨，即是弥勒菩萨。

十六国时的大和尚道安，曾立世誓愿生兜率天的弥勒菩萨处。据佛经记载，释迦灭度，为弥勒受记，留在世间决疑。所以僧叡《维摩诘经》序中说：

> "先匠（指道安）所以辍章遐慨，思决言于弥勒者，良在此也。"

佛教欺骗人们说，兜率天中有百千万亿天女眷属，"彼中诸天常闻说般若，若从他佛来生此间，斯则转胜也"（《法苑珠林》卷十六弥勒部赞观部第三）。

佛教又欺骗人们说，弥勒菩萨还未下世人间，如果下世，这个佛国是：

> "人常慈心，恭敬和顺……雨泽随时，谷稼滋茂。一生草秽，一种七获，用功甚少，所收甚多"③。

佛教就是这样来麻痹人民。创造出理想的幸福天国，当然是劳动人民衷心向往的了。由于弥勒菩萨在下一个小劫就要成佛。所以云冈石窟造像中把弥勒菩萨当做主像来造出。

佛教另一个净土世界，是阿弥陀净土。阿弥陀汉译为无量寿。在鸠摩罗什译的《佛说阿弥陀》经中说：

> "从是西方过十万亿佛土，有世界名曰极乐。其土有佛号阿弥陀……彼佛光明无量，照十方国。无所障碍……彼佛寿命及其人民，无量无边阿僧祇劫，故曰阿

---

① 列宁：《社会主义和宗教》《列宁全集》第10卷，人民出版社，1958年，第62～63页。
② 同①。
③ 鸠摩罗什译：《弥勒下生成佛经》。

弥陀"。

据支谦译的《佛说阿弥陀佛经》中说：生于这个佛国者：

"聋者得听，哑者能语，偻者能伸，跛者能行，愚者默慧，诸乐不鼓自鸣。妇女珠环皆自作声。"

佛教就是如此地麻痹人民，宣传净土中的无量幸福。所以隋、唐以后有了净土宗的成立。希望死后进入阿弥陀净土世界中。

罗什门下的慧远，是宣传阿弥陀净土的一个大和尚。晋安帝（司马德宗）元兴元年（402）曾与刘遗民等百十三人立誓生于西方阿弥陀佛国，云冈造像中，也造出西方净土的阿弥陀佛像，不过没有弥勒菩萨像造的那样多而已。

道生和尚创出了"一阐提人皆可成佛"的理论，使剥削阶级也同样认为只要信仰佛教，做功德——敬信佛、法、僧，也可以进入天国。他们的剥削生活，奢侈、欲望是无穷的。佛教净土中所说的无穷幸福，实际上是把剥削阶级的生活移植到天堂。因此他们也同样地信仰弥勒净土与阿弥陀净土。所以弥勒菩萨与阿弥陀佛像，也同样成为云冈石窟造像中的重要题材之一。

（3）根据六波罗蜜诸经而雕造出的故事形象。

"波罗蜜"汉译为"究竟""到彼岸"。在佛教中认为波罗蜜有六种。康僧会译《六度集经》卷第一云：

"何谓为六：一曰布施，二曰持戒，三曰忍辱，四曰精进，五曰禅定，六曰明度无极高行。"这六种行为，都是释迦牟尼所讲他前世所做的六种善行故事，又称作"本生"故事。本生梵语是阇陀迦（Jataka）。《大般涅槃经》卷十五云：

"何等名阇陀迦经，如佛世尊，本为菩萨，修诸苦行。所谓比丘，当知我于过去，作鹿，作罴，作麞，作兔，作粟散王，转轮圣王，龙、金翅鸟诸王，如是等行菩萨道，所可受身，是名阇陀迦。"

根据这六种因果报应的故事，可以从生、死此岸达到涅槃彼岸，正如释迦所说："昔我前世行四等心，七年之功，上为梵皇，下为帝释。复还世间，作飞行皇帝，典四天下数十百世，功积德满，诸恶寂灭，众善普会，处世为佛。"（《六度集经》卷第八末）

在印度桑志大塔西门左柱内侧刻有睒道士本生故事像。巴基斯坦白沙瓦地区马尔丹东北 13 公里夏哈巴斯卡拉村的麦克哈桑达遗址出土有善慧仙人以发布地定光佛为受记的故事造像①。不过云冈连环画式的浮雕造像的布局与技法，与桑志大塔和麦克哈桑达

---

① 日本京都大学：《伊朗、阿富汗、巴基斯坦学术调查报告》，水野清一等编《麦克哈桑达》第七章，遗物（1）石雕，1969 年。

遗址出土的雕刻有所不同而已。

这些故事造像，都是说菩萨前世六种善行，因而得到今生成佛的善果。一方面麻痹被剥削者要克制自己，对统治阶级不要进行斗争和反抗。只要种此六波罗蜜善行，就可得到再生的无量幸福。另一方面给剥削者寻找放下屠刀、立地成佛、廉价地售以升入天国门票的机会。

（三）根据佛本行诸经镌造出的释迦牟尼
成佛前后和诸佛的各种故事形象

释迦牟尼一生的事迹，从诞生、出家，渐次修行到成佛，即是佛的本行故事。与本生是两种不同的故事。一是前生，一是此生。上段说的是释迦牟尼前生——本生，这段要说的是释迦牟尼此生——本行。佛本行的故事约可分四类：

①未出家前宫内各事迹。如：宫中娱乐，出游四门，四天王捧马足等故事形象。

②表现苦行的事迹。如：出家入山，剃发染衣，精进苦行，牧女奉糜，毕波罗树下思维等等。

③表现神行的故事。如：太子试艺，降魔成道，四天王捧钵，收那舍，降伏火龙，伏优楼频螺迦叶，罗云认父，升忉利天为母说法等等。

④表现大智的故事。如：鹿野苑初转法轮，为目犍连、舍利弗说法，中为佛，配以观世音、大势至二菩萨，或文殊与普贤二菩萨，双树泥洹时说法等等。

云冈第6窟窟内东、南两壁，及中心柱四面佛上层佛龛上面的浮雕，由太子诞生到出家得道一幅幅的浮雕，为石窟群中纪念佛——释迦得道成佛最详尽的、精美的大幅浮雕。

此外各窟中还造有结跏趺坐，半结跏趺坐、莲花跏趺坐、善跏趺坐等各样坐势的佛像。

在第11窟西壁屋形大龛内，在屋檐下刻有高二米的七身佛像。唯北端的佛像已风化不可辨识，仅有五身并列的佛像，这七佛像在《佛说七佛名经》中云：

"过去几十一劫，有毗婆尸佛应正等觉，出现世间。三十一劫，有尸弃佛，毗舍浮佛，应正等觉，出现世间。于贤劫中第六劫，有俱留孙佛应正等觉，出现世间。第七劫，有俱那含牟尼佛，应正等觉，出现带间。第八劫有迦叶波佛应正等觉，出现世间。第九劫我释迦牟尼佛出现世间，应正等觉。"

以上的七身佛像，在佛教中所谓贤劫之前的有三任。到此贤劫，又有四佛以至最后直到释迦牟尼成佛。

又在第7窟正窟后面上、下两层。上层有坐于狮子座上莲花跏趺坐的菩萨像，左右为善跏趺坐的佛像。这正中菩萨，两旁二佛，在《妙法莲华经序品》中说：

"尔时文殊师利语弥勒菩萨摩诃萨及诸善大士善男子等……尔时有佛，号日月灯明如来……次复有佛，亦名日月灯明如来……初佛，后佛同一，字名日月灯明……时有菩萨名曰妙光，有八百弟子，是时日月灯明佛三昧起，因妙光菩萨说大乘经……日月灯明佛于六十小劫，说是经已……便于中夜，入无余涅槃。佛于灭度后，妙光菩萨，持《妙法莲华经》，妙八十小劫，为人演说……弥勒当知。尔时妙光菩萨，岂异人乎？我身是也。求各菩萨，汝身是也。"

这组造像，可能是根据《妙法莲华经序品》所记，宣扬《法华经》人物，正中的菩萨应是妙光菩萨，即释迦牟尼佛，左右的二佛像，是过去初佛、后佛同名的日月灯明佛。

第11窟西壁的屋形大龛七佛的西南上角尖拱龛内，一佛二菩萨像的佛座下面刻双树，树下刻佛涅槃像。在《般泥洹经》卷下云：

"彼时佛敕贤者阿难：汝于苏连双树间，施绳床令北首，我夜半当灭度。受教既施。还白已具。佛到双树，就绳床侧右胁而卧。"

又天台大师灌顶撰《大般涅槃经玄义》云：

"此经若具依梵本，应云摩诃般涅槃那修多罗。摩诃言，大般涅槃那此翻灭度。灭者即是解脱。……所言度者即是摩诃般若。故大论云：信为能入，智为能度……灭者即是三德皆寂灭也。度者即是三德皆究竟圆满也。"

涅槃即是解脱烦恼，生死永灭，免去因果的忧患。一切圆满，德无不备，障无不尽，因之称为"圆寂"。这双树下佛涅槃像，就是佛的"圆寂"像了。

云冈石窟造像中，大多是依据大乘经，因而纪念佛的造像，也不专造一身佛像，而是加上菩萨和声闻弟子像。但在前后，仍然是有一定次序的。吉藏《法华义疏》卷第一云：

"今何故先列声闻，次列菩萨，后列凡夫耶？……声闻心具智断，形备法仪，心形两胜，是故前列。菩萨心虽会道，形无定方，或道或俗，此则心胜形劣，故在第二。凡夫心、形两劣，所以居第三。"

云冈第18窟，正中是释迦牟尼佛像，外面是十大弟子像，最外是菩萨像。这样造像，是在中国封建社会中，把佛比拟帝王，以声闻、菩萨作为佛的左辅右弼。《佛说观佛三昧海经》卷第六观四威仪品中云：

"尔时罗睺承佛威神入如意定。礼拜既毕，绕佛七匝，即自化身作转轮圣王。阿难侍左，难陀侍右。千二百五十比丘，化为千子，阿难为典藏臣，难陀为典兵臣，七宝四兵，皆悉具足。"

云冈石窟造像的依据是大乘经，所以又据《佛说观佛三昧海经》的记载，借佛的形象表现出帝王的尊严。

云冈造像中，第18、20窟，各有三佛，有人认为是过去、现在、未来三佛。其实造像中虽然有三身，也并不是三世佛，因而名号也不能是什么三世。竺法念译《菩萨璎珞经》卷第十三净居天品第十三云：

"三世名号，云何而生，何由而灭，佛告天子，生本无生，灭本无灭，一切诸法，亦复如是。生本无生，灭本无灭，何以故？性自然空故。……如来身者，于过去、未来、现在，亦不在生，亦不在无生，是无过去、未来、现在。"

这种"空无"唯心主义的思想是佛学中的特点。这样，三世佛也就是一世佛，一世佛也是三世佛，因而云冈造像中，虽有三身，也不一定是三世佛了。

在印度桑志大塔东门左柱正面第一段有菩提树下成道的造像（见日人逸见梅荣：《印度古代美术资料》），西门左柱内侧第二段刻出释迦成道龙王礼佛像（同上书第40图），西门右柱内侧第二段刻出诸天听法像（同上书第43图）等等。

阿富汗北部库杜兹河附近古兰萨尔瓦尔、那萨尔氏图书室中藏有从阿恒札答一梯皮发现的佛本行故事"白马吻足"的刻像①，从这雕造中，可证古代印度与犍陀罗佛教艺术，也都有佛本行故事形象的雕造。云冈石窟群佛本行故事形象占了很大部分。正如恩格斯所说的：

"在各阶级中，当然也会有相当多的人，他们在物质解放上已经绝望了。都去寻求精神的解放。寻求那合乎使他们免于完全绝望意识上的安慰来代替它……安慰当然就以宗教形式出现……"②

云冈造出许多佛本行故事像，就是为了欺骗、麻痹劳动人民，使他们安于现状，心甘情愿地忍受被剥削的痛苦，自我安慰来信仰佛教。佛教欺骗人民要学小乘经中所记释迦牟尼六年"苦行"和大乘经中的各样故事，以便成佛后完全觉悟，学有无限的神行，方能享受无量的幸福。

云冈石窟造像中根据诸佛经造出各种故事像。在第7、8、9、10等四个窟中，根据佛本行、本生诸佛经而造出的故事像很多，如：根据《六度集经》、《过去现在因果经》、《太子瑞应本起经》、《杂宝藏经》、《修行本起经》、《大楼炭经》、《经律异相经》等，而造出三十几种故事变相，雕造出来是十分生动而有艺术价值的。

其他如摩诃萨埵舍身饲虎等故事连环画式的雕刻。这种本生浮雕故事像，古代印度、犍陀罗佛教艺术也都有这样题材的雕刻品。

此外还有根据大乘《妙法莲华经》而造出文殊菩萨在灵鹫山敬礼释迦、多宝佛的形象，都是依据佛教故事而造出的形象。

---

① 日本京都大学：《伊朗、阿富汗、巴基斯坦学术调查报告》，水野清一等编：《哈依巴库与克什米尔——斯迈斯梯第三部阿富汗北部的考古调查》七、库杜兹附近（P. 71Fig123），1962年。

② 恩格斯：《布鲁诺、鲍威尔和原始基督教》，《论原始基督教》，人民出版社，1961年，第9、10～12页。

（四）保卫佛的护法像象

"护法"是护持佛的神将。在佛教中尤其是大乘法中，又创造出神秘性护持佛的八部。甚至把外教的天神也当作佛的护法。法云《翻译名义集》一八部篇中云：

> "一天、二龙、三夜叉、四乾闼婆、五阿修罗、六迦楼罗、七紧那罗，八摩睺罗伽。原夫佛垂化也。道济百灵。法传世也，慈育万有。出则释天前引、入乃梵王后随，左辅大将，由灭恶以成功、右弼金刚，用生善而为德。三乘贤圣，既肃尔以归投、八部鬼神，故森然而翊卫。"

云冈造像中，主要的有佛、菩萨、声闻等形象，其余的五光十色，体例众多，似乎缭乱复杂，无从辨识，但详加分析，不外乎是八部护法。例如第7、8窟门两侧的"天"，与金刚密迹力士、夜叉等像。第13窟的八大龙王以及各窟中门楣内部和缠绕须弥山顶的二龙王像，窟顶与壁顶上的乾闼婆（伎乐神）、紧那罗（舞神）、阿修罗（三头六臂）和天夜叉与虚空夜叉像，门楣上的迦楼罗等等护法像。

云冈石窟中所雕出的各种护法像，很可能是根据大乘经而创造出的。在《妙法莲花经》卷第一序品中云：

> "佛住王舍城阇崛山中，与大比丘众万二千人。俱是阿罗汉……菩萨摩诃萨八万人。……尔时世尊……为诸菩萨说大乘经，名无量义，教菩萨法……尔时会中比丘、比丘尼、优婆塞、优婆夷。天、龙、夜叉，乾闼婆、阿修罗、迦楼罗、紧那罗、摩睺罗伽、人非人及诸小王、转轮圣王、是诸大众，得来曾有，欢喜合掌，一心观佛。"

在八部众中，第一是天部，《婆娑论》百七十二云：

> "于诸趣中，彼趣最胜、最乐、最善。最善最妙高，故名为天"。

在云冈造像中，八部中造出天部像，有摩醯首罗天与鸠摩罗天，在第7窟门的两旁。一乘牛、一骑孔雀。

第二是龙：在云冈第11窟中心柱顶窟顶上四周各刻二龙，共八条龙。这即是八大龙王。在《妙法莲华经》序品中记参加佛法会的有：

> "八龙王：难陀龙王、跋难陀龙王、娑伽罗龙王、和修吉龙王、德叉迦龙王、阿那婆达多龙王、摩那斯龙王、优钵罗龙王等"。

有的窟门上缠绕二龙，恐怕是难陀龙王与跋难陀龙王了。

第三是夜叉。《注维摩诘经》第一中记：

> "夜叉，什曰……有三种，一在地，二在虚空，三天夜叉也。地夜叉，但以财施，故不能飞行。佛转法轮时，地夜叉唱，空夜叉闻。夜叉唱四天王闻，如是乃至

梵天也。肇曰，夜叉秦言轻捷。有三种：一在地、二在虚空、三天夜叉。居下二天，守天城池门阁。"

又《金光明最胜王经》卷第九《诸天药叉护持品》中记：

"梵王，帝释主，护世四天王及金刚药叉……各领天众，常供养诸佛……无数夜叉众，勇猛有神通，各于其四方，常来相拥护。"

因而在窟顶上，有作飞舞状，有作捧钵状，有作掷击状，大多梳发下垂，作莲起的形象。这些夜叉与伎乐舞蹈等人刻在一起，是难以分别的。一般都称作飞天。其实有的是天夜叉，有的是虚空夜叉等等。

第四乾闼婆。玄应《一切经音义》卷三犍沓和条云：

"乾闼婆……此云乐神，一云食香，旧云香神，亦近也。经中亦作香音神也。"

《注维摩诘经》卷第一中云：

"乾闼婆，什曰：天乐神也……肇曰：天乐神也，居地上宝山中，天须乐时，此神身上有异香现，然后上天也。"

第五紧那罗。慧琳《一切经音义》卷一云：

"紧那罗歌神也。其音清美，人身马首。女则姝丽、天女相比，善能歌舞，多与乾闼婆天以为妻室。"

同上书卷二十五紧那罗条又记：

"或云真陀罗，此云歌神，其声美妙。正法华云：和音天子是也，亦云疑神也。以头上有角亦名人非人也。"

《经律异相》卷第四十六中说："歌诸法实相，以赞世尊"。这就认为紧那罗是歌舞之神。歌的内容，并不是一般的歌曲，而是歌颂佛教教义，尽量宣扬佛的威德，用以迷惑、麻醉人民的护法神。

第六阿修罗。《玄应音义》三曰：

"阿修伦，又作阿修罗，皆讹也。正言阿素洛。此译云：阿无也，亦云非，素洛云酒，亦云天，名无酒神，亦名非天。经中亦名无善神也。"

在云冈造像中，窟顶上刻有三首四臂，上二手托日、下右手扶膝，左手当胸，下著裙半身像。多是四面的阿修罗王。

《长阿含经》卷二十世纪经阿须伦品中有：

"毗摩质多阿须伦王、罗呵阿须伦王，波罗呵阿须伦王、睒摩罗阿须伦王。"

又《法华经序品》中参与佛法会的有：

"婆稚阿修罗王、法罗骞阿驮修罗王、毗摩质多阿须罗王、罗睺阿修罗王。"

这四阿须伦王，即石窟中的四面阿须伦王，也就是二首四臂的阿修罗王像了。

第七迦楼罗，即金翅鸟。《妙法莲华经文句》卷第二下云：

"迦楼罗，此云金翅，翅翮金色，居四天下大树上，两翅相去三百三十六万里……金翅噉龙云何是类。大威德者，威胜群辈，又威慑诸龙也。……雄化为天子，雌化为天女，化己住处，有宝宫，亦有百味，而报须食龙……《观佛三昧经》云：……堕山上成为意珠，龙得之即为王，人王亦感此珠也。"

此金翅鸟亦八部护法之一，云冈 7、8、9、10、11 等窟，有时于龛上刻一鸟，当即八部护法之一——金翅鸟，迦楼罗也。

第八摩睺罗伽，又曰莫呼洛伽。《妙法莲华经》玄赞卷第二本云：

"梵云莫呼洛伽，此云大腹，大蟒田蛟腹行之类。摩睺罗伽讹也。"

《慧琳音义》十一曰：

"摩休勒，古译质朴，亦名摩睺罗迦。亦是乐神之类。或曰非人，或云大蟒神，其形人身而蛇首也。"

在云冈尚未见有此形象之雕刻品。唯敦煌莫高窟 285 窟的窟顶，有各种护法像，或有此像。

云冈石窟中所雕出的各种护法像，很可能是根据大乘经而创造出的。在《妙法莲华经》卷第一序品中所谓"八大护法者"是也。

自罗什译出此经后，为当时封建地主阶级所重视。僧睿说："法华经者，诸佛之秘藏，众经之实体也"。道宣说，"自汉至唐六百余载……受持感者，无出此经"。云冈石窟造像的题材，基本上依据大乘诸经，与印度、巴基斯坦、阿富汗各石窟造像题材有所不同。甚至与大多以佛涅槃像为主，以佛本生、本行壁画环绕窟室，依据小乘经而创造的新疆各石窟也有所不同。

结语

总之，云冈石窟的名称与开创的历史、造像艺术的题材，不外以上几项。它完全是为封建统治阶级欺骗麻痹人民服务的。因此对云冈石窟造像题材内容，必须解释清楚，彻底揭露佛教是麻痹人民的鸦片。在中国中世纪封建社会中，佛教是封建君主国家的附属物。正如恩格斯所指出：

"君主主教制，却宣布人间的世俗权力。即国家权力，是至高无上的。并迫使教会的权力，服从国家的权力……而事情的另一方面是：现在君主集一切权力（人间和天上的）于己身，他这人间上帝，就标志着宗教国家的登峰造极。"①

---

① 恩格斯：《普鲁士国王弗里德里希—威廉四世》《马克思恩格斯全集》第一卷，人民出版社，1956 年，第 537～538 页。

　　因此我们研究云冈造像，主要方面是揭露封建统治者——皇帝麻痹人民的行为。另一面从那些石窟造像中，不只从其中看到统治阶级的权度豪华奢侈、口头清高、行动卑鄙的腐朽生活，而且可以从其中看到劳动人民，在剥削压迫下，用最大的精力和智慧，创造出千古不磨灭的、伟大的、繁华和美丽的艺术创作。

　　　　　　　　　　　　　　　　　　（摘自《社会科学辑刊》1980 年第 5、6 期。）

云冈石窟研究三种

张畅耕　员海瑞　辛长青

云冈石窟的历史地理问题

研究云冈石窟的艺术成就，往往要涉及沿革地理方面的一些问题。根据近年学习所得，理成三事，书供研究与爱好者参考。

大同与战国云中郡

战国、秦汉时期今大同并不属于云中郡。《史记·匈奴列传》载公元前300年："赵武灵王亦变俗胡服，习骑射。北破林胡，楼烦。筑长城，自代并阴山下，至高阙为塞，而置云中、雁门、代郡。"这则史料，对于研究云中、雁门、代郡的沿革是重要的。然依此认战国云中郡即今大同地域则证据不足。因为它未说明三郡的关系位置和郡治所在。而且在考古方面迄今未见战国在大同设郡的遗迹。即以西汉时期的云中、雁门、代郡去追溯，其云中郡治云中县，故城在今内蒙古自治区托克托附近。雁门郡治善无县，故地在今山西省右玉县城关。代郡故地为今河北省蔚县之代王城。它们距大同均有数百华里。因此，认为大同为战国云中郡地域，以及由此顺推秦统一中国后，大同仍属云中郡的说法，无论早期史料或近代考古资料均无可靠根据。

应当指出，不少人是根据乾隆时的《大同府志》和道光时的《大同县志》认为大同为战国、秦汉云中郡的。而府、县志的记载，均源于《辽史·地理志》。其"西京大同府"条下说"战国属赵，武灵王始置云中郡，秦属代王国，后为平城县……"。必须指出，《辽史·地理志》这一说法并无早期史料根据。其后，明代尹耕的《四郡考》又加深了这一错误。《四郡考》认为："大同者，云中之东境，定襄之南境，代郡之北境而九原之南邻也。"但近年的考古成果却表明，对于明代的大同城或广义的大同府辖境来说，西汉的云中、定襄、九原三郡，都在它的西北，地当今内蒙古自治区的中部。而代郡却是它的东邻。尤其值得注意的是，介于定襄郡与代郡之间，拥有十四个县的雁门郡，《四郡考》居然漏掉了。故尹耕的上述结论，纯属臆造（图1）。

还应指出，主编《大同县志》的黎中辅，曾在《云中辨》一文中，正确地考证了大同与云中郡的关系。遗憾的是，在该书"沿革"的"地表"部分，仍沿袭旧说。

战国之云中郡与今大同无关，但是唐代中叶以后，大同确曾设置了云中郡。其经过是：北魏末年，六镇起义，平城（恒州）沦为废墟。北齐天保中，废恒州为恒安镇，隶属太平县。北周改太平县为云中县，隋又改为云内县，恒安镇仍隶属。唐贞观十四年，将位于今内蒙古和林格尔的云州及定襄县治，移于大同附近。开元廿年改定襄县为云中，天宝元年再改为云中郡，这是大同称云中之始。可以看出，大同之称云中是历史上移迁所致，这与雁门郡治西汉以来自右玉迁山阴，再南迁代县，定襄自和林格尔迁大同，再南迁今定襄县是一个道理。还有人认为大同称云中，是因为云冈居中，其东西百里有云东、云西之故。其实左云县的云西堡是明代卫所制的产物，明建堡墙仍在。用它证唐代大同之称云中，显系附会。文献史料和考古成果均已证实，大同为西汉雁门郡的东部都尉治所平城县地，其与战国、秦汉时期的云中郡并无隶属关系。

武州山麓的武州塞

云冈石窟位于大同市西郊武州山麓，北魏时就称之为"武州山石窟寺"。武州塞也早已载诸史册了。《史记》和《汉书》的《匈奴传》里，有单于将十万骑入武州塞的记载。《魏书》的《释老志》里也提到释昙曜在平城西边的武州塞开凿石窟的事情。北魏卓越的地理学家郦道元在《水经注·㶟水》里，曾四次提到武州塞：

1. （马邑西川）"东迳马邑县故城南。干宝《搜神记》曰：昔秦人筑城于武州塞内以备胡，城将成而崩者数矣。有马驰走一地，周旋反复。父老异之，因依以筑城，乃不崩，遂名马邑。"

2. "桑干河水又东，左合武州塞水，水出故城东，南流出山。迳日没城南，盖夕阳西颓戎车所薄之城故也。东有日中城，城东又有早起城，亦曰食时城，在黄瓜阜北曲中。"

3. "如浑水又东南流经永固县，县以太和中因山堂之目以氏县也。右会羊水。水出平城县之西苑外武州塞。"

4. （武州）"川水又东南流出山，魏土地记，平城西三十里武州塞口者也。"

前述四笔武州塞所涉及的城邑、水道、距离各不相同，显然是指四个地方。对于雁门郡的武州塞，历代有人探讨。如《寰宇记》引《冀州图》说，"武州山东西数百里是也。"清代的杨守敬在《水经注疏》中，认为"武州塞蔓延甚广"。抗日战争时期，水野清一等人在研究云冈石窟的过程中，也探索了武州塞。在《云冈石窟》的序言中，他写道："总之，武州山或武州塞，是在现在的左云县附近广阔地延伸着的。"

然而，武州塞究竟何指呢？必须首先确定武州塞的位置，才能正确地判断与它有关的一系列问题。对前述四处武州塞的调查情况是：

1. 西汉雁门郡的马邑古城在朔县境内。自马邑北向雁门郡治善无县（今右玉）和武州县（今左云）的大路，就是朔县北面的源子河谷。源子河长达一百余华里，沟深谷宽，细流潺潺，为交通要冲。《匈奴传》提到的"单于信之，而贪马邑财物，乃以十万骑入武州塞……未至马邑百余里，见畜布野而无人牧者，怪之，乃攻亭"，可能就发生在这里。这就是汉武帝刘彻在马邑附近山谷伏兵三十万以惩匈奴的马邑之战。因此，秦汉马邑城北边的武州塞，就是今天的源子河谷（图2）。

2. 武州塞水就是今天的大峪河。它源自左云县南，东流经著名的瓷乡吴家窑。出山后，其故道迳日没城（今山阴县永静城）南，其东有日中城。今天的日中城村就位于古城之侧。因而武州塞水所行，约是今大峪河的河谷。

3. 北魏时的如浑水即今之御河，羊水即今之淤泥河。淤泥河源自内蒙古自治区凉城县南，循山谷北出，东转入左云县境，再东南流，汇入御河。北魏故都平城的西苑，大体上就是今大同市城区以北部分。由此可知，"平城县西苑外"的武州塞，即今淤泥河之上源河谷。

4. 平城西，武州川水所经的武州塞与塞口，就是云冈石窟所处的十里河谷及谷口了。

以上从实地推敲，所谓武州塞，实即雁门郡武州县群山所出诸水的谷地，也就是今天的淤泥河、十里河、大峪河、源子河诸水道流经的山谷通路。在当时的经济技术条件下，处于我国民族接壤地带的这些重要的山谷通道，曾被称做"塞"。显然，武州山与武州塞是两个不同的地理概念。

武州川畔石窟寺

郦道元以他的切身感受和精湛文字，在《水经注·㶟水》的武州川水（今之十里河）中，对水侧的石窟寺做了生动的描述：

"武州川水又东南流，水侧有石祇洹舍并诸窟室，比丘尼所居也。其水又东转迳灵岩南，凿石开山，因岩结构，真容巨壮，世法所希，山堂水殿，烟寺相望，林渊锦镜，缀目新眺。其水又东南流出山。"

《水经注》成书在《魏书》以前，因此，上述文字是目前已知有关云冈石窟最早的文献记载。这段文字本身是明确的：石祇洹舍并诸窟室是比丘尼居住的地方。武州川"又东转迳灵岩南"以下卅二字，才是关于武州山石窟寺的记载。

今天实地考察，西距云冈约一华里的鲁班窑也有北魏的石窟造像。云冈石窟恰在它的“东转迳灵岩南”的位置，所以，鲁班窑石窟附近，有可能就是比丘尼所居的“石祇洹舍并诸窟室”。

1954年云冈20窟前出土有北魏景明四年（503）“比丘尼昙媚造”的残石铭记。这对研究云冈石窟的历史是很有意义的。但20窟前并不是郦道元考察时所记述的那个“石祇洹舍并诸窟室”，因为两者中间还相隔着“东转灵岩南”这样一段水道。

由上述分析，知武州川水畔的“石祇洹舍并诸窟室”与“真容巨壮”的“山堂水殿”实是两个地方。如果混为一谈，都认作是关于今云冈石窟的记载，显然是不妥的。

云冈第十一窟东壁太和七年造像题记

大同云冈石窟是中国古代最大的石窟群之一，是世界闻名的艺术宝库。在云冈石窟保存至今的文字题记中，第十一窟东壁太和七年造像题记（以下简称题记），以时代较早，文字最多，内涵丰富，保存尚好，向为中外学术界所注意，有关云冈石窟的著述常加引用。本文试就题记的某些方面作一些探讨，以就正于方家。

题记内容

题记位于十一窟东壁南端上部，距窟内地面约十一米。依窟壁砂岩阴刻，宽七十八、高三十七厘米。共二十四行，行十四至十六字不等，共三百三十七字。字大约3×2厘米，少数略有剥残，绝大部分完整。全文是：

“太和七年，岁在癸亥，八月卅日，邑义信士女等五十四人，自惟往因不积，生在末代，甘寝昆境，靡由自觉。微善所钟，遭值圣主，道教天下，绍隆三宝，慈被十方，泽流元外。乃使长夜改昆，久寝斯悟。弟子等得蒙法润，信心开敷，意欲仰训洪泽，莫能从遂。是以共相劝合，为国兴福，敬造石厝形像九十五区及诸菩萨。愿以此福，上为皇帝陛下、太皇太后、皇子，德合乾坤，威逾转轮，神被四天，国祚永康，十方归伏，光扬三宝，亿劫不隧。又愿义诸人，命过诸师，七世父母，内外亲族，神栖高境，安养光接，托育宝花，永辞秽质，证悟无生，位超群首。若生人天，百味天衣，随意飡服。若有宿殃，堕洛三途，长辞八难，永与苦别。又愿同邑诸人，从今已往，道心日隆，戒行清洁，明鉴实相，晕扬慧日。使四流顷竭，道风堂扇。使慢山崩颓，生死永毕。佛性明显，登阶住地，未成佛间。愿生生之处，常为法善知识，以法相亲，进止俱游，形容影响，常行大士，八万诸行，化度一切，同善正觉，逮及累劫先师、七世父母。

造像缘起

题记时间是“太和七年，岁在癸亥，八月卅日”，即公元483年的10月17日。这一年孝文帝拓跋宏十七岁，北魏的最高权力仍操在其祖母、汉族出身的太皇太后冯氏手中。是年四月，生了皇子恂。所以题记下文，有"皇帝陛下、太皇太后、皇子"的称呼。造像者是"邑义信士女等五十四人"。

造像缘起"自惟往因不积……久寝斯悟"这段文字十分隐讳，说的是北魏太武帝、文成帝的灭法与复法。

公元四世纪末，统治了中国北方的鲜卑族拓跋氏，不但与被奴役的各族劳动人民的矛盾十分尖锐，即与依附他们的汉族上层分子也不断发生矛盾，同时，皇族内部争夺最高统治权的斗争也与日俱增。在这种状况下，依附统治阶级的释道二教，不可避免地要牵连进去。公元446年，太武帝拓跋焘听信汉族出身的司徒崔浩崇道灭法的建议，"诏诸州坑沙门，毁诸佛像"①，"诸有佛图形象及胡经，尽皆击破焚烧，沙门无少长悉坑之"②。太武灭法使佛教在中国受到了第一次沉重打击。题记说的"往因不积，生在末代，甘寝昆境，靡由自觉"即指此事。

四年以后（450），拓跋焘又收拾崔浩，"浩诛，备五刑"③。又三年，近侍宗爱刺杀拓跋焘，复杀被其一手扶植的南安王拓跋余，拓跋氏政权陷入危机。当此时，太武帝的嫡孙，十二岁的拓跋濬，在高允、源贺、陆丽的支持下，一举戮杀宗爱，恢复了拓跋氏统治，这就是文成帝。拓跋濬登极后，立即复法。其诏书说："况释迦如来功济大千，惠流尘境，等生死者叹其达观，览文义者贵其妙明，助王政之禁律，益仁智之善性，排斥群邪，开演正觉。故前代已来，莫不崇尚，亦我国家常所尊事也。……今制诸州郡县，于众居之所，各听建佛图一区，任其财用，不制会限。其好乐道法，欲为沙门，不问长幼，出于良家，性行素笃，无诸嫌秽，乡里所明者，听其出家"④。在文成帝倡导之下，于是"天下承风，朝不及夕，往时所毁图寺，仍还修矣。佛像经论，皆得复显"⑤。这就是题记中颂扬的"遭值圣主，道教天下"，"乃使苍夜衣昆，久寝斯悟"。

题记接着说，"弟子等得蒙法润，信心开敷，意欲仰训洪泽，莫能从遂"。敷同敷，训同诲；俗作酬，"仰训洪泽"，含有皈依的意思。但是，"莫能从遂"。为什么呢？从全文推敲，恰是被"诸师"谢绝了。之所以如此，与当时的政治气候有关。

公元471年（太和五年），平城爆发了法秀起义。这次起义时间虽然短暂，但影响深远。起义发生在北魏的统治中心平城，为首的是个佛教沙门，起义者数多达千人，其中不仅有奴隶、僧徒，还有秀才和下级官吏如王稚、张术等。起义对拓跋氏政权的打击

---

① 《魏书·世祖纪》。
② 《魏书·释老志》。
③ 《魏书·崔浩传》。
④ 《魏书·释老志》。
⑤ 《魏书·释老志》。

是沉重的。事后，文明太皇太后冯氏曾对镇压这次起义立功的大臣荀颓说，"当尔之日，卿若持疑不即收捕，处分失所，则事成不测矣"①。由于起义是沙门法秀发起的，有不少僧徒参加，所以此后北魏统治者对佛教施加各种约束。统治者一方面利用佛教麻痹人民，另一方面却又警惕佛教为人民所利用。对此，神龟元年（518）任城王元澄在给世宗元恪的奏疏里作了一个很好的说明："往在北代，有法秀之谋；近日冀州，遭大乘之变。皆初假神教，以惑众心，终设奸诳，用逞私悖。太和之制，因法秀而杜远"②，造像题记作于法秀起义后二年，对起义者的镇压刚刚过去。余悸犹存的"诸师"，对数十义信士女"意欲仰训洪泽"，实在"莫能从遂"。

石厝形像九十五区及诸菩萨

中国石窟艺术的一个特征是，主体突出，两翼对称，整体谐调。这在云冈的许多洞窟中可以明显地看到。然而，十一窟窟壁给人的印象却是杂乱无章：东壁平整而龛像错落，造型皆小，西壁出檐有七佛立像，其大超人。这说明壁面的雕造并无统一安排，而是由若干组造像组成的。

何处是题记所指的九十五区石像及诸菩萨？我们认为，应是东壁南端上层，自九个伎乐天以下至造像题记下线，高约三米、宽约二米的一组（图3）。理由是：第一，居本组主体地位的弥勒、释迦、多宝等七像，连同两侧小龛中的八十八像，即是九十五区石像。第二，题记上部龛内，自左至右题名为"观世音菩萨"、"大势至菩萨"、"文殊师利菩萨"，此三像即是诸菩萨。第三，诸菩萨及题记两侧有供养人像，左侧三十七人，右侧十七人，即邑义信士女等五十四人。夹领小袖是迁都洛阳以前的鲜卑服式，高露足为男，裙曳地为女。第四，紧靠题记两侧有邑师像四人。左侧一人题名为"邑师道员"，右侧三人，自左至右题名为"邑师法宗"、"邑师昙秀"、"邑师晋明"。此四人即题记中的"诸师"。总之，本组造像与题记所载的邑义信士女、佛、菩萨、诸师等，从内容到数量完全相符。尤其值得注意的是，左侧第一排小龛佛像，因石壁不整，只能容纳三尊，故在观世音菩萨的左上方，供养人的南侧，依样增雕一区以足九十五之数。

还应指出的是，"石厝形象"的"厝"字，长期以来，被误认为"庙"。③ 按《说文解字》："厝，厉石也。……诗曰：他山之石，可以为厝"。又如本题记"厝"作"厏"，庙则应从广从朝。一窟之内造九十五石庙，在云冈第十一窟中无物以证。

① 《北史·荀颓传》。
② 《魏书·释老志》。
③ 日本水野清一、长广敏雄：《云冈石窟》第八、九卷（1953年）49页。

小结

十一窟东壁太和七年造像与题记相合若契。四邑师，五十四义信士女以及九十五区石像诸菩萨等，使我们看到了当时各阶层的若干人物。题记是魏碑方笔之精品，其内容反映了平城时代北魏社会历史的一个重要侧面，证实了太武帝文成帝之际的灭法复法与云冈石窟造像的因果关系。故本组造像与题记，对研究石窟本身历史分期与艺术成就至关重要。它启示，对石窟现有题记深入调查，并结合造像进行研究，实为石窟艺术研究中一个有意义的课题。

试论昙曜五窟的开凿年代

著名的昙曜五窟就是现今山西大同云冈石窟中的第 16 至 20 窟，因系北魏时沙门昙曜主持开凿而得名。从其形制、造像的内容及雕造技法等方面来看，它们是云冈石窟群中开凿时代之较早者。因此，进一步考察昙曜五窟的开凿年代，对于研究云冈石窟群是有着重要意义的。

长期以来，关于昙曜五窟的开凿年代，存在着不同的看法。有的认为是在北魏文成帝兴安二年（453）[①]，有的认为是在文成帝和平初年（460）[②]。这些看法主要都是根据《魏书·释老志》。为了弄清问题，现将《魏书·释老志》这段有关记载全文引录如下：

"和平初，师贤卒。昙曜代之，更名沙门统。初，昙曜以复佛法之明年，自中山被命赴京，值帝出，见于路，御马前衔曜衣，时以为马识善人。帝后奉以师礼。昙曜白帝，于京城西武州塞，凿山石壁，开窟五所，镌建佛像各一。高者七十尺，次六十尺，雕饰奇伟，冠于一世。昙曜奏：平齐户及诸民，有能岁输谷六十斛入僧曹者，即为'僧祇户'，粟为'僧祇粟'，至于俭岁，赈给饥民。又请民犯重罪及官奴以为'佛图户'，以供诸寺扫洒，岁兼营田输粟。高宗并许之。于是僧祇户、粟及寺户，遍于州镇矣。昙曜又与天竺沙门常那邪舍等，译出新经十四部。"[③]

以上这段文字共叙述了五件事情。第一件是，"和平初，师贤卒。昙曜代之，更名沙门统。"第二件是："初，昙曜以复佛法之明年，自中山被命赴京，……帝后奉以师礼。"第三件是："昙曜白帝，于京城西武州塞，凿山石壁，开窟五所，镌建佛像各一。高者七十尺，次六十尺，雕饰奇伟，冠于一世。"第四件是："昙曜奏：……遍于州镇

---

① 刘泽华等：《中国古代史》（上）603 页。
② 日本水野清一、长广敏雄：《云冈石窟》第一卷第 4 页。
③ 《魏书·释老志》，中华书局标点本，1974 年 6 月第一版。

矣。"第五件是："昙曜又与天竺沙门常那邪舍等，译出新经十四部。"这五件事情全是关于昙曜之事，它们彼此是有关的。但是，明显得很，它们并不都是和平初年发生的事情。具体来说，第一件事情发生在和平初。而第二件事情则是追述过去之事，即补述昙曜在文成帝复法之明年（文成帝在兴安元年复法，复法之明年即兴安二年、公元453年），受文成帝之命，由中山赴京城（平城），帝奉以师礼。第三件事情没有说明具体时间，但从文义上看，这件事是连在第二件事之后，也是追述过去之事，即昙曜在复法之明年到达平城以后，请于文成帝，受命于武州塞开凿石窟五所。如果这件事是在和平初年，就应该放在第一件事之后紧接着叙述，而不应该放在第二件事之后加以叙述了。第四件事情即建立僧祇户、粟等，则需要一定的时间。如高肇奏言中所说："故沙门统昙曜，昔于承明元年（476），奏凉州军户赵苟子等二百家为僧祇户。"[1] 已是孝文帝时期的事情了。第五件事为译十四部佛经，也不见得是和平初所能完成的。总之，从《魏书·释老志》这段记载来分析，昙曜开凿这五所石窟应在他受命由中山来到平城之时，即文成帝复法之明年（兴安二年，453）。

其次，我们不应当孤立地考证昙曜开凿石窟的时间，而必须把这件事情放到北魏当时具体的社会历史实际中去进行考察，才能得出比较确切的结论。在中国古代，石窟的开凿并不是偶然的，它是一定社会条件的产物，是阶级斗争在意识形态领域的反映。北魏自道武帝拓跋珪建国时起，即尊崇佛道二教，作为麻痹人民反抗斗争意志、巩固北魏统治的工具。而佛教也投靠北魏皇帝，以求得自身的发展。"（道武）帝好黄老，颇览佛经。……天兴元年，下诏曰：'……其敕有司，于京城建饰容范，修整宫舍，令信向之徒，有所居止。'是岁，始作五级佛图，耆阇崛山及须弥山殿，加以绩饰。"[2] 而道人统法果，则带头改变以前"沙门不礼俗"的习惯，对北魏皇帝加以礼拜。并说，"能鸿道者人主也，我非拜天子，乃是礼佛耳。"[3] 到了太武帝晚年，由于北魏统治阶级残酷地奴役和剥削各族劳动人民，各族人民不断奋起反抗，太平真君六年（445）卢水胡人盖吴领导的起义，聚众十万，沉重地打击了北魏的统治。并促使北魏统治集团内部的矛盾斗争激化，佛道二教之间的矛盾斗争达到十分尖锐的地步。因此，太平真君七年（446），太武帝用司徒崔浩之言，下诏灭法。"有司宣告征镇诸军、刺史，诸有佛图像及胡经，尽皆击破焚烧，沙门无少长悉坑之"[4]。太武帝灭法不但使佛教受到了沉重的打击，从而引起北魏社会的剧烈震动，而且使北魏统治集团内部的矛盾斗争更加激化，他们互相残杀，上下大乱，造成北魏王朝的危机。太平真君十一年（450）"六月己亥，

---

① 《魏书·释老志》，中华书局标点本，1974年6月第一版。
② 《魏书·释老志》，中华书局标点本，1974年6月第一版。
③ 《魏书·释老志》，中华书局标点本，1974年6月第一版。
④ 《魏书·世祖纪》。

诛司徒崔浩"①。"备五刑"②。正平元年（451）六月，太武帝长子拓跋晃（恭宗）忧薨于东宫。正平二年（452）二月，中常侍宗爱杀太武帝，秘不发丧，矫皇后令，杀东平王拓跋翰及兰延等，迎立南安王拓跋余；拓跋余以宗爱为大司马、大将军、太师，都督中外诸军事，领中秘书，并封为冯翊王。而"余疑之，遂谋夺其权。爱愤怒，使小黄门贾周等夜杀余"③。在这北魏统治陷入危机的紧急关头，太武帝之孙拓跋濬在高允、源贺、陆丽等人的支持下，驰马入宫，一举杀死宗爱、贾周等，平息了宫廷叛乱，是为文成帝。

文成帝即位以后，为了结束动乱，收买人心，稳定摇摇欲坠的北魏统治，立即采取了一系列的措施。其中一项重要的措施就是复法。"高宗践极，下诏曰：'……况释迦如来功济大千，惠流尘境，等生死者叹其达观，览文义者贵其妙明，助王政之禁律，益仁智之善性，排斥群邪，开演正觉。故前代以来，莫不崇尚，亦我国家常所尊事也。……今制诸州郡县，于众居之所，各听建佛图一区，任其财用，不制会限。其好乐道法，欲为沙门，……听其出家。率大州五十，小州四十人，其郡遥远台者十人'"④。不仅如此，文成帝还亲自为京师沙门师贤等五人下发。

可以看出，文成帝复法中的一项重要措施就是令昙曜由中山赴平城，并接受昙曜建议在京西武州塞开凿石窟，这就是云冈石窟开凿之始。昙曜五窟是北魏灭法与复法斗争的产物，是稳定和巩固北魏王朝统治的急需。因此，石窟的开凿理应在复法后抓紧进行。所以，石窟的开凿应始于复法之明年（兴安二年）昙曜受命来到平城以后，而不应在复法之后八年之久的和平初年。否则，开凿石窟的意义也就大为减弱了。

此外，复法之当年，文成帝又"诏有司为石像，令如帝身。"⑤"兴光元年秋，敕有司于五级大寺内，为太祖以下五帝，铸释迦立像五，各长一丈六尺，都用赤金二十五万斤"⑥。这些措施也都是在复法后不久进行的，也都没有拖到复法八年后的和平初年。凡此都可以作为昙曜是在复法之明年开始凿窟的旁证。

昙曜所开五窟不但是为北魏皇帝开凿的，而且其主体造像的形体和面貌也都是按照北魏太祖以下诸帝雕造的。16窟的主像释迦像（图4），面目清秀，少年英俊，可能就是文成帝的肖像。此像所穿的衣服是有领结的毛料厚衣服，是当时鲜卑族的服装。这一点也更加有力地说明了开凿石窟是为了抬高拓跋珪皇帝的政治地位，巩固鲜卑贵族的

---

① 《魏书·释老志》，中华书局标点本，1974年6月第一版。

② 《魏书·阉官列传》。

③ 《魏书·释老志》，中华书局标点本，1974年6月第一版。

④ 《魏书·释老志》，中华书局标点本，1974年6月第一版。

⑤ 《魏书·释老志》，中华书局标点本，1974年6月第一版。

⑥ 《魏书·释老志》，中华书局标点本，1974年6月第一版。

统治。

我们认为，昙曜得任沙门统是在开凿五窟以后。很可能昙曜就是因为开窟有功，得到文成帝的赏识，才在和平初年师贤卒后，被任命为沙门统的。并不是做了沙门统以后才开凿石窟。总之，昙曜五窟开凿于北魏文成帝兴安二年（453），应是比较切合历史实际的。

（摘自《中国历史博物馆馆刊》1980 年第 2 期）

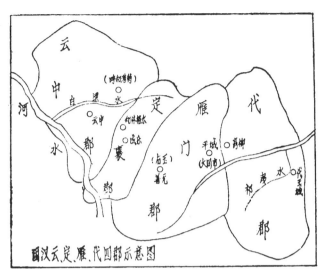

图1　西汉云、定、雁、代四郡示意图

图2　汉、北魏武州塞示意图

图3　云冈第十一窟太和七年造像与题记

图4　云冈第十六窟释迦像

云冈石窟中的乐器雕刻

肖兴华

公元 368 年，鲜卑族的统治者拓跋珪在盛乐（现在内蒙古自治区的和林格尔）建立了北魏王朝，并于公元 398 年迁都平城（现在山西省大同市）。公元 439 年，拓跋焘灭了北燕、北凉之后，结束了历史上"五胡十六国"的混战局面，统一了整个中国的北方。因此，平城就成了当时中国北部的政治、经济和文化中心。

北魏的统治者为了寻求有利于统治人民的方法，为了使连年战争所破坏的生产尽快得到恢复和发展，他们首先在农业上采取"均田制"的措施来缓和日益尖锐的阶级矛盾，在思想上，则利用佛教作为麻痹人们思想的工具。从文成帝和平年间到孝文帝太和十八年（460～494）的三十多年间，北魏的统治者在大同以西的云冈开凿了大量的石窟，雕刻了大批佛像，还有大批伎乐人、供养人等等，其中伎乐人的雕刻，对研究中国音乐史具有重要的价值，为我们研究北魏时期的音乐艺术，提供了重要的依据。

云冈石窟中的乐器雕刻大致可以分为三类，即弹拨乐器、吹管乐器和打击乐器（在唐代之前，尚未发现有关拉弦乐器的记载，也没有看到有关拉弦乐器的绘画和雕刻）。现将三类乐器的情况分述如下：

一 弹拨乐器

云冈石窟中关于弹拨乐器的雕刻较多，出现最多的是阮、琵琶、五弦琵琶、筝（或者是瑟和琴）、箜篌等。

①阮：早在公元前三世纪的秦代，劳动人民根据"鼗鼓"的形式，创造了一种直柄、圆形音箱、两面蒙皮、竖着演奏的乐器，初名为"弦鼗"，后也称琵琶。汉代又将它发展成为四弦十二柱、竖着用手弹拨的乐器，因晋代阮咸善弹，又称它为阮咸，简称

为阮。

　　云冈石窟（以下简称石窟）中弹阮的伎乐人雕刻不多，但有两种演奏方式：一种是传统的竖着用手弹（图3），一种是横着用拨子弹（图4）。用手弹的阮是竖着演奏的，用拨弹的阮是横着演奏的。但在历史文献资料里，还没有发现用拨横弹阮的记载。在石窟的雕刻中，用两种方法演奏的阮，手指按弦的部位也不相同，用手弹奏的阮，左手按弦的部位大多在中下把位，应是中音区或高音区；用拨子弹的阮，按弦部位多在上把位，属低音区。这可能受到西域传来的琵琶演奏方法的影响；用拨可能是为增加音量、制造气氛的一种手段。而按弦部位的不同，则说明传统的、以手弹奏的阮，在乐队中更多地起着演奏旋律的作用。因为阮早已有十二个品位，如果三根弦的阮按四、五度音程关系定弦，它将有两个半八度以上的音域。从乐器构造上讲，是能够胜任演奏旋律的任务的。

　　②琵琶：公元四世纪，有一种半梨形音箱、曲项，四弦四柱、用拨横弹的琵琶，通过两条途径传入我国：一条是通过丝绸之路，传入我国中原地区；一条通过北部少数民族地区，传入我国的北方。（居住在我国北部，以游牧生活为主的少数民族，根据放牧生活的特点，经常长途迁徙，很容易把几千里之外其他民族与国家的乐器带到我国的北方。）

　　琵琶和阮有很大的区别，在形状、构造、弦数方面均不相同。琵琶在当时只有四个品位，横着用拨弹奏，若按现在的定弦方法定弦，音域只有一个半八度左右。从石窟中为舞蹈伴奏乐队中所使用的琵琶雕刻可看出，它与手拨阮在使用上有着明显的区别，更多地起着节奏性的伴奏作用（也可独奏，但音域较窄）。这样，两种乐器除了音色不同之外，还分担着乐队中不同音区的演奏使命，这是值得注意的。

　　关于琵琶的演奏方法，历来多数人认为在唐代贞观（627～649）之前用拨弹奏。唐段安节在《琵琶录》中记载："贞观中（638左右），裴洛儿弹琵琶，始废拨用手，今所谓搊琵琶是也。"但是北魏时期石窟的雕刻里，已经有不少用手弹琵琶的雕刻形象（图5）。若以石窟第二期雕刻的最晚时间计算，它也要比唐代段安节的记载早一百五十年左右。手弹琵琶的演奏方法应早于该石像的雕凿时间。在石窟中更多的琵琶雕刻，则是用拨子横弹的曲项琵琶，它保持着原来的演奏技法。

　　梨形音箱的四弦曲项琵琶传入我国的时间，大约是在公元四世纪。为什么在北魏云冈石窟的雕刻当中会有两种不同的演奏方法呢？原因有二：①中原地区的阮一直是用手弹拨的，在几百年的流传过程中，积累了一套比较成熟的演奏方法。四弦曲项琵琶传入我国之后，吸收和借鉴了阮的演奏方法，使琵琶的演奏技法出现了多样性。②五弦琵琶也是通过西域传入内地的，并且多用手弹拨。据常任侠先生考证，四弦曲项琵琶来自印度，五弦琵琶来自波斯。两种形制的琵琶在传入我国之后，演奏方法可能已经互有影响。所以在石窟的雕刻中，手弹与拨弹两种演奏方法并存。三种弹拨乐器在演奏方法上的相互影响，使得阮和五弦琵琶也出现了手弹与拨弹两种演奏方法，这两种演奏方法至今在四弦曲项琵琶上仍得以保存。福建南音所用琵琶仍然继承了北魏时期用拨横弹的遗制；中原地区的四弦曲项琵琶则不断改制，有了较大的发展，变拨弹为手弹，变横弹为竖弹，品位不断增加，演奏手法不断丰富，成为我国重要的一种弹拨乐器。这个现象告诉我们：我国古代的乐工，历来很重视对外来音乐形式的吸收和借鉴，以此不断丰富自己的民族音乐。琵琶就是其中的一例。

③五弦琵琶：五弦琵琶与四弦曲项琵琶，不但来源不同、弦数不同、项的曲直不同，更重要的是它的演奏方法、音色和使用的音区也不相同。从石窟的雕刻形象来看，五弦琵琶的音箱小于四弦曲项琵琶的音箱，与宋代陈旸在《乐书》里关于"五弦琵琶盖出于北国，其形制如琵琶而小"的记载相符合。在石窟的多种乐器组合形式中；两种琵琶大多同时并用。四弦曲项琵琶由于共鸣箱较大，音色比较浑厚，适于演奏低中音声部；五弦琵琶共鸣箱较小，音色较清脆，音域较宽，适于演奏中高音声部。四弦曲项琵琶多用拨弹，五弦琵琶多用手弹（图6）。但是由于四弦曲项琵琶的影响，五弦琵琶在石窟中也有用拨横弹的雕刻形象。两种琵琶的音响效果不同，因此，它们在一个乐队中配合使用延续了很长的时间。

④琴、筝、瑟：在石窟第二期和第三期的雕刻中，出现了很多横置胸前或在大腿上演奏的弹拨乐器。这些乐器有长有短，有宽有窄，与现在见到的琴、筝、瑟三种乐器的形制相近（图7）。由于云冈石窟的石质为砂岩，又经过一千五百多年的自然风化，乐器细部的雕刻形象难免模糊不清，尤其是琴和筝之间较难辨认。

关于琴和瑟的记载最早见于《诗经》，筝在《史记》中已有记载，它们都曾流传了很长时间。根据史料记载，在南北朝时期，琴、筝、瑟三种乐器经常在一起使用。《乐府诗集》云："《古今乐录》曰：'王僧虔大明三年（459）《宴乐技录》：平调有七曲……。其器有笙、笛、筑、瑟、琴、筝等六种。'""瑟调曲……其器有笙、笛、节、琴、瑟、筝、琵琶七种"。

⑤箜篌：箜篌的来源众说不一。据《史记·封禅书》记载：汉武"塞南越，祷祠太一、后土，始用乐舞，益召歌儿，作二十五弦及箜篌琴瑟自此起。"《宋书》中也有类似的记载。由此看来，箜篌到北魏时期已经流行很久了。据《隋书》记载，箜篌有两种：一种为竖箜篌，在高丽乐、安国乐、龟兹乐、西凉乐中使用；一种为卧箜篌，在高丽乐、西凉乐中使用。在雅乐当中也曾出现。可见它是一种比较普及的乐器。在石窟中曾多次出现（图8）就不足为怪了。但是现在只知竖箜篌的形制，关于卧箜篌的形制还需做进一步的考查和识别。

二　吹管乐器

云冈石窟雕刻中的吹管乐器，可分为两大类：一类是横吹的，一类是竖吹的。

横吹的乐器有三种：一是横笛，有长短之分，与今天所吹的笛基本相同；一种是义觜笛，横吹，但吹口部分有一凸起；一种横吹的乐器吹孔在中央，按指孔在吹孔两边。据史料记载，我国横吹的乐器有篪、笛、义觜笛和现在流行在云南省景颇族的吐良及口笛，与云冈石雕中的横吹乐器相类似。

①横笛：横笛在西汉初期已在我国普遍流行。西汉初期的广西罗泊湾墓葬中就有六孔横笛出现。在郑州新通桥出土的汉代画像空心砖墓的砖刻中，就有《吹笛图》演奏横笛的形象，与石窟吹横笛的伎乐人雕刻（图9）及今天演奏横笛的姿势颇为相似。从西汉到北魏几百年中，笛的构造及演奏方法没有产生大的变化。无论在宫廷和民间，它都曾广泛流传。

②义觜笛：在云冈石窟中，有一种演奏姿势与笛相同、构造与笛相类似的雕刻乐器多次出现。它与笛的不同之处，是在吹口上有一长方形凸起，上设吹孔。关于横吹的、在吹口上有特殊构造的乐器，历史文献载有两种：一种是篪，一种是义觜笛。

关于篪的构造，《尔雅》中说："大篪谓之沂。"郭璞注曰："篪以竹为之，长尺四寸，围三寸，一孔上出一寸三分名翘，横吹之。"《广雅》对篪的构造讲的更详细些："篪以竹为之，长大（注：可能是尺字之误）四寸，有八孔，前有一孔，后有四孔，头有一孔。月令仲夏之月，命乐师调篪。"虽然讲了篪的形制，但是只说了六个孔，其余两个孔不知开在何处。这里还提出一个调篪的问题。若只是开几个按指孔，就不需要定时调整了；只有以簧片振动而发声的乐器，才有不断调整的必要，因为簧片对乐器所发出的音高起着非常重要的作用。所以，篪可能是安有簧片的乐器。再则，《尔雅》里郭璞注的"一孔上出"和《广雅》里说的"前有一孔"都说明篪和笛在构造上的区别。既然开孔不同，其演奏方法也必然不同。笛子的吹孔和按指孔是在一个平面上；而篪"一孔上出"，它的吹孔和按指孔就不可能在一个平面上，而应有孔在乐器的侧面。加上篪可能是有簧片的乐器，所以在演奏时应为口含吹孔，而不是像笛那样横吹发音孔。这样吹孔与按指孔之间必然形成一个九十度夹角。石窟中雕刻的横吹而加觜的乐器，演奏方法与篪不同，吹孔和按指孔是在一个平面上，所以它不是篪，但也不是一般的横笛。在《魏书》里，没有找到关于这种乐器名称的记载。

关于义觜笛的记载，最早见于《旧唐书·音乐志》的篪条里："……横笛皆去觜，其加觜者谓之义觜笛。"在宋代陈旸《乐书》的胡部（指少数民族）里有："义觜笛如横笛而加觜，西梁乐也，今高丽亦用焉。"说明了横笛与义觜笛之间的区别。《旧唐书》

和《乐书》都说它是高丽使用的乐器，《乐书》还提到西梁乐中也使用义觜笛。在中国历史上称"梁"的有两个；一是公元 520 年萧衍代齐称帝，国号为梁，建都于建康（今南京）；一是公元 554 年梁越王萧察降西魏，次年被西魏立为梁帝，建都江陵（今湖北江陵），但他们建国的年代都在云冈石窟开凿之后，又都建在我国的南方，从地域上来看，指的不一定是这两个国家。西梁可能是西凉之误。西凉于公元 400～420 年建都敦煌，这时正是北魏明元帝拓跋嗣（409～424）在位期间。以后北魏灭了西凉，并掠走很多技工。开凿云冈石窟，西凉技工是起了重要的作用的。他们把北魏时期所使用的乐器刻在石窟内，是很自然的事。

除云冈石窟外，在河南巩县石窟中也有义觜笛的雕刻。巩县石窟开凿于公元 500～503 年。看来，云冈石窟和巩县石窟中义觜笛的雕刻是一脉相承的。

人们不禁要问：笛和义觜笛的构造及演奏方法基本相同，只是吹觜不同，为什么还要加一个义觜呢？那是因为演奏的方便。欧洲的长笛在吹觜部分加了一个义觜，我国新笛的制作者也在吹觜上加了一个义觜，正是出于相同的道理。古代的乐工也正是为了演奏的方便而加了一个义觜，并称它为义觜笛。

③在第十一洞南壁东侧最上层，一个被损坏了的伎乐人的浮雕上，清代重修时粉画了一个横着吹奏的乐器（图 10），它的吹口在中央，按指孔在吹孔两边。目前尚不清楚它的名称，但与现在流行在云南省景颇族的"吐良"有些相似，但也有差别。在已出土的西汉时期的木俑和辑安北魏古墓的藻井壁画里，也有与它相类似的乐器；但它却不见于《魏书》、《隋书》以及更早的史料记载。这正是值得研究的问题。

在云冈石窟中，竖吹的乐器种类也较多，有唢呐、排箫、筚篥、笳、螺等。

①唢呐：在第十洞前室北壁上层，左起第二个伎乐人的雕刻，是一个演奏唢呐的形象。这种唢呐与现在汉族地区所见的唢呐不同。现在我们常见的汉族唢呐大体由三部分组成，即哨、管身和喇叭形的扩音；而第十洞所雕刻的唢呐其管身和喇叭形扩音器是一个整体。这种形制和流行在新疆南部维吾尔族所使用的木唢呐相似。第十洞开凿的时间约在公元 484 年至 489 年之间，它比新疆克孜尔石窟寺第三十八窟（开凿于两晋时期，即 265～420）演奏唢呐的绘画（图 11）出现稍晚。可见唢呐也是通过西部少数民族地区传到北方和中原地区的。我们过去根据明代王盘《王西楼先生乐府·朝天子》词："喇叭、唢呐，曲儿小，腔儿大，……"材料得知，唢呐在明代已在中原地区广泛流行，这个雕刻和新疆的绘画，把唢呐的历史提早了八、九百年。

②筚篥：过去认为筚篥大约在隋代（581～618）由新疆一带地区传入内地，其根据是在隋唐九、十部乐中，有好几部都用到了筚篥。《隋书·音乐志》载"龟兹乐"中有筚篥。"安国，歌曲……乐器有箜篌、琵琶、五弦、笛、箫、筚篥、双筚篥、正鼓、和鼓、铜钹十种为一部，工二十人。"说明筚篥在隋唐时期，就已经是合奏中使用的乐

器了，它也为歌唱伴奏。在云冈石窟雕刻乐器组合中，很多都用到了筚篥（图12）。它的实际应用，起码要比《隋书·音乐志》的文字记载要早一百多年。《隋书》不但提到单管筚篥，而且提到双管筚篥，说明它的使用在当时是非常普遍的。这两种形制的筚篥至今仍在北方民间流传，但名称已经由筚篥改为管。管在民间的吹打乐队中，往往起着领奏的作用。现在民间使用的管，有大、中、小之分，在石窟的雕刻中，管已有大小之分，这大概是与声部和音区的要求相适应的。

⑧笳：在十二洞顶部有五个立体伎乐人的雕像，其中一人两手抱着一个无按指孔的管乐器，它就是笳（图13）。

在西汉《李陵答苏武书》中有"胡地玄冰，边土惨裂，但闻北风萧条之声，凉秋九月，塞外草衰，夜不能寐，侧耳远听，胡笳互动，牧马悲鸣，吟啸成群，边声四起，晨坐听之，不觉泪下"的记载，说明西汉时期在北部以游牧为生的少数民族当中已有笳流传。关于笳的形制，历代众说不一，且很模糊。宋陈旸《乐书》说："胡笳，似觱篥而无孔，后世卤簿用之。"看来，由于它没有按指孔，奏不出复杂的音乐旋律，最初只是放牧时使用的唤马工具，以后才逐渐吸收到乐队中，成为特性乐器。在长期的艺术实践中，它已经被能发多音的筚篥所代替。在以后的史料中虽然还有不少关于它的记载，但形制也不甚清楚。清代文献中记载的笳，已和宋代陈旸《乐书》中记载的笳有了很大的区别，已经成为有三孔、能发多种声音的乐器了。

唢呐、筚篥和笳三种乐器，都是通过双簧的振动而发音的乐器。云冈石窟中无簧竖吹的管乐器，如箫、排箫等乐器的雕刻。

④箫：在汉魏六朝时期，箫称"籆"（即笛），而"箫"则指编管乐器排箫。箫在石窟中曾多次出现。据《旧唐书》记载，唐代曾出现一种名为"尺八"的乐器，与箫的演奏方法非常相似，也许它就是箫的一个品种。

⑤排箫：排箫是编管乐器，在已出土的商代甲骨文中已有龠字；《诗经》中也有"箫管备举"的记载。排箫在第二期石窟的乐器雕刻组合中曾大量出现，说明也是相当普及的乐器。排箫的使用在北魏时期遍及我国的南北方，西部和北部的安国、龟兹、西凉等音乐中也使用。与云冈同期的新疆克孜尔石窟寺的壁画中也有排箫的绘画出现，证明了中原地区和西域的文化交流是互有影响的。在南方的文康乐和雅乐中，它也是不可缺少的乐器。

⑥螺：螺（亦称贝）属单音乐器，在石窟第二期的雕刻中出现较多。仅在第六洞主室南壁上层的乐器组合中，就有三个吹螺的伎乐人同时出现，它可能是随着佛教向东传播而带来的法器，以后才应用到民间的乐队中，成为特性乐器。现在南方的舟山锣鼓的乐队中，至今还用它。云冈石窟中所出现螺的雕刻，要比最早记载它的《旧唐书》早好几百年。

⑦笙：笙是我国古老的簧管乐器，在石窟中出现的不多，只在第十一洞、十三洞和五十洞出现过，它的构造比较复杂，北方少数民族还刚刚开始接触它。这种乐器也是南北文化交流的物证。

三　打击乐器

在我国音乐的历史中，曾经出现过多种打击乐器。北魏时期，随着民族的大融合，又吸收了不少其他少数民族的打击乐器，使得这一种类的乐器更加丰富了。在云冈石窟的雕刻中，比较突出的是细腰鼓、腰鼓、齐鼓和平鼓，铙钹也在这个时期出现。

①细腰鼓：细腰鼓是中间细、两头粗这一类鼓的总名称。在宋陈旸《乐书》中记载："昔苻坚破龟兹国，获羯鼓、鞨鼓、腰鼓，汉魏用之。大者以瓦，小者以木类，皆广首纤腹。宋萧思话（406～455）所谓细腰鼓是也。……右击以杖，左拍以手，后世谓之杖鼓、拍鼓，亦谓之魏鼓。每奏大曲入破时，与羯鼓、大鼓同震作，其声和壮而有节也。"由此看来，细腰鼓是流行于北部少数民族地区的鼓；由于在北魏时期得到普遍应用，被称为魏鼓。在云冈石窟的乐器组合雕刻中，绝大多数都用到了细腰鼓；在第六洞南壁上层的乐器组合中，竟用了四个细腰鼓。虽然它们在构造上稍异，名称也各不相同，但这类鼓在当时的乐队中是起着相当重要的作用的。

细腰鼓在石窟的雕刻里，既用于边舞边击，也用于舞蹈的伴奏。现在朝鲜族使用的长鼓、瑶族使用的长鼓和壮族使用的横鼓，都保留着这种类似的演奏形式。

②腰鼓：腰鼓在云冈石窟的雕刻中出现较多，在乐器组合的雕刻中广泛使用。它的来源，有待进一步进行探讨。

③齐鼓：齐鼓在石窟的雕刻中也曾出现数次。这种鼓在《隋书》当中已有记载，但没有讲清它的形制。陈旸在《乐书》中说："齐鼓状如漆桶，一头差大，设齐于鼓面，如麝脐然。西凉、高丽之器也。"由于它的鼓面构造比较复杂，以后很少见到它的使用和有关记载。

④铙钹：铙钹于公元四世纪由印度传入我国。在《隋书·音乐志》中有"天竺者，起自张重华据有凉州（346～353），重四译来贡男伎，天竺即其乐焉。……乐器有……钹……等九种，为一部"的记载。此外，铙钹还在康国、龟兹、西凉的乐队中有特殊的音响效果。铙钹是随着佛教传入我国才出现的乐器。

⑤碰铃：碰铃古代称星，在云冈石窟中已经出现。它也可能是随着佛教的东传和铙钹一并传入我国北部少数民族地区的。在与云冈石窟同时期雕刻的司马金龙墓门石雕中，也有演奏碰铃的伎乐人形象，用它来为舞蹈的伴奏击节。

云冈石窟的开凿已经有一千五百多年的历史，但是，对其中有关音乐的乐器雕刻的研究工作还刚刚开始。这篇初探是在云冈石窟文物保管所有关同志的协助下，通过对云冈石窟的粗略考查，只是将一些不成熟的看法提出来，求教于有研究的诸同志。如果它能起到抛砖引玉的作用，那将使我感到最大的宽慰。

（摘自《中国音乐》1981 年第 2 期）

图 1　十二洞前室北壁

图 2　云冈石窟外景

图 3　十一洞手弹阮人　　　图 4　六洞拨弹阮人　　　图 5　十二洞弹曲项琵琶人　　　图 6　十二洞手弹五弦琵琶人

图 7　十二洞伎乐人　　　图 8　十二洞弹箜篌人　　　图 9　十二洞吹横笛人　　　图 10　十一洞横吹人

图 11　新疆克孜尔石窟吹唢呐人　　　图 12　十二洞吹筚篥人　　　图 13　十二洞吹茄人

关于云冈石窟分期的几个问题

——兼与长广敏雄先生商榷

丁明夷

石窟寺的年代学（编年）和分期问题，是石窟寺研究的前提和基础，因而历来为学者所重视。关于云冈石窟的分期，目前将北魏时期的洞窟大体分作早、中、晚三期，即早期为昙曜五窟（十六～二十窟），中期包括中部窟群诸窟，晚期则包括分布于二十窟以西的西部窟群诸窟，这已为学术界的一致意见。但是，对一些具体洞窟的年代和期属问题，也还存在一些不同看法。我们相信，就此提出问题，展开讨论，是有益而必要的。

日本研究中国石窟寺的长广敏雄先生[①]，最近连续发表两篇有关云冈石窟年代、分期问题的论文[②]。拜读之后，感到很有启发，受益良多。可是，对其中一些论点，却仍是不敢苟同，故撰此文以就正于先生以及其他同好。

一 金碑问题

关于云冈石窟的文献记录，所存自来甚少；又因石质（砂岩）较易风化，有关石刻铭记也所遗无多。其中纪年较清晰者不过十余处，且皆为佛龛的发愿题记，而非佛龛所在洞窟的开凿铭刻。这给石窟寺编年分期工作，带来不少困难，因此便出现如陈援庵

---

① 主要著作有水野清一、长广敏雄著十六卷《云冈石窟》，京都大学人文科学研究所，1956 年版，长广敏雄著《云冈石窟——中国文化史迹》，世界文化社刊，1976 年版。

② 《驳宿白氏の云冈石窟分期论》，《东方学》第六十辑，东方学会编，1980 年 10 月；《云冈石窟の谜》，《仏教芸术》第 134 号，1981 年 1 月。

先生所说"……龙门造像，宇内知名；武州石窟，言者盖寡"[①] 的情形。然有"大金西京武州山重修大石窟寺碑"（以下简称"金碑"）详细记述了云冈石窟自唐迄金的营造情况，内中所引现已湮损的北魏铭记和《云中图》、法轸《寺记》等佚亡文献，对若干大窟的兴建年代记述颇详。此碑刻于金皇统七年（1147），为夷门（今河南开封）曹衍记并书，碑文共两千多字。元末至正二十三年（1363），熊自得到云冈时曾亲见此碑，得以抄录全文，并引入其所著《析津志》中。此后，又载入《永乐大典》平字韵"北平府"条。缪荃孙修《顺天府志》时过录了该条全文，其传抄本解放前夕才被重新发现，现保存在北京大学图书馆。"金碑"的发现，早已受到国内外研究云冈石窟学者们的重视，关于其发现经过及整理结果，宿白同志已有专文介绍[②]。

最近，长广先生对"金碑"的可靠性提出了质疑，并对云冈石窟分期问题提出了自己的看法[③]。其质疑文字不多，兹照录于下：

> ……石碑已不存，拓本亦无，首先就对作为资料的凭信性产生疑问。为了慎重起见，我查阅了京都大学人文科学研究所的藏书，但缺少《永乐大典》（平字韵北平府条）所在的卷帙，《析津志》亦不藏。目前也无复印北京大学图书馆藏本的机会。因此，宿白先生所发表的碑文（且不问其有无抄误），就有"东施效颦"之险[④]。

在这里，长广先生并未对碑文内容详加考究，只以石碑不存，拓本亦无，本人又未得亲见缪氏抄本而遽对"金碑"提出质疑，这是不能令人信服的。其实，只要细读碑文，一些歧义本可释然。在宿文序中曾明言："碑文后所附注释系按碑文顺序，摘录有关文献和已知的遗迹、遗物与碑文参比疏正：一部分是说明碑文自身；另一部分则为了推测碑文所记的寺院的位置和考订云冈兴废的历史。"因此，科学的态度是，应从分析内容入手，首先验证碑文的可靠性。

我们从"金碑"所述北魏至金的云冈兴废史实，验之于有关文献记录和现存遗迹、遗物，认为内容基本翔实。这是我们断定此碑可信的主要理由。下面略举数端，如碑中对云冈北魏洞窟营建始末的结论是：

> 然则此寺之建，肇于神瑞，终乎正光，凡七帝，历一百一十一年。

关于云冈石窟于神瑞元年开创之说，首见于唐道宣《大唐内典录》卷四《后魏元氏翻传佛经录》：

> 道武帝魏之太祖也，改号神瑞元年，当晋孝武帝太元元年也……生知信佛，兴

---

① 陈垣：《记大同武州山石窟寺》（写于 1918 年），刊《陈垣学术论文集》，中华书局，1980 年版。
② 《〈大金西京武州山重修大石窟寺碑〉校注》，刊《北京大学学报》（人文科学）1956 年 1 期。
③ 长广敏雄：《驳宿白氏の云冈石窟分期论》。
④ 译文根据长广论文，如有译误之处，由作者负责。

建大寺，恒安郊西大谷石壁皆凿为窟，高十余丈，东西三十里，栉比相连，其数众矣。

"金碑"仍用其说，但订正了年代的一些错误：

按神瑞时（应为'系'之讹）明元所改，岁在癸丑，当东晋安帝隆安十七（应为十八）年，在太元后三十七（应为九）年矣，其舛误如此。①

至于"终乎正光"说，我们从云冈现存北魏年代最晚的第四窟正光年间（520～525年）铭记以及洛南伊阙山石窟三所（洛阳龙门石窟宾阳三洞）于"正光四年（524）六月以前"中途辍事的记载②看，说明在北魏政权处于风雨飘摇之际，石窟工程确已难于再进行下去，其说实是的论。

现存云冈石窟东西绵延一公里。上述道宣所说"东西三十里，栉比相连"之句，过去总以为是文人铺陈，以至陈援庵先生亦言：

是录与《续高僧传》，皆言石窟相连，三十余里，以今考之，实无此数，则石窟圮夷者众矣。特未知撰者有信口大言否耳。③

而"金碑"中却明记：

十寺之外，西至悬空寺，在焦山之东，远及一舍，皆有龛像，所谓栉比相连者也。

这里的远及"一舍"，正为三十里之遥。解放后，在云冈西约三十里处，武州川北岸高山镇对面焦山，发现了北魏残窟及后代重装彩绘的遗迹④，足证道宣所言不诬。

又"金碑"中"唐贞观十五年守臣重建"的记述，不仅填补了北魏以后迄初唐关于云冈石窟文献记录的空白，而且参证道宣有关云冈事迹的文字⑤和《古清凉传》卷上中关于俨禅师"每在恒安修理孝文石窟故像"的纪实，再结合第三窟北壁三尊初唐雕像以及1975年云冈石窟文物保管站所清理第三窟上层平台时发现的唐代宝装莲花纹圆

---

① 关于云冈石窟的创建年代，除上文神瑞说，还有人主张开凿于文成帝兴安二年（453）。按《魏书·释老志》记载："和平初，师贤卒，昙曜代之，更名沙门统。初，昙曜以复法之明年，自中山被命赴京……帝后奉以师礼。昙曜白帝于京城西武州塞，凿山石壁，开窟五所，镌建佛像各一，高者七十尺，次六十尺，雕饰奇伟，冠于一世。"细读文义，昙曜继师贤为沙门统并被文成帝奉以师礼，时当和平（460～465）初，而文中自"初，昙曜……"以下一段，显系追述在此以前之事，并非谓复法之明年（兴安二年）即开凿石窟。而太平真君七年（446）太武帝灭佛法，曾使"土木宫塔"之类悉遭毁坏，只保存了一些金银佛像及佛经。兴安元年文成帝即位，明年复佛法，开始只做些"起塔寺，搜访经典"（《释老志》）的工作。在武州山开凿大石窟，需要一定时间和技术力量的准备。昙曜主持开凿石窟五所，也只能是在任沙门统之后。和平初上距复法八年，北魏已能集中力量开出大窟，因而，云冈石窟的开创年代应为北魏和平初年。

② 《魏书·释老志》。

③ 陈垣：《记大同武州山石窟寺》（写于1918年），刊《陈垣学术论文集》，中华书局，1980年版。

④ 王逊：《云冈一带勘察记》，刊《雁北文物勘察报告》，文化部文物局，1951年。

⑤ 道宣：《续高僧传·昙曜传》、《大唐内典录》卷四《后魏元氏翻传佛经录》及《广弘明集》卷二《魏书·释老志》附注。

瓦当（直径 17.5 厘米，图 1）等现存遗物，可知曹衍所记当有依据，并非凭空杜撰。

　　曹衍的生平事迹虽不详，但生当金世，复受皇统三年（1143）"定充本寺提点"的灵岩寺住持禀慧之请，撰此碑文，故其对辽、金二代云冈兴废的纪实，尤为详明、精当。碑文中所记辽兴宗、道宗、天祚历朝在云冈屡次重修的记录，只要对照一下辽代云冈的遗迹、遗物，即可明白曹衍是"摭实而书之"① 的，并无向壁虚造之嫌。像碑中所记：

　　　　先是亡辽季世，盗贼群起，寺遭焚劫，灵岩栋宇，扫地无遗。

其与辽末保大年间（1121～1123）金兵入据大同，辽兵经大同、云冈南逃的史实和大同市现存金代诸碑关于华严寺、善恩寺等寺院皆遭焚烬的记录②，多有契合。试问，作者如不亲历见闻并实地勘考，能写出这种文字么？

　　总之，"金碑"内容可信，怀疑它的真实性，是没有根据的。

二　云冈十寺

　　十寺（十名）之说，首见于"金碑"：

　　　　西京大石窟寺者，后魏之所建也，凡有十名，一通示（应为"乐"之讹），二灵岩，三鲸崇，四镇国，五护国，六天宫，七崇教（下文作"崇福"），八童子，九华严，十兜率。

其后，明成化十年《山西通志》卷五、嘉靖四十三年（1564）《山西通志》卷五、清顺治九年（1652）《云中郡志》卷三、雍正十一年（1733）《朔平府志》卷三、乾隆四十七年（1782）《大同府志》卷二五等，亦记有"石窟十寺"，名称稍有更改：通乐、灵岩、鲸崇改称同升、灵光、能仁，其他寺名相同③。

　　这石窟十寺，我们据碑文判断，是指在北魏始建的石窟前营建木结构窟檐而形成的

---

① 《大金西京武州山重修大石窟寺碑》。

② 宿文（注长广敏雄《驳宿白氏の云冈石窟分期论》。）"辽末云冈之毁"。

③ 云冈寺最早在北魏时名为灵岩寺。《魏书·释老志》记："景明初，世宗诏大长秋卿白整，准代京灵岩寺石窟，于洛南伊阙山为高祖、文昭皇太后营窟二所。"此寺名系总指石窟全体而言，其名称由来，据《水经注》卷十三《㶟水》条所记："武州川水又东南流，水侧有石祇洹舍，并诸窟室，比丘尼所居也。其水又东转迳灵岩南，凿石开山……"。可知灵岩本为武州川水东转所迳处地名，寺因地得名。到了唐代，又据上述引文，称为东西二寺。《广弘明集》卷二记："今时见者传云，谷深三十里，东为僧寺，名曰灵岩，西头尼寺，各凿石为龛容千人。"《续高僧传·昙曜传》亦记："释昙曜……以元魏和平年，任北台昭玄统……住恒安石窟通乐寺，即魏帝所造也。去恒安西北三十里，武州山谷北面石崖，就而镌之，建立佛寺，名曰灵岩……东头僧寺，恒供千人。"通乐之名，不见于唐代以前文献，说明唐代始称云冈为通乐寺，而灵岩此时则专指东头僧寺，其位置大致即第三窟。"金碑"总称云冈为"武州山大石窟寺"，并举出十寺之名。"云冈"名称最早见于明嘉靖三十七年（1558），现云冈冈上尚存该年所建云冈城堡。嘉靖四十三年《重修云冈堡碑记》中也记："古者石佛寺通四卫道也，于嘉靖三十七年，由为右卫饷道，改□云冈堡。"清初以后，就迳称"云冈大石窟阁"、"云冈寺"了。

十个寺①。我们知道，历年来的考古调查和清理工作，已经证实辽代在云冈石窟进行了石窟前的营造、造像的修理和彩饰等浩大的工程。从云冈第一窟至第二十窟崖面上现存的可容纳木结构的梁孔、椽眼、人字形沟槽、梁槽等大量建筑遗迹②来看，也大体分布在下列十处：一、二窟；三窟；五、六窟；七、八窟；九、十窟；十一、十二、十三窟；十五、十六窟；十七、十八窟；二十窟。因此，我们可以推断，所谓石窟十寺，就是辽代兴建的后接窟室的木结构建筑，其具体位置约当上述一至二十窟的十处地点。

但是，长广先生却指出："以'金碑'十寺相当于现存石窟，是极大胆，然而论据薄弱的推定。"③ 这话有两层含义：一、十寺之说依据"金碑"是否可信？二、如果肯定十寺说，是否可找到它相当于现存石窟的论据？对于前一问题，上文已论及，兹不赘言。对于后者，我们的答复是：必须尊重事实。

近半个世纪以来，中、日两国学者在上述十处地点中，多次发现辽代建筑遗迹和遗物，而这些发现又将崖面和窟前地面的遗迹联系起来，说明辽人确曾在这些石窟前兴建了木建筑窟槽。面对这种不容置疑的事实，合乎逻辑的结论只能是：这就是"金碑"十寺，它建于辽代。关于这一点，宿文已有论述，我们仅根据近年来新发现，略作补充。如以九、十窟为例，1972 至 1974 年曾进行窟前发掘，发现两处窟檐建筑遗迹，将窟前基岩上的柱础群与崖面上方的梁孔、窟顶上方的梁槽相对照，说明在两窟前面曾有过两次修建活动：第一次修建了面阔七间的窟檐，时间约当北魏以后；第二次修建了面阔五间的窟檐，可能为辽代重建④。第五、六窟窟前现存的木结构五间四层楼阁，重建于清顺治八年（1651），而两窟前室崖面上，还整齐地排列着一组梁孔、椽眼等建筑遗

---

① 辽代以前云冈石窟是否营建过木构窟檐，值得注意。晚唐人宋昱所作五言诗《题石窟寺·即魏孝文之所置》（《文苑英华》卷 241）中描述："梵宇开金地，杳龛凿铁围。影中群像动，空里众灵飞。檐牖笼朱旭，房廊铼翠微。"诗中所说的"檐牖"和"房廊"，虽不能肯定系指木结构窟檐，但从上文所述九、十窟前七开间木结构窟檐遗迹和三窟出土唐瓦当等发现看，则在北魏以后至辽以前，如营建窟檐，就很可能与"金碑"中"唐贞观十五年守臣重建"一事有关。至于北魏云冈的窟檐情形，《水经注·㶟水条》记述："凿石开山，因岩结构，真容巨壮，世法所希，山堂水殿，烟寺相望。"从文中"堂"、"殿"、"寺"的记载判断，当时系凿出仿木建筑的石雕窟檐。1973 年十二窟列柱上方，发现石雕脊饰、瓦垅等残迹，经过复原（参看云冈石窟文物保管所、文物保管科学技术研究所《云冈石窟建筑遗迹的新发现》，《文物》1976 年 4 期），证明应如麦积山第一、二、十八、三十窟，天龙山西蜂第七窟，龙门唐字洞等北朝石窟之例，雕作"因岩结构"的崖阁式窟檐。这种石雕窟檐，在云冈除十二窟，还有九、十、十四及十三窟以西一残窟，均分前后室，后室平面方形，前室正面置四根八角石柱，隔作三开间。九、十窟前室并列石柱八根，隔作七开间，石柱雕饰繁缛工细：柱础雕狮象，上为须弥山，山上雕束莲柱、勾栏等。不过，上述窟顶均因崩圮或后代建木结构窟檐而遭破坏。此外，九、十、十二等窟，前室东西壁及北壁后室窟门上，都雕出仿木结构的屋形龛（图 4），形制大体相同：筒瓦庑殿顶，正脊两端雕鸱尾，中央立迦楼罗鸟，屋顶作出瓦垅、金石椽檐及撩檐板。屋顶下立四根八角柱或方形塔柱，柱头卷刹，上为皿板，坐栌科，枓上托额枋。柱头作一斗三升斗栱，辅间为硬直的人字栱。这种屋龛，实际就是上述仿木结构窟檐的缩小型。

② 宿文注［一］"十寺问题"，注［二六］"辽代云冈"。

③ 长广敏雄：《驳宿白氏の云冈石窟分期论》。

④ 云冈石窟文物保管所、文物保管科学技术研究所：《云冈石窟建筑遗迹的新发现》，《文物》1976 年 4 期。

迹，从其组合规律看，当可容纳三层楼阁。这座三层楼阁，应较四层楼阁为早，时代尚难遽定；但五窟前西侧地面，1933年发现过辽代石础榍①，说明至少在辽代这里存在过一处窟前建筑。至于第三窟，由于它在云冈规模最大，崖面上方遗存排列有序的十二个长方梁孔，1975年清理上层平台时，又出土过辽代沟纹砖等遗物和一排梁槽遗迹，今后如结合进行窟前清理发掘，就会对判断崖面窟檐遗迹的时代，探索辽代灵岩寺和金代灵岩大阁②的具体方位，提供新的线索。

综上所述，我们认为，考古发现的材料表明，所谓"金碑"十寺，就是指兴建于辽，分布于一至二十窟一带，后接窟室的十处木结构窟檐建筑。

三　关于五至十窟的年代和分期

在长广先生论文中，用相当篇幅谈到了这六个窟。现在，把问题集中到这六个窟的年代上，进一步阐明我们的观点。

1. 护国、崇福二寺问题

"金碑"中记述：

> 今寺中遗刻所存有二：一载在护国，大而不全，无年月可考；一在崇福，小而完，其略曰：安西大将军散骑常侍吏部内行尚书宕昌公钳耳庆时镌也……盖庆时为国祈福所建也。末云：大代太和八年建，十三年毕……护国东壁有拓国王骑从……以孝文为建寺之主，盖指护国而言也……又护国二龛不加力而自开……

这就为我们了解云冈一些洞窟的开凿年代，提出了有力的依据。宿文就是根据上述碑文，将护国、崇福二寺，分别推定为七、八窟和九、十窟的。

关于护国寺，长广先生不同意推定为第七、八窟，理由是：这两个窟中没有"骑从"雕刻；也没有"大而不全，无年月可考"的石刻③。我们以为，碑文中已经确指护国寺的下述明显特征：双窟（二龛）；以孝文帝为建寺之主；东壁有拓国王骑从；有"大而不全，无年月可考"的石刻。在云冈石窟中，符合这几个特征的，只有七、八窟可能性最大。双窟形式的洞窟，在云冈虽有一、二，五、六，七、八，九、十等四组，但其中，一、二窟规模较小，绝非为皇帝开凿，显然不合以孝文帝为建寺之主的规制；

---

① 梁思成：《云冈石窟中所表现的北魏建筑》，刊《中国营造学社汇刊》，第四卷第三、四期。

② 金代灵岩寺，据"金碑"所记："皇统初……乃请惠公法师住持……于是重修灵岩大阁九楹……"，其位置应在已毁的辽灵岩寺旧址，即第三窟。此寺现已不存，但可能曾保存至元末。至正二十三年，熊自得即宿"寺之方丈，受清供。"（《析津志》）。

③ 长广敏雄：《驳宿白氏の云冈石窟分期论》。

九、十窟供养人行列雕于后室隧道，窟内外亦无雕刻较大遗刻的壁面；五、六窟未见到较大遗刻的痕迹，后室东西壁上，五窟为立佛及多层龛像，六窟则为上开四层大龛，下面雕刻方格连续佛传。至于七、八这组双窟，规模较大（前室两壁高近 15 米），窟中统一布置了各种题材：后室北壁上层为释迦、多宝佛，下层为三世佛；东西壁凿出四排龛像，内为"降魔成道"、"降伏火龙"等佛传故事；南壁雕刻乾闼婆伎乐，供养天人，维摩、文殊对坐等题材；窟顶平棊藻井，内刻紧那罗舞神和供养天人；窟门内侧刻夜叉和阿修罗（七窟），两侧刻摩醯首罗天、鸠摩罗天和密迹金刚神（八窟）；明窗券顶刻二龙（八窟）。这种题材布局，在云冈并不多见。法云《翻译名义集》卷一"八部篇"中记载：

> 一天、二龙、三夜叉、四乾闼婆、五阿修罗、六迦楼罗、七紧那罗、八摩睺罗迦。原夫佛垂化也……出则释天前引，入则梵王后随。左辅大将，由灭恶以成功；
> 右弼金刚，用生善而为德。三乘贤圣，既肃尔以归投；八部鬼神，故森然而翊卫。

显然是以后室正龛为中心，配列左右壁的佛传龛像以及前壁、窟顶和窟门内外的八部护法像。北魏时，皇帝"即是当今如来，沙门宜应尽礼"[①]，因而，这些以"翊卫"身份出现的造像，正寓意着以皇帝为"建寺之主"的情况。

七、八窟前室东西壁雕刻，风化泐损较甚。七窟尚可辨识上下各刻十排像：西壁通往八窟的甬道上部为千佛遗迹；东壁似为本生故事雕刻，第六排中有出行队列，最下层是供养人行列。八窟仅可看出最下层为供养人行列。按云冈现存"礼佛图"式的供养人行列（其中有骑象、马者），只有第五十窟四壁下层，此窟系迁都洛阳后凿出的晚期小窟，显非护国寺。因此，护国东壁的"拓国王骑从"，或即七、八窟前室的供养人或出行队列。须知曹衍所见，迄今已逾八百多年，骑马形象抑且早经磨灭，倒也不必过于强求。

关于"大而不全，无年月可考"的护国遗刻，据曹衍所记，在辽末已遭焚毁："师又以灵岩古刹既为灰烬，护国大碑又复摧毁，胜概不传，居常叹息，……"遍观云冈，我们只能在七、八窟中间石壁下部，找到这块丰碑的残迹。可是，长广先生反举出道宣《续高僧传·昙曜传》中所记："东头僧寺，恒供千人。碑碣见存，未卒陈委"一段文字，推论护国大碑应在云冈东部三、四窟一带[②]。按《续高僧传》撰于唐贞观十九年（645）。至麟德元年（664），道宣复撰《大唐内典录·后魏元氏翻传佛经录》，其中为：

> 谷东石碑见在，纪其功绩不可以算也。其碑略云：自魏国所统赋赋，并成石

---

① 《魏书·释老志》。
② 长广敏雄：《驳宿白氏の云冈石窟分期论》。

龛，故其规度宏远，所以神功逾久而不朽也。

可知道宣曾见此碑，从其引用碑文看，当系魏刻。其后，《古今译经图记》、《开元释教录》、《贞元释教录》，关于此碑，都沿用其文。而最后一录，成于贞元十六年（800），如其所记"碑碣见存"可信，则此碑于8世纪末犹存。这块魏碑是否保存到12世纪中叶"金碑"撰作时，现在已不可得知。但是，四窟为一残破小窟，三窟于北魏开凿后即中途废弃，唯有前室上层平台还保存少量北魏造像。而且，既非双窟，又无任何较大遗刻痕迹可寻。显而易见，护国碑并无在第三窟的可能性。

关于崇福寺，长广文中也试图论证不应为九、十窟，理由有二。其一，列举了《大代宕昌公晖福寺碑》中所记钳耳庆时在其本乡建造三级佛图之事，指出国都附近建造的九、十窟规模过小，与他的身份地位不相适应。其二，认为"金碑"中关于崇福寺建造年代"大代太和八年建，十三年毕"的文字，过于简略，不合魏碑一般通例①。下面我们逐一进行分析。

钳耳庆时所造三级佛图，《晖福寺碑》仅记：

规崇爽垲……崇基重构，层橺叠起，法堂禅室通阁连晖……

这本无法与九、十窟进行具体比较。又碑文中明言系为"二圣（文明太皇太后及孝文帝）造三级佛图各一区"，而崇福寺则是"庆时为国祈福之所建也"，二者规制自然应有区别。况且，长广先生在同一论文注＜11＞中，也曾断言九、十窟规模：

绝非不过大，而为大石窟。仅记九窟尺寸而言：主室高9.8米，宽11米，深11米（包括隧道）。前室高10.5米，宽12米，深6米（包括列柱）。

此前后为文不一，莫审谁是？

至于魏碑纪年通例，长广先生以为应作"□□年岁次□□□月□□"，指出"金碑"之例，为魏碑中所少见。其实，即以长广论文中所举云冈铭记，也表明不乏其例。如十一窟外壁d龛东侧作"太和十三年七月十二日□□敬造"，十一窟明窗东侧作"唯大代太和十九年四月二十八日，弟仲吕……"。此外，曹衍在碑文中叙及崇福寺年代时，亦可能是一般叙述，未完全引用魏碑原文，行文但只用当时笔法。如十三窟南壁下西龛佛座上的辽代铭记，作"……大小一千八百七十六尊，十二月一日建，六月三十日毕"②，与"金碑"记年代法完全相同。

我们说九、十窟可能即是崇福寺，还因为它的建造风格与钳耳庆时相一致。《晖福寺碑》描述庆时所建佛图："殚功锐巧，穷妙极思"，九、十窟雕饰巧丽，在云冈称最，正与庆时作风相合。世宗初，庆时兼将作大匠，孝文帝以后北魏兴建的巨大建筑，大多

---

① 长广敏雄：《驳宿白氏の云冈石窟分期论》。

② 长广敏雄：《云冈石窟の谜》。

出于其手①。饶有兴味的是，《水经注·漯水》条记述：

> （平城）东郭外，太和中阉人宕昌公钳耳庆时立祇洹舍于东皋，橼瓦梁栋，台壁椽陛，尊容面像及床坐轩帐，悉青石也，图制可观。武州川水又东南流，水侧有石祇洹舍，并诸窟室，比丘尼所居也。

《魏书·高祖纪》也记太和三年造文石室，五年造永固石室于方山，皆应为庆时监作。这类石祇洹舍、石室等，都是用石料雕成的仿木结构建筑。它是庆时独创的太和年间特有的建筑形式，是外来的石窟形式与传统的民族建筑技术的巧妙结合，反映了石窟艺术民族化的趋向，也是孝文帝太和年间推行一系列汉化政策的反映。它的具体遗存，就是如九、十窟石雕窟檐、屋形龛之类。九、十窟（崇福寺）"太和八年建，十三年毕"，晖福寺三级佛图历"三载而就"，完成于太和十二年。这与太和中庆时在平城外所建祇洹舍，在时间和建筑风格上都十分接近，也为推定九、十窟即庆时所建崇福寺，增加了一个证据。

2. 石窟"落庆"问题

长广先生推断云冈主要洞窟年代的重要论据之一，是将有关北魏皇帝"行幸"武州山的纪事，推定为以临幸石窟寺本尊"落庆"（即竣工）盛典为主要目的②。例如，他列举献文帝皇兴元年（467）行幸武州山石窟寺，即为昙曜五窟"落庆"供养。而七、八窟乃继此数年后完成，因此主要是在献文帝时期施工。基于同样推论，认为九、十窟系孝文帝延兴五年（475）行幸时"落庆"，六窟则是太和七年（483）行幸时"落庆"的。这种观点，值得讨论。

文献记载，北魏皇帝行幸武州（周）山，自明元帝始。《魏书·礼志》记述：

> 太宗永兴三年（411）三月，帝祷于武周、车轮二山。初，清河王绍有宠于太祖，性凶悍，帝每以义责之，弗从。帝惧其变，乃于山口祈福于天地、神祇。及即位坛兆后，因以为常祀，岁一祭，牲用牛，帝皆亲之，无常日。

北魏皇帝出幸武州山石窟寺，则首见于献文帝。《魏书·显祖纪》记载：

> 皇兴元年（467）秋八月丁酉幸武州山石窟寺（卷六，《北史》卷二文同。时帝年十四）

同书《高祖纪》记载：

> 延兴五年（475）丁未，幸武州山（卷七上，《北史》卷三文同。时帝年九岁）

---

① 《魏书》卷九四《王遇传》记载："世宗初，兼将作大匠……北都方山灵泉道俗居宇及文明太后陵庙、洛京东郊马射坛殿、修广文昭太后墓园、太极殿及东西两堂、内外诸门制度皆遇监作"。

② 长广敏雄：《驳宿白氏の云冈石窟分期论》。

此后记载，皆出于《魏书·高祖纪》不见于《北史》：

> 太和元年（477）五月乙酉，车驾祈雨于武周山（时帝年十一）
>
> 太和四年（480）八月戊申，幸武州山石窟寺（时帝年十四）
>
> 太和六年（482）三月辛巳，幸武州山石窟寺（时帝年十六）
>
> 太和七年（483）戊寅朔，幸武州山石窟、佛寺（时帝年十七）

北魏皇帝幸武州山凡八次，其中明记幸石窟寺者五次。从中可以看出，一、武州山是北魏皇室祈福的"灵山"，到此祭祀，祈雨或幸石窟寺，都是为了希望求得"威逾转轮，神被四天，国祚永康，十方归伏"[①]的效验。上述所载，既未指明行幸与"落庆"有关，又未确指行幸的具体洞窟，有的更未表明曾行幸石窟寺。这样怎能将北魏皇帝的某一次行幸，具体化为某一窟的"落庆"盛典，并据此推断石窟创建年代？此种情形，还可举出龙门石窟之例。《魏书·释老志》记载：

> 景明初，世宗诏大长秋卿白整，准代京灵岩寺石窟，于洛南伊阙山，为高祖、文昭皇太后营石窟二所……永平中，中尹刘腾，奏为世宗复造石窟一，凡为三所。

从景明元年（500）至正光四年（523）六月以前，用工八十万二千三百六十六。其中并未明记伊阙山石窟三所完成之事，很可能暗示工程已中途停顿。这石窟三所，即现存龙门宾阳三洞。三洞在统一设计下同时营建，但除中洞外，南北二洞一直延续到初唐始告竣（如南洞，贞观十五年，魏王泰为文德皇太后于后壁凿五尊大像）。因此，正光四年约为中洞完成的时间。《魏书》记北魏帝、后幸伊阙石窟寺，凡三次，即熙平二年（517，卷九《肃帝纪》），孝昌二年（526，卷同上）和永熙二年（533，卷十一《出帝平阳王纪》）。其中，第一次正当石窟三所兴建中，另二次则在正光四年后数年。如按长广先生推论法，这组为二帝一后开凿的大石窟，应有帝后临幸"落庆"，时间也只能在熙平二年。这次行幸，即便并不意味着完成中洞工程，而只是本尊雕就，从熙平二年本尊"落庆"，到正光四年中洞始成，其间竟历时六年，这又如何解释呢？

同样，云冈五、六窟这组双窟中的第五窟，亦未按原计划完成，究其原因，恐与国都南迁洛阳有关。这样，六窟"落庆"于太和七年，五窟停工于太和十八年前后，用帝后行幸推断石窟年代的方法，并不令人信服。

3. 五至十窟年代小议

长广论文中，对这六个窟年代的结论是：六窟为太和七年，七、八窟为献文帝时期，九、十窟为延兴五年。如以期别，则七、八窟属第一期，五、六、九、十窟属第二期。这也与我们的分期不同。为了说明问题，拟从石窟形制、题材内容和造像特征等三

---

① 云冈十一窟东壁太和七年铭记。

方面进行考察。①

石窟形制 我们认为，五至十窟在石窟构造和布局上，显然存在一些不同于早期昙曜五窟的共同特征：昙曜五窟平面作马蹄形，穹隆顶，似印度草庐式，其中开凿最早的十九窟，凿有东、西耳室，尚存印度早期石窟多附耳室之风。主像形体高大，占据窟中主要位置。而在这六个窟中，已出现一些新的作法，即平面为方形，窟顶凿平棊，分前后室，均为成组双窟，窟前都有双塔。这表明，石窟形制已与昙曜五窟西方风味的设计大不相同。其中，开凿较早的七、八窟，首先出现了分层布局、分段安排、带有榜题的佛龛，这是汉魏以来上下重层、左右分段、附有榜题的壁画布局传统的继续。大同东南郊延兴四年至太和八年（474～484）司马金龙墓出土的漆画屏风，同样作这种布局，是暗示七、八窟这种新布局的渊源及时代的有力佐证。九、十窟中，出现了石祇洹舍式的仿木结构石雕窟檐和屋形龛。五、六窟除上述特点，还开凿了右绕礼拜的中心塔柱。

五至十窟不仅东西毗邻、双窟成组，而且在窟前都设计了双塔②，这是说明它们时间接近的最好例证。孝文帝时期出现的这一现象，我们推测可能与当时文明皇太后冯氏长期听政且与孝文帝并称"二圣"有关。《晖福寺碑》中记：

　　　我皇文明自天，超世高悟……太皇太后圣虑渊详……散骑常侍安西将军吏部内行尚书宕昌公王庆时……于本乡南背宅上，为二圣造三级佛图各一区。

庆时既可在本乡为"二圣"造出双塔，北魏许多建筑又皆其监作，则这批孝文帝时期的双窟、双塔也出于同一寓意，就有例可援了。

题材内容 现将昙曜五窟及五至十窟的题材内容，列表介绍如下：

此表清楚地表明，昙曜五窟造像题材较单纯，主要是三世佛、释迦佛、弥勒菩萨和贤劫千佛，而这六个窟的题材已开始多样化。如七、八窟主像仍为三世佛，但释迦、多宝佛比重增大，释迦突出，前后室壁面布置了佛传龛和本生浮雕。文殊、维摩论道，佛装交脚弥勒像，八部护法像和大型供养人行列，也最早见于这组双窟。九、十窟出现了主像释迦（九窟）、弥勒（十窟）的新组合和文殊、普贤像。五、六窟则有形式多样、多幅连续的大型佛传故事浮雕场面。

上述题材中，释迦、多宝佛对坐见于《法华经·见宝塔品》，释迦佛、弥勒菩萨见于该经《从地涌出品》，文殊、普贤菩萨见于同经《提婆达多品》、《普贤菩萨劝发品》，维摩、文殊问答见于《维摩诘经》。而北魏重视《法华》、《维摩》二经，正是孝

---

① 大同市博物馆：《山西大同石家寨北魏司马金龙墓》，《文物》1972 年 2 期。

② 我国东西对峙的双塔，始见于东晋佛寺。《历代名画记》卷五记东晋司马睿时："镇军谢尚于武昌昌乐寺造东塔。戴若思造西塔。"北魏平城亦复如此。《水经注·漯水条》记："京邑帝里佛法丰富，神图妙塔桀峙相望。"现存台湾省的北魏天安元年（466）九层石塔，第一层四面各雕出双阙，又说明双塔可能源自汉代双阙（参见：宿白《盛乐、平城一带的拓跋鲜卑—北魏遗迹——鲜卑遗迹辑录之二》，《文物》1977 年 11 期）。

文帝时期。据慧皎《高僧传·僧渊传》，僧渊弟子道登，"善《涅槃》、《法华》并为魏主所敬。"《魏书·释老志》也记："时沙门道登，雅有义业，为高祖（孝文帝）眷赏，恒侍讲论。曾于禁中与帝夜谈……"。《高僧传·释昙度传》记为："昙度，《法华》、《维摩》、《文品》，并探微隐，思发言外……当时魏主元宏（孝文帝），闻风餐挹，遣使徵请。既达平城，大开讲席。"孝文帝既提倡般若义理之学，则这一时期出现根据《法华》、《维摩》诸经雕出的造像内容，就可以理解了。至于本生、佛传、供养天人等造像题材，正为修持《法华三昧观》所必需，它与五、六、九、十窟明窗侧所雕坐禅僧人，都反映了当时禅法的流行。

位置 窟号	前室	后室			
		四壁	中心柱	明窗	窟门
五窟		北壁正中为坐佛，东西壁为立佛——三世佛。西壁龛中为高肉髻菩萨装弥勒		东西侧为释迦、多宝佛及禅空僧	东西壁为密迹金刚神
六窟		东壁大龛中为"降伏火龙""鹿野苑说法"等，下层为"太子较艺"到"出游四门"，西壁大龛中为"降魔成道"。南壁窟门上为"文殊、维摩共谒佛"，下层为"耶输头罗人梦"到"太子山中问道"。四壁顶层为乾闼婆、紧那罗，窟顶为诸天仆乘	上层四面龛中为四方佛，下层四面龛中为释迦，燃灯佛，释迦、多宝及弥勒菩萨，下层四面为"诸天礼佛"到"商人奉宝"	东西侧为"白马吻足"与"树下思惟"像	
七窟	东壁为昙"摩钳焚身"本生，下层为供养人，西壁为千佛	北壁上龛为释迦、多宝佛，下龛为三世佛。西壁龛中为"降伏火龙""梵天劝请"。东壁龛中为"收大迦叶"。南壁窟门两侧为"文殊、维摩论道"，窟门内侧为夜叉、阿修罗，顶为紧那罗		外侧为禅空僧，下侧为供养天人	
八窟	东壁下层为供养人	北壁上龛为三世佛。东壁龛中为"降魔成道""四天王捧钵"。窟顶为紧那罗。东西壁下层为供养人		券顶为二龙	东西侧上部为摩醯首罗天、鸠摩罗天，下部为密迹金刚
九窟	北壁明窗顶为迦楼罗鸟，上为乾闼婆。西壁、北壁为"睒子"本生，东壁龛中为"树下思惟"像。窟顶为紧那罗、夜叉	北壁正中为释迦坐像，南壁门侧为"燃灯佛授记""鬼子母"等因缘故事		文殊、普贤菩萨	

位置 窟号	前室	后室			
		四壁	中心柱	明窗	窟门
十窟	北壁门上为须弥山、阿修罗，门西为"大光明王"本生，"难陀出家"因缘。东壁为"燃灯佛授记"。窟顶同九窟	北壁正龛为交脚弥勒菩萨，隧道内北壁下层为供养人。南壁龛中为"降魔成道"及"象护出家"			
十六窟		北壁为立佛，南壁龛中为弥勒菩萨，窟顶及窟外壁为千佛			
十七窟		北壁正中为立弥勒菩萨，东西壁大龛中为立佛——三世佛			
十八窟		北壁为遍身刻千佛释迦立像，东西壁为立佛——三世佛，其间为十大弟子。明窗东为"阿输迦施土"像			
十九窟		北壁及东西耳洞中各一立佛——三世佛			
二十窟		三世佛			

造像特征　在讨论造像特征时，服饰是一个重要方面。我们知道，云冈早期造像穿袒右肩和通肩大衣，晚期穿褒衣博带式汉服。前者是印度传来的旧样式，后者则是孝文帝实行服制改革的结果。鲜卑族原穿便于骑射的"夹领小袖"式牧民服装。孝文帝推行一系列加速鲜卑族拓跋部封建化进程的汉化改革政策，其中也包括服制改革。据《魏书·蒋少游传》，先是在宫中进行了服制问题的讨论。而正式实行新服制，据《魏书》卷七记载，是太和十年（486）正月，由孝文帝"始服衮冕，朝飨万国"揭开序幕。同年四月"始制五等公服"，"帝初以法服御辇，祀于西郊"（《魏书·礼志一》），八月"尚书、五等品爵以上给朱衣玉佩、大小组绶"。至太和十五年十二月"刺史以下，赐衣冠"，十八年十二月，发布"革衣服之制"令，才在北魏全境推行了新服制。可见，服制改革是由孝文帝在平城带头，然后自上而下推于全国。

这种改革了的服制，就是当时南方士大夫地主阶级的褒衣博带式服装。《颜氏家训·涉务篇》说：

梁世士大夫，皆尚褒衣博带，高冠大履，出则乘舆，入则扶持。

这种服制习俗，当与拓跋部相去甚远；改革经历时间之久，也说明推行时受到了阻力。《魏书·咸阳王僖传》的一段记事，透露了个中的消息：

高祖……责留京之官曰："昨望见妇女之服，仍为夹领小袖……何为而违前诏？"

《魏书·任城王澄传》也记孝文帝在迁洛时感慨道：

> 今日之行，诚知不易。但国家兴自北土，徙居平城，虽富有四海，文轨未一。
> 此用武之地，非可文治。移风易俗，信为甚难。

所以，太和十年实行新服制，而在云冈石窟太和十三年才出现穿褒衣博带服的佛像，即十一窟外壁 d 龛的释迦、多宝佛（图 2）。至于十七窟明窗东侧太和十三年窟（上层为交脚弥勒菩萨，下层为释迦、多宝佛），则仍穿袒右肩服。这说明，太和十三年前后，很可能是云冈新旧两种服饰交替的时间。

五至十窟中，五、六窟的佛像都已穿上新佛装，而其余四窟中仍为旧式。然而，长广先生却将五、六窟定为太和七年，并举出两点理由：其一，这组大窟为皇室而开凿，应最先出现新服制；其二，在太和十年以前，云冈石窟肯定已采用了新服制①。对此推论，我们不能同意。因为，无论是文献还是实物，都不能证明太和十年前皇帝或佛像穿上了汉服。也很难解释，北魏正式服制改革前三年，这两个窟中的造像竟全部穿上汉服。就这两窟造像的佛装而言，也绝非太和前期的样式，如宽博的大衣下摆，已作出密褶式平行线条，接近云冈第三期作风（图 3）。六窟大龛中的立佛，与十一窟西壁七立佛相近，而后者长广论文中推定属于云冈末期风格②。两窟中的菩萨，帔帛交叉胸前，有的大裙下摆呈锯齿状，这也是云冈北魏造像较晚的做法。至于飞天，为五窟北壁大佛背光上的数体，上身著短衫，大裙曳下，不露双足，也显然是太和十三年以后的形象。

值得注意的是，孝文帝施行改革，从太和八年开始，首先采取的是政治、经济上的措施，即八年"班俸禄"，九年"均给天下民田"，十年"定民户籍"，然后才及于服制。服制改革，也采取了慎重准备、逐步推行的方法。在这一系列改革之前，北魏政权实际操于其祖母冯氏之手。《魏书·文明太皇太后传》这样记载：

> 及高祖生（皇兴元年，469），太后躬亲抚养。是后罢令不听政事……承明元年（467 年），尊曰太皇太后，复临朝听政……自太后临朝专政，高祖虽雅性孝谨，不予参决，事无巨细，一一禀于太后。大后多智略猜忍，能行大事，生杀赏罚，决之俄顷，多有不关高祖者。是以威福兼作，震动中外……十四年崩于太和殿。

孝文帝亲预政事的时间，《魏书·高祖纪》后，有一段"史臣曰"的文字：

> 及躬总大政，一日万机，十许年间，曾不暇给。

按孝文帝卒于太和廿三年（499）四月，依此上推，则他"躬总大政"约在太和十年前后。从太和八年开始改革看，可能就是此前不久由他实际执政的。因此，认为在孝文帝改革前一年，即其亲政后不久，就进行了服制改革，并在五、六窟中出现全部穿汉式冠

---

①　长广敏雄：《驳宿白氏の云冈石窟分期论》。

②　长广敏雄：《云冈石窟の谜》。

服的造像，是缺乏说服力的。

要之，上述三方面的考察表明，五至十窟有着许多共同特征，应为继昙曜五窟后开出，属云冈第二期。具体年代，七、八窟开凿最早，约当孝文帝初期。九、十窟继之，约当太和八至十三年。五、六窟开凿较晚，六窟完成及五窟停工，应距南迁洛阳已不远[1]。

（摘自《世界宗教研究》1981 年第 4 期）

---

[1] 关于云冈石窟的分期问题，可参看宿白：《云冈石窟分期试论》，《考古学报》，1978 年 1 期；山西省文物工作委员会、山西云冈石窟文物保管所：《云冈石窟》，文物出版社，1977 年。

图1　第3窟出土唐代莲花纹瓦当残件

图2　第11窟外壁太和十三年释迦、多宝佛并坐龛

图3　第6窟后室南壁东龛释迦造像龛

图4　第12窟前室西壁屋形龛

《大金西京武州山重修大石窟寺碑》
的发现与研究

——与日本长广敏雄教授讨论有关云冈石窟的某些问题

宿　白

　　1956 年我在《北京大学学报·人文科学》第 3 期发表了《大金西京武州山重修大石窟寺碑校注》（以下简称《校注》），对《大金西京武州山重修大石窟寺碑》（以下简称《金碑》）作了初步整理。二十年后，即 1976 年夏，为了辅导同学参观山西大同云冈石窟（即武州山石窟），根据《校注》的某些推论，结合北魏当时的历史情况，编写了《云冈石窟分期》的参考材料。粉碎"四人帮"后，略作修饰以《云冈石窟分期试论》（以下简称《试论》）为题，发表于《考古学报》1978 年第 1 期。1980 午 2 月，日本长广敏雄先生写了一篇《驳宿白氏的云冈石窟分期论》（《宿白氏の雲岡石窟分期論を駁す》），发表于日本京都《东方学》第 60 辑，对我上述两文提出了异议。异议的主要部分是：一、对《金碑》的来源、碑文本身以及我的录文，都表示怀疑；二、对碑文中提出的十寺的位置和十寺中我们认为与云冈石窟某些洞窟可以比定的几个佛寺的年代，提出了不同看法；三、因此，他认为研究云冈石窟的年代与分期，不应重视来源不明的《金碑》，而应取决于雕刻造型的形式。此外，还提到了冯熙与云冈的关系、北魏服制改革的时间等问题。下面我们针对长广的主要异议，分四个题目进行讨论；长广提到的其他问题，凡可涉及的也略作说明。请国内外留心云冈石窟的同好和长广先生不吝指正。

一　《金碑》碑文的著录与发现

　　《金碑》原碑石不知毁废于何时。该碑也无拓本传世。现只存渊源于元末熊自得

《析津志》中抄存的碑文录文。

　　熊自得字梦祥，号松云，江西丰城人，博学强记，以茂才异等被荐为白鹿洞书院山长。顺帝时，授大都路儒学提举、崇文监丞，有声于公卿间。熊于《元史》、《新元史》俱无传，其事迹见元顾阿瑛《草堂雅集》，明李贵《丰乘》、《康熙丰城县志》、《雍正江西通志》、《乾隆南昌府志》等①。熊撰《析津志》，当在任大都路儒学提举、崇文监丞时，初稿名《燕京志》，编辑在至正十七年（1357）欧阳玄逝世之前。《通志堂集》卷一四《渌水亭杂识》一记熊辑此书初稿的情况云：“斋堂村，在〔大都〕西山之北百余里……元豫章熊自得偕崇真张真人住居，撰《燕京志》。欧阳原功②、张仲举③皆有诗送之。原功诗云：‘先生去隐斋堂村，境趣佳处如桃源……熊君携笈今就子，绕舍木叶书缤缯……’。仲举诗云：‘……近闻《京志》将脱藁，贯穿百氏手自繙，朱黄堆案墨满砚，钞写况有能书孙。云晴辄辱（《日下旧闻考》卷一〇六引文“辱”作“寻”）羽客去，谷熟方来山鸟喧，土床炕暖石窑炭，黍洒香泛（《日下旧闻考》引文“泛”作“注”）田家盆，要知精舍白鹿洞，不待公车金马门’。”④ 其后据现存记录，知熊曾多次增补初稿⑤。至正二十三年（1363），熊自东胜来云冈亲访《金碑》，次年誊录碑文于何尚书思诚东斋⑥，后补入书内。因可估计熊书定稿当去元明易代之际不远。《析津志》一名，约是定稿阶段所更改。《析津志》定稿后，似未曾刊印。现存佚文直接、间接都出自《永乐大典》。

　　明永乐初纂《大典》时，书中的天下图志由胡俨总裁。胡系熊的乡后辈，对熊颇钦重，《析津志》见录于《大典》，大约出自胡俨的推荐⑦。《大典》征引《析津志》，

---

　　① 参看拙著《居庸关过街塔考稿》一之2《析津志、松云闻见录著者熊梦祥事辑》，刊《文物》1964年4期。

　　② 《元史·欧阳玄传》：“欧阳玄字原功……〔至正十七年（1357）〕十二月戊戌，卒于〔大都〕崇教里之寓舍，年八十四。”承陆峻岭先生见告，《永乐大典》卷三五二八郑义门条引《国朝郑氏麟溪集》录熊梦祥记婺州浦江郑浚常于至正十七年南任浙西官职事：“至正丁酉（十七年）八月，上御滦京水精殿，大臣奏除江西省郎中，同日台臣复奏除浙西宪司佥事，凡朝中尊显与夫三学名流，皆浚常之知旧也，于其南还能诗者咸赋焉。予因继做诗曰……”因知欧阳玄卒年，熊曾滞留大都。又元末成廷珪《居竹轩诗集》卷一录《熊松云画秋林诗意图送蔡伯雨道士归上清，松云在淮阴，今求其来因见题以赠之，就以柬方壶隐者》，记熊在淮阴情况，诗云：“松云先生江海客，淮阴市中人不识，惊风吹沙眼倦开，枕上青山归未得，上清蔡君仙之徒，邂逅同觅黄公垆，饮酣脱帽忽大叫，乘兴为写秋林图，蔡君视之一抚掌，笔法拟我方方壶，我家中山旧游处，如此长松几千树，仙岩隐者抱琴来，鬼谷等人喫茶去，先生有意肯相从，分与东头一间茆屋住”。此二事为①所录拙文所未及，因附记于此。

　　③ 《元史·张翥传》：“张翥字仲举……〔至正〕二十八年（1368）三月卒，年八十二。”

　　④ 此条承徐苹芳同志见告。按《渌水亭杂识》系引自《铁网珊瑚·书品》卷五《元人诸帖》所辑欧阳玄《豫章熊君自得携所著书入都城西山斋堂村，山深民淳，地僻俗美，隐者之所宜居。崇真张宜相真人偕往，做诗送自得兼柬宜相》和张翥《次韵圭斋先生寄赠松云隐君》两帖录文。

　　⑤ 同①。

　　⑥ 事见《永乐大典·顺天府》七引《析津志》所录《金碑》录文之后。思诚，元大都坊名，同上书、卷又引《析津志》云：“定真院在齐化门里思诚坊”，齐化门即大都东壁自南第一门，亦即明清之朝阳门。

　　⑦ 参看《居庸关过街塔考稿》追记1。

分散于各韵，天字韵下《顺天府》条录入尤多。清光绪十二至十四年间（1886～1888），缪荃孙从国子监借抄天字韵《顺天府》残本八卷，见《艺风堂文续集》卷四《永乐大典考》。《艺风老人戊子（光绪十四年）日记》又记缪亲自校对抄出的《大典·顺天府》残本事："四月六日，校《顺天志》毕。还《同听秋声图》手卷及《永乐大典》三册于志伯愚……《永乐大典》中有明初《顺天府志》二十卷，今存四千六百五十起，四千六百五十七止。为《府志》卷七至卷十四"（图一）①。此缪氏抄校的《大典·顺天府》残本，见录于《艺风堂藏书记》卷三。至于缪氏所据的《大典》原本，已毁于庚子（1900）之役。于是，缪抄校的《大典·顺天府》残本，虽属新录，却成孤本了。1919年缪氏逝世后，藏书散出，此缪抄《顺天府》残本归李盛铎。1940年，李氏藏书售于北京大学图书馆。1947年，我从赵斐云先生整理李氏书，于缪抄《大典·顺天府》七（即《大典》卷四千六百五十）中，发现引自《析津志》的《金碑》录文。1956年，排印《金碑》录文，公之于世②。这次重理《金碑》，商得北大图书馆同意，影印缪氏抄校本的《金碑》全文，附此文后（图二）。

按自金皇统七年（1147）曹衍撰碑文，迄熊自得录文，不过百余年。自熊书完稿迄修纂《大典》不过四五十年，应该说《金碑》来源线索清楚。至于从《大典》辑录古籍，更由来已久，宋元诗文赖《大典》以存者尤多。缪氏所刊《藕香拾零》，既收有前人录自《大典》的书，如《辽东行部志》、《河南志》，也收他自己从《大典》抄出的书，如《曾公遗录》、《中兴战功录》等。这些源于《大典》的书籍，包括上述缪氏抄校刊印者在内，从不闻有怀疑之者，长广先生对此《金碑》来源极不信任〔长广文页码：页1〕，我们认为这是大可不必的。

《金碑》据碑文所记，是皇统七年（1147）夷门曹衍应当时传菩萨戒提点西京大石窟寺沙门禀慧的邀请，撰并书的。曹衍、禀慧皆不见其他记载，但从碑文本身，可以看出它并不是率尔之作。撰者既通释书，又娴经史；既注意图志寺记，更重视寺中遗刻。洋洋洒洒，都二千一百余言，从开窟伊始迄皇统重修，云冈石窟的古往今来，可以说略备于斯。《析津志》和《大典》之所以全文抄录，正说明元末明初著录古迹的学人对它的重视。长广认为碑文引《北史》，不引《魏书》值得注目〔页13，注1〕。按李延寿《南、北史》流行后，七史衰微，北宋治平中（1064～1067），刘恕等始上魏收书，政和中（1111～1118），《魏书》才颁之学官，时"民间传者尚少。未几，遭靖康丙午（元年，1126）之乱，中原沦陷，此书几亡"，事见《郡斋读书志》卷一下。在金

---

① 《艺风老人戊子日记》未刊，稿本现存北京大学图书馆。

② 缪抄《永乐大典·顺天府》残本八卷，沿用李盛铎所拟名《顺天府志》，收入《北京大学图书馆藏善本丛书》，并于1983年由北京大学出版社影印刊行。

代，《金史·选举志》一记："国子监始置于天德三年（1151）"，置监后，"魏收《后魏书》……自国子监印之，授诸学校。"可见皇统七年（1147）曹衍撰碑时，《魏书》尚极罕见，所以碑文征引《北史》，自是容易理解之事。至于怀疑《析津志》和《大典》收录碑文时，可能有妄增部分〔页13，注2〕，我们从碑文本身的结构和行文两方面分析，没有发现可疑之点；进一步就现存《析津志》佚文和《大典》残卷，考察该两书征引旧文的体例：节略、错简和讹误则有之，妄增之处似未发现。

总之，我们认为《金碑》碑文流传有绪，虽经一再传录，并无后人窜补，因此《金碑》碑文所提供的资料，是可信的。

二　《金碑》部分记事的探讨

《金碑》内容，1956 年我们提出有两项重要处。一是"所述自唐迄金一段云冈的兴修设置，正好弥补了云冈历史的空白页"；二是"引用现已佚亡的北魏铭刻和文献记录考订云冈石窟的时代，也正给今天研究云冈各个石窟开凿先后的问题，提供了绝好的参考资料"。这两项重要处，我们在《校注》中，都作了说明。当时的看法，现在并没有改变，不过由于长广先生的质疑，其中有的问题似乎还有详细阐述的必要。

第一、十寺的历史和十寺的位置
《金碑》："西京大石窟寺者，后魏之所建也。凡有十名，一通示（乐）、二灵岩、三鲸崇、四镇国、五护国、六天宫、七崇教（福）、八童子、九华严、十兜率。"此十寺，我们在《校注》中详细论述了它与北魏无关。唐初法琳、道宣、道世、慧祥等僧人的著作，对云冈的记录都强调石龛、石窟[1]。《文苑英华》卷二百三十四所录宋昱《题石窟寺，即魏孝文之所置》五言律诗云："梵宇开金地，香龛凿铁围，影中群像动，空里众灵飞。帘牖笼朱旭，房廊炼翠微。瑞莲生佛步，宝树挂天衣，邀福功虽在，兴王代久非，谁知云朔外，更睹化胡归。"宋昱，杨国忠党，至德元年（756）为乱兵所杀[2]。宋昱经云冈，当在天宝末年〔756〕之前，其诗句只吟咏石窟形像，也未记石窟以外的内容。看来，十寺是不见于现存宋以前的记载的[3]。从《金碑》的记录，可以看

---

　　[1]　道宣、慧祥著作已节录于《校注》中。法琳《辩正论》卷三："元魏……又于北代恒安治西，旁各（谷）上下三十余里，镌石置龛，遍罗汉像，计非可尽，庄严弘观，今见存焉。曾屡遭法灭，斯龛不坏"。道世《法苑珠林·传记篇兴福部》："北台恒安，镌石置龛，东（西）三十里"。唐初僧人多记云冈，大约与《金碑》所记"唐贞观十五年守臣重建"有关。

　　[2]　宋昱事见两《唐书》《杨国忠传》、《韦见素传》和《刘酒传》。

　　[3]　燕云入辽后，北宋偶有记云冈者多沿唐旧。僧延一增广慧祥书，著《广清凉传》，该书卷上记："于五台北埵可下见云州石窟寺"。

到自辽兴宗以来，辽代在云冈曾一再兴工修建："辽重熙十八年（1049）母后重修。天庆十年（1120）赐大字额。咸熙（雍）五年（1069）禁山樵牧，又差守巡守。〔寿〕昌五年（1099）委转运使提点。清宁六年（1060）又委刘转运监修。"这段碑文可与自三十年代以来云冈石窟前面到处发现的具有辽代特征的建筑遗物相印证，说明辽代在云冈的建筑工程规模巨大①。因此，我们推测"十名之说，约自辽代开始"（《校注》）。约自辽代开始的十寺，据《金碑》所记辽末灵岩曾遭焚劫："亡辽季世，盗贼群起，寺遭焚劫，灵岩栋宇，扫地无遗"。灵岩焚毁不久，金初皇统间即为恢复，碑文云："皇统初（1141），缁白命议……于是重修灵岩大阁九楹，门楼四所，香厨、客次之纲常住寺位凡三十楹，轮奂一新……皇统三年（1143）二月起工，六年（1146）七月落成……自是山门气象，翕然复完矣"。自皇统迄元末，二百余年大约变化不大，《析津志》著者熊自得于"癸卯年（至正二十三年，1363）腊月二十四日……自东胜来，是日宿于寺之方丈，受清供"（《大典·顺天府》七引《析津志》）。入明以后，据现存有关最早的地方志——成化二十一年（1485）纂修的《山西通志》卷五记："石窟十寺，在大同府城西三十五里，后魏时建。始于神瑞，终于正光，凡七帝，历百十有一年。其寺：一同升，二灵光，三镇国，四护国，五崇福，六童子，七能仁，八华严，九天宫，十兜率。寺内有元载所修石佛二十龛，金皇统间修。"②可以推测：第一，从《通志》文字有沿袭《金碑》的痕迹，估计成化修志时，《金碑》尚存；第二，十寺名称与《金碑》不尽相同，排列顺序也有差云，似乎可以说明修志时十寺亦存，不过寺名有了更改。《成化通志》之后的有关方志，自《正德大同府志》迄《光绪左云县志》记录的十寺，都是直接、间接抄录《成化通志》，所以《成化通志》以后的地方记载，大约都不是现况的实录了。按大同地区，自正统十四年（1449）即屡遭瓦剌部侵扰，但最严重的野蛮抄掠却是天顺、成化以来的鞑靼部，特别是自弘治八年（1495）迄隆庆元年（1571），七十五年间，鞑靼铁骑几乎无岁不犯大同，有的年头，鞑靼进犯甚至多达三四次③。"嘉靖壬寅（二十一年，1542）失事之后，大同弃墙（外长城）不守"（《明

---

① 三十年代以来，云冈窟前发现辽代遗物，见于著录的计有三批：一、1933年，地方军阀在第五窟前方左侧兴建云冈别墅时的发现，见梁思成等《云冈石窟中所表现的北魏建筑》，刊《中国营造学社汇刊》第四卷三、四合期；二、抗战期间，日人水野清一、长广敏雄等人于1938～1944年，在云冈调查时进行的挖掘，见水野《云冈石窟调查记》，刊《东方学报》（京都）第九册，第十三册第一分、第四分，第十四册第四分，第十五册第二分，此文后经修改又收入《云冈石窟》1951～1956，卷Ⅶ、ⅩⅤ；三、解放后的调查与发掘，此工作开始于1950年中央文化部文物局组织的雁北文物勘察团在云冈清查了上述日人的挖掘，见王逊《云冈一带勘查记》，刊《雁北文物勘查团报告》，其后云冈石窟保管所历年清理均有发现，已发表的有《云冈石窟建筑遗迹的新发现》，刊《文物》1976年4期。

② 阙文据《嘉靖大同府志》卷五补。

③ 瓦剌、鞑靼长年侵犯大同一带的严重情况，据《明实录》可列一较详年表，综合叙述大同被侵犯事，可参看《明史纪事本末》卷二十《设立三卫》、卷六十《俺答封贡》，《明史·鞑靼传》，《明史·瓦剌传》。

史纪事本末》卷六十《俺答封贡》），从此，大同防御主要就依靠了外长城以内的墩堡。嘉靖三十七年（1558）所修云冈堡和万历二年（1574）所修冈上新堡，当时都置有操守，以备敌寇。因此，云冈石窟不仅地处边镇，且沦为前线者垂三十年。大同和云冈这段战争史，不能不让人想到十寺的全毁，很可能就发生在这漫长的"卒毋宁岁"的鞑靼之役的过程中。《光绪左云县志》卷二记："石佛寺在云冈，又名佛窟山。传自后魏拓跋氏时，始于神瑞，终于正光，凡七帝，历百十余年，规制甚宏。原寺十所……其中有元载所造石佛二十龛，石窟千孔，佛像万尊，由隋唐历宋元，楼阁层凌，树木蓊郁，俨然为一方胜槩。今非其旧，只令吊古者登临兴慨耳"。《光绪县志》这段记录，应是来源于旧志，所记突出云冈明以来的荒废，恐怕不是偶然的事。

　　《金碑》所记十寺的位置，我们首先从碑文本身探索。《金碑》开始记十寺时，即与西京大石窟寺联在一起："西京大石窟寺者，后魏之所建也。凡有十名……"。并云寺中多有纪年的遗刻："验其遗刻年号颇多，内有正光五年（524），即孝明嗣位之九年也"。其记崇教（福）寺的遗刻云："一在崇教（福），小而完，其略云：'安西大将军散骑常侍吏部内行尚书宕昌钳耳庆时镌也（？）岩开寺①，其铭曰：承藉□福，遮邀冥庆，仰钟皇家，卜世惟永"。明确指出崇教（福）寺系"钳耳庆时镌岩开寺"。其记护国寺："护国二龛不加力而自开"，当指护国寺具有二龛室。其总记各寺云："峰峦后拥，龛室前开，广者容三千人，高者至三十丈，三十二瑞相巍乎当阳，千百亿化身森然在目，烟霞供宝座之色，日月助玉毫之辉，神龙夭矫以飞遄，灵兽雍容而助武，色楣连延则天皇弥勒之宫，层檐竦峙则地通多宝之塔，以至八部之眷属，诸经之因地，妙笔不能同其变，辩口不能谈其目，巧力不能计其数，况若神游鹫岭，如身诣于耆阇……"，很清楚，以上就是描述石窟的情景。因此，《金碑》所记的西京大石窟寺，主要就是指十寺而言，而此十寺又都是以石窟作为主体的。故碑文最后记，辽末"寺遭焚劫，灵岩栋宇，扫地无遗"；皇统初，"重修灵岩大阁九楹，门楼四所，香厨、客次之纲常寺位……"只言栋宇、大阁、门搂、香厨等建筑，并没有道及佛殿和佛殿中尊像的修整。所以，我们推断十寺的情况"大约和现存清初所建后接第五、六两窟的石佛古寺相同"（《校注》），其主要部分即是前连木构堂阁的石窟，而这类木构堂阁的遗迹，恰恰在云冈石窟崖面上保留了许多②。近年又在石窟前面发现了不少可以和上述崖面遗迹相对应的遗物。这些遗迹与遗物，当然也都是供我们进一步追寻十寺位置的重要资料。遗迹、遗物的分布位置是：

---

　　① 长广指出"也"字后断句误；"也"字应下属，该句作"也岩开寺"（页2、4）。细读碑文，疑此"也"字系衍文。《校注》原疑岩上脱"即"字，亦误。原文当作"……钳耳庆时镌岩开寺……"。

　　② 此类资料，白志谦《大同云冈石窟寺记》（1936）、日人小川晴旸《大同云冈の石窟》（1944）皆曾予以注意。小川书中还附有崖面遗迹素描图多幅，可参看。

第一、二两窟窟口上面的崖面上，遗有连续的横槽，其下在第一窟明窗右上方和第二窟窟口右上方，又各存有高低相同、大小相似的梁孔。1962 年清理两窟前面平台时，发现它们共有一片用背印沟文的方砖铺砌的地面。根据以上遗迹，可以估计第一、二两窟之前，曾接建一座共同的木构建筑物。

第三窟前曾接建木构建筑物的迹象，更为显著。明窗上部崖面水平地排列着大型梁孔十二个，这十二个梁孔内部又与在崖上地面向下开凿的柱孔相通。十二个梁孔之上，还列有椽孔一排（参看《云冈石窟》（1951～1956）卷 I PL. 62、102）。1975 年清理上层平台时，又发现一排梁槽和沟文砖等建筑遗物。这些遗迹可以说明第三窟之前曾接建的木建筑，其规模原是颇为宏伟的。

第五、六两窟窟前，现都各自保存着一座清初接建的四层楼阁。但在清代楼阁后面的崖面上，还整齐地排列着更早的成组的梁孔和椽孔。这些建筑遗迹告诉我们，两窟前面清以前的建筑物，原是一组三层楼阁。1933 年，第五窟窟前西侧，还发现过多件辽代的石础栿。

第七、八两窟的上方崖面，存有清晰的木构建筑物两坡顶的沟槽与承托两坡顶端和左右檐下的三组梁孔（卷 Ⅳ PL. 1）。这些迹象可以表明第七、八两窟的前面，曾建有一座山面向前的木建筑物。

第九、十两窟的遗迹比较复杂，有先后两组。1973 年，清除两窟窟口上方的平台时，发现一列六个大梁槽。这六个大梁槽与 1938 年水野清一等人在两窟窟口前方挖掘出的一列柱础相对应，它们应是一座面阔三间的木建筑遗迹。另外，在两窟窟口上方平台的下面，还有一列八个巨大梁孔，这八个大梁孔与 1973 年在两窟窟口前 4.3 米处发现的八个内置覆盆柱础的方形础槽相对应，它们应是一座面阔七间的木建筑遗迹（卷 Ⅵ PL. 2）。这两组遗迹的地面，都还残存一部分铺砌的沟文砖，而前者沟文砖地面叠压在后者的上面，但上下两层砖地面使用的沟文砖的形制又极为相似，因知这先后两次木建筑的相距时间并不太久。

第十一、十二、十三窟窟口上方崖面也存有一列梁孔，大约在九个以上（卷 Ⅷ PL. 1，卷 Ⅹ PL. 50）。1973 年，也在这三窟的前面发现了成片的沟文砖地面。上下迹象相对照，可以说明第十一、十二、十三窟的前面也曾覆盖在一座木构建筑之下。

第十四窟、第十五窟、第十六窟和第十七窟窟口上方崖面的梁孔，与第十一、十二、十三窟的情况相似。这里的一列梁孔大约在七个左右，梁孔上方还有较密的椽孔一排（卷 Ⅺ PL. 2、3）。四座窟的前面也发现了用沟文砖漫铺的地面。此四窟前曾接建的木建筑，与第十一、十二、十三窟前曾接建的木建筑，都是面阔宽大的大型建筑物。

第十八窟明窗右上方崖面残存坡顶右侧的沟槽痕迹，明窗两侧都保有梁孔（卷 Ⅻ PL. 75）。窟前也发现了沟文砖地面。此窟前曾接建的木建筑与第七、八两窟窟前曾接建的木建筑相似，皆山面向前。

第十九窟窟口崖面上部两坡顶的沟槽极为清晰（卷ⅩⅢ PL. 1）。窟前也发现了断续的沟文砖地面。上部沟槽左右斜下的情况和断续的砖地范围，表明第十九窟前曾接建的山面向前建筑，把第十九窟的左右两胁洞都复盖在内。

第二十窟前部崖面崩落，应在接建木建筑之前，所以现存的二列梁孔，上列凿在崩落后残崖上，下列凿在大佛项光中部和背光上部（卷ⅩⅣ PL. 4~7）。大佛前面也发现了沟文砖地面。

云冈石窟现存比较清楚而又有一定规模的后接洞窟的木建筑遗迹，恰好有以上十处①。这十处遗迹的年代，从梁孔测得的材栔比例和地面发现的砖瓦、柱础等建筑遗物，大致可以推定都属于辽代。至于十处遗迹是否与《金碑》所记的十寺完全吻合，我们认为现在虽不能作出绝对肯定的答案，但至少它们应和十寺有密切关系，或者说它们即使不等于十寺，也应是十寺中的主要组成部分。

《金碑》记录的十寺位置，如果不与洞窟接连起来考虑，那么就要调查一下石窟附近地区是否还有其他相当于辽代的寺院遗迹。根据多年的勘查，石窟附近值得注意的地点有三处。一是第五窟迄第二十窟前，后接洞窟的遗迹的前方。这里既邻近石窟，又时有零散的辽代遗物发现。可是，五十年代我们曾对武州川旧河道进行过调查，知道它的位置北距各窟窟口不过25~50米，现河道当如《金碑》所记，是“〔天会〕九年（1131）元帅府以河道近寺，恐致侵啮，委烟火司差夫三千人改拨”的河道。因此，在辽迄金天会九年（1131）以前，后接洞窟的木建筑前面，是不会再有可以容纳十寺的土地面积了。至于那里发现的辽代遗物，大致也仍然和后接洞窟的建筑有关，如不是该类建筑本身的遗物，也应是该类建筑物的附属建筑，诸如山门、香厨、客次以及寺僧住所之类建筑的遗物。一是第四窟与第五窟之间的龙神庙附近。1938年水野等人在这里挖掘出不少辽代遗物，有瓦和瓦当之类的建筑构件，有瓷和铁质的生活用具的残片，明确的具有佛教因素的遗物却极为稀少，这一点和遗址的布局、范围都较窄小结合起来，说明它至少不是一座独立的完整的寺院遗址。一是云冈冈上。冈上可以肯定的明以前的遗址有三个地点：第三窟上方和第二十窟以西塔洞窟（第三十九窟）上方的遗址，面积较大，但都是北魏时期的遗迹，与十寺无关；另一地点在第二十窟上方，遗址出有与下面窟前砖地面用砖相同的沟文砖，其时代当属辽代，但遗址规模小，也不应是一处独立的寺院遗迹。以上石窟附近值得注意的这三处

① 此十处外，第二窟以西尚有两处无造像的窟室，其崖面有接建木建筑的遗迹（卷Ⅰ PL. 65、66）。云冈西端对面有二个佛窟，窟口上方崖面也多遗有梁孔（卷ⅩⅤ PL. 104A）。前者规模甚小，后者梁孔大小不一，分布也不规整，皆不类寺院遗迹，因未计入。

遗迹，既然都不可能是十寺的所在，这样在石窟附近地区就排除了十寺存在的可能性。因此，我们推测十寺的所在，只有与石窟结合起来即在后接石窟的方位，才较为妥当合理。长广认为"这是一种极为大胆，但论据却很薄弱的推定"〔页2〕，那么，应到哪里去探索十寺的遗迹呢？长广不仅认为十寺地址不明，甚至说："现在也没有什么能证实这些寺庙存在的资料"①〔页4〕，因而无法具体考虑十寺的所在的意见，这当然是我们所不取的。

第二、再论护国、崇教（福）等有关问题

十寺较为妥当合理的位置，既然应在后接洞窟的方位，那么《金碑》提到的有些特征可以追寻的两处佛寺，即护国、崇教（福）的具体位置何在？这个问题，在《校注》中已有所论述。现在笔墨的重点在解答长广先生的质疑。

《校注》统计碑文记录护国的特征有以下三项："一、'护国二龛不加力而自开'；二、'东壁有拓国王骑从'；三、有'大而不全无年月可考'的遗刻。"长广对此三项都有异议。他说护国二龛不加力而自开，是使护国得到重视的、有趣的、带有神秘色彩的语句〔页3〕；他说无论找寻第七、八两窟中哪一窟的东壁，都找不到拓国王骑从的雕刻〔页3〕；他认为大而不全的遗刻，应与《续高僧传》所记"东头僧寺……碑碣见存"的记载结合起来，这块唐初引人注目的碑石在东区，不在第七、八两窟〔页3〕。因此，他认为根据以上三项，推定护国为第七、八两窟，有欠慎重〔页3〕。《校注》是把上述三项特征联系在一起进行讨论的。首先着眼于护国有二个龛室这一特点。按云冈石窟中极为明显的双窟，是第七、八窟和第九、十窟两处②。"拓国王骑从"，我们认为它属于供养人性质，而第九、十双窟的供养人行列雕刻在后室隧道壁（卷Ⅵ PL. 85～87，卷Ⅷ PL. 70～73），该双窟内外也没有可以容纳较大面积的遗刻。因此，护国是第九、十双窟的可能性，就可予以排除。第七、八双窟的情况是：第八窟前室东西两壁下部皆刻有供养人行列（卷Ⅴ PL. 2、3、5、11），东壁尚可辨识供养人行列有上下两层，其南侧还可辨认出上着窄袖衫下穿跨裤的胡服供养人四五身（卷Ⅴ PL. 5），西壁南侧也可辨认出捧持莲花的供养人六身

---

① 长广这段评论，是从自唐以来的文献没有护国等寺名说起的（页4），而《校注》中已明确"推测此十名之说，约自辽代开始"。其实，长广等人在五十年代也曾有云冈十寺是辽代云冈复兴期的情况的类似推论，甚至也论述到自第二十窟以东的石窟，当时皆建佛阁，极为壮观，见《云冈石窟》卷Ⅲ序章《云冈石佛寺》，可是现在长广却回避了他们以前的看法，颇值寻味。

② 云冈石窟中的双窟，还有第五、六窟和第一、二窟两处。此云极为明显者，系指第七、八双窟与第九、十双窟前后室布局照应紧密（如第七窟前室东壁与第八窟前室西壁同为本生故事〔卷Ⅳ PL. 3B、4～8，卷Ⅴ PL. 67〕，第七窟前室西壁与第八窟前室东壁同为千佛〔卷Ⅳ PL. 3A、9～10，卷Ⅴ PL. 3、5〕；又如第九、十双窟前室的设计更连成一体〔卷Ⅵ PL. 2，卷Ⅶ PL. 72～78〕等）和此两组双窟的隔壁后方都还特设一内部往还的甬道（卷Ⅴ PL. 5、12，卷Ⅵ PL. 20）等特点而言。

（卷Ⅴ PL. 11）。第七窟前室东西两壁下部已蚀剥不清，但可估计应与第八窟情况相似。第七窟后室东西两壁各分五层雕刻，西壁自下第一层列供养人九身（卷Ⅳ PL. 64、66），东壁相应位置虽已蚀损，其内容也应同于西壁。第七、八双窟的东壁，既然原来都雕供养人行列，在已大部剥蚀不清的今天，即使找不到拓国王骑从的形象，恐怕也难以断然肯定原来就没有吧。护国特征最重要一项，我们认为是"大而不全无年月可考"的遗刻，此遗刻《金碑》又名之曰"护国大碑"，既云遗刻，又名大碑，大约可以意味它既不同于一般窟内的遗刻，也不同于单独存在的大碑，而第七、八双窟前室中间石壁南端斸出了下施龟趺、碑身高 10 米以上、宽约 2.75 米的丰碑（卷Ⅴ PL. 1～3），似乎可以符合上述的条件。更值得注意的是，这种与石窟相连的丰碑，在云冈石窟中又恰恰只此一例①。因此，我们推测十寺中的护国，大约就包括了第七、八双窟。至于长广的护国遗刻应在云冈东区之说〔页 3〕，我们认为唐初道宣《续高僧传》、《大唐内典录》所记的"东头碑碣"或"谷东石碑"与此护国遗刻无涉，唐初记录的碑碣或石碑，在四五百年之后的金初，是否尚存，并无明证；况且唐初记录也未强调谷东石碑形制巨大，而云冈东区诸窟更不具备护国另外的两项特征（双龛和东壁有供养人行列）。因此，我们排除了护国在"东头"或"谷东"的可能。《金碑》记护国特征有"拓国王骑从"一段，系引自法轸《寺记》，其原文是："僧法轸为《寺记》云：十寺，魏孝文帝之所建也，护国东壁有拓国王骑从"。法轸《寺记》，不见著录，从见录于《金碑》和记十寺事，可以推知约为辽时著作。《寺记》在"魏孝文帝之所建也"之后，紧接"护国东壁有拓国王骑从"句。长广认为此"拓国王"是"拓王"的误写，并进而论述拓王氏为高丽族〔页 3〕。按何以知"拓国王"有误写？拓王是代北复姓，其是否是高丽族尚有疑问；何况只记姓不写名这种极为特殊的引用法②，更使人难以信服呢？其实，此"拓国王"系拓跋国王之略，连接引文上句，知即指孝文帝而言。如果法轸《寺记》不误，那么探索护国双窟的时代问题，就多了一条依据，而就第七、八双窟造像的样式言，置之于孝文帝初年，也是很合适的。

　　《金碑》记崇教（福）的情况是："今寺中遗刻所存者有二……一在崇教，小而完。其略曰：安西大将军散骑常侍吏部内行尚书宕昌钳耳庆时镌岩开寺。其铭曰：承藉□福，遮邀冥庆，仰钟皇家，卜世惟永。盖庆时为国祈福之所建也。末云："大代太和八年建，十三年毕"。又云："崇福则成于钳耳。"《金碑》征引遗刻标明"其略曰"、"末

---

①　《校注》云第五、六双窟隔壁前端也雕出丰碑。按此碑形制并不清晰，也有可能是多层佛塔。

②　长广谓拓王为高丽族，系据婉薇元《北朝胡姓考》外篇东夷诸姓王氏条〔页 13，注 4〕。按姚文云："魏书高宗纪：和平中有菔王国屡随高丽来献。颇疑菔王即拓王之异译。果尔，是拓王氏本高丽族之一小国"。检《魏书·高宗纪》两记菔王入贡事："〔和平〕三年（462）……高丽、菔王、契啮、思厌于师、疏勒、石那、悉居半、渴槃陀诸国各遣使朝献"，"六年（465）……高丽、菔王、对曼诸国各遣使朝献"，知菔王列于高丽之次，并非随高丽来献。

云"，即已声明是节录，不是全文。此节录的遗刻，我们从所记钳耳庆时的官职、铭文的用韵和有大代国号的兴建年代等方面推测，认为这些不可能不出自窟内铭记〔页4〕，因而可信①。问题是有钳耳庆时铭的崇教（福），包括云冈的哪处洞窟？《校注》在初步推定护国包括第七、八双窟的基础上，根据钳耳庆时当时的权势和他"性巧，强于部分"（《魏书·阉官·王遇传》），以及他所主持营建的其他建筑物都"穷妙极思"（《大代宕昌公晖福寺碑》）等方面，提出庆时所开窟应"具有相当规模，并且雕饰巧丽"（《校注》）这个特点。以此特点在云冈石窟中进行比照，比照的过程和结果是："按云冈大窟除第十六窟、第十七窟、第十八窟、第十九窟、第二十窟为昙曜五窟，第七窟、第八窟为护国，第三窟非一般石窟外，只剩下第五窟、第六窟、第九窟和第十窟。第五窟、第六窟规模过大，其中第五窟既未按原计划完成，后又无计划的补刻，而第九窟和第十窟（双窟）面积既不过大，也不窄小，并且它的雕镂在云冈石窟中又最称巧丽，这些似都和钳耳庆时的地位及其营造的风格相符②。在时间上，我们从造像服饰上观察，也和崇福铭记所记'太和八年建，十三年毕'一语吻合。因此，我们推测碑文所记的崇福大约即是第九窟和第十窟这对双窟"（《校注》）。我们这个推论，长广从佛像的样式和他们根据《魏书·帝纪》所记行幸武州山石窟寺年月判断的开凿时间来反驳〔页7~8〕。这两点，我们将在后面予以讨论。长广另外还列举了三项反对理由：一、第七、八双窟之后，颇为流行的有栖止的鸟形的藤座雕刻，见于第九、十双窟，还见于太和五至八年兴建的永固陵石刻，他认为第九、十双窟的开凿应在永固陵之前〔页10~11〕；二、第九、十双窟没有安排铭记的地方，特别是没有较为显著的部位镌刻铭记〔页14，注9〕，三、与钳耳庆时在澄城所建的晖福寺相比，第九、十双窟规模甚小，他认为钳耳庆时在国都附近兴建的石窟，应当更为宏伟〔页14，注9〕。第一项理由，长广自己也认为并不绝对〔页11〕，因为雕饰相同，只能说明两者的时间接近，并不能决定两者的绝对早晚。第二项，《金碑》记崇教（福）遗刻"小而完"，是一篇较短的铭记。我们认为第九、十双窟原来还应有容纳较短铭记的地方。例如第九、十双窟前室的西南隅都有崩剥的部分（卷Ⅵ PL. 28，Ⅶ PL. 2），双窟前后室四壁的下部也已大部蚀损（卷Ⅵ PL. 5~7，51~53，卷Ⅶ PL. 2~7，41~43），现在无法断定那些崩剥、蚀损的部位，过去绝对没刻铭记。第九、十窟

---

①　长广对《金碑》所引此铭的看法是："由于金碑引用的并非未经坏损的铭文全文，疑点颇多。要是这是事实的话，由于这是历史上第一次弄清云冈造窟者的姓名，其意义就很大了"〔页4〕。可见他认为崇教（福）的遗刻也不足信。

②　这里所说第九、十双窟面积既不过大，也不窄小，系与第五、六，第七、八两组双窟比较而言〔页14，注11〕。钳耳庆时当时虽"依势用事"（《通鉴·宋纪》十六），但他的地位毕竟不能与皇室相比。庆时"性巧"、"穷妙极思"，所以他所主持的建筑物，应具有雕饰巧丽的风格。

窟口一列楹柱的向前柱面剥蚀严重（卷 VI PL. 2），如果"小而完"的铭记附刻在那里，应该说那是很显眼的地方。第三项，澄城晖福寺的规模是不是很大，现在无法窥知，但就《晖福寺碑》碑石言，并不巨大①；即使钳耳庆时在家乡建寺规模较大，又怎能证明他在国都附近开窟必然要更为宏伟？我们认为可能是钳耳庆时开凿的第九、十双窟，比同时略晚于它的第五、六双窟规模为小，但又和早于它的护国双窟（七、八双窟）规模相近，而第五、六窟，第七、八窟这两组双窟，都可能是皇室所开凿，尽管钳耳庆时当时受宠于文明太皇太后，他所开窟龛能有接近和小于皇室石窟的规模，也不应说它太窄小了。此外，从《晖福寺碑》中，似乎又得到崇教（福）应包括第九、十双窟的另一启示。碑文云："我皇文明自天，超世高悟……太皇太后圣虑渊详，道心幽畅……散骑常侍安西将军吏部内行尚书宕昌王庆岂资性明茂……于本乡南北旧宅，上为二圣造三级佛图各一区……爰自注始，三载而就……太和十二年岁在戊辰七月己卯朔一日建"。王庆岂即钳耳庆时，庆时于崇教（福）同时兴建的晖福寺的主要建筑物，是为孝文帝与太皇太后二圣各造三级佛图一区，那么庆时为国祈福开凿的洞窟具有二个龛室，应是极有可能的，而第九、十双窟恰好具有这个特点。

　　近年大同附近的考古发现，也可提供第九、十双窟的时间符合"大代太和八年建，十三年毕"这个崇教（福）的特定年代的佐证。前引长广云：九、十双窟中的有栖止的鸟形的藤座雕刻，还见于太和五至八年兴建的永固陵石刻。长广并且说：同见于两处的鸟形饰的藤座，若孪生之相似〔页 10～11〕。这种情况，值得注意②。七十年代初，大同市博物馆曾在永固陵南面佛寺遗址中发现大批北魏残塑像。1976 年北京大学考古专业师生去方山调查，也在该遗址附近采集到不少北魏残塑像。从这两批资料观察，无论右祖或通肩服饰的残佛像，或是只存冠饰和手部的残菩萨像，也都与第九、十双窟中的雕刻接近③。为什么方山北魏遗迹与第九、十双窟相似或接近？《魏书·阉官·王

---

　　① 承王仁波同志函告，《大代宕昌公晖福寺碑》1973 年自澄城移存西安陕西省博物馆碑林第三室，碑身宽约 86 厘米，连碑额高约 3 米。如与云冈第七、八窟隔墙前端所镌的丰碑（加龟趺高在 13 米以上。卷 V PL 1～3）相比，显然是卑下的多了。不过《晖福寺碑》碑额雕饰细致、碑身下部又鼓出内弧的束腰（这种作法是碑中的孤例），这些注意造型的精巧，或许出自建寺者钳耳庆时的创意。

　　② 参看大同博物馆等《大同方山北魏永固陵》，刊《文物》1978 年 7 期。

　　③ 1975 年的发现，现存大同市博物馆。1976 年的采集，现存北京大学考古陈列室。1982 年 1 月 11 日《人民日报》报道，最近又在该遗址处发掘出以佛塔为中心的北魏思远佛寺址，出土有石雕柱础、莲花纹和兽面纹瓦当以及石雕佛像的残件等。按方山佛寺遗址所出残佛像，其样式较第九、十双窟略早，大型佛像衣纹有的与第七、八双窟相同，作出断面呈方形的贴泥条形式。《魏书·高祖纪》上记太和三年八月"起思远佛寺"，因此这批佛像在样式上，与第九、十双窟接近但略早，也是合乎情理的。关于方山佛寺遗址所出残佛像问题，我们将另有文论述。

遇传》记：“北都方山灵泉道俗居宇①及文明太后陵庙……皆遇监作”。王遇即钳耳庆时。北都方山建筑，据《魏书·高祖纪》上，知它以永固陵为中心，“〔太和〕三年（479）……起文石室、灵泉殿于方山……〔八月〕乙亥幸方山，起思远佛寺……〔五年〕夏四月己亥行幸方山，建永固石室于山上……八年（484）秋七月乙未，行幸方山石窟寺。”这批建筑，据《魏书·皇后·文成文明皇后冯氏传》知系“〔太和〕八年而成，刊石立碑，颂太后功德”。由上可知这批方山皇室建筑皆庆时监作。那么，崇教（福）即包括第九、十双窟与方山佛寺的残塑、方山永固陵的石刻有关形像的接近甚至相似，不仅由于在时间上它们前后相续（方山建筑：太和三至八年〔479~484〕。崇教（福）：太和八至十三年〔484~489〕），而且还因为是同一人物（钳耳庆时）监作的缘故。大同另一处重要发现是太和八年的琅琊王司马金龙墓②，该墓出土器物上的纹饰，绝大部分与第九、十双窟的纹饰相似，其具体实例见下页表。

插图3所录Ⅰ~Ⅵ这些复杂的纹饰，见于一组洞窟之中，在云冈只有第九、十双窟一处。因此，云冈石窟中第九、十双窟在时间上最接近司马金龙墓应无可疑。如再从相似纹饰的组织方面考察：

Ⅰ．绚纹　第九、十双窟已图案化；

Ⅱ．缠枝环形忍冬　第九、十双窟渐趋繁杂；

Ⅲ．缠枝忍冬　第九、十双窟出现了变形的交龙，其交结处又饰以花朵；

Ⅳ．套圭纹饰线条转折处　第九、十双窟出现了环形饰，有的圭形还发展成龟甲纹；

Ⅴ．环形忍冬　第九、十双窟分化成简繁两式；

Ⅵ．波形忍冬中的填饰　第九、十双窟已将人物与禽兽分开布置。

以上几种纹饰演变的趋势，似乎也与它们年代先后相续的情况（司马金龙墓：太和八年〔484〕，第九、十双窟：太和八至十三年〔484~489〕）相符。1965年，敦煌莫高窟发现绣出“太和十一年（487）……广阳王慧安”发愿文的残绣佛一件，其中供养人衣纹与上表Ⅱ环形忍冬中的桃形忍冬相同；绣佛的复杂的忍冬边饰也与Ⅳ近似，更和第

---

① “道俗居宇”，长广认为包括道教、佛教两方面，并说从这一句体会不出在武州山建造石窟之意〔页9〕。按《王遇传》所记这一批建筑物，都是皇室工程，故最后结语是“皆遇监作”。包括第九、十双窟的崇敬（福），是庆时所自镌，当然不应列入。此“道俗居宇”，应指当时在方山兴建的佛寺建筑，如思远佛寺和方山石窟寺之类。“道俗”即僧俗，当时呼僧为道人，故道人统“更名沙门统”（《魏书·释老志》），太和五年（481）“二月沙门法秀以妖术惑众，谋作乱于平城……议者或欲尽杀道人”（《道鉴·齐纪》一）。所以“道俗居宇”与道教无涉。

② 参看大同市博物馆等《山西大同石家寨北魏司马金龙墓》，刊《文物》1972年3期。此墓用砖横端一侧模印出阳文“琅琊王司马金龙墓郭垆”十字，据所出司马金龙墓表、墓志均记立铭时间是太和八年十一月十六日。《魏书·司马楚之传附于金龙传》也记金龙“太和八年薨”，因知此墓建年是太和八年（484）。按金龙父楚之，为世祖所信任，死后得殊宠，陪葬金陵。楚之“尚诸王女河内公主，生子金龙”，显祖在东宫，擢金龙为太子侍讲，金龙“后娶沮渠氏……世祖妹武威公主所生也，有宠于文明太后”，是金龙一家与北魏皇室关系密切，其墓出土器物纹饰，可与文明太后宠宦钳耳庆时开凿的第九、十双窟相比较，当非偶然之事。

九窟前后室间甬道顶和两侧壁的外沿环形与龟甲文相间的忍冬接近（卷Ⅵ PL. 36 ~ 38）。这件绣佛，据敦煌文物研究所同志研究："它应该是从平城一带被人带到敦煌来的"[①]。看来，纹饰的时代特征显著，从纹饰简繁的发展顺序也可说明第九、十双窟边饰与崇教（福）兴建年代也是契合的。此外，内蒙古托克托古城发现的释迦鎏金铜像和美国哈佛大学福格博物馆所藏的释迦鎏金铜像，都有太和八年（484）铭，两像座沿上的纹饰，也正与第九、十双窟的简式环形忍冬（Ⅴ）极为类似[②]。

护国、崇教（福）之外，金维诺同志曾考虑过第七、八双窟东侧的五、六两窟即十寺中的天宫[③]。按《金碑》云："护国、天宫则创自孝文"，又谓："帝王于天宫寺以金铜造释迦像"，但并无遗刻根据。《魏书·释老志》记皇兴元年（467）"高祖诞载……又于天宫寺造释迦立像，高四十三尺，用赤金十万斤、黄金六百斤"。此天宫寺，《校注》曾有论述："《魏书》所记的天宫寺，是否在云冈，是否即碑文所记的十名中的天宫寺，都尚有问题"。不过就第五、六两窟规模相近，都具有矩形前室，两窟前室左、右、中三堵石壁前端都雕出类似的多层石塔等现象考察（卷Ⅱ Fig. 12），知道这也是一组双窟。这组双窟可以推测它是皇室所开凿，开凿的时期应在孝文帝迁洛之前，这在《试论》中曾予说明："六窟全部大型佛像改变了过去的服装，都雕成了褒衣博带式。佛像褒衣博带，是与孝文帝太和十年至十九年（486 ~ 495）的服制改革呼应的。所以推测六窟竣工之时，已去太和十八年（494）孝文迁洛不远。至于五窟壁面布满了没有统一布局、时间又不相同的小龛，更说明它并未按原计划完成（卷Ⅱ PL. 23 ~ 25，39，41，56），这种情况当然也和孝文南迁有关。因此，五、六窟这一组双窟的雕凿，约在孝文帝都平城的后期。"推定第五、六双窟开凿时间的关键，是如何判断佛像改服褒衣博带的时间。长广认为第六窟佛像服装改变，应在太和十年（486）孝文帝始服冕服之前，他说："太和十年正月，孝文帝始服冕服之后，在云冈的佛像身上出现了汉族服制，这始于何时，尚不能断定。由于冕服制包括复杂的冠制等，还有衣服的制度，所以较早在内部作出了决定，六年的准备时间是需要的（《魏书》卷九一《蒋少游传》）。无疑在比太和十年更早的时间，云冈即采用了新服制，如第五、六窟中诸佛像是。"〔页11 ~ 12〕长广提出的六年准备时间，见《魏书·术艺·蒋少游传》："诏尚书李冲与冯诞、游明根、高闾等议定衣冠于禁中。少游巧思，令主其事，亦访于刘昶，二意相乖，时致净竞，积六载乃成，始班赐百官"。这六年，看来主要是由于蒋、刘意见不一致，难以取得统一的看法而耗费过去的，并不是内部早已决定而进行准备的时间。蒋、

---

① 参看敦煌文物研究所《新发现的北魏刺绣》，刊《文物》1972年2期。

② 内蒙古托克托克城发现的鎏金铜像，见内蒙古自治区文物工作队：《内蒙古出土文物选集》图版104、105，1963年。美国福格博物馆藏鎏金铜佛见国立故宫博物院编辑委员会：《海外遗珍（佛像）》图版6，台北，1986年。

③ 见金维诺《中国美术史稿》，未刊。

刘诤竞具体在何时？据《魏书·刘昶传》："刘昶字休道，义隆（宋文帝）第九子也。义隆时，封义阳王……〔和平六年，465〕间行来降……封丹阳王。太和初，转内都坐大官，及萧道成杀刘准（宋顺帝），时遣诸将南伐……〔诏昶〕与诸将同行……后昶恐雨水方降，表请还师，从之。又加仪同三司，领仪书尚书。于时改革朝仪，诏昶与蒋少游主其事。昶条上旧式，略不遗忘"。知在昶表请还师之后。昶还师事，《通鉴·齐纪》一记："（建元二年三月）魏刘昶以雨水方降，表请还师，魏人许之。丙午遣车骑大将军冯熙将兵迎之。"齐建元二年即孝文太和四年（480）。由此可知，蒋、刘讨论包括衣冠制度的朝仪问题最早不能早于太和四年，姑拟之于此年，"积六载乃成"，恰好是太和十年（486）。所以《蒋少游传》："始班赐百官"与《魏书·高祖纪》下所记："〔太和〕十年春正月癸亥朔，帝始服衮冕，朝飨万国……夏四月辛酉朔，始制五等公服。甲子帝初以法服御辇，祀于西郊……四月乙亥，给尚书五等品爵以上朱衣、玉佩，大小组绶"是同一件事。因此，长广主张云冈五、六双窟诸佛像采用了新服制无疑地比太和十年为更早〔页12〕，就完全失掉了文献根据。另外，第六窟的形像并不仅诸佛像采用了新服制，绝大部分的其他形像如菩萨、天人等也都改换了华服，这显然是颁赐百官服装后的反映①。其实像第六窟这样宏伟华丽的大型窟，从整体布局到细部装饰，都要经过事先的精心设计，因此这座窟从设计到完工，绝不是三五年内所能告竣的，如太和十年（486）新服制确定后，即开始设计第六窟，设计完稿后，兴工雕凿，雕刻之工毕，还应有贴金敷彩的装銮工序，这样全部竣工，已下距太和十八年（494）迁洛不远，应该被认为是比较合理的。更何况我们还要注意到第五、六这对双窟中没有按原设计完工的第五窟。为什么第五窟没有完工？如果不是因为将要迁洛或已开始迁洛而中辍，又该作如何更适宜的解释？

上面我们论述了护国（第七、八双窟）、崇教（福）（第九、十双窟）和第五、六双窟。这三组石窟，在云冈中央区的主要部位连成一片，而且又都开凿了一种新的双窟

①　关于孝文帝实施新服制，不是在一年内完成的。从上引《魏书·高祖纪》下所记太和十年正月帝始服衮冕开始，其后《高祖纪》下又记："〔太和十五年十二月〕癸巳，颁赐御史以下衣冠"，"（太和十八年十二月）壬寅，革衣服之制"。后一项《通鉴·齐纪》五记："〔建武元年（太和十八年）十二月〕魏主欲变易旧风，壬寅诏禁士民胡服，国人多不悦。"因知新服制的实施，直到太和十八年十二月始完成。在服制改革的过程中，太和十七年王肃的议论似亦有作用，《通鉴·齐纪》五记其事云："（永明十一年〔太和十七年〕冬十月）癸卯，魏主如邺城，王肃见魏主于邺，陈伐齐之策，魏主与之言，不觉促席移晷……时魏方议兴礼乐，变华风，凡威仪文物，多肃所定。"按孝文迁洛的时间，一般皆以太和十八年十月"戊申，亲告太庙，奉迁神主。辛亥，车驾发平城京"（《魏书·高祖纪》下）为准。其实，迁都基本完成应在太和十九年九月，《魏书·高祖纪》下记是年"九月庚午，六宫及文武尽迁洛阳"可证。因此，我们认为孝文新服制的实施，是在太和十年正月迄太和十八年十二月（486～494）这一阶段完成的。所以太和十九年五月孝文自邺归洛，责居守任城王澄曰："朕昨入城见车上妇人冠帽而著小襦袄者，若为如此，尚书何为不察。澄曰：著犹少于不著者。高祖曰：深可怪也，任城意欲令全著乎。一言可以丧邦者，斯之谓欤……于是留守群臣遂免冠谢罪"（《魏书·景穆十二王任城王云传附子澄传》）。

形制，这是值得注意的。按承明元年（476）献文帝卒后，太皇太后冯氏（文成文明皇后）"临朝听政"，"事无巨细，一禀于太后"者十余年（《魏书·皇后·文成文明皇后冯氏传》），时称孝文帝与太皇太后冯氏为二圣[1]，或二皇[2]。前述冯氏宠宦钳耳庆时于太和九年迄十二年（485～488）建晖福寺，寺中主要建筑物是为二圣各建三级佛图一座。因此我们考虑云冈这种新形制的双窟，大约皆为孝文帝与太皇太后冯氏二圣所兴建[3]。这个推测如果不误，那么第七、八，第九、十，第五、六三组双窟皆建于孝文时期，就又多了一个新证。

三　"样式论"和魏帝行幸武州山石窟寺问题

长广先生认为研究中国石窟的方法，第一，应从石窟构造与佛像及其他一切雕像、彩画的样式出发；第二，弄清造像铭记；第三，参考可靠的历史资料、文献；第四，参照研究史。这四项中，他又反复强调：最重要的是第一项"样式论"〔页7〕。长广文章最后更明确地说，议论的根本是雕刻论，即高低、深浅的立体问题，那是基于视觉和触觉的艺术〔页13〕。我们认为作为历史考古学研究对象的云冈雕刻，无论"样式论"、"雕刻论"如何重要，但排比它们的年代和解释它们的变化，却有赖于第二、第三两项。第四项即前人研究成果。前人研究成果当然要吸取，但每当新资料被发现后，必然要对以前的研究进行复查，这应是学术前进的共同道路；其实，就是仅就原有的资料，提出另外的看法，也是经常出现的事，长广自己曾屡次修正他们五十年代的云冈分

---

① 二圣一辞，见《大代宕昌公晖福寺碑》："我皇文明自天，超世高悟，鼓淳风以怀万邦艳，洒灵泽以霑九服，兼遐想虚宗，遵崇道教。太皇太后圣虑渊详，道心幽畅，协宣皇极，百揆挺惟新之明，缉熙庶绩，八表流击壤之咏，虽智周世□而方外之志不亏，形应万机而恬素之真弗扰，故能优游紫宫，宪章遗法，绍灵鸳于溥天，搴祇桓于振旦……散骑常侍安西将军吏部内行尚书宕昌公正庆宦资性明茂，秉心渊懿，位亚台衡，任总机密……于本乡南北旧宅，上为二圣造三级佛图各一区……旌功锐巧，穷妙极思，爰自经始，三载而就。崇基重构，层栏叠起，法堂禅室通阁连晖……太和十二年岁在戊辰七月己卯朔一日建。……秘书著作郎傅思益制文 相 州钜鹿苏棠刊文。"又《魏书》多记文明太后与高祖为二圣，如《杨播传附弟椿传》："〔椿〕戒子孙曰……吾兄弟自相诫曰，今忝二圣近臣，母子间甚难，宜深慎之……高祖谓诸王、诸贵曰：北京之日，太后严明……和朕母子者，唯杨椿兄弟。"又如《程骏传》："（骏）表曰……臣不胜喜踊，谨竭老纯之思，上〈庆国颂〉十六章并序……其颂曰……于穆二圣仁等春生……太和九年正月，（骏）病笃……及卒，高祖、文明太后伤惜之。"

② 二皇，见《辩正论》卷4："广阳王嘉……读一切经凡得三遍。造爱敬寺以答二皇。"按广阳王嘉系太武帝孙，高祖初年拜徐州刺史，太和九年（485）封广阳王，《魏书》有传。

③ 当然也不能排除孝文帝为献文帝和献文母皇太后冯氏所建，特别是第七、八和第五、六两组双窟。这种双窟制度，后为洛阳龙门所承袭。《魏书·释老志》："景明初（500），世宗诏大长秋卿白整准代京灵岩寺石窟，于洛阳伊阙山，为高祖、文昭皇太后营石窟二所。"此二所石窟即今龙门石窟的宾阳洞与宾阳南洞。该两窟之间的隔壁前端也镌出下具龟趺的大碑（《龙门石窟の研究》〔1941〕PL.5），这应是沿云冈第七、八双窟的旧制。可见为帝后修建双窟，云冈开始之后，为当时所习见，不过世宗改为其父母所营造与云冈不同。云冈另一处第一、二双窟，其"雕凿的时间，应在九、十窟和五、六窟之间"（《试论》），即也在孝文帝时期。

期论，即是一例。

现就长广提出的四项，略谈一下我们对云冈研究的一点想法。断定第十六至二十窟是云冈最早的昙曜五窟，并取得公认，它的重要根据是《魏书·释老志》的记载。判断褒衣博带式的服饰晚于通肩和右袒，最直接的证据是云冈有关窟龛所提供的纪年铭记和《魏书》中有关孝文帝改革仪制的记录。有了上述的结果，再进一步在通肩、右袒和褒衣博带式的服饰的内部进行区分早晚，也还要依靠上述两种资料。因此，考虑石窟问题，总是以第二、三两项来探索、解释第一项的。

有关样式的问题，我们常用类型这一名词。考虑石窟的类型，一般要包括：一、石窟形制；二、主要形象和形象组合（布局与题材）；三、纹饰与器物；四、艺术造型与技法。例如探索云冈石窟的分期，我们就是从分析石窟的类型入手的。在《试论》中，我们没有把第七、八双窟放在第一期，即没有把第七、八双窟和昙曜五窟放在一期，就是因为它们在类型的主要方面差别较大，如第七、八双窟的形制、主要形象和形象组合以及装饰纹样等都与昙曜五窟有明显的不同，而与第九、十双窟等接近。至于造像的艺术处理与昙曜五窟中的第十八、十九、二十等窟相似，我们认为那是次要的了。分期是手段，它的目的不仅是为了解决时间问题，更重要的是它们所反映的社会意义，因此，在《试论》中作了一些探索性的论述。这一点，大约是长广所不感兴趣的。可是，具有某些社会意义的类型与分期，不是更加强了所要解决的时间问题的确切性吗？至少我们是这样认为的。

很清楚，长广是特别重视形象的艺术造型与技法的。这一项，我们并不怀疑它的重要性，因为它的差异，同样也是植根于社会原因，所以它的时代特点也是极为显著的。不过像讨论云冈在历史背景较复杂阶段的某些只有十年左右的时间分歧的洞窟和龛像，如讨论第七、八窟，第九、十窟，第五、六窟三组双窟各自的较为具体的年代时，还有论述第九、十双窟佛像与第十七窟明窗左壁佛像和第六窟佛像与第十一窟窟口上方小龛佛像的雕凿时间早晚时，形象的造型与技法，是否就要受到一定的限制呢？我们认为考虑云冈上述一些窟龛形象的造型与技法，至少有以下四种情况应予重视：

一、在一个有完整设计的大型石窟中，先后造像的造型、技法应是一致的。但这类大型石窟开凿的时间延续较久，如前述的第六窟，即使它开始于决定改革服制的太和十年，但它完成的时间有可能已接近了太和十八年迁洛以前。这样，在第六窟中同样造型与技法的形象，就有可能上起太和十年，下讫太和十八年之前不久。

二、还应考虑到第六窟是皇室所开窟，皇室最早提倡新服制，以身作则，在第六窟中出现了旧造型、技法和新服制融于一身的佛像，是完全可以理解的。

三、太和十年改革服制后，即使马上就出现新服制的佛像，但也不可能立刻排除旧服制佛像的雕造，更何况还有大批有权势而又相信佛教，并抵制服制改革的北魏上层人物的存在。第五、六双窟之一的第五窟窟口左右侧壁的树下禅定的佛像（卷Ⅱ PL. 11～15）和明窗左右侧壁的释迦多宝像都着右袒的服饰（卷Ⅱ PL. 18～20），还有明窗左右壁的上方的交脚弥勒也着早期的服饰（卷Ⅱ PL. 21），这些又似乎可以进一步说明提倡新服制的皇室所开凿的洞窟中，在新旧服饰交替时期，也难免出现混杂情况。如果窟口与明窗壁面的形象出于后来的补刻，那么第五窟所提供的情况就更值得注意了。

四、新服制的造像和新风格的造型与技法，并不是平城本地开创的，它的渊源应是南朝。以褒衣博带式服饰为例，从近年在南京等地的东晋至南齐时期的墓葬壁面上发现的竹林七贤与荣启期模印画砖中①，知道这种服饰，本是南朝上层人物的衣著。从四川省博物馆所藏成都北原茂县（今茂汶羌族自治县）出土的有齐永明元年（483）造无量寿、当来弥勒成佛二世尊像铭的褒衣博带式的立佛（图四）和坐佛像②（图五），又可知道在孝文帝极力推行汉化的情况下，云冈太和十年（486）以后出现的新服制的佛像，很可能是北魏匠师根据至少是参考了南朝造像设计雕造出来的。因此，当时云冈造像多种样式共存，并不奇怪。太和十三年毕工的第九、十双窟中的佛像，在"样式"上比太和十三年雕凿的第十七窟明窗左壁佛像为早，太和十年以后开始开凿的第六窟佛像，在"样式"上比太和十三年雕凿的第十一窟窟口上方小龛中的佛像为早，在年代先后的问题上，原都是可以说得通的。即使长广先生认为都要早得多〔页12〕，也不是什么难以理解的事。如果我们重视像有齐永明元年（483）铭那样的南朝新型的佛像，有可能影响到云冈的话，一种雕刻较浅、立体感较差、但又强调衣纹的佛像出现在云冈，甚至比按旧的造型、技法雕出新服制的佛像，在雕造的具体时间上为略早，也不是没有可能的；更何况第六窟开凿的时间还不见得比雕凿于太和十三年的第十一窟窟口上方小龛为晚？同样情况，采用了新的造型与技法雕造出旧服制的佛像出现在云冈，比沿用旧的造型、技法雕造出旧服制的佛像，在雕造的具体时间上为略早，也同样是可能的，更何况太和十三年已毕工的第九、十双窟中的佛像，很可能还早于有太和十三年铭

---

① 南京博物院于南京、丹阳地区，发掘有竹林七贤与荣启期模印画砖的墓葬多座。已发表的以南京西善桥宫山北麓墓为早，时间约在东晋晚期，见《南京西善桥南朝墓及其砖刻壁画》，刊《文物》1960年8、9合期。丹阳胡桥仙塘湾墓、胡桥吴家屯墓和建山金家屯墓，皆南齐墓。前一墓见《江苏丹阳胡桥南朝大墓及砖刻壁画》，刊《文物》1974年2期。后两墓见《江苏丹阳县胡桥、建山两座南朝墓葬》，刊《文物》1980年2期。

② 参看刘志远等《成都万佛寺石刻艺术》（1958）附图1、2。该石作方柱状，侧面有铭，《石交录》卷二录其铭云："齐永明元年岁次癸亥（483）七月十五日西凉曹比丘释玄嵩为帝主臣王累世师长父母兄弟六亲眷属及一切众生敬造无量寿、当来弥勒成佛二世尊像，愿一切众生发弘旷心，明信三宝，瞿脩十善，遭遇慈氏，龙华三会蠢豫其昌，永去尘结，洁身满足，广度一切，共成佛道……时镇主性庄丘□部亦值□福，愿□□"。两像刻在石柱的正背面，立像腹部以下有断毁，坐像较完整。两像皆褒衣博带服饰，造型板滞，雕刻浅，立体感不强。关于两像的服饰问题，可参看杨泓《试论南北朝前期佛像服饰的主要变化》，刊《考古》1963年6期。

的第十七窟明窗左侧的佛像？总之，研究云冈造像，我们应充分估计当时云冈特定的历史背景，而不宜以"样式论"或"雕刻论"的一股情况来作硬性的规范。

以上四种情况，大约可以说明在太和十年之后，云冈造像的样式复杂化了。复杂化的结束，从当时政治形势看，很可能要迟到太和二十年（496）十二月平定恒州刺史穆泰之变以后①，在云冈窟龛造像中，比较清晰地得到反映，似乎也在太和十八年迁洛以后②。在云冈造像样式复杂的阶段里，为了区别相对的先后，我们考虑选择服饰的差别比选择造型、技法的新旧较为简单明了。《试论》的一个脚注中说："云冈褒衣博带装束的佛像，有纪年铭记可考的最早实例是十一窟上方太和十三年铭释迦多宝龛。着右袒大衣佛像，有纪年铭记可考的最晚实例是十七窟明窗、东侧的释迦、多宝、弥勒三像龛，龛铭纪年也恰是太和十三年。这个巧合，可以说明太和十三年应是这两种服制的交替时期。"脚注的论述，只是就有明确纪年铭记的情况而言，当然这个巧合，也应有其必然性，是否可以理解太和十三年是这两种服饰的造像，在云冈形成均势的时期，此后新服装才逐渐取得优势呢（太和十三年铭记龛实例可参见图版42、41）？

云冈石窟某些具体洞窟开凿年代的推定，我们和长广先生的分歧，"样式论"是一个方面，恐怕更重要的，还是文献的根据问题。

长广非常重视《魏书·帝纪》所记魏帝行幸武州山石窟寺和武州山的年月，他推测临幸的目的是为了出席石窟寺的本尊落成典礼〔页8〕。《魏书·帝纪》记行幸武州山石窟寺共四次。最早一次是献文帝"皇兴元年（467）秋八月行幸武州山石窟寺"（《显祖纪》），长广认为这应是昙曜五窟落成并受到供养之时〔页4〕。最末一次是孝文帝"太和七年（483）五月幸武州山石窟佛寺"（《高祖纪》上），佛像穿上褒衣博带式服饰的第五、六双窟，规模巨大，其开凿非皇室莫属，因此长广认为此双窟中的第六窟的落成，应即是这末次行幸的原因〔页11〕。第九、十双窟造像样式比第五、六双窟早，它的落成大典，长广就和"延兴五年（475）五月幸武州山"（《高祖纪》上）一事联系起来〔页8〕。第七、八双窟造像的样式又比第九、十双窟为早，因此它的主体工程，就被长广推定到献文帝时期〔页4〕，尽管在《高祖纪》上没有找到可以比附的

---

① 孝文帝汉化与南迁，多遇守旧权势的阻挠，太和二十年（496）孝文借平穆泰叛变之机，对所谓"代乡旧族，同恶者多"（《魏书·王栗碑传》）的恒朔地区守旧权势进行了一次打击。参看《魏书·神元平文诸帝子孙·东阳王丕传》、《穆崇传附孙泰传》、《陆俟传附孙叡传》。

② 云冈现存纪年铭的龛像中，晚于上述太和十三年（489）的，即是第十一窟明窗左壁和西端某小窟窟口壁面的太和十九年（495）龛，龛内造像皆系新服饰；但第五窟窟口和明窗左右壁的旧服饰的造像，如系补刻，则有可能晚到太和十八年（494）迁洛以后。南迁以后，推行汉化政策最严厉的洛阳，其造像也不规整划一，旧服饰的造像还较多地雕凿在古阳洞的左右壁上，其中有纪年铭可凭的最迟之例，是宣武帝景明四年（503）比丘法生为孝文帝并北海王母子所造的右袒释迦坐像龛（右壁自下第三层，自右第二龛。见龙门文物保管所《龙门石窟》〔1980〕图版42、44 和《龙门石窟の研究》，Fig. 96）。

临幸事件。至于《帝纪》中记录的另外两次幸武州山石窟寺，即太和四年（480）八月和太和六年（482）三月，相当哪座洞窟的落成，长广没有明确推定，是否是因为这两次行幸的时间和末次的行幸相距太近，不好太具体地安排他认为可以考虑的第一、二双窟和第十一窟、第十二窟、第十三窟？长广这样把魏帝行幸的年月和云冈某些洞窟的落成时间等同起来，纯属臆测，并无文献证据。按北魏有祷祀山川旧俗①，文成帝以前多祀白登、恒岳，文成帝以来多幸阴山、崞山。其幸武州山也由来已久，明元帝永兴三年（411）三月"帝祷于武周（州）、车轮二山……初，清河王绍有宠于太祖，性凶悍，帝每以义责之，弗从。帝惧其变，乃于山上祈福于天地神祇"（《魏书·礼志》一），孝文帝延兴五年（475）"幸武州山……车轮山"（《魏书·高祖纪》上），太和元年（477）又"车驾祈雨于武州山，俄而澍雨大洽"（《魏书·高祖纪》上）。所以，与其说魏帝幸武州山石窟寺是为了某个洞窟的落庆，还不如说是为了祈祷更有根据。所以当太和八年（484）方山永固石室和方山石窟寺等工程完成之后，祈祷的地点，就集中到文明太皇太后选定的方山去了。

在没有发现有关云冈具体洞窟的开凿者和兴建时间的记录之前，也没有可靠的其他有关纪年遗物可作间接参考的情况下，要系统地探索云冈石窟的具体年代，长广的上述设想，我们认为还是经过苦心思考努力寻求文献证据而产生的推论，但在摘录了具体洞窟兴建铭记和记述了某个洞窟的特点的《金碑》录文发现之后，我们认为考述云冈石窟的历史有了新的文献记录。根据这新发现的文献缜密地考释出它所记录的具体洞窟，就可以得出新的推论。而这新的推论，与近年大同附近发现的一些有关的并有确切纪年的对比资料相契合，那么，这些新的推论，不见得就像长广先生认为的那样没有根据吧?!

四　云冈石窟分期问题余论

云冈第十六至第二十窟即昙曜五窟，开凿于和平中（460～465），属于第一期，国内外一般争论不多。云冈西端诸窟龛和第二十窟以东诸窟内外补刻的窟龛和尊像，大部分属于太和十八年（494）迁洛以后的第三期，意见也较一致。问题集中的是第二期。第二期的问题，有起讫时间的问题，更多的是对某些具体洞窟开凿年代的推测。关于后一问题的主要部分，我们和长广先生的分歧已如上述，为了醒目，现再表解如下：

---

① 参看《魏书·帝纪》、《礼志》。

		七十至八十年代初长广敏雄的意见	《校注》、《试论》的意见
第七、八双窟		献文帝时期（465～471）〔页4〕	孝文帝初期（471～?）
第九、十双窟		孝文帝延兴五年（475）顷落成〔页8〕	孝文帝太和八年至十三年（484～489）
第五、六双窟	第六窟	孝文帝太和七年（483）顷落成或竣工〔页11〕	太和十年（?）至十八年（486?～494）以前
	第五窟	（第五窟年代推定见《云冈と龙门》〔1964〕页101）	太和十年（?）至十八年（486?～494）迁洛时，尚未完工

上表可以反映如下两个问题：一、长广特意安排了献文帝时期在云冈的工程，即完成第七、八双窟；二、长广只强调了孝文帝时期的延兴五年至太和七年这一阶段。

关于第一个问题：我们认为第一期昙曜五窟的工程，可以拖延到献文帝时期，但推定第七、八双窟也完成于献文帝时，则需要慎重考虑。因为根据文献记载，献文帝兴建佛寺地点的选择，似已转移到平城和北苑。其在平城的建置，《魏书·释老志》记："高祖诞载（皇兴元年，467），于时起永宁寺，构七级佛图，高三百余尺，基架博敞，为天下第一"（《水经注·㶟水》："永宁七级浮图……其制甚妙，工在寡双"），又记："又于天宫寺造释迦立像，高四十三尺，用赤金十万斤，黄金六百斤。皇兴中（467～471），又构三级石佛图，榱栋楣楹，上下重结，大小皆石，高十丈，镇固巧密，为京华壮观"（《水经注·㶟水》："（如浑）水右有三层浮图，其容鹫架，悉结石也，装制丽质，亦尽美善也"）。其在北苑的营建，《魏书·显祖纪》："〔皇兴〕四年（470）……十有二月甲辰，幸鹿野苑石窟寺"①。此鹿野苑石窟寺在北苑，《释老志》云："高祖践位（延兴元年，471），显祖移御北苑崇光宫，览习玄籍。建鹿野苑佛图于苑中之西山，去崇光右十里，岩房禅堂，禅僧居其中焉"。此鹿野苑的工程，见录于高允《鹿苑赋》："踵姬文而筑苑，包山泽以开制……暨我皇（献文帝）之继统，诞天纵之明叡，追鹿野之在昔……于是，命匠选工，刊兹西岭，注诚端思，仰模神影……即灵岩以构宇，竦百寻而直上，组飞梁于浮柱，列荷华于绮井……嗟神功之所建，超终古而秀出……凿仙窟以居禅，辟重阶以通术……伊皇舆之所幸，每垂心于华囿，乐在兹之闲敞，作离宫以营筑"（《广弘明集·统归篇》）。法琳《辩正论》卷三所记："显祖献文皇帝德配彼天，道邻极圣，造招隐寺，召坐禅僧"的招隐寺，大约也在鹿野苑。因此，可以想见，当时在云冈工程稀少，不必一定要作云冈某个洞窟开凿在献文帝时之推测。

关于第二个问题：如果第七、八双窟兴建于孝文帝初期的考虑不误，那么，除第一期开凿的昙曜五窟和第三期开凿的西部诸窟之外，云冈的主要窟龛几乎都开凿在孝文帝

---

① 《南齐书·魏虏传》："宏（孝文）父弘（献文）禅位后，黄冠素服，持戒诵经，居石窟寺"。此石窟寺即鹿野苑石窟寺。

时期。它不仅包括第七、八，第九、十，第五、六这三组双窟，而且包括第一、二双窟，第十一至十三窟和云冈最大的第三窟，还要包括自昙曜五窟迄迁洛前补刻在各窟内外的窟龛中的绝大部分。因此，孝文帝时期的雕造，既遍布云冈各地，又处于云冈的显著地带，为经历云冈道俗所瞩目，当为极自然之事，所以唐人记述云冈，或云"魏孝文之所置"（《宋昱诗》），或云："孝文故像"（《古清凉传》），特别强调孝文帝，绝非偶然。文献记载和现存铭记凡记录这阶段所雕造或经始的窟龛，最迟的纪年是太和十三年（489），这是一个引人注目的现象。按献文帝于皇兴五年（470）"迫于太后，传位太子"（《魏书·天象志》三），后六年（承明元年，476）又被太后所鸩殂，孝文帝时才五岁，尊太后为太皇太后，太皇太后"临朝听政"（《魏书·皇后·文成文明皇后冯氏传》），"往往自尊，不复关白于帝"（《通鉴·宋纪》十六）。故"政事多决于文明太后（《魏书·恩倖·王睿传附孙翔传》），太和十三年（489）"太后之谪"渐显（《天象志》四），十四年（490）九月太皇太后冯氏卒。因此，可以估计云冈营建之衰与冯氏之谪、卒有关。那么，孝文帝时期云冈兴建的极盛，事实上的倡导者当为冯氏。冯氏崇佛屡见载籍①，其兄熙更佞佛法②，所幸依势用事的阉宦钳耳庆时也多修佛寺，因此，《金碑》记庆时在云冈"镌岩开寺"，为国祈福，正是庆时逢迎女主的一种最好活动，长广怀疑出自冯熙的主使〔页5～6〕，似乎无此必要③。冯家事佛，不仅冯氏兄妹，后来为孝文皇后的冯熙两女也都出家为尼④。冯家与佛教关系密切固有文成复法的因素，但冯氏故国北燕早已是北方的三宝兴隆之地⑤，梁慧皎《高僧传》记：晋末曾受业于罗什、慧远的昙顺和受业于罗什的昙无成皆来自黄龙（《高僧传》卷六、卷十。南人称北燕为黄龙国⑥）；刘宋初，化洽江南的僧诠曾"先于黄龙造丈六金像"（《高僧传》卷七）。又记：冯跋时，既有黄龙禅僧昙弘南游番禺、交趾（卷十三），又有黄龙僧昙无竭（此云法勇）集同志二十五人远适西方寻法求经，后亦归留广州（卷三。《名僧传抄》作法勇）。北燕亡后，黄龙佛教犹未衰竭，《高僧传》记：备综众经的黄龙僧法度，

---

① 冯氏崇佛事，除见《魏书》本传外，《南齐书·魏虏传》另记一事云："宏太和三年（479）道人法秀……等谋反，事觉……伪咸阳王复欲尽杀道人，太后冯氏不许。"

② 冯熙佞佛，见《魏书本传》。敦煌石室出有太和三年（479）冯熙于洛州所写一切经的零卷（《杂阿毗昙心经》卷六）。该卷现藏伦敦大不列颠博物馆，斯坦因编号996。

③ 钳耳庆时在冯氏专政时期，依势用事，威权甚大，故《晖福寺碑》记其："位亚台衡，任总机密，翼赞之功光于帝庭，忠规之节彰于朝司。"《南齐书·王融传》记齐武帝时，"融上书曰……〔虏〕抑退旧苗，扶任种戚……台鼎则丘颓、苟仁端，执政则目凌、钳耳。"此钳耳即指庆时而言。

④ 冯熙两女，《魏书·皇后传》中俱有传。

⑤ 参看汤用彤《汉魏两晋南北朝佛教史》（1955）第十四章《佛教之北统》。

⑥ 见《宋书·东夷高句骊国传》："义熙初，（慕容）宝弟熙为其下冯跋所杀，跋自立为主，自号燕王。以其治黄龙城，故谓之黄龙国。"

⑤⑥ 参看《魏书·海夷冯跋传》，《宋书·东夷高句骊国传》。

太和初（477）南隐摄山（卷九），约在同时南齐还派弘赞禅道的昙超宣化辽东（卷十二），所以当时作为北燕王冯跋弟弘的嫡孙太皇太后冯氏"又立思燕佛图于龙城"（《魏书·皇后·文成文明皇后冯氏传》。龙城，北燕旧都）。以上事迹，充分表明北燕后裔的冯家事佛尚别有渊源。此另外来源的佛教，考慧皎所记，似与中原和南方的佛教关系颇多⑤，而与文成帝复法时主要依据的凉州佛教有别⑥。孝文帝时期云冈兴建的窟龛与昙曜五窟异趣，我们曾在《试论》中略作分析："与第一期比较，引人注目的是，汉魏以来分层分段附有榜题的壁面布局，汉式传统的建筑形式及其装饰日益增多；佛像的服装在第二期晚期也换上了新型的褒衣博带式的样式，外来的佛教石窟艺术，在北中国，就是在这个时期，较显著的开始了逐渐东方化"，之所以出现这种情况，当然主要由于孝文帝汉化政策的逐步实现，但倡导开凿石窟的冯氏的北燕佛教传统是不是也在其中起了某些作用？云冈石窟的研究者对这个问题是否也应予以考虑？

　　本文原刊《北京大学学报·哲学社会科学版》1982 年 2 期。此次重刊，除改动了几处文字错误外，还重写了 3、4、9 三个注，并将文中的文字附表改用形象表示，增线图一幅，即插图 3。

　　　　　　　　　　　　　　（摘自《中国石窟寺研究》，文物出版社，1996 年）

【1】

建也凡有十名一通示二靈巖三綜崇四鎮國五護國六
天宮七崇教八童子九華嚴十兜率按北史魏太祖道武
皇帝拓拔珪以東晉武帝太元十三年稱王於定襄之盛
樂國號代建元登國後乃即真遷都今西
京是也二世曰明元帝三世曰大武帝四世曰文成帝五
世曰獻文帝六世曰孝明孝明之後權歸藩鎮而魏祚哀矣
宣曰孝武州石窟寺又按雲中圖云文成和平八年獻文
魏紀凡建寺皆書而不書此寺唯文獻紀書皇興元年八
月享武州山石窟寺然未知有何所據今寺中遺刻
天安元年革興造石窟寺然未知有何所據今寺中遺刻
所存者二一載在護國大而不全無年月可攷一在崇教

【2】

小而完其略曰要西大將軍驃騎常侍吏部內行尚書宕
昌鉗耳慶時鎮也嚴開寺其銘曰承籍福祚邀寅慶仰鍾
皇家卜世惟永蓋慶時所建祈福之所也云大代太
和八年建十三年舉接道武帝登國元年即代王位四月改
稱魏王皇始元年稱天興元帝詔犖辛東晉武帝大元
為文元氏錄云凡九十載而為號帝不從詔國號魏天興謂國
太和至三年凡卅武皇帝改號神瑞當為窟東西三十里
年立恆安按神瑞時明元所改歲在癸丑當為窟東西三十里
獅比相連按神瑞時明元所改歲住癸丑其舛誤如此續高僧傳
安十七年在太元後三十七年矣其舛誤如此續高僧傳

【3】

雲沙門曇曜於文成帝和平中住石窟通樂寺大唐內典
錄西為尼寺不言其名僧法幹為寺記云十寺魏孝文
嚴西為尼寺不言其名僧法幹為寺記云十寺魏孝文
之所建也護國東壁有拓國王騎從廣弘明集云即孝文
皇帝建寺之主也帝王於天宮寺以金銅造釋伽像泉記
參差如此竟不知經始在於何帝以竟推之道武遷都之
後終其世緣十年其閒創立城郭宮室宗廟社稷百官制
度見於史筆其事業至於鑾山為寺理應未暇道武燉
教末帝雖感自足之言尋有組落亦非其所為也獻文即
位之初章其寺興於前矣其閒惟明元文成二帝據
錄特標神瑞之號明元實經其始內典明載和平之事

【4】

發又衰特賜提點僧譚紫衣并道慧大德號九年元帥府
以河流近寺恐致侵嚙嗌命司差夫三千人改撥河道
此則皇朝外護之大略也鳴呼青駕遺百古今而
帝幸興於中土景蘇其志未知此寺殊功聖迹百古今而
掃地無遺皇統初緇白命議以為欲圖像富者樂施其財貧
者顧翰其刀於是重修靈嚴大閣九楹門樓四所香廚客
請惠公法師住持師既駐錫即為化緣富者樂施其財貧
步屋之綱常住寺位凡三十楹輪奐一新又創石垣五百餘
成約費錢二千萬自是山門氣象會然後完矣師又以靈
次之綱常住寺位凡三十楹輪奐一新又創石垣五百餘
成約費錢二千萬自是山門氣象會然後完矣師又以靈

嚴古刹既為灰燼護國大碑又復推燼勝藥不傳居常歎
息欲表前蹤以垂後世乃礱巨石碣文於予既聞師名
又嘉其志遂不復辭為撰實而書之師名稟慧姓王氏弘
州永寧人幼於天成縣幽華院出家受具自十八歲講華
嚴經摩訶演論辯折疑微聽者常數百人四十五歲徙遊
方即其所傳天春元年奉聖旨傳菩薩戒皇統三年轉運
司定克本寺提點繼准唐堂帖師性明悟
統七年歲門曹行記并書臺傳戒仰建之功顧多至於石窟為最玄
威儀端重一方欽仰
稟慧助辦經武將軍前西京軍器庫使騎都尉太原縣開
國男食邑三百戶王慶祐前西京癸卯年臘月二十四日

予自東勝來是日宿於寺之方丈受清供次日達西江次
年二月八日始錄上草本於何尚書思誠東齋」西祥寺
在仙露坊　大德寺　石幢　法寶寺石幢
法華經幢崇仁藏經廠　弘法寺八教　法藏寺八教
女天王寺
福元寺碑大德十一年先帝立極親裸大室乃慨然曰予
己上並見　永泰寺｜輿地要覽奉聖寺　濟泉寺　崇恩
拆津志
曾予祖世祖聖德神功文武皇帝裸室乃慨然曰予
元三十有一年成宗既祔廟矣而惟聖興聖慈仁昭明孝皇帝至
尊冊納諸廟中尊皇太后以儀天興聖慈仁昭懿壽元之
寶冊顯類于上帝謀行定諡曰順宗昭聖文惠明孝皇帝至
統逷之為子遠之為孫其考以慈可謂致極而於宸心猶

寺天壽寺在南城東宣耀門外　天壽寺在閣街東
萬佛興化寺在天壽寺西北　華嚴寺在新都小末局北
樞密院南街西　普照寺在大長公主府西北　法藏寺
在石佛寺西北金城坊內有藏經庫八座　鳳林寺在彰
義門外雪堂之西
在新都咸宜坊內　妙善寺在咸宜坊沙藍監姑蘇寺
釋伽寺在大都海子橋東　順天寺
三覽寺在南城天慶寺東張旦碑文俗稱三覽寺寺有契
丹昭孝皇帝大碑記在月臺殿之正南有耶律鑄中書省碑
皇帝御書華嚴經覽林菩薩偈咸雍三年歲次丁未十一
月望日祀尼居
石刻報先寺有遼聖文神武全功大略聰仁睿孝天佑
石窟寺大金西京武州山重修大石窟

近秦養付儒妹文苑傳孝舍贈之擢郎別譯之度牽吳觀記
三凡下約房可歇則題栽之　禪有桂文愷之取古耶耶宣文為
絞善於山
六日丁巳晴　甚大風校順天志舉延同陞秋夢園卷及永樂大典
永業大興中有州邑順天府志二十四卷合在四千六百四十七
為府志卷七十五卷十四中引九和郡邑志六條
三册校志伯考　錦泮陽室石廉出來　讀曾文正公書牘叔池汪
七日戊戌晴甚涼　校奏議　錦泮陽室石　接蔣四儂言楊有一
六妙乃葬伯父母　荻橋石承讓克房屋有往交善慶　又接濟和信
八日己亥暗　枝奏議　錦泮陽室石　霞周小雁偻並寄此菜來

1.《艺风老人戊子日记》中记抄校《大典·顺天府》
残本段落

寺碑昔如來出世為利益一切眾生故分形化體於無邊
華藏莊嚴世界海微塵剎土隨緣赴感應現前當此之時
寶山相滿月之容有目者皆得見獅子之乳海潮之音有
耳者皆得聽聞而優填王暫離法會已生渴仰遂以栴檀
刻為瑞相何況示滅鶴林潛輝驚嶺真容莫觀像教方與
宜乎範金合土刻未繪綵而廣興供養者也然而慮不遠
石石之夫者莫如山上摩高天下蟠厚地與天地而同久
不足以成大功工不大不足以傳永世且物之堅者莫如
是以昔人留心佛法者住住因山以為室即石以成像蓋
欲廣其供養與天地而同日而語哉西京大石窟寺者後魏之所

則文成寶繼其後矣彼和明所記以孝文為建寺之主者
蓋指護國而言也法輪云十寺皆孝文所建非也然則明
元始興通樂文成繼起靈嚴護國天宮則創自孝文崇福
則成於鉗耳其餘諸寺次第可知復有上方一位石室數
閒按高僧傳云孝文時天竺僧陀番經之地也十寺之外
西至懸空寺在焦山之東遠矣一舍皆有龕像所謂櫛比
相連者也驗其遺刻年號頗多內有正光五年即孝明嗣
位之九年也然則此寺之建摩於神瑞終乎正光凡七帝
歷百一十一年也此雖輟於太武之世計猶不減七八十年何
則崇福一寺五年而成以此較之不為多矣錄云魏成於
一帝何其謬歟此即始終之大略也自神瑞發丑迄今皇

五年守臣重建逮熙十八年母后再修天慶十年賜大
字額咸熙五年禁山樵牧又差軍巡守昌五年委轉運使
提照清寧六年又委劉轉運監惰李之大略唐已前雖無遺蹟以
近推遠從可知也此則歷年之大略本朝天會二年度
之太略也兩雅云石石山戴土謂之崔嵬此山外鑌黃
壞中含翠石高卑莫測大禹之鑒龍門六丁之
匠尹奮其力造漆壞續用有成難大略知然而良工頂
開蜀道不過摧其頑徼務於通達而已方之於此未足為
難滿非誠心一發聖力潛扶安能至是哉又護國二年國
如力而目閒以至扣地則神鐘大軍平西京故元帥晉國
王到寺隨喜讚歎曉諭軍兵不令侵擾并戒綱首長切守

統丁卯凡七百三十四年此即歷年之大略也豐嶂峰嶸
而西去長沙浩渺以東來嵐影相連波聲不斷勢壯京邑
潤分梓歡宣特國家之寶抑亦仙聖之宅此則形勢之大
略也峯巒俊擁龕室前開廣容三千人高者至三十丈
三十二瑞相魏乎當陽千百億化身森然在目煙霞供寶
庄之色日月助玉毫之輝神龍天矯以飛連靈獸雍容而
助武色楯連延則天皇彌勒之宮層蒼煉時則地通多寶
之塔以至八部之眷屬諸經之因地妙筆不能同其變辯
口不能談其目巧力不能計其數況若神遊靈鶯宛如身
指於著闇此則制發響聞者攝心琢石則體泉流出飲之
愈疾珍為時聚毒蟲屏遠此則靈感之大略也唐貞觀十

繆氏抄校《大典·順天府》中《金碑》全文

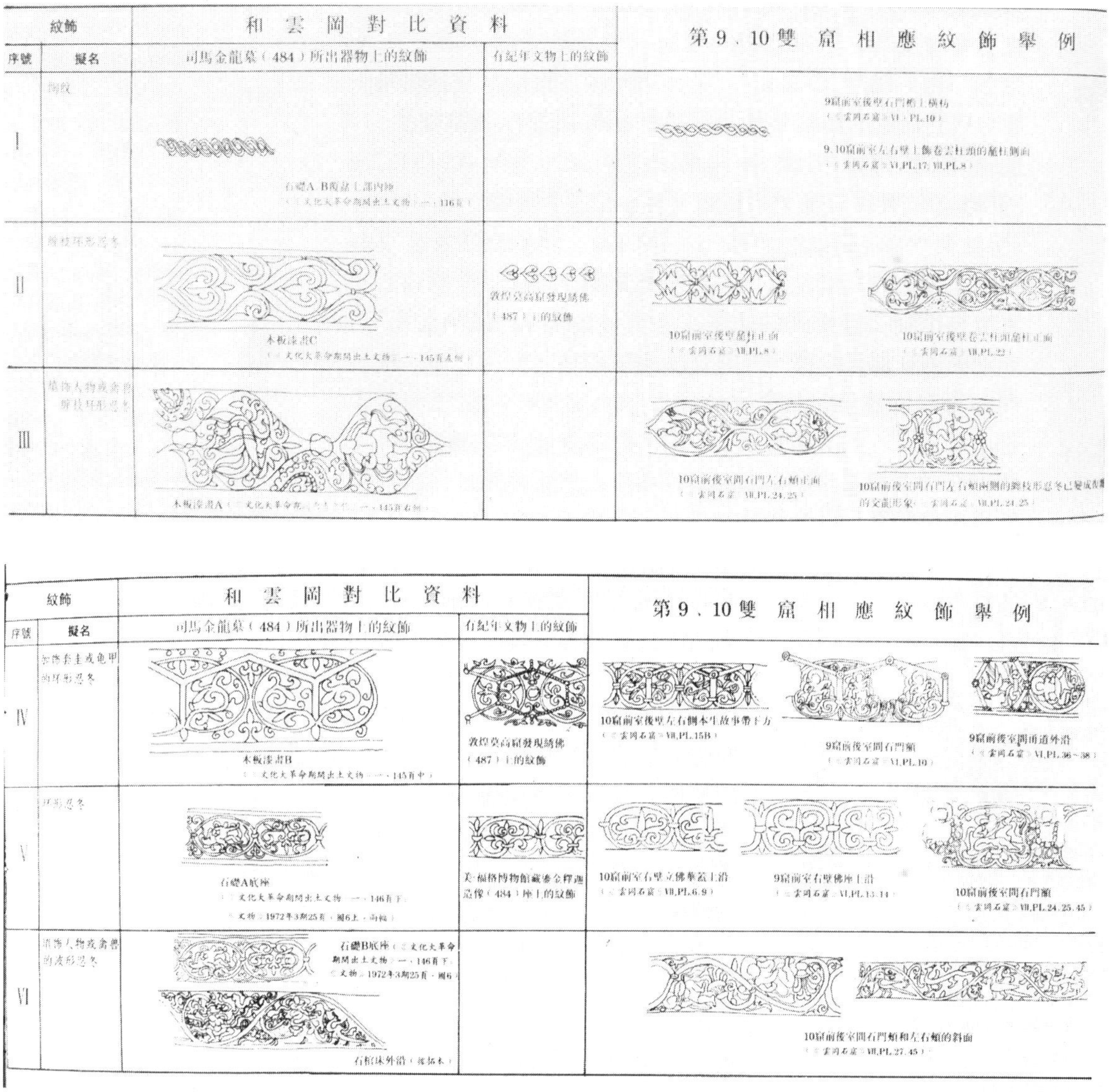

紋飾	和 雲 岡 對 比 資 料		第 9、10 雙 窟 相 應 紋 飾 舉 例
序號　擬名	司馬金龍墓（484）所出器物上的紋飾	有紀年文物上的紋飾	
I　繩紋	石礎A、B殘邊上漆內飾 （文化大革命期間出土文物·一·336首）		9窟前室後壁石門楣上橫枋 （雲岡石窟·Ⅵ·PL.10） 9、10窟前室左右壁上飾卷云紋類的楣杜側面 （雲岡石窟·Ⅵ.PL.17，Ⅶ.PL.8）
II　維紋耳形忍冬	木板漆畫C （文化大革命期間出土文物·一·145首末細）	敦煌皇高窟發現繡佛 （487）的紋飾	10窟前室後壁飛庭正面 （雲岡石窟·Ⅶ.PL.8）　10窟前室後壁卷云紋忍冬正面 （雲岡石窟·Ⅶ.PL.22）
III　單飾人物或禽獸的耳形忍冬	木板漆畫A （文化大革命期間出土文物·一·145首右）		10窟前室後間石門左右楣正面 （雲岡石窟·Ⅶ.PL.24.25）　10窟前室後間石門右楣側的辮枝形忍冬已變成複雜的文龍形象·（雲岡石窟·Ⅶ.PL.24.25）

紋飾	和 雲 岡 對 比 資 料		第 9、10 雙 窟 相 應 紋 飾 舉 例
序號　擬名	司馬金龍墓（484）所出器物上的紋飾	有紀年文物上的紋飾	
IV　如飾奎或龜甲的耳形忍冬	木板漆畫B （文化大革命期間出土文物·一·145首中）	敦煌皇高窟發現繡佛 （487）上的紋飾	10窟前室左右壁本生故事中帶下方 （雲岡石窟·Ⅶ.PL.15B）　9窟前室後壁門楣 （雲岡石窟·Ⅵ.PL.10）　9窟前室通道外沿 （雲岡石窟·Ⅵ.PL.36～38）
V　忍冬忍冬	石礎A航座 （文化大革命期間出土文物·一·146首下） （文物·1972年3月25首·圖6上·局部）	美福格博物館藏泰金釋迦造像（484）座上的紋飾	10窟前室左壁佛華蓋上沿 （雲岡石窟·Ⅶ.PL.6.9）　9窟前室後壁座上沿 （雲岡石窟·Ⅵ.PL.13.14）　10窟前室後間右門楣 （雲岡石窟·Ⅶ.PL.24.25.45）
VI　連飾人物或禽獸的皮條形忍冬	石礎B瓶座 （文化大革命期間出土文物·一·146首下） （文物·1972年3月25首·圖6上） 石棺床外沿（線拓本）		10窟前室後間右門楣和左右楣的斜面 （雲岡石窟·Ⅶ.PL.27.45）

图3　北魏司马金龙墓出土器物与云冈第9、10双窟纹饰比较举例

图4　齐永明元年造立佛像

图5　齐永明元年造坐佛像

关于云冈石窟的《茹茹造像铭记》

——兼谈柔然的名号问题

周伟洲

一

四十多年前，我国学者冯家升先生曾经得到大同云冈石窟一张关于柔然（茹茹）造像的题铭拓片。冯先生据此撰《蠕蠕国号考》一文，对柔然的名号等问题发表了一些十分精辟的见解①。

柔然是我国漠北一个古代民族。近代中外学者大都认为：柔然属于古代阿尔泰语系蒙古语族，源于东胡②。柔然自公元402年在漠北正式建立政权，至555年亡于突厥，前后存在共一百五十多年。它对我国北方以及中亚的历史均发生过较大的影响。可是，我国史籍上有关柔然的记载十分简约，传世及出土文物就更是寥若晨星。现存大同云冈关于柔然造像题铭，自然成为研究柔然历史的珍贵资料。

1979年5月及1982年7月，笔者有幸两次赴大同云冈参观学习。特别是第二次随国内有关单位组织的"河东两京历史考察队"一行，再赴云冈，仔细考察了柔然造像题铭。冯先生在《蠕蠕国号考》一文中，介绍拓片时说：首行顶格有"大茹茹国"，以下漫漶不可读，有"可敦"、"吐谷浑"等名③。据笔者所见，柔然题铭系刻在云冈编号为第十八窟窟门西壁上、下部已完全漫漶，上部除个别字还可辨识外，大部也破毁。

---

① 此文载《禹贡》第七卷，第八、九合期。
② 如伯希和：《汉语突厥名称之起源》，中译文见《西域南海史地考证译丛续编》；白鸟库吉：《东胡民族考》下篇，中译本第65~84页；冯承钧：《高昌之西徙与车师鄯善国人之分散》，载《辅仁学志》第十一、十二期，等等。
③ 文末附拓片照片一幅，可是字迹无法辨识。

从字迹看，铭记共十二行。可辨识的字，首行顶格有"大茹茹"三字，第二行首有"可敦"二字，第三行首有"迳（径?）斯"二字，第四行不清，五行首有"让"一字，六行首有"满"一字，七行首有"载"一字，八行首有"何常"二字，九行首有"以兹"二字，十行首有"谷浑"二字，十一行首有"方妙"二字，十二行不清。

冯先生所记"大茹茹国"、"吐谷浑"中的"国"，"吐"二字，不是原拓片有的，而是根据文意推测出来的。近据宁可先生寄赠罗振玉《石交录》卷三复印本内，有关于此柔然铭记的记载："顷者予门人柯燕舲赠残造像记墨本，谓是于云冈访得。文横刻于像龛上，刻字处广尺余，高不及尺，存十一行，行约八九字，唯上列一二字至三四字未泐，略可知为茹茹可敦造像记，曰：大茹茹首行、可敦次行、迳斯三行、□云四行，让五行、满六行、载之七行，何常子八行，以兹微福九行，谷浑□人十行，玄妙十一行。其后似尚有字一行，不可见矣。"① 罗振玉所见拓本，留存字数较多，可供参考。

据我国文物考古工作者鉴定：云冈十八窟是北魏和平年间（460～465）最早开凿的五窟之一②。《魏书》卷一一四《释老志》记："和平初，……昙曜白帝，于京城（平城，今山西大同）西武州塞，凿山石壁，开窟五所，镌建佛像各一。"现存云冈编号第十六至二十窟即此五窟。因此，第十八窟并非柔然统治者开凿，这是可以肯定的。十八窟北面正中主像是三世佛，外壁满雕千佛，窟大体是模拟椭圆形草庐形式。从现存东面窟门上满雕千佛的情况看，窟门西壁原也应相应雕满千佛。但是，现存窟门西壁已残毁，上只有一个小龛，内有两尊残佛像，龛下即柔然铭记。显然，此小龛及铭记是窟成之后才刻上去的。和平年间，柔然与北魏正处于敌对状态，史籍并未记有柔然军队或使臣到过北魏京师平城。

柔然铭记既刻于窟成之后，那么大约在什么时候呢？

自402年柔然在漠北正式建立政权后，与北魏基本上处于对峙之中。云冈所在的平城，在398～494年是北魏京城的所在地，柔然军队在这一时期并未攻占过该地。494年，北魏迁都洛阳后，平城作为北方重镇，地位仍然十分重要。一直到520年北魏发生北边六镇各族人民大起义为止，柔然军队也没有到达过平城。其间，虽然柔然使者频繁地往来于漠北和平城或洛阳之间，柔然可汗阿那环（以下用"瑰"代）投归北魏，在洛阳住过一段时期；但是，他们都不可能随意在平城西武州山石窟（云冈）削去今第十八窟窟门西壁上的千佛，刻上题为"大茹茹"的铭记及造像。

520年，北魏北边六镇爆发了各族人民大起义，腐朽的北魏王朝受到了致命的打击。起义军攻占了平城，控制达七年之久。而云冈石窟也由盛转衰。石窟个别地方遭到

① 罗振玉《石交录》收入罗福颐编《贞松老人遗稿》甲集，1941年北平出版。
② 山西省文物工作委员会、云冈文物保管所编：《云冈石窟》，1977年文物出版社出版，前言部分。

毁坏，今第十八窟窟门西壁的千佛，可能即毁于此时。

534年后，北魏分裂为东、西魏，双方都企图征服对方，统一北部中国，因而连年战争，势力大衰。而这时在漠北的柔然可汗阿那瑰乘机脱离了与北魏的臣属关系，重新强盛起来，"众号三十万"①，"士马稍盛，乃号敕连头兵豆伐可汗"②。东、西魏的统治者为了借助柔然的力量消灭对方，"竞结阿那瑰为婚好"，"以金帛诱之"③。537年，西魏文帝以元翌女，称化政公主，妻阿那瑰兄弟塔寒，又自娶阿那瑰女（魏悼后）为皇后，废原皇后乙弗氏。同时，纳币于柔然。于是，柔然助西魏，不时骚扰东魏北部边境。538年，阿那瑰率军掠东魏幽州（治今北京）、范阳（今河北涿县）南达易水；又掠肆州（治今山西忻县）、秀容（今忻县西北），至于三堆（今山西静乐）④。肆州等地远在大同之南，当时平城武州塞一带正是柔然经常出没之所。

以后，东魏又离间柔然与西魏的关系，与柔然和亲⑤，高欢娶阿那瑰女，号蠕蠕公主。直至552年柔然为其奴役的突厥部击溃、阿那瑰自杀为止，东、西魏及后来的北齐、北周的统治者对柔然均采取这种和亲的政策。东魏（及后来的北齐）北部的平城一带，柔然的势力很大。根据这种情况，大同云冈石窟中的柔然造像铭记，很可能是在534～552年这一时期镌刻的。

铭记首称"大茹茹"，茹茹一词在我国史籍上最早出现在《北齐书》里。《魏书》卷一〇三《蠕蠕传》称：柔然始祖木骨闾死后，"子车鹿会雄健，始有部众，自号柔然"。后来魏太武帝拓跋焘，"以其无知，状类于蚩（《北史》作'虫'是），故改其号为蠕蠕"。可见，蠕蠕一词乃是北魏统治者对柔然的侮辱性称呼。唐林宝《元和姓纂》九御，茹氏条说："蠕蠕入中国亦为茹氏，音去声"。同书九鱼有"茹茹氏"："其生蠕，茹茹种类，为突厥所破，归中国。"按柔然人以"茹茹"自称或作姓氏，实始于北魏后期。《汉魏南北朝墓志集释》图版一四七《元恭墓志》记：元恭"妇，茹茹主之曾孙"；同书图版五九一《闾伯升暨妻元仲英墓志》亦记："公讳伯升……高祖即茹茹主之第二子……"。元恭死于北魏永安三年（530），伯升死于兴和二年（540），内均称"茹茹主"的后代。又《通志·氏族略》五"茹茹氏"条记："其先蠕蠕种类，为突厥

① 《魏书》卷十八《临淮王谭附传》。

② 《魏书·蠕蠕传》。

③ 《北史》卷九八《蠕蠕传》。

④ 《北史》卷九八《蠕蠕传》。

⑤ 《魏书·蠕蠕传》记：高欢曾以常山王妹乐安公主，改称兰陵郡长公主，下嫁柔然。阿那瑰"遣奉马千匹为聘礼，迎公主"。《通鉴》卷一五七，梁大同元年（535年）条，不查《魏书·蠕蠕传》原佚，此系据《北史·蠕蠕传》补成，因而在综述北魏亡后柔然与东魏关系，记述比较含糊，竟然记载535年阿那瑰娶兰陵郡长公主，大误。范文澜《中国通史》第二册（1978年第五版），竟沿《通鉴》之误。按《北史·蠕蠕传》：柔然与东魏和亲最早在540年，且兰陵郡长公主系嫁与阿那瑰子庵罗辰。

所破，归中国"，有"后魏蔚州刺史，高平公茹茹敦"。可见，北魏后期柔然自己避免用北魏统治者强加于他们带侮辱性的称号"蠕蠕"，而用"茹茹"作为自己的称号或姓氏。云冈石窟的柔然造像铭记中自称"大茹茹"，也是采用"茹茹"作自己的名号。所以，我们推测此铭记刻于534～552年，大致是不错的。

"可敦"，是柔然可汗的正室，相当于内地政权的皇后。《魏书·蠕蠕传》曾记柔然可汗丑奴曾纳医巫是豆浑地万为"可贺敦"，即可敦之异译。此名与"可汗"（皇帝之意）一样，源于东胡鲜卑①。可敦，在中国史籍中有时又译作可贺敦、可孙，格尊等②。可汗，可敦等名号，后又为突厥、蒙古及中亚一些游牧民族所继承③。据残存的"大茹茹"、"可敦"等字推断，此铭记很可能是柔然可汗阿那瓌的可敦自己或遣人在云冈残破的今第十八窟窟门西壁上所刻的崇佛造像铭记。

柔然统治者不仅信奉蒙古草原传统的巫术（早期萨满教），而且也崇信佛教。柔然盛时势力曾达今新疆焉耆、吐鲁番等地，同时与北魏有频繁的经济文化交往。北魏永平四年（511），柔然可汗丑奴曾遣沙门洪宣向北魏"奉献珠像"④。柔然政权还专门设有"国师"一职，由僧人担任。据《大藏经·高僧传》第八《释法瑗传》记：法瑗的二兄法爱亦为僧人，曾为柔然的"国师"，"俸以三千户"。又阿那瓌的从父兄名"婆罗门"⑤。婆罗门是印度四大种姓之一，系梵语净行、净志之意，奉事大梵天。柔然王族名郁久闾婆罗门，可见当时印度佛教已传入柔然，故有此姓。上述事实说明：佛教在柔然境内是较为流行的，这是蒙古草原佛教首次传播，它对柔然的政治经济和文化有一定的影响。云冈石窟柔然可敦的造像铭记正是反映柔然统治阶级信仰佛教的事实。

二

我国史籍所载柔然的名号有：蝚蠕（《晋书》卷一二五《冯跋载记》），柔然、蠕蠕、芮芮（《宋书》、《南齐书》、《梁书》、《南史》），茹茹（《北齐书》、《周书》、《隋书》）等五种。这五种名号都是柔然族名（亦是政权名）的汉字异译⑥。其中哪一个名号更接近于原音呢？过去有一些日本学者作过考证，并用比较语言学的方法，试图找出柔然名号的原音和意义。如白鸟库吉就认为：《宋书·索虏传》记，芮芮一号大檀，又

---

① 见《宋书》卷九六《吐谷浑传》；《魏书》卷一〇一《吐谷浑传》；《南齐书》卷五七《魏虏传》等。
② 见《宋书》卷九六《吐谷浑传》；《魏书》卷一〇一《吐谷浑传》；《南齐书》卷五七《魏虏传》等。
③ 关于可汗、可敦的细详考证，可参阅白鸟库吉《东胡民族考》上篇，中译本第89～100页。
④ 《魏书·蠕蠕传。》
⑤ 《北史·蠕蠕传》。
⑥ 钱大昕：《廿二史考异》卷二二云："蹂蠕即柔然也。魏书作蠕蠕，宋齐梁书皆作芮芮，周书作茹茹，北史有蠕蠕传，而诸传间有作茹茹者，盖译音无定字。"

号檀檀，今蒙古语聪明、贤明，读作 tsetsen 或 Ssetsen，应即大檀、柔然、蠕蠕的对音①。藤田丰八认为：柔然即 Ju—Jen，是蒙古语 Jusun 的对音，此语有礼义，法则之意②。冯先生不同意上述的意见，他引用云冈的茹茹造像铭记，认为："茹茹国上加大字，必茹茹人自称之辞。……由是吾人可知茹茹乃其自择之字面，非柔然、蠕蠕、蝚蠕、芮芮等辞为他人所称者可比。……然则茹茹乃北魏以后，蠕蠕进化而自择之名辞，殆无可疑矣"③。冯先生以为"茹茹"一词为北魏后期柔然自择之名号的看法，无疑是正确的。

但是，真正接近柔然原音的，我以为并不是"茹茹"一词。在我国史籍所记五个名号中，接近原音的应该是柔然人的自称和文献出现较早的名号。

蝚蠕，是《晋书》所记，出现较早④。唐代何超《晋书音义》卷下记："蝚蠕，上音柔，下而兖反"读作 róu—ruǎn。《魏书·蠕蠕传》说，车鹿会"自号柔然"。柔然，今音与唐代读音基本相同，读作 róu—rán。北魏拓跋焘时（423～452），改其名为"蠕蠕"，唐杜佑《通典》卷一九六云，蠕音而兖反，即读作 ruǎn—ruǎn。以上三个名号的读音差别是较微的。

芮芮，今音读作 ruì—ruì，唐代《广韵》去声卷四，十三祭云，芮，而锐切，读作 ruì—ruì，此名是南朝汉人从北魏所称"蠕蠕"一词转化而来。《通鉴》卷一二五宋文帝元嘉二十七年（450）胡三省注："芮芮，即蠕蠕，南人语转耳。"故其音与上述三名读音差别较大。

至于茹茹一词，今音读 rú—rú，唐代《广韵》去声卷四九御云：茹，人恕切，读作 rù—rù。此号起于北魏后期，此词也应源于蠕蠕一词。蠕，唐韵为而兖切，但又可能读作 ru—ru。宋代丁度等撰《集韵》平声虞第十记：蠕音又作汝朱切，"虫行貌"。茹茹一词或许即蠕蠕另一读音 ru—ru 转化而来，读作 rú—rú，意思是虫行貌，与北魏统治者改柔然为蠕蠕的意思相同。故后来柔然人宁接受"茹茹"名称，而不用带侮辱性的"蠕蠕"这一称号。

从上述的分析可以看出：蝚蠕、柔然、蠕蠕三名号的读音差别甚微，出现较早，而且柔然一词系车鹿会所"自命"。而茹茹、芮芮出现较晚，皆源于"蠕蠕"一词，且读音与上述三词差别较大。因此，柔然（róu—rán）的读音应该是最接近于该族名号的读音。事实上，这一看法在《魏书·蠕蠕传》中已说得十分明确，本来是不会成为问题的。

---

①　见《东胡民族考》下编，中译本第 67～71 页。

②　藤田丰八：《东西交涉史之研究·西域篇》，《蠕蠕的国号及可汗号》，昭和八年冈书院版，第 25 页。

③　见冯承钧：《蠕蠕国号考》。

④　《晋书》系唐代房玄龄等撰，时代较晚，但其所据的资料是较早的。

"柔然"一词是什么意思呢？白鸟库吉引《元史》卷一一八《特薛禅传》："薛禅者，华言大贤也，曰聪明之称"。并说："此文中之薛禅二字，明为 tsetsen、sseten 之对音也。因思柔然或蠕蠕之名，即此 tsetsen、ssetsen 之音译，原为车鹿食（会）个人自称之尊号，后遂移为国号者也"①。藤田丰八认为柔然原意为礼义、法则。此外，国外还有人认为柔然即阿尔泰语异国人，或艾草等意②。总之，还没有定论。

此外，欧洲的历史著作里一般又称柔然为阿哇尔人（Avars）。此名最早出现于希腊史家普利斯库斯（Priscus）的著作中，据书中说，在公元 461～465 年，有一种原居住在大洋沿岸名阿哇尔的民族，因大洋雾气过重，龙蛇侵扰，加上其他民族的侵逼，遂向西迁徙，压迫 Savirs 族向中亚奔逃。Savirs 族又逼迫邻近东罗马帝国的三个民族逃离本土，并遣使向东罗马帝国求援③，许多欧洲历史学家认为上述的阿哇尔人即中国史籍所说的柔然④。

自希腊史家普利斯库斯记载了阿哇尔人之后约一百年，阿哇尔人之名再没有出现。直至 558 年，欧洲一些史籍才又出现了阿哇尔人之名。其中据史家 Theophylaktus 的记载，突厥征服 Abde（哝哒）以后，击败了阿哇尔人，其或避居于 Taugast，或逃于 moukri 民族之内。Taugast，即桃花石，指中国的北魏；moukri，即指勿吉或靺鞨⑤。但突厥亡哝哒（Abdt）是在 563～567 年间，而突厥灭柔然（阿哇尔）是在 555 年。沙畹氏是用 Abde 非哝哒，来解释这一矛盾的。近来，日本学者内田吟风撰《柔然（蠕蠕）阿哇尔同族论考》⑥，力主六世纪入侵欧洲的阿哇尔人就是柔然残部。他根据我国唐、宋一些史籍（如《通志·氏族略》、慧琳《一切经音义》卷九一等），认为柔然灭于突厥不是 555 年，而是在北周末（580 左右）。这样，内田吟风就解决了上述的矛盾。柔然是否真是欧洲载籍中的阿哇尔族，目前虽然还没有定论，但是在欧洲一些历史著作中均把阿哇尔人视为中国史籍所记的柔然。

（摘自《西北大学学报》1983 年第 1 期）

---

① 《东胡民族考》下编，中译本第 71 页。
② 见内田吟风：《北亚细亚史研究——鲜卑柔然突厥篇》，1975 年同朋舍版，第 275～276 页。
③ 麦喀尔尼（MaCartnes，C. A）：《论希腊史所载六世纪之突厥历史》，载《伦敦东方学院丛刊》七十一卷。岑仲勉先生有中文节译，载《突厥集史》下册，第 941～962 页。
④ 最早提出阿哇尔即柔然的是德经（DeGuignes，J），见其所著《匈奴、突厥、蒙古和其他西鞑靼通史》.（1756～1758 年）。
⑤ 文见《北亚细亚史研究——鲜卑柔然突厥篇》一书。
⑥ 见沙畹《西突厥史料》，冯承钧中译本。

试述河西凉州石窟和云冈石窟的关系

秦大树

河西凉州石窟，是指以今武威为中心，包括酒泉、张掖、玉门一带分布于祁连山脉的一系列石窟。其地处甘肃省北部的河西走廊。而云冈石窟位于山西省北部的大同，两地相隔逾千里，唯是风马牛而不相及也。如何谈起二者的关系呢？这首先要从历史上考其根源。

魏晋以来，长期的封建割据战争和稍后的民族征服战争，给佛教的传播提供了社会条件，玄学与佛理的渗透，也便于佛教的传扬，因此，在汉代不过是道教附庸的佛教，在这个时期大大发展起来。随着佛教进一步广泛的传播，兴窟造寺之举，曾风行一时，此举在战乱纷繁的北方尤其盛行。十六国时期，许多王朝的统治者笃信佛教，并利用佛教统治人民。如后秦统治者姚兴，重用高僧鸠摩罗什，"于长安草堂集义学八百人，重译经本"（《魏书·释老志》，后面不注的皆引此书），可见其兴盛情况。在公元4世纪末到5世纪前半这段，北方的佛教以关中到河西一带最为发展，许多重要的石窟，如敦煌莫高窟，天水麦积山石窟，永靖炳灵寺石窟，都是这时开创的。许多著名的高僧都在这里传经布道，求法译经。河西凉州地区是一个佛事的中心。公元376年前凉灭于前秦。4世纪末，前秦瓦解，当时分散在北方地区的匈奴余部乘势兴起，世居张掖南，久已汉化了的沮渠氏在沮渠蒙逊的率领下，于公元401年据张掖，公元412年占凉州，建立了北凉政权，不久又西取酒泉、敦煌、高昌，尽有黄河以西之地。沮渠蒙逊是十六国中最善于利用佛教来对人民进行思想统治的人物之一，他曾优礼接待过许多西方来的高僧，翻译了许多佛经，但当北魏太武帝拓跋焘遣使以威势向他索取西方高僧昙无谶时，他怕无谶为魏出谋，"遂使人杀谶。"《魏书·释老志》载："凉州自张轨后，世信佛教。敦煌地接西域，道俗交得其旧式，村坞相属，多有塔寺。"足见当时河西至敦煌一线佛教兴旺的景象。沮渠蒙逊曾为其母造过丈六石像于山寺，又开凉州石窟。所以，在北凉时期，其佛经译场和佛教建筑的规模，都是北方之冠。

再看北魏，拓跋鲜卑自东北的大兴安岭地区逐渐南迁，并且由原始的狩猎部落进入阶级社会。进入中原后在汉族的影响下迅速封建化。在这一过程中，其内部的阶级矛盾逐渐激烈。在汉族的影响下，统治阶级开始接受佛教。《魏书·释老志》载："魏先建国于玄朔，风俗淳一，无以为自守，与西域殊绝，莫能往来。故浮图之教，未之得闻，或闻而未信也。及神元与魏晋通聘，文帝久在洛阳，昭成又在襄园，乃备究南夏佛法之事。"从太祖、太宗时，北魏统治者开始信奉佛教，礼待沙门，尊高僧法果为道人统。但太武帝即位后，他"既而锐志武功，每以平定祸乱为先。虽归宗佛法，敬重沙门，而未存览经教，深求缘报之意。"在道士寇谦之的影响下，他信奉道教。太平真君七年（446）在长安种麦寺内发现兵器，以为僧人参与谋反，于是听信寇谦之和司徒崔浩之言，下令毁灭沙门，开历史上"三武一宗"灭佛之先。这时，僧侣四散，佛教除在凉州、辽西稍盛外，普遍呈衰颓状态。但是，到了太武帝晚期，阶级矛盾和民族矛盾日益尖锐，北魏的统治受到动摇，统治阶级对佛教的依赖更加迫切。所以，在废佛四年后，文成帝一继位，便马上颁布恢复佛教的诏书，特别强调佛教"助王政之禁律，益仁智之善性，排斥群邪，开演正觉"。在他在位期间大兴佛事，"诏有司为石像，令如帝身"，又敕有司在京师"五级大寺内，为太祖以下五帝释迦之像五，各长一丈六尺"。和平初年"于京城西武周塞，开窟五所。"他特别强调继续太武废佛前，佛教徒宣扬皇帝"即是当今如来"这一点，足以昭示其目的。自文成帝以后，佛教流行愈演愈烈。终北魏一代，相续开凿了云冈、龙门两大石窟，为中国佛教史上的盛世。

由此可见，北方地区的佛教，是先以河西地区为中心发展起来的，西方来的高僧多在这里传经布道，而中国的僧人也多在这里从师受道，求法译经。此地五凉时期就塔庙遍布，并有石窟开凿了。及至北魏统一了北方，佛经的中心地区才转移到中原。其标志就是云冈、龙门两大石窟。这一过程中凉州对中原产生了较大的影响。在北魏初期，太武帝灭佛前就有凉州对中原地区的影响。《魏书·释老志》载："太延中，凉州平，徙其国人于京邑，沙门佛事皆俱东，象教弥增矣"。《十六国春秋》中指出，这次迁徙的人众达十万户，当然也包括了营建石窟的匠作技工。可以说，这是凉州地区对平城地区的一次全面的影响。太武帝时又有一次废佛事件，河西以东的广大地区的佛教场尽遭破坏，复佛后，其可法的旧制就只能来自于河西凉州了。

再有，北魏统治者接受佛教以后，不论灭佛前后，主持佛事的几位高僧都与凉州地区有着密切的联系。玄高法师，早年往关中师事佛陀拨陀罗，通禅法，后往西秦，隐居麦积山，从受禅法的学者达百余人。玄高也曾从禅师昙无毗受法，后入北凉，受沮渠蒙逊的敬事。北魏太武帝攻入北凉时，请他往平城，大弘禅法。复佛后第一位道人统师贤，"本罽宾国王种人，少入道，东游凉城，凉平赴京"。继师贤为沙人统，并主持开凿云冈石窟的法师昙曜，早年也曾在河西活动过多年。这些人在北魏佛教的发展中占有重要的地位，他们自然而然地会把河西地区的影响带到关东地区。

从历史上看，凉州地区的确对北魏平城一带的佛教发展有影响。现在再看两地现存石窟的关系。

河西地区现存石窟有几处，有武威的天梯山石窟，张掖马蹄寺，酒泉文殊山，玉门昌马诸石窟。关于沮渠蒙逊开凉州石窟，《法苑珠林》卷十四记载："凉州石崖塑像者：昔沮渠蒙逊以晋安帝隆安元年据有凉土三十余载，陇西五凉斯最久盛，专崇福业，以国城寺塔终非久固，古来帝宫终逢煨烬，若依立之，效尤斯及，又用金宝，终被盗毁。乃顾盼山宇，可以终天，于州南百里，连崖绵亘，东西不测，就而斫窟，安设尊仪，或面或塑，千变万化，有礼敬者，警眩心目……"由此记载情况看，与天梯山石窟位置、内容都比较接近。但是，由于此处位于地壳断裂地带，历史上多次发生大地震，所以，石窟保存得很不好。现存窟中仅第一、第四窟从窟形上看似为北朝时期的，其是中心柱窟，但内部的塑像和壁画都经后代改造，已看不出多少当年的痕迹了。还有一些同志认为，沮渠蒙逊所开凉州石窟也许不是一处，而是沿祁连山脉一线的一系列石窟，也即上述的马蹄寺、文殊山、昌马诸石窟。现姑且不论其是否就是凉州石窟，而就其位置看，当时都是在北凉政府的控制之下的，可以代表凉州的情况。对这些石窟的调查表明，酒泉文殊山千佛洞、万佛洞和张掖金塔寺的东西两窟，大约是仅知的北凉石窟。这四座石窟都是平面方形或长方形，中立方形塔柱的支提窟。金塔寺东窟的塔柱保存较完整，下设高基坛，坛上略分三层，下层的高度约占全高的二分之一强，每面开圆栱形龛，内塑坐佛，外两侧各立菩萨和比丘，间有力士，上部影塑飞天；第二层除北面影塑千佛外，其余三面各开三浅龛，内塑坐佛，其中有苦行像，也有佛装的弥勒；上层各面影塑成列的坐佛，其间立菩萨，边际有飞天。文殊千佛洞壁画保存较好，四壁上部画千佛，下部画成列的立佛，塔顶四周画飞天一匝，作供养佛塔状。这些窟内的造像多经后代改建，从残存的孑遗看，窟内造像多为一佛一菩萨或一佛二菩萨。壁画内容，大多为千佛或简单的"佛说法图"。造像与壁画的特点，也反映了我国早期造像中质朴、挺健的作风。佛与菩萨基本的特征是：面相方圆，昂眉深目，眼角细长，唇薄嘴小，颈部圆润，肩宽臀壮，身材高大魁梧，挺拔健实。造像服饰，除早期造像中流行的通肩大衣和半袒肩袈裟外，还有一种右袒式袈裟。这种服饰，极受古代犍陀罗造像的影响，衣纹的刻法，除应用我国民族固有的阴刻外，另有不少作品大量地运用摩菟罗式的圆线条和犍陀罗式的凸凹雕法。

云冈石窟开凿于文成帝复佛后不久的和平年间，现存的主要的大窟都开凿于北魏时期。《魏书·释老志》记载当时的开窟情况，和平初"昙曜白帝，于京城西武州塞，凿山石壁，开窟五所，镌建佛像各一，高者七十尺，次六十尺，雕饰奇伟，冠于一世。"云冈一期的石佛，即16～20窟，就是所谓的昙曜五窟，这期石窟形制上的特点是：各窟大体上都模拟椭圆形平面，穹隆顶的草庐形式，造像主要是三世佛和千佛，主像形体高大，占了窟内面积的大部分。其中18、19、20三窟为一组，都是以佛装的三世佛为主像，在云冈石窟中开凿最早。这组石窟布局紧凑，佛像造型雄伟，服饰或右袒或通肩，衣纹流行仿毛质厚衣料而出现的凸起的式样。总之，从窟的整体安排到各种形象及其细部的雕凿技艺，水平都很高，这绝不是北魏复佛不久就能突然产生的。当是废佛以前旧情况的继续。16、17窟是另一组，两窟开凿的时间稍晚于前三窟，17窟主像也是三世佛，但当中大像是菩萨装的交脚弥勒像，16窟主像是单一的释迦立像。

云冈的第二期石窟，在形制上的特点是：平面多方形，多是前后室，但也有个别的类似第一期椭圆形平面的草庐形式，有的窟中部立塔柱，还有在后壁开凿隧道式的礼拜道，方形窟的壁面雕刻都作上下重层，左右分段的布局，窟顶多雕出平棊。在造像方面，像第一期那样的大像稀少了，造型远不如过去的雄伟，但形象的题材多样化。出现世俗的供养人行列，凸起的衣纹，逐渐被简化的断面作阶梯式的衣纹所代替。汉魏以来分层分段附有榜题的壁面布局，中国传统的建筑形式及其装饰，日益增多。佛像的服装，在第二期晚期也换上了中原流行的褒衣博带式。

从两地石窟的情况看，早期相似之处很多。再结合敦煌莫高窟、天水麦积山石窟早期的情况，可以看到一些具有共性的东西。这两地早期的佛像题材均以三世佛和千佛为主，也有些佛装的或菩萨装的弥勒像。左右有侍立的胁侍菩萨一或二个。壁画、壁雕往往以千佛的形象为多。造像和壁画的特点多表现得质朴、雄健。在形象上表现得面相方圆，昂眉深目，肩宽臂壮，身材高大魁梧，与莫高窟275窟、炳灵寺169窟、麦积山78窟具有相同的风格。服装均为右袒或通肩大衣，衣纹除阴刻外，极流行凸起的式样。这些都表现了外来的佛教尚未被我国完全消化，保有强烈的异国情调的现象。在这几处石窟中，云冈的开凿年代最晚，大体上比河西等地晚了一个阶段。在复佛后开凿的最初阶段，当是接受了河西凉州的强烈影响，许多地方甚至照搬过来。现知的河西北凉佛教遗迹，几乎都与佛塔有关，这和北凉流行小乘佛教密切关联。小乘宣传成佛需要累世修行，积累功德，循序渐进，强调寂坐禅行，而禅行需入塔观象，因此，佛塔在北凉十分流行。这种情况，在云冈石窟中也有表现，云冈石窟主要是禅窟，云冈二期的5、6、7、8、9、10，三组双窟前外壁左右两侧都雕镌出高塔。北凉石塔和石窟塔柱上层影造弥勒，这是随希求决疑，禅观弥勒和宣传弥勒即将出世而出现的。云冈石窟中的弥勒形象，也当来源于此。

值得注意的是，云冈早期的昙曜五窟，在窟形上与河西凉州北凉石窟以及莫高窟、麦积山等地的几处早期石窟的窟形不同。而在稍后的二期石窟中却出现了中心柱窟。推测这种情况与昙曜五窟的特殊情况有关。《魏书·释老志》载："兴光元年秋，敕有司于五级大寺内，为太祖以下五帝，铸释迦立像五，各长一丈六尺，都用赤金二十五万斤。"而昙耀开五窟，也定是出于与沮渠蒙逊相同之目的，为了使其"可以终天。"实际上是五级大寺内铸佛的一次重复。这是宣扬皇帝"即是当今如来"的具体表现。因此，在窟形的巨大，具有天象意味的穹隆顶和突出形象，不惜代价等方面，会有意突破凉州形制。这与皇陵与一般官僚之墓的区别同样显而易见。因此，云冈一期石窟与凉州石窟的差别，除了地方不同的影响外，等级的不同也是一个重要的因素。

北魏于460年复佛以后，文成帝、献文帝、孝文帝等几世笃信佛教，佛教的中心已由凉州一带转移到关东地区，并且开始把佛教国化。从教义上，出现了佛理与玄学的渗透。在现有的佛教遗迹上也反映出了汉化的产生。佛像服饰上出现了褒衣博带的样式，这是孝文帝改革后首先在云冈石窟中出现的。衣纹出现了简化的阶梯状形式，体态向当时崇尚的清瘦形发展，面相也逐渐成为汉人的形象。世俗的供养人行列出现。建筑和壁画中中国传统的建筑形式及装饰日益增多。这些现象都首先出现于关东地区的石窟中。所以，在这后一阶段，云冈、龙门、巩县等石窟开始对河西凉州地区石窟以及敦煌莫高窟、天水麦积山等地石窟产生影响。这表示佛教在中国成熟起来，真正立稳了脚跟。

（摘自《北京大学研究生学刊》1987年第2期）

云冈石窟开创问题新探

陆屹峰　员海瑞

近半个世纪以来，围绕云冈石窟开创问题的研讨工作，虽均以《魏书·释老志》记载为凭，由于对文意解释不同，中外学者多认为，云冈石窟的开创始于"昙曜五窟"（即现编号的十六～二十窟）。其开创年代又有"兴安"、"和平"之说①。

事实果真如此吗？依我们多年观察所见，云冈石窟除"昙曜五窟"之外，第十三窟的本尊造像有着明显的早期造像风格。结合史料仔细辨析，初步认为，第十三窟本尊造像是由北朝道人统师贤所主持雕凿，其时间应略早于"昙曜五窟"。现将我们的认识公之于众，以就教于方家。

云冈第十三窟的本尊造像为一交脚菩萨装的石雕造像，表层为后世包泥施彩，高13.5米。该像置于长方形台座上，脚踏莲花台，右手竖指仰掌，左手平置膝头，从部分泥皮剥落处可看到，造像头戴高宝冠，颈饰垂铃式项圈，胸置璎珞和蛇饰。头光饰有莲瓣纹样，背光饰有飞天、禅定佛、忍冬纹、火焰纹等。

此窟平面作马蹄形，形制同"昙曜五窟"和第五窟。不同的是，"昙曜五窟"、第五窟均为穹隆顶，而此窟顶部却作椭圆形平面，上为二龙相交。

该窟为一单体造像，两侧不见有胁侍出现。这种布局不同于第五窟，也不同于第十七、十八、十九、二十诸大窟。别具一格的是在该像右臂下雕有一四臂立像：二臂撑腰、二臂高抬托扛于本尊右臂下部。究其原因，系岩石有断裂而以艺术造型所置，以达到力学之要求。

我们仔细观察了第十三窟本尊造像，并与"昙曜五窟"作了对比，似乎该像强烈

---

① 《魏书·释老志》记载，"和平初，师贤卒。昙曜代之，更名沙门统。初昙曜以复法之明年，自中山被命赴京，……昙曜白帝，于京城西武州塞，凿山石壁，开窟五所，镌建佛像各一。高者七十尺，次六十尺，……"（中华书局标点本），云冈开窟问题皆以此为说。"和平说"见宿白先生《云冈石窟分期试论》，《考古学报》1978年第1期；"兴安说"见阎文儒先生《云冈石窟的开创和题材分析》，《社会科学辑刊》1980年第5、6期。

反映出云冈早期的造像意识。如：

　　其头上的高宝冠、胸前项圈、璎珞、蛇饰为早期造像的明显例证。其形式完全同于第十七窟的交脚菩萨像（图1）；本尊头光残存有莲瓣纹饰，形同第二十窟本尊头光。就是背光上的火焰纹、忍冬纹与第二十窟也大体相同（图2）。为此，将其列入云冈早期造像范围实不过分。除此之外，十三窟本尊背光上的飞天、禅定佛均符合早期造像特征[①]，其明窗两侧的菩萨具备浓厚的早期雕凿风格，尤可为又一佐证（图3、4）。但《魏书》记载昙曜"开窟五所，镌建佛像各一"，文字实物相符，已成定论。若加上第十三窟已经超出昙曜所造数目，那么第十三窟又是何人所为呢？

　　在《魏书·释老志》中不难发现记有："是年，诏有司为石像，令如帝身。既成，颜上足下，各有黑石，冥同帝体上下黑子。……"文中"是年"当指文成帝复法之当年，即公元452年。其事实记京师沙门师贤，"于修复日，即反沙门"后[②]，任道人统时所为。文中虽没有记载具体开凿的地方，但身为道人统的沙门师贤，其活动地方应是佛教场所。在大同附近的几处石窟里不见有"帝身石像"的雕刻，就是在云冈的"昙曜五窟"之一的第十六窟这一单体雕像"颜上足下"也难以找到"黑石"。但是，云冈石窟应是当时师贤活动的主要地方，在云冈造像的可能性最大。这是因为昙曜继师贤之后代任沙门统，二者有着必然的联系。

　　云冈石窟除"昙曜五窟"以外，大窟只有两处。一处是第五窟：不具备早期雕凿之特点（从西侧胁侍所辨），又非单一的造像，而是一躯两侧有胁侍的"三佛"。另一处即第十三窟：是一单体造像，有着明显的早期雕造风格。特别是第十三窟本尊像的右足面上发现镶嵌有两颗黑石，直径约6.5厘米，这一点恰好与史书中"颜上足下，各有黑石"的记载相吻合。由此我们认为，云冈第十三窟的本尊造像正是文成帝复法之当年（452）由沙门师贤主持所凿的"帝身石像"，它应是早于"昙曜五窟"的一躯造像。遗憾的是，该像由于颜面包泥，难以判断出其黑石在"颜上"的具体位置，但从其造像风格、特征以及足面上的黑石来认定其为师贤所造"帝身石像"大致可信。但第十三窟的本尊造像又具备有佛教造像的特征，我们认为，作为沙门首领的道人统师贤，在雕造设计上绝非只考虑其"帝身"问题。从其坐姿来看，师贤在雕造处理上，既从生活中人的范围考虑，又从佛典规范角度出发，从而刻划了人与佛相融合的特殊形体。

　　交脚，在早期佛教造像的表现完全是生活中的一种坐式，这些俱见于新疆克孜尔石窟以及犍陀罗浮雕和巴米羊石窟中。随着佛教造像的东传，交脚作为倚坐的特殊形式成

---

① 云冈石窟文物保管所编：《云冈石窟》，文物出版社，1977年。

② 《魏书·释老志》。

为具有特殊含义的坐式而运用到了佛教艺术之中。在这里，师贤巧妙地利用了这一点，既反映出人在生活中的特征，又表现了佛教的含义，从而体现出了"我非拜天子，乃是礼佛耳"[①] 的礼佛忠君思想。在造像中，师贤又选择了"施无畏"手印，奉统治者为"当今如来"[②]，歌颂了拓跋濬复法之功德，起到了度众生解除痛苦之妙用。

如前所述，交脚在佛教中具有特殊的含义，这一含义主要用于弥勒（菩萨或佛）。十三窟本尊以弥勒菩萨的形象出现，一方面通过佛教的表现手段，维护地主阶级的专制，解除人们的斗志，以"弥勒决疑"来解释君臣关系，从而达到约束人们的思想、巩固其统治地位的目的。另一方面，也反映了统治者的崇佛思想。在这里，面对统治者以求"子孙长寿"[③] 的希望，决不会设计一个以达涅槃境界的如来形象，而是选择了菩萨是佛的准备阶段这一大乘佛教的思想体系，为统治者设计了一个美好的归宿——"次后作佛"[④]。

综上所述，十三窟本尊雕像应是沙门师贤所主持雕凿的"帝身石像。"它是佛的体系，整个造像贯穿着佛教的内容，又不完全具备佛（菩萨）的条件，其两耳并未垂肩（现垂肩部分为后世泥补所致），应是人的形象，它是帝王的象征，黑子的镶嵌正是为了表现帝身的特点，但造像表现出佛的含义和装束却又超越了帝身（人）的范围。所以，我们认为，十三窟的本尊造像应是一躯似佛非佛、似人非人的特殊造像。它开创于北魏文成帝复法之当年（公元452年）[⑤]，对以后昙曜在云冈"开窟五所，镌建佛像各一"起着一定的影响。它应是"政教合一"的直接产物。

总之，第十三窟本尊造像"黑子"的发现和其具备早期造像的特点，是我们推断其早于昙曜五窟的主要依据。如果此说不误的话，云冈开创的历史，就目前发现而言，当是公元452年，其主持者应是道人统师贤。

（摘自《中原文物》1988年第1期）

---

① 《魏书·释老志》。
② 《魏书·释老志》。
③ 《魏书·高宗纪》。
④ 《妙法莲花经·从地涌出品》。
⑤ 《魏书·高宗纪》载兴安元年"十有二月……乙卯，初复佛法"。

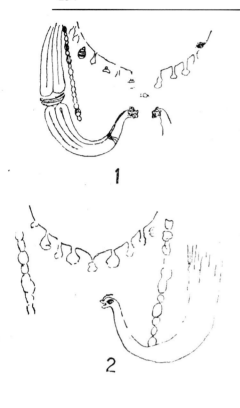

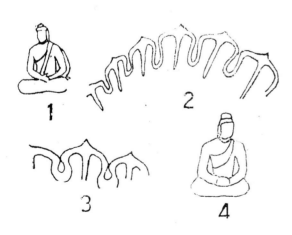

图1

1.第十七窟本尊造像胸饰局部示意
2.第十三窟本尊造像胸饰局部示意

图2

1.第二十窟忍冬纹　2.第十三窟忍冬纹

3.第二十窟火焰纹　4.第十三窟火焰纹

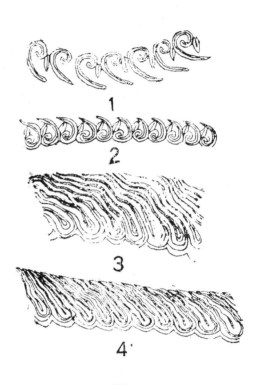

图3

1、2.第二十窟背光上的禅定佛和头光上的莲瓣纹

3、4.第十三窟背光上的禅定佛和头光上的莲瓣纹

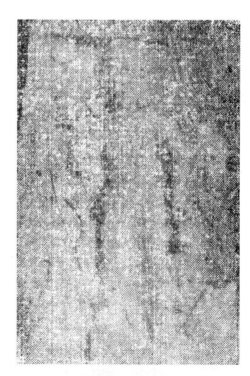

图4　第十三窟中的菩萨像

云冈石窟尼寺考

陆屹峰　员海瑞

云冈石窟早在北魏开创之际并无"云冈"之称，而是以"武州山石窟寺"（也作"武周山"）之名而出现的。其又被称作"灵岩"。"云冈"之称约始自明嘉靖时①。据道宣所撰《广弘明集》中记载："……谷深三十里，东为僧寺，名曰灵岩。西头尼寺，各凿石为龛容千人。"由此可知，唐代云冈石窟被称作"灵岩"的同时，还有一处"尼寺"存在于"灵岩"之西。从郦道元的《水经注》中得知，北魏时云冈石窟也有一处比丘尼居住的"尼寺"存在，其确切位置应在何处，近人研究涉笔较少。虽有议论者，也未能形成定论，因而一直遗留至今未曾解决。

1956年，云冈石窟文物管理所在清理第二十窟前的积土中，发现一块"景明四年四月六日比丘尼昙媚造"的石刻②，从而引起一些学者的重视，并由此推断"尼寺"即在现云冈第二十窟附近。对此，笔者有不同看法。我们仔细辨读史料，初步考定，在云冈石窟西约二华里处的鲁班窑石窟应是北魏时期的"云冈"尼寺之位置。现就此问题谈一下我们的认识。

在北魏这一历史时期，由于统治阶级大力提倡佛教并加以利用，佛教发展极为盛行。其教团组织也日益扩大，僧尼数目剧增。于道武帝天兴元年（398）开始在平城（今山西大同）一带建立寺塔、佛像③。至太和初年，仅京城僧尼就达二千人，寺院一百所④。这一时期的尼寺建置如何，由于史料不足无资估证，但从杨衒之所著的《洛阳伽蓝记》中可见到，北魏在洛阳时期，尼寺的设置约占整个寺院的百分之二十。而且

---

① 阎文儒：《云冈石窟的开创和题材分析》，《社会科学辑刊》一九八〇年第五期。
② 辛长青等：《云冈出土比丘尼昙媚造像颂碑文考释》，《法音》一九八三年第五期。
③ 《魏书·释老志》。
④ 《魏书·释老志》。

每逢大斋，"常设女乐……，以是尼寺，丈夫不得入"。① 由此我们了解到，僧寺、尼寺的分设在北魏洛阳时期已是相当普遍了。

事实上，尼寺的设置早在西晋建兴中即已开辟了先例。据佛典记载，"晋建兴中于宫城西门立寺，……晋土有比丘尼亦检为始也。"② 因为封建礼教要求比丘尼"不故触男子，不与男同宿"③，所以比丘尼当需避开比丘所居，从而出现了僧、尼分设寺院居住的情况。北魏平城时期的云冈石窟，虽无史料明确说明这一问题，但"尼寺"的存在确是事实。由于佛教僧伽制度的严格规范，僧、尼分居是置信无疑的。鲁班窑石窟的开凿，正是为比丘尼所设立。

鲁班窑石窟位于云冈石窟西约二华里武州河南岸的一土丘上。依山面水，坐西向东，现存阳窟两座，与云冈石窟隔河相望。石窟前地阔平整，因年久失修窟门已被堵塞一半，出入不便，石窟北侧崖壁平整，系人为所留。窟内积石遍布，雨水冲刷漫漶成积。

鲁班窑石窟可分为南、北两窟，形制均为穹隆顶，椭圆形。由于条件所限，难能对其进行清理，兹就现状记录如下：

南窟进深4米，宽6米，高3米。窟内周壁满雕禅定佛四排，现有六十一躯较为完整。佛像均高0.5米，袒右肩服饰，置于隐刻龛形内。石窟顶部风化不堪，本来面目难以辨识。与顶部接壤处的窟壁上雕刻锯齿饰纹。

北窟与南窟间隔5.27米。该窟进深4.1米，宽6.1米，高4米。窟内周壁雕千佛三列，现可见龛像六十六躯。造像服饰有袒右肩、通肩两种。

以上两窟门栱已非原貌，门栱顶端内外各开一槽，疑为后世安设门头木之用。石窟外壁两端均雕一供养人，合手长跪倾向窟门。两窟间的立壁上隐刻一方龛形，其间雕尖栱龛，高、宽均为0.4米。龛内雕释迦、多宝并坐像。龛楣上雕饰坐佛九躯，均为通肩服饰。

窟前崖壁上凿有方形柱孔，应是建置窟檐所留。

鲁班窑石窟的两个窟应为一组双窟，石窟内外不见碑刻铭记留存。就现状来看，也不见有本尊造像。以其形制和造像风格与云冈石窟的雕像作一比较，其开创时间约在云冈石窟早、中期之间。它之所以开凿于云冈石窟以外，正是受佛典规范而置，供比丘尼所用。

北魏郦道元所著《水经注》中记载："武周川水又东南流，水侧有石，祇洹舍并诸

---

① 《洛阳伽蓝记校注》，范祥雍注本。
② 《比丘尼传·净检传》。
③ 《根本说一切有部百一羯磨》卷二。

窟室，比丘尼所居也。其水又东转，经灵岩南……。"这里，郦道元明确地记载了武周川水顺东南而下，流经比丘尼所居之处后，又东转流经灵岩。其比丘尼所居处当在其水东南流向的水侧旁。由此判断：在云冈石窟西约七华里的吴官屯和三十余里处的高山镇附近均有石窟遗迹，但均不在"川水又东南流"的水侧旁。唯独现存的鲁班窑石窟之地理位置与记载相吻合。因而认定北魏郦道元笔下的比丘尼所居处即是今鲁班窑石窟之位置，也就是北魏时期云冈石窟的"尼寺。"应该说明的是，现存石窟形制并非能供比丘尼所居住。石窟前地面平整开阔，背山面水，夏可避洪水冲击，冬可防风沙侵袭，"祇洹舍"即在此落成，这才应是比丘尼居住的地方。

鲁班窑石窟前地面残留有大量的辽代砖瓦，石窟崖壁又存有建置窟檐之痕迹。可以断定，在辽时，该石窟前曾增建有木构窟檐。辽末天祚帝保大年间（1121～1123），金兵入据大同，辽军经云冈溃逃，由于官军的焚扰，"盗贼群起，寺遭焚劫，灵岩栋宇，扫地无遗"。此时的鲁班窑石窟同样也毁于兵燹[1]。从鲁班窑石窟的残遗断垣来看，明代在其上部曾筑有烽火台，未发现有重修寺院之迹象。看来，辽末战火毁坏后的鲁班窑石窟再没有修复，只是被作为一个军事据点为屯兵所利用，后遂荒废而遗留至今。

鲁班窑石窟在北魏时期应是云冈石窟的一部分，不能将其看作是一处独立的寺院。只是因为佛教戒律的原因，才出现了比丘、比丘尼分居的现象，才会有"尼寺"这一宗教的产物。在北魏时，云冈石窟由于被统称为"灵岩"，所以《水经注》中才有"经灵岩南"之记载。云冈石窟中的第二十窟是由北魏沙门统昙曜主持所开凿的洞窟之一，它同样包括于"灵岩"之内。昙媚刻石固然出土于此窟之前，但鉴于僧、尼分居之理，由此推断"尼寺"即在现第二十窟之附近难以令人信服。况且，在云冈石窟中的第十一窟、十七窟中均可看到有比丘尼的造像题记，[2]我们也不能以此为据而说明此两窟即是"尼寺"之位置。同时，在第二十窟附近的石窟均不见存在于"东南流"的水侧处，可见就其地理位置也与史料记载不符。我们再仔细辨读昙媚石刻文句，也不见是为造像所刻，而是一块颂偈刻石。所以，推断尼寺位置位于云冈第二十窟附近难以成立。

值得一提的是，唐代道宣在《广弘明集》中也记有"西头尼寺"之说，但以现鲁班窑之规模来看，难以"容千人"。即使是云冈石窟中的大窟中同样也难以"容千人"，为此，道宣笔下的唐代云冈尼寺当需进一步探讨。

"鲁班窑"名称的出现均不见于史志文献记载。从云冈石窟中遗存的题记来看，元人在"大德"、"至元"年间的墨书中已有"鲁班"之称的出现。而在明清时，关于"鲁班"的传神说法更为流行。由此我们认为，"鲁班窑"之称的出现约在元、明时期。

---

① 宿白：《"大金西京武州山重修大石窟寺碑"校注》，《北京大学学报》一九五六年第一期。
② 云冈石窟第十一窟，十七窟的明窗东壁分别刻有太和十九年和太和十三年比丘尼造像的题记。

这当中，人们对"因崖结构，真容巨壮，世法所希"① 的云冈石窟赞叹不已，误将石窟的开凿归功于"神人""鲁班"。后人曾传说开凿云冈石窟的工匠曾居住于鲁班窑石窟处，因而得名"鲁班窑"，这当无资佐证。

　　总之，鲁班窑石窟应是云冈石窟的一部分，二者之间有着必然的联系。它的遗存对了解北魏佛教的发展和寺院制度有着一定的参考价值。云冈石窟作为一处佛教活动的场所，僧、尼分居，尼寺的单独出现是顺理成章的。若条件许可，对其能进行一次全面清理，或许会有新的发现。

（摘自《文物季刊》1989 年第 1 期）

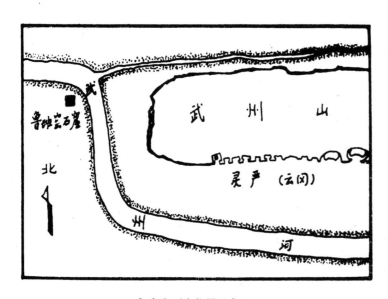

鲁班窑石窟位置示意图

---

① 《水经注校》，王国维校本。

焦山、吴官屯调查记

丁明夷　李治国

云冈石窟现存主要洞窟 45 个，东西绵亘约 1 公里。但唐代以来，对云冈石窟的描述，皆云谷深三十里，龛像相连。例如《广弘明集》卷二《释老志》道宣注文称：

今时见者传云：谷深三十里，东为僧寺，名曰灵岩，西头尼寺，各凿石为龛，容千人。

《续高僧传》卷一《昙曜传》记载：

去恒安西北三十里武周山谷北面石崖，就而镌之，建立佛寺，名曰灵岩，龛之大者举高二十余丈，可受三千许人，……栉比相连三十余里，东头僧寺，恒供千人。

《大金西京重修武州山大石窟寺碑》亦记：

十寺之外，西至悬空寺，在焦山之东，远及一舍，皆有龛像，所谓栉比相连者也。

其中以《金碑》所记最为具体。按云冈石窟以西，傍武州川水，现存北魏石窟遗迹共有三处：（一）鲁班窑石窟，在云冈石窟西南，武州川南岸，前人曾疑为云冈西头尼寺所在。（二）吴官屯石窟，从云冈西行，上溯约 4 公里，在武州川北岸崖壁上，遗有窟龛 23 个。（三）焦山石窟，从云冈沿武州川西行约 15 公里，在高山镇北面焦山南坡，遗有洞窟 11 个。其中，吴官屯和焦山石窟，与云冈石窟同处武州川北岸，而焦山石窟又恰当自云冈西来的山冈尽处，东西连接，云冈石窟可以说绵延 15 公里。

1950 年，雁北文物勘察团调查发现焦山寺遗址，并确认上述北魏石窟遗迹的存在[①]，从而解决了道宣所记云冈石窟"栉比相连三十余里"的悬案。近年来，云冈石窟文物保管所对焦山和吴官屯石窟遗迹，即新进行了勘察、测绘和拍摄工作，现将调查结

---

① 王逊：《云冈一带勘察记》，《雁北文物勘查团报告》，1951 年。

果简介如下。

一　焦山石窟遗迹

焦山位于大同城西约 30 公里高山镇对面，武州川北岸。高山镇是一处明代的卫所，清代也戍兵屯驻，正当大同通往左云、右玉的交通要道。至少从汉代开始，这里就是汉与匈奴交通的必经之路。《汉书·匈奴传》记载：

匈奴自单于以下皆亲汉，往来长城下，……乃以十万骑入武州塞。

北魏时，这里是旧都盛乐和新都平城间的往来孔道。焦山和高山镇隔武州川相望，这里位处内外长城之间，得交通地理之便，又当武州川西部出山塞口，正是选择石窟位置的形胜之地。

焦山孤耸于武州川北岸，山麓被河水冲刷成陡立的崖壁。依山势叠次而上，现存塔、庙和石窟遗迹，上下共四层（图 1、2，实测图 1）。

第一层正中为泰山庙残址，庙作砖石砌栱券窑洞式，三个横窟作冂形排列，每窟三门。据雁北文物勘察团调查，原有明万历三十二年（1604）四月吉日立建修泰山碑，庙东山坡旁有清代道士寿塔，可知庙为道教寺宇。庙西侧现存三个方形残窟（第 1、2、11 窟），窟内无雕饰。从石窟形制看，接近云冈的北魏小型禅窟。洞窟间凿有石阶道，拾级而上可达第二层。

第二层正中为河神庙残址，据题记知为"万历□□年创建修理"。殿东原有万历三十四年（1606）修建白衣观音庙残碑。庙址东、西有二组五个石窟。西一组三窟相连（第 3、4、5 窟），窟均为方形平顶。三窟间凿通道，前壁各凿一明窗，第 3、4 窟间由阶道与下层第 11 窟相通。第 5 窟北壁下部，凿出通壁长方形僧床（实测图 2）。看来，这是一座僧房窟。壁面原无雕饰，后代粉刷墙皮，尚残存彩绘坐佛像，窟中原塑二菩萨，壁画和塑像皆为明代以后作品。东一组两个窟。第 6 窟平面略呈马蹄形，面阔 460 厘米，进深 430 厘米，平顶高 410 厘米（图 4、5，实测图 3）。窟内正壁塑通顶大坐佛，占据了窟中主要位置，从地面残迹观察，原应有石雕大坐佛。窟壁残存木桩孔洞，原亦为安置塑像用。正壁塑佛右侧，残存明代题记两则，一为"焦山神倒到神到□法心，……正统七年（1442）"，一为"永乐九年（1411）岁在辛卯九月二十一日，安东中府总申吴道同大同左卫中所□□王汉到此，□西南府延昌县人，此地是笑天"。题记在剥落的泥皮下显露，可知现存泥皮和塑像，应为明永乐、正统年间遗物。而焦山寺或即为崇祀焦山神而建，窟外前壁窟门上方及两侧，遗有长方形梁孔和圆形桩孔，崖壁上方凿有人字形排水沟。这些建筑遗迹，与云冈第 1～20 窟崖面上辽金时代建筑遗迹相同，说明辽金时焦山亦建有后接窟室的砖木结构寺宇。按辽金西京——大同城内外，曾兴建一批寺庙。武州川河谷北岸，东起佛字湾、观音堂，西至焦山，都遗有规模不等的佛教建筑遗存，其中以云冈十寺规模尤著。窟前西（右）侧，有二小龛，各凿一坐佛，均已风化泐损。从残存风格看，应为北魏造像。第7窟位于第6窟东侧上方，为一小方窟，遗有释迦多宝并坐佛，亦属北魏作品。

第三层共存三窟。正中第8窟为一方形大窟，平顶略有弧度，面阔720厘米，进深760厘米，顶高440厘米（图6，实测图4）。窟由正壁及左右壁凿出低坛床，后壁壁面及坛上，遗有塑像迹。侧壁遗有残壁画，画上人物沥粉堆金，有四臂鬼王和群臣供养像等，窟顶装绘红黑色相间的云纹。壁画榜题有"计都王君"、"火星君（？）"、"水……尊"等。窟前崖面残存枋孔、椽孔等建筑遗迹，窟前有片石垒砌的前墙残段，应为辽金以来的窟前建筑遗存。第9、10窟位于第8窟东上方，均为平顶方形窟，正壁下部凿出像坛（实测图9）。两窟内除残存墙皮面，无其他雕饰。

山顶矗立一座三层六角形砖塔。每层正面辟圆栱门，第一层内作横券顶，第二层内作纵券顶，第三层内作攒尖顶。各层间有砖梯上下，顶层外形高耸细长。塔外饰砖雕斗栱。从建筑结构、样式看，塔为明清时代的遗存。

焦山现存遗迹，大体可分作三期。第一期属北魏时期，现存洞窟中大多属这一时期石窟，石窟类型有造像窟（龛）、僧房和禅窟。其中第6窟的马蹄形平面以及主像占据窟中主要位置的情形，颇类云冈早期昙曜五窟的格局，或许开凿较早；窟外前壁上的宝珠形装饰和悬塑像的桩孔，与近年发现的鹿野苑石窟（建于北魏皇兴二年，即468年前）相似。第7窟的释迦、多宝并坐像，为云冈中期以后流行的题材。第二期为辽金时期，如第6、8窟，应为这一时期利用北魏旧窟前建木构寺庙。第三期为明代以后，现存最早题记为明永乐、正统年间。当时高山镇为"大同左卫中所"所在，焦山寺或许就在此时利用旧窟改建。万历年间的泰山、河神、白衣观音庙，则是因故址修建。清初以后，高山卫所废弃，焦山寺庙可能转入衰败期。总之，焦山遗迹的主体应是北魏洞窟，辽金和明代，因旧窟或故址改建寺庙，兴建佛塔，这就是寺庙布局分建两层的缘故。

二 吴官屯石窟遗迹

吴官屯石窟位于云冈以西约4公里处的武州川北岸崖壁上，东西相连二百余米，多为小型窟龛。据近年云冈石窟文物保管所重新勘察编号[①]，现存窟龛32个，皆为北魏遗存（图7~11）。这批窟龛中，约有三分之一高、宽、进深在1米以上，其中第19窟

---

① 吴官屯石窟的编号原则：（1）所有窟龛统一编号；（2）按由东向西、自下而上的顺序依次编号。

高、宽、进深在 2 米左右，其他多数为 1 米以下的龛像。各窟龛多已残破，风化较甚。各窟龛的具体尺寸和主要造像内容，见下表。

窟龛号	1	2	3	4	5	6	7	8	9	10	11	12	13	14	15	16
宽	160	132	90	127	97	57	103	144	115	63	82	99	72	72	82	55
进深	140	100	?	?	?	?	?	120	70	?	33	87	?	?	40	?
高(cm)	137	125	123	147	132	90	137	86	121	63	100	115	74	80	63	65
主要造像																

窟龛号	17	18	19	20	21	22	23	24	25	26	27	28	29	30	31	32
宽	160	80	235	90	100	126	55	24	135	48	93	40	78	83	90	90
进深	115	74	190	74	90	140	?	20	100	?	?	?	?	68	80	45
高(cm)	180	104	210	107	104	142	70	95	143	64	115	77	82	97	100	94
主要造像																

上述窟龛中，小型窟多为方形平顶，左、右、后三壁各开一龛，龛内坛上各雕一坐佛二立菩萨，佛背光两侧雕数层小供养像。平顶略圆，中凿圆莲和飞天，如第 1、25 窟（图 12、13）。一些较大的龛像，亦多作三壁三龛式，左、右、后壁皆雕一佛二菩萨。龛饰有圆栱、盝形和宝帐式。龛楣雕供养群像和过去七佛。龛侧凿出多列龛，中雕供养人、立菩萨、思惟菩萨和维摩文殊对坐像，有的龛作上下重龛，上龛雕交脚弥勒菩萨，下龛雕释迦、多宝并坐像。如第 4 窟（龛），龛顶雕一列供养人，中间为小坐佛。龛楣雕七佛像。主像坐佛座侧各雕一狮。坐佛龛侧各凿三列龛，上侧为跪姿供养菩萨，中层为立姿供养菩萨，下层为维摩、文殊对坐像。全龛最下层，雕一列供养行列，应为男女相对而立。第 5 龛为上下重层龛，上层雕交脚弥勒菩萨，下层雕释迦、多宝并坐像，龛顶雕一列供养像，龛侧左右各列上下三龛，上层为供养菩萨，中层为维摩、文殊对坐像，下层为供养菩萨。

这些情况表明，吴官屯石窟的特点是：没有成组的窟，小型窟龛居多，布局多样的小龛遍布崖面。小窟和较大龛多为左、右、后壁各开一龛式窟龛，正壁雕释迦像，东壁雕弥勒像。龛像中流行上下重龛（上龛弥勒，下龛释迦、多宝）、左右三层龛的形制。三壁三龛式窟龛和上下重龛式龛像，形制趋于方整，雕饰益加繁缛；造像题材既有释迦、弥勒并重的趋势，又加强了释迦、多宝与弥勒的联系，见证深定的七佛见于龛楣。特别是仅容一人的三壁三龛式小窟，都说明窟龛更向符合禅观的方向发展[1]。造像虽多

---

① 宿白：《云冈石窟分期试论》，《考古学报》1978 年 1 期。

风化剥蚀，但仍可看出身躯修长，面目清癯的特点。立菩萨帔帛于腹际穿璧，坐佛大衣下摆披覆佛座。这些特点，表明吴官屯石窟的北魏造像，主要开凿于迁都洛阳之后，与云冈晚期的造型、题材相近。

（摘自《中国石窟·云冈石窟》（一），文物出版社，1991 年）

焦山石窟实测图

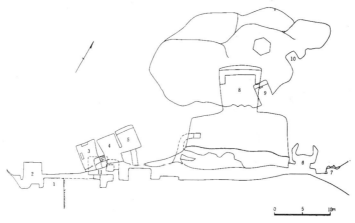

1　焦山石窟平面图

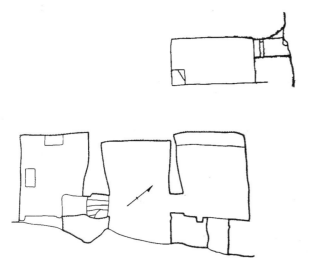

2　第3、4、5窟平面图与第5窟剖面图

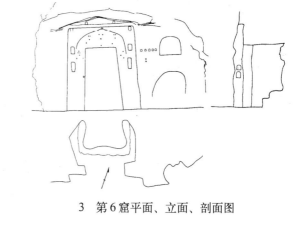

3　第6窟平面、立面、剖面图

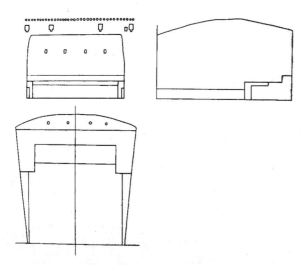

4　第8窟平面、立面、剖面图

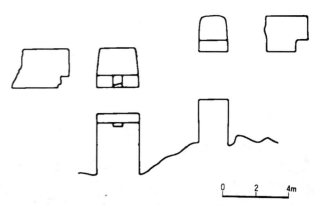

5　第9、10窟平面、立面、剖面图

图1 焦山石窟全景

图2 焦山石窟立面图

图3 焦山石窟第一层泰山庙遗址

图4 焦山石窟第6、7窟外景

图 5　焦山石窟第 6 窟

图 6　焦山石窟第 8 窟

图 7　吴官屯石窟立体图

图 8　吴官屯石窟第 1～18 窟外景

图 11　吴官屯石窟第 21～30 窟外景

图 9　吴官屯石窟第 1～7 窟外景

图 12　吴官屯石窟第 1 窟

图 10　吴官屯石窟第 8～16 窟外景

图 13　吴官屯石窟第 24,25 窟

云冈石窟的雕刻

蔡 仪

云冈石窟的雕刻，若是要用简单的话作一个概括的说明，我想最好是举出下面这样的数目字。大小佛像约有 6 万尊。大小石窟约有 100 个。最高的佛像有 5 丈多高，4 丈以上到 5 丈高的佛像有 5 尊。最大的佛像，平放着的手臂上可以并排地站 20 个人。开凿的时期是 1400 多年以前，所耗人工，谨慎估计是 300 万以上。

这些数目字，可以叫我们相信，云冈石窟的雕刻，真是中国美术史上的奇迹。时期既早，规模又大，而制作也精，综合这三点来说，不仅在中国是首屈一指，就是在全世界也是少与比伦的。然而关于云冈，在旧社会注意的人并不多，研究者就更少。千余年间任其风雨剥蚀，岩石倾圮，数十年来又遭愚民破坏，帝国主义者掠夺，至今完全的洞窟已没有了，完整的佛像也不多了。然而就是这样历尽千劫万难的残迹，还是我们民族艺术遗产中非常灿烂的珍宝。

云冈的形势及石窟的概况

云冈在大同市的西方偏北，距大同市约 30 华里，山峰不高，为水成岩的砂岩所成，东西迤逦，长约 2 里，南离武周川不过 200 余步。南麓峭壁之下，石窟并列，远望黑洞点点，就是全世界闻名的云冈石窟了。

山峰南面缺口，形成两个山谷，自然把岩壁分为三部分。各部分大小不同，以致石窟多少也不同。现在的石窟，按一般说法，其主要的约 40 洞：东部 4 洞，中部 9 洞，西部 27 洞。然而除此之外，西部小洞尚多；即以中部及西部偏东之处来说，上下内外，重重叠叠，坍塌之后，多失独立形状，所以石窟数目，实难精确计算，只是以主要者为准，凡有关的破洞及小洞附属于它来计算，大致上述的数目是不错的，以山势而论，中部较高，地面却较低，所以石窟的大者多在中部。东西两端的石窟就小些。但是东部、西部之偏中处，均有大洞，且有大于中部各洞的最大的洞，所谓中部多大洞，只是指一般情形来说的。

许多大洞，原有不同的名称。如从来习惯的名称有所谓佛籁洞、寒泉洞，或所谓六美人洞、怪神洞等。而为了方便起见，尚有一种名称，就是从东部较大的洞起，以序数顺次称之为第1洞，第2洞，以迄西部末尾之较大者为第40洞，余则多不列论，也不以固定的名称称它。所以东部4洞，即第1洞到第4洞；中部9洞，即第5洞到第13洞；西部27洞，即第14洞到第40洞。现在石窟前面，有木造佛阁的仅为第5洞和第6洞。这两佛阁，依岩为壁，齐山建檐，各有三层以至于顶。下层为石窟的前庭，经此可通洞内；2层、3层或有大窗可望洞内，或有飞廊和洞中央的塔柱相接，两佛阁的第3层楼，也有依岩壁而建的回廊可以互相通往。佛阁之前皆有小院，院的东西两面有平建的厢房，第6洞小院之前为天王殿，殿南大院之前为山门，门上有"石佛古寺"匾额。

第7洞前也有破损不全的佛阁，其层楼尚在，也有回廊与第6洞的佛阁相通，但下层仅余木柱，厢房院落已夷为平地。以石佛古寺全体形势看来，这第7洞前的佛阁，原应与第5洞前的佛阁相对照，是石佛古寺的一部分，然而现在破坏得几乎看不出它的原样了。

可是现在的石佛古寺和它的佛阁，显然是后世所建，其建筑时期当不出于明末清初。只是它的规模又显然是沿袭旧制，想必在石窟凿成时，即有大致相似的佛阁。因为除此三洞之外，其东西各大洞，洞口之外，峭壁之上，有多数方孔排列整齐，显然是当时栋梁安置的痕迹。第3洞外的方孔，高及五六尺，宽也三尺多，昙曜五洞外壁的方孔都和这差不多，可以想见当初佛阁之多而宏大。《山西通志》和《朔平府志》关于这点都有记载。曾说："石窟十寺，壁立千仞，石窟千孔，佛像万尊。"其寺："一同升，二灵光，三镇国，四护国，五崇福，六童子，七能仁，八华严，九天宫，十兜率"。《高僧传二集·北魏昙曜传》中也说："建立佛寺，高曰灵岩，龛之大者，举高二十余丈，可容三千许人"。可见很早就确已有寺，而且其后曾有过十个大寺。然而现在只有这些壁上的方孔，令人想像其规模而已。

北魏的佛教政策及石窟的开凿时期

云冈石窟，开凿于北魏。汉末晋初，正是中国社会史上一个大的变革时期。由于中国社会的这种变革，异民族得以乘机纷纷侵入。其中有一个原居兴安岭东，过游牧生活的鲜卑人拓跋族，经蒙古高原侵入长城地带，西晋曾与之联盟攻刘渊、刘聪、石勒等。到拓跋珪为首长时势力更盛，平定中山，经略燕赵，于纪元406年定都平城，即今大同，建国号为魏，就是历史上所称的北魏。

大同盆地旧为匈奴人出没之所。东汉以来，西北方民族移入者尤多，先后有刘曜、石勒、苻坚等，故西来信奉佛教的居民颇众。拓跋族原不信佛，及与魏晋相通始知佛教；至拓跋珪，为怀柔被征服的居民，以佛教为侵略工具，其"平中山，经略燕赵，所经郡国佛寺，见诸沙门道士，皆致精敬"（《魏书·释老志》），于406年建国时曾下诏崇佛。继之拓跋嗣（明元帝），曾徙西凉3万多家于平城，西凉为通西域的要地，民多信佛，故佛教益盛。再传而至拓跋焘（太武帝），最初也信佛。大约当时农民起义与佛教有关，长安沙门就有参与所谓"谋乱"之嫌，他就在446年（太平真君七年）3月下诏毁佛灭法坑沙门。到了他的孙子拓跋濬（文成帝）452年即位，"下诏复法，以罽宾国沙门师贤为道人统"（《释老志》）。"和平初（元年为460年），师贤卒，昙曜代之，更名沙门统"（《释老志》），这时北魏佛教复盛。《释老志》在叙述昙曜为沙门统之后，接着又说"初昙曜以复法之明年（453年），自中山被命赴京，值帝出，见于路，御马前衔曜衣，时以为马识善人。帝后奉以师礼。昙曜白帝，于京城西武周山塞，凿山石壁，开窟五所，镌建佛像各一，高者七十尺，次六十尺，雕饰奇伟，冠于一世"。这一段话，是关于云冈石窟的重要史料之一。武周山塞就是云冈。所开五石窟各镌一大佛，在云冈石窟中，以形状规模论，当为西部第16洞至第20洞的大佛洞。所以对于这5洞，一般论者就称为昙曜五洞。

但是如果说到云冈石窟开凿的年代，仅仅是根据这个记载还是有些问题。第一，云冈石窟的开凿，是否是从昙曜白帝开凿五洞开始？现代的人就根据上面所引《释老志》的话，认为是从昙曜五洞开始，《山西通志》不知究何所据，却说始于神瑞，更早40多年。

第二，昙曜开凿五洞又是始于哪年呢？有人断为460年，也只是根据上述《释老志》的记载。诚然昙曜为沙门统是460年，但按所记文句的意义"昙曜白帝"开凿五洞，未必是在他做沙门统那年，也可能是复法的明年被命赴京见了拓跋焘以后不久。因此我们只能说昙曜始凿五洞的时间，不得早于复法之明年，至迟当在做沙门统以后不久。

关于考证年代的重要资料，还有洞壁上的铭文。各洞铭文记载年代者主要有下列几则：第7洞，太和十三年铭文（洞内）；第11洞，太和七年铭文（洞内）、太和十九年铭文（窗侧）；第17洞，太和十三年铭文（窗外）；第19洞胁洞，延昌四年铭文；第27洞胁洞，正始四年铭文、延昌三年铭文；第36洞，延昌元（？）年铭文（洞口）。这8个铭文，最早的年代是太和七年（483年），比460年迟得很多，对于考证石窟开凿的开始，没有参考的意义。

第三，云冈石窟开凿的终止期，有人断为北魏迁都洛阳时。《山西通志》说是"终正光"。按拓跋宏（孝文帝）迁都洛阳是在太和十八年（494年），但以铭文所载，多属于是年之后，正始四年（507 年）、延昌四年（515 年），皆是迁都后一二十年之久，因此终止期更难断言了。

不过还有一项重要的参考资料，就是郦道元《水经注》中记载武周山塞殿阁壮丽、烟火兴盛，说："凿石开山，因岩结构，真容巨壮，世法所稀。山堂水殿，烟寺相望；林渊锦镜，缀目新眺。"郦道元就是北魏时人，自太和至孝昌，历任要职。《水经注》究系其何时所作虽不得知，但以他晚年官位之高，责任之重，未必能如《水经注》原序所说："窃以多暇，空倾岁月，辄述水经，布广前文"，想来当是延昌中他做东荆州刺史因"其刻峻坐免官"之后，所以大约是延昌至正光之间。假设正光四年为他作《水经注》的最迟时限，那么在 523 年以前，云冈石窟的开凿早已大致完成了。

总括以上所述，云冈石窟开凿的最初与最后年限虽难断定，但是它的盛期，大约是在"复法之明年"以后，由昙曜五洞开始，至迁都洛阳以后不久为止，前后不过六七十年间。如昙曜五洞固然是在这个时期开凿，第 7 洞、第 11 洞，根据铭文也在这个时期开凿；第 7 洞既在这个时期开凿，与其结构相若，形制也相似的第 8 洞、第 9 洞与第 10 洞，也可以推想它们的开凿时期大致也相近。于是有名的大洞，都可能是这个时期开凿的了。

果然如此，云冈石窟开凿的盛期，到现在已是 1400 多年了。我们对于宋明的书画或版本，偶得片纸寸笺，都是珍同拱璧，喜慰无穷；而对于远为早、远为宏大的云冈石窟雕刻，何以能漠然置之不顾呢？更何况从世界美术史来看，5 世纪之末，在西欧正是罗马帝国衰亡，遭受了日耳曼人的侵略，它们的美术正在衰颓之中；中部印度的笈多虽盛，其美术对于云冈也有些影响，然而以发展的程度来说，云冈石刻显然是前进了一步。所以当时全世界美术发达的中心地，可以和云冈匹敌的就只有东欧的拜占庭罢了。

云冈雕刻的历史意义及社会根源

中国古代美术，直至汉代的石刻绘画，还是古拙阶段。以孝堂山、武梁祠的石刻及乐浪郡墓室的壁画来看，风格浑朴，姿态亦有生动者，然而无论其造型及传神，都没有达到圆熟的境地。到了西晋，绘画方面有了进步，如顾恺之的《女史箴图》，现存者纵非其原作，也可以想象其原作的优秀。而雕刻方面，如世所传祁弥明像，基本上是承袭汉代遗绪，少有发展。

一到云冈石窟，真是奇峰突起，雕刻艺术的发展，显然进到了一个新的阶段。云冈石窟的雕刻比之前代作品有如下两个特点：第一，写实性强，也就是造型比较正确而更有实感。我们把汉代石刻中较好的武梁祠的作品和云冈的极大多数作品来比较，就可以看出这个特点来。很显然的，云冈石窟多数的圆雕佛像，那些小的不用说，就是高到四五丈的大的立像或坐像其形体比例大致都比较正确，姿态比较生动，即算是静态的姿态也还是觉得比较生动。而且云冈的表现方式已普遍采用了浮雕，无论是高浮雕、浅浮雕或者两者的结合，对于表现多数的人物，动态的人物，是更便利而容易，事实上也是那些浮雕表现得更生动而有力些。从现在所见到的汉代石刻圆雕轮廓比例既不够正确，即算要表现动态，一般也是显得僵硬而不生动。特别是表现方式普遍是采用线雕，无论阴刻阳刻，基本上是线雕。线雕的形象本是平面的，以之表现人物禽兽，又不是绘画那样能藉颜色以加强质感、量感，故终觉平板。因此，云冈石刻比之汉代石刻，写实性是强了。第二是表现的内容丰富而结构紧密。汉代石刻的人物故事表现力求简单，除必不可少的内容不加以刻画。甚至必不可少的内容有时也不加以刻画。正由于如此简单，往往不能充分表现其应有的内容，以致对于人物故事的主要特征、主要意义，雕刻本身还不够有充分的说明力量，有时不免要求助于文字。而且所表现的个别场面、个别人物，有时是块然独立，各不相关。就是精神上原是有联系，形式上也可以有联系，却不能很好地表现这种联系，所以是结构散漫，不够紧密，全体看来也就不够完整。至于云冈雕刻，表现的内容比较丰富，不仅形体比较正确，姿态也还生动，而且表情、传神，也能达到相当的境地。佛和菩萨面容的祥和而庄严，飞天的欣喜而活泼，这种功夫是汉代石刻所没有的。由于佛像的祥和而庄严，衣纹也是柔而不弱、劲而不僵，手势也是非常之自然而又有力，于是这一佛像形式的表现就一致，而内容的表现也够充分。而且云冈石窟的一个佛像，还与同一洞内的其他佛像、菩萨、飞天乃至装饰花纹，都是直接间接有形式上的联系，或者精神上的呼应。花样复杂、装饰繁多的石窟如第 6 洞，情调还是一致，结构也不松懈。花样简单、装饰较少的如第 19 洞，只觉得它是统一而雄伟，并不单调。

　　关于云冈雕刻的特点，详细说来自然不只是这两点，但这两点是最主要的。至于云冈石窟的雕刻，为什么能够有这样伟大的进步，原因当然是不简单的。其中之一是印度佛教艺术的影响，特别是笈多艺术的影响，这是大家都知道，也是合乎事实的。但是这只是一个原因，还不是基本的原因。因为佛像的传入中国到这时期已 300 多年，若是单以印度影响来说，东汉、魏晋是同样的；何况如上所述，云冈雕刻实比当时的笈多艺术更前进了一步。汉末晋初的变乱，在中国社会发展史上是一个相当重大的关键，至少可以说中国封建制度有了更进一步的发展。魏时广屯田之制，晋初有户调之法，王公不聚于京城，而"以国为家"，各得占田若干顷及荫人以为衣食客与佃客，于是终晋之世豪强兼并，以至门阀大兴。和这种社会制度相关系的，就是从这个时候起，美术家当作专业的艺术家受到适当的尊敬，在社会上的地位已不同于职业的工匠，而且有师承的关系，如书学的钟繇、卫夫人而王羲之，画学的曹不兴、卫协而顾恺之，就是如此。

　　北魏在晋末经略北方，当其建国，实已相当汉化。于是在晋代发展了的封建制度的基础上建立了它的统治权，而佛教及佛教艺术，也是在这个封建制度的基础上和封建统治的要求中，得以发展到相当高度。

据《魏书》说："魏初不立三长，故民多荫附。荫附者皆无官役，豪强征敛，倍于公赋"。所以在太和十年（486）给事中李冲上言，宜准古制，建立三长。拓跋宏想依此施行，然而"百姓咸以为不若循常，豪富兼并者尤弗顾也"（《魏书·食货志》），是以实行也没有收到什么效果。宗教寺院的经济基础，和这种民多荫附豪强门阀的社会情形，关系非常密切。

拓跋珪定都平城之后，曾徙西凉3万家来，这事和北魏佛教之盛有关系。拓跋焘在毁法之年，又"徙长安城工巧二千家于京师"（《魏书·太武帝纪》），长安又为内地佛教最盛之处，其工巧2000家，和北魏佛教艺术之盛想必也有关系。然而最有关系的事，就是昙曜奏请开凿石窟，并且也曾奏请："平齐户及诸民，有能岁输谷六十斛入僧曹者，即为僧祇户；粟为僧祇粟，至于俭岁，赈给饥民。又请民犯重罪及官奴以为佛图户，以供诸寺扫洒，兼营田输粟。高宗（拓跋濬）并许之。于是僧祇户及寺户遍于州镇矣"（《释老志》）。这里就正式说明了佛教寺院的经济基础，有遍于州镇的僧祇户的输粟，佛图户的营田、执杂役，他们大概是免治罪而无官役的。

在这样的封建经济基础之上，北魏佛教兴盛起来；在这样佛教兴盛的机运之中，云冈石窟开凿以至完成了。自然云冈石窟大规模的开凿是昙曜五洞，也就是由于皇家，不是由于豪强门阀。但是若不是在这样的封建经济的基础上，佛教兴盛的机运中，皇家是不会开凿的。若不是由于艺术家的社会地位的开始提高，艺术制作的师承关系，一般艺术水平的上升，即使开凿了云冈雕刻也是不会有这样好的。

石窟雕刻的内容和形式

各洞的状态不一样，它的结构也不相同。

以形状来说，各洞都是椭圆形和长方形，而其中又以长方形占极大多数。但是昙曜五洞及第5洞等几个主要的洞却是椭圆形。这几个主要的洞所以是椭圆形是和中央大佛有关系，因为无论立佛或坐佛，都要有个椭圆形的空间。洞之大者首推第3洞，外庭宽16丈多，内洞宽12丈多，长也4丈多，可惜没有完成。其次是昙曜第5洞，即现在的露天大佛洞，其最宽处当有10丈，又可惜前部完全坍塌，已经不是洞的样子了。再其次是第5洞，宽7丈多，长也5丈多，它是洞形比较完整的最大的洞了。又其次是第19洞、第18洞、第6洞都是宽或长达四五丈以上的大洞。

除本洞之外，有的还有耳洞，如第19洞及第3洞。此种耳洞为全洞的构成之一部分，并非旁洞之徒有邻近关系。

　　许多大洞的中央，是本尊大佛或塔柱。其为大佛者如上所述有昙曜五洞及第 5 洞，此外尚有第 9 洞、第 10 洞、第 13 洞等。其为塔柱者有第 1 洞、第 2 洞、第 4 洞、第 6 洞、第 11 洞、第 39 洞等。塔柱的洞，在柱的各面都有数量不同、大小不同的佛龛佛像。其余的洞，多于后壁安置本尊佛像，躯数及大小也各不相同。

　　各洞自入口的洞门两侧即有雕像。洞内四壁及天花板都是满布雕像，没有盈尺的空隙处。塔柱四面或东西两壁有相当大的佛像或菩萨像或比丘像，如第 18 洞及第 19 洞就是。但是一般的说东西两壁下半多为较大佛龛，上半多为较小佛龛。南壁洞口两侧，也有的是相当大的佛像，有的是一个或两个较大的佛龛。窗口两侧也多是无数的小佛龛。有的壁间佛之小者高只数寸，于是没有龛，只有光轮以为区界。但满壁小佛之间，杂以一二较大的佛龛或佛像，就像报纸上密密排满了小铅字中有标题字一样。多数佛龛之间，横列空隙处往往有图案花纹为之联系，直格空隙处也往往以小菩萨为之装饰。龛上多为尖栱，或为平楣，或作三角屋脊形，或作五角悬帱形，或以交尾双龙盘于栱门两侧。总之许多大洞的佛龛装饰华丽，所以洞内四壁显得像花团锦簇的织锦一样。

　　壁间除了佛龛及菩萨像等之外，还有在下半雕刻佛行传的，计为第 1 洞、第 2 洞、第 6 洞、第 9 洞和第 10 洞。前三洞的佛行传是刻在内洞壁间，而后两洞都是刻在外庭壁间。也有的壁间刻有怪神异兽，如第 6 洞西壁的牛头马面神，第 8 洞门侧的神牛金翅雀等。

　　各洞天花板及门窗的顶上，大致都是藻井，有多数飞天围绕大莲花。门楣或窗楣之上，或者天花板与东西南三壁的衔接处，也多是舞乐飞天，杂以各种图案花纹为装饰。这种舞乐飞天及图案花纹装饰愈多的，愈显得华丽，如第 9 洞、第 10 洞就是；这种装饰愈少，而小佛龛、小佛像愈多的，愈见得单纯而雄壮，如第 18 洞、第 19 洞就是。

　　各洞本尊佛像的姿态，以结跏趺坐者为最多，交脚坐者及直立者次之，垂脚坐者较少。趺坐者一般皆露脚，但也有个别的为衣裾所掩。本尊佛容是入定眼、垂肩耳，这是许多大洞相同的，唯第 3 洞的佛像及菩萨像均为睁眼。佛顶多为肉髻，如第 17 洞至 20 洞四大佛都是；也有螺髻的，如第 5 洞大佛；也有卷髻的，如第 16 洞大佛就是。佛和菩萨的脸形，有的是圆肥的，如第 7 洞、第 8 洞等都是；有的是比较瘦长的，如第 14 洞、第 15 洞等就是。舞乐飞天的容貌，大致也和佛像、菩萨像相同。

　　在云冈石刻里，装饰花纹的种类繁多，样式美丽，也是非常值得注意的。这种装饰花纹并不是单纯的附属的东西，而是重要的构成部分。广义地说，许多舞乐飞天，也可以说是装饰花纹，而狭义的装饰花纹正如宝冠之于菩萨，对佛龛及全洞来说都是必要的。

　　当作装饰花纹用得最多的，是取材于建筑方面的东西。第一是塔，有时是实际意义的塔，如一些塔柱的塔就是；有时仅是浮雕塔的形状，固然也有实际意义，但是装饰意义更重些。其次是屋柱、屋檐和斗栱，往往浮雕以装饰佛龛，其实际意义就不如装饰意义。这两种是普遍的了，可以不用举例。

取材于用具的装饰花纹以悬帷为第一，或为五角形，或为七角形，间或有六角形、九角形的。与之相近的是华盖，有的显圆形突出于佛龛之上，稍有实际意义；有的仅是垂帷及三角飘带，也就是装饰了，如第10洞东壁就有。又其次为双绳交悬纹，简单的仅为双绳，也有以绳穿珠子的，如第11洞东北角上就有。

取材于植物的装饰花纹第一是忍冬，忍冬纹又有种种变化的形状，最简单的是单向忍冬纹，其次是对向忍冬纹，这两种都是比较普遍的。也有互生忍冬纹，如第6洞中央塔基上就有；比较复杂的是环状忍冬纹。如第6洞佛行传上方的就是。此外还有和其他花纹结合的，如第10洞有和鸟结合的忍冬纹，第14洞有和兽结合的忍冬纹。除忍冬之外就是莲花，也是很多的。天花板上的藻井，一般都以莲花和飞天为主要装饰品。也有以莲瓣连接而成为花纹，如第6洞窟侧的就是，还有束莲成对以为装饰的，如第8洞内就有。

取材于动物的装饰，最多的是龙。以龙装饰的地方，最多的是佛龛的拱门之上。也有以蛟龙与飞天共同构成为藻井的装饰纹样的，如第11洞外洞就有。其次是象、狮子和凤，如第6洞塔柱上就有。也有以一般的家畜动物为装饰的，如第10洞前庭就是。

其他重要的装饰花纹就是火焰。许多光轮的外层，甚至于中层都是火焰形，它们或长或短，或粗或细，样式又是很多的。

两种主要作风及代表作品

云冈石窟雕刻的作风，无论在全洞雕刻的结构上，或一般雕像的形态上，或雕像的衣纹及飞天的姿态上，都表现着显然不同的两种倾向。这些方面所表现的不同倾向，综合起来就形成为两种主要的作风。只是有些洞的各方面所表现的倾向不必完全一致，各洞之间也就有错杂之处，因此严格区别是有困难的。

以全洞雕刻的结构来说，所表现的作风很显然有两种倾向。一种是结构复杂而华丽，其特征是小佛龛之外大佛龛也不少；佛龛及佛龛之间的装饰花纹又多，佛像配置亦如佛龛大小，参差而又调和。另一种是结构简单而素朴，其特征是小佛龛特多，佛龛及佛龛之间的装饰花纹也少，一龛一佛，各龛各佛无大差别，甚至完全一样。

以一般雕像的形态来说，所表现的也有两种不同的倾向，一种雕像是大致圆肥。主要的佛像和菩萨像脸如满月，颐颊丰满。一般的身体较短，腿臂粗肥，有的小雕像甚至觉得臃肿。浮雕多为高浮雕，或者下半身浮雕，而颈部及肩部则为圆雕。另一种雕像是较为清秀，主要佛像及菩萨像脸形修长，身体四肢较瘦，浮雕多为浅浮雕。

　　以雕像的衣纹及飞天的姿态来说，所表现的倾向也有两种。一种是衣纹细薄、贴身透体，甚至如披轻纱，筋肉隐约可见。或者菩萨诸天的身体亦多裸露，飞天都是露脚，裙裾飘带皆短。另一种是佛像、菩萨像的衣褶厚实，如服呢绒。飞天长裙裹脚，飘带亦长。

　　这三方面表现的不同倾向，综合起来形成为整个不同的两种作风。就是多数结构复杂而装饰华丽的石窟，大致雕像是圆肥而浮雕为高浮雕，雕像的衣纹细薄，飞天也短裙露脚。这种作风，由于大小佛像及佛龛的配置与装饰，有变化而又有秩序；由于雕像的圆肥及浮雕的高凸，形体圆浑而线条曲软；加以佛像的衣纹薄而流畅，飞天的裸身露脚，腾跃愉快，飘带的多作半圆形如随风回舞，所以全体说来是繁华、活泼、热情洋溢，走进洞内如入闹市，有人声鼎沸，车马阗骈，应接不暇之慨。这种作风的代表是第7洞、第8洞；非常接近的为第9洞、第10洞；其次为第13洞及第11洞内洞、第12洞内洞；此外属于这一作风的有第1洞、第2洞及第4洞等。

　　另外是有些结构简单而装饰素朴的石窟，雕像的脸形修长，浮雕为浅浮雕，衣纹厚实，飞天也长裙裹脚，形成和上述的相反的作风。由于全洞多数小佛像小佛龛排列整齐而少装饰，素朴而雄伟；由于雕像的清秀端丽，形态雍容，可亲而又可敬；由于飞天身体清癯，裙裾飘扬，其凭虚御风，悠然自得；加以浅浮雕所形成的平削锐角，佛像衣纹的厚而庄重，飞天飘带的曲而有折，所以全体说来是刚劲而端正，单纯而有力，走进洞内，叫人有凛然肃穆之感。这种作风的代表是第14洞、第15洞；其次是第11洞至第13洞的外洞；第21洞以下诸洞，其中有一部分比较粗拙，但作风则与此完全相同。

　　除此之外，值得注意的是昙曜五洞。以佛像衣纹的细薄及飞天的姿态、菩萨像的圆肥来说，和第13洞非常近似。但是这5洞的结构都比较简单，四壁少大佛龛及大佛像，而多为小佛龛及小佛像所构成；较大菩萨虽也圆肥，而主要的本尊佛像脸形却比较修长。所以这5洞的作风是介乎两者之间的。但是如果以雕像为主来说，可以看作基本上是属于第一种作风的。

　　还有更值得注意的是第5洞与第6洞。佛像、菩萨像的脸形是稍长而近于圆，浮雕是较浅而尚凸出，衣纹大致是厚实而不透体，飞天是修长而裙裾有裹脚的、有不裹脚的，这是两洞相同的地方。但是以结构来说，第6洞是复杂而华丽，第5洞是比较简单而素朴，这是两者不同的地方，不过若以雕像为主，两洞还可以说是一样，都近于第一种作风。而综合来看，第6洞近于第一种作风，第5洞较近于第二种作风。

　　最后是第3洞，雕像圆肥及装饰华丽，似乎与第一种作风相近；但是脸形却大不相同，主要之点如睁目重颐，可以看出其与第一种作风迥然有别，而与第二种作风更无若何因缘了。

　　总之云冈石窟的雕刻主要是两种作风，但也有介乎两者之间的，也有属于两者以外的。这两种作风的最圆熟的作品，都是第 11 洞。第 11 洞内洞，可以说是第一种作风最好的作品，第 11 洞外壁诸龛，则是第二种作风的最高的成就。

至于作风不同是否与时期的不同有关系，是一个颇为烦难的问题。有人喜欢根据作风的不同，把云冈石刻分为四期、五期或六期等，而且定其时间的先后次序，总觉不免牵强。但是作风相同的大致时期也相同，这是一般美术史的通例。第二种作风接近于龙门作风，这种作风的石窟都是比较小的，铭文纪年也是比较晚的，由这几点可以断定第二种作风是迟于第一种作风。只是介乎两者之间的石窟，却不能断定也是比较晚的，因为昙曜五洞比较早是不容怀疑的。

民族传统及外来影响的融合与发展

中国美术到了云冈雕刻时期的显著的发展，如上所述，是有印度佛教美术的影响，可是基本上并不是印度佛教美术的影响。

正如印度是佛教的发源地一样，它也是佛教美术的发源地，在世界各地的佛教美术无不受其影响，只是直接间接、或多或少的不同而已，以云冈石窟的雕刻来说，自然也不能例外。

云冈石窟所受印度的影响，主要的不是由于犍陀罗或摩菟罗，而是由于笈多。虽然笈多距中国较远，笈多的佛教美术当时还是方兴之际。然而，对于云冈石刻的影响是很显然的。佛像及菩萨像的笈多样式，如长耳、入定眼、口闭无髭，这是云冈佛像中大都相同的；脸做满月形，也是云冈佛像中一部分相同的。衣式通肩或袒右肩，衣纹皆以右肩为中心，这又是云冈佛像中都相同的；衣纹细薄，贴身透体，也是云冈佛像中一部分相同的。其他如佛像的跌坐露脚，菩萨像的装饰华丽，在云冈石刻中也是普遍的。自然笈多美术原也受过犍陀罗及摩菟罗的影响，也间接地吸收了希腊、波斯等的影响；而笈多美术的传入中国大致经过中亚、西域各地，因此也带有中亚、西域各地的影响，但是由上所举的情况看来，主要的是笈多美术的影响。

东晋法显到中印度笈多之际，正是超日王在位的盛期。其后印度僧人来华者也多，就是在北魏"太安初，有师子国胡沙门邪奢遗多浮陀难提等五人，奉佛像三到京师，皆备历西域诸国，见佛影迹及肉髻，外国诸王相承，咸遣工匠摹写其容，莫能及难提所造者。去十余步视之炳然，转近转微。"师子国（锡兰岛）的佛教美术系统，也是属于中印度的，其作风也受笈多美术的影响。虽然云冈石刻未必和难提等五人有关系，但是可能受笈多美术影响，则由难提等的奉佛像到京都可以看得到的。

笈多美术的影响，表现在云冈石刻的第一种作风中是比较重大的。所谓第一种作风，圆如满月的脸形，贴身露体的衣纹之外，还有一般雕像肢体的圆肥、结构的复杂、浮雕的高凸，都可以看出是笈多美术的影响。

其他表现着印度美术影响的，在云冈第一种作风诸洞中还有不少。如第 7 洞栱门东侧的三面四臂神像，西壁的托塔力士像；第 8 洞栱门西侧的毘纽天像，东侧的湿婆天像，东壁的群魔像；第 10 洞栱门的金刚力士像等。固是如此，又如第 9 洞、第 10 洞、第 1 洞、第 2 洞及第 6 洞的佛行传连续浮雕，其内容和构图也表现着印度的影响很重。虽然笈多美术的佛行传普遍是四大事迹或八大事迹，但并不如云冈佛行传之丰富。

北魏时代的我们的雕刻家，并不是单纯地模仿笈多美术，而是在反映当时的现实生活和精神要求的基础上，根据着我们民族的美术的优良传统，融合着外来的好的影响。创造了富于民族性的美术。这种创造精神，特别表现于云冈石刻的第二种作风上，也曾表现于云冈石刻的第一种作风上。

云冈石刻的第二种作风，我们在上面已说明了它的特点，如佛像脸形不是满月形而是鸭蛋形，一般雕像不是圆肥而是清秀，这不是笈多美术作风，而是中国美术在这时以前的传统的美术作风，从汉墓壁画以至传世顾恺之的《女史箴图》都可以看出这点。特别是飞天的姿态及其长裙飘带的形状，和汉画发展了的通沟舞俑冢壁画中的舞伎是同样的作风。自然这种作风，是和中国民族的现实情况与美的理想一致，而和印度民族的就不同了。又如衣纹的厚实，就很显然可以看出不是中印度的实际生活所能有的情况，而是北中国的实际生活所应有的反映。此外浮雕的不是高浮雕而是浅浮雕，如许多装饰雕像及花纹，往往只是轮廓处稍为圆凸，而全体却是仅示圆趣，甚至还有平面，平面上有阴刻线雕，这也不是印度美术作风，倒是表现着汉代石刻演变的痕迹。由这些创作形式上的特点所形成的艺术情调，更不是外来的而是民族的。佛像、菩萨像是祥和而又庄严，可亲而又可敬；飞天是洋溢着悠然飘扬之趣，不是表现活跃欢乐之情，无疑问的，这不是印度的东西，正是我们古人原有的神的观念、仙的观念的表现。

就是第一种作风的雕刻，也不是单纯的印度美术的模仿，还是在许多方面表现着我们民族美术的特殊性。最显著的是装饰花纹，取自中国民族的实际生活或艺术传统的东西都是很多的。如以建筑方面的花纹来说，固然也有变形的希腊多利亚柱头，但是那只是个别的，而且也是变形了的。建筑题材的装饰花纹基本上是中国的建筑样式，就是起源于印度的坟墓式的塔，也已成为中国的楼台式的塔了。其次如悬帏纹及悬绳纹，也是早在汉画像石上或汉砖、汉镜上可以看到它们的痕迹；而最重要也是普通的龙纹是中国固有的花纹，火纹也是汉代云纹的演变，因此，第一种作风的雕刻，虽然就佛像、菩萨像来说笈多美术的影响很重，而就装饰花纹及全洞构造的情况来说，还是中国气派很浓的。

总之，云冈石窟的雕刻，是中国佛教美术初期的作品，其受印度佛教美术的影响是当然的，也是事实上自然的。但是它不是单纯的模仿，而是根据着我们民族美术的优良传统，吸收了印度美术的好的影响，发展了中国美术，也发展了全世界的佛教美术。所以它的影响，不仅是龙门、天龙山，而且远达隋唐并播及日本、朝鲜，它的价值是无限的。

（摘自《美术研究》1992 年第 4 期）

平城实力的集聚和"云冈模式"的形成与发展

宿　白

　　1976 年北京大学历史系考古专业恢复石窟寺考古教学以来，考古教研室有关同志在各级考古、文物单位的协助下，对新疆、甘肃、宁夏和中原地区的一些重要石窟进行了一系列的考古调查；同时参考了近年部分国外出版的葱岭以西的石窟考古报告和论著。在此基础上，我们重新观察云冈石窟和阅读有关文献，深感过去对云冈石窟在东方石窟群中所处地位这一重要问题的论述颇为不足。现仅就两个相互关联的内容——北魏统治者长期强制向国都平城聚集人力、物力和"云冈模式"的形成与发展，试作一次复习性的研讨，请海内外同好不吝指正。

一

　　四世纪西晋覆灭，中原战乱频仍，人口流散严重，各割据政权皆以掳掠人口作为增强自己实力的重要措施。淝水战后，前秦瓦解。公元386 年，鲜卑奴隶主拓跋珪恢复代国，此后一直到北魏孝文帝拓跋宏时期，北中国的代魏才开始向封建制转变。奴隶主统治阶段，战争主要以获取战俘、财物为目的，拓跋珪复国之初的东征西讨，无不着眼于虏获。现辑有关资料如表一。

　　表一所列天兴元年春正月徙太行山东六州，即原后燕慕容氏地区的吏民、伎巧以充京师的京师，是指同年"秋七月，迁都平城"（《魏书·太祖纪》）的新都，亦即表中末项所记之代都。此次代魏建都平城，与穆皇帝猗卢"城盛乐以为北都，修故平城以为南都"和昭成帝什翼犍移都于云中之盛乐宫"（《魏书·序记》）不同，而是"始营宫室，建宗庙，立社稷"（《魏书·太祖纪》），建立永久性都城。此后，迄孝文帝太和十八年（494）南迁洛阳，平城作为北魏国都长达九十六年。在此期间，据文献所记较

为明确的掳获强徙到平城及其附近的人口、财富，有下列诸项记录，见表二。

表一

纪　年	房　获　记　录	出　处
登国二年（387年）	六月，（道武）帝亲征刘显（南部大人刘库仁子）于马邑南……尽收其部落。	《魏书·太祖纪》
登国三年（388年）	五月癸亥，北征库莫奚。六月，大破之，获其四部杂畜十余万。十有二月辛卯，车驾西征，至女妇水，讨解和部，大破之，获男女杂畜十数万。	《魏书·太祖纪》
登国五年（390年）	春三月甲申，帝西征，次鹿浑海，袭高车袁纥部，大破之，房获生口、马牛羊二十余万	《魏书·太祖纪》
登国六年（391年）	十有一月……壬午，大破直力鞮（铁弗刘卫辰子）军于铁歧山南，获其器械辎重，牛羊二十余万。 十有二月……自河已南诸部悉平，簿其珍宝、畜产、名马三十余万匹，牛羊四百余万头。……山胡酋大幡颓，业易于等率三千余家降附，出居于马邑。	《魏书·太祖纪》
登国八年（393年）	八月，帝南征薛干部帅太悉佛于三城，……获太悉佛子珍宝，徙其民而还。	《魏书·太祖纪》
登国十年（395年）	十一月，……乙酉夕，至参合陂。丙辰，大破之（慕容宝），……生擒其陈留王绍……以下文武将吏数千人，器甲辎重，军资杂财十余万计。	《魏书·太祖纪》
皇始元年（396年）	夏六月癸酉，遣将军王建等三军讨（慕容）宝广宁太守刘亢泥（刘显弟），斩之，徙其部落。	《魏书·太祖纪》
皇始二年（397年）	二月……丁丑，军于钜鹿之柏肆坞，……帝设奇陈，……（慕容）宝众大败，……擒其将军高长等四千余人，戊寅，宝走中山，获其器仗辎重数十万计。……冬十月……甲戌；……战于义台坞，……甲申，其（宝弟贺麟）所署公卿、尚书、将吏、士卒降者二万余人。……获其所传皇帝玺绶、图书、府库、珍宝、簿列数万。	《魏书·太祖纪》
天兴元年（398年）	春正月……辛酉，车驾发自中山，至于望都尧山。徙山东六州民吏及徒河，高丽杂夷三十六署①、百工伎巧十万余口②，以充京师。二月，……诏给内徙新民耕牛，计口受田。 十有二月，……徙六州二十二郡守宰、豪杰、吏民二千余家于代都。	《魏书·太祖纪》

表二

纪年	房　徙　记　录	出　处
天兴二年（399年）	二月丁亥朔，诸军同会，破高车杂种三十余部，获七万余口，马三十余万匹，牛羊百四十余万。骠骑大将军、卫王仪督三万骑别从西北绝漠千余里，破其遗逸七部，获二万余口，马五万余匹，牛羊二十余万头，高车二十余万乘，并服玩诸物。……庚戌，……以所获高车众起鹿苑，……又穿鸿雁池。	《魏书·太祖纪》

---

①　参看中华书局标点本《魏书·太祖纪》校勘记［九］。署是南北朝少府、太府所辖手工业作坊的机构名称，或称曹。北魏亦设三十六曹，见《魏书·崔逞传》和《罗结传》。

②　《魏书·食货志》作"十万余家"。《魏书·张济传》作"七万余家"。

续表

纪年	虏 徙 记 录	出 处
天兴五年（402 年）	二月癸丑，征西大将军、常山王遵等至安定之高平，（姚兴高平公）木易于（没奕于）率数千骑与卫辰、屈丐弃国遁走，……获其辎重库藏，马四万余匹，骆驼、牦牛三千余头，牛羊九万余口。……徙其民于京师。 五月，姚兴遣其弟安北将军、义阳公平率众四万来侵，……秋七月戊辰朔，车驾西讨。八月乙巳，至于柴壁，平固守。进军围之，姚兴悉举其众来救。……冬十月，平赴水而死，俘其余众三万余人。……（获兴）四品将军已上四十余人。	《魏书·太祖纪》
天兴六年（403 年）	春正月辛未，朔方尉迟部别帅率万余家内属，入居云中。	《魏书·太祖纪》
天赐元年（404 年）	三月丙寅，擒姚兴宁北将军、泰平太守衡谭，获三千余口。	《魏书·太祖纪》
永兴五年（413 年）	秋七月己巳，……奚斤等破越勤倍泥部落于跋那山西，获马五万匹，牛二十万头，徙二万余家于大宁，计口受田。八月癸亥，奚斤等班师。甲寅，亲临白登，观降民，数军实。……辛未，……置新民于大宁川，给农器，计口受田。	《魏书·太宗纪》
泰常三年（418 年）	夏四月己巳，徙冀、定、幽三州徒河于京师。 五月壬子，车驾车巡，……遣征东将军长孙道生……袭冯跋，……道生至龙城，徙其民万余家而还。	《魏书·太宗纪》
始光三年（426 年）	十有一月戊寅，帝率轻骑二万袭赫连昌。壬午，至其城下，徙万余家而还①。	《魏书·世祖纪》上
始光四年（427 年）	六月乙巳，车驾入（统万）城，虏（赫连）昌群弟及其诸母、姊妹、妻妾、宫人万数，府库珍宝、车旗器物不可胜计。擒昌尚书王买、薛超等及司马德宗将毛修之、秦雍人士数千人，获马三十余万匹，牛羊数千万。	《魏书·世祖纪》上
神䴥二年（429 年）	夏四月庚寅，车驾北伐，……蠕蠕震怖，焚烧庐舍，绝迹西走。……冬十月，振旅凯旋于京师，告于宗庙。列置新民于漠南，东至濡源，西暨五原、阴山，竟三千里。	《魏书·世祖纪》上
神䴥三年（430 年）	十有一月乙亥，常幸安定，获乞伏炽磐质子及定（赫连昌弟）车旗，簿其生口、财富、……庚子，帝自安定还临平凉。……十有二月丁卯，定弟社于、度洛孤面缚出降，平凉平，收其珍宝。……关中平。	《魏书·世祖纪》上
神䴥四年（431 年）	三月庚戌，冠军将军安颉献（刘）义隆俘万余人，甲兵三万。	《魏书·世祖纪》上

---

① 《魏书·铁弗刘虎传附赫连昌传》记此事云："世祖闻屈孑（赫连勃勃）死，……驰往击之，……分军四出，略居民，杀获数万生口、牛羊十数万，徙万余家而还。"

续表

纪　　年	房　徙　记　录	出　　处
延和元年（432 年）	六月，上伐北燕，举燕十余郡，进围和龙，徙豪杰三万余家以归。	《魏书·天象志》三
延和三年（434 年）	六月辛亥，抚军大将军、永昌王健……督诸军讨和龙。芟其禾稼，徙民而还。	《魏书·世祖纪》上
太延元年（435 年）	三月庚子，……诏长安及平凉民徙在京师。其孤老不能自存者，听还乡里。 六月戊申，诏骠骑大将军、乐平王丕等五将率骑四万东伐（冯）文通。秋七月己卯，丕等至于和龙，徙男女六千口而还。	《魏书·世祖纪》上
太延二年（436 年）	（尉眷）从征和龙，眷督万骑前驱，慰喻降二千余户。	《魏书·尉古真传附侄眷传》
太延五年（439 年）	八月丙申，车驾至姑臧……九月丙戌……镇北将军封沓讨乐都，掠数千家而还。……冬十月辛酉，车驾东还，徙凉州民三万余家于京师①。	《魏书·世祖纪》上
太平真君二年（441 年）	冬十有一月庚子，镇南将军奚眷平酒泉，获沮渠天周……男女四千口。	《魏书·世祖纪》下
太平真君七年（446 年）	三月，……徙长安城工巧二千家于京师。	《魏书·世祖纪》下
太平真君八年（447 年）	三月，……徙定州丁零三千家于京师。	《魏书·世祖纪》下
太平真君九年（448 年）	二月，……徙西河离石民五千余家于京师。	《魏书·世祖纪》下
正平元年（451 年）	三月己亥，车驾至自南伐，……以（淮南）降民五万余家分置近畿②。	《魏书·世祖纪》下
皇兴三年（469 年）	五月，徙青齐人于京师③。 显祖平青齐，徙其族望于代。	《北史·魏本纪》二《魏书·高允传》
太和五年（481 年）	二月，……假梁郡王嘉大破（萧）道成将，俘获三万余口送京师④。	《魏书·世祖纪》上

① 《资治通鉴考异》卷五："（《十六国春秋钞》）云三十万户，今从《后魏书》。"《魏书·刘昞传》记此事云："世祖平凉州，士民东迁。"

② 《建康实录》卷十二："（元嘉）二十八年（公元451年）正月丁亥，魏太武自瓜步退归，俘广陵居人万余家北。徐、豫、青、冀、二兖州杀戮不可胜计，所过州县无遗矣。"此事不见《宋书·文帝纪》，当出自裴子野《宋略》。

③ 《水经注·漯水》记此事云："魏皇兴三年，齐平，徙其民于（阴馆）县，立平齐郡"。

④ 《魏书·岛夷肖道成传》作"二万余口"。

以上所列资料告诉我们：从建都平城之年起，凡是从被北魏灭亡的各个政权区域内强制迁徙，或是从南北战场俘获的人口、财物，主要都集中到平城及其附近。集中的数字是庞大的，就人口而言，最保守的估计，也要在百万人以上；而被强制徙出的地点如山东六州、关中长安、河西凉州、东北和龙（即龙城）和东方的青齐，都是当时北中国经济、文化最发达的地方。迁移的同时，还特别注意对人才、伎巧的搜求。关于这个问题，除了表二所举内容之外，以下几项记录，可以作进一步的补充说明。

登国十年（395）"秋七月，慕容垂遣其子宝来寇五原，造舟收谷。……冬十月辛未，宝烧船夜遁。……十一月丙戌，大破之。……于俘虏之中擢其才识者贾彝、贾闰、晁崇等与参谋议，宪章故实"（《魏书·太祖纪》）①。

永兴五年（413）"二月，诏分遣使者巡求隽逸，其豪门强族为州闾所推者，及有文武才干、临疑能决，或有先贤世胄、德行清美、学优义博、可为人师者，各令诣京师，当随才叙用，以赞庶政"（《魏书·太宗纪》）。

神麚四年（431）"九月壬申，诏曰：……方将偃武修文，遵太平之化，理废职，举逸民，拔起幽穷，延登隽义，昧旦思求，想遇师辅，虽殷宗之梦板筑，罔以加也。访诸有司，咸称范阳卢玄、博陵崔绰、赵郡李灵、河间邢颖、渤海高允、广平游雅、太原张伟等，皆贤隽之胄，冠冕州邦，有羽仪之用。……如玄之比，隐迹衡门，不耀名誉者，尽敕州郡，以礼发遣。逐征玄等及州郡所遣，至者数百人，皆差次叙用"（《魏书·世祖纪》上）。

"历城降，（慕容）白曜送（刘）休宾及宿有名望者十余人，俱入代都为客"（《魏书·刘休宾传》）。

李彪"表曰……自太和建号，逾于一纪，典刑德政，可得而言也。……臣谓宜于河表七州②人中，擢其门才，引令赴阙，依中州官比，随能序之。一可以广圣朝均新旧之义，二可以怀江汉归有道之情。……高祖览而善之，寻皆施行"（《魏书·李彪传》）。

再具体些，我们可从《魏书·列传》中看到道武时收罗后燕人才，明元时容纳姚秦人才，太武时除网罗中原人士外，还征用夏、南燕、北燕、北凉人才，还有献文时内徙青齐人才，孝文时擢举河表人才，其数字都是相当巨大的。因此，这座近百年的北魏都城——平城及其附近，自太武帝以来，不仅是北中国的政治中心，而且形成了北中国的经济、文化中心。加上这里集聚的大量劳动人手和从北中国征调来的巨大财富③，平

---

①　参看《魏书·贾彝传》、《魏书·术艺·晁崇传》。
②　《资治通鉴》齐永明六年《胡注》："河表七州，秦、雍、岐、华、陕、河、凉也。以下文'怀江、汉归有道之情'证之，则七州当谓荆、兖、豫、洛、青、徐、齐也。河表，直谓大河之外"。
③　《大唐内典录》卷四《后魏元氏翻传佛经录》记："恒安郊西大谷石壁皆凿为窟……谷东石碑见在，纪其功绩不可以算也。其碑略云：自魏国所统赆赋，并成石窟。故其规度宏远。"

城内外筑造了一批批规模宏伟的建置，就不是偶然的事了。在许多大规模的建置中，就劳动量之大和工期之长而言，应以幸存于今的云冈石窟，即《魏书》所记的武州山石窟寺为最。

二

云冈石窟位于今山西大同旧城西十五公里。"太和中为尚书主客郎"（《魏书·酷吏·郦道元传》）、正光末（524）又以持节兼黄门侍郎职务到过平城的郦道元①，曾简记其盛况：

> "武州川水又东南流，水侧有石祇洹舍并诸窟室，比丘尼所居也。其水又东转，迳灵岩南，凿石开山，因崖结构，真容巨壮，世法所希，山堂水殿，烟寺相望，林渊锦镜，缀目新眺。"（戴本《水经注·漂水》）

除了武州川水和河床后世稍作移动②和窟室雕像略有崩塌、剥蚀外，今天基本上还保存着原貌。

云冈石窟，始于文成帝和平初（460），为一般所习知。其事见《魏书·释老志》：

> "和平初，（道人统）师贤卒。昙曜代之，更名沙门统③。……昙曜白帝，于京城西武州塞，凿山石壁，开窟五所，镌建佛像各一。高者七十尺，次六十尺，雕饰奇伟，冠于一世。"

北魏云冈石窟工程的结束，金皇统七年（1147）曹衍撰《大金西京武州山重修大石窟寺碑》（以下简作《金碑》），据当时窟内所存遗刻的最迟纪年是孝明帝正光五年（524），谓"终乎正光"④。自和平初迄正光五年，计六十四年。在这六十多年间，北魏朝野在云冈开凿了大小窟室数百座，工程浩大，形制繁缛。本世纪初以来，研究者在调查其

---

① 参看《魏书·肃宗纪》、《北史·魏诸宗室·太武五王·广阳王建传附孙深传》和《北史·郦苑传附子道元传》。

② 见《大金西京武州山重修大石窟寺碑》。碑文云："（天会）九年（1131），元帅府以河流近寺，恐致侵啮，委烟火司差夫三千人改拨河道，此则皇朝外护之大略也"。该碑录文，见拙著《大金西京武州山重修大石窟寺碑校注》，刊《北京大学学报》人文科学版 1956 年 1 期。

③ "更名沙门统"之后，《释老志》接着的一段文字是："初，昙曜以复佛法之明年，自中山被命赴京，值帝出，见于路，御马前衔曜衣，时以为马识善人。帝后奉以师礼"。以"初"字开端，就说明了这是插入的另一段。复佛法之明年，即兴安二年（453），是昙曜自中山被命赴京遇帝于路之年，与下文"开窟五所"无关。过去有些研究者曾以复佛法之明年为昙曜开窟之年，显系误解。

④ 见《大金西京武州山重修大石窟寺碑》。碑文云："（天会）九年（公元 1131 年），元帅府以河流近寺，恐致侵啮，委烟火司差夫三千人改拨河道，此则皇朝外护之大略也"。该碑录文，见拙著《大金西京武州山重修大石窟寺碑校注》，刊《北京大学学报》人文科学版 1956 年 1 期。

历史年代和艺术源流之次，逐渐研讨其排年分期和窟室类型①。首先出现某些有代表性特征的类型，可暂称之为模式。云冈模式先后有显著的发展变化，它的出现与发展都应与分期问题联系起来。云冈石窟一般分三期，现按期②试述我们对云冈模式的初步考虑。

三

云冈第一期窟室，我们认为只包括和平初昙曜主持开凿的五座窟（图1），亦即位于云冈石窟群中部西侧的第16～20窟。五窟的共同特征极为显著，现分窟室形制、布局、主要造像组合、造像形制和装饰纹带五项表列如下，见表三。

表三

窟室形制	椭圆形平面、穹隆顶、摹拟草庐形式的大型窟。原窟口上方皆凿出明窗。
布局	主像形体高大，占据窟内面积的绝大部分。前壁和壁面所余面积不大的左右壁，大多没有统一的设计；唯第19窟满雕千佛，并在前壁左右两隅的千佛中，各现一较大的立佛，西者为罗睺罗因缘像。
主要造像组合	三佛③。第16、18～20窟皆以释迦为主像，第17窟以未来佛弥勒菩萨为主像。
造像形制	形象为广颐、短颈、宽肩、厚胸，造型雄健。佛像流行通肩或右袒服饰，菩萨斜披络腋，胸前饰短璎珞。
装饰纹带	莲瓣、连珠、单列忍冬。

最近在大同市北郊小石寺村大沙沟北发现的鹿野苑石窟主窟，在窟室形制、布局和造像形制方面，也具有类似的上述特征（图2）④。鹿野苑石窟，据《魏书·显祖纪》记载："（皇兴）四年（470）十有二月甲辰，幸鹿野苑石窟寺"，知建于献文帝时期。

① 1902年，日本伊东忠太发表云冈旅行记于《建筑杂志》第189号，并讨论其艺术源流于《北清建筑调查报告》之后，曾引发云冈雕像来源的研讨。法人沙畹（E. chavannes）于其《北中国考古图录》卷2（Mission archéologiques dans la chine septentrionale, Tome II）解说（1915年）、日人大村西崖于其《支那美术史·雕塑篇》（1915年）、松本文三郎于其《佛像の美术史的研究》（刊《哲学研究》1卷1号，1916年）、小野玄妙于其《极东三大艺术》（1924年），关野贞·常盘大定于其《支那佛教史迹》第2册解说（1926年）都有论述。稍后，梁思成、林徽音、刘敦桢《云冈石窟中所表现的北魏建筑》，研究了云冈建筑装饰中的西方因素（刊《中国营造学社汇刊》第4卷3、4期，1933年）。以上诸著也讨论了云冈历史，但系统考证云冈史料工作，当推1919年发表于《东方杂志》第16卷2、3号的陈垣《记大同武州山石窟寺》。1950年～1956年出版水野清一、长广敏雄的16卷本《云冈石窟》，应是迄五十年代中期总结云冈研究的巨作。该书第6卷序章《云冈石窟の谱系》（1951年）、第10卷序章《云冈样式かり龙门样式へ》（1953年）、第11卷序章《云冈以前の造像》（1954年）、第12卷序章《云冈雕刻の西方样式》（1954年）、第15卷序章《中国にわける石窟寺院》（1955年）和第16卷总结《云冈造窟次第》等论文，对云冈的源流、排年分期和窟室类型的研究，都达到了当时可能达到的高水平。

② 参看拙著《云冈石窟分期试论》，刊《考古学报》1978年1期。

③ 参看刘慧达《北魏石窟中的"三佛"》，刊《考古学报》1958年4期。

④ 参看李治国、刘建军《北魏平城鹿野苑石窟调查记》，《中国石窟·云冈石窟》（一），文物出版社，1991年。

由此可知，这一类石窟是公元460年至公元470年间平城地区开凿石窟的流行式样。这种式样的石窟，就已知的资料，自南亚、中亚以迄我国新疆、甘肃地区，都还没有发现相似的先例。因此，我们认为它应是五世纪中期平城僧俗工匠在云冈创造出的新模式。需要我们考虑的是：公元470年以前的平城，有没有新创石窟模式的条件。

首先，如上文所述，从道武帝天兴元年建都起，平城已逐渐集聚了大量的物质力量，特别是集中了北中国的人才、工巧。

其次，根据记录北魏佛教事迹的重要典籍《魏书·释老志》，知道从都平城之始，迄太武帝灭法之前，包括太武在内的北魏最高统治者皆尊奉佛教，太武末年短期废佛（444～451），似乎更刺激了佛教的迅速发展。现按年代顺序，摘录《释老志》有关文字，并略附解释如下：

"天兴元年（398），（道武）下诏曰：'夫佛法之兴，其来远矣。济益之功，冥及存没，神踪遗轨，信可依凭。其敕有司于京城建饰容范，修整宫舍，令信向之徒，有所居止。'是岁，始作五级佛图、耆阇崛山及须弥山殿，加以绘饰。别构讲堂、禅堂及沙门座，莫不严具焉。"可见平城建都伊始，道武帝即在新都修建了各种颇具规模的佛教建筑。道武帝又礼赵郡沙门法果，诏"赴京师，后以为道人统，绾摄僧徒。"法果倡言"太祖明睿好道，即是当今如来，沙门宜应尽礼，遂常致拜。谓人曰：'能鸿道者人主也，我非拜天子，乃是礼佛耳。'"北朝布教与南方有别，在北魏新都传布的初期，即积极投靠政治势力，主张佛即天子，主动致敬人主，因而取得有力的外护。所以明元帝即位"仍令沙门敷导民俗，"并于"京邑四方建立图像"。"世祖初即位，亦遵太祖、太宗之业，每引高德沙门与共谈论。于四月八日，舆诸佛像，行于广衢，帝亲御门楼，临观散花，以致礼敬"。始光四年（427），"统万平，惠始到京都，多所训导，……世号之曰白脚师"。太延元年（435），北魏攻陷盛行佛教的和龙，龙城人口大量西迁。当和龙陷魏之前，黄龙僧即多外出求法、驻锡，此时自应有一定数量的僧徒随迁民入平城①。太延五年（439），"凉州平，徙其国人于京邑，沙门佛事皆俱东，象教弥增矣。"其时聚于平城的高僧，见于著录的有景穆帝师事的玄高、尚书韩万德的门师慧崇、玄高弟子玄畅和为北凉太傅张谭所伏膺的昙曜等②。由此可见，太武帝废佛之前，平城佛事已相当繁盛。

太平真君七年（446）三月，重申毁佛诏令，由于监国景穆缓宣，"四方沙门多亡匿，获免；在京邑者亦蒙全济。金银宝像及诸经论大得秘藏"。故当文成帝"践极，下诏曰：……释迦如来，功济大千，惠流尘境，……助王政之禁律，益仁智之善性，排斥

---

① 参看汤用彤《汉魏两晋南北朝佛教史》第14章《佛教之北统》。
② 上述此时的平城高僧，俱见《高僧传》卷11《魏释玄高传》。

群邪，开演正觉。故前代已来，莫不崇尚，亦我国家常所尊事也。……朕承洪绪，君临万邦，思述先志，以隆斯道"之后，"天下承风，朝不及夕，往时所毁图寺仍还修矣。佛像经论皆复得显。京师沙门师贤，本罽宾国王种人，……罢佛法时，师贤假为医求还俗，而守道不改。于修复日，即反沙门。其同辈五人，帝乃亲为下发。师贤仍为道人统。是年（452）诏有司为石像，令如帝身。""兴光元年（454）秋，敕有司于五级大寺内，为太祖已下五帝铸释迦立像五，各长一丈六尺，都用赤金二十五万斤"。其前一年，即兴安二年（453），昙曜"自中山被命赴京，……奉以师礼。""太安初（455），有师子国胡沙门邪奢遗多、浮陀难提等五人，奉佛像三，到京都，皆云备历西域诸国，见佛影迹及肉髻，外国诸王相承，咸遣工匠摹写其容，莫能及难提所造者。……又沙勒（疏勒的异译）胡沙门赴京师，致佛钵并画像迹。"后五年即和平初（460）"昙曜白帝，……开窟五所"。公元 465 年，献文帝即位，根据刘宋沙门传说，建天安年号①。公元 467 年，孝文帝生，敕"起永宁寺，构七级佛图，高三百余尺，基架博敞，为天下第一。又于天宫寺造释迦立像，高四十三尺，用赤金十万斤，黄金六百斤。皇兴中（467～471），又构三级石佛图，橑栋榱楹，上下重结，大小皆石，高十丈。镇固巧密，为京华壮观"。又"建鹿野佛图于苑中之西山，……岩房禅堂，禅僧居其中焉。"上述一系列事迹，可以说明公元 470 年以前，平城佛教实力已极雄厚，佛教建置日臻壮丽。

第三，自太武帝以来，北魏即与兴建佛寺较盛的西域诸佛教国家与地区交往频繁。这些国家与地区，有的还曾一度划归北魏领域。《北史·西域传序》综述往还之盛云：

"太延中（435～440），魏德益以远闻，西域龟兹、疏勒、乌孙、悦般、渴槃陀、鄯善、焉耆、车师、粟特诸国王始遣使来献。……于是，始遣行人王恩生、许纲等西使。……又遣散骑侍郎董琬、高明等多赍锦帛，出鄯善，招抚九国，厚赐之。初，琬等受招，使道之国可往赴之。琬过九国，北行至乌孙国。其王得魏赐，拜受甚悦，谓琬等曰：传闻破洛那、者舌皆思魏德，欲称臣致贡。……琬于是自向破洛那，遣明使者舌②。……已而，琬、明东还，乌孙、破洛那之属遣使与琬俱来贡献者十有六国。自后相继而来，不间于岁，国使亦数十辈矣。"

其中重要的佛教国家和地区如鄯善、焉耆、龟兹、疏勒、粟特和于阗、渴槃陀、罽宾等，都和北魏有较密切的关系。现简录这几个国家和地区的情况如下：

鄯善"其国王奉法，可有四千余僧，悉小乘学"（《法显传》）。太平真君六年（445）四月，太武因鄯善断塞行路，"诏散骑常侍、成周公万度归乘传发凉州以西兵袭鄯善。……八月，度归以轻骑至鄯善，执其王真达以诣京师。"九年（448）"五月甲

①　参看汤用彤《汉魏两晋南北朝佛教史》第 14 章《佛教之北统》。
②　参看中华书局标点本《北史·西域传》校勘记 [一]。

戌，以交趾公韩拔为假节、征西将军、领护西戎校尉、鄯善王，镇鄯善，赋役其民，比之郡县"（《魏书·世祖纪》下）。其后，"世祖拜（王安都）为太子庶子，出为鄯善镇将"（《魏书·王建传附安都传》）①。

焉耆　"文字与婆罗门同。俗事天神，并崇信佛法。尤重二月八日、四月八日。是日也，其国咸依释教，斋戒行道焉"（《周书异域传》下）。"恃地多险，颇剽劫中国使"（《北史·西域传》）。太平真君九年（448）八月，"成周公万度归讨之。……度归进屠其城，四鄙诸戎皆降服。……遂命度归镇抚其人"（《北史·西域传》），置焉耆镇。"（车师王车）伊洛②收集遗散一千余家，归焉耆镇"（《魏书·车伊洛传》）。十一年（450），伊洛上书要求赈救，"下招抚慰之，开焉耆仓给之"（《北史·西域传》）。

龟兹　又译作拘夷，"拘夷国，（佛）寺甚多，修饰至丽，王宫雕镂立佛像与寺无异"（《出三藏记集》卷十一《比丘尼戒本所出本末序》）。"城中塔庙千数"（《太平御览》卷一二五引崔鸿《十六国春秋·后凉录》）。太平真君九年十二月，"太武诏万度归率骑一千以击之，龟兹遣乌羯目提等领兵三千距战，度归击走之，……大获驼马而还。……自后每使朝贡"（《北史·西域传》）。

于阗　"俗重佛法，寺塔、僧尼甚众。王尤信尚，每设斋日，必亲自洒扫馈食焉。……献文末，蠕蠕寇于阗，于阗患之，遣使素目伽上表曰：……奴世奉大国，至今无异。今蠕蠕军马到城下，奴聚兵自固，故遣使奉献，遥望救援。帝诏公卿议之。……先是，朝廷遣使者韩羊皮使波斯，波斯王遣使献驯象及珍物。经于阗，于阗中于王秋仁辄留之，……羊皮言状，帝怒，又遣羊皮奉诏责让之。自后每使朝贡"（《北史·西域传》）。

渴槃陀　"风俗与于阗相类"（《梁书·西北诸戎传》），"亦事佛道"（《北史·西城传》），太延、兴安、和平时皆遣使朝献，见《魏书·帝纪》。

疏勒　"其国（竭叉，疏勒之异译）王作般遮越师，汉言五年大会也。会时，请四方沙门皆来云集，……其国中人为佛齿起塔。有千余僧，尽小乘学"（《法显传》）。文成帝时，"沙勒（疏勒之异译）胡沙门赴京师，致佛钵并画像迹"（《魏书·释老志》），"文成末，其王遣使送释迦牟尼佛袈裟一，长二丈余（《北史·西域传》）。

罽宾　"罽宾国在舍卫之西，国王民人悉奉佛，道人及沙门，到冬，未中前饮少酒，过中不复饭"（《艺文类聚》卷七十六引支僧载《外国事》）。"其人工巧，雕文刻镂织罽，……每使朝献"《北史·西域传》）。朝献的最早记录是兴安二年（公元453

---

①　《魏书》多记鄯善镇事，但除此所录两事外，皆指《元和郡县志》陇右道上鄯州条下所记"后魏以西平郡为鄯善镇，孝昌二年（公元526年）改镇立鄯州"的鄯州。参看唐长孺《南北朝时期西域与南朝的陆路交通》，该文收入《魏晋南北朝史论拾遗》（1983年）。

②　《北史·西域传》作"车夷落"。

年），见《魏书·高宗纪》。

粟特　《北史·西域传》所记康国（又译悉万斤、悉居半）、石国（又译者舌）皆属粟特。《出三藏记集》、《高僧传》著录自汉以来康姓译经者，皆来自康国。《北史·西域传》记康国"奉佛，为胡书"，又记"其国（粟特）商人先多诣凉土贩货，及魏克姑臧，悉见虏。文成初，粟特王遣使请赎之。诏听焉"。

以上三方面的资料表明：平城既具备充足的人力、物力和包括工巧在内的各种人才；又具有雄厚的佛事基础，包括建寺造像的丰富经验；还和早已流行佛教的西域诸国往还密切，包括佛像画迹的传来。有了这些条件，北魏皇室以其新兴民族的魄力，融合东西各方面的技艺，创造出新的石窟模式，应是理所当然的事。

开窟雕凿巨像，葱岭东西似以新疆拜城、库车的龟兹石窟为最早[①]，但龟兹大像窟与云冈仿草庐的形制完全不同。云冈主要造像组合——三佛和以未来佛弥勒菩萨为窟内的主要造像，也为云冈以前各地石窟所罕见。就佛像的形制而言，在服饰方面，许多研究者都认为云冈第一期大像，既有中亚犍陀罗（Gandhara）流行的衣着，如第20窟佛像刻出厚重衣纹的右袒或通肩服装，又有印度笈多（Gupta）时期秣菟罗（Mathura）地方流行的衣着，如第19窟西南隅罗睺罗实子因缘中的立佛和第18窟主像立佛刻出贴体衣纹的通肩或右袒服装[②]。这两种服饰，与新疆、甘肃早期石窟造像和云冈石窟开凿以前北魏雕铸的铜石佛像的衣着特征相一致[③]。在造型方面，云冈第一期大像所具有的广颐、短颈、宽肩、厚胸等造型特点，虽与葱岭东西乃至甘肃及其以东早期佛像多有接近处[④]，但其雄健之姿尤为突出。所以研究者多联系《魏书·释老志》所记北魏佛教有天子即是当今如来的传统和文成帝即位后所造石像"令如帝身，既成，颜上足下各有黑石，冥同帝体上下黑子"的敕令，推测昙曜五窟的主要佛像有可能仿效北魏皇帝的形象[⑤]。沿西方旧有佛像服饰的外观，摹拟当今天子之容颜风貌，正是一种新型的佛像融合。

总之，云冈第一期石窟，就整体观察，它参考前规，融以新意，有自己的显著特色，从而构成了第一期的云冈模式。

---

① 参看拙作《克孜尔部分洞窟的类型与年代》，刊《中国石窟·克孜尔石窟》I。阿富汗巴米羊东西两大佛窟，近年或有论其迟于云冈者；即使开凿年代较早，其整体样式亦与云冈有异。

② 伊东忠太于其《北清建筑调查报告》中，最早提出云冈雕像受有犍陀罗（Gandhara）影响，其后，松本文三郎于《佛像の美术的研究》中又提出云冈雕像受笈多（Gupta）影响。关于云冈雕像西方影响问题的研究，可参看水野清一、长广敏雄《云冈石窟》第12卷序章《云冈雕刻の西方样式》和长广敏雄《佛教美术の东流》，刊《云冈石窟の旅》（1979年）。

③ 参看《中国石窟·克孜尔石窟》I—Ⅲ（1983—1985年）。《中国石窟·敦煌莫高窟》1（1981年）。拙著《凉州石窟遗迹和"凉州模式"》，刊《考古学报》1986年4期。松原三郎《中国佛教雕刻史の研究·绪言》（1960年）。

④ 参看②③。

⑤ 云冈造像仿自拓跋民族形象之说，最早见于大村西崖《支那美术史·雕塑篇》。四十年代后期以来，云冈早期佛像融有拓跋形象因素的论点，逐渐为大多数研究者所赞同。

四

云冈第二期窟室主要开凿在云冈石窟群中部东侧，有第7、8窟，第9、10窟，第5、6窟和第11、12、13窟；还有开凿在东部的第1、2窟和第3窟等。它们的共同特点是汉化趋势发展迅速，雕刻造型追求工丽。而融进的西方因素，虽仍有些新的内容，但似已侧重于护法形象和各种装饰。其具体情况略如表四。

此外，第13窟西侧的第13：4窟（即水野清一、长广敏雄《云冈石窟》编号13A。以下括号内的编号，俱与此同）的开凿，大约也始于第二期。该窟方格平棊顶，横长方形平面，窟高远比上述诸窟为低。后壁前原似凿一身躯横长的涅槃像，但未完工，后虽经凿毁，现尚存石胎残体。东、西壁下端原各开一龛，龛内未雕像。前壁雕出未经加工的两楹柱。东壁前端所开龛和东、西、前三壁上错落布置的小龛甚多，皆三期所补雕。显然，此窟开凿时只镌就大体窟形和主像粗胎即停工。

云冈第二期还开凿了少量的中小型窟室和在第一期窟室中补雕了龛像。开凿的中小型窟室分布在第11窟外崖面上，如第11：4（11e），11：7（11l）、11：9（11f）、11：13（11c），11：14（11d）、11：15（11a）窟和第6窟窟顶上的第6：11（5c）。这种中小型窟室有两类，实际是第一期椭圆形窟室和本期方形窟室的缩小型（图3）。

综上图表，云冈第二期窟室出现的平棊顶、方形平面，重层布局的壁面和分栏长卷式浮雕画面以及窟口崖面上的雕饰斗拱的窟檐外貌，都是汉式殿堂的形式和布局；重层楼阁式的高塔和耸立中庭下具龟趺的丰碑，也是汉式的传统建置；本期盛行的一部分重要佛像，如释迦多宝对坐、维摩文殊论辩以及下龛释迦多宝、上龛弥勒和下龛坐佛、上龛弥勒的形象组合等，或是汉地早期窟龛所习见[①]，或是云冈本期所创新。此外，渐趋清秀的造型，褒衣博带的服装，更表现了佛像本身的开始汉化。殿堂龛面，帷帐流苏，"神龙飞动（交龙纹）"，"色楯连延（勾片栏杆）"[②]，画面附榜题，龛尾饰龙、雀，博山供具，兽面装饰等汉风事物充盈窟室。至于第二期新出现的西方因素，除礼拜道外，多属守护形象和一些龛柱装饰、边饰花纹[③]，与第一期窟室满布域外格调已大不相同。看来，渊源于西方的佛教石窟的东方化，云冈第二期是一个关键时期。本期窟室另一重

---

① 释迦多宝和维摩俱见于炳灵寺第169窟北壁壁画，参看《中国石窟·炳灵寺石窟》图版37（1986年）。

② 用《金碑》文句，见《大金西京武州山重修大石窟寺碑》。碑文云："（天会）九年（公元1131年），元帅府以河流近寺，恐致侵啮，委烟火司差夫三千人改拨河道，此则皇朝外护之大略也"。该碑录文，见拙著《大金西京武州山重修大石窟寺碑校注》，刊《北京大学学报》人文科学版1956年1期。引梁思成等人论文。

③ 梁思成、林徽音、刘敦桢《云冈石窟中所表现的北魏建筑》，研究了云冈建筑装饰中的西方因素（刊《中国营造学社汇刊》第4卷3、4期，1933年）。

表四

	第7、8窟（双窟）	第9、10窟（双窟）	第1、2窟（双窟）
窟室形制	长方形平面，具前后室；后室抹角叠砌平棊顶。前室窟口上方凿明窗。前室原依崖面架木构屋顶。前室前方7窟左侧和8窟右侧各雕塔柱。两窟前室前方正中镌丰碑，碑下具龟趺。两窟前室后部凿有甬道相通。	长方形平面，具前后室：后室穹隆顶，后壁凿有礼拜道。前壁窟口上方凿明窗。前室抹角叠砌平棊顶。前室前方列楹柱，柱下镌巨象承托。上方崖面雕有设斗栱的仿木构窟檐。两窟前室后部凿有甬道相通。	长方形平面，平顶，窟内中部雕塔柱。窟口上方凿明窗。两窟似共一前庭。
布局	主像位于后室后壁的上下两层龛中，其他三壁分层布龛。前室，7窟左壁和8窟右壁分层分栏浮雕长卷式画面，中有重层楼阁，人物附有榜题。7窟右壁和8窟左壁雕千佛。两窟前室各壁下部皆雕供养人行列和跪式供养人行列，供养人行列上方雕出仿木构屋檐。后室入口两侧，7窟各雕三头四臂护法像。8窟上部各雕多头臂护法像，下部各雕头着翼冠的护法像。	主像位于后室后部中央，礼拜道壁面雕供养人行列。前室各壁皆分层布龛，其下浮雕附有榜题的分栏长卷式画面，再下为供养人行列。9窟前室后壁正中后室入口两侧各雕护法像，10窟后室入口两侧各雕头戴翼冠的护法像。	主像位于后壁龛中，其他三壁上布列龛，下浮雕分栏长卷式画面，再下为供养人行列。方形塔柱，1窟为二层，2窟为三层，各层皆四面布龛。塔柱上方雕饰华盖与须弥山。
主要造像及其组合	7窟主像下龛为释迦多宝，上龛正中为弥勒菩萨，两侧为倚坐佛像。8窟主像下龛为坐佛，上龛正中为倚坐佛像，两侧为弥勒菩萨。两龛出现交脚坐佛龛和维摩文殊龛。	9窟主像为倚坐佛像。10窟主像为弥勒菩萨。前室后壁正中雕须弥山。两窟皆有交脚坐佛龛。	1窟主像为弥勒菩萨。塔柱下层龛多坐佛，上层龛多弥勒菩萨。2窟主像为坐佛。塔柱下层南面为释迦多宝，其他三面皆为坐佛。中层南西两面为坐佛，东面为弥勒菩萨，北面为倚坐佛像。上层南北两面为弥勒菩萨，东西两面为坐佛。两窟皆有维摩文殊龛。
造像形制	面相丰满，躯体健壮。佛像着右袒大衣。菩萨斜披络腋，有的有短璎珞。造型与第一期接近。	面相渐趋方圆。佛像着右袒或通肩衣。菩萨袒上身或斜披络腋。	面相接近9、10窟造型。1窟主像弥勒帔帛交叉，佛像着通肩衣，有的着褒衣博带。2窟主像坐佛着褒衣博带。塔柱佛像右袒，弥勒斜披络腋。
装饰	龛形有圆栱、盝顶帷帐两种，后者雕饰兽面。龛柱柱头有卷云纹和元宝形两种。供具只有摩尼宝珠。装饰纹带有莲瓣、单列忍冬、方格莲花。	龛形除圆栱、盝顶帷帐外，出现雕斗栱的木构殿堂形式。龛柱有卷云纹式柱头和束莲柱。伎乐列龛和部分束莲柱下方雕饰勾片栏杆。供具中出现博山炉。装饰纹带除莲瓣、连珠、单列忍冬之外，出现复杂的忍冬纹①，如三角忍冬、环状忍冬、缠枝环状忍冬、环状套圭忍冬、龟甲忍冬。还出现了绚纹。	龛形略同9、10窟。两窟塔柱皆雕饰出设有斗栱的仿木构形式。斗栱中部饰兽面，横栱雕作兽形。窟口顶部雕蛟龙纹。装饰纹带有莲瓣、单列忍冬、方格莲花。

---

① 关于忍冬纹的分类，可参看拙著《大金西京武州山重修人石窟寺碑的发现与研究》附表，刊《北京大学学报》哲学社会科学版，1982年2期。

第11、12、13窟（组窟）	第5、6窟（双窟）	第3窟（双窟?）
11窟方形平面，平顶。窟内中部雕塔柱。13窟椭形圆形平面，穹隆顶。两窟窟口上方凿明窗。 12窟长方形平面，具前后室； 后室穹隆顶，前壁窟口上方凿明窗。 前室抹角叠砌平綦顶。前室前方列楹柱，上方崖面雕有设斗栱的仿木构窟檐。 11、12、13三窟似共一前庭。	方形平面。5窟穹隆顶，后壁凿有礼拜道。6窟方格平綦顶，窟正中雕塔柱。两窟窟口上方凿明窗。5窟外左侧和6窟窟外右侧各凿塔柱，两窟窟外正中镌丰碑。	横长方形平面，窟分上下两层： 上层两侧各雕一塔柱，两塔柱内侧各凿一明窗，上层中间凿一横长方形，方格平綦顶窟室。其上方依崖面原建有木构屋顶。 下层左右各开一窟口，窟口两侧各凿一明窗。左右窟口内各一前室，两前室之后共一后室。后室后壁中部雕出较大面积的向前凸出的壁面。两前室和后室俱未完工。
11窟壁面皆分层布龛。塔柱方形两层，下层四面像似为本窟主像。 12窟主像位于后室后壁上下两层龛中，壁面皆分层布龛。 13窟主像位于窟内正中偏后，其他壁面皆分层布龛。	5窟主像位于窟内中部偏后，礼拜道壁面雕供养人行列。其他三壁分层布龛，但未完工。 6窟主像位于后壁上下层龛内，其他三壁分层布龛，下层龛下浮雕分栏长卷式画面，再下为供养人行列。塔柱方形两层，四面布龛，龛内外雕出画面，塔柱上方雕须弥山。 5窟入口两侧各雕头着翼冠的护法像，6窟窟口外两侧各雕天王形象的护法像。	主像原应雕在后室中部凸出的壁面上，但未及施工而中辍，现存西侧大龛像系唐初开凿①。 上层窟室主像位于后壁龛内，其他三壁皆雕千佛。两塔柱皆方形三层，四面布龛。 下层各壁无雕饰。
11窟塔柱下层皆为立佛，上层南面为弥勒菩萨，其他三面为倚坐佛像。 12窟主像下龛为释迦多宝，上龛为弥勒菩萨，前室有交脚坐佛龛。 13窟主像为弥勒菩萨。	5窟主像为坐佛，其两侧各一立佛，尚为第一期三佛组合的延续。 6窟主像下龛为坐佛，两侧各一立佛，上龛为三立佛。塔柱下层南面为坐佛，东面为弥勒菩萨，北面为释迦多宝，西面为倚坐佛像。上层四面皆立佛。前壁有维摩文殊龛。	上层窟室主像为弥勒菩萨。两塔柱下层主龛为释迦多宝。
主要佛像接近9、10窟造型。	面相颊部椭圆。 6窟佛像皆褒衣博带，菩萨帔帛交叉。 5窟窟口和明窗两侧有右袒坐佛。	上层窟室中和两塔柱上的形象已趋清秀。佛像皆着褒衣博带。
龛形略同9、10窟，龛楣尾部有的雕饰朱雀。 龛柱柱头多作包巾式。 12窟殿堂龛上雕饰的横栱作兽形。 11窟顶和12窟后室窟口顶部雕交龙纹。 13窟伎乐列龛下方雕饰勾片栏杆。 12、13窟供具多博山炉。 装饰纹带有莲瓣、连珠、单列忍冬、缠枝环状忍冬、龟甲忍冬。	龛形略同9、10窟，龛楣尾部雕出龙形。 龛柱柱头装饰有包巾式。 6窟塔柱屋檐雕饰椽、瓦和莲花瓦当。 供具多博山炉。 装饰纹带有莲瓣、连珠、单列忍冬、环状忍冬、缠枝环状忍冬、环状套圭忍冬。	上层窟室龛形有圆栱、盝顶帷帐两种。 上层两塔柱皆雕饰出设有斗栱的仿木构形式。

① 参看《大金西京武州山重修大石窟寺碑校注》[二八]见《大金西京武州山重修大石窟寺碑》。碑文云："（天会）九年（1131），元帅府以河流近寺，恐致侵啮，委烟火司差夫三千人改拨河道，此则皇朝外护之大略也"。该碑录文，见拙著《大金西京武州山重修大石窟寺碑校注》，刊《北京大学学报》人文科学版1956年1期。

要特点——双窟成组问题，我们将在下面讨论。

云冈第二期的年代，我们曾根据《金碑》记载推测：第7、8双窟为孝文帝初期开凿；第9、10双窟是文明太后宠阉钳耳庆时于"太和八年（484）建，十三年（公元489年）毕"工的；第5、6双窟的第6窟完工于太和十八年（494）迁洛之前，第5窟和云冈最大的第3窟都因迁洛而中辍[①]。从近年了解到的有明确纪年的北魏遗物观察[②]，上述推测尚无差误。本期开凿的中小窟室，由于绝大多数的形象、服制和第5、6窟相同，形象造型又与第3窟上层窟室相近，可知它们的开凿时代已晚；其中开凿略早的第11：14（11d）窟有太和十三年（489）铭记，就更加明确了这些中小窟室的年代应属本期的晚期阶段。因此，可以估计云冈第二期窟室开凿时间，应在公元471年至公元494年之间或稍后。

云冈第二期窟室面貌的改观，我们认为是与以下事实密切关联的。

第一、这时期北魏统治者积极推行汉化政策，开始实施一系列改革，《魏书》所记主要事迹有以下诸项，见表五。

表五

纪 年	改 革 事 迹	出 处
太和元年（477 年）	九月"乙，诏群臣定律令于太华殿。"	《高祖纪》上
太和七年（483 年）	十二月"癸丑，诏曰……同姓之婚，自今悉禁绝之，有犯以不道论。"	《高祖纪》上
太和八年（484 年）	六月丁卯，下"宪章旧典，始班俸禄"之诏。九月"内外百官受禄有差。"	《高祖纪》上
太和九年（485 年）	八月"庚申，诏曰……买定、冀、幽、相四州饥民良口者，尽还所亲。""下诏均给天下民田。" 十月丁未，"诏曰……今遣使者，循行州郡，与牧守均给天下之田，还受以生死为断，劝课农桑，兴富民之本。"	《高祖纪》上 《食货志》 《高祖纪》上
太和十年（486 年）	正月"癸亥朔，帝始服衮冕。……四月辛酉朔，始制五等公服。……八月己亥，给尚书五等品爵已上朱衣、玉佩、大小组绶。" 二月"甲戌，初定党、里、邻三长，定民户籍。" 九月"辛卯，诏起明堂，辟雍。"	《高祖纪》下
太和十一年（487 年）	"春，文明太后令曰：先王作乐，所以和风改俗，非雅曲正声不宜庭奏。可集新旧乐章，参探音律，除去新声不典之曲，禅增钟悬铿锵之韵。" 十月"甲戌，诏曰：乡饮礼废，则长幼之叙乱。孟冬十月，民闲岁隙，宜于此时导以德义。可下诸州，党里之内，推贤而长者，教其里人，父慈、子孝、兄友、弟顺、夫和、妻柔。不率长教者，具以名闻。"	《乐志》 《高祖纪》下

---

① 参看拙著《云冈石窟分期试沦》，刊《考古学报》1978 年 1 期。

② 关于忍冬纹的分类，可看拙著《大金西京武州山重修大石窟寺碑的发现与研究》附表，刊《北京大学学报》哲学社会科学版，1982 年 2 期。引文所举近年大同附近的考古发现诸例。

续表

纪年	改 革 事 迹	出处
太和十二年（488年）	九月"闰月甲子，帝观筑圜丘于南郊。"	《高祖纪》下
太和十三年（489年）	七月，"立孔子庙于京师。"	《高祖纪》下
太和十四年（490年）	二月"戊寅，初诏定起居注制。"	《高祖纪》下
太和十五年（491年）	四月"己卯，经始明堂，改营太庙。" 五月"己亥，议改律令。'八月'丁巳，议律令事。" 八月"乙巳，亲定禘祫之礼。" 十一月"乙亥，大定官品。"	《高祖纪》下
太和十六年（492年）	四月"丁亥朔，班新律令。"	《高祖纪》下
太和十七年（493年）	六月"乙巳，诏……做职员令二十一卷……权可付外施行。"	《高祖纪》下

　　表五所列可以证明北魏汉化政策，从太和之初（477）即已积极进行，其时，孝文帝刚逾十岁①。承明元年（476）六月，太上皇献文帝卒，即"尊皇太后为太皇太后，临朝称制"（《魏书·高祖纪》上），此太皇太后即文成帝皇后冯氏，《北史·后妃传》上记其专政事迹云："自太后临朝专政，孝文雅性孝谨，不欲参决，事无巨细，一禀于太后。太后多智，猜忍，能行大事，杀戮赏罚决之俄顷，多有不关帝者。是以威福兼作，震动内外"。此种情况大约直迄于太和十四年（490）九月冯氏卒。冯氏卒后，孝文帝更积极于既定政策的推行，故太和十五年以后，北魏的革新，又进一步深化。

　　第二、这时期，北魏统治者对佛教的崇信，已与前期偏重于"教导民俗"者有别。当时北魏主要决策人如上所述是文明太后冯氏。冯氏本籍长乐信都。信都曾为冀州治所，其俗尚儒学②，多出才艺。太后祖父辈北迁昌黎，后入龙城，伯祖跋自立为燕王。跋卒，弟弘袭位。弘子朗于燕亡之前入魏，后任秦雍二州刺史，生太后与后兄熙于长安③。龙城、长安皆佛教隆盛之地，自十六国后期两地多义学善讲高僧④。太后一家世代奉佛，冯氏本人既"立文宣王（弘）庙于长安，又立思燕佛图于龙城，皆刊石立碑"（《北史·后妃传》上），"太和三年（479），道人法秀谋反，事觉，……咸阳王复欲尽

① 《魏书·高祖纪》上："高祖孝文皇帝……皇兴元年（467）八月戊申，生于平城紫宫"。太和元年（477）九月"乙酉，诏群臣定律令"，开始积极进行改革。

② 参看《隋书·地理志》中冀州条。

③ 参看《魏书·太祖纪》上、《魏书·海夷冯跋传》、《北史·后妃传》上。

④ 参看汤用彤《汉魏两晋南北朝佛教史》第10章《鸠摩罗什及其门下》和第14章《佛教之北统》。

杀道人，太后冯氏不许"（《南齐书·魏虏传》）。又孝文初立，昙曜集西方沙门汉译新经，"《杂宝藏经》十三卷阙、《付法藏因缘经》六卷阙、《方便心论》二卷阙。右三部，凡二十一卷。宋明帝时，西域三藏吉迦夜于北国（魏）以伪延兴二年（472）共僧正昙曜译出，刘孝标笔受"《出三藏记集》卷二）。"昙曜又与天竺沙门常那耶舍等，译出新经十四部"（《魏书·释老志》）①，此译经事业当出自冯氏和献文之赞同。冯氏兄熙亦"信佛法，自出家财，在诸州镇建佛图精舍，合七十二处；写十六部一切经，延致名德沙门日与讲论，精勤不倦"（《北史·外戚·冯熙传》）。熙二女皆为孝文后：幽皇后幼时病，"（文明）太后乃遣还家为尼"（《北史·后妃传》上）；废皇后"贞谨有德操，遂为练行尼，后终于瑶光佛寺"（《北史·后妃传》上）。以上事迹可以反映冯家崇佛与其前的北魏皇室不同，其来源或与龙城、长安二地佛教有关。

冯氏重释教，更重要的是孝文帝深受影响，"太和元年（477）三月，（帝）又幸永宁寺设会，行道听讲，命中、秘二省与僧徒讨论佛义"（《魏书·释老志》），时孝文不满十岁②，可以估计他的活动至少得到了冯氏的赞许。由于冯氏、孝文重视义行，北魏佛教讲论《成实》、《涅槃》和《法华》、《维摩》之风，逐渐盛行。《高僧传》卷八《魏释僧渊传》记孝文帝礼重僧渊等慧解高僧事云：

> "释僧渊，……专攻佛义，初游徐州，止白塔寺，从僧嵩受成实、毗昙二论，……慧解之声，驰于遐迩。渊风姿宏伟，……神气清远，含吐洒落。……昙度、慧记（纪）、道登并从渊受业。慧记（纪）兼通数论，道登善涅槃、法华，并为魏主元宏（孝文）所重，驰名伪国（北魏）。渊以伪太和五年（481）卒。"

僧渊弟子昙度"神清敏悟，鉴彻过人，……备贯众典，涅槃、法华、维摩大品并探索微隐，思发言外，……造徐州，从僧渊法师更受成实论，遂精通此部，独步当时。魏主元宏闻风餐挹，遣使征请。既达平城，大开讲席，宏致敬下筵，亲管理味。于是停止伪都（平城）。法化相续，学徒自远而至千有余人"（《高僧传》卷八《魏释昙度传》）。僧渊另一弟子慧纪亦在平城"唱谛鹿苑，作匠京缁"（《广弘明集》卷二四《（孝文）为慧纪法师亡施帛设斋诏》），鹿苑即平城北苑之鹿野苑。其后在平城讲经的高僧，还有"徐州道人统僧逞，风识淹道，器尚伦雅，道业明博，理味渊澄，……比唱法北京，德芬道俗，应供皇筵，美敷宸宇，仁睿之良，朕所嘉重"（《广弘明集》卷

---

① 《续高僧传·昙曜传》记昙曜译经事云："曜慨前陵废，欣今重复，故于北台石窟集诸德僧，对天竺沙门，译《付法藏传》并《净土经》"。北台石窟即今云冈石窟。其时，在北台出经者尚有沙门昙静（靖），《历代三宝纪》卷九："《提谓波利经》二卷，……宋孝武世，元魏沙门昙静于北台撰"。云冈第9、10等窟有佛为二商主说法龛，或与昙静撰此经有关。

② 《魏书·高祖纪》上："高祖孝文皇帝……皇兴元年（公元467年）八月戊申，生于平城紫宫"。太和元年（477）九月"乙酉，诏群臣定律令"，开始积极进行改革。

二四《（孝文）赠徐州僧统并设斋诏》）。僧渊另一"善涅槃、法华"的弟子道登，孝文更召侍左右，"太和十六年（492）十一月乙亥，高祖与沙门道登幸侍中省"（《魏书·灵征志》上），"（齐建武）二年（太和十九年，495），虏主元宏寇寿春，……遣道登道人进城内，施众僧绢五百匹，（崔）庆远、（朱）选之各袴络带"（《南齐书·宗室·遥昌传》）。故迁洛前后，孝文本人已"尤精释义"（《魏书·高祖纪》下），孝文自己也称"朕每玩成实论，可以释人染情"（《魏书·释老志》），南齐人亦谓："宏尤精信，粗涉义理"（《南齐书·魏虏传》），因可"与名德沙门谈论往复"（《魏书·韦阆传附族子缵传》），并下《听诸法师一月三人殿诏》（《广弘明集》卷二四）。是孝文崇法已深涉义理，而平城佛教此时又备受徐州影响，徐州为东方义学之渊薮①。平城佛事在此阶段，当又进入另一新时期。

第三、这时期平城及其附近广建佛寺，工程日趋精丽。"承明元年（476）八月，……诏起建明寺"（《魏书·释老志》），太和三年（479）七月②，"又于方山太祖营垒之处，建思远寺。自兴光至此，京城内寺新旧且百所，僧尼二千余人。……四年（480）春，诏以鹰师（曹）为报德寺"（《魏书·释老志》），又于"宫殿内立浮图"（《南齐书·魏虏传》）《水经注·漯水》还记有皇舅寺和祇洹舍：皇舅寺"是太师昌黎王冯晋国（熙）所造，有五层浮图，其神图像皆合青石为之，加以金银火齐，众绿之上炜炜有精光"；"东郭外，太和中阉人宕昌公钳耳庆时立祇洹舍于东皋，椽瓦梁栋，台壁棂陛，尊容圣像及床坐轩帐，悉青石也。……京邑帝里，佛法丰盛，神图妙塔，桀跱相望，法轮东转，兹为上矣。"近年大同市东郊和北郊方山都发现了佛寺遗址，出土了大批相当于太和时期的彩塑，有佛、菩萨、飞天等残体，皆设彩涂金，塑造精致。作为卫护平城的六镇之一的怀朔镇城内西北隅的佛寺遗址，也出有同样的塑像残体，还同出雕刻工细的石柱础③。除上述佛寺遗迹外，大同市东南郊发现于司马金龙夫妇墓中的石雕、漆画④和大同市南门外发现的北魏窖藏中所出的鎏金铜饰件⑤，其时代也都属太和初、中期。这些遗物皆以巧丽见称。看来，精细巧丽应是迁洛以前太和时期平城工艺流行的时代特点。

第四、这时期，青齐内属，南北出现了一个暂时的交聘安定局面。青徐多术艺，其地皇兴三年（469）入魏，不仅高僧北上，文艺亦徙平城。太和七年（483）十月所建⑥

①　参看汤用彤《汉魏两晋南北朝佛教史》第21章《北朝之佛学》。
②　据《魏书·高祖纪》上。
③　参看内蒙古文物工作队等《内蒙古白灵淖城圐圙北魏古城遗址调查与试掘》，刊《考古》1984年2期。
④　参看山西省大同市博物馆等《山西大同石家寨北魏司马金龙墓》，刊《文物》1972年3期。
⑤　参看大同市博物馆《山西大同南郊出土北魏鎏金铜器》，刊《文物》1983年11期。
⑥　《魏书·高祖纪》上："（太和七年）冬十月戊午，皇信堂成。"

"皇信堂，堂之四周，图古圣忠臣、烈士之容，刊题其侧，是辩章郎彭城张僧达、乐安蒋少游笔"（《水经注·㶟水》），张、蒋皆青徐营户。《北史·艺术传》下记蒋少游云：

> "平城将营太庙、太极殿，遣少游乘传诣洛，量准魏晋基趾。后为散骑侍郎，副李彪使江南。孝文修船乘，以其多有思力，除都水使者。迁兼将作大匠，仍领都水池湖泛戏舟楫之具。及华林殿沼修旧增新，改作金墉门楼，皆所措意，号为妍美。"

又"孝文时，青州刺史侯文和亦以巧闻，为耍舟，水中立射"（《北史·艺术传》下）。其时，以巧思见称者，尚有陇西李冲、冯翊王遇。太和十六年（492），"诏曰：明堂、太庙已成于昔年，将以今春营改正殿，尚书（李）冲可领将作大匠。……冲机敏有巧思，北京明堂、圜丘、太庙及洛都初基，安处郊兆，新起堂寝，皆资于冲。旦理文簿，兼营匠制，几案盈积，剖剟在手，终不劳厌也"（《魏书·李冲传》）。王遇即上述之钳耳庆时，"遇性巧，强于部分①，北都方山灵泉道俗居宇及文明太后陵庙，……皆遇监作"（《魏书·阉官·王遇传》）。以上皆冯氏、孝文所宠，可证当时营建追求巧思。所谓巧思，很重要的内容是工艺方面加强汉化，亦即远准魏晋旧章，近效宋齐新制。青齐入魏，既获得了南朝术艺，又便利了南北交往。自太和五年（481）二月，冯熙击破南齐豫州刺史桓崇祖以来，直迄十八年（494）迁洛，其间除十二年（488）前后小有摩擦外，基本上疆场无事，魏齐使节互聘不绝②。这时南北交流，特别是给北魏汉化的不断深入，提供了重要条件。《南齐书·魏虏传》中记蒋少游副李彪使江南故事，颇具启发性，其文云：

> "（永明）九年（太和十五年，491），（魏）遣使李道固、蒋少游报使。少游有机巧，密令观京师（建康）宫殿楷式。清河崔元祖启世祖曰：少游，臣之外甥，特有公输之思。宋世陷虏，处以大匠之官。今为副使，必欲模范宫阙。岂可令毡乡之鄙取象天宫？臣谓且留少游，令使主反命。世祖以非和通意，不许。少游，乐安人，虏宫室制度皆从其出"。

可见魏据青齐和南北通聘，对冯氏、孝文时期之改革，具有重要作用。

第五、这时期，北魏与西域关系远不如过去密切。献文时，于阗王即上书云："西方诸国今皆已属蠕蠕"（《北史·西域传》），故孝文延兴四年（474），"尚书奏以敦煌一镇，介远西北，寇贼路冲，虑或不固，欲移就凉州。群官会议，佥以为然"（《魏书·韩秀传》）。五世纪末，西域又为嚈哒所据。所以，孝文帝时，除龟兹、悉万斤、

---

① 部分，当时常用语。《北齐书·文宣纪》："帝神色不变，指麾部分自（若）。"（参看中华书局标点本校勘记［一］），《北齐书·莫多娄贷文传》："子敬显强直勤幹……部分将士，造次之间，行伍整肃。"《北史·宋宗室诸王·任城王湝传》："湝部分仓卒之际，咸得齐整"。可见部分有安排、布置、管理、指挥之意。

② 参看《魏书·高祖纪》、《南齐书·魏虏传》和《资治通鉴》齐永明五年、六年。

粟特有来使记录外①，其他西域诸国即罕见于文献②。包括悉万斤在内的粟特地区来使次数较多，当与其人善于经商兴贩有关。《续高僧传》卷十六《佛陀禅师传》所记："恒安城内康家，资财百万，崇重佛法，为佛陀造别院"的康家，大约就出现在迁洛以前不久的平城。大同市南郊发现的西亚鎏金器皿③和在河北定县太和五年（481）冯氏、孝文诏以官财兴造五级佛图的基址所出石函中发现的波斯萨珊朝伊斯提泽德二世（YazdegerdⅡ，438～457年在位），卑路斯（Peroz，459～484年在位）银币④，可能都是粟特商人所携来。

云冈第二期石窟出现的变化，我们认为大体上都可从上述事实中得到解释。窟室样式改观的许多情况，也反映到平城及其附近的地上寺院，这主要都应与北魏积极推行汉化政策联系起来。内部布局日益紧密，工艺风格日趋精细，造像题材上流行了出自《法华》、《维摩》等佛经中的各种形象以及佛像造型逐渐清秀和褒衣博带的服饰等，也都是当时南朝的时代特征⑤。魏据青齐与南北交聘局面的形成，更促进了包括佛教建置进一步汉化在内的北魏汉化政策的迅速发展。既强调了汉化，当然其他因素即将相对缩减，而当时北魏与西域关系疏远，致使西方因素削弱的情况更为突出。

至于本期云冈流行开凿双窟的做法，应是当时北魏既有皇帝在位，又有太后临朝的反映。因为此时云冈窟室主要还是皇室工程。自太和之初，冯氏长期擅政之后，北魏亲贵多并称冯氏与孝文为二圣。定县所出太和五年（481）石函铭云：

> "舆驾东巡狩，次于中山，……帝、后爰发德音，……造此五级佛图，……二圣乃亲发至愿。……"

二圣一辞，又屡见于《魏书》：

> "淮南王他奏求依旧断禄。文明太后令召群臣议之。（高）闾表曰……大魏应期绍祚，照临万方，九服既和，八表咸谧。二圣钦明文思，道冠百代，动遵礼式，稽考旧章，……置立邻党，班宣俸禄，事设令行，于今已久，……利润之厚，同于天地。以斯观之，如何可改……诏从闾议"（《高闾传》）。

---

① 据《册府元龟》卷969《外臣部·朝贡》三统汁，孝文时期龟兹来使共五次：延兴五年（公元475年）闰二月，太和元年（公元477年）九月，二年七月、九月，三年九月。悉万斤来使共八次：延兴三年（公元473年）九月、十月，承明元年（公元476年）九月，太和三年（公元479年）十二月，四年七月，十一年八月，十四年三月，十五年三月。粟特来使共二次：延兴四年（公元474年）正月，太和三年（公元479年）十二月。

② 西域诸国以外，《魏书·高祖纪》上记太和元年（公元477年）九月曾有"西天竺，舍卫……诸国各遣使朝贡"。印度地区与北魏的往还，在孝文时期只此一事见于文献，影响可能不大。

③ 参看出土文物展览工作组《文化大革命期间出土文物》第1辑图版149-152及说明。

④ 参看河北省文化局文物工作队《河北定县出土北魏石函》，刊《考古》1966年5期。

⑤ 关于南朝佛教建筑的情况，可参看《艺文类聚》卷76、77《内典部》所引有关寺院诸诗文。形象服制的影响，可参看拙著《洛阳地区北朝石窟的初步考察》中《洛阳地区北朝石窟特征及窟龛造像演变来源的初步探讨》一节，刊《中国石窟·龙门石窟》Ⅰ。

"（杨椿）诫子孙曰：……吾兄弟自相诫曰：今忝二圣近臣，母子间甚难，宜深慎之……高祖谓诸王、诸贵曰：北京之日，太后严明，……和朕母子者，唯杨椿兄弟"（《杨播传附弟椿传》）。

"（程骏）表曰……臣不胜喜踊，谨竭老钝之思，上《庆国颂》十六章，并序巡狩、甘雨之德焉。其颂曰……于穆二圣，仁等春生。太和九年（485）正月，（骏）病笃……及卒，高祖、文明太后伤惜之"（《程骏传》）。

"（李彪）表曰……自太和建号，逾于一纪……今二圣躬行俭素，诏令殷勤……"（《李彪传》）。

亦有称之为二皇者，见《辩正论》卷四：

"广阳王嘉……读一切经，凡得三遍，造爱敬寺以答二皇"。

又太和十二年（488）《大代宕昌公晖福寺碑》记宕昌公王庆时造二区三级佛图事：

"我皇文明自天，超界高悟，……太皇太后圣虑渊详，道心幽悟，……于本乡南北旧宅，上为二圣造三级佛图各一区"。

此王庆时即前引《魏书·阉官传》所列之王遇，亦即《水经注》和《金碑》所录的钳耳庆时。《金碑》所记钳耳庆时"为国祈福之所建"的窟室，我们准晖福寺"为二圣造三级佛图各一区"之例，推测亦是双窟，即今云冈第9、10窟。由此可知，开凿双窟成组的窟室，是当时特定的政治形势的产物（图4）。

迁洛以前的孝文时期，是北魏最稳定、最兴盛的时期，也是积极于改革创新的时期，这个时期即云冈第二期。此期云冈开窟总的工程规模超过了第一期，它所呈现的如上所述的时代特点大异于第一期。这些时代特点综合起来即构成了云冈第二期模式。

五

云冈第三期多中小型窟室，主要集中在第20窟以西的云冈石窟西部地区。位于中部的第14、15窟和位于东部的第4窟也属于这一期。此外，第11至13：4（13A）窟窟外崖面及其迤西一带，第5、6窟上方与迤东一带和第1至4窟附近，也都分布有第三期开凿的中小窟室。第三期中小窟室的总数在一百五十座以上。许多第一期、第二期开凿的窟室内、窟口两侧也多有第三期补凿的小龛，其数量不下二百个。昙曜五窟外壁崖面的千佛，也是此期雕造。云冈第三期工程并未衰落，和第一、二期相比，只是没有大型窟室而已。值得注意的是此期窟室式样急剧变化，成为云冈窟室式样最繁杂的阶段。其繁杂情况举例如图5。

如上图所示，第三期盛行的中小型窟室，虽上承第二期中小窟室和塔庙窟的形制，但演变显著。A、B、C型窟演变的共同规律是向平顶方形平面或接近方形平面发展。

变化较大的是壁面布局和造像组合等方面。

A、B 型窟室壁面空处较少，变化不大；但渊源于第二期的第 7、8，9、10 等窟的 C 型 a、b 两式的壁面布局却发展出多种整齐的式样；C 型 c 式即三壁三龛窟①，是新出现的式样，而且数量迅速增多，其数字接近七十座，约占第三期中小窟室总数的二分之一弱。

在主像和造像组合方面，各型都日益繁缛。主像除坐佛外，释迦多宝对坐佛像普遍增多。组像流行：中间坐佛，两侧各立一佛；中间释迦多宝，两侧各一坐佛；中间坐佛，左侧弥勒菩萨，右侧坐佛。较多的窟口内两侧各雕立佛一身［包括儒童本生如第 35 窟、阿输迦输土因缘如第 29 窟（28）］；窟口外两侧流行雕凿力士各一身。此期较晚阶段主像两侧出现了弟子、菩萨并列像，如第 5：39 窟（图 6）。

个体造像的造型更加清秀。佛像一律褒衣博带，菩萨帔帛交叉，下垂的衣襞愈来愈复杂。菩萨帔帛交叉处，较晚阶段流行了穿璧的作法。

装饰方面，虽然没有上期繁缛，但也出现了不少新式样：方格平棊纹饰多种多样；龛面雕饰富于变化；龛面上方两隅多雕佛传画面；窟口上方崖面流行雕饰忍冬龛面。较晚阶段圆拱龛龛楣流行雕饰折叠格，格中雕坐佛；窟口外崖面出现宝帐雕饰；有些窟口上方崖面还浮雕出较大面积的画面；有的窟口左侧雕出碑形等等。

云冈第三期窟龛开凿的时间，第 11 窟明窗东侧壁本期补雕小龛有太和十九年（495）四月铭记，可知约始于太和十八年迁洛前后。从清理第 20 窟前过去崩塌的窟石堆积中发现的文字工丽的景明四年（503）昙媚造像石刻（图 7）② 和第 35 窟窟口东侧较精致的延昌四年（515）龛（图 8），特别是和此延昌四年龛时间相近而工程较大的第 35 窟（图 9），以及上述较晚盛行的一些组像和装饰即多出现于此时的迹象观察，可以推测宣武一代云冈雕凿尚未衰落。所以此期的下限，前引《金碑》所记"终乎正光"是可以相信的。

这一时期云冈出现的并未衰落的情况，促使我们认真考虑了以下三个问题。

第一、迁洛以后的平城并未荒废。北魏都平城时，置司州，设代尹。迁洛后，改司州为恒州，改代尹为代郡太守。又立平城镇，置镇将。州、郡、镇俱治平城。平城地位显然与一般州镇不同。迁洛之初，孝文为了抚慰"内怀不可"（《魏书·陆俟传附孙睿传》）、"多有未悟"（《魏书·献文六王·广陵王羽传》）、"深忌河洛暑热，意每追北方"（《北史·孝文六王·废太子恂传》），对"旧都意重"（《魏书·景穆十二王·乐陵

---

① 三壁三龛窟系就该式窟于后、左、右三壁各开一大龛这一特点而名之。过去或名此式窟为四壁三龛窟，但云冈此式窟有的于窟口内两侧即该窟前壁左、右侧壁亦各开一龛，因此，如云四壁，则其龛数已不仅三座。

② 参看云冈古迹保养所《云冈新发现的一块北魏石刻》，刊《文物参考资料》1957 年 9 期。

王胡儿传附子思誉传》）的上层亲贵，"特听冬朝京师，夏归部落"（《魏书·尔朱荣传》）。到宣武时，似又有发展，《魏书·昭成子孙传·常山王遵传附三世孙晖传》记其事云：

> "初，高祖迁洛，而在位旧贵皆难于移徙，时欲和合众情，遂许冬则居南，夏便居北。世宗颇惑左右之言，外人遂有还北之问，至乃牒卖田宅，不安其居。晖乃请间言事。世宗曰：先皇迁都之日，本期冬南夏北，朕欲聿遵成诏，故有外人之论。晖曰：先皇移都，为百姓恋土，故发冬夏二居之诏。权宁物意耳。乃是当时之言，实非先皇深意。且北来迁人，安居岁久，公私计立，无复还情。陛下终高祖定鼎之业，勿信邪臣不然之说。世宗从之。"

另一方面，宣武又一再遣重臣抚劳平城，如"景明初，（杨播）兼侍中，使恒州，赡恤寒乏"（《魏书·杨播传》），景明四年（503）十一月"癸亥，诏尚书左仆射源怀抚劳代郡、北镇，随方拯恤"（《魏书·世宗纪》）。由此可知，朝中旧贵，直迄宣武时期还往来于洛阳、平城间，[①] 平城还保持了一定的繁盛；而其时迁来洛阳的民户困难亦多，《魏书·世宗纪》录永平二年（509）四月甲子诏曰："先朝……河洛民庶，徙旧未安，代来新宅，尚不能就。伊阙西南，群蛮填聚……"，宣武时仍未就绪，《魏书·李平传》云："车驾将幸邺，平上表谏曰：……嵩京创构，洛邑俶营，虽年跨十稔，根基未就。代民至洛，始欲向尽，资产罄于迁移，牛畜毙于辇道，陵太行之险，越长津之难，辛勤备经，得达京阙，富者尤损太半，贫者可以意知。兼历岁从戎，不遑启处。自景明已来，差得休息。事农者未积二年之储，筑室者裁有数间之屋，……实宜安静新人，勤其稼穑，……"。在这种情况下，继续强迁的阻力当越来越大，所以孝明初就不能不明令停止了。《魏书·肃宗纪》云：

> "熙平二年（517）冬十月乙卯，诏曰：北京根旧，帝业所基，南迁二纪，犹有留住。怀本乐故，未能自遣，若未迁者，悉可听其仍停，安堵永业。……周之子孙，汉之刘族，遍于海内，咸致蕃衍，岂拘南北千里而已哉。"

以上记载，完全可以说明迁洛之后，平城没有荒废，至少到熙平年间还维持着旧都风貌；平城佛事当亦不应有太大变化，所以洛阳龙门石窟古阳洞南壁景明四年（503）《比丘法生为孝文帝并北海王母子造像铭》中说："北海母子崇信于二京，妙演之际，屡叩末莚"[②]（图10）。二京者，即指洛阳与平城也。

第二、迁洛以后，对云冈开窟的实力，应作如实的估计。自昙曜开窟迄孝文南迁，

---

① 宣武以后，冬夏二居之制，据《北齐书·库狄干传》所记："魏正光初（520），（干）除扫逆党，授将军，宿卫于内。以家在寒乡，不宜毒暑，冬得入京师，夏归乡里"，可知亦未完全废止。

② 参看龙门文物保管所《龙门石窟》图版44，1980年。

云冈兴建大型窟室已有三十五年之久，可以推测，通过长期工程的锻炼，已培育出大量技艺力量和积累了大批各种佛教形象的设计资料。迁洛初期，新都忙于经营宫殿衙署，同时孝文又规定"都城制云，城内唯拟一永宁寺地，郭内唯拟尼寺一所，余悉城郭之外。欲令永遵此制，无敢逾矩"（《魏书·释老志》）。在这种情况下，云冈积累的开窟雕像的人才和资料，估计不会大量迁运洛阳，所以洛阳附近可以肯定开凿于孝文时的窟龛造像，只有龙门古阳一洞和其北侧的弥勒一龛。"逮景明之初，微有犯禁。故世宗仰修先志，爰发明旨，（洛阳）城内不造立浮图、僧尼寺舍，亦欲绝其希凯"（《魏书·释老志》），此时，龙门工程虽有扩展，如《释老志》所记："景明初，世宗诏大长秋卿白整准代京灵岩寺石窟，于洛南伊阙山，为高祖、文昭皇太后营石窟二所。初建之始，窟顶去地三百一十尺。至正始二年（505）中，始出斩山二十三丈。至大长秋卿王质谓斩山太高，费功难就，奏求下移就平，去地一百尺，南北一百四十尺。永平中（508～512），中尹刘腾奏为世宗复造石窟一，凡为三所。从景明元年（500）至正光四年（523）六月已前，用功八十万二千三百六十六"，凿窟数量只有三座。用工多，特别是正始中以前主要是斩山工程；即使到正光四年停工时，三座窟实际仅完成了一座，即今宾阳中洞，其他两座的雕像工艺并未进行多少。因此，可以推知至少在永平之前，伊阙工程并不需要太多的雕刻术艺。所以，平城技艺这时有可能还未显著削弱，云冈石窟此后仍有兴建。《续高僧传·魏释超达传附僧明传》记："僧明道人为北台石窟寺主"，其时约当宣武、孝明之际①，北台即指平城，北台石窟寺系与《魏书·肃宗纪》所记洛阳伊阙之"南石窟寺"相对而言，可见当时北魏朝野对云冈石窟犹甚重视，云冈之衰尚在其后。

第三、孝明以来洛阳佛寺工程急剧扩大与平城、云冈的衰落。《魏书·释老志》记："神龟元年（518）冬，司空公、尚书令、任城王澄奏：……比日私造（寺舍），动盈百数。……都城之中及郭邑之内检括寺舍，数乘五百，空地表刹，未文塔宇不在其数。……今之僧寺，无处不有，或比满城邑之中，或造溢屠沽之肆"，洛阳佛寺之盛，始于孝明。《洛阳迦蓝记》所记规模较大的寺院，大都兴建于此时；龙门开凿窟龛之

---

① 《续高僧传·魏释超达传附僧明传》记此事的全文是："僧明道人为北台石窟寺主。魏氏之王天下也，每疑沙门为贼，收数百僧互系缚之。僧明为魁首，以绳急缠，从头至足，剋明斩决。明大怖，一心念观音，至半夜觉绳小宽，私心欣幸，精祷弥切，及晓，索然都断，既因得脱，逃逸奔山。明旦，狱监来觅，不见，唯有断绳在地，知为神力所加也。即以奏闻。帝信道人不反，遂一时释放。"按北魏沙门之变，据《魏书》所记孝文时三起：延兴三年（公元473年），太和五年（公元481年），太和十四年（公元490年）。宣武时三起：永平二年（公元509年），三年，延昌三年（公元514年）。孝明时二起：延昌四年（公元515年），熙平二年（公元517年）。因知六世纪初，即宣武中期以后迄孝明之初这阶段次数最多，其中以延昌四年"六月，沙门法庆聚众反于冀州，杀阜城令，自称大乘。"（《魏书·肃宗纪》），有"众五万余"（《北齐书·封隆之传》），影响最为广远。僧明故事，或与此有关。

盛，也正出现于此时。《魏书·肃宗纪》记熙平二年（517）冬十月乙卯所下停止北京居民南迁之诏书中，特别标出：

　　"门才术艺应于时求者，自别征引，不在斯例。"

这不仅说明当时洛阳兴建急需"门才术艺"，更重要的是明确表明一直到熙平末年平城还有较多可供征引的"门才术艺"。云冈工程衰微疑与此诏所记"自别征引"有关。

　　正光四年（523），柔然主阿那瓌"入塞寇抄"（《北史·蠕蠕传》），"南过至旧京"（《魏书·太武五王·临淮王谭传附孙孚传》），"驱掠良口"（《北史·蠕蠕传》）和"孝昌初（525），近镇扰乱，侵逼旧京"（《魏书·杨播传附弟津传》）两事，更使平城与云冈进一步衰落。孝昌二年（526）七月"魏仆射无纂以行台镇恒州。鲜于阿胡拥朔州流民寇恒州。戊申，陷平城。纂奔冀州"（《资治通鉴》梁普通七年），平城郭邑遂遭荒废。时"北镇纷乱，所在蜂起，六镇荡然，无复蕃捍"（《魏书·神元平文诸帝子孙·高凉王孤传附六世孙天穆传》），阿那瓌称雄漠南，"统率北方，颇为强盛"（《北史·蠕蠕传》），云冈第 18 窟窟口西侧"大茹茹"造像铭约即刊刻于此时。此后云冈不见记载百有余年，直迄《金碑》所记"贞观十五年（641）守臣重建"前后，才又出现于唐初僧人撰述中[①]。

　　上述三个问题，大致说明了云冈第三期窟室出现的历史背景。迁洛后，皇室在云冈的大型窟室工程中辍，而大批留居和复来的亲贵，中下官吏以及邑人信众充分利用平城旧有的技艺和资料，在云冈开凿了大量的中小窟室。云冈第一期无中小窟室，第二期为数也甚少，所以第三期盛行雕凿的大量中小窟室，即使起步于以前设计的基础上，也必然要有新的创造。同时，冬居洛阳的亲贵更深染华风，重视中原事物，所雕窟龛进一步汉化，亦是意中之事。因此，云冈第三期模式，自然又不同于第二期。值得注意的是，云冈第三期模式与洛阳地区北魏窟室的关系。

　　洛阳地区开始兴建石窟，主要参考云冈。孝文、宣武时期开凿的龙门古阳洞摹拟云冈第二期窟室。宣武以来开凿的宾阳洞，有明确记录的是"准代京灵岩寺石窟"（《魏书·释老志》），即云冈石窟，为一般所公认；但此后孝明时期开凿的大批中小窟室的渊源却少有论及。洛阳地区孝明时期开凿的中小窟室，主要有接近方形平面或方形平面的三壁设坛和三壁三龛两种形制，即云冈第三期的 B 型窟和 C 型 c 式窟[②]。在云冈，这两种形制窟室的出现都比洛阳为早；而且在窟室形制、布局、佛像组合、形象造型以及

---

　　① 参看《〈大金西京武州山重修大石窟寺碑〉校注》［二八］见《大金西京武州山重修大石窟寺碑》。碑文云："（天会）九年（公元 1131 年），元帅府以河流近寺，恐致侵啮，委烟火司差夫三千人改拨河道，此则皇朝外护之大略也"。该碑录文，见拙著《〈大金西京武州山重修大石窟寺碑〉校注》，刊《北京大学学报》人文科学版 1956 年 1 期。引文注［二五］。

　　② 参看拙著《洛阳地区北朝石窟的初步考察》中《龙门北朝洞窟开凿次第》一节。

细部装饰等方面的发展变化，云冈不仅早于洛阳，更重要的是，其演变程序完整、清楚，与洛阳颇多突然出现或消失的情况不同，这就更有力地说明了变化的来源，主要出自云冈，而不是云冈较多地接受了洛阳影响。关于这个问题，将另文详述，现略举几项较显著之例如下：.

一、三壁设坛窟，在云冈可以看到它的出现与 A 型窟关系密切，如第 23 窟（22），但窟形向方形发展的趋势明显。在洛阳龙门这种窟形来源、发展俱不清楚，远离龙门的新安西沃第 1 窟似乎才提供了它的发展趋向①。

二、分层布龛的壁面布局，在云冈的演变是从第二期的第 7、8 窟到第三期的 C 型窟。C 型 c 式窟即三壁三龛窟，其来源虽亦有 A 型的因素，但主要还是属于 C 型。分层布龛的布局在洛阳龙门古阳洞、莲花洞之后，即不清楚，很难和洛阳地区盛行的三壁三龛窟联系起来，因而令人感到洛阳的三壁三龛窟似乎是突然出现的。

三、三壁设坛窟，三壁三龛窟的佛像组合，云冈第三期以释迦多宝为主像者尚多，三壁三龛窟在云冈第三期也还有以交脚弥勒为主像的。洛阳地区除龙门弥勒洞外已皆以释迦为主像②。洛阳三壁三龛窟的弥勒坐姿的交脚形式也有了改变③。

四、一佛二弟子二菩萨五尊像的出现，在云冈较早是弟子列在菩萨之次，如第 13：10（13f）、33 等窟；然后才出现菩萨列在弟子之次，如第 5：39、35、40：4（39E）等窟④。洛阳没有这个发展过程。

五、窟室前壁窟口两侧各雕一立佛，云冈渊源于阿输迦输土因缘（西）与立佛（东）并列，如第 19 窟之例。第三期尚多仍此制，如第 5：11（5A）窟；亦有儒童本生（西）与立佛（东）并列者，如第 35 窟。单纯的并列立佛如第 5：10（5B）者，数量甚少；此外属于 A 型窟室的第 12：3（12f）、13：29（13a）窟东西两壁外侧各置一立佛，应是其变例。而洛阳地区三壁三龛窟前壁的立佛，都是单纯的立佛形式。

六、云冈石窟造像形象从雄健而丰满，演变到第三期的清秀，以及服饰的发展变化和衣褶的日益繁杂等，先后次第脉络清晰。洛阳初则杂然并陈，继则变化骤然。

七、装饰纹样可以龛面为例，云冈的华绳、兽面和宝帐龛饰，都从第二期起逐渐发

① 参看温玉成《河南新安县西沃石窟》，刊《考古》1986 年 2 期。
② 洛阳地区以交脚弥勒为窟室主像的只有龙门弥勒洞一例。该洞窟室形制是后壁设坛方形窟，参看拙著《洛阳地区北朝石窟的初步考察》中《龙门北朝洞窟开凿次第》一节。
③ 参看吕采芷《北魏后期的三壁三龛式窟》，刊《中国石窟·云冈石窟》（二）。
④ 云冈一佛二菩萨的造像组合之后，曾一度出现不规则的情况，第 6 窟最为典型：该窟塔柱南西两面下层龛内，两弟子位于胁侍菩萨内侧；西东两壁上层中龛，菩萨位于龛内，弟子立于龛外（第 9 窟前室后壁中层西侧释迦多宝龛外两侧各立一弟子，但与其相对的中层东侧释迦多宝龛外两侧又各立一菩萨）；西壁下层南龛和南壁下层西龛外侧，弟子又与蓄发供养者相对置。可见其时造像组合尚未定型，故有此多种多样的安排。其后不久，始多见先菩萨后弟子的序列；再后该序列又逐渐为菩萨列于弟子之次的布置所代替。

展到第三期。洛阳则缺乏早期形式。

以上情况可以表明，从窟室形制到细部装饰，凡云冈、洛阳所共同具有的，主要应源于云冈。当然也不排除在云冈第二期窟室进一步汉化时，吸取了某些中原因素，但从窟室整体观察，洛阳地区北魏窟室式样，无论孝明以前，抑孝明以后，其主要来源应是云冈，而洛阳孝明以后的北魏窟室的主要特征，应属于云冈石窟的第三期模式。至于洛阳地区窟龛雕艺精细，主要由于两地石质的差别，云冈砂岩不可能产生洛阳坚致的石灰岩的效果；况且在当时绘饰敷彩的情况下，雕刻的精粗，对于各种形象的表现是关系不大的。

云冈石窟是新疆以东最早出现的大型石窟群，又是当时统治北中国的北魏皇室集中全国技艺和人力、物力所兴造，即使从第二期开始不完全是皇室工程，但大型窟室的开凿者也还多出自北魏亲贵。因此，它所创造和不断发展的新模式，自然成为魏国领域内兴凿石窟所参考的典型。所以，东自辽宁义县万佛堂石窟，西迄陕、甘、宁各地的北魏石窟，无不有云冈模式的踪迹，甚至远处河西走廊西端、开窟历史早于云冈的敦煌莫高窟亦不例外①。云冈石窟影响范围之广及其影响延续时间之长，是任何其他石窟所不能比拟的。这种情况，给我们石窟研究者提供了对我国淮河以北的早期石窟（五世纪后半叶到七世纪前半叶）进行排年分期的标准尺度。因此，云冈石窟在东方早期石窟中占有极重要的地位，对云冈石窟的研究在很大程度上成了研究东方早期石窟的关键，研究的深入与否，直接影响一大批石窟的研究工作。所以，我们应在总结过去成绩的基础上，踏踏实实地对云冈石窟进行细致的分析、综合和比较研究，这样才能使进一步探索东方石窟的工作出现一个新的开端。

1987 年 10 月 5 日

（摘自《中国石窟·云冈石窟》（一）文物出版社，1991 年。）

---

① 参看拙著《敦煌莫高窟早期洞窟杂考》四《从新发现的绣佛估计现存最早洞窟的年代》，刊《大公报在港复刊三十周年纪念文集》上册，1978 年。

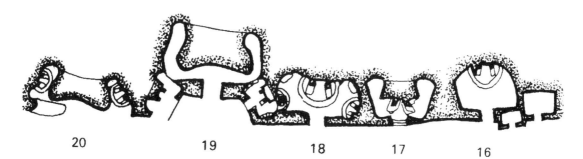

图 1 昙曜五窟（第 16～20 窟）平面图

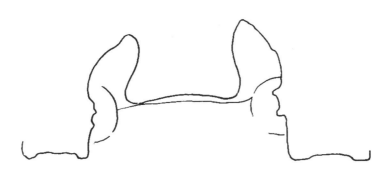

图 2 鹿野苑石窟第 6 窟平面图

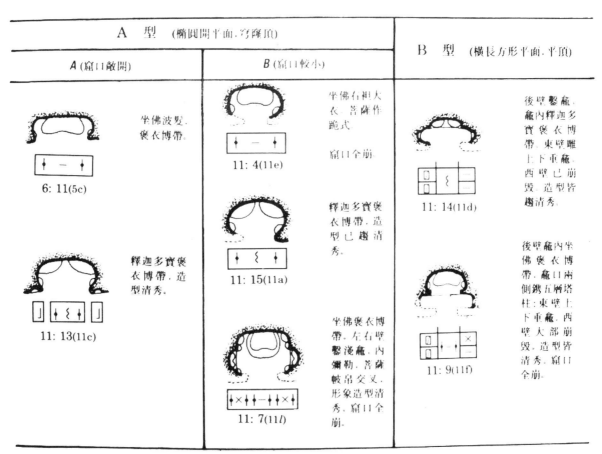

一 坐佛　†† 胁侍菩萨　= 释迦多宝并坐佛　ㄌ 力士　╳ 交脚弥勒菩萨　∨ 造像崩毁

图 3 云冈石窟第 2 期中小型窟室

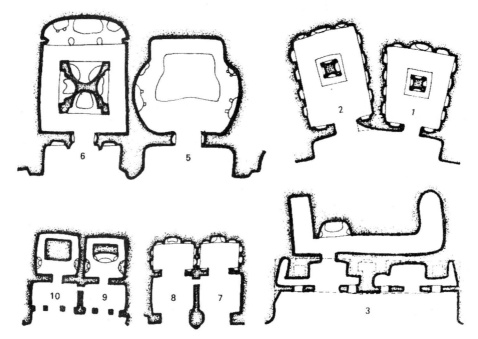

图4 云冈石窟第2期开凿的双窟平面图

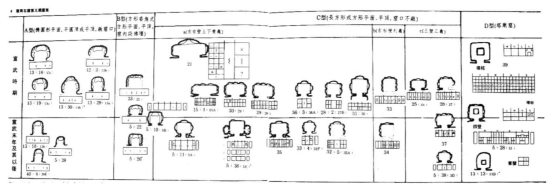

一坐佛 ✕交脚弥勒菩萨 ⇈胁侍菩萨 ♀弟子 ∣立佛 ⫶输土因缘 ⫶儒童本生

⚐思惟菩萨 ⫶千佛 ?形像不明 ⬚造像崩毁 ∨造像盗凿 ✱未完工 --复原线

⚐实子因缘 ⫶释迦多宝并坐佛 ·乘象·乘马形像 力力士 △维摩·文殊 𝚷倚坐佛

图5 云冈石窟第3期窟室

图6 第5：39窟

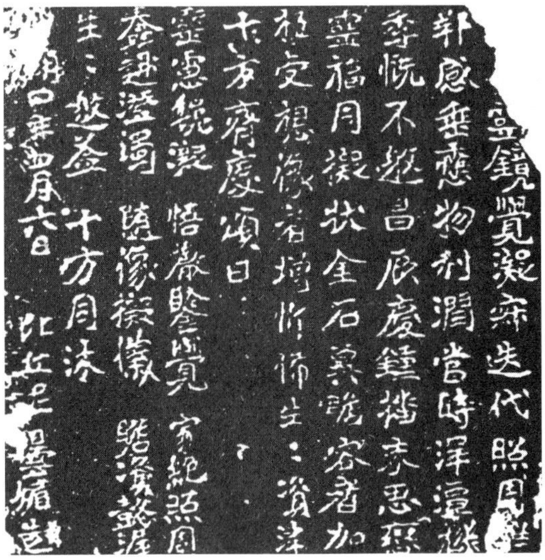

图7 景明四年昙媚造像铭拓片

图9 第35窟东壁佛龛

图8 第35窟明窗东壁延昌四年铭佛龛

图10 龙门石窟古阳洞景明四年造像铭拓片

恒安镇与恒安石窟

——隋唐时期的大同与云冈

宿　白

　　北魏正光四年（523）柔然入侵，绕卫平城之六镇镇民亦相率起义。孝昌二年（526）秋七月"魏仆射元纂以行台镇恒州。鲜于阿胡拥朔州流民寇恒州，戊申，陷平城，纂奔冀州"（《资治通鉴·梁纪》七）。此后，"恒代而北，尽为丘墟"（《魏书·地形志》上），平城当亦荒废。北齐天保四年（553），"（蠕蠕，即柔然）复为突厥所攻，举国奔齐，文宣（高详）乃北讨突厥，迎纳蠕蠕……致之马邑川，给其廪饩、缯帛……（五年，554）四月，（蠕蠕）寇肆川，帝（齐文宣）自晋阳讨之，至恒州黄瓜堆，虏散走……（六年，公元 555 年）帝顿白道，……频大破之（蠕蠕），遂至沃野（镇），大获而还"（《北史·蠕蠕传》），"是年，发夫一百八十万人筑长城，自幽州北夏口至恒州九百余里"（《北齐书·文宣纪》），平城地区始得复苏。《元和郡县志》河东道三云州条记自高齐迄隋之平城建置云：

> 　　"高齐文宣帝天保七年（556），置恒安镇，徙豪杰三千家以实之，今名东州城。其年废镇，又置恒州。周武平齐，州郡并废，又于其所置恒安镇，属朔州。自周迄隋，仍为镇也。"

魏末平城荒芜，北齐于旧平城之东御河东岸建恒安镇，其遗址在今大同市东郊古城村一带。唐云州城建于旧平城南部，位置适在恒安镇之西，故《元和郡县志》云"今名东州城"。辽建西京，因云州之旧址，故《辽史·地理志》五谓："高齐文宣帝废州为恒安镇，今谓之东城……（李）克用与太祖会于云州之东城。"[①]

---

　　① 云州东城之会，以《唐太祖纪年录》所记为最早："太祖以阿保机族党稍盛，召之……阿保机领其部族三十万至云州东城帐中言事，握手甚欢，约为兄弟，旬日而去"（《资治通鉴考异》卷 28 引。《考异》同卷引《汉高祖实录》、《唐余录》、《庄宗列传》和《五代史记·四夷附录》一俱记东城会事，不具录）。

隋炀帝改朔州为马邑郡，《隋书·地理志》中，记恒安镇所属的马邑郡云内县云：

> "马邑郡统县四，……云内，后魏立平齐郡，寻废。后齐改日太平县，后周改
> 日云中，　（隋）开皇初改日云内。有后魏都，置司州。又有后齐安远、临塞、
> 威远、临阳等郡，属北恒州，后周并废。有纯真山、白登山、武周山①。有湿
> 水。"

隋末乱离，突厥强盛，《大唐创业起居注》卷上记大业十一年（615）太原道安抚大使
李渊与马邑太守王仁恭北备突厥：

> "诏帝（李渊）率太原部兵马与马邑郡守王仁恭北备边朔。……既至马
> 邑，……仁恭以兵少，甚惧。……（帝）纵兵击（突厥）而大破之，……后突厥
> 知帝已还太原，仁恭独留无援，数侵马邑。帝遣副留守高君雅将兵与仁恭并力拒
> 之，……为突厥所败。"

义宁元年（617），马邑里雄刘武周杀仁恭，附突厥，《旧唐书·刘武周传》：

> "刘武周……为鹰扬府校尉，太守王仁恭以其州里之雄，甚见亲遇，每令率虞
> 候屯于阁下……（武周）与同郡张万岁等十余人候仁恭视事，……斩仁恭于郡
> 厅，……武周自称太守，遣使附于突厥，……攻陷定襄，复归于马邑。突厥立武周
> 为定杨可汗。"

突厥以马邑为中顿②，南掠并汾。唐武德三年（620）武周死，突厥以武周妹婿内史令
苑君璋为大行台，寻君璋为代州总管李大恩击破。《资治通鉴·唐纪》四：

> "（武德三年，620）四月……（先是），刘武周数攻浩州，为（行军总管）李
> 仲文所败……（又）闻（宋）金刚败，大惧，弃并州，走突厥。……久之，武周
> 谋亡归马邑，事泄，突厥杀之。突厥又以（苑）君璋为大行台，统其余众，仍令
> 郁射设督兵助镇。……（四年五月）代州总管李大恩击苑君璋，破之。"

武德五年（622），"李大恩为突厥所杀"（《资治通鉴·唐纪》六），七年（624）六月
"突厥寇代州武周城"，七月"苑君璋以突厥寇朔州"（《资治通鉴·唐纪》七），《元和
郡县志》河东道三云州条记：

> "武德四年平刘武周，置北恒州。七年废。"

新置旋废，当是由于上述之战争形势。其时，苑君璋叛降不定，直迄贞观初，唐始复马
邑。《资治通鉴·唐纪》八记其经过：

---

①　武周山即武州山，《乾隆大同府志》卷4："武州之州，《水经注》、《隋书·地理志》皆作周。《魏土地记》
谓之武州塞口。"

②　《资治通鉴·唐纪》六："武德六年（623）六月戊午，（苑君璋将）高满政以马邑来降。先是，前并州总
管刘世让除广州总管，将之官，上问以备边谋。世让对曰：突厥比数为寇，良以马邑为之中顿故也……即命世让戍
崞城。马邑病之。"

"（贞观元年，627）五月，苑君璋帅众来降。初，君璋引突厥陷马邑，杀（朔州总管）高满政（时在武德六年，623）十月，退保恒安。其众皆中国人，多弃君璋来降，君璋惧，亦降，……恒安人郭子威说君璋，以恒安地险城坚，突厥方强，且当倚之以观变，未可束手于人。君璋……复与之（突厥）合，数与突厥入寇。至是，见（突厥）颉利（可汗）政乱，知其不足恃，遂帅众来降。上以君璋为隰州都督、芮国公。"①

贞观"四年（630）春正月，李靖帅骁骑三千，自马邑进屯恶阳岭，夜袭定襄，破之（突厥）。……李世勣出云中，与突厥战于白道，大破之。……二月甲寅，以克突厥，赦天下。……三月庚辰，俘颉利，送京师"（《资治通鉴·唐纪》九）。自是云朔平宁。后十年，移置云州治于隋马邑郡恒安镇②。《元和郡县志》河东道三云州条记此事云：

"贞观十四年（640），自朔州北界定襄城，移云州及定襄县于此"③。

次年，据金曹衍《大金西京武州山重修大石窟寺碑》记：

"贞观十五年（641），守臣重建。"④

武州山大石窟寺，即今云冈石窟。

隋唐之际，突厥侵扰云朔，唐高祖李渊及李唐新贵北去马邑者众⑤。武德末年，苑君璋据恒安，贞观初君璋降，大唐官兵随即自恒安去定襄，出白道，捣突厥牧地。是行也，多趋武州塞口，沿武州山石窟寺迤逦西进，因而石窟为唐军将所目睹，于是寂寞已久之北魏巨迹，遂因大军凯旋而传播至长安，此唐初长安高僧所以盛道恒安石窟之由来也。

唐初长安高僧记述恒安石窟，以济法寺僧法琳《辩正论》为最早，该书卷三云：

"（元魏）又于北代恒安治西，旁各（崖）上下三十余里，镌石置龛，遍罗佛像，计非可尽，庄严弘观，今见存焉。虽屡遭法灭，斯龛不坏。"

按《续高僧传》卷二十四《释法琳传》："（琳）撰《辩正论》一部八卷，颍川陈子良注之。……良以文学雄伯，群儒奉戴，诱劝成则，其从如云。贞观初年，帝于南山大和宫旧宅置龙田寺，琳性欣幽静，就而住之，众所推美，举知寺任，从容山服，咏歌林野。至十三年（639）冬，有黄巾秦世英者，挟方术以邀荣，遂程器于储贰，素嫉释

---

① 《旧唐书·刘武周传》作："拜（君璋）安州都督，封芮国公，赐实封五百户。"

② 《通典·州郡典》九："云中郡云州，云中今马邑郡北平城即今郡，隋云内县常（恒）安镇也。"

③ 《资治通鉴·唐纪》十八胡注："贞观七年（公元 633 年），置云州及定襄县"，不详所据。盖先置云州及定襄县于朔州北界定襄城，贞观十四年移置于恒安镇。

④ 参看拙著《大金西京武州山重修大石窟寺碑校注》，刊《北京大学学报》（人文科学）1956 年 1 期。

⑤ 唐初军将熟悉代北者多，其著者如李靖"大业末，累除马邑郡丞"（《旧唐书·李靖传》）、"尉迟敬德，朔州善阳（马邑）人"（《旧唐书·尉迟敬德传》）。

种，阴陈琳（辩正）论夸讪皇宗，罪当罔上……"。又据《唐护法沙门法琳别传》卷中录贞观十三年十一月"二十日降敕云：汝所著《辩正论·信毁交报篇》言……"知琳撰《辩正论》在贞观前期。是法琳之获石窟消息远在上述守臣重建之前，而"三十余里镌石置龛"，"遍罗佛像，计非可量"，亦皆非闻之目睹者所不能录。

法琳之后，宣扬石窟最力者，为有名律师西明寺僧道宣①。道宣至少有四种著作记录恒安石窟②。成书于贞观十九年（645），续补至麟德二年（665）③之《续高僧传》卷一《释昙曜传》中记：

> "昙曜……住恒安石窟通乐寺，即魏帝之所造也。……（石窟）去恒安西北三十里，武周山谷北面崖，就而镌之，建立佛寺，名曰灵岩。龛之大者，举高二十余丈，可受三千许人。面别镌像，穷诸巧丽，龛别异状，骇动人神。栉比相连三十余里。东头僧寺，恒供千人，碑碣见存，未卒陈委。"

永徽元年（650）所撰《释迦方志》④卷下记：

> "魏氏北台恒安石窟，三十里内连次而列，高二十余丈，内受千人，终劫不朽。"

又记：

> "（元魏）北台恒安，镌石置龛，连三十里。"

龙朔四年（664）春正月撰就之《大唐内典录》⑤，其卷四记：

> "恒安郊西，大谷石壁，皆凿为龛，高十余丈。东西三十里，栉比相连，其数众矣。谷东石碑见在，记其功绩不可以算也。其碑略云：自魏国所统赏赋，并成石龛，故其规度宏远，所以神功逾久而不朽也。"

同年又编辑《广弘明集》⑥，其卷二所收《魏书·释老志》道宣附注云：

> "今时见者传云：谷深三十里，东头僧寺，名曰灵岩，西头尼寺。各凿石为龛，容千人。已还者相次栉比。石窟中七里，极高峻，佛龛相连，余处时有断续。

----

① 《太平广记》卷91引《感通记》记道宣敬礼法琳一事，颇值注意："唐武德中，终南山宣律师修持戒律，感天下韦将军等十二人自天而降，旁加卫护。内有南天王子张玙常侍于律师。时法琳道人饮酒食肉，不择交游，至有妻子。律师在城内，法琳过之，律师不礼焉。天王子谓律师曰，……法琳道人即是圣人，……彼菩萨地位，非师所知，然彼更来，师其善之。律师乃改观，……后唐高祖纳道士言，将灭佛法，法琳与诸道士竞论，道士惙服。又犯高祖龙颜，固争佛法，佛法得全，琳之力也。佛经护法菩萨，其琳之谓乎。"

② 道宣著述甚多《宋高僧传》卷14《道宣传》记其撰述多达二百二十余卷。此云四种著作，系仅据存世并已查阅者而言。

③ 参看陈垣《中国佛教史茋概论》卷2《续高僧传》条（1962年）。

④ 《释迦方志》卷末记："大唐永徽元年，岁维庚戌，终南太一画德寺沙门吴兴释道宣往参译经，旁观别传，久广难寻，故略举其要并润其色，同戊其类，庶将来好事者用裨精爽云。"

⑤ 《大唐内典录》卷末记："龙朔四年春正月于西明寺出之。"

⑥ 《广弘明集》卷前记："唐麟德元年西明寺沙门释道宣撰。"麟德元年即龙朔四年。

佛像数量，孰测其计。有一道人，年八十，礼像为业，一像一拜，至于中龛而死，尸僵伏地，以石封之，今见存焉，莫测时代。在朔州东三百里，恒安镇西二十余里。往往来者述之，诚不思议之福事也。"

可见道宣对恒安石窟之仰慕、重视，所以《广弘明集》卷二十七录南齐司徒竟陵王文宣公肖子良《净住子净行法门敬重正法门》中，道宣补列"敬礼……朔州恒安石窟经像"一项。道宣四书皆完成于太宗末迄高宗前期。道宣记录较法琳更为具体：有寺院分布，有碑文摘录，有大窟容量和高度，有对窟龛巧丽之描述，还记有莫测时代之礼拜僧人故事，最后并说明根据，出自"往往来所述之"①。

与道宣同预玄奘译场，又同居西明寺之道世，于总章元年（668）撰就《法苑珠林》②，该书卷一百亦简记石窟事：

"北台恒安镌石置龛，东（西）三十里。"

其来源亦应与道宣相同。

道宣，道世之后，有蓝谷沙门慧祥撰《古清凉传》，该书卷上记咸亨初，有俨禅师每去恒安修理孝文石窟故像：

"中台南三十余里，有山之麓有通衢，乃登台者常游此路也。傍有石窟三间，内有释迦、文殊、普贤等像，又有房宇厨帐器物存焉。近咸亨三年（672），俨禅师于此修立，拟登台道俗往来休憩。俨本朔州人也，未详氏族，十七出家，径登此山礼拜，忻其所幸，愿造真容于此安措，然其道业纯粹，精苦绝伦，景行所罩，并部已北，一人而已。每在恒安修理孝文石窟故像。虽人主尊，未参玄化，千里已来，莫不闻风而敬矣。春秋二序，常送乳酪毡毳，以供其福务焉，自余胜行殊感，末由曲尽。以咸亨四年（673）终于石室。"

《古清凉传》记事迄于上元三年（676），知慧祥撰书亦在高宗之世。俨禅师所修恒安孝文石窟故像，五十年代曾推测是今云冈第3窟后室倚坐大佛及其左右胁侍（图1）③。盖该组大像，风格与魏像迥异，自三十年代以来，多有论其为隋像者。按倚坐佛像与两胁侍之大型组像，始见于④云冈第19窟东胁洞，盛于齐周隋三代，唐初已渐式微，开元

---

　　① 《广清凉传》卷下引《华严灵记》记："（道宣）律师常至中台顶上，见一童子，形貌异常。律师问其所由。童子曰：弟子天也（也字疑为衍文）帝释遣令巡守圣境。律师又问：道宣尝览《华严经·菩萨住处品》，文殊师利住清凉山，宣自到山未尝得见，其理如何。童子曰：……，言终乃隐。律师下山，向众亲说其事云"。是道宣曾礼五台，然则道宣所据不仅闻自长安，或有得自更近恒安石窟的五台山者。

　　② 参看陈垣《中国佛教史苃概论》卷3《法苑珠林》条。

　　③ 参看拙著《大金西京武州山重修大石窟寺碑校注》，刊《北京大学学报》（人文科学）1956年1期。

　　④ 参看关野贞、常盘大定《支那佛教史绩评解》第2册（1926年），梁思成、林徽音、刘敦桢《云冈石窟中所表现的北魏建筑》，刊《中国营造学社汇刊》第4卷2、3合期（1933年）。

以后多只凿倚坐大佛①。因此，云冈第3窟造像在未发现初唐以前雕造确证之前，俨禅师修理故像事迹殊值重视。修理云者，应与开创有别，约可释为最后完成；俨禅师之修理，或如肖梁僧祐律师续雕剡县石像之例乎②？至于四十年代水野清一、长广敏雄据云冈第13窟南壁辽代张间□妻等人铭记中有"大小一千八百七十六尊"句，推论第3窟造像出自辽人说③，恐距事实益远。按该组造像不仅造型、风格与辽像不同；类此三尊之大型佛像组合亦为辽时所未见，辽代铭记所记，当系指如第11窟中心柱南面所雕之左右胁侍和第37窟东壁补塑之释迦坐像等中小型佛像而言；否则，如含有第3窟大像之巨大工程，亦当另行记录，不宜混于"大小一千八百七十六尊"之中也。

高宗末，永隆元年（680）七月'突厥余众围云州'（《资治通鉴·唐纪》十八），"永淳元年（682），（云州）为贼所破，因废，乃移百姓于朔州"（《旧唐书·地理志》二），恒安石窟又泯无闻。迨开元九年（721）"二月丙戌，突厥请和"、十年（722）"五月戊午，突厥请和，……十二月突厥请和"（《新唐书·玄宗纪》），"十一年（723）更天兵军节度为太原府以北诸军州节度，……领太原及辽、石、岚、汾、代、忻、朔、蔚、云九州"（《新唐书·方镇表》二）之后，突厥事缓，所以，开元十四年（726）太原尹张嵩曾北抵云中，嗟叹城阙残破，《文苑英华》卷四十五录张嵩④《云中古城歌》云：

> "开元十有四年冬孟月，张子出王塞，秉金钱，抚循边心，……得拓跋之遗城，……高祖（孝文帝）受命，崇儒重才，南巡立鼎之邑，……日朝河洛，地空沙漠，代祀推移，风云肖索，……城阙摧残犹可惜，荒郊处处生荆棘……乃载歌曰：云中古城郁嵯峨，塞上行吟麦秀歌，感时伤古今如此，报主怀恩奈老何。"

---

① 自北朝之末迄盛唐时期，傍崖雕凿巨像所在多有，现略举其著者如下：河南浚县大伾山大佛和山西太原西山开化寺大佛，皆北齐倚坐巨像；甘肃武山摩崖大像为北周尉迟迥所造；天水麦积山东崖第13号摩崖系隋像；陕西郴县庆寿寺大像凿于唐贞观二年（公元628年）；甘肃敦煌莫高窟北大像（第96窟）倚像武周延载二年（公元695年）造；敦煌莫高窟南大像（第130窟倚坐弥勒）唐开元九年（公元721年）造；安西榆林窟第6窟倚坐大像较莫高窟南大像略晚；四川乐山凌云寺倚坐大佛开凿于开元元年（公元713年），完工于贞元十九年，（公元803年）；甘肃永靖炳灵寺第121龛倚坐大像为贞元十九年薄承祚所建；青海西宁土山大像约与炳灵寺时间相近。

② 《高僧传》卷13《释僧护传》："释僧护……居石城山，……擎炉发誓，愿博山镌造十丈石佛，……以齐建武中，招结道俗，初就雕剪，疏凿移年，仅成面朴，……至梁，……敕遣僧祐律师专任像事，……像以天监十二年（公元513年）春就功，至十五年（公元516年）春竟"。按此像现存浙江新昌县石城山宝相寺。参看小野胜年《新昌石城寺とその弥勒像》，刊《佛教艺术》第163号（1985年）。

③ 参看水野清一、长广敏雄《云冈石窟》第1卷终章《东方石窟群の特征》（1952年）、第2卷附录《云冈金石录》（1955年），第10卷图版24B及其解说（1952年）。

④ 《旧唐书·郭虔瓘传》："张嵩……（开元）十年（公元722年）转太原尹，卒官。"《册府元龟》卷924："李子矫，玄宗开元十四年（公元726年）诈称皇子入驿居止，……太原尹张嵩以闻。"

大约与张嵩同时，吕令问①亦撰有《云中古城歌》，《文苑英华》次于张嵩文前，吕文云：

> "下代郡而出雁门，抵平城而入胡地，……危堞既覆，高墉复夷，廖落残径，依稀旧墀，榛棘蔓而未合，苔藓分乎相滋，伏熊斗赞，腾麏聚麋，常鸣悍鹫，乍啸愁鸱，不可胜纪。"

北魏平城既久已残破，北齐以东之恒安镇亦荒废近五十年②，《元和郡县志》河东道三云州条下所记：

> "开元十八年（730），复置云州及云中县。"③

其位置遂移至北魏平城宫城之南，即以后辽金西京之方位④。近年大同市城市建设中，拆除大同旧城东、西、北三面城垣时，俱于明清城墙内部发现最迟为金元时期之夯筑残垣，可与方志所记明初建大同城因袭旧土城相印证，《嘉靖大同府志》卷二：

> "大同府城，洪武五年（公元1372年）大将军徐达因土城南之半增筑。周围十三里……以砖外包。"⑤

明初所建大同城即今大同旧城。大同旧城内街巷规整，大小十字街制度井然，当是唐代州城之遗迹⑥。

复置云州之后，唐人著录石窟者仅得宋昱五言律诗一首⑦，《文苑英华》卷二百三

---

① 《元和姓纂》卷6河东吕下有"新壹尉吕令问"。《国秀集》卷下原收"校书郎吕令问诗一首"，见该书《姓氏总目》，今本佚。《文苑英华》卷59录吕令问《驾幸天安宫赋》中有："卓哉，有唐之开元也"句，知吕为开元时人，因疑吕文亦撰于开元时。

② 从永淳元年移云州民于朔州算起，至开元十八年（即公元682～730年），计49年。

③ 《新唐书·地理志》三亦作开元十八年，《辽史·地理志》五从之。但《旧唐书·地理志》二作开元二十年。

④ 《辽史·太宗纪》上记：天显十一年（公元936年）"十一月丁酉，册（石）敬瑭为大晋皇帝"，《旧五代史·晋书·高祖纪》一："是日，帝言于戎王，愿以雁门已北及幽州之地为戎王寿，……戎王许之"，但云州之入契丹，则迟在天福二年（公元937年）六月以后，《资治通鉴·后晋纪》二综述其事云："天福二年二月……契丹主自上党过云州，大同节度使沙彦珣出迎，契丹主留之，不使还镇。节度判官吴峦在城中，谓其众曰：吾属礼义之俗，安可臣于夷狄乎。众推峦领州事，闭城不受契丹之命。契丹攻之，不克。……六月，……契丹攻云州，半岁不能下。吴峦遣使间道奉表求救。帝为之致书契丹主请之。契丹主乃命翟璋解围去。帝召峦归，以为武宁节度副使"。云州入契丹后，"初为大同军节度，重熙十三年（公元1044年）作为西京，府曰大同"（《辽史·地理志》五）。辽亡，"金因之（置西京），……隶元帅府"（《金史·地理志》上）。元太祖八年（公元1213年），下金西京，以刘伯林"充西京留守，兼兵马副元帅"（《元史·刘伯林传》），于西京"置警巡院，至元二十五年（公元1288年）改西京为大同路"（《元史·地理志》一）。由上可知，唐云州旧址为辽、金和元初之西京以及其后的大同路所沿袭。

⑤ 《乾隆大同府志》卷12记大同府城云："明洪武五年（公元1372年）大将军徐达因旧土城增筑，周十二里，高四丈二尺，址砌以石，墙甃以砖"。

⑥ 参看拙著《隋唐城址の类型》，刊日本奈良橿原考古学研究所《考古学论考》第10册（1984年）。

⑦ 《开元释教录》卷6、《贞元释教录》卷9所记恒安石窟事，皆录自《续高僧传》，非智升，圆照别有新闻也。

十四录宋昱《题石窟寺·即魏孝文之所置》：

> "梵宇开金地，香龛凿铁围，影中群像动，空里众灵飞，檐牖笼朱旭，房廊炼翠微，瑞莲生佛步，宝树挂天衣，邀福功虽在，兴王代久非，谁知云朔外，更睹化胡归。"

宋昱，杨国忠党，天宝末任中书舍人，至德元年（756）为乱兵所杀。事见新、旧唐书《杨国忠传》[①]。宋昱经石窟，应在天宝末年之前。诗句描述石窟雕刻，生动准确，信手拈来，足证唐人之熟悉佛事；但吟咏未及如初唐所记之僧尼寺院，似可推知当时石窟寥寂，较隋唐之际为尤甚。宋昱诗题迳作"石窟寺"。此后，五代后周僧义楚又称"通乐石窟"，《义楚六帖》卷二十一：

> "通乐石窟，魏曾灭法，因白足高僧，帝令恒安即云州西北三十里武周山谷北面石崖凿石窟就，其寺初名通乐，亦号灵岩，有大石堂高广二十丈，受三千人，相连三十里，日供千人。僧昙明（曜），高僧。"

义楚所记，系改编《续高僧传》文，通乐之名当出自《续高僧传》"昙曜……住恒安石窟通乐寺"语。移寺名于石窟，合二为一，约是当时风习。宋嘉祐五年（1060）五台山华严寺僧延一撰《广清凉传》卷上又记有云州石窟寺：

> "南台……北有复宿堆，即夏屋山也……下见云州石窟寺。"

是盛唐以来，恒安之称废，逐渐冠以云州新地名。宋、辽人亦有简称石窟寺者[②]，《三朝北盟会编》卷二十一引《亡辽录》云：

> "保大二年（即宣和四年，1122），金人陷中京，天祚幸燕，闻（贵德军守将耶律）余睹为金人前锋，……西走云中府……天祚与诸王并长公主、驸马、诸子弟三百余骑由石窟寺遁去。过云中城下，留守肖查剌以下接见，有旨：贼马不远，好与军民守城。但取马五十匹随行，迤丽入天德军。"[③]

---

① 《旧唐书·杨国忠传》："国忠之党，翰林学士张渐、窦华，中书舍人宋昱，吏部郎中郑昂等，凭国忠之势，招来赂遗，车马盈门，财货山积，及国忠败，皆坐诛灭"。《新唐书·外戚·杨国忠传》："（国忠败）其党翰林学士张渐、窦华，中书舍人宋昱，吏部郎中郑昂俱走山谷，民争其赀，富埒国忠。昱恋赀产，窃入都，为乱兵所杀；余坐诛"。宋昱等党国忠事，又见《旧唐书·韦见素传》："天宝十三年（公元754年）秋；……（玄宗）命杨国忠精求端士，……国忠访于中书舍人窦华、宋昱等，华、昱言见素方雅，柔而制。上亦以经事相王府，有旧恩，可之"。宋昱事又见《新唐书·忠义·刘乃传》："刘乃……天宝中擢进士第，……中书舍人宋昱知铨事，乃方调，因进书，……昱嘉之，补剡尉"。《太平广记》卷269引《谭宾录》又记："杨国忠为剑南，召募使远赴沪南，粮少路险，常无回者，其剑南行人，每岁令宋昱、韦俨为御史，迫使郡县征之。人知必死，郡县无以应命，乃设诡计，诈令僧设斋，或于要路转变。其众中有单贫者即缚之，置密室中，授以絮衣，连枷作队，急递赴役"。是宋昱任中书舍人之前，已是杨之爪牙。

② 简称石窟寺，一直沿袭到明清，《正德大同府志》卷18录有明景泰间（公元1450～1456年）翰林侍讲学士王达善（曾任大同府儒学训导）《石窟寺寒泉》诗和人同巡抚年富《和石窟寺韵》。《嘉靖大同府志》卷1记："石窟寒泉，在府城西三十五里，石窟寺左"。《雍正朔平府志》卷12录胡文华《游石窟寺》诗。

③ 《三朝北盟会编》卷5亦记："宣和四年……天祚大窘，因仓皇从云中府由石窟寺入天德军。"

至若金皇统七年（公元 1147 年）夷门曹衍撰碑题"武州山大石窟寺"，盖文人喜用古名，据《北史》而云然①，并非金人尚沿北魏旧称也②。

（摘自《中国石窟·云冈石窟》（二），文物出版社，1994 年）

图 1　第 3 窟后室　一佛二菩萨

---

①　参见拙著《大金西京武州山重修大石窟寺碑校注》注〔2〕。曹衍撰碑文叙北魏事，依据《北史》。《北史·魏本纪》二《显祖纪》和《魏本纪》三《高祖纪》皆记有"幸武州山石窟寺"事。

②　石窟所在，明嘉靖三十七年（公元 1558 年）以前属大同前卫石佛寺堡，见《嘉靖大同府志》卷 2。嘉靖三十七年于窟前建云冈堡，云冈第 7 窟前室所立嘉靖四十三年（公元 1564 年）七月《重修云冈堡记》碑云："古者，石佛寺通四卫道也。于嘉靖 三十 七年（据《雍正朔平府志》卷 8："云冈堡建于前明嘉靖三十七年"补），内为右卫饷道，改口云冈堡。置 操 守 一员（据同碑下文"操守指挥吴公昆、把总陈公嘉谟，袁公镇……坐堡官吉宣"和《雍正朔平府志》卷 8："云冈堡……明设操守一员……"补）把总二员、坐堡一员，召募官□□□名，所以保障地方……"。此后，云冈之名兴，迨至本世纪初学术界发现石窟寺以来，逐渐以云冈名石窟矣。

北魏后期的三壁三龛式窟

吕采芷

本文所要探讨的是北魏后期出现于云冈、龙门和巩县的三壁三龛式窟。这类洞窟主要分布在云冈石窟的西部和第 4、5 窟与第 11 窟至第 13 窟之间，龙门石窟的药方洞、魏字洞、普泰洞、皇甫公石窟以及巩县石窟的第 5 窟。在此想通过洞窟类型、主像组合和菩萨样式等方面的演变进一步讨论云冈第三期各窟的年代问题及其和龙门、巩县诸石窟的关系。

云冈石窟第三期洞窟中的三壁三龛式窟，多是方形平顶的小型洞窟，其窟号和各窟主像布局如表一[①]：

表一

窟号	东壁	北壁	西壁
14：1 （4A）	×	–	–
5：11 （5A）	×	–	–
5：10 （5B）	×	–	–
11：16 （11A）	×	– -	–
11：7 （111）	×	–	×
13：6 （13C）	– -	–	×
23 （22）	| |	– -	| |
24 （23）	– -	× - ×	– -
28 （27）	–	– -	
33：6 （32H）	×	– -	–

---

① 此表参照宿白：《云冈石窟分期试论》，《考古学报》1978 年 1 期。水野清一、长广敏雄：《云冈石窟》，京都大学人文科学研究所，1951 年。窟号用云冈石窟文物保管所新编号，括号内为水野清一等《云冈石窟》的编号。

续表

窟号	东壁	北壁	西壁
33	－	⹀	×
34	？	⹀	－
35	×	－	－
40	×	－	？

⹀ 二佛并坐像　　－坐佛像　　｜立佛像　　×交脚弥勒像　　？不明

其他如 13:29（13a）、13:1（13d）、13:16（13f）、13:17（13g）、13：27（13b'）、22：1（21B）、32:11（31I）、32:12（31J）、32:14（31L）、40:1（39A）、40:2（39B）、41 等小窟亦是三壁三龛式，但或因损毁，或因资料全然欠缺，故此暂略。以下试就坐佛和交脚弥勒的样式以及主像组合三方面讨论其年代问题。

首先，各窟坐佛的衣纹可区分为两大类，如表二：

表二

早	特征	衣纹采用高浮雕，间隔较宽，感觉厚重。下摆前半部以两个半椭圆形式下垂，后半部下垂部分短小。
	窟号	13:6（13c）；28（27）北；28:2（27B）北、东；11:16（11A）北、西；24（23）西；34 西。
期	纪年	28:2（27B），正始四年（507）。
晚	特征	衣纹采用浅浮雕，接近密折式平行线条。下摆除椭圆形衣角以外，亦明显表现了宽长下垂的下裳后部。底纹复杂而具规律性，左右对称。
	窟号	35 南；5:10（5B）西、北；5:11（5A）北、西。
期	纪年	19:2（19B），延昌四年（515）。

其中 19:2（19B）窟延昌四年龛虽不在本文讨论范围之内，但其坐佛样式与表内所列的晚期坐佛极为相似，正好证明至少在延昌末年以前云冈已发展出这种样式，而与 28:2（27B）窟正始四年的纪年相配合，二者为早晚二期的年代提供了最好的解答。

其次，在交脚弥勒方面，若想在此处寻出分别早晚的根据，必须从前期找寻线索。表三是中部主要洞窟中交脚弥勒像龛形和服饰的概况[①]：

表三

窟号	位　置*	龛　楣	服饰
16	南壁中央西侧（V11. 76）		旧
	南壁中央东侧（V11. 71）		旧
	明窗西壁（V11. 57）		旧

① 参照水野清一、长广敏雄：《云冈石窟》。

续表

窟号	位　置＊	龛　楣	服饰
17	北壁主像（V12） 明窗东壁（有太和十三年铭）（V12.13） 南壁东侧（V12.38） 栱门西壁二龛（V12.9） 栱门东壁（V12.7）	无龛 （折叠式七佛）	旧 旧 新 新 新
18	南壁西侧（V12.100） 明窗东壁（V12.84） 明窗东壁（V12.83）		旧 新 新
19	栱门东壁（V13.4） 栱门西壁（V13.67） 南壁东侧（V13.76）		旧 新 旧
7	后室北壁（V4.33） 后室南壁上部东侧（V4.10ㄴ） 后室南壁上部西侧（V4.115） 后室南壁第一层西侧（V4.123）	非楣拱龛	旧 旧 旧 旧
8	后室北壁 后室南壁上部西侧（V5.35） 后室南壁上部东侧（V5.111）	？（损毁）	？ 旧 旧
11	中心塔柱南壁（V8.54） 西壁下层南侧（V8.53） 西壁下层南侧（V8.51） 西壁上层北侧（V8.42） 东壁上层中部（V8.32） 东壁下层中部（V8.23） 南壁下层西侧（V8.21） 明窗东壁（有太和十九年铭）（V8.9）	非楣拱龛	新 新 旧 旧 新 旧 旧 新
9	后室西壁第一层（V6.77）	屋形龛	旧
10	前室西壁（V7.8）	屋形龛	旧
5	西壁第四层（V2.43） 西壁第三层（V2.48）		新 新
6	中心塔柱东壁下层（V3.142） 中心塔柱西壁下层（V3.99）		新 新

　　＊括号中数字为水野清一、长广敏雄所著《云冈石窟》之册数与图版号码

从表可看出交脚弥勒新旧服饰的转换，以及楣拱龛的发展。据此可以判断第17窟南壁和拱门东西两壁三龛，第18窟明窗东壁两龛，第19窟拱门西壁以及第11窟东壁上层中部等龛的年代是属于第三期，而其他则属第二期。

新型的菩萨装束披帛，即交脚两旁翘起的衣褶，是第 5、6 窟的主要装束，在其他第二期窟中仅见于第 11 窟（中心塔柱南壁，西壁下层南侧龛）。可见，此一改变和孝文服饰汉化在佛装上的影响是一致的①。至第三期，菩萨装束继续此一传统，只是身形开始拉长，以迄自延昌以后为尤甚。由三个有纪年的龛可见这整个演变过程：第 17 窟太和十三年龛仍是旧服饰，第 11 窟太和十九年龛已是新服饰，身形较清瘦，而此一趋势，到第 35 窟的延昌四年龛就更明显了。

在龛形方面，楣拱龛在相当于第 7、8 窟时期开始以⎍和⎍形式出现，在第 9、10、11 窟时期，交脚弥勒还不一定都出现在楣拱龛中，而到第 5、6 窟以后，据可见资料，交脚弥勒的龛形就已经都是楣拱龛了。楣拱龛楣上一般都是帐饰或浮雕飞天，至第三期晚期，新型的折叠式七佛的图案开始出现于龛楣，第 35 窟拱门西壁的延昌四年龛就是一个例子。根据此一标准，有同样图案的 35、5∶10（5B）、5∶11（5A）和 4∶1（4A）四个窟也可归于同一个年代范围，而这正好也与上述坐佛分析中的结果相吻合。

最后，主像的组合也可以提供分析年代的线索。从第一表可以看到云冈石窟的三壁三龛式窟有两类主像，即释迦多宝并坐像和单一的坐佛。释迦多宝并坐像见于第 11∶16（11A）、13∶6（13C）、23（22）、24（23）、28（27）、33∶6（32H）、33、34 窟，若与前两项坐佛和交脚弥勒的分析结果相比较，则除了因资料不全而无可判断的第 23（22）、33∶6（32H）、33、28∶2（27B）窟以外，其他都是一致的。

因此，根据可见的资料，云冈第三期各窟应可以永平、延昌之际，即六世纪十年代为标准略分为前后两期，上限在迁都之后，紧接第 5、6 窟时期，下限在北魏末期。第 13∶6（13C）、28（27）、11∶16（11A）、24（23）、34 等窟较早，第 35、5∶10（5B）、4∶1（4A）、5∶11（5A）窟较晚。

龙门石窟、巩县石窟与云冈石窟第三期之关系。龙门石窟和巩县石窟的三壁三龛式窟在窟形和主像组合上已和云冈石窟不同。在这里，一铺佛像以一佛二菩萨二弟子为主，新型的菩萨装坐佛开始出现。其各窟的窟形及主像组合如下（图 1）。

若从窟形和主像组合上看，药方洞的年代最早，魏字洞、皇甫公石窟和巩县第 5 洞较晚，但若依主像的造型判断，最早是魏字洞，最晚是药方洞和巩县第 5 洞。五个窟的菩萨彼此差别不是很大，但与云冈石窟就有明显不同。五个窟的胁侍菩萨大多在肩上多了两条带环的带子，披帛的样式和云冈石窟的胁侍菩萨也不同，交脚弥勒较接近云冈第 4 窟南壁正光纪年龛的弥勒样式。云冈第 4 窟南壁的交脚弥勒明显的是很晚的样式了。

---

① 参照宿白：《〈大金西京武州山重修大石窟寺碑〉的发展与研究》，《北京大学学报》（哲学社会科学版）1982 年 2 期。

这五个洞窟，据最近的考订，其开凿时间先后如下①：

1. 魏字洞　正光四年以前　公元 523 年以前

2. 普泰洞　与魏字洞时间接近

3. 皇甫公石窟　孝昌三年　公元 527 年

4. 药方洞　约当孝昌末年

5. 巩县第 5 洞　较皇甫公石窟略晚

以上情况或可说明，龙门四洞窟的开凿年代非常接近，各像先后陆续地雕凿，细部分期的意义已经不大。巩县第 5 洞约相当于皇甫公石窟而略晚。五个洞窟都明显地较云冈为晚。

云冈第三期洞窟和此两处石窟的关系，可以交脚弥勒像和坐佛为例作进一步的讨论。弥勒像在龙门和巩县两处出现了云冈所无的独特样式——菩萨装的坐像，见于魏字洞左壁、皇甫公石窟右壁和巩县第 5 洞东壁。云冈虽然不见这种弥勒，但在第 18 窟明窗东壁有一坐姿特别的菩萨，即非交脚，亦非如龙门、巩县的坐像，似可视为二者过渡时期的造像（图 2）。坐佛可以云冈第 5：11（5A）窟西壁、魏字洞后壁及巩县第 5 洞西壁三例作为此一时期佛像样式演变的极佳说明（图 3、4、5）。首先，龙门和巩县的坐佛盛行在右肩雕一弧形的披肩，这一特点在云冈到了第三期早期尚未出现，但在晚期洞窟中的第 5：11（5A）窟西壁坐佛的右肩却有一长形的披肩。至于衣纹，从云冈第 5：11（5A）窟、魏字洞到巩县第 5 洞可见一完整的演变过程。魏字洞和云冈第 5：11（5A）窟基本上属于同一类型，但前者显然趋于成熟。此时下裳前后部的表现区别仍很明显，至巩县第 5 洞，前后部的区别就已经很不清楚了，交坐的腿部衣纹也表现得较为图案化。介于这两者之间的过渡型可见于普泰洞后壁坐佛，其腿部衣纹与巩县第 5 洞坐佛类似，但下摆的表现法显然稍早（图 6）。

由于魏字洞后壁主像从造型样式上看是龙门四洞中最早的，紧接云冈第三期晚期，而魏字洞的年代也是四洞中最早的，根据以上的讨论，若说龙门和巩县三壁三龛式窟是云冈三壁三龛式传统的发展期应该是合理的。也就是说，在皇室迁都洛阳以后，云冈石窟仍然是中国北方佛教艺术的中心，至少在正光以前仍然有能力影响龙门。据此，日本学者水野和长广所持的，迁洛以后龙门石窟艺术影响云冈第三期石窟，以及进而用"龙门型"来概括云冈晚期造像的看法是有待商榷的②。

（摘自《中国石窟·云冈石窟》（二），文物出版社，1994 年）

---

① 参照宿白：《洛阳地区北朝石窟的初步考察》，《中国石窟·龙门石窟》1，1987 年。

② 参照水野清一，长广敏雄：《云冈石窟》。

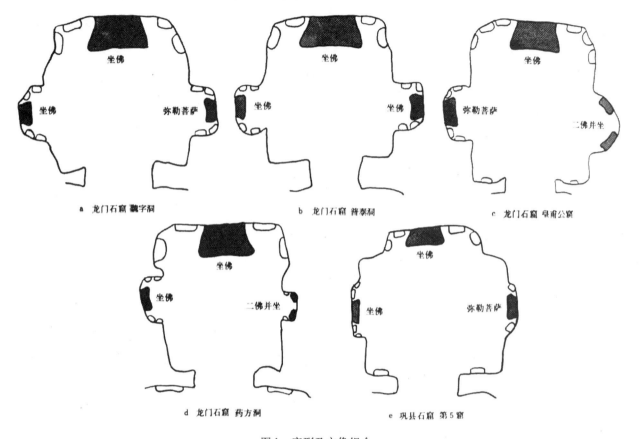

a 龙门石窟 魏字洞　　　　　　　　b 龙门石窟 普泰洞　　　　　　　　c 龙门石窟 皇甫公窟

d 龙门石窟 药方洞　　　　　　　　e 巩县石窟 第5窟

图1　窟形及主像组合

图2　云冈石窟第18窟明窗东壁　弥勒菩萨坐像

图3　云冈窟第5-11窟西壁　坐佛

图4 龙门石窟魏字洞正壁 坐佛

图5 巩县石窟第5窟西壁 坐佛

图6 龙门石窟普泰洞正壁 坐佛

龙王庙沟西侧古代遗址清理简报

赵曙光

龙王庙沟即云冈石窟第4、5窟间的山谷，清代山谷北端建有龙王庙，龙王庙沟即由此得名。

1987年6月至12月，云冈石窟文物保管所为保护龙王庙沟西侧的石窟（现编号为第5：16至5：29窟）进行施工。在清理窟前积土时，发现了积土底部的遗址，遂对此进行了清理和小规模的发掘。这次清理面积近300平方米，对重要地段进行了开方发掘。共开2×5米的探沟一条，3×3米的探方十个。清理出房屋基址三座，地炕基址一处。出土瓷、陶、石等生活用具及货币、装饰品等约30件，获得了一批重要的实物资料。对了解云冈石窟的历史风貌，提供了宝贵的科学依据，现将这次清理发掘的资料，简要报道下：

一 地层堆积

龙王庙沟遗址的地层堆积较厚，一般为3.7~4米，属坡积相堆积。其中包含有辽和清的两次堆积，现以T1的东壁剖面为例，介绍如下（图1）。

第一层：耕土层。

厚0.14~0.45米，内杂有近代的砖瓦碎块及山上冲刷下来的杂质土，土质疏松，空隙大。

第二层：扰土层。

厚约1~0.68米，可分为三层。

A：褐黄色砂土。厚0.65~0.32米，土质较松散，内杂有砖瓦碎屑及烧土颗粒。

B：红褐色土。厚0.3~0.04米，为山上泥沙壁面页岩风化碎屑、崩毁的石砾的混杂堆积。

C：黄灰色土。厚 0.4 ~ 0.16 米，清代扰层，内杂有清代的板瓦块、瓦当残片、瓷片及土块等。

第三层：风成土。

厚约 2.6 米，可分为四层。

A：黄色土。厚 1.4 ~ 0.05 米，土质细密，较纯净，内含有少量的砂粒及炭屑。

B：灰黄色土。厚 1 ~ 0.2 米，土质疏松纯净。

C：杂色土。厚 0.5 ~ 0.25 米，为红烧土、砖瓦碎屑及石砾等。

D：黄色土。厚 0.4 ~ 0.25 米，土质绵细，纯净。

第四层：文化层。

厚约 0.2 ~ 0.1 米，红烧土中杂有大量勾纹砖、花边板瓦、筒瓦残片、瓷片、陶片以及木炭、铁钉等。属于这一时期的遗迹有房屋基址、地炕等。

第四层以下为岩面。

二　遗迹

这次发掘清理了三座房屋遗址，从南向北依次为 F1、F2、F3，其中 F1 为窟前厅堂遗址，F2 为蓄水池，F3 为僧房遗址。

F1　厅堂遗址

F1 厅堂遗址位于第 5：29 窟至第 5：26 窟之间的第四层，坐西朝东，平面呈"凸"形。中间台基平面呈长方形，东西缘长 6.3 米，南北缘长 13.1 米，两侧各置一小台基。北台基东西缘长 4.95 米，南北缘长 3.4 米；南台基东西缘长 4.1 米，南北缘长 3.6 米，总面积为 103.6 平方米（图 2）。居住面已残破不全，仅存第 5：28 窟前的覆地残砖。我们在这个台面上开了 2 × 3 米的探沟三条（T2、T3、T4），基本搞清了 F1 台基的做法。F1 是于山体岩石凿成的平面上构建的窟前崖阁，岩面走向北高南低。F1 在起台基时利用了以前的积土，根据总体的设计开挖基槽起墙建基。

由于地势走向的缘故，中部台基前沿基槽高 0.48 米，宽 0.6 米，长 13.1 米；南部台基基槽宽 0.6 米，高 0.52 米；北部台基利用以前的岩石凿成的坑壁作为墙面，高 40 厘米，又再挖槽。中部台基的挡土墙为先起部分，其东沿长 13.1 米，现存两段，分别长 2.9 米、1.6 米，高 0.45 米；南沿挡土墙长 2.5 米，现残长 1.44 米；北沿墙亦应长 2.5 米，现残长 1.3 米。由于 F1 基下岩面北高南低，如果要使基面持平，北墙应高 0.32 米，现高 0.32 米；南墙应高 0.48 米，现残高 0.34 米。南北挡土墙均与石崖相距 3.5 米，未与石壁相接形成封闭的整体，可证其与南、北二个小台基的设计是一次性的。

南部台基较中间台基前沿挡土墙向后1.9米，较中间台基向西偏4度，这里地势较低，其墙起的高度如与中间台基相平，必须高出0.83米，现东墙残长2.48米，高0.25米；南墙残长3.6米，高0.32米，北墙无。

北部台基较中间台基前沿靠后1.3米，其挡土墙系利用山体岩石凿成，北墙长4.25米，东墙由于岩石不完整，因此用砖补砌而成，宽0.72米。

在挡土墙外置散水及护沿砖。北部基面的挡土墙系由岩石凿成，不设散水，散水的铺设在中间基面东北角挡土墙外结束。

其具体做法如图3所示：

a. 在基岩上铺垫0.06米厚的土层，呈浅黄色，质地细密。

b. 在土上覆设一层0.015米厚的白灰，其上南北向纵列单层卧砖，其后叠土与砖面平。土质同上。

c. 在单列卧砖之后的土上，叠作四层同向卧砖，砖向内有0.004米的收分。

d. 在单列卧砖之前加白灰料礓石，宽0.17米，高0.08米，质地坚硬。

e. 在其上覆设黄土一层，与单砖厚同。

f. 于黄土之上紧贴卧砖设丁砖一层作为散水，于散水前立二层护沿砖，散水至台面高度为0.13米。

g. 于护沿砖前覆土与散水持平。

柱础的置放

柱础石宽0.56米，长0.56米，高0.33米，系用砂岩石制成，素面无雕饰，柱础面较平，四周凿痕仍可辨。其下夯土坚硬。现存中部台基南侧柱础石一，其顶面与基面相平。

台基内部以原有土层为底，上垫夯土，夯打结实平整，铺设白灰厚约1厘米，覆设方砖，基面完成。最底层的岩石底面是由砂岩和页岩组成，风浸水蚀严重。

在残破的崖壁上有两组梁孔——大梁孔和双梁孔（图4）。可见第5：28窟前曾有过两次建筑，且均以第5：28窟为中轴线。由于我们发现的柱础与双梁孔的南二正相对，可证F1基面是双梁孔组的建筑基面。F1面阔三间11.4米，使用上、下梁，左右耳室各一。由梁孔测得结果：明间面阔3.95米，左次间3.72米，右次间3.73米，进深4.9米，梁孔底至柱础高3.97米（梁孔情况见表一）。左右耳室台基面上未发现柱础，难以推断其进深。但在北耳室正对北墙的崖壁上有一方形梁孔痕迹，但风化甚重，它距北二梁孔3.2米，距地高度3.55米，如果这是耳室的梁孔，则此耳室面阔3.2米。南耳室由于崖壁崩毁，又不见柱础，无法推断。

F1中，我们开了T2、T3、T4探沟，均未发现另外的基址，探沟中文化内涵与F1基面相同，出土有少量的兽面筒瓦、羽状纹板瓦残片。由此推测，双梁孔组建筑在起台基 Fl 时，清理掉了大梁孔组建筑的残迹，大梁孔建筑的基面设置很可能像云冈第 9、10 窟前"地栿"作法①，后由于水蚀，渐被削平。但有一点可以肯定，大梁孔组建筑是龙王庙石窟首次木构窟前建筑，其面阔三间，为单梁一面坡式建筑（见表二）。值得注意的是在梁孔下底均有一竖槽，推测其为固梁之用。

表一　双梁孔建筑遗迹表（单位：厘米）

		南二	南一		北一	北二
上梁孔	宽	23	26		√	√
	高	33	35		35	35
下梁孔	宽	33	33	5:28 明窗	33	34
	高	55	45		46	38
	相距	36	40		44	44

表二　大梁孔建筑遗迹表（单位：厘米）

		南二	南一		北一	北二
	宽	35	36		30	34
	高	√	85		√	94
竖槽	宽	9	12	5:28 明窗	10	10
	长	15	15		10	10
	深	15	25		（残）8	18

注："√"为风化，又可辨者。

F2　蓄水池遗址

F2 位于 F1、F3 之间，南北长 7.5 米，东西宽 3.6 米（至坑西沿），无西墙，其正中为一凿出二层台的长方形坑，整个坑面北高南低，南侧台面较北侧台面低约 0.4 米。坑可分为池与二层台两部分。

1. 池

约占坑之三分之二，南北 4.15 米，东西 2.8 米，深 2.05 米，边缘齐整，遗有斜凿整齐有规则的凿子印痕。在池之东北角处有一缺口，高 0.35 米，长 0.6 米，用砖补砌而成。底部有一层厚约 0.3 至 0.4 米的硬土，质地坚硬，纯净细密，夹有少量白灰。

2. 台

位于坑之南侧，长 1.9 米，宽 2.7 米，深 0.48 米。台壁整齐，于南壁东端有一缺口，长约 0.7 米，宽 0.7 米，以砌砖补齐，台上亦有一层硬土，厚约 0.2 至 0.15 米，并在台的东南角，发现了两件白瓷小圈足大碗，碗底墨书"石寺"二字。另外还有陶

---

① 云冈石窟文物保管所：《云冈石窟建筑遗迹的新发现》，《文物》1976 年 4 期。

盆残片、黑釉缸胎残片等。在台之东壁上有斜立的卧砖三块，连接置于夯土之上，与地面呈 78 度。

3. 坑外设施

坑外东沿 0.4 米处有一砖砌残墙，高 0.85 米，宽 0.5 米，长 2.6 米，墙之南段发现有一柱洞痕迹，内有少量木炭，柱洞直径 15 厘米，墙之南段已毁。

南沿发现有两块残砖砌于石台之上，上下均有白灰浆，视其宽度为 0.75 米，很可能是 F2 之南墙。

北沿是与 F3 共同的一堵墙，详见 F3 之南墙。

F2 可能是一个蓄水池（图 5）。1、F2 池之西缘距石窟壁 3.1 米，崖壁上可见有过建筑遗迹，但十分狭小，不可能是与 F2 成为一体性的建筑。2、F2 不是一个封闭性的建筑，其北、东、南三面均有一定的砖墙建筑痕迹，但西面岩底上却不见有墙的痕迹。3、从池内文化层中瓦砾的堆积来看，它不具备有顶部的条件。T1 第四层中的瓦砾及红烧土痕迹只于其东北部 3.25 平方米的地方有呈坡状厚约 1.5～0.45 米的堆积，这可视为是 F3 之房屋倒塌而造成的。4、坑西沿至崖壁一段地面向东倾斜 4.8 度，这如果不是为了山水蓄积的方便，恐怕就难以解释这种现象了。

F3　僧房遗址

F3 位于 F2 之北，T_1 第三层之下。在第三层以上全部揭去后，第四层布 3×3 米探方十个，F3 即位于 $T_1 66$、$T_1 67$、$T_1 68$、$T_1 71$、$T_1 72$、$T_1 73$、$T_1 76$、$T_1 77$、$T_1 78$ 探方之下（$T_1 81$ 位于 $T_1 76$ 之北），它坐南朝北，东西宽 4.5 米，南北长 6.6 米，面积约 30 平方米（图 6）。

南墙：长 4.7 米，现残长 2.22 米，厚 0.35 米，残高 0.8 米，直接起于岩石基面，底部未见地基凹槽，由黏土堆砌而成，质地纯净，内未见分层和夯窝，外表皮抹一层厚约 0.01 米的草拌泥。整个墙壁红黑相间，似是遭过火焚的痕迹。墙东端有一方石，长宽各 0.5 米，高 0.2 米，石面凿痕规矩而纤细，紧靠方石之西有一柱洞，直径 0.24 米，无侧角。南墙西段已毁。

东墙：长 6.5 米，厚 0.5 米，残高 0.6 米，墙基保存完整，由片石砌成，内外抹草拌泥。

西墙：墙体单薄，厚约 0.2 米，残长 2.2 米，残高 0.48 米，其北端为一侧门，宽约 0.86 米，地面凿有凹槽，低于地面 0.08 米，内垫有细腻的褐色土。门北柱础石一，柱础靠门一侧开一凹槽，宽 0.11 米，长 0.08 米，可能用以安装门框。槽南地面起一土台，残高 0.1 米。在侧门之南 0.6 米处的墙内有一柱洞，直径 0.1 米。内残存木炭屑痕。残墙南端为一砂岩柱础，顶面光洁，凿痕纤细，其下底有厚约 0.02 米的叠土，宽长均为 0.5 米。柱础南侧岩石上残存高约 0.02 米的土墙痕迹，长 1.1 米，宽 0.2 米，属 F3 西墙之南段。

西墙以西与崖壁间有 2 米多的距离，似可看作 F3 之西廊，长 5.3 米，在第四层瓦砾之下发现有黑色的煤渣痕迹，其中发现有白瓷器碎片、砚台、铜币等物。西廊的最北端与 F3 北墙在一条线上，有一半砖砌的墙体，墙体单薄粗糙，厚 0.2 米，黄泥粘连，不勾缝，似为后加的临时性墙体。

北墙：保存较完整，凿平岩体作墙基，长 4.8 米，宽 0.26 米，高 0.1 米，正中凿出门坎，宽 1.1 米，于门之左右起土墙，残高 0.15 米，厚 0.2 米。门框左右约 0.45 米处的土墙内侧各有一柱洞，直径 0.1 米，深 0.1 米，内残存木炭痕迹。

北墙以北为外间，位于 T_176、T_177、T_178、T_181 四方之北，由于时间关系，没能继续开方。就现状观察，外间宽 4.8 米，东、西墙体均为石块砌成，正中为门的过道，宽 1.8 米，左右各起一土台，台沿与北墙内木柱成一直线。台高 0.06 米，宽 1 米。在西台角上发现了一鸡腿坛，内有粉状粮食作物。

F3 为一居室，我们在 T_172、T_167 内发现瓷枕三件，灯碗两件，残砚两块及细瓷白釉小碗等物。居室中南部为一地炕，可分为上下两部分。下炕与地面相平，上炕较下炕高 0.6 米。具体做法：砌好炉灶，盘好烟道，在其上覆炕板石，糊泥抹平，在其上轻施白灰浆，然后覆砖。下炕长 4.8 米，宽 3.8 米，面积 18.24 平方米。上炕是于下炕之南端起一小土墙，高 0.6 米，厚 0.2 米，在小墙与南墙间起垫 0.13～0.15 米厚的黏土，然后从小墙间向上斜穿过烟道，通过上坑，汇集于南墙根下的总烟道。烟道之下铺小石片，烟道之上覆炕板石，板上覆泥，而不再铺砖。上炕长 1.75 米，宽 3.8 米，面积 6.65 平方米。

取暖设施是由炉灶和烟道两部分构成。炉灶可分为火膛、灰道、灰仓三部分（图 7）。火膛为一直径约 0.25 米、高 0.23 米的袋状，四周壁及台面为烧得坚硬的红烧土，膛内烟道四条。灰仓呈长方形，东、西、北三面各砌一块石片作为坑壁。炉膛与灰仓间灰道为椭圆形，直径 0.1 米，呈坡状，在灶内未发现炉算或炉条。仓内残留有厚 0.17 米燃过的炭渣。烟道走向为东、东南、西南和西向各一，烟道口高 0.13 米，宽 0.07 米。西烟道长 4.4 米，没有分支。西南主烟道共有四条支道；出火膛 0.5 米后分为左、中、右三支，右道长 4.2 米，中道长 3.1 米，左道又在 0.63 米处分出两条支道，各长 3.6 米。另外两条主烟道未经解剖，但在上炕进行解剖时，东侧亦发现五条烟道汇集于总烟道上，当为这两条主烟道出膛后的分支。总烟道位于南墙根下，长 2.85 米，宽 0.17 米，深 0.15 米，由于上炕西南角残毁，现残长 1.63 米。在 T_166 之北梁发现一石凿的方坑，宽 0.5 米，长 0.28 米，高 0.38 米，内有黑色的烟灰痕迹，此坑正处于 F3 之西墙外，也正是总烟道及西主烟道和西南主烟道右支末端所指方向，初步估计此即为烟囱的位置所在。

从现存石壁立面上可见四个长方形檩孔（图8），呈两面坡状下伸，其最南与最北端的檩孔正与F3之南北墙于一条直线上，脊檩的位置正于F3之上、下炕的分界处。由此判断，F3使用了崖面，是一座坐南朝北的两面坡建筑居址。

三　遗物

1. 瓷器

白瓷大碗　2件。F2④：01，高7.2厘米，口径20.4厘米，足径6厘米。大敞口，弧腹，小圈足。胎洁白细腻，内外施满釉，釉色光亮度较强。碗内底有十粒垫烧疤痕，外底墨书行体"石寺"二字（图9j）。

白瓷小碗　1件。T₁66④：04，高3.6厘米，口径6.6厘米，足径3厘米。尖唇，弧腹，小圈足。内外施满釉，胎洁白细腻，轻薄透亮；釉纯白润泽晶莹（图9a）。

暗花小碗　3件，T₁71④：15，高4厘米，口径12厘米，底径2厘米。尖唇，敞口，斜腹，小圈足。胎体轻薄，细腻洁白，内外满釉。芒口，内划暗花曲线（图9d）。

折沿盘2件，分二式。

Ⅰ式　T₁77④：23，高2.2厘米，口径13.6厘米，底径4.8厘米。敞口，折沿，平斜腹，圈足。胎黄白，釉色白中泛黄，略显枯涩（图9h）。

Ⅱ式　T₁81④：25，高4.4厘米，口径19.2厘米，底径8厘米。敞口，折沿，斜腹，圈足。胎灰白，可见有白色胎衣，釉色白，有细密的冰裂纹，盘内底残存垫烧疤痕（图9i）。

瓷枕3件，分二式。

Ⅰ式　1件，T₁67④：11，长30厘米，宽15.5厘米，高13.5厘米。枕面呈长方形，四壁斜腹，平底。胎灰白，二次施釉，内青外白，开冰裂纹。枕面白釉剔牡丹花，枕底露胎。枕边一孔，中空（图10a）。

Ⅱ式　2件，T₁67④：10，仅存枕面，呈马鞍状椭圆形，胎灰白，釉色白而不匀，素面。T₁67④：12，高14.2厘米。残存小半。枕面椭圆形，斜腹，平底。胎灰白，釉白中夹青，润泽光亮。

小碟　1件。T₁72④：19，高2.4厘米，口径6.2厘米，底径3.4厘米。敛口，折沿，斜腹，平底。泥质灰胎，内施黑釉，釉涩干枯，外壁素胎（图9b）。

兔毫碗　1件。T₁66④：27，高4.7厘米，口径9.4厘米，底径3.3厘米。尖唇，敞口，弧腹圈足。口沿内外施黑釉夹兔毫条纹，有玻璃质感，胎黄白（图10b）。

黑瓷碟　1件。T₁67④：03，高3.4厘米，口径13.4厘米，足径5.8厘米。大敞口，平斜腹，下附圈足。灰黄胎，酱黑釉，碟内中心一圈刮釉，外壁少釉，圈足素胎

（图9e）。

灯碗　3件。T₁76④：20，高2.8厘米，口径8.4厘米，底径3.4厘米。敞口，圆唇，斜腹，平底。灰黄色粗砂胎，碗内壁施黑釉，唇及外壁均素胎（图9c）。

酱釉剔花罐　1件。T₁81④：26，残高13.4厘米，底径9厘米。腹直，底端内折，圈足。腹壁可见弦纹两道，剔划花纹纤细。灰白胎，内外酱釉，腹底，圈足素胎。

青瓷碗　1件。T₁77④：28，残高5厘米，口径14厘米。圆唇，小折沿，敞口，弧腹，圈足，胎灰质密，釉色青绿，有玻璃质感，碗内壁划花及晕纹，内外有蚯蚓冰裂纹。

绿釉剔花大罐　1件。T₁66④：07，残高31.5厘米，口径13.5厘米，最大腹径21.9厘米。敛口，卷唇溜肩，鼓腹，底残。胎厚重，白中泛黄，内外施绿釉，下腹至沿下剔刻波浪形二方连续叶饰（图10c）。

绿釉印花罐　1件。T₁66④：08，残高32厘米，最大腹径23.5厘米，底径16厘米。溜肩，鼓腹，平底。胎白中夹黄，质较疏，内外施绿釉。釉色不均，较枯涩，外壁从肩到下腹部均印有连续花纹图案。

鸡腿坛　2件。T₁81④：24，高41厘米，口径5厘米，足径7.5厘米。全形瘦高，套口，溜肩，长弧腹，平底内凹。白砂缸底，内外施黑釉（图9k）。

2. 陶器

泥质红陶盆　1件。F2④：02，高10.5厘米，口径46.5厘米，底径26厘米。大敞口，平底，斜腹，胎黄红色（图9I）。

套钵　1件。T₁71④：14，高3.8厘米，口径12.2厘米，底径5厘米。泥质灰陶，平沿，方唇，折领斜腹，平底，内底套一小钵，尖唇，斜腹，尖圆底（图9g）。

钵　1件。T₁77④：21，高2.8厘米，口径8.2厘米，足径3.4厘米。泥质灰陶，尖圆唇，敞口，弧腹，平底（图9f）。

澄泥砚　2件。T₁66④：06，长8厘米，宽6.2至5.5厘米，高1.8厘米。砚身梯形，墨膛与墨池呈"凵"字形，墨膛平滑，长4.9厘米，墨池呈尖槽形，长2.5厘米，砚底正中凹印款识"嘉制"（图11a）。

T₁67④：13，残长17厘米，宽10.5厘米，厚2.3至0.9厘米，砚身长方形，墨膛圆形，径7.2厘米，周边弦纹一道，膛面微内凹，墨池残。砚底中间与墨膛中心对应有凹印款识，残存右行"西京仁和坊冯……"，左行缺（图11b）。

3. 石器

石球　1件。T₁66④：05，球径1.9厘米，青石磨制，表面光滑。

石扣　1件。T₁67④：09，长4.1厘米，宽1.1厘米，高0.5厘米，扣身呈竹节状，青石磨制，分四节，两端各一眼，径0.3厘米（图12）。

4. 钱币

3 件。均为铜制。

"太平通宝" 1 件。T₁66④：16，径 2.5 厘米。两面均有廓，内薄，锈蚀严重。

"天禧通宝" 1 件。T₁66④：17，径 2.5 厘米，两面有廓。

"景德元宝" 1 件。T₁71④：18，径 2.5 厘米，背面无廓（图 13）。

5. 瓦件

龙王庙清理出了大量的瓦件其特点是规整结实，质料优良，做工精细，主要有简瓦、板瓦、瓦当、滴水、残破的脊兽及少量的琉璃瓦件。较大型的瓦当、滴水多出于F1④，主要为兽面纹 I 式，羽纹 I 式；较小型的瓦当多出于 F3④、F2④，大量的是兽面纹Ⅳ式和羽纹Ⅱ式。

瓦当共五种，可分为兽面纹四式和莲花纹。

兽面纹 I 式　F1④：29，径 16.5 厘米，厚 1.8 厘米，从内向外依次为兽面、凹联珠波纹、双弦联珠纹。兽面上窄下宽，有肌肉发达之感。边宽 2 厘米（图 14a）。

兽面纹Ⅱ式　F1④：30，径 15.5 厘米，厚 1.7 厘米，正中兽面粗眉大目，阔口方齿，欠生动。径 10 厘米，外围小联珠，边宽 3 厘米（图 14b）。

兽面纹Ⅲ式　T₁81④：31，径 15 厘米，厚 1.4 厘米，正中兽面环眼阔鼻，獠牙外露，须发浓重发达，圈以联珠纹，边宽 2.3 厘米（图 14c）。

兽面纹Ⅳ式　F2④：32，径 11 厘米，厚 1 厘米，正中兽面须发浓重，粗眉高额，周以弦纹，边宽 1.8 厘米（图 14d）。

莲花纹　F1④：33，径 16 厘米，正中七瓣莲花一枝，外围联珠环绕，周边呈坡状，宽 3 厘米，质地与兽面 I 式相同（图 14e）。

花边板瓦均为窄边滴水，共四种，可分为羽纹二式和条纹二式。

羽纹 I　F1④：34，外弧长 29 厘米，唇厚 5 厘米，瓦厚 2.5 厘米，上唇弦纹，下唇绳纹捺痕 10 个，中间为羽纹条带（图 14f）。

羽纹Ⅱ　F3④：35，较 I 式小，外弧 20.5 厘米，唇厚 3.5 厘米，瓦厚 2.0 厘米，图案花纹同 I 式（图 14g）。

条纹 I　F1④：36，外弧长 30 厘米，唇厚 4.5 厘米，瓦厚 2.5 厘米，上唇棱状弦纹，中间断续条带（图 14h）。

条纹Ⅱ　F2④：37，外弧长 22.5 厘米，唇厚 4.2 厘米，瓦厚 2.5 厘米，唇下绳纹印痕，中间为条带（图 14i）。

四　小结

龙王庙沟西侧遗址第四层瓦砾中共出土了铜币三枚，分别为"景德元宝"、"天禧通宝”、“太平通宝”，“景德”、“天禧”为北宋真宗年号（前者铸于1004～1007年间，后者铸于1017～1021年间）。辽圣宗时所铸的“太平”钱时代最迟（铸于1021～1031年间）。同时还发现了捺有“西京仁和坊 冯……”戳记的澄泥残砚。西京陶砚以前曾在辽庆州古城出土过，那方砚捺印的戳记为“西京仁和坊李让·罗土澄泥砚瓦记”[①]。这两方砚均是西京仁和坊所造，只是制造者不同，但其书体颇为一致，均为楷书。从以上瓦的造型风格以及出土的货币、古砚推断，龙王庙沟建筑及其使用时代为辽代。

龙王庙沟西侧遗址共发现了三座房屋基址，可分为礼拜区和生活区两部分。F1是作为礼拜性的厅堂使用的。其以第5：28窟为中轴线，台基呈“凸”字形，面积100平方米，基面上有残破的覆地方砖、础柱等；与基面相应的崖面上排列整齐的梁孔四组及脊檩槽，从这些遗迹可以肯定，F1为龙王庙沟西侧的主体建筑。生活区的建筑为F2、F3以及F3以北未发掘区。F2推测为蓄水之用，龙王庙沟建筑均位于山腰部位，距谷底约20米，由于上下困难和用水的不便，凿池蓄水是经济实用的。F3为居址，其外墙（东墙）用片石砌成，这在现今云冈附近民居建筑中仍是常用的建材；南北二墙为土墙，西侧有一夹墙与石崖形成一廊。西墙北端有一侧门，便于进入F1礼拜区和到F2取水。正门位于F3北墙正中，正门以北估计为F3的外屋，由于时间关系未进行清理，但从壁面残存檩孔来看，应是F3的附属建筑。这对于我们了解云冈石窟窟前建筑有很大帮助。

这次发现的地炕遗址完全于F3之内，面积24.9平方米，分上、下两部分，十条烟道，炕面用方砖铺砌，这是迄今为止首次发现的辽代居址中如此规模且完整的地炕。在腔内还发现了燃烧不完全的炭渣厚0.16米。

在第四层的瓦砾层中夹杂有许多红烧土块，F3的南墙、西墙、东墙表皮均呈黑红色，推测龙王庙西侧建筑遗址是遭到火焚而毁坏的；从出土的生活用具及其他遗物中均未发现有金代遗物，可以肯定其毁坏时代为辽代。

这次出土的生活用具主要是具有辽瓷特点的瓷器[②]，大致有两种类型：一种是高温细胎白瓷，以仿定白瓷为主，数量约占一半以上，一般都是细胎，挂黄衣施白釉。烧制方法很少使用覆烧，支足多用土球而少见支钉，一般有八至十个，如F2④：01白瓷大碗。但也有少量的薄胎细瓷，如$T_166$④：04白瓷小碗，$T_171$④：15暗花小碗等；另一种是高温缸胎茶绿、黑、褐色大型瓷器，器壁厚重胎粗，如绿釉剔花大罐、印花罐和鸡腿坛等。这些遗物的发现对于辽代寺院及僧侣生活之研究具有重要价值。

龙王庙沟古代遗址面积较大，除整个沟西侧外，沟北侧也有瓦砾堆积。1938年，

---

① 成顺：《辽庆州古城出土“西京古砚”》，《文物》1981年4期。

② 李文信：《辽瓷简述》。《文物》1958年2期。中国硅酸盐学会：《中国陶瓷史》，文物出版社，1987年。

水野清一等在云冈石窟调查中，于龙王庙沟北进行了小规模试掘（同时进行的还有沟西侧南端），发现了兽面纹瓦当和羽纹板瓦滴水等物[1]，以其完整程度推测，不像是经过人力搬运后的堆积。瓦的形制与此次清理出的兽面纹 I 式瓦当和羽纹 I 式板瓦滴水相同。可以肯定，沟北端亦曾有过一定规模的建筑，并与沟西侧的建筑为同一时期。

附　记

龙王庙沟西侧是云冈石窟的一处造像小区。1957 年，云冈石窟文物管理所在对石窟全面调查时，从崖壁木构建筑的遗迹得知杂石土内尚有窟龛存在，当时清理出其中较大的一个窟（现编号 5：28 窟）。为了搞清云冈北魏窟龛造像的全貌，本区清理工作经 1987 年报请批准，由云冈石窟文物保管所组织了施工和清理发掘两支队伍，同时展开工作，于当年完成了清理积土、建筑遗址发掘、窟龛和遗址测绘及山体加固等工程。

遗址清理发掘工作主持人：赵曙光。清理发掘者：员海瑞、李雪芹、陆屹峰、张海雁、员小云、罗红、张华。器物摄影：张海雁。器物绘图：王建平。

（摘自《中国石窟·云冈石窟》（二），文物出版社，1994 年）

---

[1]　水野清一：《云冈石窟调查记》，《东方学报》第 9 册。水野清一、长广敏雄：《云冈发掘记》，《云冈石窟》第 15 卷。

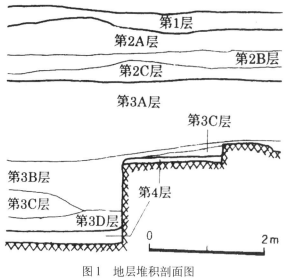

图1 地层堆积剖面图

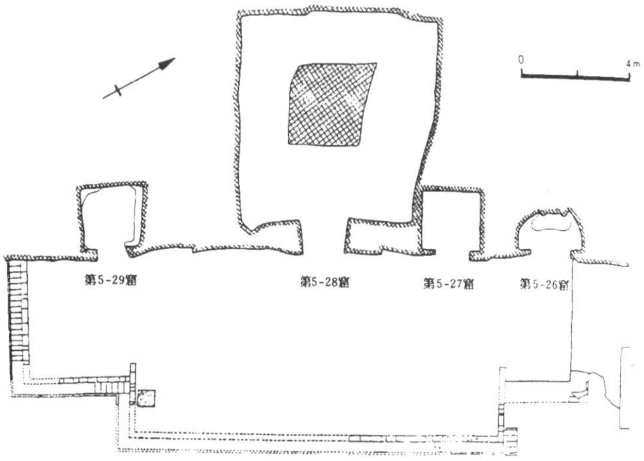

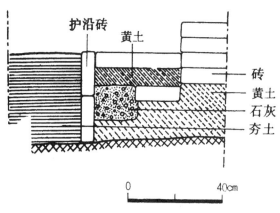

图2 厅堂遗址（F1）平面图

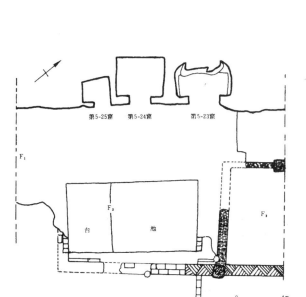

图3 堆积层与散水剖面图

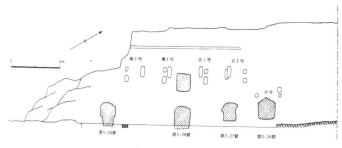

图4 崖壁立面图

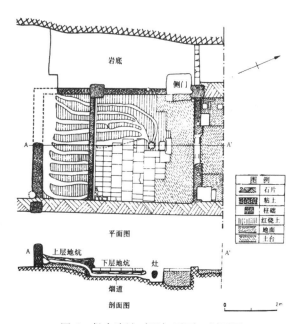

图5 蓄水池遗址（F2）平面图

图6 僧房遗址（F3）平面、剖面图

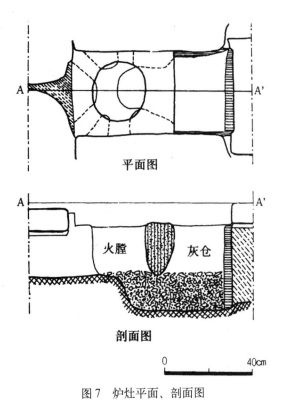

平面图

A———————A'

火膛　　灰仓

剖面图

0　　　　　　40cm

图 7　炉灶平面、剖面图

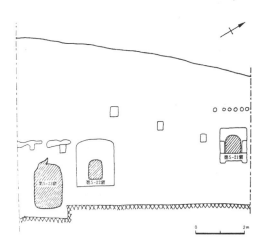

图 8　崖壁立面图

图 10a　瓷枕 1 式

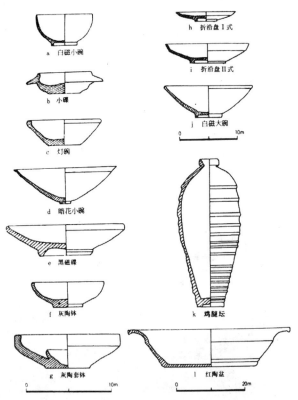

a　白磁小碗

b　小碟

c　灯碗

d　暗花小碗

e　黑磁碟

f　灰陶钵

g　灰陶套钵

h　折沿盘 I 式

i　折沿盘 II 式

j　白磁大碗

k　鸡腿坛

l　红陶盆

图 9　出土陶瓷器剖面图

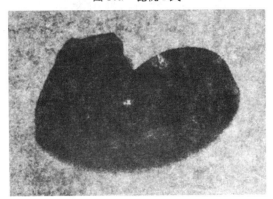

图 10b　兔毫碗（残片）

图 10c　绿釉剔花大罐（残片）

图11a 澄泥砚

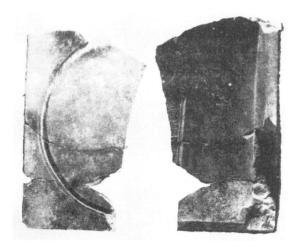

图11b 澄泥砚（残片）

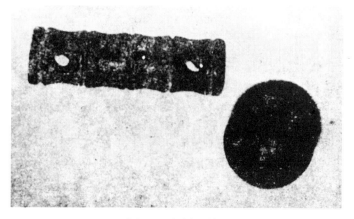

图12 石球与石扣

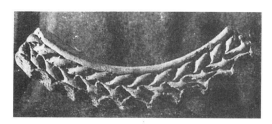

图14f 羽纹滴水Ⅰ式

图13 钱币

图14g 羽纹滴水Ⅱ式

图14a 兽面纹瓦当Ⅰ式　　　图14b 兽面纹瓦当Ⅱ式

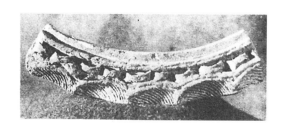

图14h 条纹滴水Ⅰ式

图14c 兽面纹瓦当Ⅲ式　　　图14d 兽面纹瓦当Ⅳ式

图14i 条纹滴水Ⅱ式

云冈第二十窟西壁坍塌的时间
与昙曜五窟最初的布局设计

杭 侃

昙曜在云冈为北魏太祖拓跋珪以下五帝开凿的五窟（习称"昙曜五窟"）以及因之而形成的"云冈模式"①，给中国石窟艺术注入了新的活力，风流所及，影响到北中国的许多地区②。但是，现存昙曜五窟的遗迹并不单纯，五个窟内的造像属于一、二、三期的都有③，本文对昙曜五窟中各期的造像进行进一步的区分，并在此基础上，试对云冈第 20 窟西壁坍塌的时间及昙曜五窟最初的布局设计进行初步探讨。

为便于问题的引出，这里首先论述第 20 窟。和平初年（460），沙门统昙曜奏请"于京城西武州塞，凿山石壁，开窟五所，镌建佛像各一，高者七十尺，次六十尺，雕饰奇伟，冠于一世"④，是为"昙曜五窟"，即今云冈第 16 至 20 窟。

20 窟主尊为结跏趺坐像，俗称露天大佛。从解放前日本人清理窟前遗址的情况看，20 窟原先并不露天，也应和其余 4 窟一样，是主尊占据窟中的大部分面积，具有宽大明窗的马蹄形平面，穹隆顶窟（图 1）。20 窟西壁的坍塌时间，日本学者推测为北魏以后，辽代以前⑤。根据笔者 1993 年 9 月对昙曜五窟调查的结果，我们认为 20 窟的西壁，应该在第一期西壁胁侍佛完成不久就开始坍塌了。

20 窟西壁立佛，现在仅存头光东部最外两层的一部分，立佛的其余部分均已残毁，其残毁的部分，以及 20 窟西壁与 21 窟东壁所共有的岩体，都经用现代化学手段进行了

---

① 宿白：《平城实力的集聚和"云冈模式"的形成与发展》，《中国石窟·云冈石窟》（一），文物出版社，1991 年。

② 宿白：《敦煌莫高窟现存早期洞窟的年代问题》，《香港中文大学中国文化研究所学报》，1989 年第 20 卷。

③ 宿白：《云冈石窟分期试论》，《考古学报》1978 年第 1 期。

④ 《魏书·释老志》，中华书局标点本。

⑤ 水野清一、长广敏雄：《云冈石窟》第十三卷、第十四卷本文部分，京都大学人文科学研究所，1954 年。

加固。此次我们在 20 窟的西壁，发现一处打破关系（图 2~4）。

从图中我们可以看出，西 N1、西 N2 两个释迦、多宝并坐龛，依其造像风格，开凿于云冈第二期，其中 N1 主尊着右袒式袈裟，乃是胡服改制前的形制。这两个龛现在也已经残毁，西 N2 打破西壁立佛头光无疑；而西 N1 根据残破现状复原以后，也应打破复原后的西壁立佛头光。

云冈石窟开凿于侏罗纪地层的砂岩体上，岩石以石英、长石为主，钙泥胶结、抗风化能力差，在自然界各种营力作用下，石窟岩体崩塌，雕刻品风化，洞窟渗漏水及岩体壁面淋蚀现象十分严重①。就昙曜五窟来说，以 20 窟主尊乳部为界，岩层明显地分为两层（图 5），其上为黄色砂岩，其下为紫红色砂岩，这种紫红色砂岩向 20 窟主尊东西侧延伸，以 19 窟西胁洞和 20 窟尤为明显。现在 20 窟主尊腹部残毁的部分，以及 20 窟坍塌的绝大部分（包括 20 窟东壁与第 19 窟西胁洞西壁所共有的一部分壁体），都在这层紫红色砂岩上，可见这种紫红色的软弱岩层，对石窟的危害是较大的。昙曜五窟开凿之初，对这种岩体认识不足，可能因石窟自上而下开凿的时候，首先遇到的是石质较好的黄色砂岩层，随后在紫红色砂岩层中进行雕造时，才对这种石质有所认识。

昙曜五窟附近岩体开裂，我们还可以从第 18 窟明窗西侧上找到痕迹（图 6）。从图中可以看出，18 窟明窗西侧有一道裂隙，这道裂隙产生后，即用铁质细腰加固，二期的佛龛和千佛，根据这道裂隙的走向和细腰的位置而分布，显然这道裂隙应产生于佛龛和千佛雕造之前，这说明二期佛龛和千佛雕造之前，昙曜五窟附近的山体就已经出现问题。

另外，在紧靠 20 窟西的 21 窟，其正壁有一个二期较晚阶段雕的释迦、多宝龛。21 窟现在的窟底在紫红色砂岩中，但其原来窟底比现在窟底高出几十厘米，恰在紫红色砂岩层之上，仍有遗迹可证（按，21 窟石质相当恶劣，即在黄色砂岩层中，仍有软弱夹层，稍触即有剥落。长期以来，21 窟窟底不断遭到损坏，以至现在窟底已比开窟之初窟底下陷几十厘米，而下陷后位于紫红色砂岩层中的四壁，仍然残毁严重，目前所见的这一部分壁体，也经现代化学手段进行了大面积加固）。结合 20 窟西壁的打破关系及第 18 窟明窗西侧的情况，说明在二期，主持开凿云冈石窟者，已经开始考虑避开这种紫红色的软弱夹层了。

云冈第二期的主要洞窟都开凿于昙曜五窟之东，而不是以昙曜五窟为中心，在昙曜五窟的东西两侧分布，可能也是对西区石质有所认识以后所进行的一种选择。

综上所述，我们认为 20 窟的西壁，在第一期东西胁佛完成不久就已经开始坍塌，而此时两胁佛附近的小龛尚未开始雕造。这种情况，不但对 20 窟的布局产生影响，其

---

① 刘景龙：《龙门石窟保护》，中国科学技术出版社，1993 年。

至影响到昙曜五窟原来的总体设计。

昙曜五窟中，主像最高的是 19 窟主尊，高 16.8 米。现在俗称最为宏伟的 20 窟露天大佛，其实是前壁坍塌后造成的视觉上的一种错觉，它只高 13 米余。但因为 20 窟窟底高出现地面 1 米多（以下所述，均以现地面为参考系，开窟时的地面情况，有待发掘材料的公布），这样，从头髻顶端来衡量，它只比 19 窟主尊略矮一点。18 窟窟底与现地面齐，而 18 窟主尊高 15.5 米，以其头髻顶端计，就约与 20 窟主尊齐。17 窟主像高 15 米多，但由于其窟底低于现地面 1 米，这样，17 窟主尊地面以上的高度，就只有 14 米多。16 窟窟底与现地面齐，16 窟主尊现在通高 13.5 米，考虑到因二期改建而略有缩小的尺度，可以认为 17 窟和 16 窟主尊头髻顶端约略同高，而比 18 和 20 窟主尊头髻顶端略低，我们从中可以得到两点启示：

第一，这五尊主像以肉髻顶部高度计，可以分为三个层次，从 20 窟主尊和 19 窟东西胁洞窟底高于现地面，而 17 窟窟底又低于现地面来看，这种层次，当是设计者的一种有意安排，目的是为了造成一种主次分明而又富有韵律的视觉效果。

第二，宿白先生曾将昙曜五窟分为两组，18、19、20 窟为一组，三窟都以佛装三世佛为主像；16、17 窟为一组，16 窟主尊为单一的释迦立像，17 窟主像为菩萨装弥勒菩萨，并认为 19 窟是前一组的中心窟[①]。此次调查所了解到的五个窟主尊在高度上所有意安排的这种层次差别，为 19 窟是中心窟的说法增加了一个补充的根据。

19 窟主洞北壁雕释迦坐像，著右袒式袈裟，内着僧祇支，东壁和西壁上部雕 I 式千佛龛，南壁左右各雕一身较大的立佛，南壁上部除此两立佛外的其余壁面，也雕造同于左右壁的 I 式千佛。另外，在南壁下层的西部有一些二期的小龛和数行 II 式千佛龛，西壁下部有三座二期的楼阁式塔和数行 II 式千佛龛。

按昙曜五窟中的千佛龛，可以分为三种形式，为论述方便，这里称为 I 、II 、III 式。I 式千佛以 19 窟东西壁上层千佛龛为代表，形制在三种千佛龛中最大，从衣饰上，可以看出受 I 期主像影响较大；II 式以 19 窟西壁下部和南壁西部下层千佛龛为代表，形制在三种千佛龛中居中，II 式千佛龛分布面积最小；III 式千佛龛以分布于 16 窟至 20 窟外壁的千佛龛为代表，这种千佛龛在昙曜五窟中广泛分布，除窟外壁面，也分布于洞窟明窗、窟门甚至窟内壁面的一部分。III 式千佛龛样式特别，其龛楣呈隆起的弓形，造像形式单一，形制在三种千佛龛中最小。I 式千佛龛雕造于一期，而 II 式、III 式千佛龛均雕造于 II 期，其中 III 式千佛龛雕造于 II 期的较晚阶段。

如上所述，19 窟主洞内的造像，可以细分为两期，主尊、南壁左右上部的两身立佛像及 I 式千佛属第一期，其余壁面的千佛和小龛均属二期，明窗及窟门部分的雕刻，

---

① 宿白：《云冈石窟分期试论》，《考古学报》1978 年第 1 期。

也属二期。只是在二期的雕刻中，根据造像风格又可细分为二期较早与二期较晚两个阶段，前者受一期影响较大，造像多着右袒式袈裟，后者受胡服改制的影响，着双领下垂式或褒衣博带式袈裟，两者的分界，大约在太和十三年左右。

19 窟东胁洞完成于一期。东胁佛身光的火焰，同 20 窟主尊身光内重 Ⅱ 式火焰，而无外重的 Ⅰ 式火焰。按昙曜五窟主要雕像身光中的火焰形式，可以分为四种（图 7）。其中 Ⅰ 式火焰纹，只见于 20 窟主尊和 19 窟主尊身光的最外一重。19、20 窟主尊身光的题材布局、造型风格均相近。18 窟主尊身光现状只能观察到一个圆形残迹，原状不清楚，但 18 窟主尊的衣纹风格接近 19 窟主尊，轻薄贴体，窟中的其他主要雕像一期也已完工，因此，18、19、20 三窟的开凿时间应当相近。

19 窟西胁洞主像的完工时间，则拖至二期的较晚阶段。主尊着双领下垂式袈裟，其头部仍然保留一期的造像风格，但其衣纹与身光雕刻均是二期晚段的，其身光外重火焰，已作 Ⅳ 式，身光内的坐佛着双领下垂式袈裟，结跏趺坐于莲台之上，主尊头部与其他部位的风格，表现了较大的差异，这种差别可能说明西胁洞的开凿时间，应当与东胁洞相近，但其头部完工以后，有一段时间的停工。

18 窟的情况比较简单，除壁面同 19 窟一样，插布有一期以后的一些龛像外，五尊主要雕像及东西壁的弟子像，以及上部的 Ⅰ 式千佛，均完成于一期。

17 窟主尊为交脚弥勒，此窟的主要雕像，也完工于一期。主尊身光火焰同 19 窟东胁洞的 Ⅱ 式，不见 Ⅰ 式火焰。其东西胁佛，则出现一些新的因素。东西胁佛雕于天幕龛下（图 8），其身光外重火焰已作 Ⅲ 式，火焰尖部不同于 Ⅰ、Ⅱ 式的一缕和 Ⅳ 式的三缕，而是分作两股，一股上一缕，一股上两缕。与 20 窟东胁佛头光相比，多外重 Ⅲ 式火焰，少内重胡跪供养天。结合 17 窟主尊之座雕成须弥座式、座上并有狮子雕刻来看，17 窟中出现的这些因素，应是 17 窟略晚于 18、19、20 这一组洞窟的表现。

16 窟主尊为一释迦立像，着褒衣博带式袈裟，东侧身光尚存有外面三重残迹。自外向内依次为 Ⅱ 式火焰，胡跪供养天，坐佛，未见 Ⅰ 式火焰（图 9）。主尊的衣饰，则是 Ⅱ 期后半段的形式。

按照石窟的开凿工序，主尊的身光应稍晚于躯干部分的雕刻，反过来说，身光部分完工了，应可以说明躯体部分也已经完工，即 16 窟主尊 Ⅰ 期时已经完工，现状是经过二期后半段改雕而成的。还有两种现象，应该也与改雕有关，其一，16 窟主尊在窟内所占的面积较小，与其他四窟中主尊占据窟内绝大部分面积的布局不一致。其二，16 窟主尊现在的头部与躯体比例失调，头部所占比例过小。

16 窟主尊的改建原因，史料无证，我们只能试图从现状上加以推测。

昙曜五窟中，按毁坏的面积计，以 20 窟为最，其次就是 16 窟。在 16 窟西壁离地面高约 2 米左右，有一厚三四十厘米的软弱夹层绕窟一周，现在主尊身上，这一软弱层的上下毁坏严重。主尊西侧这一软弱层的下部壁体，也崩落一大块。五窟中以风化面积计，则以 16 窟为最，因此，16 窟主尊的改雕原因，可能依然与石质有关。

20 窟现存造像，几尊主要雕像完成于一期，其东西壁上部的释迦多宝龛和主尊耳后的 4 个龛像完成于二期的前半段；19 窟主洞内主尊和南壁上部东西的两尊立佛及Ⅰ式千佛，完成于一期，其他壁面则分别完成于二期的前半段和后半段，已如前述。18、17、16 窟的窟内小龛布局虽然没有 19 窟主洞内整齐，但绝大部分小龛的续凿，也都完成于二期，三期雕造的小龛，只是个别现象，零星插布于窟内的下部壁面，且体量都较小。值得注意的是昙曜五窟中千佛龛的分布，其Ⅰ式千佛，在 19 窟主洞，18、17、16窟内的上部壁面都可以找到；Ⅱ式千佛分布不广；Ⅲ式千佛则广泛分布于昙曜五窟的窟外，19、18、17、16 诸窟的明窗和窟门左右以及窟内的部分壁面，也都有Ⅲ式千佛，我们认为这种大面积的Ⅲ式千佛，是有组织的大规模的营造，不像昙曜五窟中其他的二期龛像，乃是出于个人捐资雕刻，Ⅲ式千佛，很可能是昙曜原来的一种设计。昙曜五窟的造像内容以三世佛为主，体现了昙曜欲使佛法流通后世，永存无绝的思想①，千佛作为一种辅助题材，还与广聚沙门，同修禅定有关②。Ⅰ式千佛最初的布局设计，很可能如 19 窟主洞中的情况，分布于窟内主要雕像的四周，但在Ⅰ期并未能按原计划全部完成，在随后兴起的云冈石窟第Ⅱ期开窟造像高潮中，石窟开凿的主体工程在昙曜五窟以东，一部分达官贵人以及上层沙门在二期捐资开凿的龛像，其造像风格和题材内容，受Ⅱ期主要洞窟的影响，分布于昙曜五窟内，一度打破了昙曜原初的窟内设计，大约此期龛像主以能在昙曜五窟内开龛供奉为幸事，这种情况，延续至二期的后半段，当昙曜五窟内的空余壁面差不多占满，同时 19 窟西胁洞续雕工程，16 窟主尊改雕工程完成之后，由皇室组织，在昙曜五窟进行最后一次较大规模的营造，即Ⅲ式千佛的雕凿（之所以这样说，是因为昙曜五窟的窟外，没有 11 窟外壁岩面那样的小龛零乱分布；同时，Ⅲ式千佛的分布，贯通于昙曜五窟，这种工程，只能由皇家统筹规划），因此，可以说昙曜五窟的整个设计，至此才全部完成。

北魏佛教与世俗政治结合紧密③，沙门宣称"能鸿道者人主也，我非拜天子，乃是礼佛耳"④，利用君权来扩大佛教的影响。而北魏统治者则"令沙门敷导民俗"⑤，利用佛教来"助王政之禁律，益仁智之善性"⑥，因此，北魏佛教与世俗皇权，带有明显的

---

① 刘慧达：《北魏石窟中的三佛》，《考古学报》1958 年第 4 期。
② 刘慧达：《北魏石窟与禅》，《考古学报》1978 年第 3 期。
③ 李治国、丁明夷：《云冈石窟开凿历程》，《中国美术全集·云冈石窟雕刻》，文物出版社，1988 年。
④ 《魏书·释老志》，中华书局标点本。
⑤ 《魏书·释老志》，中华书局标点本。
⑥ 《魏书·释老志》，中华书局标点本。

相互利用的功利主义色彩。

文成帝即位元年，即诏有司雕造石像，兴光元年（454），又敕有司于五级大寺内为太祖以下五帝铸造五尊释迦立像，各长丈六，都用赤金二万五千金。"景明初，世宗诏大长秋卿白整准代京灵岩寺，于洛南伊阙山，为高祖、文昭皇太后营造石窟二所……永平中，中尹刘腾奏为世宗复造石窟一，凡为三所"①，即今洛阳龙门宾阳三洞。这几次蠹耗大量民力财力的造像活动，都由皇室出面组织，对于佛教界，它达到了依国主而举法事的目的，对于北魏皇室，它可以借助佛教造像向广大人民形象地宣扬君权神授，北魏神权与皇权的互相利用，在佛教造像活动中也明显地表露出来。

和平初年，昙曜在武州山开凿的五所大窟，虽然没有明言是为太祖以下五帝所开，但北魏皇帝毕竟不是政教合一的教主，他们仅仅是利用佛教而已。据汤用彤先生研究，北魏信佛诸帝，《释老志》虽言其礼敬佛法，"但确于佛义有研求者，北魏终当推孝文帝"②。于佛义并无深究的帝王对于外来宗教的奖掖，本身就更能说明北魏皇室对于佛教的利用关系。北魏皇室扶持昙曜开凿如此巨大的工程，应是兴光元年为太祖以下五帝铸五身像活动的一次翻版，只是因为时间的不同和造像方式的差别，昙曜在开窟活动中注入了新的内容，如以三世佛为主，宣传佛法永存无绝的思想。

昙曜五窟既为太祖以下五帝所凿，17 窟主尊是交脚弥勒菩萨，16 窟主尊是释迦立像，17 窟当是代表尚未即位就死去的景穆帝，16 窟代表开凿时依然在位的文成帝，这两个皇帝情况与前三帝不同，因而 16、17 窟的主像也与 18、19、20 窟有别③。至于这五座窟的排列，最初有可能是按照昭穆制的原则设计的。北魏皇室对昭穆制度十分重视，这在史籍中不乏记载，如太和十五年四月，经始明堂，改营太庙，诏曰："祖有功，宗有德，自非功德厚者，不得擅祖宗之名，居二祧之庙……平文既迁，庙唯有六，始今七庙、一则无主。唯当朕躬此事，亦臣子所难言。夫生必有终，人之常理。朕以不德，忝承洪绪，若宗庙之灵，获全首领以没于地，为昭穆之次，心愿毕矣。必不可豫，设可垂之文，示后必令迁之"④。因此，按世俗的昭穆制排列五窟，存在着这种可能。19 窟是五个窟中的中心窟，已如前述，19 窟代表开国皇帝拓跋珪，18 窟代表明元帝，20 窟代表太武帝，按昭穆制，16 窟应当在 20 窟之西，现在 21 窟的位置上，找不到一期开凿的痕迹，这可能与昙曜五窟开凿的时间上略有早晚有关。从现存遗迹看，五个窟的开凿，虽然都在一期，但时间上略有早晚，这当然不是说一个窟开完以后才开凿另一个窟，而是时间上有所交叉，19 窟开凿最早，其次是 18、20 窟，19、18 窟的开凿未遇

---

① 《魏书·释老志》，中华书局标点本。
② 汤用彤：《佛教之北统》，《汉魏两晋南北朝佛教史》下册第十四章。
③ 宿白：《云冈石窟分期试论》，《考古学报》1978 年第 1 期。
④ 《魏书·礼志》，中华书局标点本。

到石质带来的问题，但 20 窟开凿时，这个问题就暴露了出来，并最终导致 20 窟大面积的崩塌。因此，有可能 16 窟选在现在的位置上，乃是不得已而为之，即对原来的设计有所修正。不然我们就难以解释 19 窟所显示出来的各种中心地位的现象。

（摘自《文物》1994 年第 10 期）

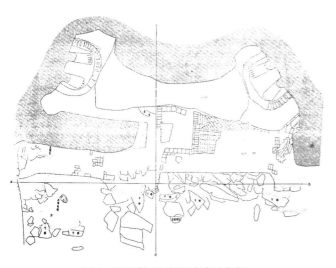

图1　云冈第20窟窟前遗址发掘

采自水野清一、长广敏雄《云冈石窟》第十三卷、第十四卷

图2　云冈20窟西壁现状

图3　20窟西壁打破关系细部

图4　20窟西壁打破关系示意图

图5　第20窟岩体分层情况及在佛身上的表现

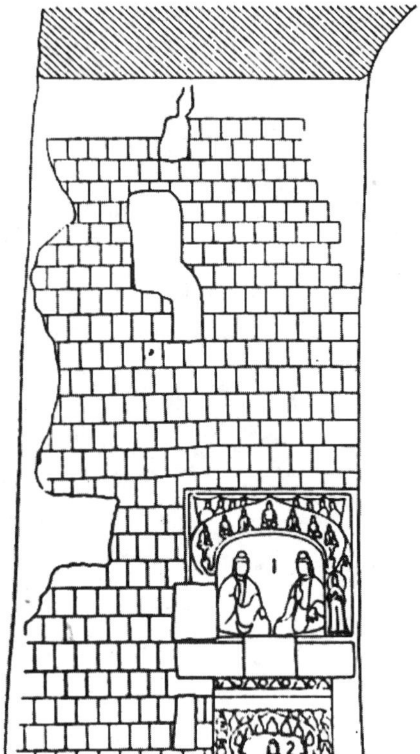

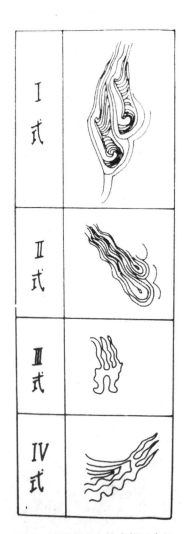

图8　第17窟西壁天幕形龛

图9　第16窟主尊衣饰及东侧身光示意图

图7　昙曜五窟火焰式样示意图

图6　云冈第18窟西侧明窗
采自水野清一、长广敏雄
《云冈石窟》第十二卷

云冈佛母塔洞的宫闱内秘

赵一德

佛母塔洞是指云冈第6窟。此名称是依据该窟的佛教内容敷演而成，文内将多方涉及此内容，故不单作题解。

此佛母塔洞，不仅表现了佛教的宏敞博大和诸佛的渊源，还解决了云冈石窟与政权关系的一个难题，同时也为中心塔柱式的洞窟形制开创了一种新的意境。

云冈自昙曜开凿五窟，于窟内"镌建佛像各一"[①] 为北魏皇室的列祖列宗树立象征模式之后，云冈后来诸窟的镌像，几乎都是为象征某个帝王而设。这种造像背景，是拓跋鲜卑人的创造，也是云冈石窟的特色，并对龙门石窟造像有着直接影响。当云冈初期镌像为象征皇帝满足了鲜卑人的民族自尊之后，在后期却遇到了一个难题，即如何象征女性皇后，尤其对操纵了两朝政治实权的文明皇后冯氏该如何表示，尚无先例可以模仿。孝文帝主办开凿第6窟时，巧妙地解决了这个难题。此窟与同期开凿的第5窟释迦佛洞，还把北魏献文一朝和文明太后在献文、孝文两朝摄政的宫闱政权争夺，以石窟文化的形式反映出来。这不仅给石窟文化注入了新的内涵，同时也解答了北魏时期何以能以皇家力量掀起大兴开窟造像的风气。

本文专论第6窟，对第5窟另文探讨。一孔之见，或差之千里，盼方家赐正。

一　云冈的中心塔柱式洞窟

云冈中心塔柱式洞窟计有6个，形式、规制各异，第1窟与第2窟是两层和三层的重檐塔柱，呈上大下小状，或称之曰"倒悬塔"；第11窟则是上小下大的斜形四方柱塔，柱上分两层龛像，也呈上小下大的层高比例；第51窟是五层叠加的中国塔式塔柱，

---

① 《魏书·释老志》。

雕琢颇精；第 4 窟只是简单方柱窟。规模最大的则是第 6 窟，其中心塔柱呈正四方形，上下两层，柱高约 15 米，下层约高 10 米，上层约高 5 米，比例匀称；下层重龛楣装饰，像高不超过 5 米，上层重空间布置，像高亦 4 米以上，使上下层的造像有等量及协调之感。此外，此窟雕饰富丽，工艺精细，堪称云冈之最。

云冈中心塔柱窟的共同处是：塔皆独立于窟室中央，上与顶相接，四面与窟室四壁平行，塔与壁间有甬道，可绕塔礼佛，窟形为平顶四方形，平面呈回字状，塔与顶明显起到力学支撑作用。在佛教内容上又显示着四方佛土平等的意蕴，表达佛教空间观念的意向很浓。云冈这种形制的出现，有接受西域与河西早期诸石窟影响的一面，[①] 也有它自身创作的一面，这种成果又对以后中国各地中心塔柱式洞窟产生了较深的影响。

云冈第 6 窟，位于云冈中部窟群的东侧第二位，窟分内外二室。窟前有清初重修的四层重檐楼阁，与清修的山门正对，至今仍以此山门为正门，形成此窟在云冈的中心地位。尽管它并非是历代通称的"灵岩寺石窟"，也不是云冈始建的洞窟，但它那种辉煌的气势、丰富的内容、堂皇的布局、精美的雕刻，确能代表云冈石窟，它堪称北魏极盛时期在云冈留下的杰作。再加上它的政治内涵，使这个皇家典范工程更引人入胜。

二　佛母塔洞的佛教意义

云冈第 6 窟的中心方塔是佛母塔，它对佛教的塔作了很大程度的发挥，给佛塔赋予了许多新义。

塔，自印度传入中国，无论形式与内容都发生了很大变化，石窟中的塔也是如此。云冈石窟内的各种塔，尤其是中心柱塔变化更大。据佛典，佛教对塔的功用和使用等级有规定："依《长阿含经》，四人应起塔，一佛，二辟支，三声闻，四轮王也"。[②] 这四种人有资格造塔以贮藏身骨（舍利）。而造什么样的塔，塔层与身份如何相应，也有规定："真谛三藏引《十二因缘经》云：八人应起塔，一如来，露盘八重已上，是佛塔；二菩萨，七盘；三缘觉，六盘；四罗汉，五盘；五那含，四盘；六斯陀含，三盘；七须陀洹，二盘；八轮王，一盘。"[③] 石窟中的中心柱塔，本是从支提窟中覆钵式象征性的塔演变而来的，中国石窟中的塔则和石窟以外的塔融合而变异，云冈石窟变异尤大，第 6 窟柱塔上层四角的四个九层装饰塔可为代表。

第 6 窟中心柱塔的本体，也是糅合了许多塔的形式混合而成。下层的四面分成四个

---

① 参阅张宝玺《河西北朝中心柱窟（摘要）》，《敦煌研究》1988 年第 2 期。
② 引自《探玄记》之八。
③ 引自《探玄记》之八。

明显的独立区，而上层则混为一体，使塔的结构形成一种新式样。此式样是为表现佛母内容而创造的。下层四面开龛造佛像，东面龛为交脚坐像，南面龛为结跏趺坐像，西面龛为倚坐像，北面龛为两尊结跏趺坐像。上层是在一个通覆四面的大华盖下，也分四方刻四尊立像，头面形状为佛样，身着褒衣博带式佛装，身后有通体的舟形背光，形状丰满庄重、雍容华贵。该塔窟室的四个壁面，还刻有与此形状相同的造像十一尊，应当都是佛母像。

佛母，起初在佛教教义中并不占重要地位，但当佛教的般若学探讨到佛的由来时，便创立了"佛母说"。其核心是三劫无数诸佛，都不是凭空而来的，而是诸佛皆有"能生养育之母"的。这和人类有着相同的母性繁衍过程。"佛母说"对佛母又划分成理念的佛母和具名的佛母。从理念说，"法"是佛母，《大方便佛报恩经》之六记："佛以法为师，佛从法生，法是佛母。"具体地说，"般若波罗蜜"就是诸佛之母。《大品般若经》之十六说："般若波罗蜜是诸佛母……何以故？是般若波罗蜜生出诸佛。"《智度论》之三十四也说："般若波罗蜜，是诸佛母。父母之中，母之功最重，是故佛以般若为母，般舟三昧为父。"这般若是智慧，智慧是理念的表现，也是法的体现，所以佛与法与智慧与般若是母子关系。而般舟意译是佛立，意即佛现身现形的塑造者，使修道者以于"定"中见到十方诸佛显现于眼前，故塑形的般舟与佛是父子关系。这是把佛的法性本源归结在母上，把显像现形的随缘应世的形象划入到父上，以母为无形之本，以父为有形之相，故母重于父。这种理念中的佛母是抽象的。另一种具名的佛母就有了具象，佛教统称曰佛母尊，有佛眼佛母、准提佛母、孔雀佛母等具体名号。并且与佛名相对应，如大日如来的佛母是佛眼佛母。但这类具名的佛母仍是把佛母孕育佛的过程抽象到法上，和人类的母性生育有差别，如孔雀佛母，以其"能生诸佛，神变之德"又成为诸佛之母。因为她的孕育过程是抽象的，她之所以具名为孔雀佛母，是因"譬如孔雀，闻雷震声而便得身"，"非因父母而得生长"。[①] 只有现世佛释迦牟尼与其佛母摩耶夫人，与人类社会的母性生育过程是一致的，也是最具体的。有了这种从抽象的佛母到具体的佛母系统，为佛母造像以至建塔，就有了佛典依据。

为佛母造塔立像，云冈第6窟当属首创。佛教有般若塔，但不是佛母塔，那是为纪念释迦牟尼佛在王舍城耆崛山说大般若经时所起之大乘宝塔。云冈的这种独特的为佛母造塔，也只能是在一定的社会条件下，为某种政治需要而借佛教般若学的教义作象征的产物。

云冈第6窟塔上的佛母，是与塔下层的佛相对应的。对塔下层的五尊佛像，学术界有几种说法，需要辨明。现在通常的说法是：东龛为交脚弥勒，南龛为释迦牟尼，西龛

---

① 见《涅槃经》之三十四。

为倚坐佛（未指名为何佛），北龛为释迦、多宝二佛。[①] 这种按佛像造型判定的佛名多有不妥。首先把一个塔上的五个佛孤立命名，失去在一个塔上的系统；其次把这些分散的佛合在一塔，失去该塔供佛的主题；第三塔无主题，导致此窟亦无建窟目标，不知其宗旨为何。我认为，龛内五尊佛像，是四方佛加中央佛，成五方佛的布局。这种布局，在塔上可成系统，在云冈也有承袭昙曜造五方佛的传统与发展。

判断四面龛内的佛像是四方佛，主要依据是《金光明经》的痕迹。据大同学者白志谦在30年代撰写的《大同云冈石窟寺记》（中华书局民国二十五年刊印）中，曾抄录窟内经文，有下列文字：

是金光明　诸经之王　若有闻者　则能思维　无上微妙　甚深之意

如是经典　常为西方　四佛世尊　之所护持　东方阿閦　南方宝相

西无量寿　北微妙声　我今当说　忏悔等法　所生功德　为无有上

能坏诸苦　尽不善业　一切种智　而为根本

白志谦对这段文字的分析是："窟内刻有经文，观其文义，乃《金光明经》四方四佛之意，寓忏悔之旨。想系当年文成帝令昙曜凿此窟，以冀为太武帝毁佛减罪也。"这段文字资料可取，而分析却错了。且不说昙曜所凿洞窟不在这里，就连经文中的"忏悔"也不是此窟造像的用意所在，为太武毁佛的忏悔与此窟的内容毫无瓜葛。可是日本学者常盘大定，也有这种说法："窟内的大柱，由四方佛构成，是以《金光明经》为基础。此经的首要问题是忏悔法，是特别的一种忏悔。"[②] 常盘大定的这种看法是否因袭白志谦的判断，不得而知，但把忏悔定为《金光明经》的首要问题也是错误的。北魏流行的《金光明经》，只能是北凉昙无谶的译本。此际对经义的理解是侧重于对"金光明"义理的领悟，即："金"表法身之德，"光"表般若之德，"明"表解脱之德。合起来"金光明"表如来之法身、般若、解脱三德。[③] 以此作为造像的理论与意念依据，在云冈开窟造像时期是最为适宜的。同时《金光明经》的护国宗旨，又是北魏皇族最能接受的教义，也正是北魏大兴开窟造像的旨趣所在。《金光明经》的四天王护国观念，直到唐代仍盛传不衰，唐义净重译此经名曰《金光明最胜王经》，就有所侧重，其中《四天王护国品》阐述了这个宗旨："尔时四天王即从座起，偏袒右肩，右膝着地，合掌恭敬，白佛言：世尊，此《金光明最胜王经》于未来世，若有国土、城邑、聚落、山林、旷野，随所至处流布之时。若彼国王于此经典，至心听受、称叹、供养……以是因缘，我护彼王及诸人众，皆令安稳，远离忧苦，增益寿命，威德具足"。[④]

---

① 《云冈石窟》，文物出版社，1977 年。

② 赵一德译（日）关野贞、常盘大定《山西云冈》，《北朝研究》1991 年上半年刊。

③ 参阅《光明玄义》及《四教仪集半字谈》。

④ 引自《佛学大辞典》654 页"金光明四天王护国"条。

云冈此窟塔的下层最能体现《金光明经》的这种宗旨，在塔下四面龛的外壁左右脚下两侧，都有四尊护卫像浮雕，每面都有两尊合掌恭敬的礼拜状像，另两尊或作举手示敬状，或作伸臂托举状，正是四天王白佛请护的意境（近世研究者，以此四像的形状恭敬，不类后世四天王那样孔武，就多以为是供养人而忽略细辨）。至于《金光明经》的忏悔观念，在北魏以至隋唐皆不甚重视，是在宋代才兴盛的。尽管《金光明经》的第一品即译曰"忏悔品"，但经义的"忏悔"与译文的忏悔有区别，明代的《金光明经文句记》作过辩解："忏悔二字乃双举二音，梵语忏摩，华言悔过。"忏摩 Ksamaya 是请他忍恕之义，是对别人而言；译成忏悔就变成自我的认罪。自天台宗创立"忏悔功德"，到宋代遵式和尚著成《金光明忏》，就把忏悔释意为："忏名陈露先恶，悔名改往修来。"成为中国意思的忏悔，而不是印度的原意了。这一点在北魏时期尚未混淆。所以云冈第 6 窟是找不出表示所谓"特别的一种忏悔法"的造像以至任何器物标志的。

　　辨别此塔柱的四方佛，尚不能以简单的东龛、西龛定佛的方位。那样恰恰弄反。此塔柱的佛位是以坐背和朝向设置的（其实这是佛座的通例），即背东朝西的是东方佛，背北朝南的是北方佛等。如此则：西龛倚坐像为东方阿閦佛；北龛两佛，西首为南方宝相佛，东首为中央毗卢遮那佛（加入位）；东龛交脚像为西方无量寿佛（阿弥陀佛）；南龛跌坐像为北方微妙声佛（亦称不空成就佛，与释迦牟尼佛同体异名）。现将此布局图示如下：

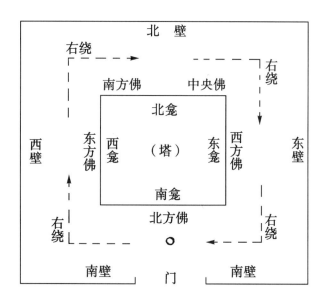

判断这个布局有下列几点实例可为佐证：1. 迎门正面设释迦佛像是供佛的通则，北魏石窟造像也是以此为主题，只有北方佛可与释迦共相，故南龛像可首先确定是释迦与北方佛的共相。2. 按此中心塔柱窟的绕佛功能，绕佛路线必须遵守"右绕法则"，故入门后必先向西，则西龛是右绕的第一位，西龛作为东方阿閦佛位，正可表示：习禅者

的初禅阶位，"开示悟入"修行段的"开佛知见"段，五智转化的"大圆镜智"位，由因至果的"东因"位等第一位的功能。3. 此窟中佛本生浮雕，也是从西龛开始，雕出树下诞生、九龙浴佛，接着右绕到北龛，刻有阿尸陀观像等，再右绕到东龛，于对面壁上刻太子出游四门等，再右绕到南龛，于对面壁上刻逾城出家等，是按东南西北佛位的顺序排列的。4. 中央佛挤占南方佛龛，是布局中的权变。云冈自昙曜开创了五个系列窟设五方佛的先例之后，供养五方佛已成为北魏佛教信仰的一个主题。① 此窟中心塔柱仅有四方四个龛位，若只设四方佛而无中央佛，则缺少了"果位"，也达不到"方便究竟"和"解脱成熟"的境地，难以完整体现"金光明"的法身、般若、解脱三德。所以选择北龛（背面）挤入中央佛，可以说是不得已而为者。此龛的这种布置，近世研究者都认定是释迦、多宝二佛并坐龛，这大约是囿于成见所作的简单判断，细观此龛二佛，是严格区分在两个莲花座上，并在两佛背光之间又雕出叠垒的四个小佛，给二佛划开一道明确的界限，丝毫没有《法华经》描写的那种多宝佛开塔分半席与释迦佛并坐的意蕴。此龛实际是两个区域：两佛各占一方。在云冈表示释迦、多宝并座的像龛很多，第5窟西壁及第18窟明窗东侧，是最能表现"法华"意蕴的龛像，与此龛对比就大不相同。中央佛挤占北龛，起到了不破坏四方佛位总体布局而作的安排。由上述四点，可证实四方佛在塔上的位置。

再看五个佛在塔上的造像：东方阿閦佛造成西龛之倚坐像，南方宝相佛造成北龛西侧之趺坐像，中央毗卢佛造成北龛东侧之趺坐像，北方微妙声佛造成南龛之趺坐像，皆与今理解的造像规范相适应，而且较比昙曜在五窟中所造这阿閦佛立像（第16窟）、宝相佛交脚像（第17窟），更易理解与接受。但对西方无量寿佛造成东龛之交脚像，是近世研究者难以接受的。对此需略加辩解：我以为把交脚像固定为弥勒的特有造型，是近世石窟造像研究的一个枷锁。必须打破这种桎梏方能解开许多困扰。在中国石窟造像中，北魏以前的早期造像，交脚多数是弥勒，但所有的交脚像不一定全是弥勒，同时所有弥勒像也不一定全是交脚。北魏以后至隋唐，弥勒与交脚像就几乎完全分离了。如此，则东龛之交脚像就不必囿于弥勒的成见，而否定是阿弥陀佛。何况，阿弥陀佛在北魏还没有形成通用的标准造像模式，这与佛教造像的历程有关。据《西域传记》载：

---

① 对昙曜五窟为五方佛的说法，贺世哲先生新近提出不同的见解，主张"由昙曜主持开凿的云冈第17、18、19、20窟里，更形象地体现了三世佛主题"。昙曜五窟的三世佛与五方佛之辨，尚有深入研究的必要。我所主张的五方佛说，是依《魏书·释老志》。当年昙曜奏请开窟五所时，指明于五窟"镌建佛像各一"。实存的五窟，是以一尊主佛为主的布局（其余无论佛像、菩萨像、弟子像皆处胁从地位），没有三世佛平等并列的格式。另外从昙曜的净土信仰，所派生的对东方世界、西方世界，以至五方世界的向往等，判断五窟为五方佛一组系列窟。故本文仍持此说。至于云冈的三世佛布局，尚有例可寻，如本文中心塔柱上层的四个九级浮图，就是典型的三世佛塔，北壁下层大佛龛内的三尊残像，是代表性的三世佛像，可以参比研究。

参阅贺世哲《关于十六国北朝时期三世佛与三佛造像诸问题》，《敦煌研究》1992年第4期、1993年第1期。

"相传云：昔天竺鸡头摩寺，五通菩萨，往安乐界请阿弥陀佛。娑婆众生愿生净土，无佛形像，愿力莫由。请垂降许。佛言：汝且前去，寻当现彼……后腾姊子作沙门，持此瑞像又达此国，所在图之。未几赍像西返，而此图传不甚流广。魏晋以来，年载久远，又经灭法，经像漂除，此之瑞迹，殄将不见。"① 可见阿弥陀佛像，由印度五通菩萨创绘的图像，在中国流传不广，尤其经过太武灭法基本失传，所以阿弥陀在云冈造像时，无标准可言，工匠的任意性很大，在东龛造成交脚戴冠像亦无不可。何况此像尚有二点佛典依据：其一是戴冠，按密教对四方佛之相好规定，有金刚界之阿弥陀为金色宝冠形，是为"在俗之当体".② 其二是手印，此交脚像的手印与云冈众多交脚像的手印不同，那些交脚像多为施愿印，即右手仰掌、左手抚膝之形。独此像为双手上下合拢腹前，左手托一圆形物，似按阿弥陀佛特有的"双手捧金莲台"印而造，这是阿弥陀持九品莲台接引众生的特殊印相，造像中虽少出现，但它只能是阿弥陀的手印。由此二点确定此像为阿弥陀佛已有凭依，交脚坐形就应服从这些特有的标志。

对塔下层的佛名确立后，对塔上层的四尊佛母就可对照找出名号：

（一）西面东方阿閦佛之佛母，当是般若佛母，全称佛母般若波罗蜜多，禅家称摩诃佛母。其取义有三：一是"般若波罗蜜生诸佛"，有"佛母之源"的含义；③ 二是"诸菩萨从发心求一切种智，于其中间知诸法实相慧，是般若波罗蜜".④ 阿閦是五智的发心位，求般若当从此位起；三是"绕旋行道，称念摩诃佛母圣号".⑤ 此位是绕行的起点，由此起口诵"摩诃佛母"，绕行开始。此外，后世给此像涂彩为红色，不知何意。

（二）北面南方宝相佛之佛母，当是孔雀佛母，全称佛母大金曜孔雀明王，以此明王有能生诸佛神变之德，故又含诸佛之母的意思。唐以后密宗常造一头四臂菩萨形，已非佛母取义。此窟此像，后世彩涂黄色，或系附会大金曜之色而作。

（三）东面西方无量寿佛之佛母，当是准提佛母，又称天人丈夫观音，禅宗以准提为观音部之一，或六观音之一，称准提观音。而观音又是西方极乐世界的三圣之一，与阿弥陀本在一个系中。此像，后世涂彩为白色，或取观音尚白之义，如白衣观音是胎藏界莲花部之部母，与下面交脚像的九品莲台印相呼应。又《大日经疏》所谓"白者，即是菩提之心……此菩提心从佛境界生，常住于此，能生诸佛也。此是观音母，即莲花

① 引自《法苑珠林》卷23。引文中"腾姊子"的腾，即迦叶摩腾。"持此瑞像又达此国"的"此国"指中国。此事约在东汉末年。"又经灭法"指北魏太武帝灭法。

② 见《佛学大辞典》732～733页"阿弥陀相好印相"条。

③ 《大品般若经》之十六。

④ 《智度论》之十八。

⑤ 《敕修清规》。

部主也"，或可为涂白色的依据。

（四）南面（正面）北方微妙声佛之佛母，当是摩耶夫人。全称摩诃摩耶，意译是大幻、大术。《佛本行集经》等记，是天臂国善觉王之女，迦毗罗卫国净饭王的王后，释迦牟尼的母亲。是一位实在的佛母。但是《摩诃帝经》还是给她注上一层神秘的抽象，说她是"毗首竭摩天所作，或是幻化之所作"，仍归结到抽象的佛母上。此佛母是此窟诸佛之主尊，也是象征文明太后的本尊。后世涂彩为金色，既与下层佛色相应，也表示金光遍照的尊荣。

在上列四尊佛母外，窟室四壁还有 11 尊佛母，分布于西壁、北壁、东壁上部各三尊，南壁明窗两侧各一尊。这些佛母与塔上佛母，同样大小，同一形状，同等装饰，同在一个高度，明显与塔上佛母平等。这些佛母可通称为佛眼佛母，全称一切佛眼大金刚吉祥佛母，密教以佛眼尊为生佛部功德之母，故总称佛母或部母。佛眼的含义是《无量寿经》听说的"佛眼具足觉了法性"，是抽象佛母的代表，能生一切佛。《瑜祇经·金刚吉祥大成就品》详述了佛眼佛母的情形："时金刚萨埵对一切如来前，忽然现作一切佛母身。住大白莲身作白月晖，两目微笑，二手住脐，如入奢摩他，从一切支分出生十凝诶沙俱胝佛……"这里四壁的 11 尊佛母，与此记述甚为吻合。据此分析，北壁中间佛母（已残）当是中央佛毗卢遮那的佛母，与塔上四尊佛母构成五方佛的佛母，其余支分出生的十尊佛母，又构成十方佛的佛母，这样此窟的造像主题就很明确了，即以佛教空间观念的方位佛为主题，平面的一组是五方佛母，立体的一组是十方佛母，使佛母充满空间。用充满空间的佛母，象征北魏孝文以前的诸母后，也含有疆域辽阔的意味。

此窟虽重在表达空间观念，但对时间观念也有所表示，在内室北壁下层刻一大龛，内设三尊同一式样的大佛（现已残泐），佛高约近 8 米，是三世佛的布局，此外在塔柱上层的四角，有四座九级佛塔，塔高近 5 米，皆为楼阁出檐式，每层皆四面开龛，每面皆三龛三佛，也是三世佛的布局。统计四个塔的三世佛数，计有 144 组，432 佛，数量亦颇可观，对过去、现在、未来三世诸佛无限的表达很充足。

如此一个时空无限、佛母充盈、雕饰豪华、气势堂皇的洞窟，是因何而作？

三　佛母塔洞的宫闱内秘

云冈石窟开凿至第 5 窟与第 6 窟时，已进入极盛时期，此际也是北魏王朝的极盛时期，即孝文帝时期。此二窟的工程约在同期。

孝文主持开凿的这二窟，一是第 5 窟释迦佛洞，是为其父献文帝祈冥福者，二是第 6 窟佛母塔洞，是为其祖母文明太皇太后祈冥福者。此际国力雄厚，石窟雕凿技巧已臻成熟，故能创造出辉煌的成就。也正因为有这些条件，政治色彩就更为浓郁。自然地把父皇与祖母后两代人的政治背景，尤其是宫闱中的争端，包容其中。探微索隐，可以证出史籍文献许多含糊不清的疑窦。如果说第 5 窟侧重表露了献文朝的政治（另文详论），则第 6 窟侧重在宫闱内秘的显示。

首先，为母后开窟造像，在云冈石窟是一个突破，给石窟的社会意义增加了内容，对中国石窟文化的发展是一个创举。在北魏，此举本身就含有冲决拓跋鲜卑皇族若干宫闱禁令的挑战，尤其是对严禁母后参政的宫禁公开予以否定。迈开这一步，在当时得有相当魄力，孝文帝凭借冯太后的余威与政权的稳固，创下这一首例，而且取得成功，无论在宗教上或政治上都得到承认。引出龙门石窟开凿伊始就诏文明令："准代京灵岩寺石窟，于洛南伊阙山，为高祖、文昭皇太后，营石窟二所。"① 为母后开凿石窟完全合法化了。

北魏许多宫禁中，以控制母后摄政最为突出。他们的远祖曾发生过：桓帝（拓跋猗㐌）的皇后祁氏，致死平文帝，造成"女国"的局面。对拓跋皇族的教训是深刻的。道武帝建国后立下"后宫产子，将为储贰，其母皆赐死"的宫禁，其目的就是为防止母后专政。自明元帝之母刘氏，至废太子元恂之母林氏，死于这项宫禁的后妃，见诸史籍者计有七人。但是没有防止住不生太子的冯后两朝摄政。冯后的摄政，事实上已经打破北魏的宫禁。孝文为冯太后开窟造像，同时为众多的母后造像，可以说是为彻底打破这个宫禁的一次大胆行动。

第二，文明皇后冯氏，在北魏历史上是一位有影响的人物，她一生的作为对北魏王朝，对鲜卑民族有着深远的影响。分析冯后的生平可以理解此窟的内涵，透视此窟的设置又可加深对冯后的认识。

冯皇后，长乐信都人（今河北冀县）。父冯朗，祖冯弘。史称系毕万的后代。② 毕万是春秋时晋国人，是周毕公高的乃裔，其后代参与了三家分晋。其子孙有"食采"冯乡者，随改姓冯。从其宗族世系来看，当是汉族人，但自冯弘的祖父冯和，避地上党（前燕慕容鲜卑的上党在今山西襄垣一带），并在前燕为官，家族的血统就不是纯汉族了，从给冯跋取的小名曰乞直伐，其弟名曰素弗，其从兄名曰万泥等分析，冯氏家族中或已混入鲜卑血统，如冯弘的后妻就是慕容氏。不过慕容鲜卑与拓跋鲜卑在十六国分争中是不睦的。当冯弘篡夺了其兄冯跋的帝位，当上北燕的第二任皇帝不久，北魏太武帝就大兵压境，冯弘逃亡高句丽，又在北魏的军事压力下，高句丽杀冯弘及其子孙，同时死者十余人。③ 其子冯朗幸免于难，投降北魏，且为官至秦雍二州刺史封辽西郡公。④ 冯氏家族与拓跋王朝至此本可和平相处，但不知何故，冯朗又"坐事诛"。子冯熙逃亡

① 《魏书·释老志》。
② 《晋书·冯跋载记》。
③ 《魏书·海夷冯文通传》。
④ 《魏书·外戚列传·冯熙》。

氏羌地区，女即冯后被掳入宫中。幸赖其姑母已在宫中为太武帝左昭义，冯后得到照顾。文成帝即位后，先被选为贵人，后晋升至皇后。

冯皇后的才华，在文成帝死后逐渐显露出来，其胸怀与气度非同一般。她第一步是借焚烧文成的御服器物之机，以身投火表示殉情，这赢得了拓跋贵族的信赖；第二步是诛杀献文的亲信如乙浑等，为临朝称制扫清障碍；第三步是树立"后党"，实现临朝称制；第四步是逼献文逊位，直至逼献文"暴崩"；第五步是培养并驯服孝文，实现第二次临朝称制；第六步是引导孝文实施改革，并以先改班禄制、均田制、三长制，为"孝文改制"打下基础。这六步迈出，冯后既显示了才能，又实现了心愿。心愿的结晶在于改制。而改制的动机与效果，历代史评，说法各异，总之当时鲜卑皇族的保守派反对改制，且颇激烈。对冯后的评价也是褒贬参半，如云："太后多智，猜忍，能行大事，杀戮赏罚决之俄顷。"①

冯后在得势之际，为自己在都城之北的方山选择了墓地，建成永固陵。同期兴建的墓葬有二所，一为自己设，一为孝文设。封土高大至今犹存。冯后不选归葬拓跋祖坟云中金陵，而另辟茔地，用意何在，史评皆未涉及。然民间流传至今不称方山永固陵，而称之为"祁皇墓"。这是含有以桓帝皇后祁氏专政而创出所谓"女国"的局面作讽喻，表示另立宗祀之意。这种脱离拓跋祖坟之举，必有隐情。以第6窟的内容考证永固陵，以永固陵的外延佐证第6窟，互为对应，隐情昭然。

孝文帝为这位内心世界复杂的祖母开窟造像，自身心情也是复杂的。若依云冈前期为祖宗开大窟造大像的先例，实有许多不妥。且不说帝、后有男女之别，就冯后的自身功过而论，在鲜卑皇族的心目中，也难与各先皇相提并论。孝文在权衡轻重之后，创此不立主尊之洞窟以作平衡，且为各代母后设了祈福之所。

第三，冯后与孝文帝的关系，始终有一层迷雾掩盖着真相。冯后两朝称制，第一朝与献文帝很快决裂，形成生死搏斗，帝党、后党明显对立，相互残杀（献文杀李敷、李奕兄弟案是最明显的打击后党的报复行动）。② 最后以献文帝党的失败告终。第二朝与孝文帝合作，先是孝文年幼，冯后严格控制，后是孝文对冯后紧密配合，最后是孝文对冯后的政策奉行不违。冯后与孝文的这种关系究竟有何内幕，史无明记，只隐约流露了些线索，令人难以捉摸。较典型的一件事情发生在孝文的幽皇后身上：幽后冯氏，是冯太后的侄女，颇得孝文的爱幸。中间曾因病被冯太后遣返故乡为尼，冯太后死后，孝文召她到洛阳，宠爱有加。但幽后行为不端，秽乱宫中，事露，又求托女巫，祷魇孝文疾病不起，企图得如冯太后专权。孝文还洛审清真相。最后审讯幽后时，出现了戏剧性

---

① 《魏书》《北史》文明皇后传。
② 参阅《魏书·李顺列传》。

的一幕："（幽）后乞屏左右，有所密启。高祖（孝文）敕中侍悉出，唯令长秋卿白整在侧，取卫刀柱之。后犹不言。高祖乃以绵坚塞整耳，自小语呼整再三，无所应，乃令后言。事隐。人莫之知。"幽后这一段密启，把罪在不赦的紧张场面，瓦解冰消，孝文只能"犹以文明太后故，未便行废"。不仅死罪免去，而且废罪也免去。而且"夫人嫔妾奉之如法。唯令世宗（宣武帝）在东宫无朝谒之事"。这样的处理，孝文似出于无奈，直至"高祖疾甚，谓彭城王勰曰：后宫久乖阴德，自绝于天。若不早为之所，恐成汉末故事。吾死之后，可赐自尽别宫，葬以后礼，庶掩冯门之大过"。孝文临死的遗托，说明他对冯氏家族怀有戒心，但又不得不作庇护，可见他想的与做的不一样。他要掩盖的"冯门之大过"是什么？恐怕绝不只是淫乱宫闱之事，应当涉及政权之争。虽然没有明指冯太后的摄政，但说出"恐成汉末故事"，其实欲盖弥彰，至少当时彭城王勰、北海王详、咸阳王禧及长秋卿白整，领悟到此中奥妙。据此判断幽后在被审中的一番密语，很可能是在政权角度捏着孝文的把柄。[1]

佛母塔洞的雕饰与布局，可以旁证孝文的这种复杂心情和上述判断。他为权倾朝野、不可一世的冯太后开窟造像，似乎也是为"庶掩冯门之大过"。但开成与父皇同样的独尊佛窟又非本意，所以采用中心四方塔柱的特殊形式，既可为先远母后造出多个龛像，以冲淡冯太后的特殊权势，又可区分父皇与母后的象征形式，把后位降低。同时在造像比例上，只给主题的佛母在塔上占三分之一的高度，表示虽是母后，但地位仍为从属。

第四，孝文帝营造此窟，尚有平衡政权与调和民族矛盾的目的。

当太和十四年（490）冯太后死去以后，宫闱中十余年的帝后权力之争，告一段落，北魏王朝最忌讳母后参政，也告一段落，政权已落在孝文一身独揽，改制的渠道已经开通，国势正处兴旺，大批汉族官员经冯太后的扶植也已实权在握，南朝的萧齐正灾害连年，武帝萧赜年老昏聩，后继无人；北方的柔然亦处弱势。孝文帝正处于大展宏图的好时机。此际团结内部是首要政务。若否定祖母两朝摄政的业绩，势必动摇改制的基础，也会导致守旧的鲜卑贵族与握权的汉族新贵之间的矛盾加剧。相反若把祖母摄政的业绩肯定下来，不仅调和了民族矛盾，也平衡了既成事实的权力分配，对他进一步推行改制大为有利。

佛母塔洞的营建，可谓明智之举。一段宫闱权势之争，借此可以消弭；一切母后专政之过，依此可以遮掩；各种不协调的势力（鲜卑与汉族，改革与保守），当此可以缓和，诚可嘉赏。不过欲盖弥彰，此窟的内容与形式，正透出宫闱内秘的消息。

（摘自《敦煌研究》1996 年第 1 期）

---

[1]　此段内引文皆自《魏书·孝文幽皇后传》。

从犍陀罗^①到云冈

——对云冈石窟雕刻艺术表现中有关片断的讨论

王　恒

　　佛教艺术随着佛教的发展而发育生成，并不断壮大发展。其中佛教雕刻艺术是佛教艺术自产生以来，最为辉煌的部分。从公元前 3 世纪阿育王时代^②至公元 5 世纪云冈石窟开凿^③之前，在印度以及中亚和我国新疆地区，都先后产生和发育了不同流派和不同风格的佛教艺术^④。这些不同流派和不同风格的佛教艺术品之间由于产生发育的时间和地点不同，既有相互的区别和差异，又保持着千丝万缕的联系。由于"云冈石窟是新疆以东最早出现的大型石窟群"^⑤，其艺术风格在继承和吸收中国传统建筑和雕刻艺术的基础上，必然受到印度及中亚和我国新疆地区当时已存在的佛教雕刻艺术的影响。笔者通过研读中外学者佛教艺术史方面的论述和著作，对照云冈石窟有关艺术品的表现特点和呈现的个性风格，发现其受犍陀罗艺术的影响及其明显，并呈现了艺术发展的更新阶段和中国化趋势。

---

　　①　犍陀罗艺术。准确地说是犍陀罗佛教艺术，它既是一种艺术流派，又代表一种艺术风格。它发祥于印度半岛西北部（今巴基斯坦北部），而这片地区古名犍陀罗，所以后世的考古学家们将该地区出土艺术品所呈现的一种特殊风格或所代表的一种特殊流派定名为犍陀罗佛教艺术。（见王冀青《约翰．休伯特．马歇儿与英属印度美术考古学》。甘肃教育出版社 1989 年 12 月出版的《犍陀罗佛教艺术》）

　　②　阿育王时期是印度历史上第一个统一大帝国最强盛的时期。阿育王在位时举行了佛徒第三次大结集，向国外派出许多传教使团，在国内则开凿石窟建造佛塔，又广立石柱，铭刻诏令。佛教艺术在这时有了很大的成就。

　　③　《魏书·释老志》曰：和平初（公元 460 年）师贤卒。昙曜代之，更名沙门统。初昙曜以复法之明年，自中山被命赴京，值帝出，见于路，御马前衔曜衣，时以为马识善人。帝后奉以师礼。昙曜白帝，于京城（平城，今大同市）西武州塞，凿山石壁，开窟五所（即云冈石窟中 16 至 20 号洞窟，也称"昙曜五窟"），镌建佛像各一。高者七十尺，次六十尺，雕饰奇伟，冠于一世。

　　④　常任侠《印度与东南亚美术发展史》一书总结的主要佛教艺术流派有：孔雀王朝时代的艺术、犍陀罗时代的艺术、笈多以前秣菟罗的雕刻艺术等等。（见《印度与东南亚美术发展史》，常任侠编著，上海人民美术出版社 1980 年 1 月第 1 版）

　　⑤　宿白《平城实力的集聚和"云冈模式"的形成与发展》。（见《中国石窟．云冈石窟》中文版第 197 页）

一　"否定之否定"式的演化——讨论云冈石窟中所描绘的"佛陀鹿野苑初次说法图"与犍陀罗佛教艺术在表现形式上的联系及其发展

"佛陀鹿野苑初次说法图"是佛教艺术最为常见的表现内容。说的是，释迦牟尼成道后，始来鹿野苑说四谛之法，度乔陈如等五比丘，是谓"鹿野苑初次说法"。《方广大庄严经》卷十一：尔时世尊为乔陈如三转十二行法轮已，乔陈如等悉了达诸法因缘，漏尽意解，成阿罗汉果。即于是时，三宝出现，婆迦婆为佛宝，三转十二行法轮为法宝，五跋陀罗为僧宝。"佛陀鹿野苑初次说法图"在佛教艺术发展的不同阶段体现了不同的表现形式。早期印度派佛教艺术（约公元前150年至公元50年），由于不允许有佛陀的形象出现，在描写"佛陀鹿野苑初次说法"的画面中，不可能出现佛陀本人的形象，只有以象征的形式加以描写。早期印度派佛教艺术家以印度古时的难底婆多（金牛）象征物来表现"三宝"（图1 印度山奇大塔北面顶部"三宝象征物和护卫夜叉"）[1]，这一印度派佛教艺术的传统规定性被延续了几百年的时间。黑格尔曾说过："规定性是被视为肯定的否定"。这是很深刻、很正确的。犍陀罗艺术产生不久，我们就看到了对印度派佛教艺术象征表现手法的否定方面。马歇儿[2]所著《犍陀罗佛教艺术》[3] 一书中介绍了一件犍陀罗艺术发育期（约公元25年至公元60年）的作品（图2 出土于印度罗里延·唐盖地区的"佛陀初次说法"图）：

画面中间一根方柱托着三个相互交错的轮子，象征着佛陀，三个轮子同时也象征着达磨（佛法）和三宝（佛、法、僧）。轮子由科林斯[4]式柱头上叶形装饰中冒出的药叉

---

① 约翰·休伯特·马歇儿（1876—1958），早年接受古典学教育。1902年出任印度考古局局长，直到1928年为了集中时间撰写著作，才辞去该职。在马歇儿任职期间，英属印度的美术考古学达到了极盛阶段。英国和南亚学者一般认为：在印度考古学史上，琼斯是18世纪的代表人物，坎宁汉是19世纪的代表人物，而马歇儿是20世纪的代表人物。（出处见1）

② 《犍陀罗佛教艺术》，原著：约翰·休伯特·马歇儿。马歇儿在担任印度考古局局长期间，亲自主持了印度河流域三大遗址（即哈拉帕遗址、摩享佐达罗遗址、 叉始罗遗址）的发掘工作。在此基础上，他于1928年9月6日辞去印度考古局局长一职，专门研究三大遗址的发掘情况和文物艺术品，直到去世前。他撰写了大量的美术史考古方面的著作，其中《犍陀罗佛教艺术》一书1960年面世。1989年该书由兰州大学敦煌研究室的王冀青译成中文。甘肃教育出版社1989年出版。

③ 山奇大 堵波，或称大塔、 堵波一号。据印度考古学者的研究，此塔圆顶的核心，可上溯至无忧王时代，即公元前三世纪中叶，山奇的雕刻，是古代印度艺术家辉煌的创造。（见常任侠编著《印度与东南亚美术发展史》上海人民美术出版社1980年1月出版）

④ 见马歇儿《犍陀罗佛教艺术》中文版，王冀青译，甘肃教育出版社1989年出版。

用手支撑着，柱身上有浅浮雕葡萄藤卷，柱础上有释迦牟尼的足迹。在柱子的左右，各有一拱门，每一拱门前都有两个合掌膜拜的剃度和尚，代表佛陀最初的弟子，其中一个和尚因石板左下角断裂而残缺不全。画面左端有三个天神，来向佛陀致敬，天神之上是一飞天，手执奉献物。［王恒 1］[1][2]

　　这一犍陀罗发育期的作品，与早期印度派艺术有两个不同的地方，其一是对三宝象征物的改变，抛弃了以难底婆多（金牛）代表的三宝，代之以三个相互交错的轮子。以这种手法塑造的"三宝崇拜"，在犍陀罗艺术发育期还可见到（图 3 出土于印度桑高·纳图地区的"三宝崇拜"图）。其二，这种作品，虽然三宝象征物仍旧存在，但已出现了听法的僧人形象。毫无疑问，这是从抽象向具体发展迈出的关键一步，为今后佛陀出现在表现这一题材的画面中开辟了道路。约公元 140 年至公元 230 年，犍陀罗艺术达到成熟期，这时佛陀形象被塑造出来已有很长时间，因此在雕刻"佛陀鹿野苑初次说法图"时，就出现了下面的情况（图 4 出土于犍陀罗地区的"佛陀说法石雕"）：画面的中心是佛陀本人，他坐在一个带腿的高座上，顶部有某种树叶构成的伞形盖；佛左右是他最初的弟子，弟子之后，两边排列着向佛陀致意的天神。这一构图形式完成了"从抽象到具体的量变过程达到了质的变化"（这种构图形式在犍陀罗时还有许多，有的虽然还保留了"三宝"象征物，但已放在了次要位置上[3]）。"三宝"的象征物已被具体物所代替，并为以后几百年在各地所造佛教建筑物和佛教石窟寺中塑造"佛陀鹿野苑初次说法"奠定了新的基础。

　　然而，事物的发展总是遵循着一定规律。以佛、弟子及其他人物具体形象塑造的鹿野苑说法图，取代了以三宝象征物来表示的鹿野苑说法图是这一题材描写由肯定到否定的变化发展。唯物辩证法认为，"辩证的否定是事物自己否定自己的否定，是为发展自身，完善自身的否定，因而仿佛回到出发点（肯定）的运动"。这就是否定之否定。我们从新疆克孜尔石窟的壁画和云冈石窟的雕刻中，都领略了"仿佛回到出发点（肯定）的运动"。克孜尔石窟第 69 窟主室前壁门上圆拱壁内的一幅佛陀鹿野苑初次说法图（见《中国石窟·克孜尔石窟·二》图版 1）在绘有佛陀、弟子等人物的基础上，将早期印度派艺术山奇大塔中的三宝象征物完整的绘于佛陀坐像膝下中央。与克孜尔石窟壁画不同，云冈石窟不但继承了犍陀罗石雕的艺术形式，还继承了犍陀罗艺术创造的三宝象征（见图 2 和图 3）。在云冈石窟，表现这一题材的画面有三幅，分别雕刻在第 6 窟、第 12 窟和第 38 窟，其中雕刻精美，最有代表性的是第 6 窟后室东壁下层南侧的一幅

---

　　① 　科林斯，希腊的城市和港口，在伯罗奔尼撒半岛东北部科林斯湾东南岸。1858 年为地震所毁，又重建。是古希腊的政治、文化中心之一。科林斯城邦国家即建立于此。
　　② 　见马歇儿《犍陀罗佛教艺术》中文版，王冀青译，甘肃教育出版社 1989 年出版。
　　③ 　见马歇儿《犍陀罗佛教艺术》中文版，王冀青译，图版 117。

（图5　云冈第6窟东壁"佛陀鹿野苑初次说法"图）；在中雕六体飞天的形垂幕顶龛之下，释迦牟尼结跏趺坐于其中，手作说法印，两侧共有闻法弟子十人，佛陀膝下中央置不加任何装饰的素面圆盘式"三宝"象征，两侧各有一只小鹿静卧，小鹿身后，各雕二身跪状供养人。

云冈石窟的作品，明显受到犍陀罗艺术的直接影响，石雕形式和三宝象征形式（三个圆盘式）都是犍陀罗艺术所用的形式。因其继承基础是犍陀罗派的艺术，所以也是在犍陀罗艺术基础上发展，其表现是将犍陀罗派艺术发明的三宝象征物和人物的具体形象紧密结合起来，而没有任何偏废。这一综合表现不仅满足了佛教崇拜的心理欲望，也极大的满足了雕刻艺术家在塑造佛教形象的同时，努力追求艺术上创新和突破的意欲，使作品既庄重肃穆，又华丽美观，从佛陀、弟子和其他人物各自身份的表情体现，到人物着装，龛楣装饰，构图风格，都表现了佛教艺术在经历几百年的发展，来到中国后在云冈石窟的成熟程度和所能达到的最高艺术水平。

从三宝象征物的抽象表现，到佛像和其他人物的具体表现，再到云冈石窟艺术对两者精华的综合表现而创造出新的风格，"如果允许我们借用辩证法术语来表达的话，这种发展可以说是完全合乎辩证法的规律：这是否定之否定，如果允许我们再借黑格尔的说法的话，这种发展可以说符合他的三段式：正题——反题——合题"（季羡林《学术论著自选集》79页）。

二　犍陀罗艺术的直接影响——云冈第18窟弟子像的造像特点和安置方式

云冈第18窟是云冈石窟早期洞窟之一，洞窟造像题材是"三世佛"，主尊为释迦，两侧胁侍为过去佛和未来佛。在主像与过去、未来胁侍佛之间，各雕一躯菩萨像，菩萨像的上方，各雕五位弟子像，是为释迦之十大弟子。由于水蚀风化，主像西侧的菩萨像和五个弟子像中的三个已模糊不清，只有两个弟子像较清晰，主像东侧的墙壁虽也剥蚀严重，但高浮雕菩萨头像和五个弟子像则清晰可见。从这些头像的情况看，这组石雕绝非一般工匠所为，而是具有相当工艺能力，并对佛教美术有深刻造诣的雕塑家的成功作品。其排列顺序为：弟子像围绕高浮雕菩萨头像，上边平排三个，菩萨左右上方各置一个。因西边除两个弟子头像较清楚外，其余的雕像已经模糊不清，我们且以东边的一组为例进行描述（图6　第18窟主像东侧"菩萨和弟子像"）：菩萨头像上方的五个弟子像神态各异，形姿不一，维妙维肖。其中，上边的三个弟子像头部为圆雕，身体由高浮雕到浅浮雕，由上至下渐渐没于墙壁。菩萨头像左侧上方的一尊弟子像除头部及上身与上边的三躯像相仿外，其身体的腿和脚没有渐渐没于墙壁，而雕出了下肢及双脚。另一个雕刻在主像左侧，高浮雕菩萨头像右上方的被称为"大迦叶"的弟子像则显得非常特别（图 7 第 18 窟弟子像中的"大迦叶"），这一头像（包括脖颈）呈圆雕状，脖颈的横断面与壁面相连，这样，整个头部就全部离开墙壁，人物的形像塑造具有浓厚的西方情调，头像雕刻刀法娴熟，细致入微，深目高鼻，笑容可掬，一改佛教造像"笑不露齿"之传统，一排整齐的上齿显露在外；两眉宇间的眉头以优美卷曲形状雕就，显示了西方人卷曲的毛发，也煊染了人物的欢悦情感；后倾的额头，突出了智者的特点；额头上方中央与发际接壤处，雕出一个圆圆的凸起状"白毫"（按佛教造像传统，白毫为佛像独有，且位置在眉宇间。但在这里的额头与发际处出现了一个凸起状圆点，是否"白毫"，为什么位于额头与发际接壤处？有待考察），也许说明其做为释迦主要弟子的地位；额头两颊回缩，面部颧骨突出，下鄂骨形状分明。与云冈石窟大部分造像呈"神化"型呆板状有着极大的不同，具有较强的写实性。

云冈石窟做为佛教艺术已非常发达时期的大型石窟寺，其造像大多为高浮雕和浅浮雕形式，即使是高浮雕，也没有象第 18 窟弟子像那样，头部离开墙壁而身体和下肢渐渐没于墙壁的情况。这种安置方式虽然在云冈石窟仅此一处，但在犍陀罗艺术中却不乏其例：

1. 堵波托架

在公元前 2 世纪和 1 世纪，巴基斯坦和中印度的佛教徒们往往在　堵波上安装托架，以便悬挂奉献的宝物和花环。一般情况下，托架都沿绕着　堵波的穹隆顶安装，托架与托架之间有一定的距离，下距塔基数英尺，犍陀罗佛教艺术产生后，这种被认为"可以给　堵波携来供品"的托架也被移植在犍陀罗的佛教建筑上，只是雕制的更加精制。图 8 是一个犍陀罗式的飞天托架（图 8 犍陀罗飞天托架），飞天形象以高浮雕形式紧靠在叶板装饰座上，身体的下半身全部淹没于叶形雕刻品的最下端，以大于九十度的倾角留出一个接近方形的凸榫部分，以便安装在　堵波合适位置上已经凿出来的凹窝之中。我们可以想象，以一定倾角安装的　堵波上的托架，飞天和叶板装饰物以一定角度离开墙壁，到下部（即飞天腿脚部分）便与墙壁紧密结合了（图 9 飞天托架安装示意图）。这样的效果，与云冈第 18 窟弟子像在洞窟墙壁上的安置效果（图 10 云冈第 18 窟弟子像雕刻）非常接近（差别是，托架是以凸榫和凹窝的方式安装于墙壁，而云冈弟子像与墙壁是整体结构设计）。

2. 希腊式浮塑在　堵波上的安置方式。

马歇儿在《犍陀罗佛教艺术》中介绍"安息时代的希腊艺术复兴及其对犍陀罗艺

术的影响"① 时说：

在　叉始罗②也拥有天才的艺术家，他们能够制作出同样好的作品，出土于西尔卡普阿普达尔大佛寺的许多泥塑作品可以为证。建筑者们在装饰　堵波时使用了一些浮塑小人像。我们发掘遗址时在瓦砾碎片中发现了许多浮塑像的头部，它们原来附着的建筑体现在已荡然无存，因此对其装饰物的设计和布局我们只能作些推测。但有一点是肯定的，那就是　叉始罗的佛教建筑和犍陀罗的佛教徒同样迅速地使用刚获得新生的希腊式艺术为自己服务。这些浮塑作品中具有代表性的几件……呈纯粹的希腊风格（见图11），其作者显然很有才华，也富有感情，能够刻画出人的面部形体。如果读者翻到插图部分，就会发现，有些塑像（见图9）显然是想塑出整个面部，而另一些塑像（见图8）打算塑出四分之三面部，其余四分之一或另一颊没于塑像所附的墙壁上。

马歇儿的以上介绍，有两点要注意：第一点是发掘出的浮塑人像是希腊式风格而不是当地风格；第二点是最后几句关于这些浮塑在　堵波上的安置方式。第一点与云冈第18窟弟子像呈西方风格而非云冈当地风格的现象是一致的。第二点关于安置方式，马歇儿介绍的虽然是浮塑，但有的造像"想塑出整个面部，而另一些塑像打算塑出四分之三面部，其余四分之一或另一颊没于塑像所附的墙壁上"这一从浮塑与壁面的结合方式（即安置方式），与云冈第18窟以头部为圆雕，身体呈高浮雕至浅浮雕，然后渐渐没于墙壁上的情形，也是一致的。只是云冈的艺术品头部塑为圆雕，较浮塑更为生动，所呈现的整体效果更加逼真而已。

3. 科林斯式柱头人物装饰雕刻

图12这个科林斯式柱头（图12　出土于巴基斯坦斯瓦特的科林斯柱头）被认为是较晚（公元4～5世纪）的艺术作品，柱头造型优美，雕凿技巧完善。在这里，值得我们注意的是在柱头叶形装饰中探出半个身子的人物雕像。马歇儿认为，在科林斯式"柱头上第一次出现小菩萨像是在加罗加拉统治时期（公元211年至217年在位），"而且这种构思并不是"从罗马引进的"。他说：

如果确有模仿的话，与其认为东方模仿西方，倒不如说是西方模仿了东方，因为在早期印度派的作品中，就喜好这一种题材：活泼的药叉或提婆从叶丛或花朵中探出身来。我们不妨举出一件实物为证：山奇　堵波西门南侧柱上就有著名的"生命和吉祥之树"，时间为公元前1世纪，显然，这一构思极有可能是通过佛教艺术中这一拿手题材进入犍陀罗艺术的。

---

① 见马歇儿《犍陀罗佛教艺术》中文版，王冀青译，甘肃教育出版社1989年出版。
② 叉始罗，印度河流域三大遗址之一。该遗址是马歇儿的犍陀罗佛教艺术研究资料的主要来源。

我们从图 11 中观察到，与云冈第 18 窟弟子像的安置方式最为一致的正是这种科林斯式柱头叶形装饰物中探出半个身子的人物雕像：人像的头部呈圆雕状，上背部与柱头壁开始结合，上身呈高浮雕，至腹部以下没于叶形装饰和柱头之中。

以上三个实例说明，云冈第 18 窟弟子像的安置方式显然是受到犍陀罗艺术的直接影响。所不同的是，犍陀罗艺术在塑造这种形象时，没有云冈第 18 窟这样的释迦弟子像出现，也没有如此庄严的场面和仪式，这种创造性的继承，是云冈艺术家的贡献。由此得出的结论是：不断地将外来艺术引入佛教艺术创作中，是所有佛教艺术流派得以生成、发展的动力和方式。在云冈石窟，这一种表现尤为突出，这种艺术间相互学习、借鉴和渗透的力量，是云冈模式形成和发展的最重要因素之一；第 18 窟被列为云冈石窟早期洞窟，那么在云冈整个早期洞窟的建造中（也应该包括以后开凿的洞窟），不乏由西域各国调来的具有高水平创作和雕刻能力的艺术家，他们或是西域人，或是距中国更遥远地方人的后代；在云冈石窟建造时的公元 5 世纪，世居大漠而后统治黄河领域的北魏鲜卑政权，在与周边各国，特别是在与西域各佛教国家的交往中，经济、文化领域的相互渗透作用极其明显，使云冈石窟具有了规模上和风格上的世界性意义。

三　"异曲同工"的范例——云冈屋形龛的出现及其与希腊科林斯式浮柱在装饰意义上的一致性和特点

一般认为，在云冈石窟几种佛龛形式[①]中，屋形龛"是在中国本土出现的新形式"[②]。这种新的佛龛形式出现于云冈石窟最为华丽的中期洞窟内（如第 9、10、11、12、13 等窟）。在云冈石窟，屋形龛主要有两种表现形式：第一种为屋檐下有斗　和棱柱或塔柱雕刻，装饰比较繁杂的；第二种为屋檐下没有装饰或只有一排简单帷幕或其它花纹装饰的。屋形龛的出现，丰富了佛龛形式，也使佛龛具备了中国特色。但它的意义不仅如此，不妨我们进行一下比较分析：

1. 与从西方（指印度与犍陀罗）引进的传统的圆拱龛，　形龛相比，屋形龛在塑造佛陀释迦与其他人物（如菩萨、弟子等）中都不能象圆拱龛和　形龛那样具有中央

[①]　云冈石窟基本的佛龛形式有印度犍陀罗传统的圆拱龛和形龛，还有一种在佛像头顶上方雕出一个宝盖的龛式，称为宝盖龛，但有人认为这种龛式是基本龛式（指圆拱龛和形龛）的变化。在云冈出现的新龛式是中国传统屋顶建筑式的屋形龛。

[②]　《云冈石窟装饰的意义》，原著：（日）长广敏雄、水野清一。翻译：王雁卿。（见《文物季刊》1997 年第 2 期）。

高，两边逐渐下降的形式，将位于中央的佛陀形象塑造的大一点，庄严一些，而将其他在佛龛两边的人物塑造的小一些的特点（见图5），因此，在屋形龛内造像时，除将中央的佛像塑造的大一点以外，两边势必要安排上下多层的其他人物形象，以缩小身材，与主像在大小上有一定区别（见图12），这种安排主要是那些宽度较小的屋形龛。但这种在塑造佛像与其他人物形象大小关系上与圆拱龛、 形龛相比有明显不方便的屋形龛，在另外一项上却有着传统龛式不可比拟的优势，即屋形龛可以横向拉开，龛内并排放置一样高低的若干人物（图13 第9窟后室南壁门拱上部屋形龛），而传统龛式却难以做到。图13是云冈第9窟后室南壁门拱上部的一座较典型的横向拉开式屋形龛，龛内中央雕一坐佛，左右各四体供养天人相向合十而跪。一共雕有九尊造像。从这幅作品上看，坐佛像与其他供养天人同样大小。因此，象这样横向拉开式的屋形龛不适合塑造类似这样的题材，但却可以饱满地塑造"过去七佛"的题材，（图14 第11窟西壁屋形龛中七佛立像），甚至为了更加辉煌地塑造七佛，富有创造性的艺术家还将七佛置于三个并排的屋形龛下（图15 第13窟南壁三个屋形龛中七佛立像），这一表现形式更是圆拱龛和 形龛不可及的事情。

2. 正因为屋形龛有以上特点，我们发现它与犍陀罗时期从希腊引进的由两边各一科林斯①式浮柱，中间放置若干同样大小人物的形式（图16 犍陀罗浮柱方形龛作品）多么一致。图16表现的虽然不是佛教人物，但手中的莲花"足以说明其佛教性质"，这一情况，也可以认为是希腊式艺术的"入乡随俗"。象这种以两边的浮柱为装饰，中间塑造出一排人物的希腊式艺术品，在犍陀罗时还有不少例子②。这些希腊式的作品表现形式，渐渐成为服务于佛教思想内容的基本形式之一，我们从图17（图17 犍陀罗"祇园布施"浮雕）中看到犍陀罗第一次将佛陀形象塑造出来时，用了这种形式，结束了长期以来以象征手段表现佛陀的历史，开创了佛教艺术发展的新天地。在图17中，虽然看不到画面两边的浮柱，但几乎可以肯定也是两边装饰浮柱的形式，以这种形式塑造的佛陀，就象马歇儿先生说的那样：

佛和其他人物具有同样高的身材，同样的外貌，除去"背后圆光"外，再没有任何特征可以把他和身旁的比丘区分开，这一点是很有趣的。③

这有趣的一点，是希腊传统艺术造成的，是佛教徒们所不甘心的，因此，在犍陀罗艺术发展到一定阶段，艺术家们就找到了运用这种形式的最佳舞台。《佛教石窟考古概要》一书第261页介绍了一幅产生于公元3世纪的叫做"过去七佛与弥勒菩萨石浮雕"

---

① 科林斯，希腊的城市和港口，在伯罗奔尼撒半岛东北部科林斯湾东南岸。1858年为地震所毁，又重建。是古希腊的政治、文化中心之一。科林斯城邦国家即建立于此。

② 见马歇儿《犍陀罗佛教艺术》中文版，王冀青译，甘肃教育出版社1989年出版。

③ 见马歇儿《犍陀罗佛教艺术》中文版，王冀青译，甘肃教育出版社1989年出版。

的照片（见图 18），这幅照片的中心雕出八个人物，左边七个为"过去七佛"，最后一个是弥勒菩萨，从佛教意义上理解，这些人物由于地位相当，雕成同样大小的模样，放在两边装饰浮柱的雕塑形式中是最适当的。此外，这幅作品在"过去七佛及弥勒菩萨"头顶之上装饰了一排建筑浮雕，这一排看上去象是较矮的方柱形装饰，也许对以后新形式的出现（如云冈屋形龛）是个启发。

　　无论是希腊科林斯浮柱式的作品，还是云冈横向拉开扩展的屋形龛，在塑造佛教题材上达到了高度的统一，也就是说希腊式传统建筑形式与中国式传统建筑形式在反映印度佛教思想上体现了惊人的一致性，使佛教艺术在不同地点，不同时间的不同发展阶段上，在同一思想内容中表现出不同的特点，也使佛教艺术的表现形式更加丰富多彩。

　　3. 犍陀罗希腊浮柱式画面雕刻和云冈石窟屋形龛式画面雕刻，在形体以及表现程度等方面，也各有一些特点。首先，在以希腊科林斯浮柱的装饰形式塑造"过去七佛"题材的前后，人物的表情姿态有着很大的不同。传统希腊式雕刻是写实主义的，在人物塑造上表现了自由活泼的特点，更加接近于世俗生活，显得生动、逼真，即使在以这种形式塑造出第一个佛陀形象时（见图 17）仍然保留了这个传统，然而，当以这一形式塑造了"过去七佛"（图 18 犍陀罗"过去七佛与弥勒菩萨"石浮雕）后，希腊传统艺术的写实主义便立即烟消云散了，代之以宗教式的、呆板的，极其端正的人物形态，对人的塑造终于过渡到对"神"的崇拜，一切都让位于宗教了。

　　其次，和犍陀罗时期希腊式浮柱相比较，云冈屋形龛在塑造主体雕刻时显得更加开放。云冈石窟以屋形龛装饰塑造的"过去七佛"虽然在人物面部表情和身躯上表现的仍然呆板，但由于画面两侧没加任何可以限制的雕刻内容，再加上佛像以褒衣博带式装束，由上至下呈扩张式下摆的特点（见图 15），整个画面华丽无比，活泼开放。这一艺术创造，是在宗教对艺术的严格限制中完成的，是云冈石窟艺术家对人类艺术发展的重要贡献。他们怀着对佛的无比崇敬，深深地沉浸在宗教的传说里，同时又以雕刻艺术家特有的才智来表现这些神圣的故事，"具有这些特质的作品显然是成熟透了，也极为复杂，要达到这种程度，绝非在一朝一夕发挥一个艺术家的才能所能完成的，它意味着前人的努力，是以更早期的艺术家那艰辛的尝试为前题的，这种尝试的特点是反复实践，但少有成功"（马歇儿《犍陀罗佛教艺术》第 45 页），大部分是为后人的成功而铺平道路。

　　再次，希腊科林斯浮柱式画面在犍陀罗的表现从来没有象云冈屋形龛画面所表现的如此大型化，同是"过去七佛"雕刻，两者画面大小差距在几倍，甚至十几倍以上，这种情形一方面是由于从犍陀罗时期　堵波艺术发展到石窟艺术后，依山开凿的石窟允许艺术家以大刀阔斧的表现手法进行创作的原故，另一方面说明了在公元 3 世纪以后，无论是中亚，还是中国，对佛教的狂热达到了新的高度，在云冈还有潜在的政治因素加在其中，因此，大型化不仅是某一形式和题材的表现问题，它在整个云冈石窟具有普遍意义①。

四　犍陀罗希腊浮柱式之残留——第7、8窟后室南壁供养天方形龛的设计雕刻

云冈石窟是中国石窟寺中接受外来佛教石雕艺术最充分的大型石窟群，其中受犍陀罗艺术之影响是不容质疑的。就某个画面以科林斯浮柱装饰的情形同样存在，这就是雕刻在第7、8双窟后室南壁明窗与窟门间的供养天人龛（图19 第7窟后室南壁明窗与窟门间六胡跪供养天龛）。此两个龛所装饰的人物均为双手合十胡跪式供养天人，除了因人物形象塑造身材比例协调、面貌清丽宜人而被称为"云冈六美人"的特点外，装饰它们的龛式也是云冈石窟独一无二的形式，其中以第7窟的画面最具代表性：

——整个龛式为横向长方形状，宽约4.4米，高约1.8米。是典型的犍陀罗式结构。

——龛式上方结构为一排中雕不同式样莲花的方形格，格下为波形帷幕。这些均与形帷幕龛的龛楣雕刻相同，只是没有八字格。

——画面两侧雕刻了带两侧翻卷柱头的科林斯式浮雕柱体，只是该两侧柱体没有一直向下贯通全部画面，在马上就要到达底边时，被由两侧延续的忍冬纹所打断。同时，该两侧浮柱也没有像犍陀罗画面中科林斯浮柱那样有着滚圆的凸出形状，而是雕刻为较扁平的浮雕。显然，这只是犍陀罗画面两侧浮柱的残留形式。

——画面中装饰的人物数量为六个。这与犍陀罗画面的人物数量为偶数相同。

从画面雕刻中以上四个方面的表现看，它一方面继承了犍陀罗画面的基本特征（横向拉开式长方形画面、两侧科林斯浮柱、人物数量为偶数等），另一方面又将云冈已经大量使用的形帷幕形式，在将八字格去掉后加以运用，同时人物形象也是云冈早中

①　"云冈石窟是新疆以东最早出现的大型石窟群，又是当时统治北中国的北魏皇帝集中全国技艺和人力，物力所兴造"（宿白《平城实力的集聚和"云冈模式"的形成与发展），现存大小窟龛250多个，大小造像51000余尊，高达10米以上的大型佛像8座。其中早期的昙曜五窟，更是"为太祖以下五帝铸释迦立像五"（《魏书．释老志》）的重演。中期洞窟依旧带有浓厚的国家政治色彩，如为"二圣"（指北魏在平城建都时垂帘听政的冯太后和当时的皇帝献文帝和孝文帝）开凿的"双窟"（指洞窟形制、规模、内容、艺术表现手法和结构等方面相同或相近并在位置上紧密相邻的两个洞窟）就达4处（1、2窟，5、6窟，7、8窟，9、10窟），此外，中期洞窟所呈现的华丽繁荣景象也是世界佛教石窟艺术史上最为成功的一例，充分体现了外来佛教艺术与中国传统艺术结合以后，被逐渐吸收消化，中外艺术间相互摹写渗透的实际。即使是北魏皇帝迁都洛阳以后开凿的云冈晚期洞窟，也不乏"成为云冈窟室样最繁杂的阶段"，"个体造像的造型更加清秀"（宿白《平城实力的集聚和"云冈模式"的形成与发展），成为中国石窟艺术中"瘦骨清像"的源头。

期风格。所以我们完全可以将它视为多元表现形式的融合结果。说它是犍陀罗画面的残留形式，一是虽然出现了两侧科林斯浮柱，但在形状和长度上没有完全体现。二是在云冈以后的龛式雕刻中再没有出现类似的情形。有的只是以中国式屋形龛装饰的过去七佛画面，虽然画面依然是横向长方形状的犍陀罗式格局，但其装饰的人物数量已由八个（犍陀罗画面中的七佛又加上了未来弥勒菩萨）变为七个，由偶数变为奇数了。

　　犍陀罗佛教艺术以及其他流派和风格的佛教艺术对云冈的影响是多方面的，这是因为佛教及其艺术本身就是外来的文化，在引入中国后不可能彻底摒弃原有的一切内容和形式。同时我们也看到，既然佛教传入中国后，受到了中国原有社会意识和民间风俗的影响而成为中国式的佛教，那么佛教艺术在扎根于中国土地上时，也必然受到中国传统艺术和审美观念的极大影响而成为中国佛教艺术。这里要说明的是，笔者撰文讨论犍陀罗艺术对云冈艺术的影响及其联系时，是建立在这种艺术已扎根于中国的土地上这一基础之上的。

说明：本文照片由张海雁摄影，示意图由张建新绘制。

（摘自《文物季刊》1999 年第 1 期）

图1

图2

图3

图4

图5

图6

图 7   图 8

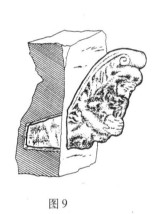         

图 9   图 10   图 11

图 12

图 13

图 14

图 15

图 16

图 17

图 18

论云冈石窟中瓦顶建筑式样的
表现特征及其影响

王　恒

　　公元 5 世纪中叶开凿的云冈石窟使佛教雕刻艺术在中国的传播达到了前所未有的水平，并取得了辉煌的成就。成就的巨大，不仅表现在继承和借鉴西方①佛教雕刻艺术的传统方面，更突出地表现在将中国传统艺术形象糅合其中，使其凸现出中华民族的传统风格和审美情趣。本文所讨论的，是关于云冈石窟佛教艺术雕刻中华民族传统特征之一的瓦顶建筑式样的表现及其特征和影响。

一

　　云冈石窟中最为突出并以独立形态出现的瓦顶建筑式样雕刻是第 9 窟前室北壁窟门与明窗之间的瓦顶门楼（图 1）。这一门楼雕刻面积约为 15 平方米（高 2.7 米，宽 5.6 米），瓦顶以一斗三升人字栱雕刻支撑，屋脊上雕刻鸱尾一对，花纹式三角四只，花纹三角之间和垂脊上各雕一只金翅鸟，两侧垂脊出檐角处各雕飞天。门楼中的雕刻内容还有：中央为博山炉一只，两侧对称为手牵璎珞的八身飞天，璎珞间雕花纹三角，以下为花纹套人物托起的高浮雕立体式莲花门楣，飞天与门楣两侧各雕金刚。

　　这一中国传统瓦顶建筑式样的门楼至少显示了两个特点：

　　首先，极尽华丽装饰，突出中国化瓦顶门楼在石窟雕刻中为佛教思想服务的特点。瓦顶、鸱尾、斗栱等中国古建雕刻衬托了金翅鸟、飞天、莲花、金刚、童子等佛教形象，不仅极大的丰富了门楼的装饰内容和对称美感，也突出了门楼为佛教思想服务的作用。此外，因第 9 窟和第 10 窟为双窟设计，这一具有强烈中国民族化风格的

---

　　① “西方”，针对佛教石窟寺艺术而言。特指中国以西的印度以及中亚等地区。

瓦顶门楼与第 10 窟前室北壁居同样位置的佛教须弥山并列成为这一对双窟显要位置的雕刻内容，这样安排不仅在形式上使佛教石窟寺增添了新的美术装饰画面，更重要的意味在于，使中国传统瓦顶建筑式样成为和须弥山雕刻并列而运用的实际内容。

其次，位居中央位置，突出围绕该门楼而强化整体壁面对称装饰的特点。纵观第 9 窟前室北壁，其整体设计以门楼为中心，顶上装饰华丽的尖栱明窗，下边为进入后室的窟门，左侧、右侧对称安置柱式楣栱龛内狮子座交脚菩萨，左上角、右上角对称安置圆栱龛内二佛对坐像，其他雕刻，如五层塔柱、飞天、伎乐天、小型坐佛、窟门两侧的本生故事等，无不是以门楼为中心而展开的对称意图。像这样围绕中国传统瓦顶建筑式样雕刻而展开的整体壁面设计，在云冈还有实例①，说明这种设计思想在一定阶段时间里是被非常重视并推广的。这种画面整体结构的对称美感，用文字表达显然感到困难，只有身临其境才会体味出它的诱人之处。产生如此动人的艺术效果是画面构成设计上的成功。现代构成设计理论认为，"构成是一种去掉了地方性、社会性、生产性等因素的造型活动，这种设计形式，一般称为纯粹构成，而把遵循于生产的，合理因素的'构成'称为目的设计或者应用设计。"② 第 9 窟前室北壁的构成设计，既是以对称美感要求为目的的设计，又是"遵循于地方性（北魏平城）、社会性（佛教意识形态）、生产性（传播佛教思想）等因素的造型活动"，因此，它既不是"纯粹设计构成"，也不是"目的设计或者应用设计"，而是将两者相互兼容的设计。

二

作为与传统佛像龛具有同样功能的屋形佛龛，中国传统瓦顶建筑式样雕刻在云冈也有不俗的表现，而且呈现出运用上灵活性的优势。

在云冈，与传统圆（尖）栱、楣栱龛在构图运用（高宽比例）上较一致的屋形龛很少，仅在第 11 窟西壁南侧第三层、第 13 窟东壁北侧第三层、第四层、南侧第四层各有一例（见表一）。这些屋形龛的特点是高宽比例与传统龛的高宽比例接近，且覆盖内容也与传统龛相近。从画面（图 2　第 13 窟东壁第四层屋形龛坐佛像）直观看，以瓦顶建筑式样作为基本龛形，其装饰余地较小，效果远不及传统龛形美观豪华。然而，我

---

① 围绕瓦顶建筑式样展开的整体壁面设计，除第 9 窟前室北壁外，还有该窟后室南壁、第 6 窟南壁、第 13 窟南壁等。

② 姜凡：《实用美术设计基础》，东北师范大学出版社 1986 年版。

们从这种龛形所居的壁面观察，它作为龛形多样化①的组成部分，有着不可替代的作用。

表一

序号	位　置	表现形式	覆盖内容	高宽（cm）
1	第11窟西壁南侧第三层	二棱柱支撑斗栱，帷幕装饰。屋脊置鸱尾一对，半身像供养人六躯	中央置须弥座交脚菩萨，两侧为胁侍菩萨，柱外两侧雕四躯供养人	高58、宽58
2	第13窟东壁北侧第三层梯形三龛之中龛	帷幕装饰。屋脊置鸱尾一对，素面三角四只，两侧垂脊各置一供养人	龛中置狮子座交脚菩萨，两侧各雕五躯供养人像	高51、宽45
3	第13窟东壁北侧第四层第二龛	两飞天装饰。屋脊置鸱尾一对，素面三角三只，两侧垂脊各置一供养人	中央置袒右肩坐佛，两侧为胁侍菩萨	高124、宽132
4	第13窟东壁南侧第四层第一龛	两飞天装饰。屋脊置鸱尾一对，金翅鸟一只，两侧垂脊各置一供养人	中央置袒右肩坐佛，两侧为胁侍菩萨	高132、宽147

与以上所述不同，以柱式斗栱瓦顶建筑式样为装饰而覆盖佛像的屋形龛，将屋顶以下空间以柱分为三间，装饰华丽，雕刻细腻，成为宫殿式的佛像龛形（图3　第12窟前室西壁宫殿式屋形龛）。这种形态分别雕刻在第9、10窟前室的东西两壁上层和第12窟前室的东西两壁中层（见表二）。从表二可以看出，六个立柱式宫殿屋形龛至少有以下特点：

1. 位置居于具前后室形制结构的第9、10、12三个窟的前室东西两壁的上层或中层；

2. 主尊造像（佛或菩萨）统一为狮子座交脚（半结跏趺）的坐势；

3. 这些画面横向（宽）占据全部壁画，其高宽比例与传统龛式（圆栱、楣栱）相比较，有了较大改变；

4. 和第9、10窟的四幅画面相比较，第12窟的画面雕刻较有深度，因而更富立体感，装饰意味更加强烈，甚至将斗栱变形，雕刻出兽头兽身形象。

以上特点说明：1. 在云冈佛龛雕刻中，中国传统瓦顶建筑式样取得了很大成功。无论在塑造佛像上，还是在装饰空间中，都有与传统龛式相媲美的能力；2. 虽然有这

----

① 第13窟东壁高约13米，下层宽约8米，其北侧由下至上渐渐向南回缩，顶部宽约4米，面积约80多平方米，壁面下层和北侧风化严重，现存大小造像龛129个，龛式变化多样，计有：尖栱（圆栱）龛、楣栱龛、重层楣栱龛、塔形龛、屋形龛等。各种龛式的装饰变化多样。

种优势，但在洞窟位置安排上，没有被放在最显赫的地方；3. 第 12 窟前室西壁画面中变形斗栱雕出的兽头兽身，受西方佛教艺术雕刻的影响[①]；4. 以宫殿式屋形龛覆盖交脚像（弥勒），反映了造像者对未来（永远的佛）的崇拜和希望。

表二

序号	位置	表现形式	覆盖内容	高宽（cm）
1	第 9 窟前室西壁上层	柱式斗栱装饰。屋脊置鸱尾一对，金翅鸟三只，花纹式三角四只	四层方塔各雕坐佛，塔顶为蕉叶童子。方塔将檐下空间分为三间，明间雕头光背光装饰华丽的狮子座交脚佛，两梢间各雕胁侍菩萨，菩萨头顶雕飞天	高 300、宽 412
2	第 9 窟前室东壁上层	柱式斗栱装饰。屋脊置鸱尾一对，金翅鸟三只，花纹式三角四只	以菱形花纹柱分为三间，明间雕头光背光装饰华丽的狮子座交脚菩萨，两梢间各雕菩提树下坐束帛思惟菩萨	高 300、宽 412
3	第 10 窟前室西壁上层	柱式斗栱装饰。屋脊置鸱尾一对，金翅鸟三只，花纹式三角四只	以花纹棱柱分为三间，明间为狮子座交脚菩萨，两梢间为菩提树下思惟菩萨	高 340、宽 400
4	第 10 窟前室东壁上层	柱式斗栱装饰。屋脊置鸱尾一对，金翅鸟三只，花纹式三角四只	方形塔柱分为四层，每层雕一舞人。以柱分为三间，明间为头光背光装饰华丽的狮子座交脚佛，两梢间内，上雕飞天，下雕胁侍菩萨	高 340、宽 400
5	第 12 窟前室西壁第二层	柱式斗栱装饰。屋脊置鸱尾一对，金翅鸟三只，花纹式三角二只。棱柱下端残存立体雕刻，斗栱雕出变形兽头兽身，中间人字栱上两鸟相向	以棱柱分为三间，明间雕狮子座交脚佛像，两侧雕胁侍菩萨，龛上方帷幕衬托五躯手持璎珞的飞天。两梢间各雕倚坐佛，龛上方帷幕衬托三躯手持璎珞的飞天。龛外两侧各雕一供养菩萨	高 230、宽 430
6	第 12 窟前室东壁第二层	柱式斗栱装饰。屋脊置鸱尾一对，金翅鸟三只，花纹式三角二只。棱柱下端残存立体雕刻，中间人字栱上两鸟相向	以棱柱分为三间，明间雕狮子座交脚菩萨，两侧雕胁侍菩萨，龛上方帷幕装饰。两梢间各雕思惟菩萨，龛上方帷幕装饰。龛外两侧各雕一供养人	高 125、宽 450

　　中国传统瓦顶建筑式样作为佛龛，在云冈表现的最特别，在塑造佛教内容上与西方形式呈异曲同工的，当属第 11 窟西壁和第 13 窟南壁的七立佛大型屋形龛（图 4　第 11 窟西壁中层屋形龛下七佛立像）。展示这一功能特点的，还应包括第 9 窟后室南壁中央

---

　　① 公元前 3 世纪，印度孔雀王朝开始佛教艺术的创立。著名的阿育王石柱之柱顶雕刻了雄狮，有的雕刻了一只，有的（鹿野苑狮子柱顶）则雕刻了四只背对的狮子。

的屋形龛，和第 12 窟前室北壁下层栱门两侧的两个屋形龛（见表三）。从表三看出，这些佛龛最显著的特征是高宽比例的配置，分别为 1∶3.2、1∶2.6 和 1∶3，这种比例配置是其他形式佛龛所没有的，证明了瓦顶建筑式样在装饰"七立佛"题材中的优势。关于以屋形龛装饰"七佛"的作用和意义，笔者撰文做过讨论①，本文不再重述。

表三

序号	位置	表现形式	覆盖内容	高宽（cm）
1	第 9 窟后室南壁第三层	无装饰横向拉开式。屋脊置鸱尾一对	中央雕一坐佛，两侧各雕供养天四躯	高 118、宽 382
2	第 11 窟西壁北侧第二层	高浮雕立体式出檐	各为高 240 厘米的七立佛。立佛褒衣博带下摆，佛像间雕有小佛龛	高 280、宽 740
3	第 12 窟前室北壁西侧下层	高浮雕立体式出檐。屋脊置鸱尾一对，金翅鸟一只，素面三角二只	倚坐佛像四躯	高 130、宽 230
4	第 12 窟前室北壁东侧下层	高浮雕立体式出檐。屋脊置鸱尾一对，金翅鸟一只，素面三角二只	倚坐佛像四躯	高 130、宽 215
5	第 13 窟南壁中央窟门与明窗间	三屋顶连续形式画面。中顶略大，帷幕装饰，屋脊置鸱尾二对，回首金翅鸟二只，素面三角七只。两侧顶略小，小三角垂幕装饰，屋脊置鸱尾二对，金翅鸟三只。三顶之间置二供养人	中顶下置三立佛，两侧顶下各置二立佛，是为七立佛。立佛脚踩莲花座，头光背光装饰华丽，褒衣博带下摆，佛背光间上角置飞天	高 300、宽 900

三

在云冈第 1、2，第 6 和第 9、10 等窟中，以中国传统瓦顶建筑式样覆盖了一些佛教故事图，或以象征手法代表了一定故事情节的屋顶建筑。这些图画是传播佛教思想必不可少的内容，也是塑造释迦形象，渲染宗教气氛的重要手段。在云冈，这类表现数量较多，手法也较为丰富灵活。

1. 第 6 窟塔柱下层佛龛两侧上部的"净饭王夫妇接受祝贺图"、"接受商人奉食图"（图 5　第 6 窟塔柱南面瓦顶下佛经故事）、"阿私陀占相图"和第 9 窟后室南壁西侧与西壁南侧第二层的画面（图 6　第 9 窟后室南壁屋形龛下鬼子母失子图）、第 10 窟

---

① 参阅拙文《从犍陀罗到云冈》，《文物季刊》1999 年第 2 期。

后室东壁南侧与南壁东侧第二层的画面，前者为外转角瓦顶式样，后者为内转角瓦顶式样（见表四）。

将一幅完整的故事画面以转角形式置于两个相邻的壁画上，在视觉效果和艺术处理上，都显示了独特的风格，成为颇具云冈特色的画面布置。同样的故事画面，有的则没有采用这种形式（见表五）。

表四

序号	位置	表现形式	覆盖内容	高宽（cm）
1	第6窟塔柱南壁下层西侧	无装饰外转角式。屋脊置鸱尾一对	净饭王夫妇接受祝贺图	高136、宽110
2	第6窟塔柱东壁下层南侧	无装饰外转角式。屋脊置鸱尾一对	接受商人奉食图	高132、宽220
3	第6窟塔柱北壁下层西侧	无装饰外转角式。屋脊置鸱尾一对	阿私陀占相图	高135、宽200
4	第9窟后室南壁西侧与西壁南侧第二层	南壁西壁呈帷幕装饰内转角一体式。屋脊置鸱尾一对	以帷幕下垂打结处为界，南壁西壁各雕出"鬼子母失子"故事和交脚菩萨、供养天	高180、宽470
5	第10窟后室东壁南侧与南壁东侧第二层	东壁南壁呈帷幕装饰内转角一体式。屋脊置鸱尾一对，花纹式三角四只	中雕二倚坐像，两侧雕供养天	高162、宽235

表五

序号	位置	表现形式	覆盖内容	高宽（cm）
1	第6窟塔柱南壁下层东侧	无装饰。屋脊置鸱尾一对	净饭王夫妇图	高120、宽110
2	第6窟塔柱东壁下层北侧	帷幕装饰。屋脊置鸱尾一对	净饭王夫妇教子图	高132、宽110

此外，呈转角状的瓦顶建筑式样还应包括第6窟沿东、南、西壁下层围转的廊式雕刻。这组画面从地面起高2米，围绕了整个东壁（风化严重，仅存约6米）、南壁（风化严重，仅存约3米）和西壁（全部风化）。从残存的画面观察，这一瓦顶长廊雕刻一斗三升人字栱，每隔约2.5米以一立柱分割为间，每间置立式供养人四身，如此推算，

全部长廊应有十四间，约 33 米左右，置供养人五十六身。

2. 第 9 窟后室南壁东侧第四层，第 10 窟后室南壁东侧第三层和西侧第二层的画面（见表六），虽然都以坐佛为主要造像格式，但与刻在石窟壁面上其他佛龛集中突出主尊佛像的情形不同，在造像体积和位置设计上，将佛以外其他人物的形态，表现得格外突出，使画面呈现生动活泼，富有吸引力的特点。

表六

序号	位置	表现形式	覆盖内容	高宽（cm）
1	第 9 窟后室南壁东侧第四层	帷幕装饰。屋脊置鸱尾一对，素面三角九只	中央为坐佛，坐佛左侧雕二尊，右侧雕三尊手持华盖的供养天像	高 323、宽 220
2	第 10 窟后室南壁东侧第三层	帷幕装饰。屋脊置鸱尾一对，素面三角二只	中为袒右肩坐佛，其坐下置一头触地面，深深跪拜的高髻像，佛像两侧雕供养天五躯	高 191、宽 250
3	第 10 窟后室南壁西侧第二层	帷幕装饰。左侧屋脊置鸱尾一只，素面三角一只，右侧风化	主像为坐佛，左胁破损风化，右胁下为两尊菩萨坐跪像，上为三尊合掌比丘立像，其后雕出一匹象，一合掌高髻像骑在象头上，象背宝座上坐一合掌菩萨	高 165、宽 235

3. 根据《维摩诘经》造出的维摩诘与文殊说法像，是云冈和许多佛教石窟寺重要的造像之一。在瓦顶式样未被采用时，云冈对这一题材的塑造是以楣栱或其他装饰形式完成的，第 7 窟南壁拱门两侧的造像（图 7 第 7 窟后室南壁窟门东侧形龛下维摩像）是最有代表性的作品。自从这种式样被采用以后，在塑造维摩文殊说法像时往往被采用。在云冈第 2 窟、第 6 窟，以及第 31 和第 35 窟都有此类雕刻，其中尤以第 6 窟南壁中央门栱与明窗之间的画面（图 8 第 6 窟南壁明窗与窟门间"文殊问疾"图）最为豪华，最具代表性。这幅画面面积约 10.6 平方米（高 264 厘米，宽 400 厘米），三角垂帐装饰，屋脊置鸱尾一对，金翅鸟五只，素面圆盘装饰一对，素面三角五只。其下覆盖内容是：中央为须弥座著褒衣博带释迦像，右襟搭于左肩，衣摆下垂，头光背光装饰华丽，高发螺旋成髻，双目微闭，正襟危坐。左侧为头戴尖顶帽，身穿对领长衣，倚坐床榻的维摩居士，他手执尘尾上举，眯眼微笑，从容自得。右侧为头戴宝冠，著短衫长裙，坐于床榻的文殊菩萨，他头微侧，左手上扬，似侃侃而谈。这幅以中国传统瓦顶式样装饰的"文殊问疾"图，是这一题材被刻划在石窟寺中最庄严、隆重的一幅，说明了云冈中期对"文殊问疾"和"瓦顶装饰"的重视程度，充分体现了佛教思想内容和民族装饰形式的有机统一，使它不仅成为感染力巨大的宗教思想宣传阵地，也成为使人

们视觉感官得到平静愉悦的艺术享受。

4. 在第9、10窟后室南壁塑造的佛教故事中，分别出现了一个以房屋形式装饰的坐佛龛（图9　第9窟后室南壁东侧第3层佛教故事）。表七中的坐佛龛所处的位置（分别位于故事画面的左边或右边）和它所占面积（较小），说明这种房屋式坐佛龛是为一定故事内容服务的。以这种形式出现的瓦顶建筑，在第1窟，第9、10窟和第6窟的佛教故事中都有表现。雕刻于云冈石窟中的瓦顶建筑大部分是以浮雕形式出现的，只有一个例外，就是位于第9、10窟之间，联结两窟的一座大型塔式雕刻上的两座近似立体圆雕的方形建筑（图10　第9、10窟外壁中央大象须弥山内视图）。这一大型塔式雕刻高约8米，外壁风化，底层残留周长约5.4米，从残留的凸凹部分和窟内（南壁）部分可见其雕刻内容的巨大和精美；最下层为一约3米高著衣大象，大象背上雕刻宏伟壮丽的须弥山，山顶之上左（9窟）右（10窟）各雕一座高宽边长64厘米的近似立体的瓦顶建筑。该两座方形建筑呈对称状态，第9窟的一座南向，西向雕出部分瓦垅，东向和北向的瓦垅全部雕出。与此相对应，第10窟的一座南向，东向雕出部分瓦垅，西向和北向的瓦垅全部雕出。据《法华经》，须弥山"其顶上为帝释天所居"，那么，这房屋就象征了帝释天的居所。

表七

序号	位置	表现形式	覆盖内容	高宽（cm）
1	第9窟后室南壁东侧第三层	由踏步、栏杆、柱、装饰帷幕构成宫殿式佛龛。屋脊置鸱尾一对	中央开一圆栱龛，内置坐佛，龛外两侧为著胡服男女立像	高100、宽100
2	第10窟后室南壁东侧第二层楣栱龛下左侧	七佛装饰壁型宫殿式。屋脊置鸱尾一对，花纹式三角一只	坐佛一躯（风化严重）	高100、宽73

四

在云冈，瓦顶建筑式样雕刻不仅被用于洞窟内壁面上画面的装饰，也被用来装饰石窟外壁立面。1972年在第9、10、11、12、13窟前进行考古发掘时，就发现并确定第12窟外壁为北魏时就已设计雕刻的仿中国传统木构建筑石雕窟檐①。同时，与第12窟同为前列柱式外壁设计的第9、10窟，也被认为是"和第12窟新发现的石雕屋顶相似

---

① 云冈石窟文物保管所、文物保护科学技术研究所：《云冈石窟建筑遗迹的新发现》，《文物》1976年第4期。

的形式。"① 此外，第 13 窟西的无名窟，以及第 3 窟外壁平台上中央被称为"弥勒窟室"的矩形独立方洞等，这些洞窟的外壁虽已严重风化，但从顶部残留的形状判断，也应是瓦顶建筑式样。

与洞窟内壁面上的瓦顶建筑式样雕刻不同，在外壁设计雕刻的仿木构建筑石雕窟檐不仅具有装饰功能，同时也具备实用功能，在形体上与木构瓦顶建筑更为接近。

在石窟外壁进行设计雕刻由来已久。开凿于公元前 3 世纪的印度洛马斯里西石窟的洞门②和开凿于公元 5 世纪的阿旃陀石窟的外壁立面③之美，给人以深刻的印象。云冈石窟的一些洞窟外壁立面的设计雕刻，继承了印度佛教石窟寺仿当时当地木构建筑形式的做法，将中国传统瓦顶木构建筑形式以石雕的形式表现出来，显示了强烈的民族风格。

遗憾的是，由于云冈的石质极易风化，雕刻在洞窟外壁的这些艺术品已经风化或消失。但也许正是受它的启发，辽代以及后代都曾在云冈洞窟前建设了紧靠石壁的大型木构瓦顶窟檐④。这不仅是艺术造型上的继承发展，也使洞窟内的石雕艺术得以保护。

特别要指出的是，云冈石窟中期开凿的"双窟"（第 1、2 窟，第 5、6 窟，第 7、8 窟，第 9、10 窟）外壁立面之两侧，大多以中国瓦顶阁楼式佛塔作装饰。因此，我们有必要讨论一下佛塔在云冈石窟中的表现。

塔，源于印度的"窣堵波"，在佛教意义上，是埋藏佛舍利的地方，所以也叫"冢"。因此，"窣堵波"是印度早期佛教艺术最重要的塑造对象，也成为佛教徒礼拜的主要对象。佛教东传，"窣堵波"以"浮屠"的称谓和形式传到中国，并以中国传统木构建筑形式加以改造。"木造阁楼的历史，根据史料，更无疑的已有相当年代，如《后汉书》陶谦传，说'笮融大起浮屠寺，上累金盘，下为重楼'。而汉刻中，重楼之外，陶质冥器中，且有极类塔形的三层小阁，每上一层面阔且递减。故我们可以相信云冈塔柱或浮雕上的层塔，必定是本着当时的木塔而镂刻的，绝非臆造的形式。"⑤（梁思成　林徽音　刘敦桢《云冈石窟中所表现的北魏建筑》，《营造学社汇刊》1933 年四卷一期

① 姜怀英、员海瑞、解廷凡：《云冈石窟新发现的几处建筑遗址》，《中国石窟·云冈石窟》（一），文物出版社，1991 年 9 月版。

② 叶公贤、王迪民：《印度美术史》，云南人民出版社，1991 年 11 月版。

③ 叶公贤、王迪民：《印度美术史》，云南人民出版社，1991 年 11 月版。

④ 为配合云冈石窟"八五"保护维修工程，1992 年至 1993 年进行的云冈石窟窟前考古发掘，在第 14～20 窟前，第 11～13 窟以及无名窟前，第 9、10 窟前，都发现了与洞窟崖壁上方相对应的柱穴、柱础和柱基夯土，说明了古代曾在云冈石窟窟前建有木构建筑（参阅《中国文物报》1994 年 1 月 16 日"云冈窟前遗址发掘获重大成果"。）

云冈石窟第 5、6、7、8、窟前现有木构窟檐，其中第 7、8 窟于 1994 年修整和重建。据现存第 5 窟"重修云冈大石佛阁碑记"，这些木构窟檐建于清代顺治八年（1651）。

⑤ 宿白：《"大金西京武州山重修大石窟寺碑"校注》，《北京大学学报》1956 年第 1 期。

一八七页）从以上论述我们不难看出，佛教中的"窣堵波"早在云冈之前已被改造为中国的佛塔，其最主要的特征就是每层所加盖的瓦顶式样（与云冈石窟同时或更前的木构建筑，我们未曾见得。因而，云冈现存仿木构雕刻是唯一可参见对象）。初步统计，中国传统瓦顶建筑式样在云冈被运用最普遍的就是各式佛塔（大约 140 余座）。关于云冈石窟的石雕塔，已有不少论著[①]。本文围绕瓦顶式样在佛塔中的表现做些许补充认识：

1. 在继承印度"支提"意义基础上的新发展。"支提"或"制底"，不作埋藏"舍利"之用，而称作庙，亦为"塔庙"，是一种纪念性的建筑。"塔庙"在印度石窟中位于窟内后部，前部做礼拜的场地。在云冈，这一布置方式被创造性地继承下来。第 1、2 窟，第 6 窟，第 11 窟以及第 39 窟等塔柱洞窟的特点如下：

首先，将塔置于石窟内部（与传统一致），却不是后部，而在中央，以便佛徒绕塔诵经礼佛；

其次，与印度"支提"不同，云冈的塔柱直通窟顶并与之紧密相连，起支撑作用；

再次，塔柱四面开龛造像，成为佛像龛的承载。这一构成，一方面是由于宗教主要礼拜对象有所改变（"窣堵波"的侧重到"佛像的侧重"），更是由于瓦顶建筑式样的分层所致。

呈现以上特点，并最具代表性的是第 6 窟中央塔柱（图 11　第 6 窟中心塔柱），该塔柱高约 14 米，四周底边各边长 7.5 米，分上下两层，层间四周以瓦顶出檐装饰。下层四面分别开龛造像（南面为结跏趺坐佛，西面为倚坐佛，北面为二佛对坐，东面为交脚弥勒）。这一中央塔柱最独特精美之处是第二层，高约 7 米，四角以镂空方式雕出四座九层塔，每个塔内两侧各雕胁侍菩萨，这是云冈石窟中少有的圆雕作品之一。这种塔中见塔的奇特表现，突出了瓦顶式样在装饰中的重要作用。

2. 装饰作用异常明显。上述第 6 窟中央塔柱第二层四角之镂空九层塔是围绕中心四尊立佛像而设计，无论从哪个面看（东、西、南、北），第一立佛像两侧都附有胁侍菩萨和九层塔。佛塔成了重要装饰内容。在云冈，以两侧中国楼阁式佛塔装饰中央佛像龛的画面很多，尤以第 6 窟最为突出（图 8）。除此之外，以两侧中国传统楼阁式高塔装饰双窟（第 1、2 窟，第 5、6 窟，第 8、9 窟）外壁立面，也是云冈中期石窟的重要特征。

3. 体现中西艺术融合。首先，以中国传统瓦顶楼阁式样赋予印度"窣堵波"之新装，就体现了这种融合；其次，第 5、6 窟以及其他洞窟都有以大象驮负层塔的雕刻（图 12　第 5 窟南壁西侧"大象驮塔"），显示了强烈的西方情调。

---

① 梁思成、林徽音、刘敦桢：《云冈石窟中所表现的北魏建筑》，《营造学社汇刊》1933 年 3 卷 3、4 期。

五

云冈石窟雕刻以中国传统瓦顶建筑式样作为装饰，是从第9、10窟开始的①。关于第9、10窟的开凿，"大金西京武周山重修大石窟寺碑"有如下记载：

> ……崇教，小而完，其略曰：安西大将军散骑常侍吏部尚书宕昌钳尔庆时镌也，严开寺。其铭曰：承籍□福，遮邀冥庆，仰钟皇家，卜世惟永。盖庆时为国祈福之所建也。

对《金碑》，宿白先生做了深入的考证②。上述"崇教"，可做"崇福"，被认为是云冈辽代十寺之一，对应的应是第9、10窟。碑文说明，宕昌公钳尔庆时（王遇）主持开凿了崇福寺（即第9、10窟）。如是这样，钳尔庆时不仅是佛教徒，也是佛教石窟艺术的发扬者和创造者，更是将中华民族文化艺术有机的与外来佛教艺术相结合的开拓者。钳尔庆时代表了一个时代和这个时代对佛教艺术的理解。这个评价是以中国传统瓦顶建筑式样（只是多种创造之一）在最初被运用就产生了奇妙而和谐的效果为基础的。

那么，产生这个基础的原因是什么？宿白先生在《平城实力的集聚和"云冈模式"的形成与发展》③一文中，为云冈中期石窟呈现出丰富多样的中华民族风格而总结了以下原因：

> 第一，这时期北魏统治者积极推行汉化政策，开始实施一系列改革……

> 第二，这时期，北魏统治者对佛教的崇信，已与前期偏重于"敷导民俗"者有别……

> 第三，这时期平城及其附近广建佛寺，工程日趋精丽……

> 第四，这时期青齐内属，南北出现了一个暂时的交聘安定局面。青徐多术艺，其地皇兴三年（469）入魏，不仅高僧北上，文艺亦徙平城……

> 第五，这时期，北魏与西域关系远不如过去密切……

> ……

> 迁洛以前的孝文时期，是北魏最稳定、最兴盛的时期，也是积极于改革创新的时期……

政治经济的繁荣，必然产生文化的繁荣！

有生气的历史时代必然产生有生气的艺术形式。

---

① （日）水野清一、长广敏雄著　王雁卿译：《云冈石窟装饰的意义》。

② 宿白：《"大金西京武州山重修大石窟寺碑"校注》，《北京大学学报》1956年第1期。

③ 宿白：《平城实力的集聚和"云冈模式"的形成与发展》，《中国石窟·云冈石窟》一，文物出版社1991年9月版。

　　中国传统瓦顶建筑式样成为佛教石窟艺术中的装饰内容，也是艺术发展规律所然。艺术发展史告诉我们，"一切艺术都是社会生活的反映"[1]，佛教石窟艺术不可能脱离时间地点而以孤立不变的形式出现。印度以及其他地方的佛教石窟，在不同时期都表现了不同的艺术风格[2]，并如实地反映了本地区不同时代的建筑形式和生活秩序。"各个时代的社会生活都在当时的艺术作品中留下了自己的痕迹，各个时代的艺术家也都在各自的作品中留下了时代在自己的头脑中烙下的烙印，这就使每个时代都形成了与前代、后代不尽相同的自己时代的艺术。"[3] 当佛教石窟艺术东传中国后，依然以时间、地点、民族的不同，表现了不同的形式。

　　公元 5 世纪，当中国瓦顶木构建筑经过长期发展达到成熟，不仅具备了基本使用功能，而且具备了超凡脱俗的装饰功能时；当佛教石窟艺术以势不可挡之力，和佛教思想一起在中国安家落户时；当石窟艺术的雕凿者以饱满的热情和自己对社会、对生活的理解为基础，投入到创作中时，中国传统瓦顶建筑式样，这一具有本民族、本地区特色，且经过长期社会锤炼脱颖而出的艺术形式，就很自然地出现在云冈石窟了。

六

　　中国传统瓦顶建筑式样在云冈的运用，不仅使云冈石窟艺术显示出强烈的中国民族特色，并使其开始作为中国佛教石窟雕刻的重要内容，成了一个时期内佛教艺术之楷模：

　　1. 敦煌莫高窟第 254 窟壁龛交脚菩萨[4]，是云冈第 9、10、12 窟前室东、西两壁中，宫殿式屋形龛覆盖交脚像的典型继承和发展变化。尽管这一作品的屋顶下没有立柱，并缺少云冈的华丽，但两者间主体画面的一致性，说明了在时间和内容形式上的继承与被继承关系。

　　2. 由于龙门石窟的北朝洞窟在时间和表现形式上（石雕）与云冈石窟更为接近，因此，瓦顶建筑式样的雕刻也较为突出，在继承云冈样式的基础上，形式变化多样：

　　甲、屋形龛以高浮雕刻在崖壁上，内置"二佛并坐"[5]；

　　乙、在龛楣左上角和右上角雕刻的文殊、维摩像，置于具有立体透视效果的瓦顶屋

① 叶公贤、王迪民：《印度美术史》，云南人民出版社 1991 年 11 月版。
② 高等艺术院校《艺术概论》编著组：《艺术概论》，文化艺术出版社 1983 年 2 月版。
③ 高等艺术院校《艺术概论》编著组：《艺术概论》，文化艺术出版社 1983 年 2 月版。
④ 王子云：《中国雕塑艺术史》，人民美术出版社 1988 年版。
⑤ 刘景龙：《龙门石窟》，知识出版社 1996 年版。

宇中①；

　　丙、以正视浮雕形式出现的瓦顶样式，装饰运用在洞窟外侧两边或佛龛外侧两边，用以覆盖供养菩萨或力士金刚，有的还覆盖着"刻碑"②。

　　3. 云冈洞窟外壁立面仿木构石雕窟檐（如第 12 窟）的做法，对以后各石窟都有不同程度的影响。龙门石窟的北朝洞窟、麦积山石窟以及响堂山石窟和天龙山石窟，都有类似表现③。

　　由于中国传统瓦顶建筑式样在石窟雕刻中的运用始于云冈，因而这一艺术形式以云冈为舞台做了出色的表演。与此同时，对其他有关佛教石窟寺也产生了一定影响。我们通过深入实际去认识它，有利于说明云冈石窟在佛教石窟艺术中国化方面的重要作用。

绘图：张建新

（摘自《敦煌研究》2000 年第 4 期）

---

① 刘景龙：《龙门石窟》，知识出版社 1996 年版。
② 刘景龙：《龙门石窟》，知识出版社 1996 年版。
③ 刘景龙：《龙门石窟》，知识出版社 1996 年版。

图1　第9窟前室北壁明窗与拱门间仿木构门楼

图2　第13窟东壁第4层第2龛

图3　第12窟前室西壁中层宫殿式屋形龛

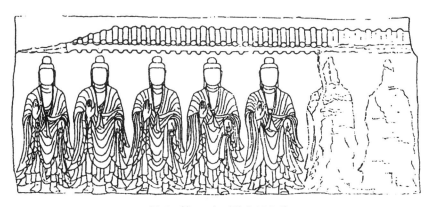

图4　第11窟西壁中层七佛

图 5　第 6 窟塔柱南壁西侧"接受祝贺图"　　　　　图 6　第 9 窟后室西南壁"鬼子母失子图"

图 7　第 7 窟南壁拱门东侧维摩像

图 8　第 6 窟南壁明窗与拱门之间"文殊问疾"图

图9 第9窟后室南壁故事画

图11 第6窟中心塔柱

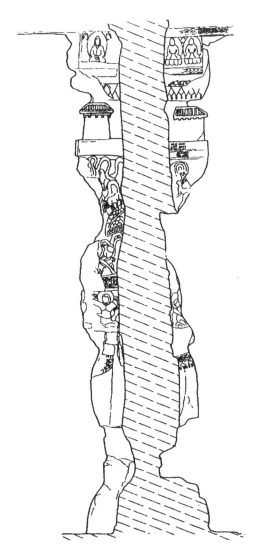

图10 第9、10窟外壁中央"大象须弥山"内视图　　图12 第5壁南壁西侧"大象驮塔"

关于《水经注》记录云冈之疏证

辛长青

郦道元是为《水经》作注，而成书曰《水经注》。被后世誉为"郦学"的《水经注》对云冈石窟作了精彩恰当的记录和描述。为了疏证《水经注》对云冈石窟的记载，作者认为首先有必要扼要地了解一下《水经》和其作者诸问题。

第一 《水经》和其作者诸问题

案：《隋书·经籍志》云："水经，三卷，郭璞注。"《旧唐书·经籍志》记："水经二卷，郭璞撰。"《新唐书·艺文志》载："桑钦水经三卷，一作郭璞撰。"

显然，隋唐时对《水经》的卷数、作者就有了疑义。一说二卷，一说三卷，一说郭璞注撰，一说桑钦注撰。

案：桑钦，二十四史无其传。《中外名人辞典》云："汉河南人，字君长，三治古文《尚书》、《毛诗》，著有《水经》。按：《四库总目·水经注》提要，'水经作者，唐书题曰桑钦，然班固常引钦说，与此经文异，道元注亦引钦作。地理志不曰水经。观其涪水条中称广汉已为广魏则绝非汉时，钟水条中称晋宁曰魏宁，则未及晋代，推寻文句，大抵三国时人。"

郭璞，《晋书》有传云：郭璞，字景纯，河东闻喜人也，父瑗，尚书都令史。时《尚书》杜预有所增损，瑗多驳（校）正之，以公方著称，终于建平太守。璞好经术，博学有高才，而讷于言论词赋，为中兴之冠，好古文奇字，妙于阴阳算历……后被王敦所杀。

郭璞撰"《新林》十篇，《卜韵》一篇，注释《尔雅》，别为《音义图谱》。又注《三仓方言》、《穆天子传》、《山海经》及《楚辞》、《子虚上林赋》数十万言，皆传于世。所作诗词赋诔亦数万言。"

由上所引资料看，桑钦，一说汉代人，一说三国时人。但对其是否著作《水经》，班固、郦道元，《旧唐书》、《新唐书》对此都有异议。

郭璞为晋人，其传似乎并未明言注或撰《水经》。清以后，对《水经》和作者诸问题有过相当激烈、截然不同的讨论。今列其主要观点如下：

一、胡渭认为《水经》创自东汉，而由魏晋人续成

案：据《清史稿》云：胡渭（1633～1714 年）清德清人（今浙江北部人），字月出，号东樵，初名渭生，太学生，笃志经义，尤其舆地，与徐乾学纂修一统志。著有《易图明辨》、《周易挨方》、《洪范正沦》、《大学翼真》等，而《禹贡锥指》一书为宋以来注禹贡之冠。

二、全祖望认为《水经》成书于东汉初

案：据《清史稿》云：全祖望（1705～1755）清鄞县人（今浙江鄞县），字绍衣，号谢山。乾隆初举鸿博，不与试。家父藏书。藏书处曰双韭山房。为人负气忤俗，有风节。曾修黄宗羲《宋元学案》，七校《水经注》，续《选甬上耆旧诗》。著有《丙辰公车征士小录》、《汉书地理志稽疑》、《经史问答》、《句余土音》、《鲒埼亭文集》。

三、戴震认为《水经》大约是三国时期的著作

案：据《清史稿》云：戴震（1723～1777）清休宁人（今安徽省南部），字东原，乾隆举人。读书每一字深求其义。师取《说文解字》，令检阅之。三年通其义。年十六七，《十三经注疏》能尽举其辞。后学于江永，其学益进，礼经制度，名物及推步天象，皆洞彻原本，既乃究精汉儒传注及说文诸书。由声音文字以求训诂，以训诂以寻义理。实事求是，不主一家。乾隆时，修《四库全书》，纪昀、裘曰修荐之于朝，遂以举人特召充纂修官，赐同进士出身，授庶吉士。性介特，无嗜好，惟喜读书。宫中有奇文异义，辄就谘访，以积劳成疾，卒官。著有《诗经二南补注》、《毛郑诗考正》、《考工记图》、《孟子字义疏证》、《方言疏证》、《原善》、《原象》、《勾股割圜记》、《策算声韵考》、《声类表》、《仪礼正误》、《尔雅文字考》、《屈原赋注》、《九章补图》、《古历考》、《历问》、《水地记》、《东原文集》等。以《孟子字义疏证》、《原善》为精深，所校《大戴记水经注》尤精核。

证：通过搜索检阅，自隋唐以来研究《水经》和《水经注》的大部分文献看，我们对《水经》一书的认识，可以归纳为如下几个不同点和相同点。

不同点：对《水经》作者考证不一：①一说汉代桑钦撰著；②二说东晋郭璞撰注；③三说为三国时魏国人所作；④四说由魏晋人续成；⑤五说为三国时桑钦所作。

对《水经》成书时间考证不一：①东汉初说；②东汉说；③三国说；④魏晋说。

对《水经》卷数说法不一：①两卷说；②三卷说。

相同点：①《水经》记载了137条河流，仅一万字；②是我国第一部专门记述河道水系的地理专著；③开创了我国系统地以水道为纲，记述其河流和流经的地方，最早采用了因水征地的方法；④《水经》过于疏略，其中错漏不少；⑤《水经》因成书为魏晋前，不可能记叙武周川水和云冈石窟，特别是云冈石窟那时也未开凿；⑥《水经》一书早已不存，只是依存于《水经注》一书中；⑦戴震研究《水经注》的巨大贡献之一，是发现了《水经注》文字的内在规律，即经文以"过"字记叙水道的途径，注文以"径"字代替"过"字，使长达九百年的争论得到了圆满的解决。由此看《水经注》中关于对云冈石窟和武周川水的记述，则完全是郦道元本人切身感受之文字；⑧最早发现《水经》过于简略而问题不少的当属郦道元。郦道元说："《水经》虽粗缀津绪，又阙旁通，所谓各言其志，而罕能备其宣导者矣。……窃以多暇空，倾岁月，辄述《水经》，布广前闻。"（见《水经注·叙》）从此后，才有了千古流芳被誉为"郦学"的《水经注》。

第二　关于《水经注》和郦道元

一、《水经注》概况

由《水经注》而衍化出"郦学"，是当之无愧的，也是绝非偶然的。《水经注》全书为三十余万言，内分四十卷，是原《水经》的三十多倍。

案：1.《水经注》记述了河、湖、淀、陂、泽、渠、池塘及故渎在内的总计二千五百九十六处水体，这是古代任何地理学著作无法与之比拟的。

2.《水经注》所记述的地理范围非常宽广，东到朝鲜的浿水（今大同江），南达扶南（今柬埔寨和越南），西到安息（今伊朗）、西海（今咸海），北至流沙（今蒙古人民共和国）。

3.《水经注》记录了水名、山名、湖泊名、城邑名各类地名二万多个，其中仅城邑都会就达三千多个。

4.《水经注》记录了四十一处温泉，同时记录了古代劳动人民利用温泉疗疾、煮物、洗浴、灌田等实践活动。

5.《水经注》引用书籍文献多达三百七十五种，所载碑刻题铭多达三百零二块。

6.《水经注》记录了丰富的古代民族语言、方言、传说、典故等。

7.《水经注》对北魏前古代的城邑、著名的建筑（包括宗庙、社坛、寺院、石窟寺、古塔、道观等）和水利工程的历史变迁作了较详细的记载。

8.《水经注》记录了我国古代许多矿藏、自然地理现象，如煤的自燃，火山、地震等大量古代信息。

9.《水经注》文字优美，文采瑰丽，叙述清晰，夹叙夹议，读起来朗朗上口，写的真实生动，情真意切。又是一部不可多得的旅游考察抒情散文文学巨著。

10.《水经注》名为地理学巨著，实为百科全书。它涵盖了大量北魏前的信息和资料，它是研究我国古代历史、文化、宗教、文物、考古、自然、风貌、碑刻、语言、农学、医学、矿物学、水利学、军事学、植物学、生态环境等必不可少的一部必备之奇书。

二、郦道元其人其事

案：《魏书·酷吏传》云："郦道元，字善长，范阳人也。青州刺史郦范之子。太和中，为尚书主客郎。御中尉李彪以道元秉法清勤，引为治书侍御史、累迁辅国将军、东荆州刺史。威猛为治，蛮民诣阙讼其刻峻，坐免官。久之，行河南尹，寻即真。肃宗以沃野、怀朔、薄骨律、武川、抚冥、柔玄、怀荒、御夷诸镇并改为州，其君县成名令，准古城邑。诏道元持节兼黄门侍郎，与都督李崇筹宜置立，裁减去留，储兵积粟，以为过备。未几，除安南将军，御史中尉。"

"道元素有严猛之称。司州牧、汝南王悦嬖近左右丘念，常与卧起。及选州官，多由于念。念匿于悦第，时还其家，道元将念付狱。悦启灵太后请全之，敕赦之。道元遂尽其命，因以劾悦。是时雍州刺史肃宝夤反状稍露，悦等讽朝遣为关右大使，遂为宝夤所害，死于阴盘驿亭（今陕西临潼冢王村，引者注）。"

"道元好学，历览奇书。撰注水经四十卷，本志十三篇，又为七聘及诸文，皆行于世。然兄弟不能笃穆，又多嫌忌，时论薄之。"

案：《魏书·郦范传》云："郦范，字世则，小名记祖，范阳涿鹿人。祖绍，慕容宝濮阳太守。太祖定中山，以郡迎降，授兖州监军。父嵩，天水太守。范，世祖时给事东宫。高宗践阼，追录先朝旧勋，赐爵永宁男，加宁远将军，以治礼郎奉迁世祖、恭宗神主于太庙，进爵为子。"

"征南大将军慕容白曜南征，范为左司马，师次无盐，刘彧戍主申纂凭城拒守。识者金以攻具未周，不宜便进。范曰：'今轻军远袭，深入敌境，无宜淹留，久稽机候。且纂必以我军来速，不去攻守，谓方城可凭，弱卒可恃。此天亡之时也。今若外潜威形，内整戎旅，密厉将士，出其非意，可一攻而克之'。白曜曰：'一日纵敌，数世之患，今若舒迟，民心固矣。司马之策是也'。遂潜军伪退，示以不攻。纂果不设备，于是即夜部分，但便腾城，崇朝而克。白曜将尽以其人为军实。范曰：'齐四履之地，世号'东秦'，不远为经略，恐未可定也。今皇威始被，民未沾泽，连城有怀贰之将，此邑有拒守之夫。宜先信义，示之轨物，然后民心可怀，二州可定'。白曜曰：'此良策也。'乃免之，进次肥城，白曜将攻之。范曰：'肥城虽小，攻则淹日，得之无益军声，失之有损威势。且见无盐之卒，死者涂炭，成败之机，足为鉴矣。若飞书告喻，可不攻自伏，纵其不降，亦当逃散。'白曜乃以书晓之，肥城果溃。白曜目范于众曰：'此行也，得卿，三齐不足定矣。'"

"军达升城，刘彧太原太守房崇吉弃母妻东走。彧青州刺史沈文秀遣兵，宁朔将军张元，孙笈归款，请军接援。白曜将遣偏师赴之。范曰：'桑梓之恋，有怀同德。文秀家在江南，青土无坟柏之累。拥众数万，劲甲坚城，强则拒战，势屈则走。师未逼之，朝夕无患，竟何所畏，已求援军？县观其使，词烦而颜愧，视下而志怯，弊厚言甘，诱我也。若不远图，惟亏军势。既进无所取，退逼强敌，羝羊触蕃，羸角之谓。末若先历城，平盘阳，下梁邹，克乐陵，然后万轨连镳，扬旌直进，何患不壶浆路左以迎明公者哉！'白曜曰：'卿前后纳策，皆不失衷，今日之算，吾所不取。何者？道固孤城，裁能自守；阳诸戍，势不野战；文秀必克珍，意在先诚。天与不取，后悔何及。'范曰：'短见犹谓不虚。历城足食足兵，非一朝可拔。文秀既据东阳为诸城根本，多遣军则历城之固不立，少遣众则无以惧敌心。脱文秀远叛，闭门拒守，偏师在前，为其所挫，梁邹诸城追击其后，文秀身率大军，必相乘迫。腹背受敌，进退无途，虽有韩白，恐无全理。愿更思审，勿入贼计中。'白曜乃止。遂表范为青州刺史以抚新民。后进爵为侯，加冠军将军，还尚书右丞。"

"后除平东将军、青州刺史、假范阳公。范前解州还京也，夜梦阴毛拂裸。他日说之。时洛人有占梦者曰史武，进云：'豪盛于齐下矣。使君临抚东秦，道光海岱，必当重牧全齐，再禄营丘矣。'范笑而答曰：'吾将为卿必验此梦。'果如其言。是时，镇将元伊利表范与外贼交通。高祖诏范曰：'卿身非功旧，位无重班，所以超迁显爵，任居方夏者，正以勤能致远。虽外无殊效，亦未有负时之愆。而镇将伊利妄生奸挠，表卿造船市玉与外贼交通，规陷卿罪，觊觎州任。有司推验，虚实自显，有罪者今伏共辜矣。卿其明为算略，勿复怀疑。待卿别犯，处刑及鞭，今恕刑罢鞭，止罚五十。卿宜克循，绥辑边服，称朕意也。'还朝，年六十二，卒于京师，谥曰穆。范五子，道元在酷吏传。"

"道元第四弟道慎，字善季。涉历吏传，有干略。自奉朝请，迁尚书二千石郎中，加威远将军，为汉川行台，迎接降款。以功除员外常侍，领郎中。专辅国将军、骁骑将军。出为正平太守，治有能名。迁长乐相。正光五年卒，年三十八。赠后将军、平州刺史。"

"子中，字伯伟。武定初，司徒刑狱参军。"

"道慎弟约，字善礼，起家奉朝请，再迁冠军将军、司徒谘议参军。朴质迟钝，颇爱琴书。性多造请，好以荣利干谒，乞丐不已，多为人所笑弄。坎懔于世，不免饥寒。晚历东莱、鲁郡二郡太守，为政清静，吏民安之。年六十三，武定七年卒。"

"范弟神虎，尚书左民郎中。"

"神虎弟爕。子恽，字幼和，好学，有文才，尤长吏干。正光中，刺史裴延俊用为主簿，令其修起学校。又举秀才，射策高第，为奉朝请。后延备为讨胡行台尚书，引为行台郎。以招抚有称，除尚书外兵郎，仍行台郎。及延俊解远，行台长孙稚又引为行台郎，加征虏将军。恽颇兼武用，常以功名自许，每进计于稚，多见纳用。以功赏魏昌县开国子，邑三百户。恽在军，启求减身官爵为父请赠，诏赠爕征虏将军、安州刺史。恽后与唐州刺史崔元珍固守平阳，武泰中，尔朱荣称兵赴洛，恽与元珍不从其命，为荣行台郎中樊子鹄所攻，城陷后被害，时年三十六，世咸痛惜之。所作文章，颇行于世。撰慕容氏书，不成。"

"子怀则，武定末，司空长流参军。"

"爕弟神期，中书博士。"

"神期弟兄显度，司州秀才、尚书库部郎。"

《郦范传》说明：郦范在北魏历仕太武、文成、献文、孝文帝四朝，62 岁卒于平城。

《北史》亦有《郦道元传》和《郦范传》（引文略），其义与《魏书》大同小异。

《魏书》、《北史》所载郦范、郦道元的文字，要解决的问题颇多，但都不是我们研究细考的重点，其重点则是想考证郦道元做官生活在平城的年代和其《水经注》成书的年代。

三、郦道元平城居住年代考

案：《魏书·郦道元传》云"太和中，郦道元为尚书主客郎"已确切说明，郦道元在太和年中（487～499）已在平城皇宫中做官。并为中尉李彪所赏识。十多年的平城生活，郦道元有足够的时间，"多暇空，倾岁月"，遍游平城的山山水水，从而"布广前闻"。此时的云冈石窟已具相当规模，作为皇家寺院，有一定官位的郦道元不止一次实地勘测观光了武周川水、云冈石窟、车轮山、武州山等等。因此，他在《水经注》对"灵岩石窟"的云冈记述应当是个正确无误真实的反映。当然也是云冈石窟当年最昌盛、最辉煌时期的实录。他记叙云冈石窟的文字理应也是最可靠的第一手资料。

四、《水经注》撰写及成书年代考

案：《魏书·郦道元传》记："太和中（477～499）为尚书主客郎。"他又"好学"，"历览奇书"。"御史中尉李彪字元秉法清勤，引为治书侍御史。"郦道元实为李彪的助手，为他纠劾贪官污吏查找古典文献依据。这样，郦道元有机会接触查看翻阅大量的国藏书籍、秘本。也许此时，郦道元便产生了为《水经》作注的想法和念头。此时，他大约22岁左右。他有许多著作，但以《水经注》成就最大。

《魏书》、《北史》郦道元传皆云：郦道元撰注水经，四十卷……皆行于世。魏收于"天保五年（554）秋完成纪传。"（见《魏书》出版说明，中华书局出版）由是证之，郦道元撰注的《水经注》起码于554年前，已经留行于世。而郦道元遇害是527年9月。

《魏书·肃宗纪第九》云：孝昌三年（527）九月"甲寅，州刺史萧宝夤据州反，自号曰齐，年称隆绪。"郦道元既为宝夤所害，当在此年。也就是说郦道元死于公元527年。

郦道元生于何年，学术界有两种说法：一说生于公元466年（即北魏天安元年），一说生于472年（即北魏延兴二年），这两种说法都能证明郦道元在20岁到30岁间是做官生活在平城的，大体是可信的。年龄又说明他是否有足够的精力和健壮的身体跑遍了平城的山山水水。因此，他对平城和云冈石窟的记录是最可靠的。

对于《水经注》成书的确切年代，学术界尚无法论定。《水经注》中出现的最后一个年代是北魏延昌四年（515）。这一事实告诉人们，郦道元在遇害前（527）仍一直在孜孜不倦地撰写他的《水经注》。既然《魏书》说："郦道元……诸文皆行于世"。而魏收撰成《魏书》于天保五年（554），那么，《水经注》成书于527年郦道元遇害前应该说大体是不错的。

一言以蔽之，郦道元在《水经注》中记录的云冈石窟是最壮观、最瑰丽的时期，迄今为止，《水经注》是反映云冈石窟最早最真实可靠的文字依据。它是云冈石窟研究最宝贵的第一手资料，应高度重视并对其进行认真推敲考证。

五、《水经注》的种种版本

案：《水经注》从北魏到隋唐，似乎一直为朝廷所独藏，未曾流入民间，北宋景祐（1034）以后，《水经注》开始流传于民间。《水经注》第一种刊本刊出于元祐元年以前（1086），即成都府学刊本，仅三十卷，内容只有原书的三分之一；第二种刊本，元祐二年（1087）刊本，此刊书错谬太多。明万历年间（1573～1619），朱谋㙔撰成《水经注笺》一书，被顾炎武誉为"三百年来一部书"。

清代全祖望（1705～1755）、赵一清（1709～1764）、戴震（1723～1777）都先后对《水经注》作了研究，刊印了不同版本的《水经注》。后来，王先谦、王念孙、杨守敬、熊会贞、王国维以及现代学者陈桥驿等对《水经注》都作了不同的点校注释（参见陈桥驿《水经注》前言)。总之,《水经注》有《殿本》(武英殿本,1739 年)、《大典本》和民间版本等多达几十种。

这几十种版本对云冈石窟的记录文字既有差异点也有相同点,那么,他们的差异点是什么呢? 相同点又是什么呢?

第三 几种不同版本的《水经注》对云冈记录之比较

案: 目前,我们实在无法目睹翻阅所有的《水经注》不同版本的全貌,仅选就了《永乐大典本》、王先谦本、王国维本、杨守敬本、陈桥驿本五种版本,就对云冈石窟记录的不同、相同作一比较研究,就能发现许多问题,就能推动云冈学研究的深入与发展。

一、《大典本》(即永乐大典) 记叙云冈的文字

案:"武周川水又东南流,水侧有石祇洹舍,并诸窟室,比丘尼所居也。其水又东转径灵岩南,凿石开山,因崖结构,真容巨壮,法世所缔,山堂水殿,烟崎相望,林渊锦镜,缀目新时。"(着重号为引者自加)

案: 《大典本》明成祖命解缙等人辑录,始于永乐元年(1403),成于六年(1409),定名为《永乐大典》,初名《文献大成》,广收明代以前各类图书七八千种,辑成二万二千八百七十七卷,凡例、目录就达六十卷。全书按韵母分列单字,按单字依次辑入与此字相关系的各项文献记载。明嘉靖、隆庆年间(1522~1572)又依永乐时所缮正本另摹副本一份。正本约毁于明亡之际,副本至清咸丰时渐散失。八国联军入侵北京时,副本大都遭焚毁,未毁的几乎全被劫走。1960 年后,中华书局依据所征集的约七八百卷(约 400 册),影印出版。此书的用功之细、功力之深、卷帙之浩大是前所未有的。非常幸运的是《大典本》里有《水经注》中关于记录云冈石窟的一段资料至为珍贵。

解缙(1369~1415)《明史》有传云:明,吉水人(江西省中部),字大绅,善属文,有才子之目。洪武进士,授庶吉士,尝草书万言,指斥时政,帝称其才,擢御史,累官翰林学士,以赞立太子,为汉王高煦(明成祖第二子)所恶,潜之,下狱死,有文毅集,又与黄淮等奉敕撰《古今烈女传》。由他主撰的《永乐大典》可谓是解缙对中国历史文化的一大特别贡献。

以下将《大典本》原文和作者加的着重号文字作一注释:

"崖":许慎《说文解字》说:"崖,高边也,从厂,圭声(王佳切)。"即崖是山冈陡峭高峻的边缘。《辞海》云:"崖"即高峻的山边或岸边。

"灵岩"：指武州山石窟寺。《魏书·释老志》记："准代京灵岩石窟"说的就是云冈石窟。

"真"：许慎《说文解字》说："仙人变形而登天也。"真即真人，亦即仙人，道家所谓修真得道而成仙者。仙人能够变化形体而飞升上天。《辞海》云："真，即真实。"《佛学大辞典》云："真"指真人，总称阿罗汉，亦称佛，以是为证真理之人故也。

"法世所缔"：先说"缔"字。《说文解字》说："缔"即"结不解也"，为结解不开，结的很牢。《辞海》说："缔"即结合，订立，引申为"缔造"即经营创造、创立、创业等。显然，"缔"在这里是动词，那么，"法世所缔"从语法上讲就是主谓结构了。"法世"就是一个主语，就是一个名词了。此名词引起了我们极大的兴趣和注意。此"名词"有可能是一个人名，此人名又可能是北魏一位僧人的法名法号。他和开凿云冈石窟有紧密之关系。《魏书·释老志》说："昙曜白帝，于京城西武州塞，凿山石壁，开窟五所，镌建佛像各一，高者七十尺，次六十尺，雕饰奇伟，冠于一世。"这段史料明明白白地告诉人们：昙曜就是云冈石窟的开创者。"昙"是梵语，秦（汉）言即法。"昙摩 Dharma（巴）Dh－amma 之略，译曰法。"（见《佛学大辞典》）诸如：昙摩耶舍，比丘名，《高僧传》一曰"昙摩耶舍，此云法明。"昙摩流支：比丘名，《高僧传》二曰："昙摩流支，此云法乐。"由可见，昙摩耶舍、昙摩流支是比丘的梵语之名，而法明、法乐又是汉语之名。由此为线索，是否可以推断出"法世"是北魏僧人的汉语名呢？而"昙曜"中的"曜"字是否为梵语呢？查《佛学大辞典》云："曜即星宿，星宿即七曜，七曜即日月五星也。……其行一日一易。七日一周，周而复始。"可见，曜即时也。汉语的"世"梵语为"路迦"。《楞严经》曰："世为迁流……过去，现在，未来为世。"《十地义记》一本曰："世名为时。"很明白，曜为"七曜"即时，"世"即"时"梵语即"路迦"。即曜等于时，世等于时，即曜等于世。故而推断"法世"就是"昙曜"。换言之，昙曜是梵语僧名，"法世"是汉语僧名。这只不过是一个僧人的两种不同语言的称呼而已。

"峙"：《辞海》曰："峙，耸立，张衡《西京赋》：通天沙以竦峙。""缀"《辞海》曰："缀"，补缀，缝补，连接拼合，装饰点缀。这里的"缀目"有让人应接不暇，眼花缭乱之意。"时"《说文解字》云："四时也"，即四季。《辞海》云："季节，时世，时直，时尚"。

译文如下：

武周川水（今十里河）又从东南流淌，水的侧旁有石祇洹舍和诸窟室（小石窟或小石室），这里是比丘尼（尼姑）所居住的地方，武周川水继续向东流，转过一个弯流经过灵岩（即云冈石窟）南，凿石开山，因山崖结构，佛像、石像（北魏诸皇帝和太后的真容）在这里雕凿的特别高大雄伟，壮观，真实，这是一名叫法世（即昙曜）的沙门所开创的宏业。武周山石窟寺（即云冈石窟）洞窟之前有堂，川水边又有殿，远远望去，寺院的炊烟和烟雾直升云天，此山确有灵气，附近山上水边的树木郁郁葱葱，一望无际，倒映在石窟前的武周川清澈的河水里，犹如一面五彩缤纷的镜子，煞是好看，非常美丽壮观，让人目不暇接，眼花缭乱，这就是武周山石窟寺（云冈石窟）一时万象更新的盛景。

二、王先谦如何校注《水经注》记录云冈的文字

案："武州川水又东南流，水侧有石祇洹舍，并诸窟室比丘尼所居也，其水又东转径灵岩南，凿石开山，因岩结构（官本曰：按岩近刻作崖，案朱赵作崖），真（朱作其笈，宋本作真容，赵改真）容巨壮，世法所希（官本曰：按近刻讹作缔，案朱作缔赵改稀刊误曰：缔通鉴，注引此文作稀），山堂水殿，烟寺相望，林渊锦镜，缀目新眺。"（着重号为引者自加）

案：王先谦（1842～1917），清代长沙人，字益吾。同治进士，散馆授编修，历官国子监祭酒，晋内阁学士。初学为故词。师曾国藩，治经循《乾嘉遗轨》，趋重考证。督江苏学政。踵阮元（清代，乾隆进士，官至体仁阁大学士，曾倡修《儒林传》，在粤设学海堂，在浙江设诂经精舍，讲学著书，曾校刊《十三经注疏》、《汇刻学海堂经解》等书。所著有《研经室集》，又辑有《经籍纂诂》）后辑刊《续皇清经解》。清代汉学家经师多赖以传。又仿姚乃编《续古文辞类纂》，亦谨严有义法。王门运曾常谓曰："经解纵未能抗行芸台，《类纂》差足以比肩惜抱。"其《荀子集解》用高邮王氏《读书杂志》例，补正杨注凡数百事。又有《十朝东华录》、《虚受堂诗文集》、《水经注合笺》等书。王先谦对《水经注》的研究贡献是相当大的。

王先谦对《水经注》记录云冈石窟的几处关键字，作了较详细的比较并存的几种说法，由此看，这几处重要的文字，历来有争议。

注释：

"州"同"周"，《魏书·高祖纪》记：太和四年（480年）八月戊申孝文帝"幸武州山石窟寺"。（通鉴……）

"因崖结构"，王先谦作"因岩结构"。

"严"同"岩"，《说文解字》云："岸也。岩是崖岸，即山边或山岭临河谷处陡峭的悬崖。"《辞海》云："岩石，山崖，险要，险峻。"由此看"崖"、"岩"意思基本相合，到底哪一字更贴切呢？后文来论证。

"世法"：《佛学大辞典》云："（术语）世谛之法，世间之法，因缘生之法，可毁之法。"《胜鬘经》曰："大悲安慰，哀愍众生，为世法母。"唐《华严经》二曰："佛观世法如光影。"即历代之佛法世界。

"希或绤"：《说文解字》云："细葛也，为细葛布。"《辞海》云："希，希疏，引申为稀少，罕见"。"绤"（读 chi），"细葛布"。毛传云："精曰绤，粗曰绤"。从王先谦的校注看，早在司马光作《通鉴》时，就已忽略了"绤"和"绤"的严格区别，司马光对云冈石窟并未做深入的探讨。

"寺"：《说文解字》云："廷也，有法度者也。"寺为官署名，具有法度之处，后专指寺庙，《辞海》云："古代官署名，僧众供佛的处所。"《佛学大辞典》云：伽蓝，为僧众所住之院庭，寺院之通称。

"眺"：《说文解字》云："目不正也。"《辞海》云："斜视，远望。"

三、杨守敬如何校注《水经注》记录云冈的文字

案："武周川水又东南流，水侧有石祇洹舍并诸窟室，比丘尼所居也。会贞按：《魏书·献文帝纪》，皇兴元年，《孝文帝纪》太和四年、六年、七年，并幸武州山石窟寺。《山西通志》，石窟十寺，在大同府治西三十里，元魏建始神瑞，终正光，历百年而工始完。其寺：一、同升，二、灵光，三、镇国，四、护国，五、崇福，六、童子，七、能仁，八、华严，九、天宫，十、兜率。内有元载所修二十龛。其水又东转，径灵岩南，凿石开山，因崖结构，戴改崖作岩。守敬按：《通鉴》齐建元二年，《注》引此亦作岩。真容巨壮，朱真讹作其，《笺》曰：宋本作真。守敬按：《通鉴》齐建元二年，《注》引此作真。世法所稀。朱稀讹作绤，赵据《通鉴注》引此言语改。戴改作希。守敬按：《魏书·释老志》，沙门昙曜白高宗，于京城西武州塞，凿山石壁，开窟五所，镌建佛像各一，高者七十尺，次六十尺，雕饰奇伟，冠于一世。山堂水殿，烟寺相望，林渊锦镜，缀目新眺。"

案：杨守敬（1839~1915），清末民初历史地理学家。字惺吾，晚号邻苏老人。湖北宜都人，幼习商，博闻强记，嗜古成癖，善考证，精鉴别，书法汉魏。后中同治壬戌科举人。光绪六年至十年（1880~1884）任出使日本大臣黎庶昌随员。在日期间购得中国宋元古书甚多。撰有《日本访书志》，并影印模刻成《留真谱》与《古逸丛书》。回国后，张之洞延为两湖书院暨勤成存古两学堂教习，后开经济特科，张之洞举列第一。以内阁中书用。辛亥革命后，移居上海。1914年，袁世凯任为参政院参政，后卒。其著作甚多，如《隋书地理志考证》、《历代舆地图》等。尤以《水经注图》、《水经注疏》为最著名，是我国近代史上研究《水经注》之大家，成果最丰。

注释（略）

译文（略）

由此看，前人在这段文字上都是望文生义，从字面句意上去推断，所以，互相改来改去。其因盖源于他们都未实地考察过云冈石窟，缺少文物证据考证。特别是近代大学

者杨守敬，虽作《水经注疏》鸿篇巨著，也难免有这样的不足。他注释的这段文字也是难以站得住脚的。他校来改去，很可能违背了《水经注》原来的本意，犹如"法世所缔"，改为"世法所稀"为最典型。

四、王国维如何校注《水经注》记录云冈的文字

案：王国维校《水经注》（袁英光、刘寅生整理标点，1986 年，上海人民出版社出版）记录云冈石窟原文如下（着重号为引者自加）：

"武周川水，又东南流，水侧有石，祇洹舍，并诸窟室，比丘尼所居也。其水又东转，径灵岩南，凿石开山，因崖结构，其容（真，宋本作真容）巨壮，世法（王校倒勾为法世）所缔，山堂水殿，烟寺相望，林渊锦镜，缀目新眺。"

案：王国维（1877～1927），字静安，一字伯隅，号观堂。浙江海宁人，晚清秀才，早年研究哲学、文学。1903 年起任通州、苏州等地师范学堂教习，讲授哲学、心理学、逻辑学，著有《静安文集》。1907 年起，任学部图书部编辑。从事中国戏曲史诗词的研究，著有《曲录》、《人间词话》等。《宋元戏曲考》开创了研究戏曲史的风气，重视小说戏曲在文学上的地位。1913 年起从事中国古代史料、古器物古文字学、音韵学的考订，尤致力于甲骨文、金文和汉晋简牍的考释，主张以地下史料参订文献史料。1925 年任清华研究院教授，除研究古史外，兼作西北史地和蒙古史料的整理考订以及《水经注》的校注。1927 年投北京颐和园昆明湖中自尽，生平著作共六十二种，收入《海宁王静安先生遗书》的有四十二种，某些考证文章曾汇编为《观堂集林》。

注释：

"石，祇"《说文解字》云："地祇，提出万物者也。祇即地祇是化育万物的主宰。"《辞海》云："地神"，"天也"。那么石祇就是石神了。"洹舍"，《说文解字》云："洹"原指洹水，在齐鲁间。《辞海》注："舍"指房屋；休息，住宿之处。《佛学大辞典》云：祇精舍，（堂塔）即祇圜精舍。即祇陀园林须达精舍之略。《涅槃经》二十九曰："时须达长者白舍利弗大德，此大城（指舍为城）外有何地，不近不远，多绕泉池，有好林树，花果蔚茂，清静闲豫，我当于中为佛世尊及比丘僧造立精舍。舍立弗曰祇陀（太子名）园林，不近不远……此处最胜，可安立精舍云云。"

由此看，"石祇洹舍"，是指武周川水边的房屋：山下的石屋，或石洞，周围的丛林，那是尼姑（出家人）居住的修禅的理想之地，今焦山乃是石祇洹舍，尼姑居住。

"诸窟室"：是指山中开凿的石窟、雕凿的石像等，这里是指尼姑在此供奉佛像的场所。

袁英光、刘寅生二位先生，断句将逗号点在"石"字下，把"祇洹舍"分开，不知何意？

"其"这里是代词，当指云冈石窟石佛、石像云云。

"世法"当指世代之佛法、法界。

"所缔"缔造、开创。"世法所缔"指世代之佛法所开创、开凿。此话似乎不太通顺。

译文（略）

五、陈桥驿如何校注《水经注》记录云冈的文字

案："武州川水又东南流，水侧有石祇洹舍并诸窟石，比丘尼所居也。其水又东转径灵岩南，凿石开山，因岩结构，案：（岩）近刻作（崖）真容具壮，世法所希，案：近刻讹作（缔），山堂水殿，烟寺相望，林渊锦镜，缀目新眺。"

案：陈桥驿为浙江大学教授，博士生导师，专门研究历史地理学，近年发表研究《水经注》的论文数十篇，专著若干部，是我国目前研究《水经注》的权威之一。陈桥驿详注《水经注》，1990年由上海古籍出版社出版。

注释（略）

译文（略）

看来，陈桥驿先生的校注与王先谦先生校注基本一致。

第四 关于不同版本《水经注》记录云冈一段文字的讨论

证：以上列出《大典本》、王先谦本、杨守敬本、王国维本、陈桥驿本，关于《水经注》对云冈石窟记录的不同校注。通过比较，可见在他们不同的版本校注中，既有共同点，也有不同点。究竟谁的版本和校注更接近事实、更准确呢？

不妨，我们先从语法结构、叙事顺序角度上去分析一下关于《水经注》对云冈石窟记录的特点。

第一层写的是武州川水（今十里河）以云冈为中心点的上游的地理位置和流向；第二层说的是武州川上游旁有僧舍（比丘尼）、石屋、窟室，是比丘尼所居住和进行佛事活动的地方；第三层写的是武州川水流向云冈石窟的西头（今云冈第五十窟以西），又向南转了一个弯，流经云冈石窟前（即南边）；第四层写的是云冈石窟，石窟的结构，造像之内容、规模等；有的校注形容赞颂石窟的雄伟、罕见，有的校注道出了石窟的开创者和石像的真谛等；第五层写的是当年云冈石窟寺院的构成，山前有堂，水边有殿，众多寺院建筑，栉比相连相望之景；第六层写的是云冈石窟周围山林的景色，水中的倒影；第七层是写作者郦道元当年站在高处观赏云冈石窟的切身感受。

应该说郦道元记录云冈既精练又用词准确、生动，形象地反映了1600年前，云冈

石窟的实况实景。然而，不同的版本校注，使人们对此段记录的理解、研究，产生了较大不同。正是由于这种差异、矛盾，导致了我们对此段记录云冈文字的疏证比较。仔细推敲探究每一个字词，将有利于问题的破解。

王国维先生提倡以地下（或地上）史料（即文物），参订文献史料，真是画龙点睛之语。现在常说，实践是检验真理的唯一标准。那么，我们今天已实地考察了武州川水（今十里河）云冈石窟的现存遗迹、出土文物等，再结合文献，合理推断就有可能得出一种正确的结论来。

一、关于"石祇洹舍并诸窟室"的讨论

今天实地考察武州川水（今十里河）上游，在今焦山寺有石窟、石佛像。它正好位于武州川水的北侧，此处的武州川水恰恰是东南流向，而且此处的寺院，多少年来一直是为尼姑所居之处，现今仍然是尼姑住持。据作者考证此处正是《魏书》中所记的"车轮山"（详见《车轮山考》）。沿十里河向东，到吴官屯，武州川水之北侧也有几处小型石窟（今称吴官屯石窟）。而此处武州川水不是明显的东南流向，基本上是正东流向。现场告诉人们而此处当年供尼姑居住也不太可能，更无出土文物所佐证，因此，《水经注》关于记录云冈的第一层意思所指之地正是现今的焦山石窟，也就是《魏书》所记的"车轮山"之处。

二、关于"山堂"的讨论

经实地考察云冈石窟，第三窟、第二十窟等诸洞窟头上都有梁孔或椽孔（今第五、六、七窟前木构建筑犹存），那是清代（第五、六窟）窟前建筑遗存，而第七窟是近几年新修建的。这恰恰说明，此窟前建筑正是继承了北魏时武州山石窟佛寺的建筑遗风之明显证明，再有近几年在第二十窟以东一直到第七、八窟窟前进行地面发掘，发现了许多柱石柱础的遗迹，云冈石窟研究所已做了大量的可见的标识，游客一目了然。云冈石窟现在裸露的崖壁上到处刻满了千佛，在出土文物中，有的千佛上面还鎏着金呢，那应该是北魏时的雕刻。试想，窟前如没有建筑，何能保护这些千佛崖壁？难道北魏时皇帝大臣和石窟的设计者和匠人们都想不到随着岁月的流逝，千佛壁崖不会被日晒风吹、雨淋风化剥落吗？而僧人们对佛又是一生虔诚，更会着重刻意保护佛像的。洞窟里的石佛石像，也面临着风化的问题。尤其是大雨天，山上的雨水会直泻洞内，直接浸蚀到石佛像。据《魏书·高祖纪》记载：太和元年（477 年）五月，孝文帝"车驾祈雨于武州山，俄而澍雨大洽。"《魏书·灵征志》记载，太和八年（484 年）六月，"武州川水泛滥，坏民居舍。"那么石窟前的建筑必定是北魏时保护石窟最理想的办法和形式。据《大金西京武州山重修大石窟寺》的碑文所记："西京大石窟寺者，后魏之所建也。凡

有十名，一通示（乐），二灵岩，三鲸崇，四镇国，五护国，六天宫，七崇教（福），八童子，九华严，十兜率。"据赵一德先生考证，北魏时云冈石窟洞窟前就已有十寺建筑（详见赵一德著《云冈石窟文化》一书）。

《水经注》卷13 漯水条记曰："如浑水又东南流，径永固县，县以太和中，因山堂（永固堂详下）之目以氏县也。"也就是说方山之上有永固堂，故名山堂。而堂与殿又基本同义。《魏书·阉官传》记：宗爱"先使阉竖三十人持仗于宫内，及（兰）延等人，以次收缚，斩于殿堂。""山堂"即山上和山崖前之建筑。也就是"因岩开寺"，见《云冈金碑》，"因崖结构"，"灵崖以构宇"，见高允《鹿苑赋》。而云冈山上至今也未曾出土或发掘过北魏建筑，那么，"山堂"作者所理解的窟前建筑正是《水经注》所说的"山堂"，即主要指北魏云冈石窟的建筑群了。洞窟里只能理解为石室、石洞或石窟，而不能称其为"山堂"的。《说文解字》说："堂即殿堂，指前室，正厅，也指正寝。"《康熙字典》说："殿即大堂也。"凡此种种，又在说明校对《水经注》关于"因岩结构"妥帖还是"因崖结构"妥帖呢？作者认为还是"因崖结构"较妥帖。

三、关于"真容巨壮"和"其容巨壮"的讨论

《魏书·释老志》说得清清楚楚，法果和尚一语道破天机，皇帝就是当今如来。"我非拜佛而是礼天子也"。皇帝也明确下诏"令如帝身"。昙曜于平城西武州塞开五窟，造五像，是法果道出真谛的实践和实物的明证。尤其是第十六窟，从主像的面貌，身着的衣服，完全是文成帝的"真容"。佛是真人，皇帝同样是真龙天子、真人，都是伟大之真人。因此，用"真容"恰如其分地点出了云冈石窟开凿的奥妙即是达到人神的统一，政教的合一。而用"其容"显然用字就乏力，也不太讲究，不太准确了。

高允在《鹿苑赋》中说得更明白："仰模神影，庶真容之仿佛，耀金晖之焕炳。"可见，"真容"较"其容"更准确些。

近几年，云冈第二十窟前曾出土了刻有"妙兴西北方主"的石刻文字残件。这样，"真容"之意就更不难理解了。

四、关于"世法所希"和"法世所缔"的讨论

"世法所希"显然与《魏书·释老志》的"雕饰奇伟，冠于一世"的记载相当。但也有区别。《魏书》说的是"冠于一世"，"世"原意为三十年。这里理解为云冈石窟高贵于佛法界一个时期，一个阶段。魏收的评价中肯客观也妥帖。而"世法所希"，所指的是在佛法界的长时间、永久时期。云冈是罕见的，似乎也不太客观。例如：以后的乐山大佛等已经超过了云冈的"雕饰奇伟，冠于一世"和"世法所希"。尽管文学允许手法上的夸张，是否也有点绝对化之嫌呢？郦道元写到这里，情不自禁地点出了武州

山石窟佛寺的开创者应是顺理成章，情理之中的事情。理由是：郦道元从 20～30 岁时，做官并生活在平城，对地理河道山脉又是如此的感兴趣，因此，应该说郦道元不止一次地考察过云冈石窟和武州川水以及武州山。他对云冈石窟的开凿过程等等理应会了解得更多更细。而他生活做官在平城的年代，正是云冈石窟最兴盛的时期，也是昙曜还健在，做沙门统领，在云冈译经、指挥开凿施工的时期。可以想象，郦道元与昙曜理应有过交往，因此，郦道元对昙曜有更多的了解，就不难理解了。点出昙曜的汉言法号法名也是情理之中的事情。郦道元生前绝不会想到 27 年后，还会有魏收去修撰《魏书》，能将昙曜记录下来。那么，郦道元在《水经注》中不点出昙曜的功绩来，那真是愧对昙曜这位功德无量的高僧大师。昙曜的功绩贡献也会永久地被湮没在历史的长河之中，对此郦道元应该会想到的。在《水经注》同卷中，郦道元对蒋少游（将作大匠）、王遇（宦官）、寇谦之（道士）、冯熙（官吏）等人同样也做了记录。如："水左有大道坛庙，始光二年（425）少室道士寇谦之所议建也。""又南径皇舅寺西，是太师时昌黎王冯晋国（即冯熙，冯太后之兄，引者注）所造。""刊题其侧，是辩章郎彭城张僧达，乐安蒋少游笔。""东郭外，太和中阉人宕昌公钳耳庆时（即王遇），立祗洹舍于东皋"等等，就是有力之佐证。郦道元对平城诸多重要宏大的建筑都要点出创建者，为何对武州山石窟寺如此宏伟的石窟和建筑不会点出开创者呢？而只是发出一点感叹和赞誉呢？这合乎当时的郦道元写作《水经注》时的特点、规律和思维逻辑吗？"缀目新眺（时）"，已经写出了郦道元对云冈的感叹赞誉了。

《魏书·释老志》明确记载，昙曜于"复法之明年"受文成帝以师礼。"昙曜白帝，于京城西武州塞，凿山石壁，开窟五所，镌建佛像各一……。"郦道元点出"法世所缔"与《魏书·释老志》记载完全一致，这难道是偶然的巧合吗？它不正是开凿云冈历史过程的真实反映吗？作者认为"法世所缔"较"世法所缔"要更妥帖准确些。

五、关于"水殿"的讨论

"山堂水殿"诸版本校注都无争议。对"山堂"，上文作者已做了讨论解释。"水殿"又如何理解呢？作者的理解是云冈石窟前（即南）是武州川水，水边也应该有一定的木构建筑。为何？一是从"林渊锦镜"一句中推测，北魏时，武州山周围是群山连绵、河川畔树木一定不少！修建殿宇就地取材是相当方便的；二是凿石开山，就地取石材也是相当方便的；三是武州山石窟寺作为北魏的皇家寺院，高僧、名僧、居士等一定不少！他们夏天居住在"山堂"里，倒是凉快，冬天呢？还能居住在山堂里吗？再者供佛礼佛之山堂僧人也不会居住的，念经、烧香、供奉倒是可能的；四是北魏的皇帝、太后、大臣官僚，多次巡幸云冈石窟，他们又在那里歇脚休息或住宿，这些问题不能不考虑。作为北魏时云冈石窟的设计者、施工者、能工巧匠，理所当然要把云冈石窟建设成为一处功能齐全，环境幽雅，内外有别，的的确确是皇家寺院的规格规模的胜境，才能交代得了的；五是根据 1933 年 9 月，梁思成、林徽音、刘敦桢诸先生在云冈的实地调查，当时"云冈别墅"正在修建，并出土了大量的各种形制的柱础、柱石、石礩等，而"云冈别墅"正位于现今云冈研究所过去的接待室和第 4 窟前南面的高坡下，那里正是武州川水流经过的旧河道的遗址。目测距离也不过就是南北十多米的样子。据《金碑》记载：金天会"九年（1131）元帅府以河流近寺，恐致侵啮，委烟火司差夫三千人改拨河道。"也就是说公元 1131 年前，武州川水还是从云冈石窟前潺潺流过。推测那时北魏的"水殿"有可能也毁的差不多了；六是近几年来云冈石窟研究所在第二十窟进行考古发掘，发现了南面不远处曾是一个斜坡，斜坡下有涵洞，武州川水从洞中流过。这一遗址，清楚地告诉人们，北魏当年可能从水中跨过斜坡才能进入石窟寺。同样，又可能是石窟寺里僧人匠人们到河中取水用之坡道。总之，北魏时，武州川水就从云冈石窟前不断流淌。这样，水边的殿阁、窟前的"山堂"（窟前建筑）倒映入武州川水中，形成"水殿"，也就不难理解了。

《水经注》卷 13 漯水条中又记："如浑水又南至灵泉池，枝津东南注池，池东西一百步，南北二百步。池渚旧名白杨泉，泉上有白杨树。因以名焉……南面旧京，北背方岭，左右山原、亭观绣峙，方湖反景，若三山之倒水下。"同书卷 19 渭水条中又记："沈水又北径长安城西，与昆明池水合。水上承池于昆明台。""沈水又径渐台东。《汉武帝故事》曰：建章宫北有太液池，池中有渐台，高三十丈。渐，浸也，为池水所渐。"以上这些《水经注》中关于水中水边建筑的记载，可以帮助我们全面较准确地理解关于"水殿"的真正含义。

"水殿"即傍水建的宫殿，殿与堂实为一也。依山之殿为"山堂"，傍水之堂为"水殿"。云冈石窟，山中有洞窟，洞窟前有殿堂，水边有寺庙佛堂。正合"武州石窟佛寺"之记录，无愧皇家石窟寺院之规模规格和标准要求。

六、关于"烟峙相望""烟寺相望"的讨论

《大典本》说："烟峙相望"。而王先谦、王国维、陈桥驿都一致注为"烟寺相望"。一字之差，意思就完全不一样了。《康熙字典》释"烟"说：烟缊"天、地、气"也。"峙、积也"。《集韵》：或作"崻"。"崻"《康熙字典》曰："具也"。望：《辞海》云"人所瞻仰"。

郦道元在同卷中描绘平城东郭外的寺院佛塔建筑群说："然京邑帝里，佛法丰盛，神图妙塔，桀峙相望，法轮东转，兹为上矣！"由此可证，"烟峙相望"更可靠些。

如按以上字义，可以推敲理解为武州山石窟寺是"天地气"集中在一起的灵山、灵寺。武州山石窟寺是值得人们所瞻仰的圣地。

据作者考证，武州山就是《魏书·释老志》所说的太祖拓跋珪于 398 年在平城附近建立寺院"别构讲堂"的灵鹫山（详见《云冈之谜》）。

如今站在云冈石窟最西头的山头上向东南望去，连绵起伏之山体，犹如卧（睡）佛一般，奇妙无穷，绿水青山，灵气无边。云冈石窟，武州山麓真一方之风水宝地也，弘法修禅之圣地也。

如按"烟寺相望"来推敲理解，"烟寺"即指武州山石窟寺之诸寺院建筑，高耸林立，彼此相望。此句仅仅从外在形式上描写了武州山石窟寺的建筑众多，高大雄伟，也就非常一般化了。

而"烟峙相望"则写出了武州山石窟佛寺是一块风水宝地，地杰人灵之地。前文已经写出了"山堂水殿"，用笔到此，点出云冈石窟的风水，达到了天地人气的合一，这是"本质"或曰"实质"地写云冈石窟，以此可以看出，郦道元记述云冈石窟下了相当的功夫，用字用句也极为讲究。

七、关于"缀目新时"和"缀目新眺"的讨论

《大典本》校的是"缀目新时"，而其他诸版本校的是"缀目新眺"。一"时"，一"眺"，意思又完全不一样了。

"时"，《康熙字典》云："《书尧典》：'敬授人时。'《左传》：'敬记天时以授人也。'"《博雅》：时当善也。《广韵》：时当中也。

"新"，《康熙字典》云：初也。《辞海》云："改旧更新。"

"眺"，《康熙字典》云："远视也。"

按《大典本》"缀目新时"推敲理解，当年武州山石窟寺，宏伟瑰丽，令人观赏目不暇接，云冈石窟的开凿修建，是"敬记天时，以授人也"功德无量的善事，是除旧布新，切中时宜，顺应历史潮流（即指复法和大兴佛法）的盛事。

以"缀目新眺"推敲理解，"眺"仅仅是指远视远望而已。我们只能理解为远望武州山石窟寺让人目不暇接，眼花缭乱，每次远望，都有新的感受感觉，这样意思就很一般很普通了。远不如"缀目新时"写的那么深刻精髓而意味深长。

八、关于"林渊锦镜"的讨论

既然是"林渊"，那说明北魏时云冈（武州山）周围，满山遍野，河水川畔，处处是绿树成荫，遮天蔽日，形成林渊。既然是"锦镜"，那又说明武州川水在北魏时是河水清澈，水量较大，不然无法形成"锦镜"倒影。从而证明，北魏当年云冈石窟周边生态环境极好，树木多，必然花草植被也很丰腴。真是花香鸟语，野生动物出没在林海之中，川水清清，流水潺潺，长年不息，石窟寺建筑雄伟，石佛石像高大以显真容，碧

水蓝天，与石窟交相辉映，郦道元由衷地发出："缀目新时"或曰"缀目新眺"的深切感叹感受，那是非常自然逼真的。

郦道元用短短四十字极其精练概括而又详尽地记叙了云冈的内涵，开创者及历史，寺院的规模，天时地利，石窟建筑的结构，生态环境及游览者的感受等，真不愧为大手笔。《水经注》被誉为"郦学"当之无愧。

当年，云冈石窟是北魏平城理想的"祇园精舍"，"多绕泉池，有好林树，花果蔚茂，清静闲豫"。是理想的拜佛修禅之胜地。

无怪乎，北魏王朝要在这里设巨资，"开窟造像"，建造武州山石窟寺！无怪乎，北魏王朝把武州山视为"灵山"，在此祈福天地神祇！

清代以后的学者专家对《水经注》记录云冈石窟的一段文字只是肤浅地从字的表意上、文字的搭配上，去校勘《水经注》，并未去深究郦道元用字用句的深刻内涵，犯了粗心大意疏忽的毛病。他们对长达30万言的《水经注》的确也无足够的精力和时间去逐字逐句地推敲《水经注》中的每一处疑字、异字、难字，更遗憾的是这些专家学者更没有机会都能够去实地考察过云冈石窟，又犯了纸上谈兵的毛病。这恐怕是目前研究"郦学"，校注《水经注》的"通病"。由此看，校注一部准确无误的《水经注》难度相当大矣！这也是作者疏证《水经注》记录云冈一段文字后所获得的一点点启示。

综上所述，比较论证，作者以为《水经注》关于记录云冈的一段文字，还是以《大典本》较为准确真实可靠。《大典本》成书于明永乐年六年（1403～1409），毕竟，解缙等人当年所查阅依据的各种文献典籍资料应该说要较清代、近代、现代丰富得多，可靠得多。作者疏证《水经注》记录云冈的这段文字的最后所得出的结论是：《永乐大典本》恰恰是郦道元记录云冈石窟的完整准确无误的文字的本来面目。

2002 年 1 月 8 日

（摘自《云冈文献碑刻疏证》未刊稿中的一章）

云冈石窟前壁三种类型及其科学性

王建舜

一 三种基本的洞窟前壁造型

云冈石窟的建造前后用了 70 余年时间，开凿了 45 个洞窟。这些洞窟在其前壁造型上表现出三种基本样式或模式，即：板块式、敞开式和廊柱式。

（一）板块式前壁

所谓板块式前壁，就是这类洞窟在将石壁崖面砍平削齐后，每一个洞窟只打凿出具有实用功能的窟门和窟窗，洞窟整体外观依然是整板一块，它们以整板整块的结构、特征和风格构建出一种基本的洞窟前壁造型。这类洞窟前壁在早期和中期大多是椭圆形平面、穹隆顶式洞窟的外态造型。这些洞窟中又大多具有纪念性、象征性的人格化造像，而且体态高大。《魏书》载："于京城西武州塞，凿山石壁，开窟五所，镌建佛像各一。高者七十尺，次六十尺，雕饰奇伟，冠于一世"[1]。这些洞窟的主要功能是以"宗庙式"的礼拜、祈祝等祭神、祭祖之用而存在的[2]。若是从洞窟类型的内涵上来说，这类洞窟前壁又是"大像窟"的基本外态造型。如昙曜五大窟（编号第 16~第 20 窟）、第 5 窟、第 13 窟等。

这类洞窟前壁，到中期和晚期便大多变化成方形平顶洞窟的外态造型。而且这些前壁式样的洞窟，一是洞窟内部空间规模比其前期洞窟小了许多，气势也减弱了；再一是洞窟中央凿出塔柱以支撑窟顶，其宗教性增强了，因为大乘佛教认为"见塔即见佛，

---

[1] 《魏书》卷一一四《释老志》。

[2] 拙著《云冈石窟艺术审美论》，中国社会科学出版社 1998 年版。

见佛即见法"①。这类洞窟有第1窟、第2窟、第6窟、第11窟、第39窟。

（二）敞开式前壁

所谓敞开式，实际上就是没有洞窟前壁，洞窟内部空间处于暴露式的开放状态。这一类洞窟在设计和开凿时，没有在洞窟前壁做空间形态的结构和造型，从窟前顶到窟前底空无遮拦，完全敞开直达洞窟，于北、东、西三壁及顶部造像。甚至有些是将整个洞窟前壁从上豁凿至底，形成无顶无前壁的完全敞开式洞窟。前一种，大多是单室洞窟，规模较小，其洞窟承载压力不大，造像空间要求不大。它们主要出现在云冈石窟的西部窟区，而且又大多是北魏孝文帝太和十八年（494）迁都洛阳之后的官民所凿。后一种情况，就是云冈石窟中区的第7窟和第8窟的前室之状况。

这种敞开式前壁，在工程技术上容易操作，省时省力。历史文献上说，这两个洞窟"不加力而自开"②。可见，这是此类洞窟的一大工程优势。

（三）廊柱式前壁

这是云冈石窟洞窟前壁造型中最典雅、最艺术化、最具有空间造型美和建筑意味的一种创造。这类洞窟前壁比之于开敞式前壁之从无至有，设计出两根廊柱来支撑前顶前庭；比之于板块式前壁增加了艺术性、丰富性和精雕细刻的成分。

这两根前壁廊柱，不仅有实用功能，而且还有其宗教意义。被雕刻成千佛塔的廊柱，包涵有大乘佛教"法华"思想中"众生皆可成佛"的理念，也有佛法随缘化显的妙处，空间变化、建筑形态与佛教义理融于一体。如此造型的洞窟前壁既有古希腊以及巴克特里亚神庙殿宇的遗风，又有中国汉魏以来宫殿庭廊构建的影响。作为佛教石窟，它是佛教众神最豪华典雅的居所；作为艺术创造，它是石窟艺术创作主体审美意识和审美理想的高度体现。

二　造型的科学性

（一）板块式前壁

第16窟至第20窟，是北魏文成帝时期的沙门昙曜主持工程并亲自督建而造的，所以这五个大洞窟被称为"昙曜五大窟"。它是云冈石窟最早开凿、系统性最强的洞窟，

---

① 《金刚经》。
② 《大金西京武州山重修石窟寺碑》。

同时也是规模最大、意义最典型的板块式前壁造型洞窟。它高大的洞窟空间与宽阔的门窗之间有着和谐而美妙的比例关系，在设计和工程上表现出相当的创造性和科学性。

以上三个项目的数比，可分别用 A 项、B 项、C 项来表示。而数比计算结果说明了什么呢？

昙曜五大窟有关规模尺寸表

窟号	16 窟	17 窟	18 窟	19 窟	20 窟
窟内东西宽度	12	13.8	16.5	25.5	21
窟门口至北壁深度	10.7	9.3	10	18	10
洞窟地面至窟顶高度	15	16.2	16.2	17.5	16
洞窟拱门宽、高	2.5　5.9	3.4　6.8	3　5	3.8　6.23	——
洞窟明窗宽、高	4.25　5	5　5.4	6.8　8.1	5.13　7.2	——
主尊造像高度	13.5	15.6	15.5	16.8	13.7

以上数据单位为米

昙曜五大窟工程设计有关情况计算表

窟号	16 窟	17 窟	18 窟	19 窟	20 窟
拱门宽与明窗宽之比	2.5:4.25 1:1.7	3.4:5 1:1.47	3:6.8 1:2.26	3.8:5.13 1:1.35	—— ——
门面积与窗面积之比	14.75:21.25 1:1.44	23.12:27 1:1.16	15:55.08 1:3.67	23.67:36.93 1:1.56	
洞窟进深与窟高之比	10.7:15 1:1.4	9.3:16.2 1:1.74	10:16.2 1:1.62	18:17.5 1:0.97	10:16 1:1.6

以上数据单位为米

1. 由 A 项中的 16 窟、17 窟、19 窟可知，拱门与明窗宽度的设计标准参数为 1:1.5，其正负差≥0.2、≤0.15。其所以大所以小皆因石质好坏情况而定。18 窟特殊例外。20 窟无门窗，无法计算。

2. 由 B 项中 10 窟、17 窟、19 窟得出，其拱门面积与明窗面积之比的标准参数为 1:1.38，其正负差≥0.18、≤0.22。该数据和设计图形由 A 项数据为主导与基础。同样，18 窟特殊例外；20 窟无门窗，无法计算。

3. 由 C 项中的 16 窟、17 窟、18 窟、19 窟、20 窟测出，洞窟进深与所开凿高度的标准参数为 1:1.46，其中负值≥0.28、≤0.49。

4. A 项的标准洞窟是 17 窟，B 项的标准洞窟是 18 窟，C 项的标准洞窟是 16 窟。

以昙曜五大窟为典型的板块式前壁洞窟，其所反映出的特征和规律为：

1. 洞窟拱门狭小，明窗大，一般明窗大于拱门1.5倍；

2. 拱门狭小，主要是可以有力地支撑洞窟前壁，有效地承载来自上面的重压；

3. 明窗大，主要是可以减轻洞窟前壁重量，分减对拱门的压力。按平均壁厚约2.4米计算，明窗每拓宽1米、加高1米，其体积就增加2.4个立方米。按水沉砂岩每立方米平均100公斤计算，其明窗加宽和加高14米，前壁和拱门就减轻2.4×100公斤的重压，所以拱门加明窗的板块式洞窟在工程设计和计算上有相当的科学性。

从以上所测算的有关工程技术参数，我们还可以对昙曜五大窟的学术问题，有一些新的认识。

一是由A、B、C三项中的A、B两项，甚至也包括C项，可以看出第18窟在这五个大窟中非常特殊。不光是门、窗和洞窟内部结构的数据特殊，就连洞窟内的造像和布局也不同于其他。就其所表现出的设计理念和风貌气势而言，也极为特殊，为其他四窟所不能比。另外，就现在的五个大洞窟的排列次序来看，第18窟正好居中。关于五个大窟的位置，日本的古村怜先生和国内的一些学者都认为第19窟是中心窟，然后是按照"左昭右穆"的礼法左右各开两个窟。可是因为第20窟及其以西出现了石质断层，所以把本该放置于西边的一窟转移到东边了[①]。我在以前也早有这样的看法[②]。现在看来，第18窟才是一个中心窟，具备了位居中心的许多条件，这是需要重新认识的。

另一个是，如果以第18窟为中心窟，以洞窟前壁外观对称为设计原则，那么第20窟的拱门与明窗大致也应和第16窟差不多，保持在1:1.7左右的数比关系上。可问题是，我们今天所面对的是第20窟前壁坍塌的现实，也不知晓它的有关拱门和明窗的数据。至于它坍塌于何时，过去大多认为坍塌于辽代，而我则认为崩塌应在当时[③]。近来王银田先生也认为是坍塌于当时，并且指出是坍塌于明窗和拱门开凿过大。大到什么程度，王银田先生没有说明。那么，今天我们在进行有关昙曜五大窟的工程技术测算的基础上，可以补充说：第20窟前壁坍塌之原因，基本上是明窗与拱门之宽比超过了1:1.7，甚至它接近1:1.7的数比都有可能坍塌，因为在明窗和拱门的连接部确确实实出现了断层，这是前壁坍塌最危险的一种潜在原因。现在第20窟主佛胸前的断层就是这一整体断层的遗存，也算是这一种结论的证明。另一个补充就是由于门窗数比与石质断层出现不可调和的矛盾，以致构成一种反凝聚、反粘合的破坏力，所以洞窟开凿后不久其前壁就坍塌了。应塌于北魏。

---

①　吉村怜：《昙曜五窟三则》，北朝史国际学术研讨会论文。

②　拙著《云冈石窟艺术审美论》，中国社会科学出版社1998年版。

③　拙著《云冈石窟艺术审美论》，中国社会科学出版社1998年版。

（二）敞开式前壁

虽然我们在文章第一部分说明"敞开式前壁"时，将其归纳为"单窟单室"与"双窟双室"两种情况。但是散落在云冈石窟西部窟群的单窟单室的敞开式前壁并不具有代表性和典型意义。实际上，我们所认定的敞开式前壁，就是第7窟和第8窟。这两个洞窟的基本工程数据如下：

窟号	7 窟	8 窟
前室宽、前室进深	8.8　8	9　7.6
木楼高、宽	17　9	17　9
明窗高、宽	3.8　3.6	4　3.7
拱门高、宽	5.1　4.2	5.8　4
后室宽、后室进深	9　7.5	9　5.4

以上数据以米为单位

除此而外，两个洞窟的前室均低于后室 0.25 米。

从以上这些数据测得该双窟[①]有关工程技术参数如下表：

窟号	7 窟	8 窟
外构木阁楼高与洞窟高之比	17:15 1:0.88	17:12.8 1:0.75
后室进深与洞窟高之比	7.5:15 1:2	5.4:12.8 1:2.3
前室北壁在窟深中之位置	15.5:8 1.93:1	13:7.6 1.71:1

以上数据以米为单位

依然设定表中三项分别为 A、B、C。由 B 项得知，洞窟每进深 1 米，其洞窟高度就相应增加 2 米，以此来确保洞窟顶部及其整个洞窟的安全性。反过来说，洞窟开凿的高度应是洞窟深度的两倍，二者在数比关系上保持在 1：2 左右。

由 C 项得知，洞窟前后室的分隔墙（即前室之北壁，后室之南壁）设置位置在整个洞窟不足 2 米处。这就意味着前室进深跨度大于后室。这是因为在工程设计和工程施工方面，前室完全敞开，无窟顶，不必考虑窟顶的压力与安全性能；而后室则是必须予以考虑的。从常识的角度来说，洞窟空间跨度愈小愈安全。故而这两个洞窟在后室小、

---

①   王银田：《北魏平城明堂遗址再研究》，北朝史国际学术研讨会论文。

前室稍大，又相对保持均等与平衡之处设置了分隔石墙。

综合以上情况得知：敞开式洞窟前壁在建造上有勘凿与取石、运石与操作、雕刻与打磨方面的诸多方便，所以史籍传曰："不加力而自开"。但是敞开的前室东、西、北三壁那些千雕万琢刻凿出的精美佛像暴弃于外，极易被风吹、雨淋、日晒而风化，这就客观地需要连带地在洞窟外进行二次施工——加盖兼具保护性和美化两种功能的木阁楼。如此一来，其前后工程加在一起反而又费时、费力、费财，所以云冈石窟只尝试性开凿了这两个洞窟，以后便再无复作。倒是在已开凿好的洞窟外直接加盖保护性木构建筑，不仅保护了前室壁面造像，美化了洞窟整休外观形态，而且施工也更方便些。

敞开式前壁有利有弊，在内涵上还应看到以前室凸出的大山形来比附印度耆阇崛圣山的佛教意蕴，这一点也是不应忽视的。

（三）廊柱式前壁

廊柱式前壁洞窟有三处，即第9窟、第10窟和第12窟，尤以第9窟、第10窟双窟为典型。第9、10窟有关工程技术数据所测如下表：

窟号	9窟	10窟
前室宽、进深与窟高之比	11.9:4.2:10.8 2.83:1:2.57	11.5:4.4:10.7 2.61:1:2.43
后室宽、进深与窟高之比	11.3:8:10.5 1.41:1:1.31	11.7:4:10.5 1.48:1:1.41
前室北壁在窟深中之位置	(4.2+8):4.2 2.9:1	(4.4+7.4):4.4 2.6:1
列柱高与间距之比	8.5:1.5 5.66:1	8.5:1.5 5.66:1

以上数据以米为单位

上表中四项分别设定 A、B、C、D。A 项中 9 窟的标准参数为 2.7，前后两项数的正负差均为 0.13。这也就是说，该项在工程设计和工程测算中，每进深 1 米，那么前室东西宽为 2.83 米，洞窟高为 2.57 米。实际开凿结果，后两项的正负均为 0.13 米，即前一个多了 0.13 米，后一个少了 0.13 米。数据表示：≥0.13≤。

A 项中 10 窟的标准参数为 2.52，其前后两项的正负差均为 0.09。其理与 A 项中 9 窟相同。两个相同的正负差，说明该双窟设计，勘凿之精确，让人叹服。在第 9 窟和第 10 窟之后开凿的第 5 窟和第 6 窟，这两个洞窟中间的隔墙最薄处只有约 1~2 厘米，其两面竟依然雕凿出美丽的画像。在遥远的古代，没有科学和先进的探测仪器，没有可控和灵巧的施工设备，尤其是在昏暗而幽深的洞窟之中举钎挥锤，这该具有何等精确的神机妙算!

B项中9窟的标准参数为1.36，其前后两项的正负差为0.05。此数据表明，后室若进深掘入1米，而后室之宽就应凿出1.41米，洞窟高就得1.31米。凿成后的实际结果两项均误差±0.55。由此也就可想而知，洞窟设计工程之精确，充分体现出云冈石窟洞窟开凿工程技术的创造性与科学性。

B项中10窟的标准参数是1.44，前后两项误差一是≥0.04，二是≤0.03，所差极微小。其所表明的价值与意义，皆与上同。

C项表明：两个洞窟之前室北壁（即前后分隔墙，亦即后室南壁）约处于整个洞窟总深度之从前至后不足三分之一处。也就是说，它们均是前室小，后室大，前室约占三分之一深度，后室约占三分之二深度。其目的和作用是减小减轻对前壁廊柱的重压，使窟顶压力尽量集中在前后室中间的分隔墙上，提高洞窟整体的安全性。

9窟和10窟前壁是由千佛柱塔支托前庭，由D可知：千佛塔柱之高与列柱间距之比有较大比值。而实际的情形是，每个洞窟前壁均有两根千佛塔柱，大致均等地把前壁分成等距的空间，这样整体的计算，其列柱之高和列柱距之比就会小得多，使得洞窟前壁既有实用的承重功能，又有艺术的审美特性，而在云冈石窟洞窟前壁形态造型中独树一帜。

总之，云冈石窟三种洞窟前壁不仅表现出艺术创造的丰富性，而且也体现出工程设计和工程技术上的创造性与科学性，使拓跋鲜卑人生活的北魏王朝成为佛教石窟艺术创作的辉煌时代，使云冈石窟成为全世界共有的文化遗产。

（摘自《中国历史文物》2002年第4期）

云冈石窟所反映的一些北魏政治社会情状

殷 宪

云冈石窟，是集宗教文化、石雕艺术和古代建筑于一身的伟大的综合性艺术杰作，可以说它本身就是那个时代的一座历史丰碑。因此，在云冈石窟中，我们到处可以找到北魏王朝、特别是北魏平城时代许多政治和社会生活的影子。本文只就云冈石窟中我初步感觉到的几点细枝末节谈些粗浅看法，以求方家教正。

二佛同龛——太和"二圣"主政的表现形式

二佛同龛，就是两尊佛在同一个佛龛中并坐。这种造像形制是从云冈石窟的第五、第六窟开始的。这样的佛龛不仅在五窟后室的西壁很多，而且在第六窟中心塔柱北壁下层的主龛就是一组巨大的二佛龛。根据《法华经》教义，二佛，一尊是释迦牟尼佛，另一尊是多宝如来。多宝佛在修菩萨道的时候就发过一个大誓愿："我成佛灭度之后，于十方国土，有说《法华经》处，我之塔庙为听是经，故涌现其前，为作证明，赞言善哉。"后来，释迦佛于灵鹫山说《法华经》，忽然地下有一座安置多宝如来全身舍利的宝塔出现于空中，塔中发声赞叹释迦，证明法华①。问题是，这样的教义为什么会在北魏的太和年间被受到重视，并且在五、六窟变成了"石庙形象"？凡读过《魏书》的人，一定对"二圣"两字不陌生。兹举几例于后：

"沙门法秀谋反伏诛。（程）骏表曰：'忽有狂竖，谋逆圣都。明灵幽告，发觉伏诛……于穆二圣，仁等春生。'"② 这是程骏颂扬"二圣"平定法秀的功绩。应在太和五年。

"今二圣躬行俭素，诏令殷勤。""今二圣哀矜罪辜，小大二情，谳决之日，多从降

---

① 《法华经》。
② 《魏书·程骏传》。

恕，时不得已，必垂恻隐，虽前王之勤听肆赦，亦如斯而已。”“二圣清简风俗，孝慈是先。”① 这是李彪赞扬“二圣”的宽仁孝慈。从这段文字中有“自太和建号，逾于一纪”看，应当在太和十年。

“吾兄弟自相诫曰：‘今忝二圣近臣，母子间甚难，宜深慎之。又列人事，亦何容易，纵被瞋责，慎勿轻言。’及二圣间言语，终不敢辄尔传通。”② 这是迁都洛阳后杨椿回顾他与其兄杨播太和初作近臣时在帝后间临深履薄的情况。

“二圣钦明文思，道冠百代，动遵礼式，稽考旧章……，置立邻党，班宣俸禄，事设令行，于今已久。”③ 这是高闾盛赞“二圣”的几项改革措施。据《魏书·高祖纪》载，班宣俸禄，均田，置立邻党分别完成于太和八年、九年和十年，既云“事设令行，于今已久”，则应在改革后三年以上。因此高闾说这话的时间应在太和十三年前后（十四年文明太皇太后已薨）。

《魏书》中多次提到“二圣”，就是太和年间北魏的两位当权者：祖母文明太后冯氏，其孙孝文皇帝拓跋宏。孝文帝登极时只有 5 岁，冯氏是 30 岁。可以说孝文帝成年之前是名义上的皇帝，而成年之后则是在其祖母掌握之中的皇帝。太和年间是北魏的鼎盛时期，其间进行的“俸禄制”、“三长制”、“均田制”等一系列重大改革，实际上都是在文明太后的主持下进行的。当然帝后之间不会没有矛盾和摩擦，但更多的是理解和合作。文明太后在孝文帝身上确实没有少下工夫，又是躬自抚养，又是悉心教诲，又是作歌劝诫，又是无情体罚。人格上的培养和磨砺，再加上政治上的言传身教，终于成就了中国历史上一代少数民族的明君。由这种教育氛围和自身的素质所决定，孝文帝完全接受和继承了冯太后的政治主张，这从迁都洛阳之后，孝文帝仍在更深更彻底地推进着帝后的改革大业，可以得到证明。

二佛并坐，就是“二圣”比肩。“二圣”，在文明太后在世的太和年间（太和十四年即公元 490 年）之前，已是朝廷上下一种理所当然的尊称。以“二圣”称文明太后和孝文帝，一方面说太后和皇帝处于同等重要位置，这实际上是在强调太后的地位，皇帝还用得着说吗？另一方面则表明冯太后对孝文帝的态度，她觉得自己是成功的，由她所选定和造就的继承人是堪当大任的。多宝佛的舍利塔突然间从地下升到天空，对释迦牟尼说《法华经》赞不绝口，这是一位早已得道成佛的智者对后来者的一种肯定和认可。也有人说释迦、多宝并坐龛在云冈石窟的出现，只是教义上的事情，与朝廷的事联系起来未免有点牵强。把教义和皇权对立起来，不是历史唯物主义的态度，也不符合当

① 《魏书·李彪传》。
② 《魏书·杨播传附弟椿传》。
③ 《魏书·高闾传》。

时的实际情况。北魏的第一任道人统法果就明明白白地说，皇帝"即是当今如来，我非拜天子，乃是礼佛耳"。后来北魏又有"为太祖以下五帝铸释迦立像"，"诏有司为石像，令如帝身"，"为高祖、文昭皇太后营石窟二所"① 等等举动。这都说明，佛教的教义亦在或明或暗地为皇权服务，甚至或多或少地受其左右，为其改造。将"二圣"体现于开窟造像之中，还有见诸文字的例子。云冈十一窟《太和七年五十四人造像记》中就有"愿以此福上为皇帝陛下、太皇太后、皇子德合乾坤……国祚永康"的祝愿。北魏历史上，除了文明太后和孝文帝并称"二圣"外，迁都洛阳之后，尚有孝明帝元诩与其母灵太后胡氏。在龙门石窟的诸多题记中，不仅有为他们祝愿的铭刻文字，而且还有《帝后礼佛图》的浮雕，表现手法就更明白和直截了。

云冈石窟的二佛同龛，反映的是北魏太和年间朝廷的政治格局。换句话说，这种二佛并坐的佛龛都应当是太和年间文明太后与孝文帝共同主政时期的作品。一旦文明太后去世，主政者变成了皇帝一人，就再也不可能有这种内容的佛龛出现。因此，这便给了我们一把研究云冈石窟开凿分期的钥匙：凡有释迦、多宝对坐龛的洞窟都应当是太和十四年（490 年）前所凿，如第十一、第十二、第十三窟和第五、第六窟即是，十八窟东壁的双佛龛则应当是太和初补雕的。过去已被一些研究者证明为太和年间将作大匠王遇负责开凿的第八至第十窟则应晚于上述几窟，应在太和十五年到十八年（494 年）迁都前后。

云冈塔雕——平城图塔桀峙的生动再现

石窟中央雕以塔柱，使窟内形成回字形诵经道，这是云冈石窟开凿的一大特点。第六窟的中心塔柱原本就是一座北魏时期实实在在的佛塔。佛塔分为上下两层，下起地面上接穹顶，通高 15 米。余如第一窟、第二窟、第二十一窟、第五十一窟等等，都有精美的中心塔体。第一、二窟的中央是方形塔柱，或两层或三层，每层四面皆雕以佛龛。第五十一窟是一座五层佛塔，其上屋檐、斗拱、梁柱、阑额等构件宛然，奇伟壮丽。第二十一窟的中央则是一座楼阁式图塔，已经完全中国化了。除中心塔柱外，云冈石窟还有数不清的各式各样的图塔浮雕。以高度论，有三级、四级、五级、七级、九级不等；以宽度论，有单开间、双开间、三开间、四开间多种。第五窟的南壁东西两侧各耸立着一座仿木结构方形五级浮图。须弥座下是一头力可千钧的大象，塔顶饰以覆钵、相轮、宝珠。西侧一座一至四层为三开间，五层为两开间；东侧一座只有一层是三开间，其余均为双开间，造型简洁凝重，结构均衡完美。而更具魅力的塔体，则是第六窟中心塔柱上层四角用作龛柱的四尊九级浮图。其形制亦为方形楼阁式，瓦垄、挑檐、椽头，应有尽有，每层均为三开间，给

---

① 皆引自《魏书·释老志》。

人以直插云端之感。这样的塔浮雕，除了五六窟之外，在云冈石窟绝大多数洞窟都可以看到，比较集中的是第二窟，第八、九、十窟，第十一、十三窟等太和年间开凿的石窟。第十一窟西壁上层的七级浮图和南壁东侧的三级浮图，则更具写实性。

塔，亦名浮图、塔婆等，它的正式名字是窣堵波。原本是贮放高僧大德舍利的所在，后来便成了寺庙的象征性建筑。佛经上说，释迦牟尼涅槃后，佛舍利藏在了一座十三级浮图内，这大概是世上的最高层佛塔。北魏时的平城，到了太和盛世，"京城内寺新旧且百所，僧尼二千余人。"[①] 史料有记载的平城范围内的佛塔就有十几处，见于《魏书·释老志》所载，如天兴元年（398 年）"始作五级浮图、耆崛山及须弥殿"，太延中（436～440 年）的八角寺惠始冢精舍，兴光元年（454 年）的五级大寺，天安元年（466 年）的永宁寺七级浮图，皇兴中（467～471 年）的三级石浮图，延兴元年（471 年）的西山鹿野苑浮图，承明元年（476 年）的建明寺，太和元年（477 年）的方山思远寺，太和四年（480 年）的报德寺，等等。见于《水经注》的有：冯太后之兄冯熙所造皇舅寺五层浮图，如浑水（御河）西岸的三层浮图，平城东郭外的钳耳庆时祇洹寺，等等。郦道元形容当时的情况是"京师帝里，佛法丰盛，神图妙塔，桀峙相望"[②]。云冈石窟的中心塔柱和佛塔浮雕，正是"京师帝里、神塔妙图"景象的真实写照。

云冈石窟雕有九级浮图，然而据史料记载，当时平城的寺塔最高的是永宁寺七级浮图。《魏书·释老志》云，永宁寺七级浮图，高三百余尺，基架博敞，为天下第一。郦道元说，永宁寺其制甚妙，工在寡双。"天下第一"、"工在寡双"，其意甚明。就是说北魏平城时期，永宁寺塔是天下第一高塔。直到迁都洛阳之后的熙平中（516～518 年），才"于（洛阳）城内大社西，起永宁寺。浮图九层，高四十余丈"[③]，旧都天下第一塔的位置才被新都所取代。到这里，我们是否可以认为，云冈五窟的五级浮图、十窟的七级浮图，以及其他层次较低的佛塔是写实的，而六窟的九级浮图则是将来时的东西，多少有点理想的色彩。那么，是不是说六窟比之五窟开凿时间要晚一点呢？尚待研究证实。

胡汉比肩——平城民族聚居的真实写照

围绕着第六窟中心塔柱四周的主佛龛，有许许多多造型生动的供养天和护法神。而在这些两两并肩的人物中，必有一位是高鼻、深目、须发卷曲的异族人，而另一位则是

---

① 《魏书·释老志》
② 《水经注·漯水》。
③ 二条皆见《魏书·释老志》。

道地的中原人形象。这固然是反映佛法西来的真实。除此之外，是否也反映作为当时北中国政治中心的平城多民族聚居和频繁对外交往的实际情况呢？拓跋鲜卑原本就是当时匈奴故地鲜卑和其他北方部族的盟主。所谓的代人就是这样一个北方诸多少数民族结合体的代名词。这一时期诸多民族聚居和融合的过程，不单单是逐步强大的北魏政权对北方各少数民族政权的征服和人口迁徙，同时还有各部族和国家之间的和亲及互派使节，也有这样一座区域性大都会对周边地区和国家居民的吸引，这样便出现了当时平城多民族和睦相处、共兴共融的繁荣景象。《魏书》中有这样一个精彩场面："太后曾与高祖幸灵泉池，燕群臣及藩国使人、诸方渠帅，各令为其方舞。高祖率群臣上寿，太后欣然作歌，帝亦和歌，遂命群臣各言其志，于是和歌者九十人。"① 在方山下面的灵泉宫被宴请并展示各自民族优美舞姿的，不仅各国使臣、各方渠帅中不少是碧眼金发，而且"群臣"本身就是一个肤色不同、语言相异的群体，这种情况一直延续到了隋唐。大家都说北魏的一百多年为后来盛唐的出现做了准备。这个准备包括军事、政治制度等方面。要我说，李唐王朝之所以那样强大、那样充满活力，在很大程度上是得益于这次大规模、深层次的民族融合造成的优良政治环境、优秀的交融文化和大量的高素质人才。

　　在中华民族发展史上，北魏王朝最可贵也是最成功之处，就在于它吸纳先进文化促进和实现多民族共同融合、共同繁荣的自觉性。那么作为这个王朝极盛时期的国都，大同在中国历史上的最大贡献也莫过于民族融合、民族大同这一点。因此可以说是多民族的交融造就了大同。我们不单单是在云冈石窟中可以感受到这种气息，在大同街头的人群中同样可以感受到这种交融的痕迹。这不仅仅是大同人的广博胸怀和热情好客，实际上祖祖辈辈生活在这块土地上的大同人本身就是这种融合的证明。已经好长时间了，我一直想通过对现今大同地区居民姓氏的分析，了解一下北魏平城京畿地区的民族状况。初步调查的情况表明，现在雁门关以北、长城以南整个雁北地区的居民，其主体仍然是一千六百年前被离散到土地上的代北诸部族，当然，现在这一地区的居民，并非原来意义上的代人，而是经过千百年的民族大融合之后形成的华夏民族大家庭的一部分。在大同地区，《魏书·官氏志》所载汉化后的拓跋宗室十姓，以及神元帝时内入诸部一百零九姓，几乎都可以找到，而万人以上者有二十多姓。像由丘穆陵氏改成的穆姓，由丘敦氏改成的丘姓，由贺赖氏改成的贺姓，由步六孤氏改成的陆姓，由胡古口引氏改成的侯姓②，

---

　　① 《魏书·文成文明皇后冯氏传》。

　　② 《魏书·官氏志》云："胡古口引氏，后改为侯氏。"但据 2002 年第 3 期《书法》载，2000 年出土于洛阳北邙的《魏故显祖献文皇帝第一品嫔侯夫人墓志铭》云："夫人本姓侯骨……祖俟万斤"，"考伊莫汗，世祖之世为散骑常侍，封安平侯，又迁侍中尚书，寻出镇临济，封日南郡公。孝文皇帝徙县伊京，夫人始赐为侯氏。"大同市灵丘县《（文成）皇帝南巡之颂》碑阴有"宁南将军殿中尚书日南公斛骨乙莫干"其人。伊莫汗与乙莫干为一人无疑。《侯夫人墓志》之"侯骨"就是《南巡碑》之"斛骨"。可见侯姓实由侯骨（或斛骨、纥骨）所改，胡氏则应为胡古口引氏所改。

由叱吕氏改成的吕姓，一直是大同地区的大姓[①]。另外还有一些汉人很少有或只有代人才有的姓氏，如缑、芦、兰、浑、库、厍、副、门等姓在大同农村也可以找到。还有一部分是留在旧都未改或后来恢复的代姓（多数已经简化），如拓、拓跋、土（拓跋）、尸（尸突，原改为屈姓）、屋（屋引，原改为房姓）、尉迟等姓。以上都是融于中华民族大家庭的代人。再有一些是迁入平城的鲜卑其他部族及其他邻国姓氏，如慕、宇、宇文、鞠、赫、赫连、柔（柔然）、茹（茹茹）等。

这篇短文，我们粗浅地讨论了云冈石窟的二佛同龛与北魏太和年间（早期）的帝后"二圣"主政的关系，讨论了云冈石窟内的佛塔雕刻与当时京师帝里塔柴峙的真实情况，同时又从云冈六窟供养天的胡汉杂处现象，我们看到了当时魏都平城地区的民族聚居和民族融合，并且找到了这次大融合至今在大同地区留下的踪迹。这样的工作虽然是初步的，但却是很有意义的。特别是云冈石窟所映照出的胡汉共处现象有力地证明，像大同这样经历过千百次战争洗礼的边塞城市，土著们是怎样艰难而深情地坚守着自己的土地，创造着历史的奇迹。

（摘自《北朝史研究》，商务印书馆，2004 年）

---

① 据 1991 年《山西人口姓氏大全》。

云 冈 之 魂

聂还贵

我喜欢书的这样的名字：《静静的顿河》。

我常常冲动于这样博大的语言：浑浊的拉普拉塔河慢悠悠地流着。

还有"蒙古"在蒙文里的本意——永恒的河。

每天的每天，即使在花朵和星星也都睡了的时候，仍有一条河流在醒着，在无声地流淌，有时深凝如礁岩的剪影，有时澄澈似冰雪的月光。不，这条河流的名字不叫黄河、恒河、幼发拉底河，也不叫尼罗河、多瑙河、密西西比河，它的名字叫历史，一条万古常新的历史河。

博尔赫斯曾迎着初升的太阳，又一次大声诵读了一遍卡莱尔 1833 年写的一段话：世界历史是一本无限的神圣的书，所有的人写下这部历史，阅读它，并且试图理解它，同时它也写了所有的人。接着，他顺着思路，写下自己的一句名言：当我们看一本古书的时候，仿佛看到了从成书之日起经过的全部岁月，也看到我们自己。

我要说的是，云冈石窟就是一部神圣的书，就蕴藉有博尔赫斯那样古书的意义。它不仅让我们逼真形象地领略和感受到人类历史的风云，也让我们从中发现和欣赏到自己的影子，区别只在于云冈石窟不是文字，而是形象和物象；不是印刷在纸上，而是雕琢在石头上；不是插放在图书馆或书斋里，而是矗立在大自然的博物馆。

我们十分熟稔却又觉空泛的"历史"一词，就这样被云冈棱角分明地凸显出来：历史的骨骼、历史的血肉、历史的体温、历史的咚咚心跳、历史的坑洼深浅、历史的悲欢离合，或粗糙干涩，或细腻光滑，一伸手便可从云冈触觉出切肤之感。那里有我们的疼痛和兴奋，有我们深长而剪割不断的脐带。

建筑和雕刻，不仅系石窟所依，且常常被视为测评一个国家文明的尺度。"人类没有任何一种思想不被建筑艺术写进去"，我们观察到，雨果说这句话的时候，身后的背景正是巴黎圣母院。而雕刻，更是人类最早破土而出的艺术之苗，它青青翠翠地把春天般的活力蔓遍人类所有的建筑。

石窟是依傍河畔山崖开凿的佛教寺庙的简称。佛教石窟渊源于印度。

中国石窟历史和文明悠久而漫长，主要以敦煌、云冈、龙门为杰出代表。

云冈凭藉独特的石质条件和开凿的政治历史背景而闪烁着鲜明的个性。

云冈石窟不仅仅以纯净的石雕别样于敦煌的泥塑和壁画，不仅仅以开凿期早、气势恢弘超乎着龙门，也不仅仅是在敦煌和龙门之间，架起一座创新、发展石窟文化的桥梁，更显著的区别是：敦煌和龙门一样，建造年代跨度大，是在几个朝代更迭交替中起起伏伏、断断续续完成的；而云冈，却是一部由一个民族用一个朝代集中时间、集中人力物力一气呵成的杰作，恰如王勃即兴而赋的《滕王阁序》，一挥而就，浑然天成。

房龙喜欢把中国的艺术比作"一本合上的书"，因为"它主要是一种'暗示'的艺术，避免了照相式的精确性"。并借此认为艺术家的职责就是"用石头、绘画或者声音来再现时代精神。"作为国家意志的物质体现，云冈不仅"暗示"着公元 5 世纪，北魏王朝信仰佛教的满腔热忱和经济文化的高度繁荣，而且由于国家主创，整体布局统一合理，各个洞窟有机连贯，每一窟造像秩序井然，可谓意若贯珠，像如合璧。

作为帝王的直接行为，云冈完整地把一个王朝的百年大业、精神风貌、意识形态、社会民俗，形象化艺术化地缩影、镌刻在一壁岩石之上。历史学家黄仁宇论说云冈"既供美术展览，也是通俗的博物馆"，因为它保存了北魏"社会史和经济史上的真迹。……要不是这石窟在荒野中替中国中世纪保存这一份文物，而将金碧辉煌的佛像置之通都大邑的话，恐怕也就像中国古代的建筑一样，早经兵燹而荡然无存了"。考古学家阎文儒对此也深有感触："云冈石窟造像艺术今天之所以成为中华民族的宝贵遗产，是因为人们可以从这大批造像艺术中，见出当时社会各阶层的风俗习尚，为研究北魏阶级社会提供文献上所见不到的实证。"

云冈，鲜卑人留赠我们的一件百宝箱。

云冈，拓跋氏遗存于人类的一册全石化百科全书。

而对兀然如"横空出世"一般的云冈石窟，和窟中一尊尊一件件"奔雷坠石之奇，鸿飞兽骇之姿"的佛与物造像，你就仿佛沉浸在天方夜谭那样不可思议的神话仙界，仿佛步入"天机云锦用在我，剪裁妙处非刀尺"的羽化胜境。

云冈是科学的结晶。据考证，当时开凿云冈的程序是：自上而下，先用器具凿出环状沟槽，再将整块石头撬起，高层由明窗取下，低处自窟门移出。采出的石料，被"一条龙"地用作北魏别处的建筑。性灵的"云冈石"，坚实地撑起北魏一座座雕梁画栋，亭台楼榭。云冈第 5 与第 6 两窟所隔之壁，仅有厘米之厚，几乎就是一张"壁纸"了。石壁两边都雕满数寸大小的佛像。即使绘画，下笔若是重了，也随时会有穿透之险，何况此处是金石雕镂！

在周围一片"啧啧"赞叹和唏嘘声中，我听到这样的评论：云冈和长城一样属于奇迹……

不。同属于奇迹，凿塑云冈与打造长城的初衷、用意和功利，却是显著的不同。

长城是为防御外侵而采取的一种无奈和消极的行为，是秦王朝对自己信心不足、精神枯黄脆弱的表现（虽然长城的发明专利应属赵国而非秦国）。轰轰烈烈大兴土木的同时，崛起的长城，弯弯曲曲地投下一弧闭关锁国、作茧自缚的阴影，并在统治者和黎庶百姓中间筑起一道厚重隔层。

云冈，则是一个民族、一个王朝自我心理和精神意志的物化。观照。塑造。刻画。凸现。一个成功民族成功的写照。炫耀。宣泄。一个强盛王朝强盛的明证。张扬。昭示。

而这一切，却是在"不着一字，尽得风流"的意境中完成实现的。"书不尽言，言不尽意……立像以尽意"。云冈石窟把一个王朝无限的思想、无尽的语言和一个民族永远的灵魂雕进了一壁岩石，雕成了与人间相对应的丰富生动的世界。

"逍遥一世之上，睥睨天地之间"。站在云冈面前，我们在心灵感受到台风掠过般震撼的同时，不难读出那个横刀策马、力挽风雷，从远山脚下、大草原深处驰骋而来的名叫拓跋鲜卑的民族，他们在夺取丰功伟业之后，"车辚辚，马萧萧"，流露出的胜利喜悦。微笑。自豪。骄傲。轻松。自信。……

兴安春日，北魏平城惠风浩荡，飞霞铺彩。流金泻银的永安殿吱呀一声，宫门开户，昂然走出早春二月那样风华正茂的文成帝拓跋濬。早已候在圣殿之外的僧人工匠海浪般跪拜：吾皇万岁万万岁。文成帝目光炯炯，亲谕圣旨：凿石造佛，如我帝身……

凿石造佛，如我帝身——云冈开窟造佛的宗旨、主题和本意，并辅之以宗祀礼制系列内容作形象化的诠释。——拓跋鲜卑巍然把大写的人，雕塑在上苍与厚土之间。何等胆略和气魄！天地为之惊悸，鬼神为之惧泣！！

凿石造佛，如我帝身——贯穿云冈石窟构建始末的一脉精魂——云冈魂，它的超强创造力和生命力，注定云冈在人类石窟苑中，以一枝出墙红杏的新美，惊艳世界。

依照帝王之身而雕造佛像，就是为云冈石窟灌注生气的"那种原则"。这一"原则"，使得云冈吸附了鲜活无比的灵魂。——拓跋氏的领袖、鲜卑族的民族英雄，慨然与佛平起平坐、共享秋色。帝即佛，佛即帝，造佛为表，塑帝是本。庄严神圣的佛，传达、显示的是帝王精神。意志。风范。气概。力量。博大。

云冈魂——不仅仅是以帝王为模本而雕成尊尊佛像，而且在于把整个拓跋氏的心路历程、北魏王朝的时政气象、民族融合的历史态势，都一一包孕了其中。

云冈魂——终成北魏兴盛佛教的时代之魂，连臣民庶人也有资格"拟状金石"，"随像拟仪"，为自己造像塑身。据史料介绍，太和十九年，有七女为其夫及儿女造三躯释迦佛像；山东青州佛教造像窖藏，不仅始于北魏，且以北魏时期造像最多、形体最大和最具代表，其中又以北魏永安二年一位叫韩小华的信徒为其夫造三尊佛像，最为完整和精美。——"旧时王谢堂前燕，飞入寻常百姓家"。

云冈魂——流衍成为龙门之魂，统摄着龙门石窟的建造。景明初，世宗在"洛南伊阙山，为高祖、文昭皇太后营石窟二所。……永平中，中尹刘腾奏为世宗复造石窟一，凡为三所"。

云冈魂——扇动御风凌空的翅膀，鼓搏河西、陇东的敦煌、麦积山和中原腹地的天龙山、响堂山等石窟，伴它飞升到一个崭新的界域。

2003年残冬将尽，一则考古讯息像迎春的爆竹，为中华大地抹了一绿响亮的春意：又一处北魏石窟雕像群在山西沁源县一个村落的小山坳重归人间。百尊雕像演化佛教人物故事，或作沉思状，或呈吟诗态，是云冈石窟神韵——云冈魂的衍生版或再现版。

拓跋氏帝王站在与佛比肩的高度，召唤芸芸众生：听从我的统治吧，我就是佛，我会广种福田，带你们走向无边的福乐……

——好一个拓跋鲜卑！你让我们鲜明生动地想像出，一个野性飞扬、勇猛强悍、"投鞭足以断流"的马背上的民族，是怎样地以一派"金戈铁马，气吞万里如虎"之势，一路狂飙突进，所向披靡，"扫统万，平秦陇，翦辽海，荡河源，南夷荷担，北蠕削迹，廓定四表，混一戎华"。

半壁山河的辽阔北方平定统一并迁都平城（今山西大同）之后，鲜卑这个民族依然雄心勃勃，神勇不减，一股锐气续写着胜利和非凡的人生诗篇。

他们朴素地懂得生于忧患，死于安乐，逆风飞翔，不进则退的真理，须臾不敢有丝毫松懈和滞停，并以开放的胸怀，择善从流，汲取其他民族的先进成分，弥补自身某些先天不足，使拓跋氏人格和民族形象赢得重塑和优化。由是，中华文明的曙光，照亮了北魏王朝的理想和憧憬。他们大视野、大动作、大手笔地除旧布新，完善国家机器，马蹄声声、车轮滚滚地解放了生产力，提高了鲜卑整体民族素质，思想、政治、文化全方位地像秋天的向日葵日臻成熟。

如此大胸怀、大气魄、大功绩，岂是轻薄易碎的书页纸张能够承担载动的?!

鲜卑人很自然地想到了石头和山——他们生命的摇篮最可信赖的朋友。

鲜卑人具有朴索而强烈的石头情结，刻石纪事，"刊石勒铭"，成为鲜卑人谱写春秋、抒情寄志的主要手段。他们走到哪里，就把自己刻写到哪里的石头，其早期的时光，就是石头的历史、石头的文明，"初，魏之先代，本有凿石为庙之遗风，雕刻技术，夙所擅长，故每帝立，即于近都山岩，为帝后造石窟，镌佛像"。

我们赞赏柯勒律治把哥特式教堂称之为"石化的宗教"，那么云冈石窟便是佛教的石化，石化的佛教。

拓跋鲜卑凿洞琢石的渊源，至少可以追溯到穴居嘎仙洞时期。嘎仙洞是鲜卑文明的一块化石，其洞内"大厅"岩壁同一条水平线上，扣子一般凿着三个小圆孔，是鲜卑人那近乎与生俱来的雕刻技能，一撇一捺地在嘎仙洞崭露出的灿亮萌芽。

晋蒙交界处，有个叫十三边的村庄，村旁长城岭上标点符号一般，散落着一冢冢石堆，村民叫它们"十二寡妇坟"，围绕这些石堆，民间演义了许多个或凄美或壮烈的故事；往西山坳里一个叫高家堡村的黄土圪梁，由东而西、乒乒乓乓地排列着十多个高大石丘。它们类同于外贝加尔至呼伦湖以西一带分布广泛的"方棱四角的石头建筑物"，都是鲜卑人的石头作品，或为石冢，或为石坛，或为石铭。

随着经济、政治、文化事业的壮大隆盛，拓跋氏刻石的规模和力度愈益加大，直至劈山凿石，开窟造像。

一个从大山褓褓里剥离出来的民族，注定一生一世都要与山石生死依恋，共铸荣耀。

《大金西京武州山重修大石窟寺碑》有论："虑不远不足以成大功，功不大不足以传永世。且物之坚者莫如石，石之大者莫如山。（山）上摩高天，下蟠厚地，与天地而同久。是以昔人留心佛法者，往往因山以为室，即石以成像。"

魏都平城以西数十里的武州山，虽名不见经传，亦无巍峨之姿，却水透波明，"林渊锦镜"，冉冉氤氲一脉钟灵之气，袅袅浮动一阙毓秀之韵。那悠然起伏的曲线，把山顶上的天空切割、裁剪出一条禅意婉约的金边。

《辞源》诠释武州山何以称之为"云冈"说，"山势逶迤，若一抹青云"，故而得名。

罗丹对雕刻作过雕刻一样线条简洁的定义：从石材上去掉多余的东西。那么，武州山就是一壁承载历史的天然石材，那些神工艺匠，只不过是秉承天意，顺乎自然，轻松地把一块块赘石裁去，还原历史和艺术一个本来面貌。

或者说，武州山是一个深藏珍宝的石匣子，开凿的意义，简单地只在于拂去时空的尘封，把巨大匣盖轻轻掀起，就一鉴顿开，宝光四射，耀晃得万千工匠一时无法睁开眼睛，只好纷纷以手遮面。

于是，"端州石工巧如神，踏天磨刀割紫云"，山下数十里的武州河畔就爆发成一片欢腾的海洋，不论烈日烘烤如麦芒刺扎的白昼，不论七颗北斗星像古莲一样绽放的长夜，就熊熊不灭地震响起了丁丁当当的金玉之声……

于是，大佛的一颦一笑、莲花的一舒一展、飞天的一屈一伸、琵琶的一弹一拨，就在凿凿琢琢、平平仄仄的节奏和韵律中，深入浅出地清晰起来，明亮起来，生动起来。或"石含玉润，鉴照映彻"。或"鳞甲飞动，每天欲雨"。或"天衣飞扬，满壁风动"。或"娟蝉春媚，云雾轻笼"。"凿石开山，因岩结构"的武州山灵岩石窟寺，"山堂水殿，烟寺相望"，东西绵延数十里，俨然一座佛国梵城。

云冈第2窟又名"石鼓寒泉"洞，"寒泉"即《大金西京武州山重修大石窟寺碑》里所称"醴泉"，"寒泉灵境"曾灿为云中八景之一。寒泉洞外壁明窗西，镌有"云深处"三字；其上是一方石室，门楣有题额"碧霞洞"。至今，寒泉洞内犹见水滴渗落。相传，当年开凿云冈的斧斤移至此处时，一石匠发现这里的石头微微泛潮，阳光晃动，似有紫烟氤然，暗自说了一个字：奇！开着凿着，该石匠就觉了脖子上似有一只凉虫子爬过，伸手一抓，一滴清水，遂抬头一瞧，窟顶一串水珠就像一排好看的女人牙齿，镶着迷人的微笑。石匠踮起脚，用舌尖一舔，甜！容不得思索，顺势凿来，遂成一泉眼，随着"噗"地一声欢笑，吐出一串碎玉般的泉水，泉水落在洞里的石头上，响成一首清脆悦耳的曲调。石匠灵机一动，遂将脚下的石头凿空削圆，使之形状如鼓，而泉水就如一支银槌敲打木鱼，不舍昼夜，响彻四季，寒而不冰，经声佛韵……工匠凿石常被溅起的石屑石粉伤及眼睛，而以此寒泉洗目，即痊愈清亮起来。明代有诗人咏唱"石鼓寒泉"："一脉元从石罅来，湛于秋镜绿于苔。羌胡不解煎茶法，下马争分涤酒杯"；"乾坤灵异信非常，石窦流泉水自香。尽日澄天涵素影，终宵漾月吐寒光"。

当然，开凿云冈的意义不全部在于表达和发抒北魏王朝意志，它还与一宗"灭佛"事件、一场"兴佛"风潮密切关联。

佛教源于印度。流经西域。漫播华夏。

东汉楚王刘英最早奉佛，"诵黄老之微言，尚浮屠之仁祠，洁斋三月，与神为誓"，对后世帝王产了楷模的影响、典范的作用。

北魏开崇佛风气者，当首推道武帝拓跋珪。他从小"喜好黄老，颇览佛经"，夺得今山西、河北地区，并适时迁都平城之后，就下诏崇佛。

拓跋珪的孙子太武帝拓跋焘，起初，与先人保持一致，筑塔建寺，诵经立像，兴办寺院经济，倡导"游佛散花"民间节庆。后来察觉佛教分散、转移了一些臣民对他的崇拜和敬仰，而且"寺院经济"，严重蛀蚀、削弱着国家的经济命脉，就开始坐卧不安起来。他曾对左右说："财者，军国之本。"

太平真君七年，为镇压"盖吴起义"，拓跋焘御驾西征，途经长安一座寺院，触目惊心地发现暗藏的弓箭矛盾等武器、聚敛的财物和淫乱窟室。拓跋焘几乎是本能地意识到，鲜卑人茹毛饮血、筚路蓝缕打拼得来的胜利果实，正遭遇巢覆卵尽的险情。

拓跋焘不愧是从刀丛剑林中突围冲杀出来的王者，他目光如鹰，断若迅雷，剑锋直指佛教，一切做得干净利落。在一片灭佛的黑色恐怖中，国中多少塔寺纷纷坍塌，佛像经卷焚烧一炬，"莫不毕毁矣"。

太武帝拓跋焘遂以"三武一宗"灭佛的"第一武"，成为中国佛教史上向佛教发难的始作俑者，并开了权、佛之争中以权灭佛的先例。

　　佛家不幸道家幸。太武帝灭佛兴道，成为道教生涯的一次重大转折，从此中国道教由微而盛，由弱而强，旗鼓相当地与儒、释抗衡，终成三教鼎足之势。

　　"万物皆有两端，当心错的那一端"。"灭佛"是一柄双刃剑，灭佛风暴卷过，朝野上下淡"佛"色变，噤若寒蝉，生龙活虎的北魏王朝被一片铅灰色的沉闷和寂寥所笼罩，这不符合鲜卑人的性格，不利于鲜卑大业向前推进。加之，灭佛之后的数年，北魏陷入多事之秋：三朝重臣崔浩被诛，太子拓跋晃不白之死，太武帝拓跋焘无端变疯……人们议论纷纷，疑是灭佛招致的报应。北魏王族深受刺激，不寒而栗。于是，七年后出现强劲反弹，一经即位的文成帝拓跋濬，第一件大事就是矫枉过正地来一个大肆复法兴佛，且一呼百应，势如春潮带雨，迅捷营造出"天下承风，朝不及夕，往时所毁图寺，仍还修矣，佛像经论，皆复得显"的盛况。

　　文成帝此番"兴佛"，用心十分良苦。他"明修栈道，暗渡陈仓"，责令实施者按照皇帝形象在云冈凿窟造像，实质上"兴佛"即是"兴帝"。这样一来，就极为巧妙地消弭了佛与帝的对立，成功化解了二者之间的芥蒂。那尊"兴安石像"，甚至将文成帝拓跋濬脸部和脚上数枚黑痣，按比例再现出来。后沙门统昙曜主持在武州山云冈"开窟五所"（即今第16、17、18、19、20窟）时，就秉承文成帝旨意，对应拓跋鲜卑五个帝王——道武帝拓跋珪、明元帝拓跋嗣、太武帝拓跋焘、景穆帝拓跋晃、文成帝拓跋濬，逐一而雕造了五座主像。

　　没有过人胆略的皇帝是平庸的，杰出君主的思维总是超常的。文成帝"帝佛合一"的理念，接轨于华夏"天人合一"、"天人感应"的传统思维，却更为响亮，更为旗帜鲜明。他在武州山为五个帝王开窟造像，把"天人合一"的思想推向了极致，也使天子之威飙升到登峰造极、无以复加的高度。

　　在权与佛的平衡上，文成帝显然高了祖父太武帝拓跋焘一招。疏导胜于防堵，治水之理同于安邦之道。

　　文成帝在复法诏令中说："释迦如来功济大千，惠流尘境……助王政之禁律，益仁智之善性。……亦我国家常所尊事矣。"随之，一幅在武州山云冈开窟雕造帝佛合一石像，弘扬拓跋北魏宏图大愿的雄伟画卷，在胸中铺展开来。

　　任何一种伟大的思想和行动，都不可能超越历史提供的给予和制约。

　　拓跋氏经过一代代艰难困苦的征战，终于"玉汝于成"至文成帝的文治时期。"天涯静处无征战，兵气销为日月光"。大规模争战的阴云消散，重还人间一片澄莹蔚蓝的天空。天时地利人和，龙腾虎跃鹏举；财力物力跃跃欲试，工具技术已达火候。文成帝的"昙曜五窟"呼之欲出，应运而生。

　　宿白先生对此所作的概述，无疑具有考古学的说服力："这座近百年的北魏都城——平城及其附近，自道武帝以来，不仅是北中国的政治中心，而且也形成了北中国的文化中心。加上这里集聚的大量劳动人手和从北中国征调来的巨大财富，平城内外筑造了一批批规模宏伟的建置，就不是偶然的事了。……平城既具备充足的人力、物力和包括工巧在内的各种人才；又具有雄厚的佛事基础，包括建寺造像的丰富经验；还和早已流行佛教的西域诸国往还密切，包括佛像画迹的传来。在这种情况下，北魏皇室以其新兴民族的魄力，融合东西各方面的技艺，创造出新的石窟模式，应是理所当然的事。"

文成帝遂与一向奉佛，且佛性甚高、慧根笃深的皇后冯氏，缜密策划、精心设计了三步走的方略。

第一步，为文成帝造石像。兴安之春，文成帝自作"模特"，令时为道人统的师贤率众雕造石像，并对师贤面授机宜，密约在先。于是就有了当"石像既成，颜上足下，各有黑石，冥同帝体上下黑子，论者以为纯诚所感"那引人入胜的一幕。

这一着果然收到先声夺人之效，把国人的思想统一共识到为帝造像实乃秉承天意之策之举上来。

第二步，为五帝铸金像。"兴光元年秋，敕有司于五级大寺内，为太祖以下五帝，铸释迦立像五，各长一丈六尺，都用赤金二十五万斤"。

第三步，开凿"昙曜五窟"。太安初年，有狮子国（今斯里兰卡）的 5 名和尚，携带从西域诸国摹写的三幅佛像，来到北魏京都平城。这三幅佛像"影迹肉髻"，"薄衣透体"，极具油画的强烈效果，"去十余步，视之炳然，转近转微"，妙合唐诗"草色遥看近却无"的灵境，是犍陀罗和秣菟罗艺术的实物再现，为昙曜五窟的劈山开斧提供了"粉本"的准备。

昙曜系西域高僧，文成帝复法兴佛，欲召见昙曜，但他并未急于入朝拜见文成帝，而是径直来到心目中的灵岩圣地武州山。他仰望山顶那片金光闪闪的落霞，望成一件披在武州山身上的辉煌袈裟。昙曜烛然如见印度的灵鹫山、敦煌的三危山，还有师傅师贤。并透过太武灭佛的血案，冷静深刻地悟出一条道理：佛要生存兴盛，只能与皇权相生，而不可相克，否则，皮之不存，毛将焉附。昙曜顿觉心牖洞开，眼前雪亮，一片佛光梵影如千朵万朵莲花在身边绽放簇拥，他便双手合十，默默誓发宏愿："于京城西武州塞，凿山石壁，开窟五所，镌建佛像各一。"

"独照之匠，窥意象而运斤"。意象比物象更奇妙，虽然意象必须通过物象来显现。参与设计、主刀雕凿昙曜五窟的神工艺匠，惨淡经营，成竹在胸。他们十分清楚，斧器凿具之下行将诞生的石像，不能照抄照搬狮子国和尚展示的佛画，而必须展现拓跋皇帝之躯、之貌、之神、之态。要想画出一棵树，你必须多少地先成为一棵树，这是画家们都知道的一条美术定律。他们对五个帝王分别做了悉心研摩把握，并将自己的情感想像，像熔化的蜡一样倾注于其中。因为帝王首先是人，在这一基点上，人所具有的我都具有。由此出发，雕凿起来，匠心独运，若有神助。

　　"意象欲出，造化已奇"。"象"是汉字直至汉文化的一韵精髓。变人之"象"为物之"象"，观物之"象"而见人之"象"，这就是雕佛造像如我帝身"云冈魂"的艺术创造过程和审美提示。观念消失了，化作了线条；思想不见了，变成了艺术。崇高、雄浑、庄严的云冈美中，充溢着蓊蔚洇润的亲和力与人情味。我曾在《谁能读出大佛眼睛后面思绪的火焰》一诗中想像：

　　　文成帝拓跋濬　御旨／雕石造佛　如我帝身／摄行坚贞　风鉴闲约的／昙曜　会心而笑／两人的手紧紧握在一起　握成／帝与佛的完美璧合　握成／光天华地的昙曜五窟　握成／辉煌千年的云冈　握成／灌注云冈不朽生命的云冈魂／云。冈。魂。

　　　　　　（摘自《雕刻在石头上的王朝》，中华书局，2004 年 8 月）

云冈百年论文选集

（二）

云冈石窟文物研究所　编

文物出版社

编 者 说 明

云冈石窟自北魏开创以来，历代史家、学僧、文人多有著述。20世纪初，日本学者伊东忠太和法国汉学家沙畹即发表文章及图片予以介绍。此后，日本学者喜荣仁、关野贞、水野清一、长广敏雄，国内学者陈垣、周一良、梁思成、宿白、阎文儒等先生，先后来云冈进行调查研究，钩沉辑佚，孜孜求索，成就卓越。而今，云冈研究已成为国际学界的一门显学。

将百年来关于云冈研究的重要论著汇辑成册，是云冈石窟文物研究所长久以来的心愿。2005年，适逢云冈石窟文物研究所建所50周年，我们将20世纪以来颇具影响的云冈研究论著辑为《云冈百年论文选集》，以展示近一个世纪以来云冈石窟科学保护与研究的概况，亦感念曾经为云冈研究作出卓越贡献的中外学人。

为尊重原著者，我们尽最大努力与作者或其家属进行了联系，以祈准允收录其作品。但限于诸多因素，仍有未能取得联系者，谨此致歉并向所有作者表示感谢。

《云冈百年论文选集》拟分一、二卷先行出版，第一卷主要选录云冈石窟研究论著，第二卷主要选录云冈石窟科学保护方面和本所有代表性的文章。我们相信，随着文物事业的蓬勃发展，云冈石窟的保护与研究必将取得新的成果，这也为我们续编本书奠定了基础。

在编排过程中，为统一体例，我们将注文排到了页下，将插图排到了篇后。因时间仓促，水平有限，错漏之处在所难免，敬希读者指正。

2005 年 6 月

目　录

山西大同云冈石窟的修护规划

杨 烈

一 石窟现状

云冈石窟开创于北魏和平年间（460～465），到太和十七年（493）止，前后30年中共开凿大小窟龛120个以上。

石窟群位于武州河（即十里河）北岸，距河面约20米高的岩壁上。河水由西北向东至武州山崖西端急拐向南，然后续向东流。石窟依自然地势可分成东、中、西三区。

云冈地区距海岸线500多公里，接近于西北地区的气候。昼夜气温起伏明显，早晚低午间高，尤其夏季更为悬殊，中午温度高达30℃～40℃，而夜晚则低到12℃～18℃。全年中以七、八月降雨较多，蒸发量大于降雨量3～4倍，气候干燥。春秋季最大风速达五级。冬季冻结深度为1.5米以上，时间达四个月之久。

这里的地层为侏罗纪，岩石为灰黄色的中粗粒砂岩和暗紫红色的砂质页岩。东部（1～13窟）洞窟所在以砂岩为主，而西部（14～21窟）洞窟所在为砂岩与二至三层的暗紫红色砂质页岩成互层状。绝大部分的石刻造像都雕在砂岩上。此地砂岩成分以石英、长石为主，夹杂部分黑色矿物（如角闪石及黑云母等），易风化且多成小洞。风化层的厚度一般在0.5～1米左右，多数有价值的石刻，均雕在风化外壳上，给保护工作造成了很大的困难。

云冈石窟在上述气候、地质条件下，经过了一千五百年，残损情况比较严重。其中尤以崩塌裂隙，风化剥蚀最为厉害。潮湿和渗漏现象也较多，潮湿的部位大部在接近地面和靠后的窟壁上。如1～3窟的后壁；5、6窟的后半部；9、10窟的后半部；14～19窟的后壁及侧壁等。部分洞窟在不降雨时为一般润湿，雨时局部滴水，而雨后二、三天便形成流水状态。19窟的流水时间最长（约一个月以上），并且来得突然。1958年19窟突然漏水，其他潮湿或漏水的洞窟，也较往年加剧，而且范围扩展了。这和1958年雨量集中及 1957 年普遍在崖上挖成了密集的水平线鱼鳞坑有着密切的关系。

洞窟风化剥蚀，一般以东北二壁及后甬路最严重。有的洞窟因前壁崩毁，受害更大。例如 2 窟后壁已剥蚀的深度达 1.7 米，上部壁面已呈悬空状态。从整个情况来看，凡窟内 2 米以下的壁面均风化剥蚀，上部壁面则较轻。

崩塌和悬石大部分发生在窟口、明窗口、窟顶以及外壁面上。其中以 1、2 窟，中部五华洞，昙曜五窟及西部诸小窟龛为最厉害。

横贯数洞的裂缝和局部裂缝每区都有，裂缝最宽达 5～10 厘米，一般均在 3 厘米左右。有的是原生性的，有的是由原生性裂缝扩展成的。此外整个窟前壁面，因被雨水冲刷浸害，也经常脱落大批石块。

二　修理要点

如上所述，损坏情况是普遍存在的问题，因此所采取的保护措施，应该是在全面安排之下逐步解决，要照顾到经济和技术条件，同时，要在治本的原则下来考虑外观的效果。由于有关云冈石窟的历史资料，特别是有关原状方面的资料很少，并且科学研究工作还做得不够，对于全面复原尚不具备条件，故本规划是以临时性保固修缮为原则。在不妨碍原状或不影响将来复原的情形下，对园林化及防渗排水等项工作也不妨多做些长远的打算。

如何把造成洞窟本身及其雕刻品残破的根本原因加以防止或杜绝，如何把已经残毁的部分加工处理使其不致再行扩展，及如何便利于观众是我们首先考虑到的问题（当然还要考虑到我们现有的技术水平）。首先为排除雨水，须将崖顶稍加修整，重新铺筑一层特制的轻薄防水层，然后加以绿化。在西部崖顶就"玉皇阁"址新建亭台一座，以便游人登高观望和欣赏。在绿化后，崖顶将有数十条排水沟渠，按固定位置将雨水排至崖下。

其次将所有剥蚀或崩塌的壁根，重新补砌整齐，以防止上部崖壁继续崩塌。同时外壁面及窟内雕刻等，因缺少封护而造成了大片的剥落、松散，因此拟以现存崖壁上的栿口位置为依据，将洞窟所在的崖面划分为数个区域，以每一区域成一整体，加筑护壁和撑墙。这样不仅可以使全部洞窟的外观完整，更主要的是可杜绝自然气候的侵害。在处理上述问题时，为了能让观众全面了解石窟的面貌，拟在中部和西部洞窟的明窗位置上，筑起二层通廊，以便观览明窗上的雕刻。对于崩裂悬石的处理，则采取摘除和加固并举的原则。

为了进一步免于风沙的磨损，除就崖壁本身加强封护外，也应该尽可能地改变石窟区域内的风向、风速以及沙土飞扬等的气候条件，因此有必要在石窟区的外围线上

（相当于保护区的外线），培植小型防风林带，在防风林带的里面布置成幽静优美的绿化区域。那么将来全部石窟的总平面，将成为以防风林带为外缘的狭长形，其出入口可布置在两端，现存石窟寺亦可改成东西向的出入口，办公室、接待室、宿舍等设在西南角的防水林空地中，这里引水方便，环境安静，又接近绿化区。在工作、生活等的安排上均较方便。

窟前至防风林之间的绿化区，将有亭榭、鱼池分布在花草丛生的大花园中，游览者在参观洞窟后，可以在园内休息。

从整体来看，修缮后的云冈石窟，将有一个优美的环境，原有的"石佛古寺"及"云冈别墅"两组建筑物仍保持原状不作任何改动，不过此处空房较集中，可以开辟数个展览室，以展出各地石窟资料，并适当配合展出云冈地区的地上地下文物，也可辟出一定范围，作为文物政策法令宣传室。

关于增添崖壁撑墙和护壁等的立面外观，考虑到现阶段尚不能做复原工作，故所采取的措施（特别是立面处理措施）带有很大程度的临时性。所以除了下部新加的结构体外，上层就一律做成简单的走廊，上用平顶或一面坡屋顶。

三 具体方案

根据上述要点，就现有资料提出两个方案，分述于后。

第一方案

（一）崖上防渗及排水工程：

为了做到既防渗又绿化，首先将崖顶以东西小谷为界划分三区，把土堡后墙以前的水平线、鱼鳞坑填平，将现有自然地势稍加平整后，做出不小于15°的排水面。在各个排水面中，以距崖前缘约5米一线和土堡前墙、左右翼墙的内外为准，挖筑数条平面为放射状的排水沟渠。东部以3窟，1、2窟顶部中央为中心，亦挖筑成放射状平面的排水沟。各区都设有总排水出口，使水排泄至崖下。各个排水沟渠之间的排水面，由土堡前墙起至前崖缘止，全部先铺设10厘米厚的沥青，再铺30~40厘米厚的黄土层，然后种植草皮及小灌木树丛，西部崖上适当布置小路交错成网状。

（二）窟前排水工程：

于3窟东20米处、东小谷、10与11窟之间、西小谷、西部诸小窟龛之间（相当于崖上土堡右翼墙的前端）和21窟西20米处，分别用块石水泥筑砌成明沟，为崖上各排水沟的总排出孔道。另外于窟前砖地面的边沿筑成深宽各50~80厘米块石水泥的暗渠一道。贯通东西两条较大的主干暗沟，把石窟区域内的雨水，全部排入十里河内。在铺设窟前通道砖路面时，做出不小于5°的散水坡面，以保证雨水不倒流或渗入护壁壁根。

关于窟内的防潮工程，5、6、9、10四窟的后部地面长年潮湿，这主要是由于崖顶渗漏所造成的，因此，在处理崖上排水之后，即可基本解决。但是像2窟的天然山泉，拟以水泥筑成暗沟导向窟外并加以利用。

（三）崖壁及窟壁残缺部分的修补工程：

19窟以西至21窟的崖壁壁根，剥毁崩塌高约20～100厘米，深约50～150厘米，上部崖壁已呈悬空状态，拟将残破处清理干净（尽可能的见原岩），以毛石补砌平整。其他区域或窟内类似情况，亦采取同样措施。

西部诸小窟龛的下方崩塌部分，断壁尚乱堆于崖前，准备尽可能的归安加固，恢复其旧貌。已残缺者依类似小龛，补做承重墙，在不影响原有龛制的原则下，并多龛为一个或数个龛口，如此将易于封护。

关于危险悬石的处理办法是：对无雕刻而又便于摘除者尽量摘除；有雕刻者尽可能加固，如果实在不易加固而又有很大危险者就坚决摘除。例如1窟、11窟明窗上口的悬石加以摘除，9、10、12、19窟的悬石则设法加固。加固的办法是：（1）以附加钢筋混凝土结构承托并隐蔽在块石砌体之内；（2）灌注水泥浆粘结。

对裂缝准备采用压力灌浆法加以填充。

此外，20窟大露佛窟室的前半部已崩毁，以钢筋混凝土结构做骨架包装块石砌体，仿19窟的形制，将其复原。为了照顾到"大露佛"的露天意味，不妨将窟门加大、加高，或者敞着前部加深窟檐。总之是将露佛半封护，并以不影响观览为原则。

14窟的形制参照12窟修补复原。

（四）雕刻品的修整及防止风化措施：

如前所述，由于风化使雕刻品受到的损失最为严重。造成风化的主要原因，还不完全是由于潮湿，实际上大部分干燥的洞窟，风化的同样厉害。以5、6两窟同昙曜五窟比较，前两窟封护的好而通风较差，但保存较完整；昙曜五窟前壁的明窗及窟门完全空敞，窟内的干燥度比5、6窟高得多，可是风化的最严重。所以我认为封护不良，而受到风沙冲刷，是带有根本性的，也是直接的原因（当然，潮湿也是促使风化的原因之一）。封护的办法是一方面将整个群窟的外部施加必要的措施（下节详述），另一方面是于雕刻品表层，用化学药剂处理，以加固风化层。再以使雕刻品表面形成光滑面的办法，以减低风沙吹拂的阻力，使雕刻品免受直接损害。同时，在封护后的窗口、明窗等处施以必需的通风措施，以保证窟内必要的干燥度。

在普遍进行上述措施之前，应将较大雕像的局部残缺部分，用同样砂岩石块以镶嵌雕做的办法，仿旧修复。若无法仿旧而剥蚀风化较甚者（如已全部失去原貌）可就现状直接涂药。除5、6两窟的本尊大佛外，其他由后人补泥重妆而现在又残破严重者，宜将后补部分全部揭除，加以适当修整再施防风化的措施。凡因帝国主义及奸商盗劫而损害者，不做任何修补或复原，以证明帝国主义的罪恶。

（五）群窟外部的封护工程：

为了进一步防护前崖壁面的掏空部分，不再受风雨冲刷，将整个石窟群划分为三大部分和八个区域（即：1、2；3、4；5～8；9、10；11～13；14～20；西部诸小窟龛；21 窟等各为一区），以现存枕口为准，加筑护壁和撑墙，全部以砂岩块石及水泥（或白灰）砂浆垒砌。

3 窟应为东部的中心区，为了把前室、外部的北魏二塔以及明窗口等处封护好，并宜使外观成为单檐二层楼阁式建筑。4 窟仅复原窟口、修补残缺壁面；1 及 2 窟覆盖于同一屋檐之下。

5、6、7 窟保持现状不动，而将 8 窟仿 7 窟加做重檐三层歇山顶楼阁，使外观取得一致。

将 9、10 两窟前廊柱往外加厚 2 米，上部加做筒板瓦屋盖，与断崖相接。11～13（包括 13 窟右侧无名洞在内）窟做成二层单檐窟廊形式，亦采用坡石筑砌护壁。在腰层辟出木制通廊以便游人参观。此段崖面上的小龛，亦均在砌筑护壁的同时加以修整。

昙曜五窟一区（包括 14 及 15 窟）以 19 窟为中心，遍做封壁和撑墙，使外观一致。把 19 窟做成迎山形式的立面，亦于明窗下口一线，筑成木制过廊，其上下扶梯设在 19 窟左胁洞下方。为了使这一区的规模和形式，都较他区稍有突出之点，因此把 20 窟以西的部分小洞也包括在内，统一安排，使 19 窟东西两段趋于均衡。其中的 20 窟，采用钢筋砼结构做成与 19 窟相似的穹隆顶，以块石砌体将前半部补筑完整。

21 窟按 1、2 窟的形式封护，为了让窟门外口上方的花纹露出，宜将新添的窟门加至适当高度。对于 21 窟与 20 窟之间的小窟龛，应将留存于崖前的断壁尽量归安并用铁活加固，失存者仿类似形制以块石垒筑成窟。

（六）附属建筑及环境的整理美化：

附属建筑应包括办公楼（附设接待室）、宿舍、观众食堂及宿舍等，共计为 1500 平方米。

关于整理环境和美化工程，在中部及西部沿窟前 10 至 20 米一线上，先将五华洞前地面铲平，使 9、10 窟廊柱根部雕刻露出，依各区的自然地势，铺墁预制水泥方砖路面。另于距崖壁 80 米以外的位置，自西北端起，培植宽 50 米以上的防风林带，围绕窟前。

此外，凡窟内地面不甚平整而尚未铺墁方砖的，铺以方砖地面，现仍完整者不另行铺墁。

现在的公路有碍石窟园林的发展，并影响参观的安全，拟将直通石窟寺前并穿过云冈村内的一段公路，由 1 窟东前方 100 米起，向南改线沿武州河北岸绕过石窟区域。

石窟群的外围建虎皮墙一周，以便管理。总出入口宜建在西端，以宽 5 米的水泥路面直通园内中部，另于东部 1 窟前方设便门一处。西南方办公楼正面虽设门，但并非一般参观者的出入口，因此，参观路线将是由西至东，沿整个防风林带的方向。

为了进一步将云冈石窟的所有洞窟，加以清理，应该把东谷龙王庙沟西崖下端，进行彻底的清理和发掘，并将清理后的地面，以方砖铺墁。为了便于群众参观，应把现在通往崖上的大车路，完全铺筑成条石路面，并筑成石级蹬道通到西崖。另外将龙王沟沟底以片石铺成渠道，以便山水下泄。

第二方案

此方案与第一方案不同点如下：

（一）崖顶排水工程：将现有崖顶稍加平整后，采取第一方案同一措施加做防渗层和排水沟，但不做美化工程，以减低造价。

（二）全部窟群外崖面封护工程，除第 3 窟与第一方案相同，19 窟为了把两胁洞与主洞连成一体，做成单檐二层的楼阁式建筑东西相连外，其余各窟全部以砂岩块石用白灰砂浆砌护成壁，各窟间的撑墙仅筑至明窗下皮，其上以木扶栏相护成为栈道的形式。表面层以 100 比 10 比 5 的砂岩白灰水泥砂浆罩面，为了使新筑墙壁与原壁接近，各部分不做任何加工，顶部亦不加做屋盖。

（三）关于附属建筑的配置，凡有关观众接待等建筑物，完全设在东部 1、2 窟前方 50 米处，而办公楼及宿舍仍在西南部。其总出入口设在东部，参观路线将由第 1 窟开始。美化区内的配置较为简单，仅于西小谷南方和 2、3 窟之间，各建一座长方形的单向游廊，内设长椅茶棹之类。

就以上两个方案来看，第一方案的目的是想使云冈石窟成为石窟群而兼小型公园；第二方案是想把重点放在石窟本身的保护上，为了参观者的方便及改变当地气候，适当加以绿化。从经济角度看，二者的总造价相差约三分之一左右。

（摘自《文物》1959 年第 11 期）

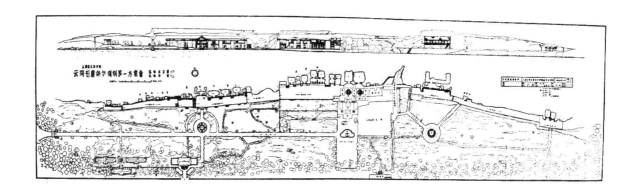

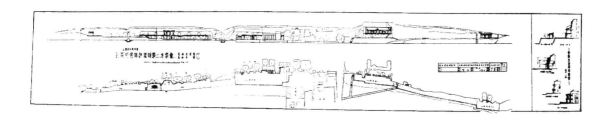

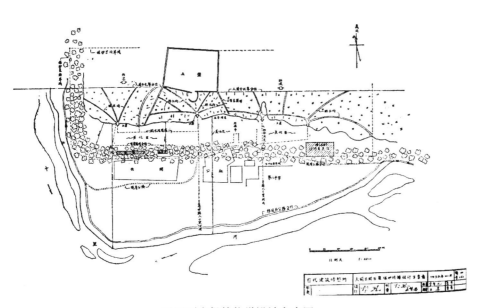

云冈石窟保护修缮设计方案图

大同云冈石窟第一、二窟 实验保护工程简报

杨玉柱

大同云冈石窟第一、二窟（又名石鼓、寒泉二洞）位于云冈石窟群的东尽端，两窟并列，形制相似，为"云冈期"开凿较晚的平顶方室中心塔柱窟。窟内四壁、顶板及塔柱仍保存有北魏雕刻艺术，自开凿以来，历经一千多年的自然破坏，造成壁根蚀空，岩体破碎，崖顶危悬，雕刻剥落，甚至二窟东前壁崩塌无存。由于两窟自成一区，并且残破类型较多，故以此进行修整实验，从工程、化学两方面加固，试图寻找一套石窟修整的方法。

自 1960 年 7 月，古代建筑修整所和文物博物馆研究所对该窟进行勘查、测绘工作，经过多次的研讨，于 1962 年 4 月确定了修整方案，6 月完成技术设计。1963 年 7 月正式施工，至 10 月底完成主体工程，又于 1964 年 6 月间进行罩面仿旧及环境修整等工作。

本项实验工程从勘查设计到施工告竣，前后历经三年多的时间，除古建所、文博所配合云冈文物管理所进行工作以外，还邀请了有关学院和工程、科学研究单位大力协助完成。

一 设计原则

在尽可能保持原貌的原则下进行设计。把保固性的新加结构物尽量隐蔽起来，避免突出。为了达到与原来岩石相协调的效果，除去在新加结构的轮廓上尽量求其自然外，在罩面工序上仿岩石旧色和其自然形状，与旧壁协调，也是修整石窟工作中很重要的一项。所有新加构件和施工中各项工序，均不得妨碍和损坏雕刻艺术品。

二 工程项目

1. 前立壁支护：壁根范围筑钢筋混凝土挡墙基础，加固根部和防止前壁继续向前下方滑动；壁身立钢筋混凝土框架支顶上部悬石，减轻旧壁荷载；浆砌料石复原东前壁（图1、2、3）。

2. 间墙加固：两窟间墙，由于长期受地下水的浸蚀及重力的影响，造成壁根风化破碎，上部壁体向前下方错动。壁根两侧采用了钢筋混凝土加固，保证间墙基础的稳定（图4、5、6）。

3. 一窟塔柱加固：塔柱后半部崩塌无存，残存柱体的下部支离破碎，中部被裂隙切割，严重危害其稳定性。故采用高分子材料进行了灌浆固结实验。

4. 二窟内寒泉处理：该窟后壁原有泉眼一处，通过地下排水疏流窟外。因原水位高，而又排水不利，造成窟内长年潮湿，使雕刻品逐渐风化脱落。工程方面采取了从原地下降水位，加深引沟及防渗措施。

5. 雕刻品的封护加固：一、二窟的四壁浮雕，均已风化，严重者酥粉或起壳。对于部分雕刻品以高分子材料进行了封护加固实验，防止继续风化脱落。

6. 罩面处理：凡新加构件和补砌旧壁以后的露明处，均用石灰、白水泥和一般颜料配成旧色罩面，求得与原壁相近。

7. 附属工程：二窟塔柱基座、壁根蚀空等处，砌石加固；窟内岸边裂隙，在基础前后方向用通长"锚定拉杆"嵌入基岩以下，将前后岩体牵拉牢固；窟内外地面及环境加以修整（图7、8、9）。

三 效 果

施工后经过比较，其处理效果基本达到了要求。从土木工程上解决了石窟本身的稳定性；从结构上与旧壁没有明显的不同，保证了石窟原貌；罩面后的效果基本做到了与旧岩石相似。当然，工程本身还存在不少缺点，比如窟内地面过高，石砌大墙比较平整呆板，以及罩面技术方面，均欠细致的研究与试验工作。这些是值得我们今后在修整石窟工作中注意的。

四 几点体会

1. 修整石窟，在科学技术方面，除去土木工程以外，还得配合工程地质、水文地质、化学等方面的技术力量。因而，做我们这一工作必须与有关单位加强联系，大搞协作，才能胜利完成任务。

2. 勘查、设计、施工三者必须密切配合。勘查测绘工作是设计的基础，通过这一工程初步考虑可分三个步骤：初测定方案；精测定设计；施工定大样。根据石窟本身的特点，设计人员必须参加重点施工，一方面可以随时校对设计和修改，另一方面通过现场施工提高设计水平。

3. 保护石窟是一门新工作，过去我们修整文物古建筑，在采用新材料、新技术和调查研究、亲手试验方面做得不够。通过这次工程所采用的"锚定拉杆"、"机械喷浆"以后，更感到这方面的工作对修整文物的重要性。今后我们在这方面要更多地向有关科学技术单位学习请教。

（摘自《文物》1965 年第 5 期）

图1 前壁加固工程（原状）

图2 前壁加固工程（加固后）

图3 前壁加固工程（现状）

图4 间墙加固工程（原状）

图5 间墙加固工程（加固后）

图6 间墙加固工程（现状）

图7 二窟塔柱加固工程（原状）

图8 二窟塔柱加固工程（加固后）

图9 二窟塔柱加固工程（现状）

云冈石窟砂岩石雕的风化问题

黄克忠

在我国绚丽多彩的历史文物中，石质文物众多，尤其是直接雕塑在岩体上的石窟寺艺术，更是艺术宝库中的珍品。但是，这些历史文物，在漫长的岁月中，除受到人为的破坏外，还遭受自然风化营力的侵蚀破坏，不少石窟的石雕已被破坏得面目全非。建国三十多年来，我国的文物保护及科技工作者在防止石窟的崩坍与风化等方面做过较多的工作。然而，还有不少需要深入探索和实践的课题。本文着重对山西大同云冈石窟侏罗系长石石英砂岩石雕的风化原因和变异过程作一探讨，以期得到读者关注和指教。

60 年代初，就有人明确指出，云冈石窟中水与岩石长期而缓慢的相互作用是石窟艺术品遭受风化破坏的主要原因[①]。为了解石雕的风化破坏过程，观察了窟内石雕表面的风化形态，配合试验分析，按成因归纳为如下几种风化类型：

粉状风化 石雕表面产生一层白色粉末状或絮状风化产物（图 1）。经差热分析、X—射线粉晶分析及光谱半定量分析。其成分是：高岭土、水云母类矿物及各种含水化合物（其中以碳酸盐类为主）。在镜下观察，长石大部风化。经氧化物化学分析，SiO_2、Al_2O_3、Fe_2O_3、K_2O 等百分含量均比新鲜岩石大大减少。此类型分布广泛，尤以窟内下部更为严重。

1964 年夏季曾对 5 个洞窟连续 6 天（其中一天雨，二天阴，三天晴）进行观察[②]，发现窟内相对湿度均在 80% 以上，有时达饱和（图 2）。窟内湿度大，温度比室外低，使窟内石雕表面吸附大量水分。由于毛细作用，将窟底部的水分吸附到高 1.5 米的壁面。这些水与空气中的 O_2、CO_2 长期对雕刻品表面进行水合作用，使长石类矿物与胶

---

① 王大纯等：《云冈石窟工程地质问题》，1960 年。

② 赵不亿、林茂炳：《大同云冈石窟风化调查报告》，1964 年。

结物形成各种类型的水化物，致使岩石风化碎裂。此外，还有因温差变化和冻胀作用等引起的物理风化作用。

表1　云冈石窟砂岩及风化产物的主要化学成分的氧化物百分含量

取样地点	3窟东北隅 1号平硐内				9窟诵经道北壁				13窟西侧无名洞北壁				19窟北壁小平硐			1窟南壁 下部	1窟南壁 上部	8窟内	5窟诵经道北壁	7窟西壁	8窟内
样品名称	灰白色粗粒长石石英砂岩				灰黄色中粗粒长石石英砂岩				灰白色中粒长石石英砂岩				灰黄色中粗粒长石石英砂岩			风化长石石英砂岩 粗粒	风化长石石英砂岩 中粒	风化砂岩碎片	页片状风化岩石碎片	页片上的白色絮状物	砂岩风化产物白色粉末
取样深度 cm	0	10	30	100	0	20	40	60	0	20	40	60	0	10	35	表层	表层	表层	表层	表面	表面
SiO_2	72.56	73.42	74.92	75.18	72.64	73.00	73.64	74.66	73.34	73.64	73.58	74.60	64.76	67.18	66.18	69.24	66.62	68.78	51.84	44.72	31.78
Al_2O_3	14.40	13.62	13.15	12.73	14.15	14.30	13.79	12.73	14.44	14.21	14.03	13.12	13.90	14.93	12.82	11.76	12.73	13.02	11.90	9.67	7.31
Fe_2O_3	1.50	1.51	1.06	0.52	1.16	1.34	1.52	1.17	1.29	1.24	1.11	1.10	1.64	2.08	1.54	1.76	3.33	0.71	1.27	1.15	1.34
FeO	0.82	1.36	1.74	2.07	1.55	1.40	1.22	1.04	1.00	0.95	1.00	0.82	1.35	1.11	1.49	1.55	1.69	1.72	2.64	1.09	0.59
MgO	0.76	0.72	0.69	0.72	0.77	0.66	0.86	0.56	0.72	0.67	0.67	0.68	1.92	1.34	1.73	1.09	0.74	3.73	10.35	7.27	10.62
CaO	1.65	1.08	1.08	0.80	1.29	1.12	1.03	1.70	1.18	1.10	1.22	1.37	4.49	2.93	4.74	4.73	3.92	1.07	2.35	1.36	1.48
Na_2O	0.28	0.32	0.26	0.30	0.26	0.32	0.20	0.32	0.32	0.26	0.22	0.22	0.38	0.30	0.26	0.10	0.10	0.36	0.06	0.07	0.22
K_2O	2.96	2.70	2.38	2.76	2.66	2.68	2.78	2.62	2.66	2.42	2.66	2.68	2.62	2.60	2.38	2.30	1.85	2.62	1.77	1.86	1.62
CO_2																			25.62	5.60	
H_2O^+	3.48	3.56	3.16	2.84	3.50	3.60	3.42	3.18	3.70	3.86	3.78	3.60	3.88	4.16	3.36			4.52	7.27	20.76	9.14
H_2O^-	0.16	0.12	0.10	0.02	0.08	0.14	0.24	0.14	0.16	0.16	0.14	0.10	0.10	0.14	0.08			0.38	0.88	4.50	16.24
烧失量	5.62	4.90	4.72	4.76	5.24	5.02	4.80	4.68	5.34	5.32	4.98	5.22	9.44	7.58	9.22			8.36	17.66	33.66	41.00

页片状（皮壳状）风化　石雕表面呈薄片状剥落（图3）。薄片厚度随岩石中矿物颗粒的粗细而不同。粗砂岩形成的薄片厚度在3～4毫米，细砂岩形成的薄片厚度在0.5～1毫米，页片常翘起卷曲，往往有多层重叠。在片与片或片与岩体间常有白色粉末状或雪花糊状物。低倍显微镜下为长柱状、针状结晶。经化学分析，它们为碳酸盐和硫酸盐的水化物[①]。此种风化类型在近窟内或有日照、通风较好的地点更为明显。其成因系多种因素造成，首先由于地下水沿层理、裂隙通道渗透至表层，一旦水分蒸发，可溶性碳酸盐等便从水中析出结晶。在表层长期的积累，逐渐把空隙堵塞，使水另辟通道，沿薄弱面渗出。其次，由于温差大（气温月平均变化幅度可达40℃，日变化可达24℃），而矿物的膨胀系数不同（石英的体积膨胀系数约是长石的一倍），产生不同程

[①]　岳瑾玉、蒋恬：《云冈石窟岩石风化的主要营力》1965年。

度的胀缩应力，便造成平行壁面的开裂。

带状、洞穴状风化　是指与层理大致平行，凹凸相间呈带状的或洞穴状的风化形态。它是与岩性有关的一种差异性风化。由于砂岩的交错层理发育，并含有大小砾石及粉砂岩夹层。砾石风化掉落后形成各种形态的洞穴。具薄夹层或透镜状的紫红、黄绿色粉砂岩，含泥量高，遇水风化成深度为 10～30 厘米的带状（图 4）。如第三窟主室南壁，由于胶结物中泥质与钙质含量不同，受渗水侵蚀后，其风化形态亦不相同，凡有此类风化现象的地方，石雕破坏都很严重。尤其当岩体内有流动的裂隙水和孔隙水时，水渗流出的地方，就是洞穴扩大的位置（图 5）。

板状风化　开挖洞窟造像后，窟内拐角及高大佛像突出的部位，形成大致平行壁面的减荷裂隙，逐渐呈板状剥落（图 6）。板厚一般在 2～4 厘米。在有地下水流长期作用的地点，壁面已剥蚀凹入 1.2～1.7 米。

1959 年至 1966 年，北京地质学院师生与我所协作研究了云冈石雕表面岩石的风化规律，现将有关成果归纳分析如下：

一　岩石化学成分沿垂直方向的变化规律

选择不同的风化类型，由表及里，沿不同深度分段取样，进行了氧化物的化学分析（表 1）。由表中可看出，SiO_2、Al_2O_3、Fe_2O_3、MgO 烧失量及 H_2O 等百分含量较明显地反映出随深度的变化。在此基础上作出 SiO_2/Al_2O_3、Na_2O/Al_2O_3、H_2O 总含量及风化势指标（W. I.）[①] 等沿深度的变化曲线（图 7）。曲线可分为三个类型：

1. 代表由窟顶雨水渗透漏入壁面一定深度，再通过减荷裂隙向外渗透的板状风化（图 3 中 1 线）。

2. 代表由北壁孔隙水渗透出来的洞穴状风化（图 7 中 2 线）。

3. 代表受凝结水、毛细水控制的页片状、粉末状风化（图 7 中 3 线）。

由于不同类型的水对石雕破坏的方式不同，在风化深度上也有差异。从曲线中可看出，愈近表面的岩石，H_2O（总）的百分含量明显增高，CaO、Al_2O_3 则逐渐增高，说明水化作用占主导地位。CaO 增高的原因是后壁地下水不断渗出造成。FeO 被氧化后成 Fe_2O_3。1、2 两种曲线是渐变的，表面风化层深度可划到 10～40 厘米，后一种曲线风化较浅，10 厘米以后，W. I. 马上抬高。H_2O 及 SiO_2/Al_2O_3 亦很快变小。曲线在 10 厘米处有明显突变。说明风化最严重处不在石雕表面。

---

① 　W. I. = $CaO + Na_2O + K_2O + MgO - H_2O/CaO + Na_2O + K_2O + MgO + SiO_2 + Fe_2O_3 + Al_2O_3$

二　物理力学性质的变化

由于岩性不均质，岩石力学性质和物理性质与深度变化的规律不明显。仅裂隙率随深度的加大而减小（表2）。

表2　物理力学性质在石窟垂直与水平深度方向的变化

取样地点	3 窟主室东北隅 1 号平硐							12 窟顶北侧 2 号探井							
岩石名称	粗中粒长石石英砂岩							细砂岩		中砂岩				粗砂岩	
取样深度 m	0.5	1.0	1.5	2.0	2.5	3.0	4.0	2	3	4	5	6	7	8	9
抗压强度 kg/cm² — 天然	465	435	565	420	465	415	460	1049	967	823	874	940	818	572	586
抗压强度 kg/cm² — 饱和	295	285	425	175	285	270	250								
抗拉强度 kg/cm²	70		50	55	50	55	85								
弹性模量 E×10⁵	1.54	1.66	1.68	1.45	1.52	1.54	1.55			3.76	4.44	3.32	1.50		
裂隙率%	3.0	0.7		0.4		0.3	0.3	泊松比		0.14	0.30	0.17	0.19		
说　明	1. 1 号平硐的取样深度指垂直壁面（水平方向）　2. 2 号探井的取样深度从垂直地面的基岩面起算。覆盖层厚度 5~7 米							比重		2.63	2.63	2.63	2.63		
								容量 g/cm³		2.52	2.51	2.44	2.33		
								吸水率%		1.72	1.63	2.95	4.17		

（抗压强度行用 kg/cm^2，E×10⁵ 表示 $E \times 10^5$，吸水率 %）

用物探电法[1]的小四极剖面法和垂向电测深法在风化表层内部岩体测得电阻率，来评价表面风化层的厚度。从表3说明，表层风化厚度为 20~30 厘米，总风化层厚度在 65~130 厘米。它与化学分析资料及平时观察记录大致相符。

表3　用物探电法测试石窟表面风化层厚度（方玉禹，1965）

测试地点	3 窟主室东北隅 1 号平硐内（东、西顶各壁综合值）			17 窟前壁面		38 窟前壁面	
风化分带	表面强风化	次风化	未风化	表面强风化	次风化	表面次风化	未风化
分化层厚度 cm	0—30	30—130		18		20	
视电阻率值 ρΩM	45—125	165	268	50	120	300	500

用散射 γ-射线法测定表层岩石密度（天然容重）和孔隙率（表4），此成果与常规测试方法的结果比较，数值一般偏大，但作为相对指标尚有参考价值。

---

①　方玉禹：《地球物理勘探方法在云冈石窟中的应用》，1965 年。

表4　用散射 γ-射线法测定表层岩石的容量及孔隙率（方玉禹，1965）

窟号	3 窟					9 窟	10 窟			11 窟		12 窟
测点位置	东壁	北壁	西壁	1号平碉	外壁面	前壁立柱	前壁立柱	间墙佛身	后室北壁	外壁东侧	方柱胁侍	外壁东侧
散射强度 I/I%	23.1	36.6	33.4	33.8	27.8	26.4	29.5	26.2	31.8	33.3	26.3	25.0
容重 g/cm³	2.54	2.26	2.36	2.35	2.45	2.46	2.41	2.47	2.39	2.35	2.47	2.46
孔隙率%	12.7	14.5	11.2	11.3	6.53	6.08	8.25	6.25	9.12	10.9	5.86	6.18
窟号	13 窟					14 窟	16 窟			17 窟		38 窟
测点位置	外壁东侧	北壁	立佛脚部	外壁西侧	北壁	外壁面	北壁	立佛下部	外壁面	北壁	立佛脚部	北壁
散射强度 I/I%	31.0	38.0	26.2	26.2	38.0	26.0	40.5	40.5	31.0	41.0	40.5	42.2
容重 g/cm³	2.40	2.30	2.46	2.46	2.30	2.47	2.27	2.27	2.40	2.27	2.27	2.26
孔隙率%	8.94	13.2	6.25	6.25	13.2	5.74	14.3	14.3	8.90	14.4	14.3	14.6
备注	系采用 7204 辐射仪以 C $\frac{1}{S}$ （G. 66Mpv）为辐射源的散射 γ-射线法											

三　风化速度的观察

　　石质文物的风化速度，早已被人们所重视。据报道，印度用花岗岩雕刻的艺术品，经过 100 年风化深度为 1 毫米。我国故宫太和殿前的汉白玉石栏杆至今约有 200～300 年的历史，上面的花纹亦已模糊不清。云冈一些窟内石雕的风化速度也令人担忧。在一些湿度较大通风不好的窟内，或砂岩中胶结构物黏土矿物的含量大的干预湿交替变化频繁的部位，石雕的风化速度就加快。据当地老人们回忆，17 窟内北壁东侧的粉砂岩夹层，仅隔六十多年，在渗水的作用下，已被剥蚀成 2 米深的洞穴。3 窟内开凿的平碉，由于顶部潮湿渗水，仅隔一年，壁面上已布满了风化的白色粉末。为观察岩石风化速度及选择防护层材料、性质、厚度等目的，曾于 1960 年分别在露天壁面与窟内设立两个风化长期观测场，并涂有不同性质、不同厚度的防护材料。但由于种种原因，试验未能继续进行。

　　总之，防止石窟艺术品的风化问题，是一项细致又艰巨的工作，如何将现代科学技术应用到这个领域，需要得到社会上多方面的支持和协作，这样才能将我国珍贵文明遗产完好地留下来。

（摘自《水文地质与工程地质》1984 年）

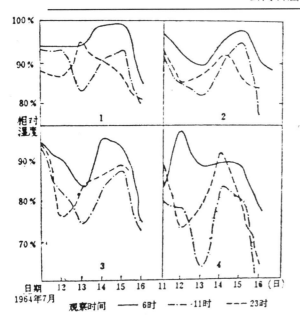

图1 石窟内相对湿度变化曲线（赵不亿 1964）
1，5窟涌经道内南壁；2，9窟涌经道内北壁
3，3窟后室南壁；4，17窟东壁（通风较好）

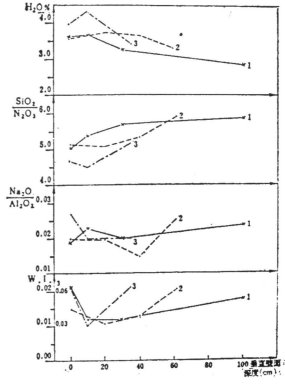

图3 云冈石窟表面岩石化学成分，光化势指标随深度的变化曲线
1，3窟东北角1号平硐；2，9窟涌经道北壁；3，19窟北壁

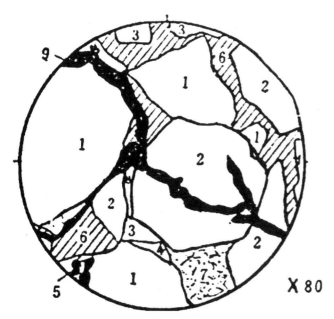

图2 底下水溶蚀造成的微裂隙
1，石英；2，长石3，云母4，绿泥石；5，磁铁矿；
6，钙质胶结物；7，硅质胶结物；
8，泥质胶结物；9，裂隙通道

云冈石窟石雕的风化与保护

黄克忠、解廷凡

前　　言

云冈石窟开凿于公元五世纪的北魏时期，它以工程浩大，佛像气势雄伟而闻名于世，是我国雕刻艺术之瑰宝。窟群位于大同市西十六公里的武周山南麓，窟区东西长一公里，石雕凿在十里河北岸的陡崖上。

在自然界各种营力作用下，石窟的崩塌、风化现象十分严重。促使石雕破坏的主要原因是各种形态的水及盐类侵蚀，多种裂隙切割和冷热骤变的气候。近期发现环境污染对石雕的威胁日益严重。国家曾多次组织专家对云冈的保护工作进行了大量的勘测、研究，并投资进行过三次规模较大的维修和加固工程。通过锚固、化学灌浆、混凝土及岩石补砌、挖沟、疏水、铺设防渗层、平整地面、绿化等措施，以使石窟的稳定性和环境有所改善。但如何延缓石雕的风化损坏，仍是各界人士关心又亟待解决的难题。

本文欲通过对石雕风化的现状与原因分析，提出治理措施的建议。

石雕已遭受严重的风化损坏

云冈的石雕造像，历史上号称大小石佛十万尊，但经过文管所统计仅剩下一半，现有造像51531尊，其中还有1474尊是被盗失佛头的。调查其损坏的状况，最严重的是东、西部洞窟。暴露于窟外壁的雕像与题记几乎已全部消失。如第十六窟至十九窟间外壁面上，原来密布大小千佛造像，现在已无法辨认。窟内各壁近地面约两米的雕刻几乎全遭风化损毁。第十四窟至十九窟的窟顶也已剥蚀得没有一丝雕刻痕迹。第9、10窟前壁有五根石雕列柱经γ-散射及电法仪器测出其强风化层已达20厘米，而列柱的直径仅80～100厘米。现从以下三个方面来定性、定量地说明石雕的风化情况：

一、石雕风化的形态及其成因

1. 粉状风化 在许多石雕表面产生一层白色粉末状或絮状风化产物，它还存在于洞穴、裂隙中，此现象在石窟下部及东部窟群最为突出。凡是粉状物大量出现的地方，石雕风化往往很强烈。粉状物实际上是多种形态的盐类，其形成和分布都与水的活动密切相关。石窟内的渗水、外部的凝结水和底部的毛细水与空气中的 O_2，CO_2，SO_2 等长期对石雕表面长石、胶结物中的钙质、黏土类矿物进行水合溶滤作用，同时水将盐类带到石雕面集聚而形成含水的盐类产物。当这些盐类与风化产物被淋滤掉落后，石窟表面往往只剩下一些石英颗粒，手触即落。

2. 页片状（波壳状）风化 石雕表面成薄片状剥落，薄片厚度随岩石中矿物颗粒的粗细而不同。粗砂岩形成的薄片厚度在 3~4 毫米，细砂岩形成的薄片厚度在 0.5~1 毫米。页片常翘起卷曲，往往有多层重叠，在片与片或片与岩体间常有白色粉末状或雪花糊状物。经微观及化学分析，多为碳酸盐和硫酸盐的水化物。此类型在日照、通风较好的地点更为明显。其成因系多种因素造成。首先，由于地下水沿层理、裂隙通道渗透至表层，一旦水分蒸发，可溶性盐类便从水中析出结晶，在表层长期的聚集，逐渐把孔隙堵塞，使水另辟通道，沿薄弱面渗出；其次，由于当地温差大，矿物的膨胀系数不同（石英的体积膨胀系数约是长石的一倍），产生不同的涨缩应力，便造成平行壁面的开裂。

3. 带状、洞穴状风化 是指与层理大致平行，凹凸相间成带状或洞穴状的风化形态。它是与岩性有关的差异性风化。由于砂岩的交错层理发育，含有大小砾石及泥、粉砂岩夹层，砾石风化掉落后形成大小不等洞穴，其薄夹层或透镜状的粉砂岩，含泥量高，遇水分解成深度为 10~30 厘米的带状。因砂岩胶结物中泥质与钙质含量不同，受水侵蚀后，其风化形态亦不相同。此类风化的石雕破坏都较严重，尤其当内部有流动的裂隙水、孔隙水时，水渗透出露的地点就是洞穴扩大的位置。

4. 板状风化 开挖洞窟造像后，窟内拐角及高大佛像突出的部位，形成大致平行壁面的减荷裂隙，逐渐呈板状剥落。板厚在 2~4 厘米，在有地下水流长期作用的地点，壁面已剥蚀洼入 1.2~1.7 米。

上述的粉状与页片状风化形态，往往不能截然分开，它们普遍存在于石雕上，应是我们治理的重点。

二、盐类聚集于石雕表层造成的危害

在云冈洞窟内各壁，分布着多种形态的盐类，较普遍的是棉絮状，质白而疏松，少数浅黄色，干涸后是黄褐色。有的富集成团，也有连成片状，其次为钟乳状，灰白色，

较坚硬，突出于面的颗粒直径约 1～2 毫米，若连在一起便成泉华状。还有少数成皮壳状的薄膜覆盖于岩石表面，干涸后表面发生龟裂、翘起。

以下通过三种不同环境（包括温度、湿度及岩石的溶滤程度等）的取样分析，来说明盐类的分布规律。

1. 第 3 窟东北隅窟顶漏水处的平碉内分布的盐类有

易溶盐　$NaHCO_3$、$MgSO_4 \cdot 6H_2O$、Na_2SO_4；

中溶盐 $MgCO_3 \cdot 3H_2O$，$MgCO_3 \cdot 5H_2O$，$Mg_5[(OH)(CO_3)_2]_2 \cdot 4H_2O$

难溶盐 $CaCO_3$，$CaO \cdot 2SiO_2 2H_2O$，$Mg_5(OH)_2(Si_4O_{10}) \cdot nH_2O$ 等四种之多。

说明平碉开凿至今仅十多年，大多数盐类尚未被淋滤、溶蚀带走。

2. 窟内潮湿环境下的石雕表面盐类分析　如 3 窟本尊，5 窟诵经道，6 窟北壁，18 窟西佛脚，4 窟东龛顶等处，除难溶盐 $CaCO_3$ 普遍存在外，以中溶盐 $MgSO_4 \cdot 6H_2O$，$MgSO_4 \cdot 3H_2O$，$CaSO_4 \cdot 2H_2O$ 居多数，易溶盐已少见。

3. 窟外壁风化面的分析　如 28～29 窟间壁面，10 窟外西柱处，大多数易、中溶盐已被淋滤掉，仅有 $CaCO_3$，$MgSO_4 \cdot 6H_2O$，$CaSO_4 \cdot 2H_2O$ 等少数难、中溶盐类。

从 2 窟内泉水的化学分析中看出，其水化学类型为 $HCO_3 - Mg$、$Ca - K + Na_2SO_4$，固形物达 397mg/L，十里河水的固形物含量达 433.2mg/L，SO_4，含量为 123.43mg/L，说明水对岩石中盐类的溶滤能力很强烈。

综合归纳多次微观分析风化表面试样的成果，可列出石雕表面的主要盐类矿物有：白云石、方解石（云石）、水炭镁石（三水菱镁矿）、六水泻盐、多水菱镁矿、水菱镁矿、石膏、泻利盐、赤铁盐、矽钙石、无水芒硝、天然碱等十多种。这些盐类在新鲜岩石中约占总量的 10～15%，风化岩表面可达 15～25%，矿物结晶水的含量最高可达 25.38%，镁的碳酸盐含量在砂岩中小于 1%，但表面风化的岩石中取样分析，镁的含量可达 18%。当含结晶水的盐类在干燥环境下失去结晶水（或减少结晶水）时，体积收缩形成粉末。当处于低温或高温时又吸水膨胀。这些含结晶水的盐类富聚于石雕表面的空隙和微裂隙中，因其出口被盐类堵塞，岩石内产生过饱和溶液，结晶时产生压力，加速了矿物颗粒间联结的破坏和裂隙的扩张，便促使石雕表面的剥落。

盐的来源主要是地下水对砂岩的溶滤作用，使岩层中含有 Ca、Mg 碳酸盐的胶结物及黄铁矿结核被水氧化水解。通过云冈砂岩样品以 1:10 水提取液的化学分析结果，其成分与窟区地下水的化学成分一致。说明岩体长期受大气降水的补给和淋溶。因此隔绝水与石雕接触，也是防止石雕面继续聚集盐类的主要措施。

三、风化程度与速度的观测

1. 石雕的风化深度　最初是从地质体的角度来研究风化带，是根据岩体不同深度岩石矿物成分和微观结构的风化程度以及岩石的物理力学性质指标变化，来定性、定量地划分风化带及其厚度。云冈窟区垂直方向的强风化带厚度为2.5米，弱风化带深度为10米（未加覆盖层厚度3.7米），水平方向（垂直石窟壁面）的风化带分为三层：强风化层厚度10～30厘米，弱风化层厚度为65～130厘米。内层为新鲜岩石。它是由垂向电测深（小四级）、岩石化学成分氧化物百分含量及裂隙率统计等综合定量测定的。但是，对于石雕的风化深度概念就不同了。作为艺术品表面几个厘米的深度是十分珍贵的。一旦表层出现1～2厘米的剥落或粉化等现象，艺术品就大为逊色。甚至会失去其文物的价值，所以，为了研究保护石雕表层的风化深度，就需要对它进行矿物、风化变异、物理力学性质等微观的研究。主要是借助偏光显微镜、扫描电子显微镜微测深仪及物质成分分析（包括化学的、物理的）等手段进行风化程度和深度的定量测定。用微测深仪对五处石雕各个部位420个测点进行检测。通过与上述方法结合分析，得出在经常日晒、雨淋的石雕表面，其第一个风化剥蚀深度为0.8～1.2厘米，第二层深度在2.0～2.4厘米。个别可达3.8厘米。窟内的风化深度多数只测出一个层，为0.3～1.2厘米，但不同部位的变化较大，最大深度以1.4厘米至2.4厘米不等。

2. 石雕的风化速度，主要通过三个方面

（1）将1938年至1944年日本人在云冈石窟拍摄的照片与今天的实物比较，从中看出石雕风化损坏的程度是相当惊人的。相隔时间不到50年，从暴露于窟外的第51窟门楣观察，除雕刻的线条已经模糊外，有水活动的部位，洼入深度已达1～2厘米。其周围的浅浮雕亦成粉状物。窟内有水和盐类活动的地方，其危险性在于易大片剥落，如第10窟外室南壁西端的飞天，沿着盐聚集的层面剥落殆尽。这些风化现象在云冈窟区是比较有代表性的较为普遍的，尤其是窟内一些干湿变化大，孔隙度大的石雕，在日夜吸附水气与蒸发的反复作用下，再加盐类的胀缩。其风化速率会越来越快。

（2）设立风化长期观测场，选择石窟顶部暴露于窟外日晒雨淋的罗汉院壁面上，开凿规格为20×20平方厘米的突出试块。两试块间距20厘米。进行表面形态微测深试验（视电阻率的变化）及声波测试（纵、横波速度，动弹模量的变化）等。定期记录其变化速率。目前观察时间有两年，变化不明显。

（3）窟区取样：在室内进行老化试验、冻融试验及安定性试验等，再对其物理力学性质进行前后对比测试。各项测中，以安定性试验的变化量最为明显。说明盐类对石雕的破坏速度是最致命的。

3. 风化程度的观测　首先按不同的风化类型分开进行，然后定出若干观测的项目进行比较。主要从四个方面进行：

（1）表面形态的观察，从石雕的完整程度、破损面积、裂隙分布数量及深度、宽度、表面清晰程度及盐类侵蚀的深度等几方面记录。将风化的程度按四个等级分类统计：完整的，较微风化破损的，严重风化破损的，完全毁坏的。

（2）表面取样分析，从偏光显微镜和扫描电镜内观察其孔隙大小、矿物组成的变异、微裂隙发育程度和盐类充填孔隙的程度等方面进行比较。例如 3 窟东北隅的平碉口，从偏光显微镜中的薄片看到，表面岩石的孔隙已全部被碳酸盐及黏土矿物充填，绢云母覆盖于石英、长石上，有水活动的迹象，矿物破碎，形成许多宽 0.1~0.5 毫米的裂隙和直径 1~3 毫米的空洞。方解石呈细脉状充填其中，深入平碉 50 厘米处的取样薄片中，看到裂隙很发育，但矿物风化程度明显减轻，深入 1 米处的裂隙明显减少，矿物基本未风化。

（3）化学成分随深度的变化规律，观察其风化的深度。说明石雕风化最严重处是在 10 厘米的表面层，表现最明显的是 H_2O 及 SiO_2/Al_2O_3。

（4）用微测深仪测得的视电阻率大小及不同形态的曲线也可定性判断石雕的风化程度。（详见"云冈石窟石雕风化的微测深试验"报告）。

促使石雕风化的主要因素

一、水是促使石雕风化的元凶

水对云冈石窟的危害是普遍而严重的，它与岩体长期而缓慢的相互作用是石雕遭受风化破坏的主要原因，水通过多种途径侵蚀石雕。

云冈窟区的岩体从水文地质结构上看，它是侏罗纪煤系地层中产状基本水平，构造作用不强烈，多裂隙的砂岩含水体，其中夹有透镜状的泥质、粉砂质页岩成为相对隔水层。窟区附近的大气降水是石窟渗水的主要补给源，它主要以包气带水的方式通过裂隙垂直下渗，遇到相对隔水层时，便成为上层滞水，沿水平方向渗入石窟，成为暂时性渗水。在有较远渗透途径，具有储水构造岩体的特殊情况下，如窟区东部岩体内形成局部的风化壳裂隙潜水，并在二窟内以下降泉形式出露。窟前的第四纪冲洪积层孔隙潜水，由于地下水位较低，对窟区不产生危害。现仅对石雕风化有破坏作用的几种形态的水进行阐述。

1. 风化裂隙岩体内的上层滞水　据统计，以往有半数以上的洞窟北壁及窟顶渗水或漏水，窟区附近的雨水通过各种裂隙渗入岩体，当遇到相对隔水的粉砂泥质岩层时，便沿水平层理、裂隙渗透，北壁面便成排泄处。由于裂隙分布不均，使水的出露高度、水量大小有很大差别，一般出现的都是局部少量的渗水，雨季时则可能有微细的水流或滴水，如 16、17 窟。也有从孔隙或微裂隙中渗水成小片潮湿圈。如 6 窟北壁、3 窟本尊，从 3 窟的平硐资料中，可较清楚地了解此种水的活动途径。距洞口 30 厘米时，水是从减荷裂隙（应力松弛区）内渗出，进尺 1.05 米，掌子面上见到沿层理的潮湿带，东北角顶板处出现一潮湿圈，是从树枝状风化裂隙内渗出的。再从 18 窟崖顶的探井资料中见到，深度 11.2 米（基岩下 5.5 米）处，看到沿层面的风化裂隙仍很发育，裂隙宽度在 1~2 毫米，分布密集，贯通性好，延伸远，小于 1 毫米的微裂隙内充满了碳酸盐及铁锈质沉淀物。它充分证明水沿裂隙渗透时，也将盐类带到石雕表层。而且这类水的动态在不断变化迁移。它对石窟的危害最大，也较难治理。

由最近在窟区探测顶部覆盖层的 30 个钻孔资料表明，覆盖层主要是 Q_3（上更新统）地层的轻亚黏土、亚黏土以及 Q_2（中更新统）的亚黏土层组成。窟顶部地形高低不平，覆盖层厚度变化很大（0~8 米）。低洼地较多，给雨水贮存创造条件。其中有三个区域的覆盖层较薄：

（1）明城堡内表层的岩性为轻亚黏土，大部分深度为 0.5~0.8 米，渗透系数 K = 6.17×10^{-4} 厘米/秒。（0.52 米/昼夜）平均含水量为 7.27%。

（2）城堡前部表层的岩性为轻亚黏土，多数深度在 0.5~0.8 米，渗透系数为 K = 4.89×10^{-4} 厘米/秒。

（3）城堡北部表层的岩性为轻亚黏土，平均厚度 0.5~0.9 米，渗透系数 K = 6.12×10^{-4} 厘米/秒。

上述三处表层的岩性都有较大的渗透性，厚度不大，下部普遍为砂砾石层，雨水很容易下渗入岩体或汇集低洼处，再通过各种裂隙渗入窟内。

2. 风化壳裂隙潜水 由于窟区砂岩的风化构造裂隙发育，形成局部的贮水条件。它没有统一的潜水面，水量变化很大，富水程度复杂，遇到岩体裂隙发育且相互沟通的情况下，可以下降泉的方式出露。如第二窟内的泉水。地处小型向斜中心（3 至 4 度倾角）。裂隙发育联通，水源系北部约三公里范围的大气降水补给，泉水流量比较稳定，在 0.02~0.04 公升/秒，终年不断。其流量、矿化度、可溶固体固定残渣的变化与降雨量的关系密切，约滞后一个月。

此种潜水在窟区仅对东部的 1.2 窟产生危害，使窟内的壁面下部全侵蚀成 1~2 厘米的碎块，总剥蚀深度达 1.7 米，并造成南壁位移及窟前部的崩塌。1964 年的加固工程中，在窟内使用下降泉水出露高度，开挖暗沟的办法。水患已得到根治。

3. 潮湿空气进入窟内凝聚壁面的凝结水 热湿空气进入窟内遇到温度较低的岩石便成凝结水。据夏天连续 6 天观测结果，窟内相对温度均在 80% 以上，有时达饱和。比窟外温度高得多，曾做过试验，将塑料薄膜放在窟内壁面收集凝结水，将 1 小时后结聚在薄膜上的水珠称重，按粗略估算，因湿热空气带入窟内的水分，每小时可达 15 公斤。凝结水易被风化疏松的石雕表面吸收。通过窟内表面岩石吸水量试验，得出其吸水率在 1.72 ~ 4.17%。岩石中微量水的 PH 值 = 5 ~ 6，呈酸性，岩石中的长石及钙质胶结物等受化学风化的水合作用，形成多种水化物，矿物吸收水分子，它与晶架联结起来引起矿物体积的膨胀和收缩，加速岩石矿物成分的改变，被吸湿后的石雕不仅强度降低将近一半，且为盐类聚集创造了条件。

4. 因窟内积水引起的毛细水　过去窟内普遍积水，21 个大的洞窟中有 14 个窟内长期积水，有 7 个窟内地面低于窟外，雨水经常倒灌窟内。砂岩较大的孔隙率，使地面的毛细作用将水吸到壁面 2 米的高度，长期干湿交替作用下，使这些部位的石雕全部损毁。经过近 40 年的整治，这种病害已得到控制和改善。

二、不利于石雕保存的气候与地质因素

本区属大陆性季风半干旱气候，气温的月平均变化幅度可达 40℃，日变化可达 24℃，最高气温 37℃，最低气温 - 25℃。年平均降雨量为 423.8 毫米，大部分集中 7、8 月，月平均 100 毫米以上。年平均蒸发量 1745.8 毫米，6 月份最大。主导风向为西北、西，冻结期从 11 月至翌年 3 月，冻结深度可达 1.5 米。日照夏天 9 小时，冬天 6 小时，由于云冈气候温差大，使空气中水气的饱和度发生较大变化，晚上低温，水气饱和度高，水被吸附于石雕内，白天高温，低饱和度，吸附水完全或部分蒸发，这样急剧的干湿交替导致石雕的加速风化。

石窟所在的侏罗纪上部砂岩层中，夹有多层薄层紫色或黄绿色粉砂岩，它们厚度变化大成透镜状，其中含较多的黄铁矿，泥质结核交错层发育，这些都是石雕破损的突破口。

石雕的石质为中粗粒长石石英砂岩，其主要成分为石英（30 ~ 35%），长石（斜长石 30%，钾长石 <5%），云母（3 ~ 5%），胶结物成分为碳酸盐矿物与泥质等，大多易风化蚀变，且矿物间或矿物内的微裂隙十分发育，水能沿裂隙通道活动，造成石雕表面盐类的聚积。其物理性质，力学性质等分别见。表中说明石雕的孔隙率较大，吸水性强，抗风化能力较差。裂隙是造成水进入窟内侵蚀石雕的通道，危害较大的主要有三种，岸边减荷裂隙，它平行崖壁排列，离崖壁 30 米范围是其发育带，愈近崖壁密度越大，间距为 1.5 米、5 米、8 米等。裂隙上宽下窄，平均裂隙宽度 0.5 ~ 2 厘米。第二种是构造裂隙，在窟区共发育四种：NW300 ~ 320、SW240 ~ 270、NE40 ~ 60、NE0 ~ 20，均是高角度，裂隙面平整闭合延伸远，每组裂隙间距小。第三种是风化裂隙，普遍存在于窟顶部 5 ~ 10 米范围内，大多呈树枝状和毛发状。在这三种裂隙互相切割下，使石窟岩体成为裂隙含水体，水很容易进入窟内。

建议采取的保护措施

一、治水工程：

1. 窟顶排水　目的是防止雨水从裸露岩层或渗透性好的覆盖层中渗漏进入窟内，重点放在石窟的中部，即第 5 窟至 19 窟顶部。

工程分两步进行，首先在明代城堡内（约 22100 平方米）及城堡前（约 20400 平方米）范围内分别设置两个排水系统。主要构想是：城堡内根据地形坡度设置一条主干渠和若干支沟，顺着西南方向的缺口，沿斜墙的北侧挖排水渠，排到石窟西端围墙外；城堡以南的排水与平地填洼结合起来，将鱼鳞坑、水平阶地全部填平，做成大于 15°的排水坡面，以 14 窟东侧的冲沟作为排泄口，两侧分别设立一条主干渠及若干支沟。为了检测两个排水系统的效率，需在干渠的出口处安置一座排水集水器。在上述排水系统设置一年后，证明确有成效时，再在城堡以东沿着南北向低洼地作排水沟引入原有的排水沟，将水排到龙王庙的大冲沟内，这片面积约 40000 平方米，同时第 3 窟顶部约 10000 平方米的区域内也可考虑设置排水系统。

2. 窟顶铺设防渗层　目的是遮盖窟顶裸露基岩或明显与窟内渗水有关的崖顶。铺设的位置也分两步，首先在城堡内及城堡以南共约 43000 平方米的范围内铺设防渗层，它可以与排水工程一起进行。其次，在三窟顶部约 10000 平方米的范围内铺设防渗层。具体做法是采用 GCI 推荐的可渗透性地质用塑料及编织滤膜，平铺在已有一层柔性防渗层覆盖的地面上，上部再压土覆盖。

考虑到城堡以北覆盖层中砂卵石层较厚，渗透系数大，降水能很快渗入基岩风化壳裂隙中，因而砂卵石层中的水向窟区渗流的可能性很小，不准备挖截断砂卵石层的水沟，今后有条件可扩大城堡以北的防渗铺盖的面积。

3. 窟内北部渗水的治理　实际上是治理风化裂隙岩体内的上层滞水。治理的重点是五华洞和昙曜五窟，也是云冈的精华所在。对第三窟的渗水区因已无雕刻品，故暂缓考虑。按理说，经过窟顶的防渗排水工程，对于上层滞水的补给源应该大部分已截断。但如果仍有较远处来的渗水，治理的方案有两种：一种是耗资大，但较成熟、可靠的办法——高压帷幕化学灌浆，在洞窟以北的岩体内形成一个防渗帷幕，按围成两个区域来设计：第 5：13 窟，长 160 米，孔深 30 米；第 14：20 窟，长 140 米，孔深 22 米。钻孔间距按 1 米计算，用两排钻孔，则总进尺为 15760 米，灌浆材料拟采用环氧型高渗透性的化学浆液。

另一种办法是属于探索性的试验：在窟内针对渗水的地段采用导与堵相结合的办

法。即埋设暗管疏导渗水与隔断水的补给源灌浆的方法综合治理。国内的地下工程、水电、铁道部门有很多治水的经验，但尚未用到文物保护上。国外，仅有日本东京文化财研究所做过这方面的试验，但未见有成功的实例，如果这种方案能试验成功，预计会比帷幕灌浆方案节约较多的资金。

4. 窟区前重新规划统一的排水系统　以暗沟或地质疏水塑料编织物形式排水，沟底高程均需低于窟底高程。

二、修建保护性窟檐

为防止石雕受日光紫外线辐射，阻挡飘尘及风沙、雨雪侵蚀石雕，改善温差骤变引起干湿交替的变化等，有必要在一些敞开的洞外修建窟檐。窟檐的形式要与环境协调，可采用现代轻质建筑材料，如轻合金支架和塑料、编织物组成。首先准备在9、10窟前作试验，经过一段时间使用及检测，证明有效，再作改进后，予以推广。

三、改善文物环境的措施

1. 云冈窟区周围及公路要加强绿化，以减少煤灰及飘尘的飞扬，应对运输煤炭的汽车限额包裹。

2. 在云冈附近的居民区，应尽快推广煤气化燃料，加速集中供热。

3. 严格控制周围煤矿的地下开采范围，绝不能侵犯已划定的保安煤柱尺寸线，以确保石窟的安全，同时要进一步研究煤矿采空区大面积冒顶所引起的振动对石窟的影响。

四、为抢救一批即将消失的石雕，需要继续进行表面洗盐、封护材料及施工工艺等方面的研究

目前在云冈石窟进行表面封护材料试验研究的单位，先后已有8个，使用过的材料也有四种之多，但是，要达到理想应用的地步，还有一定差距，加固前如何对石雕表面的盐类进行清除，又是一个难题，目前也还是试验阶段，另外，在保护石雕处理工艺上，也有待研究，如阳光直射通风良好的地方，窟内通风差湿度较大的地方，石雕风化厚壳已与内部分离的部位，形成2~3毫米薄片，表面已被盐类填实成致密状的部位，岩性差异呈条带状风化凹入的部位等等，都应有不同的施工工艺。

结　　论

目前仍对石雕造成危害的因素是水、盐类、湿温骤变的气候以及飘尘污染环境，它

们之间又是互相关联，互为因果的。

应将治理水对石雕的危害作为保护石雕的重点工程，治水的重点又是上层滞水和凝结水，根治上层滞水的办法是顶部铺设防渗层，修建排水系统，以帷幕灌浆来隔断北壁渗水，在窟内进行堵漏、疏导的办法比较理想，但目前尚无成功先例。用保护性窟檐来防止凝结水及日晒雨淋、飘尘污染。全面治理文物窟区的环境已提到议事日程。

应继续加强石雕表面防护涂料的研究，清除石雕表面的盐类。加强不同石雕风化破损类型的保护工艺研究等，尽早抢修一批即将消失的石雕。

上述措施拟分期分批在五年内实施。文中提及的观点及治理构想，是否恰当，欢迎批评指正。

主要参考资料

（1）云冈文管所：《云冈石窟调查资料》1957 年。

（2）王大纯、沈孝宇：《云冈石窟工程地质问题》1960 年。

（3）黄克忠：《云冈石窟砂岩石雕的风化问题》1984 年。

（4）黄克忠、蔡润：《云冈石窟风化石雕保护的研究》1988 年。

（5）曲永新、黄克忠：《云冈石窟砂岩石雕表面粉状物的微观研究》1987 年。

（6）黄克忠、钟世航：《云冈石窟石雕风化的微测深试验》1989 年。

（7）山西省地矿局第三综合勘察公司：《云冈石窟工程地质勘察报告》1990 年。

（摘自《云冈石窟石雕风化治理规划会议材料之一》，中国文物研究所、云冈石窟文物研究所，1990 年 5 月）

云冈石窟加固工程中
呋喃改性环氧树脂的应用研究

解廷凡

云冈石窟位于山西省大同市西郊 16 公里的武州山南麓。石窟依山开凿，东西绵延1 公里，现存主要洞窟五十三个，石雕造像五万一千多躯。这些石雕艺术是我国古代劳动人民创造的珍贵历史文化遗产，是驰名中外的艺术瑰宝。1961 年国务院公布为第一批全国重点文物保护单位。

一　云冈石窟的病害原因及
保护科研工作进展情况

云冈石窟开创于北魏兴安二年（453），距今已有 1500 多年的历史了。窟群分布在侏罗纪地层的砂岩透镜体上，矿物成分以长石、石英为主，胶结物为钙质和泥质，抗风化能力差。由于山崖在开凿石窟时削山为壁，开凿岩洞，雕凿巨大佛像，改变了山体原有的应力状态。使洞窟内局部应力集中。千百年来，由于风雨侵蚀和减荷作用的影响，山体在原生构造裂隙基础上，产生和发育成新的岸边裂隙，致使石窟雕刻艺术品产生大面积的崩塌和风化剥蚀。

为了防止石窟崩塌和石雕艺术品的风化，在六十年代初，文化部组织科研人员进行石窟保护技术的研究，曾用"丙烯酸酯"类高分子化学材料，对石窟围岩裂隙灌浆加固，对石雕表面封护，对残断落石粘接等试验性维修（见表）。

由于"丙烯酸酯"类高分子化学材料使用施工工艺复杂，七十年代初，根据中国科学院广州化学研究所的建议，用呋喃改性环氧树脂作为石窟灌浆加固材料，经过实验室和工程现场的试验，取得成功，经国家批准，在三年（1974～1976）云冈石窟加固工程中，得到应用。

试验时间	材料名称	试验处理部位	处理方法	效果
1962 年	丙烯酸酯类	一窟塔柱腰部水平裂隙东西向裂隙	灌浆加固	至今很好
1962 年	丙烯酸酯类	十窟至十一窟间前立壁座佛头部右手臂左肩膀	残断落石归安粘结封护	至今很好
1964 年	丙烯酸酯类	十四窟塔柱裂隙	灌浆加固	至今很好
1965 年	丙烯酸酯类	一窟门拱拱顶水平裂隙	灌浆加固	至今很好
1965 年	环氧树脂材料	一窟门拱拱顶垂直裂隙	粘接	至今很好
1965 年	丙烯酸酯类	23、24 窟间墙扶正归安	裂隙灌浆加固	至今很好
1965 年	环氧树脂材料	23 窟顶板	归安粘结	至今很好
1965 年	环氧树脂材料	32 窟顶板	归安粘结	至今很好

通过三年工程实践证明，呋喃改性环氧树脂作为石窟围岩裂隙灌浆加固材料，是有成效的，但是还不够理想。主要是材料进行反应时产生高温，如果控制不当就会发生"爆聚"，影响工程质量。因此，在 1977 年又改进了灌浆的配方，提出呋喃改性环氧树脂 2 号，它消除了放热量大的缺点，加快了固化速度，从而避免了灌浆过程中发生"爆聚"的现象。

二 环氧树脂在"石窟围岩裂隙灌浆加固"和 "残断落石归安粘接"工程方面的应用

环氧树脂是含有环氧基团的高分子材料。当前用途最广泛的是双酚 A 型环氧树脂，常见的双酚 A 型环氧树脂分子式可表示为：

$$CH_2CHCH_2 - \left(O - \bigcirc - \underset{\underset{CH_3}{|}}{\overset{\overset{CH_3}{|}}{C}} - \bigcirc - OCH_2CHCH_2 \right)_n - O - \bigcirc - \underset{\underset{CH_3}{|}}{\overset{\overset{CH_3}{|}}{C}}$$

$$- OCH_2 \underset{\diagdown O \diagup}{CHCH_2}$$

它是常用的环氧树脂。环氧树脂是热塑性、线型高分子材料，它自身并不能固化，必须加入固化剂，使分子交联成网状的大分子，这种网状是立体穿插交织的，成为不溶不熔的坚硬固体。环氧树脂的黏度大，并且直接加入固化剂，固化后的材料发脆。因此若用环氧树脂做石窟围岩裂隙灌浆加固材料，必须降低其黏度，以提高它的可灌性，同时要设法增强固化后材料的韧性。我们进行了以下几方面的实验：

实验一：

呋喃改性环氧树脂：用6101#环氧树脂、加上添加剂以胺类为固化剂配制而成。

我们根据云冈石窟保护中存在的主要问题和要求，进行了环氧树脂各种不同配方的实验研究。对岩石粘接、灌浆加固、砂质岩石粉末、硅酸盐水泥的粘结实验，测定粘结后的物理机械性能、受力破坏情况等。实验结果表明：灌浆加固的岩石，经强度测试，均在岩石面破坏。说明粘接材料强度高于岩石本身的强度。其中呋喃树脂用量不同，则关系到改性后环氧树脂的粘度大小，也影响到材料的强度变化。对固化剂的选择，多元胺比一元胺的效果好。实验还表明，在环氧树脂中加入501#活性稀释剂后，材料的粘度小，强度高。

对岩石灌浆加固和岩石粘接后，受力情况分析，可归纳为拉伸、剪切、劈裂、剥离四种形式（图1）：

环氧树脂灌浆加固和岩石粘接后的强度，因受力形式不同，其变化也很大。一般抗剪强度在200公斤/cm² 以上，但劈裂和剥离强度都很低，仅及上述强度的十分之一左右。因在劈裂和剥离的情况下，被加固的粘接面，受力不均匀，主要应力集中在边缘一个窄狭区域内，似作用在一条线上。然而在石窟粘接中，不存在剥离破坏的情况。因此在设计时必须使加固的粘接面仅受拉力和剪力，而尽量避免受劈裂力。

从裂隙加固岩石粘接层来分析：可以看出共有三方面受力（图2）。

岩石I、岩石II、粘接剂层。这三者只要其中一方面受力破坏，粘接就会受到破坏。裂隙灌浆加固和岩石粘接的目的，就是把岩石I、岩石II用黏合剂固定为一个整体。为此不仅要考虑到粘接剂与岩石的粘接力，而且还必须考虑到被粘接的岩石自身的强度。不顾岩石质地，单纯追求粘接剂的强度高，是没有实际意义的。

环氧树脂的韧性差。云冈石窟所处的大陆性半干旱气候，昼夜平均温差20℃，温差的剧烈变化所产生的热应力会对粘接物产生疲劳性冲击。因此提高粘接材料的韧性，将会降低粘接强度。为此只能因地制宜，考虑主要问题。为提高材料的韧性，而适当降低一定的粘接强度，是合理的。只要灌浆材料的粘接力的强度，不低于被粘接砂岩之强度，就可以满足石窟加固工程的要求。

实验二：

呋喃改性环氧树脂2号，是在呋喃改性环氧树脂的基础上，改进配制而成的。即先制备出呋喃混合体，然后再与6101#环氧树脂混合，并用胺类固化。这样便获得呋喃改性环氧树脂2号。

呋喃改性环氧树脂2号灌浆液，解决了呋喃改性环氧树脂灌浆液中存在的问题，因浆液进行化学反应时放热量不大，温度易于控制，可避免产生"爆聚"，固化速度较快，灌浆中漏浆现象也减少了。试验证明：呋喃改性环氧树脂 2 号粘接的云冈岩石，在抗剪、抗拉中，均在岩石面处破坏，这说明其粘接强度高于云冈石窟本身。呋喃改性环氧树脂 2 号灌浆液已在云冈石窟第六窟中应用。

应当说明的是，在制备呋喃混合体时，随着温度的变化，其黏度将会增大。因此，它适合灌注较宽的裂隙。实际工程中遇到微裂隙时，不能用此料灌浆，而采用呋喃改性环氧树脂灌浆较好。

实验三：

浆液堵漏与防止污损。

呋喃改性环氧树脂，不论用于"石窟围岩裂隙灌浆加固"，或者是用于"残断落石归安粘接"，都要防止漏浆。一旦发生漏浆，不仅影响施工，浪费材料，更重要的是污损文物。经过我们在实验室内的工程现场试验，解决了上述的问题。

1. 用软肥皂堵漏：这是从汽车司机途中油箱漏油采用肥皂堵漏受到启发的，用它做灌浆时堵漏，使用方便。

2. 有机硅涂剂：选用国产 851# 有机硅防水剂、聚氯乙烯可剥漆、汽车上光蜡等，均为无色透明体，用来涂刷石雕表面，防止灌浆时污染文物，它们都有脱膜作用。

呋喃改性环氧树脂及其 2 号，这两种灌浆材料，作为石窟围岩裂隙加固材料，都是适用的。但应根据施工季节、裂隙宽度等情况加以选择。根据我们的经验，在一般情况下，春、夏、秋季施工，可用呋喃改性环氧树脂 2 号灌浆液。在天气较凉的情况下（15℃左右），用呋喃改性环氧树脂灌浆液。对于细裂隙（1~3mm）用呋喃改性环氧树脂。对于宽裂隙（5mm 以上）用呋喃改性环氧树脂 2 号灌浆液为宜。但是，这两种灌浆材料，都有某些不足之处，尤其在施工工艺中还有待改进的必要。还要我们在今后工作中进一步摸索和探讨，在实践中不断改进和提高。

（摘自《亚洲地区文物保护技术讨论会论文集》，1989 年）

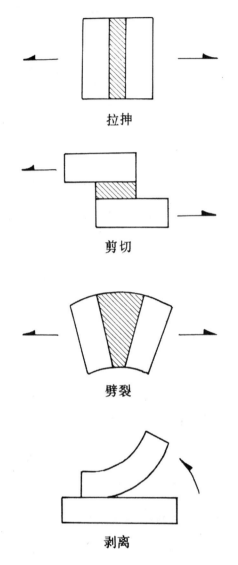

拉抻

剪切

劈裂

剥离

图1　岩石灌浆加固和岩石粘接后受力的四种形式

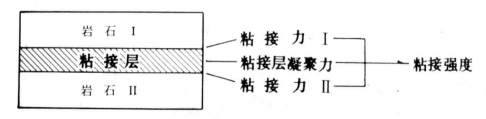

图2　从裂隙加固岩石的粘接层三方面受力意图

云冈石窟环境条件及其变化对石窟的影响

苑静虎　　黄继忠

云冈石窟开凿在侏罗系云冈组英砂岩透镜体上，矿物成分以石英、长石为主。胶结物为钙制和泥制。云冈石窟距今已一千五百多年的历史，它以宏大的建筑规模和精美的雕刻艺术驰名中外，千百年来自然气候及其变化影响着石窟风化，尤其近年来环境污染更加剧了石窟风化速度。为了保护这一艺术瑰宝，我们对石窟的环境条件及其变化情况进行了初步研究，现将研究结果报告如下：

一、云冈石窟的气候条件

从六十年代到八十年代，观察结果表明，云冈石窟的日最高气温可达33.8℃，日最低气温为 - 24.5℃，年平均气温为4.9℃。全年降水量最高可达614mm，最低为143mm，年平均为373.1mm。年蒸发量为2445.3mm。年平均日照2203h。风向一般为西、西北风，风速最大为216m/s，年平均为2.59m/s。

1. 温湿度的变化

（1）温度

云冈石窟温度变化明显，窟外日温差最大为24℃，月温差为40℃，全年平均日温差为13.74℃，全年温度一月份最低，平均温度为 - 11.4℃，七月份最高，平均温度为23.1℃，窟内外的温度及不同洞窟内的温度变化也各不相同，5窟内最大日温差为10℃，16窟内最大日温差为16℃。窟内外及不同洞窟内温度变化见图一（a、b）。

（2）湿度

云冈石窟窟外相对湿度平均为52.6%，早晨相对湿度平均为65.9%，中午相对湿度平均为39.4%，晚上相对湿度平均为52.4%。一般湿度较高的月是一、二月，较低的月为四、五月。5窟内最大日湿差39%，16窟内最大日湿差为87%，窟外最大日湿差为79%。洞窟内外及不同洞窟内湿度变化情况见图二（a、b）。

2. 降水变化情况

云冈石窟的降水变化较为明显，一般降水集中在 7、8 两个月，其降水量为全年降水总量的 43.4%，一日内最大降水量为 53.6mm，一月内最长连续降水量为 71.4mm，连续降水时间达四天。各月降水量统计见表（一）。

云冈石窟月平均降水统计表（一）

项目 \ 月	一	二	三	四	五	六	七	八	九	十	十一	十二	年降水总量
降水量（mm）	3.4	5.4	17	9.2	33.1	62	74.3	87.7	64.6	13.1	1.9	1.4	373.1

3. 蒸发量变化情况

云冈石窟蒸发量是降水量的三至四倍，蒸发量随季节的不同而各异，4、5、6、7 四个月最大，占全年总蒸发量的 57.1%，月平均超过 200mm。12、1、2 三个月最低，仅为全年总蒸发量的 7.3%，月平均只有 39mm，各月蒸发量统计见表（二）。

云冈石窟月平均蒸发量统计表（二）

项目 \ 月	一	二	三	四	五	六	七	八	九	十	十一	十二	年蒸发总量
蒸发量（mm）	34.1	50	93.1	1941	2829	2301	2102	1825	1341	1003	60.2	33.7	2445.3

4. 风速、风向变化情况

云冈石窟属于季风半干旱地区，主导风向为西风，一般春季风速较大，平均风速为 3.36m/s，在一天中，一般早晚风速小，中午风速大。早上平均风速为 1.8m/s，中午平均风速为 3.91m/s，晚上平均风速为 2.07m/s。各季风速、风向和早、午、晚风速统计见表（三、四）

季节风速风向统计表（三）

项目 \ 季节	风　向	风　速（m/s）
春	W	3.36
夏	W	2.57
秋	W	2.41
冬	W	2.30

各月早、午、晚风速统计（m/s）表（四）

时间＼月	一	二	三	四	五	六	七	八	九	十	十一	十二	平均值
早	1.50	1.31	2.18	1.77	2.60	1.50	1.69	1.80	2.00	1.80	1.80	1.62	1.80
中	3.70	2.95	5.74	4.47	4.85	3.70	3.48	3.30	3.00	4.40	3.70	3.60	3.91
晚	2.40	1.18	2.65	3.13	2.69	2.40	2.44	2.00	1.70	1.90	1.70	2.40	2.07

5. 冰冻变化情况

云冈石窟冰冻期，每年从 9 月开始到来年 4 月终，冰冻深度达 1.5m，在冰冻期一般为晚上结冰，白天融冰，交替变化较为明显，云冈石窟月最高温度、最低温度变化见下图（三）。

二　云冈石窟污染现状及其形成原因

1. 污染现状

从 1988 年开始，我们邀请并配合大同市环保研究所，大同矿务局环保站对云冈石窟环境质量进行了监测。测试项目有：一氧化碳（CO）、二氧化硫（SO_2）、氮氧化物（NO_x）、总悬浮微粒物。共设监测点三处，分别为 5 窟、16 窟和窟区。一年共测四次，每季度测试一次，连续测试五天。

（1）二氧化硫测试结果

云冈石窟大气中二氧化硫的含量，窟区年日平均值为 0.0945mg/m³，5 窟年日平均值为 0.073mg/m³，它们均超过了国家大气环境质量一级标准，年日平均值不及超过 0.02mg/m³ 的规定。根据窟区实测数据计算超标率达 43%。二氧化硫的浓度窟区大，5 窟小。同一测点一年中，一月份二氧化硫的浓度最高，七月份浓度最低。一月份浓度值是国家一级标准的 4.5 倍。在同一天里，早晨和晚上二氧化硫的浓度较高，尤其是早上，年平均浓度为 0.142mg/m³。二氧化硫测试结果见表（五）。

（2）一氧化碳（CO）、氮氧化物（NO_x）的测试结果

云冈石窟大气中，窟区一氧化碳年日均值为 1.79mg/m³。5 窟年日均值为 1.95mg/m³，在一年中，冬季一氧化碳的浓度最高，尤其冬季早、晚平均浓度超过了国家一级标准 4.00mg/m³ 的限值。夏季浓度最低，平均为 1.18mg/m³，在一天中一氧化碳早晨 7：00 最高，其次是 19：00 和 11：00、15：00 最低。一氧化碳测试结果见表（六）

二氧化硫测试结果（mg/m3）表（五）

时间 月份　　　　地点	7：00		11：00		15：00		19：00	
	窟区	5窟	窟区	5窟	窟区	5窟	窟区	5窟
一季度 1月15日～19日	0.294	0.269	0.188	0.233	0.186	0.124	0.226	0.199
二季度 4月15日～19日	0.194	0.108	0.040	0.054	0.026	0.016	0.058	0.037
三季度 7月15日～19日	0.026	0.048	0.017	0.035	0.012	0.003	0.004	0.006
四季度 10月15日～19日	0.052	0.039	0.430	0.027	0.012	0.004	0.134	0.036
平均值	0.142	0.116	0.072	0.081	0.058	0.037	0.108	0.069

5窟一氧化碳测试结果（mg/m³）表（六）

时间 月份	7：00	11：00	15：00	19：00	日平均
一季度 1月15日～19日	4.476	3.078	2.500	4.170	3.556
二季度 4月15日～19日	3.244	1.882	0.868	1.412	1.804
三季度 7月15日～19日	1.600	1.740	0.500	0.860	1.175
四季度 10月15日～19日	1.858	1.080	1.058	1.356	1.249
平均值	2.790	1.940	1.230	1.950	1.946

　　云冈石窟的氮氧化物，日均值为 $0.051mg/m^3$，早上7：00平均浓度为 $0.052mg/m^3$，11：00 为 $0.046mg/m^3$，15：00 为 $0.018mg/m^3$，19：00 为 $0.030mg/m^3$，从所测数据计算，超标率为27.9%，最高值可达 $0.244mg/m^3$，几乎是国家一级标准 $0.10mg/m^3$ 的2.5倍，氮氧化物测试结果见表（七）

氮氧化物测试结果（mg/m³）表（七）

月份\时间	2月4	5	6	7	8	9	10	7月5	6	7	8	9	10	11	12	13	平均值
7：00	未	0.002	0.065	0.065	0.053	0.070	0.011	0.104	0.064	—	—	0.0663	0.0447	0.1083	0.0535	0.0236	0.0520
11：00	未	0.009	0.012	0.017	0.067	未	0.159	0.0366	0.0162	未	0.0644	0.0289	0.0132	0.2435	0.0113	0.0159	0.0462
15：00	0.015	0.006	0.011	未	0.009	0.042	0.075	0.0196	0.0116	0.006	0.0348	未	0.0132	0.0405	0.0122	0.0013	0.0139
19：00	0.013	0.025	未	0.022	0.089	0.092	0.035	0.0917	0.0384	0.0429	0.0406	0.0260	0.0345	0.0269	0.0146	0.0044	0.0346
日平均	0.007	0.010	0.029	0.026	0.054	0.051	0.070	0.063	0.032	0.024	0.047	0.030	0.026	0.105	0.023	0.011	0.051

3）总悬浮微粒物的测试结果

云冈石窟降尘平均 85.72% 吨/平方公里·月，颗粒物一季度日平均为 0.627mg/m³，二季度日平均为 0.825mg/m³，三季度日平均为 0.359mg/m³，四季度日平均为 0.256mg/m³，均超过了国家一级标准日平均 0.15mg/m³ 的极限。颗粒物的含量一般窟外和没有窟檐的 16 窟高于有窟檐的 5 窟。颗粒物测试结果见表（八）

云冈石窟颗粒物含量测试结果（mg/m³）表（八）

季度\编号	窟区日均值	5 窟日均值	16 窟日均值
一季度	0.627	0.442	0.631
二季度	0.825	0.562	0.905
三季度	0.359	0.423	0.273
四季度	0.256	0.293	0.354
平均值	0.517	0.430	0.540

（2）形成的原因

（1）采煤运煤

云冈石窟附近的煤矿星罗棋布，采煤过程中产生大量煤尘和污染性气体，造成石窟大气的污染。云冈公路运输煤炭的汽车，平均每日千辆之多（早上 8 时至下午 6 时统计），运煤汽车不仅传播煤粉、荡起尘土，而且还排放大量的污染性气体。测试结果反应出一氧化碳和氮氧化物 11 时的浓度较高。

（2）云冈石窟处于煤炭生产基地，这一带煤价低廉，运输方便，附近有七家以煤炭为原料的焦炭厂。据调查，这些厂家年产焦炭 15 万吨，常规下生产一吨焦炭需要 1.5 吨原煤，因此仅焦炭厂每年排放污染物的数量就极为惊人。然而不仅如此，云冈石窟周围还有一千多户居民和各种乡镇企业，它们均以煤炭为燃料，年耗煤炭 1.5 万吨，测试结果也表明，云冈石窟一年之中，冬季污染情况较夏季严重，而一日之中，早晚较其他时间更甚，这与居民生火做饭取暖呈正相关系。

（3）气候因素

云冈石窟的污染与气候有很大的关系。例如云冈地区的煤矿大部分位于云冈石窟西部，而云冈地区主导风向又常年为西风，煤矿产生的污染物随风迁移至云冈石窟，测试结果也表明，春季（第二季度）风速较大，颗粒物含量明显高于其他几季。二氧化硫和一氧化碳测试结果表明，冬季高于其他季节，早晚高于其他时间，究其原因不仅与燃煤有关，更重要的是由于冬季风速弱小，早晚天气稳定，近地层易形成逆温层，尤其早上逆温层最强最高，限制了污染物的水平与垂直方向扩散稀释，因此污染物明显增高。

（4）旅游造成的污染

随着旅游事业的发展，来云冈石窟参观人数逐年上升，人为造成的污染越来越严重，云冈石窟每年参观人数高达二十多万。每年从五月到十月为旅游旺季，在旅游旺季中，5窟内由于参观人数较多，扬起尘土造成窟内的颗粒物含量高于其他窟和窟外，测试结果也表明了这一点，另外参观者还呼出水气、二氧化碳及释放出的热量均是石窟的潜在威胁。

三　对石窟的影响机制

1. 酸性降水和潜水影响

二氧化硫（SO_2）、碳氧化物（CO、CO_2）及氧化物（NO_x）这些有害气体进入大气后与雨、雪相遇被溶解成各种酸类（如硫酸、碳酸和硝酸）以后，以降水的形式落到地面，酸化了降水与岩中的长石及胶结物发生化学反应：

$$K_2O \cdot Al_2O_3 \cdot 6SiO_2 + 3H_2O + \begin{matrix} H_2CO_3 \\ H_2SO_4 \\ 2HNO_3 \end{matrix} \rightarrow Al_2O_3 \cdot 2SiO_2 \cdot 2H_2O + 4SiO_2 + \begin{matrix} K_2CO_3 \\ K_2SO_4 \\ 2KNO_3 \end{matrix} + H_2O$$

$$CaCO_3 \begin{matrix} + H_2SO_4 \rightarrow CaSO_4 + H_2O + CO_2 \uparrow \\ + 2HNO_3 \rightarrow Ca(NO_3)_2 + H_2O + CO_2 \uparrow \end{matrix}$$

从而破坏了岩石的稳定结构，导致岩石力学强度下降，使岩石发生风化。云冈地区降水集中，这些降水除小部分直接落到雕刻品表面外，大多数都渗入山顶泥土和岩石中转变为地下潜水，潜水通过岩石的裂隙渗入石窟中，与石雕作用，造成石窟雕刻品的风化。

2. 温湿度变化的影响

由于云冈石窟温湿度差较大，蒸发量大于降水量，具有良好的凝结水形成条件。窟外热湿空气进入窟内，遇到温度较低的岩石雕刻品，在其表面形成凝结水，使岩石发生上述化学反应，造成石雕的风化，尤其是混有上述有害气体的温空气形成凝结水后，石雕风化就更为严重。凝结水的形成受空气的温湿度制约，湿度较高时易形成凝结水，相反，空气干燥时岩石又蒸发部分含水，这样吸湿与蒸发循环运动，而造成雕刻品表面风化。温湿度变化还影响着风化岩石中的硫酸盐和碳酸盐的变化。这些盐类是通常含有一定数量结晶水的可溶盐，如泻盐、六水泻盐、四水泻盐、水泻盐、多水菱镁矿、三水菱镁矿、水菱镁矿等。这些盐类在环境温湿度的变化下，结晶水的含量不断变化，造成了盐类固液两相态的转化同时产生体积的膨胀和收缩。在低温与高湿度季节里，盐吸水膨胀，在高温干燥季节已失水收缩，盐的膨胀与收缩造成砂岩颗粒间联结减弱和表层裂隙扩展，形成石窟的风化。

3. 冰冻影响

云冈石窟冰冻期长，冰冻深度为 1.5m，岩石中的水在冰冻期结冰，冰的膨胀力是相当大的（1 克水结冰时膨胀力为 $960kg/cm^2$），而石窟风化后的岩石抗拉强度只有 $14.3 \sim 50kg/cm^2$，远远小于冰的膨胀力。许多洞窟在冰冻期，白天融冰，晚上结冰，致使石雕受到严重的破坏。

4. 粉尘的影响

测试表明，云冈石窟粉尘污染严重，这些粉尘飘浮至岩石雕刻品表面后，由于粉尘具有一定活性和吸水副作用，有利于有害湿空气在石雕表面的凝结，因此粉尘在污染性气体对石窟破坏中起催化和协助作用。

四　结束语

以上大量的研究结果和测试表明，环境条件对石窟的影响是严重而普遍的，防止环境条件变化对石窟的危害，已势在必行，具体保护措施如下：

1. 于石窟主要洞窟前增修窟檐，减少污染物进入洞窟的数量和机会，同时还可以阻挡风沙、雨雪的侵蚀。从有窟檐的 5 窟和无窟檐的 16 窟及窟外温湿度变化规律可知（见图一、二），有窟檐的洞窟温度变化平稳，温湿差均小于无窟檐的洞窟和窟外，这充分说明增修窟檐可以使洞窟的温湿度趋于衡定，减少湿空气的凝聚机会。防止盐类吸水和失水。

2. 于石窟崖顶在一定范围内整修疏水、排水渠道，铺设防渗层，修截水沟、集水廊道或帷幕灌浆，切断渗水渠道，避免水的渗漏。

3. 研究防风化涂料，加固已风化的石雕表面，增强石雕抗风化能力。

4. 加强云冈石窟污染治理，消除污染源，控制排放量，种草种树，增加植物净污能力，提高环境质量。

可以设想上述几种措施的实行，将不同程度地改变环境条件，减弱环境变化对石窟的损害，使文物寿命得以延长。

（云冈石窟石雕风化治理规划会议论文，1990 年）

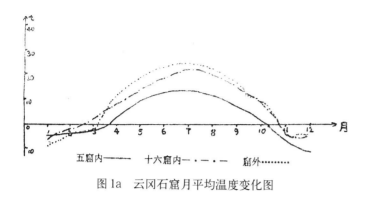

五窟内——　十六窟内—·—·—　窟外·······

图1a　云冈石窟月平均温度变化图

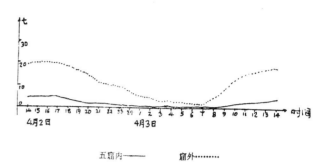

五窟内——　窟外·······

图1b　云冈石窟窟内外日温度变化图

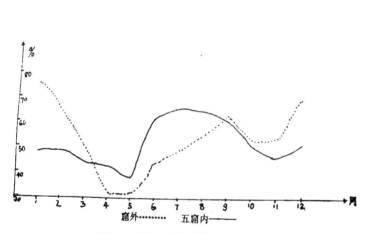

窟外·······　五窟内——

图2a　云冈石窟月平均湿度变化图

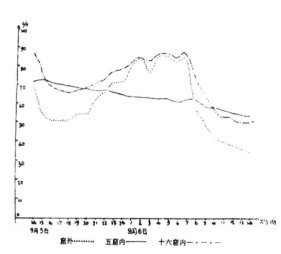

窟外·······　五窟内——　十六窟内—·—·—

图2b　云冈石窟日湿度变化图

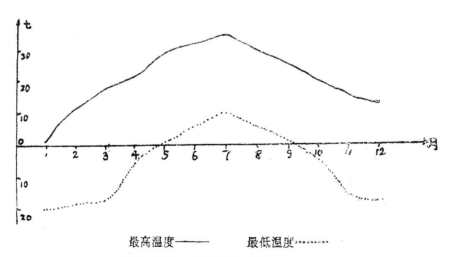

最高温度——　　　最低温度·······

图3　云冈石窟月最高温度最低湿度变化图

云冈石窟的加固与保护

解廷凡

云冈石窟创建于公元五世纪，至今已有一千五百余年的历史，是我国现存规模最大的石窟群之一。为了永远保存这一珍贵的文化遗产，自二十世纪六十年代以来，我们经过不断地研究和探讨，应用现代科学技术，通过灌浆、锚固、补砌、支护、防渗、环境治理等保护措施，已经使云冈石窟岌岌可危的窟壁、窟顶悬石以及石雕佛像趋于稳定。现就有关加固与保护等问题介绍如下。

一 云冈石窟的破坏原因及残损情况

岩体的崩塌、岩石表面的风化是云冈石窟常见的两种自然破坏现象。这两种自然破坏的现象与该地区的地质情况、气候变化以及水的浸蚀、空气污染、地层震动等因素有着密切关系。

云冈石窟开凿在侏罗纪的厚层砂岩中，该砂岩为黄褐色并夹有紫色砂质页岩。岩石的主要成分为长石和石英，胶结物多含钙质和泥质，岩体交错层里发育岩性纵横不一。云冈石窟的岩层厚约 40 米，东西两端逐渐减薄。岩性变化规律大致是，上部石英含量多，东段长石含量多，因此这层砂岩上部比较坚硬，下部比较疏松；中西段比较坚硬，东段比较疏松。

云冈石窟地处内陆，是典型的大陆性半干旱气候。这里温差变化显著，日温差最高达 24℃，年平均气温为 7℃～10℃，全年最低温度为 -30℃，最高温度为 40℃。冰冻期达五个月，冻层深度为 1.5 米。窟内相对湿度最高 100%，最低 12%。

云冈石窟四周被大小六个煤矿环绕，窟前住有居民，生产和生活中排放出一定数量的二氧化硫、氮氧化物、碳氧化物等有害气体。这些有害气体在大气中的含量随着季节和时间的不同而发生变化。一般冬季含量高，早晨和傍晚含量高，测试结果符合国家三级标准要求，但是，对石窟来讲仍有一定的危害性。

水是破坏云冈石窟的主要因素。空气内的水分，因空气污染形成酸雨，对石窟具有一定的破坏性是显而易见的。地下水中，井水内含有硫酸根（$SO_4^=$）166.37mg/L、碳酸氢根（HCO_3^-）259.46mg/L；第2窟泉水内含有硫酸根（$SO_4^=$）76.10mg/L、碳酸氢根（HCO_3^-）245.80mg/L。这些离子与岩石内长石水解后生成盐，导致岩体表层严重风化。

云冈石窟位于大同盆地西部武州山脉。大同盆地的沉积层中，断层、挠曲等地质现象很普遍，有的地点地层错动一二十米，这是地壳活动遗留下来的痕迹。地震是地壳活动的一种自然现象，受地层构造的影响，大同地区的地震比较频繁。自云冈石窟创建以来，历史上发生的重大地震（最大震级达7.5级）据不完全统计有：

（北魏）延昌元年四月庚辰，京师及并、朔等六州地震，恒州之繁畤、桑乾、灵丘……雁门地震陷裂，山崩泉涌，杀五千三百一十人，伤者二千七百二十二人，牛马杂畜死伤者三千余。（《魏书·灵征志》上）

（元）大德九年四月己酉，大同路地震，有声如雷，坏庐舍五千八百，压死者一千四百余人，怀仁县地震，涌水尽黑。（《元史·五行志》）

（明）成化三年五月壬申，宣府、大同地震，有声，……坏墩台墙垣，压伤人。天启六年六月丙子，京师地震。……宣府，大同俱数十震，死伤惨甚。山西灵丘昼夜数震，月余方止。城郭庐舍并摧，压死人民无算。（《明史》卷三十）

（清）嘉庆十九年冬地震，廿年三月地震。（《大同县志》卷二）

云冈石窟在上述各种因素的相互作用下，势必加速它的自然毁坏，再加上石窟区域内原生构造裂隙多，约一公里长洞窟群的开凿又破坏了原来的岩体结构，引起岩体内应力变化，致使云冈石窟裂隙纵横，悬石累累，崩塌情况时有发生，风化现象日趋严重，雕像残肢断臂现象比比皆是。

例如第5、6窟：第5窟门拱东壁早已断裂前倾（图la），随时都有倒塌的危险；北壁主佛右脸颊有细裂隙东西向切割，严重威胁着大佛头部的安全；第5窟和第6窟的间墙受裂隙的切割，中下部已毁坏约三平方米，第5窟西立佛从颈部穿腰身已被该裂隙分离。

又如第9、10窟：其前室顶板和东西壁面均被同一条围岩裂隙切割分离（图2a），该裂隙向上把窟内顶板和窟外崖顶沟通。尤为严重的是，第9窟前室顶板中部莲花雕梁，已断裂成长8米、宽1米、厚0.7米的悬石，只因东、西、北三面与顶板相互咬合，才未大面积崩塌，而一块重约一吨的莲花雕石已经塌落。第10窟前立壁西侧上部业已崩塌无存。第9、10窟间墙，受压裂隙纵横交错，壁面支离破碎，危在旦夕，前立壁列柱风化剥蚀严重，隐藏着崩塌的危机。第9、10窟已是险相环生，严重地威胁着它的存在。

再如第 18、19 窟：其窟外前立壁已经塌陷，上部呈凸出的犬牙状倾斜滑坡，个别部位已经和窟内穿通（图 3a）。窟内四壁遭两层砂质页岩风化带环绕破坏。尤为严重的是第 18 窟北壁主佛腰部蚀空面积既大又深，主佛与北壁岩体存有裂隙。第 19 窟主佛腰身和手臂发生断裂、错位（图 4a）。另外这两个窟的主佛下颚和鼻翼均不同程度地存在崩塌现象。

还有第 20 窟：主佛和东立佛腰部砂质页岩已风化蚀空（图 5a）；前壁和西壁崩塌无存，残留的窟顶西端因失去支撑也岌岌可危。

二　加固保护措施

为了防止石窟的继续崩塌和雕刻艺术品的风化，自 1960 年开始，文化部组织科学技术人员对云冈石窟采取了一系列保护措施。首先选用了丙烯酸酯类高分子化学材料，对石窟围岩裂隙进行灌浆加固，对雕像表面进行喷涂封护，对残落部位进行归位粘接（见表 1）。在维修加固过程中，由于丙烯酸酯类材料施工时工艺复杂，后改用中国科学院广州化学研究所提供的呋喃改性环氧树脂作为石窟灌浆粘接加固材料，经我们和文物保护科学技术研究所等单位的共同实验与研究，取得了可喜的成就。这一成果在 1974 年至 1976 年云冈石窟维修加固工程以及近年来的日常维修过程中，得到了广泛应用。

（一）环氧树脂在石窟加固工程中的应用

环氧树脂是含有环氧基团的热塑型线型高分子材料，当前用途最广泛的是双酚 A 型环氧树脂。它自身并不能固化，必须加入固化剂，使分子交联成立体穿插的网状大分子，成为不溶不熔的坚硬固体。环氧树脂的黏度大，并且直接加入固化剂固化后的固体发脆。因此用于石窟围岩裂隙的灌浆粘接加固，应该降低环氧树脂的黏度，提高它的可灌性和韧性。呋喃改性环氧树脂具备上述特点，但是否适用于石窟灌浆粘接加固的要求，为此进行了如下实验。

其一：呋喃改性环氧树脂，是双酚 A 型环氧树脂，加入共聚性稀释剂以胺类为固化剂配制而成。

我们根据云冈石窟在加固保护工作中存在的问题和要求，模拟现场作了环氧树脂和呋喃改性环氧树脂不同配方的实验研究；对岩石粘接、灌浆粘接加固、岩石粉末固结、硅酸盐水泥固结均进行了岩样试验，测试其物理机械性能和破坏特征等情况。结果表明：粘接、灌浆粘接加固的试件，经物理机械强度测试，均系岩石自身破坏；岩石粉末、硅酸盐水泥固结强度均高于岩石强度（见表 2、3、4）。

　　呋喃改性环氧树脂中，共聚的稀释剂用量不同，则关系到改性环氧树脂黏度的大小，同时也影响到粘接加固物理机械强度的变化。对固化剂的选择，多元胺比一元胺的效果好而且毒性小。实验还表明，在环氧树脂中加入501号活性稀释剂后，粘接材料的黏度小而物理机械强度高。

　　从岩石裂隙灌浆粘接加固和岩石粘接的受力情况来分析，可以归纳为拉抻、剪切、劈裂、剥离四种形式（图6）。

　　用环氧树脂材料灌浆粘接加固或岩石粘接后的物理机械强度，因受力形式不同，其变化很大。一般砂岩的抗剪强度在$200kg/cm^2$左右，但是劈裂和剥离强度都很低，仅及抗剪强度的十分之一左右。因在劈裂和剥离的情况下，被加固的粘接面，受力不均匀，主要应力集中在边缘较狭窄的区域内，似作用在一条线上。然而在石窟粘接中，不存在剥离破坏的情况。因此在工程设计时必须使石窟的加固粘接面，较多地承受拉力和剪力，尽量避免承受劈裂力。

表1　　　　　　　　　　　　　　维修方法及其效果

维修时间	材料名称	处理部位	处理方法	效果
1962 年	丙烯酸酯类	第 1 窟塔柱水平裂隙，东西向垂直裂隙	灌浆粘接加固	1987 年 9 月检验效果良好
1962 年	丙烯酸酯类	第 10 和 11 窟之间壁面佛龛坐佛头部、右臂、左肩	残断部位归位粘接、表面喷涂封护	1987 年 9 月检验效果良好
1964 年	丙烯酸酯类	第 14 窟塔柱裂隙	灌浆粘接加固	1987 年 9 月检验效果良好
1965 年	丙烯酸酯类	第 1 窟门拱顶部水平裂隙	灌浆粘接加固	1987 年 9 月检验效果良好
1965 年	丙烯酸酯类	第 1 窟门拱顶部东侧垂直裂隙	灌浆粘接加固	1987 年 9 月检验效果良好
1965 年	丙烯酸酯类	第 23、24 窟间墙扶正归位	裂缝灌浆粘接加固	1987 年 9 月检验效果良好
1965 年	环氧树脂	第 23 窟顶板	归位粘接	1987 年 9 月检验效果良好
1965 年	环氧树脂	第 28 窟顶板	归位粘接	1987 年 9 月检验效果良好

表2　　　　　　　　呋喃改性环氧树脂固结材料与岩石测试结果对比

名称		固化剂	抗压（Kg/cm^2）	抗拉（kg/cm^2）	抗剪切（Kg/cm^2）
云冈砂岩				32.8	84.3
改性环氧树脂 砂岩粉末	100 300	乙二胺　7	613	95	144
改性环氧树脂 硅酸盐水泥	100 200	乙二胺　7	954	202	287

注：材料和固化剂均为重量比（下同）。

表3   环氧树脂粘接岩石测试结果

名称	固化剂		抗剪切（kg/cm²）		抗拉（kg/cm²）（劈裂法）	测试件破坏特征
			正应力	剪应力		
环氧树脂100 501号活性稀释剂20	乙二胺	10	113	195	17	岩石面破坏
	二乙烯三胺	14	117	203	16	岩石面破坏
	三乙烯四胺	15	107	186	22	岩石面破坏

表4   呋喃改性环氧树脂灌浆加固岩石测试结果

名称	固化剂		抗剪切（kg/cm²）		抗拉（kg/cm²）（劈裂法）	测试件破坏特征
			正应力	剪应力		
A₁ 改性环氧树脂	乙二胺	7	132	229	15	岩石面破坏
	二乙烯三胺	11	106	168	21	岩石面破坏
	三乙烯四胺	14	106	184	20	岩石面破坏
	多乙烯多胺	15	109	188	22	岩石面破坏
A₂ 改性环氧树脂	乙二胺	8	144	250	24	岩石面破坏
	二乙烯三胺	11	117	202	23	岩石面破坏
	三乙烯四胺	13	131	227	20	岩石面破坏
	多乙烯多胺	14	142	246	21	岩石面破坏

从裂隙灌浆粘接加固和岩石粘接的粘接层来分析，可以看出有三方面在受力（图7）。

岩石Ⅰ、岩石Ⅱ、粘接层，这三者只要有一方面因受力而破坏，粘接就失去意义。裂隙灌浆粘接加固和岩石粘接的目的，就是把岩石Ⅰ、岩石Ⅱ用粘接剂固定为一个整体。为此不仅要考虑到粘接剂与岩石的粘接力，而且还必须考虑被粘接的岩石自身的强度。不顾及岩石质地，单纯追求粘接剂的强度，是没有实际意义的。

环氧树脂的韧性差，而云冈石窟所处的气候条件，日平均温差在20℃左右，温差剧烈变化所产生的热应力，是一种疲劳性的冲击，因此需提高粘接材料的韧性，而韧性提高后又会降低粘接强度，所以只能因地制宜，解决主要矛盾。我们认为为提高韧性，而适当地降低一些粘接强度，是合理的。只要灌浆、粘接材料的粘接力的强度，不低于被粘接岩石之强度，就可以满足石窟加固工程的要求。

其二：呋喃改性环氧树脂B，是在呋喃改性环氧树脂A的基础上，改变配方和配制方法而制成的，即配制成呋喃混合体，然后再与双酚A型环氧树脂混合，经胺类固化剂固化即可。

呋喃改性环氧树脂B灌浆液，解决了呋喃改性环氧树脂A灌浆液因放热量大而易发生爆聚的不良现象。实验证明，呋喃改性环氧树脂B，灌注粘接云冈石窟砂岩，在抗拉、抗剪方面均高于岩体本身的强度（见表5）。应当说明的是，在配制呋喃改性环氧树脂时，随着反应温度的变化，其黏度将会增大，所以它适用于灌注5毫米以上的宽裂缝，遇到5毫米以下的细裂隙，不能用该材料灌浆，应选用呋喃改性环氧树脂A灌浆加固。

其三：防止漏浆污染。在环氧树脂灌浆粘接加固、残落部位归位粘接的过程中，都要防止漏浆。一旦溢漏，不仅影响施工速度和工程质量，更严重的是污染文物，有悖于施工目的。经过多次实验，基本上解决了这个问题。我们的方法是涂刷软肥皂或有机硅防水剂、光蜡、聚乙烯可剥漆来防止溢漏，方法简便而效果良好。

（二）环氧树脂加固工程施工工艺

围岩裂隙灌浆粘接加固工艺步骤。1. 清理裂隙内的污垢和积土，以保证灌浆粘接加固效果。2. 在裂隙周围涂抹防护涂料，以防漏浆污染。3. 用环氧树脂粘接液（见表6）加固裂隙边缘风化层，同时用环氧树脂胶泥由下向上封闭裂隙，并在裂隙上每隔20～30厘米安装一根直径0.6厘米的灌浆管（排气管）。对宽大的裂隙，应一边封闭一边在裂隙内填加干净的砂粒或碎石。4. 关闭灌浆管，从一个灌浆管内加入1～2个大气压，检查环氧树脂胶泥及其裂隙四周是否有漏气现象。5. 打开进浆管和排气管阀，加压1～2kg/cm² 开始灌浆。灌至饱和或所需高度时停止灌浆。灌浆时应注意由下向上逐层灌注，每次配制浆液控制在三公斤以内，气温不能低于10℃。6. 发现有渗液现象时立即减压，用粘接胶泥加以堵塞，并予加热使其快速硬化。也可以用软肥皂挤压渗液处，达到堵漏目的。7. 待浆液固化后，对维修部分加以修饰，使之保持与原壁的和谐一致。

残落部位归位粘接。云冈石窟断裂石雕，基本上有三种情况，一是原石断裂后断裂面比较完好；二是原石断裂面已风化互不吻合；三是原石经风化形成凹陷蚀空带。

凡需要粘接的断石，应首先清除断面污物，用粘接液加固断石面，然后再进行吻合粘接。粘接时应在断石边缘留出适当的空隙，避免粘接材料外溢造成污染。对凹陷蚀空处，应配制加工好的料石进行补砌粘接。粘接胶泥固化后，可作适当雕饰。

（三）其他加固方法和保护措施

1. 金属锚杆加固：采用金属锚杆加固石窟围岩，早在六十年代就在云冈石窟作过试验研究。当时采用的是楔缝式锚杆，钻孔里没有灌浆粘接加固，只是利用金属楔头与岩石之间的锚固力。经测试，六根锚杆锚固力平均为8.3吨，最高达到11.4吨，接近钢筋的极限强度（见表7）。缺点是锚杆受力后出现少量位移。

以后，我们把锚杆加固作为灌浆粘接加固的辅助手段，先用锚杆把悬石固定在崖体上，然后进行灌浆，因悬石受粘接剂与锚固的双重作用，所以石窟围岩裂隙的加固效果得到了明显的提高。

施工中应注意，锚杆的安装方向大致和裂隙走向相垂直，锚杆接近水平但必须是里高外低，以提高剪切力（图8）。锚杆要布成梅花形或梯形，防止锚杆在同一水平线或垂直线上。

表5　　　　　　　　　　　呋喃改性环氧树脂灌浆加固岩石测试结果

名称	固化剂		抗剪切（kg/cm²）		抗拉（kg/cm²）（劈裂法）	测试件破坏特征
			正应力	剪应力		
呋喃改性环氧树脂 B₁ 100	二乙烯三胺	20	121	210	21	岩石面破坏
	多乙烯多胺	30	220	280	16	岩石面破坏
呋喃改性环氧树脂 B₂ 100	多乙烯多胺	30	213	255	15	岩石面破坏

表6　　　　　　　　　　　环氧树脂粘接液、胶泥配方

6101 号环氧树脂	501 活性稀释剂	多乙烯多胺	岩石粉末	白水泥
100	20	16		
100	20	16	200	100

表7　　　　　　　　　　　　锚杆受力测试结果

钻孔（mm）		杆体（mm）				楔子（mm）				受拉力（T）
规格φ	深度	规格φ	杆长	缝长	缝宽	长度	宽度	上端厚	下端厚	
34	500	24	1300	150	3	150	21	21	2	8.3
40	500	27.5	1300	165	3	160	27	24	2.5	11.41
50	500	27.5	1300	153	3	150	25	31.5	2	8.31
40	300	27.5	1100	170	2.5	150	21	27	2	6.73
40	500	27.5	1300	175	3	145	25	21	3.5	9.05
34	700	27.5	1500	149	2.5	148	23.5	20	1.5	6.17

2. 荒料石包嵌钢筋混凝土框架支护加固：试验证明，整体护壁加固人工维修加固的痕迹十分明显，而且难以保护崖壁上遗存的雕刻品和恢复原状。为此，我们在总结整体护壁加固经验的基础上，采用钢筋混凝土框架外包嵌荒料石支撑崖壁悬石的方法，达到了预期的目的。对崖壁上小面积风化蚀空塌陷部位，还采用局部轧钢筋网浇注混凝土加固的方法，使崖壁既得到了加固又保持了外观的协调一致。

3. 防渗措施：云冈石窟渗水现象，在个别洞窟比较突出，为此我们曾在窟外崖顶浇注了钢筋混凝土防护层，并在局部范围内平整、夯实、填补了山顶低洼穴坑，同时在崖顶前沿垒砌了排水渠，对个别洞窟内的泉水也采取了降低水位，做渠疏导等措施。

4. 环境保护措施：长期以来在有关部门的配合下，我们为保护云冈石窟周围的环境采取了以下措施。首先，在石窟前栽种了防护林带。其次，将原石窟门前的公路改迁到了武州川岸边，并开辟了窟前广场。第三，调整了煤矿风井噪音方向并安装了消音设备。第四，禁止在石窟周围炸山取石。第五，经国家有关部门批准，划定了云冈石窟3.6 平方公里（东西长 2.275 公里，南北宽 1.565 公里）的保护范围，此范围以内的地下煤炭严禁采掘。这些措施，对云冈石窟的保护起到了一定的作用。

经过多年的研究与实践，我们已初步掌握了维修保护石窟寺的科学方法，现在的云冈石窟，断裂崖体已安全稳定（图 1b ~ 5b）。云冈石窟正以崭新的面貌迎接着国内外的研究者和旅游观光者的到来。

（摘自《中国石窟·云冈石窟》一，文物出版社，1991 年）

图 1a　第 5 窟栱门东壁力士修补前　　　　　　图 1b　第 5 窟栱门东壁力士修补后

图 2a　第 10 窟前室东壁　　　　　　　图 2b　第 10 窟前室东壁
　　　　与窟顶修补前　　　　　　　　　　　　与窟顶修补后

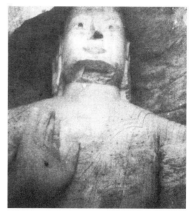

图3a 第18、19窟外崖壁修补前　　图3b 第18、19窟外崖壁修补后　　图4a 第19窟坐佛修补前　　图4b 第19窟坐佛修补后

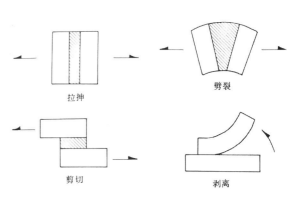

图5a 第20窟坐佛修补前　　图5b 第20窟坐佛修补后

图6 岩石剥离形式

图7 粘接层与岩石的受力

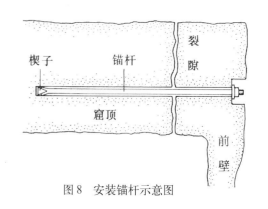

图8 安装锚杆示意图

云冈石窟环境监测分析报告

解廷凡　苑静虎

　　云冈石窟始建于五世纪中叶，千百年来这座举世闻名的艺术宝库风化剥蚀现象十分严重，从设立保护机构以来，我们通过多年来的调查、监测、分析、研究，已知造成石雕风化的因素很多，环境污染就是重要因素之一。对此，本文就石窟环境污染情况及其应该采取的保护措施分析介绍如下：

　　石窟区域内的大气中，SO_2（二氧化硫）、CO（一氧化碳）、NO_x（氮氧化物）与雨、雪相遇形成含有酸性的降水，与岩石接触加速岩石中长石的水解过程，并且与岩石中的胶结物也发生化学作用，破坏了岩石的稳定性，导致岩石力学机械强度下降，造成岩石风化。再者，大气中大量煤尘飘浮到石雕表面，形成具有一定活性的吸水剂和吸附剂，又为有害湿空气在石雕表面的凝结提供了极为便利的条件，在石雕风化过程中起到催化促进作用。因此，对石窟区环境污染物的监测分析研究，对于防止石雕风化有着十分重要的意义。

一　云冈石窟环境污染现状

　　近年来我们聘请大同市环境保护研究所人员，对于云冈石窟环境质量进行了测试，测试项目有 T.S.P（总悬浮微粒物）、降尘、SO_2（二氧化硫）、NO_x（氮氧化物）、CO（一氧化碳）、降水。测度位置三处，分别为五窟内、十六窟内、窟区。测试方法为一年监测四次，每季度测试一次，一次连续测试五天，每天测试四次，分别是 7 时、11 时、15 时、19 时，测试情况综合如下：

1. T.S.P（总悬浮微粒物）

　　云冈石窟总悬浮微粒物年日均值分别是：窟区 $0.516mg/m^3$，十六窟 $0.697mg/m^3$，五窟 0.429mg/m³；日均值冬季分别是窟区 0.715mg/m³，十六窟 0.859mg/m³，五窟 0.411mg/m³；春季分别为窟区 0.589mg/m³，十六窟 0.927mg/m³，五窟 0.463mg/m³；夏季分别是：窟区 0.393mg/m³，十六窟 0.373mg/m³，五窟 0.449mg/m³；秋季窟区 0.365mg/m³，十六窟 0.628mg/m³，五窟 0.399mg/m³，它们均超过了国家一级标准日均值不得超过 0.15mg/m³ 的标准，从实测数据计算超标率分别是窟区 75%，十六窟 95%，五窟 92%。T.S.P 变化情况见后附图 P-1 至 P-3。

2. 降尘

云冈石窟的降尘年平均值分别为窟区 52.563T/km².月，十六窟 84.035T/km².月，五窟 46.446T/km².月。降尘冬季平均为窟区 31.775T/km².月，十六窟 68.395T/km².月，五窟 46.625T/km².月。春季分别是窟区 86.851T/km².月，十六窟 161.438T/km².月，五窟 57.243T/km².月。夏季分别为窟区 44.983T/km².月，十六窟 60.217T/km².月，五窟 36.735T/km².月。秋季窟区 46.642T/km².月，十六窟 46.09T/km².月，五窟 45.175T/km².月。它们超过了国家规定 30T/km².月的标准，超标率分别为窟区 75%，十六窟 91.6% 和五窟 66.6%。降尘变化情况见后附图 P-4、5。

3. SO_2（二氧化硫）

云冈石窟大气中二氧化硫的含量，年日均值，窟区 0.093mg/m³，十六窟 0.075mg/m³，五窟 0.064mg/m³。均超过了国家大气环境质量一级标准年日均值不得超过 0.02mg/m³ 的规定，根据实测数据计算，窟区超标率为 37%。

另外，在同一测点，一年之中，冬季浓度最高日均值分别是窟区 0.17mg/m³，十六窟 0.187mg/m³，五窟 0.165mg/m³，它们分别是规定的日均值不得超过 0.05mg/m³ 的 3.4 倍、3.7 倍和 3.3 倍。在同一天里早 7 时和晚 19 时浓度最高分别为窟区 0.129mg/m³，0.085mg/m³，十六窟为 0.121mg/m³，0.076mg/m³，五窟为 0.092mg/m³，0.068mg/m³，中午 15 时最低分别为窟区 0.039mg/m³，十六窟 0.039mg/m³，五窟 0.031mg/m³。

从三个测试点总的年日均分析，窟区的浓度高于无窟檐的十六窟，而有窟檐的五窟最低。

二氧化硫变化情况见后附图 P-6 至 P-10。

4. NO_x（氮氧化物）

云冈石窟大气中的氮氧化物年日均值分别是窟区 0.031mg/m³，十六窟 0.033mg/m³，五窟 0.025mg/m³，根据实测数据计算，窟区超标率为 14%。

在同一测点数据表明冬季浓度最高，年日均值分别是窟区 0.055mg/m³，十六窟 0.054mg/m³，五窟 0.048mg/m³，窟区和十六窟都超过国家一级标准规定的日均值不得超过 0.05mg/m³ 的标准。在同一日里，7 时、11 时、19 时浓度较高，15 时最低。氮氧化物变化情况见后附图 P-11 至 P-13。

5. CO（一氧化碳）

云冈石窟大气中的一氧化碳，年日均值分别是窟区 1.714mg/m³，十六窟 1.739mg/m³，五窟 1.556mg/m³。

同一测点冬季最高分别是窟区 2.978mg/m³，十六窟 3.199mg/m³，五窟 2.879mg/m³，在一日中早上 7 时最高，分别是窟区 2.843mg/m³，十六窟 2.755mg/m³，五窟 2.556mg/m³。15 时最低，分别为窟区 1.256mg/m³，十六窟 1.61mg/m³，五窟 0.812mg/m³。一氧化碳变化情况见后附图 P-14 至 P-16。

6. 降水

云冈石窟区域内的降水测试分析表明，雨雪偏酸性，PH 值为 6.75；降水中含有 $SO_4^=$、NO_3^-、Cl^-、F^-，NH_4^+ 及一些金属离子。降雪中所含阴离子的浓度，高于降雨中所含阴离子的浓度，其中 $SO_4^=$ 阴离子降雪是降雨的七倍。降水分析见下表：

降水分析结果

离子 / 降水	PH	$SO_4^=$	NO_3^-	Cl^-	F^-	NH_4^-
雨	6.75	7.20	1.69	1.84	1.02	1.24
雪	6.75	51.51	4.77	9.85	0.64	0.35

注：金属离子略

二 云冈石窟环境污染的原因

云冈石窟地处大同煤田之中，周围大、中、小煤矿几十处，其中大型煤矿有：石窟西 4 公里的云冈矿，该矿年产原煤 400 万吨，现有生产、生活锅炉 35 台，年排废水 64 吨，年耗煤 3.2 万吨，煤矸石存量 227 万吨，占地面积 6 万平方米。石窟东南 2 公里晋华宫煤矿，年产原煤 300 万吨，有生产、生活锅炉 38 台，年排废水 75 万吨，年耗煤 5 万吨，煤矸石存量 126 万吨，占地面积 10 万平方米。石窟西北 1 公里处吴官屯煤矿，年产原煤 54 万吨，有锅炉 6 台，年排废水 2 万吨，年耗煤 1 万吨，煤矸石存量 10 万吨，占地面积 1 万平方米。石窟北 8 公里处是甘庄煤矿，年产煤 45 万吨，有锅炉 3 台，年排废水 18 吨。

另外，在石窟周围 10 公里内，有乡镇、军办煤矿 34 处，年产原煤合计 200 多万吨，年耗煤 3 万多吨，有个体土焦厂七家，年耗煤 22.5 万吨；有村庄 10 个，人口近万人，年耗生活煤 3 万吨；有各类厂家 12 所，人口约 6 万余人，锅炉 91 台，年耗煤 27 万吨（云冈石窟附近部分煤矿分布示意图见后附图 P – 17）。

综上所述，造成石窟污染的原因是：

1. 煤炭的生产与运输

云冈周围的煤矿年产原煤上千万吨，所有生产原煤均由云冈石窟前的同云公路和铁路运输到各地。据统计，石窟前公路每小时通过近千辆机动车辆，日均拉煤车多达 200 多车次，铁路机车日约 64 列，这些运煤车辆造成大量的降尘和飘尘的污染致使云冈石窟大佛身披黑衣，后附图 P – 1 至 P – 5 表明了飘尘和降尘污染十分严重，飘尘最高是规定的 27 倍，降尘最高是规定的 8.9 倍。运煤车辆和其他机动车辆还排放出大量的污染气体如 SO_2、NO_x、CO 等造成空气的污染，同时生产原煤还排放大量的污染物，也加剧了石窟环境的污染，因此，煤炭的生产与运输是造成石窟大气污染的重要原因。

2. 燃煤

石窟区周围的工业、生活能源均以燃煤为主，生产及生活锅炉、民用炉灶、煤矸石的自燃，产生大量 CO（一氧化碳）、SO_2（二氧化硫）、NO_x（氮氧化物）等污染物。

我们从附图 P – 5 至 P – 16 和降水分析中可以看出，污染程度一般是冬季高于其他几季，早晚高于其他时间，这是由于冬季和早晚燃煤量增加所至。

3. 旅游

随着旅游事业的发展，来云冈石窟参观的游人与日俱增，年均达三十万人次。每年五月至十月为旅游旺季，在此期间参观人数的增多，致使窟内扬起的尘土十分严重。后附图 P – 3 表明了这一点。游人呼出的水气、二氧化碳以及热量均是石窟的有害因素。对此不可忽视。

另外气候因素影响着石窟环境污染的程度。云冈石窟地处大同盆地，属大陆性半干旱气候，这里终年以西、西北风为主，在云冈石窟西、西北集中有多处煤矿，这些煤矿产生的污染物随风迁移至石窟区内，加剧了污染程度，测试结果也表明春季风速较大，大气中飘尘、降尘含量明显高于其他季节。在冬季和早晚污染甚于其他时间，这不仅仅是因为这段时间里燃煤量的增大，而且也由于这个季节和时间风速弱小，在近地面易形成逆温层，限制了空气流通，致使空气中污染物二氧化硫、一氧化碳、尘埃等不易向水平和垂处方向扩散稀释，因而，有害成分的含量会明显增高。这些均可在后附图中看到。

三　石窟环境污染发展趋势预测

随着经济形势的发展，云冈石窟附近的厂矿企业在不断地增建和扩建，其中小煤窑的发展速度更是惊人，1989 年调查乡镇煤矿只有 8、9 家，到 1991 年调查已经发展有 34 家，年产 400 万吨的大型煤矿云冈矿，将扩建至年产 600 万吨，并要新建一座洗煤厂。晋华宫矿计划新建 120 万吨炼焦煤洗煤厂一座。吴官屯煤矿要建为年产 60 万吨中型煤矿。石窟西约 10 公里处新建的特大煤矿燕子山煤矿、四台沟煤矿、高山煤矿不久将投入生产和运行，随着这些企业的扩建和新建，运输车辆必定增多，必将在气候不利因素的作用下，加剧云冈石窟环境污染。

四　应采取的防护措施

1. 建议有关部门加强对煤矿综合治理，比如统一供热，煤矸石覆盖防止自燃，密闭储煤、严禁露天烧焦，运输煤炭洒水湿润加盖篷布遮拦。

2. 建议在云冈石窟前村镇内及公路两侧，大面积种植树木和草皮，增强植物的净化空气能力，提高地区环境质量。

3. 在云冈石窟主要洞窟增建保护功能性窟檐，其他洞窟设置防护性纱帐。这一点十分必要，我们从前面的分析数据中可以看出一般有窟檐的污染比无窟檐的污染轻微些，尤其是飘尘和降尘十分明显。另外适当控制参观游客人数，减少污染物进入洞窟之机会。

4. 研究防风化涂料，加固已风化石雕，增强石雕表面抗污染能力。

5. 配备专人，购置监测仪器，建立长期监测机构，按照石窟保护要求进行全天候监测，通过连续不断监测掌握污染变化情况，采取相应的治理防护措施。

可以设想，上述几种措施的实施，会在一定时期内改变云冈石窟环境条件，减少环境污染对石窟的损害，有利对石窟石雕风化的综合治理。

（文中数据处理和附图绘制是由美国盖蒂保护研究所提供的微机系统，对此表示衷心的感谢。）

（摘自《北朝研究》1994 年第 2、3 期合刊）

NO$_x$ of Yungang Crottoes

the averages of year

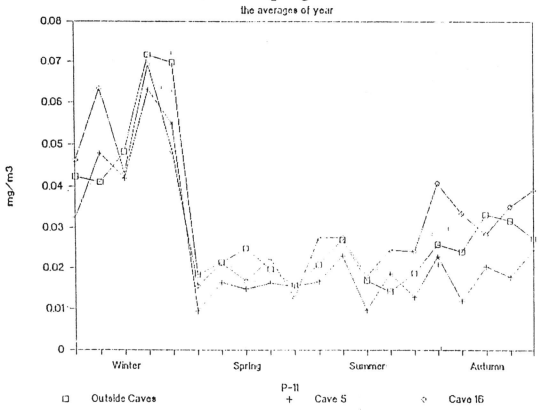

P-11

□   Outside Caves   +   Cave 5   ◇   Cave 16

T.S.P of Outside Caves,Yungang

the averages of year

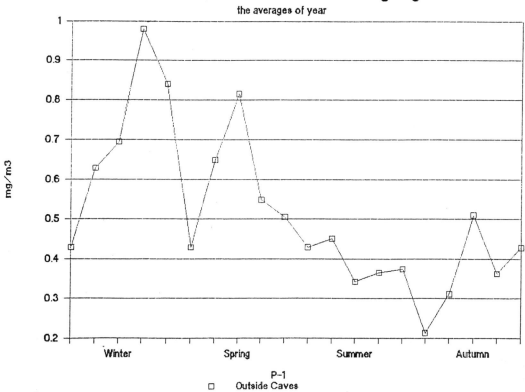

P-1
□   Outside Caves

T.S.P of Cave 5, Yungang Grottoes
the averages of year

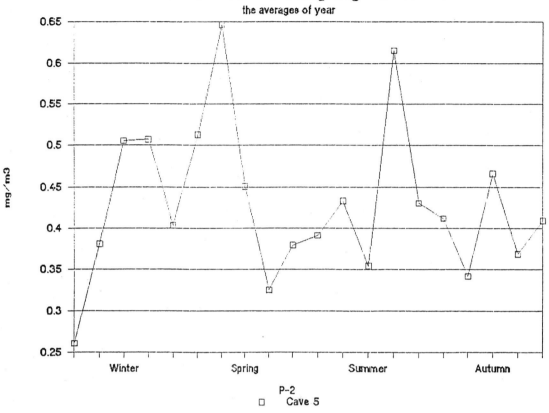

P-2
□ Cave 5

T.S.P of Cave 5, Yungang Grottoes
the averages of year

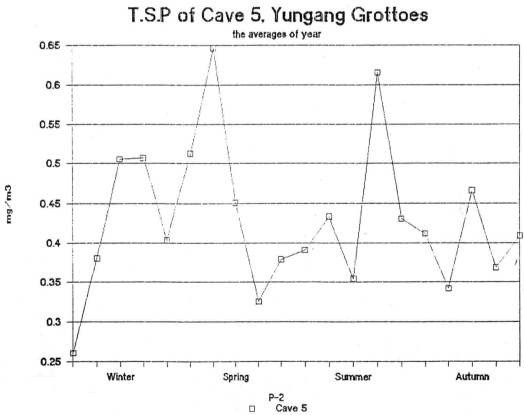

P-2
□ Cave 5

T.S.P of Caves,Yungang Crottoes

the averages of year

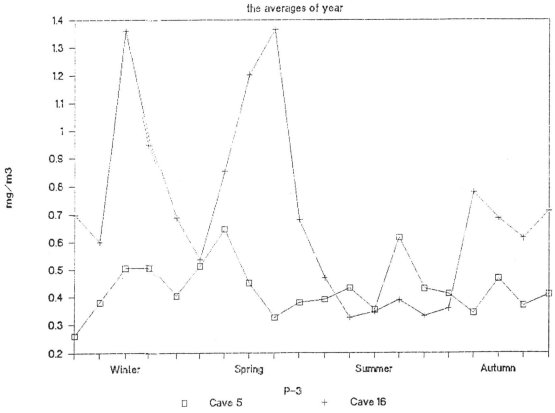

P-3

□ Cave 5 + Cave 16

Fallout of Caves,Yungang Grottoes

the averages of year

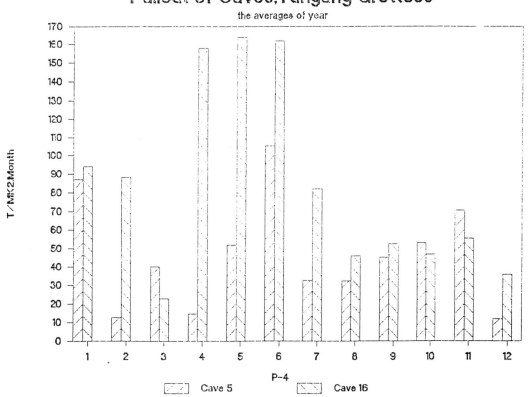

P-4

Cave 5 Cave 16

Fallout of Outside Caves.Yungang

the averages of year

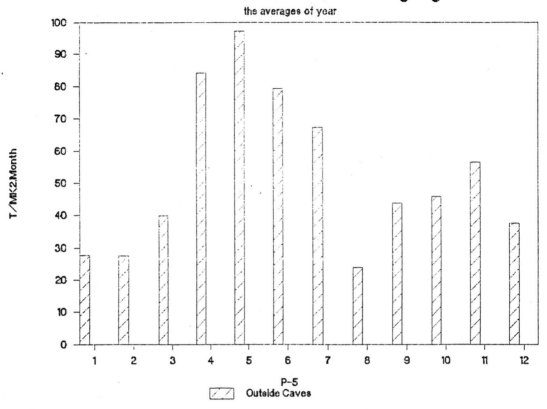

P-5

⬜ Outside Caves

SO2 of Yungang Crottoes

the averages of year

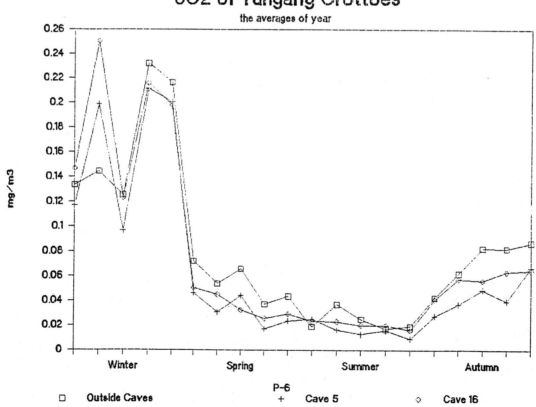

P-6

⬜ Outside Caves   ＋ Cave 5   ◇ Cave 16

SO2 of Outside Caves.Yungang Grottoes

the averages of year

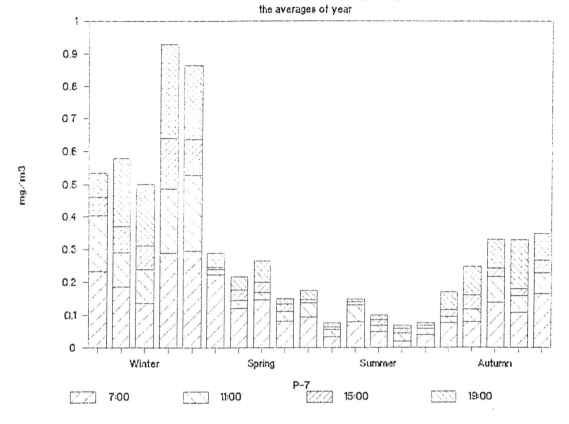

mg/m3

Winter   Spring   Summer   Autumn

P-7

7:00	11:00	15:00	19:00

the averages of year

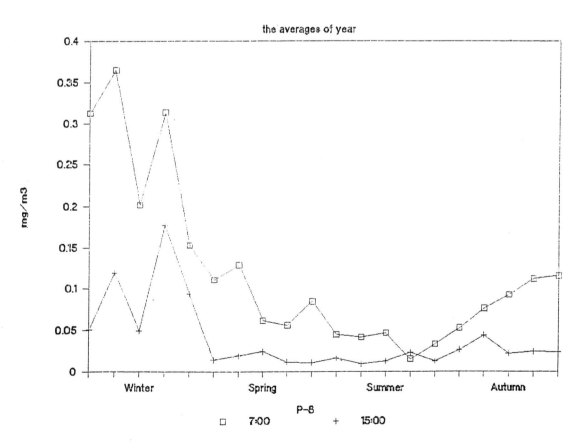

mg/m3

Winter   Spring   Summer   Autumn

P-8

□ 7:00   + 15:00

SO2 of Cave 5. Yungang Grottoes

the averages of year

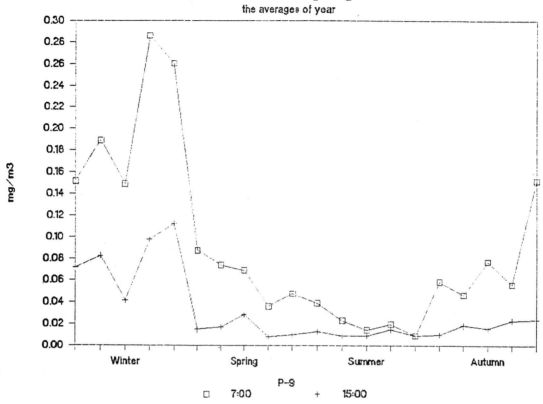

P-9

□   7:00   +   15:00

SO2 of Cave5 And Outside Caves.Yungang

the averages of year

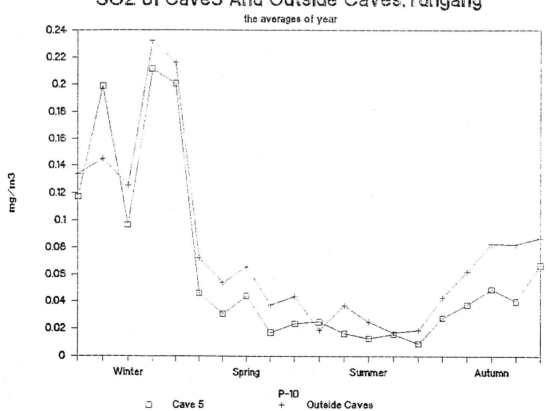

P-10

□   Cave 5   +   Outside Caves

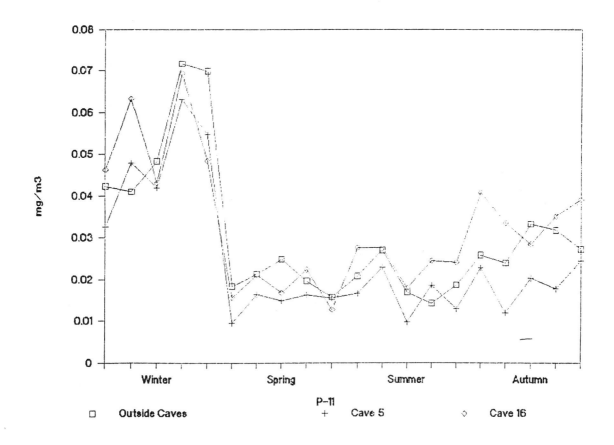

NOₓof Outside Caves,Yungang Grottoes

the averages of year

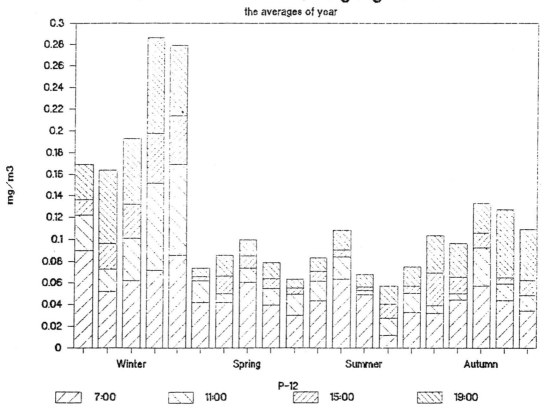

0.3
0.28
0.26
0.24
0.22
0.2
0.18
mg/m3
0.16
0.14
0.12
0.1
0.08
0.06
0.04
0.02
0

Winter   Spring   Summer   Autumn

P-12

⧄ 7:00   ⧄ 11:00   ⧄ 15:00   ⧄ 19:00

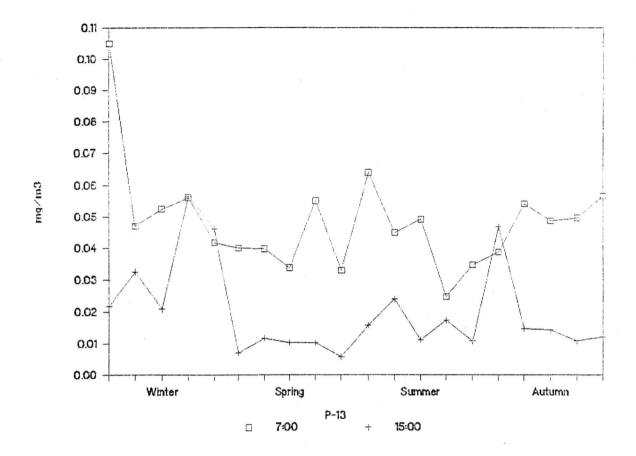

P-13

□ 7:00   +   15:00

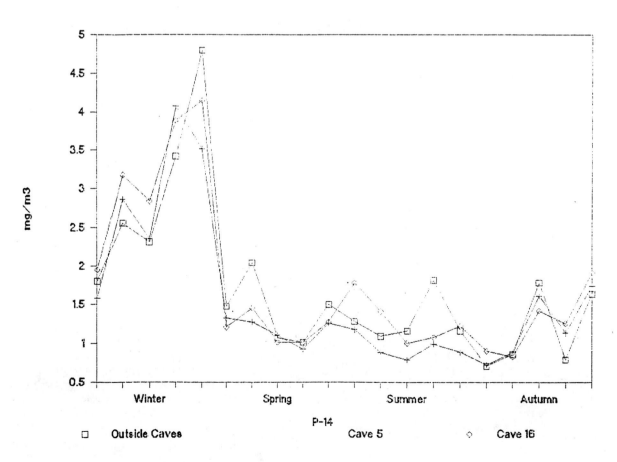

P-14

□   Outside Caves   Cave 5   ◇   Cave 16

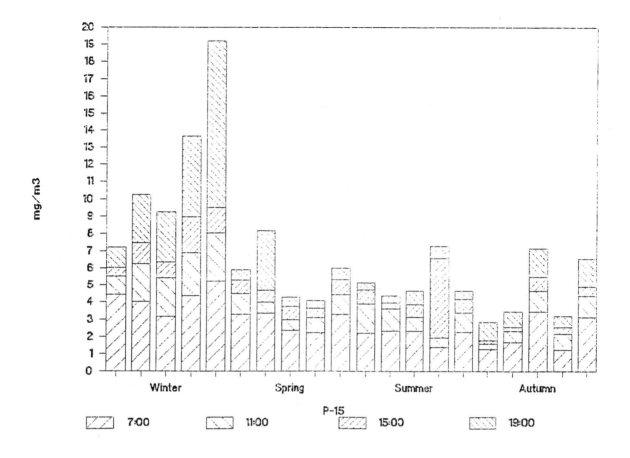

P-15

| 7:00 | 11:00 | 15:00 | 19:00 |

CO of Cave 16.Yungang Grottoes

the averages of year

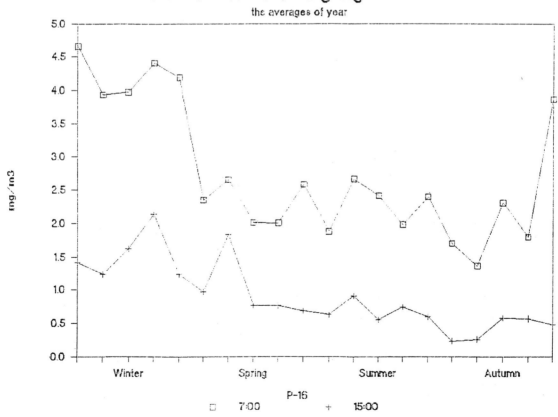

P-16

□ 7:00   + 15:00

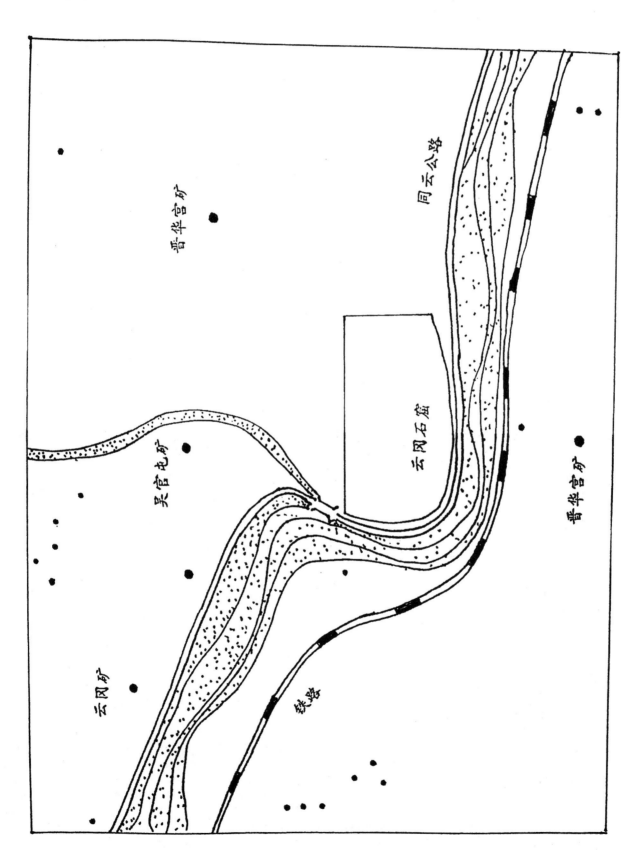

石窟邻近部分煤矿分布示意图

云冈矿

吴官屯矿

晋华宫矿

铁路

云冈石窟

晋华宫矿

同云公路

云冈石窟地质特征研究

黄继忠

位于山西省大同市西郊的云冈石窟，背依武周山，面临十里河，东西绵延一公里，现存主要洞窟45个，大小造像51000多尊。它开凿于1500年前的北魏时期，是我国规模最大的古代石窟群之一，以石雕造像气魄雄伟、内容丰富多彩著称于世，具有强大的艺术魅力。它与甘肃敦煌莫高窟、河南洛阳龙门石窟并称为我国三大石窟，也是闻名于世的世界文化遗产。

云冈石窟地理位置为东经113°20″，北纬40°04″。从区域地质特点来看，本区正位于著名的大同侏罗纪沉积盆地西缘。石窟位于波状起伏的低山丘陵区，地形标高1133 – 1178米。石窟砂岩透镜体与十里河最大高差约30米左右。本区为大陆性半干旱气候，年平均气温在7 – 10°C。月平均变化幅度40%，年平均降雨量为423.8毫米，降雨多集中在7 – 9月，月平均达100毫米以上。积雪在200毫米左右。年平均蒸发量为1745.8毫米。六月份蒸发量最大为801.8毫米，十二月份最小为74.9毫米。结冰期为十一月至次年三月。冻结深度为1.5米。全年无霜期为150天左右。

千余年来，在自然界各种营力的作用下，石窟的风化现象十分严重。多年来的研究表明，石窟风化是一个极其复杂的问题，既与目前的环境污染有关，但更为重要的是其本身雕刻处的岩石特性、水文地质、工程地质特点。所以研究云冈石窟的地质特征，对于云冈石窟的保护特别是石窟防渗排水、风化石雕的治理具有重要的意义。

一 云冈石窟区域地质特征

根据石窟自然地形，由石窟岩体中的两个冲沟将石窟分为东、中、西三个部分，其中中部为云冈石窟的主要洞窟所在，即编号第5至第13窟。

1. 地貌

本区地貌类型较简单，按其成因类型，可分为云冈石窟顶部高台地构造剥蚀低山丘陵和十里河河谷侵蚀堆积阶地两大地貌单元，其中后者按成因又可分为河流冲洪积层和近代河流冲洪积层及残坡积层。冲洪积层主要分布在云冈石窟北部古河道的高台地上，属古河道边缘的冲洪积层和古河床相的冲洪积层。近代河流冲积和坡积层主要分布在云冈石窟以南十里河以北的一级阶地上，或石窟东西部之间的沟谷中和高台地缓坡上的近代坡积混杂物。

石窟区内发育冲沟两条，一位于第 4 窟与第 5 窟之间，另一条位于第 13 窟和第 14 窟之间，冲沟的特点是坡降较大、较陡，切割深度较大。

2. 地层岩性

云冈石窟保护区内出露的地层比较简单。主要是中生界侏罗系云冈组和新生界第四系上更新统及全新统地层。其中侏罗系云冈组主要是云冈统上部的一个砂岩透镜体，岩性为中粗粒长石砂岩夹有泥岩、砂质泥岩。石窟就雕刻在这一砂岩透镜体之上。

3. 地质构造

云冈地区位于山西台背斜大同平鲁拗陷区东北端。为一个北北东向的箱形向斜构造，两侧受断裂影响，局部呈倒转状。东北部还出露一系列北东及北北东向的中断层及正断层。云冈统主要分布在云冈镇粟家沟兴旺庄等地区。与大同统地层呈平行不正和接触。厚度 120 – 210 米。本区地层出露主要以中粗粒长石砂岩为主夹砂质泥岩。区内地层产状平缓一般倾角 3 – 4°。倾向多为北西 – 北东向。断层和裂隙均不太发育。表明各种构造活动比较微弱。

4. 水文地质①

本区地下水主要有风化壳网状裂隙水以及上层滞水等类型。

云冈石窟是雕刻在云冈统上部砂岩透镜体上的文化遗产，地形上为低山丘陵高台地。从顶部钻孔勘探资料知其上部覆盖层主要以上更新统地层的轻亚黏土、亚黏土及沙砾石层和中更新统地层的亚黏土。由于顶部地形高低不平以及人为地影响，低洼区较多，造成大气降水的贮存，为地表水入渗创造了条件。在顶部的西部和中间冲沟东部的砂岩顶部均有不同厚度紫红色泥岩和砂质泥岩夹层以及亚黏土层。大气降水入渗到这些

---

① 《大同云冈石窟工程地质勘察报告》，山西省地质矿产局第三综合勘察公司，1990 年 3 月。

层位时，由于呈透镜体范围不大，故一部分水绕层入渗；另一部分水以薄膜水的形式存在于泥岩与亚黏土中。受基岩夹层泥岩与砂质页岩透镜体的影响入渗，受阻后以上层滞水测形式存在于泥岩透镜体中。由于本区基岩产状近于水平并且砂岩中泥岩与砂质泥岩隔水性好，故上层滞水能够长期贮存，而排泄渠道主要是通过石窟砂岩中的裂隙和孔隙。

二 云冈石窟工程地质特征

根据工业与民用建筑工程地质勘探规范 TJ21 - 77，岩石坚固性分类强度大于 300 kg/cm^2 为硬质岩石，小于 300 kg/cm^2，为软质岩类。据岩（土）体的岩性组合、结构、构造和物理力学指标以及工程地质特征，可以将云冈石窟岩（土）体分为如下几种类型：

1. 整体块状和厚层夹薄层状坚硬岩类：

指中粗粒、粗粒长石石英砂岩、厚 - 巨厚层状以及厚层状细砂

岩和中砂岩。其抗压强度大于 300kg/cm^2（一般均在 600kg/cm^2）。

a）中粗粒长石砂岩。结构面间距大于 30 - 100 厘米，为厚层状夹薄层状整体块状结构。新鲜岩石中等硬度，脆性，泥砂质、铁质胶结（表一）。

表1 云冈石窟细、中砂岩岩石力学性质[①]

取样地点	18 窟顶部北侧 2 号探井					
岩石名称	细砂岩		中砂岩			
取样深度（m）	2	3	4	5	6	7
天然抗压强度 kg/cm^2	1049	967	823	874	940	818
弹性模量 EX10					3.76	4.44
泊松比					0.14	0.30
比重					2.63	2.63
容重 g/cm					2.52	2.51
吸水率%					1.72	1.63
备注	从垂直岩面算起覆盖层厚 5 - 7m					

---

① 《文物保护与环境地质》，潘别桐、黄克忠，中国地质大学出版社，1992 年。

b）粗粒长石砂岩结构面间距大于 50cm。为厚－巨厚层状，抗压强度大于 300kg/cm²，由下向上颗粒由细变粗。普含小砾石。新鲜岩石中等硬度，性脆，透水性弱。胶结物以泥砂质、铁质胶结。局部斜层理发育（表二）。

表 2　云冈石窟粗砂岩岩石力学性质

取样地点	18 窟顶部北侧 2 号探井		备注
岩石名称	细砂岩		
取样深度（m）	8	9	从垂直岩面算起覆盖层厚 5－7m
天然抗压强度 kg/cm²	572	586	
弹性模量 EX10³	3.32	1.50	
泊松比	0.17	0.19	
比重	2.63	2.63	
容重 g/cm	2.44	2.33	
吸水率%	2.95	4.17	

2. 薄层－中厚层状软到半坚硬岩类

指薄层状长石砂岩粉夹砂－细砂岩和中厚层状泥质粉砂岩。结构面间距 30－50 厘米，抗压强度大于 300kg/cm²，为硬质砂岩。

岩　性	抗压强度 kg/cm²	弹性模量 kg/cm³	泊松比
页岩与细砂岩	1317	3.35	0.27

3. 薄层－中厚层状软弱岩类

指泥岩、砂质泥岩。其岩性软弱强度低，抗风化能力差，遇水膨胀，易软化。地表风化后呈散体状和散块状剥落堆积。基岩类属最差工程地质组。该层岩石抗压强度一般小于 300 kg/cm²，微软质岩类。

4. 松散岩类

该岩类主要分布在本区北部古河道的高台地顶部，覆盖厚度 1—8 米不等。在冲沟两侧厚度堆积较大。根据其成因可分为：中更新统、上更新统（轻亚黏土、沙砾岩）和全新统地层。

三　云冈石窟主要工程地质问题

云冈石窟区工程地质问题主要表现是：裂隙发育、顶部渗水、岩体崩塌和石雕风化。

1. 石窟岩体裂隙

云冈石窟区内裂隙发育种类较多。由于受构造影响,故以构造裂隙为主,同时发育有风化裂隙及岸边裂隙和卸荷裂隙。它们在外表特征上有明显的差异,对石雕砂岩的破坏作用以及引起的工程地质问题都有所不同。一般构造裂隙宽度由0.1-2.0厘米,且有泥沙充填,少数为闭合裂隙。而风化裂隙的发育很不规则,多呈不规则的网状或杂乱无形的状态。裂隙面不太平整。区内裂隙的另一个特征是,在坚硬或中等坚硬的砂岩中,裂隙相对发育,而在较弱的泥岩或砂质泥岩中,裂隙相对不发育。在整个出露的地层中,从表层往下,裂隙的开口由宽变窄,直至闭合的发育特点。

各种裂隙的发育对岩石的整体性破坏都不同,而对石窟围岩及立壁面岩体的稳定性影响也不相同。裂隙的发育不仅降低岩石的力学强度,同时为顶部渗水提供了良好的通道,更进一步加速了石雕文物的风化。

2. 石窟顶部渗水状况

近几十年的研究表明,云冈石窟石雕风化的最主要原因之一是顶部渗水。窟区顶部大气降水一部分通过地表径流的方式排泄出本区;另一部分由于地形的影响在低洼区形成积水,除少量直接蒸发之外,大部分向地下入渗,主要表现在二个方面:

(1) 入渗的部分水通过表层轻亚黏土以渗透系数 $2.04 \times 103^{-4} \sim 7.2 \times 10^{-4}$ cm/s 的速度向下部砂砾石渗透。而砂砾石渗透系数为 $8.68 \times 103^{-2} \sim 2.37 \times 103^{-2}$ cm/s,故在砂砾石中以该速度渗透至基岩顶面。通过钻探资料知,基岩顶部并不平整,入渗下去的水向低洼区汇集然后通过连通型好的裂隙或孔隙继续向下入渗,顺裂隙或水平层理面而排泄。一般情况下渗水量小而呈湿润现象,而在雨季时则以滴水或微弱流水的方式排泄。

(2) 入渗的另一部分水通过表层轻亚黏土和砂砾石向下部基岩入渗遇砂岩中夹层泥岩、砂质页岩相对隔水层阻水形成上层滞水。由于贮水条件好而长期贮水,并通过连通性好的节理裂隙,以长期补给的方式排泄。此种现象主要出现在石窟西部砂岩夹泥岩的透镜体中。典型的有云冈石窟第14窟、第21窟及第23窟等。

3. 石窟崩塌

由于云冈石窟开凿在武周山南崖,故卸荷裂隙十分发育,这类裂隙走向平行与岩体边坡走向,常常构成石窟寺所在边坡岩体失稳的滑移面或崩落破坏面。再加岩体中的构造裂隙、风化裂隙、层面、断裂面或剪切带、软弱夹层等结构面,常构成边坡失稳的各种切割面。各种不同成因的岩石裂隙的互相切割，使石窟寺所在边坡形成了可能变形、滑移、崩塌、错落的分离体，导致石窟寺岩体边坡的失稳[①]。云冈石窟洞窟的坍塌现象在建国前是十分普遍的，如著名的第二十窟露天大佛就是由于前立壁倒塌而暴露在外的。

4. 石雕的风化

云冈石窟自北魏开凿以来已有 1500 余年的历史，由于自然界各种营力的作用，风化现象十分严重。就砂岩而言，以岩性影响为主而导致的风化可以分为：刷落状风化、页片状风化、锯齿状风化和洞穴状风化；以裂隙影响为主而导致风化的可以分成：板状风化、网络状风化、圆块状风化和砖块状风化。就粉砂岩和砂质页岩来讲，其风化主要受裂隙控制，并可分为以下三种：碎块状风化、劈柴状风化和波状风化。

石雕风化的主要原因是北壁及顶部渗水、空气凝结水以及毛细水，湿度、温度的骤变，空气污染物的作用，盐类的运移膨胀等。

尽管石窟的风化原因是复杂的、多方面的，既与其所处环境的气候、空气质量等因素有关，但更主要的是与其所开凿的岩体及其地质环境有关。气候、空气质量等要素是石窟风化的外因，岩体及其地质环境是石窟风化的内因，外因只是通过内因起作用，内因才是决定其风化程度的根本，所以研究石窟的地质特征对于研究石窟风化原因及石窟保护具有十分重要的意义。

（摘自《东南文化》2003 年第 5 期）

---

① 《岩土文物建筑的保护》黄克忠，中国建筑工业出版社，1998 年。

云冈石窟的科学保护与管理

黄继忠

云冈石窟是北魏王朝建都平城（今山西省大同市）期间留下的一座历史丰碑。它历史悠久，规模宏大，内容丰富，品味高雅，尤以高超的技艺和独特风格在我国雕塑艺术史上占有重要一页，这座集历史价值、艺术价值和科学价值于一体的民族瑰宝、人类遗产，是了解和研究我国古代社会政治、经济、文化、艺术以至宗教信仰等方面的珍贵资料。今天，它已成为国内外各界人士参观游览的重要场所，也是国际朋友倾慕和向往的旅游胜地。

云冈石窟创建于公元 5 世纪中叶（公元 460 年），距今已有 1500 多年的历史。千余年来这座举世闻名的艺术宝库坍塌、风化及人为破坏十分严重。面对历史遗留的残状，共和国建立以后，1950 年对云冈石窟进行勘测调查，1955 年正式成立专门保护管理机构，1960 年国家文物局召开"云冈石窟保护会议"，至此，揭开了云冈石窟科学保护的序幕。1961 年国务院公布云冈石窟为全国重点文物保护单位，1965 年公布云冈石窟保护范围，包括重点保护区、安全保护区、地下安全线，形成上中下立体交叉与远中近多层保护体系，以确保石窟安全，为保护石窟打下了良好的基础。

多年以来云冈石窟开展了大量的保护工作，建立了一支专业保护队伍，不断进行着石窟保护的科学研究。保护的核心问题是治理，治理的首要条件是要弄清石窟的病害及原因。云冈石窟开凿在侏罗纪云岗统砂岩透镜体上，该区域岩性疏松、裂缝较为发育。再加上削山为壁，开凿石窟破坏了原来山崖的整体结构，使所有洞窟前壁失去支撑力，产生减荷作用，在原始构造裂隙基础上又产生了剪切岸边裂隙，致使许多洞窟裂隙纵横交错，悬石累累，险象丛生。针对石窟病害和破坏情况，20 世纪 60 年代初，云冈石窟有关保护人员就开始了"石窟危岩裂隙灌浆加固"和"残断落石归安粘接"的科学研究工作，应用"丙烯酸酯类"先后对云冈第 1 窟塔柱，第 10、11 窟前立壁的佛龛座、佛头部进行化学灌浆粘接试验，取得了一定效果。随着粘接强度高、耐腐蚀、工艺方便的高分子材料——环氧树脂的问世，使工艺复杂、使用不便、不适合大面积灌浆加固的丙烯酸酯类被取而代之。70 年代初，科学保护人员应用环氧树脂进行了大量的粘接试验，将研究成果应用在云冈石窟第 1 窟门拱、23、32 窟裂隙灌浆加固，同时还对一些残断落石进行了归安粘接。在此基础上，又结合传统的拉锚支护技术对 1、2 窟前立壁进行了锚杆固定加固和混凝土浇注支护。经过几年的研究和试验，应用高分子材料结合传统加固技术为石窟保护开辟了一条新路。

进入七十年代，遵照已故周恩来总理"云冈石窟要三年修好"的指示，按照"抢险加固、排除险情、保持现状、保护文物"的原则，对一些主要洞窟进行了大规模的抢险加固。经过三年的加固，使岌岌可危的悬石裂隙得以治理，残断落石归安原位，抢救了一大批濒临坍塌的洞窟，保证了石窟及游人的安全。为此"石窟围岩裂隙灌浆粘结加固"的研究成果于 1978 年获得国家科学大会奖，并且推广到国内一些石窟的加固中。但石窟风化这个带有根本性的问题未能得到解决。

石窟的稳定性已基本解决，石窟的风化问题就显得分外突出，需深入研究，采取针对性的方法加以治理。1990 年在云冈石窟召开了"云冈石窟石雕风化治理规划"专家论证会。随后，在中央领导同志的支持下，各级政府分别拨款，从 1990 年又拉开了云冈石窟"八五"保护维修工程的序幕。云冈石窟"八五"维修保护工程，是在 1990 年专家论证的基础上，就造成石雕风化的主要原因——水（大气降水、凝结水、毛细水）和环境污染而进行的综合性治理的重大工程举措。五年来，在各级党政领导的支持关怀下，经过工程领导组成员和工程技术人员的共同努力，对石窟保护采取防渗排水、改善环境、修建保护性窟檐、加强基础设施建设等相应的综合性治理措施，主要完成了以下几个项目的保护工程：降低窟前地面，进行考古发掘、铺墁石条、修筑排水渠道；石窟崖顶绝对保护区修建保护性围墙；修建第七、八窟木结构窟檐工程；洞窟保护维修加固工程；石窟顶部防渗试验研究工程；《大同市云冈石窟保护管理条例》及《云冈石窟规划》的研究制定。此外，"八五"期间还进行了第 1～4 窟近景摄影测绘；改造修整 1、2 窟泉水排水渠、蓄水池等多项配套小型工程。进行了粉尘对石雕的影响、云冈石窟防风化材料的研究等科研工作。

一 降低窟前地面，进行考古发掘、铺墁 石条硬化、修筑排水渠道

窟前原存的砖砌路面和积土地面系七十年代临时所需设置，窟外地面道路的标高明显超出窟内的地面，使大部分洞窟在雨季时发生雨水倒灌现象，直接对洞窟底层两米以内的雕刻造成水蚀作用，对石雕保护非常不利。所以，降低窟前地面、疏导排水、防止

雨水倒灌及毛细水上升是保护石雕的一项重要措施。这项工程的实施，既根治了因水蚀而造成的洞窟底部雕刻的风化，又消除了石窟游览区因游客参观行走而引发的尘埃污染，同时也彻底改善了石窟游览区的环境面貌，为游人提供了优美舒适的旅游休闲环境。

配合降低地面铺石硬化工程，从 1992 至 1993 年历时两年对第 1~4 窟、第 9~20 窟进行了科学系统的考古发掘，发现大量遗物和遗迹，取得了前所未有的成绩。发掘遗物中有北魏、唐、辽、金及其他时期的石雕造像、虎头门墩、龙头、狮子、石制磨盘、石盖、钱币、瓦当和各种筒板瓦建筑构件以及生活器皿等 600 余件。发掘遗迹中有北魏及辽金时期古河坝、建筑柱穴、供佛台基等。这些遗物和遗迹的发现，不仅对了解历史地貌、开凿石窟程序及技术提供了宝贵的实物资料，而且对弥补历史文献不足增添了实质性的补充，同时又极大地丰富了云冈石窟及其周围历史的内涵。对此，国内著名的文物专家、学者均给予了充分肯定，认为这次考古发掘成绩显著、意义重大。为此，云冈石窟窟前考古发掘于 1993 年被评为"全国十大考古新发现"之一。

二　石窟崖顶绝对保护区修建保护性围墙

云冈石窟窟顶为明代屯兵城堡，经常有人在窟顶活动，直接威胁着窟顶的监测设备和窟前游客的人身安全。特别是窟顶铺设防渗层后，为确保防渗层不被人为损害和窟前游客的人身安全，需要设置一道保护性围墙。这项工作是为实施科学保护措施、安装研究监测设备、保证游人和文物安全以及科学保护管理的需要而进行的一项基础性建设。

三　修建第七、八窟木结构窟檐工程

修建木结构窟檐，是防止石雕风化而采取的一项工程手段。它既可以隔离煤尘污染，阻止酸雨的直接侵蚀；又可避免洞窟内温湿度的急剧变化，是治理洞窟石雕风化的有效方法之一。云冈石窟第 7、8 窟为一组双窟，原来 8 窟的木构窟檐形式结构与 7 窟相同，根据 8 窟崖壁上方残存的梁孔和椽眼排列规律，按照 7 窟的木构窟檐形式可以有依据地恢复 8 窟的窟檐。从 7 窟残存的木构窟檐来看系清代建筑，这组窟檐的复原门窗装修参照 5、6 窟顺治八年的建筑式样，梁架部分根据实际情况略作调整，内部增加立柱，以减轻窟檐对崖壁的压力。遵照国家文物局的批示，依据设计要求，修建了第 7、8 窟木结构窟檐。修建后的窟檐，从质量到外观都达到预期效果，令人满意。对此，工程领导组给予充分肯定。

四　洞窟保护维修加固工程

石窟维修加固保护工程，是一项防止洞窟崩塌的成熟而有效的工程方法。"八五"期间对第14窟、无名窟、第33、34、第40～45窟，采取传统方式，即牵拉铆固，外包嵌水泥砂浆荒料石，内浇注砼框架支护加固，并结合科学保护手段，用环氧树脂对裂隙进行灌浆粘接加固。经上述方法处理后的洞窟，不仅有效的排除了坍塌险情，解决了石窟稳定性问题；而且最大限度地保持了石窟的原貌，为整个石窟环境面貌的改善，增添浓重的一笔。

五　石窟顶部防渗排水试验研究工程

云冈石窟石雕风化的主要原因是受水的长期侵蚀及各种盐类富集于石雕表面而造成的损坏。雨水通过窟顶的风化裂隙、岸边裂隙、构造裂隙等进入窟内侵蚀石雕是最普遍而严重的一种破坏形式。据统计目前有8个洞窟渗水严重，至于洞窟后壁潮湿现象就更加普遍。鉴于裂隙的分布没有规律，而窟顶和后壁的渗水有些是崖顶积水沿裂隙直接进入窟内的，也可能有远处的补给水，这就增加了防渗工程的难度和复杂性。"八五"期间进行的石窟崖顶防渗排水是治理大气降水渗入洞窟引起石雕风化而进行的现场试验研究。若能通过试验研究完全截留并迅速排走大气降水，那么就可以全部或部分地解决这一十分棘手的问题。

为此，由国家文物局牵头，山西云冈石窟文物研究所与中国文物研究所及美国盖蒂保护研究所合作，针对云冈石窟顶部防渗排水工程进行了现场试验。中美合作结束后，于1995年在山顶明城堡内，在不破坏原有植被保护自然地形地貌的情况下，垫高低凹蓄水地带，打通阻水脊梁，将水送至堡南专设的排水明渠，按预定方向排走。这样处理后，观察现场，大气降水绝大部分按预定方向排走，只有个别地方仍有蓄水遗痕。尽管蓄水面积不大但仍须认真处理，并采取适当的监测方法，取得科学数据以达到试验的目的。

六　《大同市云冈石窟保护管理条例》的制定

经过文物工作者的多方努力，云冈石窟的科学保护得到了明显改善，但石窟的岩石风化问题，周边环境对石窟的影响问题还很突出，为此，针对石窟地下蕴藏大量优质煤、周围煤矿多，以及近年来空气污染造成石雕风化加剧的实际，根据文物保护法及有关法律法规，结合大同市的情况起草了《大同市云冈石窟保护管理条例》，经过专家和省、市地方立法部门历时一年多的考察论证，先后易稿修改 20 余次，该条例终由 1997 年 8 月 22 日大同市十届人大常委会第三十一次会议通过，1997 年 9 月 28 日山西省八届人大常委会第三十次会议批准。此条例是全国大型石窟寺第一个关于保护方面的地方性法规。它的颁布实施，对云冈石窟的保护必将起到积极的作用。

七　研究制定《云冈石窟规划》

1993 年，山西云冈石窟文物研究所委托中国城市设计研究院对云冈石窟进行总体规划和窟前区详细规划。经过规划部门及文物部门近两年的研究论证，国家和省文物局召集专家组多次审核，有关人员反复修改，于 1995 年形成了最后文本，报请国家文物局于 1996 年 10 月批准了《云冈石窟规划》。本规划本着保护第一的原则以及近期建设与远期目标相结合；历史与现实相结合、发展与可能相结合以及文物保护与工农业生产相结合的双利原则，统筹考虑了云冈石窟内部、外围景点、云冈（村）镇、109 国道云冈段改线以及外围环境控制地带的保护、调整与发展规划；考虑了云冈石窟在积极保护的前提下，如何把握研究管理、旅游欣赏、旅游服务以及发展建设等各方面的关系；提出了远期和近期的发展目标，并对近期建设项目提出了具体安排，为云冈石窟的未来发展提供了依据。

八　109 国道改线工程

云冈石窟位于大同煤田之中，上世纪 90 年代以来，随着经济的迅速发展，距离石窟仅仅 350m 的 109 国道云冈段交通量与日俱增，大吨位煤车超载现象比比皆是，仅运煤车平均每天即达 16000 余辆。由此引发的粉尘和废气的污染十分严重，同时，也给云冈石窟石雕的保存带来新的严重的威胁。经文物保护者多方呼吁，这一现象引起国内外各界人士的普遍关注。109 国道云冈段改线工程受到全国人大、全国政协、国家计委、交通部以及省、市各级领导的亲切关怀。省委、省政府、市委、市政府为此专门做出相应措施，责成省交通厅、市公路局等有关部门进行勘查、改线方案的设计以及各方案的环境评价和研究工作。从 1992 年起，经过多达五个设计方案的反复筛选，并多次组织有关专家、学者进行论证，最终形成一致意见。国家拨 2.6 亿元专款，用于在距离石窟 1500 米以外，建设一条全长约 30 公里的运输新线，同时将原有公路开辟为旅游专线。109 国道云冈段的改线工程，是建国以来云冈石窟保护历程中继 1974～1976 "三年工程"和 1991～1996 年 "八五维修工程"之后的第三个里程碑。109 国道云冈段的改线方案实施后，此段运煤公路已远离石窟安全保护区，这样既解决了煤尘对石雕造成的污染，从而保护了石窟，又确保了煤炭的运输，真正体现了文物保护工作中的"两利"方针。运煤车的绕行，将使大同市区至云冈这条交通干线的环境面貌从根本上得以改善，交通状况得到根本性的好转，为云冈石窟的保护、大同市的旅游业发展创造了良好的条件。

九　申报世界文化遗产

为了更好地保护好云冈石窟这一人类历史遗产，进一步扩大云冈石窟的知名度，促进云冈石窟、大同市乃至山西省的旅游业发展，1999 年大同市人民政府提出申报云冈石窟列入《世界遗产名录》。

申报云冈石窟列入《世界遗产名录》，对云冈石窟保护工作是一次有力的推动和全面的促进。可以以申报为契机，对自身的保护管理工作进行改进和提高。可以对照世界遗产保护管理要求，解决长期困扰遗产保护管理工作中的老大难问题，净化云冈石窟周围环境风貌。可以促进云冈石窟保护工作与国际接轨。申报世界文化遗产工作不仅可以在全世界宣传我们自己，也可以取得许多有益的知识、技术、甚至资金和人才。申报云冈石窟列入《世界遗产名录》可以提高云冈石窟在国内、国际的声誉，更重要的是提高整个城市的知名度，不仅对云冈石窟的文物保护事业，而且对大同市的旅游发展乃至"二次创业"及经济发展具有重大的现实意义和深远的历史意义。

申报期间，由省政府有关部门成立了申报云冈石窟列入《世界遗产名录》领导组，大同市市委、市政府成立了申报云冈石窟列入《世界遗产名录》委员会。首先根据文化遗产评审的标准，结合有关专家的建议，大同市申报云冈石窟列入《世界遗产名录》委员会提出云冈石窟周边环境整治的详细具体规划和目标，并按照时间进度逐项落实。由于这一问题涉及面广，大同市政府各有关职能部门通力合作，截至目前为止，共拆除石窟前有碍观瞻的建筑物、构筑物计 5 万余平方米。目前，该项工程仍在继续进行中。由于云冈石窟具有的不可替代的文物价值，而且又得到很好的保护，2001 年 12 月联合国教科文组织第 25 届世界遗产委员会通过云冈石窟列入《世界遗产名录》。

十　防水保护工程

多年以来，针对云冈石窟的保护问题国内外有关科研院所做了大量研究和保护维修工作。但由于各种原因的局限，石窟风化这个带有根本性的问题未能得到解决，云冈石窟渗水这一引起石雕风化的根本问题没有得到彻底的解决，水对石雕的保存依然存在着严重的影响。

新华社《国内动态清样》2001 年第 163 期登载了《大同云冈石窟顶部渗水严重》的情况后，中央有关领导就治理云冈石窟渗水问题，分别作了重要批示。2002 年 2 月 5日，山西省人民政府与国家文物局在太原联合召开了"大同云冈石窟防渗保护工作会议"，拉开了云冈石窟防水保护工程的序幕。云冈石窟防水保护工程是全面治理影响云冈石窟文物保存最根本的因素——水害的系统工程。该工程是国家文物局"十五"期间重点工程之一。本项目的工作方针是立足于石窟的长远保护，综合考虑各种水害因素，做到突出重点，全面治理。工程中要坚持现代科学手段与传统保护方法相结合，整体设计与分段治理相结合，力求通过该项工程，使水害造成石窟加速风化的问题得到基本控制。

建国以来，云冈石窟文物研究所在云冈石窟的保护、研究与开发利用方面做了大量卓有成效的工作，使文物的保存状况得到了极大的改观，旅游设施、旅游环境得到了极大的改善。为旅游开发利用创造了十分便利的条件。石窟的保护工作是一个复杂的、长期的工程。随着时间的推移，石窟雕刻会不断出现新的问题，随着科学技术的发展，新技术新材料也会不断地出现，所以我们的保护工作是一个不断反复，不断提高的过程。在云冈石窟的文物保护方面还有许多不尽人意的地方，如石窟的风化问题问题依然存在，石窟外围景观与石窟仍存在不协调的现象等等，所有这些都是我们今后工作中必须逐步解决的问题。

《云冈石窟规划》为我们提出了远期和近期的发展目标，并对近期建设项目提出了具体安排，为云冈石窟的未来发展提供了依据。《大同市云冈石窟保护管理条例》的颁布为《云冈石窟规划》的实现提供了有力的法律保障。

我们得相信，有党和国家以及省市各级领导的关怀，社会各界有识之士的支持，云冈石窟的保护工作一定会做得更好。我们最终的目的：建立起完善的保护、防护体系，使区内文物古迹资源得到有效保护；建立起较完善的游览服务和科研管理体系；实现规划区的规划布局结构的调整，使布局结构趋于合理；旅游业有较大发展；云冈村镇建设得到有效的控制；环境控制区内山区林地覆盖率达 60％以上，石窟的历史环境初步恢复。使云冈石窟成为文物史迹保存良好、旅游便利、设施完备、环境优美、管理体系完善的世界文化遗产地、国家重点文物保护区和风景旅游胜地。

（摘自《文物世界》2003 年第 3 期）

云冈石窟主要病害及治理

黄继忠

引起石质文物破坏的原因很多，涉及范围广而且复杂，破坏的类型也很多，总的来说，可以分为两个大类：一类是由于自然界各种营力的作用引起的病害，如石雕溶蚀、风化剥蚀、渗水、崩塌等；另一类是由于人类活动引起自然环境的改变，在改变后的自然环境营力作用下，引起原有病害的加剧或诱发新的文物环境蚀变等。本文着重介绍在云冈石窟存在的主要病害类型及治理的主要措施。

一　水害及治理

降水及由此引起的渗水、漏水和积水是室外文物中最常见的，也是对石质文物危害最大的病害，在云冈石窟可以分为以下几种情况：

1. 降水

云冈地区虽说是大陆性半干旱气候，年平均降雨量为 423mm 左右，但降雨多集中在 7~9 月，月平均达 100mm 以上，而且由于石窟前的窟檐毁于辽代战火，现仅存清代遗存的 5、6 窟窟檐。其余石窟外壁全部暴露在自然之中，致使外壁雕刻几乎损毁殆尽。如第 9、10 窟，第 12 窟前的六棱柱暴露在外的雕刻已全部损毁，甚至出现失稳的倾向，而内侧雕刻保存完好；"昙耀五窟"（第 16~20 窟）外壁雕刻已所剩无几，仅存的雕刻也只是模糊不清的轮廓而已。

解决降水对石雕的影响通常采用修建保护性窟檐的方法。根据 5、6 窟清代窟檐形制，1992、1993 年修复了第 7 窟窟檐，并恢复第 8 窟窟檐。目前，"五华洞"（第 9~13 窟）保护性窟檐正在设计论证之中。窟檐的修建，既可以解决雨水对文物的直接冲刷的问题，又可以防止日晒，同时可以使洞窟内保持相对恒定的温度和湿度，利于石质文物的保存。

除直接对表面文物冲刷之外，更为严重的是窟顶雨水通过岩体裂隙或砂岩层理渗入洞窟之中，使洞窟北壁大面积潮湿或直接渗流。这种形式的水是目前影响云冈石窟石雕保存的最严重的因素之一，是云冈石窟北壁大量精美雕刻严重风化的原因。这种形式的水不仅影响面广，而且治理起来十分复杂。目前进行的云冈石窟防水保护工程重点解决的问题之一就是顶部渗水。

2. 毛细水

云冈石窟在建国之前的很长一段时期内曾处于无人管理的状态，窟内普遍积水。21个大的洞窟内有 14 个窟曾长期积水，7 个洞窟底面低于窟外路面，雨水经常倒灌窟内。砂岩较大的孔隙率使地表层的毛细作用水吸至壁面 2m 左右的高度。雨季时窟内潮湿，旱季时窟内变干燥，如此长期干湿交替，使洞窟内下部石雕全部损毁。

治理毛细水的办法主要是采用降低地下水位，减少雨水倒灌。建国以来，由于云冈石窟周边煤矿的大量开采，地下水位明显降低，给文物的保存带来一定益处。上世纪90 年代，在云冈石窟窟前实施的硬化、下降地面工程基本上解决了雨水倒灌的问题，毛细水对洞窟下层雕刻的影响已大大减缓。

3. 凝结水

当空气中水汽含量不变且气压一定时，如果气温不断降低，空气将逐渐接近饱和，当温度降低至使空气刚好达到饱和的温度称之为露点，这时空气中水汽开始凝结，这种形式的水称之为凝结水。凝结水一般水量不大但影响面非常广，这一问题在国内外研究文献较少涉及。

1990 年，我们选用试纸、玻璃、塑料布和岩样几种材料在云冈石窟进行凝结水试验，试验地点选在第 5 窟内东壁及诵经道。除玻璃和塑料两种材料在所选时间内凝结水量太少无法称量外，其余两种试验比较成功。通过计算，在 1470 分钟内，5 窟诵经道内凝结水重量平均值为 19.3145g，东壁试验点达 21.5797g。粗略估算，5 窟表面砂岩的凝结水量可达 28kg 之多。由此说明窟内表面砂岩凝结水量是很可观的[①]。

二 裂隙及岩体崩塌

云冈石窟开凿在十里河北岸的武周山南麓陡峻的边坡岩体之上，由于卸荷作用发育

---

① 山西省地矿局第三综合勘察公司．云冈石窟顶部防渗工程地质调查及试验报告．1990。

岸边卸荷裂隙。这类裂隙走向平行于崖壁走向，倾向与边坡一致，倾角等于或略大于坡角，构成了石窟寺所在岩体失稳的滑移面和崩落破坏面。岩体中普遍存在的构造裂隙、风化裂隙、层面、断裂面或软弱夹层等结构面与岸边卸荷裂隙等互相切割，使石窟岩体形成了变形、滑移、错落、坠落的分离体，导致石窟边坡岩体的破坏，既对文物又对游客的安全构成极大的威胁。

此外，由于洞窟岩体内各种类型的裂隙发育和交切，为水的入渗和渗流，石雕表面盐类的运移和积聚提供了良好的通道，危及文物。

70 年代以来，文物保护工作者针对裂隙及岩体崩塌的问题，采用环氧树脂进行裂隙灌浆及锚杆加固的方法，基本上解决了整个洞窟的稳定性，但雕刻局部的开裂等问题仍不同程度地存在，需要有针对性地进一步开展研究及保护工作。

三　风化

石窟文物的风化是普遍存在的，是影响文物保存的关键问题。风化一般分为物理、化学和生物风化三种，在云冈石窟主要是前两者。物理风化对石雕的破坏主要有太阳紫外线的辐射，温度与湿度的变化使表层中水与气体体积的热变化；干湿交替使各种矿物质产生不同的胀缩，组成岩石的颗粒物质之间连接遭到破坏，以至成为松散破碎状态。随着破碎程度的增加，岩石的物理力学性质也相应发生变化，岩石的孔隙度，表面积相应增加，密度、比重等相应减少[①]。例如水在岩石孔隙和裂隙内冻结时体积将膨胀 9%，在岩石内产生压力，常常造成岩石颗粒空间加大，使石雕开裂，降低强度，加大了水的渗透性。同样地，由于岩石比热较小，组成岩石的各种矿物具有各不相同的膨胀系数。在太阳辐射热的影响下，岩石各部分温度升降，体积膨胀不一致，因而在岩石内部产生压应力和张应力，应力长期交变作用的结果削弱了矿物颗粒间的联结而发生破碎。再如石雕表面聚集的含结晶水盐类，在干燥环境中失去或减少结晶水，体积收缩，形成粉末，当处于低温或高温环境时又吸水膨胀，结晶时产生压力，加速了矿物颗粒间连接的破坏和裂隙的扩张。

化学风化主要是指石雕在水和空气的参与下发生化学反应逐渐使岩石破坏，不仅改变了岩石的物理状态，而且改变了岩石的化学成分，并有新的物质产生。化学反应先是由岩石矿物元素开始的。在风化过程中，起主要作用的是水，有水的参与，风化作用才比较明显。在云冈石窟的雕刻中，凡通过岩石层理或裂隙渗出水的壁面和雕刻，其风化程度与相对缺水的地方形成明显的对比，风化作用要严重得多。

---

① 林华，浅谈石材的风化．石材，2002.10）

化学风化主要有溶解、水化、水解、氧化和硫化等方式。水解作用主要表现在砂岩中的正长石，吸水形成高岭石及铝矾土的分解过程，如下式所示：

$$4K [AlSi_3O_8] + nH_2O \rightarrow 4KOH + 8SiO_2 + Al_4 [Si_4O_{10}] (OH)_8$$

（正长石）　　　　　　　　　　　　（高岭石）

$$Al_4 [Si_4O_{10}] (OH)_8 + nH_2O \rightarrow 2AL_2O_3 \cdot nH_2O + 4SiO_2$$

（高岭石）　　　　　　　　　　　　（铝矾土）

关于风化石雕的保护问题，目前国内外均采用一定的化学材料（包括憎水与加固两种作用）喷涂在风化石雕表面，从而提高其强度及抗风化能力，减缓石雕的进一步风化速度。多年来，国内外学者曾就云冈石窟风化问题进行了大量试验，其中主要有丙烯酸类和有机硅类材料。但由于云冈砂岩的特殊性和所处环境的特殊性，目前为止还没有一种可以满足云冈石窟防风化要求的材料。

四　环境污染

大气中的污染物是造成目前我国文物快速风化的重要原因之一。资料表明，我国同类型文物 10 年内风化的程度相当于日本和韩国 100 年内风化的程度[①]，由此可见我国的环境污染对石质文物的严重影响。

由于大同的空气污染主要是煤烟型污染，云冈地区的环境监测也表明，空气中 SO_2 的含量严重超标。而云冈砂岩中的胶结物中含有大量的 $CaCO_3$，在水的参与下，胶结物发生变化，失去了胶结作用，致使石质文物表面产生严重的风化，其腐蚀过程如下：

$$CaCO_3 + SO_2 + O_2 + H_2O \rightarrow CaSO_4 \cdot 2H_2O + CO_2 \uparrow$$

$$或 CaCO_3 + H_2SO_4 \rightarrow CaCO_4 \cdot 2H_2O + CO_2 \uparrow$$

硫化作用的主要机理是含有 CO_2、SO_2 的雨水渗透或冲刷石雕表面时，在酸性环境中，砂岩的钙质胶结物发生变化，形成硫酸钙。而硫酸钙中结晶水的含量又与温度变化有着密切的关系。在常温下，硬石膏水化成石膏时，体积增大 31%，产生 0.15Mpa 的膨胀压力，极易把酥松岩石胀裂，形成片状剥落或粉末状脱落。

云冈地区最主要污染物除 SO_2 外还有煤尘，据监测数据，云冈空气中粉尘的含量冬季五日平均含量为 $0.627mg/m^3$，按国家二级标准即超标率为 100%；夏季五日平均含量为 $0.359mg/m^3$，超标率为 80%（109 国道改道前监测值）[②]。大量的煤尘降落至石雕表面，不仅严重地影响其美观，成为世人所说的"卖碳翁"形象，而且粉尘对 SO_2 气

①　曹信孚，我国大气污染已严重影响文化遗产．上海环境科学，1995，2。
②　黄继忠，煤尘对云冈石窟石雕的影响（复旦大学硕士学位论文），1996。

体和水的吸附，进一步加速了 SO_2 气体对石质文物表面的影响。

针对环境污染，特别是粉尘污染的问题，云冈石窟文物研究所进行了大量的研究。上世纪 90 年代，云冈石窟文物研究所与美国盖蒂保护研究所进行了合作研究，分别对有窟檐的第 6 窟和敞开的第 9 窟内的大气漂尘量及化学成分等进行了监测和分析，同时进行了模拟空气进入洞窟和颗粒物沉降速率的空间分布研究，说明云冈村和 109 国道云冈段是石窟区空气中漂尘的重要来源。为了解决云冈石窟区严重的空气污染引起的石雕风化，国家及地方于 1997 年、1998 年共投入资金 2.5 亿元实施了 109 国道云冈段的改线工程和旅游专线的修建工作。为了申报世界文化遗产，大同市又投入巨资，实施云冈村的搬迁及云冈石窟周边环境的综合治理。目前，云冈石窟周边的环境质量已有极大的改观，不仅为中外游客提供了比较宜人的旅游休闲环境，而且改善了文物保存的环境。

随着科学技术的进一步发展，新材料、新手段将不断应用于云冈石窟的保护工作中；随着各级政府不断加大的投资，云冈石窟的文物将得到更好的保护。

（摘自《雁北师范学院学报》2003 年第 5 期）

粉尘对云冈石窟石雕影响的研究

黄继忠　　张俊芳

一　云冈石窟概述

位于我国山西省大同市西郊的云冈石窟，背依武周山，面临十里河，东西绵延一公里，现存主要洞窟 45 个，大小造像 51000 多尊。它开凿于 1500 年前的北魏时期，是我国规模最大的古代石窟群之一，以石雕造像气魄雄伟、内容丰富多彩著称于世，具有强大的艺术魅力，它与甘肃敦煌莫高窟、河南洛阳龙门石窟并称为我国三大石窟，也是闻名于世的世界文化遗产。

近几十年来，随着经济的发展，云冈石窟周围的自然环境发生了很大的变化，环境污染对石雕的威胁日益严重。现石窟附近有大中小煤矿几十座，年产原煤达 700 多万吨，石窟西是云冈矿，年产煤 400 万吨，东南是晋华宫矿，年产原煤 120 万吨，北面有社队小煤窑近十座，年产原煤 180 万吨。有矸石堆放处 17 处。石窟地区的主要交通有大同—燕子山铁路专用线，大同至左云、云冈至新荣区公路，109 国道改线之前这些线路均为大同地区煤炭运输干线。石窟周围年运输原煤量约 700 万吨，各厂矿锅炉运行及民用燃煤量约为每年 30 万吨，周围堆放矸石体积约为 569 万立方米。

云冈石窟周围工业及生活能源均以燃煤为主，故大气污染为燃煤型污染，石窟地区的主要大气污染源来自各厂矿生产及生活锅炉、矸石山自燃、民用炉灶及交通运输带来的二次扬尘，主要污染物是燃煤产生的二氧化碳、二氧化硫、氮氧化物、悬浮颗粒及扬尘。

二　云冈砂岩特征

1. 砂岩矿物成分及特征

通过偏光显微镜鉴定并配合 X 光粉晶衍射分析，确定该砂岩为一种成分复杂的长石石英杂砂岩。它的矿物成分为：长石、石英、高岭石、方解石、白云石、绢云母及岩屑。该砂岩的胶结类型为孔隙式胶结，矿物颗粒多为棱角状，分选性差，成熟度低，孔隙较大，并且有良好的贯通性。

2. 水溶性盐

云冈石窟砂岩中的盐分按其溶解度可分为中溶盐（石膏）、易溶盐（六水泻盐、泻利盐、芒硝、天然碱、含水矿物（矽钙石）、赤铁矿等[①]。

三　云冈石窟粉尘特征

1. 物理学特征

云冈石窟降尘的平均密度为 $\rho = 2.2\mathrm{g/cm^3}$，粒度直径大于 $2.1\mathrm{\mu m}$ 的年平均为 $378\mathrm{\mu g/cm^3}$，粒度直径小于等于 $2.1\mathrm{\mu m}$ 的年平均为 $130\mathrm{\mu g/cm^3}$。可见云冈石窟区降尘以大于 $2.1\mathrm{\mu m}$ 的为主，约占总量的75%。

2. 粉尘的主要化学成分

采用 PHILIPS SEM—505 扫描电子显微镜 EDAX—9100 型 X 射线能谱仪（以下简称 EDAX）对粉尘样进行了大面积定量分析[②]，共分析三个区域，其主要化学成分的分析结果见表1

表1　粉尘的主要化学成分

化学成分 样品名称	Al_2O_3	SiO_2	K_2O	CaO	Fe_2O_3	TiO_2	S^*	C^*	H_2O^*
十九窟粉尘样品	11.33	39.46	2.65	10.08	6.99	0.55	1.83	19.62	7.49

注：标有 * 者为化学分析结果

3. 粉尘的主要矿物成分

经显微镜鉴定和采用日本理学电机公司生产的 RAX—10 型旋转阳极全自动 X 射线衍射仪分析粉尘中的主要矿物有石英、高岭石、钾微长石、云母和石膏，还有少量的方解石、褐铁矿、赤铁矿、磁铁矿、黄铁矿及较多的粉煤等。粉尘的 X 射线衍射见图1。

---

① 黄克忠、解廷藩，云冈石窟风化治理对策研究《文物保护与环境地质》中国地质大学出版社，1992。
② 清华大学分析化学教研室《现化仪器分析》清华大学出版社，1983。

四　粉尘破坏石雕的实验研究

1. 粉尘对 SO_2 吸收的对比

C1 为 10％ 的 SO_2 气氛中的粉尘样品，C2 为 1％ 的 SO_2 气氛中的粉尘样品，针对 C1、C2 中硫酸盐含量的变化，经 X 衍射分析表明：C1 即在高 SO_2 浓度的情况下，粉尘吸附 SO_2 气体产生的硫酸盐较 C2 多。X 衍射分析结果见图 2。

2. SO_2 气体对砂岩样品的腐蚀试验

室内模拟试验是研究石质腐蚀的重要方法[①]，使用这种方法可以观察一种或多种因素变化对石质腐蚀的影响，从而了解粉尘在石质腐蚀过程中的作用。

2.1　室内模拟试验

在干燥器内配制不同浓度的 SO_2 气体，选用新鲜（取自岩石深部）和风化（岩石表层）两种材料样品。每种材料制成 4 块光薄片，用高倍显微镜观察和拍照，并通过 X—衍射和扫描电镜对岩样的物相和化学成分进行分析。然后将每组样品各取二个，分别置于不同浓度 SO_2 气体的干燥器中，并保持高湿度的环境中分别对照两种样品，在其中一个光薄片表面均匀撒一层取自洞窟内的粉尘（约 200mg）。

影响材料腐蚀的因素很多，化学因素（如 SO_2、NO_X、O_3、CO_2、颗粒物和各种酸类等）、物理因素（如阳光、温度、湿度、风向、风速等）对材料的腐蚀都有影响[②]。本研究选择了气相 SO_2 和颗粒物这两个主要标志作为室内模拟试验的变动因素，其它因素恒定不变。在进行腐蚀试验时，气相 SO_2 浓度分别达到 1％ 和 10％，湿度保持大于 90％。

腐蚀气体 SO_2 根据下式制得：

$$2NaHSO_3 + H_2SO_4 = 2H_2SO_3 + Na_2SO_4$$

$$H_2SO_3 = SO_2 \uparrow + H_2O$$

2.2　石雕砂岩样品的制备

两种砂岩的编号分别为 W41 和 N340，其中 W41 组为近表面风化程度较强的砂岩，N340 为深部风化程度相对较弱的砂岩，我们将两组砂岩分别磨制四个光薄片，光薄片上的矿物厚多在 0.03mm 左右。在腐蚀试验前分别在光薄片上选定分析区域和特征的矿

---

① 王文兴，酸沉降对材料破坏的损伤函数的研究《环境科学学报》，1995.1。
② 陈恩龙等，重庆大气酸沉降与钢材腐蚀《环境科学》，1993，15（2）。

物进行分析和测试，然后在选定的区域进行腐蚀试验，再对腐蚀后的已选定的区域进行同样的分析测试并尽量保持分析测试的一致性，以便研究两组砂岩腐蚀前后的变化情况。

2.3　对比两组砂岩的主要矿物及相对含量和化学成分

A　两组砂岩的主要矿物及其相对含量

经显微镜鉴定和 X 射线衍射分析表明两组砂岩中的主要矿物种类相似，其相对含量有一定的差异。主要矿物有石英、高岭石、钾微长石，其次为云母、赤铁矿、褐铁矿石膏、方解石、绢云母、重金石、钛铁矿、金红石、锆英石、黄铁矿、氯化钠等[①]。W41 和 N340 两组砂岩光薄片显微镜下主要矿物相对含量定量结果见表 2

表 2　两组砂岩样主要矿物相对含量

主要矿物 样品名称	石英	钾微长石	高岭石	黑云母	赤铁矿	褐铁矿	其它	总量
W41 砂岩样	46. 19	15. 21	32. 48	2. 57	0. 93	1. 71	0. 91	100
N340 砂岩样	42. 78	19. 04	30. 79	1. 78	3. 57	1. 43	0. 61	100

从表 2 可以看出，W41 组钾微长石含量较 N340 组低，而高岭石较 N340 组高，说明在表面的砂岩中钾微长石风化蚀变成为高岭石。

B　化学成分的比较

表 3　两组砂岩化学成分

化学成分 样品名称	Al_2O_3	SiO_2	K_2O	CaO	Fe_2O_3	TiO_2	S^*	H_2O	SiO_2/Al_2O_3
W41 组砂岩	14. 95	72. 49	2. 54	0. 55	4. 66	0. 32	0. 00	4. 30	4. 85
N340 组砂岩	14. 32	73. 48	2. 51	0. 46	4. 79	0. 19	0. 00	4. 20	5. 13

W41 和 N340 两组砂岩的化学成分见表 3。表 3 表明云冈砂岩风化规律中 SiO_2/Al_2O_3 值大则风化程度较轻，SiO_2/Al_2O_3 值小则风化程度较强[②]，分析值的 SiO_2/Al_2O_3 值说明 W41 组砂岩风化程度较强，印证了文献报道的结论。

2.4　腐蚀试验前后两组样品的对比

A　W41 组腐蚀试验前后的对比　这里主要对比了两组样品的化学成分，长石成分和砂岩组分。

---

① 黄继忠，《煤尘对云冈石窟的影响》（复旦大学硕士论文），1996。

② 黄克忠、解廷藩，云冈石窟风化治理对策研究《文物保护与环境地质》中国地质大学出版社，1992。

（1）W41 组腐蚀试验前后的对比

在扫描电镜下，选定分析区域，放大 71.5 倍，进行全视域大面积分析，W41－1～4 腐蚀试验前后的分析区域保持相同，4 个样品的分析结果见表 4。

表 4　W41 组腐蚀前后化学成分

化学成分 编号		Al_2O_3	SiO_2	K_2O	CaO	Fe_2O_3	TiO_2	S*	H_2O	SiO_2/Al_2O_3	W.I
W41－1	前	15.34	70.87	2.62	0.97	5.16	0.72	—	4.30	4.619	0.083
W41－1	后	15.40	71.07	2.88	0.48	4.45	0.80	0.62	4.30	4.615	0.081
W41－2	前	15.29	70.99	2.43	0.67	6.32	—	—	4.30	4.619	0.077
W41－2	后	16.06	70.35	2.27	0.49	6.16	0.21	0.16	4.30	4.375	0.074
W41－3	前	15.11	73.74	2.60	0.15	3.54	0.56	—	4.30	4.880	0.074
W41－3	后	15.19	73.16	2.80	0.26	2.80	0.97	0.52	4.30	4.814	0.078
W41－4	前	14.70	74.36	2.50	0.42	3.72	—	—	4.30	5.059	0.074
W41－4	后	12.29	76.45	2.16	0.15	3.95	0.40	0.30	4.30	6.220	0.068

（2）W41 组砂岩中长石成分的比较

砂岩中钾微长石和胶结物中的钙质成分较石英、高岭石属易蚀变的矿物。为研究腐蚀试验的效果，选定基本无蚀变现象的钾微长石为特征矿物，通过显微镜照相和 EDAX 能谱仪分析的方法比较其腐蚀试验前后的变化，其中，在腐蚀试验之后发现 Fe_2O_3 和 S 的增加，而 CaO 则在某些试样中首次发现，另一些样品中则有所增加，这是粉尘在试验的过程中滞留在长石微细裂隙之中造成的。结果见表 5。

（3）W41 组砂岩腐蚀前后相组分的比较

采用 X 射线衍射仪对 W41－1～W41－4 光薄片的选定相同区域腐蚀前后进行 X 射线衍射分析，每种矿物的相对含量从图谱中的强度上可以反映出来，通过计算，其中石膏相对石英的含量如表 6 所示。

表 5　W41 组砂岩中长石成分

化学成分 编号		Al_2O_3	SiO_2	K_2O	CaO	Fe_2O_3	S
W41—1	前	20.03	62.54	17.42	—	—	—
W41—1	后	19.81	62.09	17.92		0.08	0.10
W41—2	前	19.41	61.90	18.70	—	—	—

续表

化学成分 编　号		Al₂O₃	SiO₂	K₂O	CaO	Fe₂O₃	S
W41—2	后	19.37	61.92	18.50	0.07	0.13	0.01
W41—3	前	19.89	62.10	17.34	0.72	—	—
W41—3	后	19.78	62.15	17.74	0.18	0.08	0.07
W41—4	前	19.89	62.36	17.75	—	—	—
W41—4	后	19.41	62.18	17.90	0.30	0.18	0.03

表6　石膏相对石英的含量

样品	相对含量（%）
W41—1—1	0.00
W41—1—2	65.23
W41—2—1	17.88
W41—2—2	22.05
W41—3—1	0.00
W41—3—2	158.45
W41—4—1	0.00
W41—4—2	19.53

注：其中 W41—X—1 为腐蚀试验前，W41—X—2 为腐蚀试验后。

从表6可以看出，经腐蚀后的光薄片中石膏的含量有明显的增加，其主要来源有两个，一是粉尘中的 Ca 质成分与 SO_2 气体发生反应生成石膏，滞留在长石的裂隙中和颗粒间隙中，另一个可能是砂岩胶结物中含 Ca 物质在 SO_2 气体腐蚀过程中产生的。

2.5　N340 砂岩组腐蚀试验前后两组样品长石成分和砂岩组分的对比

（1）N340 组砂岩腐蚀前后化学成分的比较

同样地，在扫描电镜下，选定 N340 组砂岩的分析区域，放大71.5倍，进行全视域大面积分析，N340 - 1～4 腐蚀试验前后的分析区域保持相同，4 个样品的分析结果见表7

表7 N340组腐蚀前后化学成分

化学成分 编 号	Al_2O_3	SiO_2	K_2O	CaO	Fe_2O_3	TiO_2	S*	H_2O	SiO_2/Al_2O_3	W. I
N340—1—1	12.52	75.56	2.50	0.57	4.65	—	—	4.20	6.04	0.076
N340—1—2	11.99	75.24	2.40	0.44	4.86	0.37	0.50	4.20	6.27	0.073
N340—2—1	15.31	71.06	2.43	0.67	6.33	—	—	4.20	4.57	0.078
N340—2—2	15.57	71.02	3.72	1.13	3.52	0.58	0.26	4.20	4.49	0.095
N340—3—1	15.12	73.81	2.61	0.15	3.55	0.56	—	4.20	4.88	0.073
N340—3—2	15.70	71.58	3.69	1.25	2.86	0.45	0.27	4.20	4.56	0.096
N340—4—1	20.90	71.34	4.54	0.38	2.79	0.05	—	4.20	3.41	0.092
N340—4—2	20.89	70.96	3.80	0.17	3.54	0.21	0.45	4.20	3.39	0.082

注：其中N340—X—1为腐蚀试验前，N340—X—2为腐蚀试验后。

（2）N340组砂岩中长石成分的比较

砂岩中钾微长石和胶结物中的钙质成分较石英、高岭石属易蚀变的矿物。为研究腐蚀试验的效果，选定基本无蚀变现象的钾微长石为特征矿物，通过显微镜照相和EDAX能谱仪分析的方法比较其腐蚀试验前后的变化，其分析结果见表8

表8 N340组砂岩中的长石成分分析结果

化学成分 编 号	Al_2O_3	SiO_2	K_2O	CaO	Fe_2O_3	S
N340—1—1	19.95	62.59	17.46	–	–	–
N340—1—2	19.28	62.35	17.70	0.09	0.46	0.12
N340—2—1	19.62	62.33	18.05	–	–	–
N340—2—2	19.52	62.40	18.02	–	0.04	0.02
N340—3—1	19.62	62.30	18.08	–	–	–
N340—3—2	19.39	62.21	17.99	0.34	0.03	0.04
N340—4—1	19.15	62.48	18.38	–	–	–
N340—4—2	18.92	63.34	17.38	0.07	0.17	0.12

其中在腐蚀试验之后发现Fe_2O_3、CaO和S的增加，这些物质是粉尘在试验的过程中滞留在长石微细裂隙之中引起的。

（3）N340组砂岩腐蚀前后相组分的比较

采用X射线衍射仪对N340-1～N340-4光薄片的选定相同区域腐蚀前后进行X射

线衍射分析，通过计算其中石膏相对石英的含量如表9所示。

表9 石膏相对石英的含量

样品编号	相对含量（%）
N340—1—1	0.00
N340—1—2	73.70
N340—2—1	0.00
N340—2—2	42.90
N340—3—1	0.00
N340—3—2	228.91
N340—4—1	39.45
N340—4—2	33.56

五 结果与讨论

通过 X 射线衍射、扫描电镜（EDAX）和显微镜对粉尘的主要物质成分分析表明，云冈石窟大气粉尘中以 SiO_2、C、Al_2O_3、CaO、Fe_2O_3 及 S 为主，其主要来源是地壳、土壤及石雕砂岩，周围的煤炭开采和运输、工业和民用燃煤而产生的含炭、含硫等物质，其次还有少量的含铁物质是来自车辆运输的磨损。

云冈石窟石雕砂岩中相对不稳定的矿物是长石和胶结物中的含钙物质[①]。试验结果表明：腐蚀试验前后的两组砂岩，在化学组分及其主要矿物的化学组分等方面没有明显的变化，说明粉尘及 SO_2 气体在短期内没有明显的腐蚀作用。X 射线衍射结果表明，经腐蚀后的光薄片中新的矿物相稍有增加，石膏的含量有明显的增加，其主要来源有两个，一是粉尘中的 Ca 质成分与 SO_2 气体发生反应生成石膏，滞留在长石的裂隙中和颗粒间的孔隙中，另一个是砂岩胶结物中含 Ca 物质在 SO_2 气体腐蚀过程中产生的。腐蚀试验前后两组砂岩中的长石的成分相比较，腐蚀后砂岩中的长石新的矿物相稍有增加，CaO、Fe_2O_3、S 的含量增加。从显微结构上可以看出，在砂岩中长石微细裂隙及粒间孔隙中，充填了大量的硫酸盐（主要是石膏）。

云冈石窟石雕的风化是一个极其复杂的过程，其风化速度既决定于岩石本身的内在因素，即岩石矿物组成及胶结状态，又与其外界条件，如大气环境、水文地质环境、气候状况等有关。

---

① 李最雄　炳灵寺、麦积山和庆阳北石窟寺的风化研究《敦煌研究文集》（石窟保护篇上），1993。

5.1　大同地区属温带大陆性半干旱气候，温差变化显著，日温差最高达20℃，月温差可达40℃。骤变的温度是云冈石窟风化的原因之一。组成云冈石雕砂岩的不同矿物和颗粒间隙、长石裂隙中充填的石膏的膨胀系数不同，当温度反复变化时，石英、长石与颗粒间隙中的石膏按照不同的膨胀系数胀或缩，这样原来由胶结物连在一起的石英和长石颗粒之间就彼此脱开，长石本身的裂隙加长加宽，使完整的岩石破裂松散①。

5.2　水对云冈石窟石雕的危害是普遍而严重的，它与岩石长期而缓慢的相互作用是石雕遭受风化破坏的主要原因，水通过多种途径侵蚀石雕。影响云冈石窟石雕的水主要有裂隙渗水和凝结水。由于云冈石窟的岩石构造及开凿石窟产生的卸荷作用，使石窟内裂隙纵横交错。雨季时，大气降水通过裂隙渗入洞窟，使岩石表面普遍潮湿，有的甚至有微细的水流或滴水。热湿空气进入窟内遇到温度较低的岩石便会在石雕表面形成凝结水，而空气中的粉尘又充当了水汽的凝结核加速了这一进程。大气中的粉尘粘附或沉降到石雕表面之后，也具有一定的吸水性②。由于粉尘的吸附而在石雕表面产生的石膏与岩石中长石水解等作用在岩石内部产生的含结晶水盐类一起，当处于低温和高湿环境时吸水膨胀，对岩石产生压力，加速了矿物颗粒间连接的破坏和裂隙的扩张，使岩石表面开裂成页片状剥落或碎屑状刷落。在干燥环境时失去或减少结晶水，体积收缩，在岩石表面形成粉末③。

5.3　粉尘粘附或沉降至石雕表面后，因其对大气中 SO_2 气体有一定的吸附作用。而粉尘的金属离子的分析可知云冈石窟大气粉尘中含有一定量的铁离子④，由于铁离子的催化作用，使 SO_2 氧化成 $SO_3$⑤，再与岩石内部的渗水或表面的凝结水结合成硫酸。由于粉尘在岩石表面的存在是一个持续的、长时间的过程，所以硫酸对砂岩中的胶结物具有一定的腐蚀作用。

总之，云冈石窟大气中的粉尘对石雕的影响既有物理上的作用，即表面黑色层的形成、孔隙和裂隙的填充造成岩石的风化剥落；又有化学上的作用，即由其形成的酸性物质对岩石中胶结物的腐蚀作用。从某种意义上讲，物理风化是化学风化的前奏，因为物理风化使岩石或矿物间产生裂隙或裂隙扩大，增加了水和其它化学物质与岩石及矿物的接触面积，使化学风化得以深入进行。同时由于化学风化使岩石表面疏松、长石高岭石化，为粉尘的吸附和含水盐类的聚集创造了条件。物理风化与化学风化长期存在、交替

---

① 王新录，钟山石刻的风化及保护初探，《文博》，1992，1。

② 喻本德等，长江中下游地区酸雨及大气污染物对钢材破坏的研究《武汉大学学报》（自然科学版），1994，5。

③ 和玲、甄广全，乾陵石刻化学风化研究《考古与文物》，1995，6。

④ 黄继忠等，云冈石窟大气粉尘中金属离子的分析《雁北师院学报》，1998，2。

⑤ Vasco Fassina，Air Pollution in Relation to Stone Decay《The Deterioration and Conservation of Stone》UNESCO.

作用，互相促进，致使云冈石窟石雕遭受严重的风化。

云冈石窟大气中粉尘的组成是极其复杂的。据大同市环境保护研究所刘瑞莲等的分析，大气颗粒物中有机污染物的含量占总悬浮颗粒（TSP）的 20% 左右，其比重是相当高的[1]。粉尘中又往往含有一些生物物质，包括细菌、孢子、花粉等，而 Kauffman 所作的研究表明，含氮细菌可将大气中的氨水转化成亚硝酸盐或其它盐而使岩石风化[2]。本工作仅对其中的无机物及其对石雕的影响作了探讨，而对有机物和生物物质未进行研究，所以说本次工作仅仅是粉尘对石质文物影响研究的开端，还有许多问题有待以后进一步解决。

六　致谢

本工作是在中国文物研究所黄克忠高级工程师和复旦大学文博学院唐静娟、许志正副教授的指导下完成的，实验部分得到北京矿冶研究总院杨锡惠高级工程师、国土资源部山西地矿局中心实验室李建新、陈建国高级工程师等的帮助，在此一并表示衷心感谢。

（摘自《文物保护与考古科学》第 16 卷，2004 年 2 月第 1 期）

---

① 刘瑞莲，丁中华等，大同市大气颗粒物及其有机污染物的分析研究，《环境科学》，1995，1。
② 谭顿　印度古物的保护问题《敦煌研究》，1995，2。

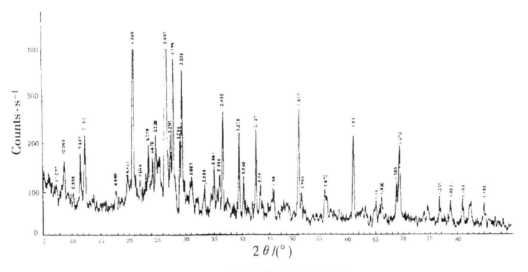

图1　X射线衍射图（粉尘样品）

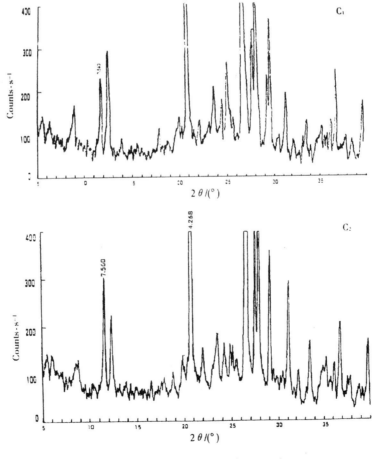

图2　X射线衍射图（C1、C2）

水与盐对云冈石窟石雕的影响初探

黄继忠　袁道先

　　佛教石窟艺术是中国悠久而灿烂的古代文化的重要组成部分，也是极其珍贵的文化旅游资源。云冈石窟是我国著名的三大石窟之一，也是闻名中外的世界文化遗产，它开凿与公元 5 世纪，距今已有 1500 多年的历史。千余年来，由于自然界各种营力的作用，石窟的风化现象十分严重。几十年的研究表明，虽然石窟风化的原因是多方面的，但水是云冈石窟石雕风化的主要原因。影响石雕的水有四种形式，即地下毛细水、凝结水、岩体渗水及雨水的直接冲刷，这些作用与影响的表现形式在云冈石窟的风化石雕中都明显地显现出来。石质文物的风化既与其岩石的物质组成和化学成分有关，又与其所处的环境有着密不可分的关系。所以，研究和解决云冈石窟的风化问题必须对水和盐对石雕的影响机理有一个很好的认识。

一　云冈石窟地质概况

　　石窟区地貌类型比较简单。按其成因类型，可分为构造剥蚀低山丘陵和侵蚀堆积阶地两大地貌单元。石窟区物理地质现象主要表现在岩体崩塌，砂岩顺泥岩面及节理裂隙面崩落及岩石表面风化碎块剥落。本区冲沟的特点是坡降较大、较陡，切割深度也较大。最大高差在 24～30 米左右。

　　云冈石窟保护区范围内出露的地层比较简单。主要是侏罗系云冈组和第四系上更新统及全新统地层。侏罗系云冈组主要是云冈统上部的一个砂岩透镜体，岩性为（J_{2Y}）灰褐粗粒长石砂岩、浅灰带肉红色厚－巨厚层状的中粗粒长石砂岩以及薄层状长石砂岩夹粉－细砂岩和紫红色泥岩、灰绿色砂质泥岩等。第四系主要分布在十里河以北的一级阶地和高台地顶部的古河床相冲洪积层。覆盖厚度不等。高台地最大厚度 8.00m 左右。地层时代主要为上更新统（Q_3）和中更新统（Q_2）及全新统（Q_4）。

顶部松散层主要为轻亚粘、亚黏土及砂砾石。水理性质主要表现为：上部干燥，下部较湿，垂直节理较发育，具大孔隙与植物根孔，便于大气降水入渗。另下伏为沙砾石层，颗粒之间孔隙连通性好，透水性较好，均为透水非含水层。轻亚粘与亚粘含水量较高，均大于 10%，最大含水量 15.9%。原因主要是由于受下伏相对隔水层、亚黏土、泥岩的相对隔水所致，大气降水通过入渗至下层，土中水以薄膜水的状态存在于颗粒之间，由于埋深较大．受蒸发的影响较小，因此含水量大于无相对隔水层的地方。其他无相对隔水层的地方，大气降水入渗较快，受蒸发的影响也较大，因此含水量偏少，一般为 5~8%，最小为 3%。轻亚粘在上部孔隙度一般在 41~44%，下部在 36.50% 左右。亚黏土孔隙度上部一般为 44.04% 左右，下部在 36.12~38.95% 左右。轻亚粘渗透系数 $K = 2.38 \times 10^{-5} \sim 4.1 \times 10^{-5}\,cm/s$，亚黏土 $K = 1.18 \times 10^{-5} \sim 7.6 \times 10^{-8}\,cm/s$，通过对比分析，本区松散层岩上颗粒越细，越不均匀，其透水性便越弱，渗透系数越小。而中砂、砂砾石与基岩可参照经验数据。坚硬岩石是根据裂隙的发育而决定其透水性。

本区地下水主要有风化网状裂隙潜水、第四纪冲洪积层孔隙潜水以及上层滞水等类型。从顶部钻孔勘探资料得知上部覆盖层主要以上更新统 Q_3 地层的轻亚黏土、亚黏土及沙砾石层和中更新统 Q_2 地层的亚黏土层。由于顶部地形高低不平以及人为的影响低洼区较多，造成大气降水贮存，为地表水入渗创造了条件。西部（指以城堡为中心）和中间的冲沟（13~14 窟之间），东部的砂岩顶部均有不同厚度紫红色泥岩和砂质泥岩夹层以及亚黏土层，大气降水入渗到这些层位时，由于呈透镜体范围不大，故一部分水绕层入渗另一部分水以薄膜水的形式存在于泥岩与亚黏土中。受基岩夹层泥岩与砂质页岩透镜体的影响，入渗水受阻后以上层滞水的形式存在于泥岩透镜体中。由于本区基岩产状近于水平并且砂岩中泥岩与砂质泥岩隔水性好，故上层滞水能够长期贮存。而排泄渠道主要是通过石窟砂岩中的裂隙和孔隙排泄。由于本区主要以侏罗系云冈组中粗粒长石石英砂岩为主夹有不均匀的薄层砂质页岩、泥岩透镜体，而且风化裂隙发育，使本区形成了一定程度的贮水条件。由于砂岩厚度较大，裂隙受夹层泥岩与砂质页岩等相对隔水层的影响，裂隙水以下降泉的方式出露，通过调查工作可知，二窟内泉水即属此类型，受季节影响变化较大[1][2][3]。

①　第三综合勘察公司，云冈石窟工程地质勘察报告，1990。

②　山西省地矿局第三综合勘察公司，云冈石窟顶部第四纪覆盖层，1990。

③　山西省地矿局第三综合勘察公司，云冈石窟顶部防渗工程地质调查及试验报告，1990。

二　水与盐对云冈石窟石雕影响

1. 历史上对水的认识及治理

（1）历史上对水的认识

1960 年，石窟保护研究组经过大量的现场调查认为：影响云冈石窟岩石风化的主要因素是岩性与水。洞窟内部蚀空、蚀平、页片状剥落这三种风化形式，实质上都是大气降水从顶部和四壁通过岩石中的孔隙和裂隙渗入窟内。并与气态风化营力对岩石共同进行化学作用的结果。遂使岩石中的胶结物碳酸钙 $CaCO_3$ 溶蚀并使岩石中主要矿物长石蚀变成松散的粘土矿物，从而使岩石表面疏松解体，风化严重。以上三种形式仅是表现不同而已。使多数洞窟 2 米以下之艺术造像、雕刻大部破坏之蚀空作用，可能是过去窟内地面积水（水可以是由顶部裂隙渗入，地面流水倒灌。降雨一部分落入窟内等）顺着壁面经常有毛细水上升，致使岩石饱含水分，长期潮湿，这样风化作用就更加剧烈。所以水与本区岩石长期而缓慢的相互作用是石窟内造像及雕刻品遭受风化破坏之主要原因。

由于水在石窟的风化作用中是最主要之因素，所以首先要查明其来源。然后采取相应措施。因此必须对石窟内部漏水及渗水地点，泉水出露地点及对窟内温度、湿度的变化和当地各种气象要素之变化进行长期观测，以便确定窟内水量变化和大气降水之关系。为了解岩层中水的分布及变化，还必须在窟内及窟外进行坑、槽探和井洞探工作，以便观测水的来源及风化发育深度，然后采取窟顶防渗及挖掘排水沟或其他措施，全面截断水的渗入通道，从而防止进一步风化[1]。

石窟保护研究组有关专家根据观测发现，几乎全部洞窟的后壁都有地下水的渗出现象。严重者在旱季仍有滴水或潮湿现象。地下水源的存在是窟内遭到风化的主要因素，因此必须了解窟内（尤其是后壁）渗水的状态。通过长期观测，确定窟内地下水流的动态变化规律，从而得出地下水的来源以及今后防水措施的可靠结论。第 3 窟后壁和窟顶部的风化极为严重，如后室东北隅整个北壁面，由于窟壁应力裂隙和窟内渗水的蚀空，使北壁塌落后移 1.2 米左右。整个后壁面上经常湿润且多处滴水，严重的是仍有不断发生的大块岩石掉落现象。这种现象不仅在第 3 窟内存在，并且还普遍地存在于第 12、13、16、17 等窟内。从特征上看，第三窟具有代表性。同样上述诸洞窟内地下水的水流形式与来源等问题皆与第 3 窟的情况类似。因此第三窟中上述问题的解决具有普

---

[1]　王大纯、沈孝宇《云冈石窟工程地质问题》1960。

遍意义。故在第 3 窟后室东北隅之北壁面上开凿一深 4 米的梯形平洞（高 1.5 米，底宽 2 米，上宽 1.5 米）[①]。

从 1963 年云冈石窟的潮湿观察发现，第 1、2、3、14、18、19 窟的后壁，第 5、6 窟的后身，第 9、10 窟的诵经道，都是潮湿突出的地方，其中尤以第 14、19 窟，当阴雨连绵时，呈现局部滴漏现象，在久雨之后，第 19 窟就形成流水状态[②]。

黄克忠、解廷藩等认为，水对云冈石窟的危害是普遍而严重的，它与岩石长期缓慢的相互作用是石雕遭受风化的主要原因。水通过以下几种途径侵蚀石雕。

A. 风化裂隙岩体内的上层滞水

据统计，以往有半数以上的洞窟北壁及窟顶渗水或漏水，窟区附近的雨水通过各种裂隙渗入岩体，当遇到相对隔水的粉砂泥质岩层时，便沿水平层理、裂隙渗透至北壁。

B. 风化壳网状裂隙水

由于石窟砂岩的风化、构造裂隙发育，形成局部的贮水条件。它没有统一的潜水面，水量变化很大，富水程度复杂，遇到岩体裂隙发育且相互沟通的情况下，可以下降泉的方式出露。如第二窟内的泉水，地处小型心（3－4°倾角）。裂隙发育连通，水源系北部约 3km^2 范围的大气降水补给，故泉水流量比较稳定。

C. 凝结水

热湿空气进入窟内遇到温度较低的岩石便形成凝结水。曾经做过的试验粗略估计一个窟内每小时可达 15kg 之多[③]。

D. 毛细水

历史上，云冈石窟在很长时间内处于无人看守阶段，窟内普遍存在积水。21 个大窟中竟有 14 个窟长期积水。7 个洞窟内地面低于窟外，雨季时经常有雨水倒灌窟内。砂岩较大的孔隙率使地表层的毛细作用将水吸到壁面约 2m 的高度，长期干湿交替的环境，使洞窟内下部石雕全部风化。第 2 窟的寒泉洞内，上层滞水以下降泉的形式向洞内排泄，在泉水的长期浸泡下，致使窟底基础岩体全部碎裂成小块，不仅使雕刻严重风化，而且严重危及洞窟稳定[④]。

（2）历史上对水的治理

多年以来，针对云冈石窟的保护问题，云冈石窟文物研究所以及国内外有关科研院所做了大量研究和保护维修工作。

《山西大同云冈石窟修缮工程第一、二窟试验性修缮方案》中记载 20 世纪 60 年代

① 石窟保护研究组，关于第三窟内开凿井洞的意见，1960。
② 研究组编，李建宁执笔，探索云冈石窟风化崩塌的因素，山西云冈文物管理所印，1963。
③ 潘别桐，黄克忠，文物保护与环境地质，武汉：中国地质出版社，1992：19－33。
④ 黄克忠，岩土文物建筑的保护，第一版，北京：中国建筑工业出版社，1998：1－2。

初，石窟保护研究组对第1、2窟外顶部基岩进行了加固。为确保洞窟不受额外重力作用而遭受破坏，将覆盖层全部揭除，深至基岩。以稀沥青灌注顶部裂隙，然后用土沥青混以土做成10—15cm厚的隔水层，上铺30—40cm厚的黄土，并培植草皮以奏防渗之效。另于窟后陡坡上，构筑3条东西向混凝土排水沟。使上层水流汇入东西冲沟内。并将冲沟疏通后修筑边墙和沟底①②③④⑤⑥⑦。

1974－1976年三年工程期间，针对石窟顶部渗水问题，在窟顶开凿修浚防渗排水渠3条，全长160米⑧。

云冈石窟"八五"维修保护工程期间，就造成石雕风化的主要原因——水（大气降水、凝结水、毛细水）和环境污染进行了综合性治理。1992年，云冈石窟文物研究所会同中国文物研究所及美国盖蒂保护研究所（The Getty Conservation Institute）针对山体渗水问题，联手进行了云冈石窟顶部防渗排水试验。本次试验共选择了A、B、C三个区，位于云冈石窟西部崖顶明城堡"八字墙"的西墙两侧。A区位于"八字墙"西侧即第34－42窟间，面积为50×50米，进行的项目为土工布防渗试验；B区位于"八字墙"东侧及第21－34窟间，进行的项目为同样面积的土工织物排水试验；C区位于"八字墙"东侧与B区之间，为宽约10米的狭长地带，作为空白对比区。A、B两区均设一集水池，在池内安装有超声波测深仪，自动记录池内水位，并将其数据传输至先前中美共建的云冈石窟气象站。为对比防渗、排水两种方法的治水效果，在铺设防渗材料和排水材料之前，在A区、B区和C区中央各钻一深约20米的小孔径垂直钻孔（孔径为63.57毫米），并安装硬塑料套管。使用美国盖蒂保护研究所提供的Sentry－200型中子探测仪，进行不同深度岩石含水量的测试。通过A、B两区内不同深度岩石含水量与C区同深度含水量对比说明二者治水效果。同时，分别在A区和B区正下方的第42窟和第23窟后壁无雕刻处各钻一水平钻孔，以研究两区域下方沿水平方向不同深度岩石含水量，从另一个角度对比两区域的治水效果⑨。

从近些年来洞窟渗漏水情况观察来看，至少说明洞窟渗水并不仅仅是由垂直入渗引起，至少还有相当的水是有侧向补给的。与此同时，也说明仅仅使用局部防渗、排水处

---

①　石窟保护研究组，山西大同云冈石窟修缮工程第一、二窟试验性修缮方案说明书，1960。

②　云冈文管所《云冈石窟调查资料》1957。

③　北京地质学院石窟保护问题研究组，古代建筑修整所，云冈石窟保护问题研究与工作计划，1960。

④　林茂炳，赵不忆，大同云冈石窟岩石风化调查报告，1964年3月。

⑤　调查组，关于云冈石窟文物保护有关问题的调查报告，1973。

⑥　文化部文物保护科研所，山西大同云冈石窟文管所，石雕风化治理规划（草案）.1986。

⑦　陈亮，大同云冈石窟环境地质问题，山西省地矿局217地质队，1986。

⑧　云冈石窟维修工程领导组办公室，云冈石窟三年维修工程总结报告，1976。

⑨　黄继忠，云冈石窟顶部防渗排水试验工程反思（未发表）。

理的效果并不是十分明显的，尤其是出现持续多日的降雨时，洞窟内渗水现象仍然十分严重。

根据中美合作进行的顶部防渗排水试验的经验，云冈石窟"八五"维修保护工程期间又在云冈石窟明城堡内进行防渗排水试验研究工程。试验于1995年进行，设计原则为：尽可能保持山顶地形原貌，与山顶原有排水系统相结合形成整体排水系统。具体做法是根据明城堡内地形情况，东、西北区用原山顶砂土夯实成由北向南形成一定的坡度，将降水排至东区和西北区，再由此区排至堡南区；堡南区靠近南城墙2米处修建一条宽80厘米东高西低的主排水渠，排水渠由三合土夯垫而成。此渠与城堡西原修建的排水沟相连①。

雨水直接冲刷石雕引起文物风化的问题是普遍存在的。历史上，云冈石窟在辽代有"十寺"，清代有5、6、7、8窟的古建筑，即在石窟外建有木结构窟檐。尽管古人并不一定对水的认识有多深刻，修建窟檐也未必是从保护文物的角度出发，但毕竟已认识到水对石窟的影响是存在的。多年的监测表明，窟檐既能够使文物免受太阳直接照射，又可以使洞窟内的温度保持相对恒定，而且可以减少水与岩石的直接接触，大大地减缓石质文物风化速度（建有窟檐的洞窟雕像保存状况完全可以说明这一点）。1992－1993年，在云冈石窟第8窟修建了仿清代木结构窟檐、第7窟恢复了原有清代木结构窟檐的门窗装饰。该项工程的完成，对第7、第8窟文物的起到很好的保护作用②。

2. 对云冈石窟石雕表面盐类的认识

在云冈石窟洞窟内各壁分布着各种形态的盐类，盐类在石雕表面的聚集对云冈石窟造成了严重的危害。较为普遍的是棉絮状，质白而疏松，少数浅黄色，干涸后呈黄褐色，有的富集成团，也有连成片状；其次为钟乳状，灰白色，较坚硬，突出于壁面的颗粒直径约1－2毫米，若连在一起便呈泉华状；还有少数呈皮壳状的薄膜覆盖于岩石的表面，干涸后发生龟裂、翘起③。

通过多年的长期观察与调查发现，粉状物的形成、分布与水的活动密切相关。①从窟顶渗入的地下水通道，凡是有渗水经过的岩石表面都有白色粉状物存在。如5窟诵经道南壁，因顶板漏水渗入壁面，造成深69厘米的洞穴。穴内全是白色絮状粉末。3窟东北角顶部水渗漏进入应力松弛区（减荷裂隙带）中，所有裂隙内充满了白色粉末。第3窟内室南壁，由于崖顶人工开凿的露天方井积水，千余年来水不断地渗透进入岩

① 云冈石窟"八五"维修保护工程办公室，云冈石窟"八五"维修保护工程总结报告，1997。
② 云冈石窟"八五"维修保护工程办公室，云冈石窟"八五"维修保护工程总结报告，1997。
③ 潘别桐，黄克忠，文物保护与环境地质，武汉：中国地质出版社，1992：20－23。

体，再从窟内南壁面岩石孔隙中渗出，壁面便形成波浪式差异风化，表面布满了白色粉末。有些裂隙内可见到裂隙面上一层白色薄膜，滴酸起泡，说明是碳酸盐类沉淀物。②北壁渗出的季节性上层滞水，常局部成片地析出白色粉状物。如 16 窟、17 窟北壁。在雨季渗水量较多时，白色沉淀物仅在其周围零星分布。气候变冷干燥时，大量白色粉状物出现，此情况在 6 窟、18 窟、19 窟等都能见到。③潮湿季节中窟内壁面的凝结水被石雕表面吸收，使含碳酸盐类的胶结物或其他含硫矿物溶滤，由于干旱季节表面水分蒸发，在孔隙内形成了盐类沉淀。厚 3 - 5 毫米的壁内成片聚集了这些白色糊状物。盐类吸水膨胀的作用，便将岩石表面开裂成页片状。④窟内地面积水的毛细作用，使各窟壁面下部 1 米内岩面经常潮湿。干燥季节便析出白色盐类。此范围内的艺术品几乎已全部风化殆尽[①]。

黄克忠通过三种不同环境（包括温度、湿度及岩石的溶滤程度等）的取样分析，来说明盐类的分布规律。

①、第 3 窟东北隅窟顶漏水处的平硐洞内分布的盐类有：易溶盐 $NaHCO_3$、$MgSO_4$ $\cdot 6H_2O$、Na_2SO_4；中溶盐 $MgCO_3 \cdot 3H_2O$、$MgCO_3 \cdot 5H_2O$、$Mg_5[(OH)(CO_3)_2]_2 \cdot 4H_2O$；难溶盐 $CaCO_3$，$CaO \cdot 2SiO_2 \cdot 2H_2O$，$Mg_3(OH)_2(Si_4O_{10}) \cdot nH_2O$ 等四种之多。说明平硐开凿至十多年后，大多数盐类尚未被淋滤、溶蚀带去。②、窟内潮湿环境下的石雕表面盐类分析，如 3 窟本尊，5 窟诵经道，6 窟北壁，18 窟西佛脚，4 窟东龛顶等处，除难溶盐 $CaCO_3$ 普遍存在外，以中溶盐 $MgSO_4 \cdot 6H_2O$，$MgSO_4 \cdot 3H_2O$，$CaSO_4 \cdot 2H_2O$ 居多数，易溶盐已少见。③、窟外壁风化面的分析，如 28 - 29 窟间壁面，10 窟外西柱处，大多数易、中溶盐已被淋滤掉，仅有 $CaCO_3$，$MgSO_4 \cdot 6H_2O$，$CaSO_4 \cdot 2H_2O$ 等少数难、中溶盐类。从 2 窟内泉水的化学分析中看出，其水化学类型为 $HCO_3 - Mg$、$Ca - K^+Na$，SO_4，固形物达 397mg/L，十里河水的固形物含量达 433.2mg/L，SO_4 含量为 123.43mg/L，说明水对岩石中盐类的溶滤能力很强烈。

综合归纳多次微观分析风化表面试样的成果，可以看出石雕表面的主要盐类矿物有：白云石、方解石（云石）、水碳镁石（三水菱镁矿）、六水泻盐、多水菱镁矿、水菱镁矿、石膏、泻利盐、赤铁盐、矽钙石、无水芒硝、天然碱等十多种。这些盐类在新鲜岩石中约占总量的 10 - 15%，风化岩表面可达 15 - 25%，矿物结晶水的含量最高可达 25 - 38%，镁的碳酸盐含量在砂岩中小于 1%，但表面风化的岩石中取样分析，镁的含量可达 18%。当含结晶水的盐类在干燥环境下失去结晶水（或减少结晶水）时，体积收缩形成粉末。当处于低温或高湿时又吸水膨胀。这些含结晶水的盐类富聚于石雕表面的空隙和微裂隙中，因其出口被盐类堵塞，岩石内产生过饱和溶液，结晶时产生压

---

① 曲永新、黄克忠《云冈石窟砂岩石雕表面粉状物的微观研究》，1987。

力，加速了矿物颗粒间联结的破坏和裂隙的扩张，便促使石雕表面的剥落。

盐的来源主要是地下水对砂岩的溶滤作用，使岩层中含有钙、镁碳酸盐的胶结物及黄铁矿结核被水氧化水解。通过云冈砂岩样品以 1：10 水提取液的化学分析结果，其成分与窟区地下水的化学成分一致，说明岩体长期受大气降水的补给和淋滤[1]。

曲永新等综合采用盐类的化学分析、碳酸盐含量测定、差热分析，X 射线衍射、红外光谱、扫描电子显微镜等多种物相分析法对各种粉末状物质的化学、矿物成分进行了分析。多种物相分析鉴定结果的比较及综合鉴定结果表明：主要类别的鉴定结果是一致的，但结晶水的数量和存在形式有些差别。微形态各异的粉末状物质是不同成分的盐类沉淀物。

通过粉状物的分析，得出如下结论：①云冈石窟中的粉状物是地下水对砂岩溶滤作用所形成的水溶液在砂岩表面或表层盐类化学沉淀的产物。这种现象是干旱半干旱气候区砂岩石窟中普遍存在的。②粉状物形态和形状的不同取决于粉状物的化学矿物成分。絮状粉状物主要是泻盐、六水泻盐和天然碱，因它们都含数量可变的结晶水，干燥环境失去结晶水或减少结晶水，体积收缩，呈粉末状；低温和高湿度环境又吸水膨胀。钟乳状物质，一类是水菱镁矿、多水菱镁矿、三水菱镁矿，它们也有干缩湿胀的特点，因此这些含结晶水数量可变的盐分沉淀。若发生在砂岩孔隙中或微裂隙中将加速颗粒连接的破坏和裂隙的扩张，这便是促使砂岩表面风化剥落的不良因素。另一类钟乳状或泉华状物质是文石沉淀物，它们在孔隙和微裂隙中沉淀虽然也有盐胀效应，但远不如前者。③粉状物来自砂岩中黄铁矿、钙、镁碳酸盐矿物的氧化水解和大气降水的渗入。因此，消除粉状物的产生，只有消除或防止大气降水和地下水的渗入。设置防水隔水措施是必要的。④不同地点粉状物成分的不同，取决于不同部位岩石的淋滤程度，地下水补给情况、环境的温度、湿度等差异[2]。

3. 对盐的来源的认识问题

（1）人类活动

明清以来，云冈石窟一度被废弃，后有士兵和村民在此生活或居住，有时在此圈养牲畜，极有可能是洞窟内下部盐类的来源之一。

建国以后，文物工作者针对石窟裂隙发育的问题进行了大量的维修工作，解决了石窟的坍塌问题，保证了石窟的安全。但是，由于人们的认识水平和科学技术水平的有限性，大量的不恰当的维修，如普通水泥的使用成为石雕内部盐分的一大来源，这一点在

---

[1]　潘别桐，黄克忠，文物保护与环境地质，武汉：中国地质出版社，1992：20－23。
[2]　曲永新、黄克忠《云冈石窟砂岩石雕表面粉状物的微观研究》，1987。

云冈石窟乃至我国其他石窟寺早期维修过的洞窟内几乎随处可见。

近现代工业生产是石雕表面盐分的又一来源。在研究粉尘对石质文物的影响时发现，石雕表面黑色薄层的物质成分较为复杂，可以由超过100种化合物组成，但其总的来源是岩石内部的矿物和空气污染造成的新的物质，其主要成分是石英、高岭石、石膏、云母和钾微长石以及铁的化合物、铁的硫氧化物、炭黑等。而引起黑色的最重要的组分是炭黑和铁的氢氧化物。表面的铁的无机盐来自空气污染（交通和工业），也有部分来自岩石本身。酸性降水渗入石质内部与含铁的矿物反应，于是铁离子转移到表面形成上述提到的化合物。在岩石内部几乎不含硫，所以，表面的硫绝大多数来源于空气污染，而表面的碳则来源于煤炭的生产和运输、工业、电力和取暖等[①]。

（2）自然因素

窟前地面下降之前，石窟外雨水倒灌入洞窟，由于毛细水的上升后在石雕表面的蒸发，使可溶性盐在石雕表面结晶；雨季时雨水通过石窟顶部裂隙和后壁裂隙及层间的渗水由于溶解了第四纪覆盖层及岩石中的盐类，同样地在石雕表面蒸发时也可使可溶性盐在石雕表面结晶。

4. 水对云冈石窟影响的现状

多年来，针对水对石窟的影响进行了一些研究和必要的治理工作，解决了部分问题，使文物的保存环境得到了一定的改善，但是影响石雕文物保存的最根本性的问题——水的问题还没有得到彻底的解决，水对云冈石窟石雕的影响依然存在。

从2002年雨季渗水情况观察来看：连续降雨之后，洞窟北壁普遍有潮湿现象，特别是中部和西部至少有15个洞窟都有严重的流水或滴水现象。说明岩体渗水对石窟的影响仍然是普遍而严重的。与此同时，对凝结水虽然有了一定的认识，但多年以来一直没有得到治理，凝结水的问题依然没有得到解决。而且对其规律及对文物的影响程度并没有系统地研究过。同时，除5、6、7、8窟四个洞窟建有窟檐之外，其他洞窟的保护性窟檐仍然在研究之中，雨水对表面石雕的冲刷依然存在。

几十年的研究表明，引起石窟风化的最主要因素是水和环境污染的问题，水的存在既直接对石质文物造成严重的风化，同时由于水的存在又加剧了环境污染物对石雕的影响。因而，水成为云冈石窟保护中最为根本的问题，这一点得到国内外学者的普遍认同。随着云冈石窟窟前地面的降低和排水系统的建立，使雨水倒灌引起毛细水上升而致下层石雕风化的问题得以解决。由此，石窟渗水和凝结水成为引起云冈石窟石雕快速风化的主要水源。但是由于研究的滞后，关于水对石窟的影响及作用，还有好多问题没有

---

① 黄继忠：《煤尘对云冈石窟石雕的影响》（复旦大学硕士学位论文），1996。

得到解释，现在所掌握的资料仅能在宏观上粗略地解释这种现象，其作用机理及程度、规律等还没有清楚的认识。特别是渗水问题究竟是垂直入渗还是侧向补给为主，二者究竟所占比例如何等问题还没有搞清楚。尤其是对凝结水的重视程度不够，实事上目前的初步研究认为凝结水也是石雕表面水的很重要之来源，但其作用究竟如何，其凝结规律如何，这些问题还都需要得到很好的回答，水对石雕的影响仍有必要进行更深入的研究，才能为进一步治理提供更加科学的依据。关于盐对云冈石窟石雕的影响问题，正如有的学者所言，由于云冈石雕数量众多，体积又大。粉状物成分性质多变且复杂，研究手段上又必须借助于一系列特殊的研究方法。目前已有的研究结果仅是初步的，规律性的[1]，局部的，不系统的。由此可见，研究水与盐对石雕的影响既对解释石窟文物风化的机理有重要意义，又对石窟文物保护治理工程具有重要的意义。

（摘自《文物世界》2004 年第 5 期）

---

[1] 曲永新、黄克忠《云冈石窟砂岩石雕表面粉状物的微观研究》，1987。

云冈石窟风化研究

苑静虎

一　概况

云冈石窟开凿于公元 5 世纪中期，是人类遗存的伟大艺术宝库，它以其宏大的建筑规模和精美的雕刻驰名中外，并且具有极高的艺术价值和悠久的历史。但是特殊的地质结构以及自然气候、地理环境等因素的影响，破坏了石窟全貌，不少雕刻造像程度不同地受到风蚀，甚至荡然无存。中国的文物保护部门从 20 世纪 60 年代就开展了防风化研究，现将研究情况介绍如下，就教于方家。

二　石窟风化机理及影响因素

云冈石窟的石雕大部分雕凿在长石石英砂岩上，岩石中的长石与水可发生下列化学反应：

$$K_2OAl_2O_36SiO_2 + H_2O - SiO_2 + KOH + Al_2O_36SiO_22H_2O^{①}$$

长石水解后，破坏了岩石结构，致使岩石的物理力学性质改变。岩石风化后残留一种白色絮状粉末物，经过成分分析及与风化的粗砂岩成分取样分析对比（见表 1）发现 MgO 含量要比粗砂岩的高，SiO_2 则相反。风化残留物的烧失量也明显地比粗砂岩大得多。从不同深度取样分析（见表 2）也可以看内层 K_2O、Al_2O_3 一般含量低于外层，SiO_2 则相反。这些变化是因为岩石被水侵蚀后长石中的钾、铝元素变成可溶性的盐而随水迁移到岩石表层，形成结晶盐，所以表层 K_2O、Al_2O_3 含量高于内层。SiO_2 的变化，则是因为岩石的胶结物被破坏后，表层的石英裸露出来，在外界的营力作用下易流

---

① 《水文地质》沈照理主编，科学出版社，1985。

失。MgO 的变化是因为水中含有大量的镁，当水与岩石作用时水中的离子便形成盐类结晶，造成岩石风化。[①] 因此石窟风化的主要因素是水的作用。但水的作用又受石窟的地质、环境等因素的影响。

表 1　絮状物与粗砂岩的化学成分对比

取样地点	SiO_2	Al_2O_3	Fe_2O_3	FeO	MgO	CaO	Na_2O	K_2O	烧失量
8 窟内壁面絮状物	34.78	7.31	1.34	0.59	10.62	1.48	0.22	1.62	41.00
9 窟甬道内小平洞岩样	74.66	12.79	1.17	1.64	0.56	1.70	0.32	2.62	4.68

表 2　不同深度的取样分析

深度 cm	含量%							
	SiO_2	Al_2O_3	Fe_2O_3	FeO	MgO	CaO	Na_2O	K_2O
10	73.34	14.44	1.29	1.00	0.72	1.18	0.32	2.66
20			2.11			1.47	0.26	2082
30	73.64	14.21	1.24	0.95	0.67	1.10	0.26	2.42
40			2.28			1.49	0.26	2.52
50	73.58	14.03	1.11	1.00	0.67	1.22	0.22	2.16
60			2.53			1.27	0.22	2.60
70	74.60	13.12	1.10	0.82	0.68	1.37	0.22	2.68
取样地点	无名窟小平洞							

1. 水文地质条件的影响[②]

云冈石窟背山面水，位于东经 113°20′，北纬 40°20′地下水的类型主要有三种：a）风化壳裂隙潜水；b）第四纪冲积层孔隙潜水；c）包气带中的上层潜水．潜水一般由大气降水补给。

石窟所处地段裂隙比较多，除原始构造裂隙和风化裂隙外，石窟的开凿形成减荷作用，发育了剪切岸边裂隙。同时岩石孔隙又较大，形成了渗透水的通道。石窟岩石上覆盖约 1 米左右的黄土层又能储水，降水大部分被储存起来，通过裂隙等渗到窟内岩石中造成石雕风化。在洞窟里往往裂隙与北壁相连，在裂隙发育地方，风化程度多数有加剧的趋势。例如窟内窟顶和背山的北壁风化较严重，东西南三壁面风化相对轻一些，尤其南壁最明显，雕刻品大部分完整。北壁紧依山体，北壁和窟顶裂隙较多，降水通过裂隙渗入作用于北壁和窟顶，致使这些部位较其它壁面风化严重，如 16、17、18 窟的窟顶

---

①　云冈石窟风化因素之探讨。苑静虎，（敦煌研究）1989、3。
②　云冈石窟工程地质问题。王大纯，1960。

与北壁的雕刻品风化就十分严重。

2. 岩性的影响[①]

云冈石窟是开凿于钙质胶结的长石石英砂岩上，该区域底部有一层含泥质的蓝灰色、紫色砂岩，中部浅灰色、白色粗砂岩，夹薄层砂质页岩，顶部为紫色砂质页岩，以砂岩为主，交错层理发育。砂岩的矿物组成主要是石英和长石，按其颗粒大小可把砂岩分为粗粒（2～1.5 毫米）；中粗粒（1.5～1 毫米）；中粒（1～0.5 毫米）；细粒（0.5～0.25 毫米）；其中以中粗粒为最多，胶结物以钙质为主，胶结形式为基底和孔隙充填。粉砂岩以黏土和铁质胶结为主（石窟岩石的矿物组成及化学成分见表3）。由于组成这种岩石的抗风化能力较弱，且胶结不甚坚固，这是石窟普遍遭受风化的内在条件. 在岩性不均一和层理的交错发育等因素造成石雕的风化。

表3　石窟区岩石的矿物组成及化学成分

名称	矿物组成	SiO_2 %	Al_2O_3 %	Fe_2O_3 %	FeO %	CaO %	MgO %	K_2O %	MnO %	Na_2O %
砂岩	石英 70-80% 长石 20-25% 黑云母，白云母，角闪石，石榴石，辉石等	69.24	11.76	1.76	1.55	4.73	1.09	2.30	0.08	0.10
		66.62	12.73	3.33	1.69	3.92	0.74	1.85	0.14	0.10
粉砂岩	以石英，长石为主，次生黑云母等	54.05	21.29	11.64	0.53	1.89	0.89	2.72	0.16	1.11
		58.73	18.12	8.03	2.48	0.93	1.65	2.78	0.12	0.10

3. 石窟开凿的影响

云冈石窟开凿时削山为壁，破坏了山体的整体稳定性，产生了剪切岸边裂隙。本区域的上层滞水通过裂隙发育的砂岩层接受大气降水补给。本区岩层趋于水平，砂质页岩的隔水性良好，上层滞水存在的时间长，石窟的开凿给上层滞水创造了良好的出水条件，许多洞窟产生滴水、渗水或湿润现象。另外，许多洞窟地面低于窟外地表，过去窟内积水是普遍现象，据六十年代调查，在 21 个洞窟中，有 14 个经常积水，其中 10 个

---

① 大同云冈石窟岩石风化调查报告。赵不忆、林茂炳，1964、3。

地面长期积水。还有许多洞窟雨水倒灌、窟顶漏水，这些积水和地下水在砂岩孔隙较大时自然形成毛细作用，致使地面以上 1 ~ 2 米的壁面岩石内充水，这些部位的雕刻品几乎剥蚀无存。如第 14 窟的千佛列柱，虽不邻靠岩体，但下部受毛细作用而破坏严重。又如 9、10 窟前室四周 2 米以下的雕刻品，风化剥蚀严重。

据史料记载，云冈石窟的前立壁，开凿时满壁都是造像，由于雨水的直接冲刷和阳光的照射致使这些雕刻所剩无几。另外雨水降到石雕表面，由于表面张力的作用还有沿表层向窟内扩展的趋势，从而造成石雕水解风化。

4. 气候条件的影响[1][2]

云冈石窟地区的气候为大陆性季风半干旱气候，日温差变化显著，最高可达 20C°，月温差可达 40C°，全年降水量为 330 毫米，最高可达 614 毫米，最低 143 毫米，大部分降水集中在七、八两月，蒸发量为降水量的 3 - 4 倍，10 月开始降雪，到来年 4 月上旬终雪，11 月至来年 3 月为冰冻期，冰冻深度为 1.5 米，风向主要为西北风，最大风速约 216 米/秒，一般为 2 米/秒。该区域温差大，蒸发量大于降水量，再加上当时的武周河只距石窟几米之处，有着丰富的水源，极易形成凝结水和毛细作用，具有良好的凝结水形成条件。一般在夏天雨季，热湿空气进入窟内遇到温度较低的岩石雕刻品在其表面就形成了凝结水，特别易被已风化而多孔隙的雕刻品表面吸收。我们曾经用云冈的砂岩作吸水性试验，在常温常压下 2 分钟后观察到自然深入的深度最深达 7 厘米。水渗透速度很快，吸湿后的岩石极限抗压强度值降低近一半。雨天后许多洞窟有反潮现象，尤其是前后室的洞窟，后室温度低，反潮现象十分明显。例如第 3 窟西壁，第 6 窟北壁等处。湿度较高易形成凝结水，空气干燥时岩石又蒸发部分含水，这样，吸湿和蒸发循环运动而形成雕刻品表面的风化，严重者龟裂起翘，以至部分脱落。

云冈地区冰冻期长达 5 个月，冰冻深度 1.5m，岩石中的水在冬季结冰，冰的膨胀力是相当大的（1 克水结冰时 1 平方厘米膨胀力为 960 公斤）石窟风化后岩石的抗拉强度只有 14.3 - 50Kg/cm^2，冰胀力的作用使许多洞窟在冬季出现裂隙。

云冈窟岩石风化后残留一重白色结晶盐，这些盐类经化学、光谱、X - 射线衍射、差热综合分析，鉴定为镁的硫酸盐和碳酸盐。它们通常是含有一定数量结晶水的可溶盐。如泻盐、六水泻盐和四水泻盐、水泻盐、多水菱镁矿、三水菱镁矿、水菱矿等。这些含量可变的结晶水的硫酸盐和碳酸盐，由于水的存在和环境温湿度的变化，结晶水的量也不断变化，盐相也改变，造成液态和固态的转化，产生体积的膨胀和收缩，如 1 水

① 云冈石窟风化因素之探讨。苑静虎，（敦煌研究）1989、3。
② 云冈石窟环境条件及变化对石窟的影响。苑静虎、黄继忠，1990、6

泻盐转化为 6 水泻盐体积增大 2.4 倍，转泻盐体积增大 2.73 倍。在低温与高湿度季节里这些盐类吸水膨胀；在高温和干燥季节里，盐类失水收缩，盐的膨胀和收缩，砂岩颗粒间连接减弱和表层裂隙扩展，形成岩石的风化。[①]

5. 环境污染的影响[②]

石窟前 109 国道，它是云冈峪煤炭运输必经之道，近年来交通量和大吨位煤车与日俱增，拉煤车超载现象比比皆是，仅运煤车平均每天 16000 多辆，由此引发的降尘、二次扬尘与废气的污染十分严重，同时周边工业排废、居民燃煤加剧了石窟环境污染。据大同市环保研究所、美国盖蒂保护研究所对石窟环境监测结果综合如下：

5.1　T·S·P（总悬浮微粒物）

云冈石窟总悬浮微粒物年平均值分别是窟区 $0.516mg/m^3$，十六窟 $0.697mg/m^3$，五窟 $0.429mg/m^3$。它们均超过了国家一级标准日均值不得超过 $0.15mg/m^3$ 的标准，从实测数据计算超标率分别是窟区 75%，十六窟 95%，五窟 92%。

5.2　降尘

云冈石窟的降尘年平均值分别为窟区 $52.563T/km^2 \cdot$ 月，十六窟 $84.035T/km^2 \cdot$ 月，五窟 $46.446T/km^2 \cdot$ 月。它们超过了国家规定 $30T/km^2 \cdot$ 月的标准，超标率分别为窟区 75%，十六窟 91.6% 和五窟 66.6%。

5.3　SO_2（二氧化硫）

云冈石窟大气中二氧化硫的含量年日均值窟区 $0.093mg/m^3$，十六窟 $0.075mg/m^3$，五窟 $0.064mg/m^3$。均超过了国家大气环境质量一级标准年日均值不得超过 $0.02mg/m^3$ 的规定。根据实测数据计算窟区超标率为 37%。

5.4　NOx（氮氧化物）

云冈石窟大气中的氮氧化物年日均值分别是窟区 $0.031mg/m^3$，十六窟 $0.033mg/m^3$，五窟 $0.025mg/m^3$，根据实测数据计算窟区超标率 14%。

5.5　CO（一氧化碳）

云冈石窟大气中的一氧化碳，年日均值分别是窟区 $1.714mg/m^3$，十六窟 $1.739mg/m^3$，五窟 $1.556mg/m^3$。

5.6　降水

云冈石窟区域内的降水测试分析表明，雨、雪偏酸性。PH 值为 6.75，降水中含有 $SO_4^=$、NO_3^-、Cl^-、F^-、NH_4^+ 及一些金属离子。降雪中所含阴离子的浓度高于降雨中

---

① 云冈石窟砂岩石雕表面粉状物的微观研究。曲永新、黄克忠。
② 环境污染对云冈石窟的影响及防护措施。解廷凡、苑静虎、韩府（山西文物季刊），1988、3。

所含阴离子的浓度，其中 SO_4^- 降雪是降雨的七倍。

综合上述情况，石窟区域的大气中 SO_2（二氧化硫）、CO（一氧化碳）、NOx（氮氧化物）与雨、雪相遇形成含有酸性的降水，与岩石接触加速岩石的水解作用，并且与岩石中的胶结物也发生化学作用，破坏了岩石的稳定性，导致岩石力学机械强度下降，造成岩石风化。再者，大气中大量煤尘漂浮到石雕表面，形成具有一定活性的吸水剂和吸附剂，又为有害湿空气在石雕表面的凝结提供了极为便利的条件，在石雕风化过程中起到催化促进作用。[1]

三　石窟的风化特征[2]

1. 粉状风化

石雕表面产生一层白色粉末状或絮状风化物，经差热、X－射线粉晶分析及光谱半定量分析，其成分是高岭土、水云母类及各种含水化合物。在镜下观察，长石大部分风化，经化学分析，其中 SiO_2、Al_2O_3、K_2O 等重量百分比均比新岩石大大减少。表面粉末状风化物厚 $1\sim2$ 毫米，向内逐渐由疏松的风化砂岩过渡为新鲜砂岩。此种现象在窟区可广泛见到。

2. 页片（皮壳）状风化

石雕表面以薄片（或皮壳）状剥落，薄片厚度随岩石中矿物颗粒的粗细而不同，粗砂岩形成的薄片厚度 $3-4$ 毫米，细砂岩形成的薄片厚度 $0.5\sim1mm$，页片常翘起卷曲，往往有多层重叠，在片与片或片与岩体间常见有白色粉状物质。

3. 带状，洞穴状风化

指与层理大致平行凹凸相间呈带状或洞穴状的风化形态，它是与岩性有关的差异性风化。由于砂岩的交错层理发育，并含有大小砾石及粉砂岩薄夹层，砾石掉落后形成各种形态的洞穴。紫红、黄绿色粉砂岩夹层含泥质成分高，风化后呈 $10-30$ 厘米的条带凹槽。

4. 板状风化

开挖洞窟，雕刻佛像后，窟内拐角及高大佛像突出部位形成大致平行壁面的减荷裂隙，逐渐产生板状剥落。

---

① 云冈石窟环境分析报告。苑静虎，（北朝研究），1990、$2-3$。
② 云冈石窟砂岩石雕的风化问题。黄克忠（水文地质工程地质），1984，3。

以上四种风化形式是相互联系而又共同促进。粉末状风化是普遍存在的，继续发展将产生页片（皮壳）状风化，当岩性不均时产生带状，洞穴状风化，在有减荷裂隙存在处往往产生板状风化。

四　保护措施

1990 年 6 月，国家文物局在云冈召集有关专家对云冈防风化问题进行了科学论证，认定云冈石窟风化的主要原因是水的作用，治水是防风化的首要任务。治水应采取排、疏、防、堵相结合治理方案，具体措施如下：

1. 山顶排水防渗

云冈石窟山顶积水渗漏，主要是大气降水补给，因此在山顶铺设防渗层，并且设置排水渠道将大气降水排出将是有效治水方法。1994 年在云冈明城堡内曾作的防渗排水试验，在雨后观察，大部分降水通过铺设的坡度汇集到排水渠而排出。

2. 堵、疏北壁渗水

北壁岩层裂隙渗水是造成窟内石雕风化的主要原因，因此采用化学帷幕灌浆是防止北壁渗水的方法之一。在山顶防渗层旁东西方向设置一条垂直防渗帷幕，将北部岩层裂隙渗水截住，切断渗水渠道。同时在主要渗水裂隙上打深井，将渗水排出，降低水压，防止渗漏。

3. 石雕表面封护

云冈石雕表面风化对文物的损害十分严重，而且现在许多雕刻表面以风已严重，研究表面封护加固材料是迫切的任务。应用封护材料加固现以风化的石雕表层，防止石雕的继续风化，可最大限度地保护文物的艺术价值和其它价值，同时对环境污染及其它营力引起的风化加已防止，使石雕的寿命得以延长。

4. 修建保护性窟檐

为防止石雕被雨雪的直接冲刷，阻挡风沙和飘尘，修建保护性窟檐是必要的，同时保护性窟檐的修建还可控制窟内的温湿度的变化，改善温差聚变引起干湿交替的变化，对石雕的保存是有利的。

（摘自《文物世界》2004 年第 5 期）

标准化与文物保护

闫宏彬

一 前言

悠久的历史，造就了中华民族璀璨的文明，长久以来我们的先辈们在改造自然和征
服自然的过程中，创造了大量丰富的历史遗存，它们具有历史价值、艺术价值、科学价
值，客观上还具有社会价值，保护这些历史遗存，就是保存我们的历史，这样才能继承
和发扬我们的民族文化传统，这是历史赋予我们文物保护工作者的天职。

随着我国经济的高速发展，大量的文物、古迹不断发掘，随着这些文物古迹的发
现，我们对自己民族历史的认识也在不断加深，同时，我们是一个发展中国家，文物保
护工作起步较晚，技术力量较为薄弱，文物保护的投入也不够大，客观上讲，存在这样
一个基本矛盾：文物数量巨大，但文物保护力量相对薄弱。

二 标准化是解决这一基本矛盾的可行方法

人类的发展历史，首先是生产力发展的历史，无数历史的经验表明，标准化造就更
为先进的文化和生产力，如：秦朝能够统一天下，无疑是依靠其强大的国力和军力，但
他们是如何实现这些的呢？考古发掘表明，从秦始皇陵发掘的秦剑和从楚墓中发掘的秦
剑不光是外观尺度上完全一样，而且金相分析结果表明他们的化学成分也几乎完全相
同，秦陵中发现的弩箭头、弩机等也有这样的特点，即既实用又标准，这多少有点象现
代的工业化生产的特点——标准化，这无疑是秦人能够迅速发展他们的军队，并且战无
不胜的秘诀；总结人类历史发展的经验，每一次进步几乎都与标准化密切相关。

相反，抵制或排斥标准化是历史的退步，比如 IBM 公司曾经是世界计算机行业标
准的缔造者，并藉此成为当时最大的电脑供货商，但它后来的发展中逐渐走上抵制国际

计算机行业标准道路，因此逐渐丧失了它的领袖地位。

近 20 年来，随着国际贸易和科技文化交流的不断扩大，特别是贸易全球化和经域集团化、高新技术的迅猛发展，对国际标准的需求日益增长，采用国际标准，或者说是标准的国际化或标准的国际趋同，已成为全球普遍发展趋势。例如，仅欧洲标准化委员会（CEN）就收到欧盟委员会下达的委托书 2857 项；CEN 标准年出版量已从 1995 年的 300 件增加到目前的 900 件。截至 2000 年底，欧洲标准化委员会（CEN）、欧洲电工标准化委员会（CENELEC）和欧洲电信标准学会（ETSI）这欧洲三大标准化机构制定的欧洲标准已达到 10520 件，尚有标准草案 5200 件。

三　标准和标准化

1. 标准和标准化的定义

根据 GB3935.1 - 83《标准化基本术语第一部分》的规定，"标准是对重复性事物和概念所做的统一规定。它以科学、技术和实践经验的综合成果为基础，经有关方面协调一致，由主管机构批准。以特定形式发布，作为共同遵守的准则和依据"。"标准化是在经济、技术、科学及管理等社会实践中，对重复性事物和概念通过制定、发布和实施标准，达到统一，以获得最佳秩序和社会效益"。[1]

2. 标准化的基本原理

标准化的基本原理通常是指统一原理、简化原理、协调原理和最优化原理：

（1）统一原理就是为了保证事物发展所必需的秩序和效率，对事物的形成、功能或其它特性，确定适合于一定时期和一定条件的一致规范，并使这种一致规范与被取代的对象在功能上达到等效。

（2）简化原理就是为了经济有效地满足需要，对标准化对象的结构、型式、规格或其他性能进行筛选提炼，剔除其中多余的、低效能的、可替换的环节，精炼并确定出能满足全面需要所必要的高效能的环节，保持整体构成精简合理，使之功能效率最高。

（3）协调原理就是为了使标准系统的整体功能达到最佳，并产生实际效果，必须通过有效的方式协调好系统内外相关因素之间的关系，确定为建立和保持相互一致，适应或平衡关系所必须具备的备件。[2]

---

① 中国标准网"什么是标准"，"什么是标准化"
② 中国标准网"标准化的基本原理"

四　文物保护标准化及推行标准化的可行性

"通过制定、发布和实施标准，达到统一。"是文物保护标准化的实质。"获得最佳秩序和社会效益"则是文物保护标准化的目的。

首先，标准化的目的在于科学高效的解决大量实际存在的相同或类似的问题，辩证唯物主义认为，物质世界是可以被认识的，并且是存在客观的规律性的。我们常把文物按照不同的要求分类，如按保存环境分为：室内文物、室外不可移动文物、地下埋藏文物；按文物材质类型分为：石质文物、木质文物、纸质文物等；而石质文物按材质又可细分为：石灰质、砂岩质等；我们还可以按照其他的一些分类标准把文物分类，这种分类的本身就是建立在文物的一些共性的基础之上的，这些共性决定了他们的退化和保存、保护，必然有着相同的或相似的规律可循，这是可以对他们实行标准化保护的前提。

其次，标准并不是一成不变的，标准化并不排斥研究与创新，相反，标准的制定必然是经过缜密的科学研究和大胆的科学创新而取得的，随着科学技术的进步，标准必然要向着更为科学合理的方向迈进，这是历史发展的必然。

再次，文物的多样性和个性，决定了我们不应以完全相同的标准来制定保护措施。从这个层面上说，文物保护的标准也应是统一性与多样性的有机结合。

文物保护工作中，标准的内容应该包括如下几方面：

文物保护的理念的标准化，1964 年公布的威尼斯宪章中指出"……保护与修复原则应在国际上得到公认并做出规定，这一点至关重要……"；新近出台的《中国文物古迹保护准则》指出"……中国文物保护的观念和方法开始于 20 世纪 30 年代……"，《准则》是"在中国文物保护法规体系的框架下，对文物古迹保护工作进行指导的行业规则和评价工作成果的主要标准……"；《准则》第三章就是文物保护原则。人们常说目的决定结果，这虽然不是绝对的，但正确的保护理念确实是文物保护和修复工作者实施正确妥当的保护措施的出发点，将这些理念标准化为统一的文物保护原则、准则，会增加理念的可读性和可操作性。

文物保护管理的标准化，2002 年 10 月 28 日新的《中华人民共和国文物保护法》全国人民代表大会第三十次常务委员会上获得通过，主要内容实际上就是制订标准规范的管理制度。建立标准化的文物保护管理体系，可以有效协调各方面的保护力量，简化管理程序，提高管理效率。

文物保护程序的标准化，《准则》第二章的内容就是文物保护程序，它规定"文物保护工作总体上分为六步，依次是文物调查、评估、确定各级文物保护单位、制订保护规划、实施文物保护规划、定期检查规划，原则上所有文物古迹保护工作都应该按照此程序进行"，附则 6 还列出了保护工作程序表。科学而合理的标准化保护程序可以有效的避免工作中的疏漏和失误，并且在此基础之上的标准化的档案制订和管理有助于我们保留尽可能多的信息，这不仅是为我们自己，也是为了将来我们的子孙后代能更好的保存这些文化遗产。

文物保存现状评估的标准化，同类材质的文物建立相同的标准病害描述语言、病害分级标准和表述方法，这有利于我们对文物保存现状和病害成因的认识。例如意大利制定了病害描述的 Normal 语言，配合计算机病害图，使得有关专家可以不必亲临现场也可以对病害情况有一个正确的认识，从而可以对病害的成因及治理方法提出正确的意见和建议，同时这些标准化描述也成为最好的文物保护资料。

文物保存环境的标准化，制定文物保存环境标准，特别是对博物馆而言，我们可以通过查阅相关的标准，对不同材质的文物建立不同的保存环境，这样可简洁、经济、高效的保存更多的文物。全国环境监测管理条例早在 10 余年前就已公布，已公布的 400 多项标准对于控制环境污染、掌握环境质量状况起到了重要的作用，众所周知，环境控制是保护文物最为有效的方法，并且副作用最小的方法之一，而有关不同材质文物的环境控制标准却迟迟没有出台，这不能不说是一种缺憾。

文物保护材料和工艺的标准化，意大利 Normal20/82 针对不同材质的文物列出了适用的保护和清洗材料以及其使用方法，[①] 这样做无疑会减少大量重复性研究，至少是提供一个较小的选材范围，从而可以提高文物保护的效率和正确性。

五　文物保护工作中，标准化工作应从以下三个方面着手

首先是标准的制定，要用科学研究的方法，现代文物保护的科学研究已经不是单一学科可以解决问题的时代了，人们认识到，多学科的协同工作可以更为科学合理地解决文物保护中不断出现的新问题，但是研究的方向一定要面向同一类型的文物、保存环境、保存状态，在遵守文物保护基本原则的基础之上，应该倾向制定标准化的保护方法，这样就可以避免资源的浪费，以最小的资源占有率，实现最大的文物保护效率。在这方面，国家应该着手解决文物保护研究方面的无序状态，制订相应的规划。

其次是教育，包括三个方面，一是大众的教育，主要是文物保护基本知识的教育，一定要纳入正规教育体系中，制订标准的教育策略、教材和方法，树立全民文保意识；二是专业教育，文物保护是多学科的交叉科学，需要各种专业特长的人协力合作才能实

---

① 中意合作文物保护与修复培训班讲义 Vasco Fassina "Normal 20/85 文件建议的加固剂"

现保护的目的，因此，专业教育应该选择合适的时间，必须在受教育者掌握相当程度的某一方面的专业知识，并且热爱文物保护事业的同时才可以开始专业教育，这些人可作为标准的研究人员和实施人员；三是在职教育，目的在于培养一线保护工作者，他们是这些标准的执行者。

标准某种程度程度上说是法律法规的量化形式，它的严肃性和强制性是不容置疑的，将某些标准制订成法律法规，有利于标准的实施。

六　结语

由于文物本身及其病害和保存环境的多样性，我们保护人员的工作也不应死套标准，必须认识到标准的指导作用，同时也必须发挥我们自己的主观能动性和创造力，因此必须加强自己的业务学习，只有这样才能更加科学合理妥善地保存祖先留给我们的珍贵遗产。

（摘自《文物世界》2004 年第 5 期）

云冈石窟建筑遗迹的新发现

云冈石窟文物保管所
文物保护科学技术研究所

云冈石窟文物保管所为配合云冈石窟维修加固工程，于1972年至1974年间在五华洞（编号九~十三窟）窟前进行考古发掘，陆续发现了一些重要建筑遗址、遗物。这些资料，对研究云冈石窟的原貌及历代维修工程的规模、施工方法有一定参考价值。

一 在九窟和十窟窟前基岩面上发现一片柱础群

1972年10月，在九窟、十窟前东西30米，南北13米，共约400平方米范围内进行发掘时，发现一片柱础群（图1、图7）。有方柱础八个，圆柱础十六个。八个方柱槽（即柱础的槽）在距前壁4.3米处，恰好在一条东西轴线上，与前壁方向平行。每个柱槽100~118厘米见方，深18~52厘米。八个方形柱槽底面凿成覆盆式圆形柱础。这种把柱脚"埋入"地下"柱跗"式的构造，是比较古老的一种做法（图8）。

在柱槽内还发现很多木炭（图9），说明这座木构建筑可能毁于火灾。

柱槽上面铺方砖，方砖尺寸：37×37×5厘米，背面有沟纹（图10）。范围：东西宽24.65米，南北深11米，前有"台明"、"散水"（图11）。八个柱槽在铺地方砖下面。

经实测八个方形柱槽和九窟、十窟前壁上方残存的八个梁孔（图2）的大小比例、开间尺寸及通面宽都基本一致，列表如下：

可见，这次发现的八个柱槽和崖壁上的八个梁孔，是一座七开间的木构窟檐建筑坍毁后的建筑遗迹。

位置名称 间次	I－I柱槽	壁面上梁孔
明间	3.90 米	3.90 米
西次间	3.83 米	3.80 米
东次间	3.70 米	3.65 米
西梢间	3.56 米	3.60 米
东梢间	3.95 米	3.90 米
西尽间	3.82 米	3.86 米
东尽间	4.48 米	4.55 米
通面宽	27.24 米	27.26 米

二 在九窟、十窟前室窟顶上方还发现一组五开间梁槽遗迹

九窟、十窟前室窟顶东西长 29、南北深 4.5 米。清除窟顶积土后，发现了六个排列有序的梁槽遗迹（图 1）。梁槽方向与洞窟垂直（即南北向），大槽长 130、宽 41、深 12 厘米。底面又各凿一至二个 20×13×13 厘米的小方槽。在错台下面，每个梁槽两侧有对称的两个三角形槽，长 43~52、宽 25、深 24、中距 90~120 厘米（图 3、图 4、图 12）。

从构造上来看，大梁槽为安放窟檐大梁开凿的。小方槽可能是为梁底安设木榫起固定作用，防止大梁向外移动的榫槽。三角形槽可能是为了防止"脊檩"或整个梁架向前倾倒而安设的"托脚"的底槽。

经实测，这一组梁槽的分间尺寸规律和 1938 年已被发现的 II－II 柱础的间距、间数及通面宽是比较一致的。现列表如下：

位置 间次	II－II柱槽	壁面上梁孔
明间	6.45 米	6.42 米
西次间	4.70 米	4.60 米
东次间	4.52 米	4.67 米
西梢间	3.86 米	3.96 米
东梢间	3.90 米	3.85 米
通面宽	29.43 米	23.50 米

从上表可以看出，这次发现的六个梁槽与窟前地面上紧靠列柱的六个柱础应是一座

五间窟檐建筑遗址。

三　在十二窟列柱上方发现石雕瓦顶残迹

1937 年 7 月清除前室顶板积土后，发现有脊饰、瓦垄等残迹（图 5）。结合下方列柱来看，全窟外观应是一座崖阁形式，与天水麦积山石窟上七佛阁式样相似。

这一崖阁式洞窟，顶部为筒板瓦庑殿顶，正脊长约 3.6 米（距地面高 9 米），脊两端有鸱尾残迹，中央有鸟形残迹。下部为四柱三开间，柱高 3.4 米，断面八角形，柱基座高 1.5 米。柱檐风化剥蚀轮廓不清。但前室侧壁和柱头内侧浮雕还可推测该窟前壁面是柱头刻四板，栌枓上托额枋，补间人字栱，柱头一斗三升的式样（图 6）。

几点看法：

1. 这次在九窟、十窟新发现的两处窟檐建筑遗迹，我们认为在九窟、十窟前面有过两次修建活动，一次建造过七间大殿，一次修建过五间窟檐。

云冈石窟，在太和十八年（494）魏孝文帝迁都洛阳以前开凿的十余座大型洞窟，除去十四窟外，其余洞窟仍能清晰看到梁孔、枒眼和人字形沟槽等建筑痕迹。郦道元《水经注》"灅水条"下谈到"……凿石开山，因岩结构，真容巨壮，世法所希，山堂水殿，烟寺相望"。从"山堂水殿，烟寺相望"之"堂"、"殿"、"寺"来推断，北魏已在窟前建筑了窟檐是有根据的①。

大同是辽、金两代陪都，据金皇统七年（1147）《大金西京武州山重修大石窟寺碑》记载辽兴宗、道宗、天祚屡次重修云冈②，因而辽代在窟前兴建或在北魏窟檐基础上重建过巨大的木构建筑。

2. 九窟、十窟前面敷地砖东西宽 24.65 米，南北深 11 米。Ⅱ—Ⅱ柱础通面宽及窟顶六个梁槽通面宽为 23.43 米和 23.5 米。算上"下出檐"两者宽度是基本吻合的。Ⅱ—Ⅱ柱础紧靠列柱柱脚，柱子高达 13 米以上，因此前面还应有一排檐柱。据屋顶坡度推算，檐柱位置距前壁约 10 米左右，和铺地砖南北深是一致的。而且Ⅱ—Ⅱ柱础上皮和铺地砖是在一个平面上，推测这五间窟檐和铺地砖应是同期建筑遗物。可能重建于辽代。

七间式窟檐柱础压在铺地砖下面，应是辽代以前遗物。但从柱础位置与窟前铺地花纹关系看，有的柱础又"压"了铺地花纹（图 1），七间式窟檐的始建年代应在九窟、十窟全部雕刻完成之后。

---

① 梁思成：《云冈石窟中所表现的北魏建筑》，《中国营造学社汇刊》第四卷第三、四期。
② 宿白：《"大金西京武州山重修大石窟寺碑"校注》注二六，《北京大学学报》1956 年 1 期。

　　九窟、十窟窟前地面的铺地花纹（岩石上）雕刻精美，但雕刻工程并未全部完成。

　　3. 仿木构建筑的石雕窟檐，见于麦积山、天龙山和响堂山诸石窟，云冈石窟是第一次发现。从建筑年代来说，第十二窟新发现的在全国现存崖阁式洞窟中是最早的一处。

（摘自《文物》1976 年第 4 期）

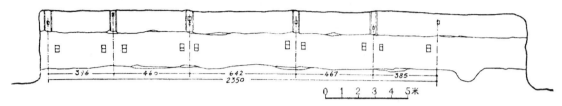

九、十窟前室窟顶俯视

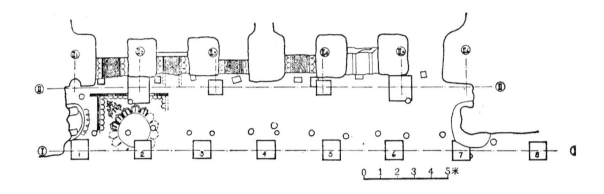

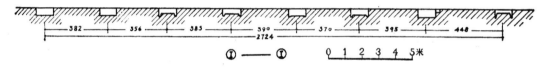

图1　九、十窟窟前地面平面图

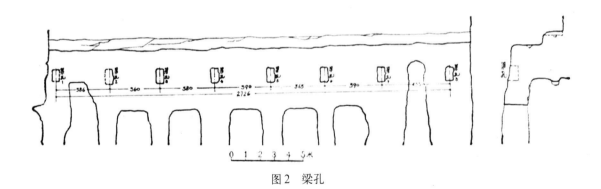

图2　梁孔

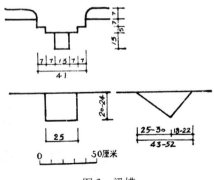

图3　梁槽

图4　梁槽

图5　脊饰瓦陇残迹

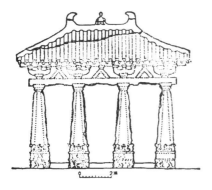

图6　石窟瓦陇复原

图7　方形和圆形的柱础

图8　方形柱槽底

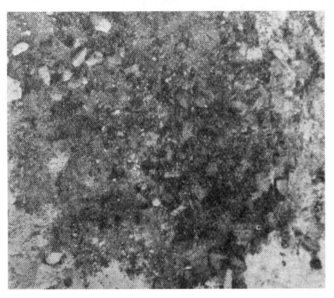

图9 木炭

图10 方砖

图11 "台明""散水"

图12 梁槽与"托脚"槽

云冈石窟开凿历程

李治国　丁明夷

　　云冈石窟位于山西省大同市西郊武州山（又称武州塞，州又作周）南麓，武州川峡谷的北岸。郦道元《水经注·漯水（明刻本作漯水）》条，这样描述云冈石窟："武周川水又东南流，水侧有石，只洹舍并诸窟室，比丘尼所居也。其水又东转，径灵崖南，凿石开山，因岩结构，真容巨壮，世法所希，山堂水殿，烟寺相望，林渊锦镜，缀目新眺。"道宣《续高僧传·昙曜传》记载，昙曜"以元魏和平年（460～465），任北台昭玄统，绥辑众，妙得其一，住恒安石窟通乐寺，即魏之所造也。去恒安西北三十里武周山谷北面石崖，就而镌之，建立佛寺名曰灵岩。龛之大者，举高二十余丈，可受三千许人，面别镌像，穷诸巧丽，龛别异状，骇动人神，栉比相连三十余里。东头僧寺，恒供千人。"这是佛教自两汉之际传入中国后第一次大规模的石窟营造壮举。云冈石窟依山开凿，东西绵延一公里。现存主要洞窟四十五个，分为东、中、西三区，东部四窟（一～四窟），中部九窟（五～十三窟），西部三十二窟（十四～四十五窟）。此外还有许多小型洞窟。共计一千一百多龛，大小造像五万一千多躯。从云冈石窟西行约六里，武州川北有吴官屯石窟。再溯河西行，距云冈三十里的高山镇，遗有焦山石窟。栉比相连，有三十里之遥。

　　那么，这座举世闻名的艺术宝库，我国古代最大的石窟群之一，是怎样开凿的？经历了怎样的沧桑变化？又在中国美术史上写下了怎样的一页？这就是本文试图探索的问题。

一　北魏云冈石窟

　　山西北部是我国北方游牧民族活动的舞台。大同武州塞扼据内、外长城间，是汉民族与匈奴、鲜卑等少数民族间的交通要道。公元一世纪末，匈奴统治集团内部分裂，原居黑龙江上游额尔古纳河与大兴安岭北段间的鲜卑族拓跋部，自东北向西南迁徙。西晋以来，在各部族间的长期纷战中，拓跋部乘势崛起，并逐步控制了黄河流域以北的大部分地区，建立了北魏王朝。天兴元年（398），道武帝拓跋珪将国都自盛乐（今内蒙古自治区和林格尔境内）迁至平城（今大同市），迄孝文帝太和十八年（494）再次迁都洛阳，大同作为北魏王朝政治、文化的中心，几近百年。

文献记载，鲜卑族拓跋部在中国北方一带活动时，还未信仰佛教，而流行各种杂卜巫术①。建立北魏政权，接触中原地区佛教后，才开始注意佛教。道武帝攻克河北、山东一带，戎马倥偬之际，"见诸沙门、道士，皆致精敬，令军旅无所犯"②，后又下诏于京城为沙门始建佛塔殿、讲堂和禅堂。明元帝时，"又崇佛法，京邑四方，建立图像"③。太延五年（439），太武帝灭北凉，素称发达的凉州佛教东传，北魏佛教迎来了兴盛期。关于这一件事，《魏书·释老志》这样记载："凉州自张轨后，世信佛教。敦煌地接西域，道俗交得其旧式，村坞相属，多有塔寺。太延中，凉州平，徙其国人于京邑，沙门佛事皆俱东，象教弥增矣。"凉州平，北魏统一中原北方广大地区，西域各国"始遣使来就"④，自此北魏与西域的交通往还不绝。

以北魏这样一个经济、文化相对落后的少数民族建立的政权，入主中原后，为解决日趋紧张的阶级矛盾和民族矛盾，势必要从统治阶级旧有的思想武库中寻求出路。史载北魏开国诸帝，皆为佛、道并奉。这样，除经济等方面原因外，中国原有的道教与外来的佛教之间，斗争日益尖锐。佛、道之争，演成了中国历史上第一次废佛事件。太武帝于太平真君七年（446），下诏毁灭佛法，"土木宫塔，声教所及，莫不毕毁"⑤。

文成帝即位，下诏复法，佛教以更大的势头发展起来。文成帝复法的直接结果，便是云冈石窟的大规模营造。自明元帝开始，武州塞为历代北魏皇帝祈福的神山。因而，和平初（460），沙门统"昙曜白帝，于京城西武州塞，凿山石壁，开窟五所，镌建佛像各一。高者七十尺，次六十尺，雕饰奇伟，冠于一世。"⑥ 这就是著名的云冈昙曜五窟（十六～二十窟），即云冈第一期石窟，开凿于文成帝时期（460～465）⑦。

---

① 赵翼《二十二史劄记》记载，北魏原有习俗，立皇帝、皇后，先铸铜人以卜吉凶，"成者方吉，否则不得立"。

② 《魏书·释老志》。

③ 《魏书·释老志》。

④ 《魏书·西域传》。

⑤ 《魏书·释老志》。

⑥ 《魏书·释老志》。

⑦ 云冈第一期昙曜五窟的时间下限，有可能延续到献文帝时期。近年发现的大同城西十余里的鹿野苑石窟（皇兴五年，公元471年），其主窟平面为马蹄形，穹隆顶，仍作椭圆形草庐式。窟内雕造一坐佛二立菩萨，造型、题材亦接近昙曜五窟造像。

昙曜五窟的开凿，是北魏佛教具有强烈国家政治色彩的反映，"不依国主，法事难立"①，北魏佛教依靠世俗王权的特点，尤为明显。道武帝时的道人统法果，即公开要求佛教徒礼拜皇帝，每言："太祖明叡好道，即是当今如来，沙门宜应尽礼，遂常致拜。谓人曰：'能鸿道者人主也，我非拜天子，乃是礼佛耳'"②。兴安元年（452），诏令仿照文成帝身样形象雕石像。兴光元年（454），又命于五级大寺内，为太祖以下五帝，铸释迦像五身。昙曜五窟正是依照这种礼佛即拜皇帝的构想雕造的。

这五个窟中，主佛形体高大，占据窟内主要位置。根据主像和石窟布局，五窟可分为二组。十八、十九、二十窟为一组，都以佛装三世佛（过去、现在、未来佛）为主像。十九窟左右二主像分处于窟外东、西耳洞中。十九窟是这一组的中心窟，开凿的时间也最早（西耳洞主像完成于第二期）。十六、十七窟为另一组。十七窟主像也是三世佛，正中是菩萨装的未来佛交脚弥勒菩萨（主像完成于第二期）。十六窟主像是单一的释迦立像。如果依据为太祖以下五帝各造一像来考虑，主像为释迦像的十六窟，相当于当时在位的文成帝，主像是交脚弥勒菩萨的十七窟，相当于未即位就死去的景穆帝。而十八、十九、二十窟，则应分别相当于太武帝、明元帝和道武帝。

昙曜在文成帝复法后，为帝王造窟选择三世佛作为主要题材，除了为皇室祈福外，也是针对太武帝灭佛前流传的"胡本无佛"的言论，而宣传佛教渊源久远，传世无穷。他在云冈石窟翻译自三世佛开始的《付法藏传》，也是为了"流通后贤，使法藏住持无绝"③。在这里，王权与教权的利益，正相一致。禅居与三世佛题材，是中国北方石窟的显著特点。

昙曜五窟是凉州佛教艺术的典型遗存。我国佛教石窟源自新疆库车、拜城地区（古代龟兹），传入玉门关内，形成具有浓郁西域风格的凉州佛教艺术。凉州石窟、佛寺遗存不多，现存主要有武威天梯山第一窟（可能为北凉沮渠蒙逊据凉州时期，即401~439）和酒泉北凉石塔（有承玄元年即公元428年等年号）。此外如炳灵寺二八九窟（西秦建弘元年，420年），敦煌二五七、二七二窟，肃南金塔寺石窟，也都属于北方早期石窟体系。太武帝灭北凉，将凉州僧徒三千人，宗族、吏民三万户迁到平城，其中不乏长于造像的工匠和著名的禅僧。凉州自前凉张轨以来，一直为中国西北的佛教中心，也是禅学最盛之地。五凉佛教到北凉沮渠蒙逊时（401~439）尤盛，在南山大开石窟。北魏征伐西北，许多河西名僧来到平城。道武帝平赫连昌，得号称白脚禅师的惠始，后到平城，多所训导。曾创建麦积山石窟的凉州禅僧玄高，太延五年（439）到平城，受

① 慧皎《高僧传·释道安传》。
② 《魏书·释老志》。
③ 道宣《大唐内典录》。

到太武帝敬重，为太子晃的老师。文成帝复佛法后任道人统的师贤和任沙门统的昙曜，都是著名的凉州禅师。昙曜向以禅业见称①，文献记载北魏灵岩寺（即云冈石窟）可居三千人，东头佛寺可容千人。第一期石窟中的三世佛、释迦、弥勒和千佛，又都是一般习禅僧人禅观的主要对象。因此，这些巨大的窟室，很可能是为了广聚沙门同修禅法之用。凉州禅学对北魏佛教有着直接的影响，云冈石窟第一期造像的基本力量也应来自凉州。《魏书·释老志》还记载："太安初（455），有师子国（今斯里兰卡国）胡沙门邪奢遗多、浮陀难提等五人，奉佛像三，到京师。皆云：备历西域诸国，见佛影迹及肉髻，外国诸王相承，咸遣工匠，摹写其容，莫能及难提所造者，去十余步，视之炳然，转近转微。又沙勒（新疆喀什）胡沙门，赴京师致佛钵并画像迹。"

平城作为当时中国北方的政治、宗教和文化中心，集中全国各地的优秀艺术工匠，汲取、融合各种艺术风格，开凿出规模宏大的云冈石窟。云冈第一期石窟即昙曜五窟，具有凉州造像的基本特征，又创造出新的风格。

昙曜五窟，平面皆作马蹄形（方形抹圆角），穹隆顶，大体上都摹拟印度椭圆形的草庐形式。五个窟主佛都高逾十数米，二十窟主佛身后还凿有低窄的隧道，很明显，这是受到了龟兹石窟中大像窟做法的启示。

这一期的佛像，高肉髻，面相丰圆，颧骨不高，鼻筋高隆，眉眼细长，蓄八字须。两肩齐挺，身躯壮硕。佛像服装，或右袒，或通肩。着袒右肩佛装者，上身内着僧祇支，外披袈裟，僧祇支上方格纹，同敦煌莫高窟及麦积山、炳灵寺早期造像相似。右肩半披袈裟，边刻联珠纹及折带纹。菩萨像圆脸，短身，头戴宝冠，宝缯翻飞。有的冠作三珠新月冠，接近龟兹壁画中的菩萨像，裸上身，佩项圈、短璎珞和蛇形饰物，下着羊肠大裙。臂饰臂钏和手镯。衣纹雕刻较浅，主要是在凸起的衣纹上刻阴线，细腻匀称，轻薄贴体，用以表现身体的起伏变化。有些造像（如二十窟主佛），身着质料厚重、衣纹凸起的服装，反映了犍陀罗（今巴基斯坦和阿富汗西部一带）造像和中亚牧区服装的特点。有些造像（如十八窟主佛），则着轻薄贴体、衣纹紧密的服装，反映了印度恒河流域一带笈多造像的某种特点。这种融多种造像样式于一炉并加以创造的情形，正是云冈早期造像的显著特色。

总之，昙曜五窟中的草庐式窟形、后开隧道的大像、以三世佛为主的简单题材；肩宽体壮，深目高鼻，短粗身材，八字须，火焰纹背光，圆头光上雕飞天（袒上身，斜披络腋，捧果盘，近似炳灵寺二八九窟中壁画飞天）以及浅密贴体的服装，都显示出一种挺秀劲健、浑厚朴质的造像风格。这种风格，反映出西域凉州造像以至犍陀罗造像的特点，又注入了一些新的因素，这就是北魏早期造像。现存太武帝灭法前的铜石造

---

① 慧皎《高僧传·玄高传》。

像，如太平真君元年（440）释迦铜坐像、三年（442）菩萨石坐像和石塔、四年（443）释迦铜立像等，其造型题材与昙曜五窟十分接近，说明这批北魏造像具有同一渊源。

就雕刻艺术而言，北魏雕刻艺术是我国传统雕刻艺术的延续和发展。云冈石窟雕刻，就是富有才华的北魏各族优秀艺术工匠，积累长期艺术实践的丰富经验，有选择地吸收外来、外地艺术的创造成就，并使之融会到中国艺术中的生动体现。在雕刻技巧上，云冈昙曜五窟雕刻继承了汉画像石的传统技法，往往在造像浑圆的身体上，用阴线刻划衣纹。许多大像，继承利用大面积保持完整统一效果的手法，给人以鲜明、雄伟的印象。在细部表现上，也多有出色之笔。如十八窟半浮雕弟子，上半身作圆雕处理，跃然壁外；二十窟大佛手脚，柔中有刚，透露出肌肉运动的质感。造像的瞳孔，因艺术家巧妙的处理，使原本无生命的雕像，焕发出感人至深的情愫。二十窟大佛作为云冈石窟的代表作，以一种崭新的视野，博大、恢弘的气魄和撼动人心的力度，征服了观众，代表着我国早期佛像的高水平。

云冈石窟的许多重要窟龛，雕凿于孝文帝时期，这就是第二期石窟。此期石窟相当于文成帝死后至孝文帝迁都洛阳前（约和平六年～太和十八年，465～494）。同第一期石窟相比，此时无论是石窟形制还是形象题材，都有了较大的不同，出现了一种清秀雍容、意匠丰富、雕饰奇丽的新风格。云冈石窟乃至北方石窟的中国化，也就在这一时期内开始。

延兴元年（471），孝文帝即位，国内各族人民的反抗斗争规模日益扩大，而北魏皇室、贵族崇佛祈福也愈演愈烈。《大唐内典录》所记："自魏国所统赀赋，并成石龛"，主要是指这一期的情形。上引《水经注·漯水》条记载的云冈石窟盛况，大约就是这一期晚期的一种纷然杂陈、百花齐放的造像风情景。"上既崇之，下弥企尚"，佛教在北魏统治集团的提倡下，发展迅速。第二期窟室、龛像的数目急剧增多，据现存铭记，开窟功德主除皇室外，尚有官吏（如宕昌公钳耳庆时）、上层僧尼（如太和十三年比丘尼惠定）和在俗的邑义信士（指信教的一般地主，如太和七年邑义信士女）等，表明这时云冈石窟已不限于皇室开凿，而成为北魏都城附近佛教徒的重要宗教活动场所。据《洛阳伽蓝记》等书记载，孝文帝时期全国有寺院六千多所，僧尼七万余人，可见当时佛教流传已具有一定的普遍性与民众性。

孝文帝时期云冈石窟实际上的倡导者，是文成帝后、孝文帝祖母文明太皇太后冯氏。史载承明元年（476）献文帝卒后，冯氏临朝听政，"事无巨细，一禀于太后"，直至太和十三年（489）"太后之谪"渐显，十四年卒①。十余年间，政务决断多出其手。

---

① 《魏书·皇后·文成文明后冯氏传》。

当时称孝文帝与冯氏为"二圣"或"二皇"①。孝文帝时期为促使鲜卑族汉化，强化北魏封建统治而采取的一系列改革措施，如太和八年（484）"六月始班俸禄"，九年（485）"下诏均给天下之田"，十年（486）"正月，帝始服衮冕，朝飨万国"，"四月辛酉朔，始制五等公服"，"二月，初立党、里、邻三长，定民户籍"② 等，也都与她有关。其中，太和十年（486）的服制改革，与云冈石窟关系密切。

冯氏崇佛，兄熙佞佛更甚，曾自出家财，于诸州建佛图精舍七十二处（如京城皇舅寺），写十六部一切经③。冯氏故地，鲜卑族建立的北燕，素为北方佛教中心④，刘宋初年即出现佛教造像⑤，为中国早期佛教造像之一。冯氏祖父冯跋、冯弘相继为王，都大力提倡佛教，名僧辈出。冯氏曾于龙城（即北燕）立"思燕佛图"⑥，可见冯家事佛自有渊源。冯氏宠宦钳耳庆时（王遇）"性巧，强于部分"⑦，权倾一时，京城内外的石窟、佛寺多由其设计监造。《魏书·王遇传》记："北都方山灵泉道俗居宇及文明太后陵庙……皆遇监作。由其中包括太和三年（479）修建的文石室、灵泉殿和思远佛寺，五年（481）修建的永固石室和八年（484）修建的方山石窟寺。近年在大同东郊司马金龙墓（太和八年，484）和佛寺，北郊方山永固陵（太和五年～八年，481～484）及思远佛寺等处出土的器物、石刻和残塑像，其形象纹饰都与云冈第二期石窟十分接近，也符合钳耳庆时所主持建筑"穷妙极思"⑧ 的风格特点。《水经注·㶟水》条记述：（平城）"东郭外，太和中阉人宕昌公钳耳庆时，立祇洹舍于东郊，椽瓦梁栋、台壁楼陛、尊容圣像及床坐轩帐，悉青石也，图制可观。"这种仿木构建筑的祇洹舍，是武州川"水侧有祇洹舍并诸窟室"的张本。它是钳耳庆时独创的太和年间特有的建筑形式，是外来的石窟形式与传统的民族建筑技术的巧妙结合，反映了石窟艺术民族化的趋向，也是太和年间一系列汉化政策的产物。

孝文帝初期昙曜卒后，太和四年（480），沙门僧显继任为沙门统。僧显原为平城方山思远寺主⑨，他继任时的北魏佛教，已与文成复法时主要依据凉州佛教不同，此时受到中原（如上述北燕）和南方佛教的影响更多。

---

① 二圣，见《大代宕昌公晖福寺碑》，二皇，见法琳《辩正论》。

② 《魏书·高祖纪》。

③ 《魏书·冯熙传》。

④ 汤用彤《汉魏两晋南北朝佛教史》。

⑤ 慧皎《高僧传》卷七记，刘宋初僧诠"先于黄龙（即北燕）造丈六金像"。又辽宁北票将军山冯素弗石椁墓中，曾出土金饰冠，上有锤鍱坐佛、火焰纹身光及二捧物供养人。该墓主人卒年为北燕太平七年（415），可定为该佛像年代。

⑥ 《魏书·皇后·文成文明后冯氏传》。

⑦ 《魏书·王遇传》。

⑧ 《大代宕昌公晖福寺碑》。

⑨ 《广弘明集》卷二四《以僧显为沙门都统诏》中记："以思远寺主，法师僧显……可敕令为沙门都统"。

我国南方地区的佛教造像，东晋十六国以来，在规模和技术上都达到了超越前代的水平。以戴逵、顾恺之为代表的士大夫阶层，绘塑出适应中国社会需要和审美情趣，注意"传神写照"的新形象，从服装、造型、题材到神韵，都已从早期摹仿阶段脱颖而出，创造出中国式的佛像体系。戴逵所铸无量寿佛像，顾恺之所绘瓦官寺殿壁维摩像，与师子国遣使所献玉像，被当时世人号之"三绝"[①]。张彦远《历代名画记》卷五记述：戴逵"善铸佛像及雕刻，曾造无量寿木像，高丈六，并菩萨。达以古制朴拙，至于开敬不足动心，乃潜坐帷中，密听众论，所听褒贬，辄加详研，积思三年，刻像乃成。""后晋明帝、卫协，皆善画像，未尽其妙。洎戴氏父子皆善丹青，又崇释氏，范金赋采，动有楷模。"这种"东夏制像之妙"[②] 作品的出现，并非偶然。以顾、戴为代表的我国古代佛教艺术家，他们的成就所在，正是把我国古代艺术中优秀的现实主义传统，尤其是形神兼备这一点，向前深化了一步。南方广大地区，在魏晋传统文化的熏陶下，佛教与神仙思想结合，形成始于顾恺之、戴逵，终于陆探微的"秀骨清像"一派画风。这种新形象、新画派，随着南北方的交流和太和改革中大力吸收南朝文化，必然影响到云冈石窟造像。一种面相清癯，褒衣博带，眉目开朗，神采飘逸的形象，追求形式严整，强调装饰化的作风，在云冈石窟太和年间造像上已见端倪。迁都洛阳以后，随之又开凿龙门石窟（包括云冈西部窟群第三期造像），以一种新的面貌风靡全国，成为南北技艺统一的时代风格。在这点上，我们不应忽视云冈石窟太和年间的造像。

云冈第二期连续开凿成组的大窟，主要有五组：七、八窟，九、十窟，五、六窟，一、二窟，此四组为双窟。另一组包括三个窟，即十一、十二、十三窟。此外，云冈石窟最大的第三窟，主要工程也在此期内进行。十一至十三窟外壁崖面上的小窟、龛像及二十窟以西的个别小窟，也在这一期晚期内开凿。

第二期石窟的形制，平面多为方形，多具前后室，是沿袭龟兹石窟以来的窟形。有佛殿窟和塔庙窟两种。佛殿窟有的在后壁开凿隧道式的礼拜道，塔庙窟则于窟中部立塔柱。云冈的这种窟形显然源于龟兹的中心塔柱窟和凉州系统的中心方柱窟，后又影响到敦煌的北魏窟。对佛塔的重视和塔庙窟的雕凿，与当时平城佛寺中以佛塔居中的设计为同一渊源，仍未脱印度的佛寺石窟格局，而平城大型佛寺与云冈石窟佛寺，是一次集中的新创造。方形石窟，壁面雕刻多是上下重层、左右分段的布局，有的窟顶雕出支条分格的平棊藻井式。窟中造像极少见第一期那样的雄伟大像，且已下占窟内主要位置，但形象题材趋于多样化。佛、菩萨面相丰瘦适宜，表情温和恬静。太和十年（486）后造像样式开始复杂化，十三年（489）出现褒衣博带式佛装，在此前后，菩萨像也采用头

① 《南史·夷貊传》。
② 道世《法苑珠林》卷十三。

戴花冠，身披岐帛，羊肠大裙下摆飞扬的新服装。四壁出现了世俗的供养人行列，早期多为鲜卑人"夹领小袖"装束，晚期则穿着汉民族宽博服装。凸起的繁细衣纹，被简化的雕刻较深的直平阶梯式衣纹所代替。近年方山佛寺出土的残塑佛像，衣纹断面呈方形贴泥条形式，这与云冈石窟太和年间的雕刻一样，意在增强作品的立体感和现实性。和第一期石窟比较，其显著特点是，汉魏以来分层分段附有榜题的壁面布局和中国传统的建筑形式（屋形窟、屋形龛）及其装饰已渐增多，佛像的服装在第二期后段也改为中原的样式。

第二期石窟多双窟，很可能和当时尊奉孝文帝、太皇太后为"二圣"有关①。七、八窟这组双窟，是第二期石窟中开凿最早的一组，大约完成于孝文帝初期，据金皇统七年（1147）曹衍撰《大金西京武州山重修大石窟寺碑》（以下简称《金碑》）的记载推测，这组双窟为孝文帝时所开，辽代并以此为主体兴建了护国寺。这二窟的主要形象、造像组合以及装饰纹样等，已与第一期昙曜五窟有明显的不同。造像面型略清瘦，佛龛除华盖及圆拱尖楣式外，出现了源于中国式床帐的盝顶帷幕（天幕）形，还有三角垂帐纹、波状忍冬纹和栖鸟形藤座等。供养菩萨、飞天等，上身除斜披络腋外，有的还披岐帛，自两臂绕向身后。造像的题材、组合，以后室正壁上下龛为准，主像都是三世佛。七窟正壁下龛主像是释迦、多宝并坐说法像。前后室壁面分层分段大面积布置了本生故事浮雕和表现佛传（如降伏火龙）的佛龛。佛装的交脚弥勒、护法诸天和大型供养人行列等，都最先出现在这组双窟内。两窟后室窟顶雕六格斗四式平棊藻井，精美华丽。前室崩塌露天，原应覆盖瓦顶，中间石壁南端原断有巨碑。

九、十窟这组双窟，开凿时间略晚于七、八窟。根据《金碑》，大致可以推定它是钳耳庆时于"太和八年（484）建，十三年（489）毕"，为孝文帝所开石窟。辽代在这里兴建了崇福寺。这是一组典型的佛殿窟，窟内雕饰富丽，与钳耳庆时的建筑风格相符。两窟前室凿列柱，雕镂精美，每窟洞开三门，颇具汉魏以来中国建筑"金楹（金柱）齐列，玉舄（柱础）承跋"②的遗风。造像题材，九窟主像是释迦，十窟主像是弥勒菩萨，这是云冈石窟第二期出现的新的主像组合。壁面布置了较多的释迦多宝并坐像。在这组双窟中，首先出现了仿汉民族木结构的建筑形式，如窟前石雕窟檐、前室侧壁屋形龛、后室窟门上方屋形檐等"石祇洹舍"式雕刻。同时也出现了富于变化的缠枝环形忍冬、套圭形忍冬、波状忍冬、三角忍冬以及陶纹等装饰纹样带，有的中饰人物及禽兽等。还出现了凌空飞舞的歌舞神紧那罗，饰卍字栏干圆拱龛中的伎乐神乾闼婆；后室礼拜隧道中雕供养人行列。这二窟中的各种造像，身形雍容俊秀，衣纹流畅劲健，

---

① 据《晖福寺碑》，王遇曾"于本乡南北旧宅上为二圣造三级浮图各一躯"。
② 曹魏时何晏《景福殿赋》。

达到了新的水平。至于一些动植物形象和装饰性边纹雕刻，已采用类似"剔地起突"或"压地隐起"的某些手法，意匠丰富，繁而不褥。如十窟后室门楣上，须弥山间二龙交缠，山腰有参天的林木和多种竞奔的动物，山侧为高浮雕阿修罗、鸠摩罗护法天神，不仅饶有装饰趣味，而且动静结合、虚实相间、对称均衡，确是匠心独到之笔。所有这些，都能反映出戴逵等南方艺术家"准度于毫芒，审光色于浓淡"① 的创作态度对北方雕刻艺术的影响。

五、六窟这组双窟的主像都是三世佛。这二窟的大型佛像改变了过去的服装，都雕成了褒衣博带式，大衣内着僧祇支，由衣内引出下垂的双带。这种佛装，直接采用了当时南朝士大夫地主阶级的常服式样②。而上着帔帛，下着大裙的菩萨装，也取自当时上层人物的衣著。服装的改变是和孝文帝实行的各项政治改革，包括太和十年（468）"始服衮冕"等一系列服制改革措施相呼应的。五窟正中释迦坐像高达十七米，为云冈石窟最大的佛像。六窟中央凿直通窟顶的方形塔柱，全窟满布佛龛、雕像，间不容隙。在该窟中心塔柱下层龛楣两侧（十六幅）、四壁下层（现存十七幅）、南壁明窗两侧（二幅）以及东、西壁中层（可辨识者三幅），采用浮雕与佛龛雕刻相结合的方法，雕刻出表现释迦牟尼从诞生前后到降魔成道、初转法轮的佛传故事，共计三十九幅。所刻内容，主要见于刘宋求那跋陀罗所译《过去现在因果经》。这种统一和谐的总体构思和复杂多变的造型手段，具有独特的艺术魅力和浓厚的民族风格。它完全可以代表北魏石窟中佛传题材的艺术成就。至于造像丰圆适中的面相，直平阶梯式的衣纹以及四壁"转法轮支提式"浮雕方塔等，都显示了这一时期的造像特征。很多小像，运用高浮雕手法，处理造像的不同角度和衣裙的重叠层次，更加娴熟自如。总之，这二窟的总体布局、造像风格、雕刻手法等，都在中国民族传统艺术的基础上有所发展与改进。可以说，它是对第一期石窟凉州造像模式的继续，是南北不同造像风格的融合。所以，推测第六窟完成之时，已去孝文帝迁洛不远。第五窟壁面布满了缺乏统一布局的大小佛龛，说明它并未按原计划完工，这种情形当然也与都城南迁有关。因此，这组双窟的雕凿，约在孝文帝都平城的后期。

一、二窟为一组塔庙窟，其后壁的主像，一窟是弥勒菩萨，二窟是释迦佛。一窟中心塔柱南面下层雕释迦、多宝，上层雕释迦。二窟中心塔柱南面下层雕释迦、多宝，上层雕三世佛。两窟窟门两侧都雕有维摩、文殊对坐问法像。其造像形式与风格较五、六

① 《法苑珠林》卷二四。
② 颜之推《颜氏家训·涉务篇》记："梁世士大夫，皆尚褒衣博带，大冠高履，出则乘舆，入则扶侍"。建国后在南京等地出土的东晋墓葬壁画竹林七贤与荣启期模印壁画，皆穿这种服装。四川茂县（今茂汶羌族自治县）出土齐永明元年（483）造"无量寿、当来弥勒成佛二世像"，为着褒衣博带式的最早佛像，且早于北魏太和十年（486）服制改革三年。

窟稍早，雕凿时间应在九、十窟与五、六窟之间。释迦、多宝佛见于《妙法莲华经·见宝塔品》，释迦、弥勒菩萨见于该经《从地涌出品》，维摩、文殊问答见于《维摩诘所说经》。北魏重视《法华》、《维摩》二经，正是孝文帝时期①。从孝文帝开始，提倡佛教义理学。这一时期的佛教，应该说是禅、理并重，重禅法。而这两部经又正是用譬喻故事的形式宣传佛教教义，容易被人接受，孝文迁洛前后，曾把僧人请到宫中宣讲。明确根据《法华》、《维摩》经开凿的一、二窟，其时间也恰好接近北魏南迁。

上述四组八个洞窟，在石窟构造和布局上，呈现出共同的特点：平面为方形，窟顶多凿平棊，分前后室，均为成组双窟。这表明，石窟形制已与昙曜五窟西方风格的设计大不相同，特别是东西毗邻的五至十窟这三组双窟，窟前都雕双塔，这是说明它们时间接近的有力例证。

十一至十三窟为一组，凿有前后室的十二窟是这一组洞窟的中心窟。十二窟前室外壁上方凿屋檐，下方雕列柱，洞开三门。后室南壁中央上凿明窗，下开窟门。两侧的十一窟和十三窟则于窟门上方各开一明窗，与十二窟形成左右对称的立面布局。十一窟为塔庙窟，十二、十三窟为佛殿窟，在一组窟内包括塔庙、佛殿两种不同类型洞窟，似乎也是出于当时宗教上的需要。十二窟后室正壁凿为上下两层大龛，上龛主像为弥勒菩萨，下龛主像为释迦、多宝佛。此窟佛像造型风格与服饰接近九、十窟。十一窟中央立塔柱，塔柱四面各凿上下两层龛，除南面上层为弥勒之外，其余都是释迦立像。窟东壁有太和七年（483）邑义信士女等造九十五区石庙形象铭，西壁有太和二十年（496）铭龛以及佛装接近五、六窟服饰的七佛立像。十三窟主像是交脚弥勒菩萨，窟内小龛与十一窟一样，龛制复杂纷乱，雕凿时间延续很长。

这一组石窟中，看来只有十二窟按原计划完成，而十一、十三窟大约在开凿后不久即辍工，此后陆续雕凿了不少无统一规划的小龛。十二窟后室门楣上的边纹雕刻，同九、十窟一样，饰缠枝环形忍冬、环形套圭形忍冬和波形忍冬纹，在对称的忍冬纹浮雕带上，突出高浮雕的朱鸟、白鹿、莲花和化生童子等，是代表太和风格的新创造。十二窟前室侧壁的屋形龛、后壁上方的天宫伎乐龛等，也与九、十窟多有相近之处。这些复杂的纹饰，同见于大同方山永固陵、东门外司马金龙墓所出石刻、器物上的纹饰。如果考虑到云冈十二窟始凿于太和七年（483）前不久，九、十窟凿成于太和八年至十三年（484～489），永固陵、司马金龙墓年代分别为太和五年至八年（481～484）和太和八年（484），并且皆为钳耳庆时监作，那么这种有关形象、纹饰的接近甚至相似，应该

---

① 《魏书·释老志》记："时沙门道登，雅有义业，为高祖（孝文帝）眷赏，恒侍讲论，曾于禁中与帝夜谈。"《高僧传·僧渊传》记：僧渊弟子道登"善《涅槃》、《法华》，并为魏主所敬。"《高僧传·昙度传》记：昙度"《法华》、《维摩》、《文品》，并探微隐，思发言外……当时魏主元宏（孝文帝），闻名餐揖，遣使征请。既达平城，大开讲席"。

是北魏太和十三年（489）前的一种共同特征和创造，而为云冈五、六窟中所不多见。这也是表明五、六窟稍晚于七至十三窟的又一旁证。

三窟是云冈石窟最大的洞窟，原为大型塔庙窟设计，开凿约在云冈第二期，但终北魏一代迄未完成。前室分两层，上层左右侧各雕一塔，中部凿方形窟室，主像为弥勒菩萨，壁面满雕千佛。后室仅凿出中部塔柱壁面。

这时的造像题材，除表现《法华》、《维摩》二经的释迦多宝和维摩文殊外，作为僧人禅观的对象，这时不仅继续雕凿前期的三世佛、释迦和弥勒，而且雕出了禅观时的辅助形象，如本生、佛传故事，七佛、供养天人等。甚至还按禅观要求，把有关形象联缀起来。如上龛弥勒下龛释迦。这种安排，正是当时流行的修持"法华三昧观"所必需。面对现世无法解决的种种困扰，祈求弥勒"决疑"更其迫切。可能为"东头僧寺，恒供千人"① 的三窟，前室上层凿出居中的弥勒窟室，下层开凿巨大的禅窟，显然是为了众多僧人共同禅居的需要。至于五、六窟门拱和七、八窟明窗刻出的肃穆端庄的坐禅僧人，更有可能是当时有意树立的坐禅的标准形象。当时的坐禅僧人，有的是逃避苛欲，有的是皇室贵族为了给自己作"功德"而度舍，有的是被强迫出家。云冈石窟的兴建，耗费了北魏巨大的财力。九、十窟这组双窟，在云冈并不是最大的窟室，但也历时五年才完成。规模巨大的云冈主要石窟，是在三十多年中完成的，又主要凿于孝文帝都平城期间。迁都洛阳后，北魏皇室仿照云冈石窟在洛阳伊阙山营造石窟三所，经营了二十四年，用工八十万二千三百六十六个。这三所石窟，规模不及云冈石窟，北魏时又未全部完成。由此可以想见，耗费该是何等巨大。南朝无神论者范缜批判佛教时说，"竭财以赴僧，破产以趋佛，粟穷于堕游，货殚于泥木。"② 事实正是如此。

开凿云冈石窟的工匠，主要来源于历次战争中的俘虏。公元417年灭后秦，将长安工匠二千家掠到平城。公元439年灭北凉，强徙三万户民吏工巧到平城。平定、中山等地，又驱迫百工伎巧十万户迁到平城。这些掳掠的工匠到平城后，除部分赏赐给有功将领外，大多归官府管辖，称"平齐户"。北魏法律禁止私人占有工匠，他们必须永远为国家役使，技艺世代相传，不得改从他业。他们的身份低贱，不得与平民通婚，是介于奴隶与平民之间的半自由民。因此，北魏统治阶级可对他们进行比一般平民更严苛的压榨和奴役。北魏工匠在当时低劣的劳动条件下，长年累月操作于武州山谷。保存至今的云冈石窟，就是当时劳动人民遭受苦难的历史见证。

然而，正是这无数没有留下名字的工匠，在当时的社会条件下，继承了我国古代雕刻艺术中某些优良传统，吸收和融合了外来艺术技巧中某些因素，创造出风格独特的石

---

① 道宣《续高僧传·昙曜传》。
② 范缜《神灭论》。

刻艺术，留下了宏大精美的艺术瑰宝，促进了我国石刻艺术的繁荣，也为隋唐时期石刻艺术的发展奠定了基础。反映中国古代劳动人民高度智慧和创造才能的云冈石窟，是北魏工匠所建造的历史丰碑。

孝文帝迁都洛阳以后，平城作为北都，仍然是北魏时期的佛教要地。尽管大窟减少，但所凿中小窟龛却自东往西遍布崖面。这就是云冈第三期石窟（约 494～524）。《金碑》记云冈石窟铭记纪年最晚的是孝明帝正光五年（524），与云冈现存窟龛情况相符。

第三期主要洞窟分布在二十窟以西。四、十四、十五窟和十一窟以西崖面上的小窟、龛像，四至六窟间的小窟，大都雕凿于这一期。

第三期石窟的特点是，洞窟以单独形式出现，多不成组，洞窟为中小型，一部分龛像是补刻在前期的窟壁或崖面上，洞窟内部日趋方整。塔庙、三壁三龛及重龛式的洞窟，这时较为流行。窟门外崖面上雕饰益加繁缛。第二期雕刻中丰富多变的气势减弱，新形象也出现不多。造型趋于瘦削，衣服下部的褶纹重叠繁复，龛楣、帐饰也日益复杂。佛像面型清瘦，长颈，削肩，是为"秀骨清像"。全着褒衣博带式服装。延昌（512～515）以后，大衣下摆呈密褶式平行线条。大衣披覆佛座，作左右对称衣纹，这与第一期佛衣仅在膝间露出的情形已大不相同。菩萨像亦为清瘦型，细颈，削肩，上身着短衫，帔帛交叉于胸腹间，上交叉处穿璧。大裙下摆呈锯齿状，尖长的两角向外飞扬。飞天亦上着短衫，大裙曳地，不露足，腰部弯度较大，宛然有飘逸之风。

第三期窟龛大体可分为四种不同的类型。

四窟及四、五窟之间的塔洞和三十九窟，都是塔庙窟，正面雕塔或方柱，壁面多雕千佛小龛。四窟中有正光年间弥勒像，是云冈现存纪年最晚的造像。

十四窟中多千佛龛，前壁原雕千佛立柱，后壁主像为弥勒菩萨。十五窟是典型的千佛洞窟，四壁皆千佛。后壁凿弥勒龛，东、西壁凿释迦龛。

三壁三龛式的洞窟，约有二十余座，如三十三、三十五窟。窟室为方形，平顶。后壁主像多为释迦多宝，也有释迦像。三十五窟门口有延昌五年（516）小龛，是该窟开凿时间的下限。三十八窟为此类窟中雕刻精美、题材丰富的代表性小窟。窟门外部两侧各雕一力士，窟门上方镌吴天恩造像记。窟内平面作长方形，平顶刻方格平棊藻井，正壁圆拱华绳龛中雕释迦、多宝并坐像，龛侧雕涅槃像。南壁窟门东侧雕"降伏火龙"、"雕鹫怖阿难"及"三道宝阶"故事，西侧雕鹿野苑初转法轮像。东壁上层雕弥勒龛，下层雕释迦龛。西壁帷幕龛中雕倚坐佛。东壁及北壁佛龛下部，两侧雕男女供养人行列，中间雕树上伎乐人奏乐的音乐树及爬杆倒舞的"幢倒伎神"。窟顶方格平棊，以大圆莲为中心，周绕化生童子、诸天仆乘，四周雕刻飞舞奏乐的乾闼婆（乐神）和紧那罗（歌舞神）。整窟造像的内容如此丰富多变，在一个不大的小窟内，却布置得杂而不乱，简约凝练，不仅主题突出，而且形象鲜明，充分显示了北魏晚期雕刻家的艺术才能。

四壁重龛式的中小洞窟，约十余座，如二十六、二十八窟等。后壁主像多为上龛弥勒，下龛释迦。

第三期中小窟龛的数量之多，充分表明迁洛后的北魏晚期，佛教在平城地区的中下阶层蔓延起来。现存铭记中窟主官职最高的，不过是冠军将军华口侯（三十八窟上方吴天恩造像记），小龛龛主最高的是常山太守（十一窟明窗东侧太和十九年妻周为亡夫田文虎造释迦、弥勒龛铭）。没有官职的佛教信徒（清信士、佛弟子等）开窟凿龛较多，大都是为亡者祈冥福，也有的是为生者求平安。值得注意的是，延昌、正光年间铭记中，出现了"愿托生净土"（四窟南壁正光□年为亡夫侍中平原太守造像铭）、"愿托生西方妙乐国土，莲花化生"（十九窟西耳洞后壁延昌四年清信士元三造像铭）和"腾神净土"（三十八窟上方吴天恩造像记）之类的要求。这表明原来流行于南方的净土信仰，这时开始在平城得到较快的传播。净土宗提倡口念佛号，心想佛相，寄希望于死后往生"净土"。延兴二年至承明元年（472～476），北魏名僧昙鸾在山西太原南郊兴建玄中寺，创兴净土念佛信仰。这对于企冀"长辞苦海"的下层民众，当然是一种简便可行的摆脱现实痛苦的宗教方法。

第三期窟龛的形象，进一步向符合禅观的方面发展。上述四种类型洞窟中的前两种，即塔庙窟和千佛洞中雕出了《法华三昧观》所要求的主要内容。而后两种，即三壁三龛式和重龛式窟，则雕出了《禅经》所提出的幻想的主要对象，甚至雕出了"雕鹫怖阿难"、"释尊慈慰"的形象，以示禅定的坚心。文献记载，正光以后，出家僧尼超过了二百万，"民多绝户而为沙门"[1]。尽管北魏末年统治阶级更加狂热地提倡佛教，但正光四年（523）六镇镇民相率起义，平城地区落入义军之手。盛极一时的云冈石窟，由太和十四年（490）冯氏卒，十八年（494）迁都开始衰微，这时终至落入沉寂。

第三期后，云冈造像艺术更臻成熟，具有鲜明的民族艺术风格。十五窟西壁的水藻、鱼鸟浮雕带，那种沙鸥翔集、鱼跃于渊的画面十分生动。三十八窟的"幢倒伎神"浮雕，刻划了北魏"缘幢"表演的情况，是研究中国杂技史的资料。许多窟顶的飞天伎乐，构图典雅，线条流畅。一些龛像尺寸下大，却处理得主次有序，每一幅故事和情节，都表现得鲜明妥帖。供养人行列，已转变为中土人物的形象。人物面型、身段匀称适度，夸张中有收敛，雍容中透秀雅，在艺术上把形象美与线条美统一地体现出来。人物造型追求构图简洁、意境含蓄、单纯宁静的艺术感染力。这种典雅、清新的艺术风格，与昙曜五窟中浑厚、淳朴的西域式情调和第二期石窟中复杂多变、气度恢弘的太和

---

① 《魏书·李孝伯传》。

情调，似乎各异其趣。第三期窟龛主要开凿于北魏正始、延昌年间（504~515），其窟形、造像，如三壁三龛式窟、宝帐式龛饰以及像容、题材等，多为龙门等石窟所仿效，这是中国石窟艺术民族化进程中一个显著的转折点。

综上所述，可以清楚地看出，云冈的三期石窟，各具特点，各有创新。这是国都平城的历史地位和独特背景的产物。所谓云冈石窟模式，就是北魏平城时期在新的历史条件下的新创造。

二　唐代以后的云冈石窟

北魏灭亡后，平城先后属东魏、北齐管辖。北齐废恒州为恒安镇。唐初贞观十四年（640），置云中郡，治恒安镇，在云冈石窟又开始进行局部的雕凿工程。这就是《金碑》中所记："唐贞观十四年守臣重建。"当时，还有一位俨禅师"每在恒安修理孝文石窟故像……以咸亨四年（674）终于石室"①。三窟后室的三尊大像，有可能为初唐时在北魏未完工的后室塔柱南侧西面续雕的。《金碑》所记唐初以来的灵岩寺，大约就指这里。

三窟后室的三尊大像，正中为高约十米的倚坐佛，着通肩衣，作说法印，面相丰腴，饰通身背光。左右二胁侍菩萨立像各高6米余，上披络腋，帔帛绕肩，下着贴体大裙，身肢丰满，颈部刻三道纹。宝冠正中分别饰化佛与宝瓶，表明三像应为阿弥陀佛与观世音、大势至菩萨。从这三尊像的风格和雕刻手法看，可能为初唐时雕造。这时的造像，面容亲切，形体丰硕，更多地体现了人的精神力量。

唐初僧人多记云冈石窟、佛龛事，其中以名僧道宣为著。《广弘明集》卷二中，收《魏书·释老志》道宣附注，这样记载云冈石窟："今时见者传云，谷深三十里，东为僧寺名曰灵岩，西头尼寺，各凿石为龛，容千人……石崖中七里极高峻，佛龛相连，余处时有断续，佛像数量孰测其计。"看来，唐时的云冈石窟与今日情况相差不大。近年在三窟前室上层发现唐代莲花瓦当等遗物，说明在灵岩寺一带可能存在过寺院建筑。《文苑英华》卷二三四收录有宋昱《题石窟寺，即魏孝文之所置》五言律诗一首："梵宇开金地，香龛凿铁围。影中群像动，空里众灵飞。帝幰笼朱旭，房廊链翠微。瑞莲生佛步，宝树挂天衣。邀福功虽在，兴王代久非。谁知云朔外，更观化胡归。"宋昱为杨国忠党，官至中书舍人，至德元年（756）被乱兵所杀，他到云冈石窟应在天宝末年前。

---

① 《古清凉传》。

辽兴宗重熙十三年（1044），"改云州（即大同）为西京"①。金代仍以大同为西京，直至元至元二十五年（1288）"改西京为大同路"②，大同作为辽、金二代的陪都计有二百余年。

大同亦为辽、金时期的佛教重地。辽代皇室曾于市内建"华严寺……奉安诸帝石像、铜像"③（清宁八年，1062），并于薄伽教藏殿内庋藏新刻佛经五百七十九帙（重熙七年，1038）。这时在云冈石窟，据《金碑》记载："辽重熙十八年（1049）母后再修，……清宁六年（1060）又委刘转远监修"，说明在辽兴宗、道宗时期，几乎与华严寺佛寺营建同时，进行过延续十年的工程。这次工程的主体部分，应是《金碑》所记兴建"西京大石窟寺……凡有十名，一通乐、二灵岩、三鲸崇、四镇国、五护国、六天宫、七崇福、八童子、九华严、十兜率"十座大寺，即辽代十寺。十寺大约均为后接石窟，前建木构窟檐的寺院。现存云冈一至二十窟崖面上部大量的梁孔椽眼，应是它们的遗存④。此外，十三窟南壁下部佛龛座上曾发现辽代"修大小一千八百七十六尊"佛像的铭记，可知辽代曾对一批佛像进行过修整。十一窟西壁七立佛中的最北二尊（抗日战争时期已毁）及中心柱南面二胁侍菩萨、三十五窟东壁的释迦塑像和纲目纹石绿背光，可能都是修整后的遗物。辽末保大二年（1122），十寺遭兵火焚毁。

据《金碑》，金皇统初，由和尚禀慧主持，"重修灵岩大阁九楹"等建筑，自"皇统三年（1143）二月起工，六年（1146）七月落成，约费钱二千万"。

明代大同云冈石窟再度荒废，寺院在明末毁坏后曾重建。清顺治八年（1651），重建云冈寺院，即现存五、六窟的木构窟檐。不过，这时除兴建个别窟檐及彩绘佛像外，石窟工程却早已停止了。

云冈石窟的主体工程，完成于北魏。我们把全部窟龛分为以凉州佛教艺术为主的昙曜五窟时期，以孝文帝、冯氏为实际倡导者的平城佛教时期（主要表现为太和十三年前）和孝文帝迁都洛阳以后的云冈石窟晚期这三个阶段，不仅反映了云冈石窟的实际情况，而且对研究我国北魏时期的石窟艺术，具有重要意义。云冈石窟三个阶段的演变发展，反映了中国石窟艺术由具有较浓厚的外来风格，到逐步具有较多中国民族特色，融化为中国式佛教艺术的历史进程。佛教的传人，是我国历史上第一次大规模的中外文化交流。佛教文化的传播与中国传统文化的密切结合，形成中国佛教的特殊精神面貌，

---

① 《辽史·兴宗纪》。

② 《辽史·地理志》。

③ 《辽史·地理志》。

④ 云冈十寺问题，参看宿白《〈大金西京武州山大石窟寺碑〉校注》，《北京大学学报》（人文科学），1956年1期；宿白《〈大金西京武州山大石窟寺碑〉的发现与研究》，《北京大学学报》，1982年2期；丁明夷《关于云冈石窟分期的几个问题——兼与长广敏雄先生商榷》，《世界宗教研究》，1981年4期。

成为中国文化的一部分。在这一纵贯东西、融会南北的交流、融合过程中，平城佛教及其造像艺术起了关键的作用。这是因为，这一变化是在当时社会思潮、历史发展的总形势下进行的，而平城作为一代国都——全国政治、文化、经济的中心，不仅集中了固有的文化传统，而且得风气之先，可以兼收各地石窟艺术的优点，进行新的创作实践。唐代以来关于云冈石窟的记载，多与孝文帝相联系，说明孝文帝改革在这一历史时期中具有重要的影响。因此，云冈石窟一出现，便引起全国各地的模仿和效法，影响远及河西地区。

清代以来，除清初学者朱彝尊最早记录云冈石窟外，云冈石窟逐渐湮没无闻，鲜为人知。近代以来，随着我国学者叶恭绰、陈垣以及日本常盘大定、关野贞等人的介绍、研究，云冈石窟开始引起世人的注意。然而，在旧中国，由于一千五百多年来的自然破坏和近代以来的人为盗凿，云冈石窟的命运却是极其可悲的。

中华人民共和国成立后，我们在石窟保护、科学研究和积极宣传等方面做了大量工作。云冈石窟正以它宏伟的风貌，向人们宣示着逝去的历史，期望着光辉的未来。由于《金碑》等众多新资料的发现与研究，由于运用石窟类型学的方法所进行的深入考察，我们对云冈石窟的分期、建制及其在中国美术史上的价值等，有了进一步的认识。今后，这一工作必将取得新的进展。

本文引用窟龛数字及窟龛顺序号，以 1987 年云冈石窟文物保管所新编窟号为准，特此说明。

（摘自《中国美术全集·雕刻编·云冈石窟雕刻》，文物出版社，1988 年）

云冈北魏伎乐雕刻探微

赵昆雨

一 云冈早、中、晚三期伎乐雕刻的表现形式

早期"昙曜五窟"作风粗犷大器、概括洗练，伎乐雕刻相对寥落凄凉，今仅存四例中即有二例系后期补刻。位置多于南壁或拱楣外，居从属地位。云冈伎乐雕刻所表现的对象主要是天乐神乾闼婆和天歌神紧那罗。这一时期，乾闼婆手执乐器，仅露出双膝以上身体，动作谨微。发式样法复杂，具多民族形式。紧那罗圆躯凌空翔舞，自由无羁，不持乐器。二者的活动领域和职能受到明确限制，直至中期尾声。

中期洞窟造像题材丰富，人世间的生活气息和思想情感冲淡了佛国世界的神秘色彩。伎乐雕刻在这一阶段获得了迅速发展。中期十二个洞窟，有十一个雕刻了乐器，乐器种类丰富，形式亦多变。或龛楣内格间、龛楣拱外；或佛传浮雕图案中或佛说法行列间；或个体演奏或群体组合。可观的是，第1、2、6、7、8、9、10、11、12、13窟共十个洞窟中的顶部与壁面衔接地带，以列龛形式雕刻的天宫伎乐列龛，气势宏伟，形式严谨，乐舞相融，具有完美的整体效果。乐器组合琵琶多居中，佐以竽篥、鼓类等，音色高亢、清越，能够体现北方民族的精神。

云冈双人一组的伎乐雕刻形式较少见，中期第一窟北壁重层塔柱残存的三组伎乐天，是为云冈双人伎乐的滥觞失声。

第十二窟前室高浮雕六躯伎乐天，均高1.4米，雕凿之大，世所未见。值此，云冈伎乐雕刻达至顶峰。

晚期伎乐雕刻进入一个创新的阶段。这个时期的窟龛多系迁都洛阳后留居平城的中下层官吏及百姓营凿，雕刻伎乐不拘约束。第五〇窟东壁下层化生树枝头上，雕饰呈坐姿之伎乐，驰骋想像，敢于创新。同窟北壁龛下"幢倒伎"立杆旁伴奏的乐队，更富有人间现实生活的情趣。随着佛教艺术不断地中国化、世俗化，伎乐雕刻形式的时代特

征也表现得更鲜明更强烈。

晚期伎乐雕刻形式的另一个显著特征是，由前期惯于壁面上雕作的时好，普遍地转向窟龛顶部。其嬗变之主要缘由，概为弥勒经典的盛行；匠人依经据典地将伎乐天刻划于石窟之顶，形象地展示弥勒净土中兜率天宫的欢悦场景，为信徒产生意中之象提供依据。至晚期乾闼婆与紧那罗合二为一，这种组合，孕育了新的民族形式——一种具有中原特色的形象"飞天伎乐"①，较早地在云冈萌生并全面流行。

二　西凉乐对云冈伎乐雕刻的影响

云冈乐舞雕刻蕴藏着丰富的内容，并独具风格。但是早、中期洞窟中的乐舞雕刻亦流露出西凉乐舞传播之迹象。

（一）西凉乐，是魏晋以来兴盛于凉州地区的地域性乐舞流派。《隋书·音乐志》中记载其十九种乐器，云冈即有竖箜篌、琵琶、五弦、笙、箫、大筚篥、长笛、小筚篥、横笛、腰鼓、齐鼓、铜铙、贝等十三种。其中既有汉魏旧乐排箫、笙之类，亦有龟兹五弦、西亚系波斯竖箜篌之类，与《旧唐书·音乐志》所言西凉乐"盖凉人所传中国旧乐，而杂以羌胡之声也"一语暗合。

（二）义觜笛，"如横笛而加觜，西凉乐也"②，是在吹孔附加一长方形凸状装置的横吹之笛。齐鼓，"状如漆桶，一头差大，设齐于鼓面，如麝脐然，西凉、高丽之器也"③。这类西凉乐特性乐器，在石窟乐器雕刻组合中，居于重要位置，数量亦多，如义觜笛已发现二十余种。筚篥，是由卷叶之角发展而来的复合簧哨管乐器。《隋书·音乐志》揭载，西凉乐乐器中有大筚篥、小筚篥之称谓。我们发现，石窟中的筚篥雕刻已有大小之分，"这大概与声部和音区的要求相适应"④。这个图像比最先记载它的《隋书》早约一百年，是西凉乐特有的乐器组合形式。

（三）清人徐养沅《律吕臆说》云："清歌妙舞，多出西凉"。第六窟西壁上层伎乐列龛中一舞伎，姿采轻逸、幽雅，"'安徐'和'闲雅'可能是《西凉乐》的风格与特色之一"⑤，其与同窟东壁上层尔乐列龛中具有刚劲朴野之风的龟兹弹指舞伎形成鲜明的对比。

---

① "飞天乐伎"一词，最早见于杨衒之《洛阳伽蓝记》卷二："……四面垂金铃七宝珠，飞天伎乐，望之云表。"
② 语出宋·陈旸《乐书》。
③ 语出宋·陈旸《乐书》。
④ 肖兴华《云冈石窟中的乐器雕刻》。
⑤ 彭松《中国舞蹈史》（秦汉魏晋南北朝部分）。

（四）第十二窟前室高浮雕一舞伎，扭腰耸胯，双脚交叉而立，两手合掌，以两食指相拨击，此为弹指，即手指之间相拨击发声。杜佑《通典》载："龟兹伎人弹指为歌舞之节，亦抃之意也"。第六窟也有弹指伎人，手法与上有别，是为每一只手的拇指、食指相拨击。第五〇窟顶部一伎乐天左右两手欲离欲合，是"抃"。李善注引《说文》曰："抃，拊手也"。意即拍掌。《吕氏春秋·古乐》"帝 乃令人抃"，《文选》、嵇康《琴赋》"抃舞踊溢"，皆谓拍掌击节。弹指及抃，都是龟兹舞蹈动作中的一个典型特征。石窟中，西凉、龟兹乐舞珠联璧合，这印证了《隋书·音乐志》关于西凉乐"变龟兹声为之"这一史事。

我认为，西凉乐浪迹平城、滋生于云冈的基本条件是，凉州地接西域，为西域音乐文化东渐的孔道，深厚悠久的华夏音乐文化传统在此间积淀。自前凉以来一直是中国北方的佛教中心，北魏佛教主要取法于北凉。"太延中，凉州平，徙其国人于京邑，沙门佛事俱东，像教弥增矣"。北魏平定凉州，河西文化极受重视，太武帝强迁其十万户充实平城，受迁的汉族和少数民族中，有许多优秀工匠，他们直接参与了云冈石窟的开创。北魏穷兵黩武，屡猎伎乐，与中国北方其他少数民族相比较，音乐进步较快。《隋书·音乐志》载，西凉乐：

> 起苻氏之末，吕光、沮渠蒙逊等据有凉州，变龟兹声为之，号为秦汉伎。魏太武既平河西得之，谓之西凉乐。

其归之平城后，在国都盛极一时，深为各阶层人们所喜爱。"至太武帝平河西，得沮渠蒙逊之伎，宾嘉大礼，皆杂用焉"[①]，可见其声誉之高。艺术创作以现实生活为依据，来自凉州的工匠必须要从现实生活中汲取雕刻素材。因此，不可避免地会将当时最优秀的西凉乐舞形象流注于斧凿之下、云冈石窟之中。

（摘自《中国音乐》1988 年第 3 期）

---

① 《魏书·乐志》。

云冈石窟新编窟号说明

李雪芹

半个多世纪以来，中外学者对云冈石窟的洞窟序号曾进行过多次编排。由于编排者受客观条件所限，未能对石窟面貌作全面了解，加之对石窟认识上的不同，因而在编排上不同程度地存在着主观片面性，出现了只重视大窟而忽视小窟（龛）的现象，从而未能全面系统地反映云冈石窟的真实面貌。近几年来，随着石窟考古工作的发展和深入，一批从未被编号的洞窟重新被人们所重视，这样，过去洞窟编号中某些不科学的因素就显露出来了。特别是1987年编写《云冈石窟内容总录》时，由于洞窟编号不完善，给我们的工作带来了极大的困难。因此，重新核实、编排洞窟序号，以便如实地反映云冈石窟的全貌，就显得十分必要了。鉴于这一情况，1987年8月，在北京大学考古系的协助下，我们对洞窟序号重新进行了编排，现就编号原则及有关问题做以下说明。

一

云冈石窟有大小洞窟二百多个，主要分布在武州山南麓，长约一公里。由于自然沟谷的分隔，使石窟形成东部、中部、西部三部分。早在石窟编号之前，云冈石佛寺的僧人根据历来传闻和洞窟特征，曾给二十个洞窟起过名称，即现编号的第1窟为石鼓洞，第2窟为寒泉洞，第3窟为灵岩寺洞，第5窟为阿弥陀洞（又称大佛殿），第6窟为释迦佛洞（又称如来殿），第7窟为准提阁菩萨洞（又称弥勒殿），第8窟为佛籁洞，第9窟为阿闶佛洞，第10窟为毗卢佛洞，第11窟为接引佛洞，第12窟为离垢地菩萨洞，第13窟为文殊菩萨洞（第9窟至第13窟又合称五华洞），第15窟为导佛洞，第17窟为普贤菩萨洞，第18窟为普贤菩萨洞，第19:1窟为阿闶佛洞，第19窟为宝生佛洞，第19:2 窟为阿闪佛洞，第20 窟为白佛爷洞①。这些洞名，特别是以窟内主要佛像命名的，几乎全部都有差误。所以，国内外许多记录云冈石窟的学者，都认为有正式编排窟号的必要。最早进行编号工作的是1902 年日本伊东忠太，但伊东只注意了中部窟群，编了十个序号，即现编号的第5 窟至第13 窟及第13:4 窟，而对东部、西部洞窟均未涉及②。此后迄新中国成立之前，较重要的编号有以下四次。

（一）1907 年，法国沙畹（E. Chavannes）将中部现编号的第5 窟至第13 窟，依次编为第1 窟至第9 窟，将西部的"昙曜五窟"依次续编为第16 窟至第20 窟。而东部洞窟和西部现编号的第14 窟、第15 窟以及第20 窟以西诸窟均未编入。这里，沙畹首先提出"昙曜五窟"编号为第16 窟至第20 窟，这一编排一直沿用至今③。

（二）1919 年，日本关野贞、常盘大定对云冈石窟的窟号进行编排，由东向西，编东部洞窟为第1 窟至第4 窟，即现编号的第1 窟至第4 窟；中部洞窟为第5 窟至第13 窟，即现编号的第5 窟至第13 窟；西部"昙曜五窟"为第16 窟至第20 窟，即现编号的第16 窟至第20 窟；西部的塔洞编为第21 窟，即现编号的第39 窟。此外，关野、常盘还根据诸窟特点附有专名，如第1 窟为东塔洞，第5 窟为大佛洞等。自此，云冈石窟的主洞编号基本完成④。

（三）1933 年，梁思成先生等中国营造学社同仁以洞窟所在的东、中、西三部分为单位进行编号，东部编为第1 洞至第4 洞，即现编号的第1 窟至第4 窟；中部编为第1 洞至第9 洞，即现编号的第5 窟至第13 窟；西部编为第1 洞至第6 洞，即"昙曜五窟"（第16 窟至第20 窟）和现编号的第39 窟⑤。

（四）1938 年至1945 年，日本水野清一、长广敏雄在云冈石窟调查时，作了一次较全面的编排。他们从东部第1 窟编起，至西部尽端共编了四十六个主要窟号。主要窟号中的第1 窟至第20 窟，承袭了关野、常盘的编号。此外，又将主要洞窟外崖壁上的小窟龛编为各主要洞窟的附号，有一定深度的窟室，以大写英文字母为序，崖壁上的小龛，以小写英文字母为序，此类附属窟龛共编了一百五十三个。编号虽较详细，但仍有遗漏，编排体例也不统一⑥。

---

① 参见《修建大同武州山石窟寺施工计画书》，刊《山西大同武州山石窟寺记》，1922 年。白志谦《大同云冈石窟寺记》，1936 年。水野清一、长广敏雄《云冈佛寺》，刊《云冈石窟》第2 卷，1955 年。

② 参见伊东忠太《支那山西云冈之石窟寺》，刊《国华》第197、198 号，1906 年。该文又附于《山西大同武州山石窟寺记》。

③ 参见 E. Chavannes—Mission archeologiques dans la chine Septentrionale, Tome II 解说，1915 年。

④ 参见关野贞、常盘大定《支那佛教史迹评解》第2 册，1926 年。

⑤ 参见梁思成、林徽音、刘敦桢《云冈石窟中所表现的北魏建筑》，刊《中国营造学社汇刊》第4 卷3、4 合期，1933 年。

⑥ 参见水野清一、长广敏雄《云冈石窟》，1952～1956 年。

新中国成立后，云冈古迹保养所于 1955 年曾对主要洞窟作了一次简单的编排，这次基本上沿用的是关野贞等人的编号。1962 年，云冈古迹保养所改名云冈石窟文物保管所。1964 年，云冈石窟文物保管所结合西部窟群的加固工程，将第 20 窟以西的三十三个主要洞窟，依次进行了编号，加上 1955 年编号的第 1 窟至第 20 窟，公布云冈石窟主要洞窟为五十三个。此后，二十多个春秋过去了，随着石窟考古研究工作的开展和石窟保护加固工程的进行，加之近年来又逐步清理出一批被积土埋没的洞窟①，因此，对云冈石窟进行一次较彻底的调查和编号，就提到日程上来了。我们这次共编了主要洞窟四十五个，附属窟龛二百零七个。鉴于人们对云冈第 1 窟至第 20 窟的编号已沿用习惯，所以在编排中予以保留，而对一些附窟和西部洞窟的编号，作了较大的变动（详见附录：云冈石窟新旧窟号对照表）。

二

在这次洞窟编号中，我们首先对石窟的分布作了较细致的调查，并对前人的编号进行了客观分析。我们发觉水野、长广的编号虽较详细，但也存在不应有的遗漏。如第 3 窟外壁应编附号的窟龛有二十个之多，他们竟全部漏编。又如第 5 窟、第 6 窟外壁上、下的附窟，他们也漏编了不少，如第 5 窟外东侧下部，他们只编了四个附窟，即现编号的第 5:1 窟（水野等编号 5L）、第 5:2 窟（5k）、第 5:3 窟（5h）、第 5:4 窟（5J），漏掉了五个附窟，即现编号的第 5:5 窟、第 5:6 窟、第 5:7 窟、第 5:8 窟和第 5:9 窟；第 5 窟、第 6 窟上部，他们只编了五个附窟，即现编号的第 5:32 窟（5H）、第 5:33 窟（5G）、第 6:11 窟（5C）、第 6:12 窟（6f）、第 6:13 窟（6e），漏掉了第 5:37 窟和第 5:39 窟两个附窟。还有一些已无主要内容，基本上是空窟的洞窟，水野等人竟编为主窟，如现编号的第 43:2 窟和第 44:1 窟，水野等编为第 44 窟和第 45 窟。此外，水野等曾予编号的少数窟龛，由于风蚀严重，我们未予编号，如水野编号的 12b、12c。

这次对云冈石窟进行编号，我们基本上遵照以下原则：

（一）早已被人们沿用习惯的第 1 窟至第 20 窟的编号，仍保留不变。主要洞窟周围的小窟龛，按所在位置，就近编为各主窟的附窟。编号顺序由东向西，先下后上。

（二）第 20 窟以西窟群，原则上以下层洞窟为主窟。若下层洞窟内已基本无雕刻内容，而其上层洞窟内容较丰富，且有一定的代表性，则以该上层洞窟为主窟，如第 38 窟。

（三）附窟的划分，原则上以主窟东侧的窟龛为该主窟的附窟，编号顺序由东向

---

① 赵曙光：《龙王庙沟西侧古代遗址清理简报》，刊《中国石窟·云冈石窟》（二），文物出版社，1994 年。

西，先下后上。若个别洞窟西距主窟甚远，则就近划其为东侧主窟的附窟。如第37:2窟，原则上应划归第38窟，因距离较远，故编为第37窟的附窟。又如第13窟西侧诸窟，亦因距第14窟太远而编为第13窟的附窟。

（四）个别仅具龛形而内无雕像的较小窟龛，原则上未予编号，对其中雕凿较深者，只在编号示意图中以虚线表示。

总之，这次重新对云冈石窟进行编号，目的是为了如实地反映云冈石窟的全貌，以利于了解和认识云冈石窟的总体布局，进而使云冈石窟各方面的研究工作得以深入开展。但由于时间仓促，调查和编排中难免存在疏漏或差错，望各界同好不吝赐教。

附表

1987年编号	1964年编号	水野、长广编号	1987年编号	1964年编号	水野、长广编号	1987年编号	1964年编号	水野、长广编号
1	1	1	4	4	4	5:21		
1:1		1A	4:1		4A	5:22		
1:2			5	5	5	5:23		
2	2	2	5:1		5L	5:24		
2:1			5:2		5K	5:25		
2:2			5:3		5h	5:26		
2:3			5:4		5J	5:27		
2:4		2A	5:5			5:28		5I
2:5			5:6			5:29		
3	3	3	5:7			5:30		
3:1		2B	5:8			5:31		
3:2			5:9			5:32		5H
3:3			5:10		5B	5:33		5G
3:4			5:11		5A	5:34		5F
3:5			5:12		5b	5:35		5g
3:6			5:13		5a	5:36		5E
3:7			5:14		5d	5:37		
3:8			5:15		5c	5:38		5D
3:9			5:16			5:39		
3:10			5:17			6	6	6
3:11			5:18			6:1		
3:12			5:19			6:2		
3:13			5:20			6:3		

续表

1987年编号	1964年编号	水野、长广编号	1987年编号	1964年编号	水野、长广编号	1987年编号	1964年编号	水野、长广编号
6:4			12	12	12	13:27		13b′
6:5			12:1		12a	13:28		13c′
6:6		6b	12:2		12e	13:29		13a
6:7		6a	12:3		12f	13:30		13h
6:8		6d	12:4		12g	13:31		13n
6:9		6c	13	13	13	13:32		13p
6:10			13:1		13d	13:33		13r
6:11		5C	13:2		13K	13:34		13u
6:12		5f	13:3		13m	13:35		13w
6:13		5e	13:4		13A	13:36		13y
7	7	7	13:5		13i′	13:37		13a′
8	8	8	13:6		13c	14	14	14
9	9	9	13:7		13j	15	15	15
10	10	10	13:8		13l	16	16	16
11	11	11	13:9		13e′	16:1		15A
11:1		11j	13:10		13f′	17	17	17
11:2		11K	13:11		13h′	18	18	18
11:3		11P	13:12		13g′	19	19	19
11:4		11e	13:13		13B	19:1		19A
11:5		11h	13:14		13b	19:2		19B
11:6		11i	13:15		13e	20	20	20
11:7		11l	13:16		13f	21	21	21
11:8		11o	13:17		13g	22	22	21A
11:9		11f	13:18		13i	22:1		21B
11:10		11g	13:19		13o	22:2		
11:11		11n	13:20		13q	23	23	22
11:12		11b	13:21		13s	23:1		21C
11:13		11c	13:22		13t	24	24	23
11:14		11d	13:23		13v	24:1		23B
11:15		11a	13:24		13x	24:2		23a
11:16		11A	13:25		13z	25	26	24
11:17		11m	13:26		13d′	25:1	25	23A

续表

1987 年编号	1964 年编号	水野、长广编号	1987 年编号	1964 年编号	水野、长广编号	1987 年编号	1964 年编号	水野、长广编号
25:2		24B	32:9	39	31H	38:1	49	38A
26	28	25	32:10			38:2		38B
26:1	27	24A	32:11		31I	38:3		38C
26:2		24D	32:12		31J	38:4		38D
26:3		24C	32:13		31K	38:5		38E
26:4		24E	32:14		31L	39	51	39
27	30	26	32:15		31M	39:1		39D
27:1	29	26B	33	43	33	39:2		39G
27:2		26A	33:1	41	32B	40	52	40
28	32	27	33:2		32C	40:1		39A
28:1	31	27A	33:3		32E	40:2		39B
28:2		27B	33:4		32F	40:3		39C
29	33	28	33:5		32G	40:4		39E
29:1			33:6	42	32H	40:5		39F
30	34	29	33:7		32I	40:6		39H
30:1			33:8		32J	40:7		39I
30:2			34	44	34	41	53	41
30:3			35	45	35	42		42
30:4			35:1		34A	42:1		41A
31	35	30	35:2		34B	42:2		41B
32		32	36	47	36	42:3		41C
32:1	36	31A	36:1	46	35A	42:4		41D
32:2	37	31B	36:2		35B	42:5		41E
32:3		31C	36:3		36A	43		43
32:4		31D	36:4		36B	43:1		42A
32:5	40	32A	37	48	37	43:2		44
32:6		31F	37:1		37a	44		46
32:7		31G	37:2		37b	44:1		45
32:8	38	31	38	50	38	45		46A

（摘自《中国石窟·云冈石窟》一，文物出版社，1991 年）

北魏平城鹿野苑石窟调查记

李治国　刘建军

鹿野苑石窟是北魏建都平城时期开凿的石窟之一。近五十年间，不少人寻觅其迹，均无所获①。1980 年 7 月进行文物普查时，在大同市西北小石寺村附近的山沟石崖上发现了一处石窟，命名为小石寺石窟。1987 年 7 月 17 日至 21 日，我们对该石窟进行了较详细的考察、清理和测绘。从其地理位置和环境、石窟形制、造像特征、雕刻内容等方面分析，并结合历史文献加以考察研究，我们认为，新发现的小石寺石窟应是北魏平城鹿野苑石窟。

北魏时期是中国佛教发展史上的重要阶段。太武帝（拓跋焘）废佛灭法虽曾酿成"佛图形象及胡经，尽皆击破焚烧，沙门无少长悉坑之"② 的局面，但太武帝死后不久，佛教复又兴盛起来，继而大规模地开凿石窟，使佛教的发展在北中国达到高潮。北魏平城的鹿野苑石窟就是在这样的历史背景下开凿的。它的发现，对研究北魏石窟的分期和发展变化提供了新的实物资料。下面就鹿野苑石窟的考察情况作一简述。

一　地理位置和环境

新发现的鹿野苑石窟位于大同市西北约 10 公里的雷公山脉北端大石崖背沟北山崖面上，东南距小石寺村 1.5 公里，南距安家小村的北魏城垣遗迹 4 公里。石窟开凿在大沙沟三岔口北侧山体的 "U" 形弯处。此大沙沟乃古代河流的遗迹，河滩上现仍有泉眼。洞窟坐北朝南，高出河滩十多米。石窟西、南面临大沙沟，隔沟眺望是高低起伏的

---

① 水野清一、长广敏雄：《云冈石窟》第一卷（1952 年）序章《云冈石窟序说》中说：北苑西山中有鹿野佛图，……那里有岩房禅堂，其中有禅僧。但是，现在那种痕迹是很难找到的了。

② 《魏书·释老志》。

山峦。整个石窟处于山水环抱之中，是僧人"修禅习定"的理想处所。

二　石窟现状和清理经过

鹿野苑石窟自北魏开凿以来，后世曾进行过修整。现窟前存有一组石券窑洞建筑，布局完整，结构严谨。现正殿坍塌，积土掩埋了部分洞窟，山门及东、西配殿保存较好。西配殿内遗有壁画一幅。1987 年 7 月，我们对部分洞窟进行了清理，在石窟西部清理出了正殿的后墙。墙体由石块砌成，厚 80 厘米，封闭了西部大部分禅窟。从积土内清理出了许多明清时期的滴水、脊饰及砖等建筑构件。

值得注意的是石窟的崖面上明显地遗留着四个宽约 1 米的梁孔，其中心距离分别为4.20、4.40、4.20 米。说明窟前曾经有过窟檐建筑，从积土中发现的辽代砖、瓦的情况分析，辽代曾在窟前建造过木结构窟檐。此外，窟前和西侧山坡上都发现了少量北魏时期的黑色光面板瓦，可以推测北魏时期即有地面营建。

鹿野苑石窟东西长 30 米，现存洞窟十一个，由东向西分别编为 1 至 11 窟。其中第6 窟为造像窟，居于中央，两侧各五个禅窟（图 1）。现分别介绍如下。

第 6 窟平面呈马蹄形，窟顶为穹隆顶，东西宽 3.20 米，进深 2.53 米，窟高 3.5 米（图 2）。窟内现存造像三躯，正中为坐佛，两侧各一胁侍菩萨。造像虽已残，然雕刻风格仍清晰可辨。主佛高 2.60 米，结跏趺坐，面相方圆，两肩齐挺，上身内着僧祇支，衣纹以阴线雕刻成弧形，外披袒右肩大衣，衣纹以起突法雕就，给人以厚重感，衣领雕刻出折叠纹，右手原作说法印（图 3）。胁侍菩萨头戴宝冠，长发披肩，宝缯作折叠下垂状，颈饰项圈，身披络腋，长裙贴体，彩带外扬，右手上举于胸前，左手下垂似提净瓶。菩萨头部两侧雕忍冬纹，饰有头光。西侧一躯保存较好（图 4、5）。窟内壁面有后世泥塑彩绘过的痕迹，但已无法辨其内容。窟外雕尖拱门楣，楣内风化严重。窟门两侧各雕一力士，东侧一躯残高 1.93 米，饰圆形头光，姿态雄健，动感强烈（图 6）。西侧一躯风化严重。

第 1 窟至第 5 窟和第 7 窟至第 11 窟，平面略呈方形，穹隆顶，洞窟大小不一，窟内无任何雕饰，是典型的禅窟。其尺寸见下表。

窟号	1	2	3	4	5 *	7 *	8 *	9	10 *	11 **
面宽	1.53	1.56	1.56	1.55	—	1.45	1.50	1.52	1.55	1.72
进深	1.90	1.90	2.07	2.03	—	2.01	2.10	1.97	1.82	1.90
窟高	1.80	1.80	1.98	1.57	—	—	—	2.05	—	—

　　注：＊窟内积土未清理，无法测其高度。　　　　　　　　　　　　　　（单位：米）

　　　　＊窟顶已崩塌。

东部禅窟保存较好，清理出的第 1 窟至第 4 窟，壁面规整，窟口略收缩。西部禅窟崩塌严重，第 11 窟前壁、西壁及窟顶已无存。第 7 窟、第 8 窟和第 9 窟内有孔道相通。

三　鹿野苑石窟名称的由来

据《魏书·释老志》"高祖践位，显祖移御北苑崇光宫，览习玄籍，建鹿野佛图于苑中之西山，去崇光右十里，岩房禅堂，禅僧居其中焉"记载，明确了鹿野苑石窟的地理位置和石窟特征，也就是说，鹿野苑石窟建于北苑的西山，同时又具备"鹿野佛图"与"岩房禅堂"两个特征。

首先从地理位置方面考察。鹿野苑石窟开凿在北苑的西山，然而北苑的营造时间和规模，史料中无详细记载。最早记录北苑是《魏书·灵征志》（上）："太宗永兴三年（411）春，于北苑获白鼠一，寻死。"可见公元 411 年北苑已营建完成。在此之前，天兴二年（399）二月，北魏即"以所获高车众起鹿苑"①，建成北苑后，明元帝又于"泰常六年（421）发京师六千人筑苑，起自旧苑，东包白登，周回三十余里"②，营建新苑。新苑起自"旧苑"，这里究竟是指鹿苑还是北苑？根据天兴二年（399）筑苑，到天兴四年（401）以后，"鹿苑"不再见于史书，文献中却出现了"北苑"，我们认为很可能北苑取代了鹿苑，或是鹿苑成了北苑的一部分③。因此，"旧苑"是指天兴二年修筑的鹿苑，也就是后来的北苑。同时依据新发现的北魏石窟的地理位置分析，其地亦符合平城北苑（即鹿苑）的"苑中之西山"的方位。

其次，从鹿野苑石窟所具备的两个特征考察。第一，"鹿野佛图"是指石窟雕刻释迦在波罗奈国鹿野苑说法的形象④，这种说法形象由鹿野苑而得名。云冈石窟中第 6 窟、第 11 窟、第 12 窟、第 36 窟均雕有鹿野苑说法像，其表现形式为：主佛作说法形象，佛坛前中间雕三个法轮，两侧各雕一鹿，象征说法地波罗奈国鹿野苑，两旁雕供养人等。这种鹿野苑说法的形象，在克孜尔石窟、敦煌莫高窟、麦积山石窟、龙门石窟均有出现，而云冈石窟出现较早。但在这次新发现的石窟中的说法像却无鹿和法轮。这一情况，我们可从印度 Sārnāth 出土的公元五世纪鹿野苑初转法轮说法像中得到印证。此鹿野苑说法像，一种是雕一结跏趺坐佛，手作转法轮印，象征释迦在鹿野苑说法；一种

---

① 《魏书·太祖纪》。
② 《魏书·太宗纪》。
③ 有关北苑与鹿苑的规模在《水经注》和《魏书》中都有记载，本文不拟作具体讨论。
④ "鹿野苑"是释迦牟尼第一次向其信徒宣讲佛法之地，是佛教圣地的象征。鹿野苑在佛经及文献中所见别名颇多，如鹿苑、仙人论处、仙人住处、仙人鹿苑、仙园、施魔园、鹿园、鹿林等。其每一名称都有一定的故事作缘起。

是只雕一个法轮，与云冈石窟所见初转法轮形式相似（图7）。这些情况表明，鹿野苑说法像的表现形式并不强调一致，它只不过是通过某种形式来表现佛在鹿野苑说法之意。所以北魏的鹿野苑石窟即选在鹿苑（北苑）中开凿，造像窟的说法像即为"鹿野佛图"。第二，"岩房禅堂，禅僧居其中焉"，是指石窟中有专供僧人习禅的禅窟。当时高允撰写的《鹿苑赋》中也指出了"凿仙窟以居禅"①的特点。这次新发现的北魏石窟，既有鹿野苑说法形象，又有供僧人习禅的禅窟，与历史资料中的鹿野苑石窟的特征相吻合。所以说，新发现的石窟即为北魏鹿野苑石窟可以无疑。

北魏时期起鹿苑原与佛教并无关系。《魏书·太祖纪》载：天兴二年（399）"以所获高车众起鹿苑，南因台阴，北距长城，东包白登，属之西山，广轮数十里"。《魏书·高车传》亦记此事："太祖自牛川南引，大校猎，以高车为围，骑徒遮列，周七百余里，聚杂兽于其中。因驱至平城，即以高车众起鹿苑。"因此知太祖建鹿苑，只是作为狩猎或饲养杂兽的场所，并无佛教含义。这种作法，很符合拓跋鲜卑民族游牧生活的习俗。

随着北魏势力范围的不断扩大，公元439年太武帝灭北凉，统一了北方，迁"自张轨后，世信佛教"的凉州吏民三万余户到平城，"沙门佛事皆俱东，象教弥增矣"②，平城佛教逐渐兴起。特别是公元453年文成帝恢复佛教，公元460年任以禅业见称的凉州沙门昙曜为沙门统，主持开凿武州山石窟寺以来，平城佛教更加兴盛，教义得到了迅速发展。

佛教的发展，是鹿苑性质改变的主要原因。佛经中"鹿林昔有五百群鹿，在此林中有鹿王，一是菩萨，一是真鹿王，……以此林野长施群鹿，从是以来遂以鹿林为名"③的鹿林缘起与北魏鹿苑相符合。鹿林是鹿野苑的别名。所以，北魏选择了鹿苑（北苑）开凿鹿野苑石窟。这一问题，我们从高允的《鹿苑赋》中可以进一步得到证明。

> "踵姬文而筑苑，苞山泽以开制，植群物以充雾，蠲四民之常税。暨我皇之继统，诞天纵之明睿。追鹿野之在昔，兴三转之高义，振幽宗于已永，旷千载而可寄。于是命匠选工，刊兹西岭，注诚端思，仰模神影。庶真容之仿佛，曜金晖之焕丽，即灵岩以构宇，竦百寻而直正。……若祇洹之瞠对，孰道场之途回。……凿仙窟以居禅，辟重阶以通术。……"④

此赋说明了三个问题，一是鹿苑修建之初并无佛教之意，二是献文帝笃信佛教，三

---

① 《广弘明集》卷27，大正新修《大藏经》第52册史传部4。
② 《魏书·释老志》。
③ 《杂譬喻经》，大正新修《大藏经》第4册本缘部下。
④ 《广弘明集》卷27，大正新修《大藏经》第52册史传部4。

是追溯鹿野苑为佛教始祖释迦牟尼初转法轮的说法圣地，流传久远，令人倾慕，因此选择鹿苑开凿鹿野佛图和岩房禅堂作为坐禅修行之所。显然，北魏的鹿苑初为"聚杂兽于其中"处，一旦受到佛教的影响，便接受了佛教中鹿林缘起之说，使之成为开凿鹿野苑石窟的重要场所。

四　鹿野苑石窟的创建年代

《魏书·显祖纪》载："（皇兴）四年（470）十有二月甲辰，幸鹿野苑石窟寺。"可见在此之前鹿野苑石窟已经建成。《鹿苑赋》在描述鹿苑的情况时也阐述了石窟的建造时间，"暨我皇（献文帝）之继统"，于是开凿了石窟。所以说，鹿野苑石窟创建于献文帝时期。

《魏书·显祖纪》记献文帝"雅薄时务，常有遗世之心，欲禅位于叔父京兆王子推"，"优游履道，颐神养性"，"群臣固请，帝乃止。"《魏书·释老志》也记述"显祖即位，敦信尤深，览诸经论，好老、庄。每引诸沙门及能谈玄之士，与论理要。"这样一个"优游履道"的皇帝，建鹿野苑石窟，"凿仙窟以居禅"，正是他有"遗世之心"的体现。后来，献文帝禅位于孝文帝，移居北苑崇光宫，往来鹿野苑石窟应是更为方便之事。所以，承明元年（476），献文帝卒后，高祖孝文帝于太和元年（477）"六月己丑幸鹿野苑"（《魏书·高祖纪》），其中就包括追念献文帝之意。

鹿野苑石窟的造像窟形制，椭圆形平面，穹隆顶，大像占据洞窟的主要空间，这些都与云冈昙曜五窟有着共同的特点。其造像样式，也与云冈第20窟主佛的样式相一致。在衣纹的表现手法上，多用起突和阴线刻的形式（图8）。特别是佛左臂的衣纹，与云冈第20窟及陕西省博物馆收藏的皇兴五年（471）交脚佛左臂衣纹的雕刻手法及表现形式几乎相同（图9）。通过比较，它们之间在造像特征和雕刻手法等方面也存在着明显的变化。鹿野苑石窟的造像样式在很大程度上吸收继承了云冈石窟早期造像的特征，同时又有所发展。在雕刻技法上，线条简洁流畅，对云冈中期造像有一定的影响，反映了北魏时期造像特征及雕刻技法方面的某些变化过程。造像组合出现了一佛二菩萨和窟口外两侧各雕一力士的新形式。

（摘自《中国石窟·云冈石窟》一，文物出版社，1991 年）

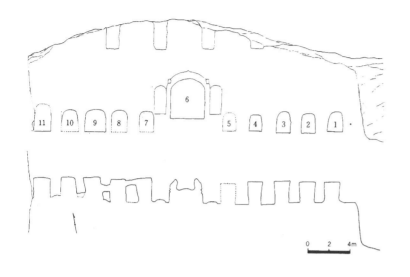

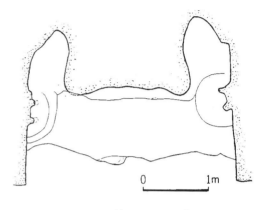

图2　第6窟平面图

图1　鹿野苑石窟平面、立面图

图3　第6窟坐佛与右胁侍菩萨

图4　第6窟右胁侍菩萨

图5　第6窟右胁侍菩萨

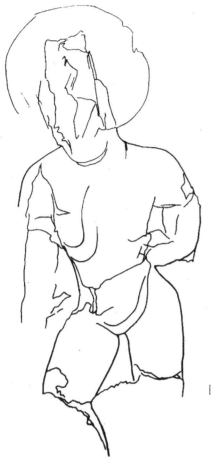

图6　第6窟窟门东侧力士

图7　初转法轮像

图8　第6窟坐佛

图9　皇兴五年交脚佛

第三十八窟的形制与雕刻艺术

李治国　丁明夷

　　云冈第 38 窟位于西部窟群西段，是一座高于地面约 2 米的方形小窟。该窟雕凿齐整，题材丰富，造型优美，龛饰华丽，且保存较好，堪称云冈第三期石窟的代表性洞窟[①]。

　　关于北魏迁都洛阳以后的云冈第三期石窟，特别是其西部诸窟，过去论述较少。第三期新出现的洞窟形制，主要是三壁重龛式窟和三壁三龛式窟两种。后一种洞窟已有专文论及[②]，而第 38 窟则属于前一种。故此，笔者不揣谫陋，略作介绍。

一　洞窟形制和佛龛装饰

　　窟门南向，券形，门侧各雕一力士像，惜已风化残泐。门楣上方，镌刻《吴氏忠伟为亡息冠军将军华□侯吴天恩造像并窟》三百余字凿窟铭记。窟内平面作长方形，面阔 1.98、进深 1.45、高 1.82 米。四壁凿龛造像，窟顶雕方格平棊藻井。窟内雕琢齐整，布局严谨，具有云冈第三期石窟的显著特点。

　　北壁和东、西壁，上层雕出宝帐纹，两侧悬垂束帐（垂帐仅东壁北侧尚存）纹，故有一壁面均雕作天幕龛的形式。北壁正中雕一圆拱华绳龛，龛楣上缘饰华绳，华绳交叉处刻出半身舞人像，共十四体，均双手牵华绳作舞状。龛楣下缘刻出两组六体飞天伎乐，手持乐器，相向飞舞。龛楣上下缘两列飞天，一舞一乐，正相呼应。两侧龛柱顶部各雕一龙，作回首反顾状。东壁正中开上下两层大龛，上层为九方格折叠盝形龛，龛体辟作三间；下层为圆拱龛，楣尾雕二龙反顾。西壁正中开九方格折叠盝形天幕大龛，龛

---

　　① 参见通一、董玉祥：《云冈第 50 窟的造像艺术》，《现代佛学》，1963 年 2 期。
　　② 参见吕采芷：《北魏后期的三壁三龛式窟》，《中国石窟·云冈石窟》（二）文物出版社，1994 年；宿白：《平城实力的集聚和"云冈模式"的形成与发展》，《中国石窟·云冈石窟》（一），文物出版社，1991 年。

体辟作三间，以龛柱相隔；龛楣下弧形天幕中刻出八体供养天。南壁窟门两侧各开三层龛，龛形分圆拱龛、盝形龛和屋形龛三种。窟门西侧下层屋形龛，作四柱三间佛殿式，四阿式屋顶正脊刻出迦楼罗鸟和鸱尾，柱头大斗上刻阑额，上雕一斗三升斗栱、人字形叉手和檐、椽、瓦垄。屋檐下刻出盝形方格和垂幕，这是屋形龛与盝形天幕龛相结合的典型做法。

总之，窟门两侧雕力士，窟口上方刻大型铭记，规范化的长方形平顶窟，壁面和龛面上繁复多变的装饰纹样，多样化的方格平棊藻井等都是第38窟窟形龛制的显著特点。窟内四壁布局造意，北壁和西壁为单龛，东壁为二层龛，南壁为三层龛，基本上属于四壁重龛式。若考虑到北壁和西壁均作单龛，其他壁重龛多雕佛传的情形，则窟内主要三个壁面接近三壁三龛式的形制。

二　造像题材

1. 北壁（图1）

中间佛龛内雕释迦、多宝并坐像，龛外雕二菩萨立像。龛楣内刻九尊禅定小坐佛，龛外上部刻三列供养像，有头光，双手合十，下层作胡跪状。佛着褒衣博带式佛衣，内着僧祇支，大衣右襟甩至左腕处垂下。菩萨戴花冠，佩交叉式帔帛，双足有地神托持。

佛龛两侧刻佛传龛。西侧刻一倚坐佛和一立菩萨，其间一童子胡跪合掌，佛伸左手抚摩其顶，可能为罗睺罗因缘故事[①]。东侧刻释迦涅槃像，分作三层，上层刻五弟子；中层刻涅槃像，一弟子扶持佛头，一弟子托脚，佛身后刻五弟子举哀，作悲泣、懊丧、闷绝状；下层刻六身伎乐，手持琵琶、横笛、筚篥、细腰鼓、圆腰鼓、排箫等乐器，作吹弹状[②]。佛龛下部，正中原刻铭记，铭刻两侧对称刻出幢倒乐神、乘象投胎、踰城出家以及男女供养人像等。幢倒乐神，东侧作一人双手持竿，一人在竿顶倒立状，其旁有持筚篥、横笛、细腰鼓、排箫等乐器作伴奏的六伎乐；西侧作一人顶竿，一人缘竿爬至竿中腰，一人在竿顶仰卧，其旁有持横笛、筚篥、排箫、琵琶等乐器伴奏的六伎乐[③]。

---

① 吉迦夜、昙曜译《杂宝藏经》卷10："时罗睺罗礼佛已讫，正在如来左足边立。如来即以无量劫中所修功德相轮之手，摩罗睺罗顶"。

② 白法组译《佛般泥洹经》卷下："世尊灭度……十二种乐，皆从后作，天人、龙、鬼，莫不举哀。"

③ 幢倒伎即爬竿伎，中国古代百戏之一。汉代称"寻橦"、"旍"。高承《事物纪原》卷9百戏条引《汉元帝纂要》记："百戏起于秦汉，漫衍之戏，后乃有高絙、履火、寻橦等也。一名都卢寻橦，都卢山名，其人善缘竿百戏。"张衡《西京赋》亦记："尔乃建戏车，树修旍，侲僮程材，上下翻翻，突倒投而跟絓，譬殒绝而复联"。南北朝时名"缘橦"（《邺中记》、《魏书·乐志》）。在佛经中，则称"幢倒乐神"或"幢倒伎"。《维摩经略疏》卷5："乾闼婆此云香阴，此云凌空之神，……又云是天主幢倒乐神"，《妙法莲华经文句》："乾闼婆此云嗅香……此是天帝俗乐之神也，乐者幢倒伎也。"可知石窟中雕刻幢倒乐神，是依据当时百戏杂伎中的缘橦伎，作为伎乐供养而雕出的，石窟中雕刻这种形象，除云冈第38窟，还见于山西沁县南涅水石刻等处。

幢倒乐神东侧，刻一菩萨骑象，一人持伞盖随侍，西侧刻一菩萨乘马，亦随一人持伞盖，当为能仁菩萨乘象投胎与悉达太子骑马踰城出家，这种题材多见于云冈等北朝石窟①。佛龛下部两端，分别浮雕男女供养人行列。东端为一弟子持长柄香炉作前导，后有二男供养人持花礼佛，众童仆持伞盖、圆扇随侍。西端为一弟子托钵作前导，后有二女供养人，随侍持伞盖，像旁刻题名。

2. 东壁（图2）

东壁正中开上下二层龛，上龛主像为交脚弥勒菩萨，坐狮子座，地神托双足。两侧为舒相坐思惟菩萨，头上侧各有一飞天。龛楣刻九坐佛，上方刻听法僧尼像。龛外两侧刻两层四身坐佛，上层倚坐，下层结跏趺坐，惟南侧上层刻倚坐佛摩抚胡跪状罗睺罗头顶。下龛内雕坐佛，两侧各雕一立菩萨，龛楣内刻七佛，龛楣两侧刻听法十弟子像。佛龛两侧各刻一立佛，北侧立佛身后刻一禅定僧人像，南侧为一佛一菩萨立像，其间一童子向佛举手瞻礼，一童子稽首于佛足旁，似为善慧童子以发布地，定光佛授记的故事②。佛龛下部正中，原刻铭记，铭记两侧刻音乐树及男女供养人行列。音乐树各垂四重枝叶，每重枝叶刻二或三身伎天，手持排箫、竿篥、横笛、瑟、细腰鼓、大鼓、琴、箜篌、琵琶、箫、笙等乐器③。这是北魏工匠根据当世的伎乐人形象刻画出的西方净土中诸天伎乐在七宝树上奏乐供养的情景。南北侧男女供养人形象同前，女供养人持花敬佛。

3. 西壁（图3）

西壁正中佛龛中雕倚坐佛像，两侧各雕一立菩萨，龛柱两侧各雕立佛二身。龛楣折叠方格内刻禅定九佛，龛上侧刻列佛，为倚坐说法状，龛楣两侧雕供养人，胡跪合掌。佛龛下部刻音乐树及男女供养人行列，布局同东壁。音乐树枝头上刻莲花化生童子，手持琵琶、排箫、瑟、笛、鼓等乐器。

4. 南壁（图4）

南壁窟门两侧各开三层佛传龛。东侧上层龛中坐释迦，龛上现两重山形，山中有鸟兽。龛两侧刻持有柄水瓶灭火的梵志像，应为佛度三迦叶时降伏火龙的故事④。中层龛

---

① 参见阎文儒：《云冈石窟造像中一些题材的考释》，《现代佛学》，1963年2期。
② 参见《过去现在因果经》卷1。
③ 《妙法莲花经·药王本事品》记："七宝为台，一树一台……诸宝台上，各有百亿诸天，作天伎乐，歌叹于佛，以为供养"，《佛说无量寿经》亦记："七宝诸树，周遍世界……清风时发，出五音声，微妙宫商，自然相和。"
④ 见《中本起经》卷上、《太子瑞应本起经》卷下，《普曜经》卷5。《普曜经·迦叶三兄弟品》记："尔时世尊乃于迦叶三兄弟印可听已，手自执持一把之草，入火神堂……尔时彼等诸摩那婆，闻是声已，或将水瓶，或复担梯，速疾走来……将水欲灭于火。"

外刻三道宝阶，阶上有地神托持的交脚菩萨，前刻一龙头，宝阶上下刻合掌听法男女像，当为化现三道宝阶故事①。下层龛中坐佛摩抚禅坐僧人头顶，龛上刻山形，一巨鹫下飞作攫人状。此为"雕鹫怖阿难入定"因缘故事②。西侧上层刻释迦降魔成道故事，中层刻鹿野苑初转法轮故事，下层刻弥勒菩萨于兜率天宫说法图像。南壁下部，西侧刻三身女供养人，东侧刻四身男供养人，女像束髻，男像戴类似硬角幞头的冠饰。

5. 窟顶

方格平棊藻井正中刻大莲花，八个莲瓣中各刻一化生童子，周刻四身乘龙的诸天仆乘。此圆心图案东侧，刻乘孔雀、托日月天人，西侧刻乘象天人。四周十方格中，刻二十身奏乐和舞踊的伎乐，乐器有曲颈琵琶、排箫、笙、箜篌、筚篥、横笛、瑟、管、琴、鼓等多种。

云冈第38窟北壁龛以作为过去佛的释迦、多宝并坐像为主像，东壁龛以上层未来佛交脚弥勒菩萨为主像，西壁龛以倚坐释迦佛③为主像，仍是昙曜五窟以来的三世佛题材。但释迦、多宝居主龛位置，释迦、多宝与弥勒的联系也加重。造像组合，除一佛二菩萨外，还出现一佛二菩萨、二立佛和四立佛的组像，说明此时的造像组合变化较大。并列立佛除西壁龛侧四立佛外，还有东壁立佛与禅定僧、立佛与布发儒童的组合。

第38窟长宽不逾2米，仅容一人寂坐。东壁北部雕出禅定坐僧，南壁东侧又雕出专门慰藉禅定僧的"雕鹫怖阿难入定因缘"，是该窟的显著特色。全窟题材布置，除继续雕出《法华三昧观》所要求的三世佛、佛传、七佛以及释迦、多宝、弥勒三像组合等，还雕出《禅经》所提出的主要形象，进一步向符合禅观的方向发展，显得十分突出。窟形变小，而雕造的内容却增多。该窟很可能是为僧人禅居而开凿。

值得注意的是，吴天恩造像记中，有祈愿"长辞苦海，腾神净土"之句，是云冈流行净土崇拜的重要证明。而念佛禅法本为北方禅法之要，观佛得入禅定，在念佛中见诸佛国土，本与净土信仰有关。这是南方净土信仰得以流入北方的一个重要原因。

---

① 佛升忉利天为母说法后，欲还人间，化现三道宝阶降下，见《大唐西域记》、《法显传》、《撰集百缘经》、《足义经》。《佛说海龙王经》卷3《请佛品》中记："便从海边，化作三宝阶，金、银、琉璃，下至其宫……六十红龙，后在虚空中，各现半身。"

② 参见《大唐西域记》、《法显传》。《法显传》云："耆阇崛山未至头三里，有石窟南向，佛本于此坐禅。西北三十步复有一石窟，阿难于中坐禅。天魔波旬化作雕鹫，住窟前怖阿难，佛以神足力隔石舒手摩阿难肩（《大唐西域记》作顶），怖即得止。"

③ 在云冈北魏造像题材中，倚坐式佛像有可能是释迦佛，最典型的例证见于第7、8和9、10这两组双窟中。第7、8窟上龛主像均为三世佛，第7窟上龛是佛装交脚弥勒居中，两侧为二倚坐佛；第8窟上龛是倚坐佛居中，两旁为交脚弥勒。第9窟主像是倚坐释迦，第10窟主像是交脚弥勒。第38窟西壁顶层十五身小坐佛像，均作倚坐式。另三身倚坐佛中有两身为罗睺罗因缘像。可知在云冈倚坐式佛像多作为释迦而出现。而交脚菩萨装的形象也似乎不限于未来佛弥勒。

三　雕刻特点与开凿年代

在云冈现存第三期铭记中，第38窟窟主吴天恩的官职最高①，窟中四壁下部雕出男女供养人行列。因而，在云冈石窟群中，第38窟虽属最小，却是题材丰富、雕刻精美的一个窟。特别是构图紧凑，生动的窟顶雕刻，当推上乘之作。形式多样的因缘佛传故事雕刻，就其在窟中所占的比例而言，得与第6窟相媲美。至于题材独特的幢倒乐神、音乐树和伎乐化生，更为其他窟所无。窟形齐整，龛制多变，也颇引人注目。

窟中雕刻，造型清秀、飘逸，佛像一律着褒衣博带式服装，面相清癯，两肩下削。菩萨像头戴花冠、帔帛交叉。飞天着高发髻，长帔巾当风飞扬，脚下曳长裙，作鱼尾状。佛衣和大裙的下垂衣襞趋于繁杂，平行褶叠的线条，外张如翅的力量感，富于韵律美。全窟由飞翔旋转的窟顶图案、三壁中部凝然寂坐的三世诸佛及表现佛前生今世的佛传本生故事、四壁下部的供养行列及杂伎音乐等三大部分组成，充分显示了雕刻家的精妙构思。这里有半圆雕、高浮雕、浅浮雕和线刻等多种雕刻技法的统一运用，有寂坐佛像、禅僧与周围飞舞伎乐的动静相应，有肃然礼佛的供养人行列与紧张热烈的杂伎表演的气韵协调，有充满全窟上下的"微妙宫商"的自然相合。从窟龛形制到细部装饰，无不精心构思雕造，因而主题突出，措置严谨，形象鲜明，决不因其小而失其精，达到了较高的艺术境地，堪称云冈第三期的典型洞窟。

第38窟的造像风格和题材内容，接近窟口有延昌四年（514）题记的第35窟，而题材更丰富，禅观气氛更强烈。北壁下方的乘象投胎和踰城出家形象，见于云冈第6窟以及第31、35、37诸窟中。特别是第38窟吴天恩造窟记中"腾神净土"类字句，出现于云冈延昌、正光年间，如19：2窟西壁下部延昌四年造像铭中"愿托生西方妙乐国土，莲花化生"句、第4窟南壁正光□年（520～525）为亡父侍中平原太守造像铭中"托生净土"句，均为北魏晚期佛教中出现的新现象。因而，我们推定第38窟开凿于北魏延昌至正光年间，属于云冈第三期后段窟。

如果上述推断可以成立的话，这就为北魏迁洛后的宣武、孝明时期，云冈石窟开凿迄未衰竭，找到了一个新的重要例证。正是在这一时期，云冈石窟处于窟室形制、壁面布局、造像样式和题材内容等各方面的急剧变化之中，从而为云冈以后的北魏石窟样式启其端倪。这也是第38窟的典型性所在。

（摘自《中国石窟·云冈石窟》二，文物出版社，1994年）

---

①　据《魏书·官氏志》，"冠军将军华□侯"：为从二品散侯爵位、从三品官职。

图 1 第 38 窟北壁

图 2 第 38 窟东壁

图 3 第 38 窟西壁

图 4 第 38 窟南壁

云冈石窟雕刻艺术

李治国　刘建军

一

云冈石窟寺佛教艺术雕刻群，是北魏帝国集聚国家力量、调用全国技艺高超的艺术家与工匠营造的足以体现时代风范的大型艺术杰作，它的艺术风格影响、波及到北中国各地的佛教石窟造像，在中国雕刻艺术史上占有十分重要的地位。云冈石窟佛教艺术继承了秦汉雕塑艺术的优秀传统，并吸取北方各少数民族和外来佛教艺术的有益成分，经过发展、融合、变革和创新，用旺盛的生命力和创造力铸凿而成的"云冈模式"[①]，是永不凋谢的艺术之花，谱写下宏伟壮丽的篇章。

北魏王朝是由少数民族和汉族士大夫共同建立的一个联合政权。北魏帝国称雄中国北方，与南朝相对峙，以平城（今山西大同）与洛阳（今河南洛阳）为中心发展，逐渐走向高度文明。

大同，古称平城，地处晋、冀、内蒙古三省（区）交之要冲，背靠蒙古高原，遥望晋阳大地，有"北方锁钥"之称。此地"东连上谷，南达并恒，西界黄河，北控沙漠，居边隅之要害，为京师之藩屏"[②]。进有所托，守有屏障，地理位置险要，自古以来就是兵家必争之地，实为进入中原地区的北大门。据文献记载：春秋初期，大同为北方少数民族"楼烦"所居之地。战国时，韩、赵、魏"三家分晋"，经赵武灵王"胡服骑射"倡导改革，开拓疆域，"北破林胡、楼烦。筑长城，自代并阴山下，至高阙为塞，而置云中、雁门、代郡。"[③] 大同是赵国的属地及势力范围，由名将李牧常年镇守。

---

① 宿白：《平城实力的集聚和"云冈模式"的形成与发展》，《中国石窟·云冈石窟》（一），文物出版社；1991 年 9 月北京版。

② 《读史方舆纪要》。

③ 《史记·匈奴列传》。

秦汉时期，大同属雁门郡，设平城县。雄踞大漠南北的匈奴，对汉地侵扰尤甚。秦用成卒三十万筑长城以抵御匈奴。汉高祖刘邦公元前 200 年亲率三十二万大军北击匈奴，结果在平城白登山（今大同东北）被围困七日，后陈平以反间计才得脱险，随后只好改用"和亲"之策，以求苟安一时。汉武帝时，经过六七十年休养生息，国力空前雄厚，发动了一系列抗击匈奴的战争，大获全胜的三大战役迫使"匈奴远遁，而漠南无王庭"①。

公元一世纪末，匈奴统治集团内部分裂。原居黑龙江上游额尔古纳河与大兴安岭北段间的拓跋鲜卑乘势崛起，从"幽都之北，广漠之野"的大兴安岭北麓的嘎仙洞，自东北向西南进行了两次大迁徙，战胜"九阻八难"，移居到漠南的阴山一带，建立了与中原汉族地区相毗邻的政权。从此进入新的发展时期，开始走向形成国家的发展道路。

魏晋之际，拓跋鲜卑与汉室通好，接受西晋赐予的"大单于"封号，后又受封为"代公"、"代王"。同时与后赵、前燕、前凉、前秦都有使者往来，威服草原许多部落，降服漠北三十余国，逐渐形成"游牧为主，农耕为辅"的经济生活和以盛乐（今内蒙古和林格尔）为北都，平城（今山西大同）为南都的政治中心，建立起与之相适应的国家组织——代国。然终因前秦势力强大，在北方出现短暂统一的历史趋势面前衰亡。

淝水之战以后，前秦势力瓦解，北方各族纷纷脱离前秦统治独立建国。公元 386 年，拓跋珪率部众在塞北复国，称魏王，定都盛乐（今内蒙古和林格尔），形成了鲜卑人、汉人共同组成的统治政权——新代国。经道武帝拓跋珪卓越的创业和经营，力行入主中原的意图，攻克后燕都城中山后，于天兴元年（398）自盛乐迁都平城，定国号为魏，改称皇帝，"始营宫室，建宗庙，立社稷"②，建立永久性都城。至孝文帝元宏太和十八年（494）南迁洛阳，平城是北魏帝国统治北中国的政治、经济和文化中心。从道武帝攻克后燕入主中原，经太武帝东征西讨，降柔然、荡漠南、吞北燕、灭北凉，统一黄河流域，"廓定四表，混一戎华"，直到孝文帝太和年间一系列改革方案的颁布和实施，北方进入了"四方无事，国富民康"的繁荣阶段。北魏帝国在平城经历了风风雨雨的九十六个春秋历程，无论是战争，还是和平，京都（大同）地区的中原农业民族和北方游牧民族两种文化渗透和交融始终没有停止过，而且汉化的程度越来越深。

佛教传入中原，始于东汉，盛于南北朝。据文献记载，鲜卑族拓跋部在中国北方一带活动时，还未信仰佛教，对佛教这一新事物既陌生又冷漠，而流行各种杂卜巫术③。建立北魏政权后，道武帝入主中原，攻略河北、山东一带，"所经郡国佛寺，见诸沙

---

① 《汉书·匈奴传上》。

② 《魏书·太祖纪》。

③ 赵翼《二十四史札记》记载，北魏原有习俗，立皇帝、皇后，先铸铜人以卜吉凶，"成者方吉，否则不得立"。

门、道士，皆致精敬，禁军旅无有所犯"①，才接触到中原地区的佛教，此可视为崇佛信教的端倪，后受染于当时北方一些少数民族政权的最高统治者和东晋孝武帝时对僧朗的信敬及对神、佛以及代理人（方士、僧）的崇拜，遣使致书隐于泰山的名僧僧朗，以缯、素、银钵为礼相赠，意在"翼助威谋，克宁荒服"。天兴元年（398）道武帝下诏，命有司"于京城（今山西大同）建饰容范，修整宫舍，令信向之徒，有所居止"，并"始作五级佛图、耆阇崛山及须弥山殿，加以缋饰"②，营建了颇具规模的佛教建筑，开始雕塑或绘画佛教图像。同时招请"诚行精致，开演法籍"的赵郡沙门法果赴京师，委以"道人统"重任，"绾摄僧徒"，主持佛教事务。明元帝拓跋嗣（409～423）"亦好黄老，又崇佛法。京邑四方，建立图像，仍令沙门敷导民俗"③，佛教的势力又有所发展。

　　太武帝拓跋焘（424～452）执政前期，锐志武功，统一黄河流域。虽军国多事，但也"每引高德沙门，与共谈论。"当四月八日僧徒们"舆诸佛像，行于广衢"时，太武帝"亲御门楼，临观散花，以致礼敬"④。于是，佛寺日隆，名僧辈出。鸠摩罗什的学徒号称白脚禅师的惠始（即昙始）据传颇有法术，统万平后来到平城，因而太武帝"甚重之，每加礼敬"，备受北凉国主沮渠蒙逊崇敬的"大咒师"昙无谶（即昙摩谶），因"晓术数、禁咒，历言他国安危，多所中验。蒙逊每以国事咨之"而颇为太武帝垂涎，便遣使索招反遭凉主蒙逊杀害。太延五年（439）北凉灭，使"自张轨后，世信佛教"的凉州佛教东传，北魏佛教迎来了兴盛期，大批高僧被裹挟而来，其中"河南化毕，进游凉土"的西秦国师玄高，备受太武帝敬重，太子拓跋晃事玄高为门师，东游凉州的罽宾国高僧师贤和以"禅业见称"的凉州高僧昙曜及凉州禅师慧崇等人居平城后，"沙门佛事皆俱东，象教弥增矣。"京都平城亦成为当时北方的佛教中心。

　　在太武帝统一黄河流域的过程中，得力于以崔浩等北方世家大族的积极支持。崔浩笃守儒家学说，又信奉道教，拜道教徒寇谦之为师，深得太武帝所爱。这样中国原有的道教与外来的佛教之间斗争日益尖锐，由于大批佛教僧徒享受减免租赋等诸多特权，寺院财富与日俱增，给国家经济增添了沉重负担，为限制佛教势力的发展，太武帝下诏罢免"沙门年五十岁已下"⑤ 者，同时在崔浩的劝导下欣然接受了道教，太延六年（440）索性改元"太平真君"。这一系列措施是太武帝尊崇道教，下令灭法的前奏。太平真君七年（447），太武帝西伐，镇压卢水胡盖吴起事，以长安佛寺藏有"弓矢矛盾"为由，

---

① 《魏书·释老志》。
② 《魏书·释老志》。
③ 《魏书·释老志》。
④ 《魏书·释老志》。
⑤ 《魏书·世祖纪》。

借沙门非法为契机，下诏灭法，演成中国历史上第一次废佛事件。当时正值太子拓跋晃监国秉政，缓宣诏书，远近沙门闻信逃匿，即使京城的僧徒，"亦蒙全济，金银宝像及诸经论，大得秘藏"，而那些藏之不得的"土木宫塔"也只能"莫不毕毁"①。正如史学家所述评的，"北地法踪，一时遂绝"。

文成帝拓跋濬（452～465）即位，下诏复兴佛法，倾时"天下承风，朝不及夕……佛像经论，皆复得显"。和平初（460），沙门统昙曜"于京城西武州塞，凿山石壁，开窟五所，镌建佛像各一"②，开启了北魏皇室营造云冈石窟帷幕，京都平城内一大批佛教建筑相继涌现。永宁寺的七级佛图，高三百余尺，为天下第一，规制宏伟；天宫寺的释迦立像，高达四十三尺，雄伟壮观，显示出佛教复法后的强大声势。从京邑平城到四方各地，佛寺林立，僧侣遍地，法雨佛风弥漫天下。据《魏书·释老志》记载：从文成帝兴光元年（454）至孝文帝太和元年（447），京城内寺新旧且百所，僧尼二千余人，四方诸寺六千四百七十八，僧尼七万七千二百五十八人。真可谓"法教愈盛"。故《水经注·㶟水（明刻本作湿水）》在记载京城寺庙盛况时说："京邑帝里，佛法丰盛，神图妙塔，桀寺相望，法轮东转，兹为上矣。"迨太和十八年（494）孝文帝亲告太庙，次年（495）六宫、百官尽迁洛阳，云冈石窟的皇室营造工程基本结束。然而凿窟造像之风在中下层阶层蔓延起来，直至孝明帝正光四年（523）六镇镇民相率起事，平城地区落入民军之手，盛极一时的云冈石窟营造工程急剧衰落，北魏的雕刻艺术精华终于成为历史的陈迹。

二

云冈石窟位于山西省大同市西郊十六公里的武州山（又称武州塞，州又作周）南麓，武州川峡谷的北岸。郦道元在《水经注·㶟水》中曾这样描述了云冈石窟："武周川水又东流，水侧有石，祇洹舍并诸窟室，比丘尼所居也。其水又东转，径灵岩南，凿石开山，因岩结构，真容巨壮，世法所希，山堂水殿，烟寺相望，林渊锦镜，缀目新眺。"道宣《续高僧传·释昙曜传》中亦记曰："去恒安（大同）西北三十里武周山谷北面石崖，就而镌之，建立佛寺名曰灵岩。龛之大者，举高二十余丈，可受人三千许人。面别镌像，穷诸巧丽，龛别异状，骇动人神，栉比相连三十余里。东头僧寺，恒供千人，碑碣见存，未卒陈委。"以上文献不仅记述了云冈石窟的山川地貌、自然风光和恢弘气势、壮观景象，同时也反映了佛教自两汉之际传入中国后第一次大规模的石窟营

---

① 《魏书·释老志》。
② 《魏书·释老志》。

造壮举。

云冈石窟开凿于侏罗纪灰黄色砂岩地层上，洞窟所在崖壁两个自然形成的小山谷将东西绵延一公里的石窟群分为东、中、西三区，东部四窟（一～四窟），中部九窟（五～十三窟），西部三十二窟（十四～四十五窟）。主要编号的四十五个洞窟，有附属窟龛二百零七个，共计编号洞窟二百五十二个，现存大小造像五万一千余躯。由此隔河西望，武州川西有鲁班窟石窟，沿河西行六里，武州川北有吴官屯石窟，从云冈溯河西行三十里达高山镇，遗有焦山寺石窟。栉比相连三十余里。

云冈石窟的洞窟构造类型大致可划分为大像窟、佛殿窟、塔庙窟三类。

大像窟：窟平面为马蹄形（或椭圆形），穹隆形顶。正壁造大像一尊；或三壁各造大像一尊。壁面雕千佛，或为多层列龛，窟顶刻飞天，有的后壁凿有甬道。

佛殿窟：窟平面呈方形，平顶。大型的洞窟分前、后室。后室正壁造大像一尊，左右两侧下方凿有甬道相通，或后室正壁分上下两层龛，各造像一铺。其他壁面（前室、后室）有计划地凿出二至四层列龛，最下端浮雕供养人行列。窟顶雕平棊藻井，刻护法天神、飞天及莲花图案。中、小型洞窟一般为单室，正壁、左壁、右壁各凿一龛，内造像一铺或正壁凿一龛，左右壁面分上下两层龛，各龛内均造像一铺。窟顶平棊中刻伎乐飞天、莲花图案。

塔庙窟：又称中心塔柱式洞窟。窟平面为方形，平顶。洞窟中央凿二层至五层方形塔柱，且与窟顶连接。后壁设置大龛，或分上下两层开龛，各造像一铺，其余壁面雕一层至二层列龛，最下端浮雕供养人行列。有的壁面雕千佛图像，中间凿一略大佛龛。塔柱四面均分层开龛造像。窟顶刻平棊藻井、浮雕飞天、诸天仆乘、莲花图案。

大像窟、佛殿窟、塔庙窟三类洞窟均属于礼拜窟性质，它基本上反映了云冈主要洞窟建筑形式的构造类型。然而，这种建筑形式（洞窟形制）只是云冈石窟雕刻艺术组成的一部分，洞窟内的雕像则是艺术的主体，只有将建筑（洞窟形制）与雕像二者有机组合，相互作用、相互补充，才能共同产生艺术效果。

云冈石窟雕刻内容约略可分为佛像、菩萨像、弟子像、天龙八部护法像、故事画、供养人、装饰图案七类。

就洞窟的主像而言，大型洞窟的造像题材以三世佛、释迦、交脚弥勒菩萨为最多。少数洞窟因壁面分成上下两层，上龛仍为三世佛，下龛主像出现释迦、多宝二佛并坐说法像；中、小型洞窟的构造类型很大一部分属于大型洞窟的缩小型，因而主像的造像题材与大型窟室相类，但也有相当数量的洞窟以释迦、多宝二佛并坐为主像。若以单龛主像而论，佛像有释迦佛、交脚弥勒佛、释迦和多宝二佛说法像、七佛像。此外还有千佛等。菩萨像除弥勒菩萨作为主像外，云冈北魏造像还出现了文殊、普贤、观音、大势至菩萨像，而最多的是那些无名的菩萨，人们通常以其所处位置、动态、与佛像的关系，分别称谓"胁侍菩萨"、"思维菩萨"、"供养菩萨"。

至于拱卫释迦佛的两侧十大弟子群像，即舍利弗、目犍连、摩诃迦叶（简称迦叶）、阿那律（亦称阿尼律陀）、须菩提、富楼那、摩诃迦旃延（简称迦旃延）、优婆离（亦称优波离）、罗睺罗、阿难陀（简称阿难）在云冈昙曜五窟的十八窟率先出现。特别是迦叶和阿难到北魏后期的龙门石窟多出现在释迦佛的左右，并形成了定式，然而云冈此二弟子形象虽也出现，但个性特征不甚明显。

云冈石窟的天龙八部护法像：一、天众有骑牛摩醯首罗天、乘孔雀鸠摩罗天以及骑各种动物的诸天仆乘形象；二、龙众有难陀龙王、跋难陀龙王、婆伽罗龙王、和修吉龙王、德叉迦龙王、阿那婆达多龙王、摩那斯龙王和优钵罗龙王等八龙王，其中以二龙王难陀龙王和跋难陀龙王表现的最多；三、夜叉有地、空、天夜叉三种；四、干达婆（天乐神——即伎乐天）；五、阿修罗（三头四臂手托日月）；六、迦楼罗（即金翅鸟神）；七、紧那罗（歌舞神，多与干达婆同为佛教天宫中司乐舞之神）；八、摩睺罗迦，在云冈尚未见有此形象。此外，除八部护法像外，还有金刚力士等护法神，这些护法神一般手持金刚杵，侍立在门拱两侧，与天龙八部分别执管各类具体事务，作为佛的翊卫人物。

佛教故事画是以佛经为依据，将文字叙述的故事用雕刻的形式加以表现，它展示佛教艺术"成教化、助人伦"的宗教色彩，开辟了一条通俗易懂、善于领悟佛法真髓的捷径。云冈的佛教故事画大体可分三种：一、佛传故事，有乘象入胎、腋下诞生、七步莲花、九龙灌顶、仙人占相、太子较艺、出城游观、惊见三梦、犍陟辞别、树下苦修、降魔成道、降服火龙、初转法轮、涅槃等。其中第六窟采用浮雕与佛龛雕刻相结合的方法，雕刻出释迦牟尼从诞生前后到初转法轮共计三十九个画面，前后衔接自然，内容贯通一气，是我国现存最早的传记性连环画。二、佛本生故事，有宣扬忠君孝亲的睒子本生，传播持花供养的儒童本生，倡导舍身饲虎的萨埵本生等。三、因缘故事，有人间善行，天国显道的天女华盖供养缘；有自焚示罪，业得罗汉的尼干子投火缘；有诽谤圣人，引招罪责的兄弟二人出家缘；有因缘殊异，果报有别的八天次第问法缘；有诚纳训诫，痛改前非的鬼子母失子缘；有财尽罪空，福德应生的须达长者妇获报缘；还有以土布施，成转轮王的阿输迦施土缘等等。值得注意的是，这些故事内容丰富、情节生动，并有非常鲜明的善恶观念，是研究佛教伦理思想的重要资料，也在一定程度上反映了北魏的社会时尚和风俗习惯，具有强烈的时代特征。

除了上述的主体宗教人物内容外，云冈石窟还有表现虔诚恭敬，作无量功德的男女供养人像和丰富多彩、形式完美的装饰图案。

装饰图案，主要是洞窟建筑部分的装饰纹样和烘托尊像的象征性图案。所装饰的部位和形式有藻井、平棊、宝盖、龛楣、背光、佛座、冠饰、边饰、勾栏等。装饰的植物纹有：莲花纹、莲瓣纹、忍冬纹（单叶忍冬纹、波形忍冬纹、桃形忍冬纹、锁状忍冬纹、缠枝环形忍冬纹等）、葡萄纹等；几何纹有：三角纹、联珠纹、龟背纹、绚索纹、鳞纹；动物纹有：四灵纹、环状龙纹、龙纹、兽面纹等；人物纹有：飞天纹、化生童子纹等，此外，还有垂帐纹、火焰纹、璎珞华绳纹等等。上述各种纹饰相互组合，穿插使用，就汇聚成内容丰富、多姿多彩的装饰图案，形成了统一和谐的装饰艺术。这些装饰图案运用雕刻艺术的造型语言，不拘泥于一般表现形式，努力追求一种象征的、运动的美感，具有精巧富丽、华美辉煌的艺术特点。

以上概略地展示了云冈石窟雕刻艺术无比丰富的内容，它就像一部形象化的史书，从一个侧面再现了北魏雕塑艺术发展的过程。因此可以说，云冈石窟这部精彩的艺术史书正是古代艺术匠师有声有色地描绘出的中国化石窟艺术的历史画卷。

佛教流入中土与中国传统文化密切结合，形成中国佛教的特殊精神面貌，成为中国文化的一部分，即中国化的佛教。佛教艺术也是这样，它在中国的生存发展，首先经过一番适应国情的改造，并与中国固有的民族传统艺术相融合，便逐渐形成了佛教艺术的中国化、世俗化。云冈石窟作为中国第一处由国家经营的大型石窟寺艺术，它的造像从题材到技法等诸多方面，都必然受到浓厚的外来艺术影响。我们在云冈雕刻艺术作品中，既可看到古代印度、中亚的佛教艺术影响的踪影，又可找到经过融合、消化后形成的中国新疆地区、河西地区以及南方等地区的佛教艺术痕迹，而更多则是在继承中国传统雕刻艺术基础上，吸收和融合外来造像艺术精髓后，表现出既非外来艺术的简单移植，又不是完全模仿传统的艺术再创造，这种再创造伴随着石窟艺术中国化的全过程，贯穿到北魏云冈石窟雕刻艺术发展变化之中。根据现知的文献、记录，利用考古标型学、年代学等方法，将云冈石窟艺术形成的三个显著变化的发展阶段分作三期①：

早期　文成、献文帝时期（460～470）

中期　孝文帝都平城时期（471～494）

晚期　孝文帝迁都洛阳后，宣武帝、孝明帝时期（495～524）

云冈早、中、晚三期，分别代表北魏云冈石窟雕刻艺术在平城的三个发展阶段，它是北魏鲜卑拓跋王朝接纳外来文化后，不同时期的思想和审美情趣演变的结果，是人们对艺术的欣赏习惯、审美观念产生新变化的客观反映。总之，云冈石窟雕刻艺术随着早、中、晚三个阶段的审美艺术观念的改变，表现出三个不同时期的特点和风格。

---

① 宿白：《平城实力的集聚和"云冈模式"的形成与发展》，《中国石窟·云冈石窟》（一），文物出版社，1991年。

三

公元 452 年，文成帝拓跋濬即位，与民休息，推行"薄赋敛以实其财，轻徭役以纾其力"的政策，北魏社会进入和平建设的发展时期，确有一番文治气象。文成帝执政期间，在稳定南北疆域，疏通西域道路，繁荣佛教艺术方面都颇有建树，为了加强皇权，果断地连诛宗王，清除异己，树立起小皇帝的绝对权威。并借解除佛禁之机，利用复法之诏书，特别强调佛教"助王政之禁律，益仁智之善性，排斥群邪，开演正觉"①的社会职能，来巩固、维护封建统治的皇权地位，反映出北魏佛教具有强烈的国家政治色彩的特征。

北魏佛教也依靠世俗王权。道武帝时，道人统法果就积极投靠政治势力，公开倡言"太祖明叡好道，即是当今如来，沙门宜应尽礼，遂常致拜。谓人曰：'能鸿道者人主也，我非拜天子，乃是礼佛耳。'"② 正是此等"礼佛即拜皇帝"的主张迎合了帝王的需要，才使得北魏佛教应时盛行，得以流布。因而，文成帝复法初年（452）依照礼佛即拜皇帝率先"诏有司马石像，令如帝身"雕造石像，兴光元年（454）又于平城五级大寺内，为太祖以下五帝铸释迦立像五身。如此公然倡导以帝王形象为蓝本雕凿佛像，遂使北魏佛教得到了王权政治强有力的庇护，云冈昙曜五窟的造像正是这种历史潮流的产物。它形成了云冈北魏艺术的早期风格。

昙曜五窟（十六～二十窟）是云冈石窟开凿时间最早、规模最大、系统性最强的洞窟。它分布在西部窟群区域，五窟东西互为毗邻，洞窟的形制相同，造像内容也颇为一致。

从佛教考古学的角度观察，依据主像和石窟布局，昙曜五窟可分为两组。十八、十九、二十窟为一组，三窟都以佛装二世佛（过去、现在、未来）为主像，第十九窟是这组洞窟的中心窟，它的左右二主像分置于窟外东西耳洞中。十六、十七窟为一组，十六窟主像是单一的释迦立佛，十七窟的主像也是三世佛，正中为菩萨装的未来佛弥勒菩萨。造成这种现象的原因是现存状貌并非昙曜五窟的最初布局设计，由于二十窟大佛乳部下层紫红色泥质灰岩质地松软脆弱，稳定性能差，因此极易造成洞窟坍塌。近年的窟前地面考古发掘资料证明③，在二十窟开窟不久前立壁就大面积崩塌，其东侧洞窟（即

---

① 《魏书·释老志》。
② 《魏书·释老志》。
③ 1992 年、1993 年，为配合云冈石窟"八·五"保护维修工程对一～四窟、九～二十窟窟前进行了考古发掘，特别是二十窟前发现了大量的石雕像衣纹，并在内侧凿有二至三个榫槽，经过分析，初步判定为二十窟西侧立佛像残留的遗物，说明该窟开凿不久前立壁就崩塌，具体情况将另文详述。

十九窟西耳洞，现编号十九：二窟）受到了一定程度的影响，造成窟壁局部塌毁；而西侧洞窟（即现编号二十一窟）破坏十分严重，已不具备开凿大型洞窟的可能，使得十九窟在昙曜五窟的中央位置只能成为前一组十八、十九、二十窟的中心窟，从而改变了昙曜五窟的最初布局设计。这种情况无论从佛教考古学方面，抑或从艺术风格学方面都有所表现。

云冈早期昙曜五窟的共同特征极其明显，它基本上形成了统一的模式——大像窟。这种类型的石窟是 460～470 年间平城地区开凿石窟的流行式样，是应雕凿巨像特定需要而开凿的特殊形制——大像窟，它的基本特征是：

一、平面为马蹄形，窟顶呈穹隆状，向上弧转收小的壁面与窟顶交接处转折自然，无明显的分界才形成了"球状"的圆拱，从建筑工程结构角度上讲，起到了支撑作用。同时，穹隆式的构形很容易产生向外扩展的张力，营造了一个高耸的空间，避免平顶所形成的压抑感。

二、大像形体凸出壁面并与倾斜的壁面岩石紧连，构成一体，减轻窟壁所承受的压力，客观上起到支承窟室荷载的"柱"的作用。但是，由于窟内空间的局限，雕造大像后，窟底空间狭窄而并不宽阔，人们只得仰视大佛，更觉佛的庄严伟大而感到人自身的渺小，产生一种敬畏感。

三、洞窟前立壁门拱上方开拱形明窗，恰好对应主尊大像的头、胸部位，这不仅解决了洞窟内充足的光绕来源，而且在窟外甚至较远地方也都可观瞻礼拜，以突出佛像造型上的重点，渲染"雕饰奇伟，冠于一世"的艺术主题。

总的来说，云冈北魏早期昙曜五窟的洞窟形制非常特殊，这种模仿草庐的窟形不仅在印度、西域、凉州一带没有，即使最早的龟兹大像窟也与云冈仿草庐的形制完全不同，正如专家指出的那样："这种式样的石窟，就已知的资料，自南亚、中亚以迄我国新疆、甘肃地区，都没有发现相似的先例……它应是五世纪中期平城僧俗工匠在云冈创作出的新模式。"① 因此，我们有理由认为昙曜五窟是北魏时期独创的窟形。它的这种特殊结构也正是云冈北魏早期雕刻艺术的显著特点。

云冈北魏早期造像主要有四类题材：佛、菩萨、弟子和飞天。其中佛像的三世佛、释迦、弥勒和千佛，又都是一般习禅僧人禅观的主要对象，这说明北魏佛教受凉州禅学的影响较重。但是作为五方杂处、中外交通中心的新兴国家北魏首都的平城，到 5 世纪中叶云冈石窟开凿时已聚集了北中国大批百工伎巧之类艺术人才精华，他们有着丰富的民族文化根基，具备了艺术再创造的条件与能力。同时，"太安初（455），狮子国胡沙

① 宿白：《平城实力的集聚和"云冈模式"的形成与发展》，《中国石窟·云冈石窟》（一），文物出版社，1991 年。

门邪奢遗多、浮陀难提等五人，奉佛像三，到京都。"① 又有"沙勒胡沙门，赴京师致佛钵并画像迹。"② 他们所携来的代表西域佛教艺术最高水平的佛像粉本，被具有新兴民族魄力的北魏帝国容纳、吸收。因此，昙曜五窟的北魏早期造像艺术集多种艺术精华于一炉，有选择地进行了艺术再创造，呈现出一种百花齐放、异彩纷呈的新风格。这种具有不同风格与特点的造像同时出现，正反映了云冈早期佛教艺术中国化的初步探索的历程。

云冈北魏早期造像在题材上最突出的，当数"三世佛"，这种窟内三壁各雕凿一身巨像形成的三尊大像表现形式，是北魏复法后最有时代特征的造像组合。由于北魏佛教承袭凉州和长安佛教的传统，盛行《法华经》等佛教经典。同时主持开凿昙曜五窟的沙门统昙曜与吉迦夜曾一再选择有关三世佛的佛典，如《付法藏传》、《大吉义神咒经》等进行翻译，针对废佛前"胡本无佛"的言论，致力于自三世佛开始的佛教历史《付法藏传》的宣传，昭示佛教谱系源远流长，往世不绝，从而使大乘佛教提出的"三世三劫"学说的思想广为流传。"三世三劫"即过去世为"庄严劫"，现在世为"贤劫"，未来世为"星宿劫"。

一般洞窟北壁主尊以"现劫"佛释迦为中心，两侧配二菩萨（二十窟），有的并且出现了十大弟子像（十八窟），东壁和西壁分别雕胁侍佛、代表"过去"的迦叶佛和代表"未来"的弥勒佛。而中心窟的十九窟则现世佛释迦独居一窟，两侧向前倾斜各凿一"耳洞"，内雕过去佛和未来佛，并有菩萨侍左右。变化最大的是第十七窟，北壁主尊为交脚弥勒菩萨，东壁为入定坐佛像，西壁为说法立佛。该窟北壁主尊虽是菩萨装束而身份却与佛相同，为三世三劫中的未来佛弥勒形象。正如撰写《魏书·释老志》的魏收总结拓跋一代佛教经旨后曾言："释迦前有六佛，释迦继六佛而成道，处今贤劫（当今佛）。文言将来有弥勒佛（未世佛），方继释迦而降世。"说明弥勒佛还未出世，尚在兜率天宫补处菩萨院。十七窟这身头戴宝冠，胸佩璎珞与蛇饰，上身着斜披络腋，下身着长裙，两脚交叉，坐狮子座的菩萨就是代表《佛说观弥勒菩萨上生兜率陀天经》上所说的弥勒佛在"兜率天宫"中尚未成佛时的形象。这是云冈早期昙曜五窟三世佛中唯一作为主尊的未来弥勒佛造像。

昙曜五窟洞窟主像内容虽都选择了当时盛行的《法华经》等佛教经典之三世佛题材，但在艺术表现形式方面却并非雷同，富于变化，各具特色。

二十窟北壁释迦坐佛造型浑厚，气魄雄伟，是云冈石窟北魏早期艺术风格的代表性作品。此像双手作入定印，上身微向前倾，似在俯察阎浮世界芸芸众生。头部方中带

---

① 《魏书·释老志》。
② 《魏书·释老志》。

圆，两颊丰满，额庭宽阔，眉眼细长，鼻翼高耸，嘴唇上厚下薄，突出特点是额中饰白毫，嘴上蓄八字形唇髭。其表情微含笑意，庄严中寓有慈祥，给人以一种神秘、静穆的情调。高大的肉髻、粗短的脖颈、坚挺的双肩、厚实的胸部、壮硕的身躯均显示出北魏早期造像的古朴雅拙、雄奇强健的艺术特质，具有粗犷伟岸、厚重浑朴之美。大佛内着僧祇支，络腋边缘镶饰联珠、忍冬纹带；外着半袒右肩式袈裟，衣褶为凸起双棱，分叉末端呈燕尾形叉状褶，其褶纹图案抽象、程式化，与北魏灭法前太平真君四年（443）金铜立佛造像的衣褶相同，显示出灭法前后北魏佛教造像艺术的承继关系。叉状褶这种衣纹组织形式、表现手法可以追溯到犍陀罗（Gandhara）的石雕佛像上，在现藏拉合尔博物馆犍陀罗晚期坐佛的腿部及左臂衣纹上清楚地看到与此极为相似的衣纹组织形式；敦煌莫高窟二七五窟的交脚弥勒菩萨和近年河北易县新发现的北魏和平六年（465）单尊石雕交脚弥勒像的衣褶与二十窟主尊坐佛的衣褶处理颇为一致。说明它曾广泛流行于我国华北、西北及中亚地区，是公元五世纪佛教艺术流传脉络的反映。但在处理技法上存在着一定的差异，犍陀罗石雕衣褶起伏自然，追求写实的艺术效果；二十窟大佛等造像襞路厚重清晰，强调抽象的艺术特质，显然塑二者的艺术家之审美情趣不同。这说明我国古代工匠在塑造佛像时，虽然受到外来样式的影响，但仍偏重用他们熟悉的本土艺术语言，选择民众喜闻乐见的艺术形式。相对而言，十九窟主室坐佛的衣纹表现则是随着身体的转折，用直平刀法雕就有阴线的阶梯纹，衣纹简洁明快，线条坚实有力，表现出业已成熟的雕刻技法。这是以中国传统的汉代雕刻技法和审美习惯为基础创造出的富有本地特色的云冈风格造像，它在形象、体态、情调、意趣方面与现藏日本大阪市美术馆北魏天安元年（466）石雕坐佛的风格相同，是云冈太和十三年服饰改制前说法像的主要流行样式。

十八窟的三佛为三尊立像形式。北壁一佛二菩萨十弟子，东、西壁各雕一佛与北壁共同构成三世佛，这是云冈早期洞窟最为完备的造像组合方式。这组群像在总体设计上颇具匠心，充分考虑了佛国中人物不同层次的"果位"关系，形成了以北壁主佛为中心，高低起伏、错落有致，疏密对称，朝拜呼应，注重艺术效果，追求形式美，富于变化的有机统一整体。在人物表情刻画上也细致入微。佛像庄严而慈祥；菩萨温柔而善良；弟子像神情各异，有的年老苦行，有的年少俊秀，有的持戒谨严，有的拈花含笑……

就造像特征而言，北壁主尊释迦立佛像比二十窟坐佛更趋写实，面型丰圆，外形柔和，五官特征似北魏前期墓葬陶俑的人物形象，庄严的神情中仍流露出一分慈祥的微笑，既使人感到亲切又令人敬畏。袒裸的右胸与肩部突出了壮实的肌肤，省略了肌肉起伏变化，显示出汉族匠师对抽象人体的酷爱。斜披的袈裟顺着衣纹纹理浮雕一列列有序的千佛，衣着轻薄贴体，褶纹细腻紧密，反映出笈多（cupta）时期秣菟罗（Mathura）

派造像风格影响的某些因素，但北魏的匠师并不是完全照搬印度的造像方法，而是结合中国传统雕刻技法进行了改造和创新。引人注目的是释迦置于胸前，握"僧伽梨"——法衣的左手，虽然被袈裟遮盖，但手的形状、手背、手指的块面起伏，以及手指关节和手腕的曲直变化，均透过薄如蝉翼的袈裟表现得淋漓尽致，柔中带刚，血肉丰满，堪称艺术大师的出色之笔。

东、西壁胁侍佛造型古朴，浑圆劲健，可与主尊造像媲美。胁侍佛着通肩式袈裟，衣褶为浅阶梯纹重复，胸前呈"U"字形，式样固定，线条规则。它不似犍陀罗、秣菟罗式的偏向右侧衣褶形式，而与后赵建武四年（338）坐佛、刘宋元嘉十四年（437）韩谦造坐佛像上衣纹中垂形式完全一样，这说明南北朝前期造像所呈现出来的与犍陀罗艺术（或秣菟罗式）不同的特征，是继承了汉代传统艺术手法的结果①，同时，又被云冈北魏早期造像吸收，并且得到了进一步的发展。

十八窟三尊立佛给人印象是：有宽阔、舒展、充满睿智的额头，健壮、敦厚、精力充沛的身躯和粗短而立顶千斤的双腿艺术形象。其整体造型上身宽厚雄强，下肢粗短稳健，与人体比例的常规不符，此并非艺术家创作的一时疏忽和随意安排，而是艺术变形，它通过常态的躯体变形，涵育、强化宗教的氛围，体现艺术作品威严静穆的主题，追求内在的意象。

北壁主尊释迦佛左侧的胁侍菩萨像，头戴日月三珠宝冠，与龟兹壁画中菩萨像的冠饰基本相同。该像面相方圆，五官匀称，表情慈和，风蚀严重的躯干与四肢仍表现出北魏云冈早期造像的肩宽体壮、高大敦实的造型特征。

最令人感兴趣的是弟子形象，他们身披通肩式田相僧衣，或双手扪胸，或手持莲蕾。年长者面容苍老，眉宇紧锁，颧骨高耸，肌肉枯瘦，俨若一位饱经风霜、"严谨持重"、爽朗自信的苦行僧形象；年少者脸形圆润，眉清目秀，容态饱满，宛若一位稚气斯文、"聪明睿智"、闻法彻悟的弟子形象。老少之间的精神风貌、气质特征迥然有别，说明艺术家对不同的人物着意于个性的强调和意态的描绘，力求生动。该造像构思巧妙，圆雕的头部与高浮雕的上半身，及隐没于壁内的下半身巧妙结构到一起，使弟子的艺术形象跃然壁外，生命顿出，令人赞叹。

昙曜五窟的三世佛，形象高大，占据洞窟主体空间。艺术上重点突出尊像雄伟的气势，宗教上以体现佛法流通后世、永存无绝的思想。这里，艺术情感与宗教内涵合二为一，彼此映衬，相得益彰。这就是昙曜五窟设计的主题思想。当然，昙曜五窟作为皇室修造洞窟，除宗教的内涵外，政治的内涵也一定影响着艺术形象的塑造。所以研究者多联系《魏书·释老志》所记北魏佛教有天子即是当今如来的传统和文成帝即位后所造

---

① 杨泓：《试论南北朝前期佛像服饰的主要变化》，《考古》，1963 年 6 期。

石像"令如帝身"的敕令，推测昙曜五窟的主要佛像有可能是仿效北魏皇帝的形象①。

昙曜五窟保存了数量可观的千佛图像，这些千佛造像与洞窟主像比较起来虽高不盈尺，但却各显其趣。北魏的千佛图像与主像对应，多为三世三千佛，虔心信仰就可以"使诸众生悉生彼刹"，或来世"作佛"。从窟内壁面雕刻形式来看，早期千佛尺度略大，分布在上层，并未按计划全部完成，中下层的千佛较小，为后续补刻，且与外壁千佛统一布局。如此重视辅助题材的千佛图像，有计划地进行大面积雕刻是北魏复法后平城佛教"广集沙门，同修禅定"史实的反映。

佛像是佛教艺术表现的主体，造像背光是"圣者"的艺术光环，背光既显示佛不同凡人的"神"的尊严，又烘托了宗教主题的艺术气氛。云冈二十窟坐佛的背光精美华丽，构图紧凑，是极富于变化的装饰图案，为北魏早期背光典型的艺术精品。背光由圆形头光和舟形身光二重组成，头光内缘刻莲瓣纹，中为禅定坐佛，外缘饰火焰纹；身光内缘刻供养菩萨，中为禅定坐佛，外缘饰火焰纹。头光与身光的火焰纹造型不同，前者与炳灵寺第一六九窟西秦佛像背光上火焰纹接近，后者与现藏日本永青文库的南朝刘宋元嘉十四年（437）金铜佛坐像背光上火焰纹相似，但都较二者有所发展，样式、风格更趋成熟，它反映了北魏匠师继承、吸收、融合、发展的进程。需要指出的是身光外缘的火焰纹，尖端部尖锐如匕，给人以生动跳跃之感，整体造型细瘦，状似夔龙，扭曲极为遒劲有力，态势动静交融，仍能看到汉代铜器上夔龙纹遗风的影响。而十七窟东西胁侍佛身光外缘火焰纹已经变成新的式样，不同于上述二十窟头光与身光的火焰尖部为一缕形式，而变成火焰尖部为三缕式样。似描摹火焰的形状，趋于写实，接近自然，并为中、晚期造像背光模拟、仿效。

四

孝文帝拓跋宏"思易质旧，式昭维新"，深感鲜卑拓跋民族的落后，受染汉族文化的熏陶。迁洛前，倡明礼乐，督课农桑，整顿政风，广开言路已成为孝文帝都平城期间为政治道的一种时代风尚。为了进一步促使鲜卑族汉化，强化北魏封建统治，采取了一系列改革措施，如太和八年（484）"六月，始班俸禄"，九年（485）下诏"均给天下之田"，十年（486）"正月，帝始服衮冕，朝飨万国"，"四月辛酉朔，始制五等公服"，"二月甲戌，初立党、里、邻三长，定民户籍"② 等。这都与孝文帝参政，冯氏听

---

① 云冈昙曜五窟造像仿自拓跋民族之说，最早见于大村西崖《支那美术史·雕塑篇》。40 年代后期以来，云冈早期融有拓跋形象因素的论点，逐渐为大多数研究者所赞同。

② 《魏书·高祖纪》。

政有着密切的关系，因而当时尊奉孝文帝与冯氏为"二圣"或"二皇"①。其实，孝文一朝，是祖母文明太皇太后冯氏、父亲太上皇献文帝和孝文帝本人三代人共同的成就。据《魏书·显祖纪》记载，延兴年间（471～475）献文帝虽传位太子宏（孝文帝）做了"太上皇"，但"国之大事咸以闻"。承明元年（476）献文帝卒后，冯氏临朝听政，"事无巨细，一禀于太后"。太和五年（481）孝文帝开始参与执政。是年虽"铭太皇太后终制金册"②，宣布冯太后结束称制，但这并不意味她退出政治舞台，直到太和十三年（489年）"太后之谪"渐显，十四年卒③，归政于孝文。亲政后的孝文帝"躬总大政，一日万机"，更积极于既定汉化政策的推行，从而使北魏的革新又进一步深化，并推向高潮。需要指出的是，皇兴三年（469年）青齐入魏，大批中原的人才入徙平城，以及孝文帝迁洛前北魏与西域关系疏远，却与南朝交往频繁④等诸多情况表明，南北交聘安定局面基本形成，南方文化影响北方已成为北魏社会发展的主流，这就给北魏接纳、消化汉文化创造了良好的条件，奠定了坚实的基础。

孝文帝执政期间（471～499），北魏的皇室、贵族崇佛祈福之风愈演愈烈。当时皇室的主要决策人文明太后冯氏，一家奉佛，世代相袭。冯氏祖父冯跋、冯弘曾入居龙城（今辽宁朝阳），建立北燕，相继为王，刘宋初年已塑造佛像⑤，为中国北方佛教中心⑥。冯氏本人亦对佛教特别推崇，曾立"思燕佛图"于龙城。其兄熙佞佛更甚，曾"自出家财，在诸州镇建佛图精舍，合七十二处（如京城皇舅寺），写十六部一切经。延致名德沙门，日与讲论，精勤不倦"⑦。魏主孝文帝元宏自幼深受冯氏的影响，"太和元年（477）三月，又幸永宁寺设会，行道听讲，命中、秘二省与僧徒讨论佛义"⑧，开始提倡佛教义理之学。既礼禅僧，又敬法师，禅、理并重，佛教发展大大地超越了前代。于是"内外之人，兴建福业，造立图寺，高敞显博，亦足以辉隆至教矣"⑨。与此同时，云冈石窟造像活动达到了空前的规模和程度，这正是《大唐内典录》所记"自魏国所统货赋，并成石龛"的情形。据现存铭记可知，开窟的功德主除皇室外，尚有官吏（如宕昌公钳耳庆时）、上层僧尼（如太和十三年比丘尼惠定）和在俗的邑义信士（指

---

① 二圣，见《大代宕昌公晖福寺碑》；二皇，见法琳《辩正论》。

② 《魏书·高祖纪》。

③ 《魏书·皇后·文成文明皇后冯氏传》。

④ 〈日〉前田正名著，李凭等译，《平城历史地理学研究》，书目文献出版社，1994年10月北京版。

⑤ 慧皎：《高僧传》卷七记，刘宋初僧诠"先于黄龙（即北燕）造丈六金像"。又辽宁省北票县西官营子村将军山东麓冯素弗夫妇的石墓中曾出土金饰冠，上有坐佛、火焰纹身光及二捧物供养人。该墓主人卒年为北燕太平七年（415年），是为该佛像年代。

⑥ 汤用彤：《汉魏两晋南北朝佛教史》。

⑦ 《魏书·冯熙传》。

⑧ 《魏书·释老志》。

⑨ 《魏书·释老志》。

信教的一般地主，如太和七年邑义信士女）等，这表明当时云冈石窟已不限于皇室开凿，而成为北魏都城附近佛教徒的重要宗教活动场所。孝文帝都平城时（471～494），云冈石窟开凿的大窟主要有五组：七、八；九、十；一、二；五、六和十一到十三窟等。此外，还有少量的中小型窟龛，如十一；四、十一；七、十一；九、十一；十三、十一；十四、十一；十五、六；五窟等以及早期洞窟中补刻的一些龛像。

北魏中期是云冈渊源西方的佛教石窟东方化转折的关键点。因为这个时期的云冈石窟无论洞窟的构造形式，还是雕像的艺术风格都出现了一个很重要的现象——华化，这正与北魏孝文帝时期鲜卑汉化的一系列措施相一致，它是汉化之风在佛教文化上的客观反映。

由于有昙曜五窟造窟活动积累的经验和探索历程，从孝文帝开始，云冈石窟雕刻艺术逐渐形成了独有的风格。此时汉化政策已积极进行，传统的中国建筑闯进了石窟，来自中原、南方、西域、中亚和印度的佛教思潮和艺术风格已被北魏各族富有才华的艺术家和工匠吸收、融化、改造、创新，石窟艺术的民族化渐趋形成。所以，孝文帝时期云冈艺术在内容和形式上都发生了巨大的变化，创造出许多充满活力的新式样。经过选择、提炼和完善，终于在太和十八年迁都前走向成熟，并直接影响到"准代京灵岩寺"于洛南伊阙山开凿的龙门石窟。从而形成既丰富多彩，又符合一定规范；既生动活泼，又庄严神圣；既追求形式严整，又注意装饰效果的云冈中期艺术风格。

在洞窟形制上，云冈北魏中期洞窟的大像窟继承了早期昙曜五窟的流行式样（窟形与结构），但在石窟的壁面布局和窟室空间感上作了明显的创新。例如：迁洛前开凿的第五窟，马蹄形平面，穹隆状窟顶仍保存了早期窟形的式样。但洞窟内的空间扩大了许多，它并无昙曜五窟那种给人以局促的印象之感，而主像明显的有向后移的趋势，以扩展洞窟的空间。并在后壁凿有低矮的隧道式的礼拜道，形成了一个符合佛教仪轨"右绕"的甬道式空间。同时，壁面采用汉式殿堂的上下分层、左右列段的重层布局方式，这和昙曜五窟壁面最初设计的千佛图像形式完全不同，却与中期其他类型洞窟的壁面布局一致，这种壁面的表现形式是孝文帝时期云冈石窟艺术的显著特点。

当然，云冈北魏中期的常见窟形是佛殿窟和塔庙窟，这两种新出现的窟形，虽然来源不同，但在壁面的布局上都采用了汉式殿堂的形式。其结构规整，富于情趣，体现了云冈北魏中期石窟的审美观念变化，给人以赏心悦目之感。云冈佛殿窟的"原型"取自于汉式殿堂的建筑艺术，它的基本特征是：

一、洞窟的外貌是一个完整的中国式殿堂建筑形式，上雕庑殿式顶，下凿雕镂精美的列柱，颇具汉魏以来中国建筑"金楹（金柱）齐列，玉舄（柱础）承跋"的遗风。这是北魏平城的艺术家不满足照搬旧有的模式，采用传统民族风格的木构殿堂形式来表现佛教天国形象，勇于创新的生动体现，它不仅符合中国人的审美习俗，而且也具有亲切近人的气氛。

二、窟形一般为横长方形，平棊式顶。窟内东西南北壁的相邻壁面以及四壁与窟顶交接处之间的界线逐渐分明。同一洞窟，无论是洞窟窟顶的平棊装饰，还是壁面的布局形式，特别注重洞窟顶部的完美造型，强调壁面布局的整体效应。相邻壁面之间虽有界线相隔，而横向的装饰纹带打破了这种局限，沟通了整个洞窟壁面之间联系，因而，壁面的一体性很强。不仅如此，窟顶藻井周围与四壁相连之处饰以三角垂帐，仿佛整个洞窟被华盖笼罩，形成了空间统一，开敞宽豁的殿堂形制。

三、洞窟分前后室，前后室之间的隔墙形成的"窟壁"既缩短了洞窟顶部的空间跨度，又增加了壁面所容纳雕刻内容，为艺术表现的新发展提供了充盈的空间环境。这种将窟内分割成前后两个礼拜的殿堂"空间"的艺术处理手法，意使洞窟的空间序列变化更加丰富。

位置相邻、时间接近的第七、八窟，第九、十窟这两组双窟和第十一至十三窟组窟的中心窟第十二窟是佛殿窟的典型代表，它的窟室结构，为我们探讨石窟艺术——这一外来宗教建筑的中国化过程提供了可贵的形象资料，是研究中国传统的木构建筑殿堂如何走进石窟的极好范例。

七窟和八窟，双窟并列。据金皇统七年（1147）曹衍撰《大金西京武州山重修大石窟寺碑》（以下简称《金碑》）的记载推测，这组双窟开凿于孝文帝初年，辽代并以此为主体兴建了护国寺。两窟均分前后室，前室平面似方形，当初设计有无窟顶尚不清楚。前室前方七窟东侧和八窟西侧的重层楼阁式高塔和耸立中庭下具龟趺的丰碑，显然是汉式传统建置的有意模仿。后室平面为横长方形，窟顶雕六格斗四式平棊藻井，精美华丽，沿袭了"交木为井，画以藻纹"的中国古代殿堂建筑室内屋顶装饰艺术，这种表现方式在汉代墓室壁画中部可以找到先例。此外，洞窟前、后室的壁面雕刻分别出现分栏长卷式浮雕画面和重层布置列龛，也都是汉式殿堂的形式和布局。虽然，第七、八窟的洞窟形制以及窟外的外貌环境摆脱了云冈早期模式，但这组双窟的外貌与洞窟的内部形制之间还没有达到完美、统一、和谐的程度，这似乎是它模仿中国殿堂建筑艺术不成熟和不完备的表现形式。

然而，第九、十窟这组双窟却是刻意追求石窟结构呈现出的木构殿堂形式创新的典范。这组洞窟的开凿时间略晚于七、八窟，根据《金碑》记载推定它是太和八年（484）建，十三年（489）毕，钳耳庆时为孝文帝所献的一份厚礼，辽代在这里兴建崇福寺。九、十窟的洞窟形制较之七、八窟更趋完善，窟外前庭开阔，外立面是模拟汉代建筑的新式样，上方崖面是雕有斗栱的仿木构窟檐[①]，檐下楹柱由巨象承托，十分壮

---

① 云冈石窟文物保管所、文物保护科学技术研究所：《云冈石窟建筑遗迹的新发现》，《文物》，1976 年 4 期。

观，两侧因袭七、八窟配置重层楼阁式高塔，这样的殿堂与塔的组合造型，设计新颖，结构严谨，意境巧妙，富涵一种内在含蓄的中国传统文化风韵。可惜风蚀过甚，欲窥全貌只能参照窟内完善的建筑形象。

该组双窟亦分前、后室，其平面均为横长方形，前、后室窟顶的平棊藻井表现形式不同，前室窟顶雕斗四式平棊，后室顶部刻方格平棊。在壁面布局方面，除后室布置重层列龛外，前室在重层列龛下新出现了单层横卷式浮雕画面，其中仿汉民族木构建筑亦首先出现在这组双窟。例如窟前外貌石雕窟檐、前室侧壁的屋形龛、后室壁面的屋形檐等。与此同时，受龟兹石窟中大像窟做法的启示，后室北壁主佛身后还凿有低窄的隧道，构成了北魏云冈中期的殿堂窟新式样。因而该窟形制似乎又兼备大像窟和塔庙窟的某些特征。

云冈塔庙窟源于龟兹的中心塔柱窟。对佛塔重视和塔庙窟的开凿，与当时平城佛寺中以佛塔为中心的寺庙布局设计为同一渊源，仍未突破印度佛寺石窟的格局，而平城大型佛寺与云冈石窟塔庙窟，是北魏艺术家既不盲从外来艺术，又将域外因素作为营养，吸纳融会到传统艺术的新创造。

塔庙窟，一般习惯地称中心塔柱窟。至于这种洞窟的"原型"，许多学者都已经注意到与印度支提窟之间的相似性，若将二者仔细比较就会发现差异很大。印度的支提窟平面呈马蹄形，后部凿出圆形覆钵式塔，塔四周形成通道，窟内左右和后部凿有列柱。而中国的塔庙窟，其柱体则多为方形，并与窟顶连成一体，形制上有自己的特点。虽然中、印此类洞窟形制不同，但是其中心塔柱专门作为供信徒右绕礼拜的宗教场所的性质并没有改变。其实，即使是龟兹地区的洞窟与云冈北魏出现的同类洞窟在形制、空间构成、龛像设置诸方面也不完全相同，尤其是塔柱的造型差别较大，但洞窟中的"塔柱"基本要素是一致的。相对而言，公元五世纪河西地区出现的中心塔柱窟与云冈就比较接近。河西、平城两地此类窟形固然受到印度、龟兹石窟的影响，然却借鉴了寺院中心置塔的布局方式，特别是云冈的中心塔柱窟明显地融进了我国传统的木构建筑新式样，汉化的风格犹为浓厚，这反映了平城地区佛教艺术接纳汉文化的程度。但无论如何，从云冈第十一窟的中心塔柱窟仍能寻找到凉州系统中心塔柱窟影响的痕迹，并且，壁面浮雕塔的形式演变也为云冈北魏中期出现的中心塔柱的式样形成过程提供了强有力的依据。总的看来，云冈的中心塔柱窟有其自身的特点，这是在融合汉式建筑基础上在平城地区创造出的新式样，它形成了统一的模式。

首先，方形的中心塔柱是十分典型的汉式楼阁高塔的造型；其次，塔柱四周与洞窟四壁之间的空间被分割为前后左右四块，甬道高大与洞窟高度相等；第三，洞窟的主像仍以后壁为中心，这都是云冈北魏中期出现的中心塔柱窟基本特征。位于东部窟群的一、二窟是典型的塔庙窟，其洞窟的开凿时间应接近北魏孝文帝南迁。该组洞窟共用一个前庭，两窟主室平面似方形，中心塔柱由下设方形基座，中间塔身雕有副阶楼阁，上饰须弥山连接窟顶三部分构成，整个塔柱移植了汉式高楼建筑的艺术造型，具有显著的民族特色。第六窟为大型塔庙窟，它与相邻大像窟的第五窟是中期的一组特殊形制组合双窟，其开凿时间应在中期后段即太和十三年前（489 年前），孝文帝迁洛前按设计全部完工。该窟平面呈方形，平顶，窟中央凿有直通窟顶的方形塔柱。为了避免塔柱四面只雕佛龛的单调形式，在上下两层的塔身四角分别雕凿了九层塔柱与千佛方柱，并在下层龛楣两隅浮雕佛传故事。

　　总之，云冈北魏中期的洞窟形制丰富多彩，它反映出孝文帝大胆改革、推行新制影响到石窟艺术方面的探索痕迹和实行汉化所取得的成果。

　　云冈北魏中期造像内容和表现形式与早期相较，均有大幅度的变革和创新。

　　洞窟的主尊造像虽然是三世佛题材，但以不同的艺术形式表现同一内容，给人的感受和产生的艺术效果也就不一样。譬如第五窟沿用了昙曜五窟的布局方式，虽扩展了一定的空间，但佛像的雄伟高大的气势并未削弱；而七、八窟的后室北壁上层和第六窟主室北壁下层的盝形帷幕内的三世佛主尊造像，因凹入壁面的深龛构成了一个神圣的小空间，拉大了与观者的距离，而产生了一种神秘的感觉。显然二者之间形成了鲜明的对比，取得了不同的艺术效果。可见，洞窟的形制不同，主尊像所处的位置不同（主要指造像凸出壁外或凹入壁内），给观者的感觉也自然不同，这里既有心理的因素，又受艺术的作用。

　　除三世佛题材外，以释迦佛或交脚弥勒菩萨单体布局的主尊造像一般出现在一组双窟内。佛殿窟的第九、十窟这组双窟的主尊造像，九窟主像释迦佛，顶饰圆形华盖；十窟主像弥勒菩萨，顶饰盝形天幕。另一组塔庙窟的双窟第一、二窟后壁的主像，一窟是弥勒菩萨，二窟是释迦佛，二像都雕刻在盝形天幕龛内，释迦、弥勒菩萨见于《妙法莲华经·从地涌出品》。至于云冈北魏中期开凿成组的双窟作法，很可能和当时尊奉孝文帝、太皇太后为"二圣"有关①。

　　洞窟壁面雕刻在总体设计上基本上形成了统一的模式，布局以横向分层为特点。以第七、八窟后室为例，前壁及左右两侧壁分为上中下三大层：上层刻三角形锯齿纹帷幕、千佛坐像、化生童子；中层雕四重较大列龛，刻说法图像；下层雕供养人行列。第六窟主室四壁也分为上中下三层：上层雕天宫伎乐、华绳童子、千佛坐像、供养天人；中层的上部每壁各雕三身立佛说法像，周围簇拥菩萨、弟子、伎乐天人等。下部北壁为该窟主尊三世佛，东、西、南壁雕说法图像，其下浮雕佛传故事；下层屋形长廊下刻供养人。整个洞窟为突出北壁主位需要，中层下部的布局与东、西、南壁并非一致，这样

---

　　① 据《晖福寺碑》，王遇曾"于本乡南北旧宅上为二圣造三级浮图各一区"。

的权变通过艺术家设计的一条天宫伎乐、华绳童子、千佛的贯通四壁的装饰横带，加强了洞窟壁面的一体性。况且，该窟的统一和谐的总体构思经过壁面中层下部采用浮雕与佛龛结合的方法雕刻的佛传故事和中心塔柱下层龛楣的佛传故事遥相呼应，系统完善，构成了一组形式多样、构图独特、前后衔接、首尾完整的表现释迦牟尼从诞生前后到降魔成道、初转法轮连续性的佛传故事，这种连贯性的内容显然对洞窟壁面布局起到了不可忽视的作用。

若从壁面雕刻的内容上看，说法图像的题材占据了洞窟每个壁面的主要位置（即壁面中层），只不过根据壁面的高低、宽窄、大小等差异，分别布置不同层数和不同数量的说法列龛。大像窟形制的第十三窟和第五窟因壁面随主尊像而相应地高广，故说法像的层数比较多些，达五六层；塔庙窟形制的第一、二窟这组双窟相对窟顶较低，因而壁面雕刻一层列龛；佛殿窟的第七、八窟和第九、十窟以及第十二窟则为二至四层列龛。值得注意的是，在第七、八窟后室的下二层列龛首先出现了能烘托洞窟尊像说法主题的佛传故事画题材，并且逐渐流行，时间稍晚的第九、十窟后室中部三层全部雕刻因缘故事画题材，这说明故事画题材比简单的一佛二菩萨说法像更容易被人接受。因为故事画讲究内容丰满，追求形式多变，特别是艺术家运用图像艺术表现形式使艰涩的佛经变成通俗易懂的形象化佛教教义，从而起到"观者听，听者悟"，"进可以击心，退可以招劝"的艺术作用。

除说法图和故事画之外，还有护法神像、供养人和各种装饰图案，可见，这个时期的造像题材几乎囊括了云冈石窟雕刻艺术的全部内容，它是云冈艺术发展的最繁荣时期。

云冈北魏中期造像的风格演变大致可划分前、后两个阶段。前段是孝文帝太和十三年之前（471～489）；后段是太和十三年直至迁都洛阳（489～494）。

中期前段造像的艺术风格是在早期昙曜五窟"兼收并蓄，博采众长"的大规模艺术创作基础上发展形成。特别是在人物比例、艺术造型、雕刻技法、气质神韵方面又大量地融入了汉民族艺术的新成分，所以它的造像风格更符合人们的审美情趣与格调，从而显示出传统艺术的魅力，形成了颇具地方特色的云冈风格。

佛像的造型特点是面相丰圆适中，五官与面颊浑然一体，神态表情十分"玄妙"。无论是坐像或是立像，其形体逐渐合于正常的人体比例，并且面部与肩胛的宽窄比例亦趋于合度，这与早期造像比较更显得中期佛像的比例匀称。袈裟的衣纹一般用直平刀法雕就的阶梯线和纤细流畅的阴刻线共同来表现衣褶襞纹的深浅幅度，既显示出雕塑的立体感，又富有绘画的线条美，反映出艺术家创作的新成就。其典型作品有第七窟后室西壁第四层南侧的说法坐佛和北侧的交脚弥勒佛说法像，第九窟和第十窟前室北壁上层的释迦、多宝二佛并坐说法像，第十二窟前室西壁上层屋形龛内的一交脚坐和二倚坐的三佛像等。此外，衣褶的处理还出现一种很宽很深的阴刻线，这种线条是阴线与阶梯褶的混合式，衣纹线条并随着人体起伏而变化，它似乎是一种浅显的阶梯褶。它的代表作品是第七、八窟的一些说法佛像和第十一窟西壁上层的说法佛像。总的来看，中期前段佛像的艺术风格给人以温静慈和、亲切自然的感觉，并无矫揉造作之弊。

菩萨造像逐渐丰富起来，除洞窟主尊雕弥勒菩萨外，壁面的上部亦大量地出现弥勒菩萨高踞"天宫"之像，"天宫"以盝形天幕龛或汉式殿堂的形式作为象征。龛内菩萨头戴日月三珠化佛高宝冠，宝缯下垂，面相丰圆，五官俊秀，神情委婉。上身着帔帛、项圈，斜披络腋，极少显露璎珞与蛇饰之物；下身穿大裙，裙褶为挺拔简洁的弧线，典型的代表作品是第七窟南壁上层两侧和第九窟前室北壁第二层的交脚弥勒菩萨像。而同期的十一、十二窟这组洞窟交脚弥勒菩萨则是上身袒裸，戴璎珞与蛇饰，左手提瓶置于膝头的艺术造型。

这一时期还出现了文殊菩萨、普贤菩萨的新题材。第九窟后室明窗东壁的文殊菩萨像，头戴宝冠，上穿斜披络腋，下着长裙，右手上举持一枝莲花，左手提净瓶，身体微微右倾，神情高雅，姿态优美；呈游戏坐坐于池中盛开的一朵大莲花上，两侧还有二朵小莲花点缀在左右。文殊菩萨身后有双手执持伞盖的供养天人相随，前面有一供养天人举起左手，仿佛正与菩萨对语，莲池两侧各有一身合掌而跪的供养比丘。画面以山岳、莲池为背景，在人与景物的关系上，景物只是说明故事画环境的"道具"，并且放在画面下端，简略而小。这种表现方式与张彦远所谓"群山之势，若细饰犀栉，或水不容泛，或人大于山"的画史记载正相吻合。

明窗西壁的普贤菩萨像，头戴高冠，身着斜帔，腰系长裙，右手抚腰，左手上举似侃侃而语，姿态优雅，神情自若，坐在大象背上。前有凌空飞舞的弹琵琶、吹横笛的伎乐天导引，后有持伞盖侍者跟随。步履稳健的大象行进在山峦中，体魄雄浑，动感强烈，总使人感到它是有生命的血肉之躯，它的造型同样大于下面带状的群山，就连前面的莲花也是一样，这种现象出现的原因除了考虑艺术技巧和人对自然的认识外，更多地应从佛教"众生平等"的意识观念去深究，佛教将一切有生命的东西统称"众生"，它包括人、动物和植物。但大多数菩萨像主要雕刻在佛龛的两侧和说法图中，则以供养、胁侍、思惟的身份出现，这些菩萨的造像风格与该时期的弥勒菩萨的风格一致。

护法神像亦是云冈中期出现的新形象，其中第八窟门拱两侧的护法天是最具有代表性的艺术作品。

该窟后室拱门左侧（东）雕出摩醯首罗天，右侧（西）雕出鸠摩罗天，左右对称。其原型本是印度神话传说中湿婆天和毗纽天，后来佛教将之纳入天部，变成佛教的护法神。摩醯首罗天的形象为三头八臂坐于卧牛背上；鸠摩罗天的形象为五头六臂坐于孔雀背上，二像表现形式是通过多头多臂的艺术变形来涵构护法神的超人能力，以夸张护法的威力，这明显是借助了原始宗教的偶像崇拜表达方式。尽管这种表达方式比较原始，但造型上仍表现出了威严的气势，神态上也刻画出细致入微的感情。

拱门左侧的摩醯首罗天，中间头戴高宝冠，面相圆润，表情含蓄，尤其是正面形象与《迦楼罗及诸天密言经》描述摩醯首罗天三面之一"天女形、貌美"相吻合，而天王面、愤怒相在其两侧面部都没有表示。拱门右侧的鸠摩罗天，五首皆如童子形，头上有卷曲的蠡发，面呈欢喜之态，与《大智度论》等经记载的"鸠摩罗王，秦言童子"和"发垂两肩"相对应，显然这种细微的刻画更有助于表现人物的个性特征。若对比二像的衣着，也能进一步认识艺术家对人物的个性描述。摩醯首罗天用简练、畅达的阴刻线纹表现上衣下裙的丰富变化，衣褶层次的过渡与衔接自然完整，肌肤裸露极少，反映出中国传统礼教的束缚观念；鸠摩罗天只用几根简洁流畅的阴刻线纹表现极短衣裙，而裸露的肌肤，充满着生气，显得细腻而富有弹性。两像衣纹线刻技法都是取自汉代画像石的艺术风格。

如果上述护法像的天众是把外教的天神当作佛的护法翊卫人物的话，那么雕刻在第十二窟后室门拱顶部的二龙形象，恐怕就是佛教艺术八部护法中龙众的难陀龙王和跋难陀龙王了。它的形象借助了典型汉式龙的艺术造型，这是中国传统造型题材在石窟艺术中的反映。

云冈北魏中期前段的天宫伎乐也颇具特色，这种新题材一般出现在洞窟壁面最上端（即与窟顶交接位置）的"色楣连延"栏台之上。第九、十窟前室南北壁上的伎乐列龛，场面宏大，遥相呼应。天宫为一列穹隆顶式建筑，门两侧刻束莲式柱头，栏台采用镂空的勾片栏杆雕饰，立体感很强，透过栏台清楚地看到"诸女自然执众乐器竞起歌舞"。该组伎乐吹击弹奏，动作娴熟，神情各异，舞姿优美，乐舞相融，齐声竞演宫商，合韵皆吟法曲，再现了北魏各民族文化艺术大融合的时代精神。第十二窟前室北壁天宫伎乐列龛下雕刻一排从两侧飞向中间的飞天行列。由于这组飞天画面正处于窄长栏台上，取代了第九、十窟栏台的勾片栏杆雕饰，并与所处的空间相融合，故富有装饰美。类似的飞天装饰纹带在第九、十窟后室窟顶平棊藻井的四周等都有表现。

不过，飞天除作装饰纹带分布在藻井的周围外，还飘游于平棊藻井的窟顶，飞舞在佛背光和龛楣内，穿行故事画中，点缀在装饰图案里，千姿百态，异彩纷呈。其造型特征，身材粗短，体魄丰满，姿态舒展，上身袒裸或斜披络腋，肩披大巾，下身着大裙，动作粗犷大气，概括洗练。

当然，这个时期最引人注目的艺术精华，还是丰富多彩的故事画。中期前段的本生、因缘、佛传故事表现形式受中国传统艺术表现手法汉代画像砖、石的影响，每个故事多选择一个或多个典型情节表现故事，构图主要有横卷叙述式和异时同构式两种形式。

横卷叙述式是将一个故事的多个情节或一组故事的若干个情节横向串联起来构成的一个横卷式画面。代表作品有第九窟前室著名的"睒子本生"故事浮雕，这是一幅宣扬以"孝道"为主题的故事画。故事情节从西壁南端开始，延伸至北壁并向东壁旋转，为直线型横卷式构图。画面具体情节：①慈慧菩萨投生盲父母家作子，取名睒子；②睒子与盲父母俱入山中；③睒子与兽为友，侍奉父母（转向北壁西端至后室门拱西）；④国王巡猎，误中睒子；⑤盲父母闻知其子遭遇，悲痛不已（从门拱东起）；⑥国王与盲父母前往睒子遇难之处。以下全部风化。这幅画现存六个画面，每幅画面上都留短册形的榜题，采用的是汉魏卷轴画"左图右史"的表现形式，情节由孝亲开始逐渐深入，中间以盲父母得知睒子罹难后悲痛欲绝将故事情节推向高潮，最后用孝敬父母，天地感动，睒子生命复活为结局，整个故事内容曲折、跌宕，情节前后呼应，艺术家以孝——悲——报的三段式画面构思来升华封建社会"忠君孝亲"的伦理思想，凭借佛教的法门，隐喻儒家的忠孝。

异时同构式是将一个故事的多个情节按一定有序可循规律，穿插安排形成在一个规则画面。代表作品是第九窟后室南壁兄弟二人出家缘，它取材于孝文帝延兴二年（472年）昙曜与吉迦夜共译的《杂宝藏经》。画面有二兄弟出家学道、宰相捐献佛寺、夫妇礼拜忏悔、小女被驱国外等四个情节构成。说法佛像的画面最大，约占画面的二分之一，是全画的主体。而学道、捐寺、忏悔、被驱等四个不同时间、空间所发生的事情巧妙经营在立佛的两侧，并且人物形象较小。同时，左侧宰相捐献佛寺的情节通过佛侧兄弟二人与佛寺下三个比丘坐像同类艺术形象连接组织；右侧被泥涂盖的其他情节以宰相之女被驱国外的人物经营沟通。整个画面主题突出，结构严谨，构图新颖，情节鲜明。

中期前段洞窟壁面下层还出现了世俗的供养人行列，一般多为着"夹领小袖"的鲜卑人形象。

孝文帝太和十年（487年）的服饰改制，将汉式衣冠带入北魏宫廷，随之南朝的"秀骨清像"画风流入北方，云冈石窟的造像无论人物服饰还是精神面貌都发生了很大变化，一种通脱潇洒的新形象、新风格脱颖而出，这种经过努力创造和不断发展完善的新式样，自然成为当时北魏佛教造像艺术的主流。

这时新题材出现得相对较少，但十分注意造像的组合形式。第六窟中心塔柱四面下层出现了重层佛龛，因佛像位置退到深龛后壁，两侧便能容纳更多的雕像，从而使各类神像与观者保持到一定的距离，产生了"若即若离"的艺术效果。除北面释迦、多宝二佛并坐龛因受空间局限外，其他三面主像两侧都雕出二弟子形象，这与内层次两侧的胁侍菩萨组合，构成一佛二弟子二菩萨"五尊式"像布局。若考虑外龛两侧的护法形象，恐怕就不只是五尊式像，似可看作是前段的"三尊式"布局的发展和完善。

中期后段造像的艺术风格，佛像以第五、六等窟和第十一、十三窟的七佛为代表，其造型特点是面相丰瘦适宜，眉疏目朗，表情温和恬静，身着褒衣博带式袈裟，胸前作结，大襟甩搭于左臂，衣角向外飘扬，下摆宽松外张，其中立佛表现尤为突出，衣纹采用简化较深的直平阶梯雕就，确有一定的写实倾向；形体亦渐渐清秀，姿态趋于柔和，表现出一种超然洒脱的神采。

菩萨造像也相应地发生了变化，如第十一窟西壁下层中型盝形龛，一组中央雕交脚弥勒，两侧分立供养菩萨，次外侧雕思惟菩萨的造像；这里无论主辅菩萨均为头戴北魏旧样日月三珠宝冠，身着自两肩搭下交叉于腹部的新式帔帛与大裙，或坐或立，身材已经开始变长，反映了南朝新风与北魏旧样的共存与融合。第六窟西壁中层和中心塔柱下层东面的交脚弥勒菩萨的形象则与此相类，但两侧菩萨的头冠已经变成花蔓新式样，而且帔帛大裙宽松外张的飘逸感显著地增强，显示出南朝风格对北魏佛教影响的强大声势，以及北魏艺术家接纳"秀骨清像"式人物造型的程度。

其他形象亦表现出类似的风格，如第六窟龛楣或龛沿上的飞天，头梳长髻，面相清瘦，身修臂长，上着短襦，下穿大裙，裙裾裹足如鱼尾上翘。犹如凌空飞舞之势，令人感到满壁风动。此外，中期后段世俗供养人开始穿汉民族宽博的服饰。

从云冈中期前后两段造像的人物造型、衣冠服饰，到艺术风格比较发现，前段的造像继承和发展昙曜五窟的艺术精华，具有古朴庄重的作风，更多地保留着北方地区雕刻艺术的特点。后段的造像随着南北方的文化交流和太和改革中大力吸收南朝文化，南方盛行的"秀骨清像"的艺术风格造像影响北方，一种面相清癯、眉疏目朗、神情恬淡、举止高雅、身着褒衣博带的新形象在云冈石窟太和年间造像上已见端倪。迁都洛阳后，随之开凿龙门石窟（包括云冈西部石窟群北魏晚期造像），以一种新的面貌风靡全国，成为南北技艺统一的时代风格。

五

北魏迁都洛阳以后，孝文帝在加速推动拓跋鲜卑封建化的过程中，既迎合了历史潮流，又协调了上层统治阶级的矛盾，针对因循守旧、"旧都意重"的上层亲贵，特许"冬朝京师，夏归部落"①。冬夏二居之制直到正光初年（520）亦未完全废止②。宣武帝在位期间（500～515），曾两次派遣重臣抚劳旧都，朝中的旧贵亦频繁地往来于洛阳与平城之间，平城维持着旧都风貌，并未荒废，仍然是北魏时期的佛教要地。迁洛之初，洛阳新都忙于经营宫殿衙署，城郭之内唯拟永宁寺、尼寺各一所，余悉城郭之外，

---

① 《魏书·尔朱荣传》。
② 《北齐书·库狄干传》。

"欲令永遵此制，无敢逾矩"①。洛阳佛寺之盛，始于孝明，此时正是龙门石窟繁荣时期。况且孝明帝熙平二年（517）旧都平城还有较多可供征引的"门才术艺"为当时洛阳兴建急需。这说明平城技艺人才还未显著削弱，云冈石窟仍在凿窟造像，直到北魏正光四年（523）六镇相率起义，平城落入义军之手，云冈石窟造像活动才停止。这不仅与《金碑》记云冈石窟最晚的铭记纪年是孝明帝正光五年（524）一致，同时也与云冈现存窟龛情况相符。

北魏晚期（495～524）皇室工程基本结束，而大批留居和夏来的亲贵、中下层官吏以及邑人信众充分利用平城旧有的艺术人才在云冈开凿了大量的中小型洞窟。主要分布在二十窟以西，四、十四、十五窟和十一窟以西崖面上的小窟或小龛，四至六窟间的小窟。总数达一百五十余座。此外，在许多早、中期开凿的洞窟还补刻了一些小龛。从洞窟中现存铭记来看，窟主最高官职不过是冠军将军（三十八窟上方吴天恩造像记），小龛龛主最高的是常山太守（十一窟明窗东侧太和十九年妻周为亡夫田文虎造释迦、弥勒龛铭），而开窟较多还是没有官职的佛教信徒（清信士、佛弟子）。它充分表明迁洛后，佛教在平城地区的中下阶层蔓延起来，这是云冈石窟北魏晚期开窟造像活动的一个显著特点。

云冈北魏晚期洞窟虽然数量较多，但都属于中小型窟室。洞窟形制实际上属于中期大像窟、佛殿窟和塔庙窟三种旧有基本窟式的缩小型，它变化显著，是云冈洞窟样式最繁杂的阶段。其中缩小型的大像窟、佛殿窟演变的共同规律是向平顶方形平面或接近方形平面发展。因此，北魏晚期出现一种新的窟形——三壁三龛窟，这种颇有代表性的北魏洞窟，数量接近七十座，约占晚期中小型窟室总数的二分之一弱，它的流行程度，集中地体现了北魏晚期的新风。此外，还有四壁重龛式窟、塔庙窟、千佛洞等一些典型洞窟。

在北魏晚期盛行的近七十座中小型三壁三龛窟中，第三十七窟是这类窟的典型代表。

第三十七窟的开凿时间大约应在宣武帝延昌年间（512～515）。该窟平面呈方形，平顶，后、左、右三壁各开一大龛，布局采用"三壁三龛制"，窟顶刻九格平棊。

洞窟后（北）壁正中雕盝形帷幕大龛，龛内主像为交脚弥勒菩萨像，左右各雕一弟子像，龛外两侧各一胁侍菩萨，构成了一铺五尊式像布局。左（东）壁是尖拱华绳大龛，内刻结跏趺坐说法佛像，龛座下刻象征佛、法、僧的"三宝"，两侧卧鹿是代表说法之地"鹿野苑"。当是本行故事"鹿野初转法轮"之像。右（西）壁大龛是"商主奉食"之像。三壁大龛龛楣两隅从东壁左端，经北壁，到西壁右端浮雕乘象投胎、

---

① 《魏书·释老志》。

七步莲花、九龙灌顶、耶苏陀罗入梦、掷象成坑、箭射铁鼓等情节画面。这种采用佛龛与浮雕相结合方法，表现释迦牟尼从乘象投胎到初转法轮的佛传故事，无论是统一和谐的总体构思，还是复杂多变的造型手段，都程度不同地受到中期后段第六窟佛传题材艺术成就的影响。但三壁大龛内，左、右两像雕本行故事的说法坐佛像，与后壁弥勒菩萨主像的组合布局形式，为云冈所罕见。

　　一般云冈常见的三壁三龛窟主像布局的组合有二类，即释迦多宝并坐像和单一的坐佛。北壁主像为释迦多宝二佛并坐像，见于第十一；十六、二十三、二十八、三十三、三十三；六、三十四等窟。而弥勒菩萨像通常出现在东壁或西壁的大龛内。

　　北魏晚期出现的另一种新的窟式是四壁重龛窟，约十余座，它的洞窟形制演变于云冈中期第七、八窟的缩小型，如二十七、二十九窟。一般平面为横长方形（接近方形）、平顶。四壁均开两层大龛。后壁主像多为上龛弥勒菩萨，下龛释迦坐佛。

　　值得注意的是，以雕刻精致，题材丰富，造型优美，龛饰华丽，保存完好的西部第三十八窟，堪称为云冈北魏晚期的代表性洞窟，十分引人注目[1]。该窟平面作横长方形，平顶，四壁凿龛造像，窟顶刻方格平棊藻井，为一小型洞窟。窟内四壁布局造意，北壁和西壁为单龛，东壁为二层龛，南壁为三层龛，基本上属于四壁重龛窟。若考虑北壁与西壁的作单龛，其他重层龛多雕佛传的情形，则窟内主要三个壁面接近三壁三龛窟的形制。这似乎从一个侧面反映云冈北魏晚期窟室变化的繁杂情况。

　　这个时期洞窟北壁的主像新出现了《法华经》的释迦多宝并坐像。同时按照禅观要求，把有关形象联缀起来。如上龛雕弥勒，下龛雕释迦。这是承袭北魏中期流行的修持《法华三味观》所要求的主要内容，是《禅经》所提出的幻想的主要对象，有的洞窟，如三十八窟甚至雕出了"雕鹫怖阿难"、"释尊慈慰"的形象，以示禅定的坚心，这表明晚期窟龛的形象，进一步向符合禅观的方面发展。

　　北魏晚期造像已将南朝"秀骨清像"式的人物画技法完全融合到北魏佛教艺术之中，发展形成了符合当时人们美学趣味的宗教人物形象，并显示出一种通脱潇洒的时代风韵。

　　佛像的造型特点是面型清瘦，脖颈细长，双肩下削，瘦体肥衣，一律着褒衣博带式服装，清秀飘逸，是为"秀骨清像"。延昌（512～515）以后，大衣下摆呈密褶式平行线条，坐佛下摆除椭圆形衣角以外，明显地表现出宽长下垂的下裳后部，左右对称，复杂且有规律性，富有外张如翅的力量感和韵律美。这种佛座的衣纹，是后期悬裳式衣纹的雏形。

---

　　① 通一、董玉祥：《云冈第五○窟的造像艺术》，《现代佛学》，1963年2期；李治国、丁明夷：《第三十八窟的形制与雕刻艺术》，《中国石窟·云冈石窟》（二），文物出版社，1994年。

菩萨像头戴花冠，面相亦转变为长条清瘦型，削肩长颈，上身着短衫，帔帛交叉于胸前腹际，较晚的流行穿壁的做法。大裙下摆呈锯齿状，尖长的两角向外飞翘，帔巾飘舞，身形的比例已经显著拉长，颇有南朝士大夫们潇洒飘逸的风度。飞天头梳高发髻，上着短衫，大裙裹脚，长巾当风起舞，强调体态夸张，腰部拉长且弯曲度较大，这种变形给人以俊逸潇洒、超然出尘的感觉。

总之，云冈北魏晚期的造像艺术更臻成熟，具有鲜明的民族艺术风格。十五窟西壁的水藻、鱼鸟浮雕带，那种沙鸥翔集、鱼跃于渊的画面十分生动。三十八窟的"幢倒伎神"浮雕，刻画了北魏"缘幢"表演的情况，是研究中国杂技史的资料。

六

北魏正光四年（523）柔然侵边，六镇随变，平城渐趋荒废，"恒代而北，尽为丘墟"①。云冈石窟北魏造像活动已成尾声，几乎绝迹。北魏灭亡后，平城先后属东魏、北齐管辖。北齐废恒州为恒安镇，自北周灭北齐迄隋，仍为镇。隋及唐初，突厥侵扰云朔，恒安镇首当其冲，一片荒凉。贞观四年（630）李靖率精骑三千，自马邑北进至恶阳岭，夜袭定襄城，突厥兵败。但李世勣穷追不舍，从云中（今大同）追到白道（内蒙古呼和浩特市北面）与颉利可汗交战，突厥军溃败，颉利可汗被俘，自此云朔平宁。贞观十四年（640）置云中郡、治恒安镇，边事初定，在唐朝大兴佛寺的风潮影响下，次年，守臣重建云冈石窟。当时，还有一位俨禅师"每在恒安修理孝文石窟故像……以咸通四年（674）终于石室"②。据专家研究，俨禅师所修恒安孝文帝石窟故像，就是今云冈第三窟后室倚坐大佛及左右胁侍菩萨，它是初唐时在北魏未完工的后室塔柱南面西侧续雕的一组造像③。

该组造像正中为倚坐式阿弥陀佛像，面相丰满圆润，肉髻大而低平，宽额圆颐，弯眉大眼，鼻梁高挺，唇缘饱满，五官轮廓清晰分明。头部造型仍有北齐、北周造像遗意，神态和表情也不再是北魏佛像那么肃穆威严，而气质颇具菩萨造型慈祥贤淑的世俗风格，反映出新时期的审美要求。此像着通肩式袈裟，虽肩宽胸平，身躯丰厚敦实，但肩、胸、腰部的转折柔和，躯干与四肢的衔接自然，特别是袈裟衣褶处理渐趋写实，胸前微微凸起的衣线皱褶转向四肢变成轻薄贴体的阶梯式襞纹，仿佛渗透出肌肤的质感，反映了艺术家非凡的造型功力，是初唐贞观末年完全确立的"丰腴为体"新风格的艺

---

① 《魏书·地形志》上。

② 《古清凉传》。

③ 宿白：《恒安镇与恒安石窟——隋唐时期的大同与云冈》，《中国石窟·云冈石窟》（二），文物出版社，1994 年；宿白：《大金西京武州山重修大石窟寺碑校注》，《北京大学学报》（人文科学）1956 年 1 期。

术表现。

两侧的胁侍菩萨均为立姿，头戴花形宝冠。左者头冠正中刻兽面图案，形象奇特，两侧面刻花形纹饰；右者头冠正中雕花形宝瓶，两侧亦饰花形图案。二者都是秀发高束，下披两肩，露出的头发采用细密刚劲的线条均匀排列，发丝根根有序，细腻逼真，颇为写实。俊秀端庄的五官，匀称丰满的身躯，绕肩外扬的帔帛，紧身贴体的大裙，自然放松的姿态，虽不及盛唐菩萨扭腰耸胯的妩媚动人，却显示出女性化的文静优雅的特征，这正是庄严宁静的北朝菩萨向婀娜妩媚的盛唐菩萨的过渡形态，因而它的造型姿态更显得温柔别致。总的来看，这组造像，面容亲切，形体丰硕，神情饱满，更多地展示了人的精神力量。

辽金时期，大同作为辽、金二代的陪都，辽兴宗重熙十三年（1044）"改云州（即大同）为西京"①。金代仍以大同为西京，直到元至元二十五年（1288）"改西京为大同路"②。在这相继统治的二百余年的时间里，大同一直是辽、金两代的政治、经济、文化中心之一。

契丹、女真两个少数民族都好迷信敬鬼神，因而辽、金历代皇帝大都崇尚佛法，建造佛寺，抄刻经藏，佛教发展极盛，大同亦为辽、金时期的佛教重地。辽代兴宗重熙七年（1038）曾于市内建薄伽教藏殿，并在殿内庋藏了辽藏佛经五百七十九帙。道宗清宁八年（1062）巡视西京（即大同），遂于"华严寺……奉安诸帝石像、铜像"③。几乎与华严寺营建同时，云冈石窟据《金碑》记载："辽重熙十八年（1049）母后再修，……清宁六年（1060）又委刘转运监修"，进行过延续十年的工程。这次工程的主体部分很可能是后接石窟，前建木构窟檐的寺院建筑，应是《金碑》所记兴建"西京大石窟寺……凡有十名，一通乐、二灵岩、三鲸崇、四镇国、五护国、六天宫、七崇福、八童子、九华严、十兜率"十座大寺，即辽代十寺。而辽代洞窟内的造像只是曾对一批佛像进行过修整。如十一窟西壁七佛中的最北二尊（抗日战争时期已毁）、三十五窟东壁的释迦塑像和纲目纹石绿背光都是补塑或彩绘修整后的遗物，完整的辽代造像，在云冈仅有十一窟中心塔柱南面下层的二胁侍菩萨石雕像。这两身菩萨像姿态十分相似，左右对称。头戴素面宝冠，上身着帔帛搭肩绕肘外扬，下着长裙，裙带中间饰花结，一手抚胸前，一手置体侧，整个人体身姿秀美，充满生气，但辽代佛教艺术的珍品则是大同下华严寺薄伽教藏殿内的"塑形绘质"、细腻传神的敷彩泥塑像。

辽末保大二年（1122）十寺遭兵火焚毁，云冈窟前已是一片荒凉破败的景象。金

---

①《辽史·兴宗纪》。

②《元史·地理志》。

③《辽史·地理志》。

代由和尚禀慧主持自"皇统三年（1143）二月起工，六年（1146）七月落成"的"灵岩大阁九楹"等建筑也只是云冈十寺的部分木构窟檐的恢复。况且，辽金时期的佛事活动都转移到木构建筑寺庙的文化上，陪都西京大同出现的我国现存最大的木构殿堂建筑之一——华严寺大雄宝殿和规模宏伟、布局完整的建筑群——善化寺，也说明辽金佛教艺术的兴盛情况，但这些都超出本书范围，故不多谈。

（摘自《中国石窟雕塑全集·云冈》重庆出版社，1999 年）

关于云冈石窟新编窟号的补充说明

李雪芹

1987 年夏季，在北京大学考古系的协助下，山西云冈石窟文物研究所对云冈石窟现存洞窟进行了较为详细的调查分析，在此基础上对石窟重新进行编号，并撰写《云冈石窟新编窟号说明》一文，在《文物》上公开发表。随着时间的推移，特别是"八五"期间，由于对部分洞窟进行了抢救性加固工程，使部分洞窟的外貌发生变化，原编号已不适应这些变化。鉴于这种情况，我们对洞窟重新绘图，对个别不适应原编号的洞窟及有关变迁作如下说明。

一、这次编号，45 个主要洞窟保留不变，附属窟龛由原来的 207 个增加为 209 个。新增加编号为 5 - 40，32 - 16。近年来，为改善旅游环境，硬化窟前地面，打通第五窟到第一窟的旅游通道，重新清理第五窟部分附洞，故将漏编的位于原编号 5 - 3 与 5 - 9 之间的敞口窟新编号为 5 - 40。另一个新编窟为 32 - 16。该窟由于前立壁重新进行加固，使原编号的 33 - 8 分为二窟，下窟采用原号。上窟新编为 32 - 16。

二、"八五"期间，云冈石窟文物研究所对部分洞窟进行了较大规模的抢救性加固工程。使部分洞窟的外貌发生较大变化（附图）。

A. 第 14 窟　前立壁早年崩塌，仅留有二方形石柱下部痕迹，窟内原存一方形柱与窟顶相连，另一柱只存下部部分。现仿照残留石柱重新砌柱，恢复前立壁二柱相立的原状。

B. 第 30 窟　前立壁早年崩塌，形成不规则的长方形窟门。经维修加固现状改为上部方形明窗，下为券门。

C. 第 31 窟　该窟为西部较大洞窟之一，分为前后室，前室南壁崩塌严重，依照残留痕迹，现复原南壁为六个长方形孔，编号不变。

D. 第 33、34 窟　该两窟前立壁及部分东西壁面塌毁，经维修加固复原壁面，现状为：33 窟前立壁上开一方形明窗，下为券门。34 窟为券门。

E. 第 40 窟　该窟原存北壁、西壁及部分窟顶，依照残迹恢复石窟原貌，增加部分顶部及西壁、南壁，并在南壁正中开一明窗与券门，使之形成一完整洞窟。

F. 第 41～43 窟的前立壁均进行了加固修整，使外貌更加整齐规范。但原状不变。

三、由于工程的需要，部分壁面重新加固后，形成空龛，故不编号，只在图上用虚线表现。

1987 年对云冈石窟的重新编号，目的是为了如实反映云冈石窟的全貌，以利于更好地认识云冈石窟的总体布局，推动云冈石窟的科学研究工作深入进行。但随着时间的变迁，特别是"八五"期间大规模的石窟维修保护工程的开展，使石窟外貌及环境发生了一些变化，故撰此文进行说明，以便今后更好地开展专业研究工作。

本文插图由张建新同志绘制。

（摘自《文物》2001 年第 5 期）

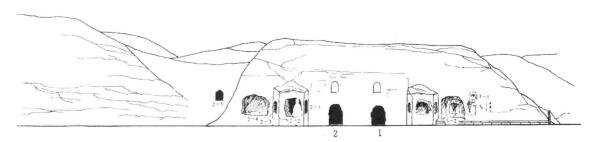

图 1　云冈石窟新编窟龛号位置示意图之一

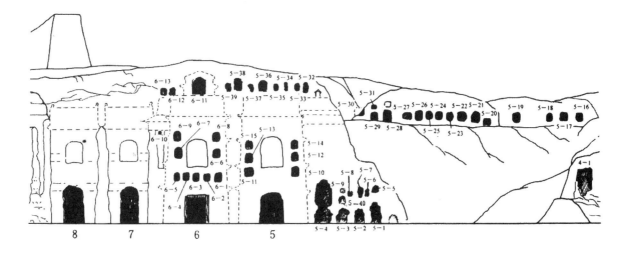

图 2　云冈石窟新编窟龛号位置示意图之二～四（由上至下）

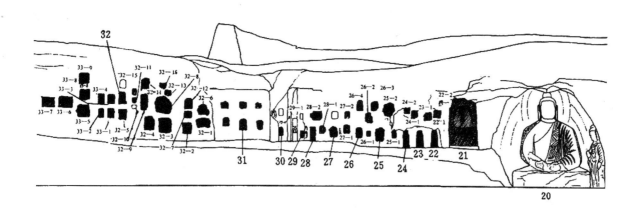

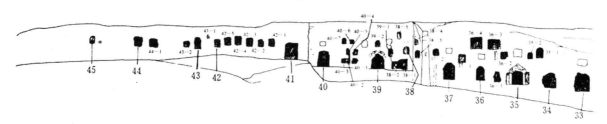

图3　云冈石窟新编窟龛号位置示意图之五、七（由上至下）

洞窟开凿技术揭秘

——云冈石窟第三窟遗址

刘建军　　王克林　　曹承明

一　为保护而发掘

　　云冈石窟是中国最大的石窟群之一，是国务院 1961 年公布的第一批全国重点文物保护单位。它位于山西省大同市区西 16 公里处的武州（又作周）山的南麓，即东经 113°7′20″，北纬 40°6′35″。从公元 5 世纪中叶至 6 世纪初的六七十年间，北魏皇室集中大量人力、物力在武州山削山为壁，在高约 30 余米的断崖上，曾开凿了大大小小石窟，总共编号 252 个，至今保存石窟的崖面全长约 1000 余米，依照自然地形和石窟在崖面上分布情况划分为东部窟群、中部窟群和西部窟群三个区域，其中龙王庙沟是东部窟群与中部窟群区域的分界线。

　　云冈石窟依山傍水，坐北朝南，流经石窟南侧的武州川水，自北魏开凿石窟以来，由于长期冲刷石窟群所处山岳，对石窟造成极大威胁，金代“（天会）九年（公元 1131 年）元帅府以河流近寺，恐致侵啮，委烟火司差夫三千人改拔”的河道，即今武州川水自第 39 窟以西绕云冈堡南侧东流的河道，从而使武州川水远离了石窟群。

　　第 3 窟位于云冈东部窟群区域的最西端，它的西侧与第 4 窟毗邻，隔龙王庙沟可与第 5 窟遥遥相望；东侧距第 2 窟 165 米，两窟之间北面为陡峭崖壁，沿山体用不规则的石块垒砌填土形成了宽约 5.8～10 米道路连通，第 3 窟窟前有一个宽阔的平台构成的洞窟前庭，南侧为 80 年代维修工程时拓宽路面修筑石砌陡坡，北侧是北魏开凿的石窟。该窟分前、后室，前室有东西两个侧室，平面皆接近凸字形，东西长 23.6 米，南北宽 6.5 米。后室平面为凹字形，东西长 42.7 米，南北宽 15.2～15.8 米。其中凹入部分东西长 29 米，南北宽 11～11.4 米。前室顶部二层平台东西各雕一塔柱，中央凿一矩形方龛。内雕交脚弥勒菩萨主像。后室北壁西侧雕唐代造像一铺。

二　考古发现、发掘过程

1993 年 7 月 20 日至 8 月底，为配合云冈石窟"八五"保护维修工程，经报请国家文物局批准，由山西省考古研究所、大同市博物馆、云冈石窟文物研究所等联合组成考古队，对云冈石窟第 3 窟的洞窟内、外遗址进行考古发掘。

这里需要指出的是，根据以往图像及工程资料记录表明，第 3 窟的洞窟内、外的文化层从 50 年代到 70 年代都曾进行多次清理，其中 1975 年和 1982 年两次工程维修，清理规模最大，当时该遗址地表与这次发掘前的遗址地表相差高达 1 米多，使得晚期的文化堆积层损失严重，这就将较早期（甚至是北魏开凿洞窟）的文化堆积层有部分直接暴露出地表。这次发掘在洞窟外前庭和洞窟内均选择沿第 3 窟纵轴线（北偏东 15°）方向布置探方或探沟。首先在前庭北侧横排二列，开 5×5 米的探方 20 个（即编号 T209 ~ T218，T301 ~ T310），为了探明窟前遗址范围，分别又在 T211、T215 ~ T218 探方南部又开横排 5×5 米的探方 6 个（即编号 T103 ~ T108）。其次在洞窟前室也进行了清理发掘，其中东侧室开 5×5 米探方 3 个（编号 T401 ~ T403）；西侧室开 5×5 米探方 1 个（即编号 T404），后室东西两侧开宽 1 米探沟共计 5 条，东西向探沟 3 条（TG2、TG3、TG4），长度分别为 6.2 米、17.5 米、5.8 米，南北向探沟 2 条（TG1、TG5），长度分别为 13.2 米、11 米。这次第 3 窟的窟外前庭和窟内共揭露遗址面积计 900 余平方米，它只是云冈石窟窟前考古发掘的一部分。

第 3 窟的地层堆积情况与发现的遗迹现象及出土遗物

第 3 窟是云冈开凿大型洞窟中唯一未完工的洞窟，据清理后发现，洞窟外前庭和洞窟内基岩地表面高差很大，地层堆积亦深浅不一，保留下的文化层窟内与窟外也不相同。其地层共分五层：第一层表土为近现代扰土层；第二层为金代文化层；第三层为辽代文化层；第四层为唐代文化层；第五层为北魏文化层。

这次清理发掘后各文化层发现遗迹有北魏开凿石窟遗留下的未完工的基岩地面，唐代窟外前庭整理的窟前地面及修筑的台基，辽或金代修建的殿堂建筑遗迹夯土柱坑等，同时出土了一批具有明显时代特征的陶器、瓷器、建筑构件等。这些时代不同、内涵丰富的文化遗存，对云冈石窟诸多领域的研究都有十分重要的意义。

1. 北魏文化遗存

第 3 窟现存洞窟内的基岩面与窟外前庭的基岩面高低不平，相对高差达 2 ~ 3.9 米。洞窟未完工的基岩面趋势是：前室的基岩面最低，而后室的基岩面略高；窟外前庭两窟门处基岩面略低，而前庭中部及东西两侧基岩面较高。从清理出的基岩面遗迹现象来看，所有基岩面上到处是沟槽分割成矩形与圆形的石块，或是取石后留下的矩形与圆形的凹坑。它的分布情况是窟内后室和窟外前庭基岩均以未揭取的矩形石块居多，窟内前室基岩以揭取后留下的圆形坑居多，现择要叙述如下：

沟槽分割的矩形石块遗迹尤以石窟前庭与洞窟后室表现较为明显。一种是沟槽的方向绝大部分与洞窟的纵横方向一致，呈东西向和南北向，二者方向的沟槽纵横交错将基岩面分割成矩形方块，形状似乎是"井田"。沟槽的宽窄、深浅一般根据分割的矩形石块的大小来确定，分割石块大者沟槽普遍宽深，小者沟槽明显窄浅。沟槽断面基本上呈"U"字形，上面口部较宽，向下逐渐缩小变窄，底部为圆弧形，槽壁遗留有斜向凿痕，凿痕间距2.5厘米左右。另一种是圆环形沟槽，沟槽将基岩面分割成圆环形，圆形岩石的直径在0.73~1.10米之间。一般在圆环形沟槽的外端有一段基岩面低于被揭取的圆形岩石面，这样圆环形沟槽并未形成一个完整的封闭圆环，遗留有一个缺口，这个缺口的作用就是为撬起岩石专门凿的。

取石后留下的矩形与圆形凹坑遗迹。矩形凹坑一般为大面积揭取基岩面后留下的痕迹，故发现较少，这种凹坑多为三面保存坑壁，一面敞开，坑底为岩石断层。圆形凹坑，最大的直径达1.3米，坑壁并不完全封闭，保存着一个缺口，坑底亦为岩石断层，不甚平坦。此外基岩面上还有少量的小型凹坑，其形制为圆形，敞口，底部似圜底，口径30厘米，深20~30厘米左右。出土的遗物除圆形石磨盘、龟趺等石坯料外，还有陶器（平沿直颈罐、矮颈罐、宽沿曲腹盆、盏）、兽骨等，这些都是十分珍贵的北魏文化遗存，它对研究云冈石窟开凿洞窟的技术与程序等问题提供了实物资料。

2. 唐、辽、金文化遗存

初唐时期集中表现在洞窟前庭整理与台基修筑。首先对第3窟未完工的前庭地面进行因地制宜的整理，将基岩凸起的地方与开凿洞窟遗留的碎石层平整成一个较平坦的台面（有些凸起的基岩可能被凿掉）。同时在前庭东西侧窟门前修建了坐北朝南，平面呈"凸"字形台基，可惜两处台基的台基面全部损坏。台基用石块垒砌而成，石墙的外侧比较整齐。其中东侧窟门台基的石墙中发现有北魏虎头门墩残件和未完工的乘马菩萨像坯料；西侧窟门台基内堆积物中发现有灰陶盏、釉陶盏、隋"五铢"及少量北魏方格纹陶片。这次洞窟前庭地面整理和台基修筑很可能与《大金西京武州山重修大石窟寺碑》中记载"唐贞观十五年（641年）守臣重修云冈"有关。中、晚唐时期云冈第3窟也曾进行过修缮，在前庭距东西窟门前5米左右发现了一道东西向续续断断的石墙，石墙南缘比较规整。出土了大量灰陶盘口盆和体型较小的实足或环底小瓷碗残片。

辽金时期云冈石窟窟前木构建筑工程浩大，据《金碑》中记载，辽兴宗重熙十八年（1049年）、道宗清宁六年（1060年）、咸雍五年（1099年）和天祚帝天庆十年（1120年）屡次重修云冈石窟，虽然第3窟未发现地面建筑遗迹现象，但辽代文化层出土的较多建筑构件瓦当及瓦片，说明这里曾有木构建筑。金代在第 3 窟修建规模巨大的建筑，在前庭地面发现了两排东西向的柱基夯土坑，距窟前立壁分别为 3 米和 5 米，它将唐代的台基面全部打破。同时在前室窟顶基岩上后部和前部分别发现了两列方形柱坑和长方形梁槽，它与前庭地面柱基夯土坑位置对应，为一处面阔九间的大型木构建筑遗迹。它是否是《金碑》记载的皇统三年（1143 年）起工，六年（1146 年）落成重修的灵岩大阁九楹仍需进一步考证。

三　未完工洞窟的意外价值

　　云冈石窟是新疆以东最早出现的大型石窟群，是当时统治北中国的北魏皇室集中全国技艺和人力、物力所兴造，即使从第二期开始不完全是皇室工程，但大型窟室的开凿者除皇室外，也还多出自北魏亲贵。石窟开凿程序与方法这一技术的问题，随着洞窟内造像完成，它的每一步技术环节的遗迹现象都损失殆尽。况且绝大部分的洞窟造像一般按照设计规划进行完工，只是个别洞窟一时因时局动荡、朝代更迭、经费拮据或人力匮乏等原因工程被迫暂时停止。然而时过境迁，危机过后工程继续进行直至造像完成。即使当时当朝仍没有完成的石窟，后代后朝也会利用已开凿的洞窟或造像坯料修补成后代的造像。以往由于在开凿石窟程序和技术方面发现的遗迹现象甚少，使得这方面的研究比较薄弱，云冈第 3 窟北魏开凿洞窟程序与方法遗迹的发现弥补了这一研究空白。

　　云冈的洞窟开凿方法问题，过去学者们普遍推测认为：洞窟自上而下开凿，方法是：一边开凿洞窟，一边雕刻造像，所以许多造像比例显示出上身略大，下身短小的现象，其实不然。第 3 窟北魏遗址的发现，初步研究认为，洞窟的开凿应先开凿窟形，后雕刻造像，突出窟形壁面的造像在开凿窟形时已预留坯料，后进行艺术加工。同时在自上而下揭取窟内岩层时，有计划地将岩石取成方形、圆形等不同形状的坯料，以便加工成方石、磨盘等以作它用，成为开凿洞窟过程中的附产品。

　　1995 年 6 月至 9 月大同城南柳航里的北魏平城明堂遗址的清理发掘所见的石料全部为中砂岩和细砂岩。尤其是西侧夯土台基西边沿下端，叠压于夯土层底层的一排基石中，发现的一块长 65、宽 35、厚 17 厘米的石料，其一侧边沿呈内凹弧形的特征与云冈第 3 窟前室地面发掘所见到的取石方法的遗痕如出一辙，这似乎说明北魏平城明堂所用的石料可能就出自云冈第 3 窟。若此，一方面进一步证实了云冈在开窟过程中有附产品出现以作它用；另一方面也为研究第 3 窟开凿的确切年代提供了重要的线索。

（摘自《中国十年百大考古新发现》，文物出版社，2002 年）

图2 第3窟后室东侧分割，揭取石块遗迹（南—北）

图1 第3窟后室南侧分割，揭取石块遗迹（西—东）

图3 第3窟前室东侧圆形石块揭取遗迹（西—东）

图 4　第 3 窟后室西侧圆形石块揭取遗迹（西—东）

图 5　第 3 窟后室西侧圆形石块揭取遗迹（东—西）

图 6　第 3 窟东前室圆形石块分割遗迹

云冈《太和七年造像题记》辨正

刘建军

' 《太和七年造像题记》是云冈第十一窟东壁南端上部一组造像龛的发愿文。这方石刻题记呈横长方形，长 78 厘米，高 37 厘米，共 24 行字，每行 13 ~ 16 字不等，共计 336 字。字体为早期魏碑，阴刻。虽在第 11 行有一道竖向岩石裂隙和第 18 ~ 24 行有一条横斜向的岩层剥蚀的残迹，但字体的局部笔划残存十分清晰，大部分字仍可辨识。

该题记以其在云冈石窟中榜题年代最早、文字内容详实、保存状况尚好而引起历史、考古、书法等多方面研究的专家、学者的重视与关注。自发现以来，周一良先生在《云冈石窟小记》一文中进行了辨识[1]，日人长广敏雄、水野清一在《云冈石窟》金石录也曾征引[2]。进入 20 世纪 80 年代，张畅耕先生等对该题记的部分错判字进行了考辨，同时就一些相关问题作了探讨[3]。后来殷宪先生也从碑刻艺术的书法角度方面作了专门研究[4]。特别是赵一德先生的《云冈〈太和七年造像题志〉辨考》（以下简称《辨考》）一文观点新颖，尤为引人注目[5]，此文从辨字、解句、评价三个方面对云冈太和七年造像题记进行了专门论述，取得了一定成果。然而，对比上述诸位先生的录文不难发现，尚有数处文字辨识不一致，这就很容易在解句方面产生较大出入，甚至出现错误。因此，笔者认为有必要就《太和七年造像题记》的一些文字识别问题，在前贤劳作的基础上进行一番辨正。不妥之处，敬请各位先生指教。

这里，需要说明的是，能参加对云冈第十一窟东壁上层《太和七年造像题记》这

[1] 周一良《云冈石佛小记》，《考古社刊》，1936 年。

[2] 水野清一、长广敏雄《云冈石窟》，日本京都东方文化研究所，1951 ~ 1956 年。

[3] 张畅耕、员海瑞、辛长青《云冈石窟研究三种》，《中国历史博物馆馆刊》1980 年第 2 期。

[4] 殷宪《云冈石窟造像题记及其意义》，《北朝研究》1994 年 2，3 期合刊。

[5] 赵一德《云冈〈太和七年造像题志〉辨考》，《文物季刊》1995 年 3 期；赵一德《云冈石窟文化》，北岳文艺出版社，1998 年 10 月。

一问题的讨论得力于两方面原因：

第一，笔者于 1996 年参与国家重点出版工程《中国石窟雕塑全集·云冈卷》的编撰工作。期间有幸亲睹该窟的这方造像题记，并逐字查抄校对全文，尤其是对前贤有争议的数处文字，进行了细致的观察与斟酌，同时参比佛经和其他的碑刻进行了辨字、校订。关于这方题记的其他一些相关问题讨论容当另文详述。

第二，已故赵岐先生在 20 世纪 70 年代对题记进行了拍摄，这张照片的竖向岩石裂隙十分清晰，明显反映了未加固前的原貌，曾多次发表过，现转载以便研究（图 1）。为了便于正确地辨识该题记中有争议的字，我们摘录相关句子讨论，并进行解析。

慈彼十方，泽流无外

此句中"无"字是题记第 5 行第 3 字。周一良先生辨为"无"字；张畅耕先生等识为"元"字；赵一德先生《辨考》一文识为"九"字。细审原文题记，从字形细辨，"无"字第一笔的横划并非残痕，第三笔的一撇亦不是只接触到该字的第二笔横划，而是与第一划横笔相连。显然，该字应为"无"字无疑，判为"九"或"元"均属误判。关于"九外"一词既不是通俗的词语，也非佛教术语，入文费解。然而"无外'一词的用法我们从山西垣曲县宋村发现西魏大统十四年（548）造像基座的题记中可以找到实例，"……愿圣主祚昌万叶，大丞相肃清无外……"的语意与云冈太和七年题记相类①。按"无外"应是佛教术语，系"无因外道"的略称，亦称"无因论师"，为佛教中"二十种外道"或"外道十一宗"的一种或一宗。在《外道小乘涅槃论》叙述外道小乘执二十种之涅槃的第十六种记载，"无因论师，计万物无因而然者"是说此外道计一切万物。因无，缘亦无，皆自然而生，皆自然而灭。所以题记出现了用"无因外道"来代表所有外道，这样无论从佛经典籍角度，还是从上下文句的联系方面都容易理解，若将该字"无"误判，那么题记中的"慈彼十方，泽流无外"和"愿圣主祚昌万叶，大丞相肃清无外"就很难解释，特别是西魏大统十四年题记中"大丞相肃清无外"的文句就更无法理解。这里，太和七年题记中泽流无外的"无"字与西魏大统造像题记的文字可以得到相互印证，况且从文句方面来看也较适宜，都确系"无外"二字。

慈彼十方，泽流无外。此句在形容佛法无边，只是思考的角度不同，它是空间观念和意识观念两方面的概念。前一句是从佛教的空间观念来说，指佛将大慈大悲覆盖到东、西、南、北四方与东南、西南、东北、西北四隅，合上、下共为十方世界；后句是从佛教意识观念来讲，指佛把恩惠福泽流布到一切万物之中，不仅包括信仰佛教的，外

---

① 王睿、吕辑书《山西垣曲县宋村发现西魏造像基座》，《文物》1994 年 7 期。

道同样也会受益。

乃使苌夜改昏，久寝斯悟

　　此句中"夜"字是题记第 5 行第 8 字。周先生一文辨为"夜"字，赵先生的《辨考》一文识为"衣"字与"苌"字组成"苌衣"，解释为"乌苌国之衣"。笔者认为：该字确系"夜"字无疑，识"衣"为误判。首先从题记的字形笔划细审，"夜"并非残损所致。关于"夜"字相同或相类似的写法很多，这里列举数例以供参考。一是北周保定二年（562）陈海龙等造像碑题记中"发神光于清夜"，写法为"夜"①；二是河北涉县中皇山发现的北齐佛教摩崖刻经《深密解脱经》第三品中"有人长夜"，写法为"夜"②；三是唐永淳元年（682）造像碑《佛说高王经》中"昼夜修持"，写法为"夜"③；四是河南洛阳伯乐凹村出土北魏元秀墓志中"一夜千祀不昼"，写法为"夜"④（图二）。此外还有河南博物院藏北魏造像碑，山西太原出土的北齐娄睿墓志，河北邯郸南响堂山第一窟壁面的《大方广佛华严经》刻经等都可以证明此字应为"夜"字，兹不多举。

　　苌字确信无疑，"苌"与"长"通假，高亨在纂著《古字通假会典》中认为二字通假，并且碑刻书写中也有实例。一是河北定县出土的北魏太和五年（481）石函铭文中"原国祚延苌，永享无穷"⑤；二是现存日本大阪市立美术馆藏的北周保定五年（565）王永建造佛立像发愿文中"愿生存之者……寿命延苌……"⑥；三是河南新郑出土北齐天统午（五）年（569）刘陆造像背面铭记中"原夫妻眷属苌命延康……"⑦；四是陕西耀县药王山道教造像碑文中"寿命苌延"和"苌生、苌入王堂"⑧；五是耀县药王山西魏大统十七年（551）合邑子 76 人佛教造像碑铭文中"寿命修延，苌之福庆……"等都可说明"苌"与"长"二字通假。

　　第三，长夜在佛教诸多典籍中都有解释，譬喻凡夫流转生死。一般指无明之昏，未寝之间也。《法华经·譬喻品》佛告舍利弗说：昔时，"汝亦长夜随我受学，我以方便

---

① 《中国美术全集·雕塑编》3，魏晋南北朝雕塑图版 139，北周保定二年（562）陈海龙等造像碑铭"发神光于清夜……"

② 马忠理等《涉县中皇山北齐佛教摩崖刻经调查》，《文物》1995 年 5 期。

③ 现存日本大阪市立美术馆的唐永淳元年（682）造像碑《佛说高王经》经文。参见《中国美术——雕刻与绘画》，茨城县历史馆，平成二年。

④ 参见《北朝墓志英华》，三秦出版社，1988 年 6 月。

⑤ 河北省文化局文物工作队《河北定县出土北魏石函》，《考古》1996 年 5 期。

⑥ 现存日本大阪市立美术馆的唐永淳元年（682）造像碑《佛说高王经》经文。参见《中国美术——雕刻与绘画》。

⑦ 孟昭东《河南省新郑县出土北齐造像碑》，《文物》1965 年第 9 期。

⑧ 周铮《读〈耀县药王山道教造像碑〉》，《北朝研究》1992 年 2 期。

引导汝故生我法中。"《大方广佛华严经·如来光明觉品》文殊师利颂词曰："……长夜老病死，三苦竞侵逼。"《深密解脱经·圣者昙无竭菩萨问品》第三中昙无竭曰："有人长夜信贪欲乐乐著贪欲，为贪欲火烧（其）内心，身不能知，不能觉，不能量，不能信离诸一切色声香味触无贪欲乐……"

上面从字形的书法角度、字义的解释以及佛经典籍三个方面印证该句二字即"长夜"。它是铭文"甘寝昏境，靡由自觉"之句的文意转变。因此"乃使苌夜改昏，久寝斯悟"在譬喻俗人转变为佛信仰者后觉醒的过程。解释为：这才使流转生死的凡夫俗子改变了他们糊涂的境况，经过长久的修行方可觉悟。

（摘自《文物世界》2002 年第 4 期）

图 1　云冈第十一窟东壁上层太和七年龛及题记

1.陈海龙造四面像碑　2.李怀秀造像碑中《佛说高王经》

3.涉县中皇山摩崖刻经《深密解脱经》　4.元秀墓志铭

图二　"夜"的几种写法

隋炀帝与云冈石窟

张　焯

大约是前年，我向赵一德先生借得唐代高僧道宣《广弘明集》，看到书中收录有隋炀帝与其近臣诸葛颖"游方山灵岩寺诗"各一首。读后，既喜且惑。喜的是，两诗历历如画，分明描述的是北魏创建的代京平城武周山之灵岩寺，即今天大同市西郊的云冈石窟；透过朦胧的诗意，可以窥见云冈石窟隋代那段尘封的历史，恰好弥补云冈研究中的空白。惑的是，方山，古今同名，即大同城北五十里北魏冯太后、孝文帝陵寝所在，隋人将方山与灵岩寺混为一谈，不知何故。今年我调入云冈石窟文物研究所工作后，翻阅道宣《续高僧传》，发现隋唐有名刹曰"方山灵岩寺"者，在今山东省长清县境，不禁疑惑更甚。不久前，专程赴山东灵岩寺探访，睹物吟诗，对照史迹，是非昭然。

兹录二诗如下：

《谒方山灵岩寺诗》

梵宫既隐隐，灵岫亦沉沉。平郊送晚日，高峰落远阴。回幡飞曙岭，疏钟响昼林。蝉鸣秋气近，泉吐石溪深。抗迹禅枝地，发念菩提心。

《奉和方山灵岩寺应教》

名山镇江海，梵宇驾风烟。画栱临松盖，凿牖对峰莲。雷出阶基下，云归梁栋前。灵光辨昼夜，轻衣数劫年。一陪香作食，长用福为田。

隋炀帝杨广，是中国历史上的一大暴君，刚愎自用，好大喜功，荒淫无度，穷兵黩武，达到了丧心病狂的程度。但是，他却颇有才气，够得上一个诗文好手。诸葛颖，《隋书》有传，《广弘明集》"颖"作"颖"，丹阳建康人，杨广封晋王时，引为幕僚，即帝位后，升任著作郎，成为炀帝身边的悻臣。大业十一年随驾北巡，死于途中。所撰《銮驾北巡记》等，盛行于初唐。

据《隋书》记载，隋炀帝一生中，除东北征高丽、西北征吐谷浑之外，有过三次北巡。第一次在大业三年，第二次在大业四年，第三次在大业十一年。最后一次北巡，是八月乙丑日由汾阳宫（今山西宁武南）出发，第四天戊辰日接到突厥始毕可汗妻义成公主告变的密报，第八天壬申日车驾驰还雁门（今山西代县），第九天癸酉日被突厥数十万骑围城；解围后，回归洛阳。此次巡视雁北，行色仓皇，诸葛颖病死，不可能有"回幡"游云冈的兴致。第二次北巡，是三月份行幸五原（今内蒙古五原南），"因出塞巡长城"；秋七月，"自榆关而东"；八月，"亲祠恒岳，河北道郡守毕集。"榆关，在今天内蒙古托克托西南隔黄河的岸边；恒岳，即北岳恒山，约在今河北曲阳。杨广此番沿长城东巡，若由内蒙古和林格尔，取道集宁，经河北张家口或坝上，进入河北平原，则不经大同。若走近道，由和林直趋右玉、左云，途经云冈，遂抵大同；还可从和林走丰镇，到大同。然后，顺灵丘古道下太行。后二路线，均有游幸云冈的可能，且正值初秋，与诗文相合。无奈，信史无载。《隋书》明确记载炀帝来大同的是第一次北巡。

《炀帝纪》：公元607年夏四月"丙申，车驾北巡狩。……六月辛巳，猎于连谷。……戊子，次榆林郡。丁酉，启民可汗来朝。……八月壬午，车驾发榆林。乙酉，启民饰庐清道，以候乘舆。帝幸其帐，……己丑，启民可汗归蕃。癸巳，入楼烦关。壬寅，次太原。……诏营晋阳宫。九月……己巳，至于东都。"连谷，在今陕西神木北；榆林郡，在榆关西北；突厥启民可汗帐，大约在呼和浩特以东一带；楼烦关，在今宁武北、神池东。杨广的归途是由今天的大同经朔州、宁武，到太原。但是，上述行程与时间，在《北狄传》中却被搞乱了。"大业三年四月，炀帝幸榆林，启民及义城公主来朝行宫，前后献马三千匹。……帝亲巡云内，溯金河而东，北幸启民所居。……启民仍扈从入塞，至定襄，诏令归藩。"隋云内，即今大同城，唐改名云中；金河，今内蒙古大黑河；定襄，今和林格尔西北的盛乐古城。但是，炀帝壬午日从榆林出发，四天后的乙酉日到达塞外启民牙帐，中途不可能远绕大同，也与"溯金河而东"的线路不符。查《北史》、《通典》之《突厥传》，"云内"作"云中"，即今托克托。岑仲勉先生《突厥集史》指出：隋人讳"中"也。当然，也有可能是《隋书》的作者知道这次北巡杨广曾游行云内，并赋诗一首，竟将云内与云中混淆为一谈，弄反了行程。事实上，炀帝来大同在返回定襄之后，回程走的是和林格尔、右玉、左云、云冈、大同之路。

大业三年秋八月乙酉日，炀帝幸启民可汗帐，受到了隆重礼待。启民跪伏捧酒上寿，帝大悦，即兴赋诗一首："鹿塞鸿旗驻，龙庭翠辇回。毡帐望风举，穹庐向日开。呼韩顿颡至，屠耆接踵来。索辫擎膻肉，韦韝献酒杯。何如汉天子，空上单于台。"好一派气壮山河的豪迈！五天后，杨广就是怀着这种千古一帝的得意心情，踏上了北巡的归程。己丑日，行经和林格尔，五天后的癸巳日出马邑城（今朔州市），入楼烦关。期间，大约是辛卯日，行至中途，巡游云冈石窟，驻跸大同。

在那个秋蝉低鸣的下午，皇帝一行停驾云冈峪，在寺僧的导引和侍从的簇拥下，炀帝游览了整个云冈石窟。面对那"穷诸巧丽，龛别异状，骇动人神"（《续高僧传》）

的石佛像，他浮想联翩，想到了北魏历代皇帝，从辫发蛮荒到入主中原，从金戈铁马到玉碎宫倾；想到了自己的家世，从元魏平城时代镇守武川边戍的先人，到跟随北周宇文泰南征北战的祖、父；想到了那些俯首恭顺的和尚、工匠和善人，先前是为拓跋家凿窟祈福，现在则默默为老杨家焚香、祈祷。不禁笑从心生。倏尔，竟闪出几许同情的念头。于是，转身向寺僧与随从官员叮咛了一番。而后，起驾回銮。此时，骄阳西斜，陛下满腹诗情跃然而出。

山东省长清县东南的方山，又名玉符山、灵岩山，属泰山北部余脉。方山灵岩寺，初创于东晋竺僧朗（亦号泰山朗），北魏末始有灵岩寺之称。该寺，毁于周武帝灭佛。隋文帝开皇十五年（595 年）春正月祭祀泰山之前，曾"旅王符山"（《隋书·文帝纪》）。王符山，盖"玉符山"之讹。《炀帝纪》云："高祖之祠太山也，领候武大将军。明年，归藩。"晋王杨广当时陪驾前往泰山，大约去过方山灵岩寺。但在他登基后，便再没有类似记载。隋文帝仁寿年间，曾送佛舍利于方山灵岩寺，营造灵塔。今天，在方山山顶处，有积翠证盟龛一所，中央雕主佛一尊，高约 5 米，左右二菩萨、二弟子、二狮，共七躯雕像。据 1999 年文物出版社版《灵岩寺》一书考订，开凿于大唐贞观年间。

比较前录隋炀帝、诸葛颖游方山灵岩寺二诗，我们丝毫感觉不到与长清灵岩寺有何相似之处，却可以清晰地看到大同与云冈景物的影子。诸如：炀帝诗"平郊送晚日，高峰落远阴"句中，"平郊"虽与"高峰"相对应，但两个灵岩寺均在山区，理解为"平阔的郊野"不妥，作"平城之郊"解，不仅准确，而且更显匠心高妙。"回幡飞曙岭"，既表露出诗人春风得意、踌躇满志的心情，也与塞外归来的史实相吻合。"泉吐石溪深"，莫不是指云冈第 2 窟的"石窟寒泉"胜景。"抗迹禅枝地，发念菩提心"，出语与史实最为贴切。《隋书·韩擒虎传附弟洪传》："时突厥屡为边患，朝廷以洪骁勇，检校朔州总管事。寻拜代州总管。仁寿元年，突厥达头可汗犯塞，洪率蔚州刺史刘隆、大将军李药王拒之。遇虏于恒安，众寡不敌，洪四面搏战，身被重创，将士沮气。虏悉众围之，矢下如雨。洪伪与虏和，围少解。洪率所领溃围而出，死者大半，杀虏亦倍。洪及药王除名为民，隆竟坐死。炀帝北巡，至恒安，见白骨被野，以问侍臣。侍臣曰：'往者韩洪与虏战处也。'帝悯然伤之，收葬骸骨，命五郡沙门为设佛供，拜洪陇西太守。"恒安，隋马邑郡云内县恒安镇，即今大同城。

再看诸葛颖诗，所指同样明确。当年的洞窟前多有石雕或木楼的屋檐斗栱，施有彩绘，现在留存的各窟明窗上部雕出深纹莲花，特别是第 9 窟、第 10 窟石雕明窗遥望南山，上对前室顶部众多莲花浮雕，下临窟前地面八朵石刻巨莲（日本侵华期间及 1993 年窟前考古发掘发现），"画栱临松盖，凿牖对峰莲"，无疑是云冈石窟的真实写照。"雷出阶基下，云归梁栋前"，正是后代"云冈"得名所凭依的原意，岂不令人拍案叫绝。"灵光辨昼夜，轻衣数劫年"，指的是云冈大佛的庄严法相，昼夜异趣，妙不可言；单衣裸露，却度过若干严冬，躲过了北魏六镇之乱、柔然突厥南侵、周武帝灭佛等几多劫难。对此，唐初高僧法琳《辩正论》也有相同说法："庄严弘观，今见存焉。虽屡遭法灭，斯龛不坏。"这些明确的诗意，长清灵岩是没有对应物和意境的。也许因为如此，所以《灵岩寺》一书将炀帝诗收入"佚文"，而将《广弘明集》中紧随其后的诸葛颖诗弃之不录。

游方山灵岩寺二诗，描述的是云冈石窟，证据确凿。那么，何以冠名为"方山灵岩寺"？周一良先生《云冈石佛小记》曰："隋炀帝谒方山灵岩寺诗，诸葛颖和之，灵岩之名当仍北魏之旧。是方山之石窟寺亦缘武周灵岩之称。"我的推测是：云冈石窟，在北魏时虽有灵岩寺之号，而《魏书》多称"武州山石窟寺"，《高祖纪》又有"行幸方山石窟寺"的记载，"方山"与"石窟寺"之间，连中华书局本都没加顿号，古书中则更无标点，容易被误解为一地。武州，汉魏旧县，今名左云；武州山，自古闻名，是一个较大的地理概念，《续高僧传》讲武州山谷石窟"栉比相连三十余里"。从北魏末到北周，大同地区几乎荒无人烟，隋人很可能犯了想当然的错误。

从二诗中看，隋朝的武周山灵岩寺石窟基本保持着北魏时的原貌，只是显得沉寂、苍凉了许多，这应该与坐落边陲有关。然而，炀帝游幸云冈后，石窟寺一定为七年前在大同城外战死的将士举行过大型佛供祭奠，沙门佛事一度再次兴盛。所以，《续高僧传·释智满传》留下这样的记载：唐高祖李渊"武德五年，狃犹孔炽，戎车载饰，以马邑沙门雄情果敢，烽耀屡举，罔弗因之；太原地接武乡，兵戎是习，乃敕选二千余僧，充兵两府。"两府，指马邑郡与太原郡；雄情果敢、协助官军抗击突厥的马邑沙门，自然少不得云冈僧众。据《广弘明集·道宣统略齐文宣净行法门》记载，"朔州恒安石窟经像"，曾被隋唐王朝公布为"敬重正法门"。其寺院僧侣众多，也在情理之中。

这便使我们联想起云冈未完工的第3窟，窟内仅有一佛二菩萨，佛作说法态，目光直视左前方；左前方隔壁是窟外二层的弥勒窟，窟呈殿堂式，居中一尊交脚弥勒；弥勒窟两侧，各有一座三级石塔，这显然是一组弥勒天宫的完整造型，后世以其突出窟外台上，讹称为"昙曜晒经台"。整个第3窟建设，体现出佛说《弥勒上升经》的情景，预示了进入净土世界的神圣与庄严。20世纪30年代，梁思成先生考察云冈后，认为第3窟大像是隋代作品，日本学者亦持同样见解。但是窟外的弥勒天宫造像，则明显是北魏风格。莫非第3窟原本在北魏平城时代开凿，中途因迁都洛阳而停工，空旷的大窟遂为隋炀帝所利用，为死难将士祈求冥福、寓意升天？当然，这仅仅属于我个人推测，主要着眼于当时社会历史背景的可能性而言。不过，可以肯定地说，大概在佞佛的有隋两代皇帝手里，曾对云冈石窟进行过必要的保护或修缮。云冈石窟相对完整地保存至今，隋炀帝功不可没。

（摘自《中国文物报》2002年12月27日，这里有改动）

云冈石窟洞窟形制的特征与布局

张　华

　　洞窟本身就是一种建筑空间，云冈石窟的洞窟形制依开凿时间早晚而显出有规律的变化，并不拘于印度的"毗诃罗"和"支提"样式①，而是凿成为中国式的建筑形式，各个时期均有所不同；而同一时期的洞窟，在主要盛行某种基本形制的同时，又有一些其他不同样式。大致说来，云冈的洞窟形制（建筑形式）划分为四大类，即大像窟、佛殿窟、中心塔柱式窟（塔庙窟）及四壁三龛式窟。

一　大像窟

　　大像窟是石窟寺形制的一种，亦称大佛窟。因其主体造像高大，占窟内较大空间而得名，其宗教功能是礼拜和禅观的场所。云冈石窟大像窟是北魏时期（460～470）平城（大同）地区开凿石窟的新样式②，雕饰奇伟，与最早的巴米羊石窟和龟兹石窟大像窟的形制有所不同。公元1世纪的大月氏贵霜王朝时期，在巴米羊（今阿富汗）地区留有两个大像窟，一个窟凿有53米高，而另一个窟凿有35米高的大石立佛，但它们不在洞窟中，而是露天的摩崖大像。《大慈恩寺三藏法师传》载："……王城东北阿有立石像，高百五十尺。像东有伽蓝，伽蓝东有输石释迦立像，高一百尺……"龟兹大像窟是以巴米羊大像窟为粉本开凿而成的，与中心柱窟相近，但在中心柱前塑立佛像，两侧壁前也有塑像③。云冈大像窟（图一）为早期的昙曜五窟（即第16～20窟），除第20窟前面塌毁，其余的基本特征与布局是：

---

①　关欣：《印度佛教建筑及造像》，《法音》1988年第4期。
②　宿白：《平城实力的集聚和"云冈模式"的形成与发展》，《中国石窟·云冈石窟》（一），文物出版社，1991年。
③　韩翔、朱英荣：《龟兹石窟》，新疆大学出版社，1990年。

1. 这些大像都没有直接暴露在外，而是在洞窟本身空间里的壁面凿出大像。在建筑意匠上，这种窟形也只是用于礼拜供养等进行宗教活动的场所，属礼拜窟；窟底佛像前的面积狭窄，匠师充分利用这一空间，把佛教内容的恢弘蕴涵融入其中，使人们只能仰视大佛，显出佛的庄严伟大，产生出一种敬畏感，更强化了佛教的感染作用。

2. 洞窟平面为马蹄形（椭圆形）、窟顶呈穹隆状（一般只为以大佛像为主体的洞窟所采用）。壁面向上弧转收小，收小的壁面与窟顶衔接出转折自然，未有明显的分界"接痕"线，形成了"圆拱"的穹顶。从建筑结构角度上讲，收小的壁面在一定程度上起到了支撑作用；同时大像窟的正壁与两侧壁前的大像形体凸出洞窟的壁面与收小的壁面岩石连成一体，并与穹顶相接，客观上讲拱在洞窟壁面的高耸大像，称为支撑物，减轻洞窟圆拱顶所承受的压力。可以说大像窟与中心柱窟相近，起到支撑窟顶荷重"柱"的作用。

3. 洞窟前立壁门拱上方开拱形明窗，主要是为通风采光而设的。公元前 1 世纪的印度早期石窟中明窗与拱门间无间隔，上下贯通。到公元 1 世纪时，在印度的纳西克和卡尔拉等石窟中①，明窗从拱门中分离出来，出现了真正意义上的明窗。中国石窟中较早使用明窗的为新疆的龟兹石窟。真正继承了印度形制的为云冈昙曜五窟，其明窗形制还保留有印度纳西克石窟的特点，明窗两侧雕供养菩萨。云冈中期以后，巨大的石窟减少，在中型窟中明窗以方形见多，装饰华丽。

另外，云冈中期第 5、13 窟也为大像窟，除了具有早期大像窟本身的特征外，而第 5 窟的形制与早期窟又有所不同。第 5 窟窟底佛像前的面积空间加大，并在北壁下部凿有礼拜道，这更宜于参拜。这些似乎是凿窟有意识地效仿北魏当时木构建筑（如佛殿）。大像窟这种形制的变化，正是佛教与佛教建筑向着中国化发展的表现。

总之，云冈大像窟——昙曜五窟与第 5 窟为典型实例，另外大同西郊鹿野苑石窟主窟②，在窟室形制的布局上也具有云冈大像窟的特征，以至影响到洛阳龙门石窟，据《魏书·释老志》记载："景明初（500），世宗诏大长秋卿白整，准代京灵岩寺石窟，于洛南伊阙山为高祖、文绍皇太后营石窟二所"。伊阙石窟即今洛阳龙门宾阳洞③，宾阳洞的洞窟形制与云冈昙曜五窟及第 5 窟的洞窟形制相似。

二　佛殿窟

佛殿窟是寓礼拜和讲经于一体的窟形，是从我国早期佛殿式寺院建筑演变而来的。

---

① 国家文物局教育处编：《佛教石窟考古概要》，见第二编《印度与中亚》，文物出版社，1993 年。
② 李治国、刘建军：《北魏平城鹿野苑石窟调查记》，《中国石窟·云冈石窟》（一），文物出版社，1991 年。
③ 李文生：《龙门石窟北朝主要洞窟总叙》，《中国石窟·龙门石窟》（一），文物出版社，1991 年。

佛殿窟完善于北魏晚期，隋唐时期成为石窟寺的主流，宋元以后随着凿窟之风的衰落而逐渐消失。云冈石窟佛殿窟是中期洞窟形制的其中一种，主要为第7、8窟，第9、10窟（图二）及第12窟，其特征与布局是：

1. 云冈佛殿窟的形制是南北纵轴线平面方形或近似方形，并左右对称的布局，这种布局形制沿用了商朝以来的平面布局法。早在商朝宫室即有这种布局方法，其特点就是沿着纵向纵轴。在邯郸发掘的战国时代赵国都城遗址，中心有一条南北向的中轴线①。北魏时期以洛阳永宁寺为代表的寺院平面布局可以看出②，大约早在汉代已在孕育之中，所以在寺内的布局上，既有一条十分明晰的中轴线，又同时左右对称，因而云冈和洛阳永宁寺反映了北魏当时平面布局的基本原则和特征，在敦煌北朝壁画上也是这样的表现。这种纵列方式为唐乃至现在中国的建筑，还都沿袭着这种特征。

2. 中期大型的洞窟均由前室和后室构成。第7、8窟前室原依崖面架木构屋顶，前室前方左侧和8窟右侧各雕塔柱。第9、10窟和第12窟前室前方列楹柱，上方崖面雕有设斗栱的仿构窟檐，直接体现了汉代殿堂的建筑形式的特征；同时洞窟前室是外部空间与洞窟空间的过渡，在建筑意匠上似乎让人们从现实人的世界进入到佛的天国，而在这里产生意绪上的转化。后室正壁分上下两层龛，各造像一尊；或正壁造大像一尊，左右两侧下方凿有礼拜道③，窟顶雕饰平棊藻井。平棊与藻井早在汉代建筑已有，就其建筑说，都是宫室殿堂内部屋顶的装饰。

佛殿是供奉佛像设的主要场所，可见，云冈洞窟出现的平面方形、平棊藻井顶、重层布局的壁面及窟口崖面上的雕饰斗栱的窟檐外貌，都是北魏建筑匠师模仿当时寺庙佛殿的表现。

三　中心塔柱式窟

中心塔柱式窟，又称塔庙窟。渊源于印度的支提窟，成型于公元4～5世纪中叶的新疆龟兹石窟，隋唐以后逐渐消失。中心塔柱式是北魏石窟的一种主要窟型，最初根据印度"支提"窟形制，演变成与窟顶衔接，起到支撑窟顶荷重的作用，所以在我国得以长期延续发展下来，以至在北魏云冈中期洞窟第1、2、6（图三）、11及晚期第39窟中具

---

　　① 罗哲文、王世仁：《佛教寺院》；潘谷西：《中国古代宫殿、坛庙、陵墓建筑》，见《中国古建筑学术讲座文集》，中国展望出版社，1986年。

　　② 中国社会科学院考古研究所著：《北魏洛阳永宁寺》（1979～1994年考古发掘报告），中国大百科全书出版社，1996年。

　　③ 这种做法亦见于克孜尔、库木吐喇等石窟中，《中国石窟·克孜尔》（三），文物出版社，1997年；《中国石窟·库木吐喇》，文物出版社，1992年。

体地模仿中国式木塔，使窟内的整体布局更像当时的中国寺院。其基本特征与布局是：

1. 洞窟平面呈方形，塔柱或方柱置于方形正中，不像印度、敦煌和新疆石窟那样洞窟分成前后两个空间①。塔柱为重层式仿木构形式，四面开龛造像，塔柱四周环以礼拜道，窟顶为平顶。在洞窟中心凿出直通窟顶的二层或五层的方形柱体，既有塔的象征，又将窟顶与地面连接成一体，从建筑结构上讲增强了洞窟的坚牢度，所以习惯称之为塔柱。云冈之后的龙门、巩县及须弥山石窟亦出现中心塔柱作承受力支撑窟顶。

2. 中心塔柱式窟窟内的中心柱就是为"入塔观像"而设的，龛内的造像是供禅观像所用。据《观佛三昧海经·观像品》卷二云"若比丘犯不如罪，观白豪光闇黑不见，应当入塔观像眉间，一至三日，合掌谛泣一心谛观，然后入僧说前罪事"；卷九云："欲观佛像者，先入佛塔，烧香散花，供养佛像，礼佛忏悔"。以上经文表明，"入塔观像"确是修持禅法必不可少的宗教行为，在云冈出现的中心塔柱所具有的佛教寓意，也亦是供僧侣和善男信女参拜所用，由于禅观的需要，参拜须从"入塔观像"开始。

3. 云冈中心塔柱式洞窟形制，不仅与印度支提的石窟形制同为一类，并明确地反映了当时我国北朝盛行的一种以塔为中心的佛寺布局。此式洞窟在云冈中期洞窟中表现为主流，说明若不是北魏盛行的情况，绝不会有如此普遍存在的。现实的实物中北魏佛寺已经难以寻觅，然而云冈石窟洞窟本身的形制，正好给了我们以重要的实物资料。

四　四壁三龛式窟

四壁三龛式窟是因石窟正壁和左右壁各凿一龛而得名。这类洞窟大多为小型窟，较早就出现于北魏云冈的晚期石窟，盛行于北齐，以后逐渐消失。云冈晚期新出现的样式，约七十余座，主要分布在云冈西部第32—14窟等（图四）和第5—2窟（图五）与第11～13窟之间，其特征与布局是：一般平面呈方形，正壁、左壁、右壁各凿一龛，龛内均造像一铺，窟顶为平棊或平顶等图案的小型洞窟。龙门石窟的魏字洞、药方洞（图六）及巩县石窟第5窟（图七）等都属此窟型，为云冈四壁三龛式窟传统的发展期。

总之，中外文化、中国传统文化之间的融会交流，在云冈石窟洞窟形制上具有颇为生动的表现。我们从云冈石窟洞窟的形制特征与布局中，可以看到北魏时期的建筑水平，并得到当时木结构建筑风格的概括印象，以及对隋唐以后建筑发展的影响。

（摘自《东南文化》2003年第7期）

---

① 萧默：《敦煌建筑研究》，文物出版社，1989年。

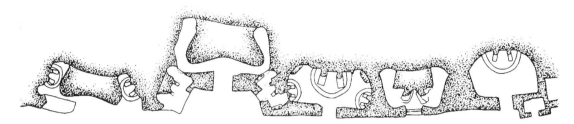

图 1　昙曜五窟（第 16—20 窟）大像窟平面图

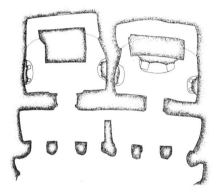

图 2　第 9、10 窟佛殿窟平面图

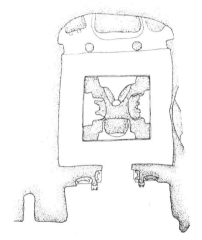

图 3　第 6 窟中心塔柱式窟平面图

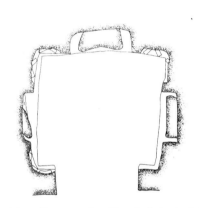

图 4　第 32-14 窟四壁三龛式窟平面图

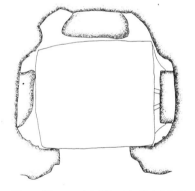

图 5　第 5-2 窟四壁三龛式窟平面图

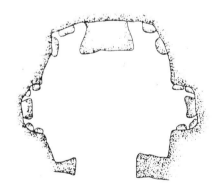

图 6　龙门石窟（左：魏字洞内　右：药方洞）

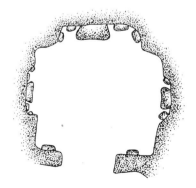

图 7　巩县石窟（第 5 窟）

《鹿苑赋》与云冈石窟

张　焯

　　唐《广弘明集》中收录有北魏高允的《鹿苑赋》一篇。该赋描述了献文帝时代平城（今大同市）郊外鹿野苑佛事建设的盛况，其中一段文字讲述的是当年营造云冈石窟的情景，可以弥补云冈历史记载上的欠阙。兹录全文如下：

　　　　启重基于朔土，系轩辕之洪裔；武承天以作主，熙大明以御世；洒灵液以滂流，肩仁风以遐被；踵姬文而筑苑，包山泽以开制；殖群物以充务，蠲四民之常税。

　　　　暨我皇之继统，诞天纵之明睿；追鹿野之在昔，兴三转之高义；振幽宗于已永，旷千载而有寄。于是命匠选工，刊兹西岭；注诚端思，仰模神影；庶真容之仿佛，耀金晖之焕炳。即灵崖以构宇，疏百寻而直上；絙飞梁于浮柱，列荷华于绮井。图之以万形，缀之以清永；、若祇洹之瞪对，孰道场之途迥。嗟神功之所建，超终古而秀出；实灵祇之协赞，故存贞而保吉。凿仙窟以居禅，辟重阶以通述；澄清气于高轩，仁流芳于王室。茂花树以芬敷，涌醴泉之洋溢；祈龙宫以降雨，俥膏液于星毕。

　　　　若乃研道之伦，行业贞简，慕德怀风，杖策来践。守应真之重禁，味三藏之渊典；或步林以经行，或寂坐而端宴。会群善以并臻，排五难而俱遣；道欲隐而弥彰，名欲毁而逾显。

　　　　伊皇舆之所幸，每垂心于华圄；乐在兹之闲敞，作离宫以营筑。因爽垲以崇居，枕平原之高陆；恬仁智之所怀，眷山水之肆目。玩藻林以游思，绝鹰犬之驰逐；眷耆年以广德，纵生生以延福。慧爱内隆，金声外发；功济普天，善不自伐。尚谘贤以问道，询刍荛以补阙；尽敬恭于灵寺，遵晦望而致谒。奉清戒以毕日，兼六时而宵月；何精诚之至到，良九劫之可越。资圣王之远图，岂循常以明教；希缙云之上升，美顶生之高蹈。思离尘以迈俗，涉玄门之幽奥；禅储宫以正位，受太上之尊号。既存亡而御有，亦执静以镇躁；睹天规于今日，寻先哲之遗诰。悟二乾之重荫，审明离之并照；下宁济于兆民，上克光于七庙。一万国以从风，总群生而为导；正南面以无为，永措心于冲妙！

　　夫道化之难期，幸微躬之遭遇；逢扶桑之初开，遘长夜之始曙。顾衰年以怀伤，惟负乘以危惧；敢布心以陈诚，效鄙言以自著。

　　高允，字伯恭，出生于冀州勃海郡蓚县（今河北景县）的一个汉族名门家庭。少年为僧，后历仕太武以下五帝，久掌机密，博学谦和，代都后学奉为儒宗。高允的《鹿苑赋》，借平城鹿苑佛事建设的成就，抒发对鲜卑拓跋氏走出蛮荒、偃武修文、兴佛从善伟业的赞颂。该赋第一自然段，讲述的是拓跋皇家兴造鹿苑佛事的因缘；第二段记述了献文帝对云冈石窟与鹿野苑石窟的开凿建设；第三段是写平城胡汉僧侣的讲法、译经和坐禅情况，并隐射指出了北魏佛教大兴的原因；第四段盛赞献文帝幽居鹿苑、急流勇退、清心寡欲、无为而治的英明举措；结尾一段是作者的自感与自述。然而，这并不是一篇简单的歌功颂德之文。透过那华美辞藻的浅层表象，我们会惊讶地发现隐藏在太平之颂背后的残酷的政治斗争。

　　当时的北魏王朝，经历了太武帝灭佛和文成帝复法运动，以平城为中心的北中国佛教建设一浪高过一浪；而献文帝拓跋弘在与文明太后冯氏的政治较量中败北后，于皇兴五年（471），被迫传位给四岁的太子宏，自己则被尊为太上皇，在鹿苑中结伴高僧、游心释典。此事，《资治通鉴》云："上皇徙居崇光宫，采椽不斫，土阶而已；国之大事咸以闻。崇光宫在北苑中，又建鹿野浮图于苑中之西山，与禅僧居之。"崇光宫，后改名宁光宫，在今大同城北马站村一带；鹿野浮图，又名鹿野苑石窟寺，在今大同城西北小石（寺）子村旁。高允"睹天规于今日，寻先哲之遗诰。悟二乾之重荫，审明离之并照；……正南面以无为，永措心于冲妙！"直接点明了《鹿苑赋》的真正含义，即：规劝、告诫献文帝要认清形势、甘于寂寞、韬光养晦，避免杀身之祸。但是，年轻的太上皇没能领悟或重视这些明显的暗示，不在其位仍谋其政，最终历史竟无情地应验了高允的预见。

　　关于《鹿苑赋》的写作时间，从"禅储宫以正位，受太上之尊号"句看，指的是献文禅位给其子孝文帝之事，由此可以框定在延兴年间。进一步推敲，大致为延兴五年（475）。理由之一："绝鹰犬之驰逐"，系指《魏书·释老志》所记延兴"三年十二月，显祖因田鹰获鸳鸯一，其偶悲鸣，上下不去。帝乃恻然，问左右曰：'此飞鸣者，为雌为雄？'左右对曰：'臣以为雌。'帝曰：'何以知？'对曰：'阳性刚，阴性柔，以刚柔推之，必是雌矣。'帝乃慨然而叹曰：'虽人鸟事别，至于资识性情，竟何异哉。'于是下诏，禁断鸳鸟，不得畜焉。"显祖，即献文帝；"禁断鸳鸟"诏，对照《魏书·高祖纪》，下达的时间在延兴五年。本纪载："五年……夏四月……诏禁畜鹰鹞。……六月庚午，禁杀牛马。"此年四月"禁畜鹰鹞"诏，就是《释老志》"禁断鸳鸟"诏；而这道诏令与六月庚午禁令，俱属于赋中所谓"纵生生以延福"的内容。理由之二：《高祖纪》延兴五年"五月……丁未，幸武州山。"武州山，即今云冈石窟所在，北魏当年称为"武州山石窟佛寺"或"灵岩寺"。这是《魏书》中对皇帝游幸云冈的第二条记载，高允的《鹿苑赋》大约正是此番随皇帝巡视云冈石窟后创作并上呈。

　　《鹿苑赋》的第二自然段，总共有 184 个字。前 36 字，是说明献文帝效仿古印度佛国创建鹿野苑的原因；中 100 字，记述了云冈石窟工程建设；后 48 字，一半讲鹿野苑石窟建设，一半讲鹿苑内景色与祈雨之事。由于高允作赋距拓跋弘暴死仅隔一年时间，因此记述云冈石窟的这一百个字，实际上反映的是献文时代整整十年的建设情况。我们知道，北魏皇家对云冈石窟的大规模开凿，始于献文之父文成帝拓跋濬，终于孝文帝迁都洛阳。而《魏书·释老志》的记载，仅限于文成帝初始工程："和平初，师贤卒。昙曜代之，更名沙门统。初，昙曜以复佛法之明年，自中山被命赴京，值帝出，见于路，御马前衔曜衣，时以为马识善人。帝后奉以师礼。昙曜白帝，于京城西武州塞，凿山石壁，开窟五所，镌建佛像各一。高者七十尺，次六十尺，雕饰奇伟，冠于一世。"昙曜建议开凿的五所石窟，即今天云冈第 16～20 窟，名曰"昙曜五窟"。这五所窟内大佛的完成时间，当在献文帝即位之初，即《显祖纪》皇兴元年（467）"秋八月，……丁酉，行幸武州山石窟寺。"这是《魏书》中对皇帝游幸云冈的首次记录，可以视作昙曜五佛建成开光的标志。云冈石窟后来的建设进程如何？正史无载，而《鹿苑赋》刚好填补献文时代这段缺环。

　　研究这百字文，至少能够给予我们六个方面的启示：其一，"于是命匠选工，刊兹西岭"，表明了在昙曜五佛雕成后，献文帝曾就下一步的营建进行过部署。"即灵崖以构宇，疏百寻而直上；绀飞梁于浮柱，列荷华于绮井。图之以万形，缀之以清永"，说明献文时代工程不仅包括对昙曜五窟的增添、配套雕刻（这些洞窟现存有孝文帝迁都前后的雕刻题记），以及因窟建寺，还应包括新规划洞窟的开凿。就当时云冈石窟转向全方位建设的史实来看，目前学术界认为献文时代云冈工程稀少，佛寺建设转移到平城和北苑的观点，是欠妥的。由此，必然提引我们对现行云冈石窟的分期观点，进行重新审视。

　　其二，"耀金晖之焕炳"，是对金妆佛像的形容，说明当时对雕造完成的佛像都进行贴金彩绘。关于这一现象，云冈石窟中有许多实例，最能说明问题的是上世纪末在20 窟前发掘出土过一颗敷有金箔的小佛头。

　　其三，"即灵崖以构宇，疏百寻而直上"，从句意推测，指的是窟前木构楼阁，特别是指第三窟"灵岩大阁"（辽金名称）。今天云冈各大型石窟外壁上方都残留有整齐排列的大梁孔，窟前地面又有与之对应的插立木柱的方形石坑，考古发掘证明：至少第3 及 14～20 窟，在北魏时建造过木构楼宇。然而，北魏当年开凿的第 9、10、12 窟及以西的无名窟等，窟外都有石雕梁柱，窟顶采用了仿木建筑檐瓦式石雕，本身也属于一种"即灵崖以构宇"。二者孰是？尚待细究。

其四，"绲飞梁于浮柱，列荷华于绮井"，"绲"，本意为粗绳索；用作动词，即捆绑连接。似乎专指木构楼宇的柱与梁。但是，如果是针对石窟本身而言，情况就复杂了。这表明新建洞窟具有两个特点：即列柱式殿宇与雕刻着莲花图样的窟内顶。今天我们可以看到莲花内顶的大型洞窟较多，有第1、2、6、7、8、9、10、12窟；而列柱殿宇式的洞窟为第9、10、12、14窟及其间的无名窟。上述两项条件俱备的第9、10、12窟，都属于梁柱檐顶殿宇式建筑。第14窟内外有两组石梁柱，但顶部坍塌、漫漶，已无法确认是否有檐顶与莲花绮井；无名窟虽为梁柱檐顶，而内顶风化，无从确定。能否认为，这些便是献文时代洞窟模式？能否认为，有前室无后室的无名窟是献文帝未完成的洞窟？

其五，倘若上述献文帝开创了新的洞窟模式的推论成立，那么就可以说：一是改昙曜五窟单体造像为复合式造像。二是改窟内平面马蹄形、窟顶穹庐式，为梁柱檐顶宫殿式。或单组梁柱（如无名窟），或双组梁柱（如14窟），或前殿后室之复合式（如9、10、12窟），而第9、10窟创制为双窟。这些宫殿式洞窟的开凿，与当时平城皇宫建设的进展相呼应，与《南齐书·魏虏传》所谓"自佛狸（太武）至万民（献文），世增雕饰"的记载相吻合。献文时代"图之以万形，缀之以清永"，反映出云冈石窟建设正朝着图像多元化、形式多样化的方向发展。

其六，到高允作赋之时，云冈石窟已初具规模。"若祇洹之瞠对，……超终古而秀出"，有类于古印度舍卫城的祇洹精舍，而鬼斧神工、建造之妙超越了既往。

总之，云冈石窟千变万化的雕刻图案、数以万计的佛像人物、中西合璧的建筑风格，今天都已被学术界、考古界证明为昙曜五窟之后的追加工程。虽然这一切并非献文帝一代完成，但是必定由此开启了孝文帝时代云冈石窟更大规模的建设高潮。《鹿苑赋》由当时人记当时事，堪称实录，弥足珍贵；深入研究，将有助于我们最终破解云冈石窟开凿之谜。

最后，说说"悟二乾之重荫"句中的"二乾"。二乾，直译为两个天，这里指太上皇献文与皇帝孝文。以往研究者依据北魏太和年间，史书、碑记中称孝文帝与文明太后为"二圣"或"二皇"，来推断云冈石窟中双窟的开凿时间，以及"二佛并坐"雕龛的出现。其实，二乾、二圣、二皇同属一义，只是不同时期所指不同，绝非太和时代的专有名词。释迦与多宝二佛并坐题材，早在北魏前期的石佛龛上已经出现，同二乾重荫的政治背景无关；云冈的双窟形制，若与"二乾"有关，其始作俑的时间当于献文在世之日。

（摘自《中国文物报》2003年10月31日，这里有改动。）

云冈石窟窟顶雕饰图案

张 华

一

云冈石窟窟顶图案形式，可划分为四种：平棊、平棊藻井、平顶及穹隆顶形式，以仿木构的平棊图案形式为主，为云冈窟顶图案的主流。图案内容简练鲜明，以莲花、飞天和龙等为装饰母题，掺杂并用。

1. 平棊图案

云冈中、晚期洞窟窟顶多雕饰平棊图案①，装饰均极写实，具有鲜明的中国传统建筑特色。

平棊作"支条"分格状，呈棋盘式，有正方形、长方形，正方形居多，内作4、5、6、8、9格以及12格等。格内多雕饰莲花和飞天，二者相互组合，高浮雕与浅浮雕的立体对比，产生颇为精美的艺术效果。以下简述第6、22－1、24、25、26、38、39窟等雕刻特征②。

第6窟：窟顶中心柱四周雕出三十二个平棊格，惜部分风化。但格内可见孔雀、狮子、虎、长尾鸟、龟等骑乘雕刻，应是诸天仆乘题材，这种装饰在云冈较少见；格外布满飞舞的飞天和大小莲花；四角为放射状的"支条"，饰有飞天和莲花。此窟的平棊是一种变异形式，没有统一整齐的格式（图一）。

第22－1窟：窟顶为正方形，九格平棊，现部分风化。"支条"呈放射状，其上无

① 平棊是宋式建筑内部小木作装修名称，明清建筑称天花。宋代李诫撰《营造法式》规定："于明⇑背上架算⌂方，以方椽施板，谓之平↑；以平板贴花，谓之平棊。"

② 宿白：《云冈石窟分期试论》，《中国石窟寺研究》文物出版社，1996年。

雕饰；平棊中心格内浮雕重瓣莲花，占据的位置较大，四周格内，各雕有飞天环绕。飞天手捧莲蕾，不露足，身躯修长，两两相向飘舞（图二）。

第24窟：窟顶方形，采用高浮雕雕饰九格平棊，保存完好。平棊中心格内雕重瓣团莲，雕饰清晰细腻，其余八格内均雕飞天。飞天手托莲蕾，不露足，身著交领对襟衣，门襟下摆呈弧形，飘带飞扬，姿态各异，头部面向中心莲花，凌空飞舞（图三）。

第25窟：窟顶近似方形，为规则的九格平棊。中心格内，二龙戏珠。其余格内相间雕饰莲花与飞天，凡莲花格内的四角均饰有三叶忍冬。其中一格莲花为重瓣，余皆作单瓣。靠近窟口处的飞天格，内各一飞天，花式高髻，手托日、月，相向面朝莲花（图四）。

第26窟：窟顶近方形，为规则的九格平棊，中心及四角格内雕团莲，莲瓣雕饰清晰，其余格内雕饰飞天，态势飘逸，不露足，身著交领宽袖衣（图五）。

第38窟：窟顶为不太规整的横长方形平棊，作十一方格，中心为长方格，格内雕一莲花，八个莲瓣上各刻一化生童子，其外围雕四躯乘龙的诸天仆乘。该莲花外匝东侧雕乘孔雀天人，手托日月；西侧雕乘象天人，手持棍状物。四周十方格内各雕一对伎乐飞天，飞天或手持乐器或翩翩起舞。此外，"支条"搭交处还饰有仿金属构件。此窟窟顶是云冈平棊窟顶最为特殊的，独特之处是在内容上最为丰富多彩；在形式上所刻饰的莲花与伎乐飞天均没有全部在格内，而是打破规矩，自由随意地翱翔飞舞（图六）。

第39窟：窟顶平棊泐蚀漫漶，原雕规整的十二方格。其中，东部中间平棊格内雕三头四臂、手托日月的阿修罗；西部中间两格内，一雕龙，另一亦雕三头四臂、手托日月的阿修罗。中心塔柱与窟顶衔接处雕有须弥山，与中期第1、2窟须弥山雕刻做法类似——延伸至窟顶。

以上云冈平棊窟顶样式也影响到了巩县石窟。巩县石窟的窟顶与云冈一样也是以平棊为主要形式。该石窟现存五个窟中即有三个窟顶为平棊图案。但其方格比例较之云冈而小，格内的内容与雕刻技法不同于云冈，如第4窟平棊，作方格图案，计有四十格，格内雕刻各种姿态的飞天和莲花化生，"支条"搭交处雕有莲花①。

2. 平棊藻井图案

藻井是"古建筑高级室内天棚装修艺术构造形式名称"②，早在汉代建筑中就有，但它的详确做法见于宋《营造法式》③。《西京赋》云："倒蒂于藻井，披红葩之狎猎"。

---

① 《中国石窟·巩县石窟寺》，文物出版社，1989年。
② 王效青:《中国古建筑术语辞典》山西人民出版社，1996年。
③ 宋代李诚撰《营造法式》记有:"斗八藻井"和"小斗八藻井"。

《风俗通》亦云："今殿作天井。井者束井之像也；藻，水中之物，皆取以压火灾也"。与汉代一样，魏晋时期藻井也是宫殿佛寺中特有的装饰做法。敦煌石窟窟顶图案从十六国晚期以至元代，都饰有藻井①；巴米羊和克孜尔亦有藻井②；现北朝木构实物已无留存，内顶装饰更无从可知，但由北朝石窟中的窟顶装饰图案，可以窥知这方面内容的表现。云冈石窟窟顶的藻井遗存独具特点。

　　云冈石窟中所表现出来的室内藻井天花样式，反映了北魏时期内顶装饰的时尚。中期洞窟（471～494）窟顶雕刻，往往在平棊四格、六格以及八格中，雕饰斗四（四边形）或斗八（八边形）天花（又称叠涩天井），中心雕饰团莲。叠涩天井中饰莲花，其与东汉王延寿《鲁灵光殿赋》③ 文献中描述藻井装饰"圆渊方井，反植荷蕖，发秀吐荣，菡萏披敷"相符，这也是汉代以来方井叠涩结构建筑形式的特点。云冈石窟中期诸如此类的窟顶形式，不具有木结构功能的装饰性做法，相近于上述宫殿内藻井的形式，因此，云冈窟顶平棊与藻井两者混合的雕刻形式，我们称之为"平棊藻井"。这一形式见于第7、8窟后室，第9、10、12窟前室。

　　第7、8窟：两窟窟顶布局相同，为横长方形。均雕平棊藻井，纵横"支条"分为六格，格内中心均雕一斗四天花，井心饰团莲，四周绕以体态丰满的飞天。"支条"面上雕飞天，搭交处饰莲花。第八窟"支条"面上，以东西两个莲花为中心，飞天向莲花方向集中，中部两飞天之间雕香炉，第七窟则雕摩尼宝珠。第八窟的飞天雕刻是有计划的，上身裸露，斜披帛，下身著衣、赤足，共有五十四躯，持莲蕾、宝珠，比第七窟的飞天具有强烈的动感（图七）。

　　第9、10窟：两窟布局相同，后世均施以彩绘。前室均为长方形窟顶，平棊八格。第9窟窟顶中间正方四格饰斗八天花，内雕团莲，四角刻四躯小飞天，东西两侧四格为长方形格，格内饰莲花与飞天交相排列。两窟"支条"为高浮雕（故此有称其为"梁"者），面上横向雕刻飞天，纵向雕刻八躯侏儒，搭交处饰重瓣莲花，莲房为半圆高浮雕；窟顶与北壁、南壁衔接处雕三角垂饰纹，东西两侧则与壁面贯通。此两窟前室虽然也凿出了平棊藻井，但是没有第7、8窟后室和第12窟前室窟顶平棊规整；"支条"上八躯侏儒雕刻④，单手承托窟顶"支条"边沿，这种造像形式在北朝石窟中是独一无二的（图八）。

---

① 欧阳琳：《敦煌图案简论》，《1983年全国敦煌学术讨论会文集》（石窟·艺术编）下册，甘肃人民出版社。

② 水野清一、长广敏雄：《云冈石窟》（1951～1956年），京都大学人文科学研究所。他们称此为三角持送天井，并认为大概受伊朗萨珊的影响。

③ 《全上古三代秦汉三国六朝文》卷58。

④ 长广敏雄在《云冈石窟第9、10双窟的特征》一文称侏儒像为阿特拉斯像，《中国石窟·云冈石窟》（二）文物出版社，1994年。

第9窟后室由于洞窟本尊造像上部雕有华盖，所以表现在窟顶的北部为弧形。窟顶平棊为十二格，中部四格内雕斗八天花，井心饰莲花，周围八格内雕三头六臂、三头八臂和一头四臂的八身护法形象（现三身份化）；"支条"和边沿布满飞天，窟壁衔接处刻三角垂饰纹（图九）。第10窟后室北部本尊造像雕有帷幕，南部窟顶空间狭小，现崩毁，但依稀可见三身护法形象；"支条"上饰莲花与飞天。

第12窟：前室窟顶为长方形八格平棊藻井，雕饰上，既细致又规整，后世加以彩绘。平棊八格中都饰有斗四天花，井心饰团莲，每个井心内四侧均绕以八躯高发髻飞天，露足；"支条"亦为高浮雕，搭交处为重瓣莲花，"支条"纵横面上共雕有二十躯逆发形飞天；"支条"边沿八躯逆发形飞天，飞天之间另雕七躯立式（现存六身，有一身塌毁）逆发形伎乐天，其身体上接窟顶，下连窟壁，既有支撑作用，又具装饰意义。

后室窟顶与第9、10窟布局基本相同，但平棊作九格，中间为二正方格，一雕三头六臂、手托日月、乘孔雀的鸠摩罗天，一雕三头六臂、手托日月、骑牛的摩醯首罗天；周围格内饰手托日月的阿修罗和逆发形、高发髻和剃发形的护法形象；间隙处饰以飞天（图十）。

3. 平顶图案

平顶图案，云冈主要由中心莲花与环绕的飞天或龙组成。这类窟顶呈平面，无格状及周围的层层边饰，较平棊图案、平棊藻井图案简单，雕饰的图案组合自由，有的窟仅雕饰几躯飞天。主要表现在中、晚期洞窟，如第1、2、27—1、30、32—11窟等，但各期的表现样式不尽相同。

第1窟：窟顶前部浅浮雕三朵大团莲，每朵中央凿出莲房，环以花蕊，外绕小莲瓣一周，大莲瓣一圈。现东西两朵部分残崩，中心一朵绘有红、黑、黄、绿色。塔顶连接窟顶处雕须弥山（山岳形），围绕须弥山雕有蛟龙，可辨识鳞爪，龙身缠绕。莲花北侧雕五躯飞天，姿态各异，露足，飘带轻扬，体态健硕（图十一）。

第2窟：与第一窟窟顶布局相同，后世加以彩绘，泐蚀较甚。前部三朵大团莲，花蕊比第一窟为多，龙身依稀可辨，东部现存一飞天。窟壁衔接处雕天宫伎乐。

第27—1窟：窟顶为正方形，中心为一重瓣大团莲，四角各一飞天，身躯修长，著交领对襟、长飘带。此窟窟顶在布局上，突出表现了团莲（图十二）。

第30窟：窟顶近方形，东、北部风化，中心为一重瓣莲花，角为莲花轮廓（莲瓣没有雕出），环绕莲花布满伎乐飞天（图十三）。

第32—11窟：窟顶为长方形，中心为一大莲花，雕刻细腻，东西两侧各雕二躯飞天。整个窟顶莲花硕大，争妍斗艳，飞天娇小，主题显明突出莲花（图十四）。第3～9窟的莲花更显风姿，虽然没有雕凿完工，但高浮雕式的硕大莲花雕刻炫人眼目。

平顶窟顶的莲花飞天图案在龙门石窟表现较为突出，尤以莲花洞、魏字洞为典型代表。莲花洞为北魏孝明帝正光二年（521）前开凿，窟顶样式承袭云冈中央雕莲花的风格，莲花南北两侧各雕供养天、飞天，飞天之间饰以忍冬、飞云纹饰。莲花洞窟顶之雕饰，为龙门北魏洞窟中的佳作①。巩县石窟的第5窟（529）窟顶以大莲花为中心，周围绕以六躯飞天，四角刻有四身化生，并间刻忍冬花纹，构图精美活泼。陇东石窟的北石窟寺第165窟（509）以及南石窟寺第1窟（510）的窟顶表现了佛传故事②。

克孜尔石窟窟顶由于岩石的疏松，一般是彩绘各种因缘故事、天象图、说法图等图案，还有一些如196窟窟顶画六躯飞天，窟顶左右两侧画因缘故事。克孜尔石窟窟顶的图案丰富多彩，不拘于形式，表现的图案内容多种多样，然而表现最多的也以莲花图案装饰。森姆撒木石窟5号窟窟顶画有因缘故事；29号窟窟顶左右两侧画因缘故事，但是已经残破；35窟窟顶左右两侧画因缘故事，以山林为背景，构成菱形格，因缘故事画的下方画出一行本生故事。从这些窟顶看以因缘故事居多，其他也有画千佛、天象图等图案。玛扎伯哈石窟9号窟窟顶中心画天象图、左右侧画因缘故事；25号窟后室顶画山林鸟兽，其中一条蛇画得形象逼真；35号窟窟顶中心画天象图、左右两侧残留飞天的图案，体形已很不完整③。

早在秦汉以来，在墓顶上和棺盖上就绘有天象图，如江苏仪征烟袋汉墓④；洛阳出土一具北魏石棺，仍然沿袭汉代的传统，刻有天象图等图案⑤。秦汉时期在墓顶上绘有天象图本属常见之举，但云冈没有承袭秦汉时期和龟兹石窟窟顶图案的天象图，以及龟兹石窟的因缘故事和说法图。

从以上这些石窟窟顶看，显明云冈石窟平顶窟顶图案内容的简洁，突出佛教题材常用的莲花、飞天，没有承袭龟兹各石窟的窟顶图案，只表现出从云冈、龙门到巩县这一时期的特征。可以说龙门莲花洞、魏字洞是云冈的继续发展，巩县第5窟是云冈的传承结果。

4. 穹隆顶图案

穹隆顶模拟印度草庐式，总体形制下大上小，四壁向上弧转收进，云冈早期昙曜五窟是北朝现存最早的实例。这种穹隆顶图案云冈中、晚期也有表现，但形式和装饰内容略有差异。

---

① 龙门文物保管所、北京大学考古系：《中国石窟·龙门石窟》（第一卷）文物出版社，1991年。

② 甘肃省文物工作队、庆阳北石窟文物保管所编：《陇东石窟》，文物出版社，1987年。

③ 韩翔、朱英荣：《龟兹石窟》新疆大学出版社，1996年。

④ 南京博物院：《江苏仪征烟袋山汉墓》，《考古学报》1987年第4期。

⑤ 宫大中：《试论洛阳关林陈列的几件北魏陵墓石刻艺术》，《文物》1982年第3期。

第 16～20 窟（昙曜五窟）：昙曜五窟顶部雕饰泐蚀漫漶。第 16 窟窟顶为长椭圆形，东北、西北两隅残存本尊背光的火焰纹，据此推断背光雕刻原一直延伸至穹隆顶；第 17 窟窟顶亦然；第 18 窟穹隆顶显狭窄，呈扁圆形，壁面衔接处有三角垂饰，东、西、北壁的上部向前倾斜，南部几乎呈直线，南部边缘残存飞天头部雕刻；第 19 窟本尊背光直抵窟顶，整个穹隆顶为椭圆形，西北角现存三角纹样，显然是窟壁衔接处的图案。第 19—1 窟窟顶图案保存较好，椭圆形（用几何图形的长方框刻成的圆圈），前部几乎为一直线，佛像背光直抵窟顶中心，可见化生童子（有背光）雕刻；前部为三躯飞天，面相丰满，形体似弓，窟顶与壁面交接处雕有三角垂饰和弧状帷幕（图十五）。

第 5 窟：窟顶为不规则的椭圆形，本尊背光雕刻火焰纹清晰，从北壁延伸到天花的三分之一，长方形框与背光火焰纹衔接成近似平面的天花，惜大部分风化，西侧仅残留几躯飞天，窟壁相接处刻有三角垂饰纹。此窟承袭了昙曜五窟窟顶的样式。

第 13 窟：窟顶经后世彩绘。与昙曜五窟窟顶相同，近似平面的天花，本尊大背光的火焰纹与忍冬纹直通窟顶中央，占据大半个窟顶，但南部整个雕饰的内容为蛟龙缠绕，其间环以十六躯花式高髻形飞天。长方框和三角垂饰纹与壁面衔接。

第 23 窟：窟顶部分风化，北壁二佛背光的火焰纹直抵穹顶北部，南部二朵重瓣大团莲雕刻细腻清晰，团莲中间的四飞天手捧宝珠。与上述洞窟所不同的是，该窟窟顶与窟壁没有明显的分界线，浑然一体。

第 40—7 窟：北壁本尊背光直抵窟顶，背光顶端上饰有三叶忍冬，周绕四躯高发髻伎乐飞天，各持横笛、琵琶等，凌空飞舞，合韵皆吟法曲（图十六）。

二

概观云冈整个窟顶的图案构成，我们可以看出这些窟顶在内容上应用佛教题材，在窟顶上方吸收创新配置与之洞窟形制相适宜的图案，也就是为着这些特有的建筑形式分布的更加丰富多样的充满空间的平面表现。在发展演变过程中，是随开凿时间早晚而有所演变，早、中、晚期分别形成独特的风格，早期窟顶仅雕饰穹隆顶图案，中期窟顶饰有平棊藻井、平棊与平顶图案，晚期窟顶雕饰平棊、穹隆顶与平顶图案。

早期：昙曜五窟是云冈石窟开凿最早的洞窟，也是中国北朝石窟中现存最早的穹隆顶式实例。这五个窟内部都为穹隆顶，总体形制下大上小，四壁向上弧转收进，明显是继承了古印度的仿草庐形式，与其他龟兹大像窟不同[①]。云冈昙曜五窟表现为云冈独创

① 韩翔、朱英荣：《龟兹石窟》新疆大学出版社，1996 年。

的新式样，这应是北魏（460~470）时期平城（大同）地区的新模式①。

早期穹隆顶图案的特征：

1. 穹隆顶原本的构思就是本尊背光一直延伸到天花的，至于具体延伸到天花的什么部位，没有定制。如早期第 17 窟蔓延整个天花，而中期第 5 窟为三分之一。

2. 根据第 19—1 窟的明显特征和现残留的痕迹，可以认为昙曜五窟窟顶为穹隆顶，但天花基本是平面，似乎是圆顶棚。这种式样在陇东石窟北石窟寺有大规模的唐代营造的石窟，最大的第 222 唐窟，为穹隆顶，不同的是中心却设藻井②。

3. 昙曜五窟窟顶现虽然大部分已崩落，但从迹象中可以看出没有中期第 5 窟的穹隆顶跨度宽大。

中期：云冈中期是北魏皇家极力开凿大型石窟的时期，既改变了昙曜五窟的营造形式，又表现出窟顶与整个洞窟的整体构造的联系，使窟顶装饰更加丰富多彩。早期那种穹隆顶图案演变为连续方井式的平棊藻井图案，严谨细腻，亦显示着鲜明、简洁的特点。

云冈中期的平棊藻井是北魏殿堂建筑装饰在石窟中的反映，中期洞窟开凿最早的第 7、8 窟中出现了新的样式，在窟顶的表现上，将印度的穹隆顶（昙曜五窟）大胆地变为中国式，采用了汉民族的平棊藻井式内顶，在窟顶的平棊格内雕藻井，饰莲花飞天，进而成功地将中国传统的内顶装饰手法再现于石窟内；窟顶平棊格内的莲花、飞天构成装饰母题，雕饰精美，带有很强的装饰性。第 9、10 前室窟顶在承袭了第 7、8 窟窟顶的样式时，既改变了规整的格状，又加之以托付"支条"（梁）的侏儒像；后室窟顶更加创新，平棊格内的装饰内容以莲花为中心，而四周绕以一些护法形象；第 12 窟后室平棊格内全部雕饰为护法形象；第 6 窟窟顶又雕饰有诸天仆乘形象；第 11、13 窟雕有蛟龙，而龙完全雕饰在窟顶上，可以说是吸收中国图像的佛教世界的中国化。从而在外来佛教艺术表现上发挥了中国艺术独特的样式，更使佛教石雕建筑具有了中国汉民族的特色，可以说云冈窟顶不言而喻地中国化地表现了佛教世界。

云冈中期即使是同样的洞窟形制，但窟顶雕饰的样式也不尽相同，如中心塔柱洞窟：第 1、2 窟为平顶莲花飞天图案；第 6 窟为平棊格诸天仆乘图案；第 11 窟为放射式平棊蛟龙图案（四格内均雕二龙缠绕，龙身隐刻鳞，"支条"呈对角线，上刻三叶忍冬）。云冈只有中期洞窟的 1、2，7、8，9、10 双窟窟顶图案设计是同一的。

中期平棊藻井图案的特征：

1. 云冈窟顶的平棊藻井图案是立体的天花，是形态上的建筑结构，与其真正的建

① 宿白：《平城实力的集聚和"云冈模式"的形成与发展》，《中国石窟·云冈石窟》一，文物出版社，1991 年。
② 甘肃省文物工作队、庆阳北石窟文物保管所编：《陇东石窟》，文物出版社，1987 年 11 月。

筑构造完全没有关系，只是仿其北魏当时木构建筑的外表或样式，现殿堂建筑实物难以寻觅，云冈石窟窟顶雕饰的平棊藻井，仿殿堂建筑性是可见一斑的，称得上北魏佳作。在平棊格内饰藻井，最明显的一点就是装饰木构建筑化，敦煌莫高窟北朝洞窟和云冈石窟中一样也为不具结构功能的装饰性做法。

2. 中期洞窟的正方平棊藻井格式似为定制，第 7、8 窟，12 窟前室平棊藻井窟顶的"支条"一律按方格规矩定位，以取得上下呼应、左右对称、配列均衡，形成美观、整齐划一的窟顶建筑装饰效果。这种处理技法使得藻井有了新的发展，也是其走向程式化的重要标尺之一。隋唐诸窟（见敦煌、龙门）主要是覆斗形顶窟，其图案是丰富的，窟顶装饰以藻井为代表，但藻井图案就程式化了。

3. 云冈平棊方格内的斗四天花，也见于敦煌北凉（第 268 窟）、北魏（第 435 窟）和西魏（第 285 窟）石窟。这种做法，在我国各地汉墓室中均有发现，如沂南古画像石墓等。中国建筑技术研究院建筑历史所的钟晓青女士在《魏晋南北朝建筑装饰研究》一文中曾提到斗四天花又称叠涩天井，是流行区域很广、年代很久的一种内顶形式[①]。可以说叠涩天井是北朝平棊图案的遗风。

4. 藻井这种建筑装饰在北魏兴盛时期开凿的云冈中期洞窟有所表现，这显明一改印度佛教建筑的式样，借其模仿木构宫殿建筑的装饰目的，来表现佛国世界的圣严。何晏《景福殿赋》载"不壮不丽，不足以一民而重威灵；不饰不美，不足以训后"。《唐六典》："非王公之居，不施重拱藻井"。使用这种藻井的建筑饰物大约都属于重要寺庙、官署性质，规格较高、偏重仪式[②]。因此也只有少数统治者的宫殿和佛殿才能使用它，这显然是中国封建等级化了，标明建筑规格与等级的礼制的作用。云冈第 7、8、12 等窟的藻井便是这种制度之遗承。

中期平棊图案的特征：

1. 云冈中期洞窟平棊格内雕饰的内容丰富多样，不仅雕有莲花、飞天、龙和蛇，并在第 6 窟刻有诸天仆乘，第 9、10、12 窟还出现饰有摩醯首罗天、鸠摩罗天、阿修罗等护法形象，这些形象不言而喻都是佛教中常用的造像题材，显而易见是中国式的平棊与佛教艺术中的造像相融会的图案。

2. 中期平棊格没有规矩，但是呈现出每个窟或每双窟各自统一规划的特征。并在"支条"上雕饰有飞天、莲瓣等，这在晚期是没有的。

中期平顶图案的特征：

中期洞窟出现了新的式样，第 1、2 窟平顶图案。这种没有格状的莲花飞天构成的

---

① 《文物》1999 年 12 期。

② 梁思成主编、刘致平编纂：《中国建筑艺术图集》（下集）百花文艺出版社，1999 年。

图案，窟顶与四壁的边饰已没有建筑上的意义，而成为纯粹的装饰了，显示出匠人兼容并蓄的创作水平。云冈中期这种窟顶一直影响到晚期窟顶乃至龙门、巩县石窟等，也是龙门石窟最有代表性的图案。这类形制的窟顶一直影响到唐代，成为一种通制。

晚期：北魏孝文帝迁都洛阳后，云冈晚期为迁洛以后的达官贵人所雕凿。窟顶图案变化多样，窟顶图案更加纷繁绚丽，形成一种炫目的辉煌，雕饰艺术达到了一个新的高潮，对以后的洛阳龙门石窟具有传承的作用，以及对隋唐时期产生重要的影响。

云冈晚期雕饰的窟顶图案，既有一些新的特点出现，也有的仍保持着早、中期窟顶图案的风格。但突出地表现在平棊形式多样化之中，格的变化交叉（见各种平棊图案），较中期窟顶图案丰富简洁，更具装饰性。虽没有中期洞窟皇室开凿的表示尊贵的"藻井"雕饰，但在雕饰方法上有了新的变化，使传统的窟顶艺术得到提高和发展变化突出，形式自由，打破了规矩，出现了不规整变化多样的平棊格状；平棊格内以中期平棊格的构图和雕饰为基础，饰以莲花和飞天的相互位置交叉；或以莲花为中心，四周有的刻莲花与飞天相互对应，有的只饰有飞天环绕；特殊的如第25窟窟顶中心雕饰两条蛟龙，四周饶以莲花与飞天。并也出现不同于早期昙曜五窟样式的穹隆顶；继承了中期第1、2窟的没有"支条"的平顶图案，但在晚期形式上有了新的变化，这种图案在龙门北魏窟成为典型代表，显示出云冈与龙门被继承与继承的关系。这正说明，我国的石窟寺艺术，在不断发展变化的过程中，表现在装饰图案上的新的因素的出现，总是在旧的基础上孕育而生的。

晚期平棊图案的特征：

1. 云冈石窟晚期窟顶有的匠心独具地用斜角"支条"雕作典型的图案形式，就是"支条"呈放射状，有两种：一种是第15窟窟顶为东西长方形天花（现有一部分剥落），"支条"呈对角线，"支条"上有各种各样的动物纹样以及浮雕的唐草纹。中心是二重莲瓣的大团莲，四个三角形格内雕各种双龙，现南侧的比较清晰，此窟顶与中期第6和第11窟实属为云冈饶有趣味的特殊的例子；另一种是第22－1窟（图二）、27窟及29窟等，中心为正方形格状，四周雕有八格，"支条"上没有雕饰。这种形式隋唐以后的天花却少仿用传承的（唐代所凿的主要分布在敦煌和龙门石窟）。

2. 云冈雕凿的平棊方格一般排列规整。其他实物所见，时代愈晚的天花方格愈小，如巩县石窟寺平棊格规整而小，完全显示出程式化。发展到唐代如佛光寺大殿平暗（天花）用小方格；日本同时期实物及河北蓟县独乐寺辽观音阁平暗亦同如此。但云冈晚期平棊方格的大小与窟壁似无一定，也出现方格排列自由，如第33—3窟为五格平棊图案，中间一格比例较大，两侧格状较小，形成鲜明的对比（图十七）。

3. 云冈平棊"支条"搭交处颇为有趣，加饰许多花样，中期洞窟雕饰莲瓣等物；晚期洞窟有的雕饰圆形仿金属构件，但不多见，如23—1窟（图十八）、38窟等。这更加反映了模仿木构的真实性。

4. 晚期平棊方格四角雕饰的三叶忍冬，与井心莲花相照应。这种三叶忍冬与四出三叶纹类同。这种饰物在克孜尔的卡加巴石窟、环鸠石窟和红穹隆石窟都可见到，这种雕饰呈斜格子状菱形图案，花纹由方形内的对角线构成①。在云冈这种图案置于方格平棊四角内，如第 25 窟等（图四）。

晚期平顶图案的特征：

1. 晚期平顶莲花飞天图案的排列与中期的不同。晚期窟顶以莲花为中心，四周环绕飞天。

2. 晚期平顶莲花飞天图案的窟顶是平面的天花，在建筑意匠上也没有什么构造，只是起到更加精美的装饰效果。

晚期穹隆顶图案的特征：

1. 晚期穹隆顶与窟壁没有界线，浑为一体，也较为简洁。雕饰的内容一般为莲花、飞天，较为鲜明，但突出莲花的雕刻。

2. 晚期穹隆顶大部分与早、中期的穹隆顶不同，推断认为由于洞窟为小型窟形，窟内空间狭小，窟顶不能雕凿出昙曜五窟和第 5 窟的平面天花。特殊如第 11—7 窟的窟顶与早、中期穹隆顶相同，因为此窟的空间相对稍大，并也雕有三角垂饰纹。

三

综上所述，云冈石窟窟顶的雕饰图案，不是单纯的中国建筑装饰图案与佛教形象的并存，而是将中国的图案融入到佛教艺术的中国式的表现。窟顶雕饰图案的设计与整体洞窟形制和功能融为一体，成为体现开凿石窟整体设计思想的重要组成部分，显示出北魏这一时期的时代风格和特征。

1. 云冈石窟开凿在北魏中期，正是中国北方政治、经济、文化的中心，是云冈佛教的大发展时期，这时的佛教艺术作品，可以说最能反映地区的差异。可以看出它的样式依时间不同而不同，依地域不同而不同，我们称其为平城（大同）地区特色，这种特色的形成有一个完整的发展过程，表现在窟顶雕饰这一方面，无论在形式和内容上都既不同于同一区域的时隔不久的年代，也不同于同期的其他石窟。如云冈早期窟顶为仿草庐式的穹隆顶、中期窟顶出现了平棊藻井、晚期窟顶又有平顶莲花飞天图案。这体现出虽为同区域，但时间并不同的明显表现；敦煌莫高窟的北魏窟顶，后室为绘画平棊藻

---

① 长广敏雄、水野清一：《云冈石窟装饰的意义》，《云冈石窟》第四卷（1951～1956 年），京都大学人文科学研究所。

井，图案与云冈非常近似，这体现出虽为区域不同，但同为一个时代的特征表现。可见敦煌莫高窟、洛阳龙门石窟等的北魏窟顶虽不尽类同，但魏晋南北朝时期，大江南北文化艺术的相互影响和交流的统一趋势，构成了我国这一时期文化艺术基本统一的时代风貌。因此，窟顶雕饰图案反映出它们的地域和时代特征。

2. 从云冈窟顶雕饰的莲花、飞天、龙及诸天仆乘和护法等形象，我们可知北魏平城佛教艺术家把这一洞窟最高部分充分利用起来，刻琢以巧妙奇绝的一幅幅窟顶图案，用来表示无穷的威力和吉祥的妙境之外的妙境。

莲花是一种自然生成的植物，最初是古印度作为佛教特有的吉祥图案而被广泛采用，我国东汉时期就有"江南可采莲"的诗句流传，它具有出泥污而不染的高洁。飞天表现极为灵活，是佛教艺术中没有固定形式的艺术形象，飞翔时有的手持乐器、有的手托莲花或宝瓶，肩披的长巾、下身的长裙、飘动飞舞的姿态构成飞天这一美的形象。因此，云冈窟顶以莲花和飞天作为窟顶的装饰母题，表达了佛国意境和美的化身。

龙是中华民族的象征，以龙作为中国历史上最早图腾崇拜的象征性的表现，无疑体现了中华民族精神①。古印度文化中就对龙、蛇有着极盛的崇拜，佛教传入中国后，龙作为佛教中的八部护法之一，与中国龙崇拜相结合，因此，云冈无论是在中期（1、2、11、13 窟）、晚期（15、15—1 窟）窟顶都雕饰有龙这种形象，使之越来越显出其无穷的威力。

云冈第 6 和 38 窟窟顶都雕饰出乘骑各种鸟兽的形象，在敦煌莫高窟第 257 窟的北壁和龙门火烧洞的窟门外的门楣上等也有雕刻，根据经论的记载，是八部护法中的诸天骑乘②。并且在第 9 窟和 12 窟后室窟顶雕有的鸠摩罗天和摩醯首罗天护法形象，与第 8 窟门拱两侧和敦煌莫高窟 285 窟东壁佛龛两侧的形状相同，这是石窟艺术中的一种特殊题材，也是八部护法之一。这种形象应在佛教中只占有从属的护法地位，但作为佛的翊卫身份出现在云冈第 9 和 12 窟后室窟顶上，可见在云冈中期洞窟中所具有的重要作用。

以上这些不是石窟内的主要造像，但从位置上来看云冈表现在洞窟的最高、最中央，无疑地表现出这在石窟造像中占了相当的地位。

3. 云冈中期窟顶雕出的平棊藻井图案，是仿中国古典建筑的样式（它的源流即是家居的屋顶和床帷帐顶部的装饰品）。这在装饰图案中更具写实性，可以说是中国殿宇的天花形式，从窟顶这一形式雕饰上可显现出佛寺的中国化；另外，这种图案在石窟上的应用，并也可知当时严格的等级制度能够使各级建筑装饰"对号入座"地运用到窟顶之上，起到美化、区分等级的作用，并且有利于各级装饰有章有节地体现相应的技术

---

① 刑庆华：《论中国图案艺术中的民族精神》，《中国文化研究》2001 年第 4 期。

② 阎文儒：《中国石窟艺术总论》，天津古籍出版社，1987 年。

水平；同时，以此能充分窥见北魏木构的原型，以及表现出北魏这一时期的宫殿、庙宇等建筑天花装饰样式和内容的特点。

4. 云冈石窟窟顶雕饰的图案，主流是模仿了北魏平城本土的木构装饰主题，应用莲花、飞天、龙和护法形象等佛教造像，使雕饰图案从内容到形式达到完美的统一，表现了北魏这一时期和这一地域的水平技术和盛行手法。从龟兹、敦煌、龙门和巩县等石窟中观察看到的不同样式的窟顶，各个石窟均有特色。云冈石窟窟顶雕饰图案，承袭了汉民族的传统，又影响到龙门、巩县等石窟，因此，从云冈的昙曜五窟到龙门乃至巩县石窟反映了北魏一代的天花装饰的发展脉络，是难得的北魏建筑装修实例。

（摘自《敦煌研究》2003 年第 4 期）

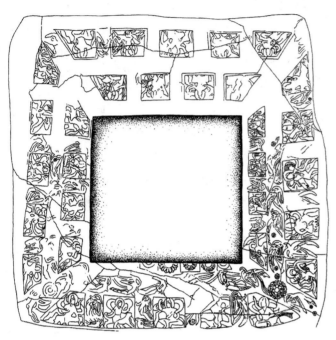

图1　第6窟

图2　第22-1窟

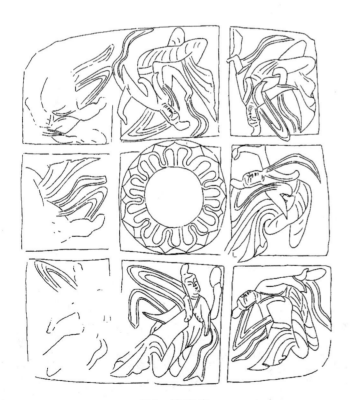

图3　第24窟

图4　第25窟

图 5　第 26 窟

图 6　第 38 窟

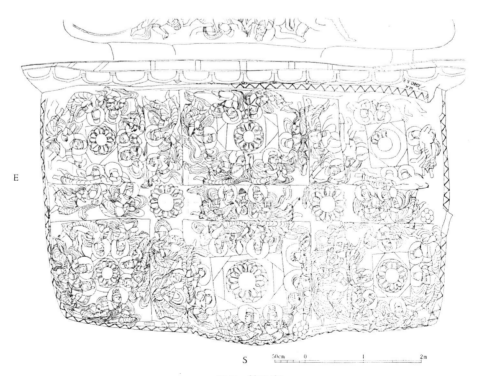

图 7　第 8 窟

图8　第9窟前室

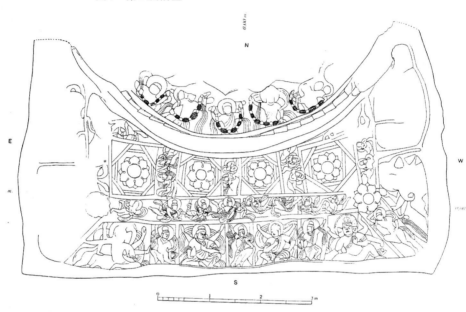

图9　第9窟后室

图10　第12窟后室

图11　第1窟

图12　第27-1窟

图13　第30窟

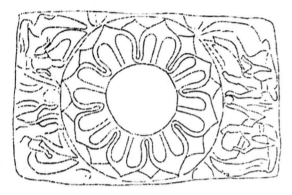

图14　第32-11窟

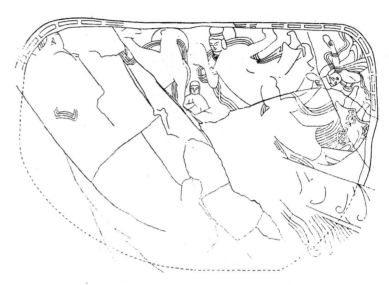

图15　第19-1窟

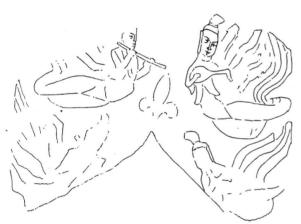

图16　第40-7窟

图18　第23-1窟

图17　第33-3窟

云冈石窟浮雕塔形浅议

张 华

北魏时期以"佛塔"形象作为佛教艺术的造像题材，并成为重要特征之一。云冈石窟中的佛塔造型丰富多彩，不仅雕有高大的中心塔柱，而且镌刻有众多的浮雕塔。经调查现存有 120 余座，大多位于洞窟窟门和佛龛两侧的壁面之上，不仅显现出当时的造塔信仰，而且简洁凝重，极富装饰韵味，折射出北魏佛塔的建造特征。

一 云冈石窟浮雕塔形的表现形制

塔是云冈石窟中晚期造像题材中的重要内容。其多雕于壁面佛龛两侧，或是起装饰补白作用。从其形制来看，主要分为三种：即屋檐楼阁塔、层柱塔和覆钵塔。

1. 屋檐楼阁塔：即以中国传统的重楼屋檐结合印度、中亚所传入的塔形构成的建筑。楼阁式塔最早在公元 2 世纪末至 3 世纪初就已出现。《三国志·刘传》载："笮融者……乃大起浮图祠，以铜为人，黄金涂身，衣以锦采，垂铜盘九重，下为重楼阁道，可容三千余人"[1]。记载中即很显明地是说明运用木结构的重楼作为建筑主体，这可称得上是中国楼阁式塔的萌芽。据《魏书·释老志》记载：北魏皇兴元年（467）平城的永宁寺塔"基架博敞，为天下第一"，其形制为高三百余尺的七级塔。皇兴年间（467~471）的天宫寺塔"镇固巧密，为京华壮观"[2]。其形制为高十丈的三级塔。北魏迁都洛阳后，孝明帝熙平元年（516）的永宁寺塔，据《洛阳伽蓝记》载"中有九层浮图一所，架木为之，举高九十丈。有刹复高十丈，合去地一千尺……"[3]。此塔为方形木结

---

① （晋）陈寿撰（宋）裴松之注《三国志》卷四十九《刘繇太史慈士燮传第四》，中华书局，1959 年。
② （北齐）魏收撰《魏书》（八），卷一零八至卷一一四（志），中华书局，1974 年。
③ （北魏）杨炫之著，周祖谟校释《洛阳伽蓝记》，科学出版社，1958 年。

构楼阁式塔，平城永宁寺塔的七级重层也亦为木结构楼阁式塔，虽遗迹无存，但这些文献仍是我们研究北朝佛塔式样宝贵的参考资料。现从北魏石窟中可直接看到的式样——屋檐楼阁塔是最具中国特色的佛塔建筑。

云冈石窟所见的石雕浮雕楼阁式塔中，多数表现在窟内，仅少数镌刻在窟外壁窟龛之上（一般出现在晚期窟），龙门石窟多出现于外壁，保存较好的是莲花洞外壁和药方洞北壁上。云冈壁面上的浮雕塔形，其基本的形制特征，见不到印度桑奇、巴尔胡特大塔的形式，已变为中国式的佛塔，即塔基、塔身（中国仿木楼阁式）和塔刹（印度、中亚的基本元素构件①）融合构成。云冈石窟的中、晚期均可见到，出现于第一、二窟的东壁，第五窟南壁明窗东西侧，第六窟周壁及第十一窟南壁、西壁，第十四窟西壁等等。

第一、二窟东壁：屋檐楼阁塔在云冈最早出现于此两窟的东壁。第一窟东壁四佛龛之间浮雕有三座楼阁塔形，现仅存中部和南部的上层部分和塔刹。塔刹均为三刹，有"相轮"和"宝珠"，但中部的塔刹出现"承花"；第二窟东壁四龛之间浮雕三座五层楼阁塔，每层均为一佛龛，逐层减窄减低，每层的两柱头直承屋檐，无斗栱铺作，屋檐翼角悬挂"流苏"。塔刹为单刹，但与第一窟东壁的不同，其塔的基本构件"覆钵"、"基坛（刹座）"、"刹柱（伞竿）"、"相轮（伞盖）"和"承花"等都集中在刹顶上，并在刹柱上出现了飘扬的"幡"。

第五窟南壁明窗东西侧：五层屋檐楼阁塔采用高浮雕镌刻，塔形的特征更为清晰。此两塔均驮于大象之上，塔基为须弥座，塔身自下往上逐层减窄减低，塔身佛龛是尖拱龛，为二龛或三龛，瓦茸形的屋顶。塔刹为高耸的单刹，基坛为须弥座，刹柱用七层相轮来表现，刹顶装饰有宝珠。

第六窟周壁：窟内东壁、南壁和西壁佛龛间配置浮雕有十座五层屋檐楼阁塔，这些塔形雕饰华丽，建筑技艺精湛，在此窟表现出很高的水平。塔基均为须弥座，塔身每层屋檐翼角都悬挂有"流苏"，塔身佛龛为尖拱龛和盝形龛。塔刹为三刹，刹座为须弥座，刹部有承花、覆钵、相轮和宝珠。

第十一窟：为云冈石窟中雕刻浮雕塔形最多的一个洞窟，可以称为"塔窟"。但各壁面浮雕的塔形不规整，佛龛与塔的配置无秩序。

西壁中层西南角的七层楼阁塔，塔基为须弥座，塔身的面阔和高度递减，塔身佛龛除三层为二龛外，其余每层均为一龛。第二层至第七层屋檐翼角悬挂"流苏"（第一层未雕饰），屋檐正脊两端均雕饰有鸱尾，檐下无斗栱铺作，但檐下的枋长而厚，并每层翼角处都有斜搭的椽子。塔刹为单刹，刹柱高大。

---

① 佛陀跋陀罗译《摩诃僧祇律》卷33："下基四方（基坛），周匝栏循，圆起二重，方牙四出（覆钵塔身）。上施宝盖（平头），长表轮相（伞竿、伞盖）"。（《大正藏》第22册）。这记载中的基本要素构成覆钵塔形的形制。

南壁明窗东侧的三层楼阁塔：塔基为素方台基，塔身每层的佛龛各不相同，第一层为尖拱龛，第二层为盝形龛，第三层为尖拱龛。每层的檐下雕有斗栱铺作，瓦葺形屋顶。塔刹为单刹，覆钵上刻有化生像，承花的雕刻与第十二窟前室门拱两侧的式样相同，刹柱上饰有幡。

第三十九窟门拱东侧：雕有三层屋檐楼阁塔，塔基为高大的素方台座，塔身的每层比例不均衡，第三层接近方形，屋檐下雕有人字栱，正脊两端为鸱尾。塔刹为单刹，刹座为须弥座，简单的覆钵上承托几重相轮和宝珠。

2. 层柱塔：它是由几层长方形直檐状（或板状）所构成的层柱式的塔形。每层的直檐是长方形，不是瓦葺形，故在表现建筑的概念上，也可认为其是"柱"的说法。梁思成认为其上无相轮，疑为浮雕柱的一种[①]，但云冈石窟出现的这种建筑造型，因其特征与在石窟壁面上所起的作用，与其塔制的建筑表现上仍有共同之处，所以依照其构造，姑且仍可以为浮雕塔形的一种。云冈石窟层柱塔，首先表现在中期洞窟的第七、八窟后室东、西壁面，其次在第一、二窟西壁以至第九、十窟前室。

第七窟西壁：第四层两龛之间配置浮雕有三座四层层柱式塔形，每层内为二佛并坐，柱顶饰一承花，下部为一力士承托，别具趣味。

第九、十窟前室：第九窟西、北壁和第十窟东、西壁和北壁明窗两侧屋形龛内均浮雕有四层、五层层柱塔，起到"柱"的效果，洞开三间。层柱塔每层也均自下而上逐层递减，下部有的用一力士承托。

3. 覆钵塔：为表现印度中亚的原始造型。最早的造塔起源于印度，关于早期覆钵塔的形制，在小乘律典《根本说一切有部毗奈耶杂事》（卷十八）记载"应可用砖两重作基，次安塔身，上安覆钵，随意高下。上置平头，高一二尺，方二三尺，准量大小。中竖轮竿，次著相轮，其相轮重数，或一、二、三、四，及其十三，次安宝瓶。"现存最早的造塔遗址，例如桑奇地区一号塔，原型也是覆钵式，以此推测早期的造塔形制均为覆盖半球体状的覆钵塔形。它是由基坛、覆钵、刹柱和相轮组成的实心建筑物，这是早期塔制的特征和不可缺少的基本要素。后来传入中国后，这些构成要素就安置在塔顶上，这种高耸的标志，称为"刹"，既有宗教意义，又对塔起了装饰作用。另外，在吐鲁番、敦煌、酒泉发现的北凉石塔，对我们认识早期塔形的特征，提供了极为重要的参考旁证[②]。

云冈石窟浮雕覆钵塔的形制并不多见，出现在云冈晚期雕刻中，第十一窟西壁、第

① 梁思成、林徽因、刘敦桢：《云冈石窟中所表现的北魏建筑》，《中国营造学社汇刊》1933 年第 3、4 期。

② 王毅：《北凉石塔》，《文物资料丛刊》1977 年第 1 期。宿白：《凉州石窟与"凉州模式"》，《考古学报》1986 年第 4 期。

十三窟东壁和第十四窟西壁等，所表现的式样和形制与原印度式覆钵塔不同，实为单层塔的表现。

第十一窟西壁：塔基为须弥座，塔身为二佛并坐龛，塔刹为三刹，承花之中的覆钵硕大，整个塔刹高耸，刹柱上的装饰为重叠的相轮。

第十三窟东壁：塔身佛龛为圆拱龛，无塔基，塔刹为单刹，承花之中雕有化生像，刹杆上未雕相轮。

第十四窟西壁：素方塔基，塔身佛龛为尖拱龛，内为一坐佛，塔刹为三刹。刹顶的刹柱和相轮比例稍小，承花之中的覆钵较大。比较有特色的是在覆钵体上方的基坛上又出现了承花的装饰。

二　云冈浮雕塔形的基本特征

1. 云冈浮雕塔形，其基本造型的建筑特征，表现了实际的造塔式样，即为四面塔制。在北魏塔的形制中，可知方形的四面塔是主要的造塔规格，例如北魏天安元年（466）曹天度造千佛方塔[①]和太和二十年（496）曹天护造塔[②]和山西羊头山北魏造像塔[③]以及云冈石窟第一、二、六和三十九窟等的中心塔柱，均为方形四面的形制。因此从这些塔的形制，约略可以看出北魏造塔平面多限于方形一种，是当时塔的普遍形式。

印度笈多时期的覆钵塔台基为方形结构，如古雅拉特的德夫尼莫里，这座塔建于4世纪末，台基为方形，台基上有小方台，再向上是覆钵丘；辛德附近的米尔普哈斯，建于五六世纪，台基也为方形。方形台基是笈多时期塔的普遍形制，是仿犍陀罗覆钵塔建造的。犍陀罗的塔，台基大多方形，台基之上是圆柱形塔身，塔身之上为覆钵丘，迦腻色迦大塔以及罗里延唐盖出土的供养塔，台基均为四方形[④]。所以云冈也可推断是仿犍陀罗覆钵塔方形台基雕刻的。

2. 塔的层数，佛教以奇数为上，因而云冈浮雕塔的层数也以奇数为多。云冈多见3层、5层和7层，第七窟西壁、第九窟西壁和第十窟东西壁的层柱塔为4层（偶数）；仅有的覆钵塔为1层（第十四窟西壁等），也可称为单层塔。不过云冈以7层塔居多，人们常称塔为"七级浮屠"，可见7层的塔更为常见。据史料记载，当时平城的寺塔最高的是永宁寺七级浮屠。《魏书·释老志》载："永宁寺七级浮图，高三百余尺，基架

---

①　史树青：《北魏曹天度造千佛石塔》，《文物》1980年第1期。

②　陈炳应：《北魏曹天护造方石塔》，《文物》1988年第3期。

③　张驭寰：《山西羊头山的魏唐石塔》，《文物》1982年第3期。

④　国家文物局教育处：《佛教石窟考古概要》，文物出版社，1993年。张宝玺编著：《甘肃佛教石刻造像》，甘肃人民美术出版社，2001年。

博敞，为天下第一。"可以认为，云冈第五窟的五级浮雕塔、第十一窟的七级浮雕塔以及其他洞窟的 3 层塔均是写实的。

3. 浮雕塔形的各层面阔和高度，向上逐层递减，与云冈中心塔柱一样，也与实物塔制一致。如北魏的曹天度千佛石塔，该塔建于一个石雕台基上，共分 9 层，塔身自下往上逐层减低。云冈石窟浮雕塔的式样和北魏时期的实物塔具有相似之处，也与后代一致，这对唐以后的造塔形制的发展，起了一定的影响。

4. 浮雕塔刹的装饰表现：

（1）云冈塔刹的"覆钵"为纯粹的装饰性。表现在洞窟壁面上，也是当时造塔式样的重要组成部分，覆钵塔的形制中覆钵体积比例较大，与原始造塔的式样有相似之处，在印度桑奇覆钵塔主要有三个，"覆钵"体在塔制中所占的比例非常大。表现在中期洞窟屋檐楼阁塔的"覆钵"体积的比例就相对减小，突出表现了刹柱的高度和相轮的级数，覆钵体反而显得不重要了，甚至在第五窟南壁塔形中覆钵没有表现出来。

（2）云冈塔刹的基坛（覆钵体下方之台座统称为基坛），形制几乎为具有佛教象征意义的须弥座，也就是 5 层叠涩结构，这在云冈浮雕塔中很盛行，有的连总高度也超过覆钵体，这就使浮雕塔形的塔刹变得更为高大。早期印度桑奇和巴尔呼特出现的覆钵塔形基坛只为 1 层，高度也不高于覆钵体。

（3）云冈刹柱和相轮：刹柱一般是直接插在覆钵体上，也有的直接插在基坛上，如第二窟西壁层柱塔。关于刹柱出现在塔刹上的数目，云冈为单刹（一根刹柱）和三刹（三根刹柱）的装饰表现。相轮是佛教语言，又称九轮、金刹等，是耸立在塔顶的表相，我国早期常把相轮称为承露盘[①]。云冈塔形中刹柱和相轮的表现形式大致可分为：一是刹柱的粗细几乎上下一致，相轮的宽度比刹柱大得多，并层叠在下部，如第五窟南壁；二是刹柱柱宽变细长，相轮的宽度也相对缩小，如第六窟周壁塔；三是刹柱为下宽上窄，相轮随刹柱的宽度由下往上递减，宽度和刹柱宽几乎相等，如第十一窟南壁上层东部。

（4）云冈刹柱顶端的"宝珠"又名"摩尼宝珠"和"如意宝珠"，此珠好似聚宝盆。宝珠常在塔刹之顶，一般为 1 个，变式的有 3 个至 9 个，大小不等。云冈为 1 个，只是宝珠的形状略有不同，如第五窟南壁东塔的宝珠是略带尖端的椭圆形状；第六窟周壁的为尖橄榄的长椭圆形状等。

（5）"承花"又名"受花"或"山花焦叶"，"山花焦叶是佛教的一种装饰，在印

---

① 《高僧传》卷九《佛图澄传》："虎于临漳修治旧塔，少承露盘。澄曰：临淄城内有古阿育王塔，地中有承露盘及佛像。"

缅一带佛教建筑佛龛上常见此物……"①。云冈石窟所见的层柱塔上部的承花面积很大；但承花与覆钵体结合雕刻时，承花的面积逐渐减小；表现在覆钵塔形时，承花的面积更为微小。尤为具有特色的是云冈第十一窟南壁东侧和第十二窟前室北壁栱门柱出现的一种特异的承花式样，其造型类似阶梯状的式样，此型在敦煌莫高窟第二五四窟和第二五七窟等壁画中也可窥见。

（6）"幡"本不是佛教所专用，早在佛教传入以前就已经有了此种装饰物，一般称之为信幡、幡帜或灵旗，相当于旗帜的作用。在佛塔上悬挂幡是作为供具以求佛佑。云冈第二窟东壁、第十一窟西壁和南壁上层东部楼阁塔刹柱之上等处均有幡，表现的不是很多，但其造型却不雷同。

（7）"化生像"雕刻在云冈浮雕塔刹部，出现在面积广大的承花之中，是层柱塔最突出的装饰表现，如第七、八窟等；其次表现在屋檐楼阁塔和覆钵塔塔刹上，但化生像很小，没有层柱塔中显要。化生像表现在云冈浮雕塔形中，这在云冈中晚期洞窟中相当盛行，而迁洛后雕凿的龙门石窟则表现不多，由此可见云冈石窟造塔的特色。

云冈石窟浮雕塔形，真实地反映了北魏佛塔的式样，可以作为平城地区造塔复原的直接史料，也可作为中国建筑史上珍贵的参考资料。

（摘自《文物世界》2003 年第 4 期）

---

① 张驭寰：《山西砖石塔研究》，《山西文物》1982 年第 2 期。

云冈石窟造像服饰雕刻特征及其演变

赵昆雨

北魏太和十年春，实行朝服改革，"（孝文）帝始服衮冕，朝飨万国"，至太和二十一年，"朝臣皆变衣冠，朱衣满座"，这是中国古代服饰史上的一次大变革。与此相适应，中国佛像雕刻艺术也同时发生了规模较大的变革和艺术转型，即褒衣博带式佛装之兴起，秀骨清像之蔚然成风。云冈石窟地处京师又为皇家经营，近水楼台，率先沐浴了这场服制变革的洗礼。

一 云冈早期造像服饰的特征及演变

云冈早期佛像服饰主要有两种：一是袒右肩式，再一是通肩式，以袒右肩式居多。袈裟边缘浅刻折带纹，右臂半披由左肩斜垂成折带纹的偏衫，内著僧祇支。第17窟西龛佛像僧祇支上另画出方格，格内雕刻花瓣式图案。第20窟主尊凸起的衣纹，带有钩形分叉，大的纹络用直平阶梯式刀法，细部刻以阴线，袈裟的边缘镶有连珠纹，反映了犍陀罗和中亚牧区造像的服饰特点。第18窟主尊衣纹线条剖面作浅直平阶梯式，轻薄，贴体，密集，反映了印度恒河流域笈多造像服饰的特点。同时，早期佛像还融有鲜卑拓跋形象的因素，是一种模拟当今天子之容颜、具有"胡貌梵相"特点的新型佛像雕刻模式。

早期菩萨像具有古印度贵族的装束特点，如第17窟南壁立侍菩萨，圆脸，短身，袒裸上身，络腋斜披，轻薄透体，线条流畅。头冠两侧宝缯，平伸再上翘；臂佩钏，胸前有很宽的项圈、短璎珞及蛇形饰，帔帛绕过肘部，复向上升起，至两肩处紧贴肩部呈圆环形，右手持帔帛叠角；下著羊肠大裙，衣纹用阴线刻出，紧贴双腿。

早期飞天雕刻，高发髻，袒上身，有的斜披络腋，有的仅在胸前刻两条"X"形交叉状的细背带，也有的佩短璎珞；下著大裙，露足，帔帛绕臂并在两肩拱起，呈圆环状。第 20 窟主尊背光上角飞天（图一），体形硕大，头戴花冠，辫发，具头光，胸饰项圈，臂佩钏镯，羊肠大裙，露足，手捧鲜花敬佛。戴冠飞天，云冈实属少见。

供养人，即出资修建佛教石窟、敬事并宣扬佛法的一般佛教信徒，亦称功德主。第 17 窟南壁供养人像雕刻，男著小袖袍，左衽，腰束革带，高靴，头戴帽，帽两侧有垂裙至肩，史书称这种鲜卑帽为"大头长裙帽"，或云"垂裙覆带"，其作用主要是障蔽风沙雪寒。女性供养人亦戴帽，著夹领小袖衣，下配裙，裙长及地，应是时人的常服。

二　云冈中期造像服饰的特征及演变

云冈中期前期服饰雕刻，基本上延续早期样式，无显著变化。

太和十三年（489），一种具有南朝风格的新服饰初见于第 11—14 窟，此即褒衣博带式佛装，这是云冈新服制现存有确切纪年的最早造像实例。从此，云冈诸造像纷纷披上深染华风的新服制，并贯穿晚期整个营造历程。

调查中发现，流行于云冈中晚期的褒衣博带式佛装，其实是两种样式不同、来源亦存异的雕刻形式。一为双领下垂，胸前一般不系衣带，右领垂于腹侧后横搭左腕上，双腿间衣裾作圆弧状，呈"U"形，不露足（初创时亦见有个别露足者，但极少），这一样式称之为 A 式。第 11 ~ 14 窟释迦多宝二佛并坐像所著佛装，即为此样式。从太和十三年至太和十九年（495），流行于云冈的褒衣博带式佛装，几乎全系 A 式。A 式的母形概源于犍陀罗佛教雕刻，现藏河北省博物馆北魏太平真君十一年（450）铭金铜坐佛像（图二），可视为 A 式孕生的前奏，该造像著通肩式袈裟，右领襟搭左腕，衣纹下垂作椭圆形。另一，亦著双领下垂，胸前一般系衣带，右领襟横过腹前搭左腕，露右足，足上下各垂一条状"U"形椭圆衣角（图三），它是由袒右肩式发展而来并在云冈初创的一种新样式，其形成约在太和二十年（496）以后，虽晚于 A 式，影响力却胜于前者。北朝诸石窟寺如敦煌、龙门、巩县乃至由民间发愿造像的沁县南涅水造像塔等等，无不受其沾濡。

1. A 式褒衣博带式佛装的演变：

A1　中期后期。第 6 窟中心塔柱北面下层龛、第 18 窟南壁一补刻龛，内均为二佛并坐，双领垂肩，右领横搭左腕，下摆圆形下垂部分很短，不超过足面，露足。

A2　中期后期。第 5 窟后室西壁上层一盝形龛，楣格内雕饰露足飞天，龛内二佛并坐，服饰同 A1，但胸结衣带，下摆略短，不露足。概因初创阶段，仍受袒右式影响，衣摆底端另飘出两条细带。这一创意还为第 6 窟所袭并加以发挥，雕出数个飘逸的鳍状衣角（图四）。从某种角度来看，它是 B 式的滥觞先声，因为它已具备了 B 式佛装的一些发展特点。

A3 中期后期。第 11～14 窟太和十三年题铭龛，尖楣圆拱形，内二佛并坐，双领垂肩，右领下垂横搭左肘的衣襟，在横过腹前时变宽变厚重。这一时期，第 16－1 窟还出现了翻领式佛装。

2. 交脚菩萨服饰的演变：

X1 中期后期。第 17 窟明窗东壁太和十三年题铭龛交脚菩萨像，袒上身，斜披络腋，帔帛贴两肩拱起，下著羊肠大裙，裙脚紧贴双腿。

X2 中期后期。第 5 窟南壁一盝形龛内交脚像，帔帛宽博遮臂，于腹部上方"X"形交叉，相交处垂下一条短带，肘部翘起一尖角。第 5 窟南壁下层西侧盝形龛内一交脚菩萨，著短袖衫，前襟在腹部处相交并垂引短带，乃是 X1 向 X2 的过渡型。

3. 立侍菩萨服饰的演变：

L1 中期后期。第 17 窟太和十三年造像龛菩萨像，圆形头光，斜披络腋，下著大裙，腰前结带，帔帛弯曲下垂。帔帛表现上，有的龛像仍沿袭旧制，在两肩拱起呈同心圆。

L2 中期后期。第 6 窟中心塔柱上层立菩萨，近圆形头光，帔帛搭肩而下，呈"X"形在腹部交叉，相交处垂一短带，下着长裙，腰束带，右侧尚翻出一衣角，肘部袖口微翘并呈尖角形，绕臂垂下的飘带，锯齿状。另外，该窟东壁一菩萨，著大裙，领口结引双带。立侍菩萨佩带，云冈仅见于此。

立侍菩萨头光由圆形向尖桃形演变，云冈大致起于第 11 窟。该窟南壁第二层西侧尖楣圆拱龛内，二佛并坐，袒右肩式袈裟，龛外两侧，各一立菩萨，袒上身，下着裙，圆形头光，但上端已呈现桃尖形。

4. 飞天服饰的演变：

F1 中期前期。（1）高发髻形飞天，表现汉族少女形象，袒上身，斜披络腋，大裙贴腿，露足，帔帛绕臂并在两肩拱起呈同心圆；（2）剃发形飞天，多表现童子，袒上身，下著短牛鼻裈，其余同（1）；（3）逆发形飞天，体魄古拙剽悍，多表现少数民族，横巾右袒，著牛鼻裈，其余同（1）。

F2 中期后期。第 11 窟东壁上层盝形龛楣格内飞天，斜披络腋，下著羊肠大裙，露足，帔帛在头后斜拉成长圆；同窟南壁西侧一尖楣圆拱龛，内二佛并坐，著袒右式袈裟，龛额雕刻一排伎乐飞天，露足，帔帛在头后拉长，呈尖桃形。第 5 窟西壁第三层盝形龛楣格内，高髻飞天不露足，头后帔帛呈尖桃形，剃发形飞天露足，帔帛如 F1。可见，云冈飞天新旧样式之替，在第5、6、11窟营凿阶段开始出现变化。

5. 供养人像服饰的雕刻

第9、10窟前室壁面最下层、第5窟诵经道内壁，出现了形体高大的供养人阵列。第19-2窟佛座基下供养人，男性著宽博的大衣，头戴进贤冠；女性高发髻，长裙曳地，外著宽博的南朝汉式长袍。

三　云冈晚期造像服饰的特征及演变

云冈晚期佛装流行的是B式。晚期，概不见袒右肩式袈裟，风靡中期后期的A式佛装亦寥若晨星，即便出现，亦明显受到B式的影响。如第38窟南壁佛传故事"雕鹫怖阿难"中坐佛，横搭左手的右领凸起呈棱状，衣裾下摆还另外表现了八字形的下裳后部。有正光元年（520）题铭的第5~8窟北壁（图五）坐佛，右手下垂的衣袖遮盖膝头，衣袖是否遮盖膝头，是中晚期A式服饰区别的最重要特征。

1. B式佛装的演变：

B1　晚期前期。第11-6窟北壁、第19窟拱门东壁中层龛内，一佛跌坐，举右手，双领垂肩，内着僧祇支，右领横搭左手，胸前系带，露右足，足上下各雕一下垂的"U"形椭圆衣角。

B2　晚期前期。大致同B1，但下裳后部水平状排列较短的密褶，如第27窟西壁下层尖楣圆拱龛内坐佛。

第12-1窟外壁题记残迹，可识"元年"二字，水野清一、长广敏雄先生推断为"景明元年"（500）①。该窟北壁一坐佛，B式服饰，右足上下垂搭的"U"状衣角，略呈八字形，与第29窟同。由其造像服饰特征看，符合景明、正始时期的雕刻风格。坐佛两侧各一弟子一菩萨，弟子列于菩萨之先，菩萨服饰L3式。一佛二弟子二菩萨的布局格式，龙门最早见于古阳洞安定王元燮正始四年（507）造像龛。云冈最早见于中期第9窟前室北壁龛，另外，较晚时期的第33-4、35窟西壁、第33-3、35-1、40-4窟北壁均有造像实例。由第12-1窟来看，云冈一佛二弟子二菩萨的格式，在景明、正始时期即已初步形成，只是弟子形象尚小于菩萨，但位置的主次关系上已发生了变化。

B3　晚期前期。佛像横搭左手的右领，凸起呈棱状，这一态势愈演愈烈。第28-2窟正始四年（507）题铭龛，佛右足上下"U"形椭圆衣角演变为双重，下裳后部密褶呈八字形尖角状。

B4　晚期后期，变化急骤。(1) 第19-2窟延昌四年（515）题铭龛，佛衣下摆椭圆形拉长。第5-11窟佛衣下垂的椭圆为三重，下裳后部八字形垂饰趋于繁缛；（2）第5-11、5-34、33-3窟西壁、第39窟南壁东侧小龛坐佛右肩，分别斜覆条形或块状偏衫衣角（图六）；（3）第30窟西壁上层一宝帐龛，内一坐佛，两侧各一胁侍立佛（左胁侍已被盗），佛像胸前结带，但下垂的衣带并没用超出横搭左腕的衣襟而是掩其之下（图七）。类似图像尚见于第5-11、13-7、27-1、27-2、32-6窟等，这是延昌后云冈出现的一种新样式，早在齐永明八年（490），成都西安路南朝石刻即用这种手法表现衣带，晚于其后的成都万佛寺梁普通四年（522）释迦立像，亦作如是，云冈当受南朝影响。龙门孝明时期（516～528）开凿的弥勒洞北二洞、天统洞等亦见同样做法。

这一时期，服饰样式创新多变化节奏快，三处有延昌纪年题记的造像龛，为我们确定云冈晚期的分期提供了重要依据，它至少反映了这样两个事实：一，延昌时，云冈地区开窟凿像活动异常活跃，各地佛教造像新范本不断被带到平城；再一，这一时期，盝形龛流行楣内雕刻折叠式坐佛的做法。这种龛式尚见于第4-1、24-1、27-2、35、38窟等，龛内交脚菩萨服饰均作 X'2 式或介于 X'2 式与 X'3 式之间，应该说，它们均属延昌时期或延昌后不久的窟龛造像。

2. 交脚菩萨服饰的演变

X'1　晚期前期。第11窟明窗东壁太和十九年题铭龛，菩萨搭在两肩的帔帛于腹下交叉，裙摆呈八字形尖角状。

X'2　晚期后期。第35窟拱门东壁延昌四年题铭龛，菩萨帔帛交叉的底端，垂至腿面（图八）。该窟东壁交脚菩萨像，帔帛交叉处穿圆环。

X'3　晚期后期。第5-4窟东壁交脚菩萨像，帔帛交叉后，其中一端搭上右肘后翻下，再垂至台面；第5-10窟东壁交脚菩萨，帔帛穿圆环，羊肠大裙底边八字形纹作两重散开。

另外，第6窟中心塔柱下层西向面龛内交脚菩萨，双肩各附设一环形饰物（图九），云冈仅见于此。按此样式，一般出现于北魏景明后。近年，在距云冈六公里处的小站东南出土了一件北魏石雕屋形造像龛，一佛二菩萨题材，造像面型消瘦清秀，佛装A式，下摆悬座，座下狮子举爪，表现为北魏晚期的造像风格。两侧胁侍菩萨双肩即有如同云冈第6窟的环形饰物。这是否意味，第6窟全部工程的完工时间，可能比我们过去所认知的太和十八年还要稍晚一些。

3. 立侍菩萨服饰的演变

L'1　晚期前期。第11窟太和十九年题铭龛，立侍菩萨头光近圆形，帔帛交叉后垂至双膝，裙摆三角形，突出表现中线下垂衣角，底端圆头，与足面平。

L′2 晚期后期。第35窟延昌四年题铭龛，立侍菩萨帔帛下垂的底端延至膝部以下，裙摆三角形，裙边由前期缓转的抛线变为"一"字形，中线下垂的衣角亦一改前期圆头状而为尖锥形。

晚期飞天雕刻，身材比例趋于修长，上著短衫，不露足，裙尾卷起飘忽如翼。帔帛的处理和利用，已注意将飘举的衣带和飞翔的人体结合在一起，形成衣裙与人体之间良好的协调和烘托关系，以提高飞动的意趣。与早中期不同的是，飞天绕臂转上的帔帛不再拱为圆环，而是在头后横向拉开呈尖桃形，且时间越晚，尖桃形越长。第27窟西壁、第29窟窟顶飞天雕刻甚至流行双尖桃形做法。

5. 供养人服饰的演变

此期供养人雕刻出现了主仆组合图，主人像大在前，家奴小而从后。第28-2窟东壁佛龛外两侧半跪礼佛的供养天阵列中，竟出现头戴进贤冠的供养人形象；第5-10窟南壁儒童本生故事中的布发者，亦不再是佛经中的儒童，而摇身变为著俗装的供养人形象。这说明，此时对功德主个人的渲染和表现，早已冲淡了为佛驱使的奴性色彩。第38窟北壁供养人雕刻，宽衣博袖，已是完全中国化了的汉族装束。第35-1窟外壁券门外侧供养人行列中，侍从各执华盖、羽葆随后。第32-4窟外壁券门上侧供养人行列中，有梳双髻的童子形象。

四 云冈晚期窟龛的分期

学界在对云冈晚期窟龛的分期，十分笼统，根据上述调查结果，本文以延昌四年龛像为依据，试将有明显时代特征差异的窟龛划分为接续发展的前后两段。

前段，太和末年至延昌四年，主要有第11-7、11-17、12-3、13-10、13-19、13-29、13-30、14、15、23、24、26、27、28、28-2、31、33、36-3、39窟等。

后段，延昌四年至正光末年，主要有第4、4-1、5-4、5-10、5-11、5-26、5-28、5-34、5-36、5-38、5-39、13-7、13-13、13-15、13-16、13-17、23-1、24-2、27-2、30、32-5、33-3、33-4、33-6、34、35、35-1、37、38、40、40-4窟等。

此外，过去被划定为云冈晚期的第5-8、16-1、21窟，窟内造像服饰表现出显明的中期特征，实属云冈中期，以下逐一说明。

第5-8窟

窟进深3.2米，东西2.9米，高近8米，平面呈长方形，平顶。前壁上辟明窗，下设拱门，明窗大拱门小，拱门、明窗之间因壁面崩毁而贯通。

北壁，上下两层。上层一交脚菩萨，下层二佛并坐，均残蚀。

西壁，千佛壁，残存九层，坐佛仅浅浮雕舟形背光而不具龛形，类似做法，另见于第9窟前后室南壁顶壁衔接处千佛列龛。

东壁，两层。上层龛内二佛并坐，残毁严重，但二佛身披较早样式的袒右式袈裟却清晰可见，这是非常值得注意的地方；龛外左侧一力士，双手托扛，身体健硕，无论造型上还是技法表现上，与第9窟前室西壁力士雕刻形象别无二致。下层佛龛左侧残存一方形层塔，塔顶"山花蕉叶"装饰亦同于第9、12窟。

南壁明窗拱楣沿缘刻忍冬纹，东侧壁残存一飞天、一半跪供养天，剃发形，圆形头光，帔帛绕臂后在两肩拱起呈同心圆。明窗西侧现存二龛，其中一尖楣圆拱龛内，一禅定坐佛，通肩袈裟，两侧各一立侍菩萨，L1式。龛楣外右侧一半跪弟子，帔帛绕臂在两肩拱为圆形。

窟内现搁置一断石，石之一侧雕禅定坐佛，另一侧雕飞天，F1式，实属原拱门顶部崩毁之石无疑。

以上特征表明，第5-4窟凿于云冈中期，早于第5、6窟而略晚于第9、10窟。该窟时代属性的确定表明，云冈中期不仅有大窟营建，一些中等规模洞窟的凿造工程也在进行中，包括第13-4、第21窟等。

第16-1窟

介于第15、16两窟之间，外廓凸出昙曜五窟立面近1.8米（图一○），这在云冈具有独特性和唯一性。从这一点看，其开凿时代当晚于第16窟而早于第15窟。该窟进深2.1米，东西4.3米，高约7米，横长方形，平顶，窟门、明窗已坍残。

第16-1窟只按原计划完成了窟顶及东、西、北壁上下两层（南壁已崩毁，情况不明），各壁面最下层龛距地平面均留出高约2米的空间，现存雕刻，系晚期后期追刻。窟内造像服饰均呈现出各不相同的样式，疑为太和服饰改制时，设计师推出的供匠工参照的范本。

北壁，上下两层，隔层饰以忍冬纹，乃绪云冈第7、8窟遗风。

上层并列三龛，中一盝形龛，内一交脚菩萨，已失。从资料上看，其体态饱满（图一一），服饰为流行于第5、6窟的样式，不同的是，帔帛做翻领，边饰折带纹，自双肩搭下，宽博遮臂，于腹部上方呈"X"形交叉后顺腿面折向身后，下摆八字形散开，两层，两侧各二半跪比丘。东西两侧各一尖楣圆拱龛，内均一坐佛。西龛，A式佛装，龛内西侧浅浮雕一立菩萨，圆形头光，斜披络腋，下著裙。龛外两侧各二半跪供养天，圆形头光，帔帛绕臂在两肩拱起呈圆形。东龛，A式佛装，翻领，胸结双带，双腿间下垂的弧形衣摆有宽边，内饰两个并列的"▲▲"形。诸如衣摆上雕饰尖三角形的图像，另见于第 5 窟南壁 16 坐佛龛。

下层，并列三龛，中为尖楣圆拱龛，内一坐佛（已毁），通肩式袈裟，结带，双腿间下摆作圆弧形，下摆底部引出两条细带。通肩式褒衣博带佛装，云冈仅此一例。东西两侧各一盝形帷幕龛，内均一交脚菩萨。西龛，交脚菩萨头戴高冠，帔帛交叉于腹际，肘部挑出尖角，下摆贴体，八字形散开，方座两侧各一狮，狮首俯地。龛外两侧立比丘众，圆形头光。龛楣格内雕逆发形飞天，裸上身，帔帛绕臂在两肩拱起作圆形，下著短牛鼻裤，露足。东龛，内一交脚菩萨，已失，从资料上看，头戴高冠（图一二），帔帛宽博厚重，于腹部上方交叉。龛楣格内飞天及龛外两侧比丘俱同西龛。

这里涉及翻领服饰问题。翻领服饰的来源、变化及传播，尚不清楚。不过，新疆克孜尔第 205 窟主室前壁左侧壁画有著翻领服饰的供养人形象；天梯山石窟第 1 窟中心塔柱左向面下层龛外左侧下部第一层，有著翻领服饰的北凉菩萨形象，这些图像均早于云冈。据《淮南子·齐俗篇》："羌人括领。"所谓括领，概为翻领之一种。看来，翻领服饰渊于北方少数民族大致不谬。其既见于云冈，应是伴随太和服饰改制，设计师进行服饰创新与探索的样板之一，概有悖于汉化时尚，浅尝辄止，影响范围亦仅及附近窟龛，如第 16 窟拱门东龛、第 17 窟拱门西龛。龙门古阳洞北海王元详太和二十年（498）龛中的交脚菩萨亦作翻领，概系云冈脉传。

西壁，上下两层各一尖楣圆拱龛。上层，龛内一坐佛，服饰大致同北壁东龛，横搭左臂的衣襟在甩过去后，作三个粗线条的分叉。龛外左侧雕五俗人形象，头戴北方少数民族中常见的毡帽，下端有马匹，是为商人奉食题材。下层龛内，释迦多宝二佛并坐，服饰大致同北壁上层西龛，但右手袖口垂下后半遮膝头。

东壁，上下两层各一尖楣圆拱龛。上层，坐佛服饰大致与北壁东龛同，龛内北侧二供养天，圆形头光，袒上身，下著大裙。龛外北侧二半跪供养天，圆形头光，帔帛环贴两肩。下层，二佛并坐，身材比例头小身大，其与第 5 窟南壁、第 18 窟明窗西壁、第 11 窟明窗西壁二佛并坐像属同一时期所作。

以上特征表明，第 16－1 窟为云冈中期后期窟。

第 21 窟

单窟室，平面呈长方形，东西 8 米，进深 2.8 米，高 8.5 米。

北壁，一尖楣圆拱龛，内二佛并坐，服饰下摆风化严重，应为 A 式，龛楣沿缘飞天雕刻，受染于第 6 窟中心塔柱下层诸龛，龛外左侧残存二立侍菩萨，帔帛贴臂拱起呈圆形，表现为中期前期样式。

东壁，两层。上层，一盝形帷幕龛，中间一交脚菩萨，帔帛交叉，右梢间一尖楣圆拱龛，内一坐佛，服饰 A2 式。下层，一尖楣圆拱龛，内二佛并坐，A2 式佛装。

西壁，有秩序地排列五层龛像，所有佛像均著 A2 式佛装。

该窟尚未见有 B 式佛装出现。

以上特征表明，第 21 窟凿于云冈中期后期，相当于第 6 窟后段工期，俟至晚期前期毕工，是云冈中晚期之交的过渡期窟室。

（绘图　张建新）

（摘自《文物世界》2003 年第 5 期）

图1　第20窟主尊背光上角飞天

图2　太平真君十一年铭金铜坐佛像

图3

图4　第6窟南壁坐佛

图5　第5-8窟北壁坐佛

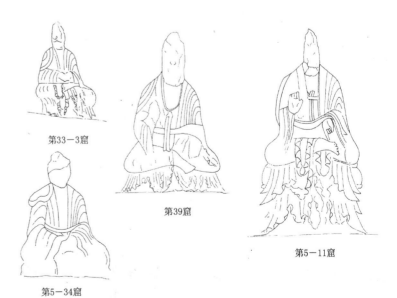

第33-3窟

第39窟

第5-34窟

第5-11窟

图6　晚期佛像偏衫表现

图7

图8

图9

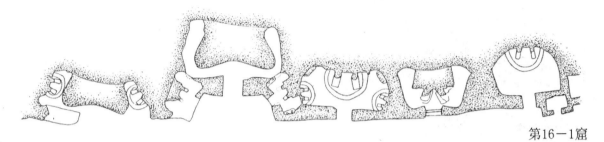

第16—1窟

图10　昙曜五窟与第16-1窟外廓

图11　　　　　　　　　　　　　　　　　　图12

云冈石窟的佛经故事画雕刻

李立芬

石窟艺术是佛教艺术，是将博大精深的佛法教理形象化、立体化了的一种艺术表现形式，是为当时信奉佛教的各阶层人们服务的。

雕刻在石窟寺中的佛经故事画，是早期造像的主要内容之一。它是通过生动形象，展示佛教的深奥哲理，以达到弘扬佛教基本教义为目的，使佛教得以迅速发展和传播。它比佛像雕刻更具有吸引力。

佛经故事画，经过艺术家们的创造，具有独特的艺术感染力。其形式多样，不拘一格，是其他宣传形式无法比拟的，因而它的社会效应也十分明显。

由此可见，无论是庙宇中的壁画，还是石窟中的雕刻，佛经故事画的出现，对阐明佛教义理、弘扬佛法有着积极的作用和广泛的意义。本文试图通过对云冈石窟中的佛经故事画雕刻做一浅析，以飨读者。

一　云冈石窟佛经故事画的内容

云冈石窟雕刻中的佛经故事画大体上可归纳为三种类型，即本生故事、本行故事和图解经文、经义故事画。这些故事画的雕刻，其思想多与禅修有关，既增加了石窟中的佛教内容，又使当时流行的"六度"修行的佛教思想得以完善，为云冈石窟增添了异彩。

1. 本生故事

"本生故事"即佛本生经的故事。佛教的轮回说，使信徒们认为像释迦牟尼这样的圣者，其来历必定不凡，在降生之前一定经过了许多世积善果，于是把古印度的许多民间寓言和传说故事中的主角，附会在释迦牟尼身上，而说成是佛的前生。"本生"也叫

"本缘"，就是指释迦牟尼的前身善行。

《阿毗达摩大毗婆沙论》卷一、二、六则解释为：

"本生云何？谓诸经中，宣说过去所经生事。如熊、鹿等诸本生经。如佛因提婆达多，说五百本生事等"。可见佛本生故事至少有五百之多。

佛本生故事在汉译佛经中，主要有《六度集经》、《贤愚经》、《杂宝藏经》、《撰集百缘经》、《菩萨本缘经》等。这些经书内皆记述了关于菩萨为求佛道而修行的各种故事。

在云冈石窟中，本生故事的雕刻数量不多，再加上风化的原因，所存内容更是有限。现存较为完整的是雕刻在第 9 窟前室的六幅和第 1 窟的两幅"睒子行孝"故事。它是以连环画形式出现，择其经典的主要部分，简洁而凝练地利用小幅画面，突出故事的主题。

据佛经记载：迦夷国中有盲父母，生一子名睒子，"至孝仁慈，奉行十善"。成年后随父母入山修行，结草庐自居，采野果汲流泉以供饮食。一天，迦夷国王入山狩猎，沿溪追赶群鹿。时逢睒子披鹿皮衣在溪边汲水，国王拔箭射鹿，误中睒子。睒子大呼："一箭杀三道人！"国王闻声来看睒子，睒倾诉山中修行二十年经过。国王悔恨自责。随即入山至盲父母处，告知睒子被射经过，并引盲父母至睒子处。盲父见睒子已死，伏尸恸哭，痛不欲生。由于睒子孝顺父母，感动天地，天神以药灌睒子口中，毒箭自拔，生命复活。从此，国王视睒子如兄弟，敬盲夫妇如父母。

由于故事内容较长，况且雕刻又不同于绘画，古代艺术家们在雕刻中充分利用雕塑语言，选择了佛经中最具故事性的片断，生动地反映出了故事的主题，点明了封建社会"忠君孝亲"的思想。

云冈石窟中现存该浮雕画八幅：（1）睒子孝敬父母之叙录（第 9 窟前室西壁下层南侧）；（2）随父母入山修道（第 9 窟前室西壁下层）；（3）山中与兽为群（第 9 窟前室西壁）；（4）迦夷国王离宫入山田猎（第 1 窟东壁）；（5）睒子被国王拉弓误射（第 1 窟前室北壁）；（6）盲父母闻睒子死呼天怆地（第 9 窟前室北壁）；（7）国王在睒子父母前忏悔（第 9 窟前室北壁）；（8）国王带睒子父母去儿子身边（第 9 窟前室北壁东侧）。这些画面通过人物、动物、树木、山峦等景物的刻画，表现出了每一情节的特定环境，使故事内容依序发展，虽没有全部描述，但也没有脱离主题。

除此之外，一些学者考证，在云冈石窟还雕有定光佛本生、慕魄太子本生，因年代久远石窟漫漶不清，现难以辨识。

2. 本行故事

佛"本行故事"，又称佛传故事。讲的是释迦牟尼从诞生、出家修行、历经千辛万苦终于菩提树下成正觉，继而进行传教活动，直至八十岁时在拘尸那城附近的双婆罗树下涅槃。为释迦牟尼一生的经历。

佛本行故事的表现形式，与佛教重视修行有关。在佛教中，无论是大乘还是小乘，都重视"累世修行"，尤其是在"一阐提人皆得成佛"的诱导下，深受愚弄的人们力求在精神上得到解脱，以达到"成一切种智"的佛。而佛本行故事的雕刻正好起到了形象教育的作用。

在云冈石窟中，佛本行故事的雕刻不少，但大都是以单幅画面出现，只有第6窟的故事较为完整。

云冈第6窟，平面呈方形，中心为一塔柱，在洞窟的四壁和塔柱上以浮雕方形连环画形式，集中雕刻了大量的佛传故事。现存较完整的仍有33幅之多。由于西壁风化严重，内容难以辨识。东、南两壁现保存的画面有：太子较艺、宫中嬉戏、请求出游、出游四门、耶输陀罗入梦、逾城出家、入山求道等。在中心塔柱大龛的左、右又浮雕出树下诞生、九龙灌顶等场面。实为云冈石窟中内容较丰富的一套佛传故事。

3. 反映佛经内容的故事画

云冈石窟中的佛经故事雕刻主要取材于《杂宝藏经》、《六度集经》、《贤愚经》。但表现最多的是《妙法莲花经》和《维摩诘所说经》的内容。

这两部经的特点是由故事作比喻，易于用形象来表达。所反映出佛教中的"空"、"无"道理，又是其他"般若"各经中所表达不到的。佛教中"一切众生，皆有佛性"、一阐提人皆得成佛的学说正是出自于《法华经》，所以云冈石窟造像中多采用这两部经的内容。以形象化了的形式进行表现，对于宣传佛教教义来说，其作用比文字宣传更为普遍和广泛。

《妙法莲花经》在云冈石窟中，表现最多的造像是《见宝塔品》的释迦、多宝像（在石窟中一龛内并坐二佛皆为此类造像），至今仍保存有近385幅较为完整的画面。《序品》中妙光菩萨和日、月灯明佛像（第7窟后室北壁上层大龛内即为此题材），《从地涌出品》中的释迦牟尼和弥勒菩萨像（龛内佛像一般均为释迦像，而呈交脚状的菩萨装像均被认为是弥勒菩萨），还有八部护法等。

《维摩诘所说经》表现最多的是《问疾品》中的文殊师利菩萨与维摩诘说法像（第7窟南壁拱门两侧），至今仍保存有25幅故事画面；《菩萨行品》中维摩诘与文殊师利共见释迦像（第6窟南壁拱门上部）；《观众生品》中天女与舍利佛幻化像（第6窟上层）；《香积佛品》中维摩诘、文殊师利和正中幻化菩萨像（第14窟西壁）等。

此外，还有部分因缘故事画的雕刻，如"二比丘出家缘"、"鬼子母失子因缘"等，其数量有限，在石窟中一般不太明显，且为数极少，只有在第11窟、第35窟、第38

窟见到几例，实为石窟雕刻中所罕见。

云冈石窟佛经故事画的雕刻内容较为丰富，由于篇幅有限，在此不能一一列举，故简列下表示意。

A. 本行故事

1. 六牙象投胎：第 31 窟南壁、第 35 窟北壁、第 37 窟东壁、第 38 窟北壁；

2. 净饭王夫妇：第 6 窟中心塔柱；

3. 树下神像：第 6 窟中心塔柱；

4. 祝贺王后：第 6 窟中心塔柱；

5. 国王与王妃：第 6 窟中心塔柱；

6. 树下诞生：第 6 窟中心塔柱、第 37 窟东壁、第 41 窟北壁；

7. 七步莲花：第 6 窟中心塔柱、第 41 窟北壁；

8. 九龙灌顶：第 6 窟中心塔柱、第 37 窟东壁；

9. 骑象入城：第 6 窟中心塔柱；

10. 阿私陀占相：第 6 窟中心塔柱；

11. 净饭王与王后：第 6 窟中心塔柱；

12. 建三时殿：第 6 窟中心塔柱；

13. 太子乘象：第 6 窟中心塔柱；

14. 净饭王夫妇教子：第 6 窟中心塔柱；

15. 商主奉食：第 8 窟后室东壁下层、第 12 窟后室南壁、第 37 窟东壁、西壁；

16. 太子较艺：第 2 窟东壁北部、第 6 窟东壁、第 37 窟西南角；

17. 宫中嬉戏：第 6 窟东壁；

18. 乔成如听法：第 7 窟后室西壁下层；

19. 父子对话：第 6 窟东壁、第 30 窟南壁；

20. 出游四门：第 6 窟东壁（四幅）、第 10 窟后室南壁；

21. 惊见三梦：第 6 窟南壁、第 37 窟北壁；

22. 逾城出家：第 28 窟西壁、第 31 窟南壁、第 35 窟西壁、第 38 窟北壁、第 41 窟北壁；

23. 白马吻足：第 6 窟明窗西壁、第 28 窟西壁、第 30 窟南壁、第 41 窟北壁；

24. 山中访道：第 6 窟南壁（二幅）；

25. 鹿野苑说法：第 6 窟东壁中层、第 12 窟前室北壁、第 29 窟明窗东侧、第 37 窟东壁、第 38 窟西壁、第 39 窟塔柱西侧；

26. 降伏火龙：第 7 窟后室西壁下层、第 12 窟前室西壁、第 31 窟南壁、第 35 窟南壁、第 38 窟南壁；

27. 降魔成道：第6窟西壁、第8窟后室东壁下层、第10窟后室明窗西侧、第12窟前室东壁、第30窟西壁（残）、第31窟南壁、第35窟南壁、第38窟西壁；

28. 掷象成坑：第37窟西壁；

29. 三道宝阶：第38窟南壁；

30. 雕鹫怖阿难：第38窟南壁；

31. 四天王捧钵：第8窟后室东壁下层、第12窟前室北壁；

32. 涅槃像：第11窟西壁上层、第35窟东壁、第38窟北壁。

B. 本生故事

1. 睒子本生：第1窟东壁（两幅）、第9窟前室西壁及北壁（6幅）；

2. 慕魄太子本生：第7窟前室东壁；

3. 儒童本生：第10窟前室东壁、第12窟前室东壁、第34窟西壁、第35窟西壁、第38窟东壁；

4. 兔王本生：第7窟前室东壁。

C. 因缘故事、佛经故事

1. 维摩诘所说经·文殊师利问疾品：第1窟门栱两侧、第2窟门栱两侧（残）、第5窟南壁西侧、南壁东侧、第7窟后室南壁门栱两侧、第24窟东壁、第29窟南壁东侧、第37窟南壁明窗两侧；

2. 维摩诘经·香积品：第14窟西壁；

3. 维摩诘经·菩萨行品：第6窟南壁；

4. 忉利天宫：第9窟前室列柱顶部、第10窟前室顶部；

5. 罗睺罗父子相认：第9窟前室西壁、第19窟西南角、第34窟西壁、第38窟北壁、东壁；

6. 鬼子母失子因缘：第9窟后室南壁西侧；

7. 尼乾子投火因缘：第9窟后室南壁西侧；

8. 八天次第问法因缘（十六大菩萨）：第9窟后室南壁西侧；

9. 二兄弟出家因缘：第9窟后室南壁东侧；

10. 天女华盖供养因缘：第9窟后室南壁东侧；

11. 父闻子得道欢喜得生天缘：第9窟后室南壁东侧；

12. 燃灯供养：第10窟前室东壁；

13. 妇女厌欲出家因缘：第10窟后室东壁；

14. 大光明王发道心因缘：第10窟后室南壁；

15. 吉利鸟因缘：第10窟后室南壁；

16. 悉达多乘象劝化缘：第10窟门栱西侧；

　　17. 难陀出家因缘：第 10 窟前室北壁、第 25 窟南壁西侧；

　　18. 阿输迦施土缘：第 12 窟前室西壁、第 18 窟南壁西侧、第 29 窟南壁东侧、第 33 窟西壁、第 34 窟东壁、第 38 窟东壁；

　　19. 婆薮仙因缘：第 9 窟前室明窗、第 12 窟前室西壁；

　　20. 护明菩萨跨象：第 31 窟南壁；

　　21. 弥勒兜率天宫说法：第 38 窟西壁；

　　22. 梵天请法六事品：第 7 窟前室东壁（残）。

二　云冈石窟佛经故事画的特点

　　云冈石窟素以精湛的雕塑艺术而著称于世，我们认真观察石窟之后认为，在艺术上久负盛名的云冈石窟，绝非是石窟中气势宏大的主像所能完全表达出来的。石窟中的佛经故事画以其简练的构图、明快的手法、浓郁的民族形式丰富了石窟的内容，烘托了石窟的气氛，使石窟更加富丽堂皇，充满玄机，既达到了艺术形式上的统一、和谐的完善，又使枯燥的宗教、呆板的佛寺增加了诱惑力和感召力。这正是云冈石窟的艺术精华所在。所以我们说，佛经故事画的雕刻在石窟寺中占有重要的地位也不为夸张。

　　云冈石窟中的佛经故事画是随着社会的发展以及宗教思想的流行而展示出它特殊的风貌。从题材选择，到构图设计；从位置变化，到表现手法，佛经故事画的雕刻都具有鲜明的时代特征，下面试就各时期的表现形式和特点作一探讨。

　　被列为云冈早期开凿的 16 至 20 窟，它位于石窟区中部，由于受当时流行佛教思潮的影响，工程的主要设计者——昙曜和尚，针对“胡本无佛”的思想突出地表现了“三世佛”造像的布局，主像高大占据窟内主要位置，在艺术上突出造像高大雄伟、朴拙浑厚的气势；宗教上体现佛法流过后世，永存无绝的思想。高大的佛像和排列有序的菩萨、供养人等，同时将虚无飘缈的佛与现实生活中掌管最高权力的皇帝等同起来，表现了北魏佛教依靠世俗皇权的特点。这一时期的造像题材较为简单，其中故事画也不为主流，仅有的“罗睺罗父子相认”和“阿输迦施土缘”以高浮雕的雕刻手法出现，也只是主像的附庸作品。

　　由于北魏统治者的大力扶持和全身心的投入，佛教得到了空前的繁荣。开窟造像、建寺立塔之风日渐昌盛。从而迎来了云冈石窟营造的极盛时期（中期）。

　　这一时期，北魏统治集团在统治意识和社会风俗方面进行了一系列尝试性的改革，使中国传统文化与审美情趣在石窟雕造过程中产生了潜移默化的影响，为佛教艺术中国化打下了坚实的基础。在石窟的造像题材上呈现出绚丽多姿的局面。因而，这一时期的佛经故事画内容极为丰富，在雕凿中多采用浅浮雕的技法。

此间的洞窟列制从早期的平面呈马蹄形穹隆顶，改为方面平顶状，为连续雕刻故事画创造了条件。

在石窟中的第6、7、8、9、10、11、12诸窟中，相当一部分的佛本行、本生故事画及各种因缘故事呈现出来，其中以连环画的表现形式尤为突出，同时在画面上出现了条状榜题。由于风化剥蚀严重，文字已荡然无存。其作用显然是为了说明雕刻主题而精心设计的。这种表现形式，明了地承袭了汉代以来墓室壁画的做法和风格。这一时期故事画的雕刻位置从补白走向石窟的主要壁面，占据了四壁的大部分面积，但对主像没有喧宾夺主之势。在内容选择上，匠师们选择了当时流行的人们所熟习的经文，内容虽不多，但确不失其连贯性。

以云冈石窟第6窟为例，在大龛两侧浮雕佛本行故事的做法，是匠心独到的创造，它不但填补了在龛楣以下的空隙处，完成了对大龛两侧的完美的装饰效果，又很自然地旋绕着中心柱，将画面结合在一起，使这一组佛本行故事雕刻连续浮现在绕柱礼佛的人的面前，形成完整的概念。以这种形式而表现的关于佛本行故事题材的题刻，是中国石窟艺术中的独创风格。这一组故事画的雕刻，有别于新疆克孜尔的110窟及敦煌莫高窟290窟的佛传故事画。它是在围绕释迦牟尼出家至成佛这一段故事中进行了有选择性的雕凿。在画面上采用了近似内容的处理，虽然在情节上略有出入，但却不失对主题的渲染，既注意了画与画之间的连贯性，又使每幅画面具有独立成章的意义，从而保持了故事的独立性和完整性。这种统一和谐的构思和独具匠心的处理，具有强烈的生命力的浓郁的民族特色。

公元494年，拓跋统治集团由于政治上的需要，将都城迁到洛阳。因而，使开凿石窟的主要力量也随之南迁。这时云冈石窟大规模的雕造即告结束，但小规模的开窟造像一直延续到北魏正光年间（520～525）。

这一时期的工程规模较小，石窟规模也相对缩小，故事画的雕刻也就失去了占据主要壁面的位置，多在门拱附近或佛龛的周围出现，内容较为单调，构图相对简单，表现手法也日趋程式化，突出了装饰美。如围绕《维摩诘所说经》雕出的"文殊问疾"的图画，早期多是文殊、维摩或文殊、维摩、释迦同置一龛内，维摩倚坐于榻上，而这一时期只雕一维摩便将"文殊问疾"的题材反映出来，手法简练，雕刻简单。

在此之前，佛本行故事雕刻中不见有"乘象投胎"的题材出现。而这一时期此题材表现不少，在云冈石窟第37窟中表现的尤为突出。

据佛经记载："于是能仁菩萨化乘白象，来就母胎。"第37窟中的东壁南上角，雕刻家们采用夸张的手法，刻出一人怀抱婴儿，乘象作飞奔状，投胎送子，形象逼真，动作感人，融现实生活与艺术造型为一体。这一题材与莫高窟第290窟在画面处理上截然不同，但内容却相一致。

云冈石窟佛经故事画的雕刻，某种程度上反映出北魏社会的兴衰以及佛教的发展与变化。它和北魏社会的政治、宗教是分不开的，我们通过释读这些图画，可以窥视到北魏社会的实质。

三　佛经故事画雕刻的历史意义

佛经故事画的雕刻可以追溯到佛教石雕艺术作品最早产生的时期。即古印度孔雀王朝阿育王在位时。

当时，以佛本生故事和佛传故事作为题材的雕刻，目的只是为了赞美佛陀。但这期间并没有佛的形象，而只是用象征的手法所表现。如足迹表示其"降诞"；宝座表示其"降魔"；菩提树表示其"成道"；堵波表示其"涅槃"等。

而距阿育王时期约七百余年之后开凿的云冈石窟，已不再是单纯地对佛陀的赞美，它和皇权、政治、宗教需要紧紧地联系起来。云冈石窟开凿的过程正好说明了这一问题。北魏道武帝拓跋珪历经战争，控制了黄河以北的大部分地区，于天兴元年（398）建都平城（今山西省大同市）。由于统治者残酷地奴役、剥削，因而起义的浪潮不断涌起，沉重地打击了北魏统治集团。而北魏的统治者在施残酷镇压政策的同时，也愈来愈认识到宗教的作用。从而利用佛教作为麻醉劳动人民的鸦片和巩固统治地位的工具，于是便下令在首都建立寺院，封沙门法果为"道人统"以领导僧团。法果则投其所好，一改过去"沙门不礼俗"的习惯，带头礼拜帝王。

《魏书·释老志》云："初，法果每言，太祖明睿好道，即是当今如来，沙门宜应尽礼，逐常致拜"。他从发展佛教的需要出发，自欺欺人地宣扬"我非拜天子，乃是礼佛耳。"就这样帝王变成了佛，佛即是天子。由于佛教徒信仰佛，推崇佛教就等于推崇自己，对于统治者来说何乐而不为呢？正因如此，文成帝（452~465）继位，一方面颁布诏令，强调佛教要"助王正之禁律，益仁智之善性。"表明了佛教要为北魏政权服务的观点，另一方面，"诏有司为石像，令如帝身。即成、颜上足下各有黑石，冥同帝体上下黑子。"以"当今如来"自居。沙门昙曜正是在充分理解了文成帝的意图之后，为迎合讨好帝王，故伎重演"开窟五所，镌建佛像各一"，表面上为了讨好帝王，实则是以佛教发展的需要为目的。因为佛教只有依靠皇室的支持和倡导才能迅速发展起来。这可从他选择"三世佛"为题材而得到证明。在此，皇帝与佛教成为相互利用的关系。所以这一时期的造像是针对废佛后所流行的"胡本无佛"的说法，主要雕造了"三世佛"和"千佛"以宣传佛教的源远流长。而佛经故事画的雕刻利用还未能顾及。

随着社会的发展稳定，北魏崇佛的程度达到了空前的水平。云冈石窟虽然开凿于文成帝时期，但大量的洞窟则是完成于孝文帝迁都洛阳之前。从《魏书·高祖纪》的记载中可以看出，孝文帝经常巡幸云冈石窟，足见他对这一工程的关注，这是与他从小受到佛教信仰的熏陶分不开的。

孝文帝提倡佛教，但更重视对佛理的研究。"高祖曾集沙门讲佛经，因命宣论难，甚有理诣，高祖称善"。（太和元年）三月，又幸永宁寺设会，行道听讲。命中、秘二省与僧徒讨论佛义。但是，枯燥乏味、哲理深奥的佛教义理是人们难以接受的。于是通过造型艺术，融强烈的生活气息，将佛经故事绘画雕刻在寺院或石窟中，一方面可以吸引更多的信徒，另一方面又可以起到麻痹人们"累世修行"重视因果放弃斗争的作用。所以，云冈石窟中，在这一时期雕凿较为华丽，佛经故事画的大量涌现，成为这一时期的主要题材之一。

由于北魏统治者的大力提倡，佛教的发展速度较快。自兴光（454～459）至太和元年（477）二十来年，平城内有寺百所，僧尼二千余，北魏有寺六千四百七十八所，僧尼七万七千二百五十八人。然而，在北魏集团残酷的统治下，许多人是"假称入道，以避输课"，并不是出自信仰。因而，为了"纯洁"僧尼队伍，孝文帝下令予以整顿，"其有道行精勤者，听仍在道，为行凡粗者，有籍无籍，悉罢归齐民。"加之太和年间（477～499）沙门的屡次暴动遭到打击和孝文帝迁都洛阳，平城失去了政治地位，佛教的发展日趋衰落，云冈石窟也失去了昔日的光彩。此时云冈石窟所反映出的特点是，洞窟狭小，内容单调，佛经故事画也是凤毛麟角，与历史的事实正好相吻合。所以我们认为：通过对佛经故事在石窟中的表现来了解北魏社会的历史、政治、宗教和文化现象是可行的。

云冈石窟佛经故事画的雕刻，它和石窟中的其他雕像相映生辉，共同构成了云冈石窟的艺术特色，使石窟寺中的宗教气氛更加浓厚。同时，它的雕刻为隋唐经变画的大量出现做了有益的尝试，并对研究北魏历史状况提供了新的参考素材。

（摘自《三晋旅游报》2003 年 10 月 20 日）

云冈本缘故事雕刻内容及其特征

赵昆雨

云冈佛教故事内容大致分为四类：一是讲述释迦一生事迹的本行故事；一是宣扬释迦前生积行善世的本生故事；一是展示释迦度化众生的因缘故事；还有一种是取材于《维摩诘经》、《妙法莲花经》等经的其他类故事①。以上种种，本文统称之为本缘故事。经调查统计，云冈目前尚存本缘故事画面 220 余幅，可考名者 158 幅（详见表一），另有 100 余幅或漫漶不清或泐蚀殆尽。就这一雕刻内容进行专题研究，迄今主要有四：1. 长广敏雄《关于云冈本生谈表现》；2. 长广敏雄《云冈石窟中的二、三幅因缘像》；3. 这一研究领域成果最丰的是，20 世纪 50 年代初，水野清一、长广敏雄著《云冈石窟》十六卷本，其中就云冈本缘故事画面内容作了深入、详尽的考证，其成果影响至今；4. 杨泓《云冈第六窟的佛本行故事雕刻》。

本文拟在前贤研究成果的基础上，结合笔者近年在云冈调查的收获，试对云冈本缘故事雕刻内容作更系统、更全面的探讨。叙述时，本行故事按故事发展次第排序，本生故事、因缘故事按洞窟分期进行。凡属新考释内容，均标注"内容考释"字样。画面内容不清待考者，本文暂略。

一 本行故事

1. 降神选择②

画面见于中心塔柱西面南隅。屋檐下立 1 菩萨（图 1），右手握摩尼宝珠底座长柄，摩尼宝珠上下方纵列食物和衣物；左侧 2 高发髻人物，一捎袋欲去回盼，一左腿微曲，

---

① 其他类故事，另文总结。
② 这一画面内容考释，得益于敦煌研究院张学荣先生的启发，借此致谢。

合掌面迎菩萨。

内容考释：这一画面，水野、长广先生认为是表现"纳妃"的内容，杨泓先生认为是表现"商人奉宝"的内容，二者冠名虽异，但是有一点是一致的，即均判识画面中宝物系由2高髻人物奉于菩萨这一关系，这也是其考名之主要依凭。

纳妃说，虽迎合了故事延续的需求，却无适于画面内容的经文依据。

商人奉宝说，引自《过去现在因果经》。经云：太子降生后，国王抱太子往诣天寺，回宫后，即现诸瑞，其中有"诸大国商人，从海采宝……而来谢王"。但是，按这一考名结果，其前后画面内容在衔接上，窒碍难通，有削足就履之嫌。

我们注意到，就画面中2高发髻者的姿势和意趣来看，其并非奉宝之商，相反，是前来接受布施后满囊而归之人。类似图像尚见于云冈第9窟"睒子本生"浮雕故事以及甘肃泾川王母宫石窟。前者表现的是睒子与其父母入山修行前，将家中一切物品施于国中穷人的情节；后者画面原释为"婆罗门为释母占梦"，似有误，亦应是关于布施的内容，并与第6窟具有一定渊源。

第6窟毕工于公元494年之前，考此前佛本行诸经，释迦降诞后涉及布施的内容寥寥，降诞前则有几处记述，多是关于菩萨托生于何处、以何形象降现云云，其中以《普曜经》卷1《论降神品》于画面最为贴切。经云：

> ……咸共讲义，当使菩萨现生何种？菩萨抱曰："今此种姓炽盛，五谷丰熟，安隐贫贱。……其白净王性行仁贤，夫人曰妙姿，性温良，仁慈博爱，容色难伦，心无倾移，无有子姓，……好乐布施，禁戒无漏。……前五百世为菩萨母。释种饥虚，宿夜望待，应往降神受彼胎。

画面即表现王后慈好布施的情景，预示菩萨降神投胎之选择。

2. 乘象投胎

这一题材，云冈始见于晚期，如第5-10、5-11、5-38、31、32-3、33-4、37、38、41窟等。画面内容：有两种构图形式。一是摩耶夫人侧卧于榻上，一菩萨怀报童子，乘象冲向摩耶右胁。榻下，诸伎者各持乐器共奏；一是仅作菩萨骑象状，通常与"逾城出家"对称布局。

3. 占梦

画面位于第6窟中心塔柱西面。屋檐下，2菩萨装人物前后并坐，前者右手捏莲茎，左手托物（图2）；后者合掌掬花，迎面立1人，伸展右手。其上方雕1比丘，1供养者。

内容考释：这一题材内容，毗接"降神选择"，另据画面所示，可能表现的是占梦的内容。"尔时白净王见摩耶夫人诸瑞相已，欢喜踊跃，不能自胜。即便遣请善相婆罗门，以妙香花种种饮食而供养之。供养毕已，示夫人右胁并说瑞相，白婆罗门言：'愿为占之，有何等异？'时婆罗门即占之曰……。"

画面中前后并坐的2菩萨分别是白净王夫妇，迎面所立人物可能是占师。过去一些著述通常将第6窟佛本行故事中的白净王夫妇称为"净饭王"，按隋阇那崛多译《佛本行集经》称国王为"净饭王"，西晋竺法护译《普曜经》、刘宋求那跋陀罗译《过去现在因果经》则称"白净王"。云冈系北魏造像，应以后者为是。

4. 树神现身

画面：见于第6窟中心塔柱北面并折向东隅。屋檐下2立菩萨合掌礼敬，身后1侍从合掌执莲，上方雕2供养天。折入部分：无忧树下1逆发形人，赤足单腿盘坐于台上，右手持莲蕾，左手上举。

内容：太子降生时，先现三十二种瑞应。第三十二者，一切树神半身人现，低首礼待。

5. 礼贺母胎

画面位于第6窟中心塔柱北面并折向西隅。

画面：屋檐下并坐2菩萨，前者右手持莲，后者左手托腮，右手叉腰。折入部分：4天人合掌礼敬。

内容考释：这一题材内容，过去定名很笼统，应是礼贺供养母胎的内容。《普曜经》卷2《降神处胎品》："一切欲界天王俱来诣迦维罗卫贡上宫宅，一心自归供养菩萨。"《过去现在因果经》卷1："菩萨在胎，夫人婇女有来礼拜而供养者，或复有来作是愿言：'当令得成转轮圣王。'"

6. 树下诞生

画面内容：见于第6、32-3、33-3、37、41窟等。无忧树下，菩萨装的摩耶夫人，右手攀无忧树枝伫立，左手臂由侍女搀挽，太子由右胁降生，1天人半跪以天缯承接。

第37窟东壁佛降诞图，概因壁面空间受限，匠师摒弃了传统的构图模式，作一莲喻示佛诞生。公元2、3世纪的印度早期佛教图像中，常以一朵莲花或一株无忧树表示佛诞生，云冈概受染于此。

7. 七步宣言

画面：见于第6、41窟。伞盖下1立佛，舟形背光，右侧2伎乐各奏天乐。

内容：太子即生，前后左右各行七步，步步生莲，手指天地，显扬梵音。

8. 九龙灌顶

画面内容：见于第 6、37 窟。太子立于台几上，舟形背光，上端布列 8 龙洗浴圣尊，两侧各 1 菩萨半跪。

9. 骑象入城

画面内容：见于第 6 窟。国王双手举抱太子乘象入城，2 伎乐于前导引，1 侍者执伞盖尾随。

10. 阿私陀占相

画面：见于第 6、41 窟。阿私陀仙人半跏坐于束帛座上，两手抱起太子观相，国王夫妇合掌礼敬。

内容：阿私陀为太子占相，"若在家者，年二十九为转轮圣王，若出家者，成一切种智，广济天下人"。

11. 姨母养育

画面：见于第 6 窟。一屋殿中，2 菩萨装人物并坐方台上，太子迎面半跪合掌礼拜。

内容：太子出生满七天，摩耶即告命终，后由姨母波提抚养。

12. 建三时殿

画面：见于第 6 窟。一宫殿，设栏杆，太子立于宫殿前，右手持物。

内容：国王为使太子不生学佛之心，起三时殿。

13. 太子乘象

画面：见于第 6 窟。太子骑象，前有伎乐舞乐，后随 2 侍者，一执伞盖，一持花蕾。

内容：国王选五百婇女意欲趣悦太子，不生烦恼。

14. 商议赴学

画面位于第 6 窟中心塔柱西面。

画面：一屋殿内（图 3），白净王与波提并坐于方台上，迎面 2 高发髻人物，一合掌半跪礼拜，一侍立。

内容考释：这一画面，过去释为"父子对话"，显然是将画面中半跪高发髻者视为太子。我们注意到，第6窟本行故事中的太子形象，无一不是头戴冠饰的菩萨装。所以，对于这一人物的身份，尚待重新识别。

据《修行本起经》卷上《菩萨降生品》："王用愁忧，即召群臣：'阿夷相言，必成佛道。以何方便使太子留，令无道志？'有一臣言：'唯教书疏，用击志意。'"

画面表现的是国王与臣议太子赴学之事，合掌半跪高发髻者概为臣，或为师。

15. 建大学堂

画面位于第6窟中心塔柱西面北隅。

画面：一宫殿，设围栏，太子立于宫门前，右手扶门框，左手持莲蕾。

内容考释：据《过去现在因果经》卷1："时白净王为太子起大学堂，七宝庄严，床榻学具，极令精丽，卜择吉日，即以太子与婆罗门而令教之。"

画面表现太子在大学堂的内容。

16. 树下思惟

画面：见于第6、32－12、33－3窟。阎浮树下，一菩萨半跏坐，一手托腮冥思。另外，石窟中尚见有一些作为夹侍菩萨而配置的树下思惟像，如第9、10窟等屋形龛两侧，它们并不具有故事属性，故不计入。

内容："时菩萨游，独行无侣，经行其地，见阎浮树荫好茂盛，则在彼树荫凉下坐，一心禅思，三昧正定，以为第一。"

17. 太子较艺

画面：见于第2、6、37窟。3人前后排立，前2人高发髻形，后者饰冠。3人张弓搭箭，引射3鼓。

内容：国王欲为太子娶妻，太子遂与各术士较力，试艺定婚。

18. 掷象

画面：见于第37窟。一太子双手牵执大象鼻；一太子双手抱起大象；一太子伸直右臂以掌托大象。

内容：调达"即以右手牵象头，左手执鼻扑捏杀之。于时，难陀与诸等类共出城门，见于大象当路而死，……即时牵移著于路侧。于时菩萨寻出城门，见此死象……即右手掷置城外，去堑极远。"

陇东王母宫石窟中心塔柱北面左侧，亦见此题材，其构图、人物姿态与云冈同气连枝，一脉承传。

19. 宫中娱乐

画面：见于第 6 窟。一宫殿内，国王举左手，单腿盘坐。阁外旁侧，2 人贴身下蹲，互以手相抚。阶下，1 人曲披腿半躺地上，另 1 人持瓶状物顺势塞向其口中，后有 2 人，一盘腿一跪坐观。

内容：《过去现在因果经》卷 2："王恐（太子）愁忧，不乐在家，更增妓女而娱乐之……昼夜娱乐。"

20. 父子对话

画面：见于第 6 窟。盝形帷幕帐内，国王单腿盘坐于榻上，太子合掌半跪旁边。

内容：婚后，太子仍郁郁寡欢，即向父王请示出宫游观。

21. 出游四门

画面：见于第 6 窟。4 幅，均作一宫殿前，太子骑马，后有 1 侍者执伞盖，上方 1 飞天振翻凌空。第 1 幅，遇 1 老者，躬腰挂杖蹒跚而行；第 2 幅，遇 1 病人，手拄双杖而坐，束帛座；第 3 幅，遇出殡，1 人执幡 1 人回首召唤；第 4 幅，遇 1 比丘。第 3 幅与第 4 幅之间，另有"回宫不乐"画面，为便于叙述，暂置后。

内容：太子出游东南西北四门，遇老病死僧，遂感生命无常，即念解脱诸苦之道。《过去现在因果经》卷 2："尔时太子与诸官属前后导从，出城东门，……时净居天化作老人，……即回车还，愁思不乐"；出城南门，"时净居天化作病人……即便回车还入王宫，坐自思惟，愁忧不乐"；出城西门，净居天"化为死人……太子到宫，恻怆倍常"；出城北门，"时净居天化作比丘，法服持钵，手执锡杖视地而行"。

22. 回宫不乐

画面位于第 6 窟南壁。盝形帷幕帐内，仅存 2 供养人，双手合掌。拱端 1 供养天。余皆泐蚀。

内容考释：因于风化，这一画面内容过去不为人重，亦未见有考名者，由其位于太子出游南门与北门之间，可以推知人物活动的时间；盝形帷幕帐又揭示出人物活动的特定地点。据《过去现在因果经》，太子每次出游回宫后，均愁忧不乐（经见出游四门）。毋庸置疑，画面即表现太子出游后回宫不乐的内容。

同样题材内容亦见于敦煌北周 290 窟佛本行故事壁画，不同的是，该壁画中太子四次出游，均绘有回宫不乐的画面。云冈则以一概全，做法凝练，反映了壁画与雕刻在构图处理上各自不同的表现特点。

23. 出家决定

画面：见于第 6、8、37、41 窟。耶输陀罗右手支颐卧于榻上，太子单腿盘跨于榻之旁端，抚腮凝神冥思，身后半跪 1 高髻天人。榻下 4 伎乐纷呈慵倦不振之状。

内容：太子看到耶输陀罗与诸婇女入睡，暗自思忖，"我今当学古昔诸佛所修之行，急应远此火之聚"。

24. 逾城出家

画面内容：见于第 6、8、28、35、41 窟等。太子骑马行空，四天王各捧一马蹄迅起，逾越宫门，1 飞天执伞盖随后。这一题材云冈晚期较流行，但画面构图简单，如第 19 - 1、5 - 11、5 - 38、31、38 窟，仅作太子骑马状，与"乘象投胎"画面对称布局。

25. 犍陟吻足

画面：见于第 2、6、28、30、41 窟。太子半跏坐，一马前蹄双跪，舐太子足，旁有 1 比丘胡跪，双手托太子足。

内容：太子与仆马惜别，白马依依不舍，舐太子足辞别。

26. 跋伽仙人迎见太子

画面：见于第 6 窟，2 幅。（1）山峦树间，一人跌坐，因风化，身份不明。一高发髻人物，举左手，面西而立，旁雕一树，树冠落鸟。（2）分上下层。上层，树下一坐像，手持水瓶和圆状物，探身与迎面半跪合掌人物对话，其身后 2 高髻者，亦各持水瓶和圆状物，面西而立。下层，5 高发髻人物，坐姿不明，其中 2 人手托圆状物，面西而视。由人物冠饰来看，两幅画面中均无太子形象。我们注意到，画面中人物的视线及面部多西向，似在行注目礼，即转向画面（3）。（3）风化严重，由残迹可识，其时空与环境表现与前无异。太子可能在此画面中。

内容：太子遣返仆马，入山先行寻访了跋伽仙人。

27. 山中思惟

画面：见于第 6 窟。盝形帷幕龛内，一菩萨处于山峦间，手托腮部半跏而坐，两侧雕刻供养天。

内容：《过去现在因果经》卷 3："使者受敕，寻求太子，见在般茶婆山于一石上端坐思惟。时使即归，具白大王，王便严驾……遥见太子相好光明，逾于日月。"

28. 山中苦行

画面：见于第 12 窟。释迦禅定坐，身体羸瘦，筋骨暴露。

内容：《过去现在因果经》卷 3："车匿受敕，即领千乘疾速而去，至太子所，见形消瘦，皮骨相连，血脉悉现。"

29. 降魔成道

画面：见于第 2、6、8、10、12、30、31、35、38 窟。释迦跌坐，龛外四周满布群魔，或托山、抱石，或持弓、舞剑、挥斧、捉蛇；猪首、马首、牛首、狮首、熊首、象首俱全，3 魔女妖媚弄姿，抑或化作老妪状。

内容：魔王波旬得知释迦将成正觉，整集魔军百般恐吓，进行阻挠，释迦施法力，"于二月七日夜降服魔已，放大光明，即便入定，思惟真谛。"

30. 商主奉食

画面：见于第 16 – 1、17、12、37 窟。释迦坐佛两侧，雕刻马匹、骆驼、比丘及俗装人物。

内容：释迦成道后，先行在婆罗捺国为侨陈如等 5 人说法，有 2 商主听受天神劝言，奉蜜麦供养释尊。

31. 四天王奉钵

画面：见于第 8、12 窟。尖拱龛内，一佛跌坐，手持一钵。两侧各 2 供养天，持钵胡跪。

内容：有 2 商奉食，释迦自忖，过去诸佛多以钵盛食。四天王晓其意，共奉 4 钵，释迦以法力令其合为一体，盛受供食。

32. 初转法轮

画面：见于第 6、12、29、38 窟。释迦跌坐，座前刻 3 圆轮，两侧各伏一鹿，龛内外雕刻侨陈如 5 比丘及其他闻法弟子。

内容：释迦于菩提树下坐禅冥思，终于觉悟成道，即往鹿野苑向侨陈如等五人宣说"四谛"、"八正道"等，五人遂归依释迦，成为最初的弟子，这次说法称为"初转法轮"。

33. 降伏迦叶

画面：见于第6、7、12、31、35、38窟。释迦持钵跌坐，钵中一龙头。龛内充满火焰，内侧1比丘执杖伫立。龛外围山峦叠嶂，山间众梵志或持瓶倾水，或背罐运水，或缘梯扑火，各种动物雀跃其间。

概受长卷式浮雕连续故事形式的影响，第12窟前室西壁降伏迦叶故事造像龛，将弟子救火与降龙入钵分作两幅画面表现，类似做法，云冈浅尝辄止。

内容：释迦夜宿石窟，内有恶龙。"恶龙毒心转盛，举体烟出，……迦叶惊起，见彼龙火，心怀悲伤，即敕弟子以水浇之，水不能灭，火更炽盛，石室融尽。尔时世尊身心不动，容颜怡然，降彼恶龙，使无复毒，授三归依，置于钵中……即便举钵，以示迦叶"。

34. 雕鹫怖阿难入定

画面：仅见于第38窟。山峦间，动物雀跃，山底并列2龛，大小相通（图4）。小龛内坐一禅僧，龛顶正上方一鹫鸟陡然俯冲下来，奋爪欲啄。大龛内，释迦坐佛右手穿透龛壁伸过来，抚慰禅僧头顶。

内容：事见《法显传·王舍城》："西北三十步复有一石窟，阿难于中坐禅。天魔波旬化作雕鹫，住窟前恐阿难，佛以神足力隔石舒手摩阿难肩，怖即停止。"

35. 三道宝阶

画面：仅见于第38窟。盝形拱门前阶梯上，1交脚菩萨坐于台上，1地神托扛其足，两侧各1菩萨。1龙背负菩萨座台，昂首衔珠舞爪。画面左上方分层并立4佛、3菩萨，均合掌礼敬。

内容：释迦在忉利天为母说法欲返，诸天神化作琉璃、银、金三道宝阶，释迦沿阶而下。《法显传·僧伽施国》："佛从忉利天上东向下，下时化作三道宝阶，佛在中道七宝阶上行；梵天王亦化作白银阶，在右边执白拂而侍；天地释化作紫金阶，在左边执七宝盖而侍。"

36. 涅槃

画面：见于第11、36、38窟。画面繁简不一，以38窟北壁涅槃图最为复杂。画面分作3层：上层5比丘；中层，释迦头东脚西横卧于寝台上，1弟子半跪，手托佛头部，另1弟子半跪抚佛双足，寝台上方5举哀弟子披头散发，均呈痛不欲生状；下层雕6伎乐，各持天乐共奏供养。

内容：据《大般涅槃经》，释迦成佛后，四方游说传教长达 45 年，后由王舍城长途来到拘尸那揭罗婆罗树国，坐于双林间向弟子作了最后一次说法，之后，头北面西侧卧而终。

二　本生故事

1. 昙摩绀闻偈焚身

画面位于第 7 窟前室东壁上层北端。

画面：一楼阁式宫殿前，1 人左手上举，右手叉腰，身边 2 立像，迎面有一簇高挑的火焰，其余风化不明。

内容：昙摩绀好乐正法，为闻一偈欲投火坑。天帝释知其至诚，即时令火坑变成花池。

2. 慕魄太子本生

画面位于第 7 窟前室东壁上层。

画面：一楼阁式建筑前，设门及围栏，门半开，院内 1 人仰躺于板上，下有 3 人托扛，上方 1 人张臂。门外阶上 1 人盘坐，1 人作奔跑状，二者之间另有 1 立像，左腿微曲。该画面水平处另残存 1 人物，作仰躺状，似与该故事有关，但内容不明。

内容：慕魄生后 13 年不语，臣言此不祥，应挖坑埋掉，国王听之。当太子对挖坑人讲“‘我则是太子慕魄也。’人即惊悚，衣毛为竖……仆即奔驰白王”。

3. 舍身饲虎

画面：见于第 7、35 窟。第 7 窟舍身饲虎故事位于主室西壁下层尖拱龛拱楣左端，并折向北壁（图 5）。西壁左端：3 人前后并立，冠饰风化不明，后者双手合掌，居中者手部残泐，前者右手持莲，左手泐蚀。下方，1 人物风化，仅存双腿，由其摆动轨迹看，不似飞天雕刻，而是投崖而下的太子，况其身体下端尚有数只虎形动物。北壁折入部分可辨识山峦及虎崽。

内容考释：这一画面内容因风化不堪而鲜为人注，由画面残存的一些细节看，应是《金光明经》卷 4《舍身品》所述内容。经云：摩诃萨垂与二兄游观园林，见一虎产 7 子，饥饿穷悴，身体羸瘦，命将欲绝。摩诃萨垂“即自放身，卧饿虎前”，虎饥饿过度，无力啖食，太子即以竹竿刺颈引血，投崖而下。

画面表现的是 3 太子出游、萨垂饲虎的情节。

该窟东壁同一位置处可识 2 人面北而立（仅存膝部），折向北壁部分依稀可辨山间一宫殿，可能与二兄悲号、埋骨造塔有关。

4. 睒子本生

表现睒子孝亲的故事，云冈见于第 1、7、9 窟，其中，第 1 窟从国王离宫出行开始叙述，除两幅画面尚可辨识外，其余风化殆尽。第 9 窟从菩萨投生盲父母家开篇，故事较前完整。

画面：

（1）一重层阁间，盲父母前后并坐，1 飞天凌空而下。阁外，睒子盘坐台上。画面左部上下两层各雕 3 俗人，上层 3 人捅袋欲去，下层 3 人合掌面向宝物。

内容：睒白父母入山求志，施家中物品。"睒即以家中所有之物，皆施国中诸贫穷者"（《佛说菩萨睒子经》，以下经同）。

（2）山间，二草庐内，盲父母各居其间。庐外，睒子肩负双亲行走。

内容：睒子与父母俱共入山修道。

（3）盲父母并坐一草庐内。庐外，睒子半合掌跪礼供养父母，身后，一些动物追逐嬉戏。

内容：与兽和处。

（4）山间，国王骑马射箭，身后四人骑马侍从。溪边，睒子左肩中箭半踞。

内容：睒子著鹿皮衣提瓶取水，迦夷国王入山射猎，误中睒胁。

（5）以榜题为界，右侧，草庐内盲父母挥舞双臂；左侧，国王低首合掌半跪，2 侍者绳牵 3 马，合掌躬腰。

内容：国王向盲父母忏悔。

（6）山峦间，5 人行。国王牵引盲父母，2 侍者牵马随后，合掌礼敬。山脉沿榜题下端伸延，通往另一画面，——1 人合掌，具头光，旁设榜题，其余风化。

内容：国王牵引盲父母往见睒尸。

5. 儒童本生

这一题材，云冈盛极，以晚期窟龛为最。如第 19－1、5－10、5－11、13－16、15、34、35、38、39 窟等，画面通常作 1 立佛，下方，儒童长发披地，佛欲蹈之。第 10 窟前室东壁之所见构图最详（图6），画面由左至右，有 3 个内容：（1）一楼阁内，卖花女左手持莲，右手飞扬。阁外，儒童左手持棒状物买花。阁顶脊上，一圆形物中间半跪 1 合掌天人。（2）儒童左臂挟五枚莲花而立。（3）1 立佛，具华盖，左侧脚旁，儒童合掌长跪，头发散布佛足下。佛右侧上方，2 比丘合掌礼敬，下方 1 逆发形夜叉手执拂子站立。

内容：据《六度集经》，儒童往归钵摩国，时逢定光佛，即买花献佛，见地淤泥，布发于上，令佛足蹈而过。

三 因缘故事

1. 阿输迦施土缘

这是云冈本缘故事雕刻数量最丰的题材，尤以晚期窟龛居多，如第 19 – 1、5 – 11、5 – 38、5 – 39、25、29、33、34、35、38、39 窟等。

画面：通常作 1 立佛，左手（抑或右手）持钵低垂，下有 3 童子相攀肩蹬，其中 1 童子双手捧物欲投入佛钵中。3 童子姿态各窟迥异，云冈现存 17 幅阿输迦施土缘故事画面中未见有雷同者。

内容：《贤愚经》卷 3："尔时，世尊晨与阿难入城乞食，见群小儿于道中戏……有一儿遥见佛来，见佛光明，敬心内发，欢喜踊跃，生布施心。即取仓中名为谷者，即以手掬，欲用施佛，身小不逮，语一小儿：'我登汝上，以谷布施。'……即蹑肩上，以土奉佛，佛即下钵，低头受土。"

2. 罗睺罗因缘

画面：见于第 19、34、38 窟。1 立佛，左手摩抚半跪其旁的比丘头顶。

内容：据《杂宝藏经》卷 10："白净王渴仰于佛，遣往请佛，佛怜悯故，还归本国。来到释宫，佛变千二百五十比丘，皆如佛身，光相无异。耶输陀罗语罗睺罗：'谁是汝父，往到其边。'时罗睺罗礼佛已讫，正在如来足边立。如来即以无量劫中所修功德相轮之手，摩罗睺罗顶。"

据佛经记载，阿难、侨陈如等均曾受到佛摩顶。云冈石窟中另有在坐佛前跪 1 比丘者，佛摩其顶的画面，如第 9 窟前室西壁、第 38 窟西壁等，凡此应有别于罗睺罗因缘。

3. 富那奇缘

画面：见于第 9 窟明窗东西两壁。东壁雕 1 菩萨，右手执莲枝，左手持瓶，坐于莲花池上。身旁，1 供养天执伞盖，1 侍立。池两侧，2 比丘合掌半跪。池下方，山岳连绵。西壁，1 菩萨开跨盘腿坐于象背上，身右侧，1 供养天执伞盖吸腿迅起，左侧作 2 伎乐天。大象脚下山岳连绵。

内容：富那奇为教化其兄，燃香请佛。佛遥知其意，即与诸弟子各显神通，飞赴放钵国。据《贤愚经》卷6："时大目连寻后而发，化作千象……自坐其上，乘虚径至。……次后，复有阿那律提而自化作七宝浴池，浴池中复生金色莲华，莲茎皆是七宝合成，处其华上，结迦趺坐……乘虚至国。"

4. 天女本以莲花散佛化成华盖缘

画面：见于第9窟。屋檐下，1佛趺坐，左侧3天人，右侧2天人，足踏莲座，各持华盖侍立。

内容：《杂宝藏经》卷5："舍卫国有一女子，于节日中采阿怒伽华还入城来，遇值佛出，即以此华散于佛上，化成华盖，欢喜踊跃，生敬信心，于是命终生于三十三天。"

5. 兄弟二人出家缘

画面：见于第9窟。华盖下1立佛，左侧立2比丘，一合掌一持瓶。右侧上方跪3高髻人物，下方亦1高髻者，束手受缚。画面左侧雕一佛殿，内1坐佛，两侧各立1俗人供养，殿基盘坐2比丘。

内容：兄弟二人出家学道，辅相见其兄精勤用行，倍加施舍供养。弟生嫉妒，因勾结辅相女谤兄而被驱逐。

6. 尼乾子投火缘

画面：见于第9窟。一尖拱龛楣内充饰火焰，龛内1佛趺坐，龛外右侧纵列3人，上方为2外道形象，瘦骨嶙峋，下端为1比丘，双手抚胸半跪莲台上。龛外左侧2高髻天人，半跪合掌。

内容：佛既已降化外道邪见六师及其眷属，五百尼乾子欲集薪草烧身。佛施法力令火不燃，燃而不炙。后为其说法，得阿罗汉。

7. 八天次第问法缘

画面：见于第9窟。横幅式盝形龛，折向西壁，内1佛趺坐，偏袒右肩，举右手。两侧分别半跪8供养天，合掌，均具头光。

内容：八天次第来向佛述说心中忧恼，只有最后一人前世忠孝父母，礼敬师长、沙门，"以是因缘受天果报"。

8. 鬼子母失子缘

画面：见于第9窟。画面左半部分，屋形帷幕龛内1交脚菩萨，左侧4供养天或跪或立，拱手礼敬，右侧1比丘拱手倚坐于束帛座上，旁边侍立1供养天。画面右半部分，2 卷发形人物半跏坐于束帛座上，前者膝上置 1 小儿，两侧分别有数躯供养天及比丘，皆合掌呈跪姿。

内容：《杂宝藏经》卷九："鬼子母凶妖暴虐，杀人儿子以自食。""世尊尔时即取其子嫔伽罗，盛著钵底。"鬼子母即至佛所，问儿所在，"佛即使鬼子母见嫔伽罗在于钵下……佛言：'汝今若能受三归五戒，尽寿不杀，当还汝子。'鬼子母即如佛敕，受于三归及以五戒，受持已讫，即还其子。"

9. 须达长者夫妇获报缘

画面：见于第 9 窟。一屋形龛内，2 高髻人物相对跪坐，手中各持一钵，其中左侧者具莲座。龛外两侧各立 1 菩萨。龛下方复作一盝形龛，龛内 1 佛跌坐，两侧各半跪 1 合掌比丘。

内容：须达长者生活饥贫，佛及弟子上门乞食，夫妇不吝，"宁自不食，尽以施与"，二人即获报。

10. 须摩提女请佛

画面位于第 10 窟前室北壁拱门西侧。

画面：两道短栅榜题将画面一分为二（图 7），右半部一佛倚坐，舟形背光，台座后跪 1 人，双手合掌。左半部上角，1 菩萨骑金翅鸟，1 驭虎舆，1 乘象迅奔；下方，1 比丘半跪，右手搭左肩，左手叉腰，附短栅榜题栏，栏后 2 高发髻天人合掌半跪。

内容考释：根据画面提供的特定情节，应是《须摩提女经》所述内容。经云：须摩提女嫁给世奉外道的满财长者子，满财长者欲求见释迦，须摩提女即燃香请佛，释迦遂与诸弟子各显神通前来赴请。"尊者迦匹那化作五百金翅鸟极为勇猛，在上结跏趺坐诣彼城。……离越化作五百虎……大目犍连化作五百象"，"世尊将诸比丘众前后围绕及诸神天不可称计，如似雁王在虚空中往诸彼城"，"世尊往诣长者家，就座而坐……满财长者、须摩提女及八万四千人民之类，诸尘垢尽，得法眼净，无复狐疑，得无所谓，皆归三尊，受持五戒。"

画面概为表现佛诸弟子乘骑赴会及须摩提女与满财长者皈依释迦的情节，因受空间限定，只雕刻了 3 种骑乘。其中，乘象的大目犍连已将身体探伸至象前方。

11. 天女燃灯供养缘

画面：见于第 10 窟。一重层阁门内，1 童子左手抚脑后部，右手托腮，左腿微曲。阁旁雕 1 羊，1 人半跪持钵挤奶。1 立佛，舟形背光，左手平伸接受 1 半跪人物捧送之燃灯，该人物身后雕 1 供养天合掌跪拜。佛右侧，1 人物肢体分解，无首级。旁 1 人盘坐，手指塞入口中吹咏。

内容：王舍城国人畏于提婆达多与阿阇世王，不敢燃灯供养。有一女人逆之，遂为阿阇世王以剑斩腰而杀，命终得生三十三天摩尼焰宫殿中。

12. 妇女厌欲出家缘

画面：见于第 10 窟。盝形龛内 1 佛趺坐，须弥座，右侧 4 比丘跪拜；左侧 1 比丘尼倚坐，束帛座，两手抚理 1 童子头发，其上方作 3 供养天。

内容：据《杂宝藏经》卷 9：有一妇女端正殊妙，后来出家，时人不解。原来，其儿"欲得母以私情欲，以不得故，是以病耳"，母无奈从之，"儿将上床，地即劈裂，我子即时身陷入。我即惊怖，以手挽儿，捉得儿发，而我儿发今日犹故在我怀。感切是事，是故出家"。

13. 象护品缘

画面：见于第 10 窟。屋形龛内 1 佛趺坐，左侧风化；右侧上方 3 比丘合掌拱立，下方 2 供养天合掌半跪，其后 1 大象，背置须弥座，1 人拱手而坐，象首复有 1 人物，亦拱手向佛。大象下方，残存一雕刻物，上半部似一塔庙，下半部则似一小象。

内容：据《贤愚经》卷 12：象护出生时，伴现一金象。阿阇世王欲夺此金象，象护乘象从佛。

画面中 2 乘象者为象护父子。

14. 吉利鸟缘

画面：见于第 10 窟。屋形帷幕龛内，1 佛趺坐，火焰背光，方形台座，两侧合掌半跪 6 供养天，其中左侧有 1 五体投地者，作忏悔状（图 8）。

内容：提婆达多与比丘、比丘尼、优婆夷大众之中向佛忏悔。

15. 魔王波旬恼佛缘

画面：见于第 10 窟，构图与"降魔成道"无异，唯佛手印不同。

内容：据《杂宝藏经》卷 7："昔如来在菩提树下，恶魔波旬将八十亿众，欲来坏佛，至如来所。……佛语波旬：'汝今先能动此澡瓶，然后可能掷我海外。'尔时波旬及八十亿众，不能令动，魔王军众，颠倒自堕，破坏星散。"

四　云冈本缘故事雕刻的特征

按石窟形制、造像风格和样式的发展，云冈一般分为早、中、晚三期。

　　早期窟，作风粗犷大器、概括洗练，故事雕刻内容少。第 19 窟南壁罗睺罗因缘，是云冈最早的故事图像，单幅式，画面高达 3 米，1 立佛，身旁半跪 1 比丘，佛手抚其顶。画面构图简明凝练，突出表现了父子相见的主题。

　　中期窟，本缘故事雕刻风气大炽。本期 12 个洞窟中，除第 3 窟，均有故事表现，规模宏大，各具千秋。第 7、8 窟是中期最早的洞窟，第 7 窟前室东壁以 7.4 米 ×6.5 米的壁面空间雕刻本生故事计 60 余幅，现多已风化，其数目之巨，空前绝后。据金碑，第 9、10 窟肇于太和八年（484），毕于太和十三年（489），是孝文初期宠臣钳耳庆时（即王遇）镌建的一组双窟，两窟后室因缘故事雕刻，构图豪奢，终北朝之世，未有及者。这些因缘故事雕刻基本上出典于昙曜译《杂宝藏经》，多系降服外道题材，说明昙曜"护法思想"对这一时期洞窟内容的设计，具有深刻影响。同时，其亦兼有纪念文明太后冯氏在"宫帏之变"中降服帝党，翦除异己，最终临朝听政之寓意。其实，钳耳庆时欲取悦冯氏的"忠君孝道"的诚意，还表现在第 9 窟睒子本生故事雕刻。冯氏本籍长乐信都，其地俗尚儒学。北魏时期，她大力倡导汉化，并提出"教其里人父慈、子孝、兄友、弟顺"、"三千之罪，莫大于不孝"的道德观。太和八年（484）司马金龙墓漆屏风绘有表彰孝子的"李充奉亲时"的故事。可见，尊崇"孝道"，此时平城已蔚然成风。钳耳庆时将睒子本生设计在第 9 窟前室最显赫位置，既附会当时社会风尚，又道出二圣（文明太后与孝文帝）犹如再生父母的潜词。另外，第 9、10 窟故事雕刻构图上出现的一些新样式，对后期窟龛影响至深。如长卷式，云冈初见于第 7 窟，分层分栏布局，构图上，异域色彩浓重。其于第 9、10 窟经汉化洗礼，形成分栏不分层、附设榜题的样式。受其沾濡，第 1、2、6 窟亦师承这一表现形式，但第 6 窟扬弃了榜题设计。另外，第 9 窟选辟明窗侧壁雕刻故事的形式，为第 6 窟效法；第 9 窟睒子本生故事画面中始见山水、树木、鸟兽等背景缀饰，冷肃的佛界顿显生机，它揭开了云冈本缘故事雕刻中国化、世俗化的序幕；第 10 窟前室东壁儒童本生故事雕刻，是这一题材在云冈的滥觞先声。中期本缘故事造像活动发展到第 6 窟时，臻于巅峰。第 6 窟现存佛本行故事画面 30 余幅，根据画面内容与故事发展的顺序，其出自《过去现在因果经》、《普曜经》二经已属无疑。

　　中期本缘故事雕刻之兴，首先是北魏统治阶层对佛教的崇信，已由早期凉州系统重禅业、重苦修转而尚义学、义理所致；其次，与龙城、长安这些义学发达的地区成为平城佛教的新来源有关；再次，孝文初立，集昙曜等西方沙门译新经，译经事业的发达，从根本上刺激了本缘故事雕刻的发展。

　　经历了中期故事雕刻的辉煌，晚期渐趋平静。主要有以下几个特点：

1. 流行对称式布局形式

　　（1）乘象投胎与逾城出家。通常对称分布在窟门南壁或盝形龛拱楣外两端。最早在窟门口雕刻逾城出家题材的是第6窟，马首朝向窟门，大有破门欲出之意趣。石窟中这一组合的流行，除却其佛学表现思想，可能与盛行于南朝寺壁的"仙人骑兽"图传入北朝有关。

（2）降魔成道与降伏迦叶。石窟艺术的建构发展过程，实际上就是社会心理与艺术形式之间不断协调的过程。如果说云冈中期窟降魔成道、降伏迦叶题材之表现，是北朝末法思想影响下，世人"护法"心理的折射，其于晚期窟则又附会了传统丧葬中驱魔镇邪的功能。

（3）儒童本生与阿输迦施土缘。后文详述。

2. 注重故事雕刻的实用性

北魏佛教禅风大行，然而，仕途的飘摇、迁洛后平城的空落，健康的忧患，等等，禅僧难以澄心静虑。解决这一不安心理的实用性题材，如雕鹫怖阿难入定图，应运而生。

3. 儒童本生与阿输迦施土信仰模式

阿输迦施土故事，云冈初见于第18窟南壁；儒童本生故事，初见于第10窟前室东壁，它们是云冈本缘故事雕刻数量最丰的题材，晚期时极盛。考其因，概有三端：

（1）缘于云冈三世佛造像思想的发展变化。针对太武灭法时的"胡本无佛"论，云冈早期造像内容便以三世佛为主，其目的是为昭示佛法之流长源远，体现了昙曜欲使佛法"流通后贤，意存无绝"的思想。云冈中期时，以象征过去佛的儒童本生与象征未来佛的弥勒共为表现三世佛的造像思想已露端倪。进入晚期后，随着三世佛组合表现的多样化，云冈出现了北朝石窟中最早的由释迦、定光与弥勒组成的三世佛造像实例。如第15窟西壁第2层并列3龛，中为盝形帷幕龛，内雕1交脚菩萨，表示未来佛；两侧各雕1华盖龛，内各1立佛，其中左侧龛立佛表示现在佛，右侧龛立佛足下，雕1布发儒童，这便是代表过去七佛的定光佛。有时，这一位置亦见以阿输迦施土为表现的替换形式。如第33窟西壁尖拱龛内雕1交脚像，头部崩毁，龛外两侧2立佛，右侧立佛风化漫漶，左侧为阿输迦施土题材。二者之频繁替换，竟出现了诸如第13-16窟西壁儒童本生与阿输迦施土（以下简称儒·阿）题材共现一壁的特例。

（2）儒童本生造像潜藏的"誓愿授记"思想，是该题材流行云冈晚期的重要因素。如第5-10、12-1窟南壁儒童雕刻，赫然是身着俗装的邑人信众形象，功德主明白无误地将定光佛所授记的卧渥儒童喻为自己，反映出多么迫切的"求得授记"的祈愿。

（3）阿输迦施土故事中的小儿，通过施土便获得因缘悟道的机缘，这一点非常符合信众的生活体验和利益祈求。如邯郸鼓山水浴寺石窟西窟武平五年（574）阿输迦施土造像发愿文："……敬造定光佛并三童子，愿三界群生，见前受福，亡者托荫花中，俱时值佛。"① 造像动机，十分朴实和明确。

在云冈早、中期，儒·阿题材主要是通过其显明的故事属性附于窟内，直至晚期，才藉表现佛法法脉承继的三世佛造像思想，飞扬跋扈，成为窟龛中的重要题材内容，并对窟室布局与造像组合产生影响。

1. 三壁三龛中，作为主要造像与另两壁雕刻内容组合的形式：

窟号	北壁	西壁	东壁
13－6	1 坐佛	阿输迦施土缘	1 立佛
13－16	尖拱龛内 1 坐佛	儒·阿并列	盝形龛内 1 交脚菩萨

云冈仅此两例，附龛形式，形制亦小。

2. 附属于龛像的组合：

晚期窟中以龛为背景的儒·阿造像组合，出现在第 15、33、33－4 窟西壁，第 34、38 窟东壁以及第 39 窟南壁。

3. 对晚期窟龛造像布局的影响。

儒·阿题材的流行，为晚期窟龛的布局注入了新的内容。"窟室前壁窟口两侧各雕一立佛，云冈渊源于阿输迦施土因缘（西）与立佛（东）并列"。晚期南壁拱门两侧设计立佛形式的窟龛如列：

窟号	东侧	西侧
5－10	立佛	儒童本生
5－11	阿输迦施土	立佛
5－38	阿输迦施土	立佛
5－39	阿输迦施土	立佛
12－1	儒童本生	立佛
25	立佛	阿输迦施土
29	阿输迦施土	风化
35	立佛	儒童本生

---

① 摘自《邯郸鼓山水浴寺石窟调查报告》，《文物》1987 年第 4 期。

表一　云冈本缘故事雕刻内容一览表

分期	窟号	本行故事																																					本生故事					因缘故事														小计
		逾城出家	犍陟吻足	跋迦仙人	山中苦修	降神选择	乘象投胎	占梦	树神现身	礼贺母胎	树下诞生	七步宣言	九龙灌顶	骑象入城	阿私陀占相	姨母养育	建三时殿	太子乘象	商议赴学	建大学堂	树下四惟	掷象	箭射铁鼓	宫中娱乐	父子对话	出游东门	出游西门	逾城出家	犍陟吻足	跋迦仙人	山中苦修	山中思惟	降魔成道	商主奉食	四天王奉钵	初转法轮	降服迦叶	雕鹫怖阿难入定	三道宝阶	涅槃	昙摩绀闻偈焚身	慕魄太子本生	舍身饲虎	睒子本生	儒童本生	阿输迦施土	罗睺罗因缘	富那奇缘	天女华盖供养缘	兄弟比丘二人出家缘	尼乾子投火缘	八天次第问法缘	须达长者夫妇获报缘	天女燃灯供佛缘	须摩提女请佛缘	妇女厌欲出家缘	象护品缘	吉利鸟缘	魔王波旬恼佛缘	
早期窟	17																																	1																										1
早期窟	18																																													1													1	
早期窟	19																																														2													2
中期窟	1																																											1															1	
中期窟	2		2																				1						2				1		1																									4
中期窟	5																																												1															1
中期窟	6	1	1	1		1		1	1	1	1	1	1	1	1	1	1	1	1	1	1		1	1	1	1	1	1	1	1	1	1			1	1																							30	
中期窟	7																																				1				1	1	1	1																5
中期窟	8	1																									1						1	1	2																									5
中期窟	9																																											1	1			1	1	1	1	1	1							9
中期窟	10																																1												1									1	1	1	1	1	1	8
中期窟	11																																							1																			1	
中期窟	12				1																										1		1	1		1	1								1	1													9	
中期窟	13																																												1															2
晚期窟	16－1																																	1																									1	
晚期窟	19－1	1																										1																	2	1													3	
晚期窟	19－2	1					1																					1																																3
晚期窟	5－10						1																																						1															2
晚期窟	5－11	1					1																				1																		1	1														4
晚期窟	5－38	1					1																				1																			1													3	
晚期窟	5－39	1					1																				1																			1													3	
晚期窟	13－6																																												1														1	
晚期窟	13－16																																												1	1													2	
晚期窟	15																																												1															1
晚期窟	25																																													1													1	
晚期窟	28	1	1																										1	1																														2
晚期窟	29																																			1										1													2	
晚期窟	30		1																									1					1																											2
晚期窟	31	1					1																				1						1				1																					4		
晚期窟	32－3						1				1																																																	2
晚期窟	32－12																			1																																								1
晚期窟	33																																													1														1
晚期窟	33－3										1									1																																								2
晚期窟	33－4						1																																							2														3
晚期窟	34																																												1	1	1													3
晚期窟	35	1																										1					1				1			1			1		1														6	
晚期窟	37						1				1										1	1												1																										6
晚期窟	38	1					1																				1						1			1	1	1	1	1					1	1	1													11
晚期窟	39																																												1	2													3	
晚期窟	41	1	1				1				1	1	1		1													1	1																															8
		1	12	6	1	1	11	1	1	1	5	2	2	1	2	1	1	1	1	1	3	1	3	1	1	1	1	12	6	1	1	1	9	5	3	4	6	1	1	3	1	1	2	3	15	17	4	1	1	1	1	1	1	1	1	1	1	1	1	158

表二 第 6 窟中心塔柱本行故事雕刻内容考名对照

画面序号	水野·长广	杨泓	本文
3、4	树下神像	树神现身	树神现身
5、6	净饭王夫妻	净饭王与摩耶夫人	礼贺母胎
7	释尊降诞	树下诞太子	树下诞生
8	狮子吼		七步宣言
9	九龙灌顶	九龙灌顶	九龙灌顶
10	骑象归城	骑象入城	骑象入城
11	阿私陀占相	阿私陀占相	阿私陀占相
12		姨母养育	姨母养育
13		王建宫殿	建三时殿
14	骑象游行	太子乘象	太子乘象
15		父子对话	商议赴学
16		建三时殿	建大学堂
1	纳妃	商人奉宝	降神选择
2			占梦

南壁拱门两侧单纯雕刻并列立佛的形式，云冈尚未见到，洛阳地区则多为此样式。从这个意义上来讲，云冈晚期诸如第 5 – 2、26、27、31、36、39 窟等承袭中期之制、在南壁拱门两侧设计列龛形式的洞窟，其开凿时代，一般要早于作并列立佛者。

参考文献

[1] 频伽藏：《普曜经》

[2] 频伽藏：《过去现在因果经》

[3] 频伽藏：《贤愚经》

[4] 频伽藏：《太子慕魄经》

[5] 频伽藏：《六度集经》

[6] 频伽藏：《杂宝藏经》

[7] 宿白：《"大金西京武州山重修大石窟寺碑"校注》，《中国石窟寺研究》。文物出版社，1996 年。

[8] 宿白：《平城实力的集聚和"云冈模式"的形成与发展》，《中国石窟寺研究》。文物出版社，1996 年。

（绘图 乔建奇 张建新）

（摘自《敦煌研究》2004 年第 2 期）

图1

图2

图3

图4

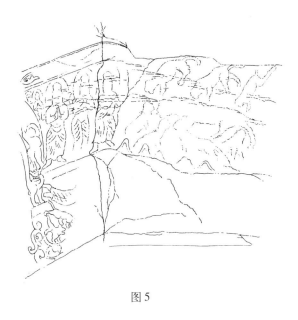

图 5

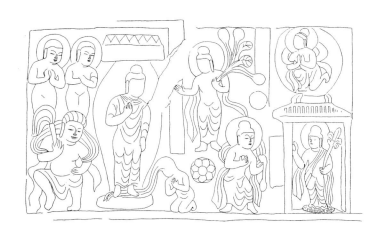

图 6

图 7

图 8

徐州高僧与云冈石窟

张　焯

　　学术界普遍认为，云冈石窟的前期造像，雄浑、粗犷、健硕，集中西艺术风格于一体，而颇承凉州模式；到在太和十三年（489），褒衣博带、秀骨清像，登上了云冈第11窟外壁佛龛，并从此成为时尚。[①] 这一变化，与北魏孝文帝、文明太后推行的汉化改革有关。褒衣博带式装束，是太和十年官服改制的反映；[②] 秀骨清像型佛雕，系南朝画风北渐之结果。然而，南朝画技进入云冈，与凉州高僧式微，徐州名僧北上，"唱谛鹿苑，作匠京缁"（下详），代京平城（今山西大同）佛学风气为之一变，有直接关系。同时，涉及首都僧团领导核心的变更，以及南北佛教思想的差异、撞击与调和。这个问题，由于历史记载太少，一直没有人明确提出并加以证实。

法秀谋反与凉州高僧式微

　　史载，北魏太延五年（439），太武帝破姑臧（凉州治，在今甘肃武威），灭北凉，徙沮渠氏国人三万余家于京师，其中包括参与守城被俘配役的三千僧人。[③] 这批凉州

---

　　① 见宿白先生《中国石窟寺研究》附录二：《北朝造型艺术中人物形象的变化》。

　　② 关于云冈石窟的褒衣博带、秀骨清像，我们并不回避昙曜五窟中的第16窟大佛，属于首例。这一云冈早期雕刻的孤例，与北魏往往将征服地区造型优美的佛像迁归代都的史实相符，说明了我国南北造像艺术始终处于相互影响、效仿和创新之中。昙曜于文成帝复法之初，取则中原像法，营造了一尊南方华夏风格的第16窟大佛，并不奇怪。只是当时尚属末流，没有趋向主流。主流趋势的形成，是在太和十年官服改制以后，特别是十八年迁都洛阳以后。

　　③ 《续高僧传》卷26《魏凉州沙门释僧朗》："释僧朗，凉州人。魏虏攻凉，城民素少，乃逼斥道人，用充军旅，队别兼之。及辕冲所拟，举城同陷。收登城僧三千人至军，将见魏主所，谓曰：'道人当坐禅行道，乃复做贼，深当显戮，明日斩之。'至期，食时，赤气数丈贯日直度。天师寇谦之为帝所信，奏曰：'上天降异，正为道人，实非本心，愿不须杀。'帝弟赤竖王亦同谏请，乃下敕止之，犹掳掠散配役徒。唯朗等数僧别付帐下。及魏军东还，朗与同学中路共叛。阵防严设，更无走处，……"

民、僧的东迁，遂使"沙门佛事皆俱东"，[①] 平城"象教弥增"，成为中国北方佛教中心。太平真君七年（446），帝西伐盖吴，至关中，"诏诛长安沙门，焚破佛像，敕留台下四方，令一依长安行事。"于是北国"一境之内，无复沙门"（《高僧传》卷10）。文成帝兴安元年（452），下诏复佛。法灭七载，始得再兴。不久，以帝师昙曜建议，"于京城西武州塞，凿山石壁，开窟五所，镌建佛像各一。"云冈石窟皇家工程正式启动，凉州僧众成为主力。关于平城佛教与河西佛教的这种特殊的因承关系，北齐魏收《释老志》讲得很清楚：[②]"凉州自张轨后，世信佛教。敦煌地接西域，道俗交得其旧式，村坞相属，多有塔寺。太延中，凉州平，徙其国人于京邑，沙门佛事皆俱东，象教弥增矣。"凉州地处中西交通孔道，其佛教直接传承西域、印度之法；北魏境拓黄、淮北部中国，不断将征服地区的官府世业人口掳归京师，巧匠精工汇聚平城。二者结合，借云冈石窟的造像艺术表现出来，也在情理之中。

昙曜，是转徙平城的凉州僧侣的代表，也是北魏佛业昌盛的奠基性人物。他的生平事迹，魏收时已不能详述，我们现在知道得更少。梁释慧皎《高僧传》卷11记："河西国沮渠（茂虔）［牧犍］时，有沙门昙曜，亦以禅业见称，伪太傅张潭伏膺师礼。"《十六国春秋辑补·北凉录》引《御览》曰："张潭，字元庆，武威姑臧人也。为和宁令，政以德化为本，不务威刑。民有过者，读《孝经》及《忠臣孝子传》训导之。百姓爱之如父母，号曰慈君。"可见，昙曜原本是凉州的禅僧，入北魏前已小有名气。《释老志》讲："先是，沙门昙曜有操尚，又为恭宗所知礼。佛法之灭，沙门多以余能自效，还俗求见。曜誓欲守死，恭宗亲加劝喻，至于再三，不得已，乃止。密持法服器物，不暂离身，闻者叹重之。"恭宗，乃太武嗣子，文成之父。盖文成帝作皇孙时，即识得昙曜，所以初复佛法便诏曜回京。"初，昙曜以复佛法之明年，自中山被命赴京，值帝出，见于路，御马前衔曜衣，时以为马识善人。帝后奉以师礼。昙曜白帝，于京城西武州塞，凿山石壁，开窟五所，镌建佛像各一。高者七十尺，次六十尺，雕饰奇伟，冠于一世。"这五所石窟，就是今天云冈第16～20窟，俗称"昙曜五窟"。和平元年（460），昙曜被任命为沙门统。在主持云冈工程中，曜统奏请皇帝批准，划拨俘虏为僧祇户，纳僧祇粟，保证了僧粮供应；免罪犯及官奴为佛图户（寺户），服务于寺院经济和生活。从和平三年（462）开始，"昙曜又与天竺沙门常那邪舍等，译出新经十四部。"翻译佛经，是魏晋南北朝佛教最重要的事业之一，主译者往往既通梵文，又精华语，必然是一位学贯中西、精通义理的大师。

昙曜历任文成、献文、孝文三世，卒年不详。唐明佺《大周刊定众经目录》卷1

① 见《魏书·释老志》。本文以下引文未注出处者，皆此志。
② 本文径称纪、传、志者，皆引自《魏书》。

记："《大吉义咒经》一部四卷（四十四纸或二卷）。右，后魏太和十年昙曜译。出《达摩郁多罗录》。"由此说明，昙曜死于太和十年之后。唐道宣《广弘明集》卷24录有元魏孝文帝"褒扬僧德"的七道诏令，其二《帝立僧尼制诏》，下达于太和十七年颁《僧制》之前，诏中有"沙门统僧显"之语。其一《帝以僧显为沙门都统诏》云："近得录公等表，知欲早定沙门都统。比考德选贤，寤寐勤心，继佛之任，莫知谁寄。……今以思远寺主、法师僧显，仁雅钦韶，澄风澡镜，深敏潜明，道心清亮，固堪兹任，式和妙众，近已口白，可敕令为沙门都统。又，副仪贰事，缁素攸同，顷因曜统独济，遂废兹任。今欲毗德赞善，固须其人。皇舅寺法师僧义，行恭神畅，温聪谨正，业茂道优，用膺副翼，可都维那，以光贤徒。"思远寺，即方山（在今大同城北25公里）思远浮图，实为文明太后冯氏陵墓守灵之寺。太和三年（479）建寺，十四年（490）九月太后崩。孝文帝先后多次驾临方山，僧显为帝知赏，擢任沙门统，当在此间。分析诏书，显统就任约在太和十三至十五年，时曜统已过世良久。这里可作大胆推测，他的死期当在太和十一或十二年。至此，昙曜自凉州入北魏，已届半个世纪；献身云冈事业，领导北朝佛教，亦近三十年之久。这段时间，前六年是文成帝，中六年是献文帝，后为孝文帝，而绝大部分在冯太后摄政时期。不难想象，曜统与太后之间，必然保持有一种相敬、相信的关系。

文明太后冯氏，祖籍长乐信都（今河北冀县）。祖父冯文通据辽西，为北燕王。北燕国都龙城（或称和龙、黄龙，即今辽宁朝阳），佛法颇盛。父朗，太武帝时入魏，曾为秦、雍二州刺史，冯氏生于长安，幼年在斯。长安自前秦苻坚、后秦姚兴时代，释道安、鸠摩罗什两度掀起译经高潮，成为中国正统佛学的发祥地，高僧辈出，佛教思想深入人心。冯朗后来坐事被诛，冯氏没入掖庭，长大后为文成帝皇后。他聪达多智，粗学书计，能决断，献文帝青年逊位、驾崩，以及孝文帝前二十年政治，实由冯太后主之。太和年间，"太后立文宣王庙于长安，又立思燕佛图于龙城"，意为先辈祈福。兄熙，"信佛法，自出家财，在诸州镇建佛图精舍，合七十二处，写一十六部一切经。延致名德沙门，日与讲论，精勤不倦，所费亦不赀。而在诸州营塔寺多在高山秀阜，伤杀人牛。有沙门劝止之，熙曰：成就后，人唯见佛图，焉知杀人牛也。"冯氏家族佞佛，对北魏佛法的兴盛，起了推波助澜的作用。然而，在太和五年（481）平城发生法秀和尚未遂政变之后，太后似乎对首都的僧人产生了信任危机。

《高祖纪》："五年春正月己卯，车驾南巡。丁亥，至中山。亲见高年，问民疾苦。二月辛卯朔，大赦天下。……车驾幸信都，存问如中山。癸卯，还中山。己酉，讲武于唐水之阳。庚戌，车驾还都。沙门法秀谋反，伏诛。……三月辛酉朔，车驾幸肆州。……车驾还宫。诏曰：法秀妖诈乱常，妄说符瑞。兰台御史张求等一百余人，招结奴隶，谋为大逆，有司科以族诛，诚合刑宪。（且）[但]矜愚重命，犹所弗忍。其五族者，降止同祖；三族，止一门；门诛，止身。"中山，即今河北定州；信都，是南巡的终点。看来，这次出行的目的主要是太后归省故里。关于法秀谋反，《魏书》记载粗略，却不可小视。37年后的孝明帝神龟元年（518），由于京城洛阳寺院发展呈泛滥之势，尚书令、任城王元澄上书极谏，奏章中谈到："往在北代，有法秀之谋；……初假神教，以惑众心，终设奸诳，用逞私悖。太和之制，因法秀而杜远。"可见，这是一场被最高统治者视若殷鉴、对太和年间平城佛教发展颇具影响的政治事件。

　　法秀谋反的参与者，主要是来自凉州、青齐的失意士人。《阉官传》："平季，字稚穆，燕国蓟人。祖济，武威太守。父雅，州秀才，与沙门法秀谋反，伏诛。季坐腐刑，入事宫掖。"《崔玄伯传附道固兄子僧祐传》：献文帝皇兴三年（469）归降，"在客数载，赐爵层城侯。与房法寿、毕萨诸人皆不穆。法寿等讼其归国无诚，拘之岁余，因赦乃释。后坐与沙门法秀谋反，伏法。"平雅是凉州人，崔僧祐是平齐民。另外，告发者王亮、说情者王叡，俱来自凉州。"王叡，字洛诚，自云太原晋阳人也。六世祖横，张轨参军。晋乱，子孙因居于武威姑臧。父桥，字法生，解天文卜筮。凉州平，入京，家贫，以术自给。……叡少传父业，而姿貌伟丽。……承明元年，文明太后临朝，叡因缘见幸，……于是内参机密，外豫政事，爱宠日隆，朝士慑惮焉。……及沙门法秀谋逆，事发，多所牵引。叡曰：'与其杀不辜，宁赦有罪。宜枭斩首恶，余从疑赦，不亦善乎？'高祖从之，得免者千余人。"（《王叡传》，下同）。叡弟"亮，字平诚。承明初，擢为中散。告沙门法秀反，迁冠军将军"。就上述与法秀谋反有牵涉的四人分析，这是一场由凉州民为主体的未遂政变。

　　《资治通鉴》卷135记："沙门法秀以妖术惑众，谋作乱于平城；苟颓帅禁兵收掩，悉擒之。魏主还平城，有司囚法秀，加以笼头，铁锁无故自解。魏人穿其颈骨，祝之曰：'若果有神，当穿肉不入。'遂穿以徇，三日乃死。议者或欲尽杀道人，冯太后不可，乃止。"文中"欲尽杀道人"之事，见于唐道宣《续高僧传》卷25："僧明道人，为北台石窟寺主。魏氏之王天下也，每疑沙门为贼，收数百僧，互系缚之，僧明为魁首。以绳急缠，从头至足，克期斩决。明大怖，一心念观音。至半夜，觉缠小宽，私心欣幸，精祷弥切。及晓，索然都断。既因得脱，逃逸奔山。明旦，狱监来觅不见，唯有断绳在地，知为神力所加也。即以奏闻，帝信道人不反，遂一时释放。"按：北台石窟寺，即北魏武州山石窟寺，今云冈石窟；僧明为首的数百僧人，当为建设、管理石窟的凉州和尚。凉州僧众作为战俘服役，其身份实际就是官府奴隶。① 这批人，正是孝文诏令中指责法秀"招结奴隶，谋为大逆"的叛党群体，也正是王叡所谓"余从疑赦"的

---

　　① 《隋书》卷25《刑法志》："魏虏西凉之人，没入名为隶户。魏武入关，隶户皆在东魏，后齐因之，仍供厮役。"

幸免者。由此，一方面可以帮助我们了解法秀其人；另一方面有助于我们理解云冈：那龛别异状、穷诸巧丽的窟制，颜慈神威、庄严肃穆的大佛，千姿百态、神情秀朗的法相，面别风趣、活泼欢喜的菩萨诸天，率真写实、虔诚迷信的供养檀越，等等骇动人神、摄魂夺魄的石雕，居然出于身陷图圄的僧侣、工匠之手，竟是由生活极度痛苦、愁闷、艰辛的生灵，为抒发和寄托心底的希望，一锤一錾琢磨出的生命绝唱。

太和五年二月，帝、后自信都返回中山，在城东诏立五级塔寺。"二圣乃亲发至愿，缘此兴造之功，愿国祚延长，永享无穷；妙法熙隆，灾患不起；时和年丰，百姓安逸；出因入果，常与佛会。"① 随后，登越太行山。"车驾还次肆州，司空苟颓表沙门法秀诖惑百姓，潜谋不轨，诏烈与吏部尚书阙丞祖驰驿讨之"（《于栗䃅传附孙烈传》）。肆州，治今山西忻州；御驾走的是经河北曲阳、阜平，到五台山、忻州，北过雁门关，回大同之路。按照唐《续高僧传》、《法苑珠林》等书追述，五台山即《华严经》所载文殊菩萨常住之清凉山，佛寺建设始于孝文帝。此番帝、后驾幸肆州，途经五台，大约也有过佛事之举。当年的冯太后，就是这样怀着虔诚的礼佛之心，踏上归程；忽然传来凉州僧人在京谋反的消息，不啻一声霹雳，粉碎了她"妙法熙隆，灾患不起"的幻想。回京后，对法秀逆党，虽理智地处理，但从此种下警惕的情结。关于这一点，从是年七月，"班乞养杂户及户籍之制五条"（《高祖纪》），即重点加强对僧人、工匠、僧祇户、佛图户等"乞养杂户"的户籍管理，可见端倪。太和六年后，皇帝连续三年临幸云冈；九年，禁断图谶、秘纬；十年，沙汰僧尼；十三年，禁断京城四月八日行佛之俗；十七年，诏立《僧制》。种种迹象显示，任城王所谓"太和之制，因法秀而杜远"的总结，真实地透露出太后与皇帝当时的心声。大约正是由于这种对首都僧侣的戒备心理，使得外籍僧人特别是徐州高僧，在法秀之乱后不久，受到了朝廷的欢迎。

徐州僧匠北上平城与入主云冈

徐州，古今同地，又名彭城，居黄淮间南北交通要冲。东晋末年，刘裕北征长安，姚秦溃败，关中学僧东下徐海，鸠摩罗什弟子道融、僧嵩等宣教彭城，徐州义理佛学遂盛。献文帝天安元年（466），军锋南指，刘宋徐州刺史薛安都举城归附。彭城入魏，北国代都、徐方两大佛教重地，遂遥峙南北。

到在太和四年，即齐高帝萧道成建元二年，"淮北四州民不乐属魏，常思归江南，上多遣间谍诱之。于是徐州民桓标之、兖州民徐猛子等所在蜂起为寇盗，聚众保五固，推司马朗之为主。魏遣淮阳王尉元、平南将军薛虎子等讨之。……桓标之等有众数万，

---

①　《河北定县出土北魏石函》：载《考古》1966 年第 5 期。

寨险求援。……赴救迟留，标之等皆为魏所灭，余众得南归者尚数千家；魏人亦掠三万余口归平城。"（《通鉴》卷135）。这次徐兖起义，当年十月爆发，明年二月被镇压，失败者徙于平城为奴隶。见《魏书·高祖纪》：太和五年二月，"假梁郡王嘉大破道成将，俘获三万余口送京师。①……夏四月……壬子，以南俘万余口班赐群臣。"此事，《高僧传》卷13有如下细节记载：

> 彭城宋王寺有丈八金像，乃宋车骑、徐州刺史王仲德所造，光相之工，江（左）〔右〕称最。州境或应有灾祟，及僧尼横延衅戾，像则流汗。汗之多少，则祸患之浓淡也。宋泰始初，彭城北属，群虏共欲迁像。引至万夫，竟不能致。齐初，兖州数郡欲起义南附，亦驱逼众僧，助守营堑。时虏帅兰陵公攻陷此营，获诸沙门。于是尽执二州道人，幽系（围）〔圉〕里。遣表伪台，诬以助乱。像时流汗，举殿皆湿。时伪梁王谅镇在彭城，亦多（小）〔少〕信向，亲往像所，使人拭之，随出，终莫能止。王乃烧香礼拜，至心誓曰：'众僧无罪，弟子自当营护，不使罹祸。若幽诚有感，愿拭汗即止。'于是自手拭之，随拭即燥。王具表其事，诸僧皆见原免。

文中"伪梁王谅"，与《魏书》"假梁郡王嘉"，系同一人，即太武帝之孙、徐州刺史元嘉。②按徐、兖二州被俘之僧，"助乱"性质与太武时凉州僧众完全相同，虽经元嘉奏请赦免死罪，仍应在北徙之列。由于适值凉州僧人因法秀谋反而被疑、疏远，南方僧业及徐州高僧的声名，必定由他们的传说而闻于代京。很快，便引起了朝野的关注。而进入太和时代，受佞佛的太后影响，少年勤学的孝文帝元"宏尤精信，粗涉义理"（《南齐书·魏虏传》），对徐州学僧表现出极大的钦慕。《高僧传》卷8《齐伪魏释昙度》曰：

> 释昙度，本姓蔡，江陵人。少而敬慎威仪，素以戒范致称。神情敏悟，鉴彻过人。后游学京师，备贯众典，《涅槃》、《法华》、《维摩》、《大品》，并探索微隐，思发言外。因以脚疾西游，乃造徐州，从僧渊法师更受《成实论》，遂精通此部，独步当时。魏主元宏闻风餐挹，遣使征请。既达平城，大开讲席，宏致敬下筵，亲管理味。于是停止魏都，法化相续，学徒自远而至，千有余人。以伪太和十三年卒于魏国，即齐永明（六）〔七〕年也。撰《成实论大义疏》八卷，盛传北土。

昙度，诸书亦称法度、惠度、慧度。刘宋之世，游学京师建康（今南京），住持天保寺。昙度西游徐州事，见《高僧传》同卷："释道盛，……始住湘州，宋明承风，敕令下京，止彭城寺。……后憩天保寺，齐高帝敕代昙度为僧主。丹阳尹沈文季素奉黄

---

① 《魏书》卷98《萧道成传》："梁郡王嘉大破道成将，俘获二万余口送京师。"
② 《魏书》卷18《广阳王建传附子嘉传》："高祖初，拜徐州刺史，甚有威惠。"

老，……欲沙简僧尼，由盛纲领有功，事得宁寝。"沈文季任丹阳尹，在刘宋升明二年，即北魏太和二年（478）。可见，昙度转锡徐州，真实原因并非足疾，而是不得意于即将改朝换代的齐高帝萧道成。昙度应邀北上平城，与其师兄弟道登携行。《续高僧传》卷6《魏恒州报德寺释道登传》云：

> 释道登，姓芮，东莞人。聪警异伦，殊有信力。闻徐州有僧药者雅明经论，挟策从之，研综《涅槃》、《法花》、《胜鬘》。后从僧渊，学究《成论》。年造知命，誉动魏都，北土宗之。累信征请，登问同学法度曰："此请可乎？"度曰："此国道学如林，师匠百数。何世无行藏，何时无通塞？十方含灵，皆应度脱，何容尽期。南国相劝行矣，如慧远拂衣庐阜，昙谛绝迹昆山，彭城刘遗民辞事就闲，斯并自是一方。何必尽命，虚想岩穴，远追巢、许？纵复如此，终不离小乘之机。岂欲使人在我先，道不益世者哉！随方适化，为物津梁，不亦快乎？"登即受请，度亦随行。及到（洛阳）［平城］，君臣僧尼莫不宾礼。魏主邀登昆季，策授荣爵。以其本姓不华，改芮为耐。讲说之盛，四时不辍。末趣恒岳，以息浮竞，学侣追随，相仍山舍，不免谈授，遂终于报德寺焉。春秋八十有五，即魏景明年也。

文中记述道登卒年，与《释老志》不同，其寿数及可推知的入魏都年代、名称，均有错误，姑且不论。"此国道学如林，师匠百数"，系指以昙曜等凉州僧为主的平城僧匠。关于僧渊法师，见《高僧传》卷8："释僧渊，本姓赵，颍川人。魏司空俨之后也。少好读书。进戒之后，专攻佛义。初游徐邦，止白塔寺，从僧嵩受《成实论》、《毗昙》。学未三年，功逾十载，慧解之声，驰于遐迩。渊风姿宏伟，腰带十围，神气清远，含吐洒落。隐士刘因之，舍所住山，给为精舍。昙度、慧记、道登并从渊受业。慧记兼通数论，道登善《涅槃》、《法华》，并为魏主元宏所重，驰名魏国。渊以伪太和五年卒，春秋六十有八，即齐建元三年也。"昙度、慧记、道登兄弟北上代京，应在其师僧渊太和五年过世之后。昙度"既达平城，大开讲席，宏致敬下筵，亲管理味。于是停止魏都，法化相续，学徒自远而至，千有余人。"道登"及到（洛阳）［平城］，君臣僧尼莫不宾礼。魏主邀登昆季，策授荣爵。……讲说之盛，四时不辍。"表明徐州高僧的来临，受到了孝文帝前所未有的尊礼，开坛讲授，远近学徒慕名而至，外来僧侣的势力在平城迅速膨胀。代都讲经义学，蔚然成风。①

---

① 关于北朝佛学风气的演变，汤用彤先生《汉魏两晋南北朝佛教史》第20章《北朝之佛教》有以下论述："北方佛教义学，以罗什在长安时为最盛。其后叠经变乱，学僧星散。凉州沙门，徙于平城。北朝之初，佛教与道安、罗什时代，大异其趣。禅师玄高、昙曜，实执僧界之牛耳。由是盛行净土、念佛，又偏重戒律，并杂以方术、阴阳之神教。凡汉代佛教之残余，似多流行于北。至若义学，在北朝初叶，盖蔑如也。北朝义学之兴，约在孝文帝之世，其先多来自彭城。其后，洛中乃颇讲佛义。而终则在东魏北齐，邺城称为学海焉。"按上述论断，已经明确了北魏太和年间孝文帝平城讲学之兴，缘由徐州高僧的北上。惜锡予先生对此中关节，未加详书。

关于昙度之死，事有蹊跷。《刘芳传》云：

> 刘芳，字伯文，彭城人也，汉楚元王之后也。……慕容白曜南讨青齐，梁邹降，芳北徙为平齐民，时年十六。……芳虽处穷窘之中，而业尚贞固，聪敏过人，笃志坟典。……芳常为诸僧备写经论，笔迹称善，卷直以一缣，岁中能入百余匹，如此（数十）〔十数〕年，赖以颇振。由是与德学大僧，多有还往。时有南方沙门惠度，以事被责，未几暴亡。芳因缘关知，文明太后召入禁中，鞭之一百。时中官李丰主其始末，知芳笃学有志行，言之于太后，太后微愧于心。会萧赜使刘缵至，芳之族兄也，擢芳兼主客郎，与缵相接。

按：刘芳由梁邹（今山东邹平北）入国，在献文帝皇兴二年（468）。刘缵出使北魏，《魏书》、《南齐书》记有两次：初使到达平城，在齐武帝萧赜永明元年（北魏太和七年）十一月；二使到平城，在太和九年（485）五月。《南齐书·魏虏传》曰：“刘缵再使虏，太后冯氏悦而亲之。”刘芳被擢任主客郎，当在此时。至是，芳客居平城已十八年。期间，“芳常为诸僧备写经论，……由是与德学大僧，多有还往。”先则受雇为旧僧誊写经书，后遂结识新僧，自然穿梭于凉州、徐州僧间。昙度“以事被责”，无非是与平城旧僧不和，由学术之异，扩大到政治之争。刘芳“因缘关知”，由其彭城旧族，[①] 与徐州僧匠故土乡亲，同气相近，难免投缘，过从甚密，无意间竟卷入僧团斗争漩涡。昙度被责，英年暴亡；刘芳被鞭，太后微愧，一则反映了当时新旧僧团间斗争的激烈，二则表露出昙度之死情有所冤、语有难言。所以，到在太和“十九年四月，帝幸徐州白塔寺。顾谓诸王及侍官曰：此寺近有名僧嵩法师，受《成实论》于罗什，在此流通。后授渊法师，渊法师授登、纪二法师。朕每玩《成实论》，可以释人染情，故至此寺焉。”孝文讳言昙度，别有隐情。

关于代都新旧僧匠这段派系斗争的详情，现在已无从知晓。但其中隐情，不难理解，恐怕是冯太后碍于昙曜等凉州高僧的不满，对昙度有些过分责难，致使其以死表白。当然，这只是推测。不过，有一点很明确，即昙度之死，为徐州僧匠在平城站稳脚跟，并在日后备受皇帝的信用，奠定了基础。《释老志》云：

> 时沙门道登，雅有义业，为高祖眷赏，恒侍讲论。曾于禁内与帝夜谈，同见一鬼。二十年卒，高祖甚悼惜之，诏施帛一千匹。又设一切僧斋，并命京城七日行

---

① 彭城刘氏中，有一位书画家值得注意。唐张彦远《历代名画记》卷7云：“刘瑱，字士温，彭城人。少聪慧，多才艺，工书画。饮酒至数斗，画嫔嫱当代第一。官至吏部郎。谢云：用意绵密，画体简细，笔力困弱，制置单省，妇人最佳，但纤削过差，翻为失真。然玩之详熟，甚有姿态。”按：刘瑱，父勋，兄悛、绘，俱仕宦显名。《南史》卷39《刘勋传附绘弟瑱传》：“少有行业，文藻、篆隶、丹青并为当世所称。时有荥阳毛惠远善画马，瑱善画妇人，并为当世第一。……瑱仕齐，历尚书吏部郎，义兴太守。”刘瑱的画技，大约是在宋后期，其父赴京，渐掌军权，“朝士雅素者多往游之”时所学；正与当时朝臣陆探微的“秀骨清像”画风仿佛。北魏太和改制后，云冈石窟中出现的体形修长、姿态俏丽的菩萨形象，应是这种南风北渐的反映。

道。又诏："朕师登法师奄至徂背，痛悼摧恸，不能（已）［已］已。比药治慎丧，未容即赴，便准师义，哭诸门外。"缁素荣之。

道登与孝文帝见鬼之事，见《灵征志》："太和十六年十一月乙亥，高祖与沙门道登幸侍中省。日入六鼓，见一鬼衣黄褶袴，当户欲入。帝以为人，叱之而退。问诸左右，咸言不见，唯帝与道登见之。"此时的道登，常侍孝文帝左右，或已拜为国师。《酷吏传》记迁都前后，齐州刺史高遵"以道登荷宠于高祖，多奉以货，深托仗之。"太和十九年（495），孝文帝南伐，《南齐书·宗室传》曰："虏主元宏寇寿春，……遣道登道人进城内，施众僧绢五百匹"。明年，道登死于平城报德佛寺，孝文帝在洛阳宫门外，为之举哀。当此时，北都平城已经成为徐州僧的大本营。正是由于道登"为高祖眷赏，恒侍讲论"，遂使孝文帝成年后"善谈黄老，尤精释义"（《高祖纪》），对《成实论》情有独钟，对其译者鸠摩罗什大师推崇备至。太和"二十一年五月，诏曰：罗什法师可谓神出五才，志入四行者也。今常住寺，犹有遗地，钦悦修踪，情深遐远，可于旧堂所，为建三级浮图。又见逼昏虐，为道殄躯，既暂同俗礼，应有子胤，可推访以闻，当加叙接。"这无疑是徐州僧学给他的影响。

综上可见，昙曜之死、昙度暴亡，是关乎平城佛教新旧之变的大事。《高僧传》记昙度卒于太和十三年（489），而《刘芳传》言太和九年前以事被责，"未几暴亡"，似在十三年以前。但无论如何，太和十三年是个关键的年份。至少在这一年，徐州僧的力量达到了与凉州僧旧抗衡的均势。这大约也是为什么昙曜死后，沙门统一职迟迟定夺不下的原因。

现在，我们返回头再看《帝以僧显为沙门都统诏》，僧显住持方山思远寺，应属久居平城的凉州僧徒；孝文帝谓之"仁雅钦韶，……深敏潜明，……固堪兹任，式和妙众"语，说明他为人宽容、通达，可以团结众僧，目的是由他稳固失势的旧僧之心。都维那僧义住持皇舅寺，即冯熙所建浮图，而熙久在定州、洛阳外任，亦曾统兵征战淮北，当与南僧有接；孝文帝谓僧义"行恭神畅，温聪谨正，业茂道优"，似为赞叹南方义解僧之词。重新僧，慰旧僧，两厢并用，孝文可谓良苦用心！然而，都维那掌管京邑佛事；僧义之任，云冈石窟便正式转归南僧。

徐州高僧入主云冈的确证，见《广弘明集》卷24《元魏孝文帝为慧纪法师亡施帛设斋诏第七》："徐州法师慧纪，凝量贞远，道识淳虚，英素之操，超然世外；综涉之功，斯焉罕伦。光法彭方，声懋华裔，研论宋壤，宗德远迩。爰于往辰，唱谛鹿苑，作匠京缁，延赏贤丛。倏矣，死魔忽奸良器，闻之悲哽，伤恸于怀。可敕徐州施帛三百匹，并设五百人斋，以崇追益。"慧纪，《高僧传》作"慧记"，《释老志》作"惠纪"。此诏，发布于太和十八年迁都洛阳以后，慧纪大致在返回彭城后不久圆寂。"光法彭方，声懋华裔，研论宋壤"，讲的是他刘宋时游学徐州；"爰于往辰，唱谛鹿苑，作匠京缁",说的是他随昙度、道登前往平城,作了京城和尚的师傅,在鹿苑中讲经说法。鹿苑,拙文《高允〈鹿苑赋〉与云冈石窟》(载 2003 年 10 月 31 日《中国文物报》)已有考证,指的就是云冈石窟所在的平城西北皇家佛地。慧纪"唱谛鹿苑",明确无误地宣布了徐州高僧在云冈的领导地位,太和十三年以后云冈石窟造像的变化根源于斯。

除昙度、道登、慧纪三人外,见诸史籍,到达平城的徐州高僧还有僧逞、龙达等。太和十九年四月,孝文帝南伐回师,游徐州彭城,又幸兖州鲁县(今山东曲阜),期间诏曰:"门下:徐州道人统僧逞,风识淹通,器尚伦雅,道业明博,理味渊澄。清声茂誉,早彰于徐沛;英怀玄致,夙流于谯宋。比唱法北京,德芬道俗,应供皇筵,美敷宸宇。仁叡之良,朕所嘉重。依因既终,致兹异世。近忽知闻,悲怛于怀。今路次兖濮,青泗岂遥。怆然念德,又增厥心。可下徐州,施帛三百匹,以供追福,又可为设斋五千人"(《广弘明集》卷 24《元魏孝文帝赠徐州僧统并设斋诏第五》)。大约迁都洛阳后,僧逞便返回了彭城。又,《续高僧传》卷 16《齐林虑山洪谷寺释僧达传》:"释僧达,俗姓李,上谷人。十五出家,游学北代,听习为业。及受具后,宗轨《毗尼》,进止沈审,非先祖习。年登二夏,为魏孝文所重,邀延庙寺,阐弘《四分》,而形器异伦,见者惊奉。虎头长耳,双齿过寸,机论适变,时其高美。与徐州龙达各题称谓。寻复振锡洛都,因遇勒那三藏,奉其新诲。……终于洪谷山寺,春秋八十有二,即齐天保七年六月七日也。"按僧达卒于 556 年,出家游学平城,值太和十三年(489)。后来,精通律藏,与徐州龙达齐名。

南北高僧佛教思想的差异

南北朝是中国佛教的鼎盛时期,魏晋十六国以来引进、流行的经典、学说,正在处于消化、整合、创新之中,各种思潮异彩纷呈,各个流派宗脉繁杂。对此时的异宗僧学,予以甄别,良非易言。特别是北魏僧学,记载阙略,历来难晓。这里,关于北魏平城时代凉州与徐州高僧的佛学思想及其差异,只是我个人的推测,或涉谬妄。《高僧传》卷 8《齐京师太昌寺释僧宗》:

善《大涅槃》及《胜鬘》、《维摩》等,每至讲说,听者将近千余。妙辩不穷,应变无尽。……魏主元宏遥挹风德,屡致书并请开讲,齐太祖不许外出。……先是,北土法师昙准,闻宗特善《涅槃》,乃南游观听。既南北情异,思不相参。准乃别更讲说,多为北士所师。准后居湘宫寺,与同寺法身、法真并为当时匠者。

观昙准南下建康的遭遇,实与北上平城的徐州高僧相似,原因可能不仅仅是两地尊习的佛典不同,恐怕更在于"南北情异,思不相参。"南、北社会环境不同,导致人的思维方式不一致。即便是对同一佛经,彼此的理解也有着本质的差别。再者,佛教宗派、学说之争，由来已久。教分有无、顿渐、偏圆等等，不一而足。汤用彤先生《北朝之佛教》讲："判教之说，约在北凉昙无谶法师之时也。……南北朝判教异说极多。……南学简要，判教之说，既不盛行，……北有七家，可见判教之盛行。此抑或因北学深芜，穷其枝叶也。"由此看来，北方僧侣的门户之见较南僧更甚。

凉州僧学，以昙无谶最为代表，译经有《大般涅槃经》、《方等大集经》、《方等大云经》、《方等王虚空藏经》、《悲华经》、《金光明经》、《海龙王经》、《菩萨地持经》、《菩萨戒本》等十余部。据汤用彤先生《汉魏两晋南北朝佛教史》讲："谶所译经均属大乘。而《涅槃经》阐佛性学，开中国佛理之一派，至为重要。"昙曜等凉州僧匠师承的应该属于昙无谶之学，所长在于禅学。

徐州僧嵩一脉师徒，属于义学讲经之僧。《高僧传》卷 8 末论云："昙度、僧渊，独擅江西之宝；……虽复人世迭隆，而皆道术悬会。"江西，相对于"江东"而言，亦即"江右"，相对"江左"而言。清梁绍壬《两般秋雨盦随笔》卷 7 云："考六朝以前，其称江西者，并在秦郡（今六合）、历阳（今和州）、庐江（今庐州）之境。盖大江自历阳斜北下京口，故有东西之名。……昔之所谓江西，今之所谓江北也。"可见，僧渊、昙度演法彭城，是当时江北最负盛名的佛学大师。《高僧传·齐京师中兴寺释僧印》曰："初游彭城，从昙度受《三论》。度既擅步一时，四远依集，印禀味钻研，穷其幽奥。"《三论》，即鸠摩罗什所译《般若》三论：《中论》、《十二门论》、《百论》。按彭城高僧之学，僧渊"从僧嵩受《成实论》、《毗昙》"，昙度"《涅槃》、《法华》、《维摩》、《大品》并探索微隐"，道登"研综《涅槃》、《法花》、《胜鬘》"，慧纪"兼通数论"，都是当时盛行的大小乘佛典。僧嵩早年受教于鸠摩罗什，尤为《成实》大家。从佛教宗系上讲，属于罗什关中流亚。

《成实论》，古印度诃梨跋摩著。该书在小乘论中说"我空"（认为人无自性），兼说"法空"（认为客观世界无自性），是一部向大乘空宗（中观宗）过渡的著作。自鸠摩罗什译成汉文后，研习者自成一派，号称"成实师"。《毗昙》，即《阿毗昙》，新译《阿毗达磨》，译作"大法"、"无比法"，论部的总名；本指对法藏，而中国六朝时特举一切有部之学而言。古印度法胜撰《阿毗昙心》，释道安在关中，请罽宾沙门僧伽提婆译为华言；达摩多罗撰《杂阿毗昙心》，"宋元嘉三年，徐州刺史、太原王仲德，请外国沙门伊叶波罗于彭城出之"（《出三藏记》卷 10）。可见，当时徐州又风行阿毗昙学，而僧嵩、僧渊亦为毗昙师。因《毗昙》属于小乘，所以他们师徒曾被指责为"专行偏教"的"迷伪之人"。

梁僧祐《出三藏记集》卷 5《小乘迷学竺法度造异仪记》云："自正化东流，大乘日曜，英哲顶受，遍寓服膺。而使迷伪之人，专行偏教，莫或振止，何其甚哉！昔慧导拘滞，疑惑《大品》；昙乐偏执，非拨《法华》。罔天下之明，信己情之谬，关中大众，固已指为无间矣。至如彭城僧渊，诽谤《涅槃》，舌根销烂，现表厥殃。大乘难诬，亦可验也。寻三人之惑，并恶止其躬。"而《高僧传》卷7《宋京师中兴寺僧嵩》云："时中兴寺复有僧庆、慧定、僧嵩，并以义学显誉。庆善《三论》，为时学所宗。定善《涅槃》及《毗昙》，亦数当元匠。嵩亦兼明数论，末年僻执，谓佛不应常住。临终之日，舌本先烂焉。"以上二书，记载舌根溃烂的或曰僧渊，或曰僧嵩，本系师徒，即便误指，并不要紧；重要的是，说出了彭城高僧攻击大乘《涅槃》之学。对此，《中论疏》卷3讲的更明确："彭城嵩法师主《大品》，而非《涅槃》。"《大品》即罗什所译《大品般若经》，《涅槃》即昙无谶所译《大般涅槃经》。按《涅槃经》讲：佛之涅槃，非灰身灭智；佛今虽现入灭之相，然佛身常住不灭。僧嵩诽谤《涅槃》，"谓佛不应常住"，实是东晋十六国佛学大师慧远、罗什以后，南北佛教公认的异端。《高僧传》卷6《晋庐山释慧远》谓："先是，中土未有泥洹常住之说，但言寿命长远而已。远乃叹曰：'佛是至极，至极则无变，无变之理，岂有穷耶。'因著《法性论》曰：'至极以不变为性，得性以体极为宗。'罗什见论而叹。"显然，在当时的正统佛教看来，僧嵩的言辞，陷入了小乘偏执的泥潭。徐州僧匠师承的这种观点，大约正是昙度遭受诋毁，被责暴亡的学术原因。

最后，我想谈两个问题，留作思考。一是云冈石窟的涅槃形象，仅在第11窟与西部晚期洞窟中有三处小型雕龛，而11窟的开凿在云冈最为复杂，多有铲去旧龛重新雕刻之处。又，无名窟，只有檐柱屋形前室，没有同类型中的第9、10、12、14窟那样的后室，且窟制较低；前部雕镂，后壁残余通长台座，却没有雕刻完成，今天学者多猜疑留作卧像。既然凉州僧学最重《涅槃》，为何云冈没有大型涅槃造像？二是《高僧传》所记彭城宋王寺丈八金像，光相冠绝江北，献文帝时徐州入魏，北人欲迁归平城，竟不能致。但既已重视，难免要被观摩或摹写回京。此外，孝文帝延兴二年（472）诏曰："济州东平郡，灵像发辉，变成金铜之色。殊常之事，绝于往古；熙隆妙法，理在当今。有司与沙门统昙曜令州送像达都，使道俗咸睹实相之容，普告天下，皆使闻知。"中原法相，必然成为平城样板。再有，太和五年徐兖二州被俘僧人到达平城后，很可能依照平凉民、平齐民的旧例，被安置到在建的云冈石窟中服役，南国风范自然会逐渐渗透并表现出来。那么，在徐州高僧入主云冈之前，云冈石窟造像受南朝影响，是否有一个渐进的过程？

（摘自《文物世界》2004年第5期，这里有所改动）

试论云冈石窟供养人的服饰特点

李雪芹

在云冈石窟数以万计的人物雕刻中，供养人的服饰最能直接反映出北朝社会的社会特征，虽然供养人的雕刻数量有限，再加上其雕刻位置不是很显著，因而在过去的岁月中，没有引起人们的足够重视。有一些文章作过论述，但一笔带过的多，详细论述的少。本文试图通过对云冈石窟雕刻中的供养人服饰雕刻的调查分析，阐述北朝社会所具有的鲜明的时代特征和民族风貌，以求客观、真实的反映北魏平城时期服饰的基本特征和社会生活习俗。

在云冈石窟中，几乎每个洞窟都有供养人（本文所指的供养人不包括供养天人和供养菩萨）的雕刻，它们或簇拥在佛龛周围，或位于窟内四壁下部，更多地则是位于龛下、铭刻石（或博山炉）两旁，就其位置而言有以下几种表现形式：（1）、位于佛龛、佛教故事龛周围，雕刻于主像旁侧。一般雕刻供养人的数量较少，以1~2人者为多数，是佛龛雕刻内容的一部分，其主要作用是烘托龛内雕刻的主题内容，渲染气氛、增加画面的可读性。他们双手合十或双手捧物作供养状，虔诚地拱立在主佛周围。（2）、位于盝形龛或盝形龛楣内的供养人。盝形龛楣内多数是刻七佛，但也有一小部分龛楣内正中雕刻坐佛，两侧各雕三躯供养人的形象，这些供养人雕刻均侧身面向正中坐佛，有的还雕有圆形头光，发髻高耸，双手合十，双腿呈胡跪状，著帔帛，具有较强的装饰性。（3）位于佛龛下铭刻石（或博山炉）两旁，这是云冈石窟供养人雕刻的主要表现形式之一。两列供养人，均侧身面向中央，多数情况下是男女分列，相当数量供养人行列的首位为僧侣形象，其"敷导民俗"的作用可见一斑。他们或胡服供养、或著宽袖大衣，毕恭毕敬地侍立于佛的面前。其服饰的时代特征鲜明，客观地记录了北魏社会发展的史实，为研究这一时期服饰变革提供了翔实的史料。（4）、位于窟内四壁下部。第二、三期这种形式较普遍。主要分布于大、中型洞窟的下部（西部小窟也有这种形式，供养人雕刻的高度在40——70公分不等），其高度均在1.5~2米左右，是对平城各类人物的客观描述，一定程度上反映了北魏的社会结构。

从云冈供养人服饰雕刻来看，可以分为四类：一、僧侣服饰；二、鲜卑服饰；三、汉式服饰；四、胡风汉服。其中前三类是云冈石窟供养人服饰雕刻的主流，后一类只是将前面提到的第二、三类服饰加以糅和后形成的一种服装样式，并不是云冈供养人服饰雕刻的主要表现形式，雕刻数量亦十分有限。

一　僧侣服饰：

供养人中的僧侣形象，在云冈石窟中的雕刻数量并不是很多，其表现形式，多数位于供养人行列之首位，也有呈比丘（或比丘尼）供养行列出现的。其服饰特征十分明显，主要有以下几种表现形式：

1. 袒右肩式袈裟

袈裟是佛教徒的法服。其形制为长布不加任何裁剪，法衣裹身，又称赤布僧伽梨。袒右肩式袈裟，即斜披袈裟，以赤布僧伽梨绕腰络腋，覆左肩，袒右臂（或半袒右臂），露出僧祇支。这种服装源于古代印度人的一般服饰①。《大智度论》卷第七《佛土愿释论》中说："佛初成道，菩萨夜三昼三。六时礼请，偏袒右肩合掌言……"。"是以天竺国法，尽敬于所尊，表诚于神明，率皆袒服，所谓去饰之基者也。"② 由此可见，袒右肩服饰是古代印度一般人的日常生活服饰，印度佛像的服装亦如此。而在中国，裸肩露肉是不符合中国传统的伦理道德的，是一般人所不能接受的。所以，"魏时请僧于内恣，宫人见僧偏袒，不以为善，遂作此衣施僧，即偏衫右边。"这种服装就是所谓的"因复左肩，右开左合"的形式。与云冈石窟第一期造像中的佛像服装完全相同。这种袈裟在云冈石窟供养人服饰中有两种表现样式，A：半袒右肩式。以长布绕腰络腋，覆左肩，右臂呈半袒状，一部分衣服从左臂绕下，个别内雕长裙。这种服饰多见于云冈第二期雕刻，后逐渐消失（图一）。B偏衫。偏衫这种形式多出现在云冈第三期石窟雕刻中的龛楣内，不见于第一、二期。绝大部分用于表现七坐佛，只雕刻出服装的右衣领，其余无雕饰。这种服饰表现僧侣供养人的仅是个别现象。这种形式的服饰也可以说是偏袒右肩式袈裟在第三期雕刻中的一种简化后较程式化的表现形式。

第 9 窟前室北壁门栱右侧二佛并坐龛左侧雕了 1 躯弟子供养形象（圆形头光为后世所绘），身着半袒右肩式袈裟，袈裟上雕刻有排列整齐的长方形格子，融入了田相衣的

---

① 古代印度贵族的一般服饰为：斜披络腋，胸前着有蛇饰，臂戴钏，下著长裙。
② 慧远《沙门袒服论》

成分，二者结合，形成这类服饰的另一种形式。清代在其身上大施彩绘，使其色泽艳丽，同时又不失其高贵典雅的儒士风范。

2. 通肩大衣

通肩大衣是僧侣供养造像的主要服饰之一。源于犍陀罗佛像的服饰。"以角搭肩，衣便绕颈"的通肩式袈裟在云冈石窟雕刻中有三种表现样式：A 式：通肩大衣，圆领窄袖，衣下部为直筒形，且大衣下摆平直至脚踝处，露足（图二）。云冈石窟第 9 窟前室北壁门楣右侧二佛并坐龛的右侧雕 1 躯弟子供养形象，著圆领通肩衣，窄袖，通肩大衣上雕刻有排列整齐的长方形格子（该像后世予以彩绘），通肩衣下摆呈圆弧形，内著间色长裙至脚踝处。该服饰为此类服饰的变异形式，它结合了田相衣与女性间色裙的特点，有可能是比丘尼的服饰。B 式：圆领宽袖至肘下部，大衣下摆呈"八"字形，且衣裾向外扬，露足（图三）。C 式：通肩大衣，领口呈小 V 字形领，且有宽缘，广袖，腰系蔽膝，下著间色裙（图四）。通肩大衣在云冈石窟供养人服饰雕刻中有较多的表现，它的款式前后有一定的变化的，特别是它的衣袖经历了由窄变宽、衣身由直筒到"小喇叭"形的变化，说明了北魏社会审美观念的变化以及鲜卑与汉式服饰交流、融会的社会变革的实情。其中 A 式出现的时间较早，C 式出现时间相对较晚。

3. 双领下垂式袈裟

又称交领大衣。此种衣服是以袈裟覆双肩，双领下垂于胸前或相交，其形状类似对襟衣，领口处露出僧祇支。双领下垂式袈裟在云冈石窟中有两种表现样式，A 式：交领大衣。在云冈石窟供养人雕刻中有两种式样，一种是双领于胸前相交，左衣领压右衣领，袖子较窄，衣裙下摆呈直筒形，领、门襟、下摆有缘。内著长裙至脚踝处，显示了较明显的鲜卑服饰的某些衣着特征（图五）。第二种的式样如 19—2 窟门口左侧下部比丘供养的雕刻，光头，双领下垂至胸前相交的宽袖大襦，内著僧祇支，下著裙，露履。表现出较浓郁的汉服风韵。显然这种形式的服装出现的时间相对较晚。B 式：双领下垂但不相交（图六），是比丘尼的一种服饰，亦有两种表现形式。①双领下垂至胸部，领口部露出僧祇支，衣下摆呈圆弧形，袖口较宽大，下著间色（百褶）裙；②双领下垂至胸部，曲领（即小方领），领口处露出僧祇支，袖口宽广，且出现衣襟方角向外翻的样式，衣下摆呈圆弧形，下著间色（百褶）裙；这种服饰的出现显然受南朝褒衣博带服饰的影响，领口由相交到相对，袖口由窄变宽，这种变化所反映的是社会的进步，是鲜卑统治集团改革旧体制创建新的礼制的具体体现。

4. 田相衣

在袒右肩式（半袒右肩式）袈裟和通肩大衣两种服饰上，衣纹雕刻出横竖裁割呈方格状的形式，当为现存较早的田相衣①。关于田相衣，《释氏要览》卷上云：方形田相"象征田相畦贮水，生长嘉苗，以养形命，法衣之田，润以四利之水，增其三善之苗，以养法身慧命也。"由此看来，田相衣具有宗教象征意义。因而在云冈石窟僧侣供养人雕刻中，着此衣者也不乏其人（图七）。最典型的是第18窟东壁的弟子供养雕刻。该弟子像身着通肩式田相衣，宽袖，领口处雕有装饰（类似于盘领），通身雕有排列整齐的长方形斜格。第二期雕刻中也屡见这种服饰，特别是太和年间较流行，第三期雕刻中消失殆尽。

综上所述，僧侣供养人雕刻虽不是云冈石窟供养人雕刻中的主流，但其服装样式较多，有一些与佛像同出一辙，有一些看来就是当时僧人们的日常服装，我们从中不难找出其与时代发展同步的特点，有些样式或多或少体现了鲜卑服饰的一些特点，具有鲜明的时代特征和独特的地域风格。

二　鲜卑服饰

拓跋鲜卑是居住在我国东北的一支历史悠久的少数民族。拓跋氏的祖先发源于黑龙江省大兴安岭的原始森林，以射猎为业②。大约在东汉时期，鲜卑部就开始了大规模南迁，经过不断的征战、迁移，逐步的发展壮大。在南迁的过程中，蒙古草原上民族融合的局势正发生着巨大而深刻的变化。匈奴势力日渐衰弱，取而代之的是鲜卑拓跋势力的强大。拓跋鲜卑于公元386年建立封建国家，定都盛乐。公元398年迁都平城（即今山西大同）。在鲜卑拓跋部发展壮大的过程中，通过民族融合、向汉民族先进文化的学习，不断充实本民族，使鲜卑文化得到迅速发展。过去的记述中一般将鲜卑族纳入胡人的范畴，通过对云冈石窟供养人雕刻的调查与分析，我认为鲜卑服饰特征鲜明且自成体系，不能与胡服相混，而应独立成章。在云冈石窟供养人雕刻中鲜卑服饰贯穿始终，是北魏时期供养人服饰的主要装束，也是这一时期服饰流行的主流。

1. 男式服装

男式鲜卑服在石窟中有十分突出的表现。男性供养人一般头戴鲜卑帽，内著圆领衣，外罩交领窄袖大袍或左衽衣，领、袖及下摆皆有缘，特别是下摆的缘较宽，似镶皮毛之边，腰束宽带，下着小口裤，脚蹬靴。

鲜卑帽，又称突骑帽、帷帽。其最显著的特征是圆帽、垂裙（所谓裙，据长沙马

---

① 田相衣，又名水田衣。唐代王维《过卢四员外宅看饭僧共七题韵》"乞饭从香积，裁衣学水田"。

② 参见米文平《鲜卑石室的发现与初步研究》，载《文物》1981年第2期。

王堆新出竹简记载，凡器物下脚加有丝绸边沿的，通称作"裙"），是我国北方少数民族男女通用的一种首服。在云冈石窟雕刻中，着鲜卑服的男女供养人大多数头戴此帽，但帽的形式不尽相同，男女帽子式样也有一定的差别。主要有以下几种样式：

A 式、圆顶风帽，帽筒较深且材质较软，帽顶塌在脑后，在侧面看形成一条直线（或斜线）。帽口镶有宽边（或者是束帽口沿的宽带），垂裙呈直线下垂至肩。这种帽形是云冈石窟所表现鲜卑帽的一种主要表现形式，少见于同时期其它石窟或墓葬中（图八）。在云冈石窟供养人雕刻中，凡着此帽者，一般均著交领衣，下着小口裤，根据衣饰特征判断，此帽应为男性所戴之帽。这种帽式在"昙曜五窟"中已露端倪，第 7 窟西壁中层故事龛中雕刻的供养人已戴此帽（大型供养人行列最早出现在该窟下层，惜风化严重，已无法辨识），说明在和平年间开凿石窟中的鲜卑供养人已着此帽。（图九，1）太和七年（公元 483 年）碑左侧的供养人雕刻也着此帽形。纵观云冈石窟第二期雕刻中的男性鲜卑供养者均戴此帽，这种帽形也见于司马金龙墓中出土的男俑（图九，2）和宁夏回族自治区固原县北魏墓出土孝子故事图漆棺残片中的男性人物①。在第三期雕刻中已难寻这种帽子的踪迹。该种帽形有个别造像帽顶中间有中缝，与司马金龙墓出土的女乐俑和女侍俑帽式相近似。但从服饰上看，该列供养人应为男性。

B 式、圆顶风帽（雕刻中亦有帽顶前高后低或其帽顶中部呈下凹式两种形式），硬质帽顶，帽口束宽边，垂裙在帽后，一般呈弧线至肩部。云冈石窟雕刻中的鲜卑帽大部分属于这种类型。此种帽形在云冈石窟雕刻的第一、第二、第三期供养人中均有表现。且女性戴此帽者居多，第三期雕刻中也有一部分男性供养者着此帽。在云冈石窟第二期供养人首服雕刻中，大多数女性头戴帽顶中部下凹的鲜卑帽（图十），与近年来平城（大同）地区出土的北魏同时期陶俑或墓室壁画中的供养人的帽式基本相同。足以说明北魏太和年间平城地区流行这种帽子的样式②。

C 式、帽子顶部类似于笼冠，帽口无边饰，垂裙至颈两侧与颈后。帽子的上半部分似为方形。凡着此类帽子者，供养人的个体一般较小，多数不超过 40 公分。这主要是因为工匠在雕刻中，部分细节无法描述，再加上供养人雕刻的个体较小，雕刻日趋简化，所以出现程式化的表现方式，其雕刻手法十分简练。这种形式多见于第三期雕刻中的供养人。

吕一飞先生在其《北朝鲜卑文化之历史作用》一书中称鲜卑帽："其帽大致为一方

---

① 山西省大同市博物馆. 山西省文物工作委员会《山西大同石家寨北魏司马金龙墓》，载《文物》1972 年第 3 期。宁夏固原博物馆《固原北魏墓漆棺画》，宁夏人民出版社 1988 年出版。

② 山西省考古所、大同市考古所《大同市北魏宋绍祖墓发掘简报》，载《文物》2001 年第 7 期。《大同市智家堡北魏墓石椁壁画》，载《文物》2001 年第 7 期。

形，垂裙至肩"①。我个人认为这种说法有待商榷。从云冈石窟供养人雕刻的鲜卑帽形式以及近年来大同地区出土的北魏平城时期的陶俑情况来看，鲜卑帽的顶部有两种形式，一种为长帽，即帽筒较深且向后塌下；另一种帽顶应为浑圆形，其顶部中间呈下凹形，也有呈前高后低式。吕先生之所以认为是方形，是对云冈石窟雕刻中一种程式化表现的误解。

D 式、尖顶圆形毡帽，也称浑脱帽。帽口为圆形，帽顶部为尖状，质地较厚重，是胡服中的一种帽子形式。着此类帽子者，面相均为胡相，一般著右衽衣，交领、窄袖，衣长至膝下，衣领、袖、下摆有缘，下著靴。有可能是当时在平城地区从事商贸活动的其它少数民族服装式样的再现。这种帽子形式，也见于同时期佛传故事龛中的人物首服中，如第 10 窟后室南壁明窗西侧"降魔成道"龛内的人物形象，头戴圆形尖顶毡帽，帽中有缝，面呈胡相。

第 19—2 窟前立壁北侧佛龛下雕一列供养人，中为博山炉，左侧雕男性供养人，头戴鲜卑帽，帽筒较深，且向后披下（从侧面看，帽的中后部形成一条线），帽口饰宽带，著交领、窄袖衣，领、袖、下摆有缘，下著小口裤，穿靴。右侧雕一列女性供养人，头戴鲜卑帽，帽顶浑圆，个别帽顶雕为前低后高式，帽口束宽带，著交领、窄袖大襦，领、袖、下摆有缘，下饰间色裙，不露足。从此列供养人雕刻的帽子形式来看，男女帽子的样式有明显的差别。这种情况在云冈石窟第 9 窟后室南壁东侧也有相同的表现，即男性供养人戴 A 式帽，女性供养人头戴 B 式帽。纵观云冈石窟供养人雕刻中的鲜卑帽，男女有别，样式不同，但随着时间的推移，帽子式样逐渐有统一的趋势。

辫发。鲜卑拓跋部屡被南朝史书称为"索头虏"。"索虏"（见《宋书·索虏传》、《南齐书·魏虏传》）胡三省解释道："索虏者，以北人辫发，谓之索头也"。

在第 7 窟门拱西侧塔柱内雕刻的童子像，头部正中梳一圆形辫发，辫发从中一分为二向两侧弯卷形成"几"字形，头部两侧各一圆形辫发呈弯曲状下垂，其头饰为典型的索头；第 8 窟门左上角雕 1 躯伎乐供养人，额前梳发，两侧梳圆形发辫垂下。这种发式在云冈石窟甚为罕见。因为云冈石窟毕竟由北魏皇室主持开凿皇家石窟寺院，而索头终归不是一种尊称。因而它不可能在皇家主持开凿的石窟寺院中将别人的对自己民族的贬称过多的表现出来。这种形式的雕刻只在这两个窟中有所表现，其它窟中未见此种形象。

另外一种表现辫发的形式为头梳逆发。如第 1 窟、第 2 窟东西两壁中层佛龛两上隅雕出的供养人形象，面相为胡相，梳逆发，动作较为夸张，显然是当时的工匠对鲜卑服饰或当时北方其它少数民族服饰的一种客观描述。

---

① 吕一飞先生在《胡族习俗与隋唐风韵——魏晋北朝北方少数民族社会风俗及其对隋唐的影响》一书中阐明了相同的观点，即鲜卑帽的"顶部大体为方形，又略为有一点圆，皆垂裙至肩。"

　　鲜卑服中男性服装样式主要有五种样式（图十一）：第一种为内著圆领衣，外罩交领、窄袖大袍至膝下，袖口紧裹①，领、袖有缘，下摆镶宽边，腰束革带使腹部微向前突，大袍整体呈直筒形，下着小口裤，裤脚镶边，脚蹬靴。服装质地厚重（第6窟东壁供养人像）。此类服饰中也有个别图像雕刻为裤口一直垂在脚后跟的形式。第二种样式为内著圆领衣，外著交领左衽衣，衣长至膝下，领、袖、门襟均有缘，下摆镶宽边，腰束革带使腹部微向前突，由于束带使左衽衣略有收腰，下着小口裤，裤脚镶边，足穿靴。第三种头戴A式鲜卑帽，内著圆领内衣，外著交领对襟大襦，长至膝下，大襦领、袖、门襟均有缘，袖子较宽松，袖口紧裹，腰不束带，下穿小口裤，脚部风化不辨。这种样式中已明显看到南朝汉式服饰的影子，将汉式服饰与当时的鲜卑服装相糅合，形成一种新的鲜卑服装样式。以上三种服装样式均有直筒形逐渐向梯形发展的趋势。第一期石窟中，服饰厚重，形体矮胖，因而觉其稚拙、笨重。到第二期雕刻中造像体态逐渐加长，同是一种服装样式，就显得俏丽多了。第四种服饰多数情况下是以胡人形象出现的，逆发胡相，上著交领衣，下着犊鼻裤（或为三角裤），赤足。第五种头戴尖顶圆形毡帽，面呈胡相，著交领、窄袖右衽衣，衣长过膝下，领、袖有缘，腰身直筒不束带，下着裤。这种服饰较少见。

2. 女式服饰。

　　女性供养人一般与男性分行而列，大多数女性供养者头戴B式鲜卑帽，即头戴帽顶中部下凹或帽顶前高后低的鲜卑帽。在云冈第二期及第三期的女性供养人帽式中多数为帽顶中部下凹的样式，第三期中较流行C式帽形。

　　女性鲜卑服主要有三种样式（图十二），第一种为内著圆领内衣，外著交领、窄袖左衽衣，衣长至膝下，领、袖、门襟皆有缘，下摆镶宽边（也有可能镶皮毛宽边），左衽衣基本上呈直筒形，下饰间色裙（裙身雕纵向条纹，类似于今天的百褶裙）及地，裙摆较大，向后飞扬。衣服质地厚重。这种服饰在第三期的表现形式出现一些变化，衣身由直筒形向梯形过渡，并且左衽衣下摆向外撇，动感较强。第二种样式为内著圆领内衣，外罩交领对襟大襦长及膝下，领、袖、门襟均有缘，袖子较宽松，袖口紧裹，下著长裙。第三种为上著窄袖大袍，袍长至膝下，袖子紧裹，下着长裙及地。这种服饰无细部雕刻，只刻出大轮廓。以上三种裙子的长度都拖在地面上，所以无鞋子的雕刻。

　　鲜卑服饰的主要特点是防风御寒，适应北方寒冷风沙大的气候特点，是鲜卑拓跋部多年来适应自然、与大自然作斗争经验积累的具体表现。在具体雕刻中，衣饰的表现不完全相同，同一种服饰随着时间的推移细部雕刻亦有一些变化。在云冈石窟的"昙曜

---

　　① 史载中的小袖袍大概如此。《梁书·诸夷·河南王传》中称吐谷浑男子穿"小袖袍"。

五窟"中，反映第一期的供养人形象不多，而且个体较小，此时的鲜卑服基本上是交领窄袖衣和左衽衣，反映了早期鲜卑服饰的基本特点。第二期随着大型供养人行列的出现，供养人的雕刻数量明显增多，鲜卑服样式也较第一期出现了一些变化，其细部雕刻中出现了一些新的内容，比如第二期的左衽衣衣袖较第一期明显加宽，但袖口还保留其原始做法，做得很窄呈裹袖状。袖子上半部分加宽后，更适应于活动，袖口紧裹一来承袭鲜卑服衣袖的传统做法，二来更具有实用性。再如其间色裙的下摆，在此时大多数向外扬，与第一期有很大的区别。它的服饰特点为我们提供了了解北魏当时社会生活的一个方面——衣冠服饰习俗的非常珍贵的形象资料。北魏后期由于孝文帝积极推行汉化政策，石窟中供养人的服饰出现汉服，但着鲜卑服者并未有太多的减少，而是呈现出鲜卑与汉式服饰同时并存的局面。除去政治原因外，一个非常重要的因素是，鲜卑服更便于劳作和骑射，更具有实用价值。所以说鲜卑服对后世服饰特别是隋唐服饰产生了十分重要的影响。

三　汉式服饰

北魏时期，南北双方保持了一段相对稳定的时期。政治上虽然处于对峙局面，但在文化和经济方面双方交流频繁，再加上孝文帝积极推行汉化政策，因而在石窟雕刻中，供养人服饰中的汉式服装占了一定的比例。孝文帝汉化的一个具体措施就是进行服饰改革，但其服装样式基本上是参照南朝官服制度设计的，并无太多的独创。石窟中出现的汉式服装客观地再现了这一历史事实。

1. 男性服饰

冠饰是汉式服装的一个重要组成部分。男性供养人主要有小冠、笼冠和进贤冠等冠饰。

小冠，又称平巾帻。《舆服志》："平上帻，服武官也。"在云冈石窟第11—16窟东壁佛龛下雕一列男性供养人，头戴小冠，身着 V 字领、宽袖大袍，领、袖皆有缘，双手合十，面向北方作供养状。头侧雕有榜题，惜年代久远，字迹已漫漶，现难以确定其人的真实身份。出现时间应在太和二十年服制改革以后。这种冠饰在龙门石窟雕刻中表现较多，例如古阳洞北壁中层第1与第2龛之间上部小龛下雕一列供养人，头戴小冠，内著圆领广袖大袍，袍的下摆呈八字形，衣纹密集，露出笏头履。这种服饰样式与云冈石窟雕刻中的样式基本相同，所不同的是袖子更宽，衣纹更密集。并且有明确纪年，也说明其雕刻年代①。

① 详见《龙门石窟内容总录》。《中国大百科全书出版社》1999 年

进贤冠。第35窟东壁佛龛下帐形龛内雕一排供养人，头戴进贤冠，著交领（或Ｖ领）宽袖大袍，领、袖有缘，腹部微向前突，双手合十虔诚供养。该窟门楣东壁有延昌年间题记，大致可以说明著这一类服饰供养人的具体雕刻年代。这种冠饰是云冈石窟供养人雕刻中的一种主要冠饰。同样的冠式在第19—2窟主佛下部西壁供养人雕刻中亦有表现，头戴进贤冠，著Ｖ字领宽袖大襦，腹上部束宽带，下部风化不辨（图十三）。

笼冠。在第32窟门楣西壁思惟菩萨龛下铭刻石左侧雕一列供养人，其中前者头戴笼冠，著交领广袖大袍。这种冠饰在云冈石窟供养人雕刻中数量并不多，多数情况下是以图案化的表现形式出现的。这种服饰没有细部刻划，只雕刻出大轮廓。以上三种冠饰在云冈石窟出现的年代均为第三期（即太和十八年以后）。说明北魏太和改制后平城地区服饰发展的实际情况。

男性供养人，一般均著交领宽袖大袍，领、袖有缘，大袍的下部呈直筒形，脚穿笏头履；还有的著交领广袖大袍，胸前束宽带，大袍的下摆向外飞扬，衣服宽博，衣袖褶纹整齐对称，潇洒脱俗。

2. 女性服饰

在云冈石窟供养人服饰雕刻中，女性供养人一般不带冠，而是头梳高髻或花式高髻，著圆领（或盘领）广袖通肩衣；或著Ｖ字领通肩衣，衣纹雕以阴刻线，下著间色长裙及地，不露足，成为云冈石窟女性供养人汉式服饰雕刻的主流。女性供养人虽不戴冠，但发髻的梳法也呈现出多种变化。雕刻中主要有双髻、高髻（花式高髻）、飞髻等式样。

高髻：是石窟中表现最多的一种发式且贯穿始终。头发在顶部高高挽起，多数情况下，呈花式高髻出现，具有较强的装饰性。第一期的高髻，只将头发束于头顶部呈馒头状，逐渐向高发展，到第三期髻的高度几乎与头的长度相等。第7窟西壁龛内雕一组供养人（五身），花式高髻呈多瓣状，基本表现为馒头状。戴耳珰，饰项圈，斜披络腋，臂戴钏，下著长裙，双手合十双腿呈胡跪状，这种装束的供养人，有时也出现在佛龛的两上隅。因为缺乏文字资料，一时难以辨清供养者的具体身份。

双髻：在头部的两侧梳双髻。是北魏当时流行的一种发式。多出现在第三期雕刻的供养人群像中，一般位于帝后形象之左右，其真实身份多为侍者。

飞髻：其实是双髻的另一种表现形式，顶部双髻如飞雁凌空，装饰意味十分浓重。第38窟南壁门楣东侧下部供养人，头饰飞髻，双髻于顶部向两侧展翅愈飞，动感十分强烈，具有浓郁的装饰意味。

女性供养人的服饰较为简单，基本上分为三种。一种是上著圆领内衣，外著交领、宽袖大襦至膝上，下著裙。另一种是上著圆领内衣，外著交领、宽袖大袍及地。以上两种装束均不露足。第三种一般头饰高髻，著圆领（或者是 V 领）通肩衣，袖口较宽，衣长及地。

在云冈石窟供养人雕刻中，着汉式服装的形象并不多，且个体较小，这也从另一个侧面说明：在北魏平城时期，尽管孝文帝极力推行汉化政策，但在平城地区，保守势力仍然十分顽固，他们依然奉行祖先留下的文化传统，极力固守着鲜卑文化的内涵，全力保持着传统文化的遗存。同时也说明迁都洛阳后，平城地区的社会地位已大不如从前。

3. 帝后服饰

在第三期洞窟中的第 33、36、38 窟等窟内四壁下层均雕刻了帝后供养人形象。都是以单列的形式出现的，一般在其头侧雕有榜题（图十四），可惜风化严重，已无法辨认其名。帝者一般头戴冠，著交领、广袖大袍及地，足穿笏头履。其身后紧跟一名侍者，双手持伞盖。侍者个体一般较小，头梳双髻或飞髻，著交领、小宽袖衣。

帝后（或王妃）一般头梳高椎髻，个别有梳花式高髻，内著圆领内衣，外著交领广袖大袍及地，有的领、袖有缘，腰束带垂于腹前，腹部微微向前突出，双手置于胸前，长裙向后飘逸，足穿笏头履，端庄典雅，显示出王后（贵妇）雍容华贵、缓缓而行的风采。身后雕一名侍者，个体较小，头梳双髻，著交领、小袖衣，衣长至膝上，下著裙，双手持华盖为贵妇遮阳。特别是第 33 窟西壁下层供养人的雕刻更为突出。由于风化剥蚀严重，局部形象已趋模糊，从现存的痕迹观察，仍可以看到当年的帝后风采。高髻（或花式高髻）向前倾或向后抛，密鬓拥面，著交领、广袖大袍，领、袖有缘，腹前飘带下垂，衣裙下摆呈大喇叭口，腹部向前微突，双手置于胸前。头侧虽雕有榜题，但已无法辨认。造像比例适中，体态雍容华贵，是云冈石窟帝后供养雕刻中的精品。

云冈石窟雕刻中的帝后供养人形象，与龙门石窟雕刻中的帝后供养有很大的区别。首先云冈的雕刻没有成组的帝后供养群形式；第二，云冈的帝后供养雕刻简单。这也说明此时的平城地区，已不再是北魏的政治中心，帝王供养在此时此地不可能得到大量的表现，因此该题材也不可能成为石窟供养人雕刻的主流。

四　胡风汉服

这一类服饰在云冈石窟的表现不是很多，但也有所体现。一般情况下是融合了鲜卑服与汉式服装的样式，并将二者完善的结合，出现的一种新的服装样式。如第 5 窟门楣两侧各雕 1 躯供养人形象，均梳高髻，面容皎好，上著帔帛，下著长裙，一手握衣角抚胯，另一手持物置胸前，二供养人相对而视，动势呼应，显然是精心策划的，虽然它的体势具有胡人风韵，但面相与服饰已明显汉化。第 11 窟东壁中层二交脚佛龛间雕刻一供养人，头戴鲜卑帽，身穿交领、广袖大襦，下着靴。这种装束显然是融合了鲜卑服饰与汉式服饰某些特点而形成的一种新的服装样式。

在第三期的供养人雕刻中，出现了一些程式化的表现形式，供养者著交领、窄袖大袍，这种服饰显然是将鲜卑服与汉式服装的某些特点糅和在一起而形成的一种服装样式，并且雕刻简单，一般无细部刻划。

服饰改革是孝文帝太和年间一系列政治制度改革中的重要一项。随着孝文帝迁都洛阳，胡服亦被严加禁止，并开始按照南朝汉式服装款式制定官吏的冠服，虽然，孝文帝颁布了"更造衣冠"的诏令，但由于鲜卑贵族中的保守派的阻挠和破坏，一时难于彻底施行。因而胡服和汉式服饰共同盛行，使这一时期的服饰更具特色。

服饰是一个国家或一个民族在一定历史阶段中的文化传承现象，是生活民俗中一项重要的内容，它既有历史的传承性，同时又受到民族性、阶级性和区域性等诸多社会因素的制约，是社会物质文明和精神文明的折射。服饰的变化不仅仅是当时社会审美观念的变化，更主要的是反映了北魏社会的变革情况，通过对云冈石窟供养人服饰雕刻变化的调查分析，可以窥视北魏平城时期服饰流行变化的趋势，说明多元文化相互之间相互渗透、相互影响，共同创造了辉煌灿烂的古代文明。通过分析，北魏服饰具有以下几个特点：

1. 云冈石窟供养人服饰呈现出多元化发展的趋势，具有强烈的时代性和鲜明的民族特色。这与北魏社会的历史背景有密切的关系。北魏是由北方少数民族拓跋鲜卑建立的王朝，而拓跋族的文化又相对落后。入主中原后，迅速发展并很快融于中华民族大家庭中，因而其服饰呈现出多元化的特点，具有鲜明的时代特征也是情理中的事情。

2. 鲜卑服饰与汉服共用，突出了鲜卑服饰。在云冈石窟雕刻中，第一、二期的供养人以鲜卑服为主，洞窟中随处可见头戴鲜卑帽、身着交领、窄袖大衣的鲜卑供养人，正是这一历史时期服饰的主要特征。鲜卑民族的服饰质地厚重，且服装的领、袖多有缘，窄袖交领、小口裤、脚穿靴，突出了北方塞外气候寒冷的特点和适应于马上行动的民族特性。随着孝文帝汉化政策的深入进行，汉式服装逐渐在北魏后期的平城地区流行。但鲜卑贵族仍顽强的捍卫着本民族的传统文化，因而鲜卑服饰在平城依然占据主导地位。汉式服装在推广流行的过程中，吸收了许多鲜卑服（胡服）的优点，使之更加适应实际生活需要。这一时期的汉式服装的领、袖基本上均有缘，正是受鲜卑服的影响，或许是当时社会服装流行的新思潮的再现。因而云冈石窟供养人服饰是我们研究北朝时期服饰的第一手材料。

3. 鲜卑服的影响源远流长，对隋唐服饰产生了巨大的影响。在隋唐雕刻和绘画中随处可以找到鲜卑服饰的影子。诸如交领、窄袖及足下蹬靴的样式比比皆是。因为鲜卑服更具有实用性。

4. 云冈石窟雕刻中供养人服饰的变化客观上反映了北魏社会改革的一个侧面。北魏王朝在不断扩大疆土的同时也十分注重提高本民族的文化水平，孝文帝时期进行的一系列改革，包括政治制度和民族风俗的改革，加快了鲜卑族民族化进程的速度，使之在较短的时间内融于中华民族大家庭中，成为中华民族大家庭中的一员。石窟中雕刻所反映的服饰变化正好说明了改革变化及融合的过程。

北魏是鲜卑族建立的王朝，在它统治时期，将佛教奉为国教，令佛教"敷导民俗"[1]，同时大兴土木、开窟造像宣传佛教，使佛教得到了空前的发展和繁荣。北魏统治者在学习汉民族先进的文化和生产方式的同时，在实际生活中，仍然没有放弃对鲜卑文化的继承。窄袖、衣裙直筒（有时衣裙较短）、着裤、穿靴正是鲜卑服饰的最显著的特点，这些从供养人服饰雕刻中不难看出。至孝文帝时期积极推行汉化政策、接受汉民族先进的文化和生产方式与生活方式，反映在石窟供养人雕刻身上发生了较大的变化，同为通肩大衣，细部雕刻出现变化，衣袖由窄变宽、宽袖仅雕刻在肘部以下，大衣下摆由直筒形逐渐变为呈"八"字形，裙裾飞扬，使供养人雕像出现了笨拙剽悍与儒雅飘逸两种截然不同的造型风格。同一题材，同一服饰，不同的表现手法，所反映出的文化内涵是截然不同的。宽袖、衣裾向外飞扬的服饰特征是汉化政策在石窟中真实自然的流露和真实的反映。石窟本身是一种文化载体，通过它可以了解古代社会文明发展的动态，找到其发展变革的脉络。云冈石窟供养人的雕刻虽不是石窟雕刻中的主要题材，但它的雕刻确是客观真实地描述了当时社会的发展概况，为我们研究北魏服饰史提供了详实的史料。不妥之处，敬请指正。

（摘自《文物世界》2004 年第 5 期）

---

① 详见《魏书·释老志》中华书局 1977 年

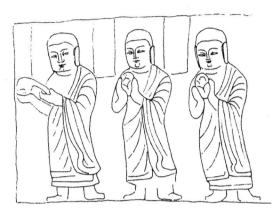

图1　半袒右肩式

图2　通肩大衣A式

图4　通肩大衣C式

图3　通肩大衣B式

图5　双领下垂式A式

图6　双领下垂式B式

图7　田相衣（第18窟东壁、第9窟前室北壁）

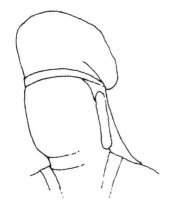

图 8　鲜卑帽

1

2

图 9　1.太和七年碑旁的鲜卑帽　2.宁夏固原北魏墓木板漆画中的鲜卑帽

图 10　圆顶风帽

1

2

3

4

图11 鲜卑服中男性服装样式

1.第12窟前室 2.第6窟东壁 3.第12窟后室南壁 4.南壁

图 12　鲜卑服中女性服装样式

图 13　男性服饰——进贤冠

图 14　帝后礼佛图

云冈石窟第三窟遗址发掘简报

云冈石窟文物研究所
山西省考古研究所
大同市博物馆

云冈石窟是中国最大的石窟群之一，是国务院 1961 年公布的第一批全国重点文物保护单位，它位于山西省大同市区西 16 公里处的武州（又作周）山的南麓。从公元 5 世纪中叶至 6 世纪初的六七十年间，北魏皇室集中大量人力、物力削山为壁，在高约 30 余米的武州山南麓立壁上，曾开凿了众多大小窟龛。至今保存石窟的崖面全长约 1000 余米，现编号洞窟 252 个，依照自然地形和石窟在崖面上分布情况划分为东部窟群、中部窟群和西部窟群三个区域，其中龙王庙沟是东部窟群与中部窟群区域的分界线。

第 3 窟位于云冈东部窟群区域的最西端，它的西侧与第 4 窟毗邻，隔龙王庙沟可与第 5 窟遥遥相望；东侧距第 2 窟 165 米，两窟之间依陡峭崖壁沿山体用不规则的石块垒砌添土，形成了宽约 5.8～10 米道路连通。第 3 窟窟前有一个宽阔的前庭，前庭南侧为 80 年代维修工程时拓宽路面修筑的石砌陡坡，北侧是北魏开凿的石窟。该窟分前、后室。前室有东西两个，平面皆接近凸字形，东西长约 23.6 米，南北宽约 6.5 米；后室平面为凹字形，东西长约 42.7 米，南北宽约 15.2～15.8 米。后室北壁中部雕出较大的向前凸出柱体，东西长约 29 米，南北宽约 11～11.4 米（图一、三）。

1993 年 7 月 20 日至 8 月底，为配合云冈石窟"八五"保护维修工程，经报请国家文物局批准，由山西省考古研究所、云冈石窟文物研究所、大同市博物馆等联合组成考古队对云冈石窟第 3 窟遗址进行了考古发掘。

这次发掘在第 3 窟窟前和窟内均选择沿洞窟纵轴线（北偏东 15°）方向布置探方或探沟（图二、四）。首先在窟前北侧横排布方二列，开 5×5 米的探方 20 个（即编号 93T209～93T218、93T301～93T310），为了探明窟前遗址范围，分别又在 93T211、

93T215～93T218探方南部又开横排5×5米的探方6个（即编号93T103～93T108）。同时对洞窟前室也进行了清理发掘，其中东前室开5×5米探方3个（编号93T401～93T403）；西前室开5×5米探方1个（即编号93T404）。并在后室东西两侧开宽1米探沟共计5条，其中东西向探沟3条（93TG2、93TG3、93TG4），长度分别为6.2、17.5、5.8米；南北向探沟2条（93TG1、93TG5），长度分别为13.2、11米。这次共揭露遗址面积900余平方米，发现遗迹有北魏开凿石窟遗留下的未完工的基岩地面；唐代整理的窟前地面及修筑的台基；金代修建的殿堂建筑遗迹的夯土柱基等。出土了大量陶片、瓷片、石雕、钱币、建筑构件等，获得了一批重要的实物资料，为云冈石窟诸多领域的研究都提供了十分重要的科学依据，现将第3窟清理发掘的资料初步整理，简要报道如下：

一　地层堆积

第3窟是云冈大型洞窟中开凿未完工的石窟之一，发掘前窟外前庭与窟内前室地表高度接近，基本处在同一个水平面上，但窟内后室地表高度超过窟外前庭及窟内前室约1米多。这里需要指出的是：根据以往照片和工程资料记录（图五），第3窟的窟内与窟外的文化层从上世纪50年代到80年代曾经进行多次清理，其中1975年和1982年两次维修工程，清理规模最大，当时该遗址地表与这次发掘前的地表高度相差很多，因此就使得晚期的文化堆积层损失严重，将较早期甚至是北魏开凿洞窟的文化堆积层有部分直接暴露出地表。经这次清理后发现，洞窟窟外前庭和窟内地层堆积深浅不一，基岩地表面高度差异亦很大。现以窟内东前室93T401北壁、窟外前庭93T307、93T215东壁为例说明。从上至下共有七层文化层。

窟内以东前室93T401北壁剖面为例（图六）：

第①层：扰土层，约10厘米厚，灰色松软土，几乎无遗物。

第②层：灰黄色夹石块土层，厚10～18厘米，包含物有胎釉洁白的瓷片和酱釉、黑釉、茶末绿釉瓷片等，还有一些较厚的瓦片，为金代及稍后（元初）时期的文化层。

第③层：含煤灰的黄色淤土层，厚25～50厘米，包含物有盘口盆陶片、胎釉泛黄的白瓷片、较薄的布纹灰瓦等，为辽代文化层。

第④A、④B层都没有。

第⑤A层：黑土层，厚10～17厘米（该探方东南角部分厚达56厘米），出土有方格纹、忍冬纹灰陶片、磨光瓦片、兽骨等，为北魏文化层。

第⑤B层：黄白色较纯的碎石层，厚约70～100厘米，出土有圆形石磨盘、石础等石坯料，碎石层下压着有开凿基岩的地面痕迹，亦为北魏文化层。

窟外以西部窟门前93T307、93T215东壁剖面为例（图七）：

第①层：扰土层，约10厘米厚，松软的灰土，无遗物。

第②层：灰黄土夹少量炭粒层，厚约10~36厘米，包含物为胎釉洁白的瓷片及黑釉、酱釉、茶末绿釉瓷片，较厚的瓦片等，底部有夯土柱基遗迹打破第③、④层。为金代及稍后（元初）时期的文化层。

第③层：含煤渣的黑黄土层，厚21~46厘米，包含物有类型较多的盘口器物，内壁印菱形纹带的盆类陶片、红胎釉陶残片，少量胎釉泛黄的白瓷片（玉璧形环底瓷碗）、较薄的瓦片，为辽代文化层。

第④A层：较纯净的细黄土，厚8~16厘米，出土少量盘口带菱格纹的陶片及平底实足瓷碗残片，底部有一道前缘较规整的石墙，为中晚唐时期文化堆积。

第④B层：含石块、碎石灰土层，厚10~57厘米，出土灰陶盏、红胎釉陶盏、夹砂陶钵、石雕残件、隋"五铢"钱及少量北魏方格纹陶片和磨光瓦片，其中有"凸"字形台阶等遗迹，为初唐或更早时期文化层。

第⑤A层：（没有）。

第⑤B层：较纯净碎石层，仅清理了93T215南部，厚21~30厘米，偶尔有零星的方格纹陶片和磨光及素面瓦片。碎石层下压有开凿基岩的地面痕迹，为北魏开凿洞窟的基岩地面遗迹。碎石层的顶部很多地段被初唐打破并平整过。

根据文化层堆积和出土遗物的分析，结合有关云冈石窟的历史文献研究，云冈第3窟重要的文化遗存可划分为四期，即北魏文化遗存（包括第⑤A、⑤B层）、隋唐文化遗存（包括第④A、④B层）、辽代文化遗存（第③层）、金代及（元初）文化遗存（第②层），下面分别叙述。

二 北魏文化遗存

（一）遗迹

发现的北魏遗迹主要是开凿洞窟未完工所遗留下的揭取石块遗痕，它发现于⑤B层下的基岩地面上。

1. 开凿洞窟未完工的基岩地面高度情况

清理前，第3窟窟内后室西侧因唐初雕凿佛像时作过修整，以及近代清理，从而使得局部地面的基岩裸露。其余地面基岩程度不同地被文化层掩埋。清理后，发现窟内前室、后室与窟外三处地方的基岩面都不在同一高度的平面上。窟内、外的基岩面高度对比基本趋势是前室的基岩面最低，后室的基岩面最高，窟外的基岩面最高处介于前、后室之间；就窟外的基岩面情况来看，东、西窟门口处基岩面略低，而东、西窟门之间中部及前庭东西两侧靠近北壁壁脚下基岩面略高。现就窟外前庭，窟内前室、后室地面高度具体情况简单叙述如下：

窟外前庭

窟外前庭东壁长 10.4、西壁长 6.6、北壁长约 50 米。共布 5×5 米探方 26 个。个别探方进行扩方，而 93T303、93T307、93T308、93T211 四个探方未清理到基岩地面。

从清理的窟外前庭基岩地面高度分布情况来看，高差较大，其中最高点是窟外前庭东北角，最低点是窟外前庭东窟门正对的东南部位，最高处与最低处的高差达 2.41 米。窟外前庭西部（即西窟门西侧）为二个小平台，平台基岩面地表趋势是北高南低。北侧平台，略显平坦，高出南侧平台约 1~1.4 米；南侧平台的基岩面均被南北向与东西向沟槽分割成 0.65~1.20 米规格不等的近似矩形石块，是已分割但未揭取的石块遗迹。东部（即东窟门东侧）的基岩面地表趋势是东北高而西南低，呈斜坡状，基岩面上有规格不同的已分割而未揭取石块遗迹，其中东北角最高点与西南处最低处高差达 2.41 米。中部（即东西两窟门之间）的基岩面地表趋势是，北壁壁脚下两窟门中间略高而东西两侧偏低（即越接近两窟门处越低），南部的基岩面较平整，整个中部基岩地面均为已分割而未被揭取石块或是已揭取石块凹坑遗迹。基岩最高处与最低处的高差达 1.38 米。

窟内前室

前室分东、西两个，北壁各凿一甬道通向后室。前室形制相同，平面均为凸字形。

东前室布方三个，全部清理到基岩面，除窟门和甬道外其高度基本上在一个平面上。在前室窟门和北壁甬道处，基岩面呈阶梯状。东窟门口与东前室地面取石后高差 1.23 米，由三层不规整台阶递上，每层高度约 40 厘米左右；北壁通向后室甬道取石后高差 1.78 米，有意形成不规划逐层递上的台阶，台阶每层高度约 30 厘米左右，宽在 25~55 厘米之间。这两处台阶遗留，显然与开凿洞窟时清运窟内石块和碎石有关。另外，东前室东部塔柱北侧未凿通，故方塔的周围没有形成环形甬道，这个甬道是由南侧向东侧开凿，其塔柱东侧北端最高、南侧西端最低，高差达 1.92 米。且东侧、南侧遗留有未揭取的石块。

西前室仅布 T404 探方一个，其余部均未发掘，故整个前室的基岩面情况不明。但从该探方基岩地面来看，基岩较平坦，结合东前室基岩地面情况推测西前室应与东前室相类。

窟内后室

后室平面是凹字形。在凸面的北壁西侧因初唐雕凿一铺三尊像故基岩地面平坦，范围为东西 8.8~9.45 米，南北 3.75~4.25 米。它的东边缘、西边缘与北魏开凿洞窟时的基岩地面高差达 1.06~1.31 米。后室西部基岩面到处是东西向与南北向交叉的沟槽，地表趋势是北高南低，最高点是西北角接近北壁壁脚处，最低点是东南角接近南壁壁脚处，高差达 1.53 米，呈斜坡状，这样的基岩地面就形成由洞窟内向甬道口处倾斜的坡道，它便于石料或碎石的清运。后室东部基岩面均为东西向与南北向分割的十分规整的沟槽，地表趋势亦是北高南低。最高点是东北角接近北壁壁脚处，最低点是西南角接近南壁壁脚处，高差达 1.53 米，呈斜坡状，与后室西部相同。后室中部于 2000 年 9 月全部清理后，发现基岩地面高度比较一致，位于两甬道之间的中部位置基岩面略高，而东甬道北口处为后室最低点，高差仅 0.5 米左右。总之，后室的两甬道处位置较低，这样也便于后室石料和碎石的清运。

从以上介绍窟外前庭、窟内前后室的基岩地面高度情况比较，三者之间的高度并非在同一平面，其中窟内前室最低、窟外前庭次之、窟内后室最高。若以窟内前室地面 ±0 为标准，那么窟外前庭基岩面普遍高出 1~1.5 米，窟内后室基岩面普遍高出 2 米以上。这在一定程度上反映了洞窟的开凿程序和方法。

2. 开凿石窟揭取地面石块的遗迹

该窟的窟外前庭和窟内前室、后室基岩地面高低不平，到处是沟槽分割成矩形和圆形凸起的石块，或是取石后留下的矩形和圆形凹坑。

（1）沟槽分割不同形状的石块

沟槽分割石块的形式大致可分两种。

一种矩形石块的分割，一般沟槽方向绝大部分与洞窟的纵横剖线的方向一致，呈东西向和南北向，二者方向沟槽纵横交错将基岩面分割成矩形方块，形状呈"井田"样。此种沟槽分割的矩形石块在窟外前庭、窟内前室和后室均有分布，这里选择窟内后室东侧的局部基岩地面遗迹为例，加以说明。在东西宽约 5.90 米、南北长约 8.35 米范围内，由东至西分别凿有纵向（即南北向）沟槽 6 条，将岩石面分割 5 条南北向长方形条石，它的长约 4.8~8.3 米，宽约 0.90~1.2 米；再由北至南又分别凿有横向（即东西向）沟槽 6~8 条，它将每条纵向沟槽分割的岩石面又分成 5~7 个规格不同的石块，而石块大小根据需求来确定（图八、九）。

另一种为圆形石块的分割，是先确定圆心，然后以圆心为中心，刻出一个规整的圆，再依该圆外缘扩充 10~20 厘米，形成一个近似的圆，这样两圆构成了一个封闭圆环，凿去内圆外侧与外圆内侧之间的环形部分，内圆为所需揭取的圆形石块，以留它用。这些环形沟槽分割的圆形石块的直径一般在 0.73~1.10 米之间，窟外前庭及窟内前室、后室均有分布。以窟内东前室 93T401 为例，圆形石块中有一个直径 1 厘米的圆形小凹坑，以它为圆心刻内圆直径为 1 米，外侧的近似圆直径为 1.36 米（边缘不规整），内外圆沟槽宽为 10~18 厘米，这是一个未凿通环形沟槽的圆形石块分割的遗迹

（图十、十一）。还有一些已凿通环形沟槽的圆形石块，以窟内后室东侧为例，直径为1～1.05米之间，圆形岩石面十分规整，环形沟槽宽度为9～12厘米，深25～31厘米，为已完成了凿通沟槽分割圆形石块的遗迹。

上述开凿石窟揭取石块的沟槽分割形式，无论是圆形石块或是方形石块，分割石块沟槽的宽窄、深浅，一般根据分割石块大小来确定，分割的石块大者沟槽普遍宽深，小者沟槽明显浅窄。沟槽断面基本上呈"U"字形，上面口部较宽，向下逐渐缩小变窄，底部为圆弧形。槽壁遗留有斜向凿痕，凿痕间距2.5厘米左右，槽宽一般为9～21厘米，深为30厘米左右，沟槽内填充物一般为纯净的碎石屑。

（2）矩形、圆形不同形状石块揭取方法

沟槽将岩石面分割后，揭取石块的具体方法为：矩形石块从分割石块的一端依次逐块揭取，首先选择分割石块的某一端，将沟槽再沿着岩石面呈30°～40°方向继续凿成斜向沟槽，随后打入楔子，从一端撬起。圆形石块揭取，是将环形沟槽某一段，凿成缺口，再撬起，具体方法也与矩形石块撬起的方法相同。圆形石块的另一种揭取方法是将环形沟槽外沿凿6～8个缺口，每个缺口的岩石底部斜向打入楔子，与岩石分离，最后从某一缺口撬起（图十二、十三）。

（二）遗物

在第⑤B层的碎石层中出土有佛脚、石磨盘等石块坯料；在窟内第⑤A层的黑土层中出土大量的北魏陶片，此外还发现一些残瓦当、筒板瓦残片、兽骨等。

1. 陶器

陶质有泥质黑灰陶、泥质灰陶、夹砂灰陶。器形有平沿直颈溜肩罐、侈口矮颈鼓腹罐、盆、盏等。纹饰有凹旋纹、水波纹、暗划纹等划纹和方格纹、三角纹、少量忍冬纹等印纹。

①罐：Ⅰ型：平沿直颈罐，泥质黑灰陶，有中型、小型两种规格。标本93TG1⑤A:18，小型，特点为平沿直颈、溜肩、鼓腹、平底，颈下部有两道凹旋纹夹一道三角纹带，肩部上腹各有一道三角纹带，下腹斜直内收、表面有连续折线暗划纹，体高24厘米，最大腹径17厘米（图十七:1、二三）。另一件稍大者标本93TG1⑤A:20，残口颈，颈部有折线暗划纹，肩部有凹旋纹，口沿外径18.4厘米（图十七:3、二五）。

Ⅱ型：平沿直颈罐，泥质灰陶。有大、中、小三种。标本93TG1⑤A:3，平沿直颈、溜肩、鼓腹、小平底，施一层较薄的黑陶衣。颈、肩、腹部各施一条凹旋纹，其余部位为素面，体高24、最大腹径18.5厘米（图十七:2、二四）。体型稍大者皆残缺，标本93T402⑤A:25，只剩口沿及肩部，颈肩部有两道忍冬纹印纹带，口沿外径约32厘米（图二六）。

Ⅲ型：矮颈罐，有夹沙灰陶和泥质灰陶，为直口或侈口、矮颈、鼓腹。标本93TG1⑤A：2，侈口、矮颈、广肩、鼓腹，体型较矮，肩、腹部各施一道凹旋纹，其间夹两条水波划纹，体高17.5、最大腹径24.3厘米（图十七：5、二七）。另一件标本93TG1⑤A：15，形制近似，肩、腹有三组双线凹旋纹，体高15、最大腹径22.2厘米（图十七：4、二八）。

②盆：6件，体型较大，形制近似。有泥质灰陶、泥质黑灰陶。宽折沿、口沿内沿收敛、外沿为浅盘口，上腹外鼓、下腹斜收。纹饰外壁有素面或几组凹旋纹、斜曲线纹，内壁则有三角形印纹、方格印纹饰带。标本93T401⑤A：26，内壁上部为一组水波划纹，中下部为九道三角纹带，体高22.2、口外径46.5、底径17厘米（图十七：7）。标本93TG1⑤A：10，内壁上部为两组凹旋纹夹一组水波划纹，中下部为九道方格印纹饰带，盆内中下部的纹带大多数呈螺旋状盘绕于内壁并且于盆底正中，体高25.5、口径54.5、底径22厘米（图十七：6、二九）。

③陶盏：1件，标本93T402⑤A：26，灰陶小盏，壁较直且厚，外壁不平整并且粗糙，假圈足，体高3.7、口径9.1、底径5.4厘米（图十七：8、三〇）。

2. 石器

①石磨盘：1件，标本93T402⑤B：30，砂岩，为扁圆柱体，表面十分粗糙，系坯料，直径90、厚26厘米。

②槽碾：1件，标本93T402⑤B：31，砂岩质，形状似圆饼，两面中心呈圆弧鼓起，表面粗糙留有凿痕，为坯料，直径98、中心厚22、边缘厚10厘米（图三一）。

③柱础石：1件，标本93T402⑤B：32，砂岩，方形，表面留有凿痕，为坯料，长宽各58、厚30厘米（图三二）。

④莲花座：1件，标本93T401⑤A：14，残，形如覆盆，外壁侧立面刻单层覆莲花瓣纹一周，莲瓣饱满；内壁凹陷，凿痕清晰，壁厚5～6厘米（即与93T107⑤A：7同为一件残块，图三三）。

3. 建筑构件

在窟内前室和窟外前庭均有一些零星的发现，瓦有两种，一种为泥质灰陶胎，表面施黑陶衣且打磨光亮，厚约2～2.5厘米。筒瓦的内面有布纹，板瓦的前缘用手捏成羽状。另一种筒瓦片为夹砂黑灰陶，表面无磨光现象，内面有布纹，最宽处约16.5、厚1.2～1.5厘米，前端有舌，长5.5～6厘米。

瓦当从文字上分两种：一种为"万岁富贵"残瓦当。标本93T402⑤A：5，直径约15～16厘米，边轮、穿较高，中央一个大乳钉，瓦面用"井"字格隔开，上侧与左侧有"万"、"贵"二字，下侧"岁"字且残，四角有小乳钉。文字仅存"万、岁、贵"三字（图三四）。

另一种为"传祚无穷"残瓦当，大小规格与上一种相同，标本93T218⑤A：11，文字仅存"祚、穷"两字。

4. 兽骨：20余片，发现于窟内第⑤A层的生活堆积层中，其中有牛的下颌骨、肱骨及个体较小可能为"羊"类动物的肱骨等。多为碎片，可见是食用后抛弃的。

三　隋唐文化遗存

（一）遗迹

主要是窟外前庭南缘石墙、东西窟门前的"凸"字形台基和一段扩展窟门前台基的东西向石墙。

1. 前庭南缘庭院的石墙遗迹

石墙位于窟外前庭东壁和西壁的南端（图十四：A）。布5×5米探方6个，其中93T103位于前庭东窟门前93T211南侧；93T104～108位于前庭西窟门前93T215～93T218南侧。在这6个探方发现一道东西向石墙遗迹，已探明长度为54.35米。由于前庭东端基岩地面较高，同时20世纪80年代曾经在这里采石，因而石墙被破坏，故与前庭东壁南端的结构情况不明；西端保存较为完整，在前庭西壁南端与第4窟有一个相连接通道，宽2.2～3.6米，其南侧为岩石陡壁，石墙就紧贴岩石陡壁垒砌，从第3窟前庭西壁起向第4窟处发现石墙5.8米，往西仍有石墙遗迹，但未清理，推测是第4窟的前庭石墙。往东一直延长48.55米，是第3窟的前庭南缘石墙，这样第3窟就构成一处完整的石窟寺院。石墙与石窟前庭北壁东端的距离较宽为13.10米；西端的距离略窄为11米，根据西端留有通向第4窟的通道，东端距离较宽，我们推测可能是留作通向第1、2窟的通道。整个石墙用不规整片石、石块垒砌而成，基础坐落在高低不同的基岩地面上，高度在0.6～1米之间，墙体宽在0.8～1米之间。其中，墙体上端高约40厘米部分比较窄，可能为后代再次重新补修形成，根据地层推断为辽金时期补充垒砌的石墙遗物；下端墙体略宽，墙体北面内侧堆积物为碎石层，南面外侧为辽、金或较晚文化层，并且墙体表面风蚀十分严重，说明长期使用暴露在外。根据北侧碎石层堆积情况，结合前庭窟门修筑的台基推测它的垒砌时间应与隋、唐初整理第3窟前庭地面有关。

2. 前庭东、西窟门前台基遗迹

前庭东、西窟门前各有一处台基，整体为凸字形，西窟门前台基保存较为完整，东窟门前台基残毁严重（图十四：B）。

西窟门台基坐北朝南，整体平面呈凸字形。其北侧宽大部分长9.9米，宽3.1～

3.6 米；向南突出部分长 3.6 米，宽 2.7 米。台基面全部损坏，被④A 层打破。台基周边的护沿用较规整石块垒砌，外侧整齐，墙基建在⑤B 碎石屑层上。向南突出部分的南沿墙长 3.6 米，现存两段，分别长 1.6 和 1.15 米，宽 65～76 厘米，高度 36～40 厘米；东沿墙长 3.4 米，宽 48～54 厘米，高度 35～40 厘米，比较完整。西沿墙仅存一段，长 60 厘米，毁坏严重，推测它应与东沿墙长度相同。北侧东部台基的墙基较其南突出部分的南沿墙外侧向后靠 2.7 米。它的南沿墙长 3.2 米，宽 65～80 厘米，现存高度 50 厘米；东沿墙长 3.1 米，宽 30 厘米，现存高度 50 厘米，其北端与窟外前庭北壁相连接。北侧西部台基的墙基较其南突出部分的南沿墙外侧向后靠约 2.6 米，南沿墙残存 1.2 米，宽 50 厘米，现存高度约 30 厘米，与西侧高出的基岩平台连接；西沿墙是利用未揭取基岩平台代替，长为 3.6 米，其基岩地表高度与窟门地面高度几乎持平，推测当初修建台基高度应与窟门高度相同。在凸字形台基周围，曾出土了北魏磨光瓦片和乘象菩萨供养等石雕残件。同时，对台基内的文化内涵进行了清理，发现了部分北魏磨光瓦片，方格纹陶片及小陶盏、隋五铢等遗物。由此推测凸字形台基的修建时间应在隋或唐初。

东窟门台基亦坐北朝南，整体作凸字形，仅存向南突出部分的长 3 米，宽 3.95 米；北侧宽大部分仅存东部台基的南沿墙的局部。其余部分均已毁坏，但在垒砌石墙的石块中发现了一件人物乘马未雕刻完坯料和一件虎头门墩残件。

3. 扩展的台基遗迹

这个台基的石墙是从前庭西窟门西侧北魏开凿石窟时遗留的平台东边开始修建，此处距前庭西壁 8 米，距北壁 5.7 米。向东一直延伸，在距窟外前庭东壁 7.5 米，北壁 5.45 米处止，其后情况不明。此台基石墙现存长度 32.4 米，宽 40～50 厘米，高 29～36 厘米，外缘较立，内缘参差不齐。这次扩展台基的中部与东、西窟门前凸字形台基的突出部分东沿和西沿相接（图十四：C）。同时在该台基石墙南侧曾出土唐代浑源窑瓷碗残片。

（二）遗物

在第④B 层的窟外前庭西窟门前的含石块、碎石灰土层中，出土了数量较多的小陶盏和少量的釉陶盏、陶钵及 1 枚隋五铢钱，另外发现零散的北魏方格印纹陶片、磨光瓦片、石雕造像残件等；在第④A 层的黄土层中出土了少量的残碗瓷片和盘口形内壁饰菱格印纹灰陶盆残片。

1. 陶器

①小陶盏：依形制可分为五种。

Ⅰ式，标本 93T307④B：12，灰陶、圆唇、腹壁较直，但不甚规整，平底内凹，体高 3.2、口外径 9.3 厘米（图十八：1、三五）。

Ⅱ式，标本93T307④B：6，灰陶、圆唇、腹壁外弧、平底，内底凸起，体高2.9、口外径9.7厘米（图十八：2、三六）。

Ⅲ式，标本93T307④B：11，灰陶，直口圆唇，上腹壁外弧，下腹壁内曲，外观平底，底心内曲，体高3、口外径9.3、底径3.9厘米（图十八：3、三七）。

Ⅳ式，两件，标本93T307④B：10，灰陶，直口圆唇，腹壁外弧，实足泥饼底，体高2.7、口外径10.8、底径4厘米（图十八：4、三八）。

Ⅴ式，两件，标本93T307④B：9，灰陶、圆唇、敛口、腹壁外弧，实足泥饼底，体高3.4、口外径9.8、底径3.7厘米（图十八：5、三九）。

②灰陶钵：均为残片，数量不多，形式较特别。

Ⅰ式，标本93T307④B：19，泥质灰陶，唇外撇，外观两层唇，口内敛，上腹外鼓，下腹敛收（图十八：6）。

Ⅱ式，标本93T307④B：20，夹砂灰陶，壁很薄，三角唇，口内敛，其余与Ⅰ式同（图十八：7）。

2. 釉陶

发现的碎片较多，复原完整的有小盏2件。均为橘红色陶胎，内壁及口沿先涂白色化妆土，再施深绛黄色釉；无化妆土处呈原釉色，有化妆土处则呈现浅黄釉色。小盏依形制可分二式

Ⅰ式，1件，标本93T306④B：2，圆唇，口微敛，腹壁外弧，实足泥饼底，体高3.9、口外径10.3、底径4.4厘米（图十八：8）。

Ⅱ式，1件，标本93T307④B：3，整体与Ⅰ式相同，只是外壁下腹近底处内曲，体高4、口外径10.1、底径4厘米（图十八：9）。

3. 瓷器

仅出土有碗残片，胎多为青灰色，壁较厚，釉色润泽有冰裂细纹。

碗：标本93T214④A：28，实足泥饼底，腹壁上部微内曲，下部外弧。胎色灰白，外壁施茶叶末绿色釉至底缘，内壁先上白色化妆土，再施白釉，泛黄、泛青有冰裂纹。残片内底上只剩一个小支钉，从分布情况推测原来可能为三个支钉（图十八：10）。

4. 货币

五铢：1枚，铜质，标本93T307④B：15，外廓较宽，约0.2厘米。"五"字上下两横平行，中间交叉二笔曲度甚小，几乎是斜直线，左侧添加一竖直线。"铢"字左右两部分等高；"金"字头较大，四点较长，下面一横平直；"朱"字上下二折笔皆为方转角。直径2.4、穿宽0.8厘米。丁福宝《古钱大辞典》收录此类五铢，为隋代开皇五铢。

四　辽文化遗存

该文化层未发现遗迹，但出土了一些遗物。

（一）遗物

在第③层窟内东前室出土较多，窟外较少。出土的有瓷器、釉陶、陶器、建筑构件等。

1. 瓷器

在第③层发现为数不多的瓷片，其中窟内东前室稍多，窟外只有零星发现。器形有碗、盘、罐、盏等。

①碗：有两类，一类为胎质较白有气孔，不上化妆土，施乳浊白釉或透明釉，釉色泛黄，外壁下半部无釉，壁较薄。有的为侈口曲腹，标本93T402③：6a（图十九：5）；有的则是直口直腹。另一类胎色灰白或有黑粒，壁较厚。内壁、外壁上半部或施白色化妆土，再施透明色青釉；或是不施化妆土直接施泛黄的乳浊釉。侈口、曲腹。标本93T402③：6e，灰胎较细无气孔黑斑，不施化妆土，施乳浊白釉且泛黄泛灰，表面有黑斑点。内底无支钉痕，外壁下半部无釉，矮圈足上有三个支钉泥痕（图十九：6）。

②盘：有花口盘残片，标本93T402③：7a。

③罐：有敛口、溜肩、鼓腹的白釉罐，标本93T402③：7b，胎色、釉色均白中泛黄（图十九：3）。

④盏：3件，标本93T401③：24，酱釉，胎质灰白有气孔，内外壁施酱釉，釉面较润，口沿及外壁下半部无釉，体高4、口外径11.9厘米（图十九：1）。

2. 釉陶

出土少量的残片，有碗、钵的口沿及圈足底部残片，壶或瓶一类的局部、颈部残片均为红色陶胎，施釉前先上一层白色化妆土，再施白釉（泛黄）、绿釉、黄釉等。有的是三者釉相间，釉色剥落现象较严重。标本93T105③：7为碗类口沿，红陶胎，先施白色化妆土，再施白、黄、绿相间的三色釉（图十九：4）。标本93T216③：18为圈足器底。内壁上白色化妆土，再施泛黄的白釉，釉层有的地方剥落，外壁下半部及圈足无釉，内底为剔圈足刮痕（图十九：2）。

3. 陶器

陶片出土较丰富，器形以盆、罐占绝大多数，另外还出土壶、钵等。泥质黑灰陶占绝大部分，泥质灰陶和灰褐陶占少量。

①盆：盘口、内壁印菱形带纹的最多。标本93T401③：7，个体较大，泥质灰陶，

素面，盘口，体高44、口外径92、底径45厘米（图二十：3、四一）。标本93T401③：5残，泥质灰褐陶，盘口，内壁饰菱形方格带纹，纹饰因陶质差而模糊，体高22.4、口外径56、底径21.2厘米（图二十：4）。另外还出土较多的泥质黑灰陶的盘口盆陶片，其菱形带状印纹较清晰。此外侈口扁圈唇及平沿方唇的陶盆口沿残片也有少量发现，其内壁无菱形带纹，而是饰以短竖条并列形式的带纹或饰以较疏的暗旋纹。

②罐：一类是卷圆唇，矮颈广肩罐的残片，肩部有较疏的暗旋纹；另一类是敛口重唇罐，标本93T402③：21，敛口重唇，广肩鼓腹、肩部有双耳，体高34、最大腹径34.2厘米（图二十：2、四〇）。

③壶：1件，标本93T402③：22，口颈残，细颈广肩，肩部有较疏暗旋纹，底亦残。体残高31.8、最大腹径30.4厘米（图二十：1、四二）。

④钵：多为残片，数量较多。一类为浅盘口，圆唇或卷圆唇，口部内敛、上腹外鼓，下腹向内斜收。标本93T216③：26和标本T216③：21，其用途近似于盆。另一类标本93T401③：23，直口、弧壁、圜底，内外壁经过打磨，光滑，体高9.9、最大腹径17.6厘米（图二〇：5、四三）。

4. 货币

出土共7枚，皆铜质。内含隋唐、宋时期的各种货币，其中一枚锈蚀严重，字迹不辨。

①五铢　2枚。标本93T301③：2，与唐文化层93T307④B：15出土的相同。标本93T205③：7，已残半。

②开元通宝　3枚。标本93T401③：29，外廓较宽，约0.1厘米；内廓较细。方孔，光背。直径2.4、穿宽0.7厘米。

③大观通宝　1枚。标本93T401③：28，钱文瘦金体，外廓较宽，约0.1厘米；内廓较细。方孔，光背。直径2.5、穿宽0.6厘米。

5. 建筑构件

建筑遗物中有板瓦、筒瓦、瓦当（花纹脊砖）、琉璃瓦，此外还有零星的北魏磨光瓦片，可划分以下几种：

Ⅰ类，筒、板瓦为泥质浅色陶胎，厚约2～2.5厘米，后缘为圆棱，前缘为斜切方棱，凹面有布纹。瓦当如标本93T401③：9，直径16.6厘米，外轮宽而低平，宽2.3厘米，厚1～1.5厘米。当心较凸出，当面纹围绕当心，从外向内依次为凸旋棱、联珠纹、凸旋棱，曲线凸棱，凹面联珠，中心为一个兽头（图四四）。

Ⅱ类，筒、板瓦为深灰色胎，厚度也是2～2.5厘米，板瓦前后缘都为抹圆棱，凹面有布纹。

Ⅲ类，主要出现在窟外第③层，筒、板瓦为红陶胎，内含少量砂，厚2～2.5厘米，有的达 3 厘米，发现一块滴水残件，标本 93T216③：25。

另外，发现琉璃脊瓦、琉璃瓦。

琉璃瓦：皆为筒瓦片，在红陶胎上先施一层厚约 0.5～1.3 厘米的白瓷土，外表再施深黄色釉，釉面有剥落现象。

五　金文化遗存

（一）遗迹

在窟外前庭地面发现两排东西向的夯土柱基，其距前庭北壁分别约为 3 米、6 米，南排现存 6 个，北排仅存 1 个，两排前后对应，中心距离约 3 米。同时，窟外前庭的东壁距东北角 3 米和 6 米处也发现二个残破的方形石柱基与这两排夯土柱基相对。夯土柱基的平面形状接近椭圆形，大小一般为 1.5～1.8 米左右，夯土保留 4～5 层，夯层厚 5～8 厘米，每层夯土面上有圆形夯窝，直径约 10 厘米。其土色微黄，土质较坚硬。夯土遗迹打破了部分凸字形台基和扩展的东西向台基遗迹。南排的 6 个夯土柱基的相对位置和排列情况分别是（以中心位置为准）：

东数第 1 个夯土柱基（ZA2）距东壁方形残破石柱基（ZA1）4.9 米；第 2 个夯土柱基（ZA3）距第 1 个夯土柱基 10.4 米；第 3 个夯土柱基（ZA4）距第 2 个夯土柱基 5.3 米；第 4 个夯土柱基（ZA5）距第 3 个夯土柱基 6.2 米；第 5 个夯土柱基（ZA6）距第 4 个夯土柱基 5.4 米；第 6 个夯土柱基（ZA7）距第 5 个夯土柱基 5.3 米（图九）。从上述夯土柱基的位置观察，第 1 个夯土柱基与第 2 个夯土柱基距离过大，应还有一个夯土柱基遗迹；第 6 个夯土柱基往西仍应有柱基的位置。只是因为地表基岩面略高，遗迹已被破坏。

前室窟顶的二层平台呈长方形，东西长 50 米，南北宽 7.5 米。中间凿弥勒龛，东西两侧各雕一方形石塔。北侧靠近壁面的基岩地面上凿有一排东西向柱坑，共计 10 个，形状为方形，规格大小不一，详细尺寸见附表（表一）。南侧接近平台边缘的基岩地面上有一排东西向的梁槽，现存 6 个，形状为长方形，南北长 1.10～1.38 米，东西宽 33～52 厘米，深 13～24 厘米。梁槽之间有一条东西向凹槽相连接。这 6 个梁槽可与北侧基岩地面上的一排柱坑相对应，梁槽的底皮低于柱坑的底皮。并且二层平台上的这两排建筑遗迹与前庭地面上的两排柱基夯土坑的位置也相对，可见这是一处面阔九间的窟前木结构建筑遗迹。

从前室窟顶二层平台梁槽、柱坑与窟外前庭地面夯土柱基的柱网分布情况分析，依据梁槽位置推断，建筑的实测结果：明间面阔 6.25 米，东次间 5.47 米，西次间

表一

单位: 米

柱坑	规格尺寸	柱坑与柱坑之间距离（中心）
Z_{C1}	0.85×0.86	——
Z_{C2}	1.05×0.90	5.05
Z_{C3}	——	5.05
Z_{C4}	0.95×0.80	5.10
Z_{C5}	0.63×0.63	5.30
Z_{C6}	0.70×0.70	4.09
Z_{C7}	0.70×0.70	9.00
Z_{C8}	1.05×1.05	4.07
Z_{C9}	0.85×0.80	5.30
Z_{C10}	0.78×0.85	5.08
通面宽	——	48.04

5.48 米，东梢间 5.26 米，西梢间 5.28 米，东次梢间 5.16 米，西次梢间 5.14 米，东尽间 5 米，西尽间 4.98 米（图十）。上层梁槽至后壁的进深 5.1 米；下层檐柱至前庭北壁进深约 2.8 米，副间进深 3 米。这组建筑的总高度，根据地面柱网排列与现存的北壁崖面 12 个长方形梁孔遗迹位置难以对应，故无法推断。但从前庭东壁残破的方形石柱坑和夯土柱基与前室窟顶二层平台的柱坑和梁槽对应关系考虑，推断应为一座多层建筑。

（二）遗物

，在第②层灰黄夹石块土层中发现有相当丰富的瓷片、瓦片等，其中以东前室与后室相连通的甬道处编号灰坑（H）93T401 北洞最多。陶器出土的数量减少，种类单一，表明日常用具瓷器已经代替陶器，占主导地位。

1. 瓷器

白瓷较多，酱釉、黑釉、茶末绿釉各占一定比例，白瓷分两类。

白瓷第一类：胎釉洁白细致，釉色微泛灰，壁较薄。数量居多，有碗、碟、杯等。

①碗：标本 93T401 北②:53，残片，敞腹，高圈方足，胎釉洁白，釉色微泛灰，外壁釉下有细丝旋转划痕，足不施釉（图二十一:4）。标本 93T401 北②:54，唇口外侈，深腹，胎釉同上（图二十二:2）。标本 93T401 北②:55，侈口、浅腹，口沿顶端一周露胎，即"芒口"，胎釉同上。这是一件仿定窑的浑源窑产品（图二十一:1）。

②碟：标本 93T401 北②:18，直口、弧腹壁、小方圈足，胎釉洁白，釉色微泛灰，内底刻划花草纹，并有椭圆形支钉。通体施釉，圈足满釉，底心露胎，体高 3.8、口外

径 20.2、底径 8 厘米（图二十二：5）。标本 93T401②：19，侈口、弧腹壁，小方圈足，除底心外，通体施釉，胎釉同上，积釉厚处发黄，底心有剔圈足的旋转刮痕，体高 2.6、口外径 9.7、底径 3.2 厘米（图二十二：1）。

③杯盖：未见配套的杯身，只有残杯盖。标本 93T401 北②：16a，盖纽残缺，盖面釉下有螺旋放射状划纹，胎釉质同前（图二十一：7）。

④笔洗：残片，标本 93T401 北②：16b 敛口，口沿内外无釉，直壁，近底处斜收，外形似与 93T401 北②：16a 相配套为杯身，但器形口大，身矮，暂定为笔洗（图二十一：2）。

白瓷第二类：胎色大多数较细白，但釉色微泛黄。壁较厚，有碗、碟等。

①碗：标本 93T401 北②：50，胎质细腻，微泛黄，施乳白釉，釉亦微泛黄，釉面不润，施釉不及底。外壁有丝竹划痕，高圈足，直腹壁，底略平，腹底间有折线。内底有数个椭圆支钉（图二十一：8）。标本 93T401 北②：51，胎釉同上。下腹壁内外有折线，高圈足，施釉不及底，内有支钉（图二十一：9）。

②碗：标本 93T401 北②：17a，胎质细白，施乳白釉，微泛黄。外壁有丝竹划痕。深腹，高圈足无釉。内壁底面有约 12 个左右椭圆形支钉痕（图二十一：6）。标本 93T401 北②：17b，胎釉同上。敛口，三角唇、深腹（图二十二：3）。

③碟：标本 93T401 北②：52，唇口、浅腹、胎洁白、釉色为闪黄（图二十一：3）。

黑釉

大多夹砂粗黄胎质，大型器物有方唇鼓腹大瓮，小型器物有碗、盘、碟、盏、壶、瓶、罐等。

碗：标本 93T401 北②：13，内底往往刮掉一圈釉（图二十一：10）。

瓶：标本 93T401 北②：40，酱黑釉瓷瓶残口沿，肩部也刮掉一圈釉（图二十一：5）。

酱釉和茶末绿釉瓷大多为胎内加砂较粗、质疏松。大型器物有瓮、缸等。小型器物较少，有碟、瓶、缸等，胎较细。标本 93T401 北②：5 为一较完整的壶，茶末绿釉，小口、三角唇、束颈、广肩鼓腹，体型较矮，体高 18、最大腹径 14.6 厘米（图二十二：6、四六）。

2. 陶器

陶器种类较少，只有盆、罐两类。盆类复原后完整的有 6 件，标本 93T401 北②：4，为泥质黑灰陶施黑陶衣，内外壁有较黑的暗旋纹，卷圆唇或卷三角唇，体高 12.6、口外径 35.1、底径 18.2 厘米（图二十二：4、四七）。陶罐只有卷圆唇、广肩鼓腹一种的残片，肩部也有旋纹，数量不多。

3. 货币

出土共5枚，皆铜质。内含唐、宋时期的货币。其中开元通宝，标本93T209②：5与第③层相同；另有一枚锈蚀严重，字迹不辨。还有

① 至和元宝　1枚

② 熙宁元宝　1枚

③ 元丰通宝　1枚

4. 建筑构件

出土了较多的灰胎、红胎的筒、板瓦，红胎琉璃瓦以及其他一些建筑构件。

① 筒瓦的内面、板瓦的凹面皆有布纹，分三类：

Ⅰ类，灰胎较薄，发现于近底部，也见于第三层辽代文化中，筒、板瓦厚约2～2.5厘米，长约39～41厘米，有浅灰和深灰二色，筒瓦直径15～17厘米，内侧棱用刀削平。有的板瓦前缘为斜切方棱，有的前后缘均为圆棱，板瓦前端宽27厘米。

Ⅱ类，较厚的灰瓦，发现于此文化层的靠上部，时间稍晚，厚2.5～3.5厘米，长约46～47厘米，板瓦前后缘均为圆棱，筒瓦，宽约18.5厘米，内侧棱角有意敲掉。

Ⅲ类，较厚的红瓦，胎厚2.5～4厘米，红色夹砂，筒瓦宽18.5厘米，内侧边棱有意敲掉，板瓦前缘为切齐方棱，后缘为抹圆棱。

② 瓦当：有三种。

Ⅰ类，与第三层发现的相同，直径16～18厘米，标本93T401北②：29，灰陶，直径16.2厘米，由凸旋棱、联珠及中央突出的兽头组成的纹面（图四八）。

Ⅱ类，联珠兽面纹，标本93T401北②：23，黑灰陶，直径15～16厘米，正面图案为一个兽面，不突出，周围绕以联珠纹，背面有刀划痕，正面似乎涂过一层橙色颜料（图四九）。

Ⅲ类，联珠莲花纹瓦当：标本93T210②：4，灰陶，残。中央为连续展开的莲花花瓣，周围绕以联珠。这类瓦直径16～18厘米，正面隐约有橙色颜料痕迹（图五〇）。

③ 滴水有两大类：

一类后面的板瓦较薄约2～2.5厘米，滴水正面有四道纹。分二式。

Ⅰ式，如标本93T401北②：48，灰胎，板瓦长38.5厘米，前端宽27厘米，后端宽23厘米，厚约2～2.5厘米。滴水的纹饰从上向下依次为凸棱、斜齿纹（或称"麦穗纹"）、凸棱、手捏波状纹（图五一）。

Ⅱ式，标本93T401北②：36，夹砂灰胎，滴水板瓦，板瓦厚2～2.5厘米。滴水的纹饰与Ⅰ式大致相同为四道纹，其中从上数第3道棱为方向相反的齿状纹（图五二）。

另一类滴水，板瓦的后端较厚2.5～4厘米，有灰瓦和红瓦质地，滴水正面有五道纹。

Ⅲ式，灰瓦或红瓦，正面五道纹，从上向下依次为凸棱、斜齿纹、凸棱、斜齿纹

（与前一斜齿纹方向相反）、手捏波状纹。

Ⅳ式：灰瓦或红瓦，正面五道纹，从上向下依次为凸棱，斜齿纹，两道凸棱，斜齿纹（方向相反）、手捏波状纹。

④琉璃瓦：较灰瓦小，皆为筒瓦，厚 2.2～2.5 厘米，红胎，外贴一层白瓷土，有的白瓷土厚达 0.1～0.15 厘米，然后再施釉，有黄褐色及黄、绿相间。一类如前期出现有釉层剥落的现象；另一类则釉面光亮，没有剥落现象。

六　结语

综观以上各文化层出土遗物及遗迹，可以看出：云冈第三窟从北魏开始，经过唐、辽、金等朝代均有程度不同的修建活动，因而遗留下许多重要的文化遗迹和遗物。金代以后的情况因为地层残存甚少，根据四十年代初第三窟照片资料观察，该窟可能仍有小规模修缮活动①。

1. 北魏时期洞窟开凿工程和中辍后的使用情况

北魏活动情况根据地层堆积可分前后两期。前期以开凿石窟工程为主体，兼取石料。从清理的⑤B 层文化内涵分析，除大量纯净白黄色砂岩碎石屑及个别石块坯料外，很少其他遗物出土，说明该文化层完全是开凿石窟工程残留下的遗物。特别该窟的窟前缘下并没有留下大量的石块、石屑堆积，显然揭取的圆形或方形石料大部分被运走以作它用，关于这个问题从近年大同城南发现的北魏明堂遗址夯土台基外围多砌与云冈石窟的岩石质地相同的大石块得到证实，目前虽然还不能确指北魏明堂台基的石材就是取自第三窟，但这些石材来源于云冈石窟却毫无疑问②。（关于开凿工程问题另文专论）后期因开凿工程停止，洞窟很可能被作为生活场所利用。从清理的⑤A 层大量出土陶器、兽骨等遗物来看：陶器中除盆类较少见，其余罐、壶等均为大同附近地区北魏墓中所常见器物。盆、罐、壶等壁上的方格纹、三角纹、水波纹、忍冬纹、凹旋纹、暗划旋纹等也为该地区北魏墓葬及遗址中出土的器物纹饰的流行样式③。这些遗物的发现，说明该窟开凿工程停止后可能成为一个生活场所。从文化层堆积范围、厚度、盆类体积及碎片兽骨等分析，推测可能居住着为集体活动的工匠而非僧人。至于出土的零星瓦片，很可

---

①　参见水野清一、长广敏雄：《云冈石窟》第一卷，第 1 洞～第 4 洞，京都大学人文科学研究所，1952 年版，图版 68～71，第 3 窟外景。

②　参见王银用、曹臣民、韩生存：《大同北魏平城明堂遗址—九九五年的发掘》，《考古》2001 年第 3 期；刘俊喜、张志忠：《北魏明堂辟雍遗址的发掘及考证》，《山西省考古学会论文集（三）》，山西古籍出版社，2000 年；王银田：《北魏平城明堂遗址的研究》，《中国史研究》2000 年 1 期。刘建军、王克林、曹承明《洞窟开凿技术揭秘——云冈石窟第三窟遗址》，《中国十年百大考古新发现》，文物出版社，2002 年 5 月第一版。

③　参见山西省考古研究所、大同市博物馆：《大同南郊北魏墓群发掘简报》，《文物》1992 年 8 期。

能来源于第三窟窟顶的北魏建筑遗址[①]，窟外前庭目前还没有发现北魏建筑遗迹。

2. 唐初时期的窟前地面、台基修筑情况和中晚唐后台基局部修整

唐代的活动情况根据地层堆积大致可分前后两期。前期的遗迹及遗物主要集中出现在④B层，从文化内涵分析主要因地制宜整理窟外的地面，对原地面的碎石层平整。主要遗迹有修筑南缘石墙以构成第三窟的围墙，窟门前凸字形台基修建，这样第三窟首次成为一个寺院。出土的遗物较多的是灰陶盏和釉陶盏、夹砂灰陶钵及隋"五铢"钱币，且集中在窟外前庭西窟门前。灰陶盏的数量较多，但形制不同于第⑤A层所见的陶盏，却与莫高窟窟前遗址的唐代地层中陶盏形制相同。釉陶器虽然常见于北魏平城后期的墓葬，如大同电焊器材厂的北魏墓[②]，但北魏墓釉陶器只是红陶胎上加绛色釉，这次出土釉陶盏却是红陶胎和绛釉之间加了一层白色化妆土，所以呈现出"黄色釉"的感觉，显然与北魏不同。釉陶盏也见于北京地区的唐墓[③]，隋"五铢"为初唐通用钱币，所以④B文化层的时间上限为隋代，下限应为初唐。此外，该文化层同时出土有北魏零散陶片、瓦片及石雕残像等均混入碎石屑中，可能与唐初清理窟内、外的地面，作为窟前台基内的填充物有关。若从史料方面对照，唐初云冈石窟确实有过修建活动，据《大金西京武州山重修大石窟寺碑》（以下称《金碑》）"唐贞观十五年（641）守臣重修"记载亦可得到进一步证明[④]。后期的遗迹及遗物出现在④A文化层，遗迹主要为扩展的台基石墙，遗物不见前期的灰陶盏和釉陶盏，夹砂灰陶钵仍然存在，新出现了体型较小的实足或环底小瓷碗和灰陶盘口盆，其中实足或环底的小瓷碗为唐代浑源窑遗址中出土的典型器物，且未发现更晚时期的遗物，故将④A层文化堆积的时代定为中晚唐时期。此外这一层的文化层堆积较薄，遗物较少，可能与前期的唐初整理窟前地面后环境保存较好有很大关系。

3. 辽、金时期修建规模巨大的窟檐建筑

辽、金时期云冈石窟的情况根据《金碑》文献的记载和多次考古发现的建筑遗迹推测有十座大寺。从第三窟的地层堆积来看，第③层文化内涵中并未发现建筑遗迹，出土的白瓷片、陶器、釉陶片、建筑构件等颇具辽代特征。其中出土的白瓷片量较少，胎质有的有气孔，釉色普遍泛黄。碗的形制多侈口曲腹，盘类有花口盘等，具有辽白瓷的特点。釉陶器红陶胎，釉层剥落，底圈足内有剔圈足的刮痕，也具有辽三彩的特征。陶器主要是生活用具，盆类形式多样。其盘口盆的菱形带纹最早见于北朝邺都城遗址[⑤]，

① 参见长广敏雄、水野清一著，曹臣明译《云冈发掘记》二，《山西省考古论文集（二）》，1994年。

② 参见山西省考古研究所、大同市博物馆：《大同南郊北魏墓群发掘简报》，《文物》1992年8期。

③ 参见北京市文物工作队：《北京发现的几座唐墓》，《考古》1980年6期。

④ 参见宿白：《〈大金西京武州山重修大石窟寺碑〉校注》，《北京大学学报·人文科学》1956年1期。

⑤ 参见俞伟超：《邺城调查记》，《考古》1963年1期。

较晚见于辽代永川遗址①。侈口短竖条纹的陶盆也多出土辽代遗址中。因此推定第③层文化层堆积时间为辽代。第三窟的辽代文化层堆积很厚，表明活动时间较长，特别是窟外台基前的地面被随意倾倒的垃圾逐渐抬高，破坏了前代窟前整埋的环境。这与《金碑》"辽重熙十八年（1049），母后再修，天庆十年（1112），赐大字额，咸雍五年（1069），禁山樵牧，又差军巡守，寿昌五年（1099），委转运使提点，清宁六年（1060），又委转运监修"的记载相吻合。值得注意的是该地层出土很多瓦片、瓦当等建筑构件，说明这里曾有过木构建筑，但是窟前地面辽代文化层中并没有发现相应建筑的遗痕。

第②层文化内涵发现的夯土柱基和方形柱础坑是一处建筑遗迹。出土的陶器种类明显减少，瓷器数量较多已成为重要的生活用具，不仅白瓷胎、釉质量较好，而黑釉、酱釉、茶末绿釉数量增加。其中白瓷胎质洁白细致、釉色虽白，但仍微微泛灰，外壁釉下有细旋刮痕，即"丝竹划痕"；黑釉瓶肩部及黑釉碗内底刮掉一圈釉等。以上做法均为金代瓷器的特征，也见于大同地区金代墓葬出土的器物②、浑源窑金代器物中。但建筑构件除出土与第③层相同的辽代普通瓦之外，发现一种质地较粗，厚达2.5～4厘米的瓦件。琉璃瓦的工艺水平明显提高，釉面无剥落现象。上述器物特征表明，第②层文化堆积的时间应为金代。

金代曾在第三窟窟前修建规模巨大的木构窟檐建筑。这处建筑在窟外地面不仅有二排夯土柱基，而且前室顶部二层平台上的前、后基岩上也分布着梁槽和柱础坑，这些地面夯土柱基与前室顶部二层平台上梁槽、柱基坑之间相互对应，根据遗迹判断为一处面阔九间的大型木构建筑，但窟前北壁现存的十二个长方形梁孔遗迹并未与这处建筑对应。从《金碑》"皇统初，缁白命议，以为欲图修复，须仗当仁，乃请惠公（即禀慧）法师住持"化缘募钱"重修灵岩大阁九楹……皇统三年（1143）二月起工，六年（1146）七月落成，约费钱二千万……"的记载和20世纪40年代西部诸窟及1987年龙王沟发现过辽金时期的建筑遗迹考察③，我们虽然还不能将第三窟的金代建筑确定为就是灵岩大阁，但可以肯定该遗迹无疑是金代在云冈修建的规模较大的一处寺院。

（摘自《文物》2004年第6期）

①　参见姜念思、冯永谦：《辽代永州调查记》，《文物》1982年7期。
②　参见大同市博物馆：《大同南郊云大金墓》，《考古学报》1992年4期。
③　参见赵曙光：《龙王庙沟西侧古代遗址清理简报》，《中国石窟·云冈石窟（一）》，文物出版社，1994年。

图1　云冈石窟第3窟现状外观

图2　第3窟窟外前庭发掘探方分布（自北向南拍摄）

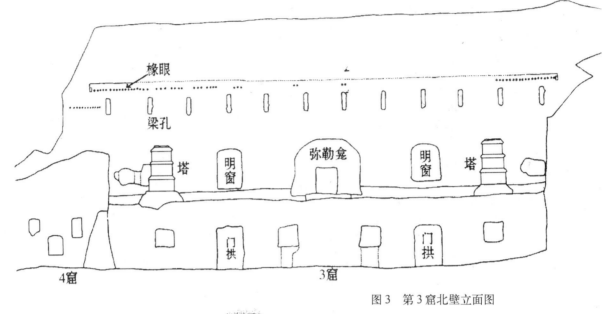

图3　第3窟北壁立面图

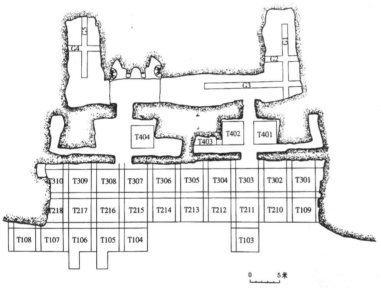

图4　第3窟探方、探沟布方分布图

图5　20世纪70~80年代的第3窟外观

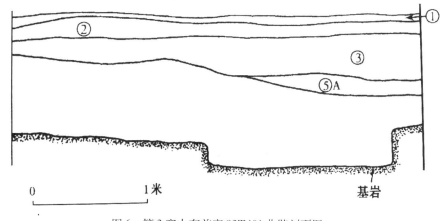

图 6   第 3 窟内东前室 93T401 北壁剖面图

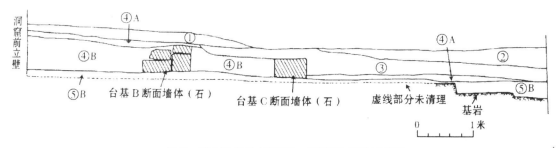

图 7   第 3 窟窟外 93T307、93T215 东壁剖面图

图 8   后室东侧基岩地面方形石块分割及揭取遗迹

图 9   基岩地面方形石块分割揭取遗迹细部

图 10　东前室基岩地面圆形石块分割遗迹

图 11　东前室基岩地面圆形石块分割遗迹

图 12　后室西侧基岩地面圆形石块揭取遗迹

图 13　后室西侧基岩地面圆形石块揭取遗迹

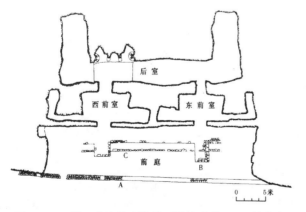

图 14　A、第 3 窟南缘庭院的石墙遗迹著　B、前庭东、
　　　西窟门前台基遗迹　C、前庭扩展的台基遗迹

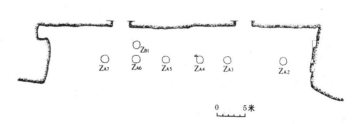

图 15　第 3 窟前庭夯土柱基位置分布情况图

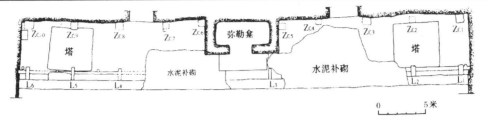

图16 第3窟前室二层平台柱坑及梁槽位置分布情况

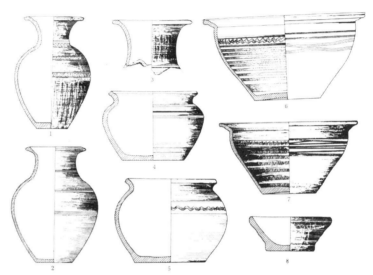

图17 北魏文化层出土陶器

1. 罐Ⅰ型平沿直颈罐（93TG1⑤A：18） 2. 罐Ⅱ型平沿直颈罐（93TG1⑤A：3）
3. 罐Ⅰ型平沿直颈罐残口颈（93TG1⑤A：20） 4. 罐Ⅲ型矮颈罐（93TG1⑤A：15）
5. 罐Ⅲ型矮颈罐（93TG1⑤A：2） 6. 盆（93TG1⑤A：10） 7. 盆（93T401⑤
A：26） 8. 陶盏）（93T402⑤A：26）（1～4为1/6，6、7为1/9，8为1/3）

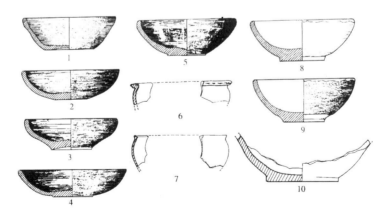

图18 隋唐文化层出土遗物

1. 小陶盏Ⅰ式（93T307④B：12） 2. 小陶盏Ⅱ式（93T307④B：6） 3. 小陶
盏Ⅲ式（93T307④B：11） 4. 小陶盏Ⅳ式（93T307④B：10） 5. 小陶盏Ⅴ式
（93T307④B：9） 6. 灰陶钵Ⅰ式（93T307④B：19） 7. 灰陶钵Ⅱ式（93T307
④B：20） 8. 釉陶碗Ⅰ式（93T306④B：2） 9. 釉陶碗Ⅱ式（93T307④B：3）
10. 瓷碗（93T21④A：28）（1～5、8～10为1/3，余为1/6）

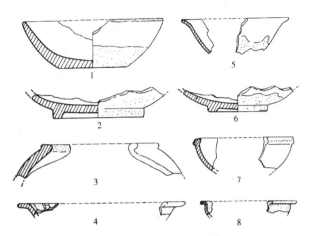

图19　辽文化层出土遗物

1. 瓷盏（93T401③：24）　2. 釉陶器圈足底（93T216③：18）　3. 白瓷罐（93T402③：7b）　4. 釉陶器口沿（93T105③：7）　5. 白瓷碗（93T402③：6a）　6. 白瓷碗（93T402③：6e）　7. 陶钵（93T216③：21）（1～4、6为2/5，5、7为1/5，8为1/10）

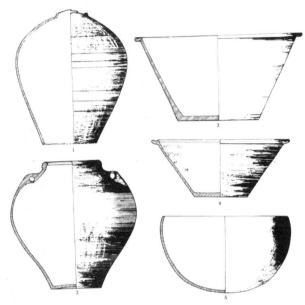

图20　辽文化层出土陶器

1. 陶壶（93T402③：22）　2. 陶罐（93T402③：21）　3. 陶盆（93T401③：7）　4. 陶盆（93T401③：5）　5. 陶钵（93T401③：23）（1、2为1/8，3为1/16，4为1/12，5为1/4）

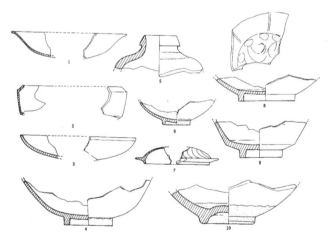

图21　金文化层出土遗物

1. 白瓷碗（93T401北②：55）　2. 白瓷笔洗（93T401北②：16b）　3. 白瓷碟（93T401北②：52）　4. 白瓷碗（93T401北②：53）　5. 黑釉瓶（93T401北②：40）　6. 白瓷碗（93T401北②：17a）　7. 白瓷杯盖（93T401北②：16a）　8. 白瓷碗（93T401北②：50）　9. 白瓷碗（93T401北②：51）　10. 黑釉碗（93T401北②：13）（6约为1/6），余约为1/3）

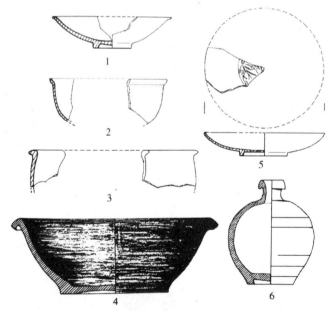

图22　金文化层出土遗物

1. 白瓷碟（93T401北②：19）　2. 白瓷碗（93T401北②：54）　3. 白瓷碗（93T401北②：17b）　4. 陶盆（93T401北②：4）　5. 白瓷碟（93T401北②：18）　6. 茶末绿釉壶（93T401北②：5）（1为1/3，2～6均1/6）

图 23　北魏文化层出土平沿直颈罐（93TG1 ⑤ A：18）

图 25　北魏文化层出土平沿直颈罐残口颈（93TG1 ⑤ A：20）

图 26　北魏文化层出土平沿直颈罐（93T402 ⑤ A：25）

图 24　北魏文化层出土平沿直颈罐（93TG1 ⑤ A：3）

图 27　北魏文化层出土矮颈罐（93TG1 ⑤ A：2）

图 28　北魏文化层出土矮颈罐（93TG1 ⑤ A：15）

图 29　北魏文化层出土盆（93TG1 ⑤ A：10）

图 30　北魏文化层出土陶盏（93T402 ⑤ A：26）

图 31　北魏文化层出土槽碾（93T402 ⑤ B：31）

图 32　北魏文化层出土柱础石（93T402 ⑤ B：32）

图 33　北魏文化层出土莲花座（93T107 ⑤ A：7）

图34 北魏文化层出文字瓦当（93T402⑤A：5）

图35 隋唐文化层出土Ⅰ式陶盏（93T307④B：12）

图36 隋唐文化层出土Ⅱ式陶盏（93T307④B：6）

图37 隋唐文化层出土Ⅲ式陶盏（93T307④B：11）

图38 隋唐文化层出土Ⅳ式陶盏（93T307④B：10）

图39 隋唐文化层出土Ⅴ式陶盏（93T307④B：9）

图40　辽文化层出土陶罐（93T402③：21）

图41　辽文化层出土陶罐（93T401③：7）

图43　辽文化层出土陶钵（93T401③：23）

图42　辽文化层出土陶壶（93T402③：22）

图44　辽文化层出土兽面瓦当（93T401③：9）

图45 柱坑ZC₁遗迹、前室二层平台北侧东端（自西向东摄）

图46 金文化层出土壶（93T401北②：5）

图47 金文化层出土盆（93T401北②：4）

图48 金文化层出土兽面瓦当（93T401 北②：29）

图49 金文化层出土兽面瓦当（93T401 北②：23）

图50 金文化层出土莲花瓦当（93T210 ②：4）

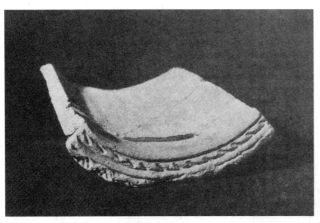

图51 金文化层出土滴水（93T401 北②：48）

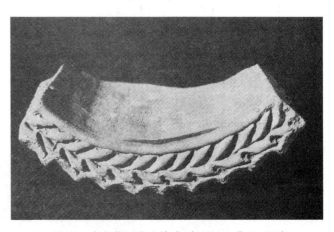

图52 金文化层出土滴水（93T401 北②：36）

全真道与云冈石窟

张　焯

　　云冈第 2 窟外壁上方，残留着摩崖题额 "山水口清口" 五个大字；下方的明窗西，镌有 "云深处" 径尺三字；靠近第 3 窟，上方有一石室，门额题 "碧霞洞" 三字。这些遗迹，显然不是北魏刻石，而系后代增凿；也不似佛僧所为，而属于道教之物。

　　"碧霞" 乃碧云、青霞之意，多见于宋元诗词中，描述的是道家闲云野鹤式生活的一道风景。洞，是道人居住之所，所谓 "洞天福地" 也。在道教诸神中，有曰 "碧霞元君"，传说是东岳大帝之女，北宋真宗时封为 "天仙玉女碧霞元君"。碧霞洞，当系碧霞元君所居洞府。见于史志，道士隐居的碧霞洞不止云冈。长春真人丘处机再传弟子、云州金阁山（今河北赤城西北）灵真观的洞明子祁志诚（1219~1293）诗云："靠山偎水构一窝，溪田自种几千科"；"深隐碧霞无伴侣，高山流水作比邻"；"碧洞深藏无限景，孰知蓬岛在人间"（《道藏·西云集》）。祁真人出山前，隐居于碧霞洞。清乾隆《凤台县志》卷 17 载《宿仙山朝元观题示》诗："仙翁得仙事惝恍，碧霞洞主元元孙。" 作者李俊民（1175~1260），状元，山西泽州人；凤台县，即今晋城市；碧霞洞在朝元观内。又，清光绪《山西通志》卷 161《方外录》："姜善信，赵城人。礼莲峰真人靳道元为师，隐居碧云洞，十年块坐一龛。中统间，世祖南伐，驻师驿亭，召善信问行师事，特陈仁义之举。" 世祖，即忽必烈；南征，在其即位建元以前的宪宗蒙哥汗时（1251~1259）；碧云洞，清道光《霍州志》卷 22 作 "碧霞洞"。上述河北赤城、山西晋城、霍州三处碧霞洞，都出现在金元交替的蒙古国时代。

　　云冈石窟的碧霞洞，居中开门，两侧各一窗，上部复有三窗，造型与北魏石窟迥然不同。外壁有一对梁孔，证明当年临崖架建过堂宇；洞中四壁也有梁孔遗迹，大约是为了搭建二层，一为供奉道家之神，二为隐士居住之处。"云深处"、"山水口清口" 所在的第 2 窟，有水出焉，明清号曰 "石窟寒泉"，最为云中（大同市旧称）胜景。寒泉窟与碧霞洞，下临深溪，上揽白云，俨然一处道家崇尚的 "青山云水窟"（李俊民诗句）

景致。云冈石窟被道人辟为仙境，碑碣无存，方志未载，不知始于何年。若就三处石刻的风化程度，比较清代摩崖题记分析，大致可以推测为明代以前，极可能与前述三处碧霞洞的时代相当。对此，有一旁证可资参考。在云冈第 33 窟北壁，留有元代若干墨书游记，日本国水野清一、长广敏雄《云冈石窟·金石录》记至元年间（1264～1294）一则曰："鲁班造就石佛山，不见僧人□自记。"这条竖书游记，写在菩萨弟子的右肋部，今天犹存。为什么元初游人到云冈没有看到和尚，而特别留言慨叹？令人深思。究其原因，不外乎两种：一是兵荒马乱，僧人逃遁，古寺荒废；二是佛山改换门庭，竟为外道居止。检阅经籍，历史昭然。

翻开中国宗教史，佛、道二教斗争与消长此起彼伏，而总体上释教占据绝对优势。到在北宋真宗朝，特尊道教，大修宫观，老氏盛极一时。金兵破汴梁（今河南开封），灭北宋，国界南推，北国道教始重。大同地区，自北魏平城时代，寇谦之道教昙花一现，随后形成以云冈石窟为主的佛教中心。后世或为边疆，或为游牧民族盘踞，往往胡汉杂居；佛教因本胡教，始终被当地居民尊奉。特别是契丹辽朝、女真金朝，立大同为西京，对云冈石窟、华严寺、善化寺等庙宇都进行过大规模的修建。大约金初开始发生些许变化，北宋神霄派传人元真子张侍宸被迎至云中，住持开元观；后来，其徒青霞子阎德源继任。阎氏在大同城西筑玉虚观，后受命提点中都十方大天长观（今北京白云观）；大定二十九年（1189）死于玉虚，《墓志铭》曰："使太上之教丕阐于朔方者，先生之力也。"（大同市博物馆藏《西京玉虚观宗主大师阎公墓志》）。可见，直至金代玄风北渐，道教才在雁北地区站稳脚跟。

自金大安三年（1211）成吉思汗大举南伐，到忽必烈至元元年（1264）定都燕京（今北京市），逾半个世纪，是中国北方极为混乱、黑暗的时期，同时也是道教特别是全真道大发展的时期。蒙古大兵压境，西京大同率先陷落，金源氏被迫自中都南迁汴梁。1217 年，蒙古统帅木华黎于燕（今北京）、云（今大同）建立行省，分兵太行山两侧南征。十七年后（1234），金朝灭亡，北中国沦入蒙古贵族分割统治之下。在那兵燹连年、生灵涂炭、风雨飘摇的岁月来临之际，金人王喆（王重阳）创立的全真道，以道释儒"三教归一"为旗帜，经弟子马丹阳、谭处端、丘处机等"七真"大力推行，在北方民间迅速形成一大潜在的政治力量。1219 年冬，成吉思汗遣使赴山东莱州，召请长春真人。明年春，丘公率十九弟子北上，经燕京，涉山后西行。1222 年，到达西域雪山（今阿富汗境内），丘公劝以敬天爱民、清心寡欲，得到大汗的赏识，被尊为"神仙"。第二年，派兵护送东归，赐虎符、玺书，命掌管天下道教，尽免全真道差税。1224 年，丘公还居燕京天长观。据《元史·释老传》载："时国兵践蹂中原，河南、北尤甚，民罹俘戮，无所逃命。处机还燕，使其徒持牒招求于战伐之余，由是为人奴者得复为良，与滨死而得更生者，毋虑二、三万人。"一时间，"玄风大振，四方翕然，道俗景仰，学徒云集"（《道藏·云山集》），全真道如雨后春笋般蓬勃发展。

丘处机在西京（辖今晋北、蒙南、冀西北）一带，留有深深的足迹。《道藏·磻西集》中，有他答《岭北西京留守夹谷清神索》诗一首："东海疏狂犹目断，西京留守未心开；去年奉敕三冬往，今夏赏书九月来。北地官荣何日罢，南山道隐几时回；直须早作彭城计，燕国家风自不隤。"夹谷清神，《金史》作"夹谷清臣"，大定二十六至二十八年任西京留守；此前为陕西路统军使，兼知京兆府事，曾邀丘公赴终南山刘蒋村主持修茸王重阳故庵。该诗，约系大定二十八年（1188）丘公奉旨主持燕京万春节醮事毕；秋后，归终南山，途经大同时所作。诗中，既表达了丘公对燕、云北方道教发展前景的忧虑，同时也透露出云中之地道业未昌的现实。时隔三十五年（1223），丘神仙由雪山返回西京汉地，则一扫往昔的惆怅气息，换作一派受命钦差、救民水火的慷慨。七月"九日至云中，宣差、总管阿不合与道众出京，以步辇迎归于第。楼居二十余日，总管以下晨参暮礼，云中士大夫日来请教，以诗赠之：'得旨还乡早，乘春造物多；三阳初变化，一气自冲和。驿马程程送，云山处处罗；京城一万里，重到即如何！'……又闻宣德以南诸方道众来参者多，恐随庵困于接待，令尹公约束。付亲笔云：'长行万里，一去三年；多少道人，纵横无赖！'……八月初，东迈杨河，历白登、天城、怀安，渡溃河，凡十有二日至宣德。元帅具威仪出郭西，远迎师入居州之朝元观，道友敬奉，……有云：'王室未宁，道门先畅；开度有缘，恢弘无量。群方帅首，志心归向；恨不化身，分酬众望。'十月朔，作醮于龙门川。望日，醮于本州朝元观。十一月望，……醮于德兴之龙阳观。……十二月既望，醮于蔚州三馆。……甲申之春二月朔，醮于缙山之秋阳观"（《道藏·长春真人西游记》）。丘公在山后大同、张家口一带盘桓半年多，开演法会，宣道度民，西京州县成为他作为官方教主的首善之地。

1227年丘长春死，门徒清和子尹志平、真常子李志常相继接任，全真道达到鼎盛。先是，蒙古大举"兵火已来，精刹名蓝率例摧坏"（元《至元辩伪录》，下同）。丘神仙载誉归来，各地全真教徒大建宫宇，多改废寺为观。"始居无像之院，后毁有像之寺；初夺山林之精舍，……以修茸寺舍、救护圣像为名。居之既久，渐毁尊像，寻改额名。""打佛像而安老像，废菩萨而作天尊。……京城及内属州县，占夺寺舍，侵植田园，磨毁碑幢，损灭佛像。……其余东平、济南、益都、真定、河南、关西、平阳、太原、武朔、云中、白霫、辽东、肥水等路，打拆夺占，碎幢磨碑，难可胜言，略知名者五百余处。"涉及山后地区，《辩伪录》载："西京天城毁夫子庙为文成观；……太原府丘公弟子宋德芳占净居山，穿石作洞，改为道院，立碑树号；……（混）［浑］源西道院本崇福寺，道士占讫。……德兴府水谷寺，旧来佛像及十六罗汉，并是石作，妙尽奇功。兵火之后，无僧看守，有诸道士窃而居之。日久绵远，恐僧争夺，故泯其迹，遂毁诸像，填于水堑。"天城，即今天镇县，改孔庙为道观，约在丘公掌教时；净居山道院，即今太原龙山石窟，开凿于 1234 年；德兴府，即今河北涿鹿。祥迈《辩伪录》，因主述燕京地区全真道改寺为观之事，故对其他地区除几例重点提及外，只是泛泛而言云中等路"打拆夺占，碎幢磨碑，难可胜言，略知名者五百余处。"不过，仔细考察这段历史，我们还是能够发现全真教在大同一带发展的轨迹。

《道藏·甘水仙源录》卷 6《浑源县真常子刘君道行记》："癸未秋，真人丘长春入觐回，君执弟子礼，迓诸银海之东。……因授秘诀，加号真常，令筑室西京。未几，推为道官长。游戏十年，庭无一讼。逮长春仙蜕，清和绍休，尤与君相得。"银海，盖今内蒙古凉城的岱海；刘真常（字道宁），原本行道于浑源恒山，经丘公收归全真；尹清和，随丘师东归后，住持缙山（今延庆县北）秋阳观、德兴龙阳观、上谷烟霞观，布教于武川（在今宣化）以东的山后地区，故与刘真常友善。1227 年，尹清和继掌道门。1235 年前往终南山全真祖庭（在今西安市西南四十公里的户县祖庵镇），"由云、应南下，所至原野道路，望尘迎拜者，日千万计；愿纳宫观为门弟子者，若前高之玉虚、崞县之神清、定襄之重阳、平遥之兴国，咸请主于师"（《道藏·终南山祖庭仙真内传》，下同）。道教各宗枝，纷纷投附效忠。其中，主动让贤的崞县（今原平崞阳镇）神清观住持云阳子柳志春，即马丹阳弟子薛知微（1150～1232）之神足。薛氏一生，"度门弟子数百人，唯侯志忍、柳志春、唐志安、范志冲四人为入室，皆立观度人于河东、云、应间，为当代之高道。"从《道藏》相关记载推测，唐志安、范志冲约在丘公归西京后，来到大同、应县一带仙居。1236 年春，尹道统规度祖庭宫观；"既而，被命于云中，令师选天下戒行精严之士为国祈福，化人作善"（《甘水仙源录》卷 3）。西京大同全真教再掀高潮。《甘水仙源录》卷 8 云："全真为教，始以修真绝俗、远引高蹈、灭景山林，如标枝野鹿，漠然不与世接。……终之，混迹人间、蝉蜕泥滓，以兼善济物为日用之方。"可见，云冈碧霞洞及其道观，属于全真教初期作品。开山架阁，工程非小，可能与清和道主亲临大同有关。

云冈石窟，千古名刹，而今明代以前碑碣、经幢荡然无存；金代灵岩大阁，考古发掘不见朽木灰痕，有拆毁之嫌；后世包泥像里，多有砸毁之躯。特别是第 1、2 窟内，佛胎外的包泥彩像，溜肩匿手，形象猥琐，表情怯懦，不类云冈庄严佛法，有似太原龙山全真道像。《辩伪录》讲："兵火之事，代有废兴，未尝有改寺为观之事。"金元之际全真道入主云冈，必然是一场灾难。

当全真道鼎盛之时，佛教声势渐复。蒙哥汗五年（1255）、七年（1257），少林寺住持福裕上表，指责全真道杜撰伪经、改庙毁佛。在西僧那摩等支持下，朝廷先后召李志常、张志敬到和林（今蒙古国鄂尔浑河上游东岸哈尔和林），与僧人辩论，道士理屈。廷命禁造、焚毁伪经，归还侵占的寺院。参与辩论的十七名道士被勒令落发为僧，中有"西京开元观讲师张志明"（《辩伪录》）者，足见当年大同府全真道之盛。同年

"秋，少林复奏：续奉纶旨，伪经再焚，僧复其业者二百三十七所"（《辩伪录》张伯淳序，下同）。不久，忽必烈即位，尊西僧八思巴为国师，佛教被确立为国教。至元十八年（1281）"冬，钦奉玉音，颁降天下：除《道德经》外，其余说谎经文尽行烧毁；道士爱佛经者为僧，不为僧道者娶妻为民。"大约此后，各地被占佛寺全部恢复，甚至出现了反侵道观之事（元成宗时弛禁，全真教复苏，归还）。二十二年（1285），"集诸路僧四万于西京普恩寺，作资戒会七日夜。"（《元史·世祖纪十》）。普恩寺，即今善化寺。云冈佛寺的重建，应在各地僧人来临之前。

关于金元之际这场佛道之争，道家耻言，释氏记述混乱，且不全面。幸赖陈垣《南宋初河北新道教考》一文，发微索隐，多有澄清。但是，援庵先生忽略了一位高僧。《辩伪录》记：1257 年全真道士廷辩败北，"遣使臣脱欢将（者）［着］樊志应等十有七人，诣龙光寺削发为僧。""论毕，那摩大师使西京明提领、燕京定僧判、玉田张提点、德兴府庞僧录及随路僧官，监守防送来到燕京。"西京明提领，即海云禅师之徒、西京大华严寺住持慧明。海云（1202～1257），号也，姓宋，名印简，山西宁远（今五寨）人。早年为僧，蒙古大兵南下被俘，后入燕京住持大庆寿寺（原北京西长安街双塔寺）。1242 年，"护必烈大王请师赴帐下，问佛法大意，王大悦，从师受《菩提心戒》。……奉以师礼"（《补续高僧传》卷 12）。1251 年，蒙哥汗"以僧海云掌释教事，以道士李真常掌道教事"（《元史·世祖纪一》）。六年后，卒于大同华严寺。慧明（1199～1270），蔚州灵丘李氏。今大同市博物馆存有至元十年（1273）祥迈《西京大华严寺佛日圆照明公和尚碑》，碑记：慧明早年，拜西京南关崇玄寺崇业大师，受教为徒。数年后，"决志游方，遍寻禅匠。……后抵燕之庆寿，参海云老师，一见欣然，便通入室。"1245 年辞师，归隐灵丘曲回寺。1250 年，代海云师住持西京大华严寺，遂重修寺院。1255 年"春，庆寿虚席，燕京府僚及海云疏，命师主之。"关于明公代师提领汉地释教，住锡"庆寿三年"的事迹，我们仅知大概。第一年，立《大蒙古国燕京大庆寿寺西堂海云大师碑》；第三年，在和林参与主持释道廷辩。又，"世祖与太子屡临法筵，出内帑作大施会。"（《补续高僧传》卷 25）。明公自和林归燕京不久，退隐曲回。"闲庭净几，翛然静适者数年，而华严之命复下矣"（《元慧明传》）。至元七年（1270）二月，在华严寺圆寂。

元虞集《道园学古录》卷 48《至温禅师塔铭》云："故太保刘文贞公，长师一岁，少时相好也。刘公厌世，故思学道，师劝之为僧，同参西京宝胜明公。既而，为世祖知遇，侍帷幄为谋臣。"刘文贞公，即元世祖时重臣刘秉忠；至温（1217～1267），与秉忠是邢州（今河北邢台）同乡；"西京宝胜明公"，约即慧明。《明公和尚碑》记，慧明投西京崇业大师，"未周数载，幽致大通。……学者追崇，负帙座下。"秉忠、至温当在追崇者之列。《元史·刘秉忠传》："后游云中，留居南堂寺。世祖在潜邸，海云禅师被召，过云中，闻其博学多材艺，邀与俱行。既入见，……世祖大爱之，海云南还，秉忠遂留藩邸。"南堂寺，又号永宁寺，在明清大同城东南隅，与南关崇玄寺相近。1242 年刘秉忠随海云北上，值慧明游学庆寿，有可能经他推荐。关于至温，《塔铭》曰："世祖征云南还，刘公请承制锡师号曰：佛国普安大禅师，总摄关西五路、河南南京等路、太原府路、邢、洛、磁、怀、孟等州僧尼之事，刻印以赐。师锐意卫教，凡僧之田庐见侵于豪富及他教者，皆力归之。……五台山清凉胜会，凡百昼夜，既得请，兴废于兵火数十年之后，师假贷以经始，……山之真容等院因以完实，而新美若此者，特其材略之余绪也。师既开山龙光，又作大都之资圣、真定之安国、汾阳之开化、彰德之光天、固安之兴化、三河之莲宫，余不能尽纪。宪宗末年，僧道士有净，各为违言以相危，上命聚讼于和林，剖决真伪。师从少林诸师辨之，道士义堕，薙须发者十七人。道宫之复为僧者，以千百计。"温公不仅参加了廷辩，还主持了许多佛寺的收复与重建。

海云、慧明相继住持燕京大庆寿寺和西京大华严寺，总统汉地释教，正值佛道斗争白热化阶段，也值佛教势力由劣转强、大规模收复失地之时，无疑是这场运动的直接领导者。史籍虽未明载他们在这方面的作为，但海云又曾住锡兴州仁智寺、燕京竹林寺、易州兴国寺、兴安永庆寺、昌平开元寺、真定临济寺、云中龙宫寺，"凡得师法乳者一十三人，落发弟子千有余人；受戒俗徒、王公贵人，不暇百数；善友信士，以千万计"（大同市善化寺藏《佛日圆明海云祐圣国师舍利宝塔记》）。慧明"前后五迁大刹，……出家门资隶名受训者，百有余人，在家士女请名禀教者，亦千余数"（《明公和尚碑》）。兴教护法之功，卓然可见。或许，当年海云避居西京、明公退隐曲回，其真实原因正在于此。

观慧明生平，承海云衣钵，门生徒孙遍天下。《明公和尚碑》曰："嗣袭法道者七人：首曰昭冲，奉旨住大庆寿寺，承海云之道，为僧门总统；次曰义辩，住西京南关崇玄寺；次曰法钟，继住华严，堂构先业。余者各为一方法主。"各为一方法主的四位徒弟，不知住持何寺？而书写碑文的"曲回山寺住持、嗣法松庵悟圆"，约即其一。仅大弟子昭冲继住庆寿，为僧门总统一例，即非同小可。又有妙文（1237～1319）者，"蔚州孙氏子，九岁为僧，十有八畦服游学，跋涉云、朔、燕、赵之墟。具戒，抵京师，依大德明公，学圆顿之道"（《补续高僧传》卷 4），后住持蓟之云泉寺、大都宝集寺。据《元史·张思明传》："仁宗即位，浮屠妙总统有宠，敕中书官其弟五品"。妙文也曾一度出任北方佛教总统。按海云、慧明门下这批僧侣，自蒙古国时代到元朝前期，至少七八十年，一直属于中原佛教的核心领导集团，抑道兴佛，绝非无所作为。

在云冈石窟山上，旧有三幢墓塔。其一镌曰："开山历代祖师：明公、坃? 公、汝? 公、喜公、□□、□□、纟? 惠、续贵，徒宗玉、宁崇福?。万历十九年九月拾九日，重修见塔。释子宗禄、宗净?，门徒惠义、惠安，□徒? □□、明觉、□□。□平府石匠杨进？全"（日本国《云冈石窟·金石录》）。这块《开山历代祖师》石铭，今残存在云冈石窟文物研究所，字迹漫漶不清。按明万历十九年（1591）重修者，为"宗"字辈僧，上溯祖师约为七八代，住持云冈者约10人，加上现任住持宗禄，约为11人。即便中间没有漏记，开山始祖明公，也当系元代人。此明公，从大同及云冈历史推测，应当就是慧明和尚。可惜，碑中明公以下二人的名字漶不可辨，我们无法从《明公和尚碑》阴所刻徒、孙的名单中确认其人了。

（摘自《中国文物报》2004 年 11 月 5 日，原名《金元之际全真道入据云冈石窟》）

《大金西京武州山重修大石窟寺碑》小议

张　焯

《大金西京武州山重修大石窟寺碑》（简称《金碑》），皇统七年（1147）曹衍撰，记述了山西大同云冈石窟的历史。原碑早佚，碑文幸存于清人缪荃荪传抄的《永乐大典》天字韵《顺天府》条引《析津志》文中。20世纪中叶，由宿白先生发现并研究，遂使云冈石窟的历史脉络豁然清晰，相关研究取得了突破性进展。然而，这篇碑文在屡次传抄中，文字颇有脱讹，语句顺序往往错乱。笔者在研读宿先生《〈金碑〉校注》的时候，试着对碑文中的错乱语句进行了梳理，形成些许新的认识。

《金碑》现存文字2100余言。其前半部分，主要考述北魏武州山石窟寺的开凿始末，个别文字虽有脱误，但总体行文通顺，语意明确。后半部分，主要记载了唐、辽、金三朝的修建情况，多处语句抄写窜行，使得文意混乱，难以明瞭。其错简之文，阅读起来，明显感觉有以下几处：一是"自神瑞癸丑，迄今皇统丁卯，凡七百三十四年。此即历年之大略也。"既然说"历年之大略也"，则北魏以后六百多年的历史应有具体说明。这样的突然结束语，令人恍惚若失。二是相隔200多字的后文中，突然出现了记述唐朝、辽代历次维修的文字，而且又言"此则历年之大略也。"显然，这两个"历年之大略也"，属于重复抄写；前面缺少了的历朝维修的具体记载，是被抄窜了行。三是"峰峦后拥，龛室前开，广者容三千人，高者至三十丈。三十二瑞相，巍乎当阳；千百亿化身，森然在目。……况若神游［于］鹫岭，宛如身诣于耆阇。此则制。发响，闻者摄心；琢石则醴泉流出，饮之愈疾。珍禽时聚，毒虫屏迹。此则灵感之大略也。"按"此则制"三字，属于前面描述云冈石窟建筑样式的总结性语言，与后文毫不相干，两者之间必定有文字阙漏。四是"本朝天会二年，度之大略也。《尔雅》云：……"，这里的"本朝天会二年"与"度之大略也"，连接的过于生硬，意思无法理解。而"度之大略也"，正好与前面的"此则制"连贯，作"此则制度之大略也"，用于对云冈建筑样式描述的总结语，可谓天衣无缝。五是"护国二龛不加力而自开，以至扣地则神钟。

大军平西京……"，"扣地则神钟"之后有阙文，恰好与前面突兀出现的"发响，闻者摄心；琢石则醴泉流出，饮之愈疾。珍禽时聚，毒虫屏迹。此则灵感之大略也"句，意思贯通，合若符契。

依据上述判断，略作语句调整，《金碑》中错乱之文，便可奇迹般一字不差地流畅起来：

……然则此寺之建，肇于神瑞，终乎正光，凡七帝，历百一十一年。虽辍于太武之世，计犹不减七八十年。何（则）［者］？崇福一寺五年而成，以此较之，不为多矣。《录》云魏成于一帝，何其谬欤！此即始终之大略也。

自神瑞（癸丑）［甲寅］，迄今皇统丁卯，凡七百三十四年。（此即历年之大略也。）｛唐贞观十五年，守臣重建。辽重熙十八年，母后再修；天庆十年，赐大字额；咸（熙）［雍］五年，禁山樵牧，又差军巡守；［寿］昌五年，委转运使提点；清宁六年，又委刘转运监修。李唐以前，虽无遗迹，以近推远，从可知也。此则历年之大略也。

本朝天会二年｝，｛大军平西京，故元帅、晋国王到寺随喜赞叹，晓谕军兵，不令侵扰；并戒纲首，长切守护。又奏，特赐提点僧禅紫衣，并"通慧大德"号。九年，元帅府以河流近寺，恐致侵啮，委烟火司差夫三千人，改拨河道。此则皇朝外护之大略也。｝

叠嶂峥嵘而西去，长沙浩渺以东来，岚影相连，波声不断，势壮京邑，润分林薮，岂特国家之宝，抑亦仙圣之宅。此则形势之大略也。

峰峦后拥，龛室前开，广者容三千人，高者至三十丈。三十二瑞相，巍乎当阳；千百亿化身，森然在目。烟霞供宝座之色，日月助玉毫之辉；神龙夭矫以飞动，灵兽雍容而助武。色楯连延，则天皇弥勒之宫；层檐竦峙，则地通多宝之塔。以至八部之眷属，诸经之因地，妙笔不能同其变，辩口不能谈其目，巧力不能计其数。况若神游［于］鹫岭，宛如身诣于耆阇。此则制｛度之大略也。

《尔雅》云：石山戴土，谓之崔嵬。此山是山，外积黄壤，中含翠石，高卑莫测，厚薄难知。然而良工预为其制，群匠争奋其力，迄□隳坏，绩用有成。虽大禹之凿龙门，六丁之开蜀道，不过摧其顽险，务于通达而已；方之于此，未足为难。倘非诚心一发，圣力潜扶，安能致是哉？又，护国二龛不加力而自开，以至扣地则神钟｝发响，闻者摄心；琢石则醴泉流出，饮之愈疾。珍禽时聚，毒虫屏迹。此则灵感之大略也。

将大括号中抄窜行的三段文字归位后，再观是文，作者将云冈石窟的开凿、修建、外护、形势、制度、灵感，并列为六个"大略也"，一气呵成，环环相扣，层层深入，好个精彩的大手笔！

对上述碑文，需做如下说明和探讨。

第一，关于金代外护的段落。"本朝天会二年"句，与"大军平西京，故元帅、晋国王到寺随喜赞叹，……九年，元帅府以河流近寺，恐致侵啮，委烟火司差夫三千人，改拨河道。此则皇朝外护之大略也"句，原本不相连接，但前者紧跟上文"此则历年之大略也"，后者亦属天会年间之事，内容一脉相承，不可分割；并且都属于北魏神瑞甲寅（414）到金朝皇统丁卯（1147）之间的历史。这样的段落顺序安排，应无疑问。所谓"元帅、晋国王"，即宗翰（粘罕），金初委以西部方面的军政全权。他于金天辅六年（1122）攻破西京大同府，天会二年（1124）拒绝宋朝索取山后之地的要求，稳定了山西形势，正式开始经营西京。当年，宗翰到大石窟寺游览，并下令予以保护，是云冈历史上的大事。

第二，关于"十寺"的问题。《金碑》讲："西京大石窟寺者，后魏之所建也。凡有十名：一通（示）［乐］，二灵岩，三鲸崇，四镇国，五护国，六天宫，七崇（教）［福］，八童子，九华严，十兜率。"就是说，大石窟寺是总称，十寺是其分院。对于这十所寺院的创立时间，现有三种不同的观点，或云北魏，或云隋唐，或云辽金。造成分歧的实质关键在于，始终没有人能够将云冈石窟的开凿，与营建窟前阁楼、盖造僧房、围筑院墙、命名寺院，这两个不同步骤区分开来。云冈石窟开凿于北魏无疑，但《魏书》、《水经注》中只有"武州山石窟寺"、"灵岩寺"二名，唐初道宣《续高僧传》始有"恒安石窟通乐寺"之称。北魏的灵岩寺、唐代的通乐寺，与《金碑》所载二寺是否完全相同，实难定论。北魏武州山石窟，后来被分割建寺的事实清楚，但其过程缺少史料依据。即便是《金碑》的作者曹衍，也没有回答这个问题。他讲："明元始兴通乐，文成继起灵岩，护国、天宫则创自孝文，崇福则成于钳耳，其余诸寺次第可知。"实际上，指的是开窟时间，而不一定是单独形成寺院的时间。况且，除护国、崇福二寺有碑为证外，其他各窟由哪些皇帝开凿，恐怕也属曹衍的主观臆测。所以，在无法确认十寺分立时间的情况下，姑且一律视作辽代寺院，比较稳妥。

从历史角度看，契丹佞佛，特别是辽兴宗、道宗朝，五京塔寺相望，佛事炽盛，修旧建新，棋布星罗，可谓空前绝后。从大同现存的北魏寺院遗址看，无不透露出辽代重修的信息。因此，宿白先生推测"十名之说，约自辽代开始。"是有见地的。

第三，关于护国寺的问题。辽代十寺，与云冈现有编号洞窟相对应，可以确定其位置的，只有两所：一是灵岩，二是护国。《金碑》载"重修灵岩大阁九楹"，今第3窟外的台岩上，南北各有十个柱穴遗迹，已被20世纪末进行的窟前考古发掘证实。灵岩大阁，北魏时不知作何名称，但今石壁上十二个梁柱大孔宛然，应是十一开间，更加宏大。辽代的形制，同于北魏，抑或金代，则有待研究。护国寺，目前学术界认定为第7、8双窟，但其中雕刻风格古异，与孝文帝时代开凿的其他洞窟有着显著的差别，也无法解释《金碑》所引僧法轸《寺记》："护国东壁，有拓国王骑从。"这里，我们按照《金碑》："护国二龛不加力而自开，以至扣地则神钟发响，闻者摄心；琢石则醴泉流出，饮之愈疾。"很清楚，指的是明清以来云冈东部的"石鼓洞"和"寒泉洞"，也就是今天的第1、2双窟。这两个洞窟，至今扣地咚咚，流水潺潺。所以谓"不加力而自开"，可能与二窟的片状砂岩结构有关。

在第1窟东壁的下层北侧，残存着睒子本生故事雕刻图二幅，一为迦夷国王乘马与随从出城狩猎，二为国王等三骑发现鹿群，张弓误射河边汲水的睒子。这样的画面，不知是否就是法轸所谓"拓国王骑从"？再有，碑云："今寺中遗刻所存者二：一载在护国，大而不全，无年月可考。""先是，亡辽季世，盗贼群起，寺遭焚劫，灵岩栋宇，扫地无遗。皇统初，缁白命议，以为欲图修复，须仗当仁，乃请惠公法师住持。师既驻锡，……以灵岩古刹既为灰烬，护国大碑又复摧毁，胜概不传，居常叹息。"护国大碑，据曹衍"孝文为建寺之主者，盖指护国而言也"来看，乃北魏遗刻。按道宣《大唐内典录》卷4《后魏元氏翻传佛经录》载："恒安郊西大谷，石壁皆凿为窟，高余十丈，东西三十里，栉比相连，其数众矣。谷东石碑见在，纪其功绩，不可以算也。其碑略云：自魏国所统赀赋，并成石龛。故其规度宏远，所以神功逾久而不朽也。"所谓"东西三十里，栉比相连"的石窟范围，正是今天东起云冈、西至焦山的距离，其间现存云冈、鲁班窑、吴官屯、焦山等四处北魏石窟。"谷东石碑"，应当就是曹衍所见"大而不全"、惠公和尚悲叹"胜概不传"的护国大碑。

云冈第1、2窟，均为中心塔柱式洞窟。这样的北魏塔窟，从佛教意义上，历来被认作是《金光明经》教义的体现。《金光明经》的最早翻译者，为北凉的昙无谶，也正是开凿云冈石窟的昙曜等凉州僧众早年尊奉的大师。《金光明经·序品》云："是金光明，诸经之王，若有闻者，则能思惟，无上微妙，甚深之义。如是经典，常为四方，四佛世尊，之所护持，东方阿閦，南方宝相，西无量寿，北微妙声。"第1窟是双层方塔，2窟是三层方塔，塔的四面雕龛造佛；东、西壁中层，均为四龛坐佛，龛间刻塔；双窟外部两侧，各有一级浮图，三面开龛，因北连山体，竟在外侧补开一龛。其整体形制上，表现出的"四方四佛"之意，十分鲜明。此外，在窟门外左右，各立护法天王二尊（大部分已坍塌、风化），表现的是《金光明经·四天王品》的内容："世尊，是故我等名护世王，若此国土有诸衰耗、怨贼、侵境、饥馑、疾疫种种艰难，若有比丘受持是经，我等四王当共劝请，令是比丘以我力故，疾往彼所国邑郡县，广宣流布是金光明微妙经典，令如是等种种百千衰耗之事悉皆灭尽。世尊，如诸国王所有土境，是持经者若至其国，是王应当往是人所，听受如是微妙经典，闻已欢喜，复当护念恭敬是人。世尊，我等四王复当勤心拥护是王及国人民，为除衰患，令得安隐。世尊，若有比丘、比丘尼、优婆塞、优婆夷受持是经，若诸人王有能供给，施其所安，我等四王亦当令是王及国人民一切安隐，具足无患。"文中，四天王的护世、护国思想，表达得十分明确。云冈石窟共有塔窟六所，分别为第1、2、6、11、39窟和龙王沟上一窟。其中，第

6窟与第5窟"大佛洞"，规建为双窟；第11窟与第12、13窟，合作一组建筑；第39窟与龙王沟塔窟，形制单小。因而，堪称"护国寺"者，以第1、2双窟最为合适。

（摘自《中国文物报》2005年4月1日，这里有所改动）